U0940786

中国文化年鉴
ALMANAC OF CHINESE CULTURE
2013

中华人民共和国文化部 编

新 华 出 版 社

图书在版编目（CIP）数据

中国文化年鉴．2013/中华人民共和国文化部编．--北京：新华出版社，2013.11

ISBN 978-7-5166-0723-7

Ⅰ．①中… Ⅱ．①中… Ⅲ．①文化事业－中国－2013－年鉴 Ⅳ．①G12－54

中国版本图书馆CIP数据核字（2013）第269581号

中国文化年鉴（2013）

主　　编：中华人民共和国文化部

出 版 人：张百新

责任编辑：梁秋克　王晓娜

封面设计：厚积广告·朱 江　　**印章篆刻：**庞书田

出版发行：新华出版社

地　　址：北京石景山区京原路8号　　**邮　　编：**100040

网　　址：http：//www.xinhuapub.com　　http：//press.xinhuanet.com

经　　销：新华书店

购书热线：010-63077122　　**中国新闻书店购书热线：**010-63072012

照　　排：北京厚积广告有限公司

印　　刷：北京中科印刷有限公司

成品尺寸：210mm×285mm　　**印　　张：**51.5

彩插印张：3.75　　**字　　数：**1559千字

版　　次：2013年12月第一版　　**印　　次：**2013年12月第一次印刷

书　　号：ISBN 978-7-5166-0723-7

定　　价：360.00元

图书如有印装问题请与印刷厂联系调换：010-63830316

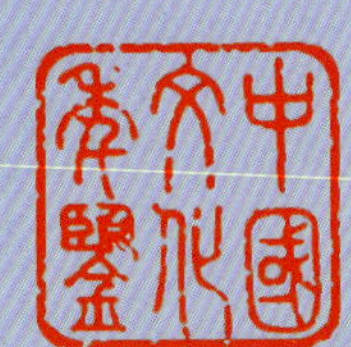

《中国文化年鉴》（2013）
编 辑 委 员 会

《中国文化年鉴》（2013）
编 辑 部

《中国文化年鉴》(2013)
鸣 谢 单 位

文化部办公厅
文化部政策法规司
文化部财务司
文化部人事司
文化部艺术司
文化部文化科技司
文化部文化市场司
文化部文化产业司
文化部公共文化司
文化部非物质文化遗产司
文化部对外文化联络局(港澳台办公室)
文化部机关党委
文化部驻部纪检组监察局
文化部信息中心
中国艺术研究院
国家图书馆
故宫博物院
中国国家博物馆
中央文化管理干部学院
中国文化传媒集团 中国文化报社
国家京剧院
中国国家话剧院
中国歌剧舞剧院
中国东方演艺集团有限公司
中国交响乐团
中国儿童艺术剧院
中央芭蕾舞团
中国美术馆
中国国家画院
中国动漫集团有限公司
文化部恭王府管理中心
文化部文化艺术人才中心
文化部艺术发展中心
国家清史纂修领导小组办公室
中外文化交流中心
中国艺术科技研究所
文化部全国公共文化发展中心

《中国文化年鉴》（2013）
鸣 谢 单 位

北京市文化局
天津市文化广播影视局
河北省文化厅
山西省文化厅
内蒙古自治区文化厅
辽宁省文化厅
吉林省文化厅
黑龙江省文化厅
上海市文化广播影视管理局
江苏省文化厅
浙江省文化厅
安徽省文化厅
福建省文化厅
江西省文化厅
山东省文化厅
河南省文化厅
湖北省文化厅
湖南省文化厅
广东省文化厅
广西壮族自治区文化厅
海南省文化广电出版体育厅
重庆市文化广播电视局
四川省文化厅
贵州省文化厅
云南省文化厅
西藏自治区文化厅
陕西省文化厅
甘肃省文化厅
青海省文化和新闻出版厅
宁夏回族自治区文化厅
新疆维吾尔自治区文化厅
新疆生产建设兵团文化广播电视局

《中国文化年鉴》(2013)
组稿人员名单

(按姓氏笔画排序)

卜大炜	于春城	亢　博	尤玉芳	王　林
王　蒙	王　培	王永昭	王芬林	王学增
王洪波	王珊珊	冯彦瑞	冯雅琳	龙仕勇
关福财	刘　洋	刘培婷	向仕富	安战国
朱　楠	朱鸿文	闫晓东	祁　鑫	许其兵
宋　磊	张　斌	张　蕾	张书勇	张玉忠
张抗洪	张建平	张蓓蓓	李文娣	李胜先
李海泉	李海琪	李静月	杜宁远	杨　帆
杨　武	杨　烁	杨　渊	杨　菊	杨　斌
杨拯国	邱　雷	邱玉红	邱邑洪	秦　文
陈　真	陈　锋	陈　鸿	陈如福	周　勇
周广明	郑海勇	郑志山	郑晓莹	金　梅
胡小庆	赵东亚	赵姗姗	徐　健	游　滨

敖　超　　袁　鹏　　郭素娥　　顾　春　　高柯立

曹庆华　　傅瀚霄　　彭跃辉　　董越超　　蒋　静

谢　飞　　谢万幸　　韩续鹏　　唐建军　　蔡世超

蔡靖杰　　裴海寓　　魏小平

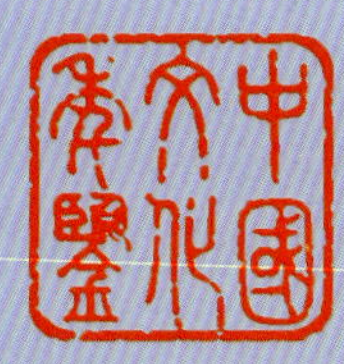

《中国文化年鉴》（2013）编辑说明

《中国文化年鉴》（2013）（以下简称《年鉴》）是一部客观反映文化系统工作情况的综合性年刊，通过逐年记述的形式，展现给广大读者。《年鉴》由中华人民共和国文化部主编，各省、自治区、直辖市文化厅（局），新疆生产建设兵团文化广播电视局，文化部各司局、各直属单位，国家文物局等相关部门及单位等负责年鉴稿件的组织和内容审定，由新华出版社编辑出版发行，自2001年开始出版，现已出版13册，面向全国发行。

《年鉴》以党的十八大、十八届三中全会精神为指导，贯彻落实科学发展观和构建和谐社会的重大战略思想，坚持党和国家关于文化建设、文化工作的路线、方针、政策，力求全面、客观地反映我国文化事业和文化产业发展状况，为各级党和政府加强对文化行业的宏观指导、有效调控、科学管理和依法监督，提供权威的信息参考。

《年鉴》内容主要有：重要讲话、重要会议、重大活动、获奖名单、文化大事记、文化工作综述、文化政策法规、文化体制改革、公共文化服务、专业艺术、文化市场、文化产业、文化科

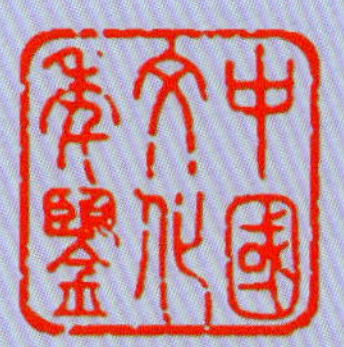

教、非物质文化遗产保护、对外文化交流、对港澳台地区文化交流、文物事业、文化人才队伍建设、文化党建、文化反腐倡廉、部属单位概况、地方文化建设、文化机构人员等。《年鉴》在编写上依据重事实、重数据、据实论理的编写要求，体现《年鉴》信息富集、资料权威、功能多样的特点，资料收集全面，事实清楚，数据准确，格式规范，是各相关团体会员及部门、单位必备的参考工具书。

《年鉴》采用篇目、类目、分目、条目四级标题，并分别以不同的字体和字号加以区分，条目为本年鉴内容的基本单位。

文化系统工作与发展情况是本刊的主要内容，着重在以下篇目反映：

［**图片部分**］：直接反映文化系统部分活动和工作场景。

［**重要讲话**］：可公开的党中央、国务院领导同志和文化部部级领导的重要讲话、文章。

［**重要会议、重大活动、获奖名单**］：部级重要会议、活动资料，评审立项名单、赛事获奖名单、表彰名单等。

［**文化大事记**］：省、部级以上文化事件概要。

［**文化工作综述**］：全国文化建设综述。

［**文化政策法规、文化体制改革、公共文化服务、专业艺术、文化市场、文化产业、文化科教、非物质文化遗产保护、对外文化交流、对港澳台地区文化交流、文物事业、文化人才队伍建设、文化党建、文化反腐倡廉**］：文化建设各领域重要工作情况。

［**部属单位概况**］：文化部各直属单位的文化建设概况。

［**地方文化建设**］：各省、自治区、直辖市文化厅（局），新疆生产建设兵团文化广播电视局文化建设的基本情况及主要成就。

［**文化机构人员**］：各省（区、市）所辖市、县文化局（厅）的人员情况（文字内容由新华出版社联系收录）。

文化部文化市场司

1	2	3
4		5
6	7	8
9		

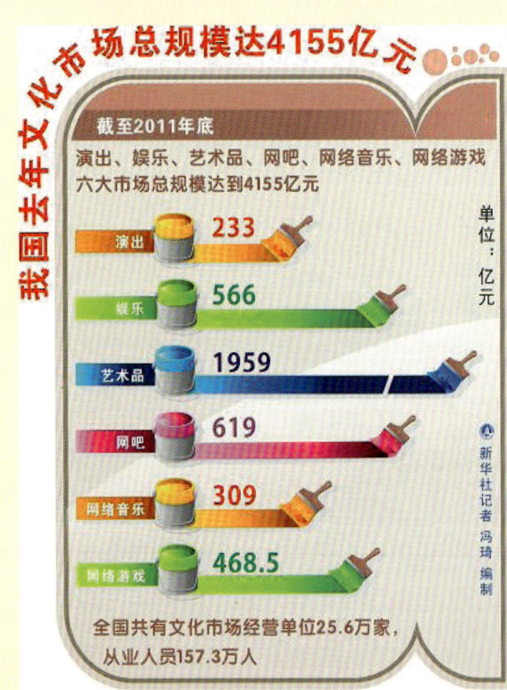

1. 1月10日至13日，2012年全国文化市场管理工作会议暨网吧连锁推进工作阶段总结会在江苏苏州召开。
2. 2012年，动漫市场专项整治行动和迎接党的十八大文化市场专项保障行动先后在全国范围内开展。
3. 2012年，全国文化市场综合执法改革全面完成。列入改革范围的403个地级市以及2594个县(区)全部完成综合执法。
4. 5月，艺术品市场法制宣传周活动在湖北启动，全国各地积极响应。
5. 8月，文化部联合黑龙江省人民政府在黑河市举办2012中国国际文化休闲周。
6. 8月底，全国文化市场综合执法规范化建设工作会议在山东青岛召开。文化部党组成员、副部长王仲伟出席并讲话。
7. 2012年，文化部完成第四批诚信画廊评选和前三批诚信画廊复核工作，全国诚信画廊总数达94家。图为授牌仪式现场。
8. 12月11日，中国互联网上网服务营业场所行业协会在京成立。文化部党组成员、副部长王仲伟出席成立仪式并讲话。
9. 6月，“十七大以来文化建设成就——文化市场专题”新闻发布会召开，集中推介十七大以来文化市场建设与发展状况。

文化部财务司

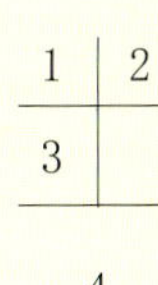

1. 2012年8月6日，第四次全国文化文物援藏工作会议在拉萨市召开。
2. 莫斯科文化中心保留了原建筑的欧式风格，2012年12月5日，时任国务委员刘延东出席揭牌仪式。
3. 马德里中国文化中心亲切大方，2012年9月竣工试运行。
4. 曼谷中国文化中心融合了中国古典建筑神韵和泰式建筑理念，2012年11月21日，温家宝总理和英拉总理共同为中心揭牌。

中央纪委监察部驻文化部纪检组监察局

▲ 文化部2012年党风廉政建设工作会议

▲ 《中国廉政史鉴》出版发行工作座谈会

▲ 全国文化系统惩治和预防腐败体系建设工作经验交流会

▲ 《中国廉政史鉴》书影

中国艺术研究院

1 2 3
4 5 6 7
8

1. 第三届“两岸汉字艺术节”在山东省枣庄市隆重开幕。第十届全国人大常委会副委员长许嘉璐（前排左四）、文化部副部长王文章（前排左三）、国务院台湾事务办公室副主任孙亚夫（前排右二）、山东省人民政府副省长张超超（前排右一）、台湾中华文化总会会长刘兆玄（前排右三）出席了开幕式。
2. 中国艺术研究院举行2012届博士、硕士研究生学位授予仪式暨毕业典礼，文化部部长蔡武致辞。
3. 中国当代工艺美术双年展在国家博物馆开幕，中宣部副部长翟卫华（前排右三）、文化部副部长王文章（前排右二）、艺术司司长董伟（前排左一）等领导同志参观展览。
4. 联合国教科文组织亚太地区非物质文化遗产国际培训中心成立。文化部副部长赵少华（前排左八）、王文章（前排左九）和联合国教科文组织文化助理总干事弗朗西斯科·班德林（前排左七）出席成立仪式。
5. 由中国文化部和美国国家人文基金会共同主办，中国艺术研究院承办的“跨文化双边对话：第三届中美文化论坛”在北京隆重开幕。文化部副部长赵少华（右二）和美国国家人文基金会主席詹姆斯·利奇（左二）出席开幕式并致辞。
6. 中国艺术研究院举行“中华非物质文化遗产传承人薪传奖”颁奖仪式，文化部副部长王文章（中排左一）、中国国家博物馆馆长周和平（中排左二）、中国泛海控股集团有限公司董事长卢志强（中排右一）为获奖的传承人颁奖。
7. 中国艺术研究院常务副院长刘茜（右二）等领导同志在首都国际机场欢迎文学院院长莫言赴瑞典斯德哥尔摩领诺贝尔文学奖回国。
8. 中国艺术研究院举行“弘扬传统节日文化：新载体、新形式、新民俗”学术研讨会。

国家图书馆

①

②

③

④

1. 2月23-24日，全国省级公共图书馆馆长座谈会在北京召开，国家图书馆馆长周和平（中），党委书记、常务副馆长詹福瑞（左）出席座谈会。
2. 3月31日，国家图书馆与上海交通大学共建“东京审判研究中心”合作框架协议签约仪式在国家图书馆举行。
3. 3月5日，“2012年‘春雨工程’全国文化志愿者边疆行之蓝靛金箔——中国画·桑皮纸绘画作品展览”开幕。
4. 4月23日，“殷契重光——国家图书馆藏甲骨精品展”在国家图书馆稽古厅开幕，国家图书馆馆长周和平致辞。

⑤

⑥

⑦

5. 4月23日，第七届“文津图书奖”颁奖仪式在国家图书馆举行，国家图书馆党委书记、常务副馆长詹福瑞致辞。
6. 5月18日，由国家图书馆主办的“文艺的灯塔——纪念《在延安文艺座谈会上的讲话》发表七十周年馆藏文献展”在国家图书馆总馆北区开幕，国家图书馆党委副书记、副馆长常丕军主持开幕式。
7. 6月19-21日，由中国国家图书馆主办的“中美民国时期文献保护工作研讨会”在北京召开，国家图书馆馆长周和平（右三），党委书记、常务副馆长詹福瑞（左一）出席会议。
8. 9月2日全国少年儿童图书馆基本藏书目录新闻发布会在国家图书馆举行，国家图书馆副馆长陈力致辞。

⑧

故宫博物院

“妙笔神工——国家级非物质文化遗产古书画临摹复制与装裱修复技艺展”专业人员以实际操作的方式向观众讲解书画临摹和装裱修复的技艺

春节过后，故宫博物院领导班子走访院内各部处

4月26日，故宫博物院常务副院长李季代表故宫博物院与印尼国家博物馆签署合作意向书

5月18日世界博物馆日，文化学者于丹与国家大剧院策划的公益性音乐演出在故宫举办

7月6日，故宫博物院举办当年第二次媒体通气会

9月8日，故宫博物院与东城区政府签署“故宫讲坛”合作协议

11月27日，文化部部长蔡武和陈启宗先生等为中正殿竣工仪式揭幕

中国国家博物馆

1.3月25日，“启蒙之对话”第五讲——“启蒙与知识文化”在我馆剧院举行，吕章申馆长出席并致辞。

2.11月20日，国家博物馆党委理论中心组召开学习党的十八大精神专题会议，深入交流学习体会。

3.11月16日，“中美博物馆馆长对话”在国家博物馆举办。中国人民对外友好协会副会长李建平、美国亚洲协会美中关系中心主任夏伟、美国亚洲协会副会长招颖思分别致辞。国家博物馆吕章申馆长作主旨讲话。国家博物馆黄振春书记、陈履生副馆长和美国亚洲协会招颖思副会长主持活动。

4.中国国家博物馆举办了“瓷之韵——大英博物馆、英国国立维多利亚与艾伯特博物馆馆藏瓷器精品展”，图为展厅现场。

5.中国国家博物馆馆长吕章申向台湾新党主席郁慕明先生颁发收藏证书。

6.9月21日，“石鲁书画作品捐赠暨石鲁艺术研究中心成立仪式”在国家博物馆白玉厅举行。

7.7月2日，“馆藏古代瓷器艺术展”、“中国国家博物馆水下考古成果展”在国家博物馆西大厅举行开幕仪式。国家博物馆吕章申馆长，中国文化遗产研究院党委书记、副院长柴晓明，馆领导郝海江、董琦、张威、陈履生、金祥、冯靖英，馆长助理李六三等出席开幕式。吕章申馆长发表讲话。黄振春书记主持仪式。

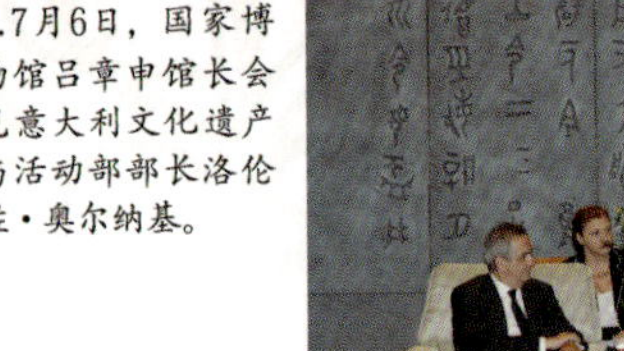

8.7月6日，国家博物馆吕章申馆长会见意大利文化遗产与活动部部长洛伦佐·奥尔纳基。

9.11月16日，文化部部长蔡武，文化部副部长、国家文物局局长励小捷和国家文物局副局长董保华、童明康到国家博物馆检查指导安全工作并慰问一线职工。陪同检查的还有文化部办公厅主任杨建昆、社会文化司司长于群，国家文物局督察司司长叶春，北京市文物局局长孔繁峙。国家博物馆领导吕章申、黄振春、郝海江、张威、金祥、冯靖英、馆长助理李六三等陪同。

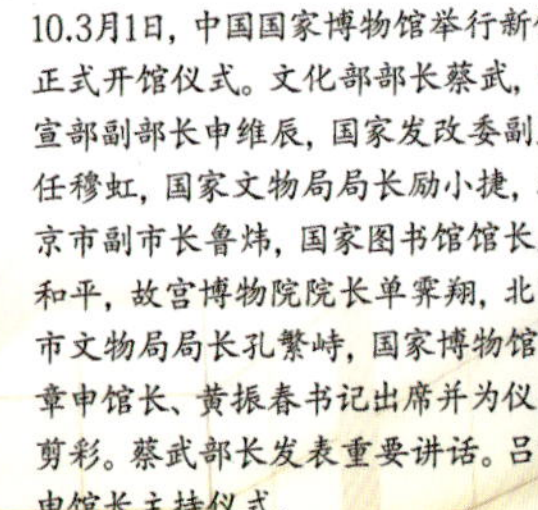

10.3月1日，中国国家博物馆举行新
正式开馆仪式。文化部部长蔡武，
宣部副部长申维辰，国家发改委副
任穆虹，国家文物局局长励小捷，
京市副市长鲁炜，国家图书馆馆长
和平，故宫博物院院长单霁翔，北
市文物局局长孔繁峙，国家博物馆
章申馆长、黄振春书记出席并为仪
剪彩。蔡武部长发表重要讲话。吕
中馆长主持仪式。

11.7月10日，“百年国博——中外博物馆馆长论谈会”在国家博物馆举行，来自15个国家及港澳地区的世界知名博物馆馆长和文化机构负责人近50人，以及国内各主要博物馆、美术馆馆长约40人参加了论谈会。

中央文化管理干部学院

CENTRAL ACADEMY OF CULTURAL ADMINISTRATION

文化部公共文化司和学院委托的全国基层文化队伍示范性培训项目——西部片区2012年基层文化队伍师资培训班在全国基层文化队伍培训基地重庆艺术学校举行。

“中东欧国家与中国12+1艺术节领导者高峰论坛暨2012音乐节管理者高级研修班”论坛会场。

国家文物局第六期全国县级文物行政部门负责人培训班在大觉寺进行现场教学。

阿拉伯国家舞台美术高级研修班课堂互动。

湖北省武汉市文化产业管理人才培训班合影。

全国文化干部远程教育培训平台首次试用。

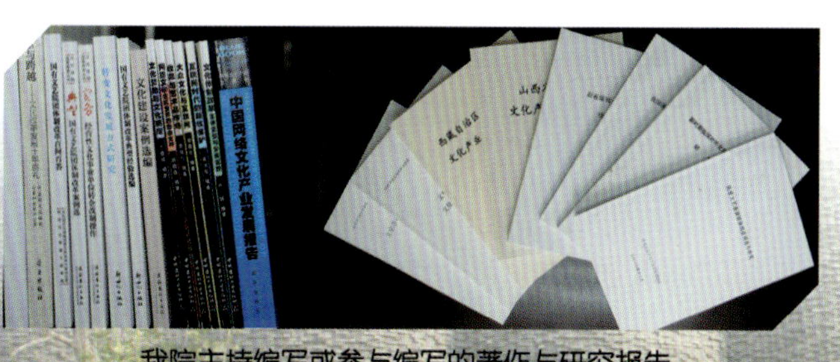

我院主持编写或参与编写的著作与研究报告。

新疆维吾尔自治区文化艺术人才培训班学员参观北京798艺术园区。

国家京剧院

1. 文化部党组成员、副部长董伟来院调研。
2. 剧院组织集中收看党的“十八大”闭幕式。
3. 8月，宋官林院长一行参加由国侨办主办的“文化中国 · 名家讲坛”赴美国、加拿大讲学活动。
4. 5月，国家京剧院山东省鲁东京剧文化促进会基地揭牌仪式。
5. 《杨门女将》荣获“第二届优秀保留剧目大奖 ”。
6. 《太真外传》荣获2012国家艺术院团优秀剧目展演“演出奖”。
7. 《大破铜网阵》荣获2012国家艺术院团优秀剧目展演“优秀演出奖”。
8. 7月，一团携《打金砖》等剧赴香港参加“中国戏曲节”。
9. 《舌战群儒》。
10. 《韩玉娘》荣获2012国家艺术院团优秀剧目展演“优秀剧目奖”。
11. 《清风亭》荣获2012国家艺术院团优秀剧目展演“剧目奖”。

中国国家话剧院

剧照摄影：曹志刚

1. 《红岩魂》剧照。
2. 《活着》剧照。
3. 《蚂蚁没问题》剧照。
4. 《西游记外传》剧照。
5. 《笑面人》剧照。
6. 8月12日，《恋爱的犀牛》在北京保利剧院完成第1000场演出。
7. 2012年伦敦奥运会前夕，《理查三世》参与奥运文化项目在伦敦莎士比亚环球剧院演出。
8. 1月10日，《四世同堂》在天桥剧场举行百场纪念演出。

1.蔡武部长、王文章副部长一行观看集团演出。
2.王仲伟副部长一行来集团调研。
3.中国东方演艺集团2011年度总结表彰大会。
4.东莞市东方演艺歌舞剧团有限公司成立。
5.2012年度文化部优秀剧目展演表彰会。
6.炫彩华章。
7.《天际之爱》。
8.《民乐也时尚》。
9.《永远的王洛宾》。
10.《爱的旋律》。

《水墨中华》

中国儿童艺术剧院

.7月13日，第二届中国儿童戏剧节开幕式。

.7月13日，第二届中国儿童戏剧节开幕式，文化部副部长赵少华与演员握手合影。

.12月4日，文化部在中国儿童剧场召开"国家艺术院团学习贯彻党的十八大精神暨2012年国家艺术院团优秀剧目展演表彰会"。

.4月14日，新创剧目《小王子》。

.2月11日，新创剧目《特殊作业》。

.8月18日，新创剧目《憨憨猫皮皮鼠》。

7.6月，中国下一代教育基金会、中国儿童艺术剧院、北京快乐人国际文化有限公司战略合作关系正式建立；"关爱留守儿童，儿童戏剧走进乡村学校"百县千校工程正式启动。"儿童戏剧进校园，健康成长更快乐"。

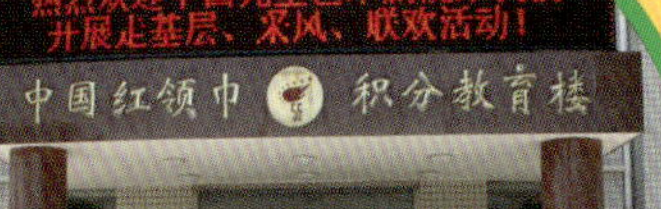

8.7月7日，新创剧目《青蛙王子》。

9.12月26日，新创剧目《卖火柴的小女孩》。

10.8月，日本冲绳《十二生肖演出》。

11.5月，党日活动——走进韶山小学。

12.8月18日，新创剧目《憨憨猫皮皮鼠》。

中央芭蕾舞团

▲ 蔡武部长观看优秀保留剧目《红色娘子军》演出

▲ 1月9日，贺岁芭蕾《过年》（又：中国版《胡桃夹子》）

▲ 中芭天鹅在瑞士日内瓦大剧院

▲ 3月，澳大利亚墨尔本演出《牡丹亭》

▲ 芭蕾舞剧《小美人鱼》剧照

▲ 第三届芭蕾创意工作坊《孔子 2012》

▲ 芭蕾与广外街道残疾人亲密接触

贺岁芭蕾《过年》

1. 1月31日15时，由中国美术馆、日中友好会馆共同主办的“山花烂漫——中国美术馆藏贵州蜡染艺术精品展”开幕式在日本东京日中友好会馆美术馆举行。
2. 2月16日上午，“中国美术馆2012年工作部署动员大会”在中国美术馆主楼7层学术报告厅举行。会议由副馆长梁江主持。
3. 3月16日10时，由中国美术馆、湖南省文学艺术界联合会、湖南省美术家协会、湖南省文史馆、娄底市人民政府主办的“王憨山艺术展”开幕式在中国美术馆中央方厅举行。
4. 4月11—12日，由中国美术馆主办的“卷轴绘画保存与修复学术研讨会”在主楼7层学术报告厅举行，中国美术馆副馆长胡伟主持会议。
5. 5月21日14时，由文化部主办、中国美术馆承办的“从延安走来——纪念毛泽东同志《在延安文艺座谈会上的讲话》发表70周年美术作品展”在我馆隆重开幕。文化部艺术司司长董伟主持开幕仪式。
6. 6月29日，由中华人民共和国文化部主办，文化部艺术司、中国美术馆、浙江省文化厅、浙江美术馆承办的“从延安走来——纪念毛泽东同志《在延安文艺座谈会上的讲话》发表70周年美术作品展浙江巡展”在浙江美术馆隆重开幕。
7. 8月22日11时，由中国美术馆、鲁迅美术学院共同主办的“刀笔利痕——孙常非木刻展开幕式暨作品捐赠仪式”在中国美术馆中央方厅举行。
8. 9月20日上午，中国美术馆、内蒙古自治区文化厅主办的“共和国美术经典——中国美术馆馆藏美术作品内蒙古展”开幕式在呼和浩特市内蒙古展览馆举行。
9. 10月9日上午，厄瓜多尔艺术家豪尔赫•贝鲁卡其（Jorge Perugachy）先生向中国美术馆捐赠其《太阳神女祭司（Serie Vírgenes del Sol）》系列作品2幅。
10. 当地时间11月1日晚，由中国印•李岚清篆刻书法艺术展组委会、中国驻英国大使馆主办，大英博物馆、中国美术馆、中国国际贸易中心承办的“中国印•李岚清篆刻书法艺术展”在英国伦敦大英博物馆开幕。
11. 12月26日15时，由中国美术馆主办的“纪念力群先生诞辰一百周年作品捐赠仪式”在中国美术馆主楼7层学术报告厅举行。

中国国家画院

1 2 3
4 5 6
7 8 9

1. 1月8日中午，中国国家画院与文化部外联局联合主办的新春联谊会在钓鱼台芳菲苑举行。
2. “第十届‘牡丹杯’中国国家画院青年画院中国画名家作品邀请展”亮相山东菏泽。
3. “走进延安——中国国家画院纪念毛泽东同志《在延安文艺座谈会上的讲话》发表 70 周年主题活动”座谈会在延安革命纪念馆举
4. “中国风格——中国国家画院著名画家邀请展”纽约亚洲美术馆开幕。
5. “南北对话——中国当代画家创作成就展”。
6. “大美东方——2012中国国家画院美术作品展”在银川盛大开幕。
7. “全球化时代的艺术品产业国际高峰论坛”2012年9月27日隆重开幕。
8. 荆浩国际学术论坛暨荆浩杯中国画双年展。
9. “写意中国——2012中国国家画院国画、版画邀请展”于上海开幕。

1. 动漫创意研发中心签约前赵少华副部长与迪斯尼高层会面。
2. 中国动漫集团有限公司项目签约暨项目合作推介会。
3. 厦门基地开业典礼上励小捷副部长接受央视采访。
4. 中土动漫产业论坛。
5. 中国艺术品博览会——杨飞云版画展开幕。
6. 动漫集团负责人就平台筹备建设项目到动漫公司调研。
7. 动画电影《波鲁鲁冰雪大冒险》首映式。
8. 厦门基地开业典礼论坛上刘玉珠司长。
9. 动漫创意研发中心签约仪式。
10. 波鲁鲁电影海报制作图。

文化部恭王府管理中心

1. 2012博物馆与文化创意产业促进奖。
2. 2012博物馆及相关产业与技术博览会最佳展示奖。
3. 中心领导与参与演出《恭王府的主人们》的志愿者合影。
4. 上海合作组织成员国文化部长第九次会晤联谊活动。
5. 道教音乐专场演出。
6. 5A景区揭牌仪式。
7. 昆曲演出周剧照。

8–11. “北京的恭王府——丹麦腓特烈堡之行”展览。

12. 柏林《恭王府 1776—2012》图片展。

国家清史纂修领导小组办公室

2月15日，中纪委驻文化部纪检组组长、党组成员李洪峰同志来我办档案图书中心视察，听取档案收集整理工作汇报，考察新建的档案库，对下一步工作作出重要指示。我办卜键主任等陪同。

7月16日，美国美中关系全国委员会副主席白莉娟女士等一行11人来国家清史编纂委员会参观访问，编委会常务副主任卜键、副主任朱诚如、成崇德以及相关部门负责人出席座谈会，并进行学术交流。

8月29日，编委会戴逸主任、卜键常务副主任等领导向史表组专家颁发荣誉证书。

11月9日，国家清史编纂委员会与人民出版社共同召开“国家清史纂修工程主体项目出版工作启动会”，编委会戴逸主任、卜键常务副主任，人民出版社黄书元社长、于青副总编出席会议。

2013年1月23日，国家清史编纂委员会、国家清史纂修领导小组办公室召开“国家清史纂修工程2012年总结表彰会”。

清史工程2012年出版成果。

文化党建

机关文化建设"心"视角研讨会上文化部与心理所签订服务协议。

文化部工会干部出席全国文化系统工会工作会议。

3月2日下午，文化部隆重召开部直属机关2012年党的工作会议暨全国文化文物系统"基层组织建设年"动员大会。

文化部第三次妇女工作委员会代表大会活动现场。

7月9日，全国文化文物系统创先争优活动表彰大会在京召开。

9月24日至25日，全国文化系统思想政治工作研究会召开2012年年会。

11月16日下午，文化部在京召开传达学习党的十八大精神大会。

青春芬芳——全国文化系统青年书法美术作品展。

文化部青年艺术家走进中央国家机关部委。

文化部庆祝共青团成立九十周年系列活动在国家博物馆举行。

文化部直属机关党委组织的文化部艺术家小分队赴新疆西北边境地区进行慰问演出。

邀请贫困山区孩子在北京过夏令营。

组织团干部参观广西百色起义纪念馆。

北京市文化局

1. 第四届来京创业者才艺风采大赛。
2. 动漫北京活动。
3. 话剧《白纸坊太狮》剧照。
4. 评剧《银杏庄》剧照。
5. 首届北京优秀小剧场剧目展演《第一次亲密接触》剧照。
6. 现代京剧《云之上》剧照。
7. 中国儿童剧场夜景。
8. 美术馆免费开放。
9. 千名基层文化组织员培训工程启动仪式。
10. 街道图书室免费开放。
11. 北京曲剧《歌唱》剧照。

天津市文化广播影视局

1. 天津博物馆。
2. 天津图书馆文化中心馆——汤德强摄。
3. 天津美术馆。
4. 天津大剧院——查世传摄。
5. 大型交响京剧《郑和下西洋》荣获第四届全国少数民族文艺汇演表演金奖。
6. 河北梆子《晚雪》荣获第十二届精神文明建设“五个一工程”奖。
7. 京剧《华子良》荣获文化部第二届优秀保留剧目大奖。
8. 京剧《香莲案》入选“国家舞台艺术精品工程（2010—2011 年度）重点资助剧目”。
9. 评剧《非常妈妈》荣获第八届中国评剧艺术节优秀表演奖。
10. 评剧《赵锦棠》入选 2010—2011 年度国家舞台艺术精品工程资助剧目并荣获第八届中国评剧艺术节优秀剧目奖榜首。
11. 天津文化中心全景。

1	2	3
	4	
5	6	7
8	9	10
	11	

河北省文化厅

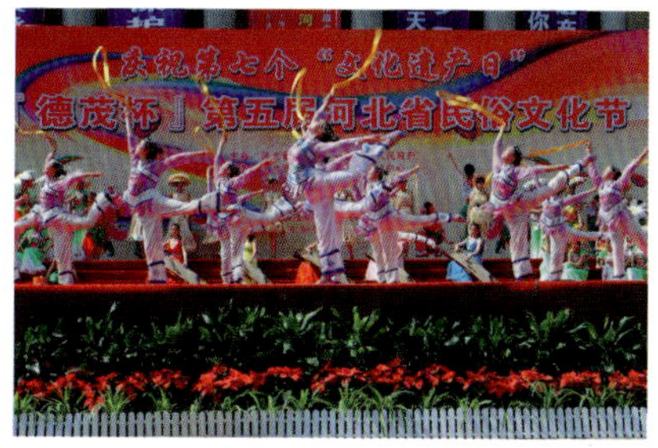

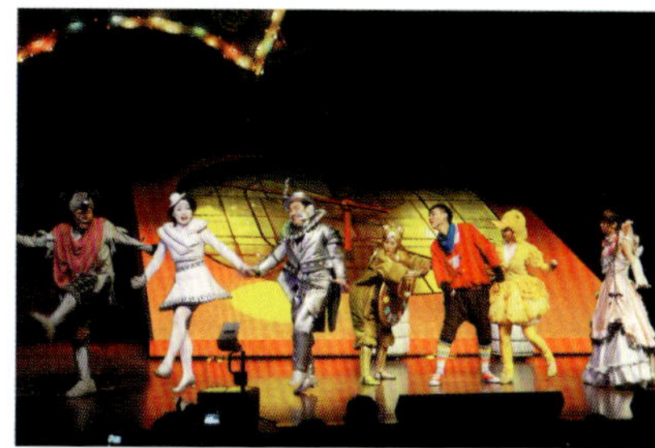

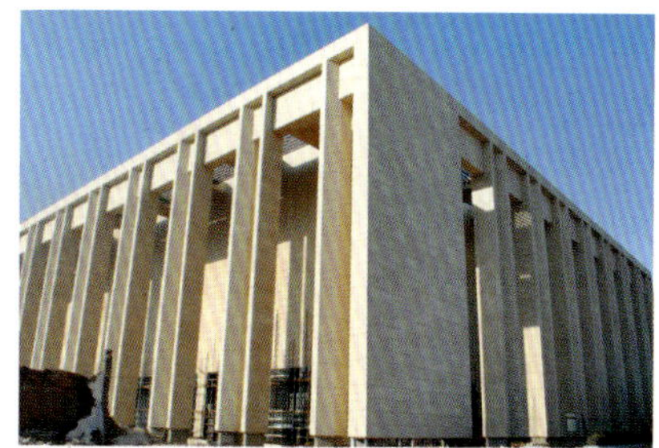

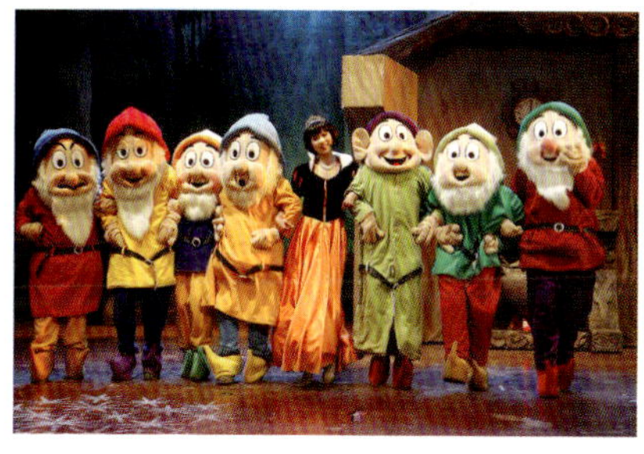

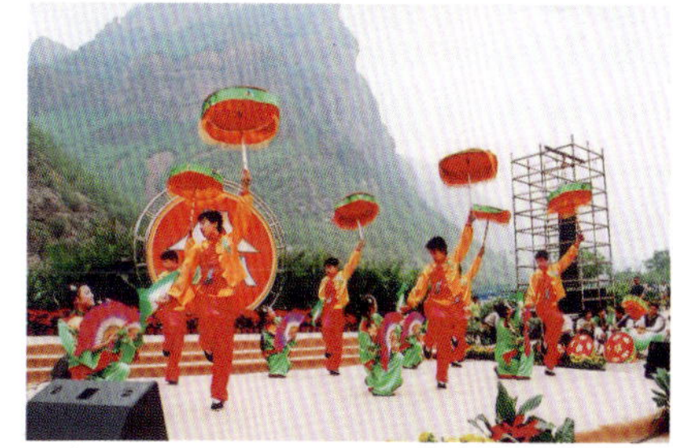

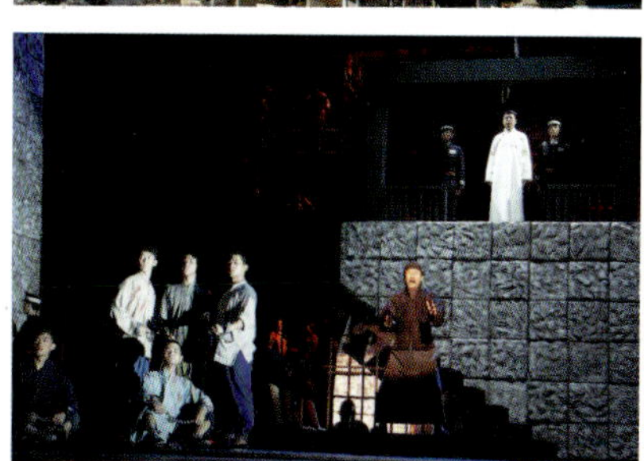

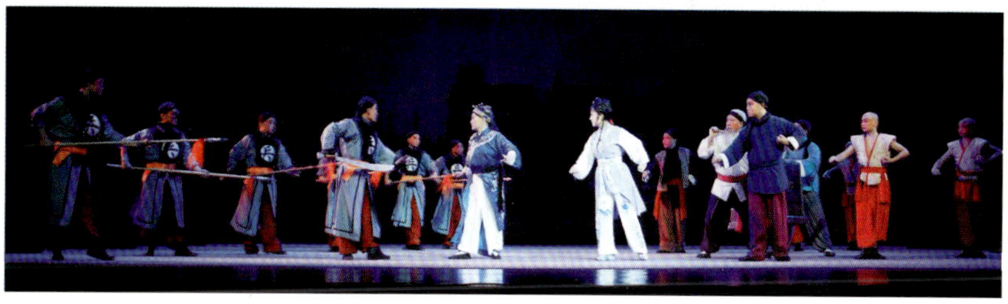

1. “德茂杯”第五届河北省民俗文化节。
2. 儿童剧《下次开船港》剧照。
3. 河北省博物馆新馆主体竣工。
4. 河北省话剧院创作儿童剧《白雪公主和七个小矮人》。
5. 井陉拉花。
6. 话剧《寻找李大钊》获第十二届“五个一工程”奖。
7. 《响九霄》剧照。
8. 河北省图书馆新馆建成开馆。

1 2 3
4 5 6
7
8

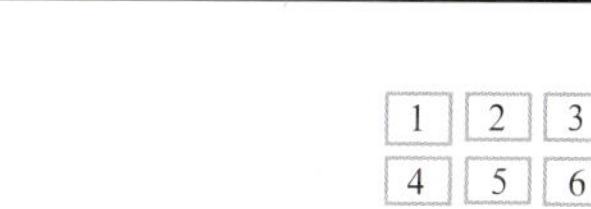

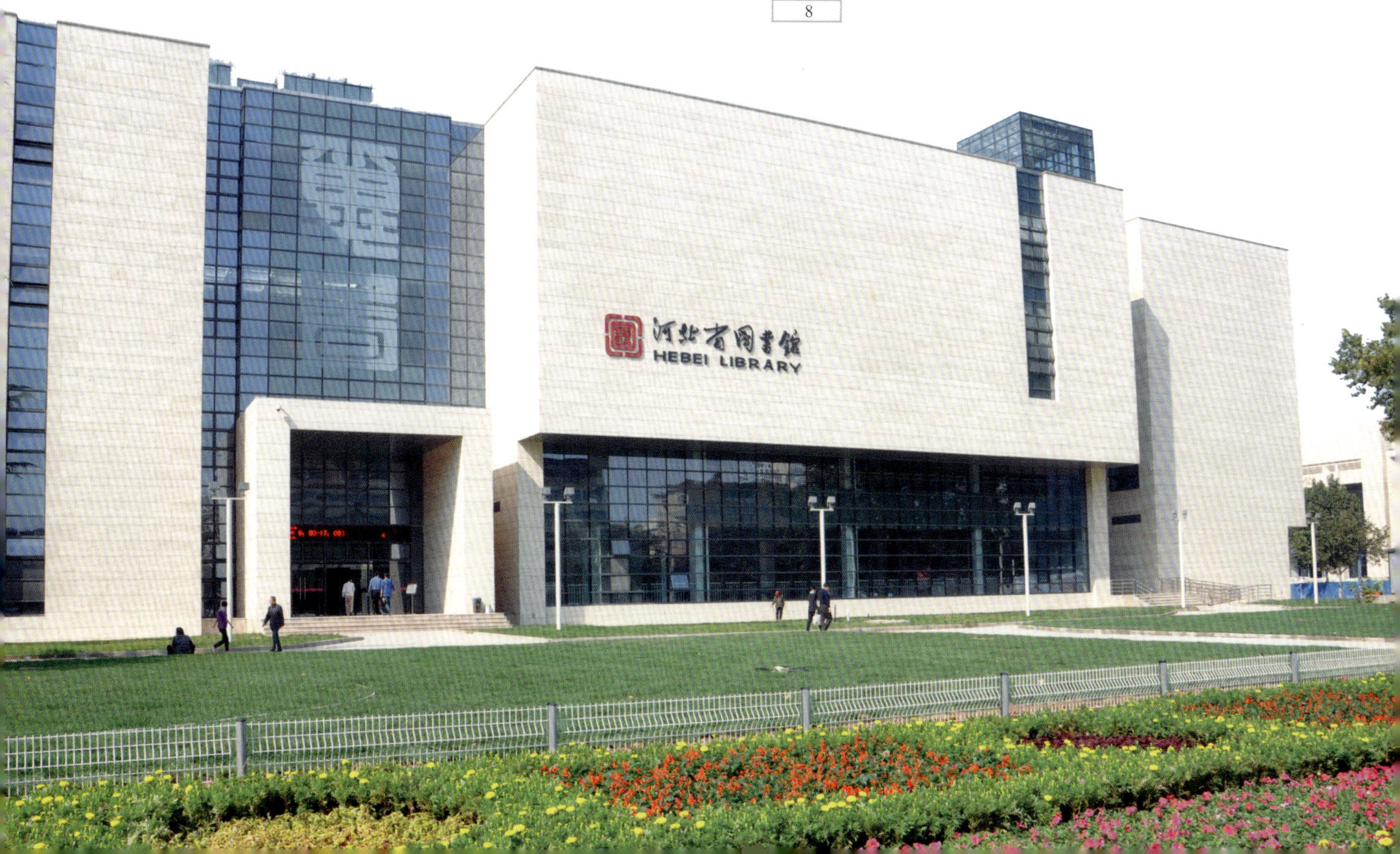

山西省文化厅

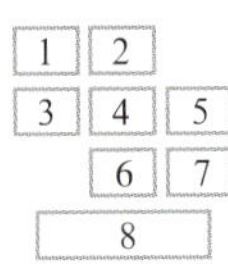

1. 庆祝十八大胜利召开惠民演出月启动仪式。
2. 《粉墨春秋》新加坡演出。
3. 山西省第二届乡镇文化站文化员技能大赛。
4. 演出团慰问班达拉奈克国际会议中心建筑工人。
5. 省图书馆新馆。
6. 《立春》剧照。
7. 《立春》剧照。
8. 山西大剧院。

内蒙古自治区文化厅

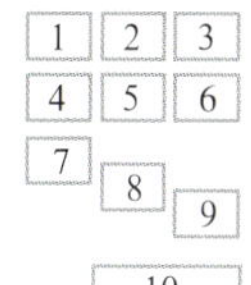

1. 文化部副部长、国家文物局局长励小捷视察文化厅艺术院团。
2. 巴特尔主席在乌兰部长的陪同下，视察内蒙古文艺院团。
3. 6月9日，“根与魂——内蒙古非物质文化遗产展演”活动在澳门隆重开幕。
4. 6月17日上午，全区公共文化服务体系建设工作会议在呼和浩特召开。
5. 6月29日，在俄罗斯圣彼得堡召开的第36届世界遗产委员会会议上，全票通过中国申报的文化遗产项目元上都遗址列入《世界遗产名录》。
6. 全区文化工作电视电话会议。
7. 大型民族舞剧《草原记忆》剧照。
8. 第二届鄂尔多斯国际那达慕大会入场式。
9. 内蒙古自治区2012年“百团千场”下基层慰问演出活动启动仪式。
10. 庆祝元上都遗址申报世界文化遗产圆满成功庆祝活动。

辽宁省文化厅

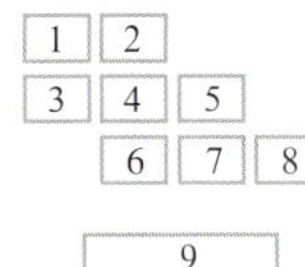

1. 辽宁人民艺术剧院有限公司的揭牌成立，标志着我省国有文艺院团改革工作全面完成。
2. 话剧《郭明义》入选国家舞台艺术精品工程“十大精品剧目”，同时还获中宣部第十二届精神文明建设“五个一工程”优秀作品奖。
3. “龙舞辽河”迎新春、庆元宵文艺晚会圆满成功。
4. 辽宁省第六届优秀剧（节）目演出季。
5. 成功举办了“学习郭明义，传承雷锋精神”主题群众文化活动。
6. 辽宁省文化志愿者工作站颁牌仪式。
7. “2012 中国·辽宁非物质文化遗产传统技艺大展暨生产性保护成果展活动”圆满成功。
8. 投资 20 多亿元的省图书馆、博物馆新馆工程主体封顶。
9. “幸福歌潮”——辽宁省喜迎十八大系列群众文化活动。

吉林省文化厅

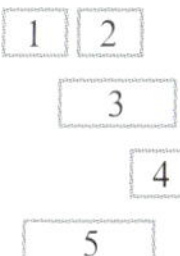

1. 2月，吉林省文化厅厅长在东辽县调研文化产业建设与发展情况。
2. 1月11日，吉林省农村文化大院“大地春歌”文艺展演在关东剧院上演。
3. 吉林省东北亚文化创意科技园成功晋级为国家级文化产业试验园区。
4. 吉林省京剧院创排的京剧《牛子厚》名列“五个一工程”奖戏曲类榜首。
5. 6月9日，吉林省庆祝中国第七个文化遗产日系列活动启动仪式。

黑龙江省文化厅

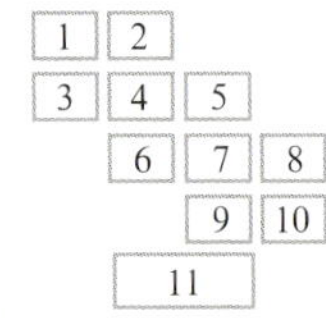

1. 赵少华副部长出席第三届中俄文化大集参观展销活动。
2. 2012 年全省文化工作会议。
3. 春节期间省博物馆人流如织（图为元宵灯展）。
4. 第三届中俄文化大集中方开幕式。
5. 俄罗斯蓝陶瓷舞蹈团农桑邀参加第三届中俄文化大集中方开幕式演出。
6. 国家级非遗项目鄂伦春族古伦木沓节。
7. 黑龙江两处遗址列入世界文化遗产预备名单。
8. 黑龙江省委省政府召开专题会议推进国有文艺院团体制改革工作。
9. 黑龙江省演艺集团揭牌仪式。
10. 时任黑龙江省政府省长王宪魁在第三届中俄文化大集中方开幕式上致辞。
11. 中共党史纪念馆建成开馆。

上海市文化广播影视管理局

1 2
3 4
5

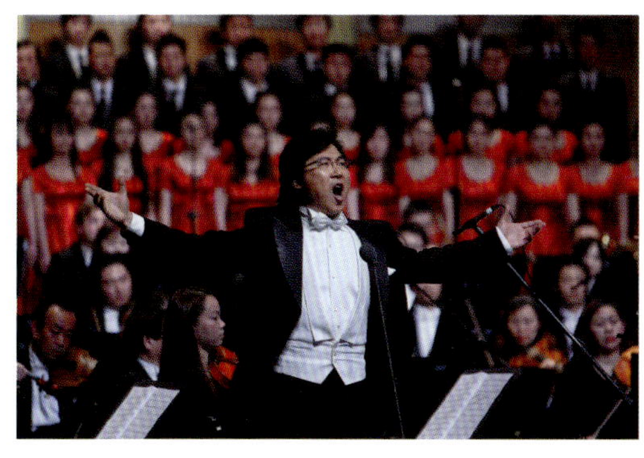

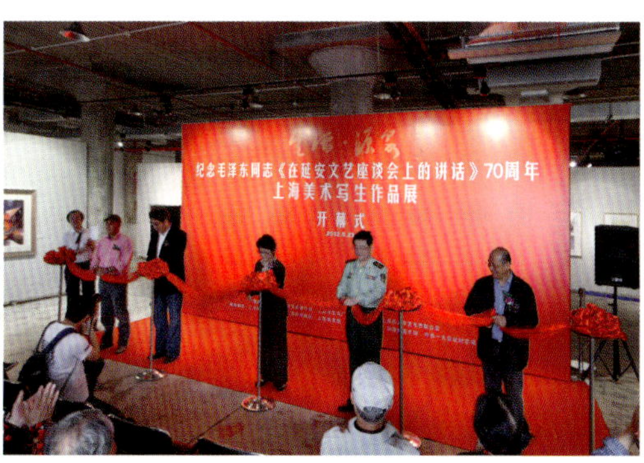

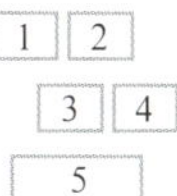

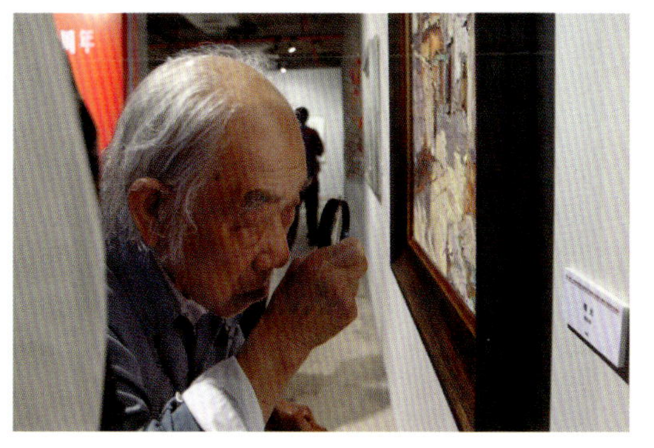

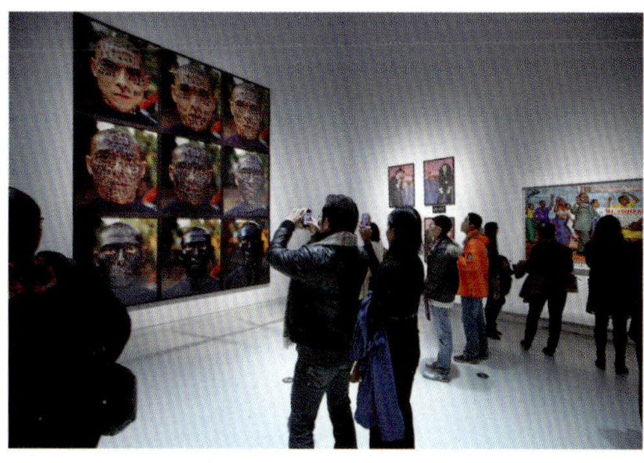

1. 2012 年 4 月 28 日，国际音乐节开幕。
2. 2012 年 5 月 23 日，《讲话》70 周年美术展。
3. 2012 年 5 月 23 日，《讲话》70 周年美术展。
4. 2012 年 12 月 15 日，蓬皮杜展（当代艺术馆）。
5. 2012 年 5 月 6 日，广场音乐会。

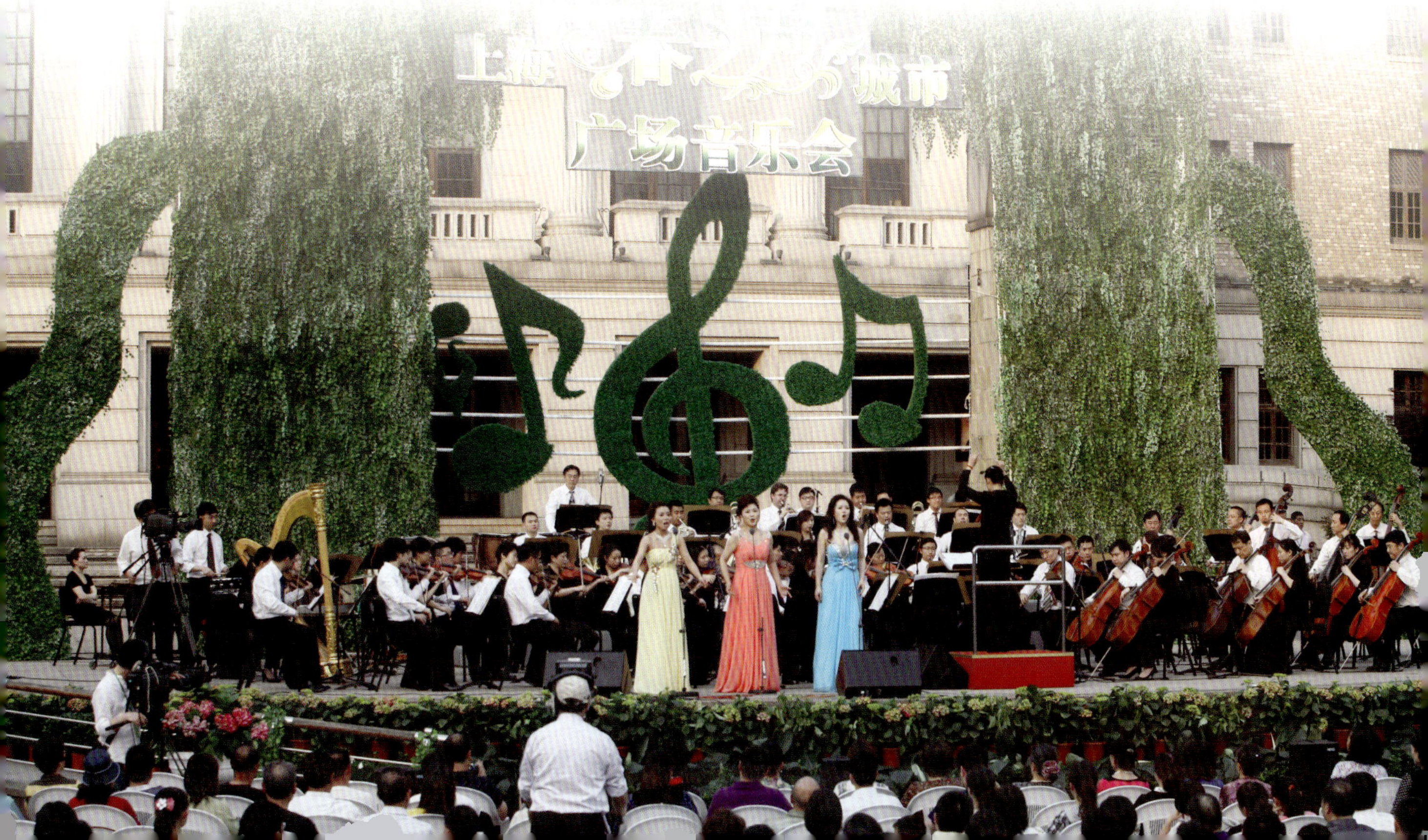

江苏省文化厅

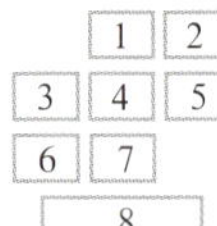

1. 蔡武部长调研。
2. 部省合作协议签字仪式。
3. 第十届五星工程奖。
4. 示范区命名颁牌。
5. 首届苏州创博会。
6. 中美文化论坛。
7. 非遗展演。
8. 江南运河无锡城区段。

浙江省文化厅

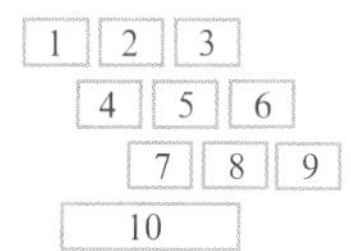

1. 省委书记夏宝龙赴浙江音乐学院施工现场考察。
2. 西班牙·浙江文化节。
3. 政论体话剧《谁主沉浮》入选国家舞台艺术精品工程重点资助剧目。
4. 浙江省申遗工作总结表彰大会。
5. 2012 中国义乌文化产品交易博览会开幕式。
6. 全国农民工文化建设现场经验交流会在浙江东阳召开。
7. 全省博物馆实行免费开放后观众人数激增。
8. 浙江与新疆开展“文化走亲”活动。
9. 浙江省民营文艺院团展演。
10. 首届浙江省合唱节。

安徽省文化厅

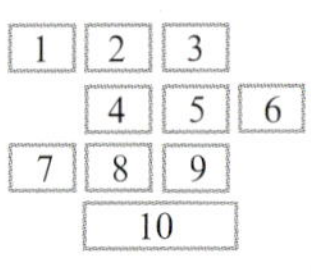

1. 3月4日，安徽省政府与文化部在京签署《加快安徽文化强省建设合作协议》。

2-3. 6月，由省民委、省文化厅联合创作，潜山县黄梅戏集团演出的黄梅戏《榴花不开盼歌回》，进京参加第四届全国少数民族文艺会演，获表演金奖等8项大奖。

4. 8月6日，安徽省群众文化辅导员大队成立仪式暨培训班在省委党校举行。

5. 2月23至24日，全省文化工作会议在合肥召开。

6. 12月2日至3日，由中国考古学会、中国文物学会、中国先秦史学会、安徽省文化厅、马鞍山市政府共同主办的中国凌家滩文化论坛在含山县举行。

7. 全省“百团千场万人”文化下乡下基层活动启动仪式“情暖农民工”。

8. 8月18日至26日，由文化部主办，省文化厅、合肥市政府和安徽艺术职业学院共同承办，以“舞动江淮、桃李天下”为主题的文华艺术院校奖——第十届“桃李杯”舞蹈比赛在合肥举行。

9. 黄梅戏《榴花不开盼哥回》。

10. 首届中国（黄山）非物质文化遗产传统技艺大展由文化部和省政府主办，中国非遗保护中心、安徽省文化厅、黄山市政府承办，11月7日至11日在黄山市举行。

福建省文化厅

1. 1月9日，福建启动“2012福建非遗进三坊七巷”活动。文化部副部长王文章出席启动仪式并讲话，福建省委常委、副省长陈桦，文化部非遗司司长马文辉，福建省文化厅厅长陈秋平等出席仪式。
2. 1月9日，福建省文化企业协会成立。福建省文化厅、中国银行福建省分行、福建省文化企业协会签署文化产业战略合作协议。文化部副部长王文章，福建省副省长陈荣凯出席会议并讲话。
3. 1月17—19日，全国文化产业工作年会在福建省厦门市召开。文化部党组成员、副部长励小捷出席会议并讲话。
4. 4月8日，由中国画学会、福建省文化厅、台湾美术院主办的“两岸画家画福建”系列活动在厦门启动。中国文联副主席、中国美协主席、中国画学会名誉会长刘大为，福建省文化厅厅长陈秋平，厦门市委常委、宣传部长叶重耕等出席启动仪式。

1	2	3
4	5	6
	7	
8	9	10

5. 4月12—17日，首届“福建音乐周”在北京国家大剧院隆重举办，5天上演5场演出，涵盖歌剧、交响乐、戏曲等音乐门类，集中展现了福建音乐艺术的魅力。全国政协副主席张梅颖、全国人大原副委员长顾秀莲等领导观看了歌剧《土楼》首场演出。
6. 4月25日，“2012年全国文化厅局外事工作座谈会”在福建省福州市召开。文化部党组副书记、副部长赵少华出席会议并讲话，福建省委常委、副省长陈桦在会上致辞。
7. 8月16日，福建省省长苏树林，省委常委、宣传部长袁荣祥，省委常委、副省长陈桦，调研福建文艺院团改革发展和人才培养情况。
8. 10月18日，商务部部长陈德铭在福建省委常委、秘书长叶双瑜，副省长倪岳峰等陪同下，参观福建省非遗博览苑和福建民俗博物馆。
9. 10月31日，福建省人民政府与文化部、国家文物局在北京签署《进一步加快推进海峡西岸经济区文化发展合作协议》。福建省委书记孙春兰、文化部部长蔡武分别在签字仪式上讲话。
10. 11月1日，以福建省梨园戏实验剧团打头阵的“福建文化宝岛校园行”在台北书院启动系列交流活动，实现对台青少年文化交流新突破。

江西省文化厅

1. 12月10日，江西省委、省政府在江西省文化厅召开省直文化旅游部门调研座谈会。省委书记苏荣，省长鹿心社，省委常委、省委秘书长赵智勇，省委常委、省委宣传部部长姚亚平，副省长朱虹，省政协副主席肖光明等省领导出席调研座谈会。
2. 5月15日至18日，文化部党组成员、副部长杨志今率领创建国家公共文化服务体系示范区（项目）和“三馆一站”免费开放督查组一行，赴江西开展督查工作。
3. 5月31日，江西省五个省直国有文艺院团转企改制揭牌授牌仪式在江西艺术中心举行。这标志着五家国有文艺院团顺利实现转企改制，如期完成了中央和省委、省政府规定的阶段性的改革任务。
4. 12月28日，由江西省政府主办，江西省文化厅承办的首届“江西省政府动漫奖”颁奖典礼在南昌举行。为推动动漫产业快速发展，江西省设立原创动漫奖励基金，奖励年度本土原创动漫大赛中脱颖而出的作品和人才。
5. 赣南采茶歌舞剧《八子参军》剧照。
6. 4月1日，江西省美术馆举行开馆暨《林旭东、陈丹青、韩辛——四十年故事》大型画展的开幕式。江西省美术馆的落成，填补了江西省大型综合艺术品展示推广平台的空白。
7. 9月29日—10月3日，由中共江西省委宣传部、江西省文化厅共同主办的“永远忠于党永远跟党走——喜迎党的十八大江西首届中国民间文化艺术之乡精品联展”在江西省美术馆举办。
8. 7月6日，江西省鹰潭市创作的大型现代畲歌戏《七彩畲乡》荣获第四届全国少数民族文艺会演剧目金奖，并囊括最佳编剧、最佳导演、最佳音乐、最佳舞美、最佳演员、最佳新人等戏剧类所设全部单项最高奖，江西省代表团还获得优秀组织奖，实现了本届会演戏剧类奖项满堂红。
9. 12月26日，江西杂技节目在马耳他演出。
10. 转企改制后的江西省话剧团有限责任公司努力开拓演出市场，每周五、周六都推出小剧场话剧，受到南昌观众的热捧。

1	2	3
	4	
5	6	7
8	9	10

山东省文化厅

1 2
3 4 5
6 7 8
9 10
11

1. 山东演艺集团揭牌仪式。
2. 文化部、山东省政府签署《关于合作推进山东文化强省建设框架协议》。
3. 全省“喜迎十艺节·全民共欢乐”群众文化优秀节目惠民展演活动开幕式。
4. 社会文化艺术创作作品吕剧《村官上树》剧照。
5. “情系齐鲁——两岸文化联谊行”活动开幕式。
6. 省吕剧院送戏下乡演出。
7. 正在建设的省美术馆新馆。
8. 山东省文化市场技术监管中心。
9. 乡镇综合文化站。
10. 丰富多彩的群众文化活动。
11. 正在建设的省会文化艺术中心大剧院。

河南省文化厅

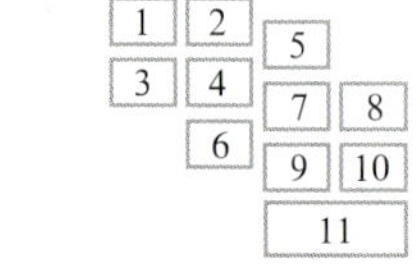

1. 2012 年“春雨工程”全国文化志愿者边疆行之蓝靛金箔中国画·桑皮纸绘画作品展开幕。
2. 省委常委、宣传部长赵素萍参观舞阳农民画展。
3. 河南省群星艺术团参加河南省三下乡集中活动。
4. “公益无限”系列文化活动进军营演出。
5. 首届河南民间艺术展现场。
6. 第十一届河南省小戏小品曲艺大赛开幕。
7. 中国第七个文化遗产日主场城市活动在郑州隆重开幕。
8. 艺术名家推介工程——方可杰交响乐作品音乐会。
9. 台湾豫剧团《花嫁巫娘》。
10. “2012 非洲文化聚焦——河南与非洲友好交流摄影展”开幕式。
11. 第十四届中国上海国际艺术节天天剧场。

湖北省文化厅

1 2 3
4 5
6
7

1. 2012年12月8日，文化部部长蔡武出席湖北省图书馆新馆开馆并巡馆（武昌）。
2. 9月24日—26日，国际博协亚太地区联盟2012年大会在武汉举行。
3. 湖北艺术团参加“文化中国 四海同春”北美访演。
4. “央地合作——荆楚文化走进马耳他。
5. 湖北省图书馆新馆开馆读者自助办理读者证。
6. 9月29日，第一届湖北艺术节在武汉市开幕。
7. 湖北省图书馆新馆。

湖南省文化厅

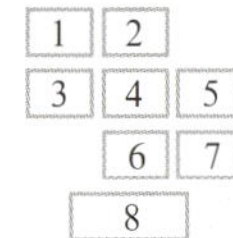

1. 3月11日，文化部部长蔡武与湖南省委书记周强、省长徐守盛等一行出席湖南活动日。
2. 7月3日，在湖南大剧院举行全省转企文艺院团改革成果汇报展演第一场，省委宣传部部长许又声上台接见演职人员。
3. 9月11日，第四届湖南艺术节在省人民会堂举行开幕式，许又声、李友志观看演出并上台合影。
4. 4月17日，路建平部长在蓉园宾馆为转企改制院团授牌。
5. 7月27日，周强书记在红色剧院观看《老表轶事》，并指示要振兴湖南花鼓戏。
6. 2月24日，在湖南宾馆召开全省文化工作会议。
7. 5月18日，中博会湖南艺术品收藏与投资研讨会在长沙举行。
8. 1月5日，省群艺馆慰问农民工专场文艺演出。

情系农民工 文艺送春风

主办：湖南省文化厅

承办：南省群众艺术馆

广东省文化厅

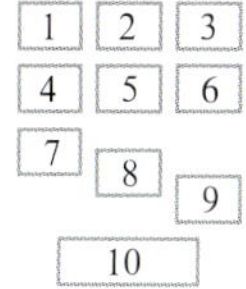

1. 3月28日，星海演出院线成立启动仪式。
2. 4月23日，2012年“书香飘岭南”世界阅读日暨广东全民阅读活动启动仪式。
3. 7月，“开心广场·百姓舞台”——广东省粤曲私伙局大赛。
4. 8月22日，广东文化志愿者四川行启动仪式上广东文化志愿者代表接受授旗。
5. 9月4日，2012年广东省管辖海域内文化遗产联合执法专项行动启动仪式暨首次海上联合执法巡查活动在汕头南澳举行。
6. 9月29日，首届“南粤幸福活动周”启动仪式。
7. 11月22-24日，“2012年全国图书馆年会——中国图书馆学会年会·中国图书馆展览会”启动。
8. 11月30—12月3日，广东省第七届群众戏剧曲艺花会。
9. 11月，“开心广场·百姓舞台”——全省客家山歌擂台赛暨八省客家山歌邀请赛。
10. 7月8日，广东省文化志愿者艺术团成立。

广西壮族自治区文化厅

1 2
3 4 5 6
7 8
9
10

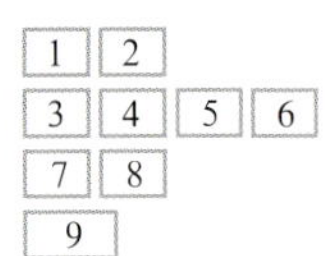

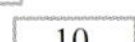

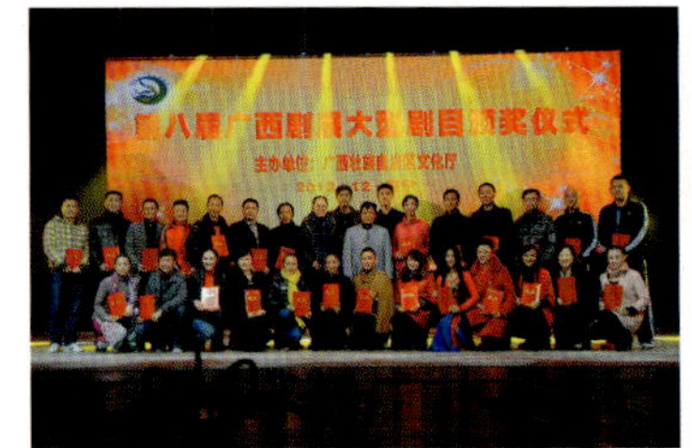

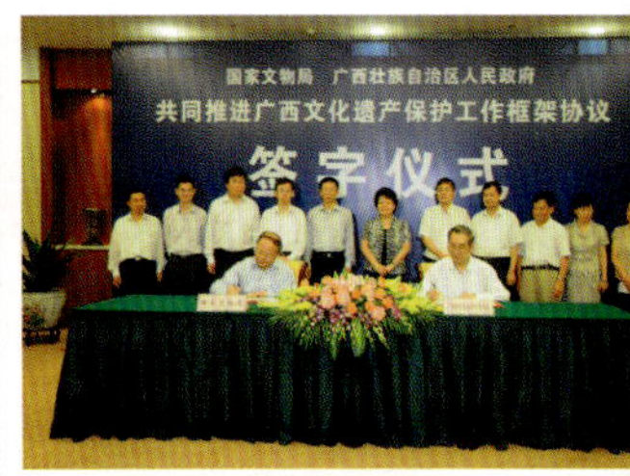

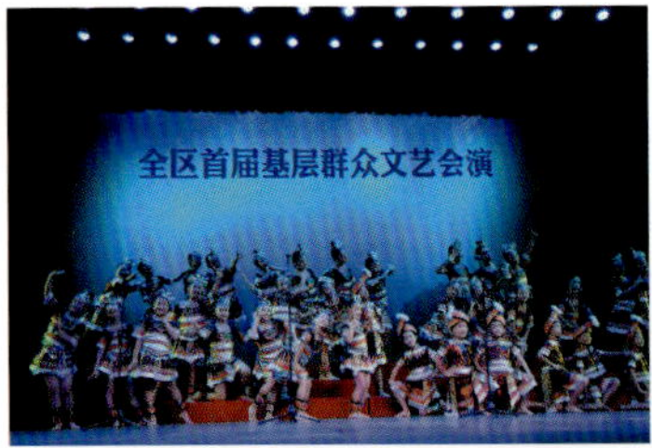

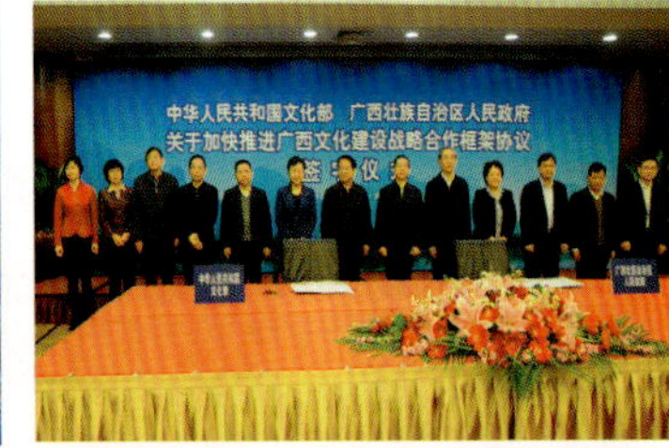

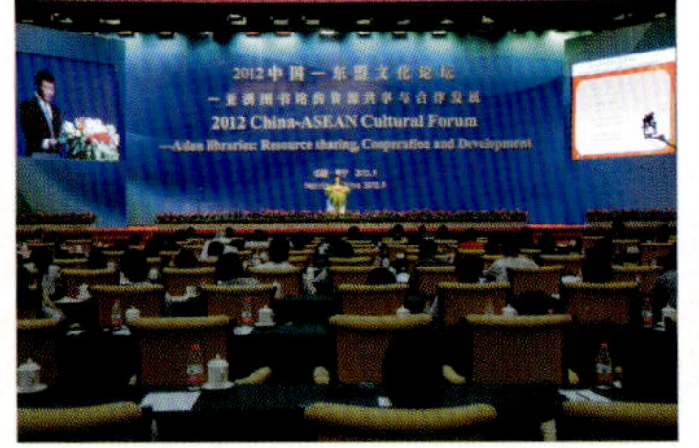

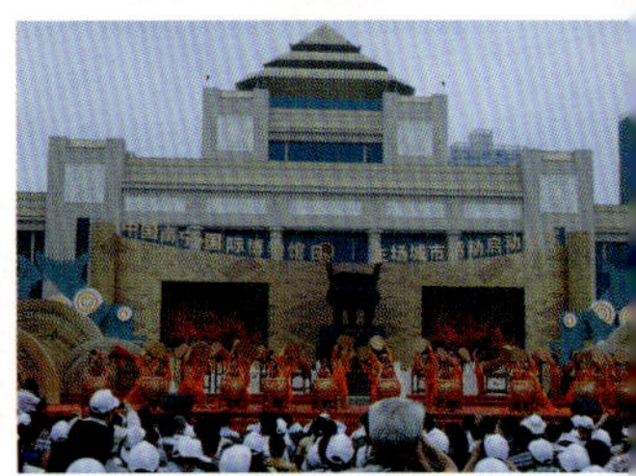

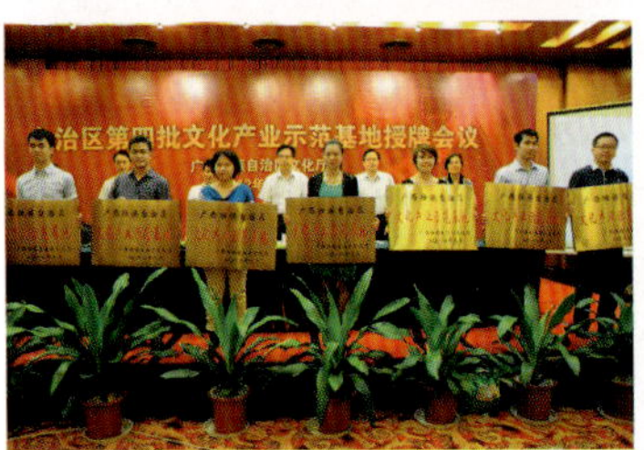

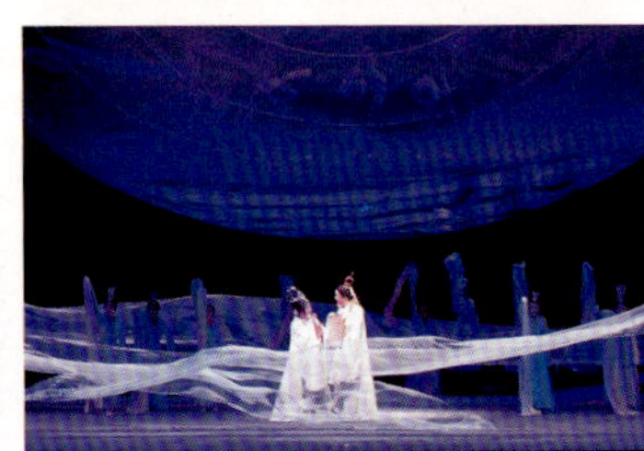

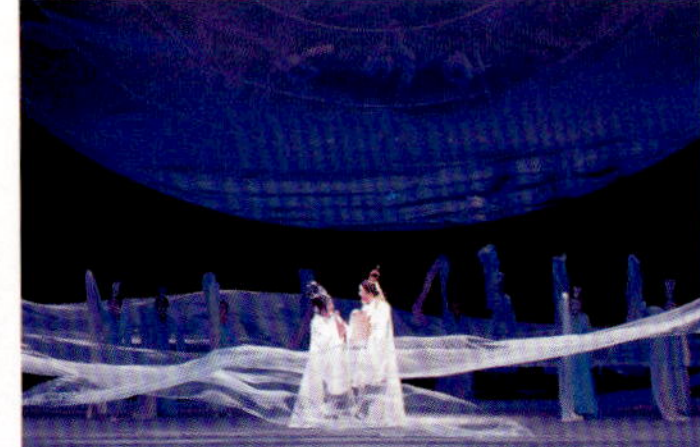

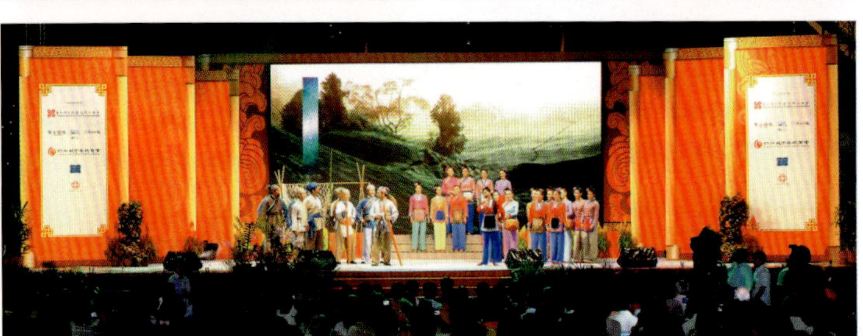

1. 12 月 26 日，第八届广西剧展大型剧目颁奖在南宁剧场举行。
2. 5 月 17 日，国家文物局—自治区人民政府共同推进广西文化遗产保护框架协议签字仪式。
3. 全区首届基层群众文艺会演。
4. 11 月 6 日，文化部—自治区人民政府关于加快推进广西文化建设战略合作框架协议签字仪式在北京举行。
5. 9 月 11 日，中国—东盟文化论坛在南宁开幕。
6. 5 月 18 日，中国南宁国际博物馆日主场城市活动开幕式。
7. 10 月 12 日，自治区第四批文化产业示范基地授牌。
8. 桂剧《七步吟》入选 2010—2011 年度国家舞台艺术精品工程重点资助剧目。
9. 广西艺术代表团扭纲新加坡春到河畔演出。
10. 6 月 6 日，广西第十六届“八桂群星奖”颁奖晚会。

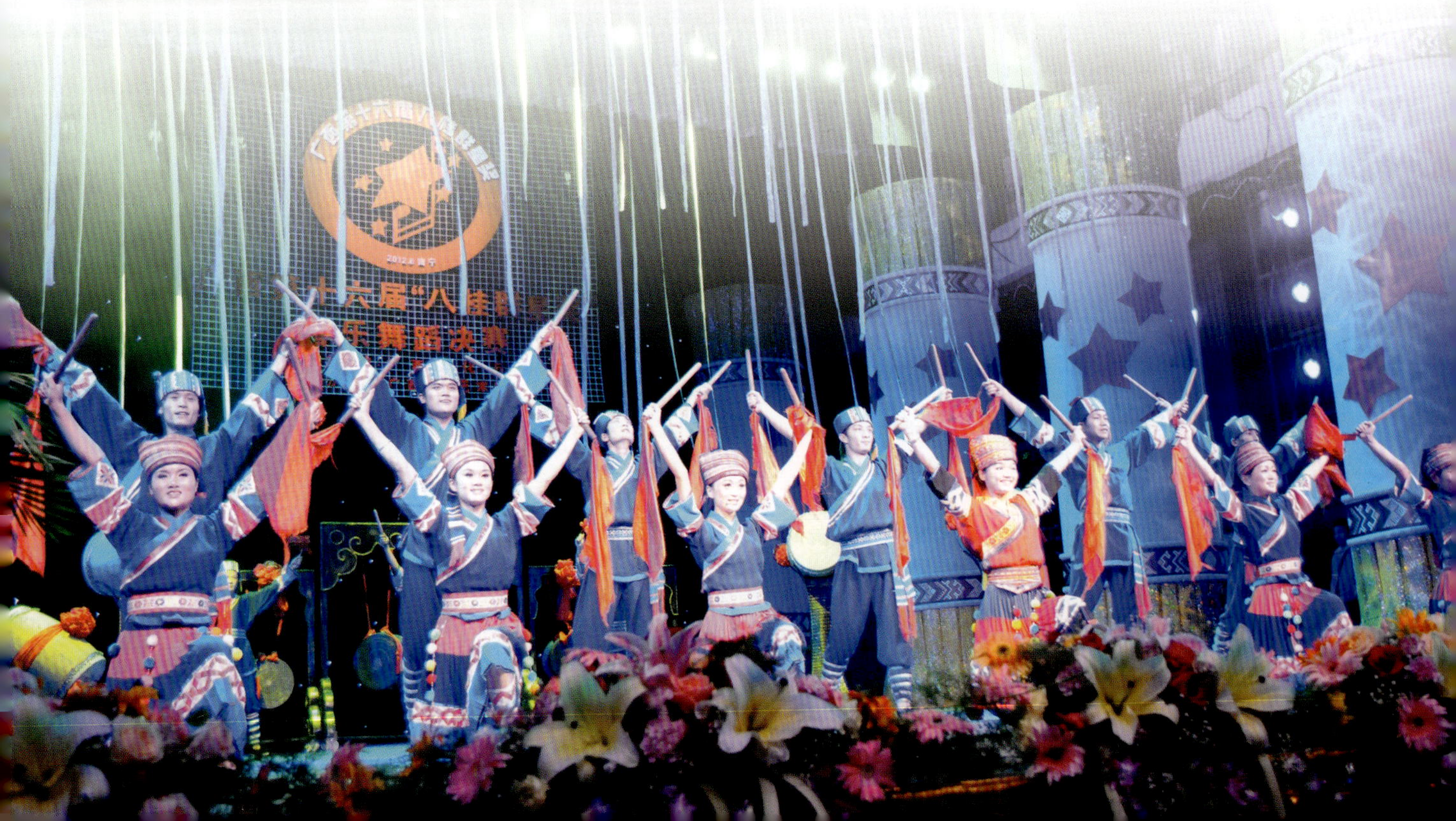

四川省文化厅

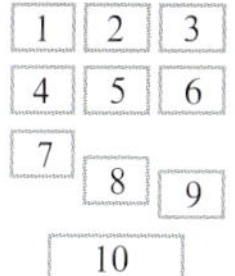

1. 4 月 29 日，“再生——国际摄影师看汶川地震灾后重建”摄影展在国家博物馆西大厅举行开幕仪式。
2. 全国人大常委会副主任陈昌智、全国政协副主席张梅颖观看“再生——国际摄影师看汶川地震灾后重建”摄影展。
3. 2 月 23 日，全省文化工作会议召开，副省长黄彦蓉出席会议并讲话。
4. 3 月 31 日，全省文化产业发展大会在成都召开。省委副书记、省长、省文化体制改革和文化产业发展领导小组组长蒋巨峰出席会议并讲话。省委副书记李春城主持会议。省人大常委会副主任张东升、副省长黄彦蓉、省政协副主席陈杰出席会议。
5. 5 月 10 日，中共四川省委书记、省人大常委会主任刘奇葆与国家开发银行董事长陈元共同出席四川省人民政府、国家开发银行高层联席会议暨天府新区建设、文化产业发展合作备忘录。
6. 1 月 20 日，由四川省文化厅举办的“文化伴你行、情暖农民工”2012 年四川农民工新春文化系列活动启动仪式在彭州举行。
7. 10 月 26 日，由中共四川省委、四川省人民政府主办的四川省迎接中国共产党第十版次全国代表大会胜利召开大型文艺晚会《永远跟党走》在省体育馆隆重上演。
8. “天府情深——四川“群星奖”音乐舞蹈大赛暨农民工文艺汇演。
9. 屏山县石柱地遗址发掘现场。
10. 达州现场群众跳广场舞。

贵州省文化厅

1	2	3
4	5	6
	7	
	8	

1. 贵州省文化厅与国开行贵州省分行签署发展合作协议。
2. 赴德江县宣传贯彻党的十八大精神文艺演出。
3. 第七届北京文博会贵州展区。
4. “华盛顿中国文化节·贵州文化周”开幕式演出。
5. 黎平堂安侗族生态博物馆资料信息中心开工仪式。
6. 话剧《天地文通》剧照。
7. 大型民族舞剧《天蝉地傩》剧照。
8. 中国·雷山苗年暨鼓藏节开幕式。

海南省文化广电出版体育厅

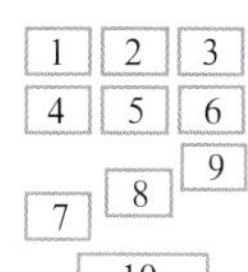

1. 2012年5月，省委常委、秘书长许俊到省艺术学校调研。
2. 朱寒松厅长赴澄迈县调研文化工作。
3. 海南省基层文化干部培训班。
4. 文化部公共文化服务体系示范区督查组赴澄迈县检查工作。
5. 第八届泛珠三角区域合作与发展论坛文化合作专题磋商会。
6. 海南椰雕生产性保护示范基地展厅。
7. 歌舞厅。
8. 琼剧《琼州海瑞》演出剧照。
9. 黎族歌舞诗《黎族故事》演出剧照。
10. 海南省博物馆。

重庆市文化广播电视局

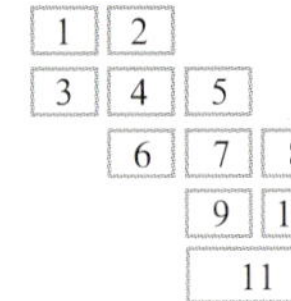

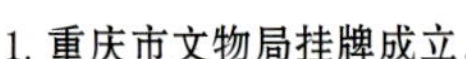

1. 重庆市文物局挂牌成立。
2. 《重庆市非物质文化遗产条例》贯彻实施新闻发布会。
3. 重庆电影集团授牌仪式。
4. 市图书馆为社区居民免费赠书活动。
5. 全面完成 120 处重要抗战革命遗址抢救维修工程。
6. 重庆市首届社区文化艺术节在大渡口区举行。
7. 国泰艺术中心主体建成暨交接仪式。
8. 红岩革命历史博物馆成功晋级为国家一级博物馆。
9. 成功举办海峡两岸文物交流 20 周年“走进三峡”纪念活动。
10. “中德文化年”重庆文化周活动。
11. 涪陵白鹤梁水下博物馆。

甘肃省文化厅

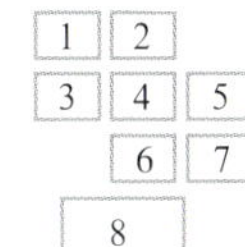

1. 7月19日—25日，“艺海流金——走近敦煌”大型对港澳文化交流活动在甘肃省成功举办。文化部党组成员、部长助理高树勋，甘肃省委常委、副省长咸辉，国务院港澳办副主任周波，港澳嘉宾团团长启动活动。
2. 2月23日，省委书记王三运，副书记欧阳坚等观看舞剧《丝路花雨》后与演员亲切交谈。
3. 4月15日，甘肃省演艺集团公司挂牌成立。省委常委、省委宣传部部长连辑，省委常委、副省长咸辉，省人大常委会副主任朱治良，省政协副主席栗震亚等出席。
4. 7月，甘肃省话剧院有限责任公司原创大型话剧《天下第一桥》在甘肃大剧院成功首演。
5. 9月11日—14日，全国人大教科文卫委员会委员、原中国文联党组书记李牧，文化部副部长王仲伟率全国人大代表、国家有关部委负责同志组成的11届全国人大调研组来我省考察。
6. 4月，纪念中日邦交正常化40周年中日国民交流友好年开幕式在日本东京举行，舞剧《丝路花雨》演出获得成功，中国政府特使、文化部蔡武部长观看演出并接见演职人员。
7. 11月，第六届中国西北五省区秦腔艺术节在兰州成功举办。
8. 6月22日，甘肃省公祭中华人文始祖伏羲大典在天水举行。

青海省文化和新闻出版厅

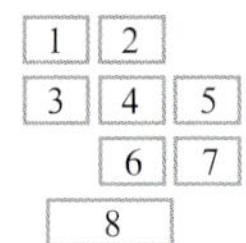

1. 非遗调查培训班。
2. 文物工作现场办公。
3. 纪念玉树地震 2 周年活动。
4. 话剧《春回玉树》。
5. 《藏舞京典》剧照。
6. 参加展会现场表演。
7. 民间工艺品制作。
8. "莲生妙相"青海唐卡精品展。

云南省文化厅

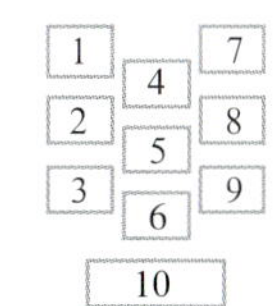

1. 文化部党组副书记、副部长赵少华为第三届“中国（福保）乡村文化艺术节”致辞。
2. 省委书记、省人大常委会主任秦光荣对云南文艺院团改革发展情况进行调研并作重要指示。
3. 第十三届亚洲艺术节授旗仪式。
4. 云南省副省长高峰宣布云南省第三次全国文物普查成果展开幕。
5. 非遗展——白族手工刺绣。
6. 云南话剧院有限责任公司揭牌。
7. 云南省政府与文化部在北京举行文化工作汇报会。
8. 云南省花灯剧院有限责任公司揭牌。
9. 云南省滇剧院大篷车到红河县阿扎河乡演出。
10. 反映各族人民一路欢歌走向繁荣与富强的第三届中国（福保）乡村文化艺术节开幕式节目——《幸福路上》。

陕西省文化厅

1 2
3 4 5
6 7 8
9 10
11

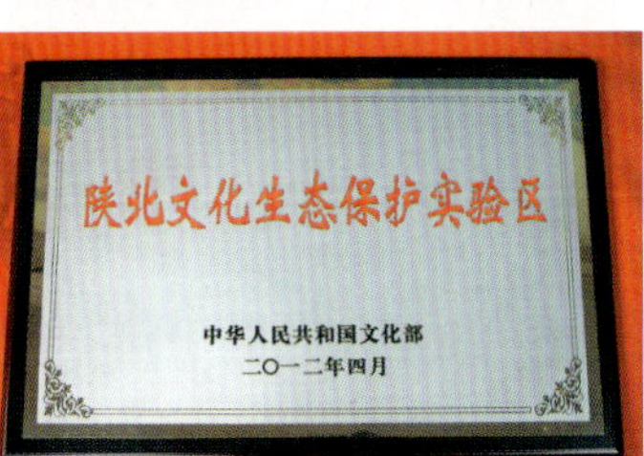

1. 赵正永省长在文化系统调研。
2. 9 月 14 日，摄影：薛铂（陕西画报）。
3. 少年儿童观看非遗展。
4. 热情的土耳其观众随着中国木偶起舞。
5. 6 月 15 日，县剧院《斩秦英》。
6. 第三届西博会。
7. 第六届西博会陕西展馆。
8. 第六届西博会项目推介李军民副厅长主持会议。
9. 国家级文化产业示范基地命名张民领牌。
10. 陕北文化生态保护实验区。
11. 第三届少儿艺术节。

宁夏回族自治区文化厅

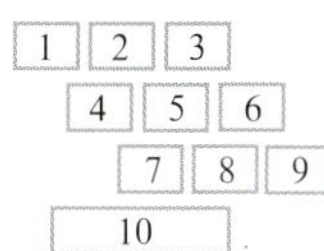

1. 第四届中国（宁夏）国际文化艺术旅游博览会暨感恩母亲河活动隆重开幕。
2. 文艺院团进景区签字仪式。
3. 宁夏首届少数民族文艺调演举行。
4. 全区群众优秀文艺节目汇报演出暨颁奖晚会。
5. 秦腔现代剧《花儿声声》首演。
6. 音乐剧《西夏之恋》搬上舞台。
7. 全国政协副主席陈奎元视察三关口长城。
8. 2012宁洽会暨第三届中阿经贸论坛中阿文化产业发展合作论坛。
9. 第二届“黄河大合唱”合唱邀请赛。
10. 第十届中国西部民歌（花儿）歌会。

中华回乡 魅力永宁

新疆维吾尔族自治区文化厅

1.新疆维吾尔自治区党委书记张春贤参观"人性与爱·李自健油画祖国巡展新疆展"。

2.第十一次百日广场文化活动竞赛启动仪式。

3."中国·新疆·克孜勒苏玛纳斯论坛"在伊犁州新源县举办。

4.新疆好·新疆美术作品展。

1 2
3 4
5 6
7

5.文化产业战略合作签约。

6.乌鲁木齐市图书馆馆长靳艺星接受上海图书馆的图书捐赠。

7.《美丽新疆》在基层巡演。

目 录
Contents

重要讲话

在新的历史条件下继承和弘扬《讲话》精神　奋力开拓中国特色社会主义文化发展道路 …… 李长春 3
在中国国家博物馆建馆100周年纪念大会上的讲话 …… 刘云山 10
在2012年国际古迹遗址理事会顾问委员会会议开幕式上的致辞 …… 刘延东 13
深入学习贯彻党的十七届六中全会精神　为建设社会主义文化强国打下坚实基础 …… 蔡 武 15
在全国国有文艺院团体制改革工作座谈会上的讲话 …… 蔡 武 31
全面贯彻落实十七届六中全会精神　努力实现对外文化工作新跨越 …… 赵少华 36
积极进取　锐意改革　创新发展　全面推进文化市场综合执法规范化建设 …… 王仲伟 45
学习贯彻十八大精神　扎实推进文物事业科学发展 …… 励小捷 51
在文化部惩治和预防腐败体系建设年活动推进会上的讲话 …… 李洪峰 59
在国家公共文化示范区创建工作现场经验交流会上的讲话 …… 杨志今 64
在国家级非物质文化遗产代表性项目自查工作汇报会上的讲话 …… 王文章 69
在2012年全国艺术创作工作会议上的总结讲话 …… 董 伟 73
践行十八大精神　建设“平安故宫” …… 单霁翔 77

重要会议

全国文化厅局长会议……81
全国文化系统国有文艺院团体制改革工作座谈会……81
中国和巴西高层协调与合作委员会第二次会议……81
全国文化体制改革工作会议……81
文化部2012年党风廉政建设工作会议……81
《文化部“十二五”时期文化产业倍增计划》新闻发布会……82
全国文化系统体制改革工作视频会议……82
2012年对港澳台文化工作研讨会……82
扶持动漫产业发展联席会议……82
第四次中日韩文化部长会议……83
第三轮中美人文交流高层磋商……83
首届中国—东盟（10+1）文化部长会议及第五届东盟—中日韩（10+3）文化部长会议……83
文化部惩治和预防腐败体系建设年活动推进会……83
上海合作组织成员国文化部长第九次会晤……83
首届中非合作论坛——文化部长论坛……84
全国文化厅局长座谈会……84
全国文化系统国有文艺院团体制改革工作座谈会……84
2012年度国家社科基金艺术学项目评审会……84
中国和乌兹别克斯坦人文合作分委会第一次会议……85
中国和土库曼斯坦人文合作分委会第二次会议……85
全国文化系统惩治和预防腐败体系建设工作经验交流会……85
2012年国家级文化产业园区基地命名授牌会议……86
全国文化体制改革工作表彰大会……86
全国国有文艺院团体制改革经验总结交流视频会议……86
中俄人文合作委员会文化合作分委会第十二次会议……86
赵少华副部长随同刘延东国务委员出席中俄合作委员会第十三次会议……86

中哈合作委员会文化和人文合作分委会第八次会议 86
赵少华副部长随同王岐山副总理出席中哈合作委员会第六次会议 87
全国文化系统对外文化贸易工作会议 87
海外中国文化中心2012年度工作年会 87
2012年全国艺术创作工作会议 87

重大活动

2012土耳其中国文化年 91
德国“中国文化年” 91
国家舞台艺术精品工程授牌仪式 91
中泰文化交流品牌：泰国欢乐春节文化活动 91
国家级非物质文化遗产生产性保护示范基地颁牌仪式 91
中欧文化对话年 92
中国非物质文化遗产生产性保护成果大展观众超过16万人次 92
十七大以来中国动漫产业发展成果展 92
国家对外文化贸易基地成立 93
第二届中国阿拉伯合作论坛中国艺术节 93
中日国民交流友好年 93
中韩友好交流年 93
第30届中国洛阳牡丹文化节 93
第四届全国青少年民族乐器演奏比赛 94
中蒙互办“中国文化月”、“蒙古文化月” 94
2012中国义乌文化产品交易博览会 94
《文化部“十二五”时期文化改革发展规划》正式出台 94
第八届中国（深圳）国际文化产业博览交易会 95
从延安走来——纪念毛泽东同志《在延安文艺座谈会上的讲话》发表70周年美术作品展览 95

“2012非洲文化聚焦”活动……95
第七届全国儿童剧优秀剧目展演……95
上合组织成员国艺术节——非遗和传统文化展示……96
中国非物质文化遗产保护讲座周、中国非物质文化遗产典籍记忆系列展开幕……96
2012年“根与魂——中国非物质文化遗产展演”……96
澳大利亚“中国文化年”……96
胡锦涛主席特使文化部长蔡武出访布隆迪……97
第五届中国昆剧艺术节和第五届中国苏州评弹艺术节……97
庆祝香港回归十五周年文艺晚会……97
第八届中国国际动漫游戏博览会……97
2012年“艺海流金——走近敦煌”……97
第六届中国原生民歌大赛……98
中泰文化交流品牌：第五届“中泰一家亲”音乐歌舞晚会……98
“讴歌伟大时代，艺术奉献人民——2012年全国优秀剧目展演”……98
2012年国家艺术院团优秀剧目展演……98
第十届全国声乐比赛……98
第十届“桃李杯”舞蹈比赛……99
2012年俄罗斯“中国文化节”……99
第三届中俄文化大集……99
全国京剧优秀青年演员折子戏展演……99
全国非物质文化遗产传统技艺类项目生产性保护培训班山西太原开班……99
第二届优秀保留剧目大奖评选……100
第二届中国——亚欧博览会“中外文化展示周”……100
2012年全国优秀剧目展演艺术创作座谈会……100
第二届中国非物质文化遗产博览会……100
第三届中美文化论坛……101
第六届中国西部文化产业博览会……101
第二届全国青少年钢琴比赛……101
2012年“濠江月明夜——大型中秋晚会”、“香江明月夜——大型中秋晚会”……101

"华艺新颜"大型中国文化展示活动……102
第十届全国青少年小提琴比赛……102
中俄舞台艺术对话活动……102
"我的音乐厅——外国经典音乐欣赏"项目首发式暨作品音乐会……102
"福建木偶戏后继人才培养计划"入选联合国教科文组织优秀实践名册……103
第七届中国北京国际文化创意产业博览会……103
文化部公布第四批国家级非物质文化遗产项目代表性传承人……103

文化工作综述

综　述……107
一、提前部署、周密安排，迎接党的十八大召开和学习贯彻十八大精神……107
二、文化体制改革阶段性任务全面完成，文化生产力得到进一步解放……107
三、坚持以人民为中心的创作导向，文艺创作生产取得社会效益经济效益双丰收……108
四、坚持保基本、强基层、建机制的思路，公共文化服务质量和水平不断提高……108
五、落实政策、搭建平台，推动文化产业成为新的经济增长点……109
六、服务水平和监管能力不断提高，文化市场发展更加规范有序……110
七、努力践行传承文明、服务社会、惠及民生宗旨，文物工作取得显著成绩……110
八、着力加强制度建设和完善工作体系，推动非物质文化遗产保护传承再上新台阶……111
九、大力推动文化与科技融合创新和融合发展，艺术科研和艺术教育服务文化建设取得新成绩……111
十、以加强统筹协调、整合资源、创新方式、打造品牌为重点，对外及对港澳台文化交流向全方位、多领域、深层次发展……111
十一、文化人才队伍建设不断加强，为社会主义文化大发展大繁荣提供了有力的组织保障和人才支撑……112
十二、全面推进各项保障工作，为文化建设营造良好环境……112
十三、进一步加强党的建设和反腐倡廉建设，营造昂扬向上的浓厚氛围和风清气正的良好风气……113

文化政策法规

文化政策综述……117
一、关于文化体制改革政策的研究与制定……117
二、关于公共文化服务体系建设政策的研究与制定……117
三、关于文化产业政策的研究与制定……118
四、关于规范文化市场发展政策的研究与制定……118
五、关于非物质文化遗产政策的研究与制定……118
文化法制工作综述……119
一、文化立法……119
二、文化法制宣传教育……122
三、依法行政工作……124
文化规划工作综述……125
一、推动《文化部“十二五”时期文化改革发展规划》编制及相关工作……126
二、加强全国文化系统规划工作的统筹协调……126
三、配合国家发改委等相关部门和地方政府推动区域性规划的编制和研究……126
四、开展区域文化发展调研……126
专　题……126
文化法规选编目录……126

文化体制改革

综　述……131
一、加大力度、加快进度，国有文艺院团体制改革阶段性任务全面完成……131
二、完善制度、开拓市场，经营性文化单位转企改制成果显著……133
三、创新机制、增强活力，公共文化服务能力不断提升……133
四、完善机构、加强监管，文化市场管理取得新突破……134
五、完善政策、加强引导，文化产业快速发展……135

六、拓宽渠道、加强交流，中华文化影响力进一步增强……135
七、理清职责、完善管理，政府职能进一步转变……136

公共文化服务

综 述……139
一、国家公共文化服务体系制度设计研究工作取得阶段性成果……139
二、国家公共文化服务体系示范区（项目）创建工作稳步推进……140
三、公共文化设施免费开放工作成效显著……141
四、大力推进基层文化队伍培训……144
五、大力实施数字文化惠民工程……145
六、组织开展2012年中国图书馆年会……147
七、广泛开展丰富多彩的群众文化活动……149
八、进一步推进文化志愿服务工作……150
九、切实保障农民工文化权益……152
文 件……153
文化部关于通报表扬2012年农民工文化服务示范项目的决定……153
全国文化志愿服务组织工作成绩突出单位、全国基层文化志愿服务活动优秀项目和2012年“春雨工程”——全国文化志愿者边疆行示范项目的通报……154

专业艺术

综 述……161
一、坚持正确方向……161
二、推出精品佳作……161
三、实施重点项目……161
四、改进评奖工作……161

五、推动改革创新……162
六、加强人才建设……162
七、服务人民群众……162
专　题……162
国家舞台艺术精品工程授牌仪式……162
第二届优秀保留剧目大奖评选……163
讴歌伟大时代，艺术奉献人民——2012年全国优秀剧目展演……163
文化部2012年全国优秀剧目展演艺术创作座谈会……163
第五届中国昆曲艺术节、第五届中国苏州评弹艺术节……163
第七届全国儿童剧优秀剧目展演……164
全国京剧优秀青年演员折子戏展演……164
第十届全国声乐比赛……164
第一届李德伦全国指挥比赛……164
蔡武部长与部分国家艺术院团、全国文艺家协会负责人在京座谈……165
第十届中国艺术节筹备工作第一次部省联席会议……165
第十届中国艺术节筹备工作第二次部省联席会议……165
第十六届全国音乐作品（交响乐）评奖颁奖仪式暨部分获奖作品音乐会……166
第三十届中国洛阳文化节和第二届文化部推荐优秀剧目展演月……166
《美丽新疆》音乐会全国巡演……166
新疆十二木卡姆交响音乐会……167
陈爱莲舞蹈艺术60周年系列活动启动……167
李谷一从艺50周年音乐会……168
2012年全国美术馆馆藏精品展出季……168
邓拓捐赠中国古代绘画珍品特展……168
新疆好·新疆美术作品展……168
“在当代·2012中国油画双年展”和“最绘画——中国青年油画作品展”……169
大器“玩”成——中国美术馆藏民间玩具精品展……169
中国美术馆举办张漾兮、力群捐赠纪念活动……170
中国当代著名画家中原行作品展……170

中国杂技艺术振兴规划（2011－2015）……170

文化市场

综 述……175
一、推进文化市场管理信息化……175
二、推进综合执法规范化……175
三、规范文化市场有序发展……176
四、完善文化市场机制建设……176
专 题……177
一、2012年娱乐和演出市场管理和发展概况……177
二、2012艺术品市场年度报告摘要……179
三、《2012中国网络游戏市场年度报告》摘要……193
四、《2012中国网络音乐市场年度报告》摘要……196
五、《2012中国网吧市场年度报告》摘要……198
六、2012年全国文化市场综合执法工作情况……200

文化产业

综 述……205
一、实施规划引领，文化产业政策体系逐步完善……205
二、加强园区基地建设，骨干企业引领示范作用进一步显现……205
三、以重大文化产业项目为抓手，加快特色文化产业发展……205
四、深入推进完善文化产业投融资各项工作……205
五、多措并举，促进动漫等新兴文化产业快速发展……205
六、扎实推进文化产业公共服务平台建设……205

七、进一步加强理论研究和人才培养工作……206
专　题……206
《文化部“十二五”时期文化产业倍增计划》发布……206
扶持动漫产业发展部际联席会议办公室印发《“十二五”时期国家动漫产业发展规划》……207
《文化部关于鼓励和引导民间资本进入文化领域的实施意见》发布……207
第四批国家级文化产业示范（试验）园区和第五批国家文化产业示范基地命名授牌……208
“十七大以来中国动漫产业发展成果展”顺利举办……208
国家级文化产业博览会再创佳绩……209
特色文化城市发展论坛成功举办……209
“国家动漫品牌建设和保护计划”启动实施……210
国家级文化产业研究中心（基地）联席会议……210
深入开展人大重点建议调研工作……210
部行合作工作进一步深化……211
重要文件……212
文化部“十二五”时期文化产业倍增计划……212
文化部关于撤销4家单位国家文化产业示范基地命名的通知……224
文化部关于鼓励和引导民间资本进入文化领域的实施意见……224
“十二五”时期国家动漫产业发展规划……226
文化部关于命名第四批国家级文化产业示范（试验）园区的决定……233
文化部关于命名第五批国家文化产业示范基地的决定……233
文化部关于公布2012年通过认定的重点动漫产品名单的通知……235
文化部　财政部　税务总局关于公布2012年通过认定的动漫企业和重点动漫企业名单的通知……236
文化部　财政部　海关总署　税务总局关于公布2012年获得进口动漫开发生产用品免税资格的动漫企业名单的通知……238
文化部关于公布2012年国家动漫品牌建设和保护计划评选结果的通知……239

文化科教

综　述……243
一、依托部际会商合作机制，争取国家科技支撑计划资金支持6000余万元……243
二、联合认定首批文化和科技融合示范基地，引导和推动文化科技融合发展……243
三、发布《文化部“十二五”文化科技发展规划》，描绘文化科技发展新蓝图……243
四、完成第四届文化部创新奖评审及颁奖，获奖项目引领文化创新新潮流……243
五、创新科研管理手段，提高“国家文化科技提升计划”等项目日常管理科学化水平……244
六、开展艺术学项目评审立项，促进优秀科研成果的转化应用……244
七、全面开展艺术研究院所调研，汇编《全国艺术科学规划项目成果》，整体规划学科建设……244
八、落实中央领导批示精神，组织专家、学者讨论“戏曲艺术”生存、发展问题……244
九、加强艺术职业院校专业建设，会同教育部遴选民族文化专业示范点……244
十、指导全国艺术教育科学发展，推动专业艺术人才培养……244
十一、进行全国青少年艺术比赛改革，充分发挥政府赛事的“导向性”、“示范性”作用……245
十二、组织实施“我的音乐厅——外国经典音乐欣赏”项目，圆满完成年度任务……245
专　题……245
全国艺术科学研究“十二五”（2011—2015年）规划……245
全国艺术科学各学科“十二五”规划重点研究课题目录……249
2012年度国家社会科学基金艺术学项目课题指南……250
文化部“十二五”文化科技发展规划……253

非物质文化遗产保护

综　述……259

一、研究制定《中华人民共和国非物质文化遗产法》相关配套规章……259
二、积极推进非物质文化遗产生产性保护……259
三、非物质文化遗产整体性保护扎实推进……260
四、评审认定第四批国家级非物质文化遗产项目代表性传承人……260
五、开展全国非物质文化遗产保护督导工作，加强国家级非物质文化遗产代表性项目的动态管理……260
六、修订《国家非物质文化遗产保护专项资金管理暂行办法》，开展2013年国家非物质文化遗产保护专项经费申报工作……260
七、组织开展第七个“文化遗产日”活动……261
八、与地方联合举办丰富多彩的非物质文化遗产宣传展示活动……261
九、联合国教科文组织非物质文化遗产名录项目申报取得新突破……261
专　题……261
文化部关于加强非物质文化遗产生产性保护的指导意见……261
关于印发《国家非物质文化遗产保护专项资金管理办法》的通知……263

对外文化交流

综　述……269
一、政府合作机制进一步深化，高层往来促进双多边关系发展……269
二、深层次思想文化交流规模大、影响广、效果佳……269
三、重大活动注重创新实效，质量水平提高……269
四、文化传播方式与时俱进，影响广泛……270
五、服务国内文化建设，提升“走出去”能力……270
六、注重顶层设计和机制建设，文化中心发展步伐加快……270
七、队伍建设常抓不懈，内部工作明显改进……270
专　题……271
双边文化交流……271
多边文化交流……284

中外文化传播……288
文化中心工作……289
文化贸易工作……290
文化交流协议文件与国际公约……291

对港澳台地区文化交流

综 述……295
一、对港澳工作方面……295
二、对台湾工作方面……296
双边文化交流……298
一、香港、澳门地区交流项目……298
二、2012赴台交流项目……304
三、2012台湾来访交流项目……324
四、营业性演出……326

文物事业

综 述……369
一、进一步做好事关全局的重点工作……369
二、进一步改善不可移动文物保护状况……369
三、进一步提升博物馆建设和社会服务水平……370
四、进一步增强文物安全防范能力……370
五、进一步推进人才、科技和对外交流工作……370
六、进一步夯实文物工作保障条件……371
专 题……371
全国文物工作会议……371
《文物保护法》执法检查……373

第一次全国可移动文物普查......373
国务院印发《关于进一步做好旅游等开发建设活动中文物保护工作的意见》......374
法制建设......375
宣传工作......375
执法督察......376
文物安全......376
文物保护维修......377
大遗址保护和国家考古遗址公园......378
世界文化遗产保护......378
考古工作......380
博物馆建设......381
社会文物管理......382
文物科技与信息化建设......383
对外交流与合作......384
党的建设......385
廉政建设......386
人才队伍建设......386
人事工作......387

财务工作

财务工作综述......393
一、突出重点、统筹兼顾，稳妥推进各项工作......393
二、坚持强化管理、开拓创新，提升财务管理水平......394
全国公共文化服务设施建设概述......395
一、全国公共文化设施建设稳步推进......395
二、基层文化设施建设项目仍是建设主体......396
三、地市级公共文化设施成为重点建设领域......396
四、国家重点文化设施建设进展顺利......396

文化人才队伍建设

综 述......399
一、以科学人才观为指导，扎实推进文化人才队伍建设......399
二、贯彻落实人才培训规划，创新人才培训模式，提高全国文化干部培训工作水平......400
三、进一步深化改革，不断改进和完善文化人才工作各项机制......402
四、以强化服务为着力点，加强与人才的沟通与联系......402
五、进一步加强人才信息化建设，及时掌握文化人才动态......403

文化党建

综 述......407
一、以基层组织建设年为载体，深入开展创先争优活动......407
二、认真推选出席党的十八大代表，深入学习贯彻党的十八大精神......408
三、大力宣传十七大以来文化部机关党建工作成果，为文化发展营造良好舆论氛围......409
四、开展坚定理想信念主题教育，提炼宣传单位核心价值理念......409
五、完成党员集中培训，大面积提高党员干部的思想政治素质和文化知识水平......410
六、加强作风建设和反腐倡廉建设，构建为民务实的清廉机关......411
七、大力开展群团工作，拓展党建工作覆盖面......411
八、以全国文化系统思想政治工作研究会为阵地，大力开展党的工作理论研究......412

文化反腐倡廉

综 述......415
一、认真学习贯彻十七届中央纪委七次全会精神和十八大精神......415
二、扎实开展“惩防体系建设年”活动，文化系统惩防体系基本框架初步建成......415
三、认真履行监督检查职责，保证文化事业健康发展......416

四、进一步完善反腐倡廉制度，加强廉政风险防控......416
五、加强反腐倡廉宣传教育，积极推进廉政文化建设......416
六、认真处理信访举报，严肃查办违纪违法案件......417
七、坚持以人为本、执政为民，扎实推进文化系统行业作风建设......417
八、强化党内监督，认真开展巡视工作......417
九、深入开展调查研究，提高反腐倡廉工作科学化水平......418
十、加强纪检监察干部队伍建设，提高纪检监察工作能力与水平......418
专　题......418
全国文化系统惩治和预防腐败体系建设年工作实施方案......418
巡视工作通知书......420

部属单位概况

文化部信息中心......425
一、加强团队建设，营造良好氛围，推进事业快速发展......425
二、深入调研，加强交流，统筹谋划文化系统信息化建设......425
三、立足本职，科学管理，确保部机关电子政务系统、视频会议系统、网吧监管平台等信息系统安全稳定运行......426
四、改进服务，苦练内功，努力提升信息化服务能力和保障水平......426
五、坚持正确舆论导向，提升公众服务能力，政府门户网站建设管理迈上新台阶......427
六、圆满完成了文化部委托的文化产品内容审查相关工作，为文化市场监管提供有力的技术支持......427
中国艺术研究院......427
一、以艺术科研为中心，完善科研创新机制，加强学科建设、全面推进学术发展......427
二、坚持正确的文艺创作方向，关注现实，与时代结合，推进艺术创作的繁荣发展......428
三、提高教学服务理念，发挥学术资源、教育资源优势，艺术教育工作稳步推进......428
四、搭建高端学术平台，建立长效交流机制，加强对台和对外文化交流与合作......429
五、统筹安排，合理布局，开阔视野，深入调研，推进非遗保护工作科学持续发展......429

六、倡导学术正气，引领学术风尚，期刊和出版呈现良好发展态势......430
国家图书馆......430
一、重要会议、重大活动......430
二、单位概况......432
故宫博物院......435
一、“平安故宫”工程......435
二、业务工作......436
三、内部管理......438
中国国家博物馆......438
一、习近平总书记率新一届中央政治局常委来国家博物馆参观“复兴之路”基本陈列并发表重要讲话，国内外反响巨大、意义深远，国博人深感鼓舞和鞭策......438
二、国家博物馆喜迎百年诞辰，胡锦涛总书记发来贺信，对国博给予高度评价并要求其发挥好三个重要作用，举世瞩目......439
三、新馆正式开馆，整体运转良好，赢得社会广泛赞誉......439
四、具有国博特色的陈列和展览体系初步建成，社会反响良好......439
五、“以人为本”的公众服务体系和安全保障体系建立并发挥良好作用......439
六、业务学术活动蓬勃开展，学术交流精彩纷呈......440
七、对外文化交流活动丰富多彩，国博文化软实力窗口作用凸显......440
八、进一步加强制度建设，着力加强内部程序和细节管理，各项管理工作上了新台阶......440
九、以百年馆庆为契机，国博百年简史编成出版，《国脉——中国国家博物馆100年》6集人文纪录片拍摄完成，按计划于2013年元旦播出......440
十、以建馆百年为契机和新起点，各项工作取得新成绩......440
中央文化管理干部学院......441
一、重点工作......441
二、工作亮点......443
中国文化传媒集团......444
一、围绕中心，服务大局，认真做好宣传报道工作......444
二、创新思路，锐意改革，努力提高企业适应市场的能力......445

三、扩大合作，拓宽业务，全力提升企业发展实力......446
国家京剧院......447
一、加强思想建设，牢记使命，坚定剧院建设发展方向，全面推进各项工作......447
二、努力推进人事制度、分配制度、以目标管理为重点的管理机制三项改革......447
三、着力推动剧目建设、人才建设、市场开发、民生工程四项重点工作......447
中国歌剧舞剧院......449
一、开拓演出市场，演出收入继续增长......449
二、努力创作精品剧目......449
三、认真完成政治演出及公益性演出任务......450
中国东方演艺集团有限公司......451
一、改革旗帜更加鲜明，改革之路备受关注......451
二、艺术生产精益求精，市场之路越走越宽......451
三、三大体系成效显著，现代企业格局分明......452
四、以人为本开创新局，多项并举人才第一......452
五、延伸文化产业链条，开拓全新发展阵地......453
中国交响乐团......453
一、欧洲巡演“惊艳”世界......453
二、音乐季演出精彩纷呈......453
三、公益演出屡获赞誉......454
四、改革创新成效显著......454
五、合唱团艺术水平不断提升......454
六、北京音乐厅平稳发展......455
中国儿童艺术剧院......455
一、狠抓创作和演出，实现经济效益和社会效益双丰收......455
二、打造国家品牌，第二届“中国儿童戏剧节”圆满成功......456
三、开拓国际市场，儿童戏剧对外交流实现新突破......456
四、改革创新机制，创造了生机勃勃的新局面......456
五、加强党的建设，为剧院科学发展凝聚力量......457
六、获奖丰富喜人，全院创作演出热情日益高涨......457

中央芭蕾舞团......457
一、立足本土，面向国际，不断思考，继续探索符合中芭团情的艺术发展模式......457
二、定位国际主流剧场，参与世界顶尖赛事，扎实有效地通过“走出去”扩大剧团知名度、增强国家影响力......458
三、明确剧团定位，履行国家使命，增强社会效益，树立公益品牌，进一步巩固艺术教育成果......459
四、着眼长远，“六管齐下”，引导演职员工牢固树立社会主义核心价值理念，将人才培养工作落到实处......459
五、深入学习、贯彻、落实党的十八大精神，围绕中心工作，发扬中芭精神，牢固树立社会主义核心价值理念......459
中国美术馆......460
一、坚持精品意识，提高展览质量，形成“好戏连台、精品纷呈”的展览面貌......460
二、加强公共教育，创新教育手段，提高教育的针对性与有效性......460
三、构建国家美术收藏序列，弘扬捐赠善举，增强藏品的修复、研究和利用......461
四、通过主渠道大力开展国际交流与合作，增强在国际美术界的影响力......461
五、坚持学术立馆，注重媒体宣传，加强观众拓展，强化公共服务......462
六、提高综合管理效率与水平，推进人才队伍建设，加大后勤保障支持力度......463
七、建设学习型党组织，加强党风廉政建设，密切联系群众，增强党组织的凝聚力、战斗力......463
八、不断完善新馆设计方案，稳步推进新馆建设......463
中国国家画院......464
一、紧抓创作、研究两项核心工作......464
二、教学培训工作......465
三、收藏工作......465
四、对外文化交流......465
五、深入基层开展系列活动......465
六、开展公益性活动......466
七、基础设施建设顺利开展......466
八、拍摄电视专题片......466

中国动漫集团有限公司……466
一、联系实际，学习贯彻十七届六中全会和十八大精神……466
二、力求规范，推进重大事项、决策的科学和高效……466
三、突出重点，做好国家动漫游戏综合服务平台筹备建设……467
四、实施动漫游戏节目制作与推广等业务和项目……468
文化部恭王府管理中心……469
一、强化制度建设，提高管理保障能力……469
二、业务建设再上台阶，外展交流初现异彩……469
三、立足创新，优化产业经营模式……470
文化部文化艺术人才中心……471
一、基本情况……471
二、2012年取得的主要成绩……471
文化部艺术发展中心……473
一、树立精品意识，坚持艺术的高品质与多样性的有机结合，不断满足人民群众日益增长的文化需求……473
二、坚持解放思想，转变观念，科学发展，创新机制，积极开展党群工作，为事业发展提供坚强保证……475
三、统筹兼顾，多元经营，服务大局，收益显著……475
国家清史纂修领导小组办公室……476
一、强化项目管理，《清史》审改工作取得新进展……476
二、加强经费管理，完善内部控制，提高预算执行力度……476
三、调整裁撤机构，充实审改工作力量……476
四、做好档案文献成果的出版，推进主体项目出版启动……476
五、整合档案图书资源，提升科学化管理水平……476
六、加强信息技术建设，完成清史编纂平台设计调试……477
七、做好《清史参考》编发工作，进一步提高社会影响力……477
八、完善机制，加强队伍建设，为清史纂修工作提供保障……477
九、改善文化部艺术创作活动中心基础设施，做好暑期休假接待工作……477
中外文化交流中心……477

一、基本情况……477
二、工作思路、举措和成效……478
中国艺术科技研究所……479
一、明确文化与科技融合的总体思路，大力推进各项业务工作的进展……479
二、 在研项目稳步推进，不断推出新亮点……480
三、打造产学研基地，加强对外交流与服务……481
四、开展公益性活动，服务奉献社会……482
五、美术考级工作稳步推进……482
文化部全国公共文化发展中心……482
一、认清形势，把握机遇，加快推进文化共享工程转型……482
二、全力以赴、扎实推进公共电子阅览室建设再上新台阶……482
三、认真落实文化部交办的各项具体工作……483
四、创新工作方法，加快资源建设步伐……483
五、深化队伍培训，探索以培训带动服务的新思路……483
六、组织开展“践行雷锋精神，推动惠民服务”系列活动……483
七、总结十年，加大宣传，精心策划纪念活动……484
八、认真落实知识产权保护课题等相关研究专项……484
九、积极开展道德领域突出问题专项教育和治理活动……484

地方文化建设

北京市……487
一、围绕迎接、宣传、贯彻党的十八大，文化发展的顶层设计切实加强，全社会文化资源有效整合，文化活力竞相迸发，文化推动能量大大释放，文化创新进入活跃期……487
二、社会主义核心价值更加深入人心，党的十八大精神、北京精神得到弘扬……487
三、公共文化服务体系建设更加完善，文化惠民工程内容丰富，服务水平全面提升……488
四、首都文化经济形态初现，文化创意产业迅猛发展……489

五、文化体制改革稳步推进，文化市场管理不断加强，有力维护了首都文化市场秩序......490
六、深入学习宣传贯彻落实党的十八大精神，党的建设和文化工作队伍建设日益加强......490
天津市......491
一、天津文化中心建成开放......492
二、公共文化服务体系建设迈上新台阶......492
三、文化体制改革扎实推进......493
四、艺术创作演出繁荣活跃......493
五、文化产业和文化市场发展呈现新亮点......494
六、文化遗产保护全面推进......494
七、对外文化交流进一步扩大......495
八、党的建设和文化人才队伍建设进一步加强......495
河北省......496
一、文化品牌活动在服务大局中彰显独特作用......496
二、公共文化服务在改善民生中发挥积极效应......497
三、文化遗产保护在构建科学保护体系中取得显著成绩......498
四、文化产业在推动经济转型升级中加快发展壮大......499
五、文化市场管理在完善机制中不断提升水平......499
六、文化体制改革在推动文化创新中实现阶段突破......500
七、文化交流活动在拓展渠道中实现稳步发展......500
山西省......500
一、文化体制改革深入推进，跻身于全国第一方阵......501
二、公共文化服务体系不断完善，文化惠民取得显著成效......501
三、文艺创作亮点纷呈，在全国引起强烈反响......501
四、非物质文化遗产保护稳步推进，优势资源得到有效弘扬......502
五、文化产业发展步伐加快，迈入与全国同步发展新时期......502
六、对外文化交流日趋活跃，山西文化影响力显著提升......502
七、文化人才战略强力实施，队伍规模不断壮大......503
八、文化政策和市场管理不断创新，文化发展环境明显优化......503
九、主题教育反腐倡廉常抓不懈，队伍作风和素质建设不断提高......503

十、社会基础工作齐头并进，促进文化建设全面发展......503
内蒙古自治区......504
一、公共文化服务体系建设......504
二、艺术创作和舞台演出......504
三、文化遗产保护......505
四、文化市场监管......506
五、文化产业......507
六、文化体制改革......507
七、对外文化交流......508
辽宁省......508
一、文艺创作演出亮点纷呈......508
二、公共文化服务成效显著......509
三、文博事业成绩斐然......510
四、非物质文化遗产保护成绩突出......510
五、文化市场管理与执法水平不断提高......511
六、文化产业发展势头良好......511
七、对外、对港澳台文化交流工作取得新突破......512
八、文化体制改革取得新成绩......512
九、干部选拔推荐工作顺利完成......512
十、立法、制定规划工作加速......512
十一、各项经费投入大幅增长、文化基础设施建设迅速推进......512
十二、党建工作、廉政建设扎实开展......513
吉林省......513
一、专业艺术......513
二、文化产业......514
三、社会文化和图书馆事业......514
四、非物质文化遗产保护工作......515
五、对外文化交流......515
六、文物考古和博物馆事业......515

七、文化基础设施......515
八、文化体制改革......515
黑龙江省......515
一、抓建设强服务，公共文化服务体系建设稳步推进......516
二、抓规划重引导，艺术创作生产成果丰硕......516
三、抓重点打基础，文化遗产工作取得突破性进展......516
四、抓申报重服务，文化产业健康发展......517
五、抓管理重建设，文化市场规范有序发展......518
六、抓项目树品牌，对外文化交流和贸易呈现新局面......518
七、抓重点攻难点，文化体制改革取得阶段性成果......519
八、抓基础促长远，艺术教育科研和人才培养工作迈上新台阶......519
上海市......520
一、文化项目建设取得新成效......520
二、文化惠民实现新突破......520
三、文化产业形成新态势......520
四、文博工作呈现新亮点......521
五、文化管理服务再上新台阶......521
江苏省......521
一、艺术生产创作......521
二、公共文化服务体系建设......522
三、文化市场管理......523
四、文化产业发展......523
五、文化遗产保护......524
六、对外文化交流......524
七、文化人才和干部队伍建设......524
浙江省......525
一、认真学习贯彻党的十八大和省第十三次党代会精神，积极谋划和加快推进文化强省建设重点工作......525
二、大力推进文化惠民工程，覆盖城乡的公共文化服务体系基本形成......525

三、强化文艺繁荣措施，文艺创作取得丰硕成果......526
四、推动重点领域改革实现重大突破，文化体制改革阶段性任务完成......527
五、着力营造良好的发展环境，文化产业发展取得积极进展......527
六、深入实施浙江省文化遗产传承计划，文化遗产保护取得丰硕成果......528
七、持续推动文化“走出去”，对外及对港澳台文化交流频繁活跃......528
八、全面推进各项保障工作，文化队伍建设和机关建设进一步加强......529
安徽省......529
一、公共文化服务体系进一步完善......529
二、艺术创作生产成绩显著......530
三、文化遗产保护成绩喜人......531
四、文化产业保持良好发展势头......531
五、文化市场健康发展......532
六、对外文化交流可圈可点......532
七、统筹推进文化事业全面发展......532
八、重大文化活动丰富多彩......533
福建省......534
一、谋求发展，文化体制改革扎实推进......534
二、创新提高，文化艺术进一步繁荣......535
三、加强建设，公共文化服务体系进一步完善......535
四、优化服务，文化产业实力进一步提升......536
五、规范管理，文化市场进一步规范......536
六、科学管理，文化遗产保护利用卓有成效......537
七、扩大开放，对外、对台文化交流进一步拓展......537
八、抓好抓实，党的建设、党风廉政、人才队伍、文化安全等工作成效显著......538
江西省......539
一、文化体制改革焕发新活力......539
二、艺术创作生产取得新成绩......539
三、文化设施建设迈上新台阶......539
四、公共文化服务实现新提升......540

五、文化遗产保护呈现新亮点……541
六、文化产业发展实现新跨越……541
七、文化市场呈现新变化……542
八、对外文化交流取得新突破……542
山东省……543
一、第十届中国艺术节筹备工作取得重要成果……543
二、实施公共文化服务体系建设工程成效明显……543
三、国有文艺院团改革阶段性任务全面完成……544
四、文化产业加快发展……544
五、文化市场综合执法规范化建设工程全面推进……545
六、非物质文化遗产保护工作深入扎实……545
七、文化科技创新和对外文化交流取得新进展……545
八、优秀文化宣传推介开创新局面……546
河南省……546
一、公共文化服务体系建设进一步完善……546
二、舞台艺术进一步发展繁荣……546
三、文化遗产保护利用进一步加强……547
四、文化产业发展进一步加快……547
五、文化市场管理更加繁荣有序……548
六、对外文化交流进一步拓展……548
七、基本完成文化体制改革阶段性任务……548
八、队伍素质进一步提升……548
湖北省……548
一、重大文化活动和文艺精品创作……549
二、公共文化服务体系建设……549
三、文化市场……550
四、文化产业发展……550
五、文化遗产保护……551
六、对外文化交流……551

七、文化体制改革……552
八、文化人才培养工程……552
湖南省……552
一、通过举办第四届湖南艺术节，促进了艺术创作，丰富了群众文化生活……552
二、攻坚克难，全面完成了文化体制改革阶段性任务……553
三、狠抓基础设施建设，一批具有时代意义的文化重点工程上马建设……553
四、公共文化服务水平明显提升，文化惠民工作取得新成效……554
五、群众文化活动如火如荼，品牌迭出……554
六、文化产业健康发展……554
七、文化遗产保护工作成果喜人……555
八、文化市场监管更加规范，综合执法全面展开……555
九、对外文化交流得到加强……555
十、创新文化工作机制，引导社会力量参与文化建设……556
广东省……556
一、社会文化……556
二、专业艺术……557
三、文化产业……558
四、文化市场……558
五、文化遗产保护……560
六、对外和对港澳台文化交流……561
七、博物馆……564
八、公共图书馆……564
九、美术馆……564
广西壮族自治区……564
一、文化体制改革成果显著……564
二、公共文化服务体系建设取得新进展……565
三、舞台艺术精品创作演出进一步繁荣……565
四、文化产业加速发展……566
五、文化市场发展繁荣有序……567

六、文化遗产保护迈上新台阶……567
七、文化交流合作深入开展……568
八、文化人才队伍建设取得明显成效……568
九、文化投入稳步增长……569
海南省……569
一、公共文化服务体系建设……569
二、艺术创作和演出……569
三、非物质文化遗产保护工作……570
四、文物考古和博物馆事业……570
五、文化市场管理……571
六、文化产业发展……571
七、对外文化交流……571
八、文化体制改革……572
重庆市……572
一、文化民生较好保障，文化活力逐步凸显，文化形象进一步提升……572
二、艺术创作持续发力，创作质量进一步提高，创作、展演、交流活力大幅提升……573
三、文化遗产保护迈上新台阶，文化底蕴日益彰显，优秀传统文化不断弘扬……574
四、文化产业快速增长，文化软实力显著提高，文化发展后劲显著增强……574
五、切实加强和改善党的建设，形成凝心聚力的发展氛围……575
四川省……576
一、舞台艺术……576
二、公共文化……579
三、文化产业……583
四、对外文化……585
五、文化市场……587
六、公共图书馆……590
七、博物馆事业……593
八、文物工作……597
九、文物考古与发掘……600

十、非物质文化遗产……603
贵州省……606
一、公共文化服务体系建设……606
二、艺术创作生产……606
三、文化遗产保护与合理利用……607
四、文化产业发展……608
五、文化市场管理……608
六、对外文化交流……608
七、文化体制改革……609
八、文化人才队伍建设……609
云南省……610
一、围绕大局、服务中心，政治地位明显提高……610
二、结合实际、不断创新，工作思路明显清晰……610
三、主动争取、奋发有为，财政投入明显加大……611
四、服务群众、倾心民生，基层建设明显改善……611
五、多措并举、多管齐下，人才队伍明显加强……611
六、加大力度、注重实效，效能业绩明显提升……612
西藏自治区……612
一、人民群众充分享受文化发展成果……612
二、群众性文化活动丰富多彩……613
三、文艺创作百花齐放……613
四、文艺精品层出不穷……613
五、文物保护持续加强……613
六、非物质文化遗产保护迈上新台阶……613
七、古籍保护工作有序开展……614
八、文化市场监管力度不断加大……614
九、特色文化产业加快发展……614
十、文化交流与合作全方位展开……614
十一、党建工作全面加强……615

十二、其他工作……615
陕西省……615
一、文艺创作生产异彩纷呈，文化活动丰富多彩……615
二、加强公共文化服务体系建设，保障人民群众基本文化权益……617
三、扎实开展非物质文化遗产工作，社会影响力增强……617
四、文化产业不断发展壮大，产业化效应日益凸显……618
五、加强完善制度建设，文化市场规范健康有序发展……619
六、对外文化交流渠道加速拓宽，陕西文化影响力增强……620
七、文化体制改革稳步推进，改革成效初步显现……621
八、学习贯彻落实十八大精神，扎实推进反腐倡廉，推进机关建设……621
甘肃省……622
一、文化政策和发展规划……622
二、公共文化服务体系建设……623
三、舞台艺术创演……623
四、文化产业发展……623
五、文化市场管理……624
六、华夏文明传承创新区建设……624
七、文化活动举办……624
八、文化人才队伍建设……624
九、文化体制改革……625
十、“联村联户、为民富民”工作……625
十一、效能风暴行动……625
青海省……626
一、公共文化服务体系建设……626
二、艺术生产……626
三、文化产业……627
四、文化市场……627
五、文化遗产保护……627

六、对外文化交流……628
七、文化体制改革……628
八、文化人才培养……628
九、党建工作……628
宁夏回族自治区……629
一、九项特色亮点工作……629
二、艺术创作生产……630
三、群众文化活动……630
四、文化惠民工程……631
五、文化产业发展……632
六、文化遗产保护传承……632
七、文化交流合作……632
八、文化科研……633
九、图书馆业……633
新疆维吾尔自治区……633
一、在公共文化服务体系建设方面，强基础、建机制，一手抓基础设施项目建设，一手抓公共文化服务体系效能建设，不断创新工作方法，提高服务质量和水平……633
二、在艺术创作生产上，积极加强引导，推动普及，一手抓文艺产品的创作生产，一手抓文艺产品的公益性惠民演出，文化创作活力持续迸发，社会文化生活更加丰富多彩……634
三、在文化产业方面，一手抓文化产业服务平台建设，一手抓文化企业建设，推动文化产业的发展壮大……634
四、在文化市场方面，一手抓繁荣，一手抓管理，文化市场体系建设水平进一步提高……634
五、在文化遗产保护方面，一手抓非物质文化遗产分类保护和工作体系建设，保护传承工作水平不断提高，一手抓文物考古、发掘、保护工作，文物工作取得新进展……635
六、在对外文化交流方面，一手抓“走出去”，一手抓“请进来”，使新疆文化对外影响力进一步增强……635

新疆生产建设兵团……635
一、推进公共文化服务体系，加强基层文化设施建设……635
二、深入开展“春雨工程”——全国文化志愿者边疆行活动……636
三、开展援疆慰问展演，展示兵团形象……637
四、组织“五个一工程”评选，推出一批文艺精品……637
五、积极开展文化活动，丰富职工群众文化生活……637
六、切实加强文物及非遗保护，推动文博事业新发展……639
七、不断创新工作机制，努力推进兵团文化市场和文化产业工作……640
八、认真开展调研，撰写调研报告……640

获奖名单

2012年度国家文化创新工程项目立项名单……643
2012年度“文化部科技创新项目”立项名单……644
2012年文化部科技创新验收项目一览表……645
2012年国家文化科技提升计划立项名单……646
2012年度国家社科基金艺术学项目立项名单……648
2012年度文化部文化艺术科学研究项目立项名单……652
第四届全国青少年民族乐器演奏比赛获奖选手名单……654
第十届“桃李杯”舞蹈比赛获奖名单……657
第十届全国青少年小提琴比赛获奖名单……662
第六届中国原生民歌大赛获奖名单……663
第二届全国青少年钢琴比赛获奖名单……666
2009—2010年度国家舞台艺术精品工程重点年度资助剧目名单……666
2010—2011年度国家舞台艺术精品工程资助剧目名单……667
第二届优秀保留剧目大奖获奖作品名单……668
第五届中国昆剧艺术节获奖名单……668
第五届中国苏州评弹艺术节获奖名单……669

"永远的辉煌"——第十四届中国老年合唱节荣誉名单......671
第七届全国儿童剧优秀剧目展演获奖名单......671
全国京剧优秀青年演员折子戏展演获奖名单......672
第十届全国声乐比赛获奖名单......673
全国文化市场十大案件办案单位名单......674
2012年度全国文化市场重大案件及办案单位名单......675
2012年度全国文化市场综合行政执法先进单位名单......678
2012年度全国文化市场综合行政执法优秀个人名单......678
第四批国家级文化产业示范园区和第二批国家级文化产业试验园区名单......680
第四届文化部创新奖获奖名单......680
第四批国家级非物质文化遗产项目代表性传承人名单......683

文化大事记

文化大事记......705

文化机构人员

部领导（截至2012年12月31日）......731
机关司局领导名单
（截至2012年12月31日）......731
部直属单位领导名单
（截至2012年12月31日）......731
北京市......733
天津市......734
河北省......734
山西省......736
内蒙古自治区......738
辽宁省......740
吉林省......741
黑龙江省......742
上海市......744
江苏省......744
浙江省......746
安徽省......747
福建省......749

江西省……750
山东省……752
河南省……754
湖北省……756
湖南省……758
广东省……760
广西壮族自治区……762
海南省……764
重庆市……764
四川省……765
贵州省……768
云南省……769
西藏自治区……771
陕西省……773
甘肃省……774
青海省……776
宁夏回族自治区……776
新疆维吾尔自治区……777
新疆生产建设兵团……779

索引

汉语拼音索引……780
数字索引……790
标点符号索引……790

中国文化年鉴

Almanac Of Chinese Culture

重要讲话

The Important Speech

在新的历史条件下继承和弘扬《讲话》精神 奋力开拓中国特色社会主义文化发展道路

——在纪念毛泽东同志《在延安文艺座谈会上的讲话》发表70周年座谈会上的讲话

李长春

（2012年5月23日）

今天我们在这里隆重集会，纪念毛泽东同志《在延安文艺座谈会上的讲话》发表70周年。中央对这次座谈会高度重视，胡锦涛总书记专门作出重要指示，深刻阐明《讲话》的历史地位和重要作用，高度赞扬70年来一代又一代文艺工作者作出的重要贡献，对新形势下进一步继承和弘扬《讲话》精神、繁荣发展社会主义文艺事业提出了明确要求。胡锦涛总书记的重要指示充分体现了党中央对文化工作的高度重视和对广大文艺工作者的殷切期望，必将鼓舞和鞭策广大文艺工作者沿着《讲话》指引的正确方向，在新的历史起点上推动社会主义文艺繁荣发展。

70年前，在延安整风期间，毛泽东同志亲自主持召开了由文艺工作者和中央各部门负责人参加的延安文艺座谈会，发表了重要讲话。《讲话》从马克思主义理论的高度，紧密结合中国革命的实际，系统总结了五四运动以来中国革命文艺运动的基本经验，鲜明地提出“我们的文学艺术都是为人民大众的，首先是为工农兵的”，从根本上回答了革命文艺的方向、道路等重大原则问题。《讲话》第一次科学、系统地阐述了党的文艺主张和文艺思想，深刻论述了文艺与人民、文艺与政治、文艺与生活、文艺与时代、内容与形式、继承与创新、歌颂与暴露、普及与提高、世界观与文艺创作等重要问题，提出了一系列富有创造性的理论观点，确定了党领导文艺工作的基本理论、路线、方针，是马克思主义中国化一篇彪炳史册的光辉文献。《讲话》作为毛泽东思想的重要组成部分，不仅是我们党领导文化建设和文艺工作的重要里程碑，也对整个中国革命事业的发展和胜利产生了广泛而深远的指导作用；不仅将我国革命文艺运动推进到了一个崭新的阶段，也为我们今天探索和开拓中国特色社会主义文化发展道路提供了重要的理论指南。此时此刻，我们回顾70年峥嵘岁月，重温毛泽东同志的《讲话》精神，联系当代中国文艺发展和文化建设的伟大实践，更加强烈地感受到《讲话》闪耀着永恒的思想光芒和跨越时空的不朽力量。

70年来，在《讲话》精神指引下，我们党始终把文艺事业摆在重要位置，高度重视、精心领导，并随着时代的发展不断提出新的战略思想，作出新的决策部署，团结带领广大文艺工作者推动社会主义文艺繁荣发展，取得了历史性的伟大成就。以毛泽东同志为核心的党的第一代中央领导集体，把文学艺术作为在争取民族独立、人民解放斗争中团结人民、战胜敌人的强大武器，作为鼓舞站起来了的中国人民建设社会主义新家园的冲锋号角，激励和引导广大进步作家、艺术家踊跃投身革命和建设的时代洪流，催生出一大批感人肺腑、影响深远的优秀文艺作品，开启了社会主义文艺的崭新纪元。以邓小平同志为核心的党的第二代中央领导集体，积极推动文化领域的拨乱反正，邓小平同志《在中国文学艺术工作者第四次代表大会上的祝词》指明了改革开放新时期社会主义文艺事业繁荣发展的正确道路，强调人民是文艺工作者的母亲，文艺要为培育“四有”新人作出贡献，文艺工作者要成为名副其实的人类灵魂工程师，把最好的精神食粮奉献给人民，文艺事业迎来了新的春天。以江泽民同志为核心的党的第三代中央领导集体，在全面推进中国特色社会主义伟大事业的进程中，积极推进社会主义文化建设，努力发展社会主义先进文化，要求作家、艺术家在人民的历史创造中进行艺术的创造，在人民的进步中造就艺术的进步，创作出更多无愧于伟大时代、无愧于伟大人民的优秀作品，广大文艺工作者满腔热情地讴歌时代发展和社会进步的主旋律，社会主义文艺园地百花竞放、繁花似锦。党的十六大以来，以胡锦涛同志为总书记的党中央在团结带领全国各族人民全面建设小康社会、开创中国特色社会主义事业新局面的伟大征程中，不断推进文化体制改革，不断深化对文化发展规律的认识，形成了文化改革发展的一系列新思想、新观点、新论断，号召广大文艺工作者把握时代前进脉搏，顺应历史发展要求，把艺术追求融入国家发展的洪流之中，把文艺创造寓于时代的进步之中，满腔热情地讴歌时代主旋律，社会主义文艺充分发挥了引领风尚、教育人民、服务社会、推动发展的作用，呈现出大团结、大繁荣、大发展的生动局面。70年来，一代又一代文艺工作者在《讲话》精神的感召下，与时代同进步、与祖国共命运、与人民心连心，自觉投身革命、建设、改革的伟大实践，不断推出反映时代呼声、振奋民族精神、陶冶高尚情操的优秀作品，不断涌现德艺双馨、深受人民喜爱的文艺家，谱写了我国文化发展的辉煌篇章，为激励亿万人民投身民族解放、国家富强、改革开放的宏伟事业作出了重要贡献，为满足人民精神需求、丰富人民精神世界、增强人民精神力量发挥了重要作用。

70年来，我们党始终坚持解放思想、实事求是、与时俱进，不断继承和丰富《讲话》精神，不断探索和创新社会主义文艺的理论与实践，不断深化对社会主义文艺事业发展规律的认识，取得了一系列重要成就，积累了一系列宝贵经验。这些宝贵经验，概括起来讲，主要体现在：一是必须坚持正确的政治立场，自觉用马克思主义中国化最新成果武装头脑、指导实践、推动工作，以马克思列宁主义、毛泽东思想、邓小平理论和“三个代表”重要思想为指导，深入贯彻落实科学发展观；二是必须坚持社会主义先进文化的前进方向，全面贯彻落实党的文艺方针政策，坚持为人民服务、为社会主义服务，坚持百花齐放、百家争鸣，弘扬主旋律、提倡多样化，在继承借鉴的基础上，古为今用、洋为中用、推陈出新；三是必须坚持以人为本，贴近实际、贴近生活、贴近群众，充分发挥人民在文化建设中的主体作用，真正做到文化发展为了人民、文化发展依靠人民、文化发展成果由人民共享；四是必须坚持把社会效益放在首位、社会效益和经济效益相统一，遵循文化发展规律，适应社会主义市场经济发展要求，一手抓文化事业、一手抓文化产业，一手抓繁荣、一手抓管理，做到“两手抓、两加强”，推动文化事业和文化产业全面协调可持续发展；五是必须坚持解放思想、实事求是、与时俱进，深化文化体制改革，推进文化创新，构建有利于文化繁荣发展的体制机制，不断解放和发展文化生产力；六是必须坚持尊重规律、团结和谐，尊重文艺工作者的创造性劳动，充分调动文艺工作者的积极性、主动性、创造性，努力形成有利于多出优秀作品、多出优秀人才的良好局面。这些宝贵经验，体现了《讲话》发表以来我们党领导文艺工作的优良传统，体现了新世纪新阶段文艺工作的成功探索，反映了社会主义文艺工作的本质要求，是繁荣发展社会主义文艺的重要遵循，我们要长期坚持并在实践中不断丰富和发展。70年前，在中华民族内忧外患、生死存亡的危难关头，《讲话》犹如精神灯塔，指引革命文艺健康发展，使之成为推动中国革命取得胜利的重要力量；70年后，在夺取全面建设小康社会新胜利、开创中国特色社会主义事业新局面、实现中华民族伟大复兴的征程上，我们纪念《讲话》，就是要引领文艺事业更好地肩负起历史使命，充分发挥讴歌人民、昭示光明、凝聚力量、鼓舞人心的重要作用。回顾在《讲话》精神指引下中国文艺70年的辉煌历程，站在新的历史起点上展望未来，我们对社会主义文艺的美好前景充满信心。去年，我们党胜利召开了十七届六中全会，明确提出坚持中国特色社会主义文化发展道路、努力建设社会主义文化强国的战略目标。这是新中国成立特别是改革开放以来我国文化建设实践探索的基本结论，鲜明回答了新的历史条件下我国文化改革发展走什么样的路、朝什么样的目标迈进这个带有方向性、战略性的重大问题，是对中国特色社会主义道路的丰富和发展，是我们党理论创新和实践创新的又一重大成果，为我们党在新的历史条件下领导文化工作提供了根本遵循。这次全会，是我们党领导文化工作又一具有里程碑意义的大事。以党的十七届六中全会为标志，我国文化改革发展进入了新的历史性阶段。

在新的历史条件下继承和弘扬《讲话》精神，最重要的就是坚持中国特色社会主义文化发展道路。中国特色社会主义文化发展道路，凝结着中华民族优秀历史文化传统，吸收了人类文明进步有益成果，是中国特色社会主义道路的重要组成部分，是鼓舞中华儿女不断增强文化自觉和文化自信、凝聚全社会智慧力量推动文化科学发展的正确道路。这条道路，贯穿了《讲话》中蕴含的马克思主义立场、观点和方法，既与《讲话》精神在思想内涵、精神实质、根本要求等方面一脉相承，又紧密结合发展了的实际与时俱进，体现出鲜明的实践特色、民族特色、时代特色。广大文化工作者要从全局和战略的高度认清肩负的崇高责任和神圣使命，高举中国特色社会主义伟大旗帜，以邓小平理论和“三个代表”

重要思想为指导，深入贯彻落实科学发展观，更加自觉地继承和弘扬《讲话》精神，更加积极地响应党的十七届六中全会号召，提升文化自觉，增强文化自信，以科学发展为主题，以建设社会主义核心价值体系为根本任务，以满足人民精神文化需求为出发点和落脚点，以改革创新为动力，沿着中国特色社会主义文化发展道路开拓奋进，不断开创我国文化繁荣发展的新局面。

一、坚持中国特色社会主义文化发展道路，必须以马克思主义为指导，始终用马克思主义中国化的最新成果引领文化发展方向

毛泽东同志在《讲话》中指出，“马克思列宁主义是一切革命者都应该学习的科学，文艺工作者不能是例外”，强调要用“辩证唯物论和历史唯物论的观点去观察世界，观察社会，观察文学艺术”。在新的历史条件下继承和弘扬《讲话》精神，奋力开拓中国特色社会主义文化发展道路，最重要的就是坚持以马克思主义为指导，坚持以社会主义先进文化为引领，这是中国特色社会主义文化发展道路的本质特征。马克思主义是我们立党立国的根本指导思想。我们党从诞生之日起就始终高举马克思主义的旗帜，并在同中国实际相结合的过程中不断推进马克思主义中国化、时代化、大众化。正是有了马克思主义的科学指导，中国革命、建设、改革才不断从胜利走向新的胜利，社会主义文化才不断从繁荣走向新的繁荣。在社会主义市场经济日益发展和对外开放不断扩大的新形势下，我国社会思潮更加多元多样，只有毫不动摇地坚持马克思主义的指导地位，用发展着的马克思主义指导实践、引领思潮，才能打牢中国特色社会主义文化建设的思想基础，才能使我们在错综复杂的形势中始终把握文化发展的正确方向。

中国特色社会主义理论体系是马克思主义中国化的最新成果。坚持以马克思主义为指导，最根本的是要把中国特色社会主义理论体系贯彻落实到文艺创作、文艺活动、文艺评论等各个方面。要深刻领会中国特色社会主义理论体系的科学内涵和精神实质，掌握贯穿其中的马克思主义立场、观点、方法，用中国特色社会主义理论体系研究解决文化改革发展面临的问题，充分发挥科学理论武装头脑、指导实践、推动工作的巨大作用。要深入开展马克思主义文艺观学习实践活动，引导文艺工作者深入学习马克思主义经典著作，运用辩证唯物主义和历史唯物主义指导文艺创作，正确反映五千年中华文明史，正确反映近代中国革命史，正确反映党领导人民的奋斗史、创业史、改革开放史，展示社会主义现代化建设的辉煌成就，激发人们爱党爱国的热情，坚定走中国特色社会主义道路的信念和信心。要加强马克思主义文艺理论研究，根据时代变化的新要求，研究回答新时期文艺创作面临的重大理论和现实问题，构建符合中国实际的马克思主义文艺思想体系和美学体系，探索建立中国特色社会主义文艺评价体系，使文艺发展建立在深厚理论基础之上。要紧密联系文艺创作实践开展积极健康的文艺评论，关注热点、焦点问题，褒优贬劣、激浊扬清，形成有利于先进思想文化传播的良好氛围。要积极探索用马克思主义引领文化思潮的有效途径，深入研究不同阶层、不同群体思想活动的差异性，在纷繁复杂的文化生态中辨析主流与支流、区分先进与落后，在事关方向、原则的重大问题上，旗帜鲜明地表达党的文艺立场、文艺方针，理直气壮地批评不良倾向和错误观点，努力在多样化文化思潮中立主导、谋共识，不断巩固马克思主义的指导地位。

二、坚持中国特色社会主义文化发展道路，必须大力建设社会主义核心价值体系，巩固全党全国各族人民团结奋斗的共同思想道德基础

《讲话》在中国革命形势最为严酷的时刻呼唤革命文艺承担起“打倒我们民族的敌人，完成民族解放的任务”，对文艺工作发挥团结凝聚亿万中国人民的作用提出了明确要求，强调要使文艺“作为团结人民、教育人民、打击敌人、消灭敌人的有力的武器，帮助人民同心同德地和敌人作斗争。”在新的历史条件下继承和弘扬《讲话》精神、奋力开拓中国特色社会主义文化发展道路，就要大力建设社会主义核心价值体系，凝魂聚气、强基固本，推动在全社会形成统一指导思想、共同理想信念、强大精神力量和基本道德规范，这是中国特色社会主义文化发展道路的根本任务。社会主义核心价值体系是兴国之魂，是社会主义先进文化的精髓，决定着中国特色社会主义的发展方向。文艺事业是中国特色社会主义事业的重要组成部分，是社会主义文化建设的重要内容。当代中国文艺作为民族精神的火炬、人民奋进的号角，必须自觉体现和传播社会主义核心价值体系，赋予精神文化产品更加丰富、更加深刻的思想内涵，推动全社会形成良好思想道德风尚和积极健康的文化氛围，激发亿万人民群众奋发向上的精神力量，建设中华民族共有精神家园，为中华民族伟大复兴提供有力文化支撑。

广大文艺工作者要承担起弘扬社会主义核心价值体系的历史使命，自觉把正确的价值追求同崇高的艺术追求统一起来，在践行社会主义核心价值体系的过程中进行艺术创造。纵观古今中外的文化发展史，任何文化都是其精神价值与承载这些精神价值的物质基础和传播形态之间的有机统一。精神价值是文化的“魂”，决定着文化的性质和方向。承载文化精神价值的物质基础和传播形态是文化的“体”，决定着文化精神价值的传播力和影响力。每一次文化的繁荣发展，都是文化“魂”与“体”完美结合的结果。我们要深刻认识和把握文化建设“魂”与“体”的辩证关系，努力寻找社会主义核心价值体系与人们情感世界的契合点，通过生动感人的形式表现社会主义核心价值体系，以丰富多样的题材、鲜明生动的形象、个性化的艺术创新和有效的传播形式来培育和弘扬正确的价值导向，让人们在美的享受中得到陶冶、受到启迪，增强社会主义核心价值体系的感召力和影响力。要准确把握时代脉搏、紧扣党和国家工作主线，推出更多热情讴歌改革开放和现代化建设伟大成就、生动展示中国人民奋发有为精神风貌和宏伟业绩的文艺作品，用内容更加丰富、形式更加多样、影响更加广泛的文化活动，唱响在中国共产党领导下走中国特色社会主义道路、实现中华民族伟大复兴的时代最强音。要把以爱国主义为核心的民族精神和以改革创新为核心的时代精神作为文艺作品的突出主题，大力弘扬中华民族自强不息、艰苦奋斗、百折不挠、敢于胜利的优秀传统，深刻反映当代中国人民顽强拼搏、开拓创新的进取精神。要通过各种形式的文艺创作，倡导中华民族优秀传统道德和社会主义精神文明，倡导正确的世界观、人生观和价值观，弘扬真善美、贬斥假恶丑，引导人们增强道德判断力和道德荣誉感，把积极的人生追求、高尚的情感境界、健康的生活情趣传递给人民，在全社会形成践行社会主义荣辱观的良好风尚。

三、坚持中国特色社会主义文化发展道路，必须贴近实际、贴近生活、贴近群众，牢固树立以人民为中心的创作导向

《讲话》旗帜鲜明地提出“为什么人的问题，是一个根本的问题，原则的问题”，强调“我们的文学艺术都是为人民大众的”，“一切革命的文学家艺术家只有联系群众，表现群众，把自己当作群众的忠实的代言人，他们的工作才有意义”。这是毛泽东同志从中国革命文艺运动的实际出发，运用马克思主义唯物史观对“文艺为什么人服务”这个根本问题作出的科学回答，开辟了马克思主义文艺理论的新境界，不仅对我国文艺事业发展而且对整个文化建设都具有重大指导作用，是《讲话》这座精神灯塔中最耀眼的光芒。在新的历史条件下继承和弘扬《讲话》精神、奋力开拓中国特色社会主义文化发展道路，就要坚持以人为本、人民至上，这是中国特色社会主义文化发展道路的根本方向和最终目的。历史和现实充分证明，人民是历史的创造者，也是文化发展最深厚的力量源泉。一切伟大的文化工作者无不具有深厚的人民情怀，一切伟大的精神文化产品无不具有深刻的人民性，当文化工作者的心与人民的心紧紧贴在一起的时候，文化产品就会拥有感人至深的力量，就会拥有传之久远的生命力。我们建设的社会主义文化，是人民大众的文化。中国特色社会主义文化发展道路，是人民群众共建共享的道路，社会主义文化建设与整个社会主义事业的价值追求有着高度的内在一致性，那就是文化源于人民、文化为了人民、文化属于人民。这就要求我们必须牢固树立马克思主义的群众观点，牢记文化建设的根基和力量在人民，自觉走与人民结合的道路，站稳群众立场，培养群众感情，坚持文化发展为了人民、文化发展依靠人民、文化发展成果由人民共享，实现好维护好发展好广大人民的文化权益。

广大文艺工作者要继承发扬文艺为人民服务、为社会主义服务的光荣传统，更加自觉主动地承担起为人民抒写、为人民放歌的历史责任。要坚持以人为本，树立以人民为中心的创作导向，让人民成为文艺作品的主角，忠实生动地记录普通群众创造美好生活的伟大实践，浓墨重彩地歌颂各行各业劳动者可歌可泣的事迹，满怀热忱地反映他们的精神世界。要坚持贴近实际、贴近生活、贴近群众，积极投身“走基层、转作风、改文风”活动，全心全意、真心实意地到人民群众中去，到改革开放和现代化建设的第一线，向实践学习，拜人民为师，关心人民命运，体察人民愿望，从人民群众的火热生活中挖掘素材，从人民群众的实践创造中提炼主题，从人民群众的审美需求中汲取灵感，把握生活的主流，展示社会的积极面，展现人生的美好前景，让人们在文艺作品中看到光明、看到进步、看到希望。

要坚持面向基层、重心下移，把发展先进文化作为保障和改善民生的重要内容，以满足人民精神文化需求为出发点和落脚点，多创作生产基层群众喜闻乐见的文艺作品，多开展群众乐于参与、便于参与的文艺活动，把更多优秀作品投向基层，把更多文化服务延伸到基层，让文化发展成果惠及全体人民。要充分发挥人民在文化建设中的主体作用，尊重人民的首创精神，开辟渠道、搭建平台、创造条件，开展多层次、多形式的群众性文化活动，挖掘基层的文化资源，支持群众自办文化，激发群众的智慧和力量，让蕴藏于人民中的文化创造活力竞相迸发、充分涌流。

四、坚持中国特色社会主义文化发展道路，必须牢牢把握科学发展这个主题，把科学发展观的要求贯穿到文化工作的各个方面

《讲话》深刻地指出，“为什么人服务的问题解决了，接着的问题就是如何去服务”。在新的历史条件下继承和弘扬《讲话》精神、奋力开拓中国特色社会主义文化发展道路，就要坚持把科学发展观的要求贯穿到文化工作的各个方面。科学发展是党和国家工作的鲜明主题，也是中国特色社会主义文化发展道路的鲜明主题。当今世界，文化在综合国力竞争中的地位和作用更加凸显，维护国家文化安全的任务更加艰巨，增强国家文化软实力、扩大中华文化国际影响力的要求更加紧迫，只有通过科学发展，文化建设才能不断获得新的发展动力和增长空间，实现与经济建设、政治建设、社会建设以及生态文明建设的协调发展。要充分认识中国特色社会主义文化发展道路是文化的科学发展之路，牢固树立符合科学发展观要求的新的文化发展理念，紧紧抓住科学发展这一主题，激活文化发展内生动力，不断增强文化发展后劲，实现文化又好又快发展。

站在新的历史起点上，我们要努力把握当今文化发展趋势和文化建设规律，始终把发展作为第一要务，用发展的办法解决前进中的问题，强化机遇意识、发展意识，紧紧抓住难得的重要战略机遇期，解决好影响文化科学发展的突出问题，推动文化持续快速健康发展。要坚持一手抓公益性文化事业，一手抓文化产业，推动文化事业和文化产业相互促进、共同发展。一方面坚持政府主导，按照公益性、基本性、均等性、便利性的要求，加快文化基础设施建设，优先安排与群众切身利益紧密相关的文化项目，深入实施好重点文化惠民工程，完善覆盖全社会的公共文化服务体系，让群众广泛享有免费或优惠的基本公共文化服务。另一方面，以推动文化产业成为国民经济支柱性产业为目标，实施重大文化产业项目带动战略，提高文化产业规模化、集约化、专业化水平，推动文化产业跨越式发展，使之成为发展现代服务业的重要抓手、新的经济增长点、经济结构战略性调整的重要支点、转变经济发展方式的重要着力点，为推动文化科学发展提供重要支撑。要坚持统筹兼顾，加快转变文化发展方式，力争在发展中促转变、在转变中谋发展。要处理好数量与质量的关系，把提高文化产品创作生产质量放在更加突出的位置，深入实施精品战略，充分发挥“五个一工程”、重大革命和历史题材创作工程、重点文学艺术作品扶持工程等的示范带动作用，推出更多思想性艺术性观赏性相统一的精品力作。要处理好繁荣与管理的关系，在促进繁荣的过程中改进和创新管理，通过科学有效的管理为繁荣文化提供健康有序的制度环境。要处理好社会效益与经济效益的关系，无论是文化事业还是文化产业，都要突出以文化人的功能，坚持把社会效益放在首位，实现社会效益和经济效益的有机统一。

五、坚持中国特色社会主义文化发展道路，必须解放思想、实事求是、与时俱进，始终以改革创新为强大动力

《讲话》深刻指出，“作为观念形态的文艺作品，都是一定的社会生活在人类头脑中的反映的产物。”毛泽东同志还反复强调，革命文艺事业必须随着实践的发展而发展。在新的历史条件下继承和弘扬《讲话》精神、奋力开拓中国特色社会主义文化发展道路，就要坚持解放思想、实事求是、与时俱进，深化改革、勇于创新，这是中国特色社会主义文化发展道路越走越宽广的根本保证。这些年文化领域取得的一切进步，最根本的原因就是改革创新，最鲜明的标志也是改革创新，改革创新是推动文化大发展大繁荣、建设社会主义文化强国的不竭动力。实践证明，在社会主义市场经济条件下，只有通过改革创新，建立起有利于发挥市场在文化资源配置中积极作用的体制机制，才能充分解放和发展文化生产力，推动文化单位和文艺工作者遵循艺术规律，焕发创造活力，更好地贴近群众、贴近市场，丰富文化产品服务，繁荣城乡文化市场，最大限度地满足人民日益增长的精神文化需求，在新的历史条件下切实解决好“为什么人”的问题。可以说，深化文化体制改革是继承和弘扬文艺为人民服务这一《讲话》核心思想的本质要求，与《讲话》精神一脉相承并赋予了新的时代内涵。

我们要紧紧围绕文化发展为了人民、依靠人民、服务人民、由人民评判、为人民共享这一根本要求，深化文化体制改革，加快建立贴近群众、贴近市场的体制机制，切实提高社会主义市场经济条件下满足人民精神文化需求的能力和水平。要进一步创新公共文化服务体制机制，按照"增加投入、转换机制、增强活力、改善服务"的要求，深化公益性文化单位内部劳动人事制度、收入分配制度等改革，完善服务方式、改进服务质量，不断提高保障人民基本文化权益的能力。要进一步创新有利于加快文化产业发展的体制机制，在国有经营性文化单位转企改制的基础上，把改革改组改造与加强管理结合起来，加快培育一批富有活力、实力和竞争力的合格市场主体，催生新型文化业态，提高文化产品和服务供给能力，更好地满足人民多样化、多层次、多方面的精神文化需求。要进一步创新文化产品的评价体系，坚持把遵循先进文化前进方向、人民满意作为评价作品的最高标准，把群众评价、专家评价和市场检验统一起来，催生更多"既叫好又叫座"的精神文化产品。要进一步创新有利于推动广大文艺工作者服务群众、面向市场的体制机制，坚持公有制为主体、多种所有制共同发展的文化产业格局，引导和鼓励越来越多的文艺工作者在服务基层、服务群众的过程中各展所长、建功立业。要大力营造有利于文化创新的浓厚氛围，保护创新热情，完善创新机制，鼓励原创，使一切创新的观念得到尊重，一切创新的举措得到支持，不断把文化创新的丰硕成果奉献给人民群众。

六、坚持中国特色社会主义文化发展道路，必须积极吸收世界优秀文明成果，推动中华文化走向世界

《讲话》指出，"对于中国和外国过去时代所遗留下来的丰富的文学艺术遗产和优良的文学艺术传统，我们是要继承的"，同时"批判地吸收其中一切有益的东西。"在新的历史条件下继承和弘扬《讲话》精神、奋力开拓中国特色社会主义文化发展道路，就要努力形成以民族文化为主体、吸收外来有益文化、推动中华文化走向世界的文化开放格局，要坚持以我为主、为我所用，学习借鉴一切有利于加强我国社会主义文化建设的有益经验、一切有利于丰富我国人民文化生活的积极成果、一切有利于发展我国文化事业和文化产业的经营管理理念和机制，广泛参与世界文明对话，共同维护文化多样性，这是发展中国特色社会主义文化、为人类文明作出新的更大贡献的重要历史使命。中华文化源远流长、博大精深，是世界文化的重要组成部分，反映了鲜明的民族个性和审美特征，积淀着深厚的精神追求，是中华民族生生不息、团结奋进的不竭动力，是发展中国特色社会主义文化的深厚基础，也为世界文化多样性发展作出了积极贡献。中国特色社会主义文化发展道路是开放的道路，我们要立足中华文化的深厚沃土，努力推动中华文化走出去、增强中华文化在世界上的感召力和影响力，促进世界各民族文化和谐共存、互鉴发展。

广大文化工作者要担负起弘扬中华文化的崇高使命，继承中华优秀传统文化，弘扬"五四运动"以来形成的革命文化传统，适应社会发展进步的新要求，不断赋予中华文化以新的活力，使古老的中华文明之树开出新的时代之花，进一步增强民族凝聚力和向心力。要正确对待外来文化，坚持辩证取舍，兼收并蓄、博采众长，提高转化再造能力，吸收借鉴一切国外文化有益成果，推出更多具有中国特色、中国风格、中国气派的精品力作。要积极推动双边、多边文化往来，促进文化相互借鉴，使文化成为加深中国人民与世界人民相互了解和友谊的精神纽带。要推动国际文化产品贸易交易和文化服务平台建设，发挥文化产业和文化企业在推动文化走出去中经常性、持久性的优势和作用，培育一批具有较强实力和国际竞争力的外向型文化企业，努力构建以政府为主导、以企业为主体、以市场化运作为主要方式的文化走出去新格局。要把政府交流和民间交流结合起来，发挥非公有制文化企业、文化非营利机构在对外文化交流中的作用，支持海外侨胞积极开展中外人文交流。要遵循国际文化交流规律，适应国际文化市场需求，改进对外文化传播方式方法，加快建设现代传播体系，既充分展现中华民族优秀文化内涵、体现当代中国价值观念和文化建设的最新成果，又符合国外受众的思维方式、审美特点和接受习惯，努力做到"中国内涵、国际表达"，充分展示中国人民改革创新、和平发展、文明进步的精神风貌和良好形象，提升中华文化的辐射力和影响力，推动形成与我国国际地位相适应的文化软实力。

加强和改进党的领导，是坚持中国特色社会主义文化发展道路的根本政治保障。各级党委和政府要进一步提高对文化建设地位和作用的认识，把思想统一到党的十七大和十七届六中全会精神上来，进一步增强政治意识、责任意识、大局意识，把文化建设摆在全局工作重要位置，纳入经济社会发展总体规划，纳入科学发展考核评价体系，与经济社会发展一同研究部署、一同组织实施、一同督促检查。要切实担负起推进文化改革发展的政治责任，深入研究文化改革发展重大问题，掌握文化改革发展领导权。坚持德才兼备、以德为先的用人标准，加强文化领域领导班子和党组织建设。建立健全党委统一领导、党政齐抓共管、宣传部门组织协调、有关部门分工负责、社会力量积极参与的工作体制和工作格局，形成文化建设强大合力。

推动文化事业繁荣发展，关键在人才。要牢固树立“人才资源是第一资源”的观念，把队伍建设摆在更加突出的位置，加大工作力度，努力造就一批有影响力的文化名家、文化大师和各领域领军人物，建设一支宏大的文化人才队伍。要加强文艺院校建设，努力培养更多优秀青年文艺工作者。要关心爱护文艺工作者，政治上充分信任、创作上热情支持、生活上真诚关怀，努力为他们办实事、解难事。要尊重劳动、尊重知识、尊重人才、尊重创造，营造团结鼓劲、和谐奋进的良好氛围，建立和完善有利于优秀人才健康成长和脱颖而出的体制机制，最大限度地调动广大文艺工作者的积极性、主动性和创造性。要引导作家艺术家努力践行文艺界“爱国、为民、崇德、尚艺”的核心价值观，自觉遵守《中国文艺工作者职业道德公约》，珍惜时代提供的舞台，珍重社会给予的关爱，严肃对待作品的社会效果，热心公益、弘扬正气，以德艺双馨的公众形象，争作恪守职业道德的表率，更好地完成党和人民赋予的神圣使命。

“随着经济建设的高潮的到来，不可避免地将要出现一个文化建设的高潮。”毛泽东同志的这个预言已经变成现实，中华民族的伟大复兴必将伴随着中华文化的繁荣兴盛，社会主义文化建设正在迎来繁荣发展的黄金时期。让我们更加紧密地团结在以胡锦涛同志为总书记的党中央周围，高举中国特色社会主义伟大旗帜，以邓小平理论和“三个代表”重要思想为指导，深入贯彻落实科学发展观，继承和弘扬毛泽东同志《在延安文艺座谈会上的讲话》精神，肩负起庄严的历史使命和时代责任，以高度的文化自觉和文化自信，在中国特色社会主义文化发展道路上创造中华文化的新辉煌，为建设社会主义文化强国而努力奋斗！

（本文原载于2012年5月24日《人民日报》）

在中国国家博物馆建馆100周年纪念大会上的讲话

刘云山

（2012年7月9日）

各位专家、各位来宾，同志们、朋友们：

今天，中国国家博物馆在这里隆重纪念建馆100周年，这是国家博物馆的一件盛事，也是我国文化界、文博界的一件盛事。胡锦涛总书记专门发来贺信，高度评价国家博物馆的巨大成就和历史贡献，并对国家博物馆的建设与发展提出殷切希望。中共中央政治局常委李长春同志，中共中央政治局委员、国务委员刘延东同志出席今天的纪念活动，共贺国博百年华诞，并为获得“国家博物馆学术成就与突出贡献奖”的4位老专家颁奖。这充分体现了党和政府对国家博物馆的亲切关怀，对文博事业的高度重视。刚才，几位同志和外国友人作了发言，回顾国博百年历程，展望未来美好前景，充满感情、充满期待。在此，我谨向国家博物馆的全体同志表示热烈祝贺，向为我国文博事业作出贡献的专家学者表示诚挚问候，向长期关心支持中国文博事业的各界人士和外国友人表示衷心感谢！

中国国家博物馆是伴随近代中国深刻变革应运而生的，也是伴随新中国发展进步而不断壮大的。100年前，蔡元培先生倡议成立“国立历史博物馆筹备处”，鲁迅先生建议勘选“国子监”为馆址，并捐献了第一批文物藏品，标志着国家博物馆的诞生。100年来，从国立历史博物馆到中国革命博物馆、中国历史博物馆，再到两馆合并为新的中国国家博物馆，几经变迁、历经沧桑，规模不断扩大，馆藏不断丰富，功能不断拓展，在文物保护、学术研究、陈列展览等方面不断取得新的成就，很好地发挥了传承文明、教育人民、服务社会的重要作用。特别是改革开放以来，在党和国家的大力支持下，国家博物馆抓住历史机遇、加快发展步伐，无论是展馆建设还是馆藏陈列，无论是社会功能还是对外影响，都实现了前所未有的历史跨越，进入世界大博物馆之列，为促进我国文博事业发展、提高人民精神文化素养、构筑中华民族共有精神家园，作出了突出贡献。在长达一个世纪的时间里，几代国博人以对祖国和人民的忠诚，以对文博事业的热爱，辛勤耕耘、默默奉献，用自己的辛劳、智慧和汗水谱写了国博百年华章。

党和国家一直高度重视文博事业，对文博事业的发展定位、目标任务等提出一系列明确要求，采取一系列重要举措推动我国文博事业繁荣发展。党的十七届六中全会从现代化建设全局的高度，鲜明提出了建设社会主义文化强国的宏伟目标，对发展公益性文化事业、建设优秀传统文化传承体系作出新的部署，也为我国文博事业发展指明了方向。国家博物馆作为我国文博事业的重要阵地，在促进公共文化服务体系建设、满足人民群众精神文化需求方面肩负着重要责任。要认真贯彻党的十七届六中全会精神，以邓小平理论和“三个代表”重要思想为指导，深入贯彻落实科学发展观，按照胡锦涛总书记在贺信中提出的要求，坚持人才立馆、藏品立馆、业务立馆、学术立馆，努力把国家博物馆建设成为国内领先、国际一流的博物馆，更好地发挥展示中华文化的重要窗口作用、培育民族精神的重要基地作用、引领文博事业科学发展的重要示范作用。借此机会，对国家博物馆和文博界提几点希望。

第一，要始终牢记传承历史文明、弘扬先进文化的重要使命。博物馆是荟萃人类历史文化的神圣殿堂，记录着一个民族成长发展的历史进程。中华民族在五千年历史上创造了灿烂辉煌的文明成果，我们党领导人民在长期革命、建设和改革开放的伟大实践中创造了气势磅礴的先进文化，这些都是我们民族生命力的不竭源泉，是中华民族共有精神家园的重要支撑。把优秀历史文化、革命文化和当代中国先进文化保护好、传承好、发展好，赓续民族血脉、弘扬民族精神，是国家博物馆的光荣使命，也应当是整个文博界的责任担当。要始终坚守民族文化立场，珍视我们无比丰厚的优秀文化传统，珍视中华民族的伟大创造，薪火相传、发扬光大。要着力保护好我们的历史文化，认真梳理各种文化遗产遗存，对于那些最能反映中华灿烂文化、最能反映中国独特国情、最能反映我国考古水平的文物，要千方百计地加以抢救、加以保护、加以收藏。要着力研究好我们的历史文化，依托丰富的馆藏文物典籍，利用考古发掘的最新发现，不断深化学术研究、推出有分量的文博成果，使传统文化的有益思想价值不断得以传扬，成为我们今天建设社会主义核心价值体系的精神滋养。要着力展示好我们的历史文化，继续办好“古代中国”、“复兴之路”两个基本陈列和若干专题陈列，生动反映中华民族的悠久历史和灿烂文明，生动反映党领导人民的奋斗史、创业史和改革开放史，引导人们深刻把握中华民族从哪里来、到哪里去的历史走向，进一步焕发爱国主义精神，满怀信心为建设中国特色社会主义、实现中华民族伟大复兴而不懈奋斗。

第二，要切实履行好服务人民大众、满足人们文化需求的基本职责。为人民大众服务，是文博事业的根本宗旨。建立博物馆的初衷和源起，就是要使民族文化瑰宝为更多的人所共享。在新形势下，各种类型的博物馆以其特有的辐射力、影响力，越来越成为公共文化服务体系的重要内容，成为保障人民群众基本文化权益的重要平台。要始终坚持以人民为中心的文化发展理念，把以人为本的要求贯穿到博物馆建设管理、运营服务的各个方面，充分发挥博物馆的文化传播和社会教育作用。要健全服务设施、完善服务规范，拓展延伸服务功能，从展陈改进、观众引导、内容讲解、资料查询等方面，提供高水平高质量的服务，努力实现博物馆服务的优质化、便利化。要开展丰富多彩的公益性文化活动，通过举办专题讲座、文博沙龙、知识竞赛等，把专业性、知识性和趣味性、观赏性有机结合起来，更好地普及历史知识、传播优秀文化，让人们在参与中丰富参观体验、提高审美情趣。一个博物馆，就是一定区域内文化教育、文化传播的中心，覆盖范围越广，参观的人越多，社会效果就越好。要继续做好公共博物馆免费开放工作，加强数字博物馆建设，推动博物馆开展流动展示服务，使博物馆真正成为人们共有共享的文化家园，更好地发挥以文化人、以文育人的重要作用。

第三，要大力弘扬锐意改革、勇于创新的进取精神。时代在发展、社会在进步，人们的生活方式、审美观念、接受习惯也在发生新的变化，新的社会条件、社会环境对博物馆的建设与发展提出新的更高要求。要认真总结这些年文博事业改革发展的成功经验，积极借鉴国外博物馆建设的有益做法，坚持解放思想、与时俱进，以改革促发展、以创新增活力，使我国文博事业跟上时代前进的步伐。要积极推进展示内容的创新，开阔展览思路、丰富展览内容，既办好重大主题展览，又办好相关专题展览；既办好历史类展览，又办好当代类展览；既办好时政性展览，又办好学术性展览，更好地满足人们多层次多样化的文化需求。要积极推进展陈方式的创新，树立现代展陈理念，借助先进科技手段，多运用形象化、具象化的展示方式，多开展互动式、体验式的活动项目，不断增强文博展示的吸引力、感染力。要积极推进管理运营方式的创新，深化内部各项制度改革，完善激励约束机制，激发广大文博工作者的积极性主动性创造性，探索建立富有效率、充满活力的现代管理模式，促进文博事业又好又快发展。

第四，要充分发挥促进文化交流、推动文化走出去的独特作用。全球化的深入发展，把不同国家和民族的文化带入同一个展示平台，合作交流是大势所趋、人心所向。各个国家的博物馆，既是本国文化记忆、文化传承的重要载体，也是对外展示自身文化、进行文化交流的重要窗口。要适应形势发展的新要求，坚持“请进来”与“走出去”相结合，开展多渠道多形式的对外文化交流与合作，充分发挥文化的桥梁纽带作用，让世界更好地了解中国、感知中国，让中国更好地了解世界、走向世界。要抓住国际上“中国文化热”的有利契机，加大“走出去”的力度，充分利用国际博物馆间的合作机制，针对不同国家公众的兴趣和需求，开展更多的赴外展览活动，把中华文化的精华呈现给世界。要配合重要的双边和多边国际活动，结合“文化周”、“文化年”、“文化中国”、“感知中国”等文化交流活动，精心设计交流项目，着力打造特色品牌，提升我博物馆和文物藏品的知名度。现在，世界各国来华公务、商务、旅游的人越来越多，要加强与外事、外宣、旅游、传媒等部门和单位的联系，广泛宣传推介，提供周到服务，让更多的外国客人走进我们的博物馆、了解我国的历史文化，不断扩大中华文化的国际影响。

加快文博事业繁荣发展，是推动社会主义文化建设不可或缺的重要方面。各级党委、政府要高度重视，加大投入力度，完善扶持政策，努力为我国文博事业进一步发展创造良好环境。要加强文博人才队伍建设，拓宽培养渠道，优化培养方式，着力培养一批热爱文博事业、面向公众服务的宣传教育人才，培养一批潜心文博研究、学术造诣深厚的高层次专业人才，培养一批视野开阔、综合素养高的公共文化管理人才，为文博事业发展提供有力支撑。国运兴、文博兴，现在是我国文博事业发展的大好时期。希望广大文博工作者牢记党和人民赋予的光荣使命，珍惜伟大时代提供的良好机遇，以高度的文化自觉文化自信，以强烈的事业心责任心，扎扎实实做好各项工作，不断开创文博事业发展的新局面，为推动社会主义文化大发展大繁荣作出新的更大贡献。

（本文原载于2012年7月10日《中国文化报》）

在2012年国际古迹遗址理事会顾问委员会会议开幕式上的致辞

刘延东

（2012年10月28日）

尊敬的古斯塔夫·阿罗兹主席，女士们、先生们，朋友们！

金秋时节，2012年国际古迹遗址理事会顾问委员会和执行委员会会议在北京隆重召开。我谨代表中国政府和人民向会议表示热烈的祝贺！向与会的各国专家、各国际组织代表表示诚挚的欢迎！向所有致力于文化遗产保护事业的人士致以崇高的敬意！

人类社会在漫长的历史进程中，创造了丰富的文化遗产。保护好这些文化遗产，不仅是尊重和留存人类文明成果，也是实现人类可持续发展的必然要求。1972年，联合国教科文组织通过了《保护世界文化和自然遗产公约》，越来越多的国家陆续加入到保护文化遗产这一全人类共同财富的行动中来，在平等和尊重的基础上，相互借鉴、广泛合作，取得令人鼓舞的成绩。

中国是历史悠久的文明古国，当前正处于工业化、城镇化快速发展时期，文化遗产保护面临着空前的压力。中国政府高度重视文化遗产的保护利用和传承发展，将其纳入国家可持续发展战略和建设公共文化服务体系的总体目标之中，采取了一系列措施大力推进。多年来，我们通过完善法制，增加投入，加强人才培养和科技支撑，开展全国范围的文物普查，科学规划大遗址保护和国家考古遗址公园建设，建设世界文化遗产监测预警体系，推进博物馆免费开放，让广大公众共享文化遗产保护成果，努力探索一个文明古国和发展中大国开展文物保护的有效路径。过去5年财政对文化事业的投入年均增长22.5%。目前，中国共有世界遗产43项，全国重点文物保护单位2352处，国家级风景名胜区208处，国家历史文化名城119座，中国历史文化名镇名村350个。我们希望通过努力，使文化遗产事业充分发挥传承文化、服务社会、推动发展、惠及民生的重要作用，保护中华民族生生不息的文化根基，培养公民高度的文化自觉和文化自信，让灿烂历史与现代文明在同一片土地上交相辉映！

国际古迹遗址理事会作为文化遗产保护领域最具影响力的专业组织，汇集了世界各国的著名专家学者和管理者，长期以来为推动文化遗产保护理论和实践的发展、促进国际交流与合作，发挥了重要的作用。中国自1993年加入国际古迹遗址理事会以来，积极参与相关活动，并得到理事会各国同行的热情支持。2005年，国际古迹遗址理事会第15届大会暨科学研讨会在中国西安成功召开，全面深化了中国与国际古迹遗址理事会的合作关系。

今年是《保护世界文化和自然遗产公约》诞生40周年。值此之际，国际古迹遗址理事会顾问委员会和执行委员会会议在中国召开，不仅是各国同行的年度盛会，也是共同庆祝文化遗产事业40周年的重要活动。借此机会，我愿提出三点倡议：

第一，践行公约宗旨，共同保护人类遗产。文化遗产是全人类弥足珍贵的财富。保护文化遗产，不仅是遗产所在国的历史使命，也是世界各国人民的共同责任。各国应在公约确立的框架下，积极支持发展中国家和遗产数量少的国家申报和保护世界遗产，不断丰富更具代表性、平衡性和可信性的《世界遗产名录》，构建富有活力和效率的国际合作体系，携手推进文化遗产的保护工作。

第二，尊重不同历史文化，维护文明多样性。文化遗产的价值，根植于孕育和滋养其成长的人文环境。在文化传播和交融日益广泛深入的今天，各国只有加强平等交流与对话，促进相互了解，尊重各自的历史文化传统和价值观，才能真正理解和分享文化遗产中蕴藏的伟大智慧和创造力，促进世界各民族文化共同繁荣进步。今天，许多珍贵的古迹遗址已不复存在，更加需要在保护中挖掘其人文历史内涵和地域文明，借助现代手段加以展示和恢复，使不同国家的民众能够感知和体验多元文明的精彩历史。

第三，提升保护能力，实现文化遗产保护可持续发展。强化文化遗产保护观念，提升专业保护能力，对于保护人类遗产至关重要。各国应将文化遗产保护纳入国民教育的重要内容，增强社会公众尤其是广大青少年的保护意识，积极鼓励当地社区、民众和利益相关者参与保护工作，应加强文化遗产地的能力建设，增加经费投入，加强科学研究，培养专业人才，不断提升保护、监测和管理水平。文化遗产保护不是简单的拯救、孤立的保存，而是要融入民众生活、培育人文素养，应在坚持有效保护和公益性原则的前提下，开展文化遗产的合理利用和适度开发，满足公众文化需求，带动相关产业发展，同时避免过度开发和商业化对文化遗产和精神价值的破坏，使当地民众从中受益，实现文化遗产的科学利用和可持续发展。

女士们、先生们，朋友们！

古罗马的西塞罗说，历史是岁月和真理之光的见证。加强人类文化遗产的保护利用和传承发展连接着历史、现在与未来。中国愿与世界各国一道，共同分担保护责任，共同分享保护成果，不断提升文化遗产的保护管理水平。希望联合国教科文组织和国际古迹遗址理事会等国际组织发挥更加重要的沟通和平台作用。我相信，在与会代表的共同努力下，这次会议一定会取得圆满成功。衷心祝愿各位代表在中国度过愉快的时光！

谢谢大家！

深入学习贯彻党的十七届六中全会精神为建设社会主义文化强国打下坚实基础

——在2012年全国文化厅局长会议上的讲话

文化部党组书记、部长　蔡　武

（2012年1月4日）

同志们：

刚刚过去的2011年，是“十二五”时期开局之年，又逢中国共产党成立90周年，特别是党的十七届六中全会专门就文化改革发展作出研究与部署，进一步明确了新的历史时期文化建设走什么样的发展道路和实现什么样的宏伟目标，标志着我国文化建设进入了一个繁荣发展的黄金时期。今天上午，中央政治局常委李长春在全国宣传部长会议上发表了重要讲话，全面系统地总结了党的十六大以来宣传思想文化工作取得的成就和积累的经验，深刻分析了当前我国经济社会和文化发展面临的新形势、新机遇和新挑战，对2012年重点工作作出了周密的部署和安排。长春同志的重要讲话再次深刻地阐述和解读了党的十七届六中全会《决定》精神，具有很强的政治性、思想性、指导性和针对性，听后深受鼓舞，倍感振奋，我们一定要深入学习领会并切实贯彻落实到今年的各项工作中去。下面，我代表党组讲三个问题。

一、全力以赴、扎实推进各项工作，文化改革发展取得丰硕成果

2011年，党中央国务院团结带领全国人民，牢牢把握科学发展这个主题和加快转变经济发展方式这条主线，面对世界经济增长放缓、国际贸易增速回落、国际金融市场剧烈动荡、各类风险明显增多的复杂环境，积极推动经济建设、政治建设、文化建设、社会建设以及生态文明建设和党的建设协调发展，取得了显著成效，实现了“十二五”时期的良好开局。一年来，面对错综复杂的国际形势和国内改革发展稳定的繁重任务，面对人民群众对文化发展的热切期待，文化系统在党中央国务院的坚强领导下，深入学习贯彻党的十七大、十七届六中全会和胡锦涛总书记“七一”重要讲话精神，坚持围绕中心、服务大局，认真落实党中央国务院关于文化改革发展的重大部署，团结奋进，克难攻坚，精神面貌昂扬向上，开创了文化改革发展的崭新局面。文化体制改革取得了突破性进展，机制创新积极推进，为文化繁荣发展注入了强大的活力；文化艺术产品创作生产的示范性、导向性更加明显，创作环境更加宽松和谐，大大激发了广大文艺工作者的积极性和创造性，体现民族特色和时代精神风貌的精品力作不断涌现，文艺百花园呈现繁荣景象；继续坚持“两手抓、两加强”，公益性文化事业和经营性文化产业更加协调发展，人民群众的基本文化权益得到进一步保障，文化产业日益成为国民经济新的增长点；继续扩大对外开放，坚持“走出去”和“引进来”并举，全方位、多领域、深层次提升对外及对港澳台文化交流的质量和水平，中华文化的国际影响力进一步提升；坚持文化主体业务建设与加强管理并重，文化市场繁荣有序，政策法规建设取得重要进展，人、财、物等各项保障进一步加强。可以说，在全国广大文化工作者的共同努力下，2011年文化建设硕果累累，亮点频频。

（一）文化系统学习宣传贯彻六中全会精神，极大增强了文化自觉和文化自信。党的十七届六中全会是2011年文化领域和全党全国人民政治生活中的一件具有历史意义的大事。文化系统广大文化工作者倍感振奋，积极参与会议的筹备和宣传贯彻工作。全会召开前，文化部积极开展调查研究、提供相关资料、参与文件起草、营造舆论环境。全会召开后，文化部迅速召开干部大会、组织培训班，对全会精神进行全面传达和深刻解读，随后下发《文化部关于深入学习全面贯彻党的十七届六中全会精神的通知》，制定了《文化系统深入学习全面贯彻党的十七届六中全会精神实施方案》，对全国文化系统学习宣传贯彻全会精神作出全面部署。两个多月来，各地文化行政部门和各文化单位在部党组和各地方党委的领导下，不断完善学习机制，细化学习内容，广泛开展精读文件、交流研讨、专题讲座、集中培训等形式多样的学习活动，并积极谋划贯彻全会精神的重点举措，呈现出学文件、谈体会、抓落实、见

行动的喜人局面，广大干部职工推动文化改革发展的责任感和紧迫感进一步增强，坚持走中国特色社会主义文化发展道路的文化自觉大大提高，建设文化强国的文化自信更加坚定，精神面貌更加昂扬向上。与此同时，各级文化行政部门还积极开展宣讲活动、组织宣传报道，展示文化系统学习贯彻六中全会精神的进展和收获，在全社会产生良好反响。

（二）国有文艺院团转企改制取得决定性进展，文化体制改革实现重大突破。一年来，我们坚持深化体制改革和完善保障体系并重，深化体制改革和激发广大文艺工作者积极性并重，以一般国有文艺院团转企改制为中心环节，以完善配套政策为杠杆，全面推进各项改革重点任务取得新的突破。

国有文艺院团转企改制取得决定性进展。文化部与相关省（区、市）宣传文化部门进行了深度沟通，统一了思想，坚持实事求是，从实际出发，确定了“转企一批”、“合并一批”、“划转一批”、“撤销一批”、“保留一批”的改革路径，为各类国有院团改革确定了实际路径。会同中宣部联合下发《关于加快国有文艺院团体制改革的通知》，进一步明确改革的路线图、时间表和任务书，推动各地加大力度、加快进度。同时，多措并举确保转制院团“早改早受益”，帮助23个转制院团优质项目获得中央文化产业发展专项资金资助，在配置流动舞台车、落实非物质文化遗产保护资金、支持“走出去”等方面，实现了对转制院团的倾斜。各地也紧密结合实际，制定了许多切实有效、更加优惠的措施。如重庆市对转制院团“扶上马，送一程”，一次性拨付400万元解决遗留问题和添置演出设备，斥资5亿元为转制院团配置剧场、排练场、办公用房，并且提高了职工的工资福利待遇，统筹解决住房问题，解除了院团和职工的后顾之忧。同时加大政府采购和激励力度，极大激发了演职员工创作演出的积极性。截至2011年底，全国文化系统承担改革任务的2102家国有文艺院团中，已完成和正在完成转制、撤销和划转的院团达1176家，还有300家院团已确定改革路径。河北、山西、江苏、安徽、陕西、重庆、贵州、宁夏8省（区、市）已经基本完成国有文艺院团转企改制任务。11个省（区、市）分别组建省级演艺集团公司，目前，全国共组建演艺集团公司50余家。各地演艺产业集约化、规模化程度明显提高，全国已建成和正在建设的演艺集聚区近10个。通过改革，国有文艺院团的活力得以充分释放，纷纷以开拓市场求发展、以提高艺术质量求发展，长期僵化的旧体制正在被充满生机和活力的新体制代替。如中国东方演艺集团公司引入战略投资者，成立注册资本1亿元的股份有限公司，探索演艺产业新模式。宁夏银川艺术剧院有限公司依托原创舞剧《月上贺兰》与旅游景点合作，已演出近400场，收入1400万元。

保留事业体制的院团不断深化内部机制改革，取得积极进展。对民营院团的扶持力度不断加大。上海市设立每年500万元的专项扶持资金，用于扶持民营院团发展。浙江省对106个参与“送戏下乡”工程的民营院团实施补助，安徽采取降低准入、设立专项资金等措施扶持民营院团，全省目前共有民营院团1537家，年演出40多万场次，总收入超过6亿元。

经营性事业单位转企改制再创佳绩。文化部所属图书出版单位转企改制工作基本完成。中国录音录像出版总社将转企改制和引入战略投资者结合起来，成立了中国数字文化集团公司，打造科技型文化企业。非时政类报刊社转企改制工作稳步推进。

公益性文化事业单位内部机制改革不断深化，普遍实行了全员聘用制和岗位责任制，干部职工的积极性和创造性得到进一步发挥，公共文化服务能力明显提高。

文化市场综合执法改革全面完成。全国地市级机构组建率达到99%，县区级机构组建率达到90%；省级文化市场管理工作领导小组组建率达到93%。出台《文化市场综合行政执法管理办法》，为综合执法机构依法行政奠定了法律基础。联合相关部门在组建执法培训师资队伍、开展执法队伍培训、规范执法标识等方面共同开展工作，初步形成了“统一领导、统一协调、统一执法”的协作机制。

（三）坚持以人民为中心的创作导向，文艺创作生产异彩纷呈。一年来，我们坚持“二为”方向和“双百”方针，坚持弘扬主旋律与提倡多样化相统一，精品艺术创作与面向基层演出并举，创新剧目与保留剧目并立，国有艺术院团和民营艺术院团并进，努力实现艺术事业的全面协调可持续发展。

庆祝建党90周年和纪念辛亥革命100周年系列文艺活动成功举办。《我们的旗帜》文艺晚会主题深刻、规模宏大、富有艺术感染力，受到胡锦涛总书记等中央领导同志的赞扬和社会各界的好评。全国现代戏优秀剧目展演成功举办，陕西省创排的秦腔

《西京故事》等32台剧目关注现实，唱响了时代主旋律。庆祝建党90周年美术作品展集中展示了300多幅建党以来的壮丽画卷。“百年风云·壮志丹青美术作品展览”等活动产生了广泛的社会影响。各地文化行政部门积极开展主题文化节等各具特色的文艺活动，为当地人民群众送上了丰富的精神食粮。

文化精品工程的示范和导向作用进一步发挥。继续推动国家舞台艺术精品工程、国家重点京剧院团保护和扶持规划、国家昆曲艺术抢救保护和扶持工程、中国民族音乐发展和扶持工程，各省积极推动艺术创作，推出了一批优秀作品。

艺术节、展演、评介推广等活动影响广泛。成功举办国家艺术院团优秀剧目展演，一批新创剧目受到好评，展演期间的演出交易推介会上签约演出571场，交易额达1.16亿元，实现了社会效益和经济效益双丰收。与湖北省政府在武汉举办了第六届中国京剧艺术节，35台剧目参加，名家云集，流派纷呈，共举办了64场剧场演出和20多场基层演出，观众达17万人次。与福建省政府在厦门主办第三届中国诗歌节，两岸四地100余位著名诗人汇聚厦门，22场丰富多彩的文化活动吸引了50万市民参加。与河南省文化厅举办第二届中国豫剧节，荟萃12个省区豫剧院团20台优秀剧目，推动豫剧艺术的交流与合作、繁荣与发展。举办优秀保留剧目洛阳巡演月活动，组织《复兴之路》音乐会、话剧《郭明义》、豫剧《苏武牧羊》在全国巡演。不断加大对西部地区文艺工作的扶持力度，成功举办宁夏第九届全国舞蹈比赛、第二届新疆国际民族舞蹈节等，为西部各族群众奉献了一系列精彩演出，发现和鼓励了一大批优秀作品和人才。

艺术精品普及活动深入开展。中直院团普遍建立了联系基层基地，积极开展“三下乡”、“高雅艺术进校园”等活动，湖南省完成了1万场“送戏下乡、演艺惠民”演出，开展了12场高雅艺术鉴赏活动，获得良好社会反响，体现了服务人民的责任担当。艺术院校共建和艺术职业教育管理进一步推进，全国社会艺术水平考级管理工作得到规范和调整。

（四）坚持政府主导、公益惠民，公共文化服务体系建设成效显著。一年来，我们始终坚持把公共文化服务体系建设作为首要任务，着力加强公共文化基础设施建设，实施文化惠民工程，创新公共文化服务管理体制和运行机制，提高公共文化服务水平和质量，人民群众的基本文化需求不断得到满足。

公共文化服务设施建设不断加强。国家美术馆工程、中国工艺美术馆工程（暂定名）、国家图书馆一期改造工程、中央歌剧院剧场工程等进展顺利，国家博物馆改扩建工程完成并投入使用。甘肃大剧院建成运营，天津文化中心、上海当代艺术博物馆等一批地方重点文化设施建设进展顺利。全国乡镇综合文化站建设全部规划项目基本建成并投入使用。北京市实现了区县文化馆、图书馆全覆盖，街道乡镇和社区农村文化设施覆盖率达到96.4%，公共图书馆计算机信息服务网络覆盖全市。海南已实现了乡镇文化站和文化信息资源共享工程全覆盖。黑龙江省基本实现乡乡有文化站目标，其中新建文化站达97.6%。广西整合文化、卫生、计生、体育和新闻出版等部门的资源，共建共享，建设800个村级公共服务中心。

公共文化服务制度体系建设取得进展。国家公共文化服务体系示范区（项目）创建工作取得突破性进展，首批31个地级市（区）和47个项目获得创建资格，为公共文化服务体系建设发挥了示范和带动作用。在山东烟台召开全国地市级公共文化服务体系建设现场经验交流会，明确了以地市级城市为中心，统筹城乡公共文化服务发展的思路。

公共数字文化建设稳步推进。下发《关于进一步加强公共数字文化建设的指导意见》，提出了统筹实施数字文化惠民工程、全面推进公共数字文化服务体系建设的发展思路。文化信息资源共享工程全年资源建设总量达28.4TB，服务1.6亿人次。公共电子阅览室建设试点工作全面铺开，数字图书馆推广工程正式启动。广东省建立了全国首家“网络文化馆”，推出“网上图书馆”、“网上博物馆”、“网上剧场”等系列数字文化服务。深圳市继续推进图书馆自助服务，全市41家公共图书馆及160台城市街区自助图书馆服务机实现统一服务。

公共文化服务能力明显提升。公共文化设施免费开放工作全面推进，全国文化文物部门归口管理的博物馆、纪念馆和爱国主义教育基地全部实行免费开放，全国美术馆、公共图书馆、文化馆（站）免费开放工作全面实施，北京、安徽、江苏、湖南、陕西、广东、江西、山东、新疆等地已率先实现“三馆一站”免费开放。第三次全国文化馆评估定级工作圆满完成，上等级馆2028个，达标率为62.3%。借鉴国际经验，创新思路，成功举办2011年中国图书馆年会暨中国图书馆学会年会，为图书馆行业、地方政府、企业界搭建了交流平台。对口支援新疆、西藏工作稳步推进。“春雨工程——全国文化志愿者边疆行活动”加快实施，13个内地省（市）的近千名文化志愿者开展系列服务活动，活跃了边疆人民的精神文化生活。“县级数字图书馆援疆行动”圆满完成，新疆175个县级图书馆全部具备了数字图书馆服务能力。

群众文化活动品牌化建设深入开展。下发《关于进一步加强农民工文化工作的意见》，要求将农民工的文化服务纳入公共文化服务体系统筹安排。成功举办“我们的节日”——群星奖优秀节目2011年春节慰问外来务工者文艺晚会、“温暖之春”2012年慰问全国农民工春节晚会、第四届中国少年儿童合唱节和第十三届中国老年合唱节等，特殊群体的文化权益不断得到保障。命名528个“中国民间文化艺术之乡”，推动了民间文化艺术的繁荣发展。各地群众文化活动热火朝天，人民群众参与文化活动的内容更加丰富、途径更加便捷。吉林省连续4年把农村文化大院建设和“送戏下乡”纳入年度民生实事项目加以推动，已累计新建农村文化大院4000个，送戏下乡演出1.1万场，观众超过1000万人次。辽宁省举办了首届群众文化节，各类群众文化活动540余项，送戏下乡2000场，参与的群众文化骨干及专业艺术工作者20余万人，受益群众1000余万。江西省创新开展农村文化活动，下乡演出1.4万余场，开展赛歌会、健身、游艺比赛等活动1万多场，参与群众近2000万人次。宁波打造“天然舞台”、“天一讲堂”、“天下汇”等公共文化系列服务平台，全年举办展览300多场、讲座400多场、培训3000多场、文化活动5000多场，深受基层欢迎。

（五）营造良好的政策环境，推动文化产业蓬勃发展。一年来，我们认真贯彻落实国务院《文化产业振兴规划》，坚持在做大做强上下功夫，努力营造良好政策环境，搭建文化产业发展的公共服务平台，文化产业规模化、集约化、专业化水平不断提高。

文化产业规划和政策得到加强。《文化部“十二五”时期文化产业倍增计划》编制工作基本完成。推动特色文化产业发展工程纳入《国家“十二五”服务业发展规划》、西部文化产业有关门类纳入《西部地区鼓励类产业目录》。推动出台了《动漫企业进口动漫开发生产用品免征进口税收的暂行规定》。

文化产业投融资渠道不断拓宽。首次将保费补贴纳入专项资金支持范围，全年共为约140个文化产业项目提供约5亿元的中央文化产业发展专项资金扶持。部行合作机制进一步深化，完成重点文化企业信贷项目68个，涉及金额188.91亿元，贷款余额97.32亿元。下发通知，推荐一批符合条件的文化企业上市融资。联合保监会共同发布了第一批试点保险产品和试点保险机构，保险业支持文化产业顺利起步。

园区基地的引导示范作用不断加强。文化部命名了第三批2个国家级文化产业示范园区和4个试验园区，评选出十大最具影响力国家文化产业示范基地，有效发挥了骨干企业的示范作用。面向园区、基地征集一批重大文化科技和文化产业项目，向有关部委积极推荐。国家动漫产业综合示范园（天津）和中国动漫游戏城（北京）建成开园。经中央批准在中国文化艺术政府奖中增设动漫奖，开展首届动漫奖和国家动漫精品工程的评选活动，与天津市政府联合举办中国动漫产业发展成果展，集中展示了“十一五”以来中国动漫产业发展的巨大成就。

文化产业交易平台与公共服务平台作用日益凸显。第七届中国（深圳）国际文化产业博览交易会、2011中国义乌文化产品交易博览会、第六届中国北京国际文化创意产业博览会、第四届中国东北文化产业博览交易会等文博活动成功举办。开发“文化企业金融服务在线办理系统”，改版“文化产业投融资公共服务平台”，加强对13个国家级动漫公共技术服务平台的引导和管理，文化产业投融资服务的便利化程度进一步增强，服务水平明显提升。

发挥各地独特优势，特色文化产业建设取得初步成效。云南省评选了第三批50个“文化惠民”示范村，示范村总数已达124个，基本覆盖全省，为以文化产业发展推动农村产业结构调整、实现“文化富民”探索了有效途径。西藏实施特色文化产业群培育工程，大型原生态歌舞《幸福在路上》创收500多万，文化企业培育效果初步显现。青海积极搭建平台扶持民族特色工艺品业发展，在青洽会等大型展会活动中各类工艺品签约金额近5000万元。

文化与科技融合工作取得重大进展。建立了文化部与科技部部际会商制度，已有两个项目被确立为2012年度国家科技支撑计划项目。国家文化科技提升计划、文化部科技创新项目、国家文化创新工程齐头并进，共立项56个，验收结项19个。7项文化行业标准颁布实施。文化艺术科研工作成果丰硕。

（六）服务水平和监管能力不断提高，文化市场发展规范有序。一年来，我们坚持加强规范与促进发展并举，提升文化市场监管能力，统一开放竞争有序的市场体系逐步形成。

对各类文化市场的扶持引导和规范管理不断加强。积极规范艺术品交易，参与起草《国务院关于清理整顿各类交易场所切实防范金融风险的决定》，下发《文化部关于加强艺术品市场管理工作的通知》，禁止艺术品类证券份额交易，引导艺术品市场诚信经营。加强对演出、音乐节庆活动、票务经营单位的规范管理，继续简化和规范行政审批。不断拓展演艺业内涵与外延，开展网络演出管理试点工作和文化旅游实验区评选，促进文化与旅游融合。鼓励“严肃游戏”发展，全面实施“网络游戏未成年人家长监护工程”，推动建立游戏评论机制，促进网络游戏的健康发展。

文化市场监管进一步加强。探索农村文化市场监管模式，推动形成以县（区）为主导、以乡镇（街道）为依托、以村组社区为点线、上下联动、综合治理的农村文化市场管理新格局。建立网络文化市场执法协作机制，加强了地区之间的执法协作，完善了突发事件应急处置机制。文化市场技术监管系统基本确定了总体框架和监管需求，12318全国文化市场举报系统正式启用，综合执法办公系统顺利推广应用。建党90周年文化市场专项保障行动顺利完成，文化市场知识产权保护专项执法行动成效显著，为净化文化市场发挥了重要作用。

采取有效措施促进文化产品和要素的合理流动。票务连锁、演出院线、连锁网吧等现代流通组织和流通形式发展势头良好。网页游戏规范自律联盟、网络音乐发展联盟等行业组织发挥了积极作用。

（七）遵循文物工作的特点和规律，开拓创新，文物保护取得重要进展。一年来，我们围绕“文物本体保护好、周边环境整治好、经济社会发展好、人民生活改善好”的目标，按照“夯实基础、强化管理、服务社会、改善民生”的思路，积极推进文物保护创新发展，呈现出许多亮点。

文物普查等基础工作取得突破。近5万名普查人员历时5年完成第三次全国文物普查，共登记不可移动文物近77万处，一大批工业遗产、乡土建筑等新型文化遗产被纳入文物保护范畴。第七批全国重点文物保护单位评选工作顺利完成，国有可移动文物普查试点全面展开。杭州西湖文化景观申遗成功，元上都遗址、大运河、哈尼梯田、丝绸之路跨国申遗工作有序开展。

文物工作综合效益显著增强。郑州商城、汉长安城等大遗址保护和考古遗址公园建设卓有成效，文化遗产与人、城市、自然的和谐日益成为各级政府的共识和目标。四川、青海、云南等灾后文物抢救保护工程扎实推进，都江堰古建筑群、藏羌碉楼等237项汶川灾后文物抢救保护工程顺利竣工，对于振奋重建家园的信心、保持我国文化多样性、维护民族团结发挥了重要作用。西藏重点文物保护工程顺利完工，充分展现了党和国家保护西藏优秀传统文化的决心，为促进西藏跨越式发展和长治久安作出了特殊贡献。“南海I号”、“南澳I号”等水下文物考古和保护工作进展顺利。

文物保护科技水平不断提高，行业创新体系逐步形成，“中华文明探源工程”、“指南针计划”等文物保护科技重大专项取得显著成果。

（八）学习宣传贯彻《非物质文化遗产法》，非物质文化遗产保护传承又上新台阶。一年来，我们全面宣传贯彻《非物质文化遗产法》，强化名录保护和传承机制，加强非物质文化遗产抢救性保护、整体性保护和生产性保护，非物质文化遗产保护的各项基础性工作扎实开展，一些关键环节上有了新进展、新成效。

2011年2月全国人大常委会通过《非物质文化遗产法》，开启了我国非物质文化遗产保护工作的新篇章。文化部召开了宣传贯彻座谈会，出版法律指南，翻译了少数民族语言版本，举办培训班1932期（次）、培训人员90370人，各地文化行政部门和有关文化单位积极开展形式多样的普法宣传和非物质文化遗产展览展示活动，在社会上掀起了新一轮非物质文化遗产保护的热潮。

国家级和地方各级非物质文化遗产名录项目保护与管理进一步加强。第三批191项国家级名录经国务院批准公布。印发《关于加强国家级非物质文化遗产代表性项目保护管理工作的通知》，明确了国家级名录项目和保护单位的“退出机制”，实行动态化管理。中国非遗数字化保护工程一期项目通过验收。各地也积极开展了名录项目的颁布和保护传承工作。

非物质文化遗产整体性保护扎实推进。新设立了大理白族和迪庆民族两个文化生态保护实验区，热贡和徽州文化生态保护区总体规划已经批准实施。

非物质文化遗产生产性保护进一步推进。命名了第一批41个国家级非物质文化遗产生产性保护示范基地，制定了《关于加强非物质文化遗产生产性保护的指导意见》，各地不断探索生产性保护的有效模式。

非物质文化遗产宣传展示活动影响广泛。第三届中国成都国际非物质文化遗产节成功举办，286项活动荟萃了国内外1900多个非遗项目，将非遗节融入群众文化生活，成为游客和民众共享的文化节日。重大传统节日和“文化遗产日”活动丰富多彩，百名代表性传承人迎春展示活动、中国非物质文化遗产摄影大展等活动深受好评，扩大了社会对非物质文化遗产的认知度和关注度。

申报联合国教科文组织非物质文化遗产名录项目工作进展显著。中国皮影戏入选“人类非物质文化遗产代表作名录”，赫哲族说唱艺术伊玛堪被列入“急需保护的非物质文化遗产名录”，目前我国以36项名录成为世界上入选项目最多的国家。

古籍保护和清史纂修工作取得积极进展。第四批国家珍贵古籍名录及全国古籍重点保护单位申报工作顺利开展。清史稿件评估和审改工作不断加强，清史编纂平台建设全面启动，档案文献成果已出版图书25种，66册，3千余万字。

（九）对外及对港澳台文化交流向全方位、多领域、深层次发展，中华文化的国际影响力不断扩大。一年来，我们坚持“走出去”和“引进来”两手抓，以“四大机制”为基轴，整合中央与地方、政府与民间、国内与国外等各方文化资源，以“‘文化中国’工程”、“海外中国文化中心建设工程”、“对外文化贸易促进工程”和“港澳台中华文化传承工程”为引擎，打造“全国内外一盘棋”的文化交流新格局，全面推动新时期对外及对港澳台文化交流工作向纵深发展。

文化外交活动有声有色。我国与近20个国家签署新的文化交流与合作执行计划，确立了中欧、中德、中美、中英、中俄、中哈等多个双边和多边人文交流机制。推动“中美人文交流高层磋商机制”务实发展，在美国启动了大规模“中国文化系列活动”。成功举办澳大利亚、意大利、尼泊尔“中国文化年”及“2011中日合办动漫节·影视周”等国家级重大文化活动，在非洲地区举办“2011中国文化聚焦”活动，加强战略合作，加深传统友谊，有力地配合了国家对外战略和重大外交活动。

文化对话不断深入。在以色列和美国宣讲当代中国“和平发展”道路，得到国际社会的广泛认同。通过中欧文化高峰论坛、中国—东盟、上合组织会议等国际多边活动，表达了维护世界文化多样性、共建人类精神家园的美好愿望，进一步增进了思想交流。

文化交流品牌影响逐步扩大。“欢乐春节”共有65个项目在全球63个国家和地区展开，规模与影响进一步扩大。对外文化工作“四大机制”在统领工作、统筹资源、协调关系中的作用进一步增强，特别是央地合作模式日趋成熟，目前，文化部与地方联合举办的国家级对外文化交流品牌活动已达20多个。

海外中国文化中心建设扎实推进。9个文化中心共举办文化活动近800起，在传播中华文化方面作出了重要贡献。泰国中国文化中心完成主体施工，俄罗斯、西班牙中国文化中心相继装修改造，新加坡中国文化中心优化了设计方案，蒙古、墨西哥、加拿大、斯里兰卡等中国文化中心落实选址。

文化贸易积极推进，各项配套服务措施进一步完善。依托驻外使领馆，文化产品和服务“走出去”信息统计工作向系统化、规范化迈进。以杂技艺术为突破口，谋划推动文化产品和服务“走出去”的长远策略，制定推动杂技“走出去”实施规划。首个国家级对外文化贸易基地在上海揭牌，首次召开了全国文化系统对外文化贸易工作会议。在胡锦涛主席与奥地利总统菲舍尔的见证下，中国对外文化集团公司与奥地利维也纳控股有限公司等建立了长期合作关系。

两岸三地中华文化大交流格局初步形成。利用内地文化资源，发挥传统节日的独特作用，成功举办第十二届“香江明月夜——大型中秋晚会”、“根与魂——中国非物质文化遗产展演”，增强了港澳同胞的文化认同。两岸高层互访更加频繁，全年约2900起两岸文化交流项目顺利实施。成功举办第四届海峡两岸（厦门）文化产业博览会，首次实现台湾参展县市、海西21个城市全覆盖。《山水合璧——黄公望与富春山居图特展》在台北故宫隆重举办，成为两岸同胞共享中华文化瑰宝、共同弘扬中华优秀传统文化的一大盛事。

（十）全面推进各项保障工作，为文化建设营造良好环境。一年来，我们坚持围绕中心，服务大局，按照法治政府、服务型政府的要求，不断推动政府职能转变，加强人才队伍和干部队伍建设，加强规划、法制、政策研究工作，争取经费投入，提高行政效能，为文化建设提供了强有力的保障。

规划编制和政策法规工作取得新的进展。制定了《文化部“十二五”文化发展规划》，在公共文化服务、文化遗产保护、文化产业、对外文化交流等领域制定了专项规划，推动在国家级区域性规划中增强文化工作的比重，和广西、云南等省加强合作，起草了《文化部关于支持广西文化建设的意见》、《文化部、云南省人民政府关于加快云南桥头堡文化建设合作协议》等，使之成为文化领域规划体系的重要组成部分，基本形成了相互配套、比较完备的规划体系。《非物质文化遗产法》颁布施行，《公共图书馆法》、《古籍保护条例》等立法工作顺利推进。广东省已经制定了《公共文化服务促进条例》，为国家层面立法做出了积极探索。大力推进依法行政，实施特聘法律咨询专家制度、文化部常年法律顾问制度、开展知识产权保护研究基地试点工作等，均取得良好效果。围绕文化建设的重点难点问题，各级文化行政部门组织开展调查研究，形成了一批有针对性、前瞻性、操作性的优秀调研成果，公共文化服务体系建设经费保障机制、基层文化队伍建设、公共文化设施免费开放等重点课题取得了阶段性成果。

文化经费投入稳步增长，管理水平不断提升。2011年共落实文化部部门预算38.78亿元，比2010年增加5.78亿元，增幅为18%。落实中央财政补助地方专项资金总额35.97亿元，其中以实施全国美术馆、公共图书馆、文化馆（站）免费开放为依托，安排基层公共文化服务体系保障经费18.22亿元。落实文化部转企改制单位国有资本经营预算3.68亿元。推动财政部在“十二五”期间从中央彩票公益金中安排文化部32.5亿元资金。争取国家发展改革委在“十二五”期间实施地市级公共图书馆文化馆建设、非物质文化遗产保护利用设施试点建设和中等艺术职业学校设施建设专项规划，计划安排中央预算资金约80亿元。预算管理的制度建设不断加强，预算执行率大幅度提升。统计工作取得重大突破，公开发行了文化系统第一本统计分析报告。

文化人才队伍建设稳步推进。坚持正确的用人导向，领导班子和领导干部队伍建设进一步加强。积极研究文化外交队伍建设战略性规划，向中央及有关部门提出适应新形势新任务需要的文化外交队伍建设的思路建议，以“忠诚教育”为重点，加强政治建设、业务建设和能力建设，驻外干部队伍整体素质得到明显提升。着手研究文化名家工程、三区人才支持计划文化工作者专项、非物质文化遗产项目代表性传承人扶持计划。采取政府主导、社会参与的方式，由中国艺术研究院主办、中国泛海集团控股有限公司出资设立中华艺文奖，开创了我国在文化艺术领域设立学院奖的先例，为推进国家文化艺术荣誉制度建设作出了新的探索。干部培训工作向纵深发展，形成了一系列培训品牌。通过举办示范性培训班、命名国家级培训基地等措施，基层文化队伍培训深入开展。

新闻宣传工作成效显著。坚持团结鼓劲、正面宣传为主的方针，积极开展文化宣传工作，充分展示了文化改革发展的成果，文化工作的社会影响不断扩大。仅10月份，人民日报、新华社、中央人民广播电台等9家中央主要媒体就刊（播）发文化新闻报道420余篇（条）。中央电视台《新闻联播》栏目几乎每隔1～2天就有1条关于文化改革发展的报道。人民日报、光明日报、经济日报等多次将文化新闻作为头版头条、开辟文化专栏或进行整版报道，推出了一批重点报道和评论，中国文化报积极落实文化部党组关于学习贯彻六中全会精神的安排部署，开展形式多样的宣传报道，为文化建设营造了良好的舆论氛围。

党的建设和反腐倡廉建设进一步加强。各地党组织把学习胡锦涛总书记“七一”讲话和六中全会精神与学习型党组织建设、为民服务创先争优活动和业务工作结合起来，文化发展和党建工作的科学化水平不断提升。以学习杨善洲先进事迹和身边先进典型为抓手，深入开展创先争优活动，得到中央领导同志的肯定。以建党90周年为契机，各地广泛开展学党史、演经典、歌咏比赛等活动，使党员的党性、党风、理想信念教育和党组织建设不断加强。党风廉政建设和反腐败工作取得新成效。健全文化部门反腐败工作领导体制和机制，惩防体系建设不断加强。加强对干部选拔任用、文艺评审评奖、基建工程招投标、政府采购工作的监督，有效防止不廉洁行为。开展公务用车、“小金库”、党政干部公款出国（境）等专项治理，清理庆典、论坛、研讨会，取得阶段性成果。

文化行业作风不断得到改进。召开了全国文化系统行业作风建设工作会议，推动行业作风建设深入开展。文化部机关加强会议活动的管理，规范公文报送，精减发文数量，大大提高了工作效率。各窗口单位以多种方式为基层服务，为人民群众服务。青岛市实现文化行政许可全程阳光、透明，全年共受理行政审批事项370项，全部办结，好评率达100%。北京、福建、青海等地文化部门从社会各界聘请行风监督员，内蒙古、安徽、广东等地还注重聘请“老干部、老战士、老专家、老教师、老模范”等“五老”人员充当网吧义务监督员，拓宽了人民群众参与行业作风建设的渠道。

总之，一年来，文化系统广大干部职工不辱使命，不负众望，取得了骄人的成绩，令人欣慰，也令人鼓舞。岁末年初，李长春、刘云山、刘延东同志分别就文化部2011年工作作出重要批示，给予充分肯定、热情鼓励，并提出殷切希望。这既是对我们的表扬和鼓励，也是鞭策和期待，我们要全面领会几位领导同志的指示精神，并在下一步工作中全面贯彻落实。我们也要认识到，今天的成绩是长期积累、不断实践的结果。最近一段时期，我们越来越体会到，经过多年努力，文化发展进入了历史上最好的时期。从文化发展的环境来看，从中央到地方，各级党委政府对文化建设的重视程度前所未有，全社会对文化建设的热切关注前所未有，老百姓对文化发展繁荣的热情期盼前所未有。从文化工作本身来看，在科学发展观的指引下，我们逐步形成了一系列新的文化发展理念，文化发展的方针更加明确、更加宽松，文化体制改革在关键环节和重要领域取得了突破性进展，各级政府对文化的投入大幅度增加，文化基础设施特别是标志性设施和城乡基层文化设施建设成果显著，公共文化服务体系网络基本建成，文化产业蓬勃发展、方兴未艾，逐步成为新的经济增长点，文化市场日益规范、空前繁荣，文艺创作演出百花齐放，全国城乡基层文化活动红红火火，文物保护不断创新、扎实推进，非物质文化遗产保护体系逐步形成，整个文化队伍精神面貌发生深刻变化，更加团结进取、昂扬向上、奋发有为。可以说，我们初步找到了一条中国特色社会主义文化发展道路。这条道路是在科学发展观的指引下，在党中央、国务院的坚强领导下，我们宣传思想文化工作者披荆斩棘、脚踏实地干出来的，是我们攻坚克难、改革创新闯出来的。在此，我代表文化部党组，通过在座的各位文化系统领导者，向全国的文化工作者表示衷心的感谢！

回顾十七大以来的工作实践，我们有很多体会，要做好文化工作，必须坚持以下几个方面：

一是围绕中心，服务大局。几年来，我们紧密围绕全面建设小康社会的总体布局，积极推动文化建设与政治、经济、社会建设协调发展；紧紧抓住转变经济发展方式关键时期的中心任务，大力发展文化产业；紧紧把握矛盾凸显期这一特殊时期的社会形势，积极发挥文化愉悦心灵、缓解社会矛盾、构建和谐社会方面的独特作用；始终围绕社会主义核心价值体系建设这个根本任务，大力唱响时代主旋律，弘扬优秀传统文化；紧紧围绕党和国家政治生活中的重大事件，组织了丰富多彩的文化活动，营造了欢乐祥和的文化氛围。实践证明，只有找准文化工作的定位，牢固树立大局意识，紧密围绕中央的总体部署开展工作，不缺位、不越位，才能够充分发挥文化建设应有的作用。

二是深化改革，扩大开放。改革开放是我国现代化建设新时期最鲜明的时代特征。近几年来，我们坚定不移地推进文化体制改革，努力破除阻碍文化发展的体制机制的积弊，进一步解放和发展了文化艺术生产力。我们积极应对全球化的挑战，坚持开放包容，全方位多层次宽领域地推动中华文化“走出去”，学习借鉴世界优秀文明成果，不断增进世界人民对中国的了解，大力增强中华文化的影响力和感召力。实践证明，只有深化改革，才能为推动社会主义文化大发展大繁荣提供强大动力，只有扩大开放，才能推动中国融入时代潮流，参与国际文化竞争，提升国家文化软实力。

三是解放思想，开拓创新。当前，世情、党情、国情发生深刻变化，经济社会发展呈现出新的阶段性特征，文化建设面临着新的形势。近年来，我们在科学发展观指引下，不断深化对文化自身发展规律的认识，逐步形成了新的文化发展理念。我们积极面对新情况、新问题，不断探索推动文化建设的新方法、新举措，积极推动文化建设的内容、形式、体制机制创新，努力开拓文化改革发展的空间，取得了令人瞩目的成绩。实践证明，只有解放思想，开拓创新，才能不断开创文化建设的新局面。

四是发展第一，繁荣为先。这是由我国的基本国情和文化建设自身状况决定的。长期以来，我国文化建设底子薄、投入少、基础差。随着我国经济社会的快速发展，我们有条件、有可能改变这种状况，但必须下功夫谋发展、促繁荣。近年来，我们不断争取国家财政对文化的投入，大力实施惠民工程和重大项目，扎实推进各项文化工作，文化建设呈现出繁荣发展的喜人态势。实践证明，只有坚持把发展作为执政兴国第一要务，坚持建设为要，繁荣为先，才能够实实在在地推动文化建设。

五是以人为本，执政为民。坚持以人为本、执政为民的理念，是我党性质和根本宗旨决定的，是指引、评价、检验政府行为的最高标准。近年来，我们不断践行党的宗旨，努力建设服务型政府，把实现好、维护好、发展好最广大人民根本利益作为一切工作的出发点和落脚点，倾力构建覆盖城乡的公共文化服务体系，努力满足人民群众日益增长的精神文化需求，让人民共享文化改革发展的成果。我们充分尊重人民群众的主体地位，尊重知识、尊重劳动、尊重创造、尊重人才，极大地激发了广大人民和文化工作者的文化创造活力。实践证明，只有坚持以人为本、执政为民，才能实现文化建设的根本目的。

六是统筹协调，科学发展。近年来，我们遵照中央的战略部署，准确把握文化工作的定位，努力统筹好文化建设与经济、政治、社会建设协调发展的关系；注重统筹城乡、地区之间文化发展的平衡，不断加大对农村地区、少数民族地区、边疆地区文化建设的支持力度；注重统筹国内国际两个大局、两个市场，既注重国内文化建设，又不断加大对外文化交流力度；注重把握国情，坚持尽力而为、量力而行，不搞不切实际的高指标、“大跃进”。实践证明，只有坚持统筹协调、科学发展，才能实现文化建设的可持续发展。

七是面向基层，重心下移。社会主义初级阶段的基本国情决定了长期以来文化建设发展不平衡，困难点在农村，薄弱点在基层。近年来，我们在工作布局上，强调重心下移，面向农村、基层，坚持重点放在广大农村、城市社区，把着力点放在维护人民群众的文化权益、满足人民群众的基本文化需求上，不断加大基层公共文化设施建设力度，积极开展基层文化活动，大力培养基层文化队伍。实践证明，只有坚持面向基层、重心下移，才能真正夯实文化大发展大繁荣的坚实基础。

八是团结鼓劲，奋发有为。团结和谐的氛围、昂扬向上的精神面貌是文化大发展大繁荣的保障。近年来，我们大力加强党的建设和行业作风建设，组织广大文化工作者学习领会党的文化发展战略、新的文化理念以及各项方针政策，不断提高广大文化工作者的文化自觉、文化自信、文化自强，激发他们投身文化建设的积极性主动性创造性。我们坚持开放包容，坚持“四尊重”，努力营造文化艺术发展的宽松和谐的外部环境，不搞无谓的斗争，开展积极的文艺批评和评论，不断推动百花齐放百家争鸣的喜人局面。实践证明，只有坚持团结鼓劲的方针，形成奋发有为的精神状态，文化工作才能保持一种发展繁荣的良好态势。

在看到成绩的同时，我们也清醒看到，在文化工作中还存在不少问题和困难，例如，一些地方和部门对文化体制改革的重要性、必要性、紧迫性认识不足，配套政策不完善，落实不到位；一些同志对院团转企改制还心存疑虑，迟迟不敢迈出大步；一般性文化产品、文艺作品数量众多，但精品力作还显不足，一些精品力作的演出场次不够多，传播、影响不够广泛；艺术作品评价激励推广体系需要进一步完善；公共文化服务城乡、区域不平衡状态尚无根本改观，实现均等化任重道远；公共文化服务投入保障机制需进一步完善，公共文化设施使用效率和公共文化服务质量水平亟待提高；文化遗产保护的长效机制需要进一步健全；文化企业小散弱的局面还没有得到完全改观，文化市场管理和执法工作中还存在薄弱环节；文化与科技融合刚刚开始，还有待于进一步深化；文化人才青黄不接，队伍建设急需加强，等等。这些都需要我们在今后的工作中进行深入探索、研究，认真加以解决。

二、深入学习领会、全面贯彻落实党的十七届六中全会《决定》

党的十七届六中全会的召开，是党的历史上第一次在中央全会上专门讨论文化的改革发展问题，第一次以中央决定的形式就文化改革与发展的重大问题做出决定，使之成为全党的意志，也是共和国历史上第一次提出建设社会主义文化强国的宏伟目标和战略任务。十七届六中全会及其《决定》，对于中国特色社会主义事业和中国特色社会主义文化建设而言，具有历史性、里程碑的意义，标志着我国文化建设进入了一个新的历史发展阶段。六中全会通过的《决定》，鲜明回答了我国文化改革发展走什么路、朝着什么样的目标迈进这个带有方向性、战略性的重大问题，为我们指出了文化建设的奋斗目标，指明了前进的方向，是我们党领导文化建设的历史经验总结，是在科学发展观指引下形成新的文化发展理念的集中体现，是当前和今后一个时期我国文化改革发展的纲领性文件。学习贯彻党的十七届六中全会精神，是文化系统今后一个时期的中心任务。通过前两个月的学习，我们对全会召开的重大意义、全会《决定》的主要内容有了比较清晰的了解，下一步，我们要继续把六中全会精神的学习贯彻不断引向深入。

（一）深刻把握中国特色社会主义文化发展道路这一文化建设的主线。六中全会《决定》明确提出，坚持走中国特色社会主义文化发展道路，表明了我们党高度的文化自觉。中国特色社会主义文化发展道路内涵丰富，具有鲜明的特点。我们要深刻领会中国特色社会主义文化发展道路特在什么地方，认清它是在社会主义初级阶段、在市场经济和全面对外开放条件下，在全球化、城镇化、工业化、现代化的背景下，发展社会主义文化的一条正确道路。要认真研读《决定》提出的指导思想、重要方针、目标任务、政策举措，并将其精神贯穿落实到实际工作中。

一是要坚定不移地坚持建设先进文化。我们必须以中国化的马克思主义为指导，在纷繁复杂的社会文化生态中区分主流与支流、先进与落后，确保文化发展的健康方向。必须致力于建设民族的、科学的、大众的文化，坚守民族文化立场，礼敬先辈文化创造，珍视厚重文化传统，加强对优秀传统文化思想价值的挖掘、阐发、弘扬，尊重社会发展的客观规律和文化自身发展特点及内在规律，用科学文化来启迪民智，植根群众实践，融入大众生活，服务人民大众，不搞贵族文化、精英文化、小众文化；必须努力建设面向现代化、面向世界、面向未来的文化，准确把握现代化建设实践，把握世界发展进步潮流，把握未来文化发展趋势，在推动历史进步中实现文化发展进步。

二是要坚定不移地坚持科学发展。我们必须把发展作为执政兴国和文化建设第一要务，不断增强发展意识，加快发展步伐；必须注重统筹兼顾，努力实现不同领域之间、区域之间、城乡之间协同推进；必须努力转变文化发展方式，不断优化文化发展布局和结构，推动文化资源合理配置，促进文化持续快速健康发展；必须顺应人民意愿开展工作，让文化更好地造福人民群众。

三是要坚定不移地坚持强基固本。我们必须把建设社会主义核心价值体系作为根本任务，融入文化建设的各个领域，贯穿到文化工作的全部过程之中，体现到文化产品创作生产传播的各方面，充分发挥文化润物无声的优势，引领人们不断牢固树立马克思主义的主导、中国特色社会主义的共同理想，增强爱国主义信念、改革创新精神，最大限度地扩大社会思想认同。

四是要坚定不移地坚持以人为本。我们必须自觉贯彻党的群众路线，坚持文化发展为了人民，文化发展依靠人民，文化发展成果由人民共享。必须牢固树立以人民为中心的创作理念，贴近实际、贴近生活、贴近群众，努力创作人民喜闻乐见的优秀文化作品。必须充分尊重人民的首创精神，发挥人民文化创造主体作用，搭建群众乐于参与、便于参与的文化活动平台，激发全社会文化创造活力。必须完善文化产品评价体系和激励机制，提高群众评价权重，把人民群众满意不满意作为最高的评价标准。必须把文化建设的重点放在基层，坚持眼睛向下、重心下移，面向基层、面向群众，完善城乡基层文化基础设施和服务网络，多生产提供质优价廉的文化产品，多为低收入群众和生活困难群众提供文化服务，让文化改革发展成果惠及全体人民。

五是要坚定不移地坚持改革创新和对外开放。我们必须坚定不移地深化文化体制改革，着力构建充满活力、富有效率、更加开放、有利于文化科学发展的体制机制。大力推进文化内容、形式、方法、手段的创新，实现题材、体裁、品种、风格和载体的极大丰富，不断提升文化的原创能力。必须努力推动文化与科技更好地融合、嫁接，不断创造新的文化式样，催生新的文化业态，增强传统文化的表现力和传播力。必须努力借鉴国外一切优秀文明成果，吸收国外一切有益的管理理念和经验，在与世界进行文化交流与对话中，维护世界文化多样性，推动和谐世界建设。

（二）深刻把握建设社会主义文化强国这一文化建设的主题。六中全会提出了建设社会主义文化强国的战略目标，表明了我们党高度的文化自信。我们必须用宏观的视野、理性的思维来领会，进一步增强责任感、使命感。

一要把握文化强国战略目标提出的背景和意义。我国是文明古国，是文化资源的大国，但还不是文化强国，文化产品和服务还不能完全满足人民群众日益增长的精神文化需求，文化发展与经济社会发展还不够协调，文化的影响力和竞争力还不够，与我国的经济实力、政治影响、国际地位还不相称。文化强国战略目标的提出，立足于我国深厚的文化底蕴和丰富的文化资源，着眼于全面推进中国特色社会主义事业，充分考虑到提高国家文化软实力、在日趋激烈的国际竞争中赢得主动的现实需要，符合我国实际，符合党和国家事业发展要求，符合我国人民的热情期待，彰显了文明古国、文化大国的豪迈气概，有利于凝聚各方面力量推动社会主义文化大发展大繁荣。

二要把握文化强国的主要目标。《决定》指出，建设社会主义文化强国，就是要着力推动社会主义先进文化更加深入人心，推动社会主义精神文明和物质文明全面发展，不断开创全民族文化创造活力持续迸发、社会文化生活更加丰富多彩、人民基本文化权益得到更好保障、人民思想道德素质和科学文化素质全面提高的新局面，建设中华民族共有精神家园，为人类文明进步作出更大贡献。它为我们描绘了文化强国的美好愿景，令人鼓舞，催人奋进。我个人理解，社会主义文化强国可以用四个方面的指标来体现：一是全民族文化创造活力持续迸发，二是社会文化生活更加丰富多彩，文化产品和服务极大丰富，三是人民的基本文化权益得到更好保障，四是人民思想道德素质和科学文化素质全面提高。这几方面的具体指标到底有哪些，具体如何衡量，还有待于在实践中进一步研究探索。

三要把握建设文化强国的长期性和艰巨性。《决定》在提出文化强国总体目标的基础上，提出了到2020年文化改革发展的六个方面的阶段性目标。我们要认识到，文化强国目标的实现是一个逐步积累持续发展的过程，需要全党全社会长期不懈的努力，需要有步骤、分阶段地实施，需要一步一个脚印，扎扎实实地向前推进，而不能搞不切实际的高指标、“大跃进”。当前要做的是，要抓住机遇，乘势而上，尽全力贯彻落实“十二五”规划的各项任务目标，为文化强国目标的实现打下坚实的基础。

（三）紧密结合文化工作实际，深刻把握《决定》关于文化改革发展重大问题的创新与阐发。六中全会《决定》内容十分丰富，理论上有新概括，表述上有新提法，政策上有新突破，举措上有新实招。我们必须结合文化系统的实际，融会贯通。特别是以下几点，要好好地把握。

一是“二为”方向、“双百”方针的内涵：伴随时代进步不断丰富。“二为”方向、“双百”方针是指导文艺创作乃至整个文化工作的根本方针。应该说，随着革命、建设、改革的不断推进，“二为”方向、“双百”方针虽然字面上没有太大变化，但是其内涵却在不断丰富。今天，我们强调“为人民服务”，就是要把满足人民精神文化需求作为文化建设的出发点和落脚点，更加强调以人为本，更加注重人民的主体地位，更加注重维护人民的基本文化权益；强调“为社会主义服务”，就是要把建设社会主义核心价值体系作为根本任务，贯穿到文化建设的方方面面，努力为中国特色社会主义事业提供坚强思想保证、强大精神动力、有力舆论支持、良好文化条件；强调“双百”方针，就是要正确处理好尊重差异、包容多样与坚持主导、发展主流的关系，努力营造积极健康、宽松和谐的氛围，真心实意地、全面地、不折不扣地鼓励不同形式和风格的自由发展，提倡不同观点和学派的充分讨论，最大限度地焕发广大文化工作者和人民群众的创造活力。

二是公益性文化事业发展：注重推进城乡一体化和城乡区域平衡，照顾特殊群体。公益性文化事业发展是政府不可推卸的职责。目前，我国公益性文化事业取得了显著进展，但是仍然存在着城乡文化二元结构，区域发展不平衡，对特殊群体的关爱还不够，特别是全国2.4亿农民工的文化权益如何保障、文化需求如何满足。六中全会《决定》把公益性文化事业发展作为一项重点工作，明确提出了缩小城乡文化发展差距、推动区域发展平衡、加强对特殊群体保护，推动了文化的公平正义。我们必须深刻认识党中央做出这些决策的初衷，切实担负起、履行好政府文化行政管理部门的职责职能，将这些理念、原则贯穿到实际工作中去，推动公益性文化事业健康稳定发展。

三是优秀传统文化的保护：着力点放在建立传承体系和思想价值挖掘阐发。六中全会《决定》用了专门段落阐述“建设优秀传统文化传承体系”。“传承体系”新理念的提出，说明我们更加注重文化遗产保护传承的系统化、规范化。从优秀传统文化的外延来看，涵盖了文物、非物质文化遗产、文化典籍、语言文字、少数民族文化等方面，显得更加周延。从方针原则来看，在过去取其精华、去其糟粕、古为今用、推陈出新、保护利用等原则的基础上，提出了“普及弘扬并重”的新原则，显得更加全面。从具体任务来看，在加强文物保护、非物质文化遗产保护传承、典籍保护的基础上，提出了“加强对优秀传统文化思想价值的挖掘和阐发”。这是新的要求，非常重要。价值观是文化的内核、是文化的灵魂，保护和传承优秀传统文化，最重要、最核心的就是要使其中涵盖的思想价值得以弘扬，成为我们构建社会主义核心价值体系的重要基础和思想来源。因此，必须把对传统文化思想价值的挖掘和阐发作为今后工作的重点任务加以落实。

四是市场在文化资源配置中的作用：非“基础性作用”而是“积极作用”。党的十四大确立了建立社会主义市场经济体制的目标，提出发挥市场在资源配置中的基础性作用。这是经济体制改革中的一项根本性要求。那么，在文化体制改革中，市场究竟应该发挥什么样的作用？六中全会《决定》明确提出“发挥市场在文化资源配置中的积极作用”，对市场在文化资源配置中的作用进行了明确定位。这是对文化产业发展的一个特殊要求。之所以这样定位，主要是考虑到文化产品和服务具有双重属性，特别是具有意识形态属性，这是它与其他领域所不同的一个基本点。因此，这就要求市场在文化产业领域发挥作用，必须以不影响社会效益为前提。要保证政府对市场的调控能力，要将社会效益放在首位，实现社会效益和经济效益相统一。这一提法，体现了我们党对在社会主义市场经济条件下文化发展规律及特点的深刻把握。

五是文化交流：推动“走出去”与“引进来”并重。六中全会《决定》就对外文化交流问题进行了深刻论述。《决定》要求，努力推动中华文化走向世界，开展全方位多领域深层次的对外文化交流，广泛参与世界文明对话，增强中华文化在世界上的感召力和影响力，共同维护文化多样性。同时，《决定》强调要积极吸收借鉴国外优秀文化成果，明确了吸收借鉴的主要内容、主要方式。这反映出我们对文化、文明交流规律的把握，是对外开放理论的重大发展，充分彰显了中华民族海纳百川、开放包容的特征，将推动我们的对外文化交流更加全面科学，更加富有成效。我们要深刻认识中外文化交流与合作的双向性特点。要继续拓展中华文化“走出去”的渠道，丰富“走出去”的内涵，大力扩展中华文化对世界文明的贡献和影响力，同时要以更加开放包容的心态和更加博大的胸怀，吸收和借鉴一切有利于加强我国文化建设的有益经验、一切有利于丰富我国人民精神生活的文化成果、一切有利于发展我国文化事业和文化产业的经营管理理念和机制，加大文化领域智力、人才、技术的引进力度，吸收外资进入法律法规许可的文化产业领域。要真正地把优秀中华文化送出去，把优秀世界文化引进来，从而实现“各美其美，美人之美，美美与共，天下大同”。

六是文化财政投入政策：做出明确规定。近年来，各级政府对文化的投入逐步加大，但是由于长期欠账太多，基数较低，文化投入所占财政支出的比例仍然非常低，文化投入的绝对数和总盘子仍然较小，相关的财政投入政策比较软。六中全会《决定》明确提出“保证公共财政对文化建设投入的增长幅度高于财政经常性收入增长幅度，提高文化支出占财政支出比例”这一原则性的、相对刚性的要求。这是我们多年来不断努力争取的结果，大家要珍惜这条原则要求，要想办法把这条原则要求转化为具体政策，真正落到实处。下一步，各级文化行政部门都要积极与党委宣传部、发展改革委、财政部门、人大、法制办等部门沟通协商，努力把这个规定变为更加细化的政策或措施，变为刚性的机制，为文化发展提供更加有力的硬支撑。

七是党对文化建设的领导：得到加强改进。六中全会《决定》用专门章节阐述要“加强和改进党对文化工作的领导，切实推进文化改革发展科学化水平”，明确提出，各级党政领导要努力把握文化发展规律，健全领导体制机制，改进工作方式方法，增强领导文化建设的本领，特别提出各级党委政府切实担负起推进文化改革发展的政治责任：要把文化建设摆在全局工作重要位置，列入党委、政府重要议事日程；要把文化建设纳入经济社会的发展规划；要把文化建设的成效纳入科学考核评估体系，作为衡量一个地方、一个部门领导班子和领导干部业绩的重要依据。这三条要求都很硬，必将为文化建设营造更加良好的外部环境、提供更加可靠的政治组织保障。全会还强调，要努力健全共同推进文化建设的工作机制。我们要按照《决定》要求，大力推动建立健全党委统一领导、党政齐抓共管、宣传部门组织协调、有关部门分工负责、社会力量积极参与的工作机制和工作格局。对于各级政府文化行政管理部门而言，我们一是要主动向各级党委多汇报，二是要主动多与有关部门沟通协调。文化建设绝不仅仅是文化部门或宣传思想文化战线的事，而是全党全国全社会的事业，我们要努力使全党全社会更加重视文化建设，给予更多的支持与帮助。

三、着眼长远，立足当前，以优异成绩迎接党的十八大胜利召开

2012年，是实施“十二五”规划承上启下的重要一年，我们党将召开第十八次全国代表大会。2012年，也是深入贯彻党的十七届六中全会精神，推动文化建设非常重要的一年。做好2012年文化工作，为十八大召开营造良好文化氛围，夯实文化建设基础，具有重大的现实意义。

2012年，文化系统要坚决贯彻落实党的十七届六中全会精神和中央经济工作会议的部署，深刻领会全面贯彻长春、云山同志在全国宣传部长会议上的重要讲话精神，再接再厉，推进各项文化工作再上一个新台阶，以优异的成绩迎接党的十八大胜利召开。总体思路是：全面贯彻党的十七大和十七届六中全会精神，坚持中国特色社会主义文化发展道路，把社会主义核心价值体系建设融入贯穿到文化建设各个方面和全过程中，创作生产更好更多的适应人民需要的文化产品，进一步完善覆盖全社会的公共文化服务体系，提高系统提供公共文化服务的能力和水平，大力推动重点文化产业的振兴，在资源整合、做大做强上下功夫，切实形成充满活力、富有效率的文化管理体制和文化产品生产经营机制，进一步完善以民族文化为主体、吸收外来有益文化、推动中华文化走向世界的文化开放格局，大力加强文化人才建设，努力建设一支高素质文化人才队伍。要突出把握好今年工作稳中求进的总基调。稳，就是保持文化各领域发展态势的平稳，平衡好任务与项目的关系，确保工作连续有序，不大起大落，不搞所谓的“大跃进”。要为保持国家和社会的稳定，迎接十八大召开营造良好环境。进，就是要充分利用好六中全会这个难得的历史机遇，乘势而上，抓住重点和关键环节，在改革发展上取得新的突破。《2012年文化工作要点》已发给大家。下面我再强调一下今年的几方面重点工作。

（一）着力推动文化艺术创作繁荣发展。按照《决定》关于加强引导的总要求，切实发挥好政府的主导作用和国家院团的示范、引导作用，认真举办各类主题性艺术活动。以迎接十八大召开和纪念毛泽东同志《在延安文艺座谈会上的讲话》发表70周年为契机，加强文艺理论建设，开展积极健康的文艺批评，抓精品剧目创作，抓现实题材创作，举办全国优秀剧目展演、采风创作等活动，营造良好文化环境。

加快推动设立国家艺术基金。目前正待会商财政部后报国务院批复，今年要继续加大协调力度，争取2012年资金尽快落实到位，筹备设立管理机构，面向全社会文化机构和个人择优进行资助，扶持优秀艺术作品创作和人才培养。

要继续实施国家舞台艺术精品工程，以及扶持昆曲、京剧和民族音乐等重大项目，继续推动国家美术发展工程和国家美术收藏工程。这些工程是新时期引导文化艺术创作沿着正确方向前进的最重要抓手，一定要高度重视，精心组织，统筹协调，加强科学化、规范化建设，努力办好。

认真组织好全国性重大艺术活动。与山东省共同抓紧筹备第十届中国艺术节，各省区市要精心选择优秀剧目参加“十艺节”。举办第二届全国优秀保留剧目大奖评选、2012年国家艺术院团优秀剧目展演等。

（二）着力发展公益性文化事业。加强公共文化立法进程，《公共图书馆法》争取上报全国人大，《古籍保护条例》争取上报国务院。开展国家公共文化服务体系示范区（项目）创建工作、图书馆和文化馆免费开放、农民工文化工作文件落实情况督导等，推动各项重点工作在基层的落实。

继续推进国家公共文化服务体系示范区创建（项目）工作。制定示范区（项目）验收标准和验收办法，筹备第一批创建示范区（项目）的验收工作。启动第二批创建示范区（项目）的申报、评审工作。组织“大地情深”——国家公共文化服务体系示范区创建城市群众文化节目进京展演活动。这是整体性加强公共文化服务体系建设的主要抓手。

加大力度、全面开展公共文化机构免费开放工作，加强对博物馆、公共图书馆、文化馆站免费开放工作的总结，以免费开放工作带动公益性文化事业单位的管理模式、机制的全面调整，转型升级。

全面落实《决定》中关于“尽快把农民工纳入城市公共文化服务体系”的要求，切实加强农民工文化建设。继续举办导向性、示范性的农民工文化活动，推动实现“农民工春晚”品牌化。

（三）着力推动文化产业做大做强。要进一步完善和落实文化产业政策。颁布实施《文化部“十二五”时期文化产业倍增计划》。加快搭建政策支撑、公共技术和信息服务、投融资服务、文化贸易和交流合作、人才培养等平台，为文化产业的发展提供良好的环境。加强与有关部委沟通合作，出台《国家动漫产业公共技术服务平台认定管理办法》及相关进口税收优惠政策，出台关于文化创意内容生产的税收优惠政策和促进数字文化产业发展的政策。要继续推进金融对文化产业的支持力度，推动重点文化企业信贷项目数和贷款余额比2011年有明显增长，培育并推动文化企业上市融资，丰富文化产业保险品种。

要推动特色文化产业发展。各地尤其是中西部地区，要发挥资源优势，发展特色产业。推动特色文化城市、特色文化产业示范区建设，创办特色文化城市论坛，努力推动相关部委落实特色文化产业发展工程等重大文化产业项目。

要推动文化产业示范基地建设健康有序稳步发展。开展第五批国家文化产业示范基地和第四批国家级文化产业示范园区的命名。强化对基地、园区的动态管理，对违规基地、园区予以警告甚至撤销命名。坚决制止以文化产业基地、园区名义圈地占地，非法违章搞房地产开发。

要推动动漫产业加快发展。继续实施国家动漫精品工程。开展动漫企业认定工作，争取财政支持重点动漫企业的重大项目建设。实施手机动漫标准示范应用推广工程，解决新媒体动漫产业发展的标准等瓶颈问题。

要推动文化与科技融合。充分发挥文化部、科技部部际会商机制，制定出台《关于促进文化与科技融合发展的指导意见》和《国家科技与文化融合联合行动计划（2011—2015年）》，力争推出1～2个国家科技与文化融合联合行动计划项目，启动“科技与文化融合示范基地”命名工作，支持科技与文化融合企业的建设。

（四）着力促进文化市场繁荣。要继续推进文化市场综合执法。及时总结全国文化市场综合执法改革经验，贯彻《文化市场综合行政执法管理办法》，加强综合执法队伍建设，分批分类开展培训。推动综合执法规范化建设，完善网络文化市场巡查机制、区域执法协作机制。开展专项行动，净化网吧、游艺娱乐等市场，为党的十八大顺利召开创造良好的社会文化环境。

要继续加强全国文化市场技术监管系统建设，编制监管系统总体规划设计和标准规范，以基础数据库、网络文化市场准入和内容审查、综合执法办公系统建设为重点，进一步提升文化市场监管和信息化水平。

要完善各类文化市场管理。加强娱乐市场管理，理顺游艺娱乐场所管理政策，重点打击无照经营和赌博等违规行为，继续开展好反对“假唱”的监管工作。下放涉外营业性演出等方面的审批权限，加强演出经纪人的管理。研究起草《艺术品市场管理条例》，落实艺术品备案管理制度，治理艺术品市场不规范交易行为，开展第四批诚信画廊推选。加大推进网吧连锁力度，优化网吧市场结构。推动严肃游戏生产传播，落实完善网络游戏虚拟货币相关规定，继续推进“网络游戏未成年人家长监护工程”。大力推进文化与旅游结合，开展文化旅游实验区申报工作，举办2012年中国国际文化旅游周，扩大文化消费。

（五）着力深化文化体制改革。要毫不动摇、决不懈怠，全面完成应转该转国有文艺院团转企改制任务。按照“五个一批”的要求，在6月前完成“转制一批”院团的规范转制、“划转一批”院团的审核报批、“撤销一批”院团的核准撤销等工作。推进“保留一批”院团深化内部机制改革。“合并一批”的院团也要在转企改制的基础上，规范进行。文化部将制定国有文艺院团体制改革检查验收标准，对各地院团改革工作进行验收。抓紧落实并继续制定出台支持一般国有文艺院团改革发展的政策性文件，确保改革扶持政策的落实到位。强化激励措施，确保用好文化系统内资源，扶持转制院团做大做强。

要深化经营性文化事业单位转企改制。对于已经完成转企改制的文化企业，要继续扶持发展，建立考评机制，进一步巩固改革成果，推动建立现代企业制度，完善公司法人治理结构。

要继续按照中央关于事业单位分类改革的总体部署，做好事业单位的清理规范工作。对于图书馆、博物馆、美术馆等公益性文化事业单位，要进一步深化内部三项制度改革，即劳动人事制度、收入分配制度和社会保障制度改革，巩固改革成果，激发内部活力和内生动力，提高财政资金使用绩效，为人民群众提供更多更优质的公共文化服务。

（六）着力加强文物保护和非物质文化遗产保护。关于文物保护的具体工作，霁翔同志已经在全国文物局长会上作了部署，我完全同意，在此就不再重复了。

在非遗保护方面，要认真落实《决定》关于建设优秀传统文化传承体系的要求，以体系化建设为重点，扎实推进非物质文化遗产保护工作。尽快制定《非物质文化遗产法》的配套法规。要推进非物质文化遗产基础设施建设，启动实施非物质文化遗产保护利用设施试点建设工程。统筹推进全国非物质文化遗产数据库建设和数字化保护工程进度。

要加强非遗名录项目保护和传承人保护。开展第四批国家级非物质文化遗产项目代表性传承人评审。加强入选联合国教科文组织非物质文化遗产名录项目和各级保护名录项目的保护。研究制定国家级非物质文化遗产名录项目分类保护规范。要加强各级名录项目代表性传承人保护，启动代表性传承人抢救性记录工程。

要稳步推进非物质文化遗产整体性保护和生产性保护。继续开展国家级文化生态保护区总体规划编制、论证和审批。出台加强非物质文化遗产生产性保护的指导意见，举办“中国非物质文化遗产生产性保护成果大展”。

要继续推动古籍保护和清史纂修工作。争取更多财政支持，依托中华古籍保护计划，加快推进公共图书馆馆藏普通古籍、珍本善本、民国时期文献、中华医藏、革命历史文献和少数民族文献的保存保护，以及基本古籍数字化工作。要继续大力推进清史纂修工作，完成基础辅助项目，完成主体项目一审工作，《清史·通纪》完成三审工作。

（七）着力推动中华文化走向世界。要认真办好各项重大文化交流活动。今年我国同一系列国家建交逢整十周年，文化活动是各类纪念活动的重头戏，要统筹协调，搞好、搞出成效。在澳、土、德、日、韩等国举办以文化为主要内容的“中国文化年（节）”活动。在2012年伦敦奥运会期间举办“北京文化周”、在汉诺威工业博览会期间举办“中国之夜”开幕演出。要抓住重大国事活动和大型国际活动等难得机遇，策划举办中国文化走进拉美、俄罗斯中国文化节等重要文化活动，创造文化热点与亮点，扩大中华文化传播与影响。

要拓展“欢乐春节”等重大文化品牌活动的海外影响。今年要在80多个国家和地区的144个城市开展292项“欢乐春节”活动，要不断扩大规模，不断创新方式，不断整合资源，不断提高水平，不断扩大宣传，使之成为对外文化“第一品牌”。

要高度重视思想、价值的深度交流，创新对外宣传方式方法。下更大功夫搞好中欧文化对话年、中美文化论坛、上合组织文化部长第九次会晤、中非合作论坛——文化论坛等。确定好主题，选好与会专家和代表性人士，准备好发言，争取每次活动都取得实际成果。

要加快推进海外中国文化中心建设。推动俄罗斯、西班牙、泰国中国文化中心竣工投入使用，新加坡中国文化中心完成基础结构施工，确定蒙古、墨西哥、加拿大、斯里兰卡等中国文化中心选址。

要进一步加强对外文化贸易工作。继续实施《文化部关于促进文化产品和服务走出去的总体规划》，充实完善对外文化资源库，切实为企业和产品走出去做好服务。

精心策划与港澳台地区的文化交流与合作。要针对港台今年面临选举的特定环境，举办的活动要切实贯彻落实中央对港台工作的战略部署，推动形势和双方关系朝着好的方向发展。

认真做好借鉴国外优秀文化成果的工作。在第十二届相约北京联欢活动、2012非洲文化聚焦、上海国际艺术节等活动中，搭建好平台，掌握主动权，促进中外文化艺术家和机构之间的交流合作。

要在总结经验基础上，进一步强化对外工作部际联席会议机制等机制建设，继续完善央地合作机制，加强协调，加大资源整合力度，提高工作效率，提高科学化、规范化水平。

（八）着力壮大文化人才队伍。要全面实施重大人才工程。参与实施“三区”人才支持计划，统筹各省区市选派1.9万名文化工作者到县及县以下文化机构工作或服务，并为县及县以下机构培训1500名文化工作者。

要主动协调相关部委，共同推动建立国家文化艺术荣誉制度，争取尽快取得实质性进展。各地可以积极探索，为全国层面推动这项工作创造经验。

要继续推进高层次文化人才队伍建设。做好2012年享受政府特殊津贴、全国宣传文化系统“四个一批”人才等推荐选拔工作。按照中央统一部署，启动“文化名家工程”。

要按照六中全会决定精神，切实加强基层文化人才队伍建设。新建5家培训基地，举办示范性培训班，加大基层队伍培训力度。研究制定基层文化队伍的结构、标准、任职资格、退出机制等管理制度。

要加强党风廉政建设。认真贯彻落实十七届中央纪委七次全会精神，严格执行党风廉政建设责任制。进一步加强对干部选拔任用、文化部重点基建工程招投标项目等的监督。严肃查办各种违纪违法案件。

为了更好地完成这些重点任务，我再提几点要求：

第一，坚持方向。坚持方向，就是要坚持先进文化前进方向，把社会主义核心价值体系建设贯穿于文化建设的方方面面。不能搞形式主义，不是每项工作都要戴上核心价值体系的帽子，而是其内在和本质要体现核心价值体系，过程和目标不能背离核心价值体系。

第二，统筹协调。统筹协调，就是要整合各种资源，形成文化建设的强大合力。文化建设不仅是文化部门的事情，而是全党全国全社会的共同事业，我们的一项重要工作是争取各方支持，形成文化建设合力。要主动向当地党委政府多汇报文化建设的重要性、取得的进展和存在的问题，主动向主管领导同志请示破解文化改革发展难题的办法。争取各级政府切实把文化建设纳入当地经济社会发展总体规划，与经济社会发展一同研究部署、一同组织实施、一同督促检查，把文化改革发展成效纳入科学发展考核评价体系，作为衡量领导班子和领导干部工作业绩的重要依据。要积极主动争取党委宣传部门的指导和支持。要加强与政府发展改革、财政、税务、商务、工商、金融等部门的沟通协商，凡是重大文化建设项目，都要争取他们的关注和支持，为文化大发展大繁荣积聚力量。我们做这些工作的落脚点是要把六中全会提出的原则要求，比如对文化投入的要求，变为具体政策、具体工程和项目，落到实处，促进文化快速发展。

第三，转变职能。转变职能，就是要切实实现政府文化行政管理部门“三个转变”的要求。要加强法律法规、政策体系建设，加快立法进度，为重点工作提供有效的保障。要进一步增强法律意识，学法、懂法、用法，学会更多地使用法律手段去解决问题，切实做到依法行政。要在不断提高依法行政能力的基础上，继续深化行政审批制度改革。要谋长远、议战略、抓大事，摆脱“办文化”形成的惯性思维，总览全局谋发展，进一步策划横向能铺开、纵向能深入的全局性、引导性的重大文化工程。要进一步提高办事效率，提高行政效能，提高公共服务质量，更好地履行文化行政管理部门的各项职责。

第四，转变作风。转变作风，就是要借鉴新闻战线“走基层、转作风、改文风”的成功经验，坚持重心下移，面向基层，深入实际，加强调研，时刻把广大人民群众的冷暖放在心上，时刻把基层群众的文化期待和需求放在心上。要大兴求真务实之风，深入基层，真抓实干，讲求实效，力戒形式主义、官僚主义，反对弄虚作假和做表面文章。要大兴调查研究之风，研究新情况，解决新问题，把六中全会的要求转化为具体的政策措施。要解放思想，开拓创新，结合本部门本单位实际，创造性地开展工作，推动文化工作整体水平再上新台阶。要大兴勤政廉政之风，勤俭节约，艰苦奋斗。要加强管理，精简会议文件，反对讲排场、比阔气，减少迎来送往。

同志们！让我们紧密团结在以胡锦涛同志为总书记的党中央周围，高举中国特色社会主义伟大旗帜，坚持中国特色社会主义文化发展道路，树立自觉、自信、自强的文化精神，奋发有为、开拓创新，努力做好2012年的各项工作，以优异成绩迎接党的十八大召开！

在全国国有文艺院团体制改革工作座谈会上的讲话

文化部党组书记、部长　蔡　武

（2012年6月27日）

同志们：

我们今天的座谈会，是在国有文艺院团体制改革阶段性任务即将圆满收官的关键时刻召开的，因此，具有特殊的意义。前不久，中央文化体制改革和发展工作领导小组在甘肃省兰州市召开了文化体制改革工作座谈会，会议对深入贯彻党的十七届六中全会精神，确保在党的十八大前基本完成中央确定的文化体制改革阶段性任务进行了再部署。会议传达了李长春同志在河南督察时关于国有文艺院团体制改革的重要讲话精神，云山同志在会上作了重要讲话。

长春同志的讲话，既回顾了国有文艺院团的发展历程，又分析了其所面临的现实困境，既强调了改革的必要性、紧迫性，又总结了改革工作的经验与规律，他对完善扶持政策体系、积极转变政府职能、统筹改革与发展、促进国有与民营院团共同发展壮大等都作了深刻论述，涉及国有文艺院团改革发展的方方面面，既有对历史的回顾，也有对当前形势的分析和对未来发展的思考，既全面系统，又鞭辟入里，是对国有文艺院团体制改革工作的高度理论概括和规律性总结，为我们下一步工作提供了重要遵循，指明了方向。云山同志在讲话中强调，要认真贯彻党的十七届六中全会精神，着力抓好重点改革任务，着力巩固已有工作成果，着力增强文化发展动力，不断把文化改革发展引向深入，高质量完成文化体制改革阶段性任务。他特别强调，要紧紧抓住重点难点，如期完成国有文艺院团和非时政类报刊这两项重点改革任务。

2003年文化体制改革试点工作开展以来，国有文艺院团体制改革从开展试点、逐步推开，到全面推开，走过了一条艰难探索、不断取得成效的道路。按照中央部署的“时间表”、“路线图”和“任务书”，到现在我们已经基本完成了这项文化体制改革重点任务。刚才，各省（区、市）的同志们在发言中都介绍了本地区的改革进展情况，应该说，无论是先行完成改革任务的地区，还是后来居上的省份，在最后收官的关键时期，都做了很多艰苦、扎实、细致的工作，还没有最后完成改革任务的地区，也在积极推进，迎头赶上。目前这个来之不易的局面，是党中央国务院正确部署的结果，是中央领导同志亲自检查、督促、指导的结果，也是我们文化系统广大干部职工共同奋斗的结果。下面，我讲三点意见。

一、鼓足干劲，全面完成国有文艺院团阶段性改革任务

党的十七届六中全会以来，特别是在今年2月的全国文化体制改革工作会议之后，在党中央和国务院的坚强领导下，全国文化系统广大干部职工上下一心，共同努力，国有文艺院团体制改革工作取得了决定性的进展。截至2012年6月26日，全国2102家承担改革任务的国有文艺院团，完成改革任务的已经达到1852家，完成率达到88.1%，在已完成改革的院团中，转企改制院团占63%，撤销院团占18%，划转院团占19%，充分体现了“以转企改制为中心环节”的改革要求。目前，已经有天津、河北、内蒙古、山西、辽宁、吉林、江苏、安徽、江西、湖北、湖南、重庆、贵州、云南、四川、陕西、甘肃、宁夏18个省（区、市）基本完成改革任务。其中完成较早的地区，如江苏、安徽、重庆、宁夏、陕西等地，正按照中央要求，巩固改革成果，谋划新的发展大计。经过多年努力，一个以企业为主体、事业为补充，面向市场、面向群众的新型演艺体制格局基本建立。

回顾一年来国有文艺院团体制改革的历程，有以下几个特点值得总结：

一是对文化改革发展大势认识更加深入。党的十七届六中全会准确把握我国经济社会发展新要求，准确把握当今时代文化发展新趋势，准确把握各族人民精神文化生活新期待，对文化改革发展进行了战略部署。十七届六中全会的召开，在全社会掀起了一个关心文化建设、关注文化体制改革的热潮，在文化战线，通过学习贯彻全会精神，改革共识更加凝聚，对改革紧迫性的认识空前提升。因循观望的想法抛弃了，对改革的疑虑打消了，对发展前景的信心增强了，大家认识到，文化改革发展是小康社会建设宏伟目标的有机组成部分，改革大势不可

逆转，只有顺应潮流，加快改革步伐，才能在未来的发展中不落伍、不掉队。

二是对改革规律的认识更加成熟。去年，中宣部、文化部联合下发的文政法发〔2011〕22号文件，确定了以转企改制为中心环节、“五个一批”的改革路径，并制定了相应的改革配套扶持措施。这标志着我们经过长期探索，摸清了国有文艺院团体制改革的规律，找到了科学的路径和方法。实践证明，这个从改革实践中总结而来的改革思路，是符合大部分国有文艺院团实际的，极大地促进了改革工作的进展，丰富了改革的经验。

三是改革扶持政策体系更加完善。近年来，中央陆续出台了一系列政策文件，逐渐形成了较为系统完善的改革政策保障体系。同时，为积极推进改革，彻底打消改革院团的后顾之忧，各地在坚决贯彻落实中央改革扶持政策的基础上，纷纷制定更加优惠的政策，充分体现“谁改谁受益、早改早发展”的政策导向，有力地推进了工作。如江西省在落实中央政策的基础上，充分考虑转制院团长远发展，专门出台《省直文艺院团转企改制后的进一步支持办法》，确定15条扶持发展的新政策。贵州省积极促进社会资本和文化资源有机对接，为省演艺集团找到了“资本婆家”，奠定了发展基础。湖南省通过注入开办经费、解决办公条件、挖掘优秀剧目、培育领军人才等方式，加大对转制院团的扶持力度。在优惠政策的保驾护航下，国有文艺院团体制改革工作得以顺利进行，体现了“可核查、不可逆”的改革要求，遵循了以人为本的改革原则，实现了兼顾目前与长远的改革目标。

四是改革“先发优势”更加显现。通过改革，转制国有院团的剧目生产、演出场次、演出收入、演员收入等各项指标都有了很大的增长，尤其是一些先期转制的院团，在“早改早发展”政策的鼓励下，已经开始步入良性发展轨道，体制优势在逐步显现。去年，中国东方演艺集团有限公司、江苏演艺集团有限公司、北京演艺集团有限公司、重庆演艺集团有限公司等骨干演艺企业，都相继实现收入过亿，其中中国东方演艺集团有限公司更是取得了收入超过2亿元、员工平均收入达到17万元的好成绩。一些基层转制院团也显现出良好的发展质量，经营指标、市场竞争实力不断提高。

在总结成绩的同时，我们也应该看到，随着改革的深入，好解决的、能解决的问题陆续解决了，但老大难的、以前没有显现的深层次问题也开始凸显了，这就为我们的改革工作提出了更高的要求，也对我们的能力提出了新的考验。

一是收尾工作还很繁重。首先是尚未完成改革任务的地区，一定要加快进度，按时、按质、按量完成。目前，还有部分省（区、市）没有完成阶段性改革任务，有些地区的改革进展还比较滞后。这些地区要分析滞后的原因，采取切实有效的措施，确保完成任务。继续拖延下去，将会使国有文艺院团错失良好的发展机遇，也不利于本地区文化改革发展大局。其次，要把加大政策贯彻落实力度摆在更加突出的位置，说过的话要算数，承诺的政策要兑现。无论遇到什么困难，文化系统行政管理部门要多沟通、多协调、多争取，确保扶持政策不折不扣地落实到位，切实为院团改革“保驾护航”。

二是改革规范性有待提高。改革有“时间表”的要求，但绝不能降低标准。有人曾经批评我们说，这一年来的改革进展这么快，是“大跃进”，是“运动式”改革，我认为这种认识是不对的，我们从文化体制改革试点工作开展以来，到现在为止，已经用了近十年来推进这项改革，这个时间应该不短了。以完成改革的院团数量来说，从2008年前的69个，到2009年的122个，再到2010年的461个，最后到去年年底的1176个，现在九成的院团已经基本完成阶段性改革任务，这种态势，基本体现了从试点先行、逐步推开，到全面展开，再到加速推进的科学过程。但另一方面，我们也要充分认识到，改革工作千头万绪，问题纷繁复杂，在加速推进阶段，规范性操作是保障改革质量的前提。在实际工作中，我们也确实发现有不少操作不规范的情况存在。如在“五个一批”之外另辟路径、变相保留事业单位性质的院团，不按标准和程序进行划转，将本应转企改制的院团转为传承中心，将院团改革简单化地一撤了之等。国有文艺院团体制改革是一项政策性非常强的工作，各地要严格规范，该转企改制的一定要真转真改，该撤销的一定要依法依规、“撤”和“销”都要到位，该划转的一定要严格程序、有章有法地“划”和“转”。不符合要求的，在下一步工作中要做好整改，不能给院团的后续发展留下隐患。我们讲“不折腾”，首先就不要留隐患，这是非常重要的一个经验。过去有些领域的改革，反复“翻烧饼”，就是因为“脚踩西瓜皮，溜到哪儿算哪儿”，到后来由于一个遗留的问题而带来的一系列的后果，要靠采取更多的措施来解决，这就是不严格规范操作的后果。

三是要将以人为本的原则贯彻始终。国有文艺院团体制改革不仅要解决体制的问题，也要解决人的问题。作为一个以创新、创意为核心竞争力的智慧型产业，演艺业和演艺企业最重要的资源就是人才。我们过去讲改革的关键是解决好“钱从哪里来、人往哪里去”的问题，现在来看，钱的问题还真是好解决，政府加大扶持力度是一部分，更关键的是在社会主义市场经济条件下，资本市场是愿意张开臂膀欢迎有发展潜力的文化企业的。现在全社会对文化建设高度关注，很多有实力的企业都希望进入文化产业的领域。我们要鼓励民营企业参与我们的院团改革、参与股份制改造。真正难的是人的问题，它更加复杂，不仅仅是“哪里去”的问题，还有如何发挥作用、依法依规安置、做好社保衔接、提高工资待遇等等一系列问题，更重要的是通过改革，把那些真正有发展潜力的人才留住，给他们以施展才能的机会、开拓创新的舞台。一个细节处理不好，就可能对改革工作整体带来消极影响，一则耽误改革进程，二则影响改革声誉，需要大家高度关注。如前一阶段，湖北省通山县文化馆的部分同志，对院团改革中部分人员分流到文化馆不能理解，给我来信反映问题。后经过文化部改革办和湖北省文化厅的细致调查，当地文化部门及时采取措施做好政策解释工作，打消了有关人员的顾虑。这个事例说明，指导改革尤其是处理人的问题，不仅要掌握好政策，还要了解基层实际情况。我们一定要将人的问题想得更周全些，依法依规签订合同、划转身份、接续社保，每个环节都要做周到，做仔细。千万不要官僚主义地、公事公办地、等因奉此地，“就是这样了，你看着怎么吧”。艺术人才是我们事业的宝贵财富，我们的工作一定要体现党对艺术人才的关怀，要把有关政策向群众讲清楚。要真正理解他的心情、真正能够解除他们的顾虑，是要做好很多思想工作的，这也是我们的一个政治优势。

从现在起到十八大召开之前这一段时间，改革工作不能有丝毫松懈，希望从事改革工作的同志，要继续保持昂扬进取的斗志，继续保持临渊履深的心态，继续保持扎实细致的作风，争取把改革任务圆满完成。

二、谋深虑远，充分认识国有文艺院团改革发展的长期性

一般国有文艺院团转制为企业，只是迈出了改革的第一步。我们绝不能有“大功告成”的心态，转制后，还需要进一步建立现代企业制度，建立健全企业法人治理结构，实行跨区域跨行业的资源重组，实行股份制改造，成为真正合格的市场主体，还需要在面向市场中做大做强，增强生存、发展和壮大的能力。对于文化管理部门来说，如何将过去管事业单位的思路及时调整到服务企业的思路上来，如何为演艺企业创造更好的政策环境、市场环境，任务更为繁重。因此，阶段性改革任务完成后，深化改革，促进发展要尽快提上议事日程，将思路及时调整到做好长期改革的准备上来，对改革工作的长期性、艰巨性和复杂性要有更清醒的认识，不能认为国有文艺院团改革已经“毕其功于一役”了，改革的目的是为了促进发展，这是一个相当长的过程，一定不能松懈。

首先，文化体制改革是中央部署的长期战略。党的十七届六中全会《决定》强调，文化繁荣发展，是坚持发展是硬道理、发展是党执政兴国第一要务的重要内容，是深入贯彻落实科学发展观的一个基本要求。在新的历史起点上深化文化体制改革、推动社会主义文化大发展大繁荣，关系实现全面建设小康社会奋斗目标，关系坚持和发展中国特色社会主义，关系实现中华民族伟大复兴。党和国家总体战略目标的长期性，决定了文化改革发展工作的长期性。

第二，深化改革是国有文艺院团长远发展的必需。改革的具体任务有阶段性，但改革作为文化发展的根本动力将贯穿文化工作始终。文化是最需要创新的领域，同时，也是受旧体制束缚时间最长、最需要改革的领域，国有文艺院团更是困难最多，需要解决的问题最多的领域。长期以来，国有文艺院团在事业体制下生存，一方面普遍底子薄、包袱重、实力弱，一方面又长期没有经受过市场的考验，缺乏经营管理人才，缺乏企业经营思维，这种情况不可能通过一次转企改制在几天时间就彻底改变，体制转变后，还需要不断地转变观念、要建立健全和完善内部法人治理结构、要投入市场的开发与培育，还要解决人才队伍的建设问题等等。因此，阶段性改革任务完成后，我们改革的任务不是轻松了，而是更重了，担负的责任更大了，要考虑的问题更多了，对发展前景的谋划更深远了。

第三，巩固提高是改革工作的必要措施。改革不是“万应灵丹”，不可能做到所有的院团“一改就

灵”，也不可能解决院团长期存在的所有问题。在改革的过程中，还会不断有新的问题出现。我们要看到，有问题不一定是坏事，改革中出现新问题，只有用不断深化改革的办法去解决。有部分地区和院团，对改革前景心存顾虑，在改革中“留一手”，准备万一情况不好，随时走回头路。瞻前顾后会错过发展的良机，实事求是地讲，现在文化改革发展的宏观环境、外部条件是历史上最好的，是前所未有的机遇期。但是任何机遇期都是时不我待的，长春同志多次强调，一定要抓住、用好十七届六中全会之后难得的大好机遇，顺势而为，乘势而上，抓紧解决重点难点问题。希望大家认真领会中央领导的指示精神。能否抓住机遇、抓好机遇，是对我们各级文化行政部门领导能力的一种考验。

第四，统筹改革与发展的目标决定了改革的持续性。发展是检验改革成败与否的标准，因此，成功的、科学的改革一定是兼顾目前与长远、将改革措施与发展目标有机结合的改革，其过程也一定会伴随发展的始终。当阶段性改革任务完成后，发展的问题就提上议事日程，改革是发展的基本动力，发展是改革的必然结果，这两者是分不开的，如果完成阶段性改革任务后，就觉得改革工作到此为止，促发展也就无从谈起。我们要保持好改革全面拓展的态势，让新的体制机制优势充分发挥，让新的市场主体加快发展的步伐，提高发展的质量。

三、再接再厉，再创国有文艺院团改革发展新局面

现在，中央部署的国有文艺院团体制改革阶段性任务已经基本完成，国有文艺院团改革发展将进入新的阶段。在这个关键时期，我们要统筹谋划好改革与发展，做好长期改革的思想准备、组织准备、政策准备，为新阶段的改革发展开好篇、布好局。下一步，要按照兼顾目前与长远的原则，做好以下几方面工作：

首先，要及时转变思路。前一阶段，我们主要是在改革的进度上做文章，在规模上做文章。因为只有整体的演艺体制格局发生根本性变化，改革的阶段性目标才能达成，发展的基础才能奠定。现在国有文艺院团已经由过去的以事业为主变成了以企业为主，这就势必带来一系列新的变化，转制院团自身要转变经营思路，文化行政管理部门也要转变管理思路。改革工作的着眼点，也要及时从主要对院团主体的改革转到更宽的领域中来，对完善政策扶持体系、转变宏观管理职能、规范演艺市场秩序等工作，要有更全面的规划。

其次，要强化改革队伍。云山同志在兰州召开的文化体制改革工作座谈会上的讲话强调，改革越是深化，越是攻坚克难，越要加强组织领导、提供有力保障。随着改革发展工作的阶段性转变，中央及时调整了改革领导机构的名称和职能，文化部也根据中央要求，及时调整了改革发展领导机构的职能，部分地区的文化体制改革领导机构也进行了相应的调整。文化改革发展任务的长期性和艰巨性，决定了文化体制改革的队伍只能加强，不能削弱，更不能散。将文化体制改革领导组织机构常态化、机制化，为深化改革发展奠定组织基础。这也是中央明确提出的任务。各地各级文化管理部门，要进一步配齐、配强改革队伍，切实担负起深入推动国有文艺院团改革发展各项任务的重要职责。

第三，要完善政策扶持。改革工作能够顺利推进，与完善的政策扶持是分不开的。改革进展比较快的地区，都是中央政策落实到位、地方优惠政策符合实际的地区。下一步，我们要在这方面加大工作力度，除支持国有文艺院团转企改制的各项政策外，还要充分考虑转制院团的长远发展，制定更加有针对性的政策。目前，文化部正与有关部门共同制定新的扶持一般国有文艺院团改革发展的政策文件，新的政策文件将为转制院团的健康良性发展和演艺业的发展繁荣提供长期的政策保障。希望各地从统筹改革发展的角度，贯彻落实好中央政策的同时，制定更加优惠的地方政策。要巩固改革的成果，政策真正落实到位非常重要。我们下一步的检查验收工作要把政策落实情况当作一条重要标准。

第四，要做好检查验收。在完成阶段性改革任务后，各地要及时开展自查，纠正偏差，细化工作，落实政策。今年下半年，文化部将在中央文化体制改革和发展工作领导小组的指导下，在各地自查的基础上，开展国有文艺院团体制改革验收工作，按照中央的要求，制定可量化的验收标准，对照改革任务逐一检查验收。主要是“四看”：一是看各项改革操作是否规范，是否符合现行法律法规和政策；二是看转制院团和职工的利益是否充分保障，“后顾之忧”有没有切实解决；三是看政策落实是否“口惠而实不至”，答应的“嫁妆”有没有备好；四是看发展的思路是否成熟，长期目标有没有规划。通过检查确保改革任务全覆盖，不留死角、不留隐患。

第五，要做好总结表彰。经过多年的改革实践，各地都涌现了很多鲜活的典型，积累了丰富的经验，这些典型经验同样也是改革的成果，对于我们指导下一步改革发展工作具有非常重要的借鉴意义。文化部改革办和各地改革部门，要及时总结经验，做好交流、宣传、培训，使好的做法、好的思路让更多的地区和院团共享，文化部将适时召开经验交流会，对国有文艺院团体制改革工作进行总结和表彰。

同志们，党的十八大即将召开，文化改革发展将步入新的历史阶段，让我们共同努力，百尺竿头更进一步，创造国有文艺院团改革发展的新篇章，为社会主义文化大发展大繁荣作出新的贡献！

全面贯彻落实十七届六中全会精神 努力实现对外文化工作新跨越

——在2012年驻外文化处组与文化中心负责人年会上的讲话

文化部党组副书记、副部长　赵少华

（2012年1月7日）

同志们：

在2011年全国宣传部长会议和全国文化厅局长会议召开后，我们举行驻外文化处组和文化中心负责人年会。在此我代表部党组，代表蔡武部长向大家表示亲切的问候与热烈的欢迎。这次会议的主要任务是进一步深入学习领会党的十七届六中全会精神，总结2011年对外文化工作，分析当前国际国内文化工作形势，提出开展2012年对外文化工作的思路与要求。下面，我从这三方面与大家交流。

一、关于2011年对外文化工作

2011年，对外文化工作在文化部党组的坚强领导下，在国内外全体同志的密切协作、共同努力下，紧密配合国家内政外交大局，主动作为、积极进取，取得了突出的成绩。主要体现在以下三个方面：

（一）加强对各区域文化交流的总体部署，促进中外关系和港澳台交流深入发展

积极营造稳定和谐的亚洲及欧亚地区关系。以文睦邻，以战略眼光看待与亚洲和欧亚地区的文化交流与合作，将大周边国家视作维护我国家文化安全的重要屏障，以及实现中华文化走向世界的首要区域。以大国、敏感国家为重点，经营东南亚，平衡南亚，扩大对周边国家的文化影响力。积极实施对亚洲和欧亚地区工作方针，以精品交流扎实推进中朝文化关系稳定发展，不断创造对日、韩文化工作新亮点，通过推动建立中国—东盟文化部长会议机制和提升中国东盟文化产业论坛规格，深化东亚区域文化合作，以尼泊尔中国文化节等品牌项目带动推进对南亚工作深入发展，成功举办第十二届亚洲艺术节等重大活动，彰显我在周边国家文化交流的亲和力与号召力，提升区域文化认同和整体竞争力。在欧亚地区，随着我对该地区战略倚重的增加，加大做文化工作的力度。配合胡锦涛主席访问俄罗斯，成功举办庆典音乐会，通过夯实中国与俄罗斯、哈萨克斯坦、乌克兰、乌兹别克斯坦、土库曼斯坦，以及上合组织等双边、多边文化合作机制，深化对欧亚地区国家的文化交流。加强对东欧国家文化工作，互办文化节，在波黑、匈牙利等16国巡演，在11国举办欢乐春节活动；首次成功举办欧亚经济论坛文化分会和中俄舞台艺术对话，围绕公共文化建设和表演艺术主题开展业内人士间面对面的交流，深化了双边和多边务实合作，进一步巩固了大周边和与中东欧的传统友谊和文化关系。

不断深化和提升与发达国家文化交流的内涵与层次。对美人文交流已与战略互信、经贸合作共同构成新时期中美关系的三大支柱。为落实胡锦涛主席访美成果和第二轮中美人文交流高层磋商机制达成的共识，成功在美举办“中国文化系列活动”，开创了新时期对美工作新局面。蔡武部长和我分别率团访美，蔡武部长发表了《中国文化与中国和平发展》演讲，得到美国社会主流乃至国际社会的积极回应。我在访美期间召开对美工作片会。与澳新加三国文化交流取得重要进展，中澳互办“文化年”受到两国领导人高度重视，取得广泛积极的影响。对欧文化关系日趋活跃深化，把握机遇，在中欧领导人互访期间，相继促成多项重要协议签署；成功举办意大利“中国文化年”、中欧文化高峰论坛、中欧文化对话、“启蒙的艺术”大型展览等大型文化交流活动；与欧洲文化领域的机制建设日益完善，先后达成建立中国欧盟、中英高级别“人文交流机制”的协议并在中德、中意、中西论坛等政府磋商机制下开展文化政策对话，为促进中欧文化关系的长远发展打下基础。文化继政治、经济之后成为中欧关系的第三支柱，成为中国与欧洲大国关系中最生动、活跃、包容的因素，为双边和多边政治、经贸关系注入了生机与活力。

巩固发展与广大发展中国家文化关系。当前，我对发展中国家战略倚重逐步加强，各方面合作日趋紧密，文化在促进沟通、加强理解方面发挥着重要作用。2011年，李长春、刘云山、刘延东三位中央领导分别访问非洲，体现了对非文化工作的高度

重视。刘云山同志专门发表重要讲话，强调文化交流是心灵和情感的交流，是最具广泛性、长远性的交流，是增进了解、加强友谊的最重要平台，我们应该与非洲加强双向互鉴的交流和交融，努力吸收非洲文化营养。刘延东同志专门批示：要加大对非文化交流的支持力度。在对非工作中我坚持“向上、向下、向外、向内”走的工作方针，注重顶层设计，以《沙姆沙伊赫行动计划》为依据，以政府文化执行计划为抓手，以“四大机制”为支点，以“欢乐春节、中非文化聚焦、中非人士访问计划”三大品牌为实施平台，全面推动建立中非文化战略对话机制，规划新时期对非文化战略，召开对非文化工作片会，“中国文化聚焦活动”涉及非洲29国、举办活动130多项。针对拉美民众了解中国和中国文化的愿望日益增强，我对拉美文化交流坚持提升水平、借台唱戏、扩大影响的方针，坚持“重点投放，辐射周边”的工作策略，在墨西哥塞万提斯国际艺术节举办“中国文化艺术特别展示”，邀请拉美艺术机构负责人代表团访华，推动中国艺术精品赴古巴、委内瑞拉和厄瓜多尔等国巡演，取得很好效果。

审时度势，积极作为，有效深化与亚非国家的文化交流。2011年西亚北非地区局势动荡，多国政局发生重大变化，我按照“冷静观察、及时调整、趋利避害、有所作为”的工作方针，突出以官方交流为主线，加强资源统筹；以民间交流和文化贸易为两翼，扩大交流范围；以人员培训和技术援助为手段，深化中阿文化交流层次。在中阿合作论坛框架下，组派艺术团参加国际性艺术节，邀请阿拉伯文化官员和友好人士访华，资助翻译文学作品。在埃及、以色列等多国成功举办“欢乐春节”活动，开展了与科威特等5国建交周年庆祝活动，组派艺术团出访叙利亚、卡塔尔、约旦等国。成功启动土耳其“中国文化年”，取得开门红。对亚非国家的文化交流得到阿拉伯媒体的普遍好评和积极反响，带动了该地区与中国开展文化交流的新一轮热潮；沙特、巴林、阿联酋等纷纷邀我担任当地重要艺术节主宾国、参加重大庆典和举办“中国文化月”等。

多边合作持续加强，国际文化艺术交流日趋活跃。不断深化与政府间国际组织，尤其是与联合国教科文组织的交流与合作，在国际舞台上树立中国负责任文化大国形象、积极推广中华文化，巩固并提升我话语权，得到国际社会广泛认可。向教科文组织提交首个《〈非遗公约〉履约报告》，承办联合国教科文组织首个全球非遗师资培训班，我专家首次担任教科文组织会议主席，成功申报“中国皮影”和“赫哲族依玛堪”列入代表作和继续保护名录，协助推动国内非物质文化遗产保护工作。推进中国和蒙古国联合保护非物质文化遗产合作机制，签署中蒙双方关于联合保护非物质文化遗产合作协议。积极指导、协调大型国际艺术节和国际比赛，“相约北京”联欢活动、中国成都国际非遗节、上海国际艺术节、中国国际小提琴比赛等一系列重大国际文化活动产生了广泛而良好的社会影响。

对港澳台的文化交流稳步推进、成效卓著。针对港澳的文化交流注重打资源牌、节庆牌和亲情牌，通过做新“艺海流金”、“香江明月夜”等传统品牌、做精“根与魂”非物质文化遗产展等新品牌，做好港澳青少年培育工作，做实内地与港澳的文化产业合作，积极探索研究在港澳建立我工作阵地，全方位推动以文化认同促进民族认同和国家认同。在对台工作中，紧紧抓住两岸关系和平发展的机遇，大力推进文化入岛，构建机制、颁布政策、搭建平台、打造品牌，《山水合璧——黄公望与富春山居图特展》在台举办具有重要象征意义，“情系巴蜀”、“两岸汉字艺术节”、“两岸文博会”、“两岸非物质文化遗产月”等系列活动进一步深化了两岸文化交流与合作。

（二）积极发挥驻外文化机构桥头堡和前沿阵地作用，服务国内外两个大局

配合高访，文化外交的独特作用进一步彰显。精心策划、周密实施，为配合胡锦涛主席访问俄罗斯、哈萨克斯坦、乌克兰，温家宝总理访问匈牙利，吴邦国委员长访问纳米比亚、白俄罗斯，李长春同志访问肯尼亚，贺国强访问塞尔维亚、波兰，刘云山同志访问埃塞俄比亚、津巴布韦，刘延东国务委员访问美国以及纳米比亚、博茨瓦纳和喀麦隆等国，张德江副总理访问乌克兰，陈至立副委员长访问塞内加尔，以及为贾庆林、贺国强、俞正声、周铁农、罗富和等党和国家领导同志视察海外中国文化中心，举办了各具特色的文化活动；同时，去年胡锦涛主席、温家宝总理还分别见证了与波兰、匈牙利签署互设文化中心谅解备忘录。相关文化处组和文化中心工作受到中央领导同志以及外交部、中联部等有关部委的高度评价。

馆办文化活动丰富多彩、特色鲜明。各驻外文化机构结合新时期工作特点，积极拓展思路、创新工作方法，持续在深化内涵、扩大影响上下功夫。

充分利用和借助当地资源和力量，发挥当地文化特色优势，利用当地平台或重大国际文化艺术节开展了各类馆办文化活动，注意发挥当地商业、友好组织和公共关系等社会力量，多渠道、多途径地举办文化活动，推进这些项目活动向本土化和品牌化发展。例如：驻英国、法国、俄罗斯、墨西哥、西班牙文化处积极推荐国内优秀艺术团参加当地国际知名艺术节、电影节、艺术展等；驻葡萄牙、丹麦、罗马尼亚文化处大胆尝试与当地政府、文化机构和企业合作，着眼于首都以外的基层城市，把中国文化送到社区；驻塞内加尔文化处抓住关键人物，利用国庆招待会推动大使夫人与塞内加尔国内著名歌星联合演唱，效果轰动；驻美使馆文化处与美合办“歌剧舞会”，运用外方资源和品牌，展示我传统文化艺术精粹，突出了中国新形象；驻新西兰、悉尼、洛杉矶、旧金山文化处组将“欢乐春节”融入当地活动，利用中国春节大巡游和当地多民族文化活动开展文化外宣，探讨将春节品牌活动实现本土化；驻印度文化处将交流向思想层面发展，举办了中印文化界高层论坛；驻埃及、日本文化处借助慈善机构力量，共同举办文化活动，将部分演出费捐赠，支持了当地慈善和救灾事业，扩大了我文化活动影响；驻欧盟使团注重中欧青年交流，将中国春节引入欧盟学校；驻缅甸文化处根据当地特点，促进双边宗教交流，邀迎中国佛牙舍利赴缅接受信众供奉，发挥了宗教的独特影响。此外，巴黎文化中心创办的“走进中心过大年”、马耳他文化中心“瓦莱塔中国春节”、开罗文化中心的“大使杯汉语歌曲大赛”、贝宁中心的“美丽国度摄影展”等都体现了锐意创新、不断进取的思路和实践。另外，去年《世纪回眸——纪念辛亥革命100周年》图片展，以英、法、西、俄、阿5种文字，在152个驻外使领馆和中国文化中心展出，在全球引起广泛关注。

积极探索交流与贸易互动，力促文化产品走出去。驻外文化机构在推进双边交流的同时，注重以交流推动贸易，以贸易促进交流，重视借助商业渠道，发挥现行国际商业赞助机制，借力举办大型活动，积极推动我文化产品以商业方式走出去，取得社会和经济效益的双丰收。例如：驻澳大利亚文化处利用商业赞助机制办好澳大利亚中国文化年，产生轰动效应。驻巴西、美国、加拿大、俄罗斯、南非、土耳其文化处促进交流与贸易互动互惠，加大与主流演艺机构合作，力推我商演项目，取得良好票房。驻尼泊尔文化处利用举办中国文化节引入商贸集市形式，受到当地欢迎。

克服困难、妥善应对，危急时刻彰显文化外交官本色。2011年各类重大文化活动多，时间紧、任务重、要求高；同时，重大突发性事件和自然灾害频发，极大影响了我对外文化交流的正常开展。面临多重困难，有关驻外文化机构以高度的政治责任感和使命感，迎难而上，主动作为，圆满完成了各项任务。例如：驻日使馆文化处和文化中心在地震和核灾害情况下，以大局和工作为重，坚持按照既定工作安排，圆满完成各项工作。驻埃及使馆文化处和文化中心在复杂多变的环境下，坚持组织当地力量举办了丰富多彩的“欢乐春节”活动；驻突尼斯文化处临危不惧，认真做好留学生的转移工作；驻希腊使馆文化处、马耳他文化中心昼夜奋战，为我从利比亚大规模撤侨做了巨大的努力；驻叙利亚使馆文化处主动创造条件，安排残疾人艺术团访演。驻巴基斯坦使馆文化处克服战乱、工作量大的困难，驻蒙古文化处和文化中心克服条件艰苦，超负荷完成任务。驻拉美和加勒比海地区各文化处克服国内团组匮乏，路途遥远，交流成本高等难题，自主利用当地中资企业和孔子学院的优势，举办各类文化活动。驻泰国文化处面对洪水灾害，协助举办赈灾演出等活动。驻印尼文化处化解不利因素，促成举办文化部长会议、李岚清篆刻书法展等重大活动。驻匈牙利、加拿大、罗马尼亚和新加坡等文化处排除困难，积极推动文化中心建设。驻越南文化处面临南海风波，从中越关系大局出发，主动作为，加大困难时期的文化工作，发挥了文化交流全天候的作用。

海外阵地建设扎实推进，各文化中心创新作为。去年，多位中央领导同志分别视察海外中国文化中心、或出席见证设立中心的政府文件签署仪式，或对文化中心的建设与发展作出重要批示。尤为重要的是加强海外中国文化中心建设已被写入六中全会文件，作为明确任务被提出。前不久，蔡武部长在东京中国文化中心视察时要求，要借六中全会的东风，把文化中心建设向前大大推进一步。当前，有关文化中心建设进度大体分为三个阶段：一是处于建设施工阶段，包括曼谷、莫斯科、马德里文化三个中心，以及即将开工的新加坡文化中心；二是处于选址阶段的，包括斯里兰卡、墨西哥、加拿大等六个中心；三是处于商签阶段的，包括与匈牙利、尼日利亚、波兰已经签署了谅备；还有与罗马尼亚、土耳其、巴西、意大利等六个国家的商签工作正在进行。同时，已建成运营的9所文化中心，解放思想、开拓思路，扎根驻在国，坚持自主、常态地开展文化交流；通过加强大文化领域的统筹协调、积极实施“央地对口合作”计划，充分调动各部门和地方省市的积极性，进一步整合了资源，扩大了影响，取得了1+1>2的效果。据不完全统计，截止11月，9个中心共举办活动近800起，巩固确立了各中心在各驻在国的地位与影响，更在传播中华文化、树立国家形象、提升中国文化软实力方面做出重要贡献。

（三）加强对两个大局的统筹，进一步发挥协调机制的作用，国内外各方合作成效显著

外联局、各驻外文化处组、文化中心、部内业务司局和直属单位巩固树立“一盘棋”意识，注意充分发挥“四大工作机制”的统领作用，积极调动各方资源，加强协作配合，促进对外文化工作协调健康发展。

更加注重借鉴国外先进经验，为促进国内文化建设服务。针对新时期对外文化工作的特点，进一步增强对两个大局的把握和对国内文化建设的服务，各使领馆在报回有关国外文化建设经验调研情况的同时，一些发达国家馆还深入研究发挥驻在国文化管理服务和产业发展优势，推动当地文化机构和企业与我机构建立对口合作，加强人员交流和培训，主动策划组织了一系列针对国内公共文化服务和文化演艺界人士的培训，包括“中美文化贸易产业经验交流项目”、“中美图书馆员专业交流项目”、中澳“霍克奖学金中澳艺术管理实习项目”等。国图、国博、故宫等文博单位与大英图书馆、德国三大博物馆、法国卢浮宫等建立了长期合作关系，对提升国内文化管理水平起到了积极作用。首尔中心推动河南借鉴韩国经验，出台了当地文化产业发展规划；驻美国、俄罗斯、澳大利亚等使馆文化处积极推动当地知名演艺机构与对外文化集团、国家大剧院等对口单位建立合作关系，促成多项中外演艺合作项目，共培训1700余名馆长、图书管理员和文化产业经营人员等。同时，部机关各司局、部门领导今天也来参加会议，表明了对外事工作的重视与支持，我们从事外事工作的同事们要进一步巩固树立大局意识、责任意识、服务意识，为国内各业务部门的工作牵线搭桥，为国内文化建设服好务。

更加注重协调大文化领域内的各项工作，成效显著。我驻外大部分文化处组都承担着促进大文化领域的交流，除文化领域，还兼顾文物、广电、影视、新闻出版、体育、旅游等工作，其中35个处组还兼顾教育业务。各处组以及文化中心注意充分发挥“四大机制”的协调作用，加强统筹，积极促进大文化领域的交流合作。例如：驻美使馆文化处积极促成14件中国流失文物回归中国；驻坦桑尼亚文化处协助广电总局将电视剧‘媳妇的美好时代’译制成斯瓦西里语，在非洲国家广泛推广；驻毛里求斯、塞内加尔文化处促成中央电视台海外频道落地，推动当地国家电视台播放中国电视剧；驻菲律宾使馆举办海峡两岸留学生中秋联欢会，成为驻外使领馆首创，受到国台办高度肯定。同时，各文化处还积极与国际广播电台、中央电视台合作，开办网上电影周、电视周和专题节目等。各相关部委和协作单位的领导同志都来参加我们的工作会议，在此再次向各部门表示感谢，也希望今后继续加强在大文化领域的合作。

更加注重相关业务单位的协调合作，服务保障更加规范。在经费保障方面，财务司一手抓国内对外经费投入，一手抓驻外文化机构经费投入，在指导和监督对外经费的科学合理使用等方面发挥重要作用。积极争取财政部安排文化中心建设，增加文化交流经费，安排前方甲类处和中心预算，并为20个乙类处安排小额经费，确保了对外文化工作的顺利开展。对外文化集团作为我文化“走出去”的主力军团，一方面发挥业务所长，服务文化走出去战略；另一方面主动作为，进行体制机制与商业模式的探索创新。承办美国“中国文化系列活动”、“威尼斯双年展”、土耳其中国文化年等重大文化活动。向全球近40个国家和地区，派出演出展览项目71起；演出项目54起，共5600余场，商业演出占54%。中外文化交流中心坚持“优质、高效、低成本”方针，立足于为文化传播和交流提供全方位服务，全年总共向前方发送文化外宣品和文化纪念品约25万件（套），寄发期刊近20万册，主办或参与主办的文化交流活动41起。“文通网”自去年6月开通，完成了两次改版，已发展为前后方信息共享和对外文化工作资源整合的重要平台。截至12月底，网站共发布文章17000多篇，图片15000多幅，月点击量达15000多次。其中发布使领馆稿件共5800条，图片5400幅。据统计，日本、俄罗斯、法国、泰国、意大利使馆

文化处报送的信息量名列前茅，柏林和毛里求斯中国文化中心的信息报送量在9个文化中心中位居前列。英文版“中国文化网”也正不断优化栏目结构。

更加注重深入调研，成果获得多方认可。驻外机构认真领会中央等各级领导指示精神，把握国内外文化发展大趋势，先后围绕对外文化发展战略、文化安全、文化政策、公共文化服务及建设、新闻影视、文化贸易、文化中心建设等主题，向国内报回大量反映国外最新文化发展动态和政策趋势的材料，全年调研文章总量达521篇，比去年增加37 %。在整理汇总前方调研成果的基础上，上报中央《国外人士对中国文化的看法》等多个专题报告，收集整理了《国外表演艺术资源基础信息》、《国外文化产业观察与启示》、《国外优秀调研文章选编》、《国外最新文化调研文章汇编》等专辑，出版了《2010中国对外文化贸易年度报告》，受到中央各部门、地方和演艺院团、企业和文化机构的欢迎。同时，针对港澳的调研成效明显，文化部关于澳门和香港文化发展现状的对策建议报告，以及关于港澳青少年文化发展现状、和关于港澳文化创意产业发展现状的对策建议报告，受到了中央对港澳领导小组的高度重视。

更加注重队伍建设，培养锻炼一支敢打硬仗的队伍。人事司、外联局和前方使领馆密切配合，围绕思想建设、业务能力建设和队伍建设做了大量切实有效的工作。人事司注重选拔优秀人才，加强任职前培训，在各驻外文化机构持续开展忠诚教育活动，加强“三防”教育，在外派干部工作中，坚持驻外干部选拔的制度化、公开化、规范化，从制度上把好驻外人员入口关，完善驻外干部考核考察制度，出台关于将考核结果与奖励挂钩的办法，深化了驻外干部对所肩负责任、使命和义务的深刻认识，进一步提高了外派队伍的整体素质。外联局党委坚持加强党建工作，认真开展创先争优活动，教育引导广大外事干部不断增强政治的敏锐性与坚定性，巩固增强了对外工作队伍的凝聚力与战斗力。各驻外文化机构在使馆党委的领导下，注重内部管理和团队精神，倡导“忠诚、使命、奉献”，在一线工作中努力培养锻炼甘于奉献、能打硬仗的队伍。去年，外联局有3人获得部“优秀共产党员”、1人获得“优秀党务工作者”光荣称号；世博文化活动办公室记集体三等功，亚洲处和国际处被评为“广州亚运会、残运会先进集体”，台湾处被评为“对台工作先进集体”。同时，在国外的队伍中，驻土耳其文化参赞被评为外交系统优秀共产党员、驻日本使馆文化处1人荣立三等功。驻突尼斯和埃及使馆文化处、文化中心人员获得通报表扬。根据2011年5月外交部对100多个驻外使领馆进行的远程测评，我部所派参赞总体表现较好，平均优良率达到了91.17%。这份成绩的取得是对我们队伍建设工作的肯定与鼓励，更是对我们的激励与鞭策。这次会议也将表彰在2011年工作中表现突出的驻外先进集体与个人。

以上是2011年对外文化工作的主要情况。下面，我与大家交流对于当前国内外工作形势与任务的认识。

二、关于当前国内外文化工作形势

当前，世界范围内的各种文化思潮、价值观念、文化现象从未像今天这样纷繁复杂，对世界产生着巨大而深刻的影响，我国文化事业的发展面临着前所未有的机遇和挑战。

（一）文化建设进入了繁荣发展的黄金期，发展机遇前所未有

党中央对文化发展规律的认识和把握不断深化，文化建设包括对外文化工作的方向更加明确。改革开放以来，我们党对文化工作的地位和作用越来越清晰，对文化发展的规律把握越来越深刻。从党的十二大报告中提出的物质文明、精神文明“两手抓、两手都要硬”的二位一体到十五大报告中提出的物质文明、政治文明、精神文明协调发展的三位一体，再到十七大报告中提出的经济建设、政治建设、文化建设、社会建设全面发展的四位一体，文化建设都是中国特色社会主义事业的重要组成部分，在总体布局中占有重要地位。党的十七届六中全会更深刻阐述了文化建设的重要地位和作用，把文化繁荣发展作为‘坚持发展是硬道理、发展是党执政兴国第一要务’的重要内容，开启了文化发展的新时代。《决定》同时提出建设文化强国的要求，提出要建设面向现代化、面向世界、面向未来，民族的科学的大众的社会主义文化，推动中华文化走向世界的文化开放格局进一步完善的目标，提出文化走出去与引进来并重，政府与民间并举，公益性交流与文化贸易并行等重要理念。这些要求和论断更加突出了对外文化工作新时期的作用和地位，使我们更加深刻认识到，在国际综合实力的竞争中，国家文化软实力的强弱，文化影响力和竞争力的强弱，不仅仅关乎市场份额的大小、产业的成败，更关乎意识形态主动权的得失，关乎国家文化主权和文化安全的

捍卫。

我国经济社会的快速发展为文化建设和文化“走出去”奠定了基础。2010年，我国国民生产总值已接近40万亿元，财政收入达8.3万亿元，外汇储备达2.8万亿美元，人均GDP已经超过4000美元。不断增强的经济实力、不断增长的财政收入，不断增加的人民群众收入，为文化发展奠定了坚实的基础。据国际经验，当人均GDP超过3000美元时，居民消费将由生存型、温饱型向小康型、享受型转变，文化需求、文化消费将日益活跃，向高品质、多样化和个性化发展，这也为对外文化交流和文化贸易发展提供了广阔空间。2010年我国核心文化产品进出口总额达143.9亿美元，同比增长15.1%，反映了文化进出口贸易的日趋活跃。同时一大批国内文化企业成长壮大，在大力开拓国内市场的同时，积极与国外同行交流，探索加入国际文化市场竞争，为我国对外文化交流和文化贸易的拓展提出了新的课题。

以互联网、信息技术为代表的高新技术，以及新兴文化业态的产生和创新为对外交流方式提供了有力支撑。高新技术的发展，为传统文化产业的改造升级、培育新兴文化业态创造了有利的条件。高新科技成果为文化传播带来革命性影响，为传统文化提供了丰富的表现手段，不仅大大增强了表现力和感染力，更进一步提升了文化生产、传播的质量，促进了产业升级、优化了产业结构。现代科学技术的迅猛发展和广泛应用还催生了一系列新兴业态。如网络游戏、网络视听、手机文化、网络出版、数字节目、三维动画等，为我们进一步改进和提高对外传播方式，更便捷、有效地向世界介绍中华文化提供了前所未有的机遇和可能性。

文化体制改革不断深化，为进一步解放文化生产力、促进对外文化交流，创造了更为良好的环境。文化体制改革工作开展以来，宏观管理体制进一步理顺，微观主体活力不断增强，重点领域和重点环节的改革取得重大进展，统一、开放、竞争、有序的现代文化市场体系逐步健全。以公有制为主体、多种所有制共同发展的文化产业格局和以民族文化为主体、吸收外来有益文化，推动中华文化走向世界的文化开放格局逐渐形成。改革推动了思想解放、观念更新，极大调动了广大文化工作者和各类社会主体的积极性、主动性与创造性，进一步激发了全社会的文化创造活力，激发了社会各界对学习借鉴国外优秀文化成果的热情，极大丰富了对外文化交流的内容和形式，为解放和发展文化生产力，活跃对外文化交流提供了强劲动力，为对外文化交流的发展提供了机遇。

国际社会对“中国模式”和中华文化高度关注，中华文化“走出去”的环境更加有利。美国金融危机、欧盟主权债务危机、日本核泄漏危机等都不同程度暴露出其制度的缺陷和弱点，引起世界深刻反思。与之形成对比，中国经济实力不断增强，文化软实力不断提升，中国的发展道路受到越来越多国家的关注，中华文化的影响逐步扩大。尽管“中国模式”尚未成形，我与西方大国整体实力对比也存在巨大差距，但中国基于自身文化和国情所选择的和平发展道路、进行的历史性探索，对人类自身的发展、对于世界文明的进步以及对于广大发展中国家选择自身的发展道路，都具有重要的借鉴意义。因此，蕴藏在中国发展道路背后的中国文化将成为当前和今后一个时期国际社会的兴趣和关注所在，为中华文化“走出去”提供了广阔的空间。

（二）文化发展面临更为复杂的国内外形势，挑战前所未有

在日趋激烈的综合国力竞争中，提高国家文化软实力的要求更加迫切，文化安全形势面临严峻挑战。全球化时代的文化实力与政治、经济、安全实力一道共同构成国家综合竞争力，越来越多的国家把提高文化软实力作为各自发展战略的重要内容。然而，我国文化的整体实力和国际影响力与我国国际地位还不相适应，与我国深厚的文化底蕴和丰富的文化资源还不相适应，“西强我弱”的国际舆论格局尚未根本扭转。加之国际敌对势力从未放弃对我西化、分化的战略，我们同国际敌对势力在思想文化领域的斗争和较量将是长期的、复杂的。在这样的情况下，大力弘扬中华优秀传统文化，大力发展社会主义先进文化，不断扩展中国文化的世界影响力，牢牢掌握思想文化领域国际斗争的主动权，努力形成与我国国际地位相称的文化软实力的任务将更加艰巨，切实维护国家文化安全的挑战将更为巨大。

建设社会主义文化强国，进一步加快文化改革发展的要求更加迫切，对外文化交流责任更重大和任务更繁重。六中全会明确提出了建设社会主义文化强国的目标，关于要提升全民族文明素质，加快社会主义核心价值体系的构建，提升公共文化服务体系的水平和精品力作创作生产的能力，增强文化产业竞争力和文化人才队伍素质等要求更加迫切。

对外文化交流承担着推动中华文化走出去和引进国外优秀文化成果的双重任务，是加快文化改革发展、建设文化强国的重要推动力。但是在宏观层面上，在促进国内文化建设和推动文化走出去还缺乏宏观战略统筹和政策抓手，缺乏成规模、成系统的走出去和引进来的工作体系；在具体工作层面，在机制、产品、阵地、人才以及经费等方面的保障建设仍滞后于整体工作发展和客观形势要求，迫切需要我们大胆创新，加快发展，不断改进提高工作，以适应国家文化软实力提升的需要，适应国内文化体制改革、文化建设发展和中华文化走出去的需要。

文化意识形态领域的较量交锋日益成为国际关系中的新热点。从国际上看，随着全球化和科技革命的深入发展，国家和民众间的交往日益深入，因政治经济发展的不平衡带来的差异，与文化和价值观的差异相叠加，给国际关系造成新的复杂情况。从近年来复杂多变的政治经济关系中，越来越多地看到文化的作用与影响。一些西方国家更多地运用文化等软手段来实现其硬目的，实施干扰、渗透，潜移默化地推销价值观，影响文化弱势的国家，给国际政治经济形势带来新的不安定因素。西亚北非政局动荡表明新媒体与社会力量结合，可酿成重大政治危机。欧洲出现“多元文化失败”论调，反映出西方社会因移民问题开始从认同多元文化的立场上倒退，文化冲突已上升为欧洲国家发展中无法回避的问题。这些现象都引发了我们对于开展文化交流的深入思考。

文化成为西方对付、牵制我新工具。随着我国力上升，西方对我“不适感”进一步加剧，在不择手段打压的同时，加紧在我国内扶植、培养新代言人，一些国内所谓“精英派”和文化艺术人士成为西方“新宠”。年初的诺贝尔和平奖颁奖和艾未未事件中，欧美国家沆瀣一气，攻击批评中国，将其炒作成为中国缺乏民主、人权的象征性事件，成为西方显示其意识形态优越性、牵制和打压我的新抓手。同时，美及西方国家利用其技术优势，通过网络等新媒体，或公开、或潜移默化地大肆推销其意识形态与价值理念，推行“网络外交”和“巧实力”，加大对我人文攻势。同时包括一些周边国家和发展中国家面对中国的快速崛起同样出现了嫉妒、防范心理；需要我们进一步释疑解惑，以文增信、以文化人，以文促合作。

内外部界限进一步缩小，加强统筹国内、国外成为必然的战略选择。改革开放30多年来，伴随着我国与国际社会交往的日益密切，国外新观念和新思潮不断冲击并影响着国人的文化价值观，加之我国对外开放程度日益提高，以及科技进步使得人们的交流跨越时空，传统意义上的内部和外部界限一度模糊。一些西方国家利用其话语权上的条件优势，从“人类安全”、“人道主义”、“民主人权”等所谓“普世价值”出发，制造议题，占领所谓道德的制高点，恶意利用国内一些内部矛盾和事件，大肆炒作、施以影响，很快使其上升为影响大局、甚至国家形象的外部舆论事件。这些挑战迫切需要我们加强对国际和国内局势的统筹把握，紧密跟踪，制定预案，掌握妥善应对媒体突发事件的能力。

（三）新时期对外文化工作的主要任务

十七届六中全会《决定》对于当前对外文化交流问题进行了深刻的论述，明确提出了新时期对外文化工作任务，归纳起来包括：一要大力开展对外文化交流，增强中华文化感召力和影响力；二要创新对外宣传方式方法，提高工作有效性，展现我文明、民主、开放、进步的形象；三要实施文化走出去工程，开拓国际文化市场；四要加强中国文化中心建设，积极参与国际文化事务；五要发挥社会各阶层力量，构建人文交流机制；六要坚持以我为主、为我所用，以更加开放包容的心态和更加博大的胸怀，引进吸收借鉴国外优秀文化成果。

对照新的任务与要求，我们看到，尽管我们作出了很大努力，也取得了一定的成绩，但还存在着巨大的差距，需要我们在深化内涵、拓展渠道、丰富层次和创新方式等方面继续下功夫，同时还要着眼长远，不断推动我们的对外文化工作向科学化、系统化方向发展。

中国要从一个文化大国向实现文化强国的抱负迈进，必须要放眼世界，我们要继续坚持引进来和走出去并重，坚持以我为主、为我所用，按照“三个有利于”原则，大胆引进国外优秀文化成果，将提升中华文化竞争力与吸收借鉴世界优秀文化相结合，内外兼修，不断增强文化软实力。当前要紧密结合“十二五”时期对外文化发展规划及其重大工程项目部署，从战略统筹、内容建设、渠道平台建设、工作机制建设和队伍建设等方面，全面促进对外文化交流的扩量增容与升级换代。要以重大文化活动项目为依托，以推进中国文化中心建设和促进文化贸易为抓手，以强化政策法规、机制平台、服务保障等系统工程建设为保障，通过创新工作方式、深化交流内涵、提升交流质量、改进交流手段，大力实施中华文化走出去战略。要充分调动中央和地方、官方和民间、国内和国外等各方面力量，共同构建对外及对港澳台文化工作新格局，充分展现我国文明、民主、开放、进步的形象。

三、坚定信心、振奋精神，脚踏实地、奋发有为，努力实现对外文化工作的新跨越

2012年是深入贯彻落实六中全会精神，推进对外文化工作实现跨越发展的重要一年。结合今后一个时期的工作重点，我再谈几点要求。

一要继续在抓好"统筹"上下功夫。统筹是对外文化工作的"纲"，纲举目张。统筹大局必须要时时关注和把握国内外发展趋势与动态，准确研判。联系对外文化工作，要注意处理好两个关系，首先要处理好走出去与引进来的关系。蔡武部长在工作报告中，结合对六中全会精神的解读，已经做了具体的阐述，要加强文化交流的双向性。引进来要坚持以我为主、为我所用，坚持《决定》中提到的"三个有利于"的原则；走出去应坚持"三贴近"，即坚持贴近中国发展实际、贴近受众对中国信息的需要、贴近国外受众的习惯。促进引进与走出去并重发展，形成良性互动的格局。其次要处理好对于工作机制的统筹，目前建立的"四大工作机制"在实际工作中得到更为广泛的运用，效果很好。随着形势的发展，这几大机制面临着提升战略层级、深化务实合作、加强有效运行等问题，需要我们从更新更高的视角进一步审视。尤其要注意的是"统筹机制"并不只局限在举办大活动时的项目"统筹"，而应该是融合对"战略规划、政策信息、成效评估"等宏观体系的综合统筹。不要一提到"统筹"就是办大活动时，找找单位、拉拉项目、把活动做大。比如"欢乐春节"活动已经成功开展三年，会后许多同志又将返回去筹办；希望大家积极思考，如何在活动中通过进一步提高统筹的科学化水平，来真正突出"欢乐春节"的理念，让中国的文化价值观走进外国公众生活。

二要继续在抓好"内容"建设上下功夫。内容是对外文化工作的"魂"。在推动中华文化走出去的过程中，我们其实一直在问"推什么"。确实，中华文化历史悠久、博大精深，为我们留下了一个完整文化体系，一大批优秀的文化遗产。怎么推出介绍中国文化，让中国的文化故事不仅入眼、入耳、更入脑、入心，确实要我们好好研究，做好"内容"这篇文章。前段时间结合六中全会精神的学习，我在《文化报》发表了一篇专稿《增强中华文化影响力，大力推动当代中国文化走出去》，主要强调重视推出反映时代精神、内涵和艺术价值的当代中国艺术作品。这也是针对国际社会对当代中国文化了解的渴求与关切提出的。向世界介绍中国文化，在内容选择上必须是全方位的，介绍中国传统文化精粹的同时，更要侧重于当代文化，注重介绍体现新时期中国人民精神风貌的作品；不仅要反映取得的成就，也要反映存在的不平衡、不发达状况，反映中国人民艰苦奋斗的历程；既要突出中国特色，也要注重寻找同外部世界的共同点。我们近年重视思想文化对话，今后不仅要组织更多的思想和情感对话，同时要注重推出那些能体现时代内涵和有文化艺术深度的作品走出去。

三要继续在"渠道与平台"建设上下功夫。渠道和平台是对外文化工作的"依托"。目前官方对外文化交流的渠道比较宽阔，但民间和商业的渠道还很狭窄，需要加大在政策和资源上的倾斜、扶助。要逐步形成"官、民、商"三驾马车共同驱动文化走出去的大格局。有些同志可能认为，我们目前的平台和渠道已经够多、够好，但仔细分析，不难发现有些平台是临时动意搭建，难以为继的；还有许多是官方在单打独奏，定位不清，高不成、影响不到主流；低不就，缺乏社会参与度和人气，难以形成气候。我们要不断审视评估现有"平台"，一方面巩固充实打造我自创"平台"，另一方面积极借用国内外高端平台，充分发挥国内外有影响的重大艺术节、重要文化机构和文化名人和国际组织的作用，合理借助外力推动中华文化走出去。要探索推动中外双方合作的平台建设，从机制上实现长期化、品牌化、社会化及本土化。要更注重搭建文化贸易平台，在推进对外交流合作的同时，要主动引导和促进交流项目向商业方向发展、转化，重视拓展文化贸易的领域和空间，帮助搭建各种国内外重要文化产品交易平台、信息发布、人才培训和行业组织活动的平台。最近贸易处将上海市对外文化贸易平台命名为国家对外文化贸易基地，并召开了全国文化贸易工作会议，就是发挥利用地方贸易平台作用的典型。

四要继续在"开拓创新"上下功夫。开拓创新可以比作是我们工作中的"气"，有了"气"才会有生机和活力。开拓创新要贯穿于我们工作的方方面面。而在近两年，我们的工作之所以能够呈现出较大起色就是同志们坚持了开拓创新的结果。比如，海外文化中心建设、文化贸易工作。当前，文化中心建设工作同样面临着机遇前所未有、与压力和挑战前所未有的局面，必须要继续解放思想、开拓创新，大胆借用其他部门和国外同行的经验，研究如何突破体制机制的局限，突破单一模式的局限，逐渐实现建设方式的多元和运作模式的多元，绝不能坐失良机。这两天在全国文化厅局长会上，关于对外工作，我听到最多的是两个词“文化中心”与“央地合作”。文化中心建设没有退路，必须要继续向前闯出一条路来。同样关于对外文化贸易工作也要在工作思路上继续创新，突破单一处室、单一部门的局限，借力拓展，将这份事业做得强大。

五要继续在促转变上下功夫。要加快实现“三个转变”，从管脚下到管天下转变；从管微观到管宏观转变；从办文化到管文化转变。2010年的腾冲会议上，我就讲过“在对外文化工作管理方式上，要进一步明确转变政府职能和角色，加快管办分离，实现由办向管的转变”。近年来，外联局注意了工作方式的改进，着力推进了这方面的工作。但目前仍然存在，大家总不放心、脱不了手，事无巨细，事事都亲力亲为。“转变”虽然是渐进的过程，不可能一夜之间实现，但是要求大家进一步强化意识，更多从战略、全局和宏观的层面统筹规划工作。这里要强调一点：关于统计分析在当前对外文化工作的作用越来越重要。中央领导和各级管理部门高度重视这项工作，把它作为正确把握对外文化工作发展态势、科学分析工作现状的重要依据。作为宏观管理对外文化工作的职能部门，这项任务既是基础性的，也是战略性的，是迫在眉睫的。我们工作的快速发展和形势的不断变化要求我们必须站在全局的高度，建立起一套有效的信息收集、数据统计和分析系统，来科学分析和评估对外文化工作发展态势，为政策的出台提供依据。但多年来，由于对外文化交流渠道的多元、管理的多头，统计难、难统计，权威统计数据缺乏一直是老大难问题。这次会议专门下发了《驻外使领馆文化处（组）、中国文化中心文化项目数据统计实施办法（讨论稿）》，希望各位负责人认真阅读，提出意见，要将此项工作作为基本职能，纳入驻外机构的日常工作考评中。国内各部门领导也要重视这项工作，尽快建立起与数据统计相配套的形势研究、工作分析和评估的工作规章制度和配套措施。要在对数据和形势进行科学、量化分析的基础上，建立“对外文化工作年度报告”制度，将年度的对外文化工作形势分析、发展态势、交流统计数据和基本评估等基本情况汇总。外联局要在此基础上逐步形成促转变、抓大事、抓态势的工作局面，使我们的对外文化工作尽快步入科学发展、系统推进的轨道。

六要继续在加强党性修养、提高素质上下功夫。千言万语，万事都要归结到人。一年与大家集体见面一次，每到最后我要说到队伍、说到人。近两年在部党组、在蔡武部长的重视与关心下，无论国内国外，两支队伍的建设都得到了健康快速的发展。组织上为大家创造了心平气顺开展工作的好环境、好条件。在这样环境下，要求大家继续自觉加强党性修养，加强个人与集体的作风建设。个人要始终秉持对祖国和人民的无限忠诚、对党和社会主义道路的坚定信念，不折不扣地执行中央的政策方针，恪尽职守、不负使命。各集体要在局内、各处组、文化中心形成“知荣辱、扬正气、重实干、讲奉献、促和谐”的工作氛围。同志们长期战斗在外交一线，所处的环境和面临的形势复杂，面对的风险多、挑战多、诱惑多，考验无时不在、无处不在，要不断增强“三防”免疫力，时刻保持高度的政治敏感性和鉴别力，更要巩固树立正确的世界观、人生观、权力观和政绩观。

同志们。新的一年已经开始，我们又都将踏上新的征程。我看到2012年对外文化工作的重点项目多达762项，我们又都将迎来繁忙充实的一年。希望大家认真学习领会此次会议精神，及时向各使领馆汇报，把中央领导、部党组的要求切实贯彻落实到具体的工作部署之中，再接再厉、再立新功，努力实现对外文化工作的新跨越，以优异的成绩向党的十八大献礼。

谢谢大家！

积极进取　锐意改革　创新发展
全面推进文化市场综合执法规范化建设

——在全国文化市场综合执法规范化建设工作会暨省级文化市场管理工作领导小组办公室负责人座谈会上的讲话

文化部党组成员、副部长　王仲伟

（2012年8月29日）

同志们：

今天，我们在此召开全国文化市场综合执法规范化建设工作会暨省级文化市场管理工作领导小组办公室负责人座谈会，主要任务是深入贯彻落实党的十七届六中全会精神，回顾总结文化市场综合执法改革阶段性经验，部署推进文化市场综合执法规范化建设，研究发挥文化市场管理工作领导小组及其办公室作用，进一步提升文化市场监管能力，做好文化市场监管工作，为迎接党的十八大营造健康良好的文化市场环境。

刚才，张超超副省长、王伟副书记发表了热情洋溢的致辞，简要介绍了山东省和青岛市社会发展和文化建设情况，在此我代表文化部对山东省和青岛市党委、政府对文化市场综合执法工作的高度重视及大力支持表示感谢。山东省文化厅和青岛市执法局分别交流了各自在落实综合执法改革任务、推进综合执法规范化建设方面的主要做法，非常实在，内容丰富，很受启发。中宣部改革办黄志坚主任作了重要讲话，回顾了文化市场综合执法体制调整、改革的背景和历程，对这一阶段的工作给予了评价和肯定，提出了进一步做好综合执法工作需要重点把握的几个问题，要作为此次会议的重要内容认真学习贯彻。

文化市场综合执法改革是中央领导下的文化体制改革的重要内容之一。对文化市场依法进行管理和监督是整体文化工作非常重要的一部分。我们按照中央的统一要求，在各个部门的大力支持下，目前已经完成了文化市场综合执法体制的重大调整。在“调、改、并、建”的同时，在中央，特别是中央文化体制改革和发展领导小组及其办公室的领导和要求下，文化部从自身职责出发，及时系统地、有序地、持续地推动文化市场综合执法规范化建设工作。这是我们体制调整后履职的第一步，也是队伍组建后在社会树形象的第一步，这步走好了、站稳了就会给综合执法工作奠定良好的基础。应该说在各地党委政府的领导下，在文化行政部门及综合执法机构的共同努力下，目前规范化建设已经初见成效。下面，围绕会议主题，我谈两点意见：

一、开拓创新，积极探索，综合执法规范化建设初见成效

从局部试点到逐步推开，从重点突破到全面启动，各地文化行政部门和综合执法机构在机构建立的同时，有序推进综合执法规范化建设，逐渐探索形成了一些好做法、好经验。

（一）建章立制打基础，推进法制建设规范化。作为综合执法领域的新生力量，文化市场综合执法机构从成立之日起就面临着起点比较高但基础比较弱，任务比较重但资源整合水平比较低的现实情况。为此，文化部及各地文化行政部门和综合执法机构首先将建章立制作为综合执法规范化建设的突破口，深入调查研究，系统规划设计，积极沟通协调，初步形成了中央有规定、地方有创新，规章搭框架、文件作补充的较为成熟和具有实操性的法规体系。一方面，立足改革大环境，抓住机遇，争取立法，逐步解决顶层法规支撑问题。2011年，文化部在听取各部门意见，深入总结近年来综合执法改革经验基础上，发布了《文化市场综合行政执法管理办法》，首次以部门规章形式明确了文化市场综合执法机构的法律地位、委托授权模式以及培训考试、举报处理、考评奖励等基本制度，奠定了综合执法的法制基础。北京、天津、上海、浙江、青岛等省市也分别制定出台关于文化市场综合执法的地方政府规章，对综合执法的具体职权范围、机构性质、执法程序、监督方式等作出明确规定，为综合执法工作提供了法律保障。另一方面，面对执法新形势，迎接执法新任务，陆续发布相关配套措施，逐步确立综合执法工作规程。近年来，文化部相继制定了《文化市场重大案件管理办法》、《文化市场行政执法考评办法》等规范性文件；今年又陆续发布了《文化市场举报办理规范》、《文化市场综合行政执法案

卷评查办法》、《文化市场突发事件应急管理办法》等规范性文件，进一步细化执法操作流程。各地也结合具体执法工作实际，围绕岗位职责、执法程序、办案流程等方面，逐步建立了业务工作、人员管理、激励约束及协作协调等四大类十八项工作制度。上海、天津、湖北、浙江、广东等地初步形成了本区域内文化市场综合执法的制度体系；常州、咸阳、宝安等地编撰了综合执法手册或者指南；呼和浩特实行了错时检查、带队值班、周末值班等内部制度；重庆、深圳等地制定了文化市场行政处罚裁量标准。这些制度的建立，进一步完善了内部管理，规范了执法行为，有效保障了综合执法工作的高效运行。

（二）练兵比武树形象，推进组织建设规范化。文化市场综合执法改革的一个重要任务是整合文化市场领域执法力量，组建综合执法机构。以此为契机，各地文化行政部门和综合执法机构积极争取当地党委、政府及宣传、编制、财政、人事等部门的大力支持，以统一队伍形象、提升人员素质为着力点，实行“五个统一”、“三个结合”，取得可喜进展。一是实行“五个统一”，加强机构建设，努力打造专业执法队伍形象。为此，文化部陆续下发文件，明确要求各地在组建综合执法机构之后，逐步实现统一执法标识、统一执法证件、统一执法服装、统一执法装备、统一执法文书等“五个统一”，树立专业执法队伍的社会形象。目前，全国已基本完成《文化市场综合行政执法证》换证工作，统一使用了23种基本执法文书；绝大部分地区已在执法车辆上喷涂综合执法标识。另外，浙江、天津、山东等省份已统一配发执法工作服；湖北文化厅联合省财政厅共同下发通知，要求财政部门足额保障执法装备所需经费，并列入同级财政预算；湖南文化厅协调省广电、新闻出版等部门，建立了《文化市场综合行政执法证》和《湖南省行政执法证》统一培训、统一考试、统一发证的执法资质管理模式；重庆总队谱写传唱了《文化卫士之歌》；云南统一了综合执法队伍名称；淮南征集、提炼了综合执法机构的精神、宗旨和队训。二是实行“三个结合”，加强执法培训，努力提升专业执法队伍素质。为切实提升执法人员业务素质，文化部发布了五年培训规划，统一了业务考试标准，组建了执法师资队伍，并建立了综合培训与专项培训相结合、定期培训与临时培训相结合、现场培训与网络培训相结合的“三个结合”培训制度，对初任人员、业务骨干和师资队伍实行综合管理、分类指导，并重点开展了网络执法培训和以案施训工作。各地也分别制定培训规划，创新培训方式，开展了形式多样、内容丰富的培训活动。其中，浙江、安徽、湖北、山东等地组织开展综合执法技能比武活动，设置了文书制作、调查取证、网络办案、立卷归档等比赛环节，调动了执法人员争先创优的积极性；北京、上海等地开展业务尖兵和办案能手评比活动；四川制定了以共同训练、分业训练、特业训练为重点的业务技能训练与考核纲目，有针对性地设定了文书制作、现场取证、网上办案、体能训练等课目；浙江开发了综合执法资格业务考试系统，建立考试题库，开通在线考试。

（三）利用技术借外力，推进管理方式规范化。近年来，信息网络技术在文化市场领域的广泛应用，对综合执法工作提出了新的挑战。为此，各级文化行政部门和综合执法机构在完善传统管理模式的同时，不断探索利用信息网络技术拓展执法监管手段。一是建设网吧监管平台，部分大城市探索对文化市场进行实时动态监管。早在2002年，以承担网吧市场管理职责为切入点，文化部开始着手研究技术监管措施，并实施了全国网吧监管平台建设项目。目前，中央平台已与全部省份的监管平台实现对接，可对全国12万余家网吧内的793万余台计算机终端实行实时动态监控。网吧监管平台是文化市场首个信息化建设项目，它的实施对推动文化市场监管信息化具有启蒙意义，为各级文化市场管理执法部门培养了一批既懂管理、又懂技术的业务骨干。山东、江苏、浙江、上海、四川、广州等地还逐步将技术监管的领域向演出、娱乐、出版、网络文化等方面延伸，大大拓宽了监管视野，提高了执法效能。二是推广综合执法办公系统，启动执法办案电子政务工作。在开展网吧监管平台建设工作后，按照《国务院关于加强法治政府建设的意见》提出的“加强行政执法信息化建设，推进执法流程网上管理，提高执法效率和规范化水平”的要求，文化部组织开发了全国文化市场综合执法办公系统，并自2011年开始在全国范围内推广应用。截至2012年5月底，已有天津、黑龙江、内蒙古、辽宁、江苏、安徽、福建等20个省份基本应用。此外，北京、上海、浙江、山东、四川等地还进行了综合执法应急指挥系统的开发，开展了移动执法终端试点。综合执法办公系统的应用及各地信息监管系统的建设，为构建统一的文化市场技术监管与服务平台奠定了坚实基础。

（四）完善机制增内功，推进机制建设规范化。在这方面，各地在工作实践中探索、形成了一些行之有效的好思路、好经验，并将其固化为长效管理机制。一是完善综合执法领导机制，实现“统一协调”、“指导监督”。按照中办发〔2004〕24号文件要求，一些地区建立了以文管领导小组及其办公室为平台，成员单位共同参与，分工负责的工作机制，研究部署专项执法行动，协商解决重大问题。比如，浙江省文管办印发《文化市场管理工作领导小组办公室工作制度（试行）》，建立会议、办文、信息通报、检查举报等机制；四川省文管办牵头起草了《文化市场综合执法专业化、规范化、信息化建设实施方案》，对完善三级文化市场管理工作领导机制、健全综合执法机构、建设专业执法队伍、完善三级技术监管平台、建立执法保障体系等方面提出了具体要求。山东省文管领导小组专题召开全省文化市场综合执法规范化建设工作会议，就全面推进综合执法规范化建设进行动员部署，15个成员单位共同印发《文化市场综合执法规范化建设工程实施方案》，细化了综合执法改革和规范化建设工作的要求、任务、目标。二是加强部门联动和区域协作，实现文化市场常态管理。在实际执法工作中，各地因地制宜，总结形成了信息通报、联席会议、联合执法、区域协作等符合各自特点的执法工作机制。比如，京津冀、长三角、珠三角等地执法机构根据区域发展特点，分别实施文化市场“护城河”工程及“长三角”、“珠三角”工程等，定期召开会议，及时研判形势，充分整合资源，形成优势互补。北京、上海探索通过“区、街道、社区三级网络管理”及“重点区域网格化管理”等途径，落实属地管理责任；湖南总队联合长沙海关缉私局出台《关于建立文化领域执法合作机制的意见》，加强相互之间的协调配合；沈阳采取市区联合执法和区县交叉执法方式，有效整合执法力量，形成了全市文化执法一盘棋的格局。此外，针对网络文化市场特点，2011年文化部专门建立了网络文化市场执法协作机制，抽调各地网络执法业务骨干，分组分片协助承担网络文化市场的日常巡查、执法协作及应急处置等工作。各地也以此为参照，在本辖区内积极建立网络执法协作机制，成功办理了一批网络文化市场大案要案。

以上是我讲的第一点意见。应当说，各地在不同领域、不同层级开展的形式多样的实践探索，在调整转建工作上的新尝试和好做法，为进一步推进综合执法规范化建设打下了良好的基础。

二、深化改革，扎实工作，不断提高综合执法规范化建设水平

过去几年，我们在机构队伍、体制机制、监管方式等方面不断实现新突破、涌现新典型、呈现新亮点，形成了改革创新、规范发展的生动局面。但同时也要看到，在改革过程中，各地进展还不平衡，部分难题还未破解，一些问题还在产生，深化文化市场综合执法改革的任务仍然相当艰巨。党的十七届六中全会明确提出，要“健全文化市场综合行政执法机构”，建立“权责明确、行为规范、监督有效、保障有力”的文化市场综合执法体制。对文化市场综合执法机构而言，总的工作要求是依法、科学、有效地加强市场监管。规范化建设的主要追求和检验标准就是要实现执法和监管的“五性”，即：一是要确保合规性，二是体现公正性，三是提升专业性，四是保障廉洁性，五是增强有效性。其中，有效性，特别是人民的满意度是检验综合执法工作的根本，对此，一要统计，二要考核，三要公布，四要接受群众评议。此外，加大投入十分必要，建立规范化建设的评估标准也很重要。

下一步，要在前阶段探索实践的基础上，尽快搭建“一个平台”，实施“两大工程”，推进“三化建设”，切实规范文化市场秩序，全力保障国家文化安全，为文化大发展大繁荣创造良好的市场环境。

（一）搭建“一个平台”，就是要建立完善各级文化市场管理工作领导小组及其办公室这个工作平台，切实加强对文化市场的“统一领导、统一协调、统一执法”。文化市场综合执法工作涉及范围广、领域多、责任重，不仅需要文化（文物）、广播影视、新闻出版（版权）等文化行政部门的大力支持，还需要公安、工商、通信、海关、城管等相关部门的通力合作，更需要各级党委、政府的坚强领导。破解当前工作难点的核心，一个是认识问题，一个是机制问题。解决认识问题，就是要克服计划经济思维，树立市场经济思维。目前，综合执法机构一家执法，相关部门分工规范指导。解决机制问题，就要做到“五个要求”，即：及时“知”、上会“议”、规范“决”、统一“办”，共同“督”，从而把机制建立起来，规范运作，把平台作用发挥好。具体来说各地要重点完成三项任务。一是加快健全三级文化市场管理工作领导机构，把平台搭建好。尚未成立

文管领导小组及其办公室的地（市）、县（区），要努力争取当地党委、政府的高度重视和大力支持，各省（区、市）也要积极主动加强督促检查，促成尽快成立领导小组及其办公室，明确组织机构，明确责任分工，逐步形成以省级为核心、地市为纽带、县区为基础的文化市场管理工作组织保障体系。二是加快完善文化市场管理工作领导机制，把平台运行好。已经成立文管领导小组及其办公室的地区，要在明确职责范围的基础上，尽快建立健全联席会议、文件处理、信息通报、联合执法、区域协作等工作机制，定期召开联席会议，定期通报信息，定期组织重大专项执法行动，共同协商解决热点难点问题。特别是省级文管办，要主动做好服务工作，内引外联，上传下达，用一粒子盘活一盘棋。三是要加快发挥文化市场管理工作领导小组作用，把平台利用好。要通过文管领导小组及其办公室，正确处理综合执法机构与文化行政部门、相关行业主管部门以及上下级综合执法机构之间的关系，综合协调各方利益，有效化解各方矛盾，充分凝聚各方共识，切实整合各方力量，加强对文化市场管理和综合执法工作的统一领导，决不能让这个平台成为空架子。会议之后，各省级文管办要重点就健全综合执法机构和推进综合执法规范化建设制定工作方案，明确工作目标，分解工作任务，加强组织领导，加强督促检查，加强监督指导，充分调动文化（文物）、广播影视、新闻出版（版权）等部门，将财力、物力、人力等方面的优势资源向综合执法机构倾斜。

（二）实施“两大工程”，就是要组织实施“文化市场监管能力提升工程”和“全国文化市场技术监管与服务平台建设工程”，全面提升文化市场综合执法能力。实行综合执法后，文化（文物）、广播影视、新闻出版（版权）等领域的监管任务和压力集中到综合执法机构。如何提升综合执法能力，发挥统一执法效能，体现体制机制优势，成为摆在各级综合执法机构面前刻不容缓的艰巨任务。各地要以组织实施“两大工程”为抓手，全面提升综合执法队伍的凝聚力、战斗力和影响力。一是以业务培训为核心，组织实施文化市场监管能力提升工程。这个工程已列入《文化部“十二五”时期文化改革发展规划》，总体目标是全面加强综合执法队伍制度建设、装备建设、形象建设和廉政建设。当前工作重点是健全部、省、市、县四级培训网络，完善挂职锻炼、异地交流、以案施训、技能比武等培训机制，力争通过5年左右的时间，使全国执法人员结构明显改善，业务素质大幅提高，执法能力显著提升。重点是以案施训，将实务知识和案例教学作为能力训练的主要课程，以提高队伍的实战能力。近期，文化部将重点对副省级以上综合执法机构负责人、网络文化市场执法骨干进行培训，并对各省（区、市）组织开展动漫、网络文化、技术监管平台等方面的培训给予经费补助和师资支持。明年，我们还将开展全国文化市场综合执法大比武活动。二是以动态管理为目标，组织实施全国文化市场技术监管与服务平台建设工程。《国家“十二五”文化改革发展规划纲要》已将“全国文化市场技术监管与服务平台建设工程”作为“文化市场建设工程”的一个主要项目，提出明确要求。为了加快推进监管平台建设，以技术手段规范工作过程、优化业务流程，提高监管效率，文化部就全国文化市场技术监管与服务平台进行整体规划，目前已经形成了平台建设的总体思路。即按照“统筹规划、分级部署、分步实施、稳妥推进”的原则，依托信息网络技术，利用5年左右的时间，逐步建成支撑市场准入、动态监管、综合执法和公共服务等核心应用，覆盖全国的数据共享、业务关联、应用集成一体化的技术平台，为文化市场领域监管与服务两大职能提供强有力的信息化支撑。今年，财政部已划拨首批3000万元启动资金，用于项目工程建设。后四年的建设费用，财政部正在评估中。明天，市场司还将对这项工作的总体情况进行介绍。

（三）推进“三化建设”，就是要用“专业化”、“规范化”、“信息化”的要求，全力打造文化市场综合执法队伍。文化市场综合执法队伍是宣传文化系统唯一的一支执法力量，必须要充分体现文化执法的特点，树立文化执法的权威，展现文化执法的形象。为此，各地要学习借鉴先进地区和其他部门在加强基层基础建设的典型经验，强力推进综合执法队伍的专业化建设、综合执法业务的规范化建设和综合执法监管的信息化建设，全力打造一支“政治强、业务精、纪律严、作风正、形象好”的综合执法队伍。一是要继续健全综合执法机构，强力推动综合执法队伍的专业化建设。重点要在四个方面取得新的进展。在人员编制方面，要尽快协调解决人员编制、机构名称、法律地位及权限来源等遗留问题，并按照副省级以上总队、地市级支队、县区级大队或者某某文化市场综合执法局的模式，在全省（区、市）范围内统一规范综合执法机构名称；要积极争取编制部门的支持，妥善解决参照公务员管理问题，依法办理事业单位注册登记手续，有条件的地区要争取成立专门的网络执法部门。在执法保障方面，要将综合执法经费列入当地财政预算，解决只有人头经费、缺少业务经费的问题，并逐步加强执法车辆及调查取证等专用执法工具配备，完善财务管理制度。在岗位职责方面，要进一步完善人员公开考录制度，明确人员岗位职责，部分地区还要尽快解决执法人员到岗率不足、编制混用以及相关部门长期占用执法编制或者借用执法人员的问题；对于改革中遗留的人员分流、身份转换等问题也要耐心细致的做工作，努力维护队伍的稳定。在执法形象方面，要继续落实“五个统一”的要求，对内统一标准，对外统一形象。目前，国务院正在进行公务用车管理改革，文化部正在与各相关部门进行积极沟通，力争在执法车辆、执法装备等方面有较大的突破，并对中西部地区给予一定的政策倾斜。二是要继续规范综合执法行为，强力推进综合执法业务的规范化建设。重点要在两个方面取得新的突破。在法规建设方面，分两步走，第一步是各省（区、市）要在总结实践经验的基础上，结合本地实际，尽快以地方政府规章的形式明确综合执法机构的法律地位、权限来源、基本保障及主要制度等内容，尽可能统一采用授权执法或者委托执法中的一种模式；第二步是文化部将在中宣部的统一领导下，联合中央编办、财政部、广电总局、新闻出版总署等相关部门，在总结《文化市场综合行政执法管理办法》及地方政府规章贯彻落实经验的基础上，尽快启动《文化市场综合行政执法管理条例》的调研论证工作，进一步提高立法层次，提升法律效力。在制度建设方面，各地除了按照文化部《关于加强文化市场综合执法制度建设的通知》要求，建立完善四大类十八项基本制度外，还应结合当地特点，有针对性地建立完善网络文化市场执法协作、区域执法协作、突发事件应急处置、案件督察督办等方面的制度。要明确执法标准，细化执法流程，规范执法程序，逐步构建起统一规范、科学完备的综合执法制度体系，做到职责清晰、管理规范、执行顺畅、监督有力。文化部将重点研究起草文化产品内容认定、文化市场技术监管与服务平台管理办法，进一步明确文化产品内容审查标准、认定程序及监管平台管理职责、法律责任等内容，解决文化产品内容审查标准不一、认定困难以及行政许可部门与综合执法机构职责划分等问题。与此同时，将重点加强对地方贯彻执行相关综合执法制度的监督检查和行风评议，对成效突出的地区将予以表扬奖励，对执行不力的地区将予以通报批评。三是要继续建设技术监管平台，强力推进综合执法监管的信息化建设。所谓信息化不仅是要在内部提升工作效率，同时在外部形成对市场监管的良好支撑，从而打造感知化、互联化、智能化的政府。信息化对专业化和规范化具有锁定和提升的作用，因此要大力提高对信息化的认知和专业知识，促进规范化，提升专业化。综合执法改革的制度设计使得行政许可部门与综合执法部门在信息沟通与职责配合上需要顶层设计和信息整合。前期，一些地区陆续开发了不少信息系统，但从全国来看，目前都成为了一个个信息孤岛。为此，文化部将下发全国文化市场信息化建设的项目指导目录及数据标准规范，明确部、省、市、县的信息化建设职责与分工，对信息化建设内容和开发标准进行统一规定。这项工作要围绕“六个提高”来下功夫，即：一是提高敏锐发现市场问题的水平，二是提高规范化建设的水平，三是提高部门协同水平，四是提高应对重大突发事件的水平，五是提高服务文化市场建设和文化发展的水平，六是提高业务学习的水平。各地要按照项目的总体规划要求，统筹规划当地文化市场信息化建设。文化部已经设计开发的应用系统、应用软件和基础平台，希望各地不再重复投资、重新开发；各地已经开发的，要按照统一业务流程规范和统一的数据标准开发接口，实现与中央平台的数据共享和信息互通。要通过统一平台建设，打破文化行政部门与综合执法机构之间、上下级部门之间、相关部门之间的信息壁垒，实现市场准入、动态监管、综合执法和公共服务业务的集中和统一。

同志们，深化综合执法改革，健全综合执法机构，全面推进综合执法规范化建设，使命光荣，责任重大，任务艰巨。在此过程中，各地要正确处理长远规划与阶段任务的关系，坚持统筹兼顾，坚持重点推进。希望大家认真总结，大胆探索，求真务实，共同努力，不断开创文化市场综合执法规范化建设的新局面。最后强调一点，党的十八大召开在即，为党的十八大营造良好的文化市场环境，是各地各级文化行政部门和综合执法机构面临的重大政治任务，务必以高度的责任感和使命感，认真务实地做好文化市场执法和监管的各项工作，坚决防止发生严重危害国家文化安全、有损国家文化形象的产生重大政治上不良影响的文化事件，坚决防止发生严重损害群众文化权益、引发群众不满和社会舆论强烈反响的事件，要严格落实领导责任，及时依法妥善处理文化市场中的各类突出问题，为迎接党的十八大营造良好氛围作出应有的贡献！

谢谢大家！

学习贯彻十八大精神　扎实推进文物事业科学发展

——2012年全国文物局长会议工作报告

文化部党组成员、副部长，国家文物局局长　励小捷

（2012年12月25日）

2012年全国文物局长会议是在全党全国贯彻落实党的十八大精神，开启全面建成小康社会伟大进程的新形势下召开的一次重要会议。会议的主要任务是：学习贯彻党的十八大精神，以邓小平理论、“三个代表”重要思想、科学发展观为指导，总结工作，谋划未来，在新的历史起点上扎实推进文物事业科学发展。

现在，我代表国家文物局讲几点意见。

一、抓主抓重，稳健务实，全面完成2012年工作任务

2012年，极不平凡，令人振奋。党的十八大，为党和国家各项事业发展绘制了宏伟蓝图，指明了前进方向。党和国家对文物工作更加重视和支持，胡锦涛主席视察援柬吴哥古迹茶胶寺保护修复工程，致信祝贺中国国家博物馆建馆100周年。十八大刚刚胜利闭幕，以习近平同志为总书记的新一届中央领导集体，就前往中国国家博物馆参观《复兴之路》展览，宣示了实现中华民族伟大复兴“百年梦想”的决心和信心，这是对广大文博工作者最大的鼓励和鞭策。

这一年，全国文物系统认真贯彻党的十七届六中全会精神，紧紧把握稳中求进的工作总基调，按照文物事业“十二五”发展规划的部署，不铺新摊子，保持连续性，抓主抓重，稳健务实，改革创新，狠抓落实，着力提高工作质量和效益，全面完成各项工作任务，推进了文物事业加快发展的良好态势。

（一）进一步做好事关全局的重点工作

我们筹备召开了时隔十年再次召开的全国文物工作会议，李长春、刘延东等中央领导同志接见会议代表并发表重要讲话，会议提出了全面加强文物保护利用和传承发展、加快推进文化遗产强国建设的历史任务。各地、各部门贯彻落实全国文物工作会议精神，对文物工作更加重视，加大政策支持。北京、甘肃、重庆、四川、山东、广东等省（市）人民政府召开文物工作会议，政府主要领导同志讲话，从全局高度对文物工作提出新的要求，帮助解决经费和编制上的实际问题。

2012年上半年，我们配合全国人大常委会开展了《文物保护法》执法检查。吴邦国委员长作出批示：要求督促支持各级政府和有关国家机关依法履行职责，改进工作，加强管理，推动我国文物事业全面发展。执法检查组重点对10个省（区、市）开展了实地检查，委托21个省（区、市）人大常委会对本行政区域《文物保护法》的实施情况进行了执法检查。对检查中发现的问题，国家文物局和各有关部门进行认真整改，并将初步成果向人大常委会作了报告。

全国人大常委会组织的执法检查和国务院召开的全国文物工作会议这两件大事，乘贯彻六中全会精神、建设文化强国的东风，促进各地、各部门进一步形成了重视文物工作、加强文物工作的喜人形势，给全国文物系统以极大的鼓舞，成为2012年全国文物工作的一个鲜明亮点。

在文物部门特别是老专家的积极呼吁下，旅游开发中文物保护问题得到温家宝总理的重视。总理三次批示，要求文物、旅游等部门提出改进意见。目前，文件已完成起草并征求了部门意见，国务院即将印发。这个文件就文物保护单位的管理体制、旅游收入部分用于文物保护、文物保护单位用于旅游开发的审批和文物景点的游客承载量等问题，提出了明确的意见，是一个很有针对性的、管用的文件。这充分体现了国务院对文物工作的高度重视和大力支持。

在紧紧抓住基础性、全局性大事的同时，我们努力适应形势的发展变化，积极破解文物事业发展中的体制机制障碍和不平衡、不协调、不可持续的问题。国家文物局在调查研究的基础上，本着转变职能，加强管理的思路，从2012年下半年开始，组织开展了文博人才队伍建设、文物保护工程审批制度改革、绩效考评、文物行业标准体系建设等四项课题研究，取得了阶段性成果。急需人才培养的工作方案已经形成；项目审批有关文件在第五次文物

保护工程会上讨论通过；绩效考核和标准体系建设的研究成果2013年3月可以完成。

针对社会关注的文物市场“乱象”，我们积极会同有关部门，制定了关于加强文物拍卖标的审核、文物鉴定类广播电视节目、古玩旧货市场文物经营活动管理等文件。及时叫停“十大名楼”联合申遗，妥善应对“遇真宫”抬升等网上舆论事件，履行社会管理职能得到明显加强。

（二）进一步改善不可移动文物保护状况

第三次全国文物普查成果转化取得重要进展，21个省（区、市）公布了100%、3个省公布了90%的不可移动文物名录。部分省（区、市）公布了一批省、市、县级文物保护单位。希望没有完成任务的省份进一步加大工作进度，确保完成。第七批全国重点文物保护单位推荐名单上报国务院审核。会同住房和城乡建设部开展历史文化名城名镇名村保护检查工作，提出城镇化进程中加强文物保护的措施。

——文物保护重点工程进展顺利。玉树灾后文物抢救保护工程基本完成；承德避暑山庄及周围寺庙、嘉峪关长城、山西南部早期建筑、应县木塔、涉台文物、西藏、新疆等重点文物工程继续推进；山西彩塑壁画和中央苏区革命旧址保护工程启动实施。

——世界文化遗产工作再获佳绩。元上都遗址成功列入《世界遗产名录》。更新《中国世界文化遗产预备名单》，28个省（区、市）和香港特别行政区的45项遗产入选。确定大运河和丝绸之路首批申遗名单。成立中国、哈萨克斯坦、吉尔吉斯斯坦丝绸之路协调委员会，签署三国联合申遗及协调保护管理协议。完成红河哈尼梯田的环境整治和国际专家的现场评估。完成长城资源调查并公布结果。

——考古及大遗址保护积极推进。配合南水北调、西气东输等重大基本建设中的考古发掘和文物保护成效显著，三峡工程消落区抢救性考古发掘项目陆续实施。中华文明探源、早期秦文化研究等重点课题相关考古工作不断深入，考古学术水平不断提高。实施40余项大遗址考古项目。以“六片、四线、一圈”为重点、150处大遗址为支撑的大遗址保护格局初步形成并展开。西安成立汉长安城国家大遗址保护特区领导小组和管委会，湖南里耶古城、铜官窑国家考古遗址公园建成开放，大遗址保护综合效益逐步显现。

——水下文物保护取得新成效。组建国家文物局水下文化遗产保护中心。南海基地建设完成可研报告编制，选址已纳入海南先行先试区总体规划。我国第一艘水下考古工作船开工建造。完成“南海I号”考古发掘和文物保护方案制定。

（三）进一步提升博物馆建设和社会服务水平

——博物馆建设势头良好。全国博物馆总数达到3589个；其中，国有博物馆3054个，民办博物馆535个。天津、河北、湖南、湖北等省市博物馆新馆及改扩建工程进展顺利。122个地市级博物馆纳入《全国地市级公共文化设施建设规划》，项目建设有序推进。

——博物馆行业管理更趋规范。17家博物馆入选国家一级博物馆，全国一级博物馆总数达到100家。制订博物馆管理制度，完成国家一级博物馆运行评估。印发《民办博物馆章程示范文本》，总结推广国有博物馆对口帮扶民办博物馆试点经验。文物进出境管理、珍贵文物征集工作不断规范。

——可移动文物普查工作准备就绪。国务院印发《关于开展第一次全国可移动文物普查的通知》，制定了普查工作的实施方案，成立了领导小组和工作机构。陕西省、北京朝阳区、山东青岛市、中国人民解放军和武警部队等可移动文物普查试点取得积极成效。

——免费开放不断深化，社会服务不断拓宽。博物馆展陈数量显著增加，展陈水平明显提高，《元代青花瓷器特展》、《佛光里的神秘西藏》等一批优秀展览受到社会好评。推广博物馆免费开放十项最佳实践和全国最具创新力博物馆的做法，带动了博物馆展陈和管理水平提升。举办博物馆及相关产品与技术博览会、博物馆文化产品创意设计推介活动，在加快文化产业发展、满足多层次文化需求方面进行了积极尝试。

（四）进一步增强文物安全防范能力

——构建文物安全长效机制。强化部际协作，联合印发《关于加强和改进文物安全工作的指导意见》。深入推行文物安全公示公告制度，对重大文物案件和安全事故进行通报，对文物行政执法和安全监管情况进行公示。与公安部共同建立打击和防范文物犯罪联合长效工作机制。

——加强安全监管和设施建设。开展文物安全隐患排查整治专项行动，检查不可移动文物18.3万处、博物馆2329个，整改安全隐患2万余处。推进文物平安工程，启动255项文物安全设施建设工程，开展文物安全执法动态监管试点，全面部署田野文物安全防范工作。

——加强联合执法。与海关总署在13个省份开展打击文物走私专项行动；与国家海洋局在11个省份开展文化遗产联合执法巡航专项行动。推动全国文物犯罪信息中心与公安部DNA数据库进行对接，为防范打击文物犯罪提供技术支持。不断完善督察机制，制定《文物行政执法巡查档案范本》。国家文物局全年直接督办文物行政违法案件78起。

（五）进一步推进人才、科技和对外交流工作

——开展各类人才培训，理清队伍建设的总体思路。开展全国范围的文博人才队伍建设调研，研究《文物事业中长期人才需求规划》和《文博人才培养教育教学体系》。加强文博管理人才培训，完成6期654名县级文物行政部门负责人和5期基层文物安全管理干部、文物行政执法人员的培训班。加强专业技术人才培训，举办新任考古领队、考古发掘项目电子审批系统、文物进出境责任鉴定员、可移动文物普查等培训班；加强技能人才培养，举办泥塑彩绘保护、近现代文物保护修复、出水文物保护、西藏壁画修复等培训班。

——促进文物保护与科技应用的融合。完成5项国家科技计划项目立项、2项国家科技计划项目验收，启动文物保护科技领域技术路线图预研究。推进与中科院的科技战略合作，组建文物保护领域物联网建设技术创新联盟。考古发掘现场移动实验室荣获国家科技进步二等奖。推进“指南针计划”专项实施，与上海市政府共建国家“指南针计划”专项青少年基地，与中国科协开展中国古代发明创造国家名录认定工作，举办《惠世天工》展览。

——对外交流合作持续拓展。政府间交流与合作更加深化，与墨西哥、哥伦比亚两国政府签署关于防止盗窃、盗掘和非法进出境文化财产的双边协定，签订双边协定的国家已达15个；与苏格兰文物局实施清东陵数字保存项目，与丹麦、摩洛哥、阿富汗文化部门签署合作协议；继续推进柬埔寨茶胶寺保护修复工程、肯尼亚考古项目等援外工程。与国际组织的合作更加密切，成功举办国际古迹遗址理事会顾问委员会和执行委员会会议，共享国际社会文化遗产保护经验，我国在国际文化遗产领域的话语权进一步增强；积极参与关于打击文化财产非法贩运的国际会议。文物出入境展览更加丰富，全年举办进出境展览76个，《华夏瑰宝展》成为中土文化年的一大亮点。与台港澳的交流与合作更加活跃，开展海峡两岸文物交流20年纪念活动，举办两岸文博专业人员交流研习活动，在台湾高雄市举办的《青州佛教造像展》观众突破70万人次，有力促进了两岸四地的文化认同。

（六）进一步夯实文物工作保障条件

——转变职能的改革深入推进。采取有力措施，优化文物保护工程审批程序，压缩审批时限，提高办事效率；扩大省级审批方案试点。地方文物部门积极跟进，山西省文物局将涉及文物工作的行政审批由18项调减为9项。引入第三方机构，参与中央财政文物保护专项资金预算控制额度核审和重大项目绩效考评。中国文化遗产研究院组建北京国文琰文物保护发展有限公司。推进政务信息化建设。向海南省博物馆调拨1000余件文物。完成国家文物局直属事业单位的清理规范工作。

——文物法制和标准体系建设不断加强。公布施行《大运河遗产保护管理办法》，印发《大运河遗产展示与标识系统设计指导意见》。推进《博物馆条例》立法进程和《水下文物保护管理条例》修订。开展文物保护标准体系和文物安消防标准体系研究。修订《博物馆和文物保护单位安全防范系统技术要求》、《全国博物馆评估办法》和《博物馆评估标准》。国家标准由6项增至12项，行业标准由33项增至47项。36项国家标准和40项行业标准正在编制之中。

——文物保护经费实现较大幅度递增。在国家发改委、财政部等部门的大力支持下，中央财政文物保护专项资金达到128亿元，比2011年增长30%；其中，全国重点文物保护单位维修保护41亿元，博物馆免费开放30亿元，抢救性保护性设施建设10亿元。专项经费加大了对大遗址、申遗等项目的支持力度，对西藏、新疆等边疆、少数民族及贫困地区给予了更有力支持。地方文物保护经费投入也继续大幅增加，北京市由1.5亿元跃升至10亿元。湖南省投入各项文物保护资金6亿元，启动省级以上重点文物保护项目42个。陕西省全年安排文物安全经费6700万元。

——宣传工作主动性明显提高。文化遗产日郑州主场城市活动、博物馆日南宁主场城市活动、文化遗产保护无锡论坛影响广泛，以文博宣传活动为主轴的4月至6月全国性“文化遗产宣传季”品牌效应初步显现。文物知识宣传普及工程试点工作取得实效。围绕主题主线，开展“保护发展·成就辉煌”、文物系统先进典型等正面宣传收到良好的社会

效果。

一年来，我们与有关部委的协作更加紧密，连续出台一系列加强文物保护的措施规定，进一步形成齐抓共管的工作格局。国家文物局的工作得到各地的全力支持，与海南、广西、江苏、福建、吉林等省（区）签署文物博物馆工作合作协议，推进了局省合作深度。文博系统的各行业协会和社会组织发挥了桥梁纽带作用，中央有关文博单位起到了骨干引领作用，国家文物局各直属单位坚持围绕中心、服务大局，在重点工作落实中发挥了不可替代的重要作用。

回顾2012年的工作成绩，令人鼓舞。这些成绩是在多年来奠定的良好基础上取得的，是各级文物部门开拓创新、真抓实干的结果，靠的是党中央、国务院的坚强领导，靠的是社会各界的通力支持，靠的是广大文物工作者的担当奉献，靠的是老领导老专家的真诚关心。在此，我谨代表国家文物局一并致以诚挚的感谢和崇高的敬意！

我们必须清醒看到，文物事业的发展既面临着难得的机遇，又面临着严峻的挑战。在文物家底基本廓清、文物总量大幅度增长的新格局下，我们担负的文物保护任务十分之繁重；在加快推进工业化、城镇化的新形势下，我们承受的文物保护压力十分之巨大；在人民群众要求共享文物保护利用成果的新期待下，我们肩负的文物利用与传承的责任十分之重大。在工作中仍然存在着制度体系还不完善，宏观管理还不到位，服务意识不够强，工作效率比较低等问题。对这些新情况、新问题、新矛盾，我们要深入研究，长期关注，积极探索，努力把握在改革开放时代文物工作的规律。对于工作中存在的问题，我们要高度重视、认真解决。

二、稳中求进，开拓创新，扎实做好2013年的重点工作

2013年，是全面贯彻落实十八大精神的开局之年，是实施“十二五”规划承前启后的关键一年，是为全面建成小康社会奠定坚实基础的重要一年。中央经济工作会议，深刻分析了国际国内形势，提出了2013年经济工作的总体要求和主要任务，我们要结合文物工作实际认真落实。文物工作的基本思路是：以推动科学发展为主题，以转变管理方式、提升工作质量为主线，稳中求进，开拓创新，突出重点，扎实开局，为推动文化强国建设、实现经济社会发展目标作出新的贡献。

（一）抓实抓好重大项目，提升文物保护能力

文物保护重大项目是文物事业的重要支撑。重大项目花了我们大量精力，体现了我们工作的重要成果。要加强重大项目的管理，抓好项目储备、项目构成、项目审批、项目实施、项目检查和绩效评估等几个方面。第五次文物保护工程会刚刚开过，其他几个方面已作布置，我重点强调一下项目构成和项目检查评估问题。项目构成属于宏观管理范畴，是结构调整问题，具有整体性、稳定性、导向性。在项目构成的安排上，要考虑项目自身价值、濒危程度、利用空间等因素，还要考虑项目单位的执行能力，不同地区、不同类型项目之间的兼顾平衡等问题。目前，财政部与我局在文物保护专项使用上有一个大的切块。要在此基础上结合多年的经验，发现和把握规律，形成一个规范，有一个相对稳定的结构比例，每年根据情况变化做些调整。这样就能够增强项目工作的整体性和主动性，更好地发挥重大项目的导向作用和社会效益，也能够使国家局和地方局的工作进一步协调，提高地方项目前期准备的实效性，减少“跑部进京”现象。不仅文物保护项目，包括博物馆项目、安全项目等大宗投入都有一个构成问题，要进一步研究规范。项目检查和绩效评估，是目前项目管理的一个薄弱环节，主要是因为有些文物保护项目周期较长而主管部门人手偏少。但无论如何，有布置没检查、有立项无结项都是不允许的。要制定一个多层次多形式、公平公正、简便易行的项目检查评估办法，评估结果要与项目资金安排挂钩。

要在文物维修保护、安消防设施达标、科技创新等领域实施一批关系全局、带动性强的重大项目。开展古村落、官式建筑样板工程和文物安全防护典范工程试点。开展山西南部早期建筑及彩塑壁画、涉台文物、重要石窟寺、重要革命旧址等文物保护工程和西藏、新疆重点文物保护工程。完成南水北调工程田野文物考古与保护工作，公布第二批国家考古遗址公园名单。水下考古工作船建造、国家水下文化遗产保护南海基地及西沙工作站建设取得实质性进展。力争红河哈尼梯田文化景观申遗成功，开展大运河和丝绸之路申遗项目的保护和环境整治工作，发布《中国世界文化遗产监测预警体系建设规划》。继续推进文博风险单位安防设施达标建设，建成一批古遗址、古墓葬、石窟寺防盗报警设施和古建筑防火、防雷设施。

（二）提高文物利用水平，丰富人民精神文化生活

我们要高度重视并认真做好文物资源合理利用、传承弘扬这篇大文章。与文物资源的数量质量相比，与各级政府财政的投入相比，我们这篇文章才刚刚破题，还有大量工作要做。推动文物保护利用与经济社会协调发展、互利共赢。规范引导依托文物资源发展旅游产业，提供公共服务，丰富博物馆文化产品。推进文物保护工程与工业化、信息化、城镇化、农业现代化进程有机结合，积极探索工业遗产、乡土建筑的保护利用方式。以大遗址保护和国家考古遗址公园建设为引领，通过政府主导、部门协作、社会参与、市场运作的方式，积极探索提升地域文化和民族文化层次、提高公民素质、优化城乡环境、改善人民生活的新模式。

继续深化博物馆免费开放，积极制定实施博物馆改革规划，创新管理体制和运行机制；改进服务方式，增强内生活力，提高运营效率，实现发展模式由封闭型向开放型转变。发挥中央地方共建国家级博物馆和国家一级博物馆的示范和帮扶作用，提高展陈质量和管理水平；公布第二批国家二级、三级博物馆名单；开展促进民办博物馆发展专题调研。推进博物馆文化与学校教育、国民教育的有机结合。

构建全面多元的对外文物交流合作机制。继续做好援助柬埔寨、肯尼亚、缅甸、摩洛哥等文物保护项目；争取与欧盟有关国家签署防止盗窃、盗掘和非法进出境文化财产的双边协定；推出一批具有中国内涵、国际表达的对外文物展览。深化与台港澳地区的文物交流与合作，积极推动海峡两岸商签文物交流协议，举办两岸四地古迹活化再利用研讨会。

（三）全面开展第一次全国可移动文物普查，廓清文物家底和保存状况

文物工作属于资源依托型的工作，资源数量、保存状况是决定文物工作需求和发展方向的刚性依据。

全面开展第一次全国可移动文物普查，是2013年工作的重中之重。这次普查，就是要全面掌握各类国有单位收藏保管可移动文物的总体情况，建立国有可移动文物登录机制，建立国有可移动文物管理服务信息平台，为科学管理、服务社会奠定基础。我们将报请国务院召开全国可移动文物普查领导小组第一次会议和全国电视电话会议。积极会同有关部门建立普查经费保障机制，建立运行普查信息登录和数据管理平台，摸清收藏保管有可移动文物的国有单位的分布状况。要充分利用馆藏文物已有数据，下功夫摸清文物系统外国有可移动文物的情况。对这项工作，各地务必高度重视，精心组织实施，在人财物上予以优先保障，为我国首次国有可移动文物普查开好头、起好步。同时，继续做好不可移动文物“三普”成果转化利用工作，结合国务院核定公布第七批全国重点文物保护单位名单，推动各地核定公布相应级别的文物保护单位。

（四）加强人才培养、科技创新，筑牢文物事业发展根基

人才和科技，是文物事业发展的两大基石，是能力建设的核心，其基础性、战略性和决定性作用十分突出。

要制定《文博人才工作中长期规划纲要》，初步形成文博人才培养的教育体系、教学框架。搭建技能型人才培养平台，与相关高等院校、高职院校、科研基地联合培养文物修复、规划编制等急需人才。研究建立科学合理的文博职业制度，搭建人才成长通道。配合人力资源和社会保障部修订《中华人民共和国职业分类大典》中与文物行业相关的内容，研究建立文物修复师职业资格制度。紧紧围绕需求，继续办好文物管理和业务培训班。

深化文物保护科技领域技术路线图研究；继续推进中华文明探源工程、指南针计划等国家级重大科技项目；实施文物保护关键技术提升计划、基础研究推进计划、科技成果推广计划；重点支持文物风险预控、传统工艺科学化、保护修复专有装备和保护材料效果评价研究；着力开展先进适用技术成果的规模化应用；以973、科技支撑、文化科技创新工程等国家科技计划为载体，促进区域创新联盟、技术创新联盟和科研基地建设；深化文博单位与中国科学院系统、高等院校的协同创新，构建以需求为导向的创新研发链条，提升科技创新效率。

（五）推进改革创新，构建科学发展的体制机制

要以解决问题、推动发展为重点，逐步形成系统完备、科学规范、运行有效的制度体系。落实全国人大常委会建议，开展文物保护法修订前期研究。贯彻落实《国务院关于进一步做好旅游等开发建设活动中文物保护工作的意见》，明确责任，分解任务，制定措施，会同有关部门开展检查督导。按照中央部署，稳步推进文物系统事业单位分类改革。以文物宣传主题策划和品牌建设为载体，开展内容丰富、形式多样的文物法制和文博知识宣传普及活动。与主流媒体结合，重点搞一两个有影响力的文

物宣传项目。

扎实推进标准制修订工作。启动编制《文物保护工程设计方案编写规范》、《博物馆陈列工程施工规范》、《博物馆突发事件应急预案编制规范》、《文物保护项目预算编制与控制数审核标准》等13个行业标准；修订文物保护工程北方定额标准。标准制定体系庞大，任务繁重，一定要以工作急需为重，要严格程序、反复论证，但不能没有时限、久拖不果。地方和有关单位要重视这项工作，结合实践多制定些地方标准或技术规范。

深化行政管理体制改革。着力推进转变职能、简政放权。按照责权相统一的原则，建立文物保护工程行政审批与技术核审相分离、分层次的审核制度，形成第三方机构独立承担技术核审工作机制。开展全覆盖的工作绩效考评，建立经费使用绩效考评制度、项目绩效考评制度，推动将重点工程质量和专项资金使用绩效纳入文物保护责任目标，把各项重点工作的落实纳入干部考核体系。绩效考评是对各项工作的一致要求，必须做到统一效能，防止重复交叉、标准不一。

切实履行社会文物管理职能。加强文物流通领域管理，配合有关部门开展文物拍卖市场治理。密切关注文物复仿制生产领域中的问题，配合有关部门加强监管，形成行业自律。研究制定社会力量和社会资本参与文物保护利用的优惠政策和具体措施，研究对非公有制文博单位人员评定职称、申报项目的政策。研究系统外文物保护单位和个人产权文物保护单位的保护、维修与管理使用政策。对于社会广泛关注的重大项目规划和法规规章，要依法进行公示，接受人民群众监督。

（六）改进工作作风，推动工作落实

新一届中央政治局强调责任担当，强调不辱使命，强调实干兴邦，提出改进工作作风、密切联系群众的八项规定，在党内外、国内外引起强烈反响和普遍好评。国家文物局召开党组中心组扩大会议，专题学习中央八项规定，在综合各司室意见的基础上，形成了《中共国家文物局党组关于落实〈十八届中央政治局关于改进工作作风、密切联系群众的八项规定〉的实施意见》。这个文件印发了会议，希望同志们提出意见并监督执行。

贯彻落实中央规定，领导机关和领导干部要率先垂范，要以作风建设为抓手，着力加强局司两级领导班子建设；要从文物工作的实际出发，把改进作风与转变职能、改善服务结合起来，扎扎实实解决一些地方和基层反应强烈、迫切需要解决的问题。比如，会议多是各地反映较大的一个问题。这次规定，全年请地方局主要领导参加的会议就两次，一次年末的局长会议，一次年中的局长座谈会。要尽快开通视频会议系统。各地文物部门、文博单位也要制定具体办法，认真贯彻落实中央规定精神；以好的作风保证繁重任务的完成，以好的作风促进领导班子和干部队伍建设。

三、全面落实科学发展观，整体谋划2020年文物事业发展的目标

布置了新一年的工作，再放开视野，讲一讲文物工作中长期的事情。

党的十八大，明确把科学发展观确立为全党必须长期坚持的指导思想。我们学习贯彻十八大精神，就是要以科学发展观为指导，努力实现在我国进入全面建成小康社会决定性阶段文物事业的科学发展，研究探索中国特色文物事业发展道路、理论和制度，全面开创文物工作新局面。

——更加自觉地坚持以发展为第一要义。改革开放三十多年来，从以经济建设为中心到更加注重发展的质量与效益，一脉相承。在中国特色社会主义伟大事业的实践中，发展的内涵不断丰富，发展的领域不断拓宽，发展的目标不断完善，但始终都没有离开发展这条主线。文物是不可再生的资源，我们不能生产文物；但以文物保护、利用和传承为己任的文物工作，同样要以发展为第一要义。这是因为，文物资源的规模在扩大，文物保护的标准在提高，人民群众的需求在增长。形势的发展，事业的开拓，人民的期待，都要求我们以发展为主题。对于文物工作来说，保护是发展的前提，利用是发展的动力，管理是发展的保障，传承是发展的目的，都是发展的有机组成部分，都是文物事业发展的主体。当然，讲发展也包括利用文物资源发展旅游和相关产业产品，但要以文物保护为前提，不能搞产业化和市场化。

——更加自觉地坚持以人为本的核心立场。文物工作要以服务人民为根本宗旨，实现文物保护利用成果由人民共享，保障人民文化权益，促进人的全面发展。要坚持文物事业的公益属性，尽可能地为人民群众提供均等、便利、全覆盖的文物博物馆公共服务。要维护文物资源共享的代际公平，关注当代人的民生需求，保护后代人的利用权利，在文物保护利用中传

承文明，建设中华民族共有精神家园。

——更加自觉地坚持全面协调可持续发展的基本要求。科学发展观的全面、协调、可持续发展的基本要求，对于文物工作具有重要的指导性和突出的针对性。所谓“全面”，就是要全面贯彻和有效执行《文物保护法》，有法可依，有法必依，执法必严，违法必究；就是要全面理解和执行“保护为主、抢救第一、合理利用、加强管理”的文物工作方针，处理好保护与利用的关系。所谓“协调”，就是要努力做到体制机制与履行职责相协调、机构队伍与事业发展相协调、经费保障与文物保护需求相协调，着力解决文物事业发展中不平衡、不协调、不可持续的问题。所谓“可持续”，就是要实现好文物的可持续保护、文物的可持续利用和文物工作保障条件的可持续发展。

——更加自觉地坚持统筹兼顾的根本方法。正确认识和妥善处理文物事业和文物工作中的各种关系，包括协调好文物工作与经济社会发展的关系，文物系统与全社会的关系，国家局与地方局、国家文物局与中央其他部门的关系，宏观管理与微观管理、加强管理与改进服务的关系等。善于统筹使用紧缺资源，适度整合分散资源，兼顾各方面的利益诉求，兼顾各领域的发展需要，充分调动各方面积极性，增强工作的系统性、整体性和协同性。

党的十八大，提出了全面建成小康社会的奋斗目标，并就此作出了战略部署。我们学习贯彻十八大精神，就是要围绕2020年这个时间节点，按照建设社会主义文化强国战略任务的要求，深刻分析文物事业发展面临的新形势，整体谋划2020年文物事业发展的目标任务。

在全国文物工作会议上，刘延东同志提出：要加快建设与我国深厚文化底蕴和丰富文物资源相匹配、与中国特色社会主义事业总布局相适应、与建设文化强国目标相衔接的文化遗产强国。这一目标与党的十七届六中全会提出的建设文化强国目标的时间节点，都是到本世纪中叶，到2020年要为实现这一目标打下更加坚实的基础。那么这个更加坚实的基础应该是什么样的？我们应该分几个方面进行描述？这里，我们对2020年文物事业的发展目标作出一个初步概述，希望同志们充分讨论、深入研究。到2020年的目标是：文物资源状况全面廓清，文物安全防护设施基本达标，各级文物保护单位、馆藏文物得到科学管理和有效保护；法律制度和标准规范更加健全，人才队伍建设全面提升，科技支撑作用显著增强，经费投入增长机制不断完善；国有、民办有机结合，综合、专题门类优化，面向城乡、服务国民教育的博物馆体系基本完备；文物工作服务社会、惠及民生的作用充分发挥，为提高国家文化软实力、建设文化强国作出更大贡献。

实现2020年文物事业发展目标，要做哪些事情？我们可以就着力构建以下几个体系进行深入研究。

——文物保护与安全体系。坚持依法保护和科学保护，遵循文物保护规律，保护文物的真实性和完整性，保护文物的自然环境和人文环境。建立文物保护的长效机制，推进抢救性保护与预防性保护、文物保护规划与经济社会发展规划和城乡建设规划的有机结合。建成科学规范的文物保护项目管理制度，形成多类型、多渠道的文物展示利用制度，提高文物保护项目的质量和水平。应用高新技术，推广共性技术和关键技术，挖掘、改良和传承文物保护的传统工艺技术，突破文物保护的重大技术瓶颈。

文物督察制度基本建立，文物安全工作格局趋于完善，文物执法能力全面加强，文物违法犯罪案件和安全事故高发势头得到有效遏制。健全文物安全责任与防控机制，实行责任追究；建立文物防灾减灾机制，文物博物馆单位安全设施基本达标；建成文物安全与违法预警监管平台，加强日常执法巡查，提升监管效能；发挥全国文物安全工作部际联席会议制度作用，加强联合执法。

——社会服务体系。拓展文物利用传承途径，发挥文物资源的多重价值。挖掘、阐发和展示文物资源的丰富内涵，使之成为鼓舞人民前进的精神力量，为建设社会主义核心价值体系、全面提高公民思想道德素质作贡献。以保障和改善民生为重点，发展文物旅游及相关文化产业，提高人民生活质量，为推动经济社会发展作贡献。共建共享文物保护利用成果，深化博物馆免费开放，规范提升文物保护单位开放服务工作，丰富人民精神文化生活，为完善公共文化服务体系、构建优秀文化传承体系作贡献。积极配合国家外交大局，实施中华文明展示工程，推动中华文化走出去，为增强文化整体实力和竞争力作贡献。加强水下文化遗产考古和保护，维护国家海洋权益，助力海洋强国建设。

——法制、人才和经费保障体系。坚持用制度管权管事管人，基本实现文物保护利用的有法可依，实现制度构建与法律实施的协调发展。适应文物资源分布和类型特点，加强重点领域立法。提高文物部门依法行政能力，强化文物法律实施力度。推进行政管理体制改革，完善项目管理、资金管理、行业管理、社会文物管理制度，扩大政务公开，接受社会监督。健全文物保护技术标准、工作标准和基础标准，有效发挥标准在基础管理、工程实施和科技应用中的规范引领作用。

加快建设结构优化、素质过硬的文博人才队伍，做到人才多层次、培养有平台、使用有政策、成长有渠道。造就一批熟悉文物工作、懂经营善管理的复合型人才，一批善于运用现代科技手段保护利用文物的科技型人才，一批掌握传统工艺技术、具有操作经验的技能型人才，一批文博知识扎实、综合素质高、创新能力强的研究型人才。实施紧缺人才培养计划，扶持资助优秀中青年人才主持重大课题、领衔重点项目、实施重点工程，注重培养领军人才、修复人才、公共服务人才。健全文博机构资质准入制度、文博从业人员资格评价制度。推进文博专业培训在内容和方式上与重大项目、重点工程相衔接，促进文博高等教育和职业教育在学科建设、专业设置、课程设计上与文物事业需求相结合。

完善财政保障机制，将文物保护经费纳入公共财政预算项目，保证公共财政对文物保护投入的增长幅度高于财政经常性收入增长幅度，提高文物保护支出占公共财政支出的比重。完善投入方式，提高资金使用效益。研究支持非国有文物维修保护和民办博物馆发展的政策，鼓励各类文博机构提供公共文化服务。拓宽文物事业资金投入渠道，支持社会组织、机构、个人捐赠和参与兴办公益性文物事业；引入市场机制多渠道开发文博行业的文化创意产品和服务。

构建以上体系，既要借鉴国际先进经验，也要总结地方成功做法，同时又是开放的、与时俱进的。这既是任重道远的目标，也是现在需要着手开展的工作。我们准备从2013年初开始，把有关课题任务下达国家文物局各司室进行研究论证，再综合优化，上半年要完成2020年文物事业发展目标构建的任务。各地要支持这项工作，同时安排好本地区的目标研究工作。

同志们，在全面建成小康社会的新征程上，我们的责任更大、担子更重。我们必须进一步增强忧患意识、创新意识、宗旨意识和使命意识，以开拓进取的精神、昂扬向上的干劲和稳健务实的作风，以倍加坚定的自信、倍加深刻的警醒、倍加顽强的努力，讲实话、干实事，敢作为、勇担当，全面落实2013年各项工作任务，奋力谱写文物工作的新篇章。

在文化部惩治和预防腐败体系建设年活动推进会上的讲话

文化部党组成员、中纪委驻部纪检组组长　李洪峰

（2012年5月25日）

同志们：

这次会议的目的是：贯彻落实十七届中央纪委第七次全会和文化部2012年党风廉政建设工作会议精神，部署开展文化部惩治和预防腐败体系建设年活动，扎实推进文化部惩治和预防腐败体系建设。刚才，外联局、国家文物局、机关服务局、国家博物馆、中国美术馆、恭王府管理中心、中国艺术科技研究所介绍了加强惩治和预防腐败体系建设的做法、体会和今年工作的部署，讲得都很好。从发言中可以看出，各单位抓反腐倡廉工作的系统性、科学性、有效性进一步增强，惩治和预防腐败体系建设各项工作呈现出科学谋划、统筹安排、系统推进、协调发展的良好局面。驻部纪检组监察局要把这些工作成效总结好、运用好。下面，我讲三点意见。

一、十七大以来文化部惩治和预防腐败体系建设取得了显著成效

十七大以来，文化部按照中央关于加强惩治和预防腐败体系建设的一系列决策部署，紧密结合文化工作实际，以惩治和预防腐败体系建设为重点，不断推动文化系统党风廉政建设和反腐败工作深入开展。中央《关于建立健全惩治和预防腐败体系2008—2012年工作规划》印发后，文化部党组立即制定了贯彻落实《工作规划》的《实施意见》，对文化系统惩治和预防腐败体系建设作出了全面部署。各司局、各直属单位积极履行职责，抓好分解任务的落实。驻部纪检组监察局积极履行组织协调和监督检查职能，2009年，组织召开全国文化系统贯彻落实《工作规划》经验交流会，进一步交流经验，推动工作；2010年、2011年连续两年对各单位惩治和预防腐败体系建设情况进行监督检查；今年4月份，又对部分司局和直属单位惩治和预防腐败体系建设工作进行了调研。经过几年的努力，文化部惩治和预防腐败体系建设取得了显著的成效。

一是反腐倡廉教育扎实有效。我们高度重视教育在惩治和预防腐败体系建设中的基础性作用，坚持主题教育与经常性教育相结合，坚持示范教育与警示教育相结合，坚持用身边的事教育身边的人。在主题教育方面，按照胡锦涛总书记在中央纪委全会上的讲话要求，着力加强领导干部党性修养教育、制度意识教育、以人为本执政为民理念教育和保持党的纯洁性教育；举办培训班，组织党员干部认真学习《关于实行党风廉政建设责任制的规定》、《中国共产党党员领导干部廉洁从政若干准则》；邀请检察机关的同志作预防职务犯罪主题报告，组织学习《省部级领导干部违纪违法案件的通报》，坚持开展领导干部廉政谈话活动，教育领导干部廉洁自律。在经常性教育活动方面，把组织党员干部观看反腐倡廉教育片作为经常性教育活动的重要形式，先后组织党员干部观看了《抵制拜金主义》、《沉重的代价》、《贪之害》、《执政之魂——加强从政道德修养》、《党员干部必须清正廉洁》、《远山的红叶》、《当前职务犯罪的趋势及其对策》、《以人为本执政为民》、《领导干部要自觉做到“七个正确对待”》等教育片；在机关办公网和外网开设反腐倡廉电教片播放专栏，建设教育片网上播放平台。组织编写《全国文化系统违纪违法案例警示教育材料》，向全国文化系统印发，以案说法，以案明纪，取得了良好的教育效果。

二是廉政文化建设活动丰富多彩。近年来，我们充分发挥文化部门的人才优势、资源优势、阵地优势，组织开展了一系列有重大影响的廉政文化作品展览展演活动，不断深化廉政文化理论研究，加强廉政文化阵地建设。在廉政文化作品展览展演方面，与中央纪委监察部联合举办了全国廉政文化大型绘画书法展览，展览在北京结束后，还在上海等六省市进行了巡展，在社会上引起了持续的强烈反响；积极推动上海宝山沪剧团创作的大型现代沪剧《红叶魂》的展演活动，得到中央纪委领导同志的肯定。在廉政文化理论研究方面，与江西省纪委、中国艺术研究院联合举办廉政文化理论研讨活动，汇集了一批廉政文化理论研究的最新成果，编辑出版《廉政文化论集》一书，获得社会好评；组织编撰《中国廉政史鉴》丛书，从人物、思想和制度三个方面总结中国古代廉政建设的经验教训，弘扬中

国古代优秀廉政文化遗产。在廉政文化阵地建设方面，协助中央纪委开展全国廉政教育基地评选工作，国家博物馆被中央纪委命名为第一批全国廉政教育基地。加强对各省、区、市文化系统廉政文化建设的指导，组织召开部分省市廉政文化建设工作会议，制定印发了《关于进一步加强廉政文化建设的十条意见》，参加了中央纪委、中宣部等六部委《关于加强廉政文化建设的意见》的起草工作。

三是反腐倡廉制度体系不断完善。近年来，我们高度重视反腐倡廉制度建设，不断完善反腐倡廉制度体系，先后制定了《中共文化部党组巡视工作办法》、《关于文化部党组行政问责暂行规定》、《文化部党组管理干部任职前人事司听取驻部纪检组意见和驻部纪检组回复人事司意见实施办法》、《驻文化部纪检组监察局关于受理信访举报的暂行规定》，《文化部关于进一步推进政务公开的决定》、《文化部政府采购管理暂行办法》、《文化部直属单位建设项目管理办法》、《文化部关于加强行业作风建设的意见》、《文化部机关及直属单位党员领导干部外出执行公务的规定》等制度。这些制度，对于规范党员干部的从政行为发挥了重要作用。在此基础上，为进一步加强制度建设，文化部把2010年作为“反腐倡廉制度建设年”，召开文化部反腐倡廉制度建设工作会议，部署从十个方面进一步完善反腐倡廉规章制度。结合“制度建设年”活动，部署开展查找廉政风险点工作。各司局、各直属单位共查找出廉政风险点403个，针对查找出的廉政风险点，绝大多数单位都制定了具体、可行、管用的预防措施，初步形成了以积极预防为核心、以强化管理为手段的制度防控机制。文化部“反腐倡廉制度建设年”活动，得到贺国强、刘云山、刘延东、何勇等中央领导同志高度评价，他们分别作出重要批示指出，文化部党组深入开展“反腐倡廉制度建设年”活动，取得了明显成效，值得总结、借鉴。

四是监督检查力度不断加强。严格执行述职述廉、诫勉谈话制度，加强对各单位领导班子和领导干部贯彻落实中央重大决策部署、遵守党的政治纪律、遵守廉政准则、执行党风廉政建设责任制和民主集中制等情况的监督。针对深化文化体制改革、促进社会主义文化大发展大繁荣过程中出现的新情况新问题，根据行政权力运行的特点和规律，按照决策权、执行权、监督权相互协调又相互制约的要求，对各单位重大决策、重要干部任免、重大项目安排和大额资金使用情况进行监督。坚持把监督工作寓于各项文化业务工作之中，加强了对公务员考录、领导干部竞争上岗等干部人事工作的监督，对干部选拔任用中有反映的问题，认真进行核实，及时提出处理意见，有效防止干部“带病提拔、带病上岗”。加强了对文艺评审评奖的监督，促进评审评奖公开、公平、公正。加强了对基建工程和政府采购项目招投标活动的监督，对国家博物馆、国家图书馆、国家话剧院等文化部重大工程建设项目招投标活动进行监督，促进工程建设廉洁、优质、高效。加强对全国文化系统纪检监察监督工作的指导，组织召开部分省市文化厅（局）纪检监察监督工作会议，总结交流文化系统纪检监察监督工作经验和做法。文化部加强监督工作的做法，受到中央纪委监察部的充分肯定。去年10月份，我应邀在中国纪检监察学院作专题报告，重点介绍了充分发挥监督职能、为文化改革发展提供坚强保证的经验和体会，受到与会同志普遍好评。

五是行业作风不断改善。近年来，我们认真贯彻落实党中央国务院关于加强部门和行业作风建设的一系列重大部署，特别是在2009年召开文化部行业作风建设工作会议、制定下发《文化部关于加强行业作风建设的意见》以后，我们坚持以党风促政风带行风，一手抓紧业务建设，一手抓紧行风建设，推动文化系统行风转变，取得了显著成效。通过加强党员干部职工素质建设、能力建设、作风建设，加大干部教育培训力度，文化系统党员干部职工精神面貌发生巨大变化。通过积极推动转变政府职能，以实现由办文化到管文化的转变为目标，改变办文化体制下的惯性思维，解放思想，转换思路，精简行政审批事项，规范行政审批程序，加大政务公开力度，大力精简会议和文件，文化部门行政管理能力得到有效提升。通过加强文化市场管理，加强综合执法队伍建设，加大对文化产品创作生产的引导，不断提升公共文化服务质量和水平，营造了积极健康的社会文化环境，维护了人民群众的文化权益。在几年来工作的基础上，2011年，文化部组织召开全国文化系统行业作风建设工作会议，全面总结交流近年来文化系统行业作风建设的成绩和经验。这次会议产生广泛影响，整体上推进了文化系统行业作风建设深入开展。文化部行业作风建设工作得到中央领导同志和国务院纠风办领导同志的高度肯定，刘延东、李源潮、何勇等中央领导同志和国务院纠风办领导同志在《文化部关于加强行业作风建设情况的报告》上，分别作出了重要批示。

六是认真做好信访举报和案件处理工作。近年来，我们积极畅通信访举报渠道，认真开展信访举报工作，为查办违纪违法案件提供了重要线索，为各级领导正确分析形势、科学作出决策提供了重要依据。健全信访举报工作机制，完善信访工作制度，建立定期清理排查信访举报件制度和信访举报线索集体研究制度，提高了信访工作质量和水平。在查办案件过程中，坚持党要管党、从严治党的原则，严格执行党的纪律和法规，有法必依、违法必究。坚持惩前毖后、治病救人的原则，严格掌握政策，区分一般错误和违纪违法的界限，对经过核查确有问题的单位和个人，及时向有关单位和个人通报情况，指出问题，分清责任，限期整改；对轻微违纪但尚不够追究党纪政纪责任的，进行诫勉谈话或函询，提出批评，促其改正；对属错告或诬告造成不良影响的，予以澄清，消除影响，保护干部的积极性。充分发挥查办案件工作的治本功能，通过查办案件，堵塞制度漏洞，进行警示教育，使查办案件工作取得较好的法纪效果和社会效果。

此外，我们还按照中央纪委的统一部署，认真组织开展一系列专项治理工作。工程建设领域突出问题专项治理、"小金库"专项治理、制止党政干部公款出国（境）旅游专项治理、公务用车专项治理、清理评比达标表彰工作、清理规范庆典研讨会论坛工作、治理商业贿赂工作都取得了阶段性成果。

二、扎实推进文化部"惩治和预防腐败体系建设年"活动

今年是完成中央2008—2012年《工作规划》的最后一年。为了扎实推进文化部惩治和预防腐败体系建设，部党组决定把今年确定为"惩治和预防腐败体系建设年"。各部门、各单位要高度重视惩治和预防腐败体系建设的重要性和紧迫性，扎实工作，力争建成文化部惩治和预防腐败体系基本框架。其中，要重点推进以下几个方面的工作：

一是要推进反腐倡廉教育，初步建立拒腐防变教育长效机制。反腐倡廉教育要常抓不懈，警钟长鸣。各单位要创新方法，通过扎实细致的工作，着力构建主题教育与经常性教育相结合、全面教育与个性化教育相结合、警示教育与示范教育相结合、传统教育方式与现代教育方式相结合的反腐倡廉教育长效机制。当前，要特别注意加强党的政治纪律教育，教育引导党员、干部坚定政治立场和政治方向，增强政治敏锐性和政治鉴别力，始终在政治上、思想上、行动上同中央保持高度一致。要围绕贯彻落实党的十七届六中全会精神，把反腐倡廉教育与社会主义核心价值体系建设结合起来，紧紧抓住社会主义核心价值体系这个兴国之魂，开展理想信念教育、民族精神和时代精神教育、社会主义荣辱观教育。要深入开展保持党的纯洁性教育，教育引导党员、干部加强党性修养，践行党的宗旨，保持思想纯洁。要继续开展警示教育活动，组织党员、干部观看警示教育片，参观警示教育基地，举办反腐倡廉专题报告会。为了提高警示教育效果，驻部纪检组监察局计划修订《全国文化系统违纪违法案例警示教育材料》。4月份，已经印发了《关于在全国文化文物系统征集违纪违法案例的通知》，面向全国文化文物系统征集党员、干部违纪违法案例，各单位及时做好材料报送工作。

二是要推进廉政文化建设，充分发挥廉政文化建设主力军作用。廉政文化建设，是最能体现文化部门惩治和预防腐败体系特色的一项工作，也是党的十七届六中全会部署的一项重要任务。加强廉政文化建设，文化部门责无旁贷，也大有可为。要认真贯彻落实中央纪委等六部委印发的《关于加强廉政文化建设的意见》，充分发挥人才优势、资源优势、阵地优势，积极推动廉政文化产品的创作和传播。艺术院团要把廉政题材纳入舞台艺术生产计划，重点规划、扶持一批体现廉政主题的创作项目。要把廉政文化场所建设纳入公共文化设施网络布局，充分发挥图书馆、博物馆、美术馆等公共文化设施的作用，丰富群众精神文化生活。有关单位要继续组织做好《中国廉政史鉴》（理论卷、制度卷、人物卷）的编辑出版工作，确保质量，使其成为廉政文化精品。要深入开展马克思主义廉政理论研究，系统研究整理马克思、恩格斯、列宁等革命导师和毛泽东、邓小平、江泽民、胡锦涛等领导同志关于反腐倡廉建设的思想理论，形成一批研究成果。要加强对中央纪委命名的廉政教育基地的建设，把廉政教育基地建设成党员干部受教育的生动课堂。

三是要推进反腐倡廉制度建设，推动从源头防止腐败的制度改革和创新。通过开展"反腐倡廉制度建设年"活动，文化部反腐倡廉建设的制度化、规范化水平有了很大程度的提升。据统计，近两年文化部各单位共修订、制定反腐倡廉制度334项，初

步形成了用制度管权、用制度管事、用制度管人的体制机制。国家博物馆将近年来制定的制度汇编成册，印发给干部、职工，对于提高干部、职工的制度意识，起到了很好的效果。这一经验，值得各单位学习借鉴。当前，各单位要进一步巩固“反腐倡廉制度建设年”活动成果，根据形势和任务的发展变化，对制度及时予以修订、完善。要提高制度执行力，再好的制度，不执行也是一纸空文。2009年，部党组根据中央《巡视工作条例》制定了《中共文化部党组巡视工作办法》。为了加大制度执行力度，根据中央纪委要求，今年部党组将开展对部分直属单位的巡视工作，现在这项工作正在进行前期准备。被确定巡视的单位要积极配合，把这项工作做好。关于体制机制改革，部党组贯彻落实《工作规划》的《实施意见》规定了推进干部人事制度改革、行政管理体制改革、财政管理体制改革和招投标制度改革四项改革任务，负责单位分别有人事司、政法司、财务司、办公厅、机关服务局。各责任单位要对照《实施意见》，梳理任务进展情况，尚未完成的，要抓紧推进。

四是要推进监督检查工作，构建权力运行相互协调又相互制约的体制机制。各单位要坚持党要管党、从严治党的原则，充分运用查找廉政风险点工作成果，对干部严格教育、严格要求、严格管理、严格监督，建立健全廉政风险防控机制。驻部纪检组监察局要牢固树立加强监督是本职、疏于监督是失职、不善于监督是不称职的理念，重点加强对领导班子、领导干部、重点部门、重点环节的监督。具体地说，要加强对领导班子和领导干部严格执行党的政治纪律、贯彻执行中央重大决策部署、执行民主集中制以及遵守《廉政准则》情况的监督检查；加强对党的十七届六中全会精神贯彻执行情况的监督检查；加强对干部人事工作的监督检查，防止干部“带病提拔、带病上岗”；加强对文艺评奖评审工作的监督检查，保证评奖评审工作公开、公平、公正；加强对基建工程项目的监督检查，确保基建工程项目优质、安全、廉洁、高效；加强对财政资金和国有资产的监督检查，巩固治理“小金库”工作成果；加强对政府采购工作的监督检查，坚决防止商业贿赂行为；加强对行政审批权和行政执法权的监督，促使行政权力依法透明运行。

五是要推进行业作风建设，争创作风优良、人民满意的部门和行业。部党组对行业作风建设工作十分重视。蔡武部长在今年年初召开的党风廉政建设工作会议上重点强调了行业作风建设问题，强调加强行业作风建设要突出工作重点，坚持纠建并举，依靠人民群众，并提出了构建行业作风建设长效机制的任务。各单位要认真落实这些要求，不断提高政务服务水平和公共文化服务水平。要进一步加强机关作风建设，积极转变政府职能，规范行政审批活动，积极推进政务公开，大力精简会议和文件，提高行政效能，促进政府自身建设和管理创新；要继续加强文化市场管理，加强综合执法队伍建设，严格落实执法责任制，推动综合执法规范化，倡导文明执法、依法执法、规范执法、科学执法，严肃查处办事不公、以权谋私的行为；要按照体现公益性、基本性、均等性、便利性的要求，加强公共文化服务体系建设，公共文化机构要增强服务意识和服务能力，不断提高公共文化服务质量和水平；要继续加强对文化产品创造生产的引导，抵制低俗之风；要加强对社会组织的管理，清理以营利为目的的各种不规范活动，推动行业自律；要按照中央纪委的部署，深化庆典、研讨会、论坛、博览会过多过滥问题专项治理和公务用车专项治理。

六是要推进信访举报和案件查处工作，保持惩治腐败的高压态势。惩治和预防腐败体系建设，经常性的工作、大量基础性的工作是抓预防。但是，惩治这一手也不能松。发现了腐败现象、腐败分子，就要抓住不放、一查到底。当前，文化系统不是腐败现象易发高发领域，全国文化系统基本没有大案要案。但是，现在不是腐败案件易发高发领域，不等于今后不是易发高发领域，过去和现在没有发生大案，不等于将来没有大案。一方面，国家对文化工作的投入越来越多，文化人搞项目建设又不专业，搞不好就要出问题。另一方面，干部队伍中新人不断进入，年轻化的程度越来越高，好处是给队伍带来了生机和活力，缺点是干部没有经过什么历练，如果引导规范得不到位，也容易出问题。另外，随着文化事业和文化产业的发展，文化工作与社会各个方面的联系越来越广泛。这些情况，都给发生消极腐败现象留了一些缺口，绝不能掉以轻心。所以，我们经常性的工作是抓预防，但是惩治这一手也不能松。驻部纪检组监察局要保持惩治腐败的高压态势，各单位也要保持惩治腐败的高压态势。各单位要认真处理群众信访举报，发现党员、干部重大违纪违法案件线索，要及时向驻部纪检组监察局报告，

不压案，不瞒报，坚决查处各类违纪违法案件。

三、加强领导、狠抓落实，切实把惩治和预防腐败体系建设各项任务落到实处

加强惩治和预防腐败体系建设，是一项重大政治任务。各单位领导班子要切实加强对惩治和预防腐败体系建设的组织领导，把惩治和预防腐败体系建设纳入重要议事日程，同本单位业务工作一起部署、一起落实、一起检查。

一是要抓好工作落实。中央《工作规划》印发后，文化部党组结合实际制定了贯彻落实《工作规划》的《实施意见》，提出了文化部惩治和预防腐败体系建设的目标任务，并对反腐倡廉教育、制度、监督、改革、纠风、惩治六大类工作任务进行了分解，明确了各项任务的责任部门、配合部门和监督检查部门。《实施意见》是文化部推进惩治和预防腐败体系建设的基本遵循和重要抓手，各部门各单位要对照《实施意见》，对照本单位的工作部署，盘点梳理各自承担任务的完成情况，切实做到摸清工作底数、掌握工作进度、加大落实力度。对已经完成的工作，要总结经验，纳入常态化管理；对正在开展的工作，要提出完成时限和工作进度计划，抓紧推进；对进展较慢的工作，要分析原因，提出有针对性的推进办法，加快工作进度；对尚未启动的工作，要积极创造条件，尽快启动，抓紧推进，确保按期完成。

二是要抓好检查考核。今年是2008—2012年《工作规划》的收官之年，中央纪委要对惩治和预防腐败体系建设任务牵头单位和协办单位进行检查。驻部纪检组监察局也要开展专项检查工作。在开展专项检查之前，各单位要做好自查工作。在自查基础上，驻部纪检组监察局要选择部分单位进行抽查。要把检查考核作为推动工作落实的重要手段，加大监督检查力度，全面了解掌握各部门、各单位惩治和预防腐败体系建设各方面的工作情况，加强分类指导，推动任务落实。要根据检查情况，督促有关部门和单位认真查找惩治和预防腐败体系建设中存在的突出问题，及时研究提出解决办法和措施。要把推进惩治和预防腐败体系建设工作情况纳入党风廉政建设责任制检查考核内容，作为对领导班子总体评价和领导干部业绩评定、奖惩任用的重要依据。

三是要抓好经验总结。在年初召开的党风廉政建设工作会议上，蔡武部长明确要求我们要总结十七大以来党风廉政建设和反腐败工作的经验，这是一个很重要的要求，也是一个很具体的要求。我们要求各司局、国家文物局、各直属单位都要写一份惩治和预防腐败体系建设工作的总结报告。报告的总体结构包括三方面的内容：第一部分是十七大以来主要工作情况。通过这个报告，对这方面的工作做一个完整的反映。第二部分是工作中的经验和体会。要把5年来工作的基本经验、基本体会，用自己的语言概括出来、总结起来。第三部分是对当前和今后一个时期反腐倡廉建设的意见和建议。驻部纪检组监察局要在总结各单位工作情况、经验体会、意见建议的基础上，对文化部惩治和预防腐败体系建设工作进行全面总结，归纳工作成绩，分析成功经验，根据中央精神，谋划下一个5年惩治和预防腐败体系建设工作。

同志们，现在已经是5月份，到年底还有半年多一点的时间。扎实推进“惩治和预防腐败体系建设年”活动，完成文化部惩治和预防腐败体系建设任务，时间很紧，任务很重，希望大家发扬改革创新的精神和真抓实干的作风，锐意进取，扎实工作，以优异的成绩迎接党的十八大胜利召开。

在国家公共文化示范区创建工作现场经验交流会上的讲话

文化部党组成员、副部长　杨志今

（2012年9月25日）

同志们:

为贯彻落实党的十七届六中全会精神，扎实推进国家公共文化示范区创建工作，根据中央领导批示精神和文化部党组部署,文化部在江苏省张家港市召开国家公共文化示范区创建工作现场经验交流会，主要任务是考察学习张家港市“网格化”公共文化服务典型经验，总结交流示范区创建工作，部署下一阶段任务。刚才，江苏省副省长曹卫星同志作了热情洋溢的致辞，张家港市、苏州市、江苏省文化厅的领导都作了很好的经验介绍，专家也作了精彩的点评，我听了很受启发，很受教益。下面，我也就张家港市“网格化”公共文化服务经验和示范区创建工作谈几点意见和体会，供大家参考。

一、江苏省张家港市“网格化”公共文化服务模式为示范区创建和公共文化服务体系建设提供了新鲜经验

近年来，江苏省委、省政府认真贯彻落实党的十七大和十七届六中全会精神，明确了宣传思想文化战线是党的工作一条主战线、践行科学发展观一个主阵地、推进“两个率先”一支主力军的工作定位，在全省上下营造了高标准、高质量谋划和推动文化改革发展的良好氛围。苏州市委、市政府按照文化部、财政部和江苏省委、省政府的要求，切实把示范区创建作为打造“文化苏州”城市品牌的重大机遇，用改革破解新难题，用创新谋求新突破，创建工作走在全国前列，起到了很好的示范带动作用。在江苏省委、省政府和苏州市委、市政府的正确领导下，张家港市以高度的文化自觉推进文化改革发展，尤其是在苏州市成为国家首批创建示范区之后，张家港市立足城市化进程中公共文化服务体系建设面临的新形势、新问题，改革创新，在社区以下合理划分“文化网格”，组建“网格文化员”队伍，实行“网格化”公共文化服务，取得了很好的成效，得到了中央领导同志和蔡武部长的充分肯定。中央政治局委员、中央书记处书记、中宣部部长刘云山同志批示：“公共文化服务体系建设是繁荣发展文化的重要任务，张家港创造的‘网格化’文化服务模式的经验值得总结。”文化部蔡武部长批示：“张家港市‘网格化’文化服务模式是观念创新、机制创新的典型，深入研究、总结其经验并作出评估，在文化系统宣传，对提高和完善地方公共文化服务水平与质量有重要作用。”按照中央领导和蔡部长的批示精神，公共文化司于群司长又专门带队到张家港市进行了深入的调研。通过调研，感到张家港市“网格化”公共文化服务有特色、有成效，是在示范区创建过程中涌现出来的创新典型，对示范区创建和公共文化服务体系建设具有重要的示范意义。主要表现在以下几个方面：

（一）“网格化”公共文化服务体现了普惠均等的公平理念。公平正义是社会主义制度的首要价值。平等分享文化改革发展成果，享受基本公共文化服务，是每一个公民应有的权利，是社会主义制度的本质要求，也是赋予人民群众有尊严的生活及实现文化公平的基础。张家港市“网格化”公共文化服务，以惠及全民为出发点，运用“网格化”组织模式开展城乡基层公共文化服务，有效推动了公共文化服务体系建设重心下移、资源下移、服务下移，实现了公共文化服务全覆盖。尤其是通过畅通服务信息、创新服务方式、丰富服务内容，把本地人口、特殊人群、外来务工人员等全部纳入公共文化服务范畴，并针对农民工、大学生、老人、残疾人等特殊群体开展定向文化服务，有效保障了基层群众的文化知情权、选择权、参与权、享有权，鲜明体现了普惠均等的文化公平理念。实践证明,只有以超越局部和特殊利益的公平正义为导向，以公共财政为支撑，建立一个受法律政策保护的、覆盖全社会的公共文化服务体系，才能有效保障人民群众的基本文化权益。

（二）“网格化”公共文化服务体现了以服务质量和效益为本的效率意识。去年3月，刘延东同志在《文化部关于国家公共文化示范区（项目）创建工作有关情况的报告》上批示：“原则同意通过示

范区（项目）创建方式推动公共文化服务体系建设。望在增强公共文化产品供给和服务能力上下功夫，务求实效。”张家港市在实施“网格化”公共文化服务过程中，建立起了五个行之有效的长效机制，即公益性文化单位与文化网格一对一辅导机制、群众文化需求反馈机制、体系化群众文化活动带动机制、“网格化”公共文化服务评价机制以及网格、村（社区）、镇、市之间的联动机制，从而实现了五个转变，即文化部门从“唱主角”到“抓协调”转变，公益性文化单位从“要我服务”向“我要服务”转变，公共文化资源由“分散”向“一体”转变，文化服务方式从“单一供给”向“多元供给”、“交互供给”转变，人民群众从“被动接受”向“主动参与”转变，有效保证了公共文化服务的优质高效，发挥了公共文化服务的综合效益。“网格化”公共文化服务实践生动说明，公共文化服务体系要发挥保障人民群众基本文化权益的重要功能，必须把质量和效益作为衡量公共文化服务能力的生命线，作为衡量公共文化服务水平的基本标准，时刻强化以服务质量和效益为本的效率意识。

（三）“网格化”公共文化服务体现了以人为本、共建共享的文化参与精神。张家港市充分认识到人民群众是公共文化服务体系建设的主体，通过建立“网格化”公共文化服务的志愿参与机制、需求反馈机制、信息发布机制和群众评价机制，直接听取群众意见、发动群众参与、接受群众评议，激发了基层群众参与公共文化服务的热情，增强了公共文化服务活力，依靠群众的智慧和力量推动公共文化服务体系建设不断向前发展，有效落实了以人为本、共建共享的文化参与精神，取得了很好成效。这生动说明，人民是推动社会主义文化大发展大繁荣最深厚的力量源泉，必须要牢固树立马克思主义群众观点，自觉贯彻党的群众路线，切实尊重人民群众的主体地位，激发人民群众的参与热情，为广大群众参与文化建设提供广阔舞台，引导群众在文化建设中自我创造、自我服务、自我发展。

（四）“网格化”公共文化服务体现了因地制宜、开拓创新的示范区创建精髓。创新是人类进步的灵魂，是人类文明发展的不竭动力，也是公共文化服务体系可持续发展的活力之源。“网格化”公共文化服务，是张家港在破除传统观念，深入研究本地经济社会发展的阶段性特征和公共文化服务体系建设面临形势的基础上，通过制度创新建立起聚焦基层、上下联动、横向协作的工作链条，形成的富有特色的公共文化服务创新成果。纵观公共文化服务体系近些年来的发展变化，创新、突出特色是贯穿始终的一根红线。我们谋划和实施示范区创建工作的重要目的就是通过推动观念创新、机制创新和服务创新，发挥创建示范区在全国的示范带动作用。示范区创建工作必须因地制宜、开拓创新，忽视创新，就背离了示范区创建的初衷，就无法达到创建目标。推动示范区创建和公共文化服务体系建设科学发展，必须按照科学发展观要求，坚持解放思想、转变观念、开拓创新。

在这次会议上，长沙、成都也将介绍他们的示范区创建经验，杭州、昆明、嘉兴、上海等地也提供了公共文化服务创新案例。这些经验都是结合本地实际，破除旧的思想观念，改变旧的工作套路，推出的重要创新举措。各级文化部门和各创建示范区要认真学习借鉴张家港等地公共文化服务的思路、机制、做法和经验，同时更要学习其观念创新、机制创新、服务创新的精神实质，尤其是要坚持因地制宜，充分考虑本地公共文化服务体系建设的各项基础条件，找准突出矛盾和关键环节，通过实践探索和制度设计，形成富有地方特色的公共文化服务体系建设模式。

二、正确把握当前公共文化服务体系建设面临的形势，进一步深化对示范区创建工作的认识

当前，我们处在一个重要而特殊的历史时期。从国际看，当今世界正处在大发展、大变革、大调整时期，不确定、不稳定、不安全的因素不断增多，国际和地区的热点此起彼伏，领土争端形势严峻，我国发展的外部环境更趋复杂。从国内看，当前我国正处于经济体制深刻变革、社会结构深刻变动、利益格局深刻调整、思想观念深刻变化的社会转型时期，经济社会发展中不平衡、不协调、不可持续的问题依然突出，经济增速放缓，各种热点、难点增多，许多矛盾叠加出现。可以说，在这种复杂的形势下，文化的作用和影响比以往任何时刻都广泛而深刻，必须要注重加快推进文化改革发展，用文化引领方向、凝聚共识、团结力量、增强信心、化解矛盾，为我国改革开放和现代化建设营造良好环境。

党的十六大以来，党中央、国务院高度重视文化建设，在科学发展观的指导下，逐步找到了一条中国特色社会主义文化发展道路。公共文化服务体系在文化改革发展中具有基础性的地位，在中国特

色社会主义文化发展全局中，是一个极为重要的支点和极为重要的组成部分。文化部党组把公共文化服务体系建设作为文化部的重要工作，我们多次强调，政府文化部门第一位的责任，就是落实公共文化服务体系建设的任务。按照党的十七届六中全会提出的“到2020年，文化事业全面繁荣，覆盖全社会的公共文化服务体系基本建立，努力实现基本公共文化服务均等化”的目标要求，文化部和各级地方党委政府对公共文化服务更加重视，采取一系列有力举措推动公共文化服务体系建设，形成了文化事业发展的热潮。

整体上看，经过各级党委、政府和文化部门的努力，我国公共文化服务体系建设快速发展，已进入了整体推进、科学发展、全面提升的新阶段。但相对于教育、卫生、科技等其他公共服务，我国公共文化服务相对滞后，还面临诸多突出矛盾和问题，必须加快解决。公共文化示范区创建工作就是文化部、财政部在全面总结我国公共文化服务体系建设经验，深刻分析当前面临形势的基础上作出的重要决策，是当前和今后一个时期推进全国公共文化服务体系建设的重要抓手。党的十七届六中全会《决定》和《国家“十二五”时期文化改革发展规划纲要》都明确要求“推进国家公共文化服务体系示范区创建”，示范区（项目）创建已经由部门行为上升为党中央、国务院关于公共文化服务体系建设的国家层面的重要战略部署。

今年3月至5月文化部、财政部组织16个督查组对各省示范区创建工作进行了中期督查。部党组的多位同志亲自带队进行督查，从督查情况看，示范区（项目）创建工作受到地方党委、政府的普遍关注和高度重视，许多创建示范区将创建工作作为贯彻落实十七届六中全会的重要内容、推动文化大发展大繁荣的重要抓手、转变发展方式的重大举措、构建和谐社会的重要途径，表现出强烈的创建热情，有效推动了公共文化服务体系的跨越式发展，初步发挥了示范带动作用，形势令人鼓舞。比如，文化事业费投入大幅增加，粗略估算，首批中央财政3.05亿元示范区创建补助资金撬动了31个城市财政资金投入超过100亿元，部分创建示范区2011年文化事业费投入比2010年实现了翻一番；设施建设实现大幅提速，创建工作推动了许多城市将重大公共文化设施项目列入“十二五”规划并加快施工建设，不少创建示范区的公共文化设施建设至少提速5年；突出矛盾加快解决，许多创建示范区对社会力量参与、队伍建设、资源统筹、绩效考核机制等进行制度设计研究，使长期存在的难题得到有效解决；公共文化服务能力和水平明显提高，许多创建示范区探索实施公共文化服务政府采购制度、公共图书馆总分馆制、流动文化服务等一系列新的公共文化服务方式，有效提升了公共文化服务能力，改善了服务质量。

我们也要清醒地认识到，创建工作中还存在一些亟待解决的问题，比如部分创建城市对创建工作重视不够，创建工作发展不均衡，部分创建城市基础薄弱，示范带动作用没有得到充分发挥等。各省（区、市）文化厅（局）、各创建示范区党委政府必须进一步深化对示范区创建工作的认识，切实采取有效措施推进创建工作，确保取得实效。这里，我也提几点要求：

（一）示范区创建工作是党中央、国务院的重要决策部署，必须作为文化改革发展的重要任务加以落实。示范区创建工作是党中央、国务院关于文化改革发展的重要决策部署；是全面提升公共文化服务体系建设整体水平的重要机遇；是在社会主义文化大发展大繁荣的背景下，推动公共文化服务体系建设的重要抓手；是动员全社会力量，集中精力，整合资源，解决公共文化服务突出矛盾和问题，全面提高服务水平的重要契机。各地要进一步增强对示范区创建工作重要意义的认识，切实把创建工作作为当前和今后一个时期文化改革发展的重要任务加以落实。

（二）示范区创建工作是推动城市化进程中公共文化服务体系科学发展的重要举措，必须要城乡统筹、动态推进。党的十六大以来，我国城市化进程快速推进，2011年城市化率已经达到51.27%。城市化是经济转型、社会变迁和文化融合协同发展的过程，它不仅改变人口结构和经济结构，而且还催生文化形态和生活方式的剧烈变化。如何适应城市化进程，解决不断出现的新情况、新问题，是公共文化服务体系建设面临的重要任务。以地市级城市为单位开展示范区创建，加强在“面”上的管理和调控，统筹城乡文化发展，促进公共文化服务要素和资源的科学配置和合理流动，形成示范带动效应，是探索城市化进程中公共文化服务体系建设科学发展的重大举措。一定要立足我国城市化进程，与时俱进研究和解决不断出现的新情况新问题，坚持城乡统筹，动态推进示范区创建工作，切实提高工作科学化水平。

（三）示范区创建工作是创建示范区政府的重要职责，必须充分发挥政府主导作用。发展公益性文化事业的根本任务，是构建覆盖全社会的公共文化服务体系，为人民群众提供普惠均等的基本公共文化服务，这是政府的重要职能，应以政府为主导。创建示范区是公共文化服务体系建设的重要任务，也是各创建示范区党委、政府对文化部、财政部、当地省人民政府以及广大人民群众的郑重承诺。示范区党委、政府是创建工作的责任主体，负有全盘指挥和统筹指导创建工作的重要责任，要切实将公共文化服务体系建设纳入“四位一体”布局，纳入经济社会发展总体规划，纳入科学发展考核评价体系。在发挥政府主导作用的同时，还要适应社会主义市场经济条件下政府职能转变要求，充分利用市场和社会力量，形成示范区创建工作的合力。

（四）示范区创建工作是为全国公共文化服务体系建设探索路径、积累经验、提供示范，必须要加强制度设计、善于开拓创新。示范区创建工作的重要目的，是为我国公共文化服务体系建设探索路径、积累经验、提供示范，推动公共文化服务体系建设可持续发展。示范区创建工作必须时刻强化问题意识、创新意识，对本地公共文化服务体系建设情况进行全面摸底，找准突出矛盾和关键环节，坚持改革创新，通过实践探索和制度设计，形成富有推广价值的创新性制度成果，发挥在区域乃至全国的示范带动作用。

三、对下一步创建工作的几点意见和建议

现在距离示范区验收还有不到一年时间，如期圆满完成创建目标，时间紧迫，任务艰巨。各创建示范区要按照胡锦涛总书记7·23讲话精神和十七届六中全会要求，充分认识示范区创建工作的重要目的，切实增强责任感和紧迫感，抓住重点任务和关键环节，下大功夫，确保创建工作达到预期目的。

一是要严格按照创建标准，加快解决薄弱环节，确保全面达到创建目标。示范区创建标准规定了创建周期内必须达到的基本目标和最低要求，是文化部、财政部对创建示范区进行验收评审的主要依据。各省文化厅要根据督查组的反馈意见，组织力量对示范区存在的问题进行会诊，强化指导和监管责任。各创建示范区党委政府必须加强对创建工作的动态管理，对照创建标准自查差距，切实采取有效措施解决薄弱环节，确保如期全面达标。公共文化服务体系建设是个动态的过程，各创建示范区要及时学习中央关于公共文化服务体系建设的最新精神，把中央的最新要求及时转化为创建工作内容，丰富创建内涵，保持创建工作动态发展。

二是要强化工作创新，形成富有地方特色的公共文化服务体系建设经验。文化部、财政部之所以花这么大的力气推动示范区创建工作，绝不是为了简单的“达标”，搞花架子，挂牌子。各创建示范区，就是要成为全面贯彻中央公共文化服务体系建设战略部署的先导区，认真落实国家“十二五”文化改革和发展规划纲要的先行区，成为统筹城乡文化发展、实现公共文化服务体系建设科学发展的先进典型。示范区创建工作贵在创新、贵在形成特色、贵在示范带动。各创建示范区要解放思想，勇于破除固有观念和工作模式的束缚，积极探索新模式、新思路、新方法、新举措，努力形成富有地方特色的公共文化服务体系建设经验，发挥示范带动作用。

三是要进一步加强制度设计研究，建立和完善公共文化服务体系建设的长效机制。我们多次讲，示范区创建的一个重要特点，是把创建实践和制度设计紧密结合，推出一批能够推动公共文化服务体系科学发展的具有普遍示范意义的制度成果。制度设计研究是示范区验收的前置条件，各创建示范区要切实采取措施，加快推进制度设计研究工作。要根据创建时间安排，强化专家力量，加快推进制度设计研究；要把已经取得的研究成果尽快运用到创建实践之中，进行检验、修正和完善，转化为可操作的政策措施；要对创建实践经验进行提炼，总结为解决问题的思路、模式，形成具有普遍指导意义的制度性政策、文件和工作机制。国家公共文化服务体系建设专家委员会和各省文化厅要组织力量，加强对创建示范区制度设计研究的指导，把比较成熟的制度设计成果转化为更高层次的政策措施。

四是要进一步加强统筹协调，体系化推进示范区创建工作。在全国宣传部长十七届六中全会精神学习会上，刘云山同志就讲，发展公益性文化事业要在完善服务体系上下功夫。我们开展的示范区创建不是某个部门的单独行为，也不是某项工作的单兵突进，必须要有全局观念、整体思路、系统化举措。各创建示范区党委政府要根据各部门职能，加强统筹协调，建立长效工作机制，推动全市各部门力量的协调联动，形成创建工作合力。要充分发挥

示范区创建工作的平台作用，坚持“硬件”与“软件”并重，立足公共文化服务体系的五个子系统，把中央关于公共文化设施建设、免费开放、公共数字文化建设、基层文化队伍培训、重大文化惠民工程等各项部署统筹考虑，系统推进，探索形成体系化推进创建工作的有力抓手，提高创建工作科学化水平。

五是要加强工作交流，形成互比互学互超的浓厚氛围。示范区创建不能闭门造车、自我满足，必须要有开阔的胸怀、开阔的视野、开阔的思路，要有“同强的比，向高的攀，跟快的赛”的“比学赶超”精神。在中期督查工作中，我们安排各省文化厅负责同志和创建示范区文化局长参加跨区域督查，推动大家相互交流、比较、学习，对大家触动很大，取得了很好的成效。经过一年的时间，各地的示范区创建工作已经步入有序推进的轨道，并初步取得成效，这种情况下，各创建示范区要强化比较意识、自省意识、学习意识，互走互比互学，加强交流，查找差距，互相学习借鉴创建工作的好做法、好经验，就遇到的问题、难题进行交流，求得破解的办法。

六是各省文化厅要加大对示范区创建工作的支持力度，切实承担起督导、检查和经验推广责任。江苏、浙江等部分省份已经陆续开展省示范区创建工作，形成了省、市、县层层推动创建的良好氛围。山东、四川、重庆、陕西等地也计划在本省开展创建工作。北京、湖北、云南等省市文化厅（局）还对创建示范区给予资金支持。在下一步的创建工作中，各省文化厅要切实承担起在示范区创建中的职责，加大督查和指导的力度，对示范区创建过程中探索出来的好经验、好做法进行总结推广，发挥创建示范区的辐射和带动作用。

同志们，当前示范区创建正处于攻坚阶段，任务艰巨，时间紧迫，大家一定要增强使命感和责任感，切实采取有效措施推动创建工作取得实效，以优异的成绩迎接党的十八大胜利召开！

谢谢大家！

在国家级非物质文化遗产代表性项目自查工作汇报会上的讲话

文化部党组成员、副部长　王文章

（2012年4月26日）

同志们：

今天，我们召开国家级非物质文化遗产代表性项目自查工作汇报会，会议的主要内容是汇报交流各地前一阶段开展非物质文化遗产保护自查工作情况，研究部署下一阶段督查工作任务，推动非物质文化遗产保护工作落到实处、取得实效。

下面，我结合此次全国非物质文化遗产保护督查工作，谈几点意见。

一、我国的非物质文化遗产保护工作呈现持续健康发展的良好局面

近年来，在党中央、国务院的高度重视下，在各级党委政府的大力支持和社会的广泛参与下，在各级文化行政部门的共同努力下，我国的非物质文化遗产保护工作取得了显著的成绩，总体上呈现出持续健康良好的发展局面。主要表现为：

一是符合我国国情的非物质文化遗产保护体系初步建立，非物质文化遗产保护理念逐渐深入人心。在全国非物质文化遗产资源普查的基础上，非物质文化遗产保护体制、机制从无到有，国务院公布了三批1219项国家级非物质文化遗产名录，四级名录体系初步建立，文化部命名公布了三批1488名国家级非物质文化遗产项目代表性传承人，传承机制不断完善健全，非物质文化遗产保护从单个的项目性保护发展到整体性保护、科学保护和依法保护；非物质文化遗产的重要价值和意义越来越被人们所普遍认识和理解，人们越来越珍视优秀传统文化，全社会对非物质文化遗产保护工作的关注程度、参与热情越来越高，人民大众自觉保护非物质文化遗产的意识不断增强。

二是《中华人民共和国非物质文化遗产法》出台为非物质文化遗产保护工作提供了坚实的法律保障。围绕着贯彻落实《非物质文化遗产法》，非物质文化遗产保护的法制建设、规章制度建设进一步加强。《非物质文化遗产法》出台前，云南、贵州、广西、福建、江苏、浙江、宁夏、新疆等8个省区已经出台了地方非物质文化遗产保护条例；《非物质文化遗产法》出台后，广东省出台了《广东省非物质文化遗产保护条例》。河北、山西、内蒙古、湖北等省（区）非物质文化遗产保护条例也已列入省人大、省法制办的立法计划。

三是非物质文化遗产保护方式方法逐步完善。在遵循非物质文化遗产传承发展自身规律的基础上，探索并实施了抢救性保护、整体性保护、生产性保护等多种保护方式，这些保护方式和方法在实践中得到了进一步发展和完善，取得了明显的保护成效。

四是在实践的基础上总结、概括非物质文化遗产的本质规律，在实践的基础上确定了保护工作的方针和原则。在实践中，我们准确认识、总结和把握了非物质文化遗产的本质特征——活态流变性和基因的恒定性，确立了保护工作的十六字方针：“保护为主，抢救第一，合理利用，传承发展”，确立了保护工作的原则：“政府主导，社会参与，明确职责，形成合力，长远规划，分步实施，点面结合，讲求实效”，对非物质文化遗产保护工作的健康发展起到了重要的指导作用。

五是资金投入进一步加大，机构队伍基本建立。截至2011年，中央财政已累计投入非物质文化遗产保护经费14.99亿元；2012年，中央财政转移地方非物质文化遗产保护经费增长至6.2298亿元。全国31个省（区、市）均成立了省级非物质文化遗产保护中心，16个省（区、市）文化厅（局）成立了非物质文化遗产处（室）。非物质文化遗产保护工作机构和队伍基本建立。

六是非物质文化遗产宣传展示活动丰富多彩。2009年，文化部在北京农展馆举办了“中国非物质文化遗产传统技艺大展”；2010年，在北京展览馆举办了“巧夺天工——中国非物质文化遗产百名工艺美术大师技艺大展”；2011年，在中华世纪坛举办了“中国非物质文化遗产传承人师徒同台展演”；在今年年初，文化部等部门在北京农展馆举办了“中国非物质文化遗产生产性保护成果大展”。今年“文化遗产日”，文化部将在北京举办“非物质文化遗产保

护讲座周”活动，在浙江嘉兴市举办2012年端午文化节活动，在湖北省秭归县举办2012届原故里端午文化节活动等，9月，将在山东举办第二届非物质文化遗产博览会等。这些活动将进一步扩大非物质文化遗产保护工作的影响，增强人们关注遗产、保护遗产的文化自觉。

七是国际合作和交流不断加强。2004年，经全国人大常委会批准，我国第一批加入了联合国教科文组织《保护非物质文化遗产公约》。我国在四川成都成功举办了三届国际非物质文化遗产节。截至2011年11月底，我国入选联合国教科文组织非物质文化遗产名录项目总数达36项，成为世界上入选项目最多的国家。我国履行国际公约报告得到了联合国教科文组织国际专家的高度评价。这充分表明了国际社会对我国非物质文化遗产保护工作的充分肯定。

非物质文化遗产保护工作取得了令世人瞩目的成绩，得到了社会的一致认可，但也要看到，非物质文化遗产保护工作也存在不少困难和问题：一些非物质文化遗产项目后继乏人、生存濒危的境况还没有得到根本解决，一些传承人年老体弱，人走歌息、人亡艺绝的现象仍然发生；在保护工作中，重开发、轻保护、轻传承的问题仍不同程度地存在，过度开发、盲目开发非物质文化遗产资源的现象也依然存在；一些地方对保护工作认识不到位，经费投入等保护措施不落实，影响了非物质文化遗产保护工作的深入开展。因此，在这样的背景下，作为政府文化行政部门更应该头脑清醒，思想明确，求真务实，真抓实干，进一步增强非物质文化遗产保护工作的紧迫性和责任感，认真研究解决保护工作中存在的突出问题，不断提高保护工作水平，从而推动非物质文化遗产保护工作持续、扎实、深入地开展。

二、充分认识开展全国非物质文化遗产保护督查的重要意义

首先，开展全国非物质文化遗产保护督查是贯彻落实《非物质文化遗产法》和党的十七届六中全会精神，引导非物质文化遗产保护工作扎实深入开展的重要举措。当前，我国的文化建设正处于历史最好的时期。党的十七届六中全会对建设中华优秀传统文化传承体系，加强非物质文化遗产保护工作提出了新要求。2011年6月1日，《中华人民共和国非物质文化遗产法》正式施行。《非物质文化遗产法》确立了重要的法律制度，明确了各级政府的基本职责，规定了相关法律责任，并在第二十七条明确提出“国务院文化主管部门和省、自治区、直辖市人民政府文化主管部门应当对非物质文化遗产代表性项目保护规划的实施情况进行监督检查；发现保护规划未能有效实施的，应当及时纠正、处理。”因此，开展全国非物质文化遗产保护督查是贯彻落实《非物质文化遗产法》的各项制度、规定，贯彻落实党的十七届六中全会精神的具体行动。同时，我国的非物质文化遗产保护工作经过近十年的发展，大量基础性的工作已经完成，正逐步由基础性工作阶段转向深入发展、强调落实的科学保护和依法保护阶段。开展全国非物质文化遗产保护督查也是引导非物质文化遗产保护工作扎实深入开展的重要手段。

其次，开展全国非物质文化遗产保护督查是针对问题、分析问题、解决问题，强调保护工作落到实处的关键举措。当前，我国的非物质文化遗产保护工作存在的一些问题，既有新的发展阶段必然出现的新问题，也有工作不落实而带来的问题，需要我们及时掌握、具体分析、具体解决，从而呼应社会关注。如社会对名录管理不要“终身制”的呼吁，文化部针对问题进行认真研究，于2011年专门下发了《关于加强国家级非物质文化遗产代表性项目保护管理工作的通知》，明确规定了建立关于国家级代表性项目的定期自查和报告机制、督查和社会监督机制、表彰奖励机制和退出机制，开始了非遗保护“有进有出”的动态化管理。开展全国非物质文化遗产保护督查，便于掌握了解各地非物质文化遗产保护工作的第一手资料，找准工作中存在的问题，并针对问题进行整改。因此，开展全国非物质文化遗产保护督查是一次事关全局、推动非遗保护持续健康发展的关键举措，对于促进非物质文化遗产保护各项工作任务进一步落到实处具有十分重要的意义。

最后，开展全国非物质文化遗产保护督查，向社会公布督查结果，是阳光行政，自觉接受社会监督和促进全社会自觉参与保护工作的重要举措。今年“文化遗产日”期间，文化部将举办新闻发布会，向社会公布全国非物质文化遗产保护督查工作情况及处理结果，如对国家级代表性项目因保护不力或保护措施不当导致项目存续状况恶化，出现严重问题且整改不力的，将取消项目保护单位资格，收回国家级代表性项目标牌。此次向社会公布督查结果，在非物质文化遗产保护督查工作中尚属首次，目的是把政府的行政工作公开、透明，置于全社会的监督之下，从而促使我们进一步增强责任感、使命感，对事业怀有敬畏之心，努力把各项非物质文化遗产保护工作措施落到实处。如需撤销国家级项目，也将按程序报国务院批准之后正式向社会公布。

当然，监督检查只是手段，目的是解决问题。希望大家充分认识此次全国非物质文化遗产保护督查工作的重要意义，认真完成此次督查工作任务。

三、明确督查任务，突出工作重点

这次督查与2008年、2009年督查的重点任务有所不同。前两次是对非物质文化遗产保护工作整体情况的督查，这次是专门针对当前非物质文化遗产保护工作中存在的问题进行督促检查。在开展督查工作时，要注意从三个方面来了解和把握总体情况：

一是要重点督查国家级非物质文化遗产代表性项目保护规划的实施及保护措施落实情况。目前，国务院已共公布了三批1219项国家级非物质文化遗产代表性项目。要检查这些项目的保护规划是否得到了有效实施，其中包括经费投入等。要了解和掌握这些项目当前的存续状况，督查项目保护单位履行义务情况，包括是否积极开展项目展示传承活动，是否为代表性传承人提供支持，是否积极搜集整理保存相关实物、资料。

二是要重点督查代表性传承人情况。非物质文化遗产传承的关键在于传承人。只有掌握了传承人的真实情况，才能有针对性地采取扶持措施。要详细了解代表性传承人的状况，包括身体状况、生活保障状况、带徒传艺情况、传习场所情况等；要督查各地对代表性传承人的扶持措施是否落到实处，如传习经费是否到位及使用情况，提供传习场所情况，支持开展展示宣传活动情况等。

三是要重点督查专项资金使用情况。专项资金是非物质文化遗产保护和传承的重要保障。要通过这次督查认真检查各年度的专项资金是否已经到位，是否有上级部门、其他单位挪用专项资金现象，实际获得资金单位与项目保护单位是否一致。特别是要检查这些资金的使用效果，在使用的过程中是否有违规现象，要确保专项资金在非物质文化遗产保护工作发挥作用。

四、关于开展督查工作的几点要求

（一）统一思想，提高认识。各地文化行政部门要统一思想，充分认识到此次督查工作是深入推进非物质文化遗产保护工作背景下开展的一项关键的、承前启后的工作，对于加强非物质文化遗产保护工作，推动社会主义文化大发展大繁荣具有重要意义，要充分认识到此次督查工作对于解决当前非物质文化遗产保护工作中存在的问题，督促保护工作扎实开展方面的积极作用，以自觉主动的态度积极开展督查工作。督查组工作人员要牢记使命、恪守职责，切实增强开展督查工作的责任感和使命感，充分发挥督查组既是检查组，又是指导组的多重作用，深入了解各地非物质文化遗产保护工作情况、存在的问题，提出解决问题的措施和建议，为当地解决存在的突出问题提供指导和帮助。

（二）实事求是，做好自查工作。这次督查主要分为两个部分，一是自查，一是抽查。自查是其中的重要环节，是及时掌握情况，查找问题的重要方式，是整个督查工作的有机组成部分。各地文化行政部门要高度重视自查工作，各主管厅（局）长要亲自过问、亲自督促。自查要敢于面对本省（区、市）非物质文化遗产保护工作的实际，要查出结果，敢于查找保护工作中存在的问题，认真分析问题、解决问题，不遮遮掩掩，不走过场，反对“报喜不报忧”，要切实找准、查清问题，要对存在的问题做一番认真、细致的分析，研究提出解决问题的办法和具体措施。

自查工作要检查本地区非物质文化遗产保护工作整体发展规划情况，国家级非物质文化遗产代表性项目保护规划制定实施情况，本地区各级非物质文化遗产代表性项目的生存状况、变化情况，各级代表性传承人的基本状况、开展传习活动、培养传承人情况等，要重点自查各级文化行政部门、各项目保护单位是否真正履行了义务，落实了措施，取得了实效。

关于自查情况，这次会上各位厅（局）长还要发言，汇报自查工作，我就不多说了。大家要重点谈通过自查发现的问题、提出解决问题的办法措施。

（三）深入实际，抓好抽查工作。这次会议后，非物质文化遗产司将认真梳理各地的典型经验和存在的问题，选择部分地区和项目，于5月上旬组织督查组进行实地抽查。抽查工作的重点是专家参与进来，我们每组要选派2～3位专家参与抽查，针对问题现场分析问题，解决问题。各督查组要注重查实情、听真话、看实效，力戒形式主义，防止走过场。在仔细查看工作资料、交流工作经验的同时，要真正下到基层，在每个省（区、市）至少选择3～4个重点项目进行实地调查，掌握第一手资料，努力把情况摸清、把问题找准，对已经发现的问题要认真进行核实。在实地检查核实过程中，要认真听取项目保护单位和传承人的意见建议。

（四）认真研究，落实改进措施。结合自查和抽查情况，非物质文化遗产司将全面汇总、梳理督查结果，按照《非物质文化遗产法》有关要求和我部加强非物质文化遗产代表性项目动态管理的相关规定，对存在问题的项目保护单位和不能正常履行职责的传承人等情况，进行认真研究，提出处理意见，并在今年“文化遗产日”期间向社会公布。各地要针对突出问题和主要矛盾，抓住要害，采取有效措施进行整改，以推动非物质文化遗产的依法保护、科学保护。

同志们，这次非物质文化遗产保护督查工作是在充分肯定已取得的重大成绩和保持目前健康良好的发展局面的基础上进行的，督查是为了更好地发展，自找差距，自找薄弱环节，自我查找问题，进而发现问题，更好地解决问题，从而推动非物质文化遗产保护工作持续健康、扎实深入开展。同时，要通过此次督查，建立起保护工作中的一个自我促进的长效机制。希望通过今天的会议，我们能统一思想，共同努力，完成好此次全国非物质文化遗产保护督查工作。

谢谢大家！

在2012年全国艺术创作工作会议上的总结讲话

文化部党组成员、副部长 董 伟

（2012年12月22日）

同志们：

2012年全国艺术创作工作会议是学习贯彻落实党的十八大精神、科学总结十七大以来艺术创作取得的成绩和经验、认真部署明年和今后一个时期艺术创作工作的重要会议。在大家的共同努力下，会议开得很成功，达到了统一思想、明确任务、交流经验、振奋精神的预期目标。昨天上午蔡武部长发表了重要讲话。下午，与会代表就蔡武部长讲话和近年来的艺术创作工作开展了热烈的讨论和交流；刚才，5位召集人汇报了各小组的讨论情况，并简要介绍了本地本单位的艺术创作情况。我也到各小组听了一下小组讨论，会后汇总了一下各小组的讨论情况。归纳起来，此次会议有以下几个特点。

一是会议开得非常及时、主题鲜明。大家一致认为这次会议是文化部贯彻落实十八大精神的一项实际行动，很重要、很必要、很及时。会议认真贯彻落实中央八项规定，会风清新、高效务实，讲真话、讲短话，不讲大话、空话和套话。二是统一了思想、明确了方向、凝聚了共识、增强了信心。大家一致认为，蔡武部长多年来非常重视艺术创作，连续出席艺术创作工作会议并做主报告。蔡武部长的讲话紧扣党的十八大精神，紧密联系艺术工作实际，总结成绩实事求是，分析问题准确到位，部署工作言简意赅，大家一致认为讲话具有很强的理论性和针对性，对指导今后艺术创作工作具有重要意义。三是会议充分肯定了近年来取得的成绩。大家一致认为，蔡武部长提出的三个“前所未有”高度概括了近年来的艺术创作取得的成绩，全国各地涌现出一批优秀作品、舞台面貌焕然一新、重大文化活动好戏连台、艺术生产环境和谐有序、艺术人才队伍日益壮大。文化部以及艺术司紧紧抓住艺术创作这个核心，抓得深、抓得实，推出了一批实实在在的工程和项目，推动了各地艺术创作发展。四是这次会议时间不长，但是效率很高，通过小组讨论相互交流了好经验、好做法。这次会议是一个学习的会议、交流的会议，同志们毫无保留地把各自的做法和经验贡献出来。一类是制定艺术创作的指导性文件，比如浙江省、宁夏回族自治区都制定了剧目创作规划，江苏省制定了繁荣发展舞台艺术的意见。一类是加大艺术创作资金投入，比如河南省投入1000万元用于省直院团创作。一类是政府购买演出，服务群众。河南、陕西、云南等地制定政策，鼓励艺术院团下基层演出。一类是实施重点项目和工程。比如，山东评选10大经典剧目。湖北、海南、福建等地还搞了地方性的艺术节、艺术比赛和评奖等活动。五是提出了很多好的建议。转变会风不仅在于形式，关键在于内容和实质，大家提出了很好的意见建议，我们不能一听了之。昨天晚上已经进行了梳理，还没有来得及细化。目前我归纳一下，向大家通报，就能够回答的，或是我们可以解决的想法，向大家做一个交流。大家的意见建议有几十条，大体可以分为六类。

第一，提出要研究制定推动艺术创作繁荣发展的指导性文件，包括对各地现有很好的政策和措施进行交流，提供学习借鉴。比如加大资金投入、艺术创作机构和人员编制、加大对民营院团扶持等问题。这件事已经列入了艺术司明年的工作计划。但事情得一步一步做，分轻重缓急。马上就能做的是把各地行之有效的文件整理打包，刊登在《艺术通讯》上，供大家学习借鉴。也可以把各地繁荣艺术创作的好经验、好做法提炼出来，编报文化部简报，报中央领导和各地党政领导。

第二，人才培养问题，包括编导等专业人才培训、西部地区人才培训、一度创作人才培训、分区域分艺术品种培训等。这个问题非常重要，解决这一问题，要发挥国家艺术基金的作用，加强对于各类艺术人才的培养。明年要抓住“十艺节”这个契机，搞好学习交流和培训。目前，艺术司筹划在明年“十艺节”期间，组织全国各省区市的编导、作曲、舞美人员集中到山东观摩，由各省或艺术司组织具有理论基础、实践经验的著名专家举办各类讲座和培训班，可以在艺术节期间举办，也可以节后举办，利用好艺术节这个难得的机遇，结合几年来的创作成果，理论联系实际，有的放矢地搞好艺术人才培训。

第三，制定加大推动改革的政策措施，包括已有改革政策的督促落实。文化部推动改革的决心坚定不移，部里早就成立了改革办，牵头负责文化系统文化体制改革工作。我们要认真负责地整理大家的意见，转达给文化部改革办，请他们研究落实。据我了解，文化部正在对改革完成情况进行全国督查，并协调财政部等8个部门制定支持转企改制院团的政策文件，目前已进入会签阶段。

第四，对西部、少数民族和边疆地区的政策倾斜。我们要把对这些省份的扶持与人才培养结合起来，增强当地的艺术创作能力。要依托学术机构、专业院校开展培训。各地一定要选好扶持项目和培训对象，一定要理论联系实际，一定要联系国际舞台艺术发展趋势，一定要联系国情和省情，使项目和培训具有针对性、可行性和实效性。明年要与高等艺术学校合作，首先举办西藏艺术人才培训班，以后陆续开展相关工作。我们会不断加大对西部、少数民族和边疆地区艺术创作的扶持力度。

第五，重大活动和评奖问题，包括文华奖奖项设置、重大活动举办机制、增设组织工作奖等。文华奖的奖项设置，不能随便增加，但要把现有奖项评好。举办重大活动，要实现资源共享，推动举办地艺术事业发展。像中国艺术节这样的全国性活动一般不固定主办地，但有些地域性特点突出或者某些艺术种类发展较好的地区，也可以相对固定举办一些单项活动，比如在青岛举办国际小提琴比赛，在厦门举办国际钢琴比赛，在河北吴桥举办国际杂技比赛。今后也不排除一些专项的比赛选择适合它的地点长期举办。关于设立组织工作奖，可以在三年一届的文华奖评奖和国家舞台艺术精品工程评奖等大型评奖时予以考虑，对获奖地区的文化行政管理部门授予组织工作奖。

第六，制定艺术基金管理办法。财务司和艺术司在参照北京、上海、深圳等地基金运作办法和取得的经验的基础上，已经合作起草了基金管理办法。在没有正式批准之前，可以按照基金化管理的办法试行，2013年基金将继续扩大规模，继续加大管理力度，逐渐向基金化管理过渡。

以上是我综合了大家的智慧和提出的意见，同时结合工作实际，经过艺术司连夜开会研究，给大家做一个反馈。既是转变工作作风的一个具体行动，也是对会议的一个小结。下面，就学习贯彻党的十八大精神，联系明年的艺术工作实际，谈一点个人的认识和体会，供大家参考。

学习贯彻党的十八大精神，是当前和今后一个时期的首要政治任务。蔡武部长已经在讲话中对十八大精神的内涵和实质作了精辟的分析和论述。我们要认真学习，深入思考在全面建成小康社会、实现中华民族伟大复兴的进程中，在扎实推进社会主义文化强国建设的过程中，如何让艺术的独特价值和作用得到体现，如何发挥优秀艺术作品引领风尚、教育人民、服务社会、推动发展的功能，如何调动广大艺术工作者的主动性和积极性，让他们的创造活力充分涌流。

建设社会主义文化强国，是我们党把握时代和形势发展变化、积极回应人民精神文化需求作出的重大战略决策。为实现这一宏伟目标，我们必须从艺术工作的实际出发，坚持“一条道路”，把握“一个导向”，突出“一个关键”，抓好四项基本任务。坚持“一条道路”，就是要坚持走中国特色社会主义文化发展道路，以邓小平理论、“三个代表”重要思想、科学发展观为指导，不断提高运用马克思主义立场、观点、方法引导艺术创作生产、促进艺术事业繁荣发展的能力，通过优秀艺术作品大力弘扬马克思主义的指导思想、中国特色社会主义的共同理想、以爱国主义为核心的民族精神和以改革创新为核心的时代精神。把握“一个导向”，就是要坚持以人民为中心的创作导向。人民需要艺术，艺术属于人民。人民群众多层次、多样化的精神文化需求是艺术创作的原动力，人民群众的伟大实践和创造是艺术创作的不竭源泉，人民群众也是艺术鉴赏和艺术消费的主体，是艺术作品成功与否的最终评判者。我们要积极鼓励艺术工作者深入实际、深入生活、深入群众，摈弃浮躁，潜心创作，创作出具有民族特色和深受人民欢迎的优秀艺术作品。坚持面向基层，服务群众，保障人民群众的基本文化权益，努力让艺术发展成果惠及全体人民。突出“一个关键”，就是要增强全民族文化创造活力。要进一步深化文化体制机制改革，以改革促发展，以改革促繁荣，实行事业单位企业化管理。改革要坚定不移。改革只是手段，不是目的。要通过改革，解放和发展文化生产力，建立健全科学的艺术生产、绩效管理、人事分配、演出运营等机制，充分调动艺术家和演职员的主动性、积极性、创造性，从而达到出一流人才、出优秀作品、出“两个效益”的目的。要发扬学术民主、艺术民主，坚持“二为”方向，落实“双百”方针，给艺术工作者充分的创作自由。尊重艺术家的个性和创新，努力营造宽松和谐的创作氛围。

加强社会主义核心价值体系建设、全面提高公民道德素质、丰富人民精神文化生活、增强文化整体实力和竞争力，是十八大提出的四项基本任务。对广大艺术工作者来说，这既是巨大的挑战，更是难得的机遇。我们一定要切实增强使命感和责任感，把四项基本任务作为开展艺术工作的出发点和落脚点，并在实践过程中把握好以下几个问题：

一是要加强对艺术创作生产的引导，推动艺术事业全面、协调、可持续发展。要让“富强、民主、文明、和谐”“自由、平等、公正、法治”“爱国、敬业、诚信、友善”的社会主义核心价值观深入人心，讴歌真善美、贬斥假恶丑。要运用科学辩证思维，坚持弘扬主旋律与提倡多样化并举，精品艺术创作与面向基层演出并重，创新剧目与保留剧目并立，国有艺术院团与民营艺术院团并进，坚持两手抓、两加强，努力实现各艺术门类的协调发展和全面繁荣。要不断完善和创新艺术管理的工作方法、手段和机制，综合运用政策调节、资金支持、文艺评奖、舆论引导等手段，加强对艺术事业的宏观管理。在发挥国有艺术院团文化建设主力军作用的同时，充分调动社会力量和民营艺术院团的积极性，精心培育植根群众、服务群众的文化载体和艺术样式，鼓励一切有利于陶冶情操、愉悦身心、寓教于乐的文艺创作，在全社会营造鼓励文化创造的良好氛围。

二是要提高艺术作品质量，为人民提供更好更多的精神食粮。文艺精品是文化繁荣发展的重要标志。要坚持崇高艺术理想，共同塑造国家艺术形象。国家艺术院团应充分发挥导向性、代表性、示范性作用，树立世界眼光，坚持一流标准，努力创作出具有中国特色、中国风格、中国气派的优秀艺术作品。各级各类艺术院团都要树立精品意识，根据时代发展和人民需求，不断提高艺术作品的质量。要引导广大艺术工作者与时代同步、与人民同心，关注现实生活，积极投身于讴歌伟大时代和人民的艺术创造之中，大力弘扬民族精神和时代精神，增强艺术作品的时代感和影响力，创作生产更多思想性、艺术性、观赏性相统一，人民喜闻乐见的优秀作品。

三是遵循艺术规律，进一步处理好继承和创新的关系。一方面要尊重传统，以礼敬之心、虔诚之心对待传统。背弃传统，创新就会成为无源之水、无本之木；尊重传统，创新才能有的放矢、事半功倍。另一方面要在继承传统的基础上，根据时代的发展、观众的需求积极创新，努力创作反映时代精神和现实生活，能够留得下、传得开的艺术精品。同时，还要遵循艺术规律，不能偏离艺术本体。我们鼓励创新，宽容失败，但也反对盲目创新，为创新而创新。创新，是艺术发展到一定阶段的必然选择，是时代发展对艺术作品的必然要求。创新的实质是对传统局限的超越。创新应当成为艺术创作的一种常态，只有在继承传统的基础上不断创新，艺术事业才能薪火相传、不断发展。

四是加强人才培养，建设一支老中青相结合的优秀艺术人才队伍。要千方百计发现人才、培养人才、使用人才、凝聚人才，使所有优秀艺术人才都有“用武之地”。要针对某些艺术领域优秀人才不足的实际情况，采取以老带新、定向培养、“走出去”与“请进来”相结合等办法，探索建立人才培养和交流的长效机制；不断完善科学合理的艺术人才选拔机制、激励机制和保障机制，解决优秀艺术人才的后顾之忧。要推动建立国家荣典制度，大力表彰德艺双馨的艺术家，调动广大艺术工作者的积极性和创造性，为优秀艺术作品和人才的涌现营造良好的社会氛围。

2013年是全面贯彻落实党的十八大精神的开局之年，也是扎实推进社会主义文化强国建设的关键一年。我们将紧紧围绕十八大精神的主题主线，坚持以科学发展观为指导，坚持以人民为中心的创作导向，大力推动艺术事业的繁荣发展，加强对艺术创作生产的引导，为人民提供更好更多的精神食粮，转变作风，真抓实干，在新的历史起点上奋力开创艺术繁荣的新局面。具体地说，我们将重点抓好以下几项工作：

一是以第十届中国艺术节等重大艺术活动为抓手，引领和带动全国的艺术创作生产，推动优秀作品和人才不断涌现。“十艺节”期间，将举办优秀剧目展演、第十四届文华奖评奖、全国优秀美术作品展览等一系列活动，以展示创作成果，促进交流学习，丰富人民群众的精神文化生活。与此同时，我们积极发挥“十艺节”的导向作用，通过将第七届全国话剧优秀剧目展演、第十届全国舞蹈比赛、中国民族器乐民间乐种组合展演评奖、全国曲艺木偶戏及皮影戏优秀剧节目展演等一系列专业艺术单项评比展演活动放在“十艺节”前后举办，进一步创新办节方式，丰富活动内涵，达到出优秀人才、出优秀作品、出两个效益的目的。此外，我们还将精心组织第二届“优秀保留剧目大奖”获奖作品全国巡演、2013年国家艺术院团优秀剧目展演、全国昆曲十大优秀剧目展演、国家重点京剧院团优秀剧目展演、第二届中国（西部）交响音乐周、第九届全国杂技比赛和荣毅仁杂技艺术奖颁奖晚会等各类展演、比赛活动，推出新人新作，打造艺术品牌。

二是加强政策引导和制度建设。我们将实施地方戏曲剧种保护和扶持计划以及全国曲艺、木偶戏、皮影戏扶持发展计划，开展优秀作品和人才宣传推广与选拔机制的研究工作；深入开展一系列调研活动，探索艺术创作领域制定相关文件的必要性和可行性。此外，我们还将进一步加强艺术资源信息库建设，对全国剧目生产、艺术院团的基本情况进行摸底调查，为相关政策的制定提供参考和依据。

三是大力推动造型艺术的繁荣发展。国家重大现实题材美术作品创作工程将正式实施，与国家重大历史题材美术创作工程相衔接，引导扶持现实题材美术创作。我们还将召开全国美术工作会议，加强美术工作的宏观管理；启动实施国家美术收藏工程，丰富国家当代美术收藏；继续组织全国美术馆馆藏精品展出季和第二批全国重点美术馆评估，提高美术馆专业化建设和服务水平。同时，探索推动美术机构的管理体制机制改革，为美术事业的发展提供坚实保障。

四是让人民群众共享艺术发展成果。第二届“优秀保留剧目大奖”获奖作品全国巡演活动将持续三个月，遍及31个省区市和港澳台地区。我们还将深入持久地开展艺术院团“三下乡”、元旦春节期间赴老少边穷地区慰问演出、高雅艺术院团进校园等活动。鼓励在艺术展演中实行低票价、举办农民工专场、开展艺术家小分队下基层演出等艺术惠民措施。推动艺术院团和美术机构提高服务能力，建立基层联系点。加大对西部少数民族地区和民营院团艺术创作的帮扶力度。

五是在提高财政资金使用效益的同时，以国家艺术基金的设立为契机，积极探索面向全社会，公开、公平、公正、规范的基金运行机制和资助模式。要充分发挥基金的功能和作用，使之成为推动艺术事业繁荣发展的重要杠杆和支点，让基金的资助对象覆盖国有、民营等不同所有制的艺术院团、艺术机构和个人，覆盖各类艺术品种。各地也可以设立省市级文化艺术发展基金，使之成为艺术事业发展的“蓄水池”和“助推器”。

六是要进一步加大宣传力度，扩大重大艺术活动、优秀作品和人才的影响力。要紧紧围绕学习宣传贯彻党的十八大精神和明年各项重大艺术活动开展宣传工作，深入挖掘这些活动的重大意义、艺术特点和观众反响，组织新闻媒体进行全方位、深层次的采访报道；要积极宣传近年来涌现出来的优秀艺术作品和人才，提高他们的知名度和社会影响力；要充分利用现代传播技术，通过报纸、广播、电视等传统媒体，网络、手机、微博等新兴媒体，以及演出、展览场馆等文化设施，开展全方位、多层次、全覆盖的立体宣传。同时，积极拓展对外文化宣传的渠道，进一步增强中华文化在国际上的影响力和竞争力。

同志们！ 2012年全国艺术创作工作会议到此圆满结束了。希望大家回去以后及时传达蔡武部长的讲话精神，结合艺术工作实际认真学习、深刻领会、抓好落实。文化部相关司局将进一步转变工作作风，为推动各地艺术事业的繁荣发展做好服务工作。

谢谢大家！

践行十八大精神 建设“平安故宫”

文化部党组成员、故宫博物院院长 单霁翔

11月14日上午，中国共产党第十八次全国代表大会胜利闭幕。胡锦涛同志在大会上作题为《坚定不移沿着中国特色社会主义道路前进 为全面建成小康社会而奋斗》的报告，报告立意高广、主题突出、内涵丰富、思想深刻、催人奋进，反映了时代发展要求，体现了人民热切期盼，是指导党和人民在新的历史条件下夺取中国特色社会主义新胜利的纲领性文献，是全面建成小康社会的行动指南。

十八大报告肯定了近十年文化建设所取得的成绩，同时也明确了未来五年文化建设的方向。报告指出：“文化是民族的血脉，是人民的精神家园。全面建成小康社会，实现中华民族伟大复兴，必须推动社会主义文化大发展大繁荣，兴起社会主义文化建设新高潮，提高国家文化软实力，发挥文化引领风尚、教育人民、服务社会、推动发展的作用。”

十八大报告吹响了前进的号角，故宫博物院作为文化建设的一员，必须紧跟时代潮流，充分发挥自身优势，为社会主义文化大发展大繁荣贡献力量。

学习贯彻十八大精神就必须知行合一，学以致用、用以促学，通过在工作中践行十八大精神，取得实效，将学习活动引向深入。

一是思想上要重视，狠下功夫抓学习。十八大报告从历史和时代的高度出发，深刻阐述了我们党在深化改革过程中坚持举什么旗、走什么路、实现什么奋斗目标等重大问题。只有清醒地认识到了十八大报告的重要性，深刻领会了十八大精神实质，广大党员、干部才能够更加自觉、更加主动地贯彻、践行十八大精神。因此，学习贯彻十八大精神，不仅领导干部要起表率作用，更应重视在广大党员、职工中迅速掀起学习十八大的热潮，通过开设研讨班、主题活动等，使他们能够及时了解十八大报告所阐明的新思想、新观点、新提法，引导他们深入理解十八大精神。要采取有效措施防止学习简单化、表面化，要结合单位发展讲学习，结合工作实际讲学习，结合个人思想讲学习，通过深入学习，使党员、干部、职工在思想上政治上行动上与党中央保持高度一致，统一思想、凝聚共识，为深化改革、促进发展营造良好氛围。

二是要注重理论联系实际，将十八大精神落到实处。当前，推动“平安故宫”（工程）建设是我们学习贯彻十八大精神的一个重要抓手，我们要利用好学习贯彻十八大精神的契机，将学习贯彻十八大精神与谋发展紧密结合起来，通过学习破解难题，深化改革，推动我院各项工作，特别是“平安故宫”（工程）建设迈上新台阶，开创事业发展的新局面。

“平安故宫”（工程）是继2002年党中央、国务院批准故宫大修工程之后，又一项关系到故宫博物院全面可持续发展的重大工程。“平安故宫”（工程）的保护对象，一是占地112公顷、建筑面积17万平方米的古代木结构宫殿建筑群的安全，二是180余万件文物藏品的安全，三是每年约1500万人次并以年均约100万人次递增的中外观众的安全。其近期目标是力争用3年时间，在2015年，即故宫博物院成立90周年之时，有效缓解我院目前存在的火灾、盗窃、雷击、震灾、踩踏等方面的重大安全隐患，解决其中最紧迫、最危险的隐患点。中长期目标是用8年时间，力争在2020年，即紫禁城建成600年之时，基本实现故宫博物院进入安全稳定的健康状态，全面提升我院管理和服务水平，迈入世界一流博物馆行列。曾子曰：“士不可以不弘毅，任重而道远。”肩上的担子愈重，面临的困难愈大，我们愈要坚定理想信念，紧紧依靠党的领导，解放思想，真抓实干，将学习贯彻十八大精神落到实处。要继续保持艰苦奋斗、顽强拼搏的精神状态，不动摇，不懈怠，不折腾，以实干、苦干促发展；继续改进思想方法和工作方法，引导干部职工与时俱进，更新观念，提高领导水平和领导艺术；继续加强作风建设，改进和提高工作水平，树立良好工作习惯。

三是要强基固本，全面提高党的建设科学化水平。我们要牢牢把握加强党的执政能力建设、先进性和纯洁性建设这条主线，更加注重价值引领，更加注重服务大局、服务群众，更加注重制度创新，更加注重拒腐防变，努力开创与故宫事业发展要求相适应的服务全局、民主开放、公开透明、充满活力、纪律严明、基层稳固的党建新格局。

（一）加强思想政治建设，坚定理想信念。对马克思主义的信仰，对社会主义和共产主义的信念，是共产党人的政治灵魂，是共产党人经受住任何考验的精神支柱。要利用学习贯彻十八大精神之机，组织广大党员、干部深入学习党的历史和指导理论，认真践行科学发展观和社会主义荣辱观，教育引导党员、干部牢固树立正确的世界观、人生观，明辨大是大非，坚定他们沿着中国特色社会主义道路前进，为全面建成小康社会而奋斗的决心与信念。

（二）坚持民主集中制，增强党内的团结和谐。民主集中制是党的根本组织原则，也是群众路线在党的生活中的运用。要坚持和健全民主集中制，保障党员主体地位，发挥广大党员的积极性创造性；要实行正确的集中，保证党内团结统一，行动一致；要加强对领导干部的监督、教育，见微知著、防微杜渐；要正确开展批评和自我批评，惩前毖后，治病救人。努力营造既有集中又有民主、既有纪律又有自由、既有统一意志又有个人心情舒畅的生动活泼的政治局面。

（三）坚持任人唯贤原则，加强干部队伍和人才队伍建设。坚持党管干部原则，在选人用人中发挥党组织的主导作用，按照干部管理权限切实履行把握用人条件、提出推荐人选、做好组织考察、加强管理监督、培养后备人才等职责。按照德才兼备、以德为先的原则选拔干部，坚持五湖四海、任人唯贤，反对任人唯亲，坚持不唯学历、不唯资历，不拘一格用人才，努力实现干部队伍的革命化、年轻化、知识化、专业化。以提能善政为核心，加强部门领导班子建设。以关键岗位干部为重点，切实加强干部队伍管理。推动人才工作重心下移，优化人才事业环境、生活环境和服务环境，充分激发人才创新活力，稳步推动我院不断向前发展。

（四）加强党的基层组织建设，建设学习型、服务型、创新型党组织。党的基层组织是党在社会基层组织中的战斗堡垒，是党的全部工作和战斗力的基础。党的基层组织担负着教育、管理、监督、服务党员，密切联系群众的重任，抓党建必须加强党的基层组织建设。加强中国特色社会主义理论体系学习教育，加强群众观点和群众路线学习教育，加强民主集中制学习教育，完善领导班子中心组学习等制度，不断提高领导班子成员的自身素质。完善党委管党建、书记抓党建的领导责任制，全面推进基层党建工作，准确把握党支部的功能定位，更好地发挥政治核心、政治引领等作用。注重以党的建设带动工会和群团组织建设，更好地发挥工会和群团组织联系群众、服务群众的作用。建设学习型、服务型、创新型的马克思主义执政党，确保党始终成为中国特色社会主义事业的坚强领导核心。

（五）坚定不移反腐倡廉，保持党的先进性。党委主抓主管，坚持标本兼治、综合治理、惩防并举、注重预防方针，全面推进惩治和预防腐败体系建设，引导党员、干部不断增强纪律观念和廉洁从政意识，做到政治清醒、正气在身、从政廉洁、洁身自好，有力推动和促进党员干部发挥模范带头作用，营造出思廉、崇廉、践廉的浓厚氛围。加强对权力运行的制约和监督，对重点人员、重点岗位、重要职能、重要事项加强全方位监督，有效防止各种违规违纪问题的发生。积极推进反腐倡廉教育和廉政文化建设，进一步营造以廉为荣、以贪为耻的良好风尚。严格执行领导干部重大事项报告制度，积极推进廉政风险防控机制，形成以积极防范为核心、以强化管理为手段的科学防控机制。

（本文原载于2012年12月10日《中国文化报》）

重要会议

Important meeting

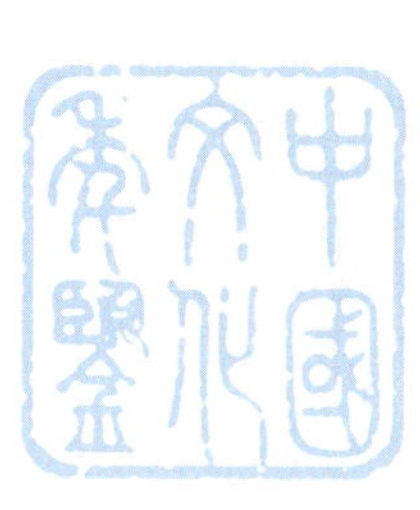

全国文化厅局长会议

1月4日至6日，全国文化厅局长会议在北京召开。会议深入学习和贯彻党的十七届六中全会精神和党中央关于文化建设的一系列重要战略决策和部署，回顾了过去一年文化领域各项建设取得的成绩，部署和推进2012年各项文化工作，强调要着力推动文化艺术创作繁荣发展，着力深化文化体制改革，着力加强文物保护和非物质文化遗产保护，着力推动中华文化走向世界，着力壮大文化人才队伍。文化部党组书记、部长蔡武出席会议并作工作报告。文化部党组副书记、副部长赵少华主持会议并作总结讲话。这次会议与全国宣传部长会议套开，期间还召开了“春雨工程”——全国文化志愿者边疆行表彰会、全国文化系统国有文艺院团体制改革工作座谈会、国家舞台艺术精品工程授牌仪式等。参加会议的有文化部党组成员，中央国家机关有关部门负责人，全国各省、自治区、直辖市和新疆生产建设兵团及各计划单列市、省会城市文化厅（局）长，文化部、国家文物局各司局、各直属单位主要负责同志，驻外文化参赞、海外中国文化中心和有关艺术院校的主要负责人。

全国文化系统国有文艺院团体制改革工作座谈会

1月6日，文化部在北京召开全国文化系统国有文艺院团体制改革工作座谈会。文化部党组书记、部长蔡武出席会议并作重要讲话。蔡武强调，国有文艺院团体制改革虽然进展过半，但任务仍然十分艰巨。要继续在提高认识、统一思想上下功夫，抓住大好机遇尽快解决改革中需要突破的难点问题。要认真学习、研究、领会院团改革的方针政策，坚持用“五个一批”的思路推进改革。要以改革创新、奋发有为的精神状态全面完成国有文艺院团体制改革。文化部党组成员、副部长励小捷代表部党组讲话，文化部党组副书记、副部长赵少华主持会议并作总结讲话。党组成员、中纪委驻文化部纪检组组长李洪峰，党组成员、副部长王文章，党组成员、部长助理兼人事司司长高树勋出席会议。全国各省（区、市）文化厅局主要负责人，文化部各司局的主要负责人参加了座谈会。山西、安徽、湖北、重庆、宁夏5省（区、市）文化厅局主要负责人作了发言。

中国和巴西高层协调与合作委员会第二次会议

2月9日至14日，文化部副部长赵少华率中国政府文化代表团一行5人赴巴西出席中国和巴西高层协调与合作委员会第二次会议，并与巴西外交部合作、文化和贸易促进副部长达罗查共同主持召开文化分委会会议，会后双方签署文化分委会会议纪要。

全国文化体制改革工作会议

2月17日至18日，全国文化体制改革工作会议在太原召开。中共中央政治局常委李长春对会议作出重要批示，强调要深入学习贯彻党的十七届六中全会精神，认真贯彻落实胡锦涛总书记“三加快一加强”要求，以组织实施《国家“十二五”时期文化改革发展规划纲要》为重要抓手，加大力度、加快进度、巩固提高、重点突破、全面推进，毫不动摇地把文化改革发展继续推向前进。中共中央政治局委员、中央书记处书记、中宣部部长刘云山，中共中央政治局委员、国务委员刘延东出席会议并对2012年的文化改革发展工作进行全面部署。文化部党组书记、部长蔡武总结了近年来文化系统体制改革工作的成绩和经验，对如期完成改革既定目标任务，特别是确保国有文艺院团体制改革重点任务顺利完成作出部署。会上，中宣部、文化部、国家广电总局、新闻出版总署通报表彰了165个全国文化体制改革工作先进地区。

文化部2012年党风廉政建设工作会议

2月23日，文化部召开了2012年党风廉政建设工作会议。会议传达了胡锦涛在十七届中央纪委七次全会上的重要讲话和贺国强所作的工作报告，总结了十七大以来文化部党风廉政建设和反腐败工作，部署了2012年文化部党风廉政建设和反腐败工作。文化部党组书记、部长蔡武代表部党组作了重要讲话。文化部党组成员、驻部纪检组组长李洪峰作了党风廉政建设工作报告。文化部党组副书记、副部长赵少华主持会议。文化部党组成员、副部长杨志今，文化部党组成员、故宫博物院院长单霁翔，文化部党组成员、部长助理高树勋出席了会议。

蔡武充分肯定了十七大以来文化部反腐倡廉建设取得的显著成绩。强调2012年文化系统党风廉政建设和反腐败工作具有十分重要的意义。要求认真学习胡锦涛总书记在十七届中央纪委七次全会上的重要讲话精神，深入推进文化系统党风廉政建设和反腐败工作，迎接党的十八大胜利召开。

李洪峰指出，文化部2012年党风廉政建设和反腐败工作要以完善文化系统惩治和预防腐败体系为重点，具体抓好惩防体系建设、廉政文化建设、反腐倡廉教育、监督检查、信访举报与查办案件、制度建设、行风建设、队伍建设等八个方面工作，为推动社会主义文化大发展大繁荣作出新的更大贡献。

文化部机关各司（局）正处长以上领导干部，直属单位党政主要负责人、专职纪检监察干部，各省、自治区、直辖市、计划单列市文化厅（局）纪检组组长（纪委书记）、监察室主任参加会议。

《文化部“十二五”时期文化产业倍增计划》新闻发布会

2月28日下午，文化部在北京召开新闻发布会，正式向社会发布《文化部“十二五”时期文化产业倍增计划》，提出了“十二五”期间文化部门管理的文化产业增加值年平均现价增长速度高于20%，2015年比2010年至少翻一番，实现倍增的奋斗目标。文化部党组成员、副部长、国家文物局局长励小捷出席发布会并介绍了《倍增计划》的相关情况。文化部文化产业司刘玉珠司长回答了记者提问。

全国文化系统体制改革工作视频会议

3月6日，文化部在北京召开全国文化系统体制改革工作视频会议。文化部党组书记、部长蔡武出席会议并作重要讲话。他强调，文化系统要深入学习领会全国文化体制改革工作会议精神，增强深化改革加快发展的责任感使命感，加大工作力度，加快改革进度，在十八大前基本完成既定的阶段性改革任务，重中之重是抓好国有文艺院团体制改革。要全面推进，加快进度，改革滞后地区要尽快采取切实措施，迎头赶上。要加强保障，落实政策，各地要将用足用好政策作为推进改革发展的有力保障。要规范实施，扎实推进，保留事业单位性质的院团名单不能突破，该转企改制的一定要真转真改，该撤销的一定要依法依规，该划转的一定要严格程序。要强化督查，狠抓落实，细化工作指标，狠抓工作进度。党组成员、副部长励小捷主持会议并作总结讲话。党组成员、中纪委驻部纪检组组长李洪峰，党组成员、部长助理兼人事司司长高树勋出席会议。各省（区、市）文化厅局文化体制改革工作领导小组成员及办公室主任、副主任，各计划单列市、地级市文化局主要负责人，文化部各司局、各直属单位主要负责人等共400余人参加了会议。辽宁、贵州、浙江、北京、安徽、四川6省（市）文化厅局代表作了交流发言。

2012年对港澳台文化工作研讨会

3月26日至30日，文化部在贵阳召开2012年对港澳台文化工作会议，这是文化部首次合并召开对港澳和对台湾文化工作会议，旨在深入贯彻党的十七届六中全会精神，进一步解放思想，整合资源，形成合力，充分调动全国对港澳台文化工作的积极性，全方位推动内地与港澳、祖国大陆与台湾地区的文化交流与合作取得新的进展。文化部党组副书记、副部长赵少华出席会议并讲话。

扶持动漫产业发展联席会议

4月5日，扶持动漫产业发展部际联席会议2012年工作会议在北京召开。扶持动漫产业发展部际联席会议召集人、文化部党组书记、部长蔡武主持会议并讲话。扶持动漫产业发展部际联席会议办公室主任、文化部副部长、国家文物局局长励小捷，工业和信息化部副部长杨学山，国家广电总局副局长李伟，新闻出版总署副署长阎晓宏，商务部部长助理仇鸿，国家税务总局总会计师汪康和财政部、教育部、科技部、国家工商总局相关司局负责人出席会议。

会议传达和学习了中共中央政治局常委李长春同志在参观十七大以来中国动漫产业发展成果展时的讲话，总结了近几年工作情况。决定要高度重视并充分认识推动动漫产业发展的重大意义，全面贯彻落实中央精神和中央领导同志的要求，努力把握动漫产业发展客观规律，总结过去几年动漫产业发展的经验，结合产业发展实际，进一步加强总体统筹协调和部门分工协作，推动动漫产业实现跨越式发展。联席会议各成员单位代表分别介绍了本部门动漫工作情况，并研究审议了《“十二五”时期国家动漫产业发展规划》（讨论稿）。

第四次中日韩文化部长会议

5月，第四次中日韩文化部长会议在上海召开，蔡武部长、日本文部科学大臣平野博文、韩国文化体育观光部长官崔光植出席会议并共同签署了《中日韩文化部长会议——上海行动计划（2012年至2014年）》，宣布三国将开启“东亚文化之都”评选，共同举办“东亚文化节”，推动文化产业发展，大力发展文化新兴业态，上海行动计划有关内容作为重要组成部分被列入了当年中日韩领导人会议联合声明。

第三轮中美人文交流高层磋商

5月4日，赵少华副部长出席第三轮中美人文交流高层磋商，在国家博物馆会见美国副国务卿塔拉·索南夏恩，并与其签署了《中华人民共和国政府和美利坚合众国政府文化协定2012—2014年执行计划》。

首届中国—东盟（10+1）文化部长会议及第五届东盟—中日韩（10+3）文化部长会议

5月25日，蔡武部长应邀赴新加坡与东盟、日、韩文化部长或其代表及东盟秘书处副秘书长共同出席了首届中国—东盟（10+1）文化部长会议及第五届东盟—中日韩（10+3）文化部长会议。首届中国—东盟（10+1）文化部长会议的举办标志着（10+1）文化部长会议机制的正式确立，成为双方第12个部长级对话机制，标志推动（10+1）文化合作迈入新的阶段。中方在首次中国—东盟文化部长会议上提出，双方要在2005年签署的文化合作谅解备忘录基础上着手制定旨在推动务实合作的中国—东盟文化合作行动计划，该提议得到了东盟各国的普遍支持，成为会议最大成果。

文化部惩治和预防腐败体系建设年活动推进会

5月25日，文化部召开惩防体系建设年活动推进会。文化部党组成员、中央纪委驻文化部纪检组组长李洪峰出席会议并作重要讲话。

李洪峰指出，十七大以来，文化部不断推动党风廉政建设和反腐败工作深入开展。经过几年的努力，文化部惩防体系建设取得了显著的成效。2012年是完成《建立健全惩治和预防腐败体系2008—2012年工作规划》的收官之年，要力争建成文化部惩防体系基本框架。一是要推进反腐倡廉教育，初步建立拒腐防变教育长效机制；二是要推进廉政文化建设，充分发挥文化系统廉政文化建设主力军作用；三是要推进反腐倡廉制度建设，推动从源头防止腐败的制度改革和创新；四是要推进监督检查工作，构建权力运行相互协调又相互制约的体制机制，建立健全廉政风险防控机制；五是要推进行业作风建设，争创作风优良、人民满意的部门和行业；六是要推进信访举报和案件查办工作，保持惩治腐败的高压态势。各单位对惩防体系建设要切实加强组织领导，抓好工作落实、检查考核与经验总结。

文化部外联局、国家文物局、文化部机关服务局、国家博物馆、中国美术馆、文化部恭王府管理中心、中国艺术科技研究所等单位做了大会交流发言。文化部各司局、国家文物局、各直属单位党委（总支、支部）书记、纪委书记及专兼职纪检监察干部参加了会议。

上海合作组织成员国文化部长第九次会晤

6月4日至7日，上海合作组织成员国文化部长第九次会晤在北京成功举办。会晤以“上海合作组织未来10年文化合作发展规划”为主题，重点探讨上合组织文化领域未来发展方向。上合组织成员国哈萨克斯坦、中国、吉尔吉斯斯坦、俄罗斯、塔吉克斯坦、乌兹别克斯坦，观察员国印度、伊朗、蒙古、巴基斯坦，对话伙伴国白俄罗斯、斯里兰卡，主席国客人阿富汗等13个国家的代表团及上合组织秘书处代表共40余人出席会晤。蔡武部长、赵少华副部长代表中方出席会晤及相关活动。会晤期间签署和通过了5个多边文件，4个双边文件，其中《上海合作组织成员国文化部长会晤北京宣言》是上合组织人文领域首个宣言文件。上述文件的签署标志着此次会晤取得了实质性成果，将载入上合组织的发展史册。

首届中非合作论坛——文化部长论坛

6月18至19日，为落实《中非合作论坛——沙姆沙伊赫行动计划（2010—2012年）》文化领域承诺，文化部在中非合作论坛框架下，联合外交部、商务部、国家广电总局、新闻出版总署、国家体育总局、国家文物局等对外文化工作部际联席会议成员单位在北京举办中非合作论坛——文化部长论坛。6月19日，中共中央政治局常委李长春在人民大会堂亲切接见非洲与会各国代表团团长并发表重要讲话。

中国和非洲国家的46个文化部长及代表以“继往开来——开创中非文化交流与合作新局面”为主题，回顾了近年中非文化关系的发展、评估了《沙姆沙伊赫行动计划（2010—2012年）》文化领域条款的执行情况，探讨了新时期进一步加强双方文化交流与合作等内容，并一致通过了《中非文化部长论坛北京宣言》，从战略愿景和具体举措两大方面对中非文化关系的未来发展进行了全盘规划。文化部长蔡武，第三届非盟文化部长会议主席国尼日利亚文化部长埃德姆·杜克，非盟轮值主席国贝宁文化部长代表、贝宁驻华大使阿皮蒂，在论坛开幕式上分别代表中非双方发表主旨讲话，文化部副部长赵少华代表全体与会成员作闭幕式总结发言，文化部党组成员、中纪委驻文化部纪检组组长李洪峰出席论坛并讲话。论坛期间，蔡武部长分别会见了南非、塞内加尔、尼日尔、布隆迪、利比里亚文化部长和厄立特里亚教育部长，宣布向塞、尼、利，厄方各提供20万人民币小额文化援助，并与塞、尼、利、厄分别签署了新的文化合作协定执行计划。

全国文化厅局长座谈会

6月26日至27日，全国文化厅局长座谈会在贵州省贵阳市召开。会议围绕深入贯彻落实党的十七届六中全会精神，回顾总结六中全会以来文化系统改革发展的新进展，认真思考深化文化体制改革、推动文化发展需要进一步解决的问题，寻求破解难题的有效途径，安排部署下半年的重点工作，迎接党的十八大胜利召开展开。文化部党组书记、部长蔡武，党组副书记、副部长赵少华，党组成员、副部长、国家文物局局长励小捷，党组成员、副部长杨志今，党组成员、故宫博物院院长单霁翔和贵州省委副书记、省长赵克志，副省长谢庆生出席会议。蔡武在会上作了题为《深入贯彻落实党的十七届六中全会精神 创造优异成绩迎接党的十八大》的报告。赵克志代表贵州省委、省政府在座谈会上致辞，赵少华在会议闭幕时作总结讲话。国家图书馆馆长周和平、国家博物馆馆长吕章申，各省（区、市）文化厅（局），新疆生产建设兵团文化广电局，各计划单列市文化部门，文化部机关各司局和直属单位负责人出席会议，贵州省9个州市文化部门负责人列席会议。

全国文化系统国有文艺院团体制改革工作座谈会

6月27日，文化部在贵阳召开全国文化系统国有文艺院团体制改革工作座谈会。文化部党组书记、部长蔡武出席会议并作重要讲话。他要求文化系统认真贯彻中央决策部署，继续深化国有文艺院团体制改革，促进中国演艺业繁荣发展。要及时转变思路，从主要对院团主体的改革转到完善政策扶持体系、转变宏观管理职能、规范演艺市场秩序上来。要强化改革队伍，将文化体制改革领导组织机构常态化、机制化，为深化改革发展奠定组织基础。要完善政策扶持，各地在贯彻落实好中央政策的同时，要制定更加优惠的地方政策。要做好检查验收，制定可量化的验收标准，通过检查确保改革任务全覆盖，不留死角、不留隐患。要做好总结表彰，及时总结经验，做好交流、宣传、培训。文化部党组成员、副部长、国家文物局局长励小捷主持会议并作总结讲话。文化部党组副书记、副部长赵少华，文化部党组成员、副部长杨志今出席会议。文化部各司局主要负责同志，各省、自治区、直辖市文化厅（局）、新疆生产建设兵团文化广播电视局主要负责人，各计划单列市负责人参加了会议。

2012年度国家社科基金艺术学项目评审会

7月10日至14日，由文化部文化科技司暨全国艺术科学规划领导小组办公室主办、山东省文化厅承办的2012年度国家社科基金艺术学项目评审会在威海举行。

国家社科基金艺术学项目是繁荣发展艺术科学、促进文化建设的重要载体和有力抓手，体现着国家

在文化艺术领域的科研要求与水准。2012年度国家社科基金艺术学项目申报工作得到全国艺术研究工作者积极响应。在申报期限内，共收到全国31个省、自治区、直辖市申报的课题2624项，申报量呈迅猛递增之势。

在评审会正式召开之前，采取了匿名通讯初评的方式，使评审程序更为完备。经过严格遴选，97名来自全国各地的文化艺术研究专家担任了初评评委。匿名通讯初评每个项目由3至5名评委审阅论证活页，评委针该课题的选题、论证、研究基础三项内容进行“背靠背”打分，最后根据项目得分排名情况，按照一定比例划定初评入围名单。经过统计，共确定544项初评入围项目，初评入围比例为申报课题总量的20.7%。

此次评审会进一步强化了评委轮换制度。按照全国哲学社会科学规划办公室《关于进一步加强和改进国家社科基金评审立项工作的暂行办法》要求，评委实行轮换制度，一般五年内参加两到三次评审会议。坚持回避制度，当年作为负责人申报项目者，不能为评委；存在本人为项目组成员、与项目申报人有近亲属或师生关系，以及其他可能影响评审公正性的情况，评委需主动申请回避。

经过匿名通讯初评和会议评审两轮评审，现已形成2012年度国家社科基金艺术学项目建议立项名单，最终立项结果将经全国艺术科学规划领导小组审批后向社会公布。

中国和乌兹别克斯坦人文合作分委会第一次会议

7月24日，中华人民共和国和乌兹别克斯坦共和国政府间合作委员会人文合作分委会第一次会议在中国北京召开。中华人民共和国文化部副部长赵少华，乌兹别克斯坦共和国文化和体育部副部长巴霍德尔·阿赫梅多夫共同主持会议。双方就中乌两国在人文领域合作的现状和前景交换了意见，讨论关于召开中乌政府间合作委员会人文合作分委会第二次会议等议题，并就鼓励两国举办文化活动、互换艺术团体、举办艺术展览和两国艺术家建立直接联系、加强两国在双边领域和上海合作组织框架内人文合作等问题达成一致。会后双方共同签署了《中国和乌兹别克斯坦人文合作分委会第一次会议纪要》。

中国和土库曼斯坦人文合作分委会第二次会议

7月26日，中国和土库曼斯坦人文合作分委会第二次会议在北京召开。中华人民共和国文化部副部长赵少华，土方代表团团长为阿塔格利德·沙穆拉多夫共同主持会议。双方回顾了中土人文合作分委会第一次会议纪要的落实情况，讨论了关于文化、教育、广播电影电视、出版、档案、文物和文化遗产、社会科学等领域的合作，就继续认真落实《中华人民共和国文化部和土库曼斯坦文化部2012－2014年文化合作计划》，进一步加深文化领域互利合作、促进艺术团体互访互演、推动文化机构之间建立直接联系、鼓励相关领域内人员交流问题达成一致。期间，分委会双方主席共同签署了《中土人文合作分委会第二次会议纪要》，会议取得圆满成功。

全国文化系统惩治和预防腐败体系建设工作经验交流会

8月28日，全国文化系统惩治和预防腐败体系建设工作经验交流会在湖北宜昌召开。会议主要任务是对十七大以来全国文化系统惩治和预防腐败体系建设工作进行交流总结，进一步推进文化系统惩治和预防腐败体系建设。文化部党组成员、中央纪委驻文化部纪检组组长李洪峰出席会议并讲话。

李洪峰指出，十七大以来，文化系统按照中央的要求，紧密结合工作实际，扎实推进各项工作，构建了文化系统惩治和预防腐败体系基本框架。基本经验是围绕中心、服务大局；加强领导、明确责任；整体推进、突出重点；深入调研、广泛交流；求真务实、改革创新。这些经验要长期坚持并不断丰富、完善和发展。

李洪峰强调，文化系统惩治和预防腐败体系建设工作离党中央的要求还有一定差距。当前，要继续扎实推进文化系统“惩治和预防腐败体系建设年”活动，按照文化部党组下发的《全国文化系统惩治和预防腐败体系建设年工作实施方案》的部署，抓好工作推进、检查考核、经验总结和下一个五年工作的谋划，确保各项任务圆满完成。

各省（区、市）计划单列市文化厅（局）纪检组组长（纪委书记）、监察室主任，国家文物局纪委负责同志，文化部部分司局、直属单位负责人参加了会议。湖北省文化厅等16个单位的代表在会上做了交流发言。中央纪委有关部门负责人应邀出席会议。

2012年国家级文化产业园区基地命名授牌会议

9月24日，文化部在北京举行2012年国家级文化产业园区基地命名授牌会议，命名第四批国家级文化产业示范（试验）园区和第五批国家文化产业示范基地。文化部党组书记、部长蔡武，文化部党组成员、副部长王仲伟出席活动并向获此殊荣的园区和基地代表授牌。

长沙天心文化产业园区和成都青羊绿舟文化产业园区被命名为第四批国家级文化产业示范园区，福建闽台文化产业园等4家园区被命名为国家级文化产业试验园区，中国木偶艺术剧院有限公司等69家企业被命名为国家文化产业示范基地。文化部相关司局负责人以及各省、自治区、直辖市文化厅（局）主管领导和园区基地代表等130多人参加了授牌活动。

全国文化体制改革工作表彰大会

9月26日，全国文化体制改革工作表彰大会在北京人民大会堂举行。会前、中共中央总书记、国家主席、中央军委主席胡锦涛亲切会见全体与会代表，向受到表彰的全国文化体制改革工作先进地区、先进单位、先进个人表示热烈的祝贺，向全国广大文化工作者表示诚挚的问候。中共中央政治局常委、国务院总理温家宝，中共中央政治局常委、国家副主席、中央军委副主席习近平，中共中央政治局常委、国务院副总理李克强参加会见。中共中央政治局常委李长春参加会见并在会上作重要讲话。中共中央政治局委员、中央书记处书记、中宣部部长刘云山主持大会。中共中央政治局委员、国务委员刘延东，全国政协副主席陈奎元出席大会。会上宣读了表彰决定，并向受到表彰的32个全国文化体制改革工作先进地区、296个先进单位和198名先进个人代表颁发了奖品和证书。

全国国有文艺院团体制改革经验总结交流视频会议

10月30日，文化部召开全国国有文艺院团体制改革经验总结交流视频会议，深入学习贯彻党的十七届六中全会和全国文化体制改革工作表彰大会精神，总结交流国有文艺院团体制改革取得的成就和经验，推动国有文艺院团进一步深化改革加快发展。文化部党组书记、部长蔡武出席会议并讲话。文化部党组成员、副部长王仲伟主持会议并宣读《文化部关于通报表扬在国有文艺院团体制改革工作中作出突出贡献的地区、单位和个人的决定》。蔡武强调，转企改制阶段性任务完成后，必须按照中央的要求，以更加坚定的决心、更加有力的措施、更加完善的制度推动国有文艺院团体制改革不断深化。文化部各司局、直属单位主要负责人，各省（区、市）文化厅（局）党组成员、改革办主要负责人，各市（地、州）文化局和获通报表扬单位的主要负责同志以及获通报表扬的个人代表出席会议。

中俄人文合作委员会文化合作分委会第十二次会议

12月4日，中俄人文合作委员会文化合作分委会第十二次会议在莫斯科举行。会议由中国文化部副部长赵少华和俄罗斯文化部副部长阿拉·尤里耶芙娜·玛尼洛娃共同主持，会后双方签署了会议纪要。双方共同回顾了自第十一次分委会以来两国文化领域合作取得的成果，充分肯定了分委会工作机制在推动两国文化交流与合作方面发挥的重要作用，深入探讨了今后两国文化交流与合作的重点方向，并达成系列共识。

赵少华副部长随同刘延东国务委员出席中俄合作委员会第十三次会议

12月5日，赵少华副部长随同刘延东国务委员出席中俄合作委员会第十三次会议。会议总结了2012年中俄人文领域取得的丰硕成果，并回顾了过去五年中俄人文领域合作交流历史性进展。双方还共同探讨了2013年各领域工作设想和方向，并商议在中俄总理定期会晤上共同签署第十三次会议纪要。

中哈合作委员会文化和人文合作分委会第八次会议

12月7日，中国和哈萨克斯坦合作委员会文化和

人文合作分委会第八次会议在阿斯塔纳举行。会议由分委会双方主席、中国文化部副部长赵少华和哈萨克斯坦文化部副部长布里巴耶夫共同主持。

会议中，双方讨论了未来重点交流项目和工作规划，包括研究部署新的中哈文化合作协定、互办文化节、在哈举办“欢乐春节”以及在文化遗产和国家公务员管理等新领域开展合作等议题，并就教育、广电、出版、旅游、档案、青年、体育等领域的合作达成广泛共识。会议结束后，双方共同签署了会议纪要。

赵少华副部长随同王岐山副总理出席中哈合作委员会第六次会议

12月8日，赵少华副部长随同王岐山副总理出席中国和哈萨克斯坦合作委员会第六次会议。会议中，关于人文领域双方达成下列共识：双方将落实两国元首达成的共识，于2013年在中国举行“哈萨克斯坦文化日”，2014年在哈萨克斯坦举行“中国文化日”。双方商定将为上述活动的举行提供全面协助。双方同意尽快签订《中华人民共和国政府和哈萨克斯坦共和国政府文化和人文合作协定》。

全国文化系统对外文化贸易工作会议

12月20日至21日，全国文化系统对外文化贸易工作会议在上海国家对外文化贸易基地召开。来自34个省（区、市）及计划单列市文化厅局负责人，35家文化企业代表，3位对外文化贸易专家，21家媒体记者，以及中宣部改革办、新闻出版总署国际司，文化部相关司局代表共计150余人与会。文化部副部长王仲伟出席会议并作主旨讲话。会议旨在贯彻落实十八大精神，引导和推动全国各地因地制宜，开展对外文化贸易工作，逐步完善全国对外文化贸易工作布局。

海外中国文化中心2012年度工作年会

12月26日至28日，赵少华副部长出席2012年海外中国文化中心年度工作会议，并作了题为“深入贯彻落实十八大精神，全面实施《发展规划》，开创海外中国文化中心工作新局面”的重要讲话。赵部长讲话围绕学习贯彻国务院批复我部的《海外中国文化中心发展规划（2012—2020年）》，总结回顾近五年来海外中心发展的历程，要求海外各中心按照十八大再次提出的继续做好“政事分开”和部党组近年来反复倡导的“三个转变”要求，贯彻科学发展观，用“四化建设”落实好规划，为开创文化中心工作的新局面指明了方向。会议邀请部际联席会议部分成员、直属单位代表、宣传文化系统、相关单位代表、参与近2年海外中国文化中心部省对口合作计划的26省（区、市）文化厅（局）领导和13个海外中国文化中心主任参会。

2012年全国艺术创作工作会议

12月21日至22日，全国艺术创作工作会议在珠海举行。文化部党组书记、部长蔡武，广东省委常委、宣传部长庹震出席会议，会议由文化部党组成员、副部长董伟主持。珠海市领导王衍诗、陈英、龙广艳也出席了会议。来自全国各省（区、市）和新疆生产建设兵团文化厅（局）的有关负责人，各计划单列市文化局、总政文化局主管艺术创作的人士，以及特邀民营艺术院团的代表参加了会议。

会议提出，认真学习贯彻党的十八大精神，坚持走中国特色社会主义文化发展道路，按照加强社会主义核心价值体系建设、全面提高公民道德素质、丰富人民精神文化生活、增强文化整体实力和竞争力的要求，创作生产更多无愧于历史、无愧于时代、无愧于人民的优秀作品，推动我国艺术事业大发展大繁荣。蔡武在讲话中指出，党的十七大以来，党和政府高度重视艺术创作和艺术事业，经费投入的增长幅度前所未有，宽松和谐的创作环境前所未有，人民群众对优秀艺术作品的关注和期盼前所未有。党的艺术创作生产取得了显著成绩，艺术事业呈现出健康发展、全面繁荣的良好局面。

重大活动

Major activities

2012土耳其中国文化年

根据2010年《中华人民共和国和土耳其共和国关于建立和发展战略合作关系的联合声明》和两国文化部关于互办文化年的谅解备忘录，以“丝路之源，魅力中国”为主题的2012土耳其中国文化年在土耳其举办。文化年全年共实施项目87起，中方访土人数1700余人次，涉及400多场活动，覆盖40多个城市，土24万余人次参与各项活动，其中，中央歌剧院、北京京剧院、上海歌舞团、江苏省女子民族乐团、南京小红花艺术团和深圳交响乐团等艺术团体赴土巡演，李云迪钢琴独奏音乐会、《印象敦煌——中国文化大展》、《华夏瑰宝展》和《中国当代艺术展》等各种展览在土举办，在土产生了热烈反响和良好社会效应。中国文化年成为中土建交以来我在土举办的规模最大、时间最长、影响最广的人文交流活动，为宣传和树立我良好形象、夯实两国战略合作关系的民意基础发挥了十分积极的作用。

德国“中国文化年”

2012年1月至2013年2月，历时一年的德国“中国文化年”成功举行。文化年以“合作与对话”为主题，促成了中德40多家文化机构的成功合作，举办了150多个项目，500余场活动。文化年期间，1500多名中国艺术家足迹遍及德国40多个城市，受众人数超过百万。德国各大主流媒体对活动进行了大量报道。这是两国建交以来我在德举办的规模最大、参与项目最多、影响范围最广的活动，取得了丰硕成果，不仅加强了中德两国人民之间的相互了解，促进了双方文化机构间的直接合作，同时，还向德国民众以全方位、多视角方式展示了中国“开放、包容、创新”的新形象。

国家舞台艺术精品工程授牌仪式

2012年元月6日下午，文化部在北京友谊宾馆隆重举行国家舞台艺术精品工程授牌仪式。豫剧《常香玉》等15部作品被评为2009—2010年度国家舞台艺术精品工程重点资助剧目，昆曲《红楼梦》等42部作品为2010—2011年度国家舞台艺术精品工程资助剧目。文化部党组书记、部长蔡武为入选2009-2010 年国家舞台艺术精品工程重点资助剧目作品颁发奖牌。文化部赵少华、励小捷、李洪峰、王文章、单霁翔、高树勋等领导为入选2010—2011年度资助剧目作品颁发奖牌。

中泰文化交流品牌：泰国欢乐春节文化活动

1月18日至30日，由中国文化部和泰国旅游体育部共同主办的第八届欢乐春节文化活动在泰国曼谷举办。泰国诗丽吉王后和诗琳通公主两位王室成员，泰国副总理兼旅游体育部长春蓬·信拉巴阿差、曼谷市长素坤攀·波里帕亲王与中国文化部副部长励小捷、中国驻泰大使管木共同出席了开幕活动，诗琳通公主亲自按下按钮，启动龙年“欢乐春节”活动，中国驻泰大使管木、曼谷市长素坤攀分别致辞。本届欢乐春节活动中，经中泰两国文化部门共同遴选，中国文化部组派了7个省（区、市）的8支艺术团组成的综合艺术团共170余人赴泰国10府进行声乐、舞蹈、器乐、杂技、武术5个艺术门类的演出。这是自2011年泰国遭受水灾后，中泰两国政府联合举办的首次大规模文化活动，适时向泰政府和民众传达了中国政府和人民的慰问和睦邻、友邻的积极信息。

国家级非物质文化遗产生产性保护示范基地颁牌仪式

1月31日，国家级非物质文化遗产生产性保护示范基地颁牌仪式在文化部举行，北京市珐琅厂等41家企业和单位被授予第一批国家级非物质文化遗产生产性保护示范基地称号。文化部党组副书记、副部长赵少华，副部长王文章，部长助理、人事司司长高树勋等出席仪式，并为入选首批示范基地的企业和单位颁发了牌匾。

非物质文化遗产生产性保护是指在具有生产性质的实践过程中，以保持非物质文化遗产的真实性、整体性和传承性为核心，借助生产、流通、销售等手段，将非物质文化遗产及其资源转化为文化产品的保护方式。目前，这一保护方式主要是在传统技艺、传统美术和传统医药药物炮制类非物质文化遗产领域实施。为了树立一批非物质文化遗产生产性保护典型、引导探索总结非物质文化遗产生产性保护的具体做法和有益经验、促进非物质文化遗产保护和传承，2011年，文化部根据《中华人民共和国非物质文化遗产法》和国务院办公厅《关于加强我国非物质文化遗产保护工作的意见》精神，开展了国家级非物质文化遗产生产性保护示范基地建设工作。

经过专家初评、逐项实地考察、评审委员会审议、公示等程序，文化部于2011年10月31日命名公布了41家第一批国家级非物质文化遗产生产性保护示范基地。2012年2月，文化部制定印发《文化部关于加强非物质文化遗产生产性保护的指导意见》，对非物质文化遗产生产性保护的概念、意义、原则、措施、工作机制等提出明确要求，为科学开展生产性保护工作提供指导。

中欧文化对话年

“中欧文化对话年”于2月1日至11月30日在中国和欧盟同时展开。在10个月的时间内，中欧双方以思想文化对话与文化艺术交流为主线，一共完成了近300个合作项目，涵盖了文学、艺术、哲学、语言、体育、出版、青年交流、旅游等领域，覆盖了包括北京、上海、香港、澳门在内的22个中国省市及27个欧盟成员国，是中欧文化交流史上名副其实的一次盛事。

中国非物质文化遗产生产性保护成果大展观众超过16万人次

2012年元宵节期间，文化部等15个部委联合在全国农业展览馆举办了“中国非物质文化遗产生产性保护成果大展”，集中展示了近几年中国非物质文化遗产生产性保护的丰硕成果，进一步宣传了非物质文化遗产生产性保护的理念和经验。展览向公众免费开放，观众人数超过16万人次。

中共中央政治局常委李长春在参观展览时强调，非物质文化遗产生产性保护是最积极、最有效、最有利于非物质文化遗产可持续发展的保护传承方式。要认真贯彻落实《非物质文化遗产法》，按照“保护为主、抢救第一、合理利用、传承发展”的方针，把保护传承和开发利用结合起来、社会效益与经济效益结合起来、继承与创新结合起来，科学推进非物质文化遗产生产性保护工作。要大力推进保护传承方式创新，加大生产性保护工作力度，完善表彰、奖励、资助政策。要充分利用“文化遗产日”和传统民俗节庆，广泛开展非物质文化遗产生产性保护宣传展示活动，增强全社会保护意识，营造有利于非物质文化遗产生产性保护的良好氛围。

十七大以来中国动漫产业发展成果展

2012年3月10日至30日，由扶持动漫产业发展部际联席会议办公室主办的“十七大以来中国动漫产业发展成果展”在中国国家博物馆举行。3月10日上午，成果展开幕仪式在中国国家博物馆举行。扶持动漫产业发展部际联席会议召集人、文化部党组书记、部长蔡武，文化部党组副书记、副部长赵少华，新闻出版总署党组副书记、副署长蒋建国，工业和信息化部副部长杨学山，扶持动漫产业发展部际联席会议办公室主任、文化部副部长、国家文物局局长励小捷，天津滨海新区区长宗国英，国家博物馆馆长吕章申，以及中宣部、财政部、发改委、教育部、文化部、海关总署、税务总局、工商总局等相关司局负责同志出席了开幕式，相关部门代表及来自全国各地的动漫业界代表800余人共同出席了开幕式，文化部部长蔡武致辞，工业和信息化部副部长杨学山主持。北京电影学院副院长、动画学院院长孙立军代表动漫业界在开幕式上发言。

本次展览是对十七大以来中国动漫产业发展成果的全方位、立体式展示，目的是展示成果、找出差距、明确目标、提高信心。展览共分为四个展厅，面积5000平方米，主题分别是：“政策与扶持”、“企业与平台”、“品牌与产业”、“技术与未来”，通过文字、图片、图表、实物、多媒体展示技术、动漫生产技术模拟演示环境等形式，全面展现动漫产业在内容创意、企业主体、技术创新、社会应用、地方成绩、人才建设等方面取得的丰硕成果。“成果展”对“十二五”时期的动漫产业发展进行了展望。展览中提出，到“十二五”期末，我国动漫产业产值将达1000亿元人民币，比“十一五”末至少翻一番，现代动漫产业体系将基本形成。我国动漫产品质量大幅提升，技术创新能力持续增强，精品力作不断涌现，动漫产业的品牌化、市场化、产业化程度显著提高，整体国际竞争实力大幅增强；动漫在青少年思想道德建设中发挥更大的作用，动漫在社会生活各领域得到更加广泛的普及应用。

国家对外文化贸易基地成立

3月11日，赵少华副部长和北京市副市长鲁炜共同为北京国家对外文化贸易基地奠基揭牌，将位于天竺保税区的“北京国际文化贸易服务中心”命名为“国家对外文化贸易基地”。

第二届中国阿拉伯合作论坛中国艺术节

第二届中阿合作论坛中国艺术节是继2008年在叙利亚举办的首届“中国艺术节”后，在中阿合作论坛互办艺术节机制框架下，我与阿盟秘书处合作在阿拉伯地区举办的又一次重大文化活动，同时也是应邀参加的麦纳麦2012年阿拉伯文化之都重要活动之一。

艺术节于3月25日开幕，31日闭幕，历时一周，内容包括中国政府文化代表团访问、“绣之雅韵——中国刺绣精品展”、厦门小白鹭民间舞团、新疆艺术团和河南少林嵩山武僧团等展演活动，访问人员118人。中国文化部副部长王文章、巴外交大臣哈立德及中巴各界嘉宾700余人共同出席开幕式活动；次日，王文章与谢赫梅共同观看了新疆艺术团演出。此次活动为近年来我在阿拉伯地区举办的最重要的文化活动之一。

中日国民交流友好年

“中日国民交流友好年”是中日两国政府着眼双边关系长远发展，在邦交正常化40周年之际确定的重要纪念活动。除中日双方开幕式外，列入“友好年”活动框架认定活动超600项。活动贯穿全年，覆盖两国各地，形式官民并举。

4月，在“钓鱼岛命名”及“名古屋市长事件”持续发酵的形势下，文化部部长蔡武作为中国政府特使赴日本出席了“中日国民交流友好年”开幕式系列活动，与日本政治、经济、文化界代表共同出席了中方开幕式并观看演出经典舞剧《丝路花雨》，正面传递了中国的政治立场和外交主张。

8月，“万里江山——中国美术馆藏20世纪山水画精品展”庆典活动在东京国立博物馆举办。文化部副部长杨志今与日本政治、经济、文化、媒体各界500余人共同出席。

9月，日方不顾中方一再的严正交涉，抛出钓鱼岛“国有化”政策，导致中日关系恶化，文化部承受住巨大舆论压力，在极其困难的情况下，完成了日本超级夏日盛典、山本宽斋服饰作品展等一系列活动。其中，文化部副部长赵少华与中日各界友好人士400余人出席了在北京朝阳公园举办的“中日友好 夏日盛典”开幕式活动并致辞。

10月，文化部部长蔡武会见了日中文化交流协会会长辻井乔，亲自做日本友好人士工作，听取日本民间声音，传达中国政府严正立场。

此次“中日国民交流友好年”活动以文化为纽带，通过中日之间各阶层的友好交流与良性互动，增进中日两国人民的相互理解与友谊，为促进两国的和平友好作出积极的努力和贡献，产生了广泛而深远的影响。

中韩友好交流年

2012年是中韩建交20周年和两国政府商定的“中韩友好交流年”。共有百余项活动列入交流年框架。这些活动规模大、范围广，内容丰富，充满活力，表明了中韩两国政府对于深化合作，共同推动中韩文化交流发展的决心，展示了两国建交以来文化交流与合作的发展与成就。

4月，文化部副部长王文章率政府文化代表团访韩，与韩国政界、艺术界、友好团体代表近千人出席并观看了由两国艺术家联袂打造的开幕式演出越剧《春香传》。中韩两国的非遗艺术——越剧、评弹与板索里同台演出，成为两国艺术合作的良好范本。

12月，文化部部长蔡武与韩国文化体育观光部长官崔光植，及两国各界代表千余人在北京梅兰芳大剧院出席了“中韩友好交流年”闭幕式并观看闭幕演出。中国京剧院艺术家演出的京剧集锦《中华神韵》与韩国艺术家带来的5部原创音乐剧片断，给两国观众带来了耳目一新的艺术享受。

此次“友好交流年”还专设支持国家院团走出去板块，文化部组派中国交响乐团、国家话剧院、国家京剧院、中国美术馆等演展项目赴韩展示，成为交流年活动的亮点。

第30届中国洛阳牡丹文化节

由文化部与河南省人民政府联合主办，河南省文化厅与洛阳市人民政府承办的第30届中国洛阳牡丹文化节，于4月5日至5月5日在洛阳举办。文化部党组成员、副部长励小捷出席4月10日举办的开幕式暨文艺晚会并致辞。文化节共策划了“文化部优秀保留剧目洛阳展演月”、“河洛欢歌·广场文化狂欢月”、洛阳牡丹灯会、第22届河洛文化民俗庙会等诸多文化活动，举办了特色文化城市论坛、投资贸易洽谈会、对外经济技术合作项目签约仪式等重点活动。共签订招商引资合同项目153个，投资总额1134.5亿元，比上届增加83亿元。共接待游客1965万人次，旅游总收入105.2亿元，分别比上届增长21.3%和23.5%。共接待入境游客16.4万人次，创汇3963万美元，同比增长25%。本届文化节取得了良好的经济效益和社会效益，品牌影响力得到大幅提升。

第四届全国青少年民族乐器演奏比赛

第四届全国青少年民族乐器演奏比赛4月在四川成都、辽宁沈阳两地举办。其中吹奏乐器组、拉弦乐器组和少数民族特色乐器独奏及合奏组于4月9日至13日在成都举行；弹拨乐器组、打击乐器组和小型民族乐器组合于4月23日至29日在沈阳举行。初赛评选出的百余名选手来自美国、日本、新加坡、中国台湾、中国香港。

比赛由文化部主办，由四川音乐学院、沈阳音乐学院、文化部民族民间文艺发展中心、西南民族大学联合承办。其中，四川音乐学院承办吹奏和拉弦乐器组独奏比赛，沈阳音乐学院承办弹拨、打击乐器组独奏以及小型民族乐器组合比赛，文化部民族民间文艺发展中心承办少数民族特色乐器独奏及组合比赛。

第四届全国青少年民族乐器演奏比赛由文化部副部长王文章、国家民委副主任丹珠昂奔、四川省副省长黄彦蓉担任组委会主任。比赛弘扬了我国优秀民族音乐文化，传承了少数民族乐器与乐种，鼓励了乐器演奏艺术的创新与发展，发现并选拔了一批优秀民族乐器演奏人才。

中蒙互办“中国文化月”、“蒙古文化月”

中蒙两国政府商定于2012年互办“文化月”。4月12日，蔡武部长与蒙古国教育文化科学部长奥特根巴雅尔在北京共同出席了“蒙古国文化月”开幕式并共同观看演出。“蒙古国文化月”向中国观众介绍了蒙古国人民在保护、丰富和发展本民族传统艺术方面的成果，有效加强了中蒙两国的文化互鉴与共享。蒙大选后新政府于8月上台，我于8月30日至9月30日，在蒙古国成功举办“中国文化月”，蒙副总理特尔比希达格瓦、副议长巴雅尔朝格特、文化体育旅游部长奥云格日勒等多名政要出席有关活动。此系中蒙建交以来首次在蒙举办的文化月活动，内容丰富，形式多样，包括演出、展览、论坛、电影周等20多场活动，涵盖了艺术、经贸、文物、医药、图书、电影等多个领域，向蒙古国民众全面展示了中华文化的博大精深。中蒙两国主流媒体进行了全方位、持续报道，在蒙社会产生积极影响。

2012中国义乌文化产品交易博览会

4月29日至5月2日，由文化部和浙江省人民政府共同主办的第七届中国义乌文化产品交易博览会在浙江义乌举行。文化部党组成员、副部长励小捷出席开幕式。本届义乌文博会共设展览面积6.8万平方米，标准展位3485个，同比增长8.8%。突出交易特性，交易类展位2437个，占总展位数的69.93%。注重邀请专业采购商参会，不断提高经贸实效，实现成交额45.17亿元，同比增长11.2%，其中外贸成交额27.55亿元，占总成交额的60.9%，同比增长10.69%。展会期间，共吸引来自117个国家和地区9.2万名境内外采购商参会，其中境外客商5782人，境外贸易团队36个。本届义乌文博会坚持“市场化、经贸性、创新性”，成功打造了一个集展示国内外优秀传统文化、展销文化科技创新成果、展播文化产品流行趋势信息于一体的优质平台。

《文化部“十二五”时期文化改革发展规划》正式出台

5月10日，文化部在北京召开新闻发布会，发布《文化部“十二五”时期文化改革发展规划》。《规划》详细阐述了“十二五”期间文化发展的总体思路、目标和任务。文化部党组书记、部长蔡武就文化体制机制改革创新、文化产业倍增计划、构建覆盖全社会的公共文化服务体系三大热点话题接受了

新华社记者的采访。

第八届中国（深圳）国际文化产业博览交易会

由文化部、商务部、国家广电总局、新闻出版总署、中国国家贸易促进委员会、广东省人民政府、深圳市人民政府等部门联合主办，于2011年5月18日至21日在深圳举行。中央政治局委员、中央书记处书记、中宣部部长刘云山出席开幕式并启动开幕印章。本届文博会总成交额达1435.51亿元，比上一届增加188.66亿元，同比增长15.13%。交易功能更具有实质性，合同成交首次远超意向成交，成为最主要的交易方式，成交额达877.13亿元，占总成交额的61.10%，同比增长46.07%。展览面积达10.5万平方米，共有来自全国各地的1928家政府组团、企业机构踊跃参展。本届文博会展会主题更加突出，"文化和科技融合，创意与市场对接"的特色进一步凸显。科技型文化产业的成交额达到599.18亿元，比上届增长158.47亿元，同比增长35.96%。中宣部和科技部还在文博会期间召开了"文化和科技融合座谈会"，会上发布了首批16家国家级文化和科技融合示范基地的名单。

从延安走来——纪念毛泽东同志《在延安文艺座谈会上的讲话》发表70周年美术作品展览

为纪念毛泽东同志《在延安文艺座谈会上的讲话》发表70周年，由文化部主办的"从延安走来——纪念毛泽东同志《在延安文艺座谈会上的讲话》发表70周年美术作品展览"于5月21日至6月2日在中国美术馆举办。展览由序篇"延安时代"和"源于生活"、"人民形象"、"喜闻乐见"、"百花齐放"五个篇章构成，主题鲜明、结构新颖、内容丰富。展览以中国美术馆馆藏作品为主，通过500余幅精品佳作和200余件文物文献，梳理和再现70年来中国美术的发展历程，反映自延安时期以来的几代美术家在《在延安文艺座谈会上的讲话》精神指引下，坚持"二为"方向和"双百"方针，讴歌全国各族人民争取民族独立，建设新中国，走向改革开放，推动科学发展，探索中国特色社会主义道路和振兴中华文化的创作实践与美术成果。该展览在中国美术馆展出结束后，先后于6月29日至7月29日在浙江美术馆、8月8日至8月26日在广东美术馆巡展。这也是中国美术馆历史上最大规模的馆藏品出馆巡展活动。所到之处，均引起了观众的热烈反响，使展览的社会效益得到充分的发挥。

"2012非洲文化聚焦"活动

为进一步深化与非文化关系，扩大"中非文化聚焦"品牌影响，兑现《沙姆沙伊赫行动计划》有关承诺，2012年，文化部联合外交部、商务部、国家广电总局、新闻出版总署、国家体育总局、国家文物局等单位举办"2012非洲文化聚焦"活动，在北京、天津、上海、南京、河南、深圳等多个城市分别举办"中非文化部长论坛"、10余场非洲歌舞演出、7个非洲主题展览、3大系列的媒体访谈节目；在央视播出非洲文化专题片；邀请非洲4国画家在南京书画院进行为期2个月的客座采风创作。此外，举办了"非洲文化校园行"、"非洲研究文献作品推介"、"非洲知识专题讲座"和"非洲国家武术培训班"等多项活动。《人民日报》、《光明日报》、中央电视台《新闻联播》、新华社、《中国文化报》和《中国与非洲》等媒体报道了相关活动内容，引起了国内外的广泛关注。

除中非文化部长论坛外，文化部主办的聚焦重点活动主要有以下几项：在北京举办"2012非洲文化聚焦开幕式"（5月25日）；坦桑尼亚国民服务队艺术团访问北京、天津（5月）；津巴布韦音乐学院合唱团一行24人访问北京、内蒙古（7月）；在郑州举办"河南与非洲友好交流摄影展"（7月）；在内蒙古举办国际武术培训班（8月）；在北京举办首届中非媒体合作论坛（8月）；在天津举办"多彩坦桑——挺嘎挺嘎画展"（9月）；厄立特里亚国家艺术团访问天津、河南（9月）；塞内加尔林盖尔国家舞蹈团访问深圳、上海（10月）；"非洲文化校园行——北京大学站"（10月）；与莫桑比克驻华使馆在北京举办中莫美术作品联展（11月）；联合尼日利亚文化、旅游和国家指导部、尼驻华使馆在北京举办"尼日利亚周"（12月）；与《中国文化报》和《中国与非洲》杂志合办"非洲驻华大使的中国故事"、"中非文化名人访谈"等栏目介绍中非交流（全年）。

第七届全国儿童剧优秀剧目展演

由文化部主办，文化部艺术司、宁波市人民政府承办的第七届全国儿童剧优秀剧目展演于5月31日至6月15日在浙江省宁波市举行。这是党的十七届六中全会召开之后、党的十八大召开之前举办的一次全国性重要文化艺术活动。本次展演共有26台优秀儿童剧参加，集中展示了近3年来全国儿童戏剧创作的优秀成果和人才培养的最新成就。经评委会认真评选，第七届全国儿童剧优秀剧目展演共评出“优秀剧目奖”11名（其中《麻达历险记》与《马可·波罗与大熊猫》并列）、“优秀演出奖”15名，“编剧奖”5名、“导演奖”6名、“优秀表演奖”10名、“表演奖”19名、“组织工作奖”4名。

上合组织成员国艺术节——非遗和传统文化展示

6月6日上午，“上海合作组织成员国艺术节——非遗和传统文化展示”活动在清华大学美术学院举行了隆重的开幕仪式。参加开幕式活动的有中国文化部部长蔡武、副部长赵少华，哈萨克斯坦文化信息部部长穆拜伊·达·卡，吉尔吉斯文化旅游部长茹努索夫·伊·科，俄罗斯联邦文化部副部长霍罗希洛夫·帕·弗，塔吉克斯坦文化部部长阿斯罗里·米，乌兹别克斯坦文化体育部第一副部长塞弗拉耶夫·巴·塞，上海合作组织副秘书长纳塞罗夫·安·贾，以及300多位中外嘉宾。

上合组织成员国艺术节是该组织多边文化合作的重要形式，这项活动不仅是上合成员国文化交流互鉴的具体体现，也象征着上合成员国之间的友谊与和谐，同时也为上合元首峰会和文化部长会晤营造出浓厚的文化氛围。作为2012年艺术节的主办方，中方特意选择了非物质文化遗产和传统文化展示作为艺术节的主要内容，旨在从不同侧面展示各成员国的民族传统和文化风采。

中国非物质文化遗产保护讲座周、中国非物质文化遗产典籍记忆系列展开幕

为继承和弘扬中华民族优秀传统文化，贯彻落实《中华人民共和国非物质文化遗产法》和党的十七届六中全会精神，展示非物质文化遗产的丰富内涵和独特魅力，提高人民群众保护非物质文化遗产的文化自觉，在6月9日——第七个文化遗产日之际，由文化部主办，国家图书馆、中国非物质文化遗产保护中心承办的“中国非物质文化遗产保护讲座周”、“中国非物质文化遗产典籍记忆系列展”在国家图书馆隆重开幕。国家图书馆馆长周和平出席开幕式并讲话。清华大学教授郭黛姮、北京师范大学教授萧放代表专家发言。非物质文化遗产保护工作部际联席会议成员单位、文化部机关各司局、各直属单位有关负责同志，以及非物质文化遗产传拓、传统建筑营造技艺的部分代表性传承人、非物质文化遗产保护领域专家学者等参加了仪式。开幕式由文化部非物质文化遗产司司长马文辉主持。

围绕今年文化遗产日“活态传承，重在落实”的主题，主办方邀请了10名在非物质文化遗产保护领域具有影响力的专家，于6月9日至18日在国家图书馆连续举办10场专题讲座，向公众全面介绍我国非物质文化遗产保护的整体情况。

“中国非物质文化遗产典籍记忆系列展”展出至7月8日，面向社会公众免费开放。

本次“中国非物质文化遗产保护讲座周”、“中国非物质文化遗产典籍记忆系列展”具有三个突出特点：一是学术性强，共邀请了40余位专家学者举行专场讲座或参与展览期间的非物质文化遗产专题研讨会，普及非物质文化遗产知识；二是通过典籍展示非物质文化遗产，两个展览中共展出了130余件典籍，其中许多为首次展出，弥足珍贵；三是重视活态演示，展览和讲座中将有一批传承人现场展示精湛技艺，充分展现非物质文化遗产旺盛的生命力。

2012年“根与魂——中国非物质文化遗产展演”

为庆祝第七个中国文化遗产日，“根与魂——中国非物质文化遗产展演”系列活动分别于6月9日、10日在澳门和香港隆重开幕。文化部副部长杨志今率团赴港澳出席了开幕式等相关活动。作为文化部对港澳文化工作的重要品牌，“根与魂”非遗展演活动于2011年首次与港澳观众见面，全面展示了我国非物质文化遗产的资源状况、珍贵价值和保护成果，获得了来自各方面的欢迎和好评。此次活动是在2011年的基础上，选择了内蒙古和四川两地的非遗精品分赴澳门和香港，让港澳民众有机会深入领略中国地方非物质文化遗产的魅力。

澳大利亚“中国文化年”

2012年6月14日，澳大利亚“中国文化年”闭幕

式暨闭幕演出在悉尼举行。文化部副部长赵少华率中国政府文化代表团出席开幕式，与澳大利亚艺术部长西蒙·克林分别致辞并共同观看了闭幕式演出舞剧《粉墨春秋》。

澳大利亚“中国文化年”于2011年6月至2012年6月举办，是两国建交以来我对澳开展的历时最长、规模最大、水平最高的文化交流活动。“文化年”期间，中方与澳方联合举行了百余场演出、展览项目，获得了澳民众及媒体的高度评价，进一步夯实了中澳两国交往的民意基础，为两国关系的进一步发展起到了积极的推动作用。

胡锦涛主席特使文化部长蔡武出访布隆迪

应外交部和中国驻布隆迪使馆建议，经国务院批准，文化部长蔡武作为胡锦涛主席特使于6月29日至7月6日访问布隆迪，出席布独立50周年庆典并过境埃塞俄比亚、肯尼亚和法国。在布隆迪，蔡武特使拜会了布总统恩库伦齐扎，观看了庆祝布独立50周年河南艺术团专场演出、布大型团体操表演及布民族歌舞表演，出席了布独立50周年庆典阅兵仪式和群众游行、布总统为各国代表团举行的欢迎宴会以及布隆迪孔子学院揭牌仪式。在埃塞俄比亚，蔡武部长会见了埃塞俄比亚文化和旅游部长阿卜杜勒卡迪亚。出访期间，蔡武部长分别与布方、埃方就双边关系、双边文化交流以及进一步加强各领域合作等事宜深入交换了意见。

第五届中国昆剧艺术节和第五届中国苏州评弹艺术节

由文化部、江苏省人民政府共同主办的第五届中国昆剧艺术节和第五届中国苏州评弹艺术节，于6月29日至7月7日在苏州举行。在为期9天的活动期间，来自北方昆曲剧院、上海昆剧团、江苏昆曲剧院、浙江昆剧团、苏州昆曲剧院、湖南昆剧团、浙江永嘉昆剧团等全国七大昆剧院团和中国戏曲学院、上海京昆剧团、苏州艺术学校、苏州中国昆曲博物馆等单位的新一代昆曲传人竞相登场，在昆剧艺术节上献演了14台参评剧目和13台展演剧目；日本艺术家坂东玉三郎和来自我国香港、台湾昆剧团社的艺术家，也在昆剧节上一展风采。

庆祝香港回归十五周年文艺晚会

6月30日晚，中共中央总书记、国家主席胡锦涛出席并观看了由香港特别行政区政府在香港会议展览中心举办的“庆祝香港回归十五周年文艺晚会”。根据中央领导要求和整体部署，文化部副部长赵少华于6月28日至7月1日率工作组赴港审查节目内容、观看节目彩排，并出席了庆祝香港回归十五周年文艺晚会。

第八届中国国际动漫游戏博览会

7月12日至16日，由文化部、上海市人民政府主办的第八届中国国际动漫游戏博览会在上海世博展览馆开幕。文化部党组成员、副部长王文章出席开幕式并剪彩。上海动漫行业协会揭牌仪式同时举行，王文章、杨振武为之揭牌。第八届漫博会为期5天，以“开放、融合、提升、共赢”为主题，展区总面积达30000平方米，分设网络游戏、游艺机、动画、漫画、基地园区、动漫授权、桌面游戏等十大展区，308家海内外展商中特装展位面积超过87%，海外展商出展面积超过40%，国际化、专业化程度进一步提升，平台集聚作用和交易服务功能进一步凸显。本届展会观众人数超过20万人次，现场零售交易额近4亿元。举办的动漫游戏商洽会吸引创意项目52个，品牌授权商洽会吸引近百家公司参与，两场商洽会意向金额超过10亿元，展会交易总金额超过14亿元。

2012年“艺海流金——走近敦煌”

7月19日至25日，由文化部和甘肃省人民政府共同主办的第八届“艺海流金——走进敦煌”大型对港澳文化交流活动在甘肃隆重举办。来自港澳特区和内地的近百名文化官员、文化艺术界知名人士、专家学者和艺术机构负责人应邀参加。本届活动从兰州出发，沿丝绸古道一路西行，访嘉峪、探莫高、登鸣沙，途中还设置了专业对口交流、内地与港澳文化合作论坛、甘肃省文化推介会、与阿克塞县哈萨克族同胞联欢等交流板块，活动内容丰富翔实，实现了以文化促进交流、以交流凝聚共识的初衷，达到了搭建交流平台、扩大交流渠道、提升交流水平、增进港澳文化界对中华文化认同的良好效果。

第六届中国原生民歌大赛

中国原生民歌大赛是在文化部、中宣部的支持与指导下，我国文化部门主办的原生民歌最高规格的大赛，以挖掘、展示原生民歌为主旨。“第六届中国原生民歌大赛”由文化部与湖北省人民政府主办，文化部民族民间文艺发展中心、中共湖北省委宣传部、湖北省文化厅、湖北广播电视台、武当山旅游经济特区管理委员会承办。7月24日在北京康铭大厦完成初评，参与初赛评选的专家共有7位：乔建中、伍国栋、张振涛、姚艺君、金艺风、李松和张刚。初赛入选的院校共12所，大赛于9月3日至6日在湖北武当山举行，入选的200名选手涉及20个省份，来自16个民族，分别为：藏族、朝鲜族、东乡族、侗族、哈萨克族、汉族、柯尔克孜族、蒙古族、苗族、仫佬族、土家族、土族、维吾尔族、瑶族、彝族和壮族。比赛选拔活动按照独唱及重唱、对唱组（A组）、多人组合组（B组）和院校组（C组）三个报名组别依次进行各组的评比。大赛评委会严格按照大赛章程，本着公平、公正、公开的原则，认真评判，最终独唱及重唱、对唱组、多人组合组和院校组共评出金奖3组，银奖6组，铜奖9组，优秀演唱奖37组，组委会特别奖7名，传承奖11名，优秀组织奖21名。比赛在传统文化保护方面取得了良好的社会效益，很好地推动了名族民间文化的抢救、保护和弘扬，促进了各民族民间音乐的交流和发展。

中泰文化交流品牌：第五届“中泰一家亲”音乐歌舞晚会

8月，由中国文化部与泰方合作举办的第五届“中泰一家亲”音乐歌舞晚会系列活动在泰国曼谷、孔敬、合艾等地成功举行。泰国朱拉蓬公主亲自登台演奏古筝并演唱中文歌曲，诗琳通公主和英拉总理、素谷蒙文化部长等泰政府高官，以及由文化部副部长杨志今率领的中国政府文化代表团等出席了开幕式并观看首场演出。晚会在泰国各界反响热烈，每场演出均座无虚席，先后有逾万名观众观看。活动期间，泰国国家电视台《王室新闻》每日播出音乐会演出盛况，泰文、英文、中文等平面媒体争相进行大幅报道，称“美妙绝伦的音乐带领泰国人民细品中国文化”，“中泰一家亲在音乐中得到了最完美的体现”。中国文化艺术又一次走进泰国民众，绽开了盛大瑰丽之花。

“讴歌伟大时代，艺术奉献人民——2012年全国优秀剧目展演”

为贯彻落实党的十七届六中全会精神，迎接中国共产党第十八次全国代表大会的召开，全面展示近年来舞台艺术创作的丰硕成果和广大文艺工作者昂扬向上、奋发进取的精神风貌，推出更多的艺术人才，不断推动舞台艺术创作的发展繁荣，文化部于8月至10月在北京举办“讴歌伟大时代，艺术奉献人民——2012年全国优秀剧目展演”。120台剧目在北京国家大剧院、长安大戏院、梅兰芳大剧院、天桥剧场等地陆续上演240余场，在社会上引起强烈反响。这是继2009年国庆60周年献礼演出活动之后的又一次重大展演活动。

2012年国家艺术院团优秀剧目展演

文化部艺术司连续3年举办优秀剧目展演，较好地发挥了导向性、代表性和示范性作用。国家艺术院团推出了35台优秀剧目参加这次展演，其中新创剧目23台，占国家艺术院团参演剧目的三分之二，充分展示了国家艺术院团的创作活力和勃勃生机。2012年国家艺术院团优秀剧目展演，致力于全方位推动国家艺术院团与市场、观众和专家的交流互动，以更好地展现国家艺术院团风采。将举办国家艺术院团艺术建设专题研讨会，就院团剧目创作等进行专题研讨，促进国家艺术院团的创作生产和经营演出；举办国家艺术院团优秀剧目交易推介活动，邀请国内外演出商共同推进国家艺术院团的演出推广，交易会上还将举办论坛，就“中国文化艺术走向海外市场的深度思考”等主题开展深入交流。

第十届全国声乐比赛

由文化部、哈尔滨市人民政府共同主办的第十届全国声乐比赛，8月6日至17日在第三十一届哈尔滨之夏音乐会期间成功举办。美声组、民族组、流行音乐组、合唱组的各个奖项全部产生。解放军总政治部歌剧团王传越获得美声组一等奖，解放军空军政治部文工团伊泓远获得民族组一等奖，南京艺术学院张丹丹获得流行组一等奖，解放军总政歌舞团合唱队获得合唱组一等奖。比赛还评出了评委会特别奖、指挥奖和钢琴伴奏奖。哈尔滨市文化和新闻出版局获得了优秀组织奖。

第十届“桃李杯”舞蹈比赛

第十届“桃李杯”舞蹈比赛于8月18日至26日在安徽省合肥市举行。

进入决赛阶段比赛的院校有102所，选手1800余人，比赛的主要特色和亮点有：一是根据国务院和中宣部对国家级奖项评比的规定，在比赛分组和奖项设置上进行了调整。取消了原来的AB级设置，少年甲组和乙组合并为少年组，每组的获奖名额有所精减。由于奖项含金量的提升，竞争会更加激烈，比赛的观赏性更强。二是“桃李杯”第一次在安徽举办，并由一所地方综合性艺术职业学院具体承办，这次尝试将为“桃李杯”今后的发展提供更加多元化的选择和更加广阔的空间，为扩大“桃李杯”的影响和促进地方舞蹈艺术教育积累有益的经验。

比赛组委会主任是文化部副部长王文章。比赛聘请国内著名舞蹈专家组成评委会，评委会主任是中国舞蹈家协会主席、国家大剧院舞蹈艺术总监、中央芭蕾舞团前团长赵汝蘅，副主任是北京舞蹈学院院长李续，解放军艺术学院舞蹈系主任刘敏，安徽演艺集团董事长、总经理张居淮。

经过10天紧张角逐，比赛获得了圆满成功，众多能力突出、富有潜质的优秀选手脱颖而出，选手们的优异表现使第十届“桃李杯”舞蹈比赛跃升到一个新的高度，体现了舞蹈教学的勃勃生机。

2012年俄罗斯“中国文化节”

8月18日至12月2日，根据中俄两国文化部2011—2013年文化合作计划，文化部主办的“中国文化节”在俄成功举办。本次文化节由演出、展览、地方“文化周”和论坛等4大板块组成，包含14个项目，在俄罗斯的10个联邦主体，16个城市举办，历时107天，中方参加人员共计517人。整个“中国文化节”体现了面向俄大都市、中俄友城、地区和边境城市的特点，多渠道、宽领域、全方位地向俄民众展示了中华文化，在俄广大地区引起轰动，扩大了中华文化影响力，切实促进了两国人民之间心灵的沟通。

第三届中俄文化大集

8月19日晚，第三届中俄文化大集中方开幕式和2012中国国际文化休闲周开幕式在黑龙江省黑河市隆重举行。文化部副部长赵少华、黑龙江省省长王宪魁、副省长程幼东、俄罗斯联邦阿穆尔州州长科热米亚科出席并致辞。随后，中俄各界人士共同观看了两国艺术家联袂表演的“双子同欢”文艺晚会。

第三届中俄文化大集由中国文化部、俄罗斯文化部、黑龙江省人民政府、俄罗斯阿穆尔州政府联合主办，由黑龙江省文化厅、黑河市人民政府、阿穆尔州文化档案部共同承办，于8月18至24日在中国黑河市和俄罗斯布拉戈维申斯克市举行。该活动以“文化贸易、文化交流、友好合作、繁荣发展”为主题，旨在推动中俄边境地区和地方间的文化合作，贯彻落实《中华人民共和国东北地区与俄罗斯联邦远东及东西伯利亚地区合作规划纲要（2009—2018年）》。本届文化大集包含“高端交流、文化展销、文艺演出、推介洽谈、文化旅游、民众文化活动”六大板块，数十项活动。

全国京剧优秀青年演员折子戏展演

由文化部、山东省人民政府、第十届中国艺术节山东省筹委会主办的全国京剧优秀青年演员折子戏展演2012年8月22日至8月29日在山东省聊城市、德州市举行。本次展演是第十届中国艺术节专业艺术单项评比展演系列活动之一。来自24个京剧院团、5所戏曲院校的62名优秀青年京剧演员参加展演，共为广大观众呈献了11场60出精彩的折子戏演出，集中展示了近年来特别是《国家重点京剧院团保护与扶持规划》实施以来全国京剧人才培养的最新成果，推出了一批优秀青年京剧人才。

全国非物质文化遗产传统技艺类项目生产性保护培训班山西太原开班

8月31日，全国非物质文化遗产传统技艺类项目

生产性保护培训班在山西太原开班。来自全国各省市区文化行政部门、非物质文化遗产保护机构的相关负责同志和第一批国家级非物质文化遗产生产性保护示范基地负责人100余人参加了培训。山西省文化厅厅长张明亮致辞，文化部非物质文化遗产司副司长马盛德出席开班仪式并讲话。

本次培训由文化部非物质文化遗产司主办，山西省文化厅承办，旨在进一步提高全国非物质文化遗产管理者与传承者的理论水平，加深对非物质文化遗产生产性保护的认识，提高实践工作能力，建立起一支能够正确把握生产性保护内涵的非遗保护工作队伍，推动非物质文化遗产保护工作跃上新的高度。

培训内容丰富、形式灵活，有很强的针对性。既有国家非物质文化遗产生产性保护相关政策解读，也有结合保护实践的生产性保护理论讲授，还有以山西丁村手工布艺、山西老陈醋生产性保护实践为例的教学环节，进一步加深了学员对生产性保护的理解。此外，培训班还将组织参训人员前往山西临汾市土圪垯手工布艺有限公司、丁村民俗村、唐人居古典家具文化有限公司、薛金生大师工作室和山西老陈醋集团进行参观和现场教学，使理论与实践紧密结合，让学员对生产性保护有一个完整深刻的认识。

第二届优秀保留剧目大奖评选

优秀保留剧目大奖评选和巡演活动，是文化部改革和完善文艺评奖的一次重大改进，也是促进我国舞台艺术繁荣发展的重要举措。9月，文化部开展了第二届优秀保留剧目大奖评选活动，京剧《杨门女将》等20部思想性、艺术性、观赏性相统一，深受观众喜爱、久演不衰的作品被评为第二届优秀保留剧目大奖作品。11月20日文化部在北京召开第二届优秀保留剧目大奖获奖作品表彰会，对获奖院团进行了表彰。

第二届中国—亚欧博览会“中外文化展示周”

9月1日，由文化部和新疆维吾尔自治区政府共同主办的第二届中国—亚欧博览会“中外文化展示周”作为亚欧博览会的主要专题文化活动在新疆博物馆隆重开幕。文化部副部长杨志今和新疆维吾尔自治区党委、政府、人大及政协有关领导以及中外艺术家、媒体和其他各界人士约800人出席。本届“中外文化展示周”的展览和演出质量高，规模大，备受当地媒体和观众的赞赏和好评。展示周的举办进一步丰富了新疆各族人民的精神文化生活，也成为亚欧博览会靓丽的人文风景。它为新疆对外文化交流留下浓墨重彩的一笔，通过艺术交流增进了中国与亚欧各国人民之间的相互了解和友谊，同时有助于新疆吸收和借鉴世界优秀文化，不断提升新疆文化内涵。

2012年全国优秀剧目展演艺术创作座谈会

9月4日，文化部在北京召开2012年全国优秀剧目展演艺术创作座谈会。文化部党组成员、副部长王文章出席会议。文艺界专家、学者，部分参演院团负责人、主创人员及观众代表30多人参加了座谈会。文化部党组书记、部长蔡武出席座谈会并作了题为《为时代立传　为人民放歌》的讲话，文化部党组成员、副部长王文章作了题为《注重艺术本体创造　深刻反映时代精神》的发言，仲呈祥、尚长荣等专家、学者、艺术家和观众代表作了发言。他们对2012年全国优秀剧目展演给予很高的评价，对近年来我国艺术创作取得的成绩和经验进行了梳理和总结，并就促进艺术创作更好地发展提出了建议。

第二届中国非物质文化遗产博览会

为全面搭建非物质文化遗产项目宣传、交流、合作的平台，促进非物质文化遗产生产性保护，第二届中国非物质文化遗产博览会积极推进招商招展工作，制定出台优惠政策，广泛征集签约项目，取得了丰硕成果。

本届博览会共吸引了全国各地767个非物质文化遗产保护项目参展，目前共达成合作签约项目135个，协议资金总额442.6亿元。签约项目主要呈现以下特点：一是规模大、数量多。135个项目中，过亿元项目24个、过千万元项目54个，传统制作技艺项目达到108个，均为各地具有代表性的优秀非物质文化遗产项目。二是层次高、带动力强。参与本次签约的项目大多入选国家级和省级非物质文化遗产名录，湖南湘绣、景德镇陶瓷、鲁锦织造、扬州雕版印刷等都在全国和各地有着较高的影响力，这些项目的成功签约合作，将会对提高社会资金对非物质文化遗产生产性保护的参与度和热情，起到有力的助推和示范作用。三是市场广阔、发展前景好。本届博览会签约项目，民间资本参与踊跃，社会资金占比较大，很多项目涉及品牌加盟、新产品开发、出口加工、旅游产品订购等领域，具有广阔的市场空间和良好的发展潜力，体现了整个社会对非物质文化遗产保护的高度关注。此外，为进一步丰富台儿庄古城的文化内涵，建设国家非物质文化遗产博览园，在各方的大力支持和配合下，入驻台儿庄古城的非遗项目成功签订108个，其中国家级和省级非遗项目69个，有力推动了非遗保护传承工作的深入开展。

第三届中美文化论坛

9月6日至9日，作为中美人文交流高层磋商框架下的文化领域重点项目，由文化部和美国国家人文基金会共同主办、中国艺术研究院和江苏省文化厅承办的第三届“中美文化论坛”在北京和南京成功举办。该论坛每两年在中美两国轮流举办一次，旨在为两国在公共领域建立一个公共性、学术性、互动性的定期对话机制，以推进两国文化关系的全面、深入和可持续发展。论坛期间，来自中美两国的22位文化专家和学者紧紧围绕“文化的语境：文化与历史、文化与人类、文化与地域”这一论坛议题，进行了广泛、深入、坦诚、热烈的讨论和交流。赵少华副部长在论坛开幕式发表了主旨讲话。

第六届中国西部文化产业博览会

9月7日至10日，由文化部、国家广电总局、新闻出版总署、陕西省人民政府共同主办的第六届中国西部文化产业博览会在陕西西安举办。文化部党组成员、副部长王仲伟出席开幕式并致辞。本届西部文博会以“创新、改革、发展、繁荣”为主题。共设置了五大展馆、15个专题展区、13个专项活动、8个分会场，在为期4天的活动期间，集中开展产业博览、项目推介、论坛会议、文化演出等一系列丰富多彩的展览活动。共征集签约项目68个，总签约额约825亿元。

第二届全国青少年钢琴比赛

9月22日至9月28日，第二届全国青少年钢琴比赛在厦门举办。比赛由文化部主办，厦门市人民政府和福建省文化厅承办，福建中烟工业有限责任公司、厦门烟草工业有限责任公司、厦门市宏泰艺术中心协办。

比赛分四个阶段进行，即预赛、复赛、半决赛和决赛。6月中旬在北京举行了预赛，通过审听演奏音像资料，最终确定96名选手（少年组47人，青年组49人）正式入围，比赛分少年组（11～15岁）和青年组（16～26岁）两个组别，每个组别进入半决赛人数为12人，进入决赛人数为6人。青年组决赛由厦门歌舞剧院厦门乐团协奏，我国著名钢琴家、指挥家石叔诚担任指挥（少年组决赛由钢琴伴奏）。赛事主要活动项目有：开幕式暨欢迎宴会，6场复赛，4场半决赛，4场决赛，闭幕式暨颁奖晚会等。比赛场地在厦门宏泰音乐厅。

比赛由文化部副部长王文章、厦门市人民政府市长刘可清担任组委会主任。文化部聘请国内各艺术院校、院团的著名音乐理论家、钢琴演奏家、指挥家和作曲家组成评委会，评委会主任由中央音乐学院教授吴迎担任。中纪委监察部驻文化部纪检组监察局派员对比赛进行监督。

在历时6天的紧张角逐中，来自各艺术院校的73名选手共决出14个奖项，其中12个名次奖，2个中国作品演奏奖，由文化部颁发获奖证书，获得名次奖选手的指导老师同时获得“园丁奖”。进入半决赛而未进入决赛的选手获得鼓励奖，由组委会颁发获奖证书。

比赛在促进钢琴教学质量和演奏水平的提高，发现和选拔青少年优秀艺术人才上取得重要成果。

2012年“濠江月明夜——大型中秋晚会”、“香江明月夜——大型中秋晚会”

9月26日至28日，文化部副部长赵少华率团赴澳门、香港先后出席首届“濠江月明夜——大型中秋晚会”、第十三届“香江明月夜——大型中秋晚会”等相关文化活动。这两项活动都是文化部积极利用内地文化资源、发挥传统节日的独特作用在港澳地区举办的大型文化活动，活动以中华民族共有的传统节日为契机，以民族情、国家情为纽带，对于加强内地与港澳文化交流，促进港澳同胞的文化认同、人心回归具有积极作用。

“华艺新颜”大型中国文化展示活动

10月12日至11月4日，中国文化部和哥伦比亚圣多明戈大剧院、厄瓜多尔苏克雷国家剧院和墨西哥塞万提斯国际艺术节合作，在上述3国成功举办了“华艺新颜”大型中国文化展示活动。3个国家，9座城市，30余场演出，吸引了数万拉美观众前来现场观看演出，感受中国文化的独特魅力，这是近年来文化部在拉美地区举办的规模最大、水平最高、内容最丰富的文化展示活动之一。中方组派北京当代芭蕾舞团、上海民乐团、上海京剧院、江苏演艺集团木偶团、清华大学美术学院《中国当代纤维艺术展》共110多名艺术家及中国当代电影展示参加“华艺新颜”活动，在访演各地产生了广泛影响。

第十届全国青少年小提琴比赛

10月17日至27日，第十届全国青少年小提琴比赛在青岛举办。比赛由文化部主办，青岛市人民政府承办。

第十届全国青少年小提琴比赛是继第八届、第九届之后第三次在青岛举办。比赛设青年组和少年组两个组别，每组各分三轮进行。第一轮、第二轮为淘汰赛，第三轮为决赛。比赛报名工作在1月份全面展开，截至7月20日报名结束，共有来自中央、上海、沈阳、星海、四川、武汉音乐学院，中国人民大学等20所院校的111名选手参赛。经过7月底的初评，青年组有33名选手、少年组有25名选手获得了进入第一轮比赛的参赛资格。各组进入第二轮选手的名额为16人，进入第三轮选手的名额为10人。少年组和青年组分别设第一至第六名的名次奖、鼓励奖、中国作品演奏奖、“园丁奖”和优秀钢琴伴奏奖。

第十届全国青少年钢琴比赛组委会组织专家对比赛章程做了专门调整，修改后的章程在比赛曲目、参赛条件、比赛奖金等方面都有所变化。其主要特色和亮点：一是选手报名踊跃。二是非音乐院校选手数量增多。三是报名选手对新创作的中国作品曲目表现出浓厚兴趣。比赛特别请专家挑选了六首中国作品新乐曲，以更好地检验选手自身演奏水平。

比赛的场馆在青岛音乐厅，在8天的紧张角逐中，来自各艺术院校的54名选手共决出了21个奖项，包括8个名次奖和9个鼓励奖，2个中国作品演奏奖。同时，为了表彰优秀的钢琴伴奏，组委会设置了钢琴艺术指导奖，有2位钢琴伴奏荣获该奖项。闭幕式暨颁奖音乐会在青岛大剧院举行，青岛交响乐团担任比赛闭幕式暨颁奖音乐会的协奏任务。

中俄舞台艺术对话活动

10月27日至11月2日，由中俄两国文化部主办的“2012中俄舞台艺术对话”活动在俄罗斯的莫斯科和圣彼得堡两市成功举办。此活动系2012年在俄罗斯举办的“中国文化节”框架下重要项目之一，同时也是2011年在中国举办的“俄罗斯文化节”框架内首届中俄舞台艺术对话的延伸。活动共邀请中俄两国戏剧、舞蹈、芭蕾、艺术节和文化管理等领域的共45家机构的代表和专家80余人共襄盛举。

借助“2012中俄舞台艺术对话”及其所搭建的宣传与推广平台，中俄两国艺术机构及个人都有效地向对方展示和推介了自己最优秀的演艺产品和项目。“2012中俄舞台艺术对话”还为中俄两国文化艺术机构及艺术家探索和启发了多种形式的合作模式，包括机构合作、项目合作、人员交流、共同创作等。

“我的音乐厅——外国经典音乐欣赏”项目首发式暨作品音乐会

11月28日晚，“我的音乐厅——外国经典音乐欣赏”项目首发式暨作品音乐会在北京国家大剧院音乐厅举办。中共中央政治局委员、国务委员的刘延东出席并观看了音乐会。文化部部长蔡武出席并致辞，国务院副秘书长江小涓、教育部副部长郝平和国家大剧院院长陈平出席。文化部副部长董伟主持首发式。

蔡武首先代表文化部向为“我的音乐厅——外国经典音乐欣赏”项目付出辛勤劳动的专家学者和工作人员表示衷心感谢。他说，加强和改进大中学生思想政治教育，建设健康、积极向上的校园文化，发挥校园文化的育人功能，是教育部门的责任，也是文化部门的责任，是学校的责任，也是艺术院团的责任。希望更多的艺术家参与到这个项目中来，携手为青年学生提供更多更好的文化产品和文化服务，进一步丰富校园文化生活，提高青年学生的审美水平和整体素质，进而提高全民族的科学文化素质，提高广大人民群众的幸福指数，为建设幸福中国、美丽中国，为实现全面建成小康社会的宏伟目标作出积极贡献。

“我的音乐厅——外国经典音乐欣赏”是为深入贯彻落实《中共中央国务院关于进一步加强和改进大学生思想政治教育的意见》和《国家中长期教育改革和发展规划纲要（2010—2020年）》，而由文化部、教育部和国家大剧院主办的公益性音乐普及项目，通过政府组织、专家推荐、院团实施、社会参与的形式，以广大青少年学生为主要对象，集中介绍和赏析外国经典音乐，为普及高雅艺术，培养全面发展的高素质人才进行探索和实践。该项目共确定了14个大类共675首推荐曲目，计划分三期完成录制工作。2012年，项目录制工作正式启动。受文化部委托，中央歌剧院和中央音乐学院具体承担项目第一期录制工作，中央歌剧院负责交响乐、管弦乐、歌剧选曲3个门类共172首作品录制工作，中央音乐学院负责钢琴、小提琴、室内乐3个门类共114首作品录制工作。第一期录制工作已按计划完成，共录制15张碟片，包括224首曲目。

在音乐会上，文化部、教育部以及国家大剧院领导向北京高校代表赠送了项目音像制品。来自中央歌剧院和中央音乐学院的艺术家们演绎了多首外国经典曲目，上千名北京高校学子和音乐爱好者在现场欣赏了这场精彩的音乐会。

“福建木偶戏后继人才培养计划”入选联合国教科文组织优秀实践名册

在法国巴黎举行的联合国教科文组织保护非物质文化遗产政府间委员会(简称委员会)第七次会议12月4日审议通过，中国申报的“福建木偶戏后继人才培养计划”被列入优秀实践名册，实现中国在联合国教科文组织优秀实践名册项目零的突破。截至本次委员会会议，各国入选联合国教科文组织优秀实践名册的项目达到10项。

为有效保护人类非物质文化遗产，联合国教科文组织《保护非物质文化遗产公约》(简称《公约》)设立了人类非物质文化遗产代表作名录、急需保护的非物质文化遗产名录和优秀实践名册。按照联合国教科文组织“一年只评审每个申报国一个项目”的规则，2011年中国重点申报了优秀实践名册项目——“福建木偶戏后继人才培养计划”。福建木偶戏是中国木偶表演艺术的杰出代表，主要演出形式为提线木偶与掌中木偶两种。自公元十世纪始在泉州、漳州及周边地区广泛传播，其表演技法精湛、传统剧目和音乐唱腔丰富、偶像造型艺术精美绝伦，形成了完整的表演体系，成为当地社区民众珍爱的表演艺术形式。20世纪80年代以来，随着生产生活方式的变化，加之福建木偶戏表演技法复杂，年轻人学习、传承意愿下降，福建木偶戏后继乏人。从2006年开始，相关社区、群体和代表性传承人围绕培养传承人的主要目标，制定了2008年至2020年“福建木偶戏后继人才培养计划”。计划实施四年来，通过系统的专业训练，培养新一代木偶戏从业者，提高福建木偶戏的存续能力；通过整体性保护，培育潜在的木偶戏从业者及欣赏者，改善福建木偶戏的生存环境，有效促进了福建木偶戏的保护传承。

“福建木偶戏后继人才培养计划”成功入选联合国教科文组织优秀实践名册，是国际社会对中国非物质文化遗产保护工作的充分肯定，对于未来开展非物质文化遗产保护领域国际交流和合作具有重要意义，也将对中国非物质文化遗产保护工作产生深远的影响。

第七届中国北京国际文化创意产业博览会

12月19日至23日，由文化部、国家广电总局、新闻出版总署、北京市人民政府共同主办的第七届中国北京国际文化创意产业博览会在北京举办。文化部党组书记、部长蔡武出席开幕式。据不完全统计，第七届北京文博会期间，签署文化创意产业项目协议和原创文化内容产品及艺术品交易总金额1089.53亿元人民币，比上届增长38.5%。由文化部文化产业司与中国人民大学联合举办的第四届“文化创意产业与品牌城市”国际论坛作为文博会活动之一在中国人民大学成功举办。

文化部公布第四批国家级非物质文化遗产项目代表性传承人

12月20日，文化部公布了第四批国家级非物质文化遗产项目代表性传承人共498名，加上前三批已公布的1488人，共计1986人。

在第四批国家级非物质文化遗产项目代表性传承人名单中，出现了10余位“70后”，成为传承人队伍中较为年轻的成员。据国家非物质文化遗产保护专家委员会副主任乌丙安介绍，此次评选的代表性传承人与之前相比有明显年轻化的趋势。前三批评选的传承人大多是老一辈大师，他们技艺超群、德高望重，但年龄偏大。而此次各省推荐的传承人很多为五六十岁，年富力强，为该行业的“当家人”。“这说明我国的非遗传承已经进入了实体阶段，非遗保护工作从单纯的申报、审批转为了踏踏实实地传承。”

此外，老一辈传承人的相继离世也给非遗保护传承敲响了警钟，就在第四批国家级非物质文化遗产项目代表性传承人名单公示过程中，就有申报该批次的传承人去世。因此，他建议在严格把控评选标准的基础上，要加快传承人评选的步伐，把更多优秀的非遗传承人纳入非遗保护传承体系。

中国文化年鉴

Almanac Of Chinese Culture

文化工作综述

Cultural Wrap-up

综 述

2012年是深入贯彻落实党的十七届六中全会和十八大精神，着力实施“十二五”文化改革发展规划，全面推动文化改革发展的重要一年。特别是党的十八大胜利召开，对扎实推进社会主义文化强国建设再次作出战略部署，为文化改革发展提供了重要遵循和强大动力。一年来，文化系统干部职工认真贯彻党中央、国务院关于文化建设的重大部署，以迎接党的十八大召开和学习贯彻十八大精神为主线，文化自觉和文化自信进一步提高，顺利完成了各项工作。

一、提前部署、周密安排，迎接党的十八大召开和学习贯彻十八大精神

（一）大力宣传文化建设的新局面、新成就

2012年，我们围绕十八大的召开和学习贯彻，提前部署、周密安排，以迎接党的十八大召开和学习贯彻十八大精神为主线，围绕大局、服务中心，着力统一思想、凝聚力量、振奋精神、营造氛围，针对性开展报道，取得了良好的社会效果。成功举办《科学发展 成就辉煌》图片展和十七大以来文化建设成就系列专题新闻发布会，在人民日报、中央电视台等主流媒体刊（播）发了一批有分量的报道，在《为时代放歌》、《文化体制改革巡礼》等专题片中，大力宣传文化建设取得的辉煌成就。组织编写“科学发展 成就辉煌”系列丛书文化卷《坚持科学发展 推动文化创新》，对十六大以来文化建设取得的巨大成就进行总结和梳理，进一步阐发了中国特色社会主义文化发展道路的伟大实践和科学理论。

（二）举办各种迎接十八大主题活动

充分发挥文化工作的自身优势和独特作用，统筹安排、成功举办2012年全国优秀剧目展演、国家公共文化示范区创建城市群众文化进京展演等各类文化艺术活动。举行文化部“巾帼建功”座谈会、“当好主力军、建功十二五、迎接十八大”文化部直属机关公文写作技能竞赛活动，“文化青年走基层”实践活动，举办“青春芬芳——全国文化系统青年书法美术作品展”。通过系列主题活动，为十八大胜利召开营造了喜庆和谐的良好氛围。

（三）深入系统地开展学习贯彻十八大精神系列活动

十八大召开后，文化系统按照党中央的部署，迅速组织学习传达。认真组织收听收看十八大新闻报道，制定文化部学习贯彻党的十八大精神的总体方案。召开文化部学习传达十八大精神大会，要求文化系统开展学习贯彻十八大精神活动。印发《中共文化部党组关于认真学习贯彻党的十八大精神的通知》，对全国文化系统学习贯彻党的十八大精神进行部署。组织学习培训，以司局级干部和党群工作干部为重点开展党的十八大精神学习培训。举办3期文化部司局级干部党的十八大精神学习班，培训司局级干部近230名。举办文化部直属机关党务干部、工会干部、团干部党的十八大精神培训班，培训党群工作干部近170人。开展宣讲活动，为党员干部职工进一步学习领会党的十八大精神提供辅导。加强对十八大会议精神的宣传，配合上级党组织和相关媒体做好有关采访、宣传报道等工作。

二、文化体制改革阶段性任务全面完成，文化生产力得到进一步解放

（一）全面总结文化体制改革成就与经验，文化系统改革先进典型受到表彰

9月，中央召开了全国文化体制改革工作表彰大会，文化文物系统的中国对外文化集团公司、中国东方演艺集团有限公司、中国文化传媒集团有限公司、国家图书馆、国家博物馆、中国文化遗产研究院、中国演艺设备技术协会7家单位受到了表彰。10月，受国务院委托，蔡武向全国人大常委会作了关于深化文化体制改革推动社会主义文化大发展大繁荣工作情况的报告，系统汇报改革进展和成效。全国人大进行审议后，总体上对近年来文化改革发展的成就给予高度评价，同时也对一些社会上普遍关注、反映强烈的问题，提出了翔实、中肯、有针对性、有建设性的意见。在国务院的领导下，文化部积极牵头组织协调，落实意见。

（二）完成国有文艺院团体制改革阶段性任务，国有演艺企业自我发展能力不断增强

按照“转制一批、整合一批、撤销一批、划转一批、保留一批”的路径，全国文化系统2103家承担改革任务的国有文艺院团已完成2102家，其中，转企改制61%，撤销20%，划转19%。改制后的院团进一步增强了艺术创作生产活力，演出场次、院团收入和演员收入得到较大幅度增长。为保障国有文艺院团改革工作如期完成，2012年，我们加强了国有文艺院团体制改革督查工作。及时开展自查验收与复查验收（调研）工作，督促各地规范改革操作、摸清改革后的院团发

展情况。为扶持转企改制国有文艺院团继续深化改革加快发展，与中宣部等八个部委共同制定《关于支持转企改制国有文艺院团改革发展的指导意见》，目前已进入会签阶段。

（三）文化市场综合执法改革全面完成，综合执法规范化水平不断提高

全国列入改革范围的403个地级市以及2594个县（区），除云南的10个县区外，全部完成综合执法机构组建工作；100%的省（区、市）和92.8%的地市、75.9%的县区组建了文化市场管理工作领导小组；86.4%的地市和93.8%的县（区）完成了综合文化责任主体组建工作。全国执法人员增加到31444人，文化市场执法力量明显加强。同时，发布了《文化市场举报办理规范》、《网络文化市场执法工作指引》等13个规范性文件，覆盖执法人员行为规范及举报办理、日常检查、案件查处、应急处罚等综合执法的各个环节，综合执法规范化程度大幅提高。不断创新文化市场技术监管模式，大力建设全国文化市场技术监管与服务平台。

（四）深化改革、调整定位，直属单位业务发展方向更加明确

对现有事业单位职能进行调整规范，调剂编制使用，盘活现有资源。成立了文化部非物质文化遗产国际培训中心，国家图书馆加挂“国家典籍博物馆”，文化部文化设施建设管理中心更名为文化部海外文化设施建设管理中心、艺术服务中心更名为艺术发展中心、全国文化信息资源建设管理中心更名为全国公共文化发展中心。这是我们适应文化事业发展新要求，推动直属单位转变职能，提高效能，创新体制机制的重要举措。

三、坚持以人民为中心的创作导向，文艺创作生产取得社会效益经济效益双丰收

（一）精心组织各项重大艺术活动，不断推出优秀作品和优秀人才

按照中央统一部署，精心组织了一系列有声势、有特色的重大艺术展演活动。为迎接党的十八大胜利召开，以“讴歌伟大时代，艺术奉献人民”为主题，举办了2012年全国优秀剧目展演，时间长达3个半月，汇聚了各地119台优秀剧目，演出240多场，观众达30多万人次。同时，举办了2012年国家艺术院团优秀剧目展演，发挥了国家艺术院团的导向性、示范性、代表性作用，9个中直院团在演出交易会上共签约演出800场，金额1.42亿元，均创三年来的新高。为纪念《在延安文艺座谈会上的讲话》发表70周年，举办了《从延安走来》大型美术作品展览、优秀剧目展演、文艺晚会、研讨座谈和采风慰问等系列活动。举办了全国地方戏精粹展演、第七届全国儿童剧优秀剧目展演等形式多样的艺术活动。涌现出话剧《郭明义》、《红旗渠》、豫剧《兰考往事》、儿童剧《特殊作业》、芭蕾舞剧《小美人鱼》等一批优秀艺术作品。

（二）加强文艺创作的示范引导，推进各项艺术重点工程和项目

实施重点工程和规划，加强艺术创作的扶持和保障。继续实施国家舞台艺术精品工程等重点工程项目、国家昆曲艺术抢救保护和扶持工程、国家重点京剧院团保护和扶持规划、中国民族音乐发展和扶持工程、中国杂技艺术振兴规划、全国画院优秀创作研究扶持计划、全国美术馆发展扶持计划等。加强改革创新，不断探索和创新艺术工作机制，举办中国设计大展、全国美术馆馆藏精品展出季、“昆曲名家——当代昆曲名家收徒传艺工程”等，编制地方戏曲、曲艺木偶戏皮影戏等艺术门类的发展扶持规划。

（三）改进评奖工作，加强文艺创作的评价激励

成功举办了第二届全国优秀保留剧目大奖评选，评选出京剧《杨门女将》、豫剧《铡刀下的红梅》等20部久演不衰的优秀剧目，扩大参评时间范围，明确演出场次要求。举办第十届全国声乐比赛、第四届全国青少年民族乐器演奏比赛、第十届“桃李杯”舞蹈比赛。

（四）面向基层群众，加强文艺创作的服务导向

继续在元旦、春节期间组织中直院团开展“三下乡”活动，把欢笑送到群众中去。深化“走转改”活动，组织9个国家艺术院团在各地建立联系基层基地，开展采风创作、慰问演出、艺术辅导等活动。继续开展高雅艺术进校园等公益性演出活动。

四、坚持保基本、强基层、建机制的思路，公共文化服务质量和水平不断提高

（一）强化督查指导，加强公共文化服务制度体系建设

起草《文化部“十二五”时期公共文化服务体系建设实施纲要》。扎实推进国家公共文化示范区（项目）创建工作。与财政部共同开展基层公共文化服务体系建设督查工作。督查以示范区创建和免费开放为重点，共组织16个督查组116人深入31个创建城市、68个县（区、市）、123个乡镇（街道）、135个村（社区），全面了解了基层公共文化建设情况，推动了各

项惠民政策的落实。召开国家公共文化示范区创建工作现场经验交流会、示范项目创建工作经验交流会，发挥典型示范作用，提升各地公共文化建设的科学发展水平。开展制度设计研究课题评审和验收工作，推出有关重大课题研究成果。建立国家公共文化服务体系建设专家库，积极发挥专家的作用。首次编撰出版《公共文化蓝皮书：中国公共文化服务发展报告（2012）》，展现近年来公共文化建设取得的成就，明确未来的发展方向和重点任务。

（二）推动工作创新，提高公共文化服务能力

以“文化强国——图书馆的责任与使命”为主题，举办2012年中国图书馆年会，全面展示我国图书馆事业的发展。大力推进公共数字文化建设，提升全国文化共享工程、数字图书馆推广工程和公共电子阅览室建设计划三大公共数字文化工程整体效能。举办全国文化共享工程实施十周年活动。启动国家公共文化数字支撑平台建设规划，开展基层品牌服务活动。印发了《关于加强数字图书馆推广工程的实施意见》，部署工程建设任务，与财政部联合印发《“公共电子阅览室建设计划”实施方案》，全面推进公共电子阅览室建设。加强全国基层文化队伍培训，确定四所学校为全国基层文化队伍培训基地，编撰出版图书馆和文化馆系列培训教材大纲，搭建远程培训平台，初步形成了一套比较科学的培训体系。2012年共举办28期示范班和师资班，直接培训1200余人次。

（三）突出示范引导，组织全国性重大群众文化品牌活动

组织了“大地情深”——国家公共文化示范区创建城市群众文化进京展演，共有29个城市参加，演出近40场，时间持续2个月，观众近10万人次。组织“十艺节”第十六届“群星奖”音乐、舞蹈门类的初选和复赛工作，举办第十四届中国老年合唱节，开展第三批“中国少儿歌曲创作推广计划”优秀少儿歌曲征集评选工作。

（四）以文化志愿者边疆行和农民工文化建设为重点，保障少数民族和特殊群体的文化权益

与中央文明办共同印发《关于广泛开展基层文化志愿服务活动的意见》。召开全国文化志愿服务工作会议，从国家层面第一次就文化志愿服务工作作出部署，推动全国文化志愿服务工作进入全面启动实施的新阶段。继续开展2012年“春雨工程”——全国文化志愿者边疆行活动，努力建立责任明确、运行规范的工作机制，指导内地与边疆对接形成了83个文化志愿服务项目。全年有40多支文化志愿团、1500多名文化志愿者为边疆民族地区各族群众提供文化服务，直接服务对象近40万人次。首次召开农民工文化建设现场经验交流会，对将农民工文化建设纳入公共文化服务体系提出了具体要求。

五、落实政策、搭建平台，推动文化产业成为新的经济增长点

（一）制定出台多项政策规划，进一步完善产业政策体系

发布并组织实施《文化部“十二五”时期文化产业倍增计划》，确定了“十二五”时期文化系统文化产业增加值至少翻一番的目标。制定《文化部关于鼓励和引导民间资本进入文化领域的实施意见》，进一步扩大投资来源，优化产业结构。以扶持动漫产业发展部际联席会议办公室名义印发了《“十二五”时期国家动漫产业发展规划》，全面规划了“十二五”时期动漫产业发展的基本思路、发展目标、主要任务和保障措施。联合商务部等部门修订了《文化产品和服务出口指导目录》，进一步拓宽支持文化对外投资和出口的行业范围。协调财政部等有关部门发布了《关于交通运输业和部分现代服务业营业税改征增值税试点若干税收政策的补充通知》，明确了经认定的动漫企业在营业税改征增值税试点地区的税收优惠政策。

（二）进一步加强动态管理，发挥骨干企业引领示范作用

进一步强化对基地、园区的动态管理，撤销了北京中录同方文化传播有限公司等4家存在突出问题、不再发挥示范作用的单位国家文化产业示范基地的命名。配合国家发改委制定《关于规范主题公园建设的意见》，加强主题公园建设管理。为进一步发挥国家级文化产业基地园区示范引领作用，开展了第五批国家文化产业示范基地和第四批国家级文化产业示范园区的命名工作。

（三）推进特色文化产业发展，启动藏羌彝文化产业走廊项目建设各项工作

起草《关于推进藏羌彝文化产业走廊重大项目建设的报告》上报中央领导，编制完善藏羌彝文化产业走廊规划，加强与财政等相关部门协调，争取对特色文化产业发展工程、藏羌彝文化产业走廊等重大文化产业项目的支持。

（四）深入推进文化产业投融资各项工作，进一步建设完善文化产业投融资体系

深入推进部行合作，扩大文化产业信贷规模，文

化产业本外币贷款余额已突破千亿元。联合有关部门在江苏、北京、深圳等地启动文化企业债券融资试点，已注册发行债券超1500亿元。联合保监会，积极推进文化产业保险工作。积极协调中央财政专项资金支持文化产业。联合商务部完成了“2011—2012年度国家文化出口重点企业目录”和“重点项目目录”认定工作。配合中宣部、证监会加强对文化产权交易所的引导和规范。

（五）实施国家动漫品牌建设和保护计划，促进动漫产业快速发展

举办十七大以来中国动漫产业发展成果展，得到社会广泛关注。协调财政、税务等部门，开展动漫企业认定工作，全年认定动漫企业110家。启动实施手机动漫标准示范应用推广工程，加快新型文化产业发展。举办深圳文博会原创动漫推广展、中国原创手机动漫游戏大赛、第八届中国国际动漫游戏博览会等展会。协调国家发改委加快推进数字内容创新发展文件出台。联合国家发改委共同组织实施高技术服务业重大项目申报审评，首次将数字内容服务中的动漫游戏服务纳入支持范围。与国家发改委共同开展国家规划布局内重点软件企业中重点动漫企业的认定工作。

（六）搭建文化产业交流合作平台，深入推进文化产业公共服务平台各项建设工作

重点做好文化部参与主办的综合性博览会、论坛等活动。启动建设文化产业项目信息资源整合与共享平台，促进文化产业项目资源库建设，进一步完善文化产业公共信息服务平台。

六、服务水平和监管能力不断提高，文化市场发展更加规范有序

（一）以文化市场技术监管与服务平台建设为重点，大力推进文化市场管理信息化建设

制定《全国文化市场技术监管系统项目管理办法》，开发了行政审批系统、网络音乐动态监管系统、网络游戏动态监管系统。全面推广应用综合执法办公系统，目前已经扩展到22个省份，用户2.6万余个，录入经营单位37.9万余家。

（二）推动文化市场综合执法规范化

综合执法队伍建设取得成效。通过组织实施“文化市场监管能力提升工程”和“全国文化市场技术监管与服务平台建设工程”，全面提升了文化市场综合执法能力。加强文化市场综合执法装备配备建设。启动并开展2012年全国文化市场综合执法先进单位和优秀个人评比表彰工作，评选出2012年全国文化市场十大案件和重大案件。

（三）全面加强文化市场监管

开展了专项执法行动，为党的十八大胜利召开创造良好的社会文化环境。2012年1至10月，全国各级文化行政部门和文化市场综合执法机构出动执法人员1016万余人次，检查经营单位517万余家次，受理各类举报投诉2.9万件，立案调查4.9万件，办结案件4.2万件。强化网络文化市场执法协作机制，进一步加强网络文化市场监管，查办并妥善处理了一批网络文化市场敏感事件。

（四）培育文化市场主体，健全文化市场体系

采取得力措施，加强娱乐市场、演出市场、艺术品市场、文化旅游市场、网吧、网络游戏、网络音乐市场的发展和规范。在全国范围内开展诚信画廊复核和评选工作，全国诚信画廊总数达到94家。

（五）推进机制建设，加强理论研究

进一步完善了文化市场法律法规体系，与部监察局共同起草并发布《文化市场综合行政执法人员执法行为规范》，印发了《演出经纪人员管理办法》，起草了《娱乐场所管理办法》。开展文化市场政策评估工作，完成《营业性演出管理条例》及其实施细则和《网络游戏管理暂行办法》的评估工作，开展了网络音乐管理政策评估工作。指导并推进行业自律，推动成立了移动游戏联盟，推动中国演出家协会更名为中国演出行业协会，成立了中国互联网上网服务营业场所行业协会。开展课题研究，编撰全国文化市场综合执法培训教材，开展艺术品鉴定、游戏游艺机涉赌问题、网络游戏暴力及低俗问题、网络文化建设与管理、移动网络文化发展现状和有效规制、网络音乐行业标准、文化市场黑名单库机制等课题研究。加大对地方培训和指导力度，开展了综合执法培训和审批业务培训。

七、努力践行传承文明、服务社会、惠及民生宗旨，文物工作取得显著成绩

（一）全国文物工作会议召开

7月份国务院召开十年来首次全国文物工作会议，对新时期全面推进文物保护利用和传承发展、努力建设文化遗产强国作出了明确部署。国家文物局下发《关于深入学习贯彻全国文物工作会议精神的通知》。

（二）文物法制建设进一步加强

配合全国人大常委会开展文物保护法执法检查，重点对文物安全、文物保护与经济社会发展的关系、文物流通管理、执法能力和配套法规制定等情况进

行调查。推进《博物馆条例》立法进程，颁布实施《大运河遗产保护管理办法》。开展文物执法专项督察，开展我国管辖海域内文化遗产联合执法专项行动等。

（三）文物保护和博物馆等工作有序推进

第七批全国重点文物保护单位评选工作进展顺利。文物保护重点工程、涉外文物保护工程、大型建设工程中的文物保护和考古工作成效明显。元大都遗址成功列入世界遗产名录，我国世界遗产总数达43项，位居世界第三。全国博物馆总数达到3589个，免费开放博物馆、纪念馆达1804个，博物馆年接待观众5.2亿人次。国有可移动文物普查工作全面启动。指南针计划、中华文明探源工程、行业标准体系建设等重大科技项目进展顺利。社会文物流通管理逐步规范。文物对外交流与合作不断拓展。

八、着力加强制度建设和完善工作体系，推动非物质文化遗产保护传承再上新台阶

（一）非物质文化遗产名录项目动态管理取得突破性进展

开展国家级非遗代表性项目保护督查工作，对105个国家级项目的保护单位进行了调整、限期整改及撤销。在抢救性保护方面，完成数字化保护一期工程，在调研的基础上制定了抢救性保护实施方案，一批濒危的国家级项目得到中央专项资金补助。

（二）传承队伍建设不断加强

评审公布了第四批498名国家级非遗项目代表性传承人，到目前为止，我部共认定了1986名国家级项目代表性传承人。“福建木偶戏后继人才培养计划”成功列入联合国教科文组织“优秀实践名册”。

（三）整体性保护取得突破进展

新设立了贵州省黔东南民族文化、江西省客家文化（赣南）、广西壮族自治区铜鼓文化（河池）三个生态保护实验区。截至目前，国家级文化生态保护实验区已达15个，地方政府在经费投入、基础设施建设、人才培养上都开展了相应的工作，整体性保护呈现了明显的效果和优势。

（四）生产性保护取得新成果

颁布了《文化部关于加强非物质文化遗产生产性保护的指导意见》，41个项目企业或单位被列为第一批生产性保护示范基地，中国非物质文化遗产生产性保护成果大展成功举办，观众超过16万人次，充分展示了创新保护方式的生机和活力。

九、大力推动文化与科技融合创新和融合发展，艺术科研和艺术教育服务文化建设取得新成绩

（一）文化科技工作实现新拓展

依托部际会商合作机制，争取国家科技支撑计划国拨资金累计超亿元。联合科技部、中宣部、广电总局、新闻出版总署四部门发布了首批16家国家级文化和科技融合示范基地。坚持规划先行，编制和发布《文化部“十二五”文化科技发展规划》，明确“十二五”时期文化科技发展的工作思路和总体目标。稳步实施“国家文化科技提升计划”、“文化部科技创新项目”、“国家文化创新工程”等项目，共立项50个，验收20个，产生了良好的社会和经济效益。第四届文化部创新奖评审及颁奖工作完成。

（二）加强艺术科研，推动艺术学学科繁荣发展

2012年资助立项国家社科基金艺术学项目123项、文化部文化艺术科学研究项目43项，资助经费总额1900余万元。涌现出《社会主义新农村文化艺术建设研究》等101项课题研究成果。拓展项目资助体系，启动艺术学重大项目招标工作。引入现代化管理工具，进一步完善项目评审程序和各项管理制度，管理效能大大提升。艺术研究院所调研工作全面展开，整体规划全国艺术研究院所建设。

（三）艺术教育工作取得新成绩

指导全国艺术教育科学发展，推动专业艺术人才培养。以“省部共建”为手段，加大对地方高等艺术教育的指导，顺利完成第五届“中国京剧优秀青年演员研究生班”有关工作。发挥中国艺术职业教育学会和全国艺术职业教育教学指导委员会的作用，推动艺术职业教育人才培养。大胆进行赛事改革，通过政府赛事的导向性、示范性作用，展示优秀教学成果，引导艺术教育教学改革。组织实施“我的音乐厅——外国经典音乐欣赏”项目，取得阶段性成果。根据中央领导同志批示，组织专家研讨“戏曲艺术”生存、发展问题，为下一步制定扶持戏曲发展政策打下坚实基础。会同教育部、国家民委，进行民族文化专业示范点遴选。

十、以加强统筹协调、整合资源、创新方式、打造品牌为重点，对外及对港澳台文化交流向全方位、多领域、深层次发展

（一）思想领域的深度交流不断增多

成功举办多次国际文化论坛，深化了文化交流的思想内涵。特别是首届“中非合作论坛——文化部长

论坛”，共有46个文化部长及代表来华，成为中非文化交流史上的空前盛会。第三届中美文化论坛就减少中美间文化误读与偏见进行探讨，扩大了共识。

（二）重大品牌活动运作水平不断提高，内容和形式进一步创新，规模和影响进一步扩大

加大了2012年“欢乐春节”的统筹协调，注重派出项目的多样性，加强了交流与贸易项目的融合，联合10多个部委、多个国家级文艺院团、20多个省（区、市）文化行政部门及我驻外使领馆、海外文化中心和孔子学院等机构在全球82个国家和地区的144个城市举办了323个交流项目，吸引了40多位总统、副总统、总理、议长、王室成员和500多位政要，1500余家媒体和约3000万名海外民众的热情参与，成为当前中外文化交流活动中影响最深远的第一品牌。中欧文化对话年共完成了近300个合作项目，覆盖含港澳地区在内的22个省市和所有27个欧盟成员国。

（三）海外中国文化中心建设明显提速

曼谷、莫斯科中国文化中心成功揭牌，马德里、墨西哥中国文化中心即将启动试运行。发挥央地合作机制优势，实现11个省（区、市）与海外中心的对接，9个海外中心共举办600多起文化活动，服务海外民众近十万人次。

（四）深化与港澳台交流渠道和品牌建设

首次邀请香港特别行政区民政局局长作为文化部代表团成员参加东盟10+3文化部长会晤活动，开拓了对港澳文化工作的新途径。持续举办10多项文化演展，内地文化艺术精品吸引港澳和内地观众逾百万人，开展系列体验活动，做深、做实港澳青少年文化培育工作。举办情系齐鲁活动、两岸汉字艺术节、两岸城市艺术节、两岸文创展等特色活动，影响广泛。联合举办殷商盛世文化艺术特展、海峡两岸文博会，两岸文化交流再传合璧佳话。

十一、文化人才队伍建设不断加强，为社会主义文化大发展大繁荣提供了有力的组织保障和人才支撑

（一）大力加强领导班子和干部队伍建设

严格执行干部任用条例，进一步推进干部选拔任用和交流轮岗工作。加强了相关单位的领导班子建设，优化了班子结构，提升了班子的整体效能。全年共办理了79名司局级干部和1名助理任免手续，其中，提拔使用35人，交流任职13人，免职退休30人，调出2人。完善公务员考试录用、选拔任用、考核评价、激励约束机制。大力加强驻外干部队伍建设。多渠道、多领域选拔符合条件的高素质优秀外语人才，进一步推进驻外后备干部队伍建设。加强驻外文化机构编制管理，为新建文化中心申请机构和人员编制，调整驻外文化处（组）编制，满足对外文化交流工作的需要。

（二）文化人才队伍建设卓有成效

加强高端人才选拔培养，推进高层次文化人才队伍建设。开展2012年度享受政府特殊津贴人员推荐选拔、全国新闻出版行业第三批领军人才人选推荐选拔、2012年创新人才推进计划组织推荐等。召开第三届文化行业职业技能鉴定工作会议，规范职业技能鉴定行为，加快构建文化行业职业技能鉴定质量管理长效机制。积极推进重大人才工程落实，积极推进中组部等10部委《边远贫困地区、边疆民族地区和革命老区人才支持计划实施方案》中我部负责的文化工作者专项实施工作。积极推动非物质文化遗产项目代表性传承人扶持计划。完善人才评价机制，对音乐、舞蹈等10个专业的职称评审条件进行了修订。协助中宣部和人社部，积极推进文化名家工程和国家文化荣誉制度建设。

（三）切实推进干部教育培训工作

全年共举办各类培训班16期，专题讲座24期，干部教育培训在人才培养方面的基础性、战略性作用进一步凸显。做好司局级以上干部培训的协调安排工作，4名部级领导参加省部级干部调训学习，32名司局级干部参加了各类党校和行政学院调训学习。发挥主体培训班次的示范效应，增强培训的吸引力。创新培训理念，将培训覆盖到机关全体公务员、覆盖到全国文化系统各类干部。

十二、全面推进各项保障工作，为文化建设营造良好环境

（一）文化建设的经费投入实现新增长

文化发展资金保障能力得到提高，部门预算保持较高增长率。我部2012年财政拨款预算总额达到39.18亿元，2013年预算初步落实43.12亿元，增幅10.05%。另外，2013年财政部已预留2亿元中直院团改革发展经费，用于支持中直院团实行事业单位企业化管理。财政投入方式不断创新，积极探索基金制管理模式，经不懈努力，成功促成国家艺术基金的设立，2012年已落实2亿元，2013年初步安排3亿元，“十二五”期间总规模将达到20亿元。落实《全国地市级公共文化设施建设规划》、《国家“十二五”文化和自然遗产

保护设施建设规划》和《中等职业教育基础能力建设规划（二期）》等三个文化设施专项规划，拟对地市级图书馆、文化馆、博物馆、非物质文化遗产保护利用设施和文化系统所属中等艺术职业学校进行建设，三个规划共为我部争取中央资金约80亿元，比“十一五”时期翻了一番。同时，配合国家整体发展战略，加大对新疆、西藏和连片贫困地区的文化帮扶力度，推动其实现跨越式发展。

（二）文化规划和文化法制建设步伐不断加快

出台《文化部“十二五”时期文化改革发展规划》，文化产业、文化科技、动漫产业等专项规划相继发布，各地文化发展规划编制工作基本完成。文化部大力推动增加国家区域性规划中文化内容和项目的比例，加强与地方党委政府的合作联动，签署与内蒙古、河南、安徽、江苏、福建、广西、山东等省（区）的合作协议，文化工作切实得以纳入地方经济社会发展总体布局，共同发展。文化法制建设步伐不断加快，依法行政能力得到增强。文物保护法和非物质文化遗产法的相关配套规章相继出台，公共图书馆法顺利推进，行政审批制度改革不断深化。对调查研究工作的统筹协调不断加强，重点项目调研取得丰硕成果，为文化改革发展提供了更广泛的智力支持。对文化部业务主管的各类社团着重加强监管和协调服务，管理更加规范。根据国务院决定，承担全国节庆活动日常管理工作，努力实现科学化、规范化。积极配合国家审计署，顺利完成部长经济责任审计试点工作。信息化建设和技术保障不断加强，政府门户网站和办公网改版升级。

十三、进一步加强党的建设和反腐倡廉建设，营造昂扬向上的浓厚氛围和风清气正的良好风气

（一）选好十八大代表候选人

认真组织好出席党的十八大代表候选人推选，把推选过程当作组织广大党员参与党内民主实践、进行民主集中制教育的过程，面向广大党员进行党性党风党纪教育、深入推进创先争优活动的过程，严格掌握政策、规范工作程序、扎实细致地开展工作，经过自下而上、上下结合、反复酝酿、逐级遴选，顺利完成推选任务。经过中央国家机关党代表会议选举，文化部推荐的7名候选人全部当选。

（二）以基层组织建设年为契机深化创先争优活动

按照中央对开展“基层组织建设年”活动的总体部署，召开全国文化文物系统基层组织建设年动员大会，印发部党组《关于全国文化文物系统在创先争优活动中开展基层组织建设年的指导方案》。对全国文化文物系统党组织进行全面摸底，进行分类指导，帮助提高基层党组织工作规范化、活动经常化、决策科学化水平。组织参加中央国家机关基层组织建设年征文活动，获优秀组织奖。与中组部共同举办全国文化单位党支部书记示范培训班，培训基层党支部书记近百人。表彰全国文化文物系统在创先争优活动中涌现出来的48个先进基层党组织、87名优秀共产党员和76名优秀党务工作者。

（三）继续开展学习型党组织建设

组织开展提炼宣传单位核心价值理念活动，通过提炼宣传践行核心价值理念，形成各单位的思想共识，夯实了集体认同，增进了集体荣誉感和归属感。圆满完成三年党员集中培训工作任务。举办新党员培训班、新任党支部书记培训班、党员培训示范班，培训部机关和直属单位的党员和党支部书记近260人。加强党建理论研究，为文化党建工作提供理论支持。围绕建设社会主义文化强国、构建社会主义核心价值体系等课题开展调查研究。召开全国文化系统思想政治工作研究会年会。向全国党建研究会、中国政研会、中央国家机关党建研究会等上级研究会推荐论文数十篇。

（四）进一步加强反腐倡廉建设

认真贯彻中央纪委七次全会精神，及时部署2012年党风廉政建设和反腐败工作。深入开展反腐倡廉教育，扎实推进廉政风险防控机制建设。加强反腐倡廉制度建设，认真检查各单位反腐倡廉制度建设任务的落实情况。大力开展全国文化系统“惩防体系建设年”活动，制定实施方案，召开了全国文化系统惩防体系建设推进会和经验交流会，文化系统惩防体系基本框架初步确立。认真处理信访举报，严肃查办案件。进一步强化监督工作，建立健全工作机制，进一步提高监督的能力和水平。加强对重大基金项目、重要文艺评奖评审活动及领导干部廉洁自律执行情况的监督检查。充分发挥文化资源优势，积极推进廉政文化建设。丰富廉政教育和警示教育手段，在党员集中培训课程中设置党纪教育内容，编撰完成《中国廉政史鉴》，共有3卷16分册计400万字，是迄今为止第一部全面反映中国古代廉政文化面貌的鸿篇巨帙。

（五）扎实推进文化系统行业作风建设

进一步贯彻执行《文化部关于加强行业作风建

设的意见》，深入推进行政审批改革，提高办事效率。继续推进清理公务用车、治理小金库、清理转企改制等专项治理活动，取得阶段性成果。深入开展“走基层、转作风、改文风”活动，推进党务公开规范化。

（六）加强党的群众工作

完成文化部直属机关妇女工作委员会换届选举。广泛开展群众性健身活动。积极推进文化系统职工民主管理工作，联合中国教科文卫体工会印发《国有文化企业事业单位职工代表大会实施办法（暂行）》，进一步规范职工民主管理。做好送温暖工作和阳光助学工作，切实把党的温暖送到困难职工群众心中。

中国文化年鉴

Almanac Of Chinese Culture

文化政策法规

Cultural Policies and Regulations

文化政策综述

2012年是深入贯彻落实党的十七届六中全会和十八大精神，全面推动文化改革发展的重要一年。特别是党的十八大胜利召开，从全面建成小康社会，实现中华民族伟大复兴的战略高度，鲜明提出扎实推进社会主义文化强国建设的战略任务，为新时期新阶段文化改革发展提供了根本遵循。11月29日，习近平同志率中央政治局常委和中央书记处领导同志以参观国家博物馆《复兴之路》展览作为新一届中央领导集体开局之行，并发表了重要讲话，这是对文化工作的最大支持与关怀。中国文化建设进入了历史上最好的发展时期，社会各界更加关注文化改革发展，文化系统的文化自觉和文化自信不断增强。一年来，文化系统深入贯彻落实党的十七届六中全会和十八大精神，按照党中央、国务院关于文化工作的战略部署，不断加强调查研究，建立健全各项文化政策，为推动文化建设提供了强大的政策保障，为推动社会主义文化大发展大繁荣、建设社会主义文化强国奠定了坚实基础。

一、关于文化体制改革政策的研究与制定

文化部按照中央确定的“路线图”、“时间表”和“任务书”，紧紧围绕国有文艺院团体制改革这一关键环节，加强组织领导、完善政策措施，推动文化体制改革取得了阶段性成果，文化生产力进一步得到解放和发展。

按照“五个一批”的改革路径和“因地制宜、分类指导”的要求，文化部加大力度、加快进度，加强对各地区督促指导，保证了国有文艺院团改革任务的全面完成。2012年，文化部加大落实《中宣部、文化部关于加快国有文艺院团体制改革的通知》（文政法发〔2011〕22号）等政策文件的力度，并推动各地方出台了更加优惠且符合当地实际情况的政策。如江西省在落实中央政策的基础上，充分考虑转制院团长远发展，专门出台《省直文艺院团转企改制后的进一步支持办法》，确定15条扶持发展的新政策。贵州省积极促进社会资本和文化资源有机对接，为省演艺集团找到了“资本婆家”，奠定了发展基础。湖南省通过注入开办经费、解决办公条件、挖掘优秀剧目、培育领军人才等方式，加大对转制院团的扶持力度。文化部在对全国部分省（区、市）国有院团转企改制复查验收和政策调研的基础上，研究起草了《关于支持转企改制国有文艺院团改革发展的指导意见》，争取与相关部委会签后尽快出台。

二、关于公共文化服务体系建设政策的研究与制定

文化部坚持把公共文化服务体系建设作为首要任务，着力从加强公共文化基础设施建设、加强公共数字文化建设、实施文化惠民工程、创新公共文化服务管理体制和运行机制、提高公共文化服务水平和质量等方面制定和完善政策，为不断满足人民群众的基本文化需求提供政策支持。编写了《公共文化蓝皮书：中国公共文化服务发展报告》，全景式地展现了近两年来中国公共文化服务体系建设取得的成就，分析研究事关我国公共文化服务体系建设全局的重大现实问题，为理论研究提供平台，为政策制定提供参考，为工作实践提供指导。

为了进一步加强公共数字文化建设，提高公共文化服务能力，文化部、财政部于2012年2月下发了《“公共电子阅览室建设计划”实施方案》（文社文发〔2012〕5号）。文化部下发了《关于加快实施数字图书馆推广工程的意见》（文公共发〔2012〕33号），要求2012年完成33家省级馆和185家市级馆的硬件平台搭建，完成数字图书馆虚拟网骨干网的搭建，同时启动应用系统平台建设，并提出“十二五”末要实现各级公共图书馆的数字资源量得到较大、均衡增长，全国数字资源总量达到10000TB，每个省级数字图书馆数字资源总量达100TB，每个市级数字图书馆达30TB，每个县级数字图书馆达4TB。2012年12月，文化部制定并下发了《全国文化信息资源共享工程2013年度地方资源建设方案》（办公共发〔2012〕28号），完善资源建设机制，建立健全项目申报、立项审批机制，要求加强项目管理和绩效评估，从而进一步提高文化共享工程资源建设的科学性及系统性。

为了繁荣发展城乡基层文化，引导和动员专业文化工作者和社会各界人士志愿参与基层文化建设和群众文化活动，文化部、中央文明办出台了《关于广泛开展基层文化志愿服务活动的意见》（办公共发〔2012〕31号），提出要依托公益性文化设施开展、重点文化惠民工程、重要节日纪念日、内地对边疆民族地区对口支援工作开展文化志愿者边疆行活动，

完善基层文化志愿服务活动的领导体制和运行机制。

三、关于文化产业政策的研究与制定

文化部以实施《文化产业振兴规划》为契机，以完善政策体系和搭建平台为重点，以发展新兴文化产业和构建现代文化产业体系为目标，推动文化产业健康快速发展。

全年制定发布了多个促进文化产业发展的重要政策文件并积极落实。出台了《文化部"十二五"时期文化产业倍增计划》（文产发〔2012〕7号），确定了"十二五"时期文化系统文化产业增加值至少翻一番的目标。制定了《文化部关于鼓励和引导民间资本进入文化领域的实施意见》（文产发〔2012〕17号），鼓励民间资本参与国有文艺院团转企改制、参与公共服务体系建设、投资文化产业发展、投入非物质文化遗产传承保护、投入非物质文化遗产传承保护和参与对外文化交流和文化贸易。联合商务部等部门修订了《文化产品和服务出口指导目录》，进一步拓宽支持文化对外投资和出口的行业范围。

为推进动漫等新兴文化产业的发展，增强动漫产业的自主创新能力，文化部积极推动有关政策出台。出台了《"十二五"时期国家动漫产业发展规划》，全面阐述了"十二五"时期动漫产业发展的基本思路、发展目标、主要任务和保障措施。协调财政部税政司等有关部门发布了《关于交通运输业和部分现代服务业营业税改征增值税试点若干税收政策的补充通知》，明确了经认定的动漫企业在营业税改征增值税试点地区的税收优惠政策。会同财政部、国家税务总局联合下发了《关于公布2012年通过认定的动漫企业和重点动漫企业名单的通知》（文产发〔2012〕44号），要求确保相关税收优惠政策惠及到符合条件的动漫企业。

为规范文化产业基地园区的管理，提高文化产业的规模化、集约化、专业化水平，2012年8月，文化部印发了《关于命名第五批国家文化产业示范基地的决定》（文产发〔2012〕28号）和《关于命名第四批国家级文化产业示范（试验）园区的决定》（文产发〔2012〕29号）。这两个文件的颁布，为充分发挥文化产业园区和区域性特色文化产业群的功能和效应起到了重要作用。

四、关于规范文化市场发展政策的研究与制定

文化部坚持加强规范与促进发展并举，制定出台了一系列促进文化市场规范管理、健康发展的政策文件，不断提高文化市场服务水平，增强文化市场监管能力。

为加强演出市场管理，规范演出市场秩序，文化部2012年12月出台了《演出经纪人员管理办法》（文市发〔2012〕48号），制订了演出经纪人员从业规范，明确了演出经纪活动当事人的权利与义务，有利于加强演出经纪人员队伍建设和管理。开展了文化市场政策评估工作，完成了《营业性演出管理条例》及其实施细则和《网络游戏管理暂行办法》的评估，开展了网络音乐管理政策评估。

为加强文化市场监管的信息化建设，规范文化市场综合执法办公系统的应用，文化部制定了《全国文化市场技术监管系统项目管理办法》。

为进一步深化文化市场综合执法改革，加强文化市场执法规范化、制度化建设，提高综合执法队伍执法能力和水平，文化部制定出台了一系列政策文件。2012年2月，文化部发布了《文化市场综合行政执法管理办法》，首次以部门规章形式明确了文化市场综合执法机构的法律地位、委托授权模式以及培训考试、举报处理、考评奖励等基本制度，奠定了综合执法的法制基础。同时不断完善相关配套措施，发布了《2012年全国文化市场综合执法考评细则》（办市发〔2012〕5号）、《文化市场举报办理规范》（文市发〔2012〕9号）、《文化市场综合行政执法人员行为规范》（文市发〔2012〕11号）、《文化市场重大案件管理办法》（文市发〔2012〕23号）、《文化市场综合行政执法案卷评查办法（试行）》（文市发〔2012〕24号）、《文化市场行政处罚案件档案管理办法（试行）》（文市发〔2012〕26号）、文化部关于印发《文化市场行政处罚案件证据规则（试行）》、《常见文化市场行政处罚案件执法取证指引（试行）》（文市发〔2012〕34号）、《网络文化市场执法工作指引（试行）》（文市发〔2012〕35号）、《文化部关于进一步规范文化市场综合行政执法文书的通知》（文市发〔2012〕38号）、《文化市场行政处罚自由裁量权适用办法（试行）》（文市发〔2012〕50号）等一系列规范性文件。这些配套政策的出台有利于进一步规范文化市场综合行政执法行为，维护文化市场秩序，保护公民、法人和其他组织的合法权益，促进文化市场健康发展。

五、关于非物质文化遗产政策的研究与制定

文化部以贯彻落实《非物质文化遗产法》为契机，积极推动相关配套政策的研究制定和非物质文化遗产保护利用。2012年2月，文化部发布《关于加

强非物质文化遗产生产性保护的指导意见》，提出要充分认识开展非物质文化遗产生产性保护的重要意义，正确把握非物质文化遗产生产性保护的方针和原则，科学推进非物质文化遗产生产性保护工作深入开展、建立完善非物质文化遗产生产性保护的工作机制。

文化法制工作综述

2012年是文化法制建设取得重要进展的一年，具体表现在文化领域的制度建设水平不断提高，文化法制宣传教育的理念和方法日渐新颖有效，文化领域依法行政工作提上了更加重要的议事日程。

一、文化立法

（一）重要的文化法律及国际公约

为了保护网络信息安全，保障公民、法人和其他组织的合法权益，维护国家安全和社会公共利益，第十一届全国人大常委会于2012年12月28日通过了《关于加强网络信息保护的决定》。《决定》开宗明义地宣示："国家保护能够识别公民个人身份和涉及公民个人隐私的电子信息。""任何组织和个人不得窃取或者以其他非法方式获取公民个人电子信息，不得出售或者非法向他人提供公民个人电子信息。"为此，《决定》从多个方面规定了网络服务提供者在收集、使用公民个人电子信息时应尽的义务，主要有：遵循合法、正当、必要的原则，明示收集、使用信息的目的、方式和范围；不得泄露、篡改、毁损，不得出售或者非法向他人提供；采取技术措施和其他必要措施，确保信息安全；发现法律、法规禁止发布或者传输的信息的，应当立即停止传输该信息，采取消除等处置措施，保存有关记录，并向有关主管部门报告；在与用户签订协议或者确认提供服务时，要求用户提供真实身份信息。《决定》还规定，公民对于侵犯其个人信息的行为，有权要求网络服务提供者删除有关信息或者采取其他必要措施予以制止。网络服务提供者还应当配合有关主管部门履行职责。违反本《决定》的，依法给予警告、罚款、没收违法所得、吊销许可证或者取消备案、关闭网站、禁止有关责任人员从事网络服务业务等处罚，记入社会信用档案并予以公布；构成违反治安管理行为的，依法给予治安管理处罚。构成犯罪的，依法追究刑事责任。侵害他人民事权益的，依法承担民事责任。

2012年11月26日，最高人民法院通过了《关于审理侵害信息网络传播权民事纠纷案件适用法律若干问题的规定》。《规定》所称信息网络，包括以计算机、电视机、固定电话机、移动电话机等电子设备为终端的计算机互联网、广播电视网、固定通信网、移动通信网等信息网络，以及向公众开放的局域网络。《规定》明确了网络用户、网络服务提供者构成侵害信息网络传播权行为的各种情形。针对网络服务提供者对网络用户的侵权行为是否存在"应知"或"明知"的主观要件难以界定的现实情形，《规定》第九条规定，人民法院应当根据网络用户侵害信息网络传播权的具体事实是否明显，综合考虑以下因素，认定网络服务提供者是否构成应知：1.基于网络服务提供者提供服务的性质、方式及其引发侵权的可能性大小，应当具备的管理信息的能力；2.传播的作品、表演、录音录像制品的类型、知名度及侵权信息的明显程度；3.网络服务提供者是否主动对作品、表演、录音录像制品进行了选择、编辑、修改、推荐等；4.网络服务提供者是否积极采取了预防侵权的合理措施；5.网络服务提供者是否设置便捷程序接受侵权通知并及时对侵权通知作出合理的反应；6.网络服务提供者是否针对同一网络用户的重复侵权行为采取了相应的合理措施；7.其他相关因素。《规定》这一司法解释的出台，对于正确审理侵害信息网络传播权民事纠纷案件，依法保护信息网络传播权，促进信息网络产业健康发展，维护公共利益，无疑将起到重要作用。

《著作权法》的修改是2012年文化法制建设中的重大事件。其背景是，著作权法实施二十多年来，我国所处的国际国内形势发生了深刻变化，一是我国成功实现经济转型社会转轨，确立了社会主义市场经济制度，社会利益多元化格局基本形成，著作权得到进一步尊重；二是全球科学技术迅猛发展，数字和网络技术的快速发展和广泛运用，改变了作品创作和传播方式，著作权传统保护制度面临新的挑战；三是经济全球化进一步深入，包括著作权法在内的知识产权已经成为国际贸易的重要载体，我国作为世界贸易组织的成员，在处理国际经贸关系中，著作权保护已经成为不可回避的重要问题；四是改革开放以来，特别是进入新世纪以来，我国的发展理念发生了根本改变，作出了坚持科学发展观、建设创新型国家的推进文化大发展大繁荣等战略决策，包括著作权在内的知识产权在转变经济发展方式、提高国家的核心竞争力、促进文化繁荣发展方面的作用日益凸显。由于现行著作权法未能完全反映和体现我国经济社会发生的深刻变化，存在着保护力度不够，难以有遏制侵权行为，以及授权机制和交易机制不畅等问题。修订工作于2011年7月13日正式启动，国家版权局专门成立了“著作权法修订工作领导小组”和“著作权法修订工作专家委员会”，广泛征求社会各界对修法工作的意见和建议，委托国内著作权领域影响较大的三家教学科研单位分别起草著作权法修订专家建议稿。著作权法修订草案初稿形成后，国家版权局通过官方网站和专函方式，分别向社会公众和立法、司法、行政部门以及相关社会团体征求意见，组织或参与了针对特定领域、特定行业和特定部门的定向征求意见专题会议，面对面听取相关利益主体的意见和建议。一年多来，在广泛听取社会公众和国内外有关意见的基础上，经过反复研究和分析论证，形成了草案送审稿。从草案送审稿看来，主要修改内容有：鼓励创作，整合权利体系；促进运用，调整授权机制和市场交易规则；强化保护，完善救济措施。著作权法的修订在著作权人、产业界、学术界、社会公众中引起强烈反响和积极参与，体现了文化领域科学立法和民主立法的广阔前景。

2012年6月24日，世界知识产权组织（WIPO）在北京召开的外交会议上，通过了《视听表演北京条约》。该《条约》在序言中阐明了缔约宗旨，即以尽可能有效和一致的方式发展和维护保护表演者对其视听表演的权利的愿望。其背景是，随着信息与通信技术的发展和交汇对视听表演的制作与使用的深刻影响日益明显，保持表演者对其视听表演的权利与广大公众的利益，尤其是教育、研究和获得信息的利益之间的平衡，已经刻不容缓。鉴于1996年12月20日在日内瓦签订的《世界知识产权组织表演和录音制品条约》(WPPT)对表演者的保护不延伸到其以视听录制品录制的表演方面，有必要采用新的国际规则，以提供解决由经济、社会、文化和技术发展所提出的问题的适当方法。该《条约》的实质性条款共20条，分别是：与其他公约和条约的关系、定义、保护的受益人、国民待遇、精神权利、表演者对其尚未录制的表演的经济权利、复制权、发行权、出租权、提供已录制表演的权利、广播和向公众传播的权利、权利的转让、限制和例外、保护期、关于技术措施的义务、关于权利管理信息的义务、手续、保留和通知、适用的时限、关于权利行使的条款。《条约》是在我国境内缔结的第一个知识产权保护方面的国际法律文件，对于提升我国国际形象和知识产权保护水平，具有重要意义。

（二）重要文化法规及规章

2012年，内地与香港特别行政区、澳门特别行政区签署了CEPA的第八个和第九个补充协议。根据CEPA补充协议八，自2012年4月1日起，进一步密切内地与香港、澳门图书馆业的合作，探索合作开展图书馆服务；允许香港、澳门服务提供者以独资形式在内地为图书馆提供专业服务；允许香港、澳门服务提供者以独资形式在内地提供博物馆专业服务。根据CEPA补充协议九，自2013年1月1日起，允许香港、澳门服务提供者在内地独资设立互联网上网服务营业场所；允许香港、澳门服务提供者在前海、横琴试点设立独资娱乐场所；允许香港、澳门服务提供者在内地设立内地方控股的合资演出团体。

为了进一步贯彻《中华人民共和国政府信息公开条例》，国务院办公厅于2012年4月28日印发了《2012年政府信息公开重点工作安排》，指出当前和今后一段时间，各地区、各部门要紧紧围绕党和政府工作大局，着眼于落实政府重点工作部署，着眼于加强政府自身建设，着眼于保障人民群众合法权益，着眼于促进社会和谐稳定，进一步加强《条例》的贯彻落实，深入推进政府信息公开工作。2012年政府推进信息公开的重点领域有：财政预算决算、“三公”经费和行政经费公开；推进保障性住房信息公开；食品安全信息公开；环境保护信息公开；招投标信息公开；生产安全事故信息公开；征地拆迁信息公开；价格和收费信息公开。

为贯彻落实《国务院关于清理整顿各类交易场所切实防范金融风险的决定》（国发〔2011〕38号），国务院办公厅于2012年7月12日下发了《关于清理整顿各类交易场所的实施意见》。《意见》要求各地、各部门全面把握清理整顿范围，准确适用清理整顿政策界限，通过排查甄别、整改规范、检查验收、分类处置等认真落实清理整顿工作安排。在今后的工作中，要严格执行交易场所审批政策，包括把握各类交易场所设立原则、严格规范交易场所设立审批等。

文化部2012年发布的重要的综合性文件是《文化部“十二五”时期文化改革发展规划》、《文化

部 国家文物局关于支持贵州多民族文化大发展大繁荣的意见》、《文化部关于进一步加强各类大型文化活动管理的通知》等。文化财务工作方面，文化部于2012年7月11日发布《文化统计管理办法》（文化部令第53号），《办法》共6章37条，各章分别为：总则、统计调查管理、统计资料管理和公布、统计机构和统计人员、监督检查和考核评比、附则。文化科技方面，文化部发布了《图书馆——射频识别——数据模型 第1部分：数据元素设置及应用规则》等两项推荐性行业标准，以及《图书馆数字资源统计规范》等8项推荐性行业标准。此外，文化部还发布了行业标准化指导性技术文件《数字资源长期保存元数据规范》和行业标准《手机动漫文件格式》。文化市场管理方面，《文化市场综合行政执法管理办法》（文化部令第53号）自2012年2月1日起正式施行，《办法》包括总则、执法机构与执法人员、执法程序、执法监督与责任追究、附则，共5章44条。此外，文化部还发布了《演出经纪人员管理办法》、《文化市场举报办理规范》、《文化市场交叉检查与暗访抽查规范》、《文化市场重大案件管理办法》等一系列规范和完善文化市场行政管理和行政执法行为的文件。文化遗产保护方面，为加强对大运河遗产的保护，规范大运河遗产的利用行为，促进大运河沿线经济社会全面协调可持续发展，文化部于2012年8月14日发布《大运河遗产保护管理办法》（文化部令第54号）。2012年2月2日，文化部发布《关于加强非物质文化遗产生产性保护的指导意见》，提出要充分认识开展非物质文化遗产生产性保护的重要意义，正确把握非物质文化遗产生产性保护的方针和原则，科学推进非物质文化遗产生产性保护工作深入开展、建立完善非物质文化遗产生产性保护的工作机制。地方文化立法方面，以出台加强文物和非物质文化遗产保护的地方性法规为主，如《重庆市非物质文化遗产条例》、《贵州省非物质文化遗产保护条例》、《长春市文物保护条例》、《昆明市历史文化名城保护条例》等。

（三）文化立法项目和理论研究的推进

2012年，《公共图书馆法》、《博物馆条例》等重要文化立法项目的立法进程继续推进。2012年4月，文化部组织全国人大教科文卫委员会、国务院法制办有关部门负责人赴图书馆事业较为发达的法国、德国、瑞士开展立法情况调研。通过调研，进一步加深了相关部门对图书馆事业的认识，深入了解了当前我国图书馆事业的基本问题和立法方面的薄弱环节，为解决立法工作中的疑难问题提供了重要参考。《公共图书馆法》草案送审稿的文本突出了公共图书馆的专业性，明确了公共图书馆的性质职能，规定了公共图书馆文献信息资源建设的业务流程，确立了呈缴本制度，并对公共图书馆的服务内容、服务方式等方面做出了具体要求，同时充分考虑了与现行有效的法律法规的衔接。《博物馆条例》已列入国务院2012年国务院立法工作计划的一档项目，一年来工作进展比较顺利，目前正在对外资进入博物馆领域可能对我文物安全、文化安全造成的影响等问题进行深入的研究和评估。

2012年，围绕文化产业振兴、公共文化服务保障、文化安全等重大课题，继续进行了深入研究，取得了一批成果。以文化部政策法规司承担的《公共文化服务保障立法研究》为例，该项研究指出，“十一五”以来，我国公共文化服务体系建设取得了很大成就。但由于制度建设滞后，许多深层次的问题逐渐暴露出来。加强公共文化服务保障立法是实现公民基本文化权益的必然要求；是转变政府职能、建设法治政府的基本内容；是合理配置公共文化资源、调动社会力量的重要手段；是推进公共文化机构改革，提升其公共服务能力的重要保障；是绩效评估体系得以确立和发挥作用的必然途径。我国的公共文化服务保障立法可采取统一和分散相结合式的模式。《公共文化服务保障法》作为公共文化服务领域的基础性法律，其法律框架根据不同的立法思路，至少有两种方案可供选择。第一种方案直接针对立法必要性的分析，分立总则、各级政府对公共文化服务的保障、公共文化机构对公共文化服务的保障、公共文化服务保障的社会参与、法律责任等5章内容；第二种方案是将公共文化服务作为一个过程来对待，围绕这个过程中的核心要素即公共文化服务各种载体和公共文化服务活动两方面展开其他的内容。如此可以降低立法难度，法律的各个部分有足够的体量容纳更多的内容。按照这一思路，《公共文化服务保障法》的法律框架为总则、公共文化设施建设的保障、公共文化服务开展的保障、公共文化服务的其他保障、法律责任等5章。当然，课题研究仅仅是立法工作的初步环节，而且这种有针对性的研究也处于起步阶段，有待于广大文化工作者和法律工作者投入更大的精力和心血，以逐步提高文化制度建设的水平。

二、文化法制宣传教育

（一）召开全国文化法制联络员工作会议，加强文化法制宣传队伍建设

队伍建设是重中之重，文化法制宣传教育的首要任务是培育一支文化法制建设队伍，然后才能启动全面的普法工作。为了扎实开展“六五”普法规划，促进文化法制人才培养和队伍建设，进一步推动文化法制工作发展，文化部政策法规司于2012年9月12日至14日在青海省西宁市召开了全国文化法制联络员工作会议。此次会议的主题是，总结社会主义法律体系建成以来各地文化法制建设的先进经验，研究探讨工作中遇到的困难和问题，加强文化法制联络员之间的沟通交流，安排部署“六五”普法工作的重点任务。文化部政策法规司司长韩永进出席会议并作重要讲话，文化部政策法规司副司长孙若风支持会议。全国文化系统各地方厅（局）负责文化法制工作的处级领导共30余人作为联络员参加了此次会议。

韩永进在讲话中总结了文化法制工作一年以来取得的进展情况。在法制宣传教育方面，他指出，去年一年来，法制宣传教育方面主要从落实普法规划、加强队伍建设、建立重点联系单位、搭建交流平台四个方面开展工作。通过这四项工作的开展，文化法制宣传教育工作取得了显著成绩。至目前为止，已有辽宁、安徽、陕西、湖北、宁夏、青海、内蒙古、甘肃、重庆宁波等省市先后制定并报送了地方“六五”普法规划；全国省级文化厅局设立专门的文化法制工作机构（法规处或政策法规处）的有天津、山西、辽宁、湖南、上海、海南、广西、重庆、贵州、云南、青海、新疆、西藏等共计13个，占40%。文化部政策法规司已在全国文化厅局及文化部各司局、相关直属单位确立了文化法制联络员队伍，还在全国文化系统建立了“文化法制特约研究员”制度，地方有7位长期从事文化法制具体工作的同志受聘，通过典型示范作用，推动整个文化法制队伍建设。同时还聘请了法学名家吴汉东教授为文化部特约法律咨询专家，充分利用外脑为我们提供决策参考。利用国家知识产权战略部际联系会议办公室的平台，结合文化系统的实际需要，探索并实施了“知识产权战略实施重点联系单位”制度，确定了文化部民族民间文艺发展中心、全国文化信息资源建设管理中心为重点联系单位，得到了广泛支持和积极响应。总结多年来文化法制工作的经验后，韩永进同志谈到了关于理论研究、重点突破和关于队伍建设等体会较深的三个方面。在谈到队伍建设时，他指出，文化法制工作的一大特点，就是需要一支作风过硬、层次完备的队伍。这支队伍中，文化法制联络员是骨干，专家学者是外援，要在各业务司局、业务处室、文化单位中发展理解和支持文化法制工作的力量，要妥善处理好文化法制工作服务性与监督性的关系。首先要有清醒的认识，要对法制工作的艰巨性有足够的心理准备，不为暂时的挫折而动摇，又要增强使命感和责任感，增强战胜困难的勇气和信心，肩负起建设法治文化的重任。其次要寓监督于服务。作为法制部门，既要责无旁贷地要履行监督和纠正的责任，以维护政府机关的形象，又要出主意、想办法，为业务部门服务，同时在业务部门培养一批具有法律意识的文化工作者。最后还要善于借助外力，要善于把立法机关、司法机关、专职律师等作为重要的依靠力量。最后，韩永进同志还就下一步的工作进行了安排和部署。在法制队伍建设方面，一是要求继续定期交流培训，使之成为大家交流思想、增进感情、学习经验、加强联系、陶冶身心的一个平台。二是加强平时联系沟通，需要加强平时的交流沟通、互通有无。要充分发挥《文化法制通讯》这一刊物的核心作用，使大家建立更为紧密的联系。三是要求善于利用外部力量，要多多利用人大、法制办、专职律师、专家等外部力量，要把他们作为我们队伍的一部分来依靠。在理论研究、制定立法工作计划、起草立法项目、法制宣传教育、处理法律纠纷等方面，我们都要争取得到他们的支持和帮助。

与会代表就韩永进的讲话展开了热烈讨论，同时就日常工作中遇到的困难和问题交流了经验。会议还邀请了中国社会科学院法学研究所宪法行政法室主任周汉华研究员为全体联络员授课，受到联络员们的欢迎和好评。为方便联络员们的沟通联络，会务组根据会前收集整理的联络员信息，编制了全国文化法制联络员通讯录在会上发放。

（二）筹办“文化与法治”法学名家系列讲座，在文化系统内产生热烈反响

为创新法制宣传教育工作的新方式，不断增强文化系统领导和工作人员的法律意识，提高学法用法能力，文化部政策法规司于2011年底开始，筹办了“文化与法治”法学名家的系列讲座。为贯彻落实党的十七届六中全会精神，根据文化部党组书记、

部长蔡武提出的“高度重视著作权和知识产权保护问题，正确认识和应对法律纠纷”的要求，2011年底，文化部政策法规司、人事司共同举办了题为“文化大发展大繁荣与知识产权战略”的讲座，邀请中南财经政法大学校长、教育部社会科学委员会委员、中国法学会知识产权法研究会会长、著名法学家吴汉东教授主讲。这也是由文化部政策法规司主办的“文化与法治”法学名家系列讲座的首讲。文化部党组成员、副部长励小捷出席讲座。

吴汉东教授在讲座中指出，党的十七大政治报告明确提出“提高国家文化软实力”之后，文化建设问题日益受到重视。中央“十二五规划”建议创新文化“走出去”模式，增强中华文化国际竞争力和影响力；党的十七届六中全会，中共中央又作出“深化文化体制改革、推动社会主义文化大发展大繁荣”的决定。不管是文化大发展大繁荣这个目标本身还是实现该目标的举措都与知识产权有关，比如，文化软实力的产权贸易、文化走出去的产品表现、文化大繁荣的产业支撑等都与知识产权密切相关。吴汉东教授首先分析了国际竞争的发展态势与我国面临的文化风险，提出核心竞争力是国家竞争力的关键要素，文化竞争是当代国际竞争新的发展态势。文化活动创新力、文化产品传播力、文化产业竞争力决定了民族文化的影响力。我们在思想上要增强文化自信、文化自觉，在行动上更要强调文化的创新和传播。而知识产权法律制度则是文化创新激励之法和文化产业发展之法。随后，吴汉东教授讲解了创新型国家的文化扩张与知识产权谋略，从创新型国家知识产权制度运作、创新型国家的文化创意产业发展入手，通过与创新型国家的对比，指出我国文化产业竞争力与其他国家仍然差距十分明显。提升文化创新能力、发展文化创意产业，事关我国的文化主权与文化安全，必须重视以知识产权制度为后盾的文化强国战略。同时，吴汉东教授讲解了文化创新领域中的知识产权制度。著作权、商号权、商标权、专利权是与文化活动有密切关系的知识产权制度，实践中要注重知识产权的保护。我国文化产业发展中存在下列知识产权问题：创新能力不足，文化品牌较少；本土化水平不强，对外依存度高；盗版行为盛行，文化发展受阻。最后，吴汉东教授分析了文化发展繁荣与知识产权战略实施的重点思路。一是要以知识产权创造为目标，形成创意产业群，选择关键的文化产业、重点的文化企业组成创意产业群，形成强势自主版权和自主品牌。二是要以知识产权管理、运用为重点，构建创新政策体系。三是要以知识产权保护为支持，营造创新社会环境，我们要明确产权归属，规范文化市场，加强知识产权保护与管理，促进创意产业的健康发展。吴汉东教授还针对文化系统知识产权工作实际情况，回答了与会人员提出的相关问题。文化部机关各司局、各直属单位近200人听取了当天的讲座。

在“文化与法治”法学名家系列讲座首讲在文化系统内受到高度关注和热烈欢迎后，为宣传贯彻落实党的十八大精神，推进社会主义文化强国建设，由文化部政策法规司、人事司主办，国家图书馆具体承办的“文化与法治”法学名家讲座第二期于2012年11月30日在国家图书馆报告厅举办。讲座特邀中国人民大学法学院副院长胡锦光教授做了题为《文化权利与文化强国建设》的报告，文化部机关、直属单位60多名同志参加了此次讲座。

（三）编辑发行文化法制通讯，建立文化法制信息平台

制约文化法制建设的重要因素，一是理论研究相对薄弱，二是法制队伍不够健全，三是文化工作者运用法律的水平有待提高。解决这些问题，需要长期艰苦的努力，《文化法制通讯》的创刊，正是这种努力之一。文化部政策法规司力求将《文化法制通讯》是展示文化法制工作的窗口、加强理论研究的平台和凝聚文化法制队伍的纽带。通讯中包括文化法制动态的及时反映、最新法规的权威解读、理论研究的前沿探索、典型案例的透彻剖析、实践经验的深入交流等重要内容。《通讯》的宗旨，一方面是要洞悉文化发展的规律，促进纷繁复杂的文化形态和文化现象与法律思维、制度、环境的有机结合。另一方面，是要将国家法制建设中的普遍要求应用到文化管理的实践中，提高文化系统依法治理的水平。没有对文化规律的深刻把握，文化法制建设就是无源之水、无本之木，成为一项无的放矢的工作；没有制度建设的支撑和保障，文化业务工作就容易陷在琐碎的事务中不能自拔。

2012年，文化部政策法规司共编辑发行了6期《文化法制通讯》，刊登工作动态、理论研究、法学论坛、法谚等文章50余篇，受到部领导、机关各司局、各地方文化厅局的欢迎，对文化普法工作起到了积极的推动作用。同时，文化部建立了文化法制手机信息平台，及时向大家发布文化法制重要信息，定期编辑

文化法制简讯发送给文化部机关公务员及各地文化法制联络员，实现了法制宣传教育的高效便捷。根据政府信息公开的要求，在文化部网站上及时公布最新文化法规、规章和规范性文件。对文化部网站上涉及文化政策法规的公众留言及时进行了回复。

三、依法行政工作

（一）建立法律顾问制度

2011年12月30日，文化部与北京一知名律师事务所签订了《2012年常年法律顾问合同》。这是文化部加快法治政府建设步伐，加强依法行政能力的重要举措。一年来，文化部本着围绕中心、服务大局、依法行政、优质高效的原则，充分利用法律顾问机制为部党组做好参谋助手，为部业务司局提供优质专业法律服务，取得了预期效果。根据《2012年常年法律顾问合同》，常年法律顾问在2012年主要从以下五个方面为文化部提供了优质高效的专业法律服务：

1. 为行政决策提供法律意见。比如，对一些突发事件的妥善处理，由于法律顾问提供了专业及时、客观有效的法律意见，业务部门得以迅速、果断地作出应对方案，严格执行党中央关于文化工作的路线、方针、政策，有效避免事态的升级。此外，法律顾问也为行政决策提供了重要的法律意见。

2. 为纠纷处理提供法律援助。针对具体案件，邀请法律顾问及时旁听庭审，并参与案情分析研讨，出具了律师建议书，供部领导参考。

3. 为多个司局审核合同文本。2012年受办公厅、财务司、艺术司、市场司、外联局、服务局等司局的委托，法律顾问审核了多份合同文本，涉及政府采购、合作协议、对外交流等等。法律顾问通过专业服务在规范合同签署的同时，也是很好的普法的过程，进一步提高了文化部业务司局的依法办事能力。

4. 为调研工作提供法律服务。根据文化部加强文化系统知识产权工作指导的要求，法律顾问参与了民族民间文艺保护及文化信息资源共享中的知识产权专题调研，并参与了调研报告的研讨论证，对其中的相关法律问题提出解决思路。

5. 其他方面。法律顾问参与了文化部相关司局提交的法规草案的研究修改工作等相关事项的咨询工作。

（二）加大文化市场日常检查力度

针对市场存在的突出问题，部署开展专项执法行动，1月至6月，联合工商、广电、新闻出版等部门开展动漫市场专项整治行动，积极参与全国打击侵犯知识产权与制售假冒伪劣商品领导小组各项工作，7月至10月，在全国范围内部署开展党的十八大文化市场专项保障行动，为党的十八大胜利召开创造了良好的社会文化环境。

此外，文化部定期印发综合执法工作要点和情况通报，监督指导各地综合执法工作；分4次对14个省的网吧、游艺娱乐等市场状况进行暗访抽查，并下发通报；健全举报监督机制，截至2012年12月31日，通过12318文化市场举报网站，接收各类举报5338件，受理2760件。

2012年，全国各级文化行政部门和文化市场综合执法机构出动执法人员1217.6万余人次，检查经营单位610万余家次，受理各类举报投诉3.4万件，立案调查5.7万件，办结案件5.18万件，警告11.6万家次，罚款近1.93亿元，责令停业整顿1.5万家次。

（三）实施知识产权战略

为了深入实施国家知识产权战略，促进文化领域知识产权工作顺利开展，有效发挥知识产权在促进文化大发展大繁荣中的重要作用，2012年以来，文化部根据《2012年国家知识产权战略实施推进计划》，着重开展了以下几个方面的工作：

1. 针对文化领域知识产权重点难点问题开展调研

通过对文化领域知识产权问题的认真梳理，可以看出，文化部在知识产权的创造、保护、管理和运用方面，除了打造文化精品力作、促进文化产业发展、开展文化市场执法等众所周知的事项外，还呈现出一些独特性，体现为：

第一，文化部承担着国家公共文化服务体系建设的重要职责。文化部全国公共文化发展中心就是依托全国文化信息资源共享工程这一国家级重点文化惠民工程而建立的。文化惠民工程突出公益性、基本性、均等性、便利性，强调公共利益与个人利益的平衡。文化信息资源共享工程是一项政府主导的文化创新工程，涉及海量数字资源建设，因此，如何寻找资源共享与个人权利的平衡点就显得尤为重要。党的十七届六中全会提出“鼓励国家投资、资助或拥有版权的文化产品无偿用于公共文化服务”。如何加强文化政策与知识产权政策的协调衔接，保障公众在文化活动中依法合理使用创新成果和信息的权利，促进创新成果合理分享值得深入研究。

第二，文化部是国家文化遗产的管理和保护部门。民族民间文艺作为遗传资源、传统知识的重要组成部分，其中存在着大量的知识产权问题值得深入探讨，文化部民族民间文艺发展中心在这方面已经进行了有益的探索和扎实的积累。通过30多年搜集整理，已存有8亿字以上文字资料、4万张图片、愈万小时音视频资料。那么，如何进一步加强民间文艺保护、促进民间文艺发展，深入发掘民间文艺作品，建立民间文艺保存人与后续创作人之间合理分享利益的机制，仍需不断探索，为立法作出积极贡献。

基于上述思考，文化部与联席会议办公室进行了沟通和探讨。2012年3月底，在联席会议办公室的精心组织和细致安排下，文化部联合有关部门对文化部全国公共文化发展中心和民族民间文艺发展中心进行了实地调研，召开专题座谈会。针对其中遇到的重点和难点问题于5月初赴云南、浙江开展京外调研。在联席会议办公室的指导下，形成了“民族民间文艺知识产权工作亟待加强”的调研报告，并以联席会议《工作动态》形式报送国务院领导。该报告被联席会议办公室评为年度十佳调研报告，并被中办《每日汇报》采用，供中央领导同志决策参考。

2. 推动重点联系单位扎实深入开展战略实施工作

为了深入研究文化信息资源共享和民族民间文艺工作中涉及知识产权的突出问题和矛盾，高度关注相关利益主体对加强知识产权工作普遍强烈的愿望和诉求，加大文化领域知识产权战略实施力度，文化部经与部际联席会议办公室充分协商，于2012年6月5日正式确立文化部全国公共文化发展中心和文化部民族民间文艺发展中心为战略实施重点联系单位。联系会议办公室和文化部签署了《建设国家知识产权战略实施重点联系单位合作协议》，双方将按照“明确任务、抓住重点、互补优势、共享资源”的原则，共同推动文化领域知识产权战略深入实施。

3. 研究文化系统知识产权战略规划

根据调研工作取得的阶段性成果，结合战略实施重点联系单位的项目进展情况，初步规划文化系统知识产权战略实施指导性文件的有关内容。

4. 提高文化系统知识产权宣传力度和培训水平

文化部积极参与知识产权宣传周活动，为营造“尊重知识、崇尚创新、诚信守法”的知识产权文化氛围，增强文化系统知识产权意识，文化部文化产业司编印了《动漫知识产权保护手册》，作为开展全国动漫人才培训的主要教材；故宫博物院开展了以著作权、名称权、商标权保护为主要议题的“博物馆与法律学术研讨会”的征文活动。此外，文化部还积极参与编制加强知识产权文化建设政策性文件的有关工作，并在第七次联络员全体会议上作典型发言。

（四）推进行政审批制度改革

按照中央关于进一步转变政府职能、深化行政审批制度改革以及国务院深入推进行政审批制度改革工作、进一步减少和调整行政审批事项的部署要求，2012年文化部第六次对有关行政审批项目进行了研究和梳理，并减少行政审批事项1项。具体情况是：为转变政府职能，宏观指导和科学管理艺术团组及个人出国参加各类国际艺术比赛，推动中国文化艺术事业的繁荣与发展，文化部决定对艺术团组及个人出国参加国际艺术比赛的管理模式进行改革，不再出资组团和选派选手出国参赛，而是采取定期公布我部鼓励参加的国际艺术比赛目录，并根据选手获奖成绩按照规定发放奖金和荣誉证书的方式进行管理。选手可自主出国参赛，无需履行出国审批手续，费用自理。因此，在“参加或举办文化方面的一般性国际会议、国际性展览展销、国际艺术比赛、国际艺术节及其他国际性文化活动审批”这一大项行政审批项目中，决定取消对“我国艺术团组及个人出国参加各类国际艺术比赛”的审批权。

根据要求，文化部对法律、行政法规和国务院决定设立的地方文化行政部门行政审批项目也进行了认真梳理。2012年6月26日，监察部发出《关于征求对广东省拟取消和调整行政审批事项意见的函》（监函〔2012〕62号），征求文化部对广东省在行政审批制度改革方面先行先试涉及文化部的行政审批项目的意见。经认真研究和反复磋商，文化部以《文化部关于对广东省拟取消和调整行政审批事项的意见的复函》（文政法函〔2012〕1180号）形式函复监察部，提出取消和调整的具体意见。最终决定，关于“设立经营性互联网文化单位许可证编码”，为广东省提供专门号段。关于“文物保护工程勘察设计乙级以下（含乙级）、施工二级以下（含二级）及监理乙级以下（含乙级）资质审批”，同意取消。至此，第六次行政审批制度改革工作顺利完成。

文化规划工作综述

近年来，规划工作越来越受到各界的高度重视，在我国经济和社会发展中发挥越来越重要的作用。文化部的规划工作在部领导的高度重视下，在各部门的共同努力下，逐步形成了以《中华人民共和国国民经济和社会发展第十二个五年规划纲要》和《国家“十二五”时期文化改革发展规划纲要》为指导，以《文化部“十二五”时期文化改革发展规划》为中心，以各重要领域专项规划为支撑，以国家区域性规划中涉及文化的内容为补充的规划工作体系，完善了规划工作机制。2012年，文化规划工作主要包括四个方面。

一、推动《文化部“十二五”时期文化改革发展规划》编制及相关工作

文化部经过长期酝酿、反复征求意见、认真修改，完成了《文化部“十二五”时期文化改革发展规划》编制工作，于2012年5月正式出台印发。《规划》印发后，召开了新闻发布会，国内数十家媒体对此进行了采访报道，社会反响热烈。为进一步推动《规划》实施，文化部及时制定了分工方案，将各项任务落实到具体部门。编辑出版《文化部“十二五”时期文化改革发展规划解读》一书，进一步宣传了《规划》，扩大了《规划》的影响。《文化部“十二五”时期文化改革发展规划》是文化部贯彻十七届六中全会精神、落实《中华人民共和国国民经济和社会发展第十二个五年规划纲要》和《国家“十二五”时期文化改革发展规划纲要》的重要举措，是指导文化系统“十二五”时期改革发展的总体规划，明确了“十二五”期间文化发展的总体思路、目标和任务，对于文化系统科学统筹“十二五”文化发展，抓住机遇，乘势而上，推动文化大发展大繁荣，具有重要指导意义。

二、加强全国文化系统规划工作的统筹协调

在抓好《文化部“十二五”时期文化改革发展规划》编制的基础上，艺术事业、文化科技、文化市场、文化产业、公共文化服务等文化工作的重要领域相继发布专项规划。这些专项规划的出台，不断推动文化规划体系的建立和完善，对文化建设起到重要的指导作用。为推动全国文化系统规划工作，加强规划工作队伍的联系，2012年9月，在江苏常州召开部分省市“十二五”规划工作座谈会，交流了工作经验，研究了规划工作面临的困难，讨论了今后规划工作的思路，并探索建立规划工作的联络合作机制。

三、配合国家发改委等相关部门和地方政府推动区域性规划的编制和研究

为了推动文化改革发展纳入地方经济社会发展总体规划，文化部配合国家发改委和其他部门，加强与地方党委政府的合作联动，积极参与区域性、行业性规划编制和实施工作。配合国家发改委等相关部门认真完成各种区域性、行业性规划编制和修改完善的相关工作。提供关于促进中部地区崛起和实施东北地区等老工业基地振兴战略的有关材料。起草《文化部、国家文物局、河南省人民政府关于共同推进华夏历史文明传承创新区建设的合作协议》、《文化部、国家文物局关于支持贵州多民族文化大发展大繁荣的意见》。积极协调相关部门，反复征求意见，推动支持甘肃省以建设华夏文明传承创新区为平台整体推进文化大省建设的有关工作取得重要进展。

四、开展区域文化发展调研

统筹区域发展是实现文化科学发展的重要手段，是文化改革发展规划的题中应有之义。近年来，在国家有关文化改革发展规划中，已经不同程度地包含了这方面的内容。如何实施区域文化发展战略、实现文化可持续发展，是一个重要课题。文化部针对《全国主体功能区规划》，从文化角度加强区域文化发展研究。2012年7月，文化部与上海文广局、辽宁省文化厅和武汉大学国家文化创新研究中心合作，启动这方面的工作，并且赴上海、常州、江苏、扬州、常州等地进行了实地调研，深入了解地方文化改革发展现状及存在的问题，为推动区域文化发展提供思路和理论依据。

专　题

文化法规选编目录

国际公约

视听表演北京条约

（2012年6月24日经外交会议通过）

法律

全国人民代表大会常务委员会关于加强网络信息保护的决定

（2012年12月28日第十一届全国人民代表大会常务委员会第三十次会议通过）

最高人民法院关于审理侵害信息网络传播权民事纠纷案件适用法律若干问题的规定

（法释〔2012〕20号，2012年11月26日最高人民

法院审判委员会第1561次会议通过）

行政法规及法规性文件

国务院办公厅关于贯彻落实《国务院关于进一步做好打击侵犯知识产权和制售假冒伪劣商品工作的意见》任务分工的通知

（国办函〔2011〕163号）

CEPA补充协议八（图书馆、档案馆、博物馆和其他文化服务）

国务院办公厅转发知识产权局等部门关于加强战略性新兴产业知识产权工作若干意见的通知

（国办发〔2012〕28号）

国务院关于印发国家基本公共服务体系“十二五”规划的通知

（国发〔2012〕29号）

国务院办公厅关于印发2012年全国打击侵犯知识产权和制售假冒伪劣商品工作要点的通知

（国办发〔2012〕30号）

国务院办公厅关于清理整顿各类交易场所的实施意见

（国办发〔2012〕37号）

无障碍环境建设条例

（中华人民共和国国务院令第622号）

CEPA补充协议九（娱乐、文化和体育服务）

部门规章及规范性文件

文化部关于印发《文化部“十二五”时期文化改革发展规划》的通知

（文政法发〔2012〕13号）

文化部关于进一步加强各类大型文化活动管理的通知

（文办发〔2012〕47号）

文化统计管理办法

（中华人民共和国文化部令第53号）

文化部办公厅关于印发《文化部内部审计工作暂行规定》的通知

（办财务发〔2012〕21号）

文化市场综合行政执法管理办法

（中华人民共和国文化部令 第52号）

文化部办公厅关于印发《2012年全国文化市场综合执法考评细则》的通知

（办市发〔2012〕5号）

文化部关于印发《文化市场举报办理规范》的通知

（文市发〔2012〕9号）

文化部办公厅关于印发《文化市场综合行政执法人员行为规范》的通知

（办市发〔2012〕11号）

文化部关于印发《文化市场交叉检查与暗访抽查规范》的通知

（文市发〔2012〕22号）

文化部关于印发《文化市场重大案件管理办法》的通知

（文市发〔2012〕23号）

文化部关于印发《文化市场综合行政执法案卷评查办法（试行）》的通知

（文市发〔2012〕24号）

文化部关于印发《文化市场行政处罚案件档案管理办法（试行）》的通知

（文市发〔2012〕26号）

文化部关于印发《文化市场突发事件应急管理办法（试行）》及《文化市场突发事件应急预案（试行）》的通知

（文市发〔2012〕27号）

文化部关于印发《文化市场行政处罚案件证据规则（试行）》及《常见文化市场行政处罚案件执法取证指引（试行）》的通知

（文市发〔2012〕34号）

文化部关于印发《网络文化市场执法工作指引（试行）》的通知

（文市发〔2012〕35号）

文化部关于进一步规范文化市场综合行政执法文书的通知

（文市发〔2012〕38号）

文化部关于印发《文化市场日常检查规范（试行）》的通知

（文市发〔2012〕39号）

文化部关于印发《演出经纪人员管理办法》的通知

（文市发〔2012〕48号）

文化部关于印发《文化市场行政处罚自由裁量权适用办法（试行）》的通知

（文市发〔2012〕50号）

文化部关于鼓励和引导民间资本进入文化领域的实施意见

（文产发〔2012〕17号）

大运河遗产保护管理办法

（中华人民共和国文化部令第54号）

中国文化年鉴

Almanac Of Chinese Culture

文化体制改革

Cultural Restructuring

中国文化年鉴

综　述

2012年是文化系统深入贯彻落实党的十八大和十七届六中全会精神，全力深化文化体制改革并取得重要成果的关键一年。2月17日至18日，中央在太原召开全国文化体制改革工作会议，总结工作、交流经验，深入分析文化体制改革的形势和任务，贯彻落实《国家“十二五”时期文化改革发展规划纲要》，对2012年全面深化文化体制改革工作作出部署，为文化系统体制改革工作提供了遵循。文化系统认真贯彻落实全国文化体制改革工作会议精神，2月21日召开了文化部党组扩大会议，研究部署2012年上半年文化系统体制改革各项重点工作。3月6日，文化部在京召开全国文化系统体制改革工作视频会议，传达学习全国文化体制改革工作会议精神，进一步部署2012年文化系统体制改革工作，要求加大工作力度，加快改革进度，确保如期完成文化体制改革阶段性任务。文化系统按照中央确定的“路线图”、“时间表”和“任务书”，紧紧围绕国有文艺院团体制改革这一关键环节，加强组织领导、完善政策措施，在经营性文化单位改革发展、文化市场综合执法改革、创新公共文化服务运行机制、转变文化产业发展方式、推动中华文化“走出去”、转变政府职能等方面取得了重大进展，文化生产力进一步得到解放和发展，广大干部职工的文化自觉和文化自信显著提升，文化系统改革发展呈现崭新局面。

一、加大力度、加快进度，国有文艺院团体制改革阶段性任务全面完成

（一）召开会议专题动员和部署

1月6日，文化部在北京召开全国文化系统国有文艺院团体制改革工作座谈会，传达了中央领导关于国有文艺院团体制改革的一系列重要指示，要求增强做好改革工作的紧迫感和责任感，并对如何做好下一步改革工作提出了明确的要求。3月6日召开的全国文化系统体制改革工作视频会议，重点对确保在2012年上半年基本完成国有文艺院团体制改革作出部署。6月27日，文化部在贵阳召开了国有文艺院团体制改革工作座谈会，对院团改革基本完成后完善政策扶持、检查验收、总结表彰等工作提出了具体要求。

（二）加大贯彻落实扶持政策的力度

中央陆续出台了一系列关于文化体制改革特别是支持经营性文化事业单位转企改制的政策文件，逐渐形成了较为完善的改革政策保障体系。2012年，文化部加大落实《中宣部、文化部关于加快国有文艺院团体制改革的通知》（文政法发〔2011〕22号）等政策文件的力度，并推动各地方出台了更加优惠且符合当地实际情况的政策。如江西省在落实中央政策的基础上，充分考虑转制院团长远发展，专门出台《省直文艺院团转企改制后的进一步支持办法》，确定15条扶持发展的新政策。贵州省积极促进社会资本和文化资源有机对接，为省演艺集团找到了“资本婆家”，奠定了发展基础。湖南省通过注入开办经费、解决办公条件、挖掘优秀剧目、培育领军人才等方式，加大对转制院团的扶持力度。

（三）加强督促检查工作

根据年初关于加快推进改革工作的部署，3月20日至4月9日，文化部党组成员分赴江西、广西、云南、甘肃、青海等省（区）开展国有文艺院团体制改革督查工作，指导有关省（区）进一步加快院团改革步伐。有关省（区）以此次督查为契机，着力提高改革工作的主动性自觉性，加大工作力度、加快改革进度，把院团改革列入省（区）委和政府“一把手”工程，制定落实改革实施方案，克难攻坚、迎头赶上，取得了明显成效。

（四）确保改革规范实施

在加快推进院团改革过程中，文化部积极推动未完成改革任务的院团根据自身实际情况明确改革路径、制定细化方案。坚持把转企改制作为院团改革的中心环节，控制保留事业性质的院团数量，坚决不突破经中央文化体制改革和发展工作领导审查公布的保留事业体制院团名单。严格按照中央关于国有文艺院团体制改革的规范标准，推动该转企改制的院团真转真改，该撤销的坚决撤销，该划转严格按照程序、有章有法地划转。

（五）及时总结交流改革经验

部领导高度重视对国有文艺院团体制改革的经验进行总结，多次在会议上专门强调并对改革工作提出总体要求。6月5日，《人民日报》发表了蔡武同志的《推进文艺院团改革的“五个坚持”》，对院团改革全面推开以来的经验进行了一次系统总结，产生了广泛的影响。10月30日，文化部召开全国国有文艺院团体制改革经验总结交流视频会议。会议深

刻总结了近年来国有文艺院团体制改革的基本历程、显著成效和宝贵经验，对继续推进国有文艺院团深化改革加快发展提出明确要求。会议宣布了文化部对在国有文艺院团体制改革工作中作出突出贡献的79个地区、158个单位和202名个人予以通报表扬的决定，有力营造了学习先进、赶超先进的良好氛围。

（六）积极做好验收工作

为做好改革的收尾工作，确保国有文艺院团体制改革质量，9月3日，文化部下发了《关于开展全国文化系统国有文艺院团体制改革自查验收工作的通知》，对各地推进院团改革中的政策实施、组织保障、改革路径规范程度、现代企业制度建设、经营管理、人员安置等情况进行检查。各地在对各自实际情况深入分析和总结基础上起草并报送了自查报告和调研报告。为确保验收质量，文化部在自查验收的基础上开展了复查验收，先后组织若干验收组赴四川、浙江、陕西、湖南、辽宁等省份开展复查验收（调研）工作，有力促进了各地以验收为契机，对本地区本部门改革任务完成情况“回头看”，规范改革程序，提高改革质量。

（七）做好宣传和经验推广工作

围绕国有文艺院团体制改革工作重要会议、督查调研、复查验收、经验总结等主题，进行了大规模宣传，新华社、人民日报、经济日报、光明日报、中国文化报等多家中央主流媒体，发表了一系列新闻报道、改革评论、改革综述等宣传文章。在《文化体制改革简报》中开辟了《国有文艺院团体制改革专刊》，及时总结院团改革进展情况、典型做法等，有力促进了各地经验交流。组织编写《转变文化发展方式研究》和《国有文艺院团体制改革典型经验选编》等书籍，产生了良好的社会影响。

（八）推进保留事业体制的中直院团内部机制改革

按照“国家扶持、转换机制、面向市场、增强活力”的方针，积极推进保留事业体制的中直院团内部机制改革取得积极进展。一是完善用人机制。中央民族乐团采用签约制与聘用制，签约演员与在职演职人员在职称评定、社保等方面均享有同等待遇。中央歌剧院在艺术岗位、职称、保险和待遇等方面提供优厚保障，吸引海内外大批优秀艺术人才。中央芭蕾舞团推行符合岗位特点的考核办法，完成剧团2012年“大聘任年”工作。中国儿童艺术剧院实行全员聘任制，并大胆启用年轻人走上重要岗位。二是推进收入分配改革。中央歌剧院以效益、效率和岗位为基准，实施收入分配制度改革，演职员工收入显著增长。中央芭蕾舞团对执行了10多年的年薪制度进行调整，充分体现“多劳多得”、“奖勤罚懒”的收入分配原则。国家京剧院实施收入分配改革，科学制定行政部门人员、一线演职人员的基本分配模式。中国儿童艺术剧院在分配上进一步向业绩和贡献倾斜，员工收入稳步提高。三是完善岗位责任制。国家京剧院实施“管理干部任期目标管理责任书”制度，对管理干部提出目标责任要求。国家话剧院以“以职定岗、以岗定人”的原则，全面实施部门岗位责任制。中央芭蕾舞团设计了十多套考核办法，采取“面向观众”的开放考核形式，由观众评出“最受欢迎的男女演员”。

截至2012年底，全国文化系统承担改革任务的2103家国有文艺院团，按照“五个一批”的改革路径全面完成了改革任务，其中转企院团占61%，划转占19%，撤销占20%，一个以企业为主体、事业为补充的新型演艺体制格局已经形成。通过改革，院团的活力得以充分释放，纷纷以积极开拓市场求生存、以提高艺术质量求发展，促进精品力作不断涌现，实现了社会效益与经济效益双丰收。中国东方演艺集团有限公司和北京、辽宁、江苏、上海等14个省（区、市）组建的省级演艺集团公司，成为演艺市场中坚力量，其中中国东方演艺集团有限公司、北京演艺集团有限责任公司、江苏演艺集团有限公司年收入超亿元。上海杂技团有限公司、甘肃省杂技团有限责任公司、云南丽江民族演艺有限公司等企业通过将演艺与旅游、创意、高新技术等产业深度融合，有效推进演艺产业结构转型升级。宁夏话剧艺术发展有限责任公司、大厂评剧歌舞演艺有限责任公司、陕西周至县剧团等企业积极开拓特色市场，企业实力不断壮大。云南省歌舞剧院有限责任公司、重庆杂技艺术有限责任公司等企业倾力打造外向型精品力作，推动演艺“走出去”成效显著。广州粤剧院有限公司、山东高密市凤城演艺有限责任公司等在以市场化方式保护传承非物质文化遗产方面开创了新的路子。演艺院线迅速发展，已形成中演演出院线、保利院线两大全国性院线，北方剧院联盟、西部演出联盟、东部剧院联盟、长三角演艺联盟、珠三角演艺联盟等地方联盟，演艺企业发展空间大大拓展。在新的体制机制环境下，演艺创作生产呈现积极向上、繁荣发展的新景象，涌现出话剧《郭明义》、《红旗渠》，豫剧《兰考往事》，儿童剧《特殊作业》，芭蕾舞剧《小美人鱼》等一大批优秀文艺作品。

二、完善制度、开拓市场，经营性文化单位转企改制成果显著

（一）推动部系统集团公司深化改革加快发展

2012年，文化部系统集团公司积极深化转企改制，努力建立现代化企业管理制度，不断完善公司法人治理结构，推动人事管理、收入分配和社会保障等内部机制改革，充分激发了活力和创造力。同时，各集团公司在开拓市场方面均迈出了重要步伐，积极探索建立合作平台，大力拓展业务范围，着力打造文化品牌，经营发展有了良好基础。中国对外文化集团公司在全球40多个国家和地区300余座城市，举办各类大中小型演出和联合演出近6000场，商业演出项目占70%以上，国内外观众总量超过1100万人次；与维也纳控股集团在奥地利建立合资公司“中欧创意工场”，与芬兰文化门户公司组建上海芬宁文化艺术公司；以“中华风韵”品牌为旗帜，将一批中国优秀演艺产品推上美国林肯艺术中心、肯尼迪表演艺术中心、丹佛表演艺术中心、洛杉矶音乐中心、英国卡多甘音乐厅等主流演出剧院的舞台。中国东方演艺集团有限公司全年总收入超过2.2亿元，演职员人均年收入突破16万元，同比均增长10%左右,演出总场次达319场。中国文化传媒集团有限公司对《中国文化报》再次进行改版，引进民营资本，在每周六推出《文化财富周刊》，并创办了《艺彩山东》、《湖湘文化》和《大运河》等地方专刊；在办好纸质媒体的同时大力拓展新媒体业务，网络中心策划制作了各类专题178个，刊发手机报246期，网站的访问量大幅攀升，日均访问量从年初的1万IP上升到年末的5万IP，峰值达到23万IP，最高浏览量突破百万IP。中国动漫集团有限公司狠抓动漫游戏节目的生产与推广工作，倾力打造一批高质量动漫产品。完成了2012中国动漫春节联欢晚会、2012中国动漫元宵联欢晚会，在包括央视在内的全国40余家电视台和10余家视频网站的播出，收视率和收视份额均创中央电视台少儿频道的历史新高。成立动漫集团厦门节目制作基地，与13所高校签订实训基地协议，开展了人才培训，为动漫游戏节目制作夯实了基础。中国录音录像出版总社转企改制并引入北京首创集团有限公司资本组建中国数字文化集团有限公司后，已经完成人员身份转换，实行竞聘上岗，向新闻出版总署等行业主管部门申请新设“音像制品、电子出版物、网络出版”三项资质，同时还实现了集团公司从2013年起纳入中央国有资本经营预算实施范围，至此真正进入了文化央企系列。

（二）推动部系统出版社深化转企改制工作

国家文物局所属的文物出版社、中国艺术研究院所属的文化艺术出版社、国家图书馆所属的国家图书馆出版社、故宫博物院所属的紫禁城出版社等四家图书出版社在完成转企改制后，办理税收优惠手续，推动人员身份转换，为出版业务长远发展奠定了基础。其中，文化艺术出版社转企改制后，已初步完成了薪酬体系建设、人力资源管理等一系列改革工作，积极做好进入市场竞争的各项准备工作。

（三）推动部系统非时政类报刊出版单位体制改革

根据中央关于非时政类报刊出版单位体制改革的有关要求，贯彻落实《中共中央办公厅、国务院办公厅关于深化非时政类报刊出版单位体制改革的意见》，加强与新闻出版总署等业务主管部门的协调，在文化部系统非时政类报刊出版单位开展调研，指导有关单位制定工作方案，扎实推进转企改制，2012年已经全面完成了部系统非时政类报刊出版单位体制改革工作。

三、创新机制、增强活力，公共文化服务能力不断提升

（一）推动公益性文化事业单位内部机制改革

深化事业单位人事制度改革，全面实施岗位管理。文化部应进行岗位设置管理的直属单位均已完成岗位设置管理方案的批复备案工作，绝大部分单位已完成岗位聘用工作，建立了岗位考核办法。在直属单位建立和推行聘用制度，实现聘用合同全覆盖，把聘用合同作为单位人事管理的基本依据，加强聘后、解聘、辞聘管理工作，逐步完善人员退出机制，拓展人员正常退出渠道。完善公开招聘制度，规范公开招聘办法，规定各单位除确需使用其他方法选拔任用人员外，一律实行公开招聘，并要求各单位明确和细化相关规则，切实做到信息公开、过程公开、结果公开，增强公开招聘实施过程透明度。实施新的收入分配制度，初步建立岗位绩效工资制，扩大单位收入分配自主权，打破分配“大锅饭”的局面，充分发挥收入分配激励导向作用。通过深化内部机制改革，公益性文化事业单位的活力不断增强，管理绩效显著提升，广大干部职工的积极性和创造性得到充分发挥，公共服务效率有了明显进步。

（二）创新公共文化服务运行机制

深入实施公共文化服务设施免费开放工作，基本建立了中央财政和地方财政合理分担的公共文化机构运行经费保障机制。在2011年底前在博物馆、纪念馆和爱国主义教育基地全部免费开放的基础上，2012年又进一步实现了全国美术馆、公共图书馆、文化馆（站）全部免费开放，免费开放的公共文化设施逐渐成为群众享受公共文化服务的重要方式。公共文化服务机构的服务能力不断增强，2012年1月至11月，国家图书馆接待到馆读者346.4万人次，流通书刊达2252万册次，国图网站读者访问量达10.6亿次；全年接待科研机构、企业和个人用户参考咨询60.7万件，举办各类社会教育活动200余场（次），累计吸引80.52万人次读者参与。各地积极探索创新公共文化服务模式，张家港市实行网格化文化管理，深圳市实行图书馆总分馆制和自助图书服务，吉林省和武汉市建立了图书馆联盟，推动图书资源共享利用，上海市首次推出并免费发放近百万张公共文化服务信息导览图等。

（三）积极引导和鼓励社会力量参与公共文化服务

7月，文化部制定出台《关于鼓励和引导民间资本进入文化领域的实施意见》，有效促进了社会力量参与文化建设。9月，文化部与中央文明办联合印发了《关于广泛开展基层文化志愿服务活动的意见》，推动各地各有关单位深入开展文化志愿服务活动。引导和鼓励社会力量捐助和兴办图书馆、博物馆、文化馆等公共文化服务机构。积极搭建社会力量资助公共文化服务的平台。完善政府购买、公开招标、流动服务等方式，为人民群众提供公共文化服务。社会力量参与公共文化服务的积极性得到有效引导，文化志愿服务活动在全国范围内开展，各地已组建文化志愿服务团队2000多支，登记在册的文化志愿者人数超过30万人。

四、完善机构、加强监管，文化市场管理取得新突破

（一）继续推动文化市场综合执法机构改革

2012年，文化部继续配合中宣部、中央编办等部门，积极推动文化、广电、新闻出版等部门执法力量整合工作，督促少部分尚未完成改革任务的地市和区（县）组建文化市场综合执法机构，成立或调整充实各级文化市场管理工作领导小组，组建综合文化行政责任主体。截至8月，全国列入改革范围的403个地级市以及2594个县（区），全部完成综合执法机构组建工作；86.4%的地市和93.8%的县（区）完成了综合文化行政责任主体组建工作；100%的省（区、市）和92.8%的地市、75.9%的县区组建了文化市场管理工作领导小组，建立了统一领导的文化市场综合执法体制。尚未列入改革范围的新疆、西藏，也进行了一定程度的改革。通过机构改革，文化市场管理体制逐渐理顺，管理职责不断强化。

（二）加强综合执法规范化建设

2012年，文化部发布了《文化市场综合行政执法管理办法》，首次以部门规章形式明确了文化市场综合执法机构的法律地位、委托授权模式以及培训考试、举报处理、考评奖励等基本制度，奠定了综合执法的法制基础。同时不断完善相关配套措施，发布了《文化市场举报办理规范》、《文化市场综合行政执法案卷评查办法》、《文化市场突发事件应急管理办法》等规范性文件，进一步细化执法操作流程。各地也逐步建立起包括法制研究、规范处罚程序、约束执法行为和加强办案监督等法制工作体系，北京、天津、上海、浙江出台了《文化市场综合行政执法管理办法》等。管理规章不断健全，执法程序规范程度提高，初步形成了一套较为完善的执法制度，天津、上海、湖北编印了《文化市场综合执法制度》，重庆制定了《文化市场行政处罚裁量基准》等。

（三）加强文化市场综合执法队伍建设

加强执法队伍培训工作，组织实施《全国文化市场综合执法队伍培训规划》（2011—2015年）》，完善部省市县四级培训网络，统一业务考试标准，丰富综合执法培训师资队伍，建立综合培训与专项培训相结合、定期培训与临时培训相结合、现场培训与网络培训相结合的“三个结合”培训制度，大力培养网络文化市场执法业务骨干。加强执法队伍廉政建设，5月发布了《文化市场综合行政执法人员执法行为规范》。积极实行“五个统一”，明确要求各地在组建综合执法机构后，逐步实现统一执法标识、统一执法证件、统一执法服装、统一执法装备、统一执法文书，树立专业执法队伍形象。文化市场执法队伍逐步统一，执法人员总数增加，执法力量显著增强，特别是基层执法力量明显提升。

（四）加强综合执法工作信息化建设

充分重视技术监管手段的作用，继续完善全国网络文化市场计算机监管平台，实现了与31个省级监管平台的互联互通，可对全国13万余家网吧内的

917万余台计算机终端实行即时动态监控。继续推广全国文化市场综合执法办公系统，已经在全国21个省正式应用，并对24个省份进行了专题培训。进一步完善综合执法机构人员装备数据库、教育考试系统、综合执法数据报送系统、信息报送系统，有效促进综合执法信息化建设。建成网络音乐、网络游戏动态监管系统，为下一步试点应用、全国推广打下基础，努力提高文化市场监管感知化、互联化、智能化水平。

五、完善政策、加强引导，文化产业快速发展

（一）完善文化产业规划和政策体系

发布《文化部"十二五"时期文化产业倍增计划》，明确了"十二五"时期文化系统文化产业增加值实现倍增的目标并提出相关政策保障措施。出台《关于鼓励和引导民间资本进入文化领域的实施意见》，鼓励民间资本投资文化产业发展。制定《文化产品和服务出口指导目录》，扩大投资和出口的行业范围，减轻文化产业负担。

（二）加强文化产业基地和园区管理

加强对文化产业基地和园区的规范管理，严格产业基地和园区的准入制度，实行动态管理，命名第四批国家级文化产业示范（试验）园区和第五批国家文化产业示范基地，撤销4家不符合要求的基地称号。在国家文化产业示范基地评选命名工作中，对转制企业申报予以重点关注。通过加强管理，文化产业基地和园区得到有效规范，集聚力、辐射力、影响力不断增强。

（三）推动文化与金融资本融合

深入落实《关于金融支持文化产业发展繁荣的指导意见》，促进金融机构与文化企业对接，积极协调金融资本支持转企改制文化企业发展。扩大文化产业信贷规模，本外币贷款余额突破千亿元。启动文化企业债券融资试点，注册发行债券超过1500亿元。积极推进文化产业保险工作。通过文化企业投融资培训班、文化部文化产业投融资公共服务平台等形式，提高转企改制文化企业的投融资能力，拓展投融资渠道。文化与金融资本逐渐有效对接，多元化、多层次、多渠道的文化产业投融资体系正在形成。

（四）推动文化与科技融合

大力推动文化与科技融合，实施国家文化科技创新工程项目，与科技部、中宣部、广电总局、新闻出版总署联合在全国认定了首批16个国家级文化和科技融合示范基地，为促进文化科技发展作出了重要探索。文化产业的科技含量逐渐提高，涌现出了一批以现代科技为依托的文化企业。

六、拓宽渠道、加强交流，中华文化影响力进一步增强

（一）完善对外文化交流工作机制

继续完善"对外文化工作部际联席会议"制度，加强战略规划和法规建设，共同做大做强对外文化交流的重点品牌，同时带动其他配套机制建设，初步确立了以"部省（区市）合作、部际合作、部直（文化部直属单位）合作、国内和国外合作"四个机制为基轴的对外文化工作统筹合作机制，逐渐形成平台丰富、手段多样、任务明确、目标一致的对外文化工作制度网络。

（二）继续办好对外文化交流活动

加强政府间文化交流与合作，2012年与27个国家签订双边文化交流执行计划和互设文化中心协定。促进中外文化对话，举办首届"中非合作论坛——文化部长"、第三届中美文化论坛，在广西举办2012中国——东盟文化论坛、在宁夏举办中国·阿拉伯合作论坛等。继续办好"欢乐春节"、"中国文化年"、"中欧文化对话"等重大文化交流品牌活动。2012年，"欢乐春节"在全球82个国家和地区的144个城市举办了323项活动，吸引40多位国家元首、政府首脑和王室成员、500多位政要、1500余家媒体、3000万海外民众参与，成为当前中外文化交流活动中最具影响力的第一品牌。中欧文化对话年共完成了近300个合作项目，涵盖了文学、艺术、哲学、体育等多领域，覆盖含港澳地区在内的22个省市和所有27个欧盟成员国。

（三）加强海外文化中心建设

继续完善海外中国文化中心的全球布局，2012年，曼谷、莫斯科海外中国文化中心正式揭牌，启动试运行了马德里、墨西哥中心。加强央地合作，11个省（区、市）与海外文化中心完成对接。据统计，2012年9个海外中心共举办800多起文化活动，服务海外民众近20万人次，为中央和地方各部门推动文化"走出去"搭建了长久平台。

（四）促进对外文化贸易

继续实施文化"走出去"工程，加大对文化出口重点企业和项目的扶持力度，逐步缓解文化产品和服务进出口逆差。加强国家级对外文化贸易基地（上海）建设，进一步提升基地的平台服务能力。

2012年第八届中国（深圳）国际文化产业博览交易会总成交额突破1432.9亿元，其中出口交易额超过115.2亿元。

七、理清职责、完善管理，政府职能进一步转变

（一）调整文化行政部门和直属单位职能

5月，文化部社会文化司更名为公共文化司，这反映了政府适应新形势新任务的要求，更好地履行文化行政部门的公共文化服务职能。调整文化部一些直属单位的职能，成立了非物质文化遗产国际培训中心，国家图书馆加挂“国家典籍博物馆”，文化部文化设施建设管理中心更名为文化部海外文化设施建设管理中心，全国文化信息资源建设管理中心更名为全国公共文化发展中心。

（二）加强文化人才队伍建设

按照从主要面向文化部系统到面向全国文化系统转变，从面向体制内到面向全社会，从侧重高端人才培养到高端人才和基层队伍建设并重转变的工作方向，不断加强文化人才队伍建设。完成年度享受政府特殊津贴人员、创新人才推荐选拔，推动国家艺术荣誉制度建设。利用国家艺术基金扶持优秀艺术人才培养。进一步加强驻外人员忠诚教育。推进基层文化队伍培训工作，如浙江实施基层文化队伍素质提升工程，培训基层文化骨干20余万次，河南、贵州还分别实施了“安心计划”、“653工程”等，取得了良好效果。

（三）加强文化行业协会建设

2012年，文化部积极推动文化行业组织和中介机构建设，成立了中国互联网上网服务营业场所行业协会，把中国演出家协会更名为中国演出行业协会。同时，积极指导中国东方演艺集团有限公司牵头，筹备涵盖文艺院团、演出剧场、演出经纪机构、新闻媒体等组织的全国演艺业发展联盟组建工作。行业协会的成长有力推动了文化行业自律和健康发展，同时也有力促进了政府与企业、市场的关系进一步理顺。

中国文化年鉴

Almanac Of Chinese Culture

公共文化服务

Public Cultural Services

综　述

党的十八大站在贯彻落实科学发展观的高度，进一步指出“要坚持把社会效益放在首位、社会效益和经济效益相统一，推动文化事业全面繁荣、文化产业快速发展”，强调“要加强重大公共文化工程和文化项目建设，完善公共文化服务体系，提高服务效能”。党的十七届六中全会明确提出，“到2020年，文化事业全面繁荣，覆盖全社会的公共文化服务体系基本建立，努力实现基本公共文化服务均等化”的公共文化服务体系建设目标，为推进我国文化改革发展和公共文化服务体系建设指明了方向。

2012年5月，在中编办的大力支持下，文化部社会文化司正式更名为公共文化司。更名进一步明确了政府在公共文化事业发展中的职责，凸显了公共文化建设在文化建设中的重要作用和地位，对推动文化事业的发展繁荣将产生重要作用。公共文化司的成立，是文化部推进文化改革和文化大发展大繁荣的一个标志性事件。一年来，公共文化服务体系建设取得了丰硕的成果。

一、国家公共文化服务体系制度设计研究工作取得阶段性成果

为了积极探索中国特色公共文化服务体系建设的规律、途径、方式、方法，构建中国特色公共文化理论和制度体系，文化部于2010年启动了国家公共文化服务体系制度设计研究工作，针对公共文化服务体系建设面临的突出矛盾和问题，对涉及全局性、战略性的重大问题进行了研究，提出了政策建议和解决方案。制度设计工作开展以来，积极统筹各方力量，制定课题体系，推进研究工作。经过2年的工作，建立了一支数量充足、结构合理、素质优良的公共文化专家队伍，形成了一系列政策、手段和措施，取得了实效。

一是建立了“课题对省份、省份对专家、专家对课题”的工作机制。文化部负责设计课题体系，组织课题的申报、评审、验收，推进重点课题研究，指导地方文化厅（局）制度设计研究工作。专家委员会专家按照各自研究领域，出任所选课题首席专家，承担课题研究工作。各省（区、市）文化厅（局）按照自愿申报的原则，与文化部签订委托协议书，负责承担组织实施本地制度设计研究工作。二是按照专家学者、公共文化管理者和公共文化机构工作者“三三制”原则组建专家队伍。成立了“国家公共文化服务体系建设专家组”、“国家公共文化服务体系建设专家委员会”、“国家公共文化服务体系建设专家库”，并制定出台《专家库工作规则》，初步建立了公共文化专家队伍，为提高公共文化工作科学化水平提供了坚实的智力支撑。三是制定涵盖了公共文化服务体系关键要素和环节的课题体系。课题体系分为一级和二级课题，其中一级课题10个，二级课题32个，包括群众文化需求和基本文化权益研究、政府主体地位研究、免费开放与公益性服务研究、资源供给体系研究、社会文化活动机制研究、社会参与机制研究、经费保障机制研究、人才队伍建设研究、技术支撑研究、评价考核体系研究等。将“公共文化单位免费开放研究”、“经费保障机制研究”、“人才队伍建设研究”、“评价考核体系研究”以及“公共文化服务体系建设‘十二五’规划”5个课题列为重点研究课题，委托高校和研究机构进行专题研究。2012年12月，文化部顺利完成制度设计研究成果评审验收工作。

制度设计研究推动了公共文化服务体系建设向“理论和实践推动并重”转变。一是深化了中国特色公共文化服务体系的理论研究和实践探索。对公共文化服务体系基本理论进行整体性、系统性研究，进一步深化了对公共文化。服务体系基本要素和内涵、公共文化服务体系建设工作所涉及的重大基础理论问题、中国特色公共文化服务体系基本理论框架，以及国内外公共文化服务体系建设实践经验的认识，推动了对我国各地富有特色的创新实践的概括和总结，为我国公共文化服务体系建设实践提供了智力支持和理论支撑。二是提高了公共文化工作决策民主化、科学化水平。近年来，文化部在开展国家公共文化示范区创建、公共文化设施免费开放、农民工文化工作、公共数字文化建设、公共文化机构评估定级等重要公共文化工作时，都注重广泛吸纳专家力量开展制度设计研究。例如，中国传媒大学关于公共文化单位免费开放研究的成果对制订全国美术馆、公共图书馆、文化馆免费开放文件起到了重要作用。三是促进了公共文化工作创新。浙江、上海、四川、江苏等地，将制度设计研究工作与创建示范区工作以及本地公共文化服务体系建设实践紧密结合，针对经费保障机制、社会力量参与机制、评价考核体系、公共文化服务多元化供给等重点难点问题，以制度设计成果为先导，推出了一批公共文化工作方式和服务模式的创新成果，有效提升了公共文化工作水平。四是建立了一支高水平的公共文化专家队伍。通过开展制度设计研究工作，初步建立了一支讲政治、顾大局、高水平的国家公共文化专家队伍。两年来，专家组和专家委员会积极参与公共文化发展规划制定、制度设计研究、示范区创建、公共文化设施免费开放、基层文化队伍培训、少数民族文化建设、农民工文化建设等公共文化服务体系建设的大量工作，充分发挥了思想库和智囊团的重要作用。

二、国家公共文化服务体系示范区（项目）创建工作稳步推进

为强化地方政府的主导责任，创新机制，整合资源，提供示范，以点带面推动公共文化服务体系建设，2011年，文化部与财政部实施了国家公共文化服务体系示范区（项目）创建工作。在“十二五”期间，将按照公益性、基本性、均等性、便利性的要求，在全国东、中、西部创建一批结构合理、发展平衡、网络健全、运行有效、惠及全民的公共文化服务体系示范区，培育一批具有创新性、带动性、导向性、科学性的公共文化服务示范项目，为我国公共文化服务体系建设探索路径、积累经验、提供示范。创建工作以地级市为单位，用6年时间分3个创建周期创建90个左右的示范区，覆盖、带动全国1/3以上的市县，以此为抓手，整体推动全国公共文化服务体系建设。2011年上半年，全国共有31个地市获得第一批国家公共文化服务体系示范区创建资格，47个地市获得国家公共文化服务体系示范项目创建资格。中央财政按照每个示范区东部400万元、中部800万元、西部1200万元，每个示范项目东部50万元、中部100万元、西部150万元的标准，对创建工作予以补助和奖励。这项工作得到了党中央、国务院的肯定，党的十七届六中全会决议中明确提出，要“推进国家公共文化服务体系示范区创建”，表明这项工作已经由文化系统的部门行为上升为全党全国的战略决策。

开展国家公共文化服务体系示范区创建工作，根本目的是研究和解决公共文化服务体系建设中的突出矛盾和问题，探索建立公共文化服务体系可持续发展的长效保障机制，为同类地区的公共文化服务体系建设提供借鉴和示范，为国家制定相关政策提供科学依据和实践经验。开展示范区创建工作，有利于整合、集成“十一五”时期建设成果，提升公共文化服务能力；有利于发挥地方政府在公共文化服务体系建设中的主导作用，充分履行政府的统筹职责；有利于更好地解决经费投入、队伍建设、机制创新、资源共享等方面的矛盾和问题；有利于进一步发挥典型的示范、影响和带动作用，以点带面推进公共文化服务体系建设。

自示范区创建工作开展以来，文化部、财政部将其作为重点工作积极推进。文化部在部署2011年和2012年工作中，明确要求大力推进创建工作，并对创建示范区的申报评审、过程管理、新闻宣传和督查验收做出具体安排。2011年文化部办公厅下发了《关于加强创建国家公共文化服务体系示范区（项目）过程管理的有关规定》，从建立领导机制、加强经费管理和新闻宣传等方面做了具体规定。2011年，文化部分别在北京、青岛、贵阳、上海召开了5次全国性工作会议，举办了2期专题培训班，具体指导示范区创建工作。2012年3月到4月，文化部、财政部组织16个督查组，结合免费开放督查，对各创建示范区工作进行督导，重点检查各地创建规划落实和重点任务完成情况，指导各地解决创建过程中遇到的突出矛盾和问题。

从督查情况看，示范区（项目）创建工作受到地方党委、政府的普遍关注和高度重视，许多创建示范区将创建工作作为贯彻落实十七届六中全会的重要内容、推动文化大发展大繁荣的重要抓手、转变发展方式的重大举措、构建和谐社会的重要途径，表现出强烈的创建热情，有效推动了公共文化服务体系的跨越式发展，初步发挥了示范带动作用，形势令人鼓舞。比如，文化事业费投入大幅增加，粗略估算，首批中央财政3.05亿元示范区创建补助资金撬动了31个城市财政资金投入超过100亿元，部分创建示范区2011年文化事业费投入比2010年实现了翻一番；设施建设实现大幅提速，创建工作推动了许多城市将重大公共文化设施项目列入“十二五”规划并加快施工建设，不少创建示范区的公共文化设施建设至少提速5年；突出矛盾加快解决，许多创建示范区对社会力量参与、队伍建设、资源统筹、绩效考核机制等进行制度设计研究，使长期存在的难题得到有效解决；公共文化服务能力和水平明显提高，许多创建示范区探索实施公共文化服务政府采购制度、公共图书馆总分馆制、流动文化服务等一系列新的公共文化服务方式，有效提升了公共文

化服务能力，改善了服务质量。

在示范项目方面，各省（区、市）文化厅局在规划制定、制度设计、工作开展等方面给予了有力的指导和监督，尤其是上海、陕西等省市的文化厅局建立了完善的督导检查工作机制，对创建工作起到了很好的推动作用，形成了一批公共文化服务品牌，例如广东省佛山市、湖南省常德市、重庆市大渡口区、新疆克拉玛依市对创建示范项目作了富有特色的探索，取得很好成效；进一步解决了制约公共文化服务体系建设科学发展的突出矛盾和问题，形成了一些具有实践基础的制度设计成果，初步发挥了在区域乃至全国的示范带动作用。

督查也发现，创建工作中还存在一些亟待解决的问题，比如部分创建城市对创建工作重视不够，创建工作发展不均衡，部分创建城市基础薄弱，示范带动作用没有得到充分发挥等。示范项目创建工作仍存在一些薄弱环节。比如，一些地方对创建工作不够重视，缺乏统筹和整体设计，把创建工作简单交给一个单位或部门，把项目做“小”了；一些地方制度设计比较薄弱，创建实践经验没有转化为长效机制；还有一些地方对过程管理规定执行不够严格，宣传力度不够，典型示范作用没有得到充分发挥。创建国家公共文化示范项目是一项全新的工作，没有既定的经验可循，需要在实践中进行大胆摸索。

2012年9月，文化部在江苏省张家港市召开国家公共文化示范区创建工作现场经验交流会。主要任务是考察学习张家港市“网格化”公共文化服务典型经验，总结交流示范区创建工作。2012年11月，在广东省东莞市召开国家公共文化示范项目经验交流会，对示范区和示范项目建设作了部署。会议要求，示范项目创建工作必须着眼服务公共文化服务体系建设工作大局，着眼推动公共文化服务体系科学发展，按照“创新性、带动性、导向性、科学性”的总体要求加以推进。一是要与解决公共文化服务体系建设面临的突出矛盾和问题相结合，突出创新性。二是要与公共文化服务体系建设整体发展相结合，突出带动性。三是要与探索公共文化服务体系建设前瞻性问题相结合，突出导向性。四是要与建立公共文化服务体系建设长效机制相结合，突出科学性。

在全国推进公共文化示范区的过程中，江苏省苏州市张家港市“网格化”公共文化服务模式为示范区创建和公共文化服务体系建设提供了新鲜经验。张家港市立足城市化进程中公共文化服务体系建设面临的新形势、新问题，改革创新，在社区以下合理划分“文化网格”，组建“网格文化员”队伍，实行“网格化”公共文化服务，取得了很好的成效。对示范区创建和公共文化服务体系建设具有重要的示范意义。主要表现在以下几个方面：一是体现了普惠均等的公平理念。张家港市“网格化”公共文化服务，以惠及全民为出发点，运用“网格化”组织模式开展城乡基层公共文化服务，有效推动了公共文化服务体系建设重心下移、资源下移、服务下移，实现了公共文化服务全覆盖。尤其是通过畅通服务信息、创新服务方式、丰富服务内容，把本地人口、特殊人群、外来务工人员等全部纳入公共文化服务范畴，并针对农民工、大学生、老人、残疾人等特殊群体开展定向文化服务，有效保障了基层群众的文化知情权、选择权、参与权、享有权，鲜明体现了普惠均等的文化公平理念。二是体现了以服务质量和效益为本的效率意识。张家港市在实施“网格化”公共文化服务过程中，建立起了五个行之有效的长效机制，即公益性文化单位与文化网格一对一辅导机制、群众文化需求反馈机制、体系化群众文化活动带动机制、“网格化”公共文化服务评价机制以及网格、村（社区）、镇、市之间的联动机制，从而实现了五个转变，即文化部门从“唱主角”到“抓协调”转变，公益性文化单位从“要我服务”向“我要服务”转变，公共文化资源由“分散”向“一体”转变，文化服务方式从“单一供给”向“多元供给”、“交互供给”转变，人民群众从“被动接受”向“主动参与”转变，有效保证了公共文化服务的优质高效，发挥了公共文化服务的综合效益。三是体现了以人为本、共建共享的文化参与精神。通过建立“网格化”公共文化服务的志愿参与机制、需求反馈机制、信息发布机制和群众评价机制，直接听取群众意见、发动群众参与、接受群众评议，激发了基层群众参与公共文化服务的热情，增强了公共文化服务活力。四是体现了因地制宜、开拓创新的示范区创建精髓。“网格化”公共文化服务通过制度创新建立起聚焦基层、上下联动、横向协作的工作链条，形成的富有特色的公共文化服务创新成果。

三、公共文化设施免费开放工作成效显著

为贯彻落实党的十七届六中全会和《“十二五”时期文化改革发展规划纲要》精神，全面了解全国

各地“三馆一站”免费开放工作实施情况，推动地方政府和各级部门进一步重视免费开放工作，2012年3月至5月，文化部、财政部组织督查组，对各省（区、市）免费开放工作进行了督查。

督查发现，文化部、财政部《关于推进全国美术馆、公共图书馆、文化馆（站）免费开放工作的意见》（以下简称《意见》）印发后，各地政府高度重视，各级文化行政部门和公共文化机构积极响应、迅速行动，免费开放工作全面推进。据统计，截至2011年底，全国各省（区、市）共有省级美术馆15个、公共图书馆2951个、文化馆3285个、乡镇综合文化站34139个。按照《意见》要求，省级美术馆已经全部向公众免费开放，公共图书馆、文化馆和乡镇综合文化站全部实现了无障碍、零门槛进入，公共空间设施场地免费开放，所提供的基本服务项目免费，按时完成了预定目标。

一是高度重视，积极推进免费开放工作。各级政府高度重视免费开放工作，普遍把免费开放作为文化惠民的重要举措，提升到保障人民群众基本文化权益、提高公民思想道德素质的高度，纳入政府考核指标、发展规划、民生工程等予以保障。江苏省政府将“普遍免费开放美术馆、科技馆、图书馆、文化馆、博物馆等公共文化设施”列入2011年、2012年政府年度重点工作考核指标。浙江省将“做好全省美术馆、公共图书馆、文化馆（站）免费开放工作”列入省政府2011年度公民权益依法保障行动计划。广东省政府召开了实施免费开放工作电视电话会议，对全省免费开放工作进行了总体部署。西藏自治区成立了由分管副主席挂帅、文化厅和财政厅主要领导参加的推进免费开放工作领导小组和工作机构，全面负责自治区免费开放工作的组织实施。新疆维吾尔自治区将免费开放工作作为自治区2011年22项民生工作的一项具体文化惠民工作，自治区党委书记张春贤主持召开常委（扩大）会议听取文化厅相关汇报，强调有关部门要高度重视免费开放，扎扎实实把这项惠民利民的好事办好。山西省将免费开放作为重点文化惠民工程列入《山西省“十二五”时期文化发展规划纲要》，加大推进力度。

二是多策并举，为免费开放做好准备工作。依据《意见》规定，各地积极做好免费开放准备工作，明确免费开放的路线图和时间表，提出免费开放工作的具体内容和要求。福建、内蒙古、广西等地明确要求限期收回出租或挪作他用的公共文化设施场地，用于开展公共文化服务。上海市印发《公共文化设施免费开放常见问题解答》，并在市文广影视局网站上公布，使基层能够更加明确免费开放的内容和要求。江西省从免费开放起，就不断通过报刊、电视，特别是网络媒体加大免费开放宣传力度，扩大免费开放的公众知晓率，提高免费开放的公众参与度。四川省举办公共图书馆、文化馆（站）干部舞蹈、音乐等各类培训班18个，培训人员4410人次，提高了人员综合素质和业务水平，为免费开放提供高质量服务做好人员保障。云南省文化厅统一制作配发了乡镇文化站标牌，要求将“文化乐民、文化育民、文化富民”书写于文化站的醒目位置，推进了乡镇文化站规范化建设，同时设立公示栏，明确免费开放事项、时间、要求等，以方便基层群众对文化站服务工作的监督。青海省各级图书馆、文化馆（站）充分考虑免费开放后可能遇到的各种情况和问题，完善应急处理机制，制定了突发事件的应急预案。

三是落实资金，为免费开放提供经费保障。2011年中央财政共落实免费开放保障经费18.22亿元，重点对中西部地区地市级、县级公共图书馆、文化馆，乡镇综合文化站开展基本公共文化服务项目进行补助，东部地区通过“以奖代补”的方式予以一定支持。中央财政免费开放保障资金下达后，各地财政部门按照规定及时将资金划拨到用款单位，据统计，全国各省（区、市）中央负担资金到位率都达到了100%。中央财政资金起到了良好的示范引导作用，带动了地方财政对免费开放工作的投入。中西部一些边远、贫困、少数民族地区克服地方财力紧张的困难，积极落实免费开放保障经费。据不完全统计，全国地方各级财政共落实免费开放保障资金25.3亿元，其中：东部地区落实19.64亿元，中部地区落实2.89亿元，西部地区落实2.82亿元。中部地区河北、安徽、江西、海南4省地方负担资金到位率达到了100%；西部地区重庆、四川、陕西、宁夏、新疆5省（区、市）地方负担资金到位率达到了100%。重庆市还另外安排专项资金824万元，参照乡镇综合文化站补助标准对164个街道文化中心免费开放予以补助，扩大了免费开放的实施范围。

四是制定政策，为免费开放夯实制度基础。北京、河北、贵州、甘肃等省（区、市）制定了《美术馆、公共图书馆、文化馆（站）免费开放工作实施方案》，明确工作原则目标、免费开放范围、免费开放内容、实施步骤、具体措施和工作安排。山西省印发了《关于做好2011年度全省公共文化服务绩效考核评价工作的通知》，明确规定将免费开放配套资金落实情况纳入市县两级人民政府绩效考核范围。安徽省文化厅制定出台了《安徽省公共图书馆服务标准（试行）》、《安徽省各级文化馆服务标准（试行）》、《安徽省乡镇（街道）综合文化站服务标准（试行）》，贯穿免费公益、基本便捷、普惠均等、健康向上的文化服务理念。山东、海南等省结合实际情况，制定了《免费开放专项资金管理暂行办法》，对免费开放资金的使用原则、范围和监督方式等进行规定，加强专项资金的科学管理，提高财政资金使用效益。四川、云南等省根据县、乡两级政府部门工作实际，创新了乡镇综合文化站免费开放资金“县管乡用”模式，项目申报、据实划拨、绩效追踪的监管使用机制取得了实效。

五是服务水平不断提高，免费开放呈现“四个明显”。随着免费开放工作的不断推进，各级公共文化机构提高服务能力、惠及基层群众的工作目标更加明确，各地免费开放在服务总量、服务内容、服务形式、服务质量等方面都有明显变化。一是服务人次明显增长。2011年，全国公共图书馆总流通人次达到38150.92万人次，比2010年增长16.2%，其中有8个省（区、市）增长幅度超过20%，河南、安徽、宁夏、广东、重庆增长幅度居全国前5名；全国文化馆组织培训班培训人次达到615.18万人次，比2010年增长43.1%，其中有23个省（区、市）增长幅度超过20%，江西、西藏、重庆、上海、新疆增长幅度居全国前5名；全国乡镇综合文化站组织训练班培训人次达到1231.28万人次，比2010年增长32.7%，其中有14个省（区、市）增长幅度超过20%，广东、新疆、安徽、内蒙古、贵州增长幅度居全国前5名。二是服务内容明显丰富。辽宁省锦州市少儿图书馆成立了青少年心理健康指导中心，免费为青少年做心理咨询，2011年接待青少年600多人次。河南省群众艺术馆利用文化志愿者队伍，每周四、周五在小剧场举办公益周末小舞台演出和“公益无线”群星舞台演出，累计超过100场（次）。湖南省常德市图书馆积极探索“温馨化服务”模式，开辟“常德影集”走廊，开设“近期上架新书”、“读者活动”、“热门书推荐”等公告栏，架构了与读者沟通、互动的服务桥梁。湖北省秭归县沙镇溪镇综合文化站聘请了镇小学舞蹈老师每晚在文化广场给群众开展广场舞或健身操指导，激发了群众参与广场文体活动热情，受到各界好评。陕西省渭南市以免费开放为契机，变“请进来”为“走出去”，提出并实施了“四进”惠民活动，即文化服务走进广场（公园）、走进城镇社区、走进园区（企业）、走进农村。三是服务形式明显拓展。天津市少儿图书馆充分利用现代数字化技术，在全国率先启动了移动少儿图书馆项目，读者只要通过移动上网多媒体终端登录移动少儿图书馆页面，就能随时随地享受到相关服务。吉林省辽源市群众艺术馆变按“菜单”点菜为根据需要填写“菜名”，通过媒体及本馆LED宣传屏幕公布培训报名消息，群众报名时填写自己想参加的培训，群艺馆据此安排培训内容。青岛市图书馆不断强化数字参考咨询服务功能，开展网上咨询、网上文献传递服务，及时发布网上信息300项，网站点击率近42万人次。海南省图书馆开通了手机短信服务平台，免费为读者提供短信催还、图书预约及续借、借阅证挂失及读者信息发布等服务。西藏自治区图书馆在拉萨市135家警务便民站设立了“便民书屋”，纳入图书网点服务管理系统，为广大群众提供免费图书借阅服务。四是服务品牌明显形成。北京市东城区图书馆国学系列讲座每周为读者讲解《论语》、《大学》等经典国学著作，该讲座已经成为该馆惠及读者的重点品牌。浙江省宁波市邱隘镇文化站有规划地推进“文化义工”建设，面向全社会招募具有一定文艺才能的志愿者，免费为群众开展培训，组织群众文化活动，“文化义工”成为当地知名文化品牌。安徽省马鞍山市文化馆依托“江南之花”、“周末大舞台”、“春节天天演”、“正月十五闹元宵”、“系列广场演出”5个品牌文化活动，积极开展群众文化工作，深受市民喜爱。四川省乐山市文化馆利用露天平台组织举办“乐艺大舞台公益演出”，做到了月月有活动，使免费公益演出常态化，品牌已经深入人心，每场演出观众达到300～500人，全年观众近万人次。宁夏回族自治区银川市广泛开展“踏歌起舞”文化工程，文化馆创排了18套广场民族健身舞，依托文化广场在市民群众、外来务工人员中普及，吸引了广大人民群众踊跃参加。

实行免费开放以来，各地文化行政部门主动应对，积极探索，各级公共文化机构努力提升公共文化服务质量和水平，取得了一定成效，群众得到了实惠。但是，随着工作的深入推进，一些问题和困难也逐步显现，具体表现为“五个需要”。一是免费开放相关制度设计需要加强。要进一步细化免费开放服务标准和考核激励机制，需要完善免费开放专项资金管理相关制度。二是免费开放业务人才需要补充。目前，仍存在一些地市、县（区）尚无公共图书馆、文化馆独立机构等情况，严重影响了免费开放活动的开展。由于条件有限、工作待遇不高，工作人员相对缺乏，专业人才严重不足。三是免费开放服务内容形式需要创新。当前公共文化服务内容、方式、手段还比较传统，提供的公共文化服务产品缺乏一定针对性，文化活动组织形式比较单一，群众参与度不高。四是基层公共文化服务设施设备情况需要改善。特别是部分县级图书馆、文化馆，虽然面积已达标，但是由于建成时间较早，设施设备老化现象较严重。五是免费开放经费保障能力需要提高。一些省份未全部落实应负担经费，直接影响到相关公共文化机构经费保障水平。地市级、县级公共图书馆、文化馆和乡镇综合文化站补助标准有待提高。部分省份省级馆免费开放保障经费不足。

四、大力推进基层文化队伍培训

2010年10月21日，文化部下发了《关于开展全国基层文化队伍培训工作的意见》(文社文发〔2010〕33号)，正式启动“全国基层文化队伍培训项目”。项目主要内容是在“十二五”期间，用5年时间，对全国现有24.27万名县乡专职文化队伍和366.85万左右的业余文化队伍进行系统培训，包括县级文化馆、公共图书馆、艺术表演团体和乡镇文化站（街道文化站）工作人员，以及这些基层文化单位指导的村（社区）文化活动室、农村文化中心户、群众业余文艺团队等业余文化工作者和社区文化志愿者等。

作为全国文化队伍培训工作的重要组成部分，基层文化队伍培训面向基层，具有培训规模大、覆盖面广、业务性强的特点，做好这项工作，对探索文化队伍培训工作路径、积累经验具有重要意义，也直接关系到党的十八大和十七届六中全会提出的到2020年基本建成公共文化服务体系目标的实现。近年来，各级文化部门围绕培训目标做了大量工作，取得了明显成效：

第一，各级文化部门初步树立了培训工作的自觉意识。从两年来的工作情况看，许多地方文化部门高度重视基层文化队伍培训工作，把培训工作纳入本地“十二五”时期文化改革发展规划，作为公共文化服务体系建设的专项工作加以推进，按照相关政策文件要求，认真制定培训规划方案，落实培训经费，加强培训管理，保障培训工作有序开展。特别是公共文化设施免费开放以来，各地文化部门把培训工作作为提升公共文化服务能力和水平的重要举措，作为推动业务工作的重要抓手，着力建立培训工作长效机制，着力加强基础建设，初步树立了基层文化队伍培训工作的自觉意识。

第二，初步建立了分级负责、分类实施的培训工作机制。经过两年的努力，目前已经初步建立了由文化部本级抓师资培训、示范性培训，抓培训基地、教材和远程培训平台建设，负责指导各地培训工作；中央文化管理干部学院和文化部全国公共文化发展中心负责部本级培训工作；全国基层文化队伍培训基地负责开展区域性培训；省级、地市级文化行政部门负责组织培训县、乡级专业文化队伍；县级文化行政部门负责组织培训业余文化队伍的分级负责、分类实施的工作机制。按照培训工作机制要求，初步形成了由中央文化管理干部学院、4家全国培训基地、各地省市县按照各自职责开展工作的培训网络，搭建了覆盖全国的基层文化队伍培训体系。

第三，培训工作取得了初步成果。从培训规模看，2011年至2012年，中央文化管理干部学院和4家全国培训基地培训基层文化骨干2000余人次，粗略估算，各地培训基层文化骨干10余万人次。从师资建设看，通过建立国家公共文化专家队伍，开展师资培训，初步形成了以公共文化理论政策、公共图书馆业务、文化馆业务、群众文化活动、公共数字文化等为主要模块的稳定师资队伍。从教材建设看，已编辑出版了图书馆、文化馆领域的2本教材大纲，组织师资编写三大系列共21本参考讲义，目前已经出版了9本。从远程培训平台建设看，经过一年来的软件研发、硬件配套，全国基层文化队伍远程培训平台初步建成，并开始试运行。从培训制度建设看，文化部印发了《关于开展全国基层文化队伍培训工作的意见》、《培训基地安全和管理工作的通知》等系列文件，组织起草了《队伍培训教学指导纲要》、《培训基地管理办法》、《培训基地课程设置标准》、《现场教学基地管理办法》等政策、标准和规范，指导培训工作。

第四，培训工作的效应初步显现。就培训层次而言，这次培训涉及省、市、县、乡镇、村等各个层次的文化管理者和文化骨干，体现出了系统性特点。就培训类别而言，不仅包括各级公共文化管理者、公共图书馆和文化馆站专业人员，而且还涉及大学生村官、业余文化爱好者，体现出了分类培训的特点。就培训内容而言，涵盖了公共文化基本理论、中央政策文件精神、服务标准规范、基础业务知识、实际工作技能等公共文化服务各项内容，体现出了综合性特点。通过分层次、分类别、全方位的培训，有效提升了基层文化工作者的业务能力和水平，对推动公共文化服务体系建设、提高服务效能发挥了事半功倍的作用。

五、大力实施数字文化惠民工程

全国文化信息资源共享工程是我国公共文化服务建设工程和重点文化惠民工程，由文化部和财政部共同组织实施。该工程利用现代信息技术，依托各级图书馆、文化馆等公共文化设施，通过互联网、卫星网、广播电视网、无线通信网等新型传播载体，在全国范围内实现中华优秀文化资源的共建共享。工程启动近十年来，取得了全面、快速发展，基本实现了“十一五”期间建成“资源丰富、技术先进、服务便捷、覆盖城乡的数字文化服务体系，实现‘村村通’”的目标，在丰富基层群众业余文化生活、保障基层群众的基本文化权益、缩小城乡“数字鸿沟”等方面发挥了重要作用，有力地推动了公共文化服务体系建设。2012年，文化共享工程取得了新进展。

一是继续推进共享工程资源建设和推广工作。强化数字资源核心地位。梳理存量资源，整合出20余个专题数字文化资源。召开全国资源建设工作会议，草拟《文化共享工程资源建设管理办法》，以文化部办公厅名义下发2012年、2013年资源建设的通知（方案），建立健全资源建设工作机制。工作重心向侧重服务转变，充分发挥网站、卫星、手机等资源服务平台作用，围绕学习宣传“十八大”等主题，组织策划10余个专栏和互动活动，将1000多小时精品数字资源送到2000多个县级支中心。通过卫星频道播出农村实用技术、地方戏等视频资源3285小时；通过中组部党员远程教育平台播出102小时农村文化资源；通过手机网站发布图文和视频资源1680条；通过部委版网站为国家机关公务员发布电影、讲座等1920部（集）。全年共完成15600小时音视频，2041种电子图书和1715课时多媒体课件，790小时少数民族语言资源建设任务，完成预定目标。加快推进共享工程“进村入户”。与广电总局相关司局洽商实施路径，研究制定共享工程资源通过中星九号“进村入户”实施方案。与山东省文化厅合作，举行了“文化方舟·山东省文化信息资源共享工程有线电视平台”开通仪式。

二是加快推进公共电子阅览室建设计划。完成乡镇级19545个，街道1389个，社区7678个（共计28612个）基层服务点公共电子阅览室设备升级任务。对全国各省级分中心公共电子阅览室信息管理系统建设状况进行调研，启动国家级公共电子阅览室管理平台建设。研制《2012年度全国省级、乡镇、街道（社区）公共电子阅览室建设标准》、《2012年度省级、乡镇、街道（社区）公共电子阅览室技术平台集成方案》。以赛代训，举办“全国‘公共电子阅览室建设计划’百题知识竞赛”，全国累计71521人次参赛，上海、江苏、安徽、吉林、河北等十个省级分中心荣获集体奖。

三是深化基层文化队伍建设。全年共举办12次网络培训，有近20万人次参加学习。先后与山东大学、浙江艺术职业学院、湖南艺术职业学院、重庆艺术学校四家单位签署了合作共建协议，颁发共享工程培训基地标牌，举办了四期培训班，来自全国省级文化馆、部分地市级文化馆的160位骨干系统学习了共享工程和公共电子阅览室相关知识。

四是举办共享工程十周年活动。于12月17日在国家博物馆举办“全国文化信息资源共享工程十周年系列活动”。全国人大、全国政协领导在会上为32个“文化共享之星”和200个“全国文化信息资源共享工程·公共电子阅览室示范点”颁奖授牌，与全国总工会、总政宣传部等7家单位签署了合作协议，开通了“国家数字文化网”。

五是开展相关课题研究。完成国家知识产权发展战略《共享工程公益性服务中的知识产权保护问题》、国家文化科技提升计划《云计算环境下智能化数字文化资源信息采集和资源整合服务模式研究》课题立项；文化部公共文化司《公共文化服务资源供给机制研究》、《公共文化服务技术支撑体系研究》、国家图书馆《数字资源音视频元数据标准规范》等课题顺利结题；与福建省分中心联合开展的“基于云计算的公共数字文化服务技术支撑平台建设研究与应用”获得第四届文化部创新奖。

六是积极参与春雨工程文化志愿者服务。在内蒙古、黑龙江等6个省（区）沿边境县、乡镇基层服务点，开展文化共享志愿者边疆行活动，共培训了42市县96个乡镇的基层文化工作者620人，检修设备200余台，指导群众上机近千人，近万基层群众参与观看了共享工程巡回展。积极参与文化援疆援藏工作。协助新疆维吾尔自治区译制维吾尔语视频资源115小时，哈萨克语视频资源85小时；与中国文化报、新疆文化厅联合主办“2012中国公共文化论坛”。指导西藏自治区译制安多藏语资源115小时，卫藏藏语资源160小时，康巴藏语资源175小时；与西藏文化厅共同主办了“西藏共享工程建设成果展”。

数字图书馆推广工程是继文化共享工程、公共电子阅览室建设工作实施之后，文化部、财政部在“十二五”时期启动的一项重大数字文化惠民工程。工程将以技术手段整合国家数字图书馆与全国各级公共图书馆数字资源，形成覆盖全国的数字图书馆服务网络，从而全面提升各级公共图书馆的文献保障水平和信息服务能力，打造基于新媒体的图书馆服务新业态，带动图书馆事业的整体发展，推动公共文化服务体系的建设。

自2011年数字图书馆推广工程实施以来，在党中央、国务院的高度重视下，在文化部、财政部和各级党委、政府的共同努力下，推广工程各项工作进展顺利。财政部将数字图书馆推广工程作为公共财政保障的重要项目之一，给予了大力支持。目前，中央财政对工程的投入已达2.06亿元。各地政府高度重视，许多地方将其列入政府工作计划，将推广工程与文化强省战略、当地信息化建设统筹推进。各地文化行政部门因地制宜，制定符合本地区实际的建设规划，积极争取地方财政的支持，确保推广工程所需的建设资金。各级图书馆在文化行政部门的领导和国家图书馆的指导下，分阶段、有计划地推进各项工作。目前推广工程在虚拟网搭建、软硬件平台部署、数字资源建设以及创新服务等方面取得了阶段性成果。工程建设与运行机制逐步完善，实施效果初步显现，得到社会各界的高度关注。

为了进一步加快数字图书馆推广工程建设工作，文化部印发了《关于加快实施数字图书馆推广工程的意见》，并在江苏省张家港市召开数字图书馆推广工程工作会议，全面总结了工程实施以来的进展情况，部署下一阶段工作。作为一项重要的公共数字文化惠民工程，推广工程在促进我国公共数字文化服务体系建设，提高公共数字文化服务能力方面将发挥重要作用。推广工程自实施以来，在党中央、国务院的高度重视下，在各级文化主管部门、各级公共图书馆的共同努力下，推广工程各项工作进展顺利。

一是经费投入机制初步形成，硬件条件大为改善。根据工程总体规划，2013年底前将完成33家省馆和425家市馆的硬件平台搭建，规划经费共计7.53亿元。目前，各级财政共投入经费30578.4万元，其中中央转移支付经费1.73亿元，中央本级经费3300万元，地方配套经费9978.4万元。经费到位后，各地陆续开始硬件采购工作，目前全国共11家省馆和41家市馆硬件设备已到位，大大改善了各级图书馆的网络设备、存储设备、服务器等硬件条件，为推广工程软件平台部署、数字资源建设与服务提供了有效保障。

二是虚拟网络实现互联互通，骨干网络搭建完成。硬件设备到位后，各地陆续开展网络和系统平台建设。截至2012年9月，全国共有22家副省级以上图书馆完成了与国图的虚拟网连接，占总数的46%，骨干网络的搭建有效促进了全国数字图书馆网络的互联互通。此外，推广工程将已建成系统平台面向各级图书馆全面共享，为各地数字图书馆全流程业务管理提供基础软件支撑。其中，统一用户认证系统、政府公开信息整合服务平台等软件平台已经在20个省、市进行了安装部署，全国用户通过统一平台获得各级数字图书馆资源与服务的目标正在逐步实现。

三是广泛开展资源共建共享，地方资源保有量大幅提升。随着工程的实施，全国各级图书馆的数字资源建设逐步走向协调统一，各地根据工程的总体部署，不断探索和创新资源共建共享模式。2011年，推广工程开始对全国各级公共图书馆的自建数字资源目录进行登记，目前已有11家省级图书馆和22家市级图书馆申报登记自建数字资源目录89043条，工程数字资源总量达到540TB，其中既有图书、报刊、影视、音乐、讲座、展览等社会公众喜闻乐见的资源，也有专题学术性资源。一个内容丰富、形式多样的资源体系正在逐步形成，丰富了各地的数字资源保障能力和水平。

四是加强数字图书馆服务建设，新媒体服务不断拓展。工程初步建设成果已经开始通过多种渠道提供服务，并通过省市级图书馆覆盖到基层，为广大群众提供服务。推广工程网站已于2012年初开通，向公众提供全国16个省市数字图书馆可以公开访问的优秀资源，访问量已达到1350万次。同时，各级图书馆积极探索通过新媒体提供数字图书馆服务，吉林、贵州、山西等省依托手机等智能移动终端开展的掌上图书馆服务陆续推出；贵州、绍兴、常州等地图书馆的数字电视服务系统已正式开通；福建、广西等地的数字电视和IP电视服务系统也已进入测试阶段，即将提供服务。

五是培训工作全面启动，专业人才队伍不断壮大。自推广工程全面启动以来，陆续组织开展了一系列各种形式的培训，来自全国33个省、185个市图书馆的数字图书馆管理人员和技术人员参加了培训，黑龙江和浙江两省还率先组织了省内专业技术人员培训，为各地数字图书馆建设和推广工程实施奠定了坚实的人才基础。

2012年，文化部印发了《关于加快实施数字图书馆推广工程的意见》，并在张家港市召开了数字图书馆推广工程工作会议。会议要求各省区市文化厅局要贯彻《意见》精神，进一步加快工程实施。一是要完善机制建设，加快实施推广工程。要将推广工程作为公共文化服务体系建设的一项重要内容，纳入本地经济社会发展规划和文化发展规划，使之成为有机组成部分；要和财政部门积极沟通，确保中央财政转移支付资金按时足额到位，落实地方支持工程建设资金，并做好经费管理和使用，使财政资金充分发挥效益。二是坚持边建设边服务的原则，提高工程社会效益。要加强与其他文化惠民工程的结合，要让共享工程基层站点和公共电子阅览室都成为数字图书馆的服务终端，体现公共数字文化建设的统筹协调。三是加大培训力度，建设一支高素质的人才队伍。要充分认识到数字图书馆人才队伍建设重要性，不断加大培训力度，完善培训体系，做好数字图书馆人才队伍建设。四是充分发挥国家公共文化示范区创建城市的示范、带头作用，将推广工程作为示范区创建的重点工作。

六、组织开展2012年中国图书馆年会

由文化部、广东省人民政府共同主办的“2012年中国图书馆年会——中国图书馆学会年会·中国图书馆展览会”于11月22日至24日在广东省东莞市召开。本届年会借鉴国外经验，首次引入城市承办制，是新中国成立以来我国图书馆界召开的规模最大的一届年度盛会，充分体现了当代中国图书馆人的文化自信，盛况空前，取得了巨大成功。

2012年中国图书馆年会以“文化强国——图书馆的责任与使命”为主题，坚持“政府主导与社会支持相结合、理论研究与实践工作相结合、文化事业与文化产业相结合”的总体思路，由工作会议、学术会议和展览会三大板块组成。年会首次实现了省部合办，蔡武部长与广东省省长朱小丹共同担任年会组委会主任，杨志今副部长和广东省副省长林少春共同担任年会组委会副主任，出席年会开幕式并为年会揭幕。国内外图书馆领域的管理者、专家学者、图书馆员、媒体记者及企业代表近3000人参会，参会人数是前年的近4倍，去年的2倍。开幕式上首次举行了“2012中国图书馆榜样人物”颁奖典礼，闭幕式上，著名作家、文化部原部长王蒙做了题为《现代性·文化与阅读》的嘉宾演讲。本次年会受到了国外图书馆界的高度关注，来自美国、新加坡等国家和香港、澳门、台湾地区的二十多位图书馆界友人应邀参加年会，美国图书馆协会主席玛丽·伊丽莎白·拉斐尔专程来华参会在开幕式上致辞。

学术会议以“繁荣学术研究、促进学术交流和推动事业发展”为宗旨，围绕年会主题，精心策划和组织了1场大会学术报告、2场信息发布会、4个主题论坛和27个分会场，内容丰富、名家云集，为业界专家、学者和图书馆工作者提供了传播思想、交流经验、相互学习和共同进步的舞台，对我国图书馆学理论研究和图书馆事业的发展起到了引领作用。据不完全统计，共有8000多人次参加学术会议，各会场座无虚席，讨论热烈，反响强烈。

本届年会展览会展出总面积达20000平方米，设立企业展示区、主题展示区、互动交流区和图书销售区四大展区，共144家企业参展，展出面积是前年的20倍，是去年的近7倍，参展企业数量是前年的7倍，去年的近2.5倍。参展企业包括13家上市公司，来自美、法、德、新加坡等国家和中国台湾、香港地区的8家企业。展览会共有36个特装展示区，其中企业特装展示区25个，事业特装展示区11个，包括文化共享工程及公共电子阅览室体验区、数字图书馆推广工程体验区、国家古籍保护展示区、全国图书馆未成年人展等。三天内举办了包括知名作家图书签售、企业新产品新技术发布、阅读主题讲座等在内的41项活动，生动展示了国家重点文化工程建设成果，集中展示了国内34家图书馆的少儿服务案例，开展了丰富多彩的交流互动。近10万人次参观展览，规模空前。

年会期间召开了全国公共图书馆工作会议和国家公共文化示范项目经验交流会，明确了当前和今后一个时期公共图书馆事业发展的目标任务，交流了示范项目创建工作经验，并对下一阶段工作重点作出部署，杨志今副部长出席会议并作重要讲话。

2012年中国图书馆年会坚持改革创新，在诸多方面有所突破，体现出以下特点：

一是积极探索，深化改革。举办年会是贯彻落实党的十八大精神的具体举措，对于进一步完善公共文化服务体系，推动文化大发展大繁荣具有重要意义。通过举办年会，积极探索构建更为科学的公共文化宏观管理体制，深化政府管理公共文化事业机制的改革方向；积极探索市场经济条件下将事业链和产业链有效结合，进一步增强图书馆事业发展活力的实现路径。年会的成功举办为政府管理公益性文化事业提供了新经验，为培育图书馆行业组织，进而实现政府职能转变，逐步形成管办分离、政社分离的公共文化事业管理模式奠定了基础。

二是开放办会，携手共赢。本届年会首次引入了城市承办制，同时积极发动社会力量参与和支持年会，不仅动员图书馆界、学术界、相关产业界参与年会，而且在市场化运作、企业合作、广告宣传、国际参与等方面取得突破。学术会议对中西部地区基层图书馆工作者给予了注册优惠。学术会议和展览会均面向社会公众免费开放，向社会各界全面展示年会的盛况。东莞市通过举办年会，提升了城市形象，展示了公共文化示范区创建成效，助推了产业发展，惠及了当地群众，锤炼了干部队伍。年会的成功举办，搭建了图书馆界与地方政府、企业界、高等院校、科研机构之间的互动平台，形成了各方受益、多赢共举的局面。

三是勇于创新，引领潮流。创新是年会的生命力所在，体现在本届年会的方方面面。开幕式形式新颖，首次举办的“中国图书馆榜样人物”颁奖典礼，进一步增强了图书馆员的荣誉感和使命感，带动了全社会对图书馆事业的关注和支持。学术会议首次举办了“主题论坛”和行业发布，收到良好效果。展览会系统展示了图书馆最新技术和理念、发展的最新成果，引领时代潮流，体现了科技成果与图书馆事业的互动，凸显了网络技术、云计算技术、数字出版技术等最新前沿技术应用于图书馆事业的广阔前景。

四是注重宣传，扩大影响。本届年会宣传工作起步早，力度大，分别在4月、9月、11月召开了三次新闻发布会，年会开幕前召开了媒体通气会，成效显著。年会首次引入中国网络电视台、中国文化传媒集团、新浪网作为媒体合作伙伴，并专门制作了公益广告片，在中央电视台等主流媒体集中播放，这对于公益性文化事业尚属首次。各大媒体对本届年会高度关注，中央电视台、中央人民广播电台、新华社、《人民日报》、《光明日报》、《经济日报》、中新社、《中国文化报》及各地方媒体、港澳媒体均在重要版面（栏目）刊发和播出了大量新闻。中国网络电视台对开、闭幕式进行了全程直播，同时在线观看人数达60万人。本届年会首次引入微博，对开、闭幕式进行微直播，将宣传报道覆盖到移动通信终端。新闻媒体对年会的大量报道，提高了年会的影响力，共同营造了全社会关注和支持图书馆事业的良好氛围。

本届年会得到了主、承办单位、与会代表和社会各界的充分肯定和广泛好评。上海图书馆馆长吴建中认为，“创新，是本届年会的最大特点。年会是整个行业的盛会，政府的主导作用充分显现，办会理念和办会方式更趋国际化；年会是一次互动交流的大会，为图书馆界创新驱动转型发展提供了一个非常好的平台”。国家公共文化服务体系建设专家委员会副主任、北京大学信息管理系教授李国新认为，“此次年会无论是办展水平还是学术活动的组织都迈上了一个新台阶。与往届相比，学术活动质量显著提高，学术探讨的积极性也空前高涨。展览会不仅有图书馆相关产业的展示，而且融入了体现图书馆事业发展成就和服务创意的展示活动”。华东师范大学信息学系教授范并思表示，“本次年会在活动的内容和形式上都有一个超越，展览会树立了一个标杆，年会传播一种理念，传播图书馆的价值”。江苏省江阴市图书馆馆长陈蓉表示，“目不暇接，大开眼界，受益匪浅，这是我参加此次年会最直观的感受，本次年会可以说是我参加过的最有特色、最丰富、最有活力的一届年会”。新华网称，“本届年会全方位展示近年来图书馆事业发展的成就，打造图书馆事业与相关企业携手发展的平台。”人民日报称，“中国图书馆年会首次表彰图书馆榜样人物。本届年会是中国图书馆界最高层次、最大规模的行业盛会。”中国国际广播电台称，“创新为中国图书馆的事业发展注入新动力。”《中国文化报》称，年会“学术与实践结合，事业与产业并举，是一场规格高、规模大、理念新的文化盛会”。《中国图书商报》称，“2012年中国图书馆年会是一场国家级的文化盛宴。”

《图书馆报》称，“无论从哪个角度讲，年会都是我国图书馆事业发展的助推器。”新浪微博、腾讯微博上关于2012年中国图书馆年会的微博达数万条，网友纷纷给予年会很好的评价，如“本次年会是2012年中国图书馆界的盛会，读者的福音，文化人的大型沙龙”。

本届年会针对参会代表、参展商发放了调查问卷。根据回收的问卷，参会代表普遍对本次年会的评价较好，普遍认为开幕式令人印象深刻，特别是“2012中国图书馆榜样人物颁奖”环节，展现了图书馆行业代表人物在不同岗位无私奉献的精神，很有创意也很感人；展览会亮点多，展出的大量新产品、新技术让与会代表大开眼界；学术会议内容丰富，吸收到了很多专业知识，拓宽了视野。参展商表示展览会为他们搭建了一个与图书馆负责人、同行见面洽谈的平台，同时宣传了品牌、扩大了知名度。71%的企业洽谈到意向合作伙伴，70%的参展商愿意参加下一届展览会。

2013年中国图书馆年会将在上海市浦东新区举办。文化部将继续坚持“三个相结合”的总体思路，精心策划，周密组织，进一步办出特色、扩大规模，进一步充实展览会内容，进一步发挥承办城市和区域文化产业的优势，继续办好2013年中国图书馆年会，使其成为一届国际性、学术性、专业性、示范性的年度盛会，成为一届充满创新、充满活力、影响深远的年度盛会。

七、广泛开展丰富多彩的群众文化活动

2013年将在山东省举办第十届中国艺术节。根据第十届中国艺术节“群星奖”赛事活动的整体安排，2012年，率先在山东省烟台市和青岛市组织了第十六届“群星奖”音乐、舞蹈门类作品复赛。

音乐门类作品复赛于11月4日至9日在山东省烟台市举办。共有来自全国各省（区、市）、新疆生产建设兵团，以及总政、武警和全总等35个单位选送的106件作品、1500多名演职人员进行了5场比赛。舞蹈门类作品复赛于11月20日至26日在山东省青岛市举办。来自上述35个单位选送的112件作品、2400多名演职人员进行了7场比赛。参赛作品主题突出、特色鲜明、体裁广泛、形式多样，以敏锐的视角、灵活的形式，紧扣时代脉搏，反映基层群众日常生活的喜怒哀乐，反映伟大时代的新人新事新风尚，充分展现了全国群众文化创作的新成果。创作及表演人员大多为来自基层各行各业的工人、农民、学生、军人等业余文艺爱好者，充分体现了“群星奖”的群众性特点。两项赛事的12场比赛受到了当地群众的热烈欢迎，场场座无虚席，先后有45000多名观众现场观看了比赛。比赛期间，山东省各地还组织开展了420多项县以上规模较大的群众文化活动，参与群众达190多万人次，实现了以十艺节带动文化惠民的目标。

这次评审工作在组织方面体现了与以往不同的特点：一是在比赛场次安排方面，为了确保复赛过程公平公正，我司前期组织所有参赛单位进行了复赛抽签仪式，现场抽取和确定每个作品参加复赛的演出场次和出场顺序。在组织走台和正式比赛时，严格按照抽签确定的比赛顺序进行。二是在评审专家组织方面，前期研究、制定了《第十届中国艺术节“群星奖”复赛评审专家组成办法》，适量增加评审专家数量，每个门类评审专家从往届的7人增加到9人。专家组成进一步强化新旧搭配，既有参与过初选工作的专家，也有没参与过初选的专家；既有原专家库中的人选，也有后备专家库中新吸纳的人选。同时借鉴初选抽签确定评审专家的经验，复赛评审专家也由纪检监察部门抽取产生。三是在突出群众特色方面，为凸显“群星奖”的群众性特点，每场比赛均从现场观众中随机抽取14名观众，组成观众评委，直接参与评审工作。四是在评审过程组织方面，复赛评审工作采用专家现场观看参选作品，之后对每件参选作品进行记名打分的方式进行。专家提交评分表后，工作人员在驻部纪检组监察局同志的监督下，对打分结果进行了统计。按照去掉一个最高分，去掉一个最低分，再计算平均分的原则，计算出每件作品的最终得分。

两项赛事得到了各级新闻媒体的高度关注。中央电视台《新闻联播》播发了舞蹈门类作品复赛开幕消息，《新闻直播间》做了“群星奖”复赛专题报道，新华社刊发专题消息，光明日报、中国文化报、大众日报、山东电视台以及人民网等有关媒体在重要版面、黄金时段刊发了综合信息、专题新闻或深度报道。全国共有60多家新闻媒体、130多名记者参与两项赛事的报道，发布各类报道43000篇（次），大大提升了第十届中国艺术节“群星奖”的社会影响力。

2012年，文化部在北京组织举办了“大地情深”——国家公共文化示范区创建城市群众文化进京展演，来自全国的28个创建城市在近2个月内为

首都群众奉献了近40场群众文艺精品演出，近5万名观众观看了演出。这次演出是新中国成立以来我国首次以地市级为单位组织进京展演。来自全国各省（区、市）的第一批国家公共文化示范区创建城市集中在同一时段，为首都奉献精彩的群众文化节目，无论从演出数量，还是从种类、形式上，都是第一次。

这次演出全面检阅和展示了第一批国家公共文化示范区创建成果。自2011年3月以来，第一批示范区创建城市为期2年的创建周期已经过半，各示范区创建城市严格按照创建标准推进公共文化服务体系建设，加大经费投入力度，完善设施网络建设，提高公共文化服务能力，不断丰富公共文化产品，推动公共文化服务均等化，使广大群众文化生活出现了喜人的变化。此次展演是对各示范区创建成果的一次全面检阅，也是对各示范区创建城市形象和创建工作的一次集中展示，充分发挥国家公共文化示范区创建城市的导向和示范作用，推动全国公共文化服务体系建设健康有序发展。

本次展演汇集了各示范区创建城市最具代表性、最高水准的群众文艺精品节目，是一次名副其实的基层群众文化精品的大交流和大汇演，在展示群众文化建设成果和基层群众精神风貌的同时，也对当前群众文艺创作起到了很好的引领和示范作用。有专家表示，展演节目所展示出来的地域特色、民族风情、时代风貌、乡土气息以基层群众特有的激情与活力，令人惊叹、令人兴奋、令人陶醉。部分创建城市尝试借助专业院团或专业艺术家及艺术人才力量打造群众文艺精品的方式，为群众文化登上高雅艺术殿堂提供了实现路径。如宁波市鄞州区与中央歌剧院合作，打造了以宁波历史文化为背景的大型音诗画舞台剧《鄞地九歌》，突破群众文化传统的表现形式，以高雅的歌剧艺术展现鄞州地域文化和群众文化发展的丰硕成果。吉林省长春市、福建省厦门市和贵州省遵义市等创建城市也通过群众文艺团队与专业院团的通力合作，创新了艺术创作演出机制，实现了中央和地方、专业和业余的资源整合。

2012年10月，文化部在福州市举办了“永远的辉煌”——第十四届中国老年合唱节。在本届合唱节的4天时间里，来自全国各省、自治区、直辖市和台湾、香港地区的63支老年合唱团同台竞技，相互观摩、相互学习，以最饱满的热情，唱响了共产党好、社会主义好、改革开放好的时代主旋律，充分展示了我国老年人老有所为、老有所乐、昂扬向上、积极进取的精神风貌，展现了改革开放给人民生活带来的福祉，为迎接党的十八大胜利召开献上了一份来自老年群众的厚礼。合唱节期间，参演合唱团还走进社区、走进广场，参与到福建省品牌群众文化项目“激情广场大家唱”活动当中，和福州市民同谱和谐之曲，共唱和谐之声，让福州市民在家门口就能领略到合唱艺术的魅力，充分扩大了本届合唱节的社会效应。北京海燕合唱团、福建榕树合唱团等 20个合唱团获得“海峡杯”，福建老年大学合唱团、辽宁省葫芦岛市老干部合唱团等20个合唱团获得“武夷杯”，浙江杭州市民合唱团、江西南昌文联合唱团等23个合唱团获得“闽江杯”。本届中国老年合唱节的成功举办，将对推动群众歌咏活动广泛开展、促进群众文化事业和公共文化服务体系建设向纵深发展起到积极作用。

八、进一步推进文化志愿服务工作

党的十八大《报告》明确提出，要“深化群众性精神文明创建活动，广泛开展志愿服务”。党的十七届六中全会《决定》强调，“壮大文化志愿者队伍，鼓励专业文化工作者和社会各界人士参与基层文化建设和群众文化活动”。文化志愿服务是志愿服务的重要组成部分，是适应社会发展需要，适应群众文化需求，适应志愿服务专业化发展趋势，逐渐形成的一个重要的志愿服务门类。文化志愿者主要是指具有一定文化艺术专长、热心公益文化事业、志愿为他人提供非盈利、非职业化文化服务的社会各界人士。与普通志愿服务相比，文化志愿服务的专业性更强，主要围绕文化艺术服务开展活动。广泛开展文化志愿服务，对于更好地满足群众日益增长的精神文化需求，提高公民的思想道德素质和科学文化素质，推动社会主义文化大发展大繁荣具有重要意义。

近年来，在各级文化部门和文明办的大力支持和倡导下，全国文化志愿服务活动蓬勃兴起。很多地方在文化志愿服务网络构建、规范管理、载体创新、品牌打造等方面积累了宝贵经验，文化志愿服务理念越来越深入人心，文化志愿者队伍日益壮大，这为在全国广泛开展文化志愿服务奠定了良好基础。

（一）文化志愿服务组织框架初步建立。很多地方积极构建文化志愿服务组织框架，依托相关单位或协会建立了一批文化志愿服务组织；以文化系统工作人员为主、社会力量为辅招募了一支文化志愿者队伍；结合实际制定了相应的实施意见和规章办法，在全国初步形成了文化志愿服务组织架构。据不完全统计，目前全国已有12个省（区、市）、近80个地级市以及500多个县（市、区）成立了文化志愿服务组织，组建文化志愿服务团队2000多支，登记在册的文化志愿者人数突破30万人，已经成为推动基层文化建设的一支成建制、成体系、成规模的重要补充力量。以北京为例，除市级成立文化志愿服务中心外，全市16个区县均已成立文化志愿者服务分中心，在册文化志愿者达到27000多人。广东、辽宁以及厦门、成都、遵义等地也都建立了文化志愿服务组织和相应管理体制。

（二）基层文化志愿服务活动蓬勃开展。各地坚持面向基层、重心下移，把开展文化志愿服务作为文化领域推动学雷锋活动常态化的有效手段。从群众实际文化需要出发，组织文化志愿者开展了大量文化志愿服务活动，形成了一批不同类别、不同风格、特色鲜明的基层文化志愿服务活动品牌。北京密云的“暖心工程”、山东青岛的“艺润心田”和河南周口的“周末一元剧场”等活动，通过把一大批老少皆宜、雅俗共赏的文化服务项目送到百姓身边，丰富了群众业余文化生活；天津市和平文化宫、辽宁省图书馆等积极探索对特殊人群开展文化志愿服务的新形式，分别实施了专门为盲人服务的“心目影院”和“对面朗读”项目，让盲人更好地享受电影和图书带来的快乐，彰显了文化志愿服务的人文关怀；重庆少儿图书馆、成都图书馆实施的“小小义工真能干”和“小馆员志愿服务活动”等，搭建了孩子们假期社会实践平台，培养了他们的奉献精神、沟通能力和动手能力，受到学校和家长们的普遍好评。

（三）全国文化志愿者边疆行工作取得实效。“春雨工程”——全国文化志愿者边疆行活动，是文化部、中央文明办在推动民族地区基层文化建设、维护边疆和谐稳定的背景下实施的一项文化惠民活动。活动紧紧围绕各民族“共同团结奋斗、共同繁荣发展”的民族工作主题，以满足边疆群众精神文化需求为主要任务，以文化志愿者为骨干力量，通过大舞台、大讲堂、大展台三种基本形式，搭建了内地与边疆文化交流的平台，在弘扬文化志愿服务精神，提高少数民族文化队伍素质，推进边疆民族地区公共文化服务体系建设等方面发挥了积极作用。活动开展三年来，共有20多个内地省（区、市）和单位组成50多支志愿团，招募2000多名文化志愿者，面向边疆民族地区开展文化服务，先后组织文艺演出450多场，业务培训2000多学时，文化展览600多天，惠及群众达数十万人次。经过不断发展，这项活动已经成为全国具有广泛影响力和号召力的文化志愿服务活动品牌，成为地区之间横向开展文化志愿服务的典型范例。

（四）参与文化志愿服务的社会氛围日渐浓厚。文化志愿服务既是信念追求，也是价值认同。积极营造关心支持文化志愿服务的浓厚社会氛围，对于组织动员更多力量参与活动具有积极意义。近年来，各级文化部门不断加大宣传力度，一方面通过开展文化志愿服务活动实现文化志愿者自我教育、自我提高，用他们的亲身经历和真情实感传播文化志愿服务理念，展现文化志愿者的良好风貌；另一方面通过创作生动感人的文艺作品，开展丰富多彩的文化活动，寓教于文、寓教于乐，形成有利于文化志愿服务的良好环境。同时，充分发挥新闻媒体传播的主渠道作用，人民日报、新华社、光明日报、中央电视台、中国文化报等中央主要新闻媒体和重点新闻网站都推出了一大批重头报道，进一步扩大了文化志愿服务工作的社会影响。

2010年，为丰富边疆群众精神文化生活，充分调动文化志愿者参与边疆少数民族文化建设的积极性，文化部和中央文明办实施了“春雨工程”——全国文化志愿者边疆行。作为一项政府主导的文化惠民活动，围绕各民族“共同团结奋斗、共同繁荣发展”主题，以满足边疆民族地区群众精神文化需求为主要任务，以文化志愿者为骨干力量，通过大舞台、大讲堂、大展台三种基本形式，为边疆民族地区群众提供文化志愿服务，搭建了内地与边疆民族地区文化交流的平台，在弘扬文化志愿服务精神，提高少数民族文化队伍素质，推进边疆民族地区公共文化服务体系建设等方面发挥了积极作用。

活动开展三年来，20多个内地省（区、市）和单位组成了50多支志愿团，组织招募了2500多名文化志愿者，为西藏、新疆等12个边疆民族省（区、市）和新疆生产建设兵团提供了形式多样、内容丰富的文化志愿服务活动。他们深入基层一线，走进100多个县（乡、村），总行程十多万公里，最高到达西藏海拔5300多米的唐古拉山口，最远来到新疆阿克苏边境地区，为边疆基层群众开展面对面服务，先后组织文艺演出300多场，业务培训1400多学时，文化展览400多天，惠及群众达数十万人次。同时，还邀请500多名少数民族基层文化干部到内地接受培训。

三年来，活动取得了明显效果。一是通过政府主导，推动了文化志愿服务成为社会志愿服务体系的重要组成部分。"文化志愿者边疆行"带动了各地对文化志愿服务的探索与实践。参与内地省（区、市）文化厅（局）积极发挥主导作用，在文化志愿者组织招募、规范管理、科学引导等方面进行了有益尝试，促进了全国文化志愿服务活动规范化、制度化、长效化发展。二是创新服务方式，提升了文化志愿服务活动的质量和水平。文化部通过搭建分类对接平台，实现了内地与边疆各区域、多层次的有效对接。内地志愿团根据边疆民族地区群众文化需要设计文化志愿服务活动，推出了一批品牌项目，使边疆民族地区群众得到了实实在在的文化服务。三是接轨文化援助，加强了边疆民族地区公共文化服务体系建设。内地志愿团将"文化志愿者边疆行"与文化援助工作有机结合，着力提高文化产品和服务的供给能力。重点加强边疆民族地区文化"软件"建设。通过整合各类文化资源，有效弥补了边疆地区政府公共文化服务的不足，进一步拓展了文化援助渠道。四是加强双向互动，促进了内地与边疆民族地区文化交流。各参与单位从边疆民族地区实际出发，采取"走进去"与"请出来"的双向互动方式，一方面通过组织志愿团深入边疆民族地区基层，使内地文化资源不断地输送到边疆；另一方面将大舞台、大讲堂搬到内地，促进边疆民族文化在内地的展示和推广。通过文化支持和人才培养，逐步改善了边疆民族地区文化队伍状况。

九、切实保障农民工文化权益

近年来，党中央、国务院对农民工工作高度重视，针对农民工文化生活在内的覆盖全社会的公共文化服务体系正在逐步形成。各级党委政府对农民工文化工作的重视程度进一步提升，农民工文化工作的组织保障、经费保障、政策保障明显加强。党的十七届六中全会提出了尽快把农民工纳入城市公共文化服务体系的战略目标。文化部会同人力资源和社会保障部、中华全国总工会出台了《关于进一步加强农民工文化工作的意见》。北京市出台了《保障来京务工人员基本文化权益温暖工程工作方案》，对加强文艺文化服务体系建设起到了良好作用。

总体来看，这几年农民工文化建设取得了显著成效。公益性文化事业单位在农民工文化工作中的骨干作用进一步增强。天津市和平区文化宫开创了"圆梦·爱心"艺术学校，为农民工子弟提供免费艺术培训；江苏省靖江市文化馆帮助13家企业成立了农民工合唱团；今年春运期间，新疆、陕西、重庆等地的公共图书馆为农民工免费提供网上购票服务，拓展了图书馆公共信息服务的范围和方式。

城市社区、用工企业和社会力量共同关心、支持和参与农民工文化建设的局面正在形成。深圳市龙华新区建立了大浪青工文化乐园、湖北省洪山区青菱街道成立了青菱文化艺术中心、杭州市下城区东新街道成立了农民工文化家园、云南省昆明市官渡区关上社区组建了社区文化沟通协会，湖北省荆门市艺术剧院打造了农民工题材现代湖北花鼓戏《十二月等郎》。西藏自治区拉萨市远大公司、重庆市一建集团有限公司、浙江省东阳市野风集团等企业自觉把农民工文化工作纳入企业文化建设，在丰富农民工精神文化生活的同时，也大大激发了企业员工的工作热情，增加了企业凝聚力。

为加快将农民工纳入公共文化服务体系，近日文化部在浙江省东阳市召开了全国农民工文化建设现场经验交流会。会议表彰了一批成绩突出的农民工文化服务示范项目，组织与会代表进行了现场观摩和交流研讨，并对下一阶段农民工文化工作进行了全面部署。会议提出，要积极贯彻党的十七届六中全会的要求，将农民工纳入公共文化服务体系，从六个方面抓好落实。一是加强领导、明确责任，切实把保障农民工基本文化权益纳入当地政府的基本职责。二是加强统筹、精心安排，切实把改善农民工文化民生纳入当地经济社会发展规划。三是加强保障、落实经费，切实把农民工文化产品、服务项目和文化活动纳入当地公共财政经常性支出预算，建立稳定长效的经费投入机制。四是加强部署、明确任务，切实把农民工纳入公益性文化单位的重要服务对象，为农民工提供形式多样的文化服务。五是加强引导、整合力量，切实把农民工文化工作纳入城市社区文化建设和企业文化建设。六是因地制宜、厘清关系，切实把农民工文化工作纳入当地文化体制机制创新范畴，不断提升农民工文化自我服务、自主参与和自发创造的能力与水平。

文　件

文化部关于通报表扬2012年农民工文化服务示范项目的决定

（文社文发〔2012〕14号）

各省、自治区、直辖市文化厅（局），新疆生产建设兵团文化广播电视局：

为深入贯彻落实党的十七届六中全会以及《文化部 人力资源社会保障部 中华全国总工会关于进一步加强农民工文化工作的意见》（文社文发〔2011〕45号）精神，及时总结和推广各地在推动农民工文化建设方面的先进经验，推动农民工文化工作深入开展，经各省、自治区、直辖市文化厅（局）推荐和专家组评审，文化部决定对北京市朝阳区文化馆“民工影院”等40个“2012年农民工文化服务示范项目”提出通报表扬。

希望各地文化行政部门及有关单位继续按照中央要求，从构建社会主义和谐社会的高度，切实关注农民工的精神文化生活，加大农民工文化工作力度。要认真总结经验，加强宣传，充分发挥“2012年农民工文化服务示范项目”的示范、引领和带动作用；要努力推动农民工文化工作的理论研究、制度设计和实践创新，逐步形成“政府主导、企业共建、社会参与”的农民工文化工作机制，加快将农民工纳入公共文化服务体系，为推动社会主义文化大发展大繁荣做出更大贡献。

2012年5月7日

附件：

文化部2012年农民工文化服务示范项目名单

序号	单位	项目名称
1	北京市朝阳区文化馆	民工影院
2	天津市和平区文化宫	“圆梦·爱心”艺术学校
3	山西省图书馆	农民工文化家园
4	内蒙古自治区鄂尔多斯市图书馆	农民工流动书屋
5	辽宁省沈阳市和平区文化馆	农民工文化活动点
6	辽宁省辽阳市辽阳县文化馆	农民工文艺团队建设
7	吉林省长春市朝阳区重庆街道北安社区	社区农民工文化服务
8	黑龙江省哈尔滨市南岗区文化体育局	“两馆一站”服务农民工实践
9	上海市闵行区文化广播影视管理局	农民工公共电子阅览室
10	上海市徐汇区文化馆	农民工欢乐节
11	江苏省靖江市文化馆	农民工合唱团
12	江苏省吴江市文化广播电视新闻出版局	“区域文化联动”服务农民工
13	浙江省东阳市文化广播电视新闻出版局	农民工文化活动中心
14	浙江省杭州市下城区东新街道办事处	社区农民工文化家园
15	浙江省衢州市文化馆	《民工文化报》

续表

序号	单位	项目名称
16	浙江省宁波市音王集团	基层公共文化音响产品服务农民工
17	安徽省芜湖市弋矶山街道办事处	文化志愿者服务农民工
18	福建省福州市群众艺术馆	新福州人歌手大赛
19	福建省厦门市湖里区文化馆	湖里区外来青年艺术团及合唱团
20	江西省赣州市图书馆	图书馆农民工服务
21	山东省青岛市城阳区文化新闻出版局	新市民文化艺术节
22	河南省许昌市鄢陵县文化馆	送文化进企业
23	湖北省武汉市洪山区青菱街文化中心	青菱文化艺术中心服务农民工实践
24	湖北省荆门市艺术剧院有限公司	农民工题材作品创作、推广与农民工艺术素养培育
25	湖南省长沙市雨花区高桥街道办事处	新市民服务平台
26	广东省东莞市文化广播电视新闻出版局	农民工文化人才培育与扶持机制
27	广东省深圳市龙华新区大浪办事处	大浪青工文化乐园
28	海南省建设工会委员会	工会组织农民工文化服务实践
29	广西壮族自治区桂林市灵川县八里街道办事处	农民工文化培育机制
30	重庆市一建建设集团有限公司	农民工合唱团
31	四川省彭州市文体广电新闻出版局	农民工文化建设多部门合作实践
32	贵州省文化馆	农民工子女免费艺术培训
33	云南省昆明市官渡区关上街道办事处关上中心区社区	社区文化沟通协会服务农民工
34	西藏自治区拉萨市远大公司	农民工艺术团
35	陕西省咸阳市秦都区文体事业局	政企共建农民工文化中心
36	甘肃省图书馆	工地图书流通站
37	青海省西宁市城中区文化馆	农民工输出地就业技能培训
38	宁夏回族自治区银川市金凤区工业集中区社区	三维服务阳光驿站
39	新疆维吾尔自治区克拉玛依市克拉玛依区昆仑路街道雅典娜社区	六点钟学校
40	文化部全国文化信息资源建设管理中心	公共数字文化服务农民工

全国文化志愿服务组织工作成绩突出单位、全国基层文化志愿服务活动优秀项目和2012年“春雨工程”——全国文化志愿者边疆行示范项目的通报

（文公共发〔2012〕46号）

近年来，在“奉献、友爱、互助、进步”的志愿精神引领下，在社会主义和谐社会建设过程中，涌现出越来越多的文化志愿者，他们活跃在城乡基层，成为公共文化服务体系建设的有生力量。实践证明，壮大文化志愿者队伍，广泛开展文化志愿服务活动，对于践行社会主义核心价值观、促进公共文化服务均等化、推动社会主义文化大发展大繁荣具有重要作用。2012年，文化部、中央文明办共同印发了《关于广泛开展基层文化志愿服务活动的意见》（文公共发〔2012〕31号，以下简称《意见》），各地文化行政部门和文化单位按照《意见》要求，采取切实措施，完善文化志愿服务工作机制，规范文化志愿者队伍管理，为广泛开展文化志愿服务活动奠定了良好基础。特别是在“春雨工程”——全国文化志愿者边疆行活动中，各地文化行政部门和文化部直属单位积极响应、热情参与，组织了大批文化志愿者赴边疆民族地区服务，取得了良好效果。各地在开展基层文化志愿服务活动和

“文化志愿者边疆行”工作中，摸索出越来越多的好做法，积累了越来越多的好经验，涌现出越来越多的好典型。这些都将成为推动文化志愿服务事业发展的有力保证和重要条件。

为巩固成绩、交流经验，进一步发挥典型带动和示范引领作用，推动文化志愿服务工作体系化、制度化，文化部决定对2012年涌现出来的全国文化志愿服务组织工作成绩突出的北京市文化局等19个单位、“‘送福到家’文化志愿服务项目”等38个全国基层文化志愿服务活动优秀项目，以及“新疆维吾尔自治区洛浦县文工团赴京培训演出”等30个“春雨工程”——全国文化志愿者边疆行示范项目，予以通报表扬。希望受表扬的单位珍惜荣誉，再接再厉，不断在文化志愿服务工作中拓展新思路、总结新经验、创造新成绩。

各地各级文化行政部门和文化单位要全面贯彻落实党的十八大精神，进一步增强责任感和使命感，开拓创新、乘势而上，努力构建“参与广泛、形式多样、活动经常、机制健全”的文化志愿服务体系，为推动社会主义文化大发展大繁荣、建设社会主义文化强国作出新的更大贡献。

附件：

1. 全国文化志愿服务组织工作成绩突出单位名单
2. 全国基层文化志愿服务活动优秀项目名单
3. 2012年“春雨工程”——全国文化志愿者边疆行示范项目名单

文化部

2012年11月30日

附件1：

全国文化志愿服务组织工作成绩突出单位名单

1. 北京市文化局
2. 天津市文化广播电视局
3. 河北省文化厅
4. 辽宁省文化厅
5. 上海市文化广播影视管理局
6. 江苏省文化厅
7. 浙江省文化厅
8. 安徽省文化厅
9. 福建省文化厅
10. 山东省文化厅
11. 广东省文化厅
12. 重庆市文化广播电视局
13. 四川省文化厅
14. 青海省文化和新闻出版厅
15. 宁夏回族自治区文化厅
16. 西藏自治区文化厅
17. 新疆维吾尔自治区文化厅
18. 中国文化传媒集团有限公司
19. 文化部全国文化信息资源建设管理中心

附件2：

全国基层文化志愿服务活动优秀项目名单

1.“送福到家”文化志愿服务项目

执行单位：北京市文化志愿者服务中心

2.“暖心工程”文化志愿服务项目

执行单位：北京市密云县文化志愿者服务分中心

3.“快板沙龙”志愿服务进社区

执行单位：北京市东城区文化志愿者分中心

4. 天津市和平文化宫“心目影院”

执行单位：天津市和平文化宫

5.“优秀传统文化进社区”——秦皇岛市文化志愿服务活动

执行单位：河北省秦皇岛市群艺馆

6.“手牵手，让梦想成真”公益性系列活动项目

执行单位：山西省群众艺术馆

7.“文化进社区、和谐到万家”——呼和浩特市文化志愿服务系列活动

执行单位：内蒙古自治区呼和浩特市文化局

8.“对面朗读”——辽宁省图书馆公益文化活动

执行单位：辽宁省图书馆

9.“走近历史”——辽宁省博物馆志愿者进校园活动

执行单位：辽宁省博物馆

10. 长春图书馆“义务小馆员”志愿服务活动

执行单位：吉林省长春图书馆

11.“幸福社区、快乐之家”创建活动

执行单位：吉林省梅河口市文化广播新闻出版局

12.“送欢笑到基层”文化志愿服务活动

执行单位：黑龙江省文化厅

13.“荣担文化使者，播撒都市文明”——上海图书馆系统文化志愿者服务项目

执行单位：上海市图书馆

14.“百姓家门口的文化使者”——上海社区文化

指导员志愿者服务项目

执行单位：上海市东方社区文化艺术指导中心

15.“美好江苏”-基层文艺巡演

执行单位：江苏省文化馆

16.“群星”文化志愿服务活动

执行单位：浙江省宁波市文化馆

17.“百团千场万人”活动

执行单位：安徽省文化厅

18.厦门青年民族乐团文化志愿服务活动

执行单位：福建省厦门市文化馆、厦门青年民族乐团

19.“崛美行动”——江西省老艺术家年表库工程

执行单位：江西省南昌市崛美行动公益发展中心

20.“艺润心田”——文化志愿者在行动

执行单位：山东省青岛市文化广电新闻出版局

21.周口“周末一元剧场”

执行单位：河南省周口市文化局

22.湖北省博物馆文化志愿者宣讲活动

执行单位：湖北省博物馆

23.“服务农民工、文艺送春风”——湖南省文化志愿者服务农民工系列活动

执行单位：湖南省群众艺术馆

24.“喜阅365”——亲子共读计划

执行单位：广东省深圳少年儿童图书馆

25.“文化志愿大篷车”进“三区”（社区、校区、厂区）活动

执行单位：广东省东莞市长安镇宣传文体局

26.海口市社区文艺辅导员培训班

执行单位：海南省海口市群众艺术馆

27.桂林“英语角”——崛起中的民间阅读推广力量

执行单位：广西壮族自治区桂林图书馆

28.重庆市少年儿童图书馆“小小义工真能干”活动

执行单位：重庆市少年儿童图书馆

29.沙坪坝区农村文化志愿服务队送书进农户活动

执行单位：重庆市沙坪坝区文化广电新闻出版局

30.四川省文化志愿者“大篷车”流动博物馆服务项目

执行单位：四川省博物院

31.成都小馆员志愿者服务活动项目

执行单位：四川省成都图书馆

32.贵州省大学生志愿者艺术团巡回慰问演出

执行单位：贵州省大学生志愿者艺术团

33.“微笑小屋”文化志愿服务品牌活动

执行单位：贵州省遵义市文体广电局

34.文化志愿者服务外来务工人员及农民工子女免费美术培训班

执行单位：云南省文化馆

35.基层业务骨干培训志愿者行动

执行单位：陕西省图书馆学会

36.“志愿者行动”——基层图书馆员培训活动

执行单位：甘肃省图书馆学会

37.青海省化隆县文化志愿服务队基层文艺演出活动

执行单位：青海省化隆县文化馆

38.银川市“踏歌起舞”文化工程——广场民族健身舞培训

执行单位：宁夏回族自治区银川市文化艺术馆

附件3：

2012年“春雨工程”——全国文化志愿者边疆行示范项目名单

1. 新疆维吾尔自治区洛浦县文工团赴京培训演出

组织单位：北京市文化局

2. 津和特色文艺节目展演

组织单位：天津市文化广播影视剧

3. 全国读书漫画大赛精品展、漫画知识讲座及作品赠送

组织单位：天津市和平区文化局

4. 新疆巴州群文干部赴冀培训

组织单位：河北省文化厅

5. 沪喀双向文化艺术交流

组织单位：上海市文化广播影视管理局

6. 江苏特色文艺节目赴新展演

组织单位：江苏省文化厅

7. 新疆文化馆长赴苏培训

组织单位：江苏省苏州市文化局

8. 藏族歌曲创作采风

组织单位：浙江省文化厅

9.“图书漂流”进宁夏

组织单位：浙江省宁波市鄞州区文广新局

10. 安徽特色文艺节目赴新疆展演

组织单位：安徽省文化厅

11. 山南特色文艺节目赴徽展演

组织单位：安徽省马鞍山市文化委

12. 福建特色文艺节目赴宁展演
组织单位：福建省文化厅
13. 漆彩华光——厦门美术馆典藏漆画作品赴藏展
组织单位：福建省厦门市文化局
14. 山东特色文艺节目赴吉展演
组织单位：山东省文化厅
15. 青海文化干部赴青岛培训
组织单位：山东省青岛市文化广播新闻出版局
16.“放飞希望”——青岛儿童剧赴新疆演出
组织单位：山东省青岛市文化广播新闻出版局
17.“鄂博情怀”——九连墩楚墓出土文物精品展
组织单位：湖北省文化厅
18. 广东特色文艺节目藏区展演
组织单位：广东省文化厅
19. 重庆特色文艺节目赴藏展演
组织单位：重庆市文化广播电视局
20.《巴蜀风华》节目赴云南展演
组织单位：四川省文化厅
21. 甘肃金昌-陕西宝鸡文艺交流
组织单位：陕西省宝鸡市文化广播新闻出版局
22.“情满长江”十一省（区、市）摄影作品联展
组织单位：青海省文化和新闻出版厅
23.“蓝靛金箔”——中国画桑皮纸暨新疆美术作品展
组织单位：新疆维吾尔自治区文化厅
24. 图书馆规划建设论证研讨及现场指导
组织单位：国家图书馆
25.“牵手文明”——国家博物馆馆藏文物图片展
组织单位：国家博物馆
26. 全国公共文化（新疆）论坛
组织单位：中国文化传媒集团有限公司
27. 文化名人大讲堂
组织单位：文化部全国文化信息资源建设管理中心
28. 文化信息资源共享工程志愿者系列活动
组织单位：文化部全国文化信息资源建设管理中心
29. 剧本创作排演指导、舞美创作培训及业务骨干交流
组织单位：中国国家话剧院
30. 民族音乐会《西藏春天》创作编排指导
组织单位：中央民族乐团

中国文化年鉴

Almanac Of Chinese Culture

专业艺术

Professional arts

综　述

2012年，艺术司在部党组的正确领导下，认真贯彻党的十七届六中全会精神，把“高举旗帜，服务大局，加强引导，繁荣创作，迎接党的十八大胜利召开”作为工作中心，引导广大文艺工作者树立以人民为中心的创作导向。坚持两手抓、两加强，用科学辩证的思维指导艺术实践，遵循艺术规律，推动艺术事业全面协调可持续发展，圆满完成了2012年各项工作任务。

一、坚持正确方向

始终坚持正确的文艺方向，全面贯彻党的文艺路线、方针、政策，按照发展社会主义先进文化的要求，牢固树立“五个坚持”的指导思想，坚持“二为”方向、“双百”方针、“三贴近”原则，坚持弘扬社会主义核心价值体系，坚持以人为本，坚持把社会效益放在首位。围绕迎接党的十八大胜利召开，按照中央统一部署，围绕中心，服务大局，精心组织了一系列有影响、有特色的重大主题活动。为迎接党的十八大胜利召开，以“讴歌伟大时代，艺术奉献人民”为主题，举办了2012年全国优秀剧目展演，时间长达3个半月，汇聚了全国各地120台优秀剧目，在首都各大剧场演出240多场，观众达30多万人，展示了广大文艺工作者昂扬的精神风貌和近年来艺术创作的丰硕成果，为十八大召开营造出良好的氛围。举办了2012年国家艺术院团优秀剧目展演，推出了一批优秀剧目和优秀人才，发挥了国家艺术院团的导向性、示范性、代表性作用。为纪念《毛泽东在延安文艺座谈会上的讲话发表》70周年，举办了《从延安走来大型美术作品展览》、优秀剧目展演、文艺晚会、研讨座谈和采风慰问等系列活动，引导文艺工作者继承和弘扬《讲话》精神，坚持正确的文艺方向。上述活动在社会上引起了热烈反响，不仅受到了新闻媒体的关注，而且受到中央领导和广大观众的好评。

二、推出精品佳作

文化的影响力首先体现在精品力作上，文艺精品是文化繁荣发展的重要标志。2012年继续实施精品战略，通过国家舞台艺术精品工程，推出了15台精品剧目和40余台重点剧目。通过举办第七届全国儿童剧优秀剧目展演、第八届中国评剧节、第六届中国黄梅戏艺术节、第31届中国哈尔滨之夏音乐会暨第十届全国声乐比赛、第十七届全国音乐作品评奖等形式多样的艺术活动，促进全国的艺术创作。在坚持剧目创作“三并举”方针的同时，倡导现代戏创作，涌现出秦腔《西京故事》、话剧《郭明义》、话剧《红旗渠》、豫剧《兰考往事》、儿童剧《特殊作业》等一批现实题材的优秀作品，唱响了时代主旋律，弘扬了民族精神和时代精神，弘扬社会主义核心价值体系。国家艺术院团复排和新创的京剧《韩玉娘》、芭蕾舞《小美人鱼》、歌剧《图兰朵》等优秀经典剧目也受到国内外演出公司的青睐，9个院团在展演交易会上共签约演出800场，金额1.42亿元，均创三年以来的新高。

三、实施重点项目

加大财政专项资金投入，实施重点艺术工程、规划和项目，是繁荣艺术创作的重要保障。在财政部支持下，国家繁荣文艺创作专项资金（国家艺术基金）总额达到2亿元，有力地扶持和保障了优秀作品的创作生产、优秀人才的培养和优秀作品的宣传传播。继续实施国家昆曲抢救、保护和扶持工程、《国家重点京剧院团保护和扶持规划》、中国民族音乐发展和扶持工程、《中国杂技艺术振兴规划》、全国画院优秀创作研究扶持计划、全国美术馆发展扶持计划、国家美术作品收藏和捐赠专项资金等，保护民族传统艺术，增加文化积累。

四、改进评奖工作

文艺评奖是引导文艺创作、发现、评价和激励优秀作品和人才的重要手段。为进一步提高文艺评奖的导向性、公正性和权威性，克服重评轻演的弊端，我们不断改进和完善各类评奖机制，鼓励艺术院团建立科学的艺术生产决策机制和优秀保留剧目演出制度，倡导德艺双馨的人才标准，促进艺术的传承和发展，进一步调动了各类艺术院团和广大艺术工作者的积极性和创造性。举办了第二届全国优秀保留剧目大奖评选，评选出京剧《杨门女将》、京剧《华子良》、昆曲《十五贯》、黄梅戏《天仙配》、豫剧《铡刀下的红梅》等20部久演不衰的优秀剧目。此次评选对演出场次提出了更高的要求，规定1949年以后首演的剧目应达到1000场以上，所有剧目在改革开放以后的演出场次应达到400场以上，而且近三年的演出场次要达到60场以上。评奖不是目的，获奖不是终点，为加强宣传推广，明年还将组织获奖作品全国巡演。

五、推动改革创新

改革创新是时代的主旋律，也是艺术事业繁荣发展的必然要求。伴随着文化体制改革的不断深入，我们根据新形势、新任务，不断探索创新艺术工作的途径和方法，拓展了艺术工作领域。为引领和促进设计这一当今全球发展最快的前沿交叉艺术的创新发展，经过近两年的筹备，在深圳举办了首届中国“设计”大展，涵盖平面设计、产品设计、空间设计和跨界设计四个领域，共有644件作品参展，构建了一个专业性和权威性的国家级展览平台，受到联合国教科文组织和全国设计界的一致好评，完善了艺术工作机制；为提高国家美术收藏的整体效益，首次举办了全国美术馆馆藏精品展出季，28个展览项目惠及各地观众180万人次，有力地提升了美术馆的专业化水平，适应了免费开放后的更高要求；为弘扬优秀传统文化，在认真调研的基础上，制定了《全国地方戏曲剧种保护和扶持计划》和《全国曲艺木偶戏皮影戏扶持发展计划》，举办了全国地方戏精粹展演，促进了各门类艺术的全面协调发展。

六、加强人才建设

加快培养造就高层次领军人物和高素质艺术人才队伍。尊重艺术家的社会贡献，为邓拓、关山月、陈爱莲、李谷一等著名艺术家举办专题展览和纪念。培养和造就新一代艺术人才，启动了“名家传戏——当代昆曲名家收徒传艺工程”，举办了全国京剧优秀青年演员折子戏展演、第一届李德伦全国指挥比赛。加强人才队伍培训，举办了国际导演大师班和7期美术专业人员培训班、研修班等。

七、服务人民群众

人民需要艺术，艺术属于人民。坚持引导广大文艺工作者深入基层，服务人民。继续在元旦、春节期间组织中直院团和美术机构开展“三下乡”慰问演出和送春联书画活动，把舞台搭建在基层，把欢笑送给群众。深化“走转改”活动，组织9个中直院团在各地建立联系基层基地，开展采风创作、慰问演出、艺术辅导。继续组织高雅艺术进校园活动，2012年国家级艺术院团和优秀地方院团赴高校演出一百多场。支持少数民族地区文艺创作，组织民族音乐会《美丽新疆》全国巡演，举办新疆十二木卡姆交响音乐会等。引导民营艺术院团健康发展，满足广大人民群众的各方面的精神文化需求，组织话剧《郭明义》、豫剧《苏武牧羊》、豫剧《铡刀下的红梅》等优秀剧目在全国巡演，受到各地观众的热烈欢迎。

全年工作虽然任务繁重，但我们坚持统筹规划，突出重点，真抓实干，因而亮点频现，效果良好。成绩的取得，离不开部党组的正确领导，离不开各司局、各地方的积极支持，离不开中直院团、地方院团的热情奉献，离不开全司同志的共同努力，借此机会向各位领导和同志们表示敬意和感谢！

在看到成绩的同时，我们也清醒地看到，在新的时代背景下，艺术工作面临着发展的机遇和严峻的挑战，艺术工作还存在一些薄弱环节，主要表现在：社会发展深刻变革，社会思想观念深刻变化，用社会主义核心价值体系引领社会思潮更为紧迫，需要进一步加强对艺术创作生产的引导，坚持正确导向，提高引导能力，发挥文化引领风尚、教育人民、服务社会、推动发展的作用；艺术创作的数量不断增长，而精品力作还不够多，需要进一步提高艺术作品质量，引导艺术创作从“又多又好”向“又好又多”转变，做到质优量多；网络传媒飞速发展，人民群众选择文化消费的独立性、多样性、差异性不断增强，创作与接受疏离、生产与消费失衡的问题日益凸显，需要进一步加强优秀作品的宣传推广，增强先进文化的感染力、影响力、传播力。面对新形势，艺术创作生产的引导扶持、人才队伍建设和艺术评论工作需要进一步加强。面对新任务，艺术事业的政策保障和经费投入需要进一步加大，这些问题都需要我们在今后工作中认真研究并加以解决。

专　题

国家舞台艺术精品工程授牌仪式

2012年1月6日下午，文化部在北京友谊宾馆隆重举行国家舞台艺术精品工程授牌仪式。文化部党组书记、部长蔡武为入选2009—2010年国家舞台艺术精品工程重点资助剧目豫剧《常香玉》、滑稽戏《顾家姆妈》、壮剧《天上恋曲》等十五部作品颁发奖牌。文化部赵少华、励小捷、李洪峰、王文章、单霁翔、高树勋等领导为2010—2011年度资助剧目颁发奖牌。这些作品都是思想性艺术性观赏性相统一、人民喜闻乐见的艺术精品。精品的产生都经过了大量的修改加工和演出实践，通过招聘人才、召开专家座谈会等方法，组织主创人员进行修改、加工和提高，并通过进高校、下社区、参加展演、举办全国巡演等方式听取观众反映，提高艺术质量。其中昆剧《长生殿》获第九届中国艺术节文华大奖，滑稽戏《顾家姆妈》和湘剧《李贞回乡》参加了全国现代戏优秀剧目展演，京剧《牛子厚》、《北风紧》、《响九霄》参加了全国京剧优秀剧目展演，等等。这些优秀作品所到之处都好评如潮，受到全国人民的喜爱和欢迎。国家舞台艺术精品工程是文化部、财政部最早实施的重大建设项目。扶持范围包括舞台艺术的各个门类，旨在扶持舞台艺术全面发展。国家舞台艺术精品工程实施八年来，推出了85台精品剧目，一百多台优秀作品得到资助，对于繁荣舞台艺术、增强当代文化积累发挥了重要作用。

第二届优秀保留剧目大奖评选

优秀保留剧目大奖评选和巡演活动，是文化部改革和完善文艺评奖的一次重大改进，也是促进我国舞台艺术繁荣发展的重要举措。9月，文化部开展了第二届优秀保留剧目大奖评选活动，京剧《杨门女将》等20部思想性、艺术性、观赏性相统一，深受观众喜爱、久演不衰的作品被评为第二届优秀保留剧目大奖。其中戏曲15部、儿童剧2部、歌剧2部、舞剧1部。获奖作品题材广泛、艺术品种多样，既有上世纪五六十年代创作演出的作品，也有改革开放以来新创作的优秀作品，体现了艺术创作的良好发展势头。

11月20日文化部召开第二届优秀保留剧目大奖获奖作品表彰会,对获奖院团进行了表彰。

讴歌伟大时代，艺术奉献人民——2012年全国优秀剧目展演

为进一步贯彻落实党的十七届六中全会精神，迎接中国共产党第十八次全国代表大会的召开，全面展示近年来舞台艺术创作的丰硕成果和广大文艺工作者昂扬向上、奋发进取的精神风貌，推出更多的艺术人才，不断推动舞台艺术创作的发展繁荣，文化部8月至10月在北京举办“讴歌伟大时代，艺术奉献人民——2012年全国优秀剧目展演”。

这是继2009年国庆60周年献礼演出活动之后的又一次重大展演活动。

文化部2012年全国优秀剧目展演艺术创作座谈会

“讴歌伟大时代，艺术奉献人民——2012年全国优秀剧目展演”开幕以来，观众反响热烈，舆论好评不断。为了更好地展示近年来舞台艺术创作演出的丰硕成果，总结艺术创作的经验启示，鼓舞广大文艺工作者的积极性，进一步明确下一步创作方向，文化部9月4日召开“2012年全国优秀剧目展演艺术创作座谈会”。

文化部党组书记、部长蔡武出席座谈会并讲话，文化部党组成员、副部长王文章做会议总结。出席座谈会的专家、学者有：中国文联原副主席、评论家仲呈祥，中国剧协主席、表演艺术家尚长荣，中国戏曲现代戏研究会常务副会长、评论家王安奎，中国剧协分党组书记季国平，中国舞协分党组书记冯双白，上海市人民政府参事、评论家毛时安，国家话剧院院长周志强，中国音乐学院教授、作曲家金湘，总政歌剧团团长黄定山，陕西省戏曲研究院院长、《西京故事》编剧陈彦，河南艺术研究院院长、话剧《红旗渠》导演李利宏，辽宁人民艺术剧院演员、话剧《郭明义》郭明义饰演者李跃民，河南小皇后豫剧团团长王红丽；座谈会还邀请了两位观众代表，一位是北京大学历史系副教授赵冬梅，一位是波峰集团董事长李春波。艺术司司长董伟主持会议，艺术司副司长陶诚、诸迪，艺术司副巡视员程桂荣、翟桂梅，艺术司办公室主任李振清、艺术研究处处长周汉萍等出席。

第五届中国昆曲艺术节、第五届中国苏州评弹艺术节

由中华人民共和国文化部、江苏省人民政府共同主办的第五届中国昆剧艺术节暨第五届中国苏州评弹艺术节，于6月29日至7月7日在江南的历史文化名城苏州隆重同时举行。在为期九天的活动期间，来自北方昆曲剧院、上海昆剧团、江苏省昆曲剧院、浙江昆剧团、苏州昆曲剧院、湖南省昆剧团、浙江永嘉昆剧团等全国七大昆剧院团和中国戏曲学

院、上海京昆剧团、苏州艺术学校、苏州中国昆曲博物馆等单位的新一代昆曲传人竞相登场，在昆剧艺术节上献演了14台参评剧目和13台展演剧目；日本艺术家坂东玉三郎和来自我国香港、台湾昆剧团社的艺术家，也在昆剧节上一展风采；还隆重举行了“名家传戏——当代昆曲名家收徒传艺工程启动仪式”，成功举办了第六届中国昆曲国际学术研讨会、虎丘曲会、2001—2011年中国昆曲年鉴首发式等一系列大型活动。在同时举办的评弹艺术节上，来自江浙沪的18个苏州评弹艺术表演团体单独或组台演出了28场，“说、学、弹、唱、噱”，精彩纷呈，集中展示了近年来评弹艺术继承与发展的优秀成果和评弹艺术人才培养的最新成就。

众多海内外艺术家、专家学者、戏曲团体、曲友和热爱昆曲、评弹艺术的观众齐聚苏州城，使本届昆剧艺术节暨中国苏州评弹艺术节成为自2000年首届中国昆剧艺术节举办以来，规模最大，参演剧目、参与人员和观众人数最多的一次继往开来的艺术盛会。

第七届全国儿童剧优秀剧目展演

由文化部主办，文化部艺术司和宁波市人民政府承办的第七届全国儿童剧优秀剧目展演在历时半个多月的时间里，来自全国各地的26台优秀儿童剧，汇聚宁波，交流展演，营造出观赏儿童剧演出，关注儿童剧创作，关心儿童剧发展和全国少年儿童健康成长的浓烈氛围，在宁波乃至全国都产生了重要影响。

第七届全国儿童剧优秀剧目展演是在党的十七届六中全会召开之后、党的十八大召开之前举办的一次全国性的重要文化艺术活动，开幕式演出又正值六·一国际儿童节。参演的优秀儿童剧是自2009年文化部在广州举办第六届全国儿童剧优秀剧目展演以来，全国儿童剧戏剧艺术创作和发展的一次集中展现，基本上反映了近三年来我国儿童剧创作演出的基本情况。

全国京剧优秀青年演员折子戏展演

由文化部、山东省人民政府、第十届中国艺术节山东省筹委会主办的全国京剧优秀青年演员折子戏展演8月22日至29日在山东省聊城市、德州市举行。本次展演是第十届中国艺术节专业艺术单项评比展演系列活动之一。展演秉承“面向未来、培育人才”的宗旨，内容丰富，精彩纷呈，集中展示了近年来特别是《国家重点京剧院团保护与扶持规划》实施以来全国京剧人才培养的最新成果，推出了一批优秀青年京剧人才，在全国范围内进一步掀起了喜迎“十艺节”的热潮。

第十届全国声乐比赛

由文化部、哈尔滨市人民政府共同主办的第十届全国声乐比赛，8月6日至17日在第三十一届哈尔滨之夏音乐会期间成功举办。美声组、民族组、流行音乐组、合唱组的各个奖项全部产生。解放军总政治部歌剧团王传越获得美声组一等奖，解放军空军政治部文工团伊泓远获得民族组一等奖，南京艺术学院张丹丹获得流行组一等奖，解放军总政歌舞团合唱队获得合唱组一等奖。比赛还评出了评委会特别奖、指挥奖和钢琴伴奏奖。哈尔滨市文化和新闻出版局获得了优秀组织奖。

第一届李德伦全国指挥比赛

6月18日至23日，由文化部主办，文化部艺术司、青岛市人民政府、山东省文化厅、中国交响乐发展基金会承办的第一届李德伦全国指挥比赛在青岛成功举办，在音乐界乃至全社会引发了强烈反响。中央电视台《新闻联播》、新华社、中央人民广播电台、《光明日报》、《中国文化报》等中央新闻媒体以及山东省、青岛市的新闻媒体均对这次比赛的成果和意义进行了深入报道。新中国成立以来，文化部艺术局（现文化部艺术司）和中国指挥学会分别在1993年和2006年举办过两次全国性的指挥比赛，现在活跃于指挥舞台上并成为各大艺术院团中坚力量的指挥家如邵恩、李心草等，都是从这两次指挥比赛中脱颖而出的。第一届李德伦全国指挥比赛是我国第一个以音乐家名字命名的国家级指挥比赛，也是第十届中国艺术节专业艺术系列评比展演活动的第一项内容，对于营造“十艺节”良好氛围，保证艺术节成功开局，发现和鼓励优秀指挥人才，促进我国音乐事业的繁荣发展具有十分重要的意义。

蔡武部长与部分国家艺术院团、全国文艺家协会负责人在京座谈

2月5日下午，文化部党组书记、部长蔡武在北京钓鱼台国宾馆与部分国家艺术院团、全国文艺家协会的负责人进行座谈，向他们致以节日的问候和良好的祝愿，并认真倾听他们对推动文化发展繁荣的意见和建议。文化部党组副书记、副部长赵少华，党组成员、副部长王文章出席座谈会。蔡武指出，党的十六大特别是十七大以来，党和政府对文化的重视前所未有，人民群众对文化建设的关注和期盼程度前所未有，文化投入的增长幅度前所未有，文艺创作的繁荣局面前所未有，中华文化在国际上的影响力前所未有，文化工作者昂扬向上、奋发有为的精神面貌前所未有。在科学发展观的指引下，我们从文化的双重属性、双重功能出发，找到了一条符合国情、符合文化自身发展规律的“双轮驱动”“两手抓”的发展路径，即一手抓公益性文化事业，构建覆盖城乡的、均等化的公共文化服务体系，一手抓文化产业，发挥市场在文化资源配置中的积极作用。去年召开的十七届六中全会提出，要坚持中国特色社会主义文化发展道路，努力建设社会主义文化强国，更是标志着我国文化发展进入了新的历史时期。蔡武说，文化繁荣发展的局面是在党中央、国务院的正确领导下，整个文艺战线开拓创新、拼搏奋进的结果。下一步，我们要以科学发展观为指导，全面贯彻落实十七届六中全会精神，坚持走中国特色社会主义文化发展道路，把全会提出的方针政策变成具体的政策措施，把全会提出的目标任务变成具体的工程项目；要把全体文艺工作者团结在一起，为他们创造更加宽松的环境、提供更好的条件，让文艺工作者的创造精神和创造活力充分涌流。他希望国家艺术院团和各全国文艺家协会团结、带领、组织文艺工作者，以更加高昂的斗志，推动文化大发展大繁荣，完成党和人民赋予的历史使命。宋官林、周志强、关峡、周予援、尚长荣、季国平、李前宽、康健民、刘兰芳、赵季平、徐沛东、吴长江、张海、赵长青、边发吉、李前光、赵化勇、张显等部分国家艺术院团、全国文艺家协会的负责人参加座谈会，并结合实际工作为推动文化发展繁荣建言献策。文化部办公厅主任杨建昆、艺术司司长董伟、办公厅副主任周广莲等参加座谈会。

第十届中国艺术节筹备工作第一次部省联席会议

第十届中国艺术节将于2013年在山东省举办。为加快推进第十届中国艺术节组织筹备工作，3月6日，文化部、山东省人民政府在北京召开第十届中国艺术节筹备工作第一次部省联席会议。文化部党组书记、部长蔡武，山东省委副书记、省长、“十艺节”山东省筹委会主任姜大明出席会议，并分别代表文化部和山东省讲话。文化部党组成员、副部长王文章主持会议。山东省委常委、宣传部部长、“十艺节”山东省筹委会副主任兼秘书长孙守刚介绍了第十届中国艺术节筹备工作情况。山东省副省长、“十艺节”山东省筹委会副主任张建国等出席会议。

蔡武在讲话中指出，中国艺术节作为国家级的综合性艺术活动，是弘扬民族优秀文化、繁荣社会主义文艺、丰富人民群众文化生活的艺术盛会，对于促进改革开放和社会发展进步，振奋民族精神，起到了积极重要的作用。第十届中国艺术节是在我国新的历史发展时期，特别是党的十八大召开后举办的又一届艺术盛会，筹备阶段适值党的十七届六中全会召开，应该充分抓住这一历史机遇，乘势而上，做好筹备工作。山东是文化强省，文化事业发展在全国居于前列，山东省委、省政府对文化工作十分重视，对第十届中国艺术节筹备工作非常关心和支持，提出以举办第十届中国艺术节为契机进一步推进文化强省建设的战略，思路清晰，目标明确。

从2012年到2013年“十艺节”开幕前，文化部将把7个不同艺术门类的国家级艺术展演活动安排到山东举办，同时还将举办一系列群众文化活动，营造出喜迎“十艺节”的良好氛围。艺术节期间，山东的17个地(市)将参与主办或承办艺术节的有关活动，将成为本届艺术节的一大亮点。

第十届中国艺术节筹备工作第二次部省联席会议

12月6日，第十届中国艺术节（以下简称“十艺节”）筹备工作文化部和山东省第二次联席会议在济南召开。文化部部长蔡武出席会议并讲话，山东省省长姜大明对下一步筹备工作提出了明确要求，山东省副省长张超超通报了十艺节筹备工作情况，文

化部副部长董伟、济南市市长杨鲁豫、青岛市市长张新起出席会议，山东省委常委、宣传部部长孙守刚主持会议。

蔡武在讲话中充分肯定了山东的筹备工作，同时指出，十艺节是在党的十八大胜利召开之后举办的一次全国性的艺术盛会，一定要把党的十八大精神落实到筹备工作中，把筹备十艺节作为全国文化系统和山东省贯彻落实党的十八大精神的一次实际行动。要把宣传报道十艺节的筹办过程和举办活动，与全党全国各族人民学习宣传贯彻党的十八大精神这一当前首要政治任务紧密地结合起来，使之成为学习贯彻党的十八大精神的有机组成部分。

第十六届全国音乐作品（交响乐）评奖颁奖仪式暨部分获奖作品音乐会

由文化部主办、中国国家交响乐团承办的第十六届全国音乐作品（交响乐）评奖颁奖仪式暨部分获奖作品音乐会近日在北京国家大剧院举行。中国音乐家协会名誉主席吴祖强、文化部艺术司司长董伟等专家、领导同志为获奖选手颁奖，并观看获奖作品音乐会。

本届全国音乐作品（交响乐）评奖共有94部作品参评，其中大型作品28首、中型作品19首、小型作品47首。通过专家评委严格评审，最终有34首作品获奖，其中大型作品组11首、中型作品组9首、小型作品组14首。本届参评作品题材广泛、形式多样，体现出较高的艺术水平。作曲家在注重展现专业技法的同时，更强调音乐作品的可听性，贴近广大听众的审美需求。全国音乐作品评奖是音乐专业领域的一项重要赛事，创办于1980年。自2003年起，调整为交响音乐、民族器乐、室内乐合唱3个比赛项目，每年轮流举办一项。30多年来，全国音乐作品评奖，推出了一大批具有鲜明风格特点的原创音乐作品。

第三十届中国洛阳文化节和第二届文化部推荐优秀剧目展演月

4月10日晚，在洛阳市体育场举行了第三十届中国洛阳牡丹文化节开幕式。洛阳牡丹文化节由文化部和河南省人民政府共同主办。此次牡丹文化节开幕式聘请了全国知名导演谢晓泳，著名词作家任卫新、王晓岭，著名作曲家温中甲，著名舞美设计师陈岩，著名灯光设计师沙晓岚，著名音响设计师何飚等全国优秀专业人士。开幕式晚会名称为《花开中国》，以牡丹文化为主线，共分开场序篇《编花篮》,《花礼富贵》、《花都吉祥》、《花会和美》三大篇章和结尾篇章《致祖国》,《牡丹之歌》作为主题曲贯穿全篇。晚会呈现出大气恢弘、热烈欢快、美妙精致、温馨祥和的氛围。

牡丹花会期间，洛阳举办了第二届文化部推荐优秀剧目展演月活动。作为历史文化名城，洛阳文化底蕴丰厚，观众欣赏水平高。特别是已有二十多年历史的牡丹花会在国内外积聚了一定的知名度，游客人数不断增加。2011年牡丹花会期间，洛阳举办了文化部首届优秀保留剧目大奖展演月活动。活动以政府搭台，市场运作的方式，让人民共享艺术发展的优秀成果，从文化部首届全国优秀保留剧目大奖中精心挑选8台剧目，共演出22场，受到市民与游客的热烈欢迎，扩大了优秀艺术作品的影响力，丰富了牡丹文化节的文化内涵。2012年，文化部在洛阳牡丹文化节期间举办了“第二届文化部推荐优秀剧目展演月”活动。市民与游客在赏花的同时，也纷纷走进剧院，感受优秀剧目和民族艺术的魅力。参演的7部作品有：中国歌剧舞剧院大型原创歌舞晚会《四季情韵》，国家京剧院京剧《锁麟囊》，国家京剧院京剧《红鬃烈马》，安徽省黄梅戏剧院黄梅戏《天仙配》，中国儿童艺术剧院儿童剧《白雪公主与七个小矮人》，中国歌剧舞剧院歌剧《红河谷》，上海芭蕾舞团芭蕾舞剧《梁山伯与祝英台》。参演剧目受到市民与游客的热烈欢迎，有的剧目甚至出现一票难求的局面。这些集思想性艺术性观赏性相统一的、久演不衰的、既叫好又叫座的作品突出了牡丹文化节的文化特色，品牌影响力和文化辐射力大幅提升。对于提升洛阳市民的文化生活和欣赏水平、丰富市民的文化生活非常有益，同时提升了牡丹花会的文化内涵，推动了洛阳打造国际文化旅游名城。

《美丽新疆》音乐会全国巡演

4月6日晚，由文化部和新疆维吾尔自治区党委、自治区人民政府主办，中央民族乐团、新疆艺术剧院民族乐团联合演出的《美丽新疆》大型民族音乐会在乌鲁木齐市新疆人民会堂上演。新疆维吾尔自

治区党委副书记韩勇、自治区人大常委会副主任杜秦瑞、自治区副主席铁力瓦尔迪·阿不都热西提等领导与3000余名当地观众共同观看演出。

《美丽新疆》音乐会的创演推出是中央民族乐团落实2010年中央新疆工作座谈会精神的一项重要举措，是国家“文化援疆”的重要项目，也是中央与地方艺术院团的一次跨越式合作。当晚的演出中，北京、新疆两地知名作曲家、指挥家、演奏家、歌唱家同台献艺；萨它尔、热瓦甫等新疆民族乐器与琵琶、二胡等交响和鸣；《可爱的一朵玫瑰花》、《达坂城的姑娘》、《阿拉木汗》等经典歌曲在艺术家的联合演唱中更显真挚情意。

新疆十二木卡姆交响音乐会

由文化部艺术司、新疆维吾尔自治区文化厅共同主办的新疆十二木卡姆交响音乐会于6月7日晚在北京国家大剧院音乐厅隆重上演。中共中央政治局常委、全国政协主席贾庆林，中共中央政治局委员、中央政法委副书记王乐泉，全国人大常委会副委员长司马义·铁力瓦尔地，全国政协副主席阿不来提·阿不都热西提，全国人大原副委员长司马义·艾买提，文化部部长蔡武、副部长王文章，国家民委主任杨晶、副主任陈改户，自治区人大副主任毛肯·赛依提哈木扎，自治区政协副主席约尔古丽·加帕尔出席观看了音乐会。中场休息时间，中共中央政治局常委、全国政协主席贾庆林等党和国家领导人亲切接见了作曲家代表，贾庆林对演出成功表示祝贺，对作曲家和演出团所做的工作给予了充分肯定，希望有关部门和作曲家要继续努力，对作品不断进行完善，使木卡姆艺术得到更好的传承和发展。

音乐会由中国国家交响乐团、新疆艺术剧院民族乐团、新疆木卡姆艺术团联手打造演出的7部作品均为新疆和内地知名作曲家专门创作。国家一级作曲莫凡创作的管弦乐《赛乃木》，展示了维吾尔族人民热情奔放、乐观豪爽的性格特点，仿佛向听众展开了一幅当地人民的生活风情画卷。国家一级演奏员达吾提·马木提创作的大型管弦乐作品《古乐情怀》，以十二木卡姆中的《乌夏克木卡姆》为基本素材，表达了作曲家对党和政府为抢救、保护、传承、发展木卡姆的功绩的赞颂，寄托了对老一辈木卡姆艺术家的怀念。作曲家杨立青创作的大提琴协奏曲《木卡姆印象》，采用了乌孜哈勒木卡姆的音调素材，深沉悠扬的大提琴深深吸引了现场的每一位听众，仿佛向人民诉说着维吾尔民族往昔历史的凝注与吟唱，寄托着人们对未来的遐思和梦想。国家一级作曲努斯来提·瓦吉丁创作的《乌扎勒木卡姆》，采用交响组曲的结构，用声乐合唱、器乐合奏等艺术表现形式把乐曲演绎得生动、丰满。整场音乐会用管弦乐、钢琴协奏曲、大提琴协奏曲等多种音乐形式来展示木卡姆的音乐魅力，热瓦甫、萨塔尔、艾捷克等新疆特色民族乐器的巧妙运用，既体现出浓郁的新疆民族音乐特色，又产生了气势恢宏的声响效果，以不同凡响的表现力，为首都观众奉上了一场别具特色、精彩绝伦的视听盛宴。音乐会圆满结束后，文化部艺术司陶诚副司长主持召开了新疆十二木卡姆交响音乐会座谈会。陶诚副司长希望以此次木卡姆交响音乐会为起点，积极探索多种艺术表现形式，扩大木卡姆艺术的影响力。参加座谈会的作曲家畅谈了创作感想、收获和进一步完善提高的意见建议。木卡姆交响音乐会体现了中央领导对新疆文化建设的亲切关怀，体现了文化部对新疆文化大发展大繁荣的高度重视，是中央新疆工作座谈会两周年之际的一项重要文化援疆活动，是新疆文化艺术的一次创新，对于弘扬中华民族优秀文化，保护和传承人类非物质文化遗产，推动新疆文化建设创新发展，以实际行动努力实现新疆跨越式发展和长治久安，以优异成绩迎接党的十八大胜利召开都具有非常重要的现实意义。

陈爱莲舞蹈艺术60周年系列活动启动

感谢党感谢祖国——陈爱莲舞蹈艺术60周年系列活动近日在北京启动。本次活动由文化部、中国致公党中央委员会、中国文学艺术界联合会、中华环保联合会联合主办。

陈爱莲舞蹈艺术60周年系列活动包括大型舞剧《红楼梦》巡演、“绿色环保，我在行动”首届全国青少年“环保之星”爱莲杯评选活动、出版《共和国的红舞鞋：陈爱莲传》等，同时将资助一批贫困学生进入爱莲舞蹈学校，并取名“爱莲班”，充分展现古稀之年艺术家的青春活力和以实际行动回馈党和国家对艺术家培养的感恩之心。大型舞剧《红楼梦》首演于1981年，曾上演600余场而不衰，1997年陈爱莲为适应不断变化的审美需求对其进行了再创作，使这部舞剧在封箱10余年后再度展现出时代风采。

李谷一从艺50周年音乐会

由中国文联、文化部艺术司、中国音乐家协会主办，中国东方演艺集团承办的著名歌唱家李谷一从艺50周年演唱会近日在国家会议中心大会堂成功举办。音乐界、艺术界的知名人士、50位李谷一特邀的“谷迷”以及上千名观众欢聚一堂，重温了50年的民族声乐历史，度过了一个难以忘怀而又激动人心的夜晚。随着观众熟悉的经典开场曲《绒花》响起，舞台上灯光变幻、绿芽吐蕊、繁花绽开、蝴蝶翩翩飞舞，让人耳目一新。李谷一为观众演唱了《乡恋》、《我和我的祖国》、《知音》、《故乡是北京》、《我的小路》等经典老歌，也献上了《梦里边城》以及演唱会主题曲《一路芬芳》等新创歌曲。演唱会上，李谷一说得最多的话是“谢谢”，在发表致谢感言时，她数次哽咽、激动落泪。李谷一指导过的学生们也在演唱会上合唱了一曲《生日快乐》，学生们和歌迷们捧着鲜花登台，将李谷一团团簇拥，场面十分温馨动人。继音乐会成功演出后，“李谷一从艺50周年”艺术实践研讨会于4月9日在京举行，与会专家、学者对李谷一的歌唱艺术表示了一致称赞，大家普遍认为，李谷一的歌唱艺术开创了中国民族唱法与多种元素结合的先河，为中国歌坛开创了一代新风。同时，与会嘉宾也对李谷一的品格和为人给予了极高的评价，多次提到她是一个“接地气的艺术家”。

2012年全国美术馆馆藏精品展出季

为迎接党的十八大的胜利召开，充分展示中国美术创作研究取得的丰硕成果，进一步加强全国美术馆收藏研究工作，加强对当代美术创作的引导，切实提升美术馆的公共文化服务能力，使更多优秀美术作品能够惠及群众，文化部于2012年首次组织开展了“全国美术馆馆藏精品展出季活动”。经过半年多的酝酿、筹备和组织，在经过严格的申报和评选程序之后，文化部于8月初正式公布了《2012年全国美术馆馆藏精品展出季活动目录》。纳入该目录的28家国有美术馆举办的馆藏精品展在8月至11月期间在全国各地陆续举办，以优秀的美术典藏为广大群众奉上精彩的艺术盛宴，也为党的十八大召开献上一份厚礼。

2012年“全国美术馆馆藏精品展出季”包括全国15个省（区、市）的28个国有美术馆举办的展览项目。展览单位既有国家级美术馆如中国美术馆，也有基层的县级美术馆如常熟美术馆；既有像何香凝美术馆、刘海粟美术馆、亚明艺术馆等以艺术家命名的名家美术馆（纪念馆），也有上海美术馆、河南美术馆、浙江美术馆、江苏美术馆等公共型美术馆；既有中央美术学院美术馆、湖北美术学院美术馆等学院美术馆，也有北京画院美术馆、湖北美术院美术馆等学院美术馆。多种形态、各种规模的美术馆依据各自独特的藏品资源优势，为广大观众呈现出各具特色的藏品展览。“全国美术馆馆藏精品展出季”共展示各美术馆收藏的优秀美术作品超过3900件。其中，有近70%的展览规模都在100件以上。在三个多月的时间内，全国范围内集中举办如此大规模的馆藏精品展览，这在中国美术馆的发展历史上还是首次。

邓拓捐赠中国古代绘画珍品特展

2012新春佳节来临之际，由文化部主办，中国美术馆承办的“邓拓捐赠中国古代绘画珍品特展”隆重开幕，为欢度壬辰春节的全国观众奉献上一次独特的新年贺岁文化盛宴。文化部党组书记、部长蔡武，文化部党组成员、副部长王文章，文化部党组成员、故宫博物院院长单霁翔，北京市委常委、宣传部部长、副市长鲁炜，国家新闻出版总署副署长李东东、中国美术家协会主席刘大为等领导，邓拓家属代表及众多艺术家出席了开幕式。此次展览是邓拓捐赠作品入藏中国美术馆后的首次全部展出，囊括了上起宋元、下至晚清历代名家的文人画精品，其中包括国内苏轼孤本《潇湘竹石图卷》以及王蒙、沈周、唐寅、仇英、徐渭、朱耷、郑板桥等人的佳作，构成了反映中国绘画历史流变的序列，凝聚了极高的艺术与文化价值。展览还展出了邓拓的部分书法作品，以便观众全面领略邓拓的文化艺术修养。

新疆好·新疆美术作品展

由文化部、新疆维吾尔自治区人民政府共同主办的“新疆好·新疆美术作品展”3月4日至12日12时，在中国美术馆隆重举办。这次展览是新疆繁荣发展的缩影和印证，是新疆美术创作新成果的一次集中展示，更是献给中央新疆工作座谈会召开两周年、中国共产党第十八次全国代表大会的一份厚礼。

本次展览的主题是“新疆好·新疆美术作品展”，向全国展示新疆美术事业日益繁荣、不断发展的新成果，展示民族团结、经济发展社会稳定的新疆形象，表达新疆各族人民对党中央、国务院的感恩之情，增强各民族凝聚力，提升文化感染力，促进文化大发展、大繁荣。

在文化部、新疆维吾尔自治区人民政府的高度重视和大力支持下，文化部艺术司、新疆维吾尔自治区文化厅、中国美术馆积极组织、认真筹备，新疆各族美术工作者热烈响应，3个月的时间，组委会共征集到新疆401位画家的2120幅作品，数量之多、规模之大前所未有。组委会组织知名美术家、美术评论家，对征集的作品进行了评审，最终有135位作者的135幅作品入选参展。此次画展反映出新疆美术创作日益繁荣的可喜成果。入选的作品题材丰富，种类齐全，形式多样，特色浓郁。作者既有全国享有盛誉的老一代画家，也有极具实力的中年画家，还有充满活力的青年画家。

“在当代·2012中国油画双年展”和“最绘画——中国青年油画作品展”

6月16日晚，由文化部艺术司、中国美术馆和中国油画学会共同主办的“在当代·2012中国油画双年展”和“最绘画——中国青年油画作品展”在中国美术馆同时开幕。文化部副部长王文章，中国油画学会名誉主席、中国国家画院油画院院长詹建俊，全国政协常委、中国美术家协会名誉主席靳尚谊，中国美术馆馆长范迪安，中国油画学会主席、中国美术家协会副主席许江等嘉宾出席了开幕式。

“在当代·2012中国油画双年展”以“在当代”的主题理念，从三个角度涉入当代油画创作，即所谓“三度”——表现的强度，语言的纯度，思想的深度，共展出了32位艺术家的100多件作品。中国油画学会主席许江表示，在整个展览的策划中，策展团队始终强调三个方面的要求：“学术性”、“当下性”、“实验性”。应该看到，当代不是一种风格、一种潮流，当代性也不仅是这种风格和潮流的属性。当代性是关系到今日全球化、技术化、城市化、信息化社会的时代内涵，是当今时代文化变革和创新的深刻根源。它深植在时代的肌体之中，需要通过有效的“交锋”来得以激发和显现。

“最绘画——中国青年油画作品展”旨在展示当代青年油画的丰富成果，为中国青年油画家的未来发展搭建了良好的学术平台，使中国油画的优秀人才能够获得更多的展示机会而不断涌现。展览共展出作品158件（其中15件获奖作品），是从来自全国的4000多件参评作品中严格层层选拔而出，且参加的艺术家都是45岁以下的新一代青年油画家，充分展现出中国油画新老交替新生力量的勃勃生机。青年油画家充满着生命和青春的活力，他们对社会的认识及自己内心世界的表现，体现了他们对中国油画未来发展趋向的探索。举办“最绘画——中国青年油画作品展”，具有特殊的学术思考与文化意义。因为在图像时代，“技术性”正在弱化绘画性，提出“最绘画”，就是在“读图时代”重新唤起对因“图像化”而被日益减弱的“绘画性”的重视。同时，突出青年油画家绘画作品中对于“当代”的特殊的敏感性，进而突出油画的“当代绘画性”。油画在“绘画性”和“当代性”的意义上，体现着当代油画的文化和审美价值与当代性，同时也呈现出青年油画家多彩而充满青春活力的生命体验。在参展作品中，可以看到青年画家从不同的视角，以自己的眼睛与心灵去观察和感受生活，并用有较强绘画性的艺术语言去表达，给观众一种新异的视觉与精神上的审美感受。他们在传承油画艺术的语言和审美特征的同时，更是以富有创造性的精神，向我们阐释了他们对艺术及生活的独特的认识和体验，因此他们的作品呈现出鲜明的时代特征和当代性。

大器“玩”成——中国美术馆藏民间玩具精品展

中国美术馆特别策划的“大器‘玩’成——中国美术馆藏民间玩具精品展”于5月30日至9月3日隆重展出，此次展览的作品约370组800多件，均是从馆藏6000余件（套）民间玩具精品中遴选而出，一件件异彩纷呈、稚拙可爱的玩具精品构成了一段美轮美奂的民间艺术之旅。这既是中国美术馆首次举办的大型民间玩具专题陈列展，也是中国美术馆多年征集、收藏民间玩具的研究成果的一次较大规模的集中展示，更是献给“六一”国际儿童节和第七个“文化遗产日”的节日厚礼。

中国美术馆举办张漾兮、力群捐赠纪念活动

12月25日，由中国美术馆、中国美术家协会、中国美术学院共同主办的“路漫漫兮，荡漾兮——张漾兮百年艺术展”在中国美术馆开幕。张漾兮（1912—1964）先生是20世纪美术发展历程中卓有造诣的艺术家。他作为中国美术学院版画系的创建人，筚路蓝缕，忘我工作十余年，以不懈努力奠下了版画系的师资及学术基础。张漾兮先生的教学实践和艺术创作，为国美版画系乃至江南版画的发展作出了贡献。本次展览综合展出了张漾兮先生二百余件作品，囊括其一生所作之版画、漫画、宣传画、油画、水彩水墨、素描速写等多门类艺术作品，由此可回顾张漾兮先生卓有成就的艺术人生，让观众在全面了解其艺术面貌的同时，更能领略到老一辈艺术家倾尽一生心力而铸就的刀笔风范。

2010年，王琦先生曾将其所藏版画精品悉数捐赠中国美术馆，其中即包括三十余幅张漾兮先生的版画佳作。2012年，在张漾兮先生百年诞辰之际，其子女秉承先父以艺为民的艺术情怀，承继前辈的奉献精神，向中国美术馆捐赠张漾兮先生180幅作品，大大丰富了馆藏张漾兮作品的品类及数量，这种无私奉献的义举让人感佩。此次百年艺术展，是对张漾兮百年诞辰的纪念，也是国家对张漾兮先生艺术的肯定和对此项捐赠的感谢。展览持续至2013年1月3日12时。

12月26日，由中国美术馆主办的“纪念力群先生诞辰一百周年作品捐赠仪式”在中国美术馆举行。力群（1912—2012）原名郝力群，山西灵石人。新中国成立后，历任中国美术家协会党组成员、书记处书记、《美术》杂志副主编、《版画》杂志主编、中国版画家协会副主席等职，获“中国新兴版画杰出贡献奖”。力群先生是中国著名版画家，新兴木刻运动的代表人物之一，是“延安学派”版画家的典型，其七十余年的艺术生涯贯穿20世纪中国美术发展的大半历程，具有鲜明的艺术特色和丰硕的创作成果。

2006年，力群先生曾将所存版画作品全部捐赠给国家。值此力群先生百年诞辰之际，家属秉承力群先生艺为人民的奉献精神，再度将家中余存力群先生木刻原版悉数捐赠中国美术馆。这一项目，是目前中国美术馆收藏版画家木刻原版数量最多的个案。此项捐赠，是“20世纪国家美术收藏和捐赠奖励专项计划”项目2012年度的一大收获。此项捐赠数量共计176件，承载着先生刀笔生涯的木刻原版，因其存世的唯一性而弥足珍贵，其中包括87幅版画作品的木刻原版166版、中国画1幅、书法1幅、画稿7幅、杨鸣山油画《力群肖像》1幅，同时捐赠力群先生所用木刻工具、手稿、书信、证书等实物及文献资料。这些捐赠品对原先118件馆藏力群先生版画作品可谓锦上添花，对展示和深入研究力群先生的创作可提供翔实完整的文物和资料。

中国当代著名画家中原行作品展

9月12日至23日，“中国当代著名画家中原行作品展”在北京中国国家博物馆开幕。全国政协副主席陈奎元，全国政协副主席、中国文联主席孙家正，以及河南省委常委、宣传部部长赵素萍，河南省副省长张广智，中国文联、中国美术家协会、河南省有关领导出席开幕式。

此次展览由中国文联和中国美术家协会、中国国家画院、河南省委宣传部等单位主办，是中国文联“走基层、转作风、改文风”活动的主要内容之一，也是河南省迎接党的十八大胜利召开、纪念毛泽东同志《在延安文艺座谈会上的讲话》发表70周年的重要举措。今年5月，来自全国各地的120余名当代知名画家参与了“中国当代著名画家中原行大型采风活动”，画家们分赴河南各地，访山问水、探古寻今，收集了大量创作素材。采风结束后，画家们倾心创作了一批反映中原历史、人文、山水和当代风采的作品。本次展览既是“中国当代著名画家中原行大型采风活动”成果的集中亮相，也是集中展示河南秀美的自然风光、厚重的中原文化和中原经济区建设成就的一个窗口。

展览共展出了包括靳尚谊、冯远、刘大为在内的中国当代著名画家精心创作的国画、油画、版画等132幅。作为采风活动成果汇总的《中国当代著名画家中原行作品展作品集》一书也同时亮相。

中国杂技艺术振兴规划（2011—2015）

为贯彻落实党的十七届六中全会精神，进一步深化文化体制改革，适应中华文化“走出去”新形势的要求，推动中国杂技艺术大发展大繁荣，促进

社会主义文化强国建设，特制订本规划。

一、发展形势

杂技艺术是中华民族优秀文化的重要组成部分之一，是满足人民群众多样化、多层次、多方面精神文化需求的重要艺术形式，也是中国人民与世界各国人民文化交流的重要载体。党的十六大以来，中国杂技整体呈现出健康向上、蓬勃发展的良好态势，在多个重大国际赛场上摘金夺银，以“惊、险、奇、美”的特色弘扬了中华民族的进取精神，赢得了世界杂技金牌储藏国的美誉。振兴杂技艺术对推动社会主义文化大发展大繁荣，维护国家民族文化安全，增强文化软实力，提升综合国力，扩大中华文化的国际影响具有十分重要的战略意义。

当前，中国杂技艺术在发展过程中也出现了许多新的问题。主要体现在杂技基础性建设不足，艺术本体创新不够，各艺术门类间发展失衡等。此外，中国杂技团体在国际市场上存在无序竞争现象，需要树立更加良好的整体形象。作为杂技艺术的发祥地之一和杂技资源大国，必须充分发挥自身优势，破解制约杂技艺术繁荣发展的薄弱环节和瓶颈问题，在理念创新、节目制作、市场运营等各个方面，缩小与世界先进水平的差距，提高国际主流市场的竞争实力。

二、总体要求

（一）指导思想。坚持以邓小平理论和“三个代表”重要思想为指导，深入贯彻落实科学发展观，全面贯彻党的十七届六中全会精神，进一步解放和发展艺术生产力，推动杂技艺术又好又快发展，将之培育成舞台表演艺术和中华文化“走出去”的重点和亮点。

（二）基本原则。以体制改革和机制创新为根本，增强发展活力；以人才建设和科技进步为保障，提升创新能力；以民族特色与世界水平为标准，提高艺术质量；以服务群众与市场需求为导向，坚持全面发展；以产业融合和整合资源为途径，积极开拓市场。

（三）规划目标。在“十二五”期间，充分发挥市场在文化艺术资源配置中的基础性作用，整合国内优质资源，推出一批久演不衰、享誉国内外的原创品牌节目；在国内外建立若干高端杂技演出基地，抢占国际主流市场；加强杂技艺术理论研究及专业机构建设，科学规范教学体系和教学方法；拓展完善对外文化贸易的渠道和网络，鼓励杂技艺术“走出去”，大力促进中国杂技艺术健康有序地跨越式发展

三、主要工作

在“十二五”期间，着力做好以下8个方面的工作：

（一）坚持中国特色。中国杂技艺术要根植于中华民族优秀的传统文化，汲取精华，推陈出新，同时积极吸纳西方文化的优秀成果，赋予崭新的时代风貌，创作出更多具有中国特色、中国风格、中国气派的优秀杂技剧（节）目，成就当代中国杂技艺术的独特品质，积累一批“叫得响、留得住、传得开”的精品力作。

（二）坚持世界水准。中国杂技艺术要走向世界，通过整合资源，着力创新，逐步从零散节目、单个演员，发展成为能够“走出去”的品牌节目；要针对国际主流演出市场，打造2至3台代表国家形象、达到国际一流水准、拥有自主知识产权、深受国内外观众欢迎、具有市场感召力的精品佳作；要支持中国杂技院团自主知识产权的保护，维护中国杂技在海外的合法权益；要引导行业自律，加强监管，杜绝杂技国外演出无序竞争，树立中国杂技艺术的崭新形象。

（三）坚持改革创新。中国杂技艺术要注重科技创新，积极实施杂技艺术创新工程，以创新为重点，通过举办展演、比赛、杂技（马戏）节等方式，引导和促进运用数字技术、声光电等现代先进科学技术，丰富艺术表现手段，增强艺术感染力；要鼓励演出设备厂商研发新型杂技表演的舞台道具和技术系统等，推动杂技表演技术持续升级；要鼓励不同艺术品种的相互借鉴，在借鉴中实现新的突破，努力做到创作构思精巧、艺术精湛、意蕴精深、制作精美，形成一批具有国际影响的杂技品牌节目、品牌剧目、品牌团体和企业。

（四）坚持面向市场。中国杂技艺术要遵循市场规律，充分发挥市场在文化艺术资源配置中的基础性作用，打破地域、行业界限，将优秀演员、创作团队及技术人员引入创作领域；要认真研究演出市场，细分目标观众群，大力培养一支既懂得杂技艺术，又懂得经营管理和市场开发的营销人才队伍；要注重对自身品牌进行创造性使用和延伸，逐步形成与节目创意、演出策划、市场营销、媒体推广、旅游演出等紧密衔接、相互协作、良性互动的演艺产业链，持续推动中国杂技艺术向更高层次发展。

（五）坚持服务群众。中国杂技艺术要面向基层，坚持贴近实际、贴近生活、贴近群众，始终把人民群众的文化需求放在第一位。要改变杂技艺术多年来“墙内开花墙外红”的现象，在关注国际市场的同时，大力开拓国内广阔市场，更好地服务城乡基层、服务人民群众。要注意把握人民群众审美需求的新变化、新特点，把舞台搭建在基层，并且延伸到普通群众之中，通过“下基层”、“三下乡”等公益性演出活动，让人民群众能够更好更多地共享文化发展的最新成果。

（六）坚持全面发展。中国杂技艺术要重视发展魔术、滑稽、马戏等相关艺术门类，通过举办中国杂技、魔术、滑稽、马戏大师班，加快培养专业人才，推出一批具有国际影响的中国杂技、魔术、滑稽、马戏明星；要创作更多融音乐、舞蹈、戏剧等其他舞台姊妹艺术手段为一体的、既有掌声也有笑声的综合性杂技剧（节）目。

（七）坚持健康发展。中国杂技艺术要加强演出市场的监管，规范市场秩序，杜绝含有伤害性、低俗化、低龄化的表演以及缺乏安全保险措施的杂技表演；要对杂技演员的从业年龄、伤残保险、再就业等现实问题予以特殊关注，切实保障杂技演员的合法权益，解除他们献身职业的后顾之忧；要加强对知识产权的法律保护，积极鼓励原创，打击杂技领域的侵权行为，确保中国杂技事业的健康和谐发展。

（八）坚持可持续发展。政府主管部门要加大对杂技艺术的扶持力度，重点做好政策制定、人才培养等基础性工作。要大力培养杂技艺术产业经营管理和市场营销人才，规范杂技教育，努力探索科学选材、科学育人的教学模式，使杂技后备人才队伍不断壮大，从业人员的专业能力、文化水平和综合素质不断提高；要加强杂技艺术理论研究和机构建设，组织编写杂技艺术理论专著、教材，拍摄优秀杂技剧目舞台艺术片；要加强杂技事业的基础设施建设，为杂技艺术的腾飞和可持续发展提供强有力的硬件支撑。

四、保障条件

（一）推动杂技艺术的市场主体建设。按照创新体制、转换机制、面向市场、增强活力的原则，以文化体制改革为先导，以资本为纽带，充分合理地整合资源，鼓励成长性好、竞争力强的杂技演艺企业适应资本市场，开展跨行业、跨地区、跨所有制的兼并重组，组建具有一定规模、投资主体多元、实行现代企业化管理的大型杂技产业集团，打造具备相当资产规模和强大市场竞争能力的国家骨干演艺集团，推出一大批既能够代表国家水准、又能够在市场上长期演出的品牌节目，从而发挥引领示范作用。

（二）发挥好国内外重要杂技比赛和展演的杠杆、激励作用。加强与国际杂技界沟通，提升中国杂技话语权。通过举办全国杂技比赛、国际杂技节及专项奖励等形式，支持和鼓励杂技领域新作品、新技术的创作与研发，全面提高大型节目和魔术、滑稽、马戏节目的整体水平，保持和发扬中国杂技在国际赛场上的优势地位。

（三）加大政府扶持力度。积极争取财政部门对杂技艺术的支持，不断加大扶持力度。在国内选择重点地区、重点城市，规划建设一批高水准的杂技专门演出场所；制定并实施中国杂技“走出去”专项规划，加强对作品的内容引导，提高对获奖人员的奖励标准，建立杂技商演节目审核制度，不断完善国际杂技比赛参赛选派办法；大力扶持中国杂技领域的新技术、新产品研发与品牌创新，以多种方式支持优秀杂技节目和作品开拓国际市场；建立全国杂技节目资源库和国内外市场需求信息库；大力扶持民营杂技团体发展，在人员引进、市场开拓、参赛交流等方面提供良好发展空间，促进中国杂技艺术整体发展壮大。

（四）加大杂技行业的制度建设，扩大杂技艺术的宣传和推广。加强杂技行业组织建设，不断自我完善，推动建立杂技演员伤残退役制度和保障机制，加大宣传与推广力度，保护知识产权，形成政府引导、行业自律、跨越式发展的新格局。

文化市场

Cultural market

综 述

2012年，文化市场司深入贯彻党的十七届六中全会和十八大精神，以文化市场管理信息化、综合执法队伍规范化建设为重点，坚持加强规范与促进发展并举，有力推动文化市场繁荣有序发展。

一、推进文化市场管理信息化

（一）确立平台建设顶层设计

在前期论证、规划基础上，完成了平台建设的顶层设计工作，明确五年的实施任务，为项目科学、有序的建设，打下了良好的基础。确定了国家财政投资2亿元，自2012年至2016年建设期共五年的总体方案。明确了“1511”业务应用系统架构，具体为一个门户网站即中国文化市场网，五大业务功能，即市场准入、动态监管、行政执法、公共服务、决策支撑，一个应用服务支撑平台，一个文化市场信息资源库。形成了基于“一户一档、一省一帐”的业务流程与逻辑，为基础数据库的建设以及文化市场业务全流程的数据共享和交换奠定了坚实的基础，为下一步逐步开发各类动态监管系统和其他应用系统进行了清晰的定位。

2012年的主要建设内容是，制定数据类、业务流程类和管理类等三类标准规范，初步完成了总体需求设计系统开发；在应用推广方面，充分调研了解地方审批、执法以及信息化建设现状，确认需求和对接渠道，并制定了分类指导的应用推广方案，注重上下联动，充分发挥地方管理部门的积极作用。

（二）实现项目建设规范管理

文化市场司专门成立了项目领导小组及其办公室，形成了以司领导班子统揽全局、项目办公室牵头落实、各处室参与配合的组织领导架构与分工机制。制定了《全国文化市场技术监管系统项目管理办法》，全面规范项目建设；在部纪检监察部门全程监督下，依法依规开展招投标各项工作，努力将平台项目打造成为“阳光工程、精品工程、实效工程、创新工程”。

（三）各项建设有序推进

截至12月15日，2012年招标的四个项目全部通过初步验收：开发了行政审批系统及网络文化市场在线许可应用，提高行政审批效率，为公众提供便捷服务；开发了以数字水印技术为核心的网络音乐动态监管系统，推进网络音乐市场知识产权保护；开发了以网络爬虫技术为核心的网络游戏动态监管系统，实现对非法网络游戏的全网搜索和网络游戏违法行为的自动实时监测；完成了部中心和西部分中心软硬件支撑平台的搭建，为2013年系统测试与应用推广做好准备。

二、推进综合执法规范化

（一）综合执法改革进一步深化

在2011年底文化市场综合执法改革基本完成基础上，跟踪各地改革进展，做好改革收尾工作。截至目前，全国列入改革范围的403个地级市以及2594个县（区），全部完成综合执法机构组建工作，综合执法人员达31444人；100%的省（区、市）和92.8%的地市、75.9%的县区组建了文化市场管理工作领导小组，文化市场综合执法体制进一步理顺。

（二）队伍建设取得成效

召开全国文化市场综合执法规范化建设工作会议，明确改革完成后综合执法工作的主要目标和工作重点。要求各地通过建立完善各级文化市场管理工作领导小组及其办公室工作平台，切实加强对文化市场的“统一领导、统一协调、统一执法”，通过推进“三化建设”（即专业化、规范化、信息化），全面提升文化市场综合执法能力，全力打造文化市场综合执法队伍。积极向国家公务员局申请设立“全国文化市场综合执法”评比表彰项目，经过积极争取和努力，国家公务员局批准了我部的申请，在2012年文化市场行政执法中，涌现出的50个先进集体和100个优秀个人受到表彰奖励。

（三）规范化建设制度逐步完善

贯彻落实于2012年2月1日起正式实施的《文化市场综合行政执法管理办法》。联合监察局制定《文化市场综合行政执法人员执法行为规范》，加强廉政建设。陆续出台执法规范化文件，先后下发文化市场日常检查、举报办理、案件督办、行政处罚、文书制作、结案归档等12个执法规范，完善了综合执法制度，细化了执法流程，明确了执法标准、程序和规范。

（四）市场监管力度不断加大

针对市场存在的突出问题，部署开展专项执法行动，1月至6月，联合工商、广电总局、新闻出版等部门开展动漫市场专项整治行动，积极参与全国打击侵犯知识产权与制售假冒伪劣商品领导小组各项工作，7月至10月，在全国范围内部署开展党的十八大文化市场专项保障行动，为党的十八大胜利召开创造了良好的社会文化环境。

定期下发综合执法工作要点和情况通报，监督指导各地综合执法工作；充分发挥网络文化市场执法协作机制作用，组织网络巡查，开展以案施训；举办3期网络执法培训班，培训各级网络文化执法骨干130人次；分4次对14个省的网吧、游艺娱乐等市场状况进行暗访抽查，并下发通报；健全举报监督机制，截至2012年12月18日，通过12318文化市场举报网站，接受各类举报5099件，受理2632件。

2012年1月至11月，全国各级文化行政部门和文化市场综合执法机构出动执法人员1120万余人次，检查经营单位566万余家次，受理各类举报投诉3.2万件，立案调查5.4万件，办结案件4.8万件，责令改正13.7万家次，警告10.4万家次，罚款近1.8亿元，责令停业整顿2.5万家次。

三、规范文化市场有序发展

（一）娱乐市场

积极理顺娱乐场所管理政策，开展游戏游艺机涉赌问题研究，联合公安部门对赌博行为的界定、游戏机涉赌功能的判定等提出管理依据和标准。在广东、江苏、上海开展游戏游艺机电子标签化管理试点，改进游戏游艺机生产、经营环节的内容审查工作流程。

（二）演出市场

加强对演出行业协会组织实施资格认定工作的监督和指导，规范演出经纪人员资格认定程序，进一步明确演出经纪机构中演出经纪人员的权利和义务，规范演出经纪人员在演出项目、演出票务、演员经纪等业务活动中的行为。

（三）艺术品市场

举办全国首届艺术品市场法制宣传周，印发《艺术品市场法规制度汇编及鉴藏投资指引》，引导消费者理性购藏和依法维权；完成诚信画廊复核和评选工作，前三批“诚信画廊”保留49家，取消15家，45家入选第四批诚信画廊，至此，全国诚信画廊总数达到94家；举办“中日韩画廊精品展”。中日韩三国文化部长为“中日韩画廊精品展”揭幕，该展览为三国艺术界、画廊界、收藏界交流搭建了高端平台。

（四）网吧市场

召开全国网吧连锁推进工作阶段总结会，总结各地连锁工作先进经验和优秀做法；指导地方积极、稳妥解决“连锁网吧公开招标”、“网吧式旅店”等问题，规范管理行为，消除不良隐患。

（五）网络游戏市场

联合国家互联网信息办公室等14家部门印发《未成年人网络游戏成瘾综合防治工程工作方案》，以预防、干预、控制网瘾为主线，加强网瘾基础研究，明确网瘾干预机构及其从业人员的法律地位。全面落实网吧和网络游戏市场的日常监管措施，开展棋牌类网络游戏专项核查工作，经核查，全国共有247家棋牌游戏运营企业，正在运营的棋牌游戏平台共220个，棋牌游戏共2548款。

（六）网络音乐市场

召开网络音乐发展与管理模式创新研讨会，交流网络音乐创新经验，研究改进管理政策，推进数字化网络化条件下音乐产业新的生态产业链的重构与创新，授予电信音乐基地、移动音乐基地、多米、酷狗等10家企业为“网络音乐行业创新示范单位”称号。

（七）文化旅游结合

举办2012中国国际文化休闲周。文化部与黑龙江省人民政府在黑河市共同举办，以“游走边城、寻根华夏”为主题，包括6大板块22项活动。期间，黑河接待旅游30万人次，创历史新高，实现旅游收入3.5亿；配合民建中央开展“文化旅游”专题调研，为深入推进文化旅游融合发展提供决策参考。

四、完善文化市场机制建设

（一）健全法律法规

印发《演出经纪人管理办法》，起草《娱乐场所管理办法》，细化娱乐场所设立标准和审批流程，继续推动《艺术品市场管理条例》出台，研究修订《互联网上网服务营业场所管理条例》。

（二）开展政策评估工作

开展《营业性演出管理条例》及其实施细则、《网络游戏管理暂行办法》、网络音乐管理政策评估工作并形成评估报告，全面掌握政策法规的执行情况与实施效果，为下一步修订完善提供依据。

（三）加大对地方培训指导力度

建立首个全国文化市场综合执法培训基地（上海）；举办三期文化市场综合执法师资培训班，参加培训200余人次。举办两期网络文化管理干部培训班和一期网络文化经营单位业务培训班，100余名网络文化专干和100多家网络游戏经营单位参加培训及考试。

（四）指导地方加强区域协作

指导江苏、浙江、上海两省一市文化管理部门签订《加快长三角地区网吧市场一体化建设的若干意见》，实现区域网吧市场准入的互认机制以及网吧市场的监管联动机制。支持长三角、珠三角等有条件的地区加强区域合作和一体化建设，实现区域间文化市场准入相互确认。

（五）推进行业自律

推动中国互联网上网服务营业场所行业协会成立，推动中国演出家协会正式更名为中国演出行业协会，指导成立移动游戏联盟，继续指导网络游戏自律联盟、网络音乐发展联盟等行业组织开展工作，倡导诚信理念，促进行业自律，指导行业交流对话，共同探索行业健康发展模式。

（六）开展课题研究

编撰全国文化市场综合执法培训教材；编撰《网络文化管理培训教材》；编辑、出版2011年演出市场、艺术品市场、网络文化市场年度报告；以省（区、市）为单位开展文化市场年度报告编撰和发布工作，逐步建成条块结合、开放共享的文化市场信息服务体系。开展艺术品鉴定、网络游戏暴力及低俗问题、网络文化建设与管理、移动网络文化发展现状和有效规制、文化市场黑名单库机制等课题研究，为文化市场各项工作提供理论支撑。

专　题

一、2012年娱乐和演出市场管理和发展概况

（一）娱乐市场

1. 积极推动出台《娱乐场所管理办法》。着重在《娱乐场所管理条例》的基础上，细化娱乐场所设立标准和审批流程，主要制度包括：申请设立娱乐场所事先行政指导制度；娱乐场所许可行政程序规范制度；文化产品电子标签化管理制度；日常监管和法律责任。

2. 启动游戏游艺机电子标签化管理试点工作。2012年11月起，在广东省、江苏省以及上海市开展为期半年的游戏游艺机标签化管理试点工作，进一步改进游戏游艺机生产、经营环节的内容审查工作流程。

3. 联合相关部门调研游艺娱乐市场状况。2012年2月起，文化部、公安部、国家工商总局就加强游艺娱乐市场管理赴广东、浙江等地调研，探讨行业发展现状及存在的问题，研究改进管理的政策举措，形成《文化部关于加强游艺娱乐市场管理工作的报告》上呈国务院领导。9月，联合公安部门赴美国调研游艺娱乐市场发展状况和管理政策，借鉴和吸收国际经验。

4. 扎实研究、梳理游艺机涉赌问题。与公安部治安管理局成立关于游戏游艺机涉赌问题研究的联合课题组，委托中国律师协会对赌博行为的界定、游戏机涉赌功能的判定以及追究利用游戏机进行赌博经营的违法行为等提出管理依据和标准。2012年以来，公安部门开展利用游戏游艺机进行赌博的专项整治，客观上打击了游艺娱乐场所的非法经营行为，但在整治行动中，也出现了文化、公安部门执法标准不统一、执法程序不完善等问题。为保护经营者的合法权益，文化市场司致函公安部相关司局，强调以2009年《关于进一步加强游艺娱乐场所管理的通知》精神作为管理依据，统一游戏机管理标准，同时积极参与《最高法、最高检、公安部关于办理利用赌博机开设赌场案件适用法律若干问题的意见》（稿）的起草过程，提出文化主管部门的修改建议。

5. 娱乐市场规模保持平稳。截至2012年底，全国共有娱乐场所经营单位90802家，其中，歌舞娱乐场所51955家，游艺娱乐场所38847家，营业收入690亿元，利润总额305亿元。

（二）演出市场

1. 市场概况

2012年，中国演出市场继续保持增长态势，经济规模达到602.9亿元，比2011年的376.8亿元增长60%（2011年演出市场经济规模未包含舞美工程企业收入）；全年演出总场次200.9万场次，比2011年的182.6万场增长10%；演出总收入355.9亿元，比2011年的203.2亿元增长75.1%，其中票房总收入约135.0亿元。

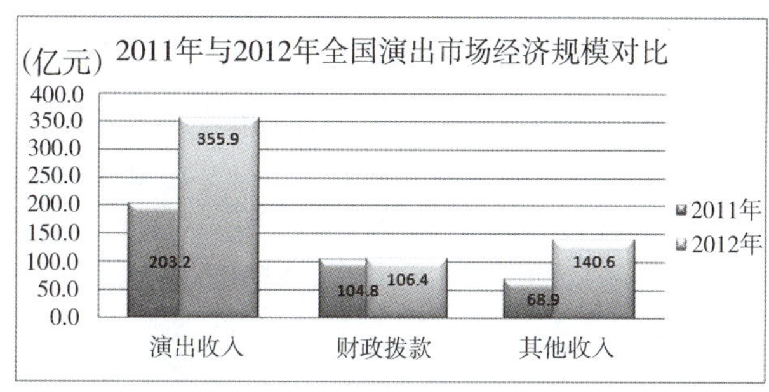

2011年与2012年全国演出市场经济规模对比情况

演出市场经济规模由演出收入、财政拨款和与演出相关的其他收入三部分组成。2012年，我国演出市场总体规模为602.9 亿元，其中演出收入（不含舞美工程企业的收入）为355.9亿元，占总体经济规模的59%；政府财政拨款为106.4亿元，占总体经济规模的17.6%；与演出相关的其他收入为140.6亿元，占总体经济规模的23.4%。

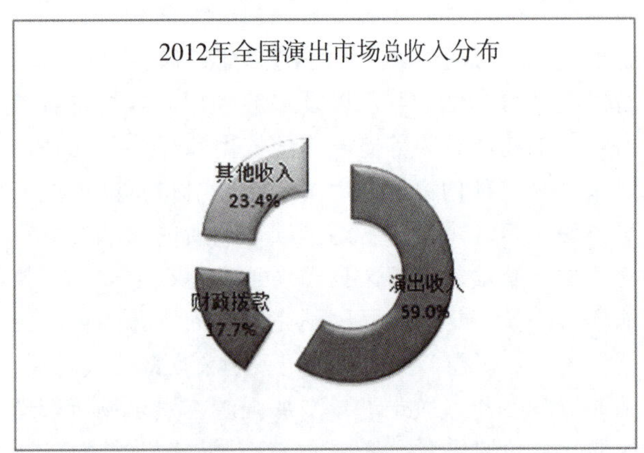

2012年全国演出市场总收入分布情况

2012年全国演出市场演出总场次等于该年度各类演出活动场次之和（万场以下演出类别忽略不计）。

2012年各类演出总场次为200.9万场，其中：专业剧场演出35.1万场，占总场次的17.5%；演艺场馆演出52.3万场，占总场次的26%；旅游演出 8.9万场，占总场次的4.4%；乡村演出95.1万场，占总场次的47.3%；公共服务演出9.5万场，占总场次的4.7%。

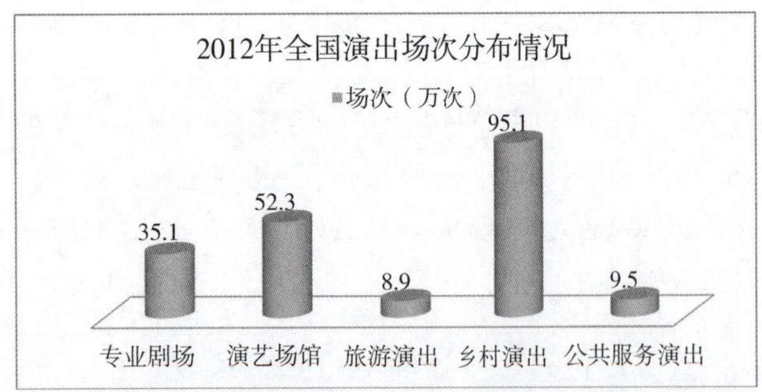

2012年全国演出场次分布情况

演出收入包括票房收入、企事业单位包场、演出团体和演员的出场费、演出经纪机构的艺人代言广告等与演出活动相关的收入。2012年全国演出市场演出总收入355.9亿元。

2012年全国演出市场票房总收入是当年各类售票演出活动票房收入的总和。2012年全国演出市场票房总收入为135.0亿元，其中各类演出票房收入分别为：专业剧场演出61.2亿元，占总票房的45.3%；演艺场馆演出27.8亿元，占总票房的20.6%；旅游演出32.7亿元，占总票房的24.2%；演唱会演出13.3亿元，占总票房的9.9%。

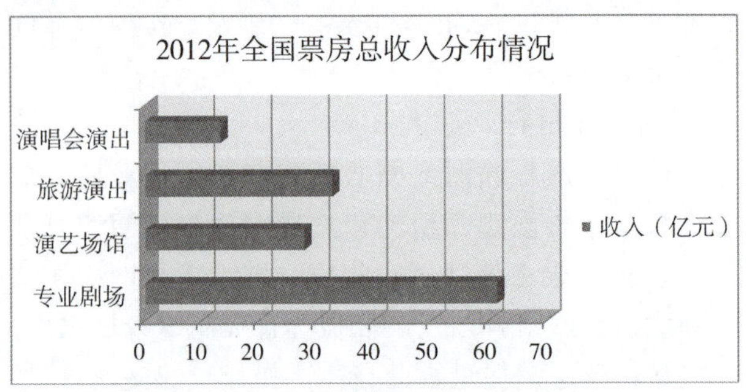

2012年全国演出市场票房总收入分布情况

2. 相关工作

规范演出经纪人员管理，起草《演出经纪人员管理办法》。针对演出市场中介机构的主体——演出经纪人员资格认定工作有待完善、动态监管有待加强、分类管理有待探索等问题，起草《演出经纪人管办法》，以《营业性演出管理条例》和实施细则为依据，规范演出经纪人员资格认定程序，加强对演出行业协会组织实施资格认定工作的监督和指导，进一步明确演出经纪机构中演出经纪人员的权利和义务，规范演出经纪人员在演出项目、演出票务、演员经纪等业务活动中的行为，为下一步建立以演出经纪人制度为核心的演出市场管理打下基础。目前草案已经征求各省意见，并在国务院法制办公示一个月，拟以文化部文件形式发布。

完成2011年演出市场年度报告和《营业性演出管理条例》及其实施细则评估工作。为加强演出市场行政指导和信息服务，《2011演出市场年度报告》在统计方法、数据分析等方面做出了较大的改进，以全国十个重点省市为样本进行了大量的走访、调研、问卷调查工作。同时，为全面了解各级文化主管部门贯彻《条例》与细则的执行情况，2012年2月起，文化市场司委托第三方专业机构客观评估政策法规的实施效果。经过实地深度访谈、调研和发放问卷调查表，全面掌握政策的核心条款、执行绩效、整体效果的实施情况。2012年8月，文化市场司根据评估的成果形成《关于〈营业性演出管理条例〉及其实施细则评估工作的报告》，上报部领导，评估认为，条例和实施细则在规范演出市场秩序起到了积极作用，但是也存在演出报批手续复杂，演出新

业态缺乏条款支撑、公安、消防各部门职能界定不清、演出市场鼓励和支持政策缺失、基层管理部门缺乏培训等问题，应当根据演出市场新情况适时修订《条例》。

二、2012艺术品市场年度报告摘要

（一）市场概况

2012年，中国艺术品市场的整体规模持续扩大，市场交易总额达到1784亿元，同比下降15%，但相比2010年仍有一定增长。其中，艺术品拍卖市场交易额为442.03亿元，画廊、艺术经纪和艺术品博览会的交易额为460亿元，艺术品出口额为34亿元，艺术品网上交易额为18亿元。此外，现当代原创工艺美术品（工艺画、陶瓷、玉器、珠宝首饰、家具、织锦、刺绣、编织、地毯、壁毯、漆器、金属等）的交易额为650亿元，艺术授权品、艺术复制品、艺术衍生品的交易额为180亿元。

2012年，中国艺术品市场的经营主体仍然以画廊业、艺术品拍卖业为主。2012年画廊业行业专业化程度提高，政策扶持及区域行业协会的建立并逐步发挥作用，对行业发展给予有效导向。2012年，画廊市场规模进一步扩大并保持了一定的活跃度，画廊总数量达到3106家，市场交易量超过40000笔。艺术品博览会市场发展呈现出更为明显的区域特征，综合性艺术品博览会在2012年占据更多优势。画廊业、艺术品经纪和艺术品博览会，体现了我国艺术品一级市场的健康发展态势。

2012年，中国艺术品拍卖业在市场成交业绩回落的整体环境下，出现区域格局调整，向行业资源优化配置和规范化发展的道路持续迈进。2012国内艺术品拍卖市场中共有300家拍卖企业举行了576场拍卖会，设立专场数量达到2205个，成交总额442.03亿元，其中绘画、装置、雕塑、素描、摄影、版画等纯美术品拍卖总金额为302.57亿元，同比2011年滑落 54%，但相比2010年仍有48%的增幅。

2012年，艺术品金融化在艺术品市场中表现活跃。目前中国艺术品投资基金的融资渠道仍以艺术品信托为主，发行方式开始趋于“私募化”。2012年共有12家信托公司参与发行了34款艺术品信托产品，发行规模为33.46亿元，募资规模呈现出下降的趋势。同时，从2012年开始，中国的艺术品信托开始进入清算期，共有5家信托公司参与清算了11款产品。2012年中国文化产权交易在经历清理整顿之后，通过联席会议验收的16个省（区、市）文交所进入重新定位和转型发展的关键时期。

2012年，中国艺术品市场的经营产品以原创艺术作品为主，尤其中国书画作品在整体市场成交份额与高端价格成交上都占据较大比重，当代书画的市场活跃度相比古代书画、近现代书画有明显提高。艺术收藏品受众广、基础大，深受收藏爱好者的喜爱，基本占据了中等价格的市场交易。重量级收藏品在拍卖市场中创出天价，“过云楼”藏书整体拍卖以2.16亿元天价成交，对古籍善本市场发展有不小的推动。艺术复制品、艺术授权产品定价较低，面向艺术消费人群，全年交易额为180亿元，同比增长20%。

2012年，中国艺术品购买力整体水平与2011和2010年相比增速略有放缓。艺术收藏与艺术消费继续保持稳步增长的态势，占艺术品购买力总量较大份额的艺术投资的减速是2012年国内艺术品购买力的增长速度放缓的主要原因。2012年中国的企业收藏发展速度较快，资金规模继续增长，大约在450亿元左右的整体水平，成为艺术市场中越来越重要的参与力量。艺术品消费也有突出的增长，年收入10万元的家庭和个人开始消费艺术品，4万元及以下是目前消费人群主要购买力水平。

（二）影响力分析

十八大的召开给文化产业的发展带来了新的机遇。近几年，国内艺术品市场发展规模增长较快，在文化产业的比重逐渐增大，并且在国际艺术品市场的交易规模已经与我国目前在国际上的经济地位相匹配，日益显示出了艺术品市场的繁荣发展是一个国家的文化实力的重要体现。

2012年中国艺术品市场的影响力具体表现在：

1. 在文化产业中的占据重要地位

改革开放30年以来，中国已经形成社会稳定发展的新局面，拥有了构建和谐社会的有利条件。为构建和谐社会，实现全面建设小康社会的目标，以改革开放和科技进步为动力、坚持以人为本的科学发展观、以提高居民生活质量为目标，也已经成为了社会的共识。中国艺术品市场在国家产业政策的引导下，整合传统艺术的优秀资源，吸收当代艺术的最新成果，向知识密集型的新兴产业转型，保持和增强了自身的社会影响力和社会引导力。并且在整个文化产业的比重上占据了重要地位。根据《中国文化产业发展报告（2012—2013）》的数据，2011年我国文化产业中主要行业的市场规模总计为

6778.47亿元，其中艺术品市场2104亿元，是唯一两个市场规模超过千亿元的行业的门类之一，在图书、期刊、报纸，音像制品和电子出版物，数字出版，电影，动漫，网络音乐，网络游戏，演艺，艺术品9大类的文化产业中排名第一。2012年中国艺术品市场规模为1784亿元，继续在文化产业中占据较大的比重。

2. 推动产业结构深入发展

文化产业已经成为国民经济的支柱性产业，线性的增长和简单的量级的放大和外延式的增长应该向更有质的提升和走向内涵式的增长。

十八大报告指出，文化与相关产业的加速融合将会为文化产业发展持续提供新动力。随着文化与技术、经济的相互交融，文化产业与旅游、信息、制造、建筑、商贸、休闲、餐饮等相关产业的结合也更加紧密，提升作用日益显著，产业边界趋于模糊，以文化内容消费为核心的庞大产业链和产业集群逐渐形成。随着中国艺术品市场的深入发展，艺术品市场产业外延效应进一步放大。艺术品画廊、拍卖、艺术博览会经营活动也带动了艺术品储藏、艺术品保税区、艺术品运输、艺术品物流、艺术品展会服务、艺术品印刷包装、艺术品保险等相关产业或行业的协同发展。艺术市场的综合带动效应正在推动艺术品产业自身和外部结构的变化。

2012年金融资本与艺术品市场之间的融合加速，金融资本接入到艺术品市场为带来了注入了资金动力，为艺术品市场的发展起到了推波助澜的作用，也影响到艺术品自身机构上发生变化，其实也直接促进了艺术品市场相关的链条的发展，例如艺术品基金、艺术品信托、艺术品评估、艺术品鉴定、艺术品咨询都受到市场发展以及金融资本的介入而得到了发展。

中国艺术品市场正在为文化产业的转型发展，增长方式的变化，为加速实现我国产业结构的战略调整贡献力量。

3. 加强文化艺术的传播

我国艺术品市场除了具有交易平台的作用之外，又由于经营文化产品的特殊性，继续承担着社会文化尤其是文化艺术的传承、推广和交流的重要使命。因此，中国艺术品市场不仅是新兴的产业平台，也是文化事业发展的重要补充。

2012年，中国艺术品拍卖企业共举办了576场拍卖会，拍卖场次2205个，推出艺术作品46万件，其中 80%的拍卖展示内容为古代艺术品、近现代艺术品，拍卖预展期间所有作品对公众开放。艺术精品的大量展示，提高了人民群众的文化修养，培养了保护文物艺术品的社会意识，对于中国传统文化的传播、展示和推广起到了积极作用。

此外，2012年遍布全国各地的 3106家画廊，共举办艺术展览活动15000余次，印制展览图册 15000余种。画廊日益成为向普通民众传播和普及文化艺术信息的重要窗口。以北京798艺术区为例，798目前有173家画廊 ，2012年到798艺术区参观的观众人数高达350万人次。足见画廊对于艺术的这种传播力度和广泛度正逐渐增强。798艺术区已经成为北京和全国展示中国当代艺术发展最重要的舞台。

2012年，国内一些画廊开始进军香港，亦安画廊、偏锋新艺术空间、北京艺门画廊、当代唐人艺术中心、站台·中国画廊先后开设了分部。国内画廊主动到国际化的市场中拓展必然会加强国际对于中国当代艺术现状的了解。除了画廊向国际拓展之外，2012年中国艺术品拍卖的龙头企业已经将经营的范围拓展至香港，中国嘉德国际拍卖有限公司和北京保利国际拍卖有限公司在2012年分别在香港举行拍卖，嘉德香港首拍获得了4.55亿港元的成交额，北京保利取得了5.2亿港元的成交额。这两家主动进入到香港进行拓展，吹响了中国艺术品拍卖公司进军国际市场的集结号。

2012年国内的画廊和拍卖公司主动向海外向国际化方向发展，这种积极的方式也极大的促进国内与国际间文化艺术的互动与交流。

（三）政府政策和行业规范

中国艺术品市场的规范和健康发展，离不开相关政府主管部门不懈的引导和行业自身的努力。2012年是中国艺术品市场的政府政策和行业规范进一步健全的关键一年。特别是2月《文化部“十二五”时期文化产业倍增计划》的正式出台，紧扣十七届六中全会关于文化产业发展的最新精神和文化产业发展新趋势，明确了“十二五”时期文化系统文化产业的指导思想、发展思路、发展目标、主要任务、重点行业和保障措施，拟实现“十二五”期间文化部门管理的文化产业增加值年平均现价增长速度高于20%，2015年比2010年至少翻一番的倍增目标。因此，这一规划的制定出台对“十二五”期间文化产业发展有着重要指导意义。5月文化部发布的《文化部“十二五”时期文化改革发展规划》是中国文化建设中的一件大事，对“十二五”时期文化的改革发展具有重要意义，对全面建设小康社会也具有重要意义。以此为中心，国务院、中宣部、商务部、文化部、国家广电总局等相关部委相继出台了一系列相关政策法规和管理办法，为艺术品市场规范化发展给予政策保障，促使中国艺术品市场在有序健康发展道路上更进一步。

（四）市场结构分析

1. 经营主体

（1）画廊

2012年中国画廊行业规模持续放大。根据欧洲艺术基金会报告显示，在中国香港及大陆地区有约3106家画廊，交易量高达42000笔。据观察中国画廊市场规模呈现每年约10%的增长，并集中在北京、上海、香港等城市，其中北京画廊市场增长最为迅捷。根据2012年底，艺术市场研究中心对北京地区画廊市场的实地调研显示，北京地区目前有专业画廊373家。

2012年中国画廊行业的特点是：

品牌集中化趋势增强。品牌集中化趋势增强是2012年画廊行业的一大特征，主要表现在画廊尤其是知名画廊向重要聚集区的再次集中。以北京798艺术区为例，近两年先后有数家原址草场地、酒厂等艺术区的知名画廊进驻798艺术区，如博尔励画廊、日本三潴画廊、索卡艺术中心等。此外也有一些画廊如草场地艺术区的北京野田当地画廊等选择在保留原空间的同时，在798艺术区开设新空间。相对而言，随着艺术市场的进一步发展，资源配置再度优化，北京各艺术聚集区画廊比重也出现调整，重要艺术聚集区受到更高的认可。此前北京地区活跃度较高的几大艺术聚集区包括798艺术区、草场地艺术区、酒厂艺术区、观音堂画廊街等，画廊规模差距进一步加大。798艺术区画廊比重再度提升，以173家占到北京市373家专业画廊数量的46.38%，份额高居各聚集区榜首。知名画廊聚集区的品牌效应进一步加强。

外资画廊撤退。自2009年以来，受到经济环境的影响，艺术品一级市场逐渐降温，而到2012年艺术市场整体调整，有业内人士称画廊界仅有7%有赢利。而随着艺术品进出口的调整和监管的加强，外资画廊的交易模式和艺术家资源引入等都受到一定冲击。尤其是韩国系画廊，在此次外资画廊撤退中占主要角色。根据2008年艺术市场研究中心的调查，仅北京地区韩国系画廊就14家之多，而到2012年除少数还在正常开放外，包括昌阿特画廊、阿特塞帝画廊以及稍晚撤离的阿拉里奥画廊在内的韩国系画廊大部分已关闭在中国的空间。

国际化拓展。2012年，中国内地画廊出现国际化拓展的新动向。继此前亦安画廊、偏锋新艺术空间、北京艺门画廊、当代唐人艺术中心拓展香港空间之后，总部位于北京草场地艺术区的“站台·中国”画廊，在2012年也增设了香港项目空间。首展由中国新生代青年艺术家贾蔼力的展览“哈利路亚”揭开序幕。香港地区作为亚洲艺术市场的中心之一，在中国国内外艺术交流领域起着重要的作用。中国本土画廊进驻香港地区，不仅在地域上拓展展示空间，同时也是加入国际文化艺术交流的重要表现。随着本土画廊实力的增强，走向国际化拓展是一级市场发展的必然趋势。

关注青年艺术。随着艺术市场成熟度的提高，艺术家资源进一步扩大，青年艺术家逐渐得到市场的关注。在一级市场中，以青年艺术家为主要关注的展览、活动日渐增多，如2011年以来，相继出现的“青年艺术100”、宝马艺术发现展、“青年艺术家扶持推广计划”（CYAP）等。自2011年9月启动的“青年艺术100”发展最为迅捷，这是关于青年艺术家的年度推广项目，2012年更拓展到北京、香港、鄂尔多斯、成都、深圳等多地巡展，并联合北京圣之空间等多家艺术机构推出青年艺术家专题展览。此外，8月中央美术学院美术馆开幕的“首届CAFAM未来展：亚现象·中国青年艺术生态报告”也以学术身份对青年艺术家给予关注。

行业协会正逐步发挥作用。行业协会在一级市场中的地位逐渐得到重视。一直以来，一级市场无序发展的状况受到各层面的关注，尤其是部分非专业画廊缺乏规范和信誉等问题制约着市场的整体发展。在这一情况下，文化部开展诚信画廊评选等工作，引导市场发展方向，与此同时行业规范和自律也成为公众关注的焦点。成立于2011年10月的北京画廊协会，2012年陆续开展北京画廊周、画廊之夜、艺术地图等文化活动，以及“画廊经理人培训”等，在艺术教育、宣传引导、社会慈善等领域得到社会各界的充分肯定。2012年6月“艺术红坊暨画廊联盟”正式在上海红坊文化艺术社区启动，尽管目前还没有明显的联盟效应出现，但画廊市场的确需要行业联合的力量。行业协会正逐步发挥其应有作用。

（2）艺术品拍卖

2012年中国艺术品拍卖市场在近几年持续规模

化发展之后出现明显回调趋势。2012年中国内地艺术品拍卖公司，共计上拍461404件拍品，成交226011件，成交率为48.98%，成交总额达到442.03亿元，相比2011年有近半数的下滑。

2012年中国艺术品拍卖行业的具体发展特征是：

成交下滑、总份额偏小。中国拍卖行业协会全国拍卖行业管理信息系统数据显示，2012年全国拍卖业实现成交额5754.6亿元，同比下降8.2%。从拍卖标的种类看，土地使用权拍卖成交2863.6亿元，同比下降0.5%，仍是拍卖业的主要标的；房地产拍卖成交1687.9亿元，同比下降7%；股权、债权拍卖成交250.2亿元，同比下降9.4%；无形资产拍卖成交304.7亿元，同比下降4.2%。相比之下，2012文物艺术品拍卖成交279.3亿元，同比下降51.5%，在总成交额中仅占到4.85%的份额，比重偏小。

而根据艺术市场研究中心对中国各地艺术品拍卖行业的调研显示，2012年内地拍卖公司文物艺术品共创出442.03亿元人民币的成交总额，相比2011年的825.94亿元有大幅下滑，下滑幅度达到46.48%。其中上半年成交194.20亿元，下半年成交247.83（248.03）亿元。我国艺术品市场经过数年的快速成长之后出现明显回调，成交额下滑明显。

格局变动区域竞争加剧。2012年艺术品拍卖市场格局发生重要变动，市场区域竞争进一步加剧。首先是国内重要拍卖公司进军香港市场。中国嘉德和北京保利两家国内龙头拍卖企业相继宣布在香港开启拍卖业务。另一个表现就是国际知名拍卖公司苏富比正式进入中国。苏富比拍卖行与中国国有企业——北京歌华美术公司签订合资经营合同，共同成立苏富比（北京）拍卖有限公司。年底，北京匡时宣布与上海恒利公司合并，在业务资源和管理层上进行融合重组。拍卖公司实力因资源的再次优化配置得到大幅提升。

区域市场参与群体尤其是有实力的参与者的加入无疑会带来区域竞争的激烈化。激烈竞争的主要效应就是各个参与者在各自的优势上加大力度，各大拍卖公司各凭本事说话，且不论能不能胜出甚至胜得精彩，热闹是肯定的，强有力的优势竞争在这个市场引发鲶鱼效应，市场活跃度提升，区域繁荣也有望实现。

权重企业为主要税收贡献。就中国拍卖行业协会2012年11月公布的相关统计数据显示，2011年全国文物艺术品拍卖企业共纳税14.62亿元，相比2010年度的8亿元有大幅增长。就人均创税额来看，在拥有5714名从业者的全国文物艺术品拍卖行业中，人均创税额高达25.58万元，且在近几年来具有相对稳定性。而在企业总纳税额排行中的前20家拍卖企业，共计创造税收13.09亿元，占到此类企业纳税总额的89.54%。权重企业在行业税收贡献中占据着重要地位。同时，20家企业主要来自北京地区、上海地区，与拍卖市场的成交额分布有高度的一致性，与2010年的纳税排行相比，排名变化不大。

会员制引入内地拍场。会员制是行业发展的必然趋向，对提升行业客户服务水平、维护客户利益、保证工作质量等方面有重要的意义。会员制的推行，是行业规范健康发展的有效途径。但在我国艺术品拍卖行业实际发展中，会员制的发展相对缓慢。2012年4月，中国嘉德国际拍卖有限公司率先试行“嘉德注册客户计划”。该计划对持有‘嘉德会员卡’的客户、持有‘嘉德注册卡’的客户、尚未成功竞买客户、尚未办理登记客户等不同层次客户人群做出明确区分，并对各层次客户限定相应的权益和竞买流程。其中持有‘嘉德会员卡’的客户可获得‘嘉德注册卡’有权推荐新客户，并享受豁免保证金的服务。这一会员制，有效区分其客户层次，有利于对不同客户开展针对性服务，客户管理的专业化程度得到了明显提升。同时，该计划也在一定程度上防范了客户违约的风险，是行业规范化发展的一大体现。

文化营销观念加强。随着中国拍卖市场的逐步发展，艺术品拍卖活动中文化营销的观念日趋强烈。拍卖公司对拍品尤其是重要拍品史料价值和学术价值的挖掘进一步深入，市场操作模式也不断推陈出新，拍品市场价值得到再开发。以北京匡时“过云楼藏书”整体拍卖为例。鉴于过云楼藏书在史学价值、文献价值上的重要地位，北京匡时在国家图书馆古籍馆举办“过云楼藏书”拍卖新闻发布会，并举办“过云楼”藏书研讨会，邀请美术史家、古籍研究专家、文化领域权威专家等业内资深人士深入探讨其价值且结集成书出版。而在拍卖预展上，北京匡时对过云楼建筑风格和历史文化情境进行经典再现，最终这批170余种、近500册组成的“过云楼”藏书以2.162亿元成交。以文化营销的方式加强拍品的认知度，对其市场的发展有明显的提升，也是未来艺术品拍卖市场发展的趋势。

私人洽购获得突破性发展。私人洽购在2012 年中国艺术品市场上获得突破性发展。8月北京保利推出“贵宾部”，定位为尝试探索属于自己的高端客户服务模式并逐步建立起“服务，共享，创造”的独特理念，以绝对安全的私密方式，全力提供各类高端艺术品的非拍卖直接销售通道。实际上，已经是私人洽购的范畴。不过从组织架构来看，保利贵宾部是隶属于保利艺术中心的，按规定可以直接进行艺术品销售业务。此外，2012年进军香港的保利拍卖在其香港地区办公室也开设展厅作为“艺术空间”。而早前就已开设“艺术空间”的香港苏富比，接连举办三次展售会，私人洽购业务十分活跃。私人洽购在国际艺术品市场中占有一定的地位，其灵活的方式对藏家来说有较大的吸引力，但国内艺术品拍卖市场对此类业务有明文限制，发展较为缓慢。2013年1月出台的《拍卖监督管理办法》给私人洽购明确的政策支持，为中国艺术品拍卖私人洽购业务发展奠定了良好基础。

（3）艺术品博览会

2012年，中国艺术品博览会相比此前的展会市场呈现出更为明显的区域发展趋势。艺术品博览会自上世纪九十年代以来一直表现出阶段性的区域发展差异，但在中国当代艺术迅速发展的2005年至今，区域的特征化发展表现更为显著，尤其是在目前艺术品展会行业集中的中国香港地区以及中国内地的北京和上海地区。伴随着艺术品展会市场规模和数量的增加，在艺术品博览会区域化发展的同时，区域内部发展不平衡的现象也日益凸显。此外，随着我国经济环境和艺术品市场的变化，2012年国内艺术品博览会在地域差异性发展的基础上，一些新的特征如综合化等也逐渐呈现。

2012年我国艺术品博览会的特点是：

综合化特征明显。2012年，中国艺术品博览会中综合性展会表现抢眼。相比纯艺术类博览会来看，在展会成交额和社会影响力等评估博览会质量的关键量化指标上，综合性博览会拥有普遍的优势。仅以北京地区为例。根据艺术市场研究中心对艺术品展会市场的定期调查来看，2012年北京地区共举办21个展会。纯艺术博览会仅有4家，包括第九届中艺博国际画廊博览会（CIGE）、2012艺术北京经典艺术博览会、第十五届北京国际艺术博览会、2012第二届中国国际文化艺术博览会（ART CHINA）；综合类博览会占比最高，有11家之多，达到总量的52.38%，其中包括中国艺术品产业博览会、第七届中国北京国际文化创意产业博览会等产值较高的综合类艺术产业博览会；此外，还有6家以艺术设计、古董、工艺品等为主体的非纯艺术博览会。

就博览会参观人数来看，纯艺术博览会展示开口较小，观众主要以专业人士和艺术爱好者居多，参观人数多为数万人，而综合类艺术产业博览会往往在十万人以上，如9月在北京通州宋庄举办的中国艺术品产业博览会，一周的展期内参观人数达到30万人次，而12月第七届中国北京国际文化创意产业博览会则在4天的时间内吸引了超过一百万人次到场参观。

而就成交额来看，纯艺术博览会2012年有较大的业绩提升，以2012艺术北京博览会为例，有消息称其2012年成交额突破大陆地区艺术品博览会数千万元的惯例达到人民币3亿元。据不完全统计，第七届中国北京国际文化创意产业博览会成交总金额为1089.53亿元，比上届增长38.5%。其中，主要成交来自文化创意产业投资类项目，协议总金额703.13亿元；艺术品交易为228.94亿元，占到总业绩的21.01%。9月的中国艺术品产业博览会签约总额也达647亿元，主要成交依然来自产业投资项目。

区域内部发展不平衡。中国艺术品博览会在区域性特征化发展的同时，区域内部发展不平衡的现象也日益显著。以北京地区为例。根据艺术市场研究中心对艺术品展会市场的定期调查来看，北京地区21个艺术品博览会在举办场馆的地区分布上存在较大的差异。2012年，对所有21个展览的举办地点进行统计和区域划分，朝阳区为文化艺术品展会的集中区域，有15个展会在朝阳区举办，占到71.43%的比例，西城区也有3个展会分布，占到14.29%。就展会举办的具体场馆来看，举办次数最多的场馆为中国国际贸易中心、农业展览馆，分别有5个展览在此举办，各占总数的23.81%。此外，展会举办比较频繁的场馆为中国国际展览中心，2012年有4个艺术品展会选择在此举办，选择在北京展览馆举办的展会也有3个。

就艺术品展会举办的时间来看，与艺术品拍卖活动的时间安排有较大的一致性。2012年除2月至3月外各月份北京地区都有艺术及相关展会举办，展会最集中的时间段为10月至12月，平均有3个以上该类展会举办，12月的展会数量更达到5个之多。其次是4月，展会数量也有4个，集中度较高。而5月至9

月份明显为展会举办密集度最低的时间段，每月基本上仅有1个展会进行展览。而根据调查，这一阶段基本上不会有展览时间重叠的情况出现。

优势集中化。2012年的艺术品展会市场，尤其是纯艺术博览会表现出明显的优势集中化趋向。这一方面体现在参展商、大众对国内优质艺术品博览会及区域内优质艺术品博览会有更高参与度的选择倾向上，同时也表现在艺术品博览会的展示及活动主题上。以2012艺术北京博览会为例，艺术北京当代博览会与经典博览会首次同期举办，充分有效的利用资源和同一平台展示优势项目，对提升展会的吸引力和社会关注度也有一定助益。

社会影响力进一步提升。随着公众对艺术品及行业的认知度的提升，艺术品博览会在社会大众中的普及程度相对本世纪前十年来看有了质的飞跃。根据对2012年主要区域的重要艺术品展会的统计数据显示，2012年国艺术品博览会的观众流量普遍维持在较高的水平。一些以艺术品作为主要展示内容之一的综合性文化创意产业博览会，在参观人数上均有可观的记录，某些展会在几天的展期内吸引了高达30万人次到场参观。而一些新的展示和宣传方式的采用，如第十七届广州国际艺术博览会设立的电子3D网上艺博会大型门户网站、艺术北京博览会联合HIHEY.COM特别制作的“网上艺术北京”等，也在展会影响力和宣传广度上有一定提升。

（4）艺术经纪

艺术经纪人、独立的艺术评论体系以及市场化的模式构成了整个艺术市场内部互相促进与制约的“三驾马车”。在我国艺术经济在艺术市场中的作用主要体现在两个方面：通过“撮合”活跃和润滑艺术品市场交易以及通过经纪代理的方式为艺术资源找到市场需求。从服务对象来说，艺术经纪可以分为服务于买方市场的艺术经纪和服务于艺术家的艺术经纪。服务于买方市场的艺术经纪，其经纪行为又分为“买”和“卖”两种，即帮助“买家”购入艺术资产和帮助“卖家”处置艺术资产。

受惠于中国近几年来艺术品市场的高速增长，越来越多兼具高水准艺术与商业才能的人士加入到艺术经纪的行列中来，加上当前准职业艺术经纪人队伍中的佼佼者，中国职业艺术经纪人群体的雏形正在形成。根据艺术市场研究中心对于相关从业人员的调查，2012年中国艺术经纪的收益方式主要体现为交易中的“差价”或交易后的“佣金”两种形式，尤以交易后按照事先约定的比例提取“佣金”的形式更为常见，其交易作品的价格分布为：2000万元以上的占比1%，500万元至2000万元的占比1.8%，350万元至500万元的占比1.2%，200万元至350万元的占比3%，50万元至200万元的占比14.1%，3万元至50万元的占比60%，3万元以下的占比18.9%。与2011年相比，可以发现整个艺术经纪的交易集中在3万元至50万元的区间内，也就是说整个交易集中在中档价位的作品中。

从2012年艺术经纪的销售渠道来看，店面销售占比44%，艺术展会销售占比36%，私人洽购占比8%，委托拍卖占比4%，网络在线销售占比8%。从这个比例我们可以看出，私人洽购、委托拍卖以及网络在线销售的占比相比2011年均有所降低，可见艺术经纪的销售还是集中在店面销售和艺术展会这样的传统渠道。

尽管中国现在的艺术经纪业务已初具规模，但是仍然处于粗放发展的状态。相比西方的艺术经纪市场，从业人员的艺术涵养、学术能力、商业素养以及法律意识有待加强，同时还需要制定相关的从业标准，引导相关行业协会的建立。

（5）艺术投资基金

2012年中国艺术品投资基金的融资渠道仍以艺术品信托为主，且募资规模呈现出下降的趋势，但这并不代表中国艺术品投资基金的不景气，而是更多的艺术品投资基金的发行方式开始趋于“私募化”。如摩帝富副总裁兼亚洲区总经理黄文睿以“定额资产管理”的名义管理的数只艺术品私募基金总金额已经达到4.5亿元。

相对于公募形态的艺术品信托基金9%左右的年化收益率，私募形态的艺术品投资基金的年化收益率一般可达到13%至14%，最高可达31%。对于基金管理公司来说，艺术品投资通过信托或者公募的方式，赚得只能是2%的管理费，而且必须在达到一定的销售额之后才能参加销售分红。私募形态的艺术品投资基金收取的管理费与公开渠道差不多，但是没有分红限制。除了收益率更高之外，私募形态的艺术品投资基金由于不需要公开相关信息，其在操作方式上也更为灵活和隐秘。其操作一般有两种方式，一是跟定某只公募基金‘建仓’，把公开信托基金宣传推广的画作收购过来，再等公募把价格做上去了，随之抛掉就可以了。二是买断某位艺术家的作品，然后采取各种营销方式为其包装，拼命提升他的名气，为他组织巡回画展，在各类拍卖场合自卖，借此抬高其作品的市场价格，在退出时就稳赚一把。

目前，中国的艺术品投资基金的投资标的以现代书画和中国当代艺术为主，但许多艺术品投资基金为分散风险，将其投资扩大到陶瓷、象牙、玉石、手表等领域。在基金管理公司的地域分布上，具有天然优势的北京无疑是艺术品基金的大本营，包括保利、艺融、邦文等行业领头羊皆位于北京。由于多家海外基金的介入使得上海排名第二。排名第三的深圳，其艺术品投资基金多采取与文交所的紧密结合的方式进行运作。除了上述三座城市之外，重庆、成都、西安和武汉这“新四城”也值得关注，这些城市在艺术品投资上主要有两大特点：一是成长速度快，二是与地方艺术资源结合紧密。

（6）艺术品信托

中国的艺术品信托市场在2012年出现较大程度的下滑。2012年共有12家信托公司参与发行了34款艺术品信托产品，发行规模为33.46亿元，相比2011年，参与的信托公司减少6家，发行的产品数量减少10款，降幅为22.73%，发行规模降幅更是达到39.5%。具体来看，2012年发行的艺术品信托产品平均期限为1.9年，较2011年的2.19年缩短0.29年，发行的34款艺术品信托平均收益率为9.89%， 基本与2011年的9.87%持平。从投资标的来看，2012 年发行的34款产品的投资标的包括书画艺术品、版画、和田玉、翡翠及犀角象牙雕刻等古代艺术品，其中以书画类艺术品居多。

2012年中国艺术品信托市场下跌的原因主要有两方面，一是艺术品市场本身表现低迷，从2012年初的春拍到年底的秋拍，艺术品市场出现全面回调，下滑走势明显，其中，“国 38 号文”对文交所及艺术品市场的强大冲击是重要的影响。

从2012年开始，中国的艺术品信托开始进入清算期。2012年共有5家信托公司参与清算了11款产品，其中5款为到期清算，另外6款产品因为市场对该类产品的信心缺乏而提前终止。据最新发布的艺术品信托年度发展报告显示，2013年将有40款艺术品信托产品到期，兑付规模高达38.52亿元，这一兑付数字达到该类产品近年来的高峰。由于中国艺术品信托退出方式有80%通过拍卖完成，这一方面会成为推动市场交易动机的重要动力，另一方面则会对2013年中国的艺术品市场带来更多的不确定性。

尽管中国的艺术品信托行业经过了2年的高速增长，但是很多基础性问题仍然存在，这些问题主要体现在四个方面：首先是专业人才缺乏。艺术品投资与经营管理是一项跨越金融、经济及艺术研究学的综合型新兴投资业务，对于项目管理人员的知识技能和行业经历要求比较严格，而艺术投资业务板块人才的匮乏正是信托公司的短板。国内目前尚未有一家信托公司能独立培养和经常性保有兼具金融学与艺术投资复合背景的专业人才队伍。作为受托人也未有古籍、字画、瓷器等艺术品细分领域投资经验。信托公司发起信托计划、维持日常事务运转几乎完全依赖于外部第三方聘请的艺术经纪、投资咨询管理中介机构的技术与信息服务支持，难以独立作出客观合理的投资价值判断。

其次是信息披露制度不完善。信托管理机构公开发行的招募说明书内容泛化，对于投资标的物的资料介绍、管理团队运作程序常常一笔带过。有些信托投资公司不按协议的规定及时披露足以影响委托人投资决策的重大信息。所有这些不规范行为都为艺术品信托基金埋下了隐患。

再次是艺术品鉴定与评估机制不健全。中国艺术品鉴定与价值评估制度严重缺失。由于没有公允市场价值参考，信托投资公司只能委托中介机构参与公开拍卖、场外磋商等形式购买标的物，而此种方法面临价格哄抬、虚假操作、中介机构之间内幕交易风险等。

最后是监管真空。艺术品信托计划的策划、申请文件制作、设立、资金募集、运作、变更直至终止整个过程主要是由信托公司以及聘请的外部第三方中介自行组织和运作，缺乏发行主管部门的有效监督和约束。就目前而言，中国银行业监督管理委员会对于信托公司跨行业、多元化经营采取的是宏观层面的调控，无法严格执行对信托公司开设的业务逐项检查的任务。

（7）文化产权交易所

自2011年11月国务院下发38号文《关于清理整顿各类交易场所切实防范金融风险的决定》(以下简称国务院38号文)至今，文交所的主要业务艺术品权益份额转让被禁，文交所发展迅速降温，遭遇生存困境，各家文交所也在禁令之下寻找出路。随着文交所清理整顿工作拉开帷幕，全国各地兴起的文交所表现出了迥异态度：天津文交所仍在坚守艺术品份额化交易，深圳文交所率先在全国推出善后退款方案，并开始“转型”，重点打造国家文化产权交易及投融资总和服务专业平台；湖南文交所、南方文交所等转而推行艺术品“实物交易”。2012年11月7日，证监会公告，浙江、湖北、重庆、贵州、西藏、甘肃、青海、深圳共8省(区、市)率先通过了联席会议检查验收。至此，通过联席会议验收的省区市达16个，已近全国36省区市半数。

随着各地文化产权交易所的清理整顿工作收尾，整顿后的文交所也都进行了重新的定位，其将逐渐转变为是一个面向文化产业，开展版权、著作权、文化物权交易的平台，它主要的功能是文化生产要素的资源配置。其次，文交所还可进行文化投融资，“实物实权”的交易模式成为不少文交所的转型方向。比如作为国家级试点交易所的上海文交所就摸索出国有文化产权交易、组合产权交易、文化价值链集成交易和文化网络商品交易4种交易模式。另外一家国家级试点单位深圳文交所也将探索一条“文化+资本”的新路子，积极稳妥地推进文化产权交易模式和交易手段的试点。深圳文交所的新业务包括，中央文化产权指定进场业务、文化企业上市孵化及股权交易业务、版权创新交易业务、艺术品银行业务、专门针对文博会优质文化产业项目的投融资配套服务等五大业务。除了这两所国家级试点单位外，其他地区通过验收的文交所也在探索不同的发展方向。

2. 经营产品分析

中国艺术品市场所经营的艺术产品，种类繁多，形式各异，大致可分为艺术原创作品和艺术衍生品两大类。艺术原创作品是指艺术创作者以线条、色彩或者其他方式创作的具有审美意义的造型艺术作品，包括绘画、书法、雕塑、雕刻、摄影、装置等作品。艺术衍生品包括艺术复制品和艺术授权产品两类，它们都是基于艺术授权经营模式的艺术产业化成果。艺术复制品是指经艺术创作者许可并签名限量在200件以内的复制产品，艺术授权产品是指经艺术创作者授权制作生产的各类产品。在2012年中国艺术品市场中，艺术原创作品的经营仍是艺术市场交易的核心部分，艺术复制品、艺术授权产品是经营产品的新类型，也是我国艺术品市场的新增长点。

（1）艺术原创作品

2012年，艺术原创作品仍是中国艺术品交易量最大的经营品类。一级市场、二级市场中的原创艺术作品交易额近1000亿元，中国书画、油画和当代艺术品是原创艺术作品交易的基本类型。以艺术品拍卖市场为例，2012年国内拍卖市场共上拍 46万件艺术品，成交 22万件，总成交率为71%，总成交金额为442.03亿元（不含港、澳、台地区拍卖市场成交额）。其中，2012年中国书画作品的上拍量为239866件，成交量为 128493件，成交率为75%，成交金额273.42亿元，所占市场份额为61%；油画和当代艺术品的上拍量为13976件，成交 7265件，成交率为71%，成交金额为29亿元，所占市场份额为7%。此外，艺术收藏品中的瓷器杂项类占据了国内拍卖市场32%的份额。

2012年，中国艺术品拍卖市场在近几年持续规模化发展之后出现明显回调趋势。2012年中国书画、油画和当代艺术的成交额均比2011年有大幅下滑。2012年我国内地艺术品拍卖市场中，中国书画成交额273.42亿元，相比2011年下滑幅度为54%，相比2010年下滑23%，但与2009年相比仍有153%的增幅；油画和当代艺术市场盘面收缩更为明显，成交额29.15亿元，相比2011年下滑幅度为63%，相比2010年下滑45%。

在成交价格方面，2012年中国艺术品拍卖的拍品均价也有一定回落，为20万元，同比2011年下滑33%。其中，在艺术品拍卖市场的高价表现上，2012年有9件拍品的成交价格超过亿元，同比2011年减少22件。其中中国书画作品6件，占比67%，同比2011年增幅15%；瓷器杂项2件，占比22%；油画及当代艺术品1件，占比11%。

从2012年细分市场来看，中国书画交易在各项市场数据上依旧保持领先。由于历史的原因书画交易主要集中在中国艺术品拍卖市场中，画廊等一级市场中的交易规模较小。2012年中国书画交易成交回落并出现了一些新的市场变化。

成交状况回落明显，精品高价剧减。2012年中国书画市场成交状况同比回落。2009年以来持续升温的中国书画市场，在2012年明显降温，市场中出现的名家精品数量大幅减少，高价成交的作品数量也随之减少。尤其在国内艺术品拍卖市场中，这一表现更为显著。2012年中国书画成交价在亿元以上的拍品有6件，相比2011年的12件有半数的减少；而成交价在5000万元以上的拍品有18件，相比2011年的33件也有45%的减少。在中国书画作品拍卖成交价排行前100位中，2012年排行第100位的作品成交价为1782.5万元，相比2011年的书画作品排行第100位的3220万元有明显差距。同时，2011年第100位的

3220万元成交价在2012年中国书画作品拍卖成交价排行中则上升到第38位。2012年书画精品数量和成交价水平同比2011年均有较大落差。

古代书画份额继续下滑。在2011年成交增速放缓之后，2012年古代书画市场份额进一步下滑。以艺术品拍卖市场为例，2011年古代书画市场份额降低到17%，同比2011年下滑4个百分点，相比2010年减少一半。高价与2011年相比有明显减少。2012年有3件古代书画作品成交价超过亿元，相比2011年的7件，同比减少43%。从作品均价来看，古代书画平均拍卖成交价也出现明显变化。2012年古代书画拍卖平均每件成交价为33.02万元，同比2011年的49.12万元减少33个百分点，而相比2010年的54.04万元则有近4成的跌落。

近现代书画仍是市场热点。近现代书画，仍然是2012年书画市场的成交热点，在整体市场成交中占据大部分份额。以艺术品拍卖市场为例，2012年近现代书画上拍量为140118件，成交62431件，成交率为76%，成交额为166.63亿元，尽管同比2011年的388亿元有57%的滑落，但在中国书画拍卖市场中的份额仍有62%。2012年有3件近现代书画成交价格突破亿元，同比2011年的7件减少57%。历年近现代书画的领军人物齐白石、张大千并没有作品以超过亿元高价成交，而李可染市场行情异军突起，2012年春季拍卖中有两件代表作分别在北京保利和中国嘉德以突破亿元的高价成交。其中，李可染作品《万山红遍》（镜心）以2.93亿元的高价成交，不仅创出李可染个人作品拍卖价格的新高，同时也是2012年度中国书画拍卖市场的最高价。

当代书画市场份额进一步扩大。2012年，当代书画的市场活跃度相比古代书画、近现代书画有明显提高。在一级市场中，当代书画的展览和活动有一定增加，业内外关注度逐步上升，媒体曝光也随之扩大。以艺术品拍卖市场为例，2012年当代书画上拍量为82935件，成交了46263件，成交率74%，成交额为56亿元，尽管同比2011年有29%的下滑，但在整体书画拍卖市场中的份额则表现出持续增长的态势，从2010年的9%上升到2011年的13%，2012年其市场份额进一步增长到21%。2012年油画和当代艺术的整体市场盘面收缩更为明显，尤其在国内艺术品拍卖市场中成交额明显跌落到29.15亿元，相比2011年下滑幅度为63%，相比2010年下滑45%。行情表现依旧不温不火。

（2）艺术收藏品

由于中国历史文化悠久，收藏传统源远流长，因此收藏品种类繁多，大致可以分为自然历史、艺术历史、人文历史和科普历史等四大类。艺术收藏品，不仅专指在目前我国艺术品市场中流通交易的古董杂项，还包括现当代具有原创性的工艺美术品，其主要类型包括陶瓷、玉器、珠宝、名石、古籍、家具等。中国艺术收藏品的内容广、品类多、受众多，在中国艺术品市场中的地位突出。

瓷器杂项是中国艺术品市场中主要交易品种。由于近年来价格行情表现突出，目前精品交易大多通过拍卖的途径。各地古玩市场虽然交易活跃，但主要交易的是质量一般、价格较低的品类，以满足收藏爱好者的需求。

在2012年中国艺术品拍卖市场中，瓷器杂项作品的上拍量为 191597件，成交90235件，成交率为73%，成交金额139亿元，所占市场份额为32%。与2011年相比各市场量化指标均有一定下滑，整体市场状况回落到2010年的水平，仍然处于市场发展的高位。就市场价格而言，瓷器杂项市场相比中国书画市场、油画和当代艺术市场在高中低端分布上更为均衡。以高价精品比例来看，在2012年国内艺术品拍卖市场成交价前100位中，瓷器杂项作品有33件，与其总体市场所占份额基本匹配。从市场热点来看，2012年瓷器杂项市场热点，仍然集中在瓷器、珠宝、玉器三大类别，所占份额达到54%。文玩、家具、古籍善本等次之。相比2011年，瓷杂市场各项类别出现较大涨跌变化。其中瓷器成交额在整体市场中的份额变化较大，由2011年的32%下降到2012年的20%。此消彼长，2012年份额增加最大的是珠宝名表，由14%上升到24%。

古籍善本是2012瓷杂市场最大热点。古籍善本在市场的流通量较其他拍品更为稀缺，能在市场上流通的数量变化不大，纵观近年来古籍善本拍卖行情，古籍拍卖一直处于相对稳定、健康发展的态势。近年来，随着古籍善本知识的普及和收藏市场的发展，越来越多的人参与到古籍收藏中来，市场行情有稳定提升。尤其是2012年春拍中出现的由孤本宋版《锦绣万花谷》全80卷领衔的170余种、近500册组成的“过云楼”藏书整体拍卖，配合深度价值挖掘和有效的文化营销，最终以2.16亿元天价成交。尽管过云楼藏书拍卖的特殊性较强，难以复制，但其所带来的市场影响力对古籍善本市场发展有不小的推动。

（3）艺术复制品

艺术品市场中所流通的艺术复制品，包括了以传统手工方式制作的产品，如临摹绘画、高仿陶瓷与木版水印等，以现代印制技术制作的产品如丝网印刷等，以当代技术制作的产品如数码输出品等。一些艺术复制品虽然得到了艺术家的授权也具有艺术家本人的签名，并借助现当代技术精密制作取得接近于原作的视觉效果，但是艺术复制品的根本属性仍是原作的拷贝，同时在材质、触感、品质、韵味等方面都逊色于原作。长期以来，艺术复制品在继承发扬民族传统、传播当代文化艺术等方面发挥了积极作用，其实用价值大于收藏价值和投资价值。但是随着国人艺术审美水平和艺术消费力的逐年提高，近年来艺术复制品在装饰布置、礼品馈赠等方面的社会需求日益增加，国内艺术复制品的消费规模随之扩大，与此同时一些名家参与制作的限量版艺术复制品，受到了收藏群体广泛青睐，填补了艺术收藏的低端价格市场。

2012年国内艺术复制品的收藏活动，主要仍以精品复制品为对象，原作价值、原作社会知名度、复制技艺和复制数量，是艺术复制品收藏价值的四个衡量因素。国内的艺术品复制通常由三种技术方法对艺术品进行复制：分别是传统手工艺复制、机械复制和数码复制。其中细分的话，传统的手工艺复制主要有铜版复制、木板水印复制、石版复制、珂罗版以及手工临摹复制5种；而机械复制主要是以丝网版画的技术复制艺术品原作。数码复制是随着印刷科技的发展而出现，主要是通过数码技术通过喷绘完成复制。

绘画作品成为复制主流。以目前国内艺术品复制品发展较为集中的北京为例，2012年据调查北京有33家运营并从事艺术品复制的企业。其中有7家公司以传统手工艺复制方法复制、9家以机械丝网版的方式复制、17家以数码喷绘的方式复制。这些艺术品复制企业主要复制书画、油画和工艺品。其中只做书画复制的企业有8家，只做油画复制的企业4家，书画油画两者兼而有之的有20家，复制艺术工艺品的企业只有1家。书画和油画这两大类纯艺术品复制占据主流。

复制企业经营模式多元化。2012年艺术品复制品企业的经营手段也在与时俱进，并且日渐呈现出不同的特点。例如以百雅轩为例，百雅轩2011年得到了国际数字集团6000万元的入资，因此百雅轩已经在艺术产业链上的各环节进行布局，业务开始涉及连锁画廊、艺术版权开发、版画制作出版基地、艺术授权等方面。例如百雅轩就在北京、上海、香港开设多家画廊及艺术空间，形成连锁模式，各地连锁画廊的经营可以更好地推广艺术家及其作品、复制品，这样既有利于和艺术家合作，也有助于培养市场的潜在的艺术品消费者。因此，百雅轩近年来的营收增长每年翻倍增长，2012年的营业收入预计将超过亿元。荣宝斋在艺术复制品行业中属老字号企业，自1907年起便开始采用木版水印技术进行艺术品复制，到成立现代企业制度后于2006年和2008年先后成立了荣宝斋木板水印中心和荣宝斋木板水印工艺坊，与时俱进的进行木板水印复制品技术创新，同时荣宝斋也利用自有的展示空间推进复制品的销售。销售及展示空间位于崔各庄地区的“艺术仓库”（Artdepot）除了画廊空间外，同时还提供网络在线销售服务。“艺术仓库”主要以展示和销售当代艺术家的作品为主。复制品的销售价格从5000元至几万元不等。东城区的北京·国子监油画艺术馆，依托于中国油画学会的资源同时开展艺术品复制业务，其经营模式也是将复制品的制作与展示集于一身的综合生产形式。在纯使用数码喷绘技术复制的企业中，北京雅昌彩色印刷有限公司在行业中占有重要地位。其中北京雅昌彩色印刷有限公司属于雅昌集团有限公司，制作并销售雅昌艺品名家限量复制艺术品和多种衍生品，其生产的所有限量复制艺术品均由艺术家或艺术机构合法授权并进行监制，可以通过艺术在线的网站查询复制品的版权信息。雅昌艺术复制品的价格也是在几千至数万元的价格区间。

（4）艺术授权产品

艺术授权是授权者将所代理的艺术家作品著作权等，以合同的形式授予被授权者，被授权者按合同规定从事生产、销售或提供某种服务等经营性活动，并向授权者支付相应权利金。国际通行的艺术授权形式主要有三种：产品授权、数字授权和原作复制授权。其中，产品授权系指将艺术品的形象印制在各种普通产品上，使之成为具有艺术特色的艺术衍生品，从而在销售中获得更高的附加价值。数字授权系指通过拍摄艺术原作获得艺术品的数字化图片或形象数据，然后将这些图片应用于各种电子产品之上，用于装饰或各种电子媒体的展示使用。

而原作复制授权则是指获得对艺术品进行原尺寸仿真复制并销售的权利。

在欧美发达国家，艺术授权已有30多年的发展历史，已经形成相对成熟的商业模式和具备一定的产业规模。在欧美地区有每年定期举办的艺术授权交易博览会，纽约、伦敦、法兰克福等地的艺术授权交易博览会已经发展成为全球艺术授权产业的风向标。据国际品牌授权业协会公布的《2011年年度授权调查报告》显示，全球品牌授权市场（艺术衍生品是主要的授权产品）的年销售额约2000亿美元，其中美国约1100亿美元。

国内艺术授权市场刚刚起步，但是近年来随着文化产业的发展，授权市场的发展速度明显加快。有资料显示，美国是全球艺术授权产业最发达的国家，其艺术授权产业的总产值应该是艺术品拍卖成交额的3倍以上。2012年我国艺术品拍卖市场的总成交金额为442.03亿元，根据国际标准进行测算，我国艺术授权应该达到的生产总值应该会达到1326亿元的水平。

国内的艺术品授权企业中，由郭奕承创办于1997年的Artkey艺奇文创集团是目前艺术品授权行业中的领军企业。2000年该公司在北京设立办公室。目前艺奇文创集团拥有1000多位艺术家，约10万件艺术作品的艺术授权，已经形成较为完善的艺术授权体系。其授权市场的经营模式在于整合艺术授权产业链上下游资源，从上游获取艺术资源，通过授权予下游生产厂商进行艺术附加值的提升，从而达到艺术授权产业链各环节的共赢。例如2012年艺奇文创集团就与玻璃先生中国实业有限公司合作，推出了以齐白石画作为装饰的玻璃门。此外他们还与和成卫浴签约，共同开发艺术授权产品。这样的举措使得以前与文化产业、艺术产业不搭边的企业也与文化产业进行“跨界”的合作。这是2012年国内艺术授权产业的新趋势。

作为艺术衍生品产业链的平台性中介机构，艺奇文创集团还拥有台北故宫博物院、齐白石等各艺术机构及个人的大量传世经典作品授权，并与各大型博物馆美术馆开展授权、规划等合作。同时在产品授权方面开发制作各类艺术授权衍生品，如798艺术区内的“白石茶馆”。目前推广开发的艺奇典藏台北故宫数位真迹画作品牌及白石典藏系列衍生产品，例如他们开发的目前收藏在台北故宫博物院的唐代怀素《自叙帖》的丝质床罩，售价为5万元人民币，市场反应热烈。在艺术授权的发展与推广方面，Artkey在北京艺奇798文创基地，内含艺术授权全产业链各环节展示空间，有艺术与生活相结合的情景式体验，设计“艺活”概念馆及齐白石生活美学馆“白石茶馆”。“白石茶馆”从沙发、茶具、餐具到每一个细节装饰都是齐白石授权画作的衍生产品，将中华文化的内涵、茶文化的精髓与齐白石作品的“中国味”融为一体，致力于成立中华文化自有文化品牌。

就近两年Artkey798基地齐白石生活美学馆的运营情况看来，文化产业艺术授权市场广阔，大众对于文化、艺术，对于“美”的需求一直存在，但目前对于艺术授权的市场与方式还处于不断摸索中。由于目前国内在版权保护意识、艺术授权行业规范等方面还存在缺失，尚需要加强与完善，因此艺术品授权的整体发展长期会受到制约。

目前，国家政策正在全力推进对于文化产业的支持力度，多方面支持文化创意产业的发展前行，例如为推动国内艺术授权市场的发展，中国北京文化创意产业博览会组委会办公室等机构主办的2012件第七届中国北京文化创意博览会“第四届国际艺术授权博览交易会”开幕式在798 ARTKEY艺术空间举办。国际艺术品授权基金将参与打造中国首个“城市美术馆”。一个微观的城市美术馆——艺活概念馆以家居化生活环境，融入艺术元素装饰，情景式展示“城市美术馆”微缩景观。充分发挥艺术授权其跨界发展的优势，实现文化与制造业、建筑业的深入融合，艺术授权的潜力将得到进一步发挥。通过艺术授权推动文化的社会效益与经济效益相结合，让“中国制造”转型为“中国创造”。

3. 购买力分析

购买力是指人们支付货币购买商品和劳务的能力，或者说在一定时期内用于购买商品的货币总额。购买力是通过社会总产品和国民收入的分配和再分配形成的。艺术品购买力专指人们出于消费、收藏、投资等目的支付货币购买艺术品或艺术服务的能力。艺术购买力的大小，既与社会经济的发展水平、社会财富的整体情况密切相关，又与社会文化的繁荣进步、国民素质水平的提高、国家地区的传统偏好以及时代潮流的审美时尚等密不可分。

2012年我国艺术品购买力整体水平与2011年和2010年增速较快相比增速略有放缓，从构成艺术品购买力的艺术收藏、艺术消费和艺术投资的三个方面看，艺术收藏与艺术消费继续保持稳步增长的态势，但2012年国内艺术品市场交易出现明显的回调走势则是人们艺术投资热情减弱对市场造成的直接影响。而现阶段艺术投资占艺术品购买力总量的大宗，因此艺术投资的减速使2012年国内艺术品购买力的增长速度放缓。

（1）艺术收藏

艺术收藏是艺术品购买力的重要组成部分。艺术收藏由美术博物馆收藏、企业收藏和私人收藏三个部分组成，这三部分既有联系又有各自的特点和侧重，合在一起共同形成相对完善的艺术收藏体系。

美术博物馆收藏。美术博物馆收藏，是对历史文化遗存的继承保护，也是对现当代文化的关注介入。由于美术博物馆收藏是艺术收藏的重要类型，美术博物馆对于作品收藏的标准主要以作品的价值的高低为引领艺术购买力的方向、确立价值的标准、推动艺术品市场健康发展发挥标杆作用。

2011年年底，文化部根据《全国重点美术馆评估办法》的各项评估达标要求，评选出了首批9家国家重点美术馆，包括了中国美术馆、上海美术馆、江苏美术馆、广东美术馆、陕西省美术博物馆、湖北美术馆、深圳市关山月美术馆、北京画院美术馆、中央美术学院美术馆。国家级重点美术馆最重要的一个评估指标就是一个美术馆的收藏量及收藏水准，这次9家国家重点美术馆的馆藏数量依次为中国美术馆10万余件、广东美术馆3万余件（套）、上海美术馆1.5万余件、江苏省美术馆1万多件、陕西省美术博物馆4000多件、深圳市关山月美术馆4500余件、中央美术学院美术馆1.3万件、湖北美术馆（网站未公布数量）、北京画院美术馆5000余件，共17.65万件。平均每家美术馆的藏品数量不到2万件。因此，国内重点美术馆的馆藏还有待丰富。

企业收藏。企业收藏是艺术收藏的重要参与力量。企业的艺术收藏不仅是企业资产配置、财务安排的得力手段，而且主要还是对企业品牌、企业文化、企业社会责任的战略建设。企业收藏的发展一般会经历三个阶段：第一阶段是企业负责人的个人收藏爱好形成规模后，变成企业的收藏行为。此阶段艺术收藏发起人的个人收藏趣味和方向在一定程度上也成为一个企业收藏的主题和未来发展的方向。第二阶段是企业收藏在数量和质量上达到一定的积累和水平之后，企业收藏会与企业开展的主营业务方向产生某种关联，比如国外很多知名企业都有关注自己的品牌历史和文化，更有许多与之相关的收藏。这类收藏一般都有一个或多个大型主题，也会逐渐形成收藏的序列。第三个阶段就是借助企业收藏推动企业收藏制度的建设、艺术教育的发展。这时的企业收藏就不仅仅只是一个企业的自身行为，而是赋予了企业收藏更多的社会责任，同时发展到一定规模企业收藏也会带动相关文化产业的发展，同时随着企业收藏意识的增强和能力的提高也会推动国家对企业收藏、免税捐赠等文化政策的出台，促进国内艺术品收藏的多元化和良性发展。

私人收藏。2012年中国私人收藏对于艺术市场的参与度和影响力持续提高。继承、购买、馈赠是建立私人收藏的主要方式，从国内私人收藏来看，购买是最普遍的手段，这决定了私人收藏与艺术市场行情之间的正相关性越来越密切。根据胡润百富榜2012年财富报告的数据国内的富裕人士仍然集中在我国经济发达的东部沿海地区，如北京、广东、上海、浙江和江苏这五个省市。这些地区的财富人群相对集中，从投资尤其是对于艺术品的私人收藏相较其他地区更加普遍。2012年国内经济的发展略显低迷，富裕人士的投资方向仍主要集中在房地产、股票、固定收益、黄金、艺术品上。2012年富裕人士的投资方向在艺术品方向占比15%，与2010年、2011年的14%只增加1%，增幅较小。

（2）艺术品消费

2012年中国艺术品市场购买力的发展，还反映在艺术品消费也有突出的增长。与艺术收藏相比，虽然在艺术品市场购买力的结构中，艺术品消费的位置较低，其购买方向也不以稀缺性的艺术资源为主，但是艺术品消费反映了更为大众化的审美需求和社会需要，是艺术收藏的发展基础，也是促进文化产业发展的要素之一，其重要性不言而喻。按照国际通行的划分标准，当一个国家或地区的人均GDP达到1000至2000美元的时候，艺术品购买力开始启动，达到8000美元的时候，艺术品购买力将推动艺术品市场进入繁盛期。2012年中国人均GDP达到6100美元，同比2011年的5432美元增长了88.77%。2012年上海人均GDP为73297元（约合10827美元），天津人均GDP为70402万元（约合10399美元），北京人均GDP为70521元（约合10377美元）。因此，这些大城市的人均消费能力较为突出。因而艺术品消费在这些大城市正变得越来越普及。2012年我国的艺术品消费呈现出以下几个特点：

年收入10万元的家庭和个人开始消费艺术品。据一份2012年针对国内艺术消费人群的数据调查显示：目前已有越来越多人加入到购买艺术品的行列，参与调查投票的人中，实际年收入在10万元以下的占72.97%，10万～100万元的占21.62%，100万元以上的占5.41%。在参与投票的人中，已经买过或者有计划购买艺术品的比例高达89.19%。显然，年收入在10万元以上的人群已经或正要成为中国艺术品消费的主力军。这项调查还显示，受访的大众一般会拿出收入的10%购买艺术品，这一比例占到67.57%，而愿意拿出收入30%以上购买艺术品的，仅占8.11%。尽管比例不同，但艺术品市场在经历收藏、投资的发展阶段后，作为艺术市场金字塔最底端的、支撑艺术市场持久健康发展的艺术品消费市场正在兴起，艺术品消费时代正式来临。

艺术品消费的分层。目前，国内的艺术消费在2012年逐渐开始分出层次。与在艺术市场购买或者收藏艺术也分收藏和购买何种级别的艺术品，是名家名作，还只是二、三流艺术家的作品一样。针对艺术品消费实际上在2012年也开始逐渐分出层次。目前，国内的艺术品消费有对于艺术品原作的消费，有对于艺术衍生品的消费，也有对于艺术复制品的消费。一般来说，艺术原作消费在这三个层级中处于最高端，艺术品复制品在三个层级中位居中端，艺术衍生品的消费处于最低。

消费艺术品原作的价格水平稳定。2012年，“青年艺术100”可销售作品的价格数量分布是10万元占5%；9万—10万元之间的作品占2%；8万—9万元占1%；7万—8万元占3%；6万—7万元占5%；5万—6万元占3%；4万—5万元占10%；3万—4万元占17%；2万—3万元占21%；1万—2万元占21%；1万元以内占14%。而对应最终售出作品的区间为10万元以上成交的作品占售出作品数量的5%；9万—10万元无作品售出；8万—9万元占2%；7万—8万元占5%；6万—7万元占6%；5万—6万元占3%；4万—5万元占11%；3万—4万元占14%；2万—3万元占24%；1—2万元占20%；1万元以内作品占11%。4万元以下售出作品的比例高达69%，4万元及以下是目前国内进行原作艺术品消费人群最容易的价格。2012年国内艺术品消费价格水平保持稳定。

2012年国内的艺术消费也存在一些问题：主要的问题来源于艺术消费的产品供给方，目前艺术品消费人群增长很快，但是艺术消费品的供给仍显单调，创意独特能够吸引人的艺术消费品较少，无法满足消费人群增长的需求。另外就是部分艺术消费品定价过高，因为艺术品消费者能接受的价格水平整体依然不高，如果艺术品消费品的供给方不做充分的市场调研，不根据目前国内艺术品消费人群的购买特点和能够接受的价格水平合理的给艺术消费品定价，那么也会出现供给与实际的需求有距离的现象的出现。只有有创意、定价合理的艺术消费品才能吸引到消费者。

（3）艺术投资

艺术投资是以分散风险和投资回报为目标的艺术品购买行为，宏观经济的稳定、社会财富的增长、流动性的过剩、通货膨胀的预期、艺术品交易的活跃和价格的上涨等都是艺术投资的产生背景和推动因素。

国内艺术品市场自从2003年—2012年快速发展的十年间，市场的属性已经发生了根本的变化，从收藏型为主导变成了以投资为主导。这种转变也使得国内的艺术品市场与中国的宏观经济之间的关联越来越密切。2012年中国GDP增速破8，增速为7.8%，这是自1999年以来中国经济增速的最低值，也是近20年来“倒数第二”的经济增长速度。宏观经济的不景气使得尤其是以投资心态进入艺术品市场的买家购买行为变得谨慎。也正是进入到艺术品市场的快钱和热钱的减少，需求的减少影响到了2012年国内艺术品市场整体行情，因此，2012年国内艺术品市场并未能继续保持2011年继续增长的态势，反而是出现了较大幅度的调整。2012年国内艺术品尤其是拍卖市场行情明显向下调整其实是对于2011年艺术品投资过热的修正。投资性的资金的减少尽管会影响到短期内市场的表现，但长期看越少投资为目的的资金进入市场会降低市场的波动性，降低整个市场风险。

2012年国内艺术品的投资热的减弱还表现在艺术基金、艺术信托的发行和运作也同时出现了缩减。根据用益信托工作室发布的《2012艺术品信托市场年度报告》的数据，2012年共有12家信托公司参与发行了34款艺术品信托产品，发行规模为33.64亿元。与2011年国内艺术品信托的火爆相比，2012的艺术品信托市场相对低迷，参与的信托公司减少到6家，发行的产品数量减少10款，降幅为22.73%，发行规模降幅更是有近39.5%的下降。

尽管2012年艺术品投资热有所降温，但未来的几年投资艺术品仍然是很多高净值人的一个重要的选择，艺术品会是很多高净值人群在资产组合中的标准配置。根据胡润百富榜公布的中国高净值人群另类投资白皮书的数据，虽然房地产和股票仍然高居高净人群投资方向的第一和第二位，比例分别达到了76%和65%，但另类投资已经居高净值人群投资方向的第三位，比例高达56%，有明显增长。（艺术品、珠宝玉石、酒喝钟表、老爷车等）多数国内的高净值人士是从2008年开始另类的投资品受到高净值人群的关注，因为艺术品的投资回报率相当稳定，并且作为一种资产组合中的配置品可以降低或者对冲掉资产组合中其他资产亏损的风险，因为2008年的全球性金融危机之后，高净值人群的投资倾向于投资于能够保值增值的投资品种上，那么艺术品无疑是最为理想的投资品种。从艺术品的具体品类来说中国书画是最受欢迎的投资品类，其次是瓷器杂项和油画，三者的比例分别为40%、36%和14%。调查还显示高净值人群有艺术品投资的占到64%，未来有意向投资艺术品的比例高达78%。因此，未来一个阶段，高净值人群对艺术品的投资需求仍较为旺盛。

（4）艺术品进出口

近年来，艺术品贸易的国际化程度有所提高，在全世界艺术品进出口中，纽约和伦敦这两个主要的国际贸易港口占到了总额的60%以上。中国虽然近年来艺术品市场高速增长，但受制于高进口关税以及严格的进出口限制，跨境艺术品交易不够活跃。

出口方面，由于中国规定1911年之前的艺术品不得出口，这就使得我们出口的艺术品以现当代绘画作品为主。由于中国当代艺术的崛起，中国的艺术品出口总额在2008年时达到阶段性高峰，为4.92亿美元，2010年—2011年略有回落，2012年再度增长到53451.73万美元。在出口目的地国方面，中国有占总出口额28%的作品被出口到美国，出口到日本的艺术品占到了总出口额的17%，新加坡和英国并列第三，均占到了中国出口总额的9%。

2012年中国文化产品出口总体呈现快速增长态势，全年文化产品出口额为217.3亿美元，同比增长16.3%。从出口市场结构看，2012年中国文化产品对拉丁美洲、东盟和非洲等新兴市场出口增长较快，对上述地区出口额分别为17.2亿美元、15.4亿美元和13.6亿美元，同比增速分别达到72.2%、120%和120%。

单从艺术品、收藏品及古董来看，2012年，中国艺术品、藏品及古董进口额有所回落、出口额大幅上升。进口额由2011年的19016.16万美元回落至8766.48万美元，同比减少53.90%，但仍有240.24%的大幅增长；出口额由2011年的37477.71万美元增至53451.73万美元，增幅约为42.62%，进出口总额由56493.87万美元增至62218.21万美元，增幅约为10.13%。综合2000年以来艺术品进出口情况来看，进口额、出口额和进出额的增长速度很快。以2000年为基期计算，到2012年，艺术品进出口年平均增长率［（末期量/基期量-1）/年份差］均在90%以上。进口额年平均增长率约为92.5%，出口额年平均增长率约为190%，进出口额年平均增长率约为166%。

由于中国艺术品被列为奢侈品，征收关税比例较高，多种形式的低报瞒报等逃税手段也屡见不鲜。2012年纯艺术品类进口关税下调、海关加强对此类避税行为的监察，充分显示出中国对艺术市场规范化的决心。而综合来看，针对艺术品进出口，以海关为中心，结合文化、文物、工商、税务及行业协会等部门，开展多方联动的监察体系，完善进出口艺术品备案制度，简化进出境报批手续，适当放宽停留时限等，是促进艺术品市场的活跃和良好发展的必由之路。

（五）国际市场概况

迟缓的世界经济增长与对市场的不确定使2012年的艺术市场以销售总额470亿欧元，整体减少规模比2011年减少了7%。下降的关键因素是中国艺术市场增长放缓。去年中国艺术品市场比2011年整体下降了24%，降至106亿欧元。相反美国市场的逐年增长多少抵消了整体下降的幅度。美国市场以142亿欧元比2011增长了5%，美国又一次在全球市场以33%份额从新恢复了其领先地位，中国以25%紧随其后，英国仍然以23%份额位居第三。2012年全球交易量减少3亿5500万减少了4%比全球艺术市场最繁华时的2007年减少了30%。欧盟作为一个整体、停滞在36%总销售额比2011年下降了3%销售了158亿欧元。经济的动荡与政治的不确定使资产市场产生了波动，同样的情形也出现在艺术市场，并且重要的购买主要集中在重要艺术家的代表作品。2012年纯艺术品市场胜过装饰艺术品作品市场，某些个别类别的表现比其他尤为突出。战后与当代艺术在纯艺术拍卖里以43%比前一年上升了5%占据了最大的份额，是有史以来的最高纪录。现代艺术板块在2011年以38亿欧元达到顶峰之后，2012年减少了17%以32亿欧元并且以在30%占有率排行第二，紧随前者。

私人艺术品交易与艺术经纪人的销售状况证实了之前的预料，以222亿欧元比上一年减少了4%。相比拍卖等，此部分市场表现最差。据2012年的设问调查，艺术经纪人销售的36%通过本地或国际博览会达成，比2011年上涨了5%。

美国与中国仍然在2012年稳坐前两位。但与去年不同，今年中国艺术市场因受累于诸多内因与外因的影响，名次回归到原先的第二位，占到全球艺术市场总成交额的25%比去年整体下降了5%。市场流动资金量的匮乏（投资性资金大幅撤），资本流入单一化，国内艺术作品流通范围狭窄等都是2012年我国艺术市场回落的原因之一。

（六）国际地位和市场作用

1. 巩固了新兴亚洲市场地位

在过去5年中国艺术品市场相对于其他市场发展保持高增长，并且成为最为受瞩目的新兴市场。2012年中国艺术品交易量比2011年整体下降了24%，但依然保持了世界第二市场的位置，再次说明中国艺术市场牵动着全球整个市场的进退。近几年中国艺术品市场的长足的发展，使得中国在全球艺术品市场地位得到了认可，打破了美英等西方国家对于全球艺术品市场的长期垄断，并逐步在全球范围内扩张其影响力及话语权，形成了以北京（国内艺术品交易中心），香港（国际艺术品交易中心）为中心的亚洲艺术品市场。作为新型艺术品市场的亚洲其发展时间比欧美艺术市场相对较短，相对比欧美成熟市场统合度弱。因此需要加强与其他各地域市场之间的交流与互信沟通，形成较稳固的地区性统合市场可使发展的持续稳固。近几年中国的艺术品市场的迅速发展主要归功于对于艺术品购买的高涨的热情与国内投资资金大量流进艺术品市场。

2. 新兴艺术市场的领头羊

虽然2012年中国经济受货币紧缩政策的流动性约束开始放缓，但仍然保持了世界上增长最快的经济体之一殊荣。2012年国内生产总值增长是全球经济增长平均的3倍，力动的经济发展与丰富的文化遗产产生了庞大的市场。

全球艺术品市场交易中心的每次转移，其原因跟世界社会经济的大格局，大趋势有着密切的内在关联。19世纪第二次工业革命为背景，法国首都巴黎成为全球艺术品交易的中心；经历两次世界大战后欧洲大陆经济的整体回落，美国的崛起使得纽约取代了巴黎成为全球艺术品交易中心，并开始掌握艺术品市场的定价权。上世纪后叶以日本为首的亚洲经济的崛起，短暂地给以纽约为中心的市场格局一些冲击，但随后的经济不振使得其影响未能持续。1990年至2008年以中国、俄罗斯、印度、中东等国家和地区为代表的新兴艺术市场的腾飞，全球艺术品市场出现了多元化发展趋势。2008年全球金融危机以来，中国艺术品市场率先复苏，并2009—2011年持续成为全球艺术品市场的复苏引擎，给处于疲软的市场注入了活力，实现了交易中心的分化，而且为我国北京，香港为中心的亚洲新兴艺术市场在全球范围内赢得了影响力和话语权。具体表现在：①北京与香港经过几年发展成为了全球艺术品新的重要交易中心。2012年各国纯艺术品拍卖（价值超过5万欧元）占有率为美国34%、中国31%、英国22%，中国排位第二，连续保持者领跑位置。②2012年拍卖额前10位艺术家里我国的张大千（排第二），齐白石（排第四），徐悲鸿（排第六），李可染（排第七）傅抱石（排第十）等五位艺术家入围，不仅表明了其实力，同时也证明了我国艺术品市场向艺术资源核心交易方向推进。③我国拍卖公司在全球化竞争中表现优异，具备了与老牌国际拍卖公司竞争的实力。

三、《2012中国网络游戏市场年度报告》摘要

（一）网络游戏市场稳步发展

2012年，以互联网和移动网游戏市场计算，我国网络游戏市场收入规模达601.2亿元，同比增长28.3%。其中，互联网游戏536.1亿元，同比增长24.7%；移动游戏65.1亿元，同比增长68.2%。

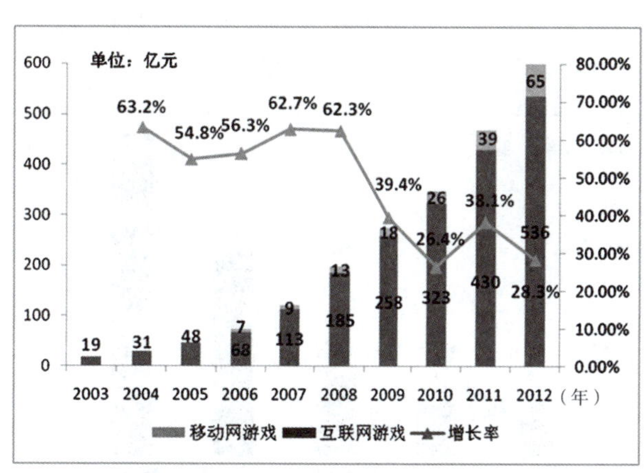

2003—2012年我国网络游戏市场规模及增长

2012年互联网游戏用户总数突破1.9亿人，同比增长18.7%；其中，网页游戏用户持续增长，规模达

1.63亿人，增长率达12.4%。移动网下载单机游戏用户达8200万人，增长率达60.7%；移动网在线游戏用户数量达2670万人，增长率达136%。客户端游戏和网页游戏的用户规模增速有所放缓，意味着互联网游戏市场要逐渐从依靠用户增量增长向挖掘现有用户潜力增长转型。移动网游戏用户规模继续保持高速增长的态势，尤其是移动网在线游戏，用户规模增速超过100%。

2012年，共有883款网络游戏通过文化部的审查或备案。其中，国产游戏830款，较2011年增加226款；进口游戏53款，较2011年增加11款。国产网络游戏数量继续增长，并仍然在市场上占据主要地位。

2012年的网络游戏市场中，互联网游戏仍然占据主导地位，市场份额达89.2%，但比重首次低于90%；移动网游戏比重继续上升，达10.8%，较2011年增长近2.5个百分点。互联网游戏市场中，客户端游戏依然占据绝对领先地位，市场份额为82.8%，但比重较2011年下滑近6个百分点；网页游戏市场份额进一步增长，达17.2%。移动网游戏市场中，下载单机游戏占据了79.0%的市场份额，移动网在线游戏所占市场份额较2011年上升了2.4个百分点，达21.0%。

2012年我国自主研发的互联网游戏产品在国内市场的运营收入达314.7亿元，同比增长23.8%。市场占比从2011年的59.1%下降为2012年的58.7%，下滑了0.4个百分点。

（二）网络游戏出口规模持续增长

据不完全统计，2012年新增出口游戏66款，累计出口国产网络游戏产品数量已经突破260款（自2010年起），参与出口的网络游戏企业接近100家。2012年自主研发网络游戏海外收入达5.87亿元，国产网络游戏海外出口态势稳步发展。

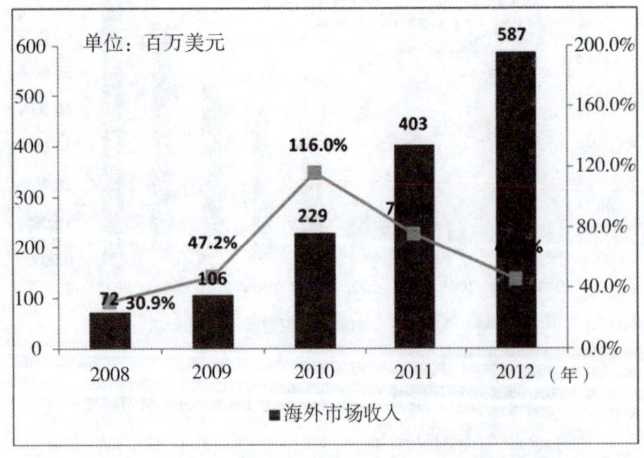

2008—2012年中国网络游戏产品海外市场收入

在新增的66款出口网络游戏中，网页游戏31款，客户端游戏17款，移动网游戏18款。移动网游戏数量较2011年有明显提升。

2012年，版权出口模式的产品数量有所增多，但整体来看，各出口模式所占的营收比重没有太大的变化。

2012年，移动网游戏通过应用商店直接获取海外收入的模式日渐成熟，由于应用商店全球性的特点，使得移动网游戏一旦上传到应用商店内，就具备了获取海外收入的能力。优秀的移动网游戏作品，在进行相应的本地化后，海外收入所占的营收比重能够大大超过在中国区获取的收入。这既反映出我国移动网游戏品质较高，也体现出我国移动网游戏市场还有很大的发展潜力。

（三）网络游戏行业投融资活跃

2012年，我国网络游戏企业的投资行为活跃度有所降低，全年公布的投资事件共有23起，总体来看，2012年网络游戏行业投资呈现出两个特点。一是大企业现金流优势凸显，23起投资事件中腾讯作为发起方或参与方就有11起；二是网络游戏企业跨界投资成为主流，以腾讯为例，其投资领域不仅局限于网络游戏产业链的上游，如游戏引擎开发企业等，更扩张到电子商务、软件服务等其他互联网领域。

2012年，网络游戏行业共有四家企业进行上市。分别是北京掌趣科技股份有限公司、广东胜思网络、中国手游娱乐集团和广州多玩信息技术有限公司。2012年1月12日，北京掌趣科技股份有限公司在深圳证券交易所创业板股票上市；2012年4月3日，广东胜思网络在加拿大证交所上市；2012年9月25日，中国手游娱乐集团在美国纳斯达克交易所正式上市；2012年11月21日广州多玩信息技术有限公司在美国纳斯达克交易所正式上市。

除了四家上市公司之外，网络游戏行业全年公布的融资事件共有32起，较去年有所增加。融资事件主要集中在移动网游戏领域。

（四）网络游戏市场管理工作进一步深化

2012年，文化部依照《网络游戏管理暂行办法》及相关规范性文件的各项规定，针对网络游戏市场出现的新问题、新矛盾，以点带面，积极探索网络游戏市场管理的新模式、新方法，进一步规范市场秩序，优化行业发展环境。开展主要工作如下：

一是开展《网络游戏管理暂行办法》评估工作，从主体准入、内容管理、运营监管、执法监督4个方面对《办法》执行情况进行评估，分析不足，明确改进思路和工作重点。同时举办全国网络文化市场管理业务培训班，提升各省管理骨干水平，对重点管理问题集中探讨，指导部分省份对网络文化经营单位集中培训，通过专题座谈、深入访谈等形式对重点问题研讨，为进一步完善、细化《办法》提供依据。

二是开展棋牌类网络游戏专项核查，对棋牌类网络游戏的虚拟货币报送、服务费结算方式、用户每局及每日游戏积分输赢的上限、用户间积分的赠予及转让行为等运营情况予以重点核查。全国共有近250家棋牌游戏企业参与核查。从核查情况看，市场总体情况尚可，但实名注册、家长监护工程、积分兑换要求等措施落实到位率较低。

三是坚持"未成年人保护优先"原则，落实家长监护工程与网瘾防止并举。2012年"家长监护工程"专区页面浏览量近亿次，相关咨询为18000余人次，受理申请2138件，成功解决2016件，跟踪回访1683件。各级文化行政部门，进一步要求督导、检查网络游戏企业落实"监护工程"和实名注册，落实"四有"要求，并通过网上巡查、随机抽访等手段，切实将"监护工程"落到实处，发挥实效。同时自2012年3月始深入调查研究，广泛征求社会、学校、科研院所、医疗机构等各界意见，决定从网络游戏成瘾入手，实施未成年人网络游戏成瘾综合防治工程。

四是加强网络游戏文化内容建设。指导北京大学、北京邮电大学、中国传媒大学举办网络游戏评论沙龙活动，分别就网络游戏竞技与暴力的区别、游戏中暴力的表现形式、游戏设计模式对玩家的影响、游戏与文化传播等进行了深入讨论。指导开展第二届网络游戏评论征文活动。同时，汇集首届网络游戏评论征文活动中的获奖论文和近年来公开发表的优秀论文和部分专家论文，推动出版国内第一本游戏评论文集《快乐消费的文化底色——网络游戏评论文集》。

五是为应用游戏发展搭建平台。2012年9月18日，由文化部文化市场司、江苏省文化厅、江苏省南京市人民政府等共同主办，南京市委宣传部、南京市文广新局、南京市建邺区人民政府等承办的首届中国应用游戏大赛正式启动。活动历时3个月，共收到参赛应用游戏产品1177件，创意作品272件。经过专家认证评选，共有65款产品和创意作品获奖。

六是委托华中师范大学开展"网络游戏中的暴力及低俗问题研究"课题。按照"不能美化暴力、不能无原则地表现暴力、不能无节制地表现暴力"的原则，将暴力课题建议制度转化为网络游戏内容审查的机制和流程，为网络游戏研发、运营、内容审查、市场监管提供科学的参考尺度。

七是组织网络游戏企业"走出去"。2月，组织国内网络游戏企业及管理部门代表团赴越南政策考察，推动中越之间网络游戏企业交流合作，为国产网络游戏走出去创造条件。

八是加强行业自律。2012年4月，在文化部文化市场司指导下，由移动游戏开发商、运营商、电信运营商、终端制造商、行业研究机构、媒体等产业链各方发起成立了"移动游戏发展联盟"。文化部通过指导网页游戏规范自律联盟、移动游戏发展联盟和桌面游戏联盟等中介组织，加强行业自律和规范，促进行业健康、有序地发展。

九是加大对非法网络游戏产品和网络游戏违法经营活动的打击力度，加快网络文化市场监管平台建设、通过技术手段的运用，为网络文化市场的统一管理打下基础。文化部在2012年中，继续严格查处网游运营中的低俗宣传、违法违规经营等问题，部署各地文化行政部门和文化市场综合执法机构，全年共对505家涉嫌违法违规的网络游戏运营单位予以立案查处。

2013年，文化部将推动网络游戏企业自审制度的落实，强化企业自律。深化未成年人家长监护工程，落实未成年人网络游戏成瘾综合防治工程方案。加强移动游戏管理，规范移动游戏市场秩序。出台棋牌类网络游戏管理规范。进一步加大对从事低俗营销等违规行为的查处力度，净化网络文化市场环境。

（五）2013年网络游戏发展趋势

一是网络游戏市场规模将继续增长。未来几年仍将是中国网络游戏发展的机遇期。预计2015年末，网络游戏市场规模将超过1000亿元，年均复合增长率超过20%。未来几年，客户端游戏增长将保持平缓的态势，但市场份额依然稳固。网页游戏增速将会有所放缓，移动网游戏将保持高速持续增长。整体来看，互联网游戏仍将占据主体地位，但比重会逐渐降低。

二是客户端游戏市场趋于饱和。2012年，受到网络视频等娱乐方式的冲击，和网页游戏、移动网游戏对用户的分流，客户端游戏增速有所放缓，整体市场特别是一线城市市场趋于饱和，客户端游戏企业正在将精力更多地放在开拓二三线城市的市场上。与此同时，网页游戏市场规模大幅度上升。在接下来的几年中，网页游戏市场增长将越来越依靠存量而不是增量。可以预见的是，网页游戏行业竞争将更为激烈，市场规模将会保持平稳的增长，但增速将有所放缓。

三是移动网游戏迎来新的发展契机。在移动网网络环境改善、智能移动终端迅速普及等因素的推动下，移动网游戏市场蓬勃壮大，移动网网络游戏迅猛发展。随着网络速度的进一步加快，流量资费的再次下调，移动网网络游戏将走上高速发展的道路，优质产品也将不断涌现。

四是产业链中，研发的力量逐渐凸显，产品为王将成为趋势。网页游戏的联运——分成模式，注定了“赢家通吃”的结局，最好的产品往往最普及，营收最高的产品也会吸引更多的渠道资源。目前，这一模式也正在被移动网游戏所借鉴，在移动网游戏产业链中，渠道的影响力更为强大，对产品品质的要求更高，这必然导致整个产业链重视起产品品质，对移动网游戏和网页游戏企业的研发水平要求将比以前更高。

五是开放平台模式影响力逐步扩大，小企业进驻大企业平台将成为主流。2011年开始，开发平台的模式逐渐受到产业重视。腾讯等大企业开始搭建自有平台，通过企业的用户资源或是海外运营资源，吸引小企业来合作运营网络游戏，并参与营收分成。开放平台的出现，意味着网络游戏市场已经发展到了充分大的程度，不太可能出现大型寡头垄断产业链资源的情况。大企业为了弥补自己在资源上的缺陷，势必要开放自己的一部分资源，与小企业合作，形成产业共赢。这一趋势将在未来形成主流。

六是网络游戏的文化影响力逐渐增强。随着网络游戏的发展，网络游戏已经不单单是一个用于盈利的商业产品，更是一个具有文化内涵的文化产品。不仅是中国网络游戏加大了对中国传统文化的挖掘，国外的网络游戏企业为了抢占中国市场，也在其产品中加入了更多的中国文化元素。未来，网络游戏的文化内涵将进一步被企业和社会所接受和认可。

四、《2012中国网络音乐市场年度报告》摘要

2012年，随着智能手机的普及特别是移动互联网的快速发展，中国互联网总人数保持了稳定提升，网络音乐用户规模在此基础上平稳增长。此外，政府监管的不断完善和产业自身的逐渐成熟也为网络音乐开拓出更为广阔的市场创造了机会和条件。

（一）中国网络音乐市场平稳发展

2012年，中国网络音乐行业在主管部门的有效管理和积极引导下，在全行业的积极探索和全球网络音乐市场规模不断攀升的拉动作用下，中国网络音乐市场经营秩序进一步规范，网络音乐产品日益丰富，与其他行业及产品的融合不断加深，新的服务模式和新的应用加速涌现，结合移动互联网和流媒体潮流应运而生的各种音乐类产品发展迅速。

经营主体方面：2012年作为网络音乐市场经营主体的网络音乐企业数量继续保持平稳增长。截至2012年底，获得网络音乐相关业务经营资质的企业有575家，比2011年增长27.2%。越来越多的企业为网络音乐市场的繁荣发展做出着努力和探索。

在线音乐方面：在免费音乐仍然占主流的前提下，在线音乐演出、在线音乐服务下载收费等模式成为在线音乐市场规模增长的新亮点。2012年在线音乐市场规模达到18.2亿元（在线音乐服务提供商收入，包含在线音乐演出收入），比2011年的3.8亿元增长379%，在线音乐演出的收入大大拉升了本年度的在线音乐市场规模。

在线音乐用户规模和使用率均出现上升，分别为4.36亿和77.3%，用户年增长率为13.0%。在线音乐用户呈现出男女比例差距缩小、年龄层次逐渐丰富、付费率低、无收入和低收入用户比例较高、获取音乐产品途径多样等特点。

在线音乐商业模式方面，创新性应用带来了在线音乐商业模式的改变，在线音乐演出是2012年促进在线音乐收入增加的主力。行业环境改善促进网络音乐流量变现的能力提高，在政府的监管、行业自律以及正版化工作的不断推进下，音乐网站的广告价值继续上升。

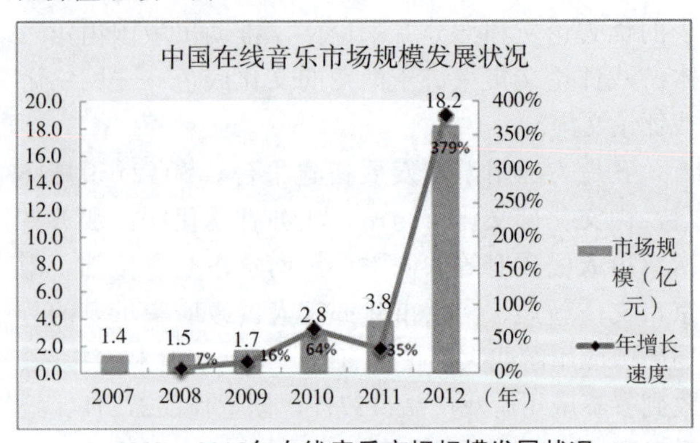

2007—2012年在线音乐市场规模发展状况

无线音乐方面：2012年，随着智能手机销量的持续增加、移动终端的日益普及和移动网络带宽的不断改善，各类移动应用商店的使用率也不断提升，移动互联网用户群体出现持续增长。在其带动下，无线音乐市场规模稳步增长。2012年，我国无线音乐市场规模达到27.2亿元（内容提供商总收入计），比2011年的24亿元增长13.3%。

无线音乐用户方面，智能手机功能的日益强大和价格持续走低，大幅降低了移动智能终端的使用门槛，移动上网应用出现创新热潮，迅速增长的手机网民规模推动了无线音乐用户的增长。2012年底中国无线音乐市场用户数规模接近7.5亿，在移动用户中渗透率为66.9%，排在即时通讯、手机搜索之后。

2012年我国无线音乐整体市场的发展势头良好，商业模式方面，随着运营商不断向其上游及下游的渗透、CP 与SP 的相互融合、终端制造商不断地扩张其市场空间以及无线音乐用户需求的不断增多，整个无线音乐的产业格局正在不断的碰撞中摸索寻求最优模式，进而带动创新应用不断增加，行业渗透逐步加强。

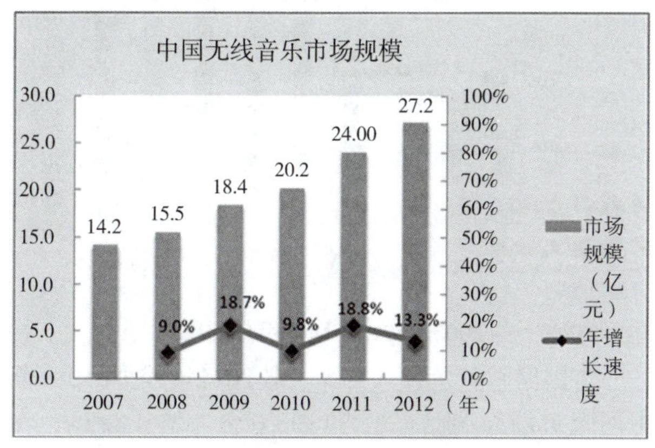

2007—2012年无线音乐市场规模发展状况

（二）网络音乐市场存在的问题

在我国网络音乐市场整体发展态势良好的趋势下，网络音乐市场也伴随着一些亟待解决的问题。除了仍然面临着互联网环境下的版权保护问题和网络音乐商业模式缺乏等国际共同的难题外，行业标准的缺失、企业融资困难、分配机制不合理、原创内容缺乏、听歌收费落实困难等问题依然制约着网络音乐行业的发展。

盈利模式难以突破：我国网络音乐市场缺乏良好地营收循环，目前主要以“免费服务+广告收入”为盈利方式，依赖于流量变现，周期长且被动。各企业在盈利模式方面虽然不断进行着探索和创新，但大多止步于微创新，难以取得大的突破和进展。加上网络音乐用户付费意识较弱、网络音乐内容和运作模式上存在不规范操作等，无法形成良好地营收循环和成熟的商业模式。

产业内缺乏有效分配协调机制：目前，版权方和渠道方之间缺乏互信，缺少透明、规范的收费统计和结算平台，产业内缺乏有效分配协调机制，使得具体的利益分配难以公平合理地实现，版权方和渠道方更多是通过高额的版费授权进行合作。从而影响音乐内容创作和传播。分配机制方面的问题成为阻碍音乐产业发展的症结之一。

音乐企业融资困难：网络音乐缺乏成熟的商业模式、企业收益水平得不到保障、规模化盈利还存在困难等是融资困难的关键原因，部分PE和VC对利益回收周期较长且运行仍不稳定的网络音乐板块兴趣较小。网络音乐市场资产评估体系尚未建立、可质押价值难以明晰、相关风险控制体系缺失等因素都影响着相关资金进入和扶持音乐企业。

音乐付费定价和支付系统有待优化：目前我国网络音乐行业正在推动音乐付费模式的建立，但定价机制和支付系统尚未建立健全，收费分成也存在难题。如何平衡市场中众多主体之间的利益，避免恶性竞争是当前付费模式建立的难题之一。定价过程中大公司垄断市场，小公司丧失定价权会引起市场中的矛盾和纠纷，支付过程繁琐复杂会影响用户使用和消费的积极性。

（三）2012年网络音乐市场管理工作

中国网络音乐市场的健康发展离不开政府相关部门的管理与引导。作为网络音乐的主管部门，2012年，文化部继续按照国务院赋予的相关职能，通过多种手段对网络音乐市场进行了管理。市场整体环境有所好转，市场秩序得到了规范。

1. 加强对网络音乐违法和违规经营行为的打击

为了营造良好的网络音乐经营环境，文化部加大对网络音乐违法和违规经营行为的打击，部署对百兆音乐网等72家涉嫌违法违规的网络音乐网站进行查处，关闭了看啥网、931经典歌曲大全网等违规网站30余家。通过对网络音乐违法和违规行为的打击，合法合规的经营行为得到了维护，2012年中国网络音乐市场的经营环境和经营秩序有了较大的改善。

2. 对现行网络音乐管理政策进行评估

为全面了解和评估现有网络音乐管理和审查政策执行情况，了解现有政策在执行中存在的问题，文化部对网络音乐管理政策的开展全面评估工作，并形成了政策评估报告，为下一步进行网络音乐政策的调整和修改提供了依据。

3. 推动行业自律和发展

2012年，文化部指导网络音乐行业发展联盟工作，推动网络音乐产业链在联盟框架内积极开展对话，共同探索行业健康发展模式。并以网络文化标准委员会、联盟执行办公室为依托，启动网络音乐行业标准研究、制定工作。

4. 鼓励行业创新和示范工作

为了鼓励企业的创新探索，推动行业整体创新能力的提升，文化部文化市场司评选出了包括中国电信音乐、中国移动音乐、多米音乐、酷狗音乐等10家“网络音乐创新示范单位”，召开网络音乐发展与管理模式创新研讨会，交流网络音乐创新经验，推进网络化条件下音乐产业新的生态产业链的重构与创新。

（四）2013年网络音乐市场发展趋势

展望2013年中国网络音乐市场发展，主要呈现出如下趋势：

网络音乐促进各行业应用与音乐的融合进一步加强。网络音乐把传统音乐行业融入了IT 行业，各式各样的新型音乐服务纷纷涌现，大大扩展了音乐产业的盈利空间。随着网络音乐的飞速发展，从唱片公司、电信部门、网络服务商乃至零售业霸主等行业巨头都表现出对网络音乐的浓厚兴趣。

企业收费盈利模式将陆续展开。2012年10月以来，以百度、腾讯、酷我、酷狗、多米、虾米为首的数字音乐从业企业相继推出以正版付费音乐为目标的产品整合和战略布局，希望通过多家企业共同的努力搭建一个良好的中国数字音乐用户付费的行业环境。

开放平台成为新的网络音乐营销渠道。开放平台促进了电商等流量平台的发展，网络音乐作为一项网民重要的应用形式，也成为开放平台的一种选择。可以预见，更多的平台将推行开放平台策略，促进整个网络音乐生态链的建设。

营销模式逐步转型。音乐产品的营销越来越细化，音乐产品对受众的分类越来越丰富，个性化、订制化产品营销模式逐渐流行。网络音乐与其他应用的融合性不断增强，社交、分享等人群黏合性强的应用也成为网络音乐进行传播和营销的渠道之一。

传统音乐服务的萎缩和新型音乐服务的涌现。新的服务模式和新的应用不断涌现，结合移动互联网和流媒体潮流应运而生的各种音乐类产品发展迅速。相比较之下，传统网络音乐服务发展逐渐放慢甚至有些萎缩的迹象。

选秀节目对音乐创作的支持和扶植。网络音乐对传统的音乐人才培养和选拔模式也产生了一定的冲击。音乐网站携手唱片公司进行选秀俨然成为顺应时尚潮流的一个发展趋势，同时也对传统的音乐人才选拔方式提出了挑战。

五、《2012中国网吧市场年度报告》摘要

（一）网吧市场总体概况

根据CNNIC《第31次中国互联网络发展状况统计报告》显示：截至2012年底，我国网民人数已经达到5.64亿人，全年新增网民5090万人，互联网普及率达42.1%。其中，在网吧上网的网民为1.26亿人，占网民总数的22.4%，较2011年下降5.5%，延续了2011年的负增长趋势。

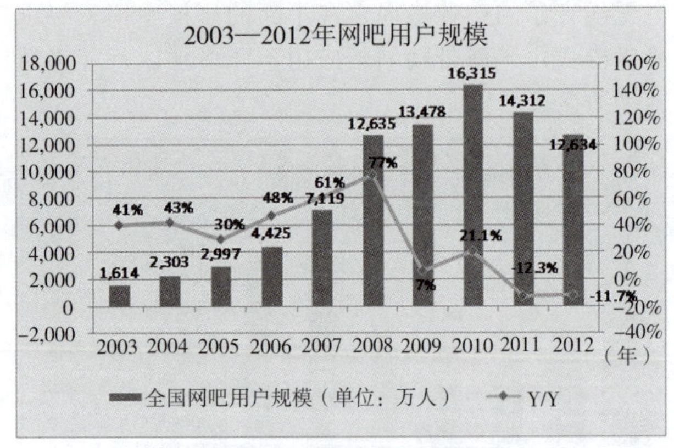

2003—2012年网吧用户规模

全国网吧数量13.6万家，较2011年减少6.9%;全国网吧市场终端保有量为1195万台，增长3.7%。收入537亿元，同比下降13.2%，降幅相较2011年有所放缓。

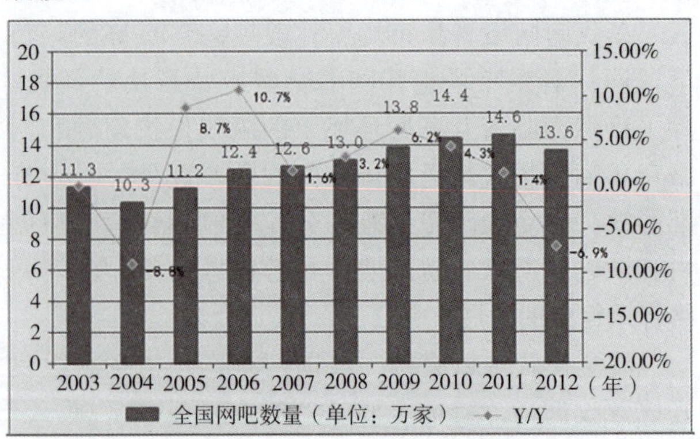

2003—2012年全国网吧数量

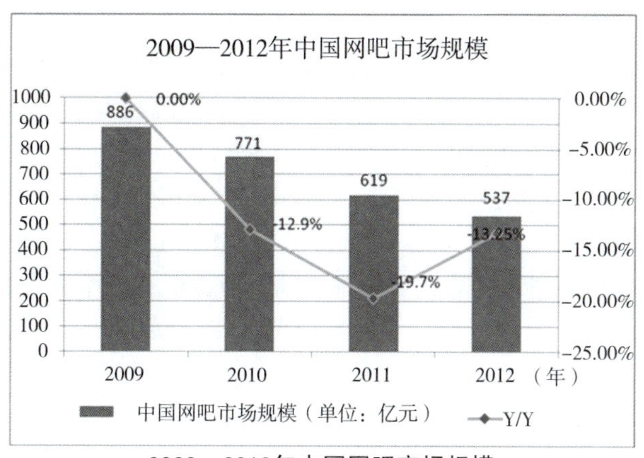

2009—2012年中国网吧市场规模

2012年，全国网吧从业人员103.6万名，18至23岁的从业人员仍是占比最高的年龄段，占比为49.5%；23至28岁的从业人员占29.7%。网吧从业人员的整体教育水平较2011年有所提高，本科、硕士及以上学历水平的员工分别为17.6%及4.9%，高中/中专、初中及以下学历的从业人员占比有所降低，占比分别为35.2%、18.9%。2012年我国网吧市场出现了一系列新的变化，具体表现为：在各级文化主管部门的大力推进下，全国网吧连锁率已达40%。连锁网吧赢利状况改善，单体网吧赢利困难；移动互联网一如既往地冲击、服务单一是客户流失主要原因。

2012年，网络游戏、网络音乐及网络搜索是网吧用户使用率最高的网络应用，使用率分别为87.4%，62.5%和50.7%；网络视频使用率继续增长超过8个百分点，达44.0%。

（二）2012年网吧市场管理回顾

2012年的网吧管理工作按照既定目标，“稳”字当头，以维护网吧市场整体平稳为基调，做好以下几项重点工作：

一是各地继续把网吧连锁推进工作作为网吧市场管理的重要抓手，因地制宜，积极创新，以连锁促规范，以连锁助管理，以连锁带转型，取得了明显的工作成效。2012年，在各级文化主管部门的大力推进下，全国网吧连锁率进一步提升，连锁率已达40%。各地创新网吧连锁推进模式，摸索出许多连锁推进的新方法、新思路，在政府的大力引导和扶持下，网吧连锁企业借助连锁优势，不断拓展业务范围，与咖啡屋、网络游戏、网络教育、电子竞技、影视放映等多行业有机融合，连锁网吧业态不断拓展，推进网吧从单一的上网服务场所向以上网为基础的多元化运用平台方向发展。

二是继续深化网吧管理的长效机制建设，规范网吧市场秩序，以打击网吧违规接纳未成年人为中心，以农村及城乡结合部为重点，坚持严管重罚，强化市场退出机制。2012年，各级文化行政部门和文化市场综合执法机构共出动执法人员454.83万余人次，检查网吧240.02万余家次，责令改正4.74万余家次；共受理举报1.81万余件，立案调查3.42万余件，移交案件1193件，办结案件3.16万余起；全年给予警告处分3.77万余家次，责令停业整顿4292家次，没收违法所得102.03万余元。

三是积极促成全国网吧行业协会的成立。经过多方长期的积极筹备，2012年12月11日，中国互联网上网服务营业场所行业协会在北京正式成立。协会的成立将有力推动全国网吧行业的发展，不断提高网吧企业的自律能力，增强行业凝聚力。

2013年，网吧管理工作将以维护网吧市场整体平稳为基调，重点做好以下几项重点工作：一是继续完善网吧管理长效机制，加强对已设立网吧的跟踪管理，规范网吧市场秩序；二是坚持“政府主导、市场运作”的原则，深化网吧连锁工作；三是试点改进网吧市场准入工作，适时调整网吧总量和布局规划；四是加强行业协会建设，促进行业自律。

（三）网吧市场发展趋势

1. 市场收入规模将进一步缩小

受到以下几个方面因素的影响，网吧市场收入规模将进一步缩小：一是个人电脑和宽带的普及导致网吧绝对上网人数减少，之前需要到网吧去玩的游戏或是应用，目前在家里和其他厂场所可以轻松实现，对周围氛围要求不高的一部分人群自然就选择在环境和私密性更好的家里上网；二是智能手机、3G网络的普及，以及三网融合的逐步实现，使得上网、在线阅读、听音乐、看电视等功能已经能在智能手机上实现；三是部分网吧业主自身的管理和经营水平较低，导致网吧亏损严重，无力继续经营；四是房租和人力成本的大幅度上涨推升了网吧的经营成本，进一步削减了网吧的利润水平。

2. 发展便民服务，创造新的赢利点

网吧拥有快捷方便的上网条件，高速的网络接入，以及较高的用户覆盖率，在未来网吧将成为网络代购点及收货站的首选场所，网吧也能通过与大型的购物网站合作，在提供公益性服务为周边用户解决网购问题的同时也提高了自己的利润并且树立了良好的社会形象。目前，广州已有800家具备代购服务的网吧，而全国有天猫代购网点近1万家。预计

到2013年底，全国将会有超过1.2万家代购点，同时也会有2200多个网点实现代收货功能。

3. 创新推广模式，依托网络渠道吸引新用户

通过创新推广模式，发展线下商务的机会与互联网结合（O2O模式，即Online To Offline），让互联网成为线下交易的前台。受目前网吧经营模式的限制，除了店招之外网吧广告很少出现在人们的视线之内，而网吧举办的一些活动及促销信息，也基本只能在网吧内向用户展示，用户很难接触到这些信息，而O2O模式的出现正解决了这一问题。网吧可以通过在O2O平台上发布信息，让网吧用户可以及时了解到网吧举办的各种活动，以及促销打折信息。

4. 与其他业态相互融合，新的商业模式逐步形成

2012年，网吧与网络游戏等其他相关行业的合作案例明显增多。由于网吧用户具有年轻、高活跃度、消费意愿强等特点，结合网吧自身对内容较强的展现能力，网吧将成为包括移动网游戏在内的移动内容提供商的重点关注渠道。

经营成本不断上涨和用户习惯转变，对网吧市场的发展形成了一定的阻力。2012年，单体网吧和连锁网吧都在艰难地探索新的商业模式。一些网吧试图通过改善环境，介入高端用户市场；一些网吧将部分空间改造为咖啡厅，营造出休闲的氛围，拓宽营业内容；另一些网吧则将游戏厅或台球厅和网吧建在一起，利用网吧的客流量来拉动其他业务的营收。可以预见的是，未来，网吧市场仍将继续探索新的商业模式。

5. 二、三线城市网吧市场的发展速度将超过一线城市

近年来，一线城市的房租不断上涨，人力成本也持续升高，这使得一线城市的网吧利润率进一步下滑，部分一线城市的网吧业主甚至离开了网吧行业。另一方面，由于广州、深圳等地的务工人员逐渐返回原籍，对一线城市网吧的客流量也有一定影响，而对二三线城市的网吧市场则是利好消息。未来，随着二三线城市网吧设施的不断更新，二三线城市网吧市场的发展速度将逐渐加快，甚至超过一线城市。

6. 网吧门店的专业化和特色化将进一步加强，品牌化经营趋势凸显

随着3G的应用，普通家庭宽带的升级，智能手机的不断更新换代，到网吧上网已经不再是网民的第一需求。但真正的玩家在玩游戏时更讲究环境和团队，这将成为网吧进一步发展的推动力。因此，门店的专业化将会成为趋势。此外，还有针对不同群体不同需求的特色网吧，比如高品质的影视吧、网咖等，服务的标准进一步升级，在满足网民的基本上网需求之外，还能够满足消费者的个性需求。

所在城市经济发展水平较高、位于市中心或繁华商业区的网吧，其面对的消费群体工资收入及对娱乐质量、内容的要求都较高。为保证客源不流失，这些区域的网吧逐步向集商务休闲、娱乐聚会等功能于一体的高端会所式网吧发展，同时在连锁网吧政策的推动下，网吧门店的品牌化经营趋势凸显。

六、2012年全国文化市场综合执法工作情况

2012年，全国各级文化行政部门和文化市场综合行政执法机构按照文化部的统一部署，全力开展动漫市场专项整治行动和迎接党的十八大文化市场专项保障行动，以清理整顿演出、娱乐、网吧、网络音乐和网络游戏等市场为重点，进一步净化社会文化环境，规范文化市场秩序，为党的十八大胜利召开创造了良好的社会文化环境。

（一）总体执法工作情况

从各级上报的执法数据看，2012年度，全国共出动执法人员1217.89万余人（次），与2011年度相比减少1%；检查文化市场经营单位610.18万余家（次），与2011年度相比减少18%；责令经营单位改正14.56万余家（次），与2011年度相比减少30%。全国共受理举报3.40万余件，与2011年度相比减少30%；立案调查5.76万余件，与2011年度相比减少10%；移交案件3256件，与2011年度相比减少7%；办结案件5.12万余件，与2011年度相比减少10%。全国共警告经营单位10.85万余家（次），与2011年度相比增加5%；罚款1.93亿余元，与2011年度相比增加1%；没收违法所得336.28万余元，与2011年度相比减少18%；责令停业整顿9847家（次），与2011年度相比减少44%；吊销许可证305家，与2011年度相比减少19%。

数据显示，网吧、娱乐、出版物市场仍是各地监管的重心，对以上市场的检查人次数占总人次数的90.23%，受理举报次数占总次数的86.78%，办结案件数量占总结案数的92.48%。网吧市场依然在各市场中占有较大比例，对其检查人次数占到总人次数的37.35%，受理举报次数占总次数的53.15%，办结案件数量占总结案数的61.79%。艺术品、文物、电影放映、网络文化等市场在各项执法数据中所占比例仍较低。值得注意的是，各地明显加大了对互联网文化和广播电视等市场的巡查及案件办理力度，

但所占比重仍然较低。

（二）各门类市场执法工作情况

1. 演出市场：出动执法人员25.38万余人（次），占出动总人次的2.08%；检查营业性演出活动6.92万余场（次）；检查经营单位5.01万余家（次）；责令经营单位改正2229家（次）。共受理举报615件，占受理举报总数的1.80%；立案调查191件；移交案件33件；办结案件176件，占结案总数的0.34%。警告经营单位993家（次）；罚款105.77万余元；没收违法所得2.44万余元；责令停业整顿180家（次）；吊销许可证3家；没收演出器材108件。

2. 歌舞娱乐场所：出动执法人员147.57万余人（次），占出动总人次的12.12%；检查经营单位72.74万余家（次），占检查总家数的11.92%；责令经营单位改正1.86万余家（次）。共受理举报2513件，占受理举报总数的7.38%；立案调查3601件，占立案总数的6.25%；移交案件225件；办结案件2799件，占结案总数的5.46%。取缔经营单位1028家。共警告经营单位1.15万余家（次），占警告总数的10.68%；罚款1298.48万余元，占罚款总数的6.72%；没收违法所得60.60万余元，占没收违法所得总数18.02%；责令停业整顿1187家（次），占总次数的12.05%；吊销许可证42家，占吊证总数的13.77%。

3. 游艺娱乐场所：出动执法人员107.57万余人（次），占出动总人次的8.83%；检查经营单位52.15万余家（次），占检查总家数的8.54%；责令经营单位改正1.68万余家（次）。共受理举报3933件，占受理举报总数的11.54%；立案调查5242件，占立案总数的9.10%；移交案件416件；办结案件4493件，占结案总数的8.76%。共取缔经营单位1.52万余家。警告经营单位6318家（次），占警告总数的5.82%；罚款1996.73万余元，占罚款总数的10.33%；没收违法所得58.81万余元，占没收违法所得总数17.49%；责令停业整顿2332家（次）；吊销许可证76家，占吊证总数的24.92%。

4. 艺术品市场：出动执法人员17.49万余人（次），检查经营单位7.48万余家（次），责令经营单位改正1333家（次）。共受理举报57件，立案调查78件，办结案件77件。警告经营单位421家（次），罚款3.37万余元，责令停业整顿53家（次）。

5. 互联网上网服务营业场所：出动执法人员454.83万余人（次），占出动总人次的37.35%；检查经营单位240.02万余家（次），占检查总家数的39.34%；责令经营单位改正4.74万余家（次）。受理举报1.81万余件，占受理举报总数的53.15%；立案调查3.42万余件，占立案总数的59.44%；移交案件1193件；办结案件3.16万余件，占结案总数的61.79%。警告经营单位3.77万余家（次），占警告总数的34.81%；罚款11286.72万余元，占罚款总数的58.39%；没收违法所得102.03万余元，占没收违法所得总数30.34%；责令停业整顿4292家（次），占总次数的43.59%。

6. 互联网文化经营单位：出动执法人员6.45万余人（次），占出动总人次的0.53%；检查经营单位3.21万余家（次），责令经营单位改正975家（次）。受理举报693件，占受理举报总数的2.03%；立案调查663件；移交案件16件；办结案件505件，占办结案件总数的0.98%。取缔经营单位48家。共警告经营单位464家（次）；罚款287.57万余元；没收违法所得32.82万余元；责令停业整顿53家（次）。

7. 文物：出动执法人员8.58万余人（次），检查经营单位4.12万余家（次），责令经营单位改正612家（次）。共受理举报299件，立案调查169件，移交案件29件，办结案件85件。警告经营单位120家（次），罚款565.40万余元。

8. 电影发行放映单位：出动执法人员9.64万余人（次），检查经营单位（场所）3.30万余家（次），责令经营单位改正502家（次）。共受理举报123件，立案调查85件，移交案件10件，办结案件68件。警告经营单位104家（次），罚款68.59万余元，责令停业整顿21家（次）。

9. 广播电视、地面卫星接收设施：出动执法人员29.81万余人（次），检查经营单位28.61万余家（次），责令经营单位改正1.70万余家（次）。受理举报1459件，立案调查1877件，移交案件84件，办结案件1969件。警告经营单位5370家（次），罚款250.61万余元，吊销许可证37家。

10. 互联网视听节目服务单位：出动执法人员2.07万余人（次），检查经营单位7654万余家（次），责令经营单位改正451家（次）。受理举报173件，立案调查278件，移交案件90件，办结案件219件。取缔经营单位20家。共警告经营单位272家（次），罚款92.80万余元,吊销许可证2家。

11. 互联网出版机构：出动执法人员1.25万余人（次），检查经营单位3148家（次），责令改正260家（次）。受理举报85件，立案调查94件，移交案件5件，办结案件62件。警告经营单位59家（次），罚款69.07

万余元。

12．书报刊经营单位：出动执法人员146.50万余人（次），占出动总人次的12.03%；检查经营单位73.84万余家（次），占检查总家数的12.10%；责令经营单位改正1.44万余家（次）。受理举报2325件，占受理举报总数的6.82%；立案调查4244件，占立案总数的6.7%；移交案件160件；办结案件3770件，占结案总数的6.54%。取缔经营单位3114家。共警告经营单位6781万余家（次），占警告总数的6.25%；罚款1161.23万余元，占罚款总数的6.01%；没收违法所得19.21万余元；没收非法书报刊598.17万余册；责令停业整顿399家（次）；吊销许可证43家，占吊证总数的14.10%。

13．音像（电子）出版物经营单位：出动执法人员103.74万余人（次），占出动总人次的8.52%；检查经营单位50.24万余家（次），占检查总家数的8.24%；责令经营单位改正1.17万余家（次）。受理举报1988件，占受理举报总数的5.83%；立案调查3547件，占立案总数的6.15%；移交案件723件；办结案件2996件，占结案总数的5.84%。共取缔经营单位4694家。警告经营单位1.77万余家（次），占警告总数的16.32%；罚款508.75万余元，占罚款总数的2.63%；没收违法所得10.69万余元；没收非法音像制品（电子出版物）1538.37万余张（盘）；责令停业整顿516家（次）；吊销许可证68家，占吊证总数的22.30%。

14．印刷经营单位：出动执法人员138.64万余人（次），占出动总人次的11.38%；检查经营单位62.10万余家（次），占检查总家数的10.18%；责令经营单位改正9806家（次）。受理举报700件，占受理举报总数的2.05%；立案调查3012件，占立案总数的5.23%；移交案件198件；办结案件2274件，占结案总数的4.44%。警告经营单位19346家（次），占警告总数的17.83%；罚款1379.79万余元，占罚款总数的7.14%；没收违法所得22.69万余元；没收非法印刷物299.3万余册；责令停业整顿639家（次）。

中国文化年鉴

Almanac Of Chinese Culture

文化产业

Cultural Industries

中国文化年鉴

综　述

2012年是深入落实党的十七届六中全会精神，实施“十二五”规划，积极促进文化产业发展的关键之年。一年来，文化产业工作在党中央、国务院的正确领导下，着眼支柱性产业的战略定位，以构建现代文化产业体系为目标，以实施规划为契机，以落实政策和重大项目为抓手，以搭建平台为重点，以做强做大为着眼点，不断开创文化产业发展新局面。

一、实施规划引领，文化产业政策体系逐步完善

始终把完善文化产业政策体系作为工作的重点，2012年制定发布了多个重要政策文件并积极组织落实。加强规划引导,制定发布了《文化部“十二五”时期文化产业倍增计划》和《“十二五”时期国家动漫产业发展规划》。加强对西部地区文化产业发展的支持力度，推动出台《西部地区鼓励类产业目录》，现已报国务院待批。牵头制定了《文化部关于鼓励和引导民间资本进入文化领域的实施意见》，协调财政部税政司，明确经认定的动漫企业在营业税改征增值税试点地区的税收优惠政策，进一步完善文化产业发展的政策环境，努力为文化产业协调健康发展创造条件。

二、加强园区基地建设，骨干企业引领示范作用进一步显现

进一步强化对基地、园区的动态管理，撤销了北京中录同方文化传播有限公司等4家存在突出问题、不再发挥示范作用的单位国家文化产业示范基地的命名。积极反映文化部门对主题公园建设的监管意见，配合国家发改委制定《关于规范主题公园建设的意见》，加强主题公园建设管理。为进一步培育骨干文化企业，发挥国家级文化产业基地园区示范引领作用，开展了第五批国家文化产业示范基地和第四批国家级文化产业示范园区的命名工作，举办了国家级文化产业园区基地命名授牌会议和发展座谈会。启动《国家文化产业示范基地评选命名管理办法》修订工作。编辑出版最新《国家级文化产业示范（试验）园区　国家文化产业示范基地简介》，积极推进国家文化产业示范基地园区协会建设工作，促进园区基地间交流合作。

三、以重大文化产业项目为抓手，加快特色文化产业发展

深入贯彻十七届六中全会关于发展特色文化产业的精神，落实《“十二五”时期文化产业倍增计划》，统筹中西部文化产业发展，积极启动藏羌彝文化产业走廊项目建设工作，起草有关工作报告上报中央领导，召开了藏羌彝文化产业走廊建设座谈会、藏羌彝文化产业走廊建设论坛等多次会议，编制了藏羌彝文化产业走廊规划。创办特色文化城市发展论坛，开展特色文化城市评价标准体系研究。积极加强与财政等相关部门协调，争取对特色文化产业项目的支持，积极推动国家特色文化产业示范区建设工作，努力推进特色文化产业发展。

四、深入推进完善文化产业投融资各项工作

进一步加强与财政、商务、金融等部门和机构的合作，共同推进了文化产业投融资工作向纵深化发展。积极协调争取中央财政资金对文化系统项目支持，全年共为各地约162个文化产业项目争取了约11亿元的支持。组织召开座谈会，进一步深化部行合作机制，截至2012年6月末，通过部行合作机制支持重点文化企业信贷项目97个，贷款余额210.96亿元。积极联合有关部门，启动推进文化企业债券融资试点工作，选取江苏、北京、深圳等重点区域启动文化企业债券融资试点工作。截至2012年9月，27家文化企业通过发行债券成功融资，债券累计发行金额554.16亿元。联合商务部完成《2011—2012年度国家文化出口重点企业目录》和《2011—2012年度国家文化出口重点项目目录》认定工作，努力促进文化产品和服务出口。积极配合中宣部、证监会有关部门加强对文化产权交易场所的引导和规范，对部分省市报送的清理整顿工作报告提出检查验收意见。

五、多措并举，促进动漫等新兴文化产业快速发展

为更好总结发展经验，扩大产业影响，于2012年年初举办了“十七大”以来中国动漫产业发展成果展，取得良好效果。进一步加强总体协调和部门协作，召开了扶持动漫产业发展部际联席会议。协调财政、税务等部门，继续开展动漫企业认定工作，全年认定动漫企业共110家。实施了2012年国家动漫品牌建设和保护计划，扶持和培育我国优秀的动漫创意和动漫品牌，推动动漫产品进一步品牌化、市场化和产业化发展。在展会推广、边疆推广、海外推广三个方面做好原创动漫的宣传推广。启动实施手机动漫标准示范应用推广工程，加快新兴文化产业发展。

六、扎实推进文化产业公共服务平台建设

在各地的支持下，开展了文化产业公共服务平

台需求调研，并以此为基础开展了《文化产业公共服务平台建设实施方案》研究制定工作。启动建设文化产业项目信息资源整合与共享平台，进一步完善文化产业公共信息服务平台。扩充“文化部文化产业投融资公共服务平台”内容，优化文化企业金融服务在线办理系统，提高公共服务水平。进一步加强了信息通讯员培训和管理，支持中国文化产业网建设。根据文化系统文化产业发展现状，结合工作需求，配合国家统计局等部门修订《文化及相关产业目录》。

2012年，重点做好了文化部参与主办的综合性博览会、论坛等活动，联合相关部委成功举办第八届中国（深圳）国际文化产业博览交易会、2012中国义乌文化产品交易博览会、第七届中国北京国际文化创意产业博览会、第六届中国西部文化产业博览会、第八届中国国际动漫游戏博览会、第30届中国洛阳牡丹文化节等博览会和节庆活动，创办首届中国·苏州文化创意设计产业交易博览会，有效搭建文化产业推广展示、交易合作平台。

七、进一步加强理论研究和人才培养工作

加强文化产业理论和政策体系研究，开展2012年文化产业课题研究工作，为组织实施《倍增计划》提供理论基础。召开国家级文化产业研究中心（基地）联席会议，进一步总结工作成果，明确新时期我国文化产业理论研究方向和任务。积极与教育部协商，共同研究制定促进文化产业类专业学生实习、创业工作的指导性文件，促进文化产业人才培养与实践结合。联合国家大剧院共同启动国家大剧院管理人才培训奖学金计划。与教育部共同实施动漫高端人才培养计划，办好联合培养实验班。举办西部文化产业经营管理人才培训班、全国文化产业信息通讯员培训班、文化产业投融资实务（上市发行专题）研究班，以及多次文化产业投融资业务培训班和国家动漫产业发展高级研修班等等10余期各类培训班，培养了1100余名文化产业急需人才。

专　题

《文化部“十二五”时期文化产业倍增计划》发布

2月28日下午，文化部在北京召开新闻发布会，正式向社会发布《文化部“十二五”时期文化产业倍增计划》，提出了“十二五”期间文化部门管理的文化产业增加值年平均现价增长速度高于20%，2015年比2010年至少翻一番，实现倍增的奋斗目标。

《倍增计划》是文化部贯彻落实十七届六中全会精神和《国家“十二五”时期文化改革发展规划纲要》的具体举措，是文化部作为国务院文化行政主管部门履行职责的具体表现，是指导文化系统“十二五”时期文化产业发展的专项规划。《倍增计划》按照十七届五中全会提出的国民经济支柱性产业的定位和党中央、国务院关于文化产业发展的最新战略部署要求，紧扣十七届六中全会关于文化产业发展的最新精神和文化产业发展新趋势，明确了“十二五”时期文化系统文化产业指导思想、发展思路、发展目标、主要任务、重点行业和保障措施。

《倍增计划》按照实现跨越式发展的主题和国民经济支柱性产业的定位，提出了培育壮大市场主体、转变文化产业发展方式、优化文化产业布局、加强文化产品创作生产的引导、扩大文化消费、推动文化科技创新、实施重大项目带动战略、健全投融资体系、强化人才支撑、推动文化产业“走出去”等10个方面的主要任务，旨在全面提升文化产业创新能力和核心竞争力，促进文化精品力作不断涌现，努力满足人民多样化精神文化需求，推动文化产业成为国民经济支柱性产业。

《倍增计划》以构建结构合理、门类齐全、科技含量高、竞争力强的现代文化产业体系为出发点，对文化部管理和与文化部职能相关的演艺、娱乐、动漫、游戏、文化旅游、艺术品、工艺美术、文化会展、创意设计、网络文化、数字文化服务等11个行业的发展思路、发展目标做了简要阐述，并针对每个行业特点分别提出了相应的政策措施，旨在通过推动重点行业的快速发展实现整体倍增目标，形成各行业百花齐放、共同繁荣的良好局面。

《倍增计划》明确了政府在文化产业发展中的职能定位，提出要发挥市场对文化资源配置的积极作用，加强政府政策引导和公共服务职能，打造政策支撑、公共服务、投资融资、贸易合作、人才培养五大服务平台，提供良好的政策环境和市场环境，营造发展氛围，推动产业集聚，培育市场主体。为保障目标任务顺利实施，《倍增计划》提出了加大政府投入、完善政策法规体系、深化文化体制改革、规范文化市场秩序、加强产业公共服务、加强组织

实施等6个方面的保障措施，旨在加强对文化产业发展的政策保障和体制机制保障，全面创造有利于文化产业跨越式发展的良好环境。

扶持动漫产业发展部际联席会议办公室印发《“十二五”时期国家动漫产业发展规划》

为贯彻党和国家关于文化产业的战略部署，落实《国务院办公厅转发财政部等部门关于推动动漫产业发展的若干意见》（国办发〔2006〕32号）精神，经过前期研究、文件起草、集体讨论、征求意见、修改完善等多个环节，《“十二五”时期国家动漫产业发展规划》（以下简称《规划》）编制工作完成，并于6月26日由扶持动漫产业发展部际联席会议办公室印发。这是我国动漫产业首次进行单列规划。

《规划》分析了“十一五”时期以来中国动漫产业发展所取得的基本经验，对当前中国动漫产业发展所面临的形势进行了研判。《规划》明确了“十二五”时期中国动漫产业的发展任务：原创动漫创意、研发、制作能力大幅提升，动漫精品力作不断涌现，技术创新能力持续增强，国际竞争力大大提高，发挥市场机制对动漫文化资源配置的积极作用，着力打造5至10个知名国产动漫品牌和骨干动漫企业，培育出一批具有较强市场意识、国内外知名的动漫艺术家和企业家，动漫产业的影响力、辐射力、带动力持续增强，动漫在社会生活各领域的普及应用更加广泛深入，成为文化产业发展的重要增长点。

结合党的十七届六中全会最新精神，《规划》提出了引导原创动漫创作生产、完善动漫产业链条、优化动漫产业布局结构、推进动漫技术创新、实施骨干企业和重大项目带动战略、强化人才支撑、推动动漫产业“走出去”等7个方面的具体任务，并从加大财政投入、保护知识产权、完善投融资政策、实行税收优惠、加强组织实施等5个方面提出了动漫产业发展的政策保障和体制机制保障，推动全面创造有利于动漫产业健康发展的良好环境。

《规划》立足动漫产业发展实际，树立了“大动漫观 全产业链”的发展思路，围绕推动中国从动漫大国向动漫强国迈进、实现跨越式发展的主题，明确了“十二五”时期动漫产业发展的基本思路和主要目标，提出了主要任务和相应的保障措施，必将对引导和推动我国动漫产业科学发展提供有力保障。

近年来，文化部在充分发挥国有资本在文化领域的主导作用的同时积极鼓励和引导民间资本参与文化建设，努力为民间资本发展文化营造良好的发展环境。在文化部所管理的文化领域中，已基本实现对民营资本的开放。

《文化部关于鼓励和引导民间资本进入文化领域的实施意见》发布

为深入贯彻党的十七大和十七届六中全会精神，落实国务院有关精神，进一步为民间资本进入文化领域营造良好的发展环境，6月，文化部结合文化改革发展实际，出台了《文化部关于鼓励和引导民间资本进入文化领域的实施意见》（文产发〔2012〕17号，以下简称《实施意见》）。文件主要有以下亮点：

一、首次明确将文化部管理的文化领域全面向民间资本开放

《实施意见》明确提出，鼓励民间资本积极参与国有文艺院团转企改制、公共文化服务体系建设、文化产业发展、投入非物质文化遗产传承保护、参与对外文化交流和文化贸易等。并且，对于民间资本进入的方式、方向和扶持政策等也作出了明确指引。

二、进一步明确对国有文化单位和民营文化单位一视同仁的要求

为贯彻落实国务院文件精神，《实施意见》规定在项目立项审批、投资核准、项目招投标、政府采购、评比表彰、申请专项资金、享受税收优惠、申报国家级文化产业示范园区和国家文化产业示范基地等方面，不得对民营文化单位设置任何附加条件、标准和程序；并在人才评定职称、参与培训、申报项目、表彰奖励等方面与国有文化单位同等对待。

三、为民间资本进入文化领域创造良好发展环境制定了具体措施

《实施意见》提出要全面梳理文化领域各项行政审批事项，完善信息公开制度，推动管理内容、标准和程序的公开化、规范化；协调有关部门简化项目审批、税收优惠、进出口通关、资金汇兑、捐赠认定等事项办理流程，清理和规范涉企收费；加大财政、税收、金融、用地等方面的扶持力度；不断提高政府公共服务水平；营造有利于民间资本进入文化领域的舆论氛围等。这些措施，将进一步为民间资本进入文化领域营造良好发展环境。

第四批国家级文化产业示范（试验）园区和第五批国家文化产业示范基地命名授牌

9月24日，文化部在北京举行2012年国家级文化产业园区基地命名授牌会议，命名第四批国家级文化产业示范（试验）园区和第五批国家文化产业示范基地。文化部党组书记、部长蔡武，文化部党组成员、副部长王仲伟出席活动并向获此殊荣的园区和基地代表授牌。

为培育市场主体，增强微观活力，发挥骨干文化企业的示范、窗口和辐射作用，自2004年至2010年，文化部先后命名了四批200家国家文化产业示范基地、三批6家国家级文化产业示范园区和4家国家级文化产业试验园区。经过几年的快速发展，已经培育形成了一批具有相当规模的文化产业集群和骨干文化企业。为全国文化产业的发展树立了典型，做出了示范，逐步成为地方经济社会发展的重要支撑力量。据测算，文化部命名的国家级文化产业园区、基地总体经济规模已经从2008年的600亿元，迅速扩大到2011年的3000亿元。总体看来，在政府的积极引导下，中国文化产业已经初步形成了以国家级文化产业示范园区和基地为龙头，以省市级文化产业园区和基地为骨干，以各地特色文化产业群为支点，共同推动文化产业加快发展的格局。

此次命名的两家国家级文化产业示范园区在当地党委和政府的领导下，突出文化与科技、文化与旅游融合的特色，培育了一批具有示范性的骨干文化企业和文化品牌，实现了文化产业的快速聚集和发展，为推动区域经济发展作出了积极贡献。4家国家级文化产业试验园区在全国具有一定的领先性，规划合理、定位明确、特色鲜明，为当地经济社会发展作出了贡献，且具有很好的发展前景。69家国家文化产业示范基地经济社会效益较突出，在地方文化产业格局中具有较强引领、示范和带动作用，在各自的发展领域均具有较强的影响力，为推动地方调整产业结构，加快经济转型发展作出了积极贡献。此次命名授牌将有助于在全国范围内树立典型和示范，推动全国文化产业园区和基地科学发展，成为传播先进文化的先锋和促进经济发展的引擎。

文化部文化产业司司长刘玉珠宣读了命名决定。长沙天心文化产业园区和成都青羊绿舟文化产业园区被命名为第四批国家级文化产业示范园区，福建闽台文化产业园等4家园区被命名为国家级文化产业试验园区，中国木偶艺术剧院有限公司等69家企业被命名为国家文化产业示范基地。文化部相关司局负责人以及各省、自治区、直辖市文化厅（局）主管领导和园区基地代表等130多人参加了授牌活动。

“十七大以来中国动漫产业发展成果展”顺利举办

3月10日至30日，由扶持动漫产业发展部际联席会议办公室主办的“十七大以来中国动漫产业发展成果展”在中国国家博物馆举办。10日上午十时，成果展开幕仪式在中国国家博物馆西大厅隆重举行，相关部门代表及来自全国各地的动漫业界代表800人共同出席了开幕式，文化部部长蔡武致辞，工业和信息化部副部长杨学山主持。

本次展览是对十七大以来中国动漫产业发展成果的全方位、立体式展示，目的是展示成果、找出差距、明确目标、提高信心。展览共分为四个展厅，面积5000平方米，主题分别是：“政策与扶持”、“企业与平台”、“品牌与产业”、“技术与未来”，通过文字、图片、图表、实物、多媒体展示技术、动漫生产技术模拟演示环境等形式，全面展现动漫产业在内容创意、企业主体、技术创新、社会应用、地方成绩、人才建设等方面取得的丰硕成果。

中共中央政治局常委李长春16日下午来到中国国家博物馆，参观“十七大以来中国动漫产业发展成果展”。中共中央政治局委员、中央书记处书记、中宣部部长刘云山，全国人大常委会副委员长、全国妇联主席陈至立，全国政协副主席、中国文联主席孙家正一同参观。参观后，李长春同志发表了重要讲话，充分肯定了几年来中国动漫产业发展的成果和扶持动漫产业发展部际联席会议所做的工作，并对下一步工作作出重要指示。

本次展览全景式、立体式展示了十七大以来我国动漫在艺术创作、技术、企业、人才、走出去、行业应用等领域的丰硕成果，反映出中国动漫产业发展的蓬勃之势，并对“十二五”时期的动漫产业发展进行了展望，必将对激励广大动漫工作者在前人基础上不断创新，努力创作出更多富有民族特色、体现时代特征、深受群众欢迎的动漫精品发挥重要作用，有力推动我国动漫产业不断做大做强。

国家级文化产业博览会再创佳绩

2012年，由文化部联合国家相关部委和地方政府共同举办的各类文化产业博览会相继在各地成功举办。展会的规模、成交量、专业化水平、国家化程度等各项指标均刷新历史纪录，为促进我国文化资源开发、产品交易、信息交流、项目合作发挥了积极作用。

第八届深圳文博会总成交额达1435.51亿元，比上一届增加188.66亿元，同比增长15.13%。本届文博会的交易功能更具有实质性，合同成交首次远超意向成交，成为最主要的交易方式，成交额达877.13亿元，占总成交额61.10%，同比增长46.07%。展览面积达10.5万平方米，共有来自全国各地的1928家政府组团、企业机构踊跃参展。本届文博会展会主题更加突出，“文化和科技融合，创意与市场对接”的特色进一步凸显。科技型文化产业的成交额达到599.18亿元，比上届增长158.47亿元，同比增长35.96%。中宣部和科技部还在文博会期间召开了“文化和科技融合座谈会”，会上发布了首批16家国家级文化和科技融合示范基地的名单。

5月2日，由文化部和浙江省人民政府共同主办的第七届中国义乌文化产品交易博览会圆满落下帷幕。本届义乌文博会坚持“市场化、经贸性、创新性”，成功打造了一个集展示国内外优秀传统文化、展销文化科技创新成果、展播文化产品流行趋势信息于一体的优质平台。本届义乌文博会展览面积6.8万平方米，共设国际标准展位3485个，同比增长8.8%。展会期间，共吸引来自117个国家和地区9.2万名境内外采购商参会，其中境外客商5782人，境外贸易团队36个。

第六届中国西部文博会签约项目成果丰硕，共征集签约项目68个，总签约额约825亿元。参展单位和企业远超往届，展览面积为历届文博会之最。本届西部文博会以“创新、改革、发展、繁荣”为主题，坚持“推动文化资源向文化资本转化”的核心功能，全力打造文化产业发展的区域性展示平台、行业性交流平台、专业性交易平台以及国际性合作平台。本届西部文博会共设置了五大展馆、15个专题展区、13个专项活动、8个分会场，在为期4天的活动期间，集中开展产业博览、项目推介、论坛会议、文化演出等一系列丰富多彩的展览活动。另外，本届西部文博会的“三个首次”具有开创性：首次增设网上文博会，首次设立了西部文创产品常态展示中心，首次设立开幕晚会及主题论坛。

12月23日，第七届中国北京国际文化创意产业博览会圆满落幕。据不完全统计，第七届北京文博会期间，签署文化创意产业项目协议和原创文化内容产品及艺术品交易总金额1089.53亿元人民币，比上届增长38.5%，实现了汇聚国内外优质文化资源和市场信息，展示我国文化创意产业发展重大成就，交流激荡文化创意发展前沿理念，促进文化贸易和重大项目落地，推进文化产业区域和国际合作的平台效应。

由文化部、上海市人民政府联合主办的第八届中国国际动漫游戏博览会7月12日至16日在上海举办。第八届漫博会以“开放、融合、提升、共赢”为主题，展区总面积达30000平方米，分设网络游戏、游艺机、动画、漫画、基地园区、动漫授权、桌面游戏等十大展区，覆盖动漫游戏全产业链。本届展会吸引了上海美术电影制片厂、广东原创动力、杭州玄机、盛大网络、美国迪士尼、日本万代等国内外一大批动漫游戏龙头企业，以及上海张江、天津、四川、杭州、无锡等国内优秀动漫基地参展。308家海内外展商中特装展位面积超过87%，海外展商出展面积超过40%。观众参观总人次超过20万人次，商洽会吸引创意项目52个，展会交易总金额超过14亿元。

特色文化城市发展论坛成功举办

4月11日，由文化部文化产业司、河南省文化厅、洛阳市人民政府联合主办的特色文化城市发展论坛在河南洛阳隆重举行。此次论坛是第30届中国洛阳牡丹文化节的一项重要活动。论坛的主题是：贯彻落实党的十七届六中全会精神，研讨特色文化城市发展理论，交流特色文化城市建设经验，推动特色文化城市建设与发展。文化部文化产业司司长刘玉珠、河南省文化厅厅长杨丽萍、副厅长郭书城、洛阳市人民政府市长李柳身、洛阳市委常委、宣传部长杨炳旭等领导出席论坛。

本次论坛分为主题演讲和对话式论坛两个部分。国内知名文化产业研究专家，来自清华大学的熊澄宇教授和国家行政学院的祁述裕教授，分别就“文化强国战略与特色文化城市建设”、“发展特色文化产业，建设特色文化城市”作了精彩的主题演讲。

桂林市委常委、宣传部长、桂林市人民政府副市长陈丽华与洛阳市委副书记、洛阳市人民政府市长李柳身分别结合本地区特色文化城市建设的实践和思考作了主题发言。

在对话式讨论环节，熊澄宇、祁述裕等文化产业研究专家与来自洛阳市、桂林市、开封市、常州市分管文化建设的领导，围绕特色文化城市的理论发展规律和各地的实践情况、特色文化城市发展的历史经验和未来的发展趋势以及特色文化城市建设面临的主要问题和政策需求等议题进行深入探讨交流。

本次论坛由中国传媒大学文化发展研究院院长范周主持。来自全国各省和计划单列市文化（厅）局文化产业处处长，河南省文化产业教育研究机构、优秀文化企业代表，以及洛阳市有关单位共约200余人参加论坛。

“国家动漫品牌建设和保护计划”启动实施

为贯彻落实《“十二五”时期国家动漫产业发展规划》提出的“打造若干具有中国风格和国际影响的动漫品牌”战略，2012年11月2日，文化部启动实施2012年“国家动漫品牌建设和保护计划”。

2012年“国家动漫品牌建设和保护计划”主要培育和扶持民族原创优秀动漫创意、动漫品牌。其中动漫创意是指具备基本动漫形象、角色设定、剧情安排、场景设计的成熟构思，并已形成具有可操作性、产业开发价值、品牌规划的实施方案。动漫品牌是指具有在国内、国际一定知名度的动漫产品、动漫形象，或由此注册的动漫产业商标，并在我国境内通过版权登记、商标登记等方式合法取得为动漫业界和消费者所熟知的特有标识。

经各地区积极申报，在扶持动漫产业发展部际联席会议相关部门的积极参与下，在监察部门的监督下，按照公开、公平、公正原则，经业界专家严格评选，共确定《喜羊羊与灰太狼》等20个动漫品牌项目和《长歌行》等30个动漫创意项目入选，涵盖了动漫产业多个领域。这些入选项目有的是构思独特、艺术表现新颖的创意构思；有的是已取得良好的社会效益和经济效益，产业链属性强，具有进一步品牌化、市场化、产业化开发价值的品牌产品。

“国家动漫品牌建设和保护计划”坚持资金扶持和公共服务相结合，通过为入选项目提供一定的资金扶持，搭建产业化推广平台，加强对入选项目的知识产权保护等手段，引导培育一批具有市场化、产业化、品牌化开发价值的民族原创动漫创意，推动建设一批在国内和国际市场具有一定影响力的民族原创动漫品牌，将为推动我国动漫产业转型提质和优化升级发挥重要作用。

国家级文化产业研究中心（基地）联席会议

为更好地学习贯彻十八大精神，加强国家文化产业研究中心(基地)之间的协同创新，推动文化产业成为国民经济支柱性产业，12月12日，由文化部文化产业司主办、华中师范大学国家文化产业研究中心承办的文化部国家文化产业研究中心(基地)2012联席会议在武汉召开。文化部副部长王仲伟出席会议并讲话。上海交通大学、北京大学、清华大学等8家国家文化产业研究中心(基地)负责人，中国社科院、国家行政学院等5家特邀研究机构代表，湖北省文化厅和武汉市委宣传部等有关负责人参加了会议。文化部文化产业司司长刘玉珠主持会议，湖北省文化厅厅长杜建国、华中师范大学党委书记马敏分别在会上致辞。与会代表围绕“学习贯彻十八大精神，为文化产业发展提供智力支持”主题，结合各自开展的研究工作进行了充分交流。

据统计自1999年以来，文化部先后成立了8家国家文化产业研究中心(基地)，共取得各级各类研究成果近400项；举办了170多个文化产业人才培训班，累计培训学员6000人次，为文化产业发展提供了重要的人才支撑；专职、兼职研究人员总数已超过200人，其中多数具备高级职称和博士学位，学科背景覆盖经济、管理、传媒、信息等与文化产业发展密切相关的多个领域。

深入开展人大重点建议调研工作

9月11日至14日，由全国人大教科文卫委员会委员李牧和文化部副部长王仲伟带队，来自部分省（区、市）的11名全国人大代表，中央编办、全国人大常委会办公厅、发展改革委、财政部、人力资源社会保障部、广电总局、新闻出版总署、知识产权局、旅游局、证监会、文物局有关司局以及文化部办公厅、产业司有关同志组成调研组，就十一届全国人大五次会议关于加强文化产业发展重点处理建议办理工作开展专题调研。

为作好此次调研工作，文化部部长蔡武在调研之前作出明确批示，要求借此机会深入了解地方文化产业情况和全国人大及相关部委的意见。9月12日，文化部在兰州组织召开十一届全国人大五次会议关于加强文化产业发展重点处理建议办理工作座谈会。会上，来自江苏等7个省（区、市）的11名全国人大代表围绕进一步加快我国文化产业发展以及推动甘肃华夏文明传承保护和创新发展示范区建设提出大量建议。文化部等11个承办部门介绍了重点处理建议的办理情况，以及近年来推动我国文化产业发展的基本工作情况，提出了下一步工作设想。

在办理工作座谈会上，文化部副部长王仲伟向与会代表介绍了文化部办理人大建议的基本工作情况，以及近年来文化部推动中国文化产业发展的有关工作举措和成效。王仲伟副部长指出，当前我国文化产业取得了一定的成效，但仍然存在着大量问题。下一步，文化部将进一步积极借鉴人大代表建议，从深化对产业发展规律的认识、加强统筹规划和分类指导、继续完善政策法规体系、进一步深化文化体制改革、推进文化科技创新、建设文化产业公共服务平台、增强文化产业发展的需求拉动等方面着力推动中国文化产业加快发展。

参加调研的全国人大代表对文化部等部门高度重视代表建议办理、加强与人大代表联系沟通、深入实际调查研究的工作作风给予高度评价，希望文化部等部门进一步加大对中国文化产业发展的政策扶持力度，为推动我国文化产业成为国民经济支柱性产业发挥更加积极的作用。

全国人大教科文卫委员会委员李牧对近年来文化部等部门推动文化产业发展的工作给予肯定和赞扬，认为文化部等部门对待此次重点处理建议办理，思想上重视，措施上有力，行动非常自觉，成效比较明显，此次调研不仅反映了文化部办理重点处理建议的态度，也反映出文化部办理好建议的信心和决心。

部行合作工作进一步深化

为解决文化企业融资难的问题，提高文化产业发展水平，鼓励和引导文化企业利用金融市场、金融工具做大做强，推动文化产业成为国民经济支柱性产业，自2009年3月起，文化部先后与中国进出口银行、中国银行、国家开发银行、北京银行、中国工商银行、中国农业银行、中国建设银行等银行机构建立了部行合作关系，利用政府部门的组织协调优势，发挥银行机构融资融智功能，调动各类金融服务资源先行推进。该项工作实施以来，经过各级文化行政部门、银行机构的共同努力，取得显著成效，在实践中逐步形成了清晰的思路、明确的战略和具有操作性的措施，得到社会各界和文化企业的高度认可。

一、融资规模显著增长

据文化部与各合作银行共同确认，2011年部行合作框架内的重点信贷项目达97个，贷款余额累计210.96亿元，项目涉及演艺、娱乐、工艺品、创意设计、动漫、艺术品、会展、园区建设等众多文化产业领域。在部行合作机制的示范引领下，银行业支持文化产业的积极性被充分调动，文化产业信贷融资规模屡创新高。据中国人民银行统计，截至2012年3月末，文化产业本外币中长期贷款累计贷款余额已达到903亿元，同比增长18.7%，高于同期各项贷款增速3个百分点。

二、金融产品和服务不断创新

部行合作机制实施以来，各银行机构针对文化产业阶段性特点及文化企业资产、经营规律，加大了产品及服务的创新力度。中国进出口银行采用商标权质押为俏佳人传媒提供了境外投资贷款，并针对大唐西市、平遥古城等项目，推出“旅游文化国际化”等新产品；中国银行利用“张小盒”的动漫形象，开发了我国首笔动漫形象质押贷款，并向横店影视城等企业提供创新信贷产品“影视通宝”；北京银行推出了中小文化企业“创意贷”特色产品，并承销了首支中小文化企业集合票据；中国工商银行推出了“影视通”文化金融产品，并为华侨城集团承销了我国首笔文化企业私募债券；中国建设银行推出“文化悦民”一揽子文化金融服务方案，还为深圳大芬村等特色文化产业集群提供了联保联贷。

三、体制机制进一步完善

为加大文化产业金融工作的推进力度，各合作银行机构巩固创新内部工作机制，优先保证文化产业信贷额度，建立文化产业融资统计分析制度，优化文化产业项目受理、评审流程及管理办法，为重点文化产业项目开通“绿色通道”。

四、政银合作模式有效推广

部行合作模式逐步从中央向地方成功推广，地方各级文化行政部门与当地金融机构的合作日趋紧密。截至2012年4月末，全国已有29个省（区、市）

的文化厅（局）与当地金融机构建立起密切的政银合作关系，更加便捷高效地推动了地方文化产业融资项目的落实和各项试点工作的开展。全国各省、自治区、直辖市和计划单列市文化厅（局）均已明确专人对口文化产业金融工作，7家合作银行的地方分支机构也均已明确专人对口文化金融业务，部行合作的人员和信息网络已经在全国范围内建立。

重要文件

文化部“十二五”时期文化产业倍增计划

前　言

文化产业是社会主义市场经济条件下满足人民多样化精神文化需求的重要途径，是促进社会主义文化大发展大繁荣的重要载体，是国民经济中具有先导性、战略性和支柱性的新兴朝阳产业，是推动中华文化走出去的主导力量，是推动经济结构战略性调整的重要支点和转变经济发展方式的重要着力点。

“十一五”期间，人民群众文化消费活跃，社会力量投资文化产业热情高涨，文化产品和服务丰富多样，演艺娱乐、艺术品、文化旅游、动漫游戏、网络文化等行业蓬勃发展，文化产业增加值年均增速远高于同期GDP增速，凸显出成长为国民经济支柱性产业的巨大潜力。

但也应该看到，目前我国文化产业发展水平还不高，活力和创造力还不强，区域布局不尽合理，政策体系还不完善，离国民经济支柱性产业的要求还有不小的距离。为全面贯彻落实党的十七届五中、六中全会精神，推动文化产业成为国民经济支柱性产业，加快建设社会主义文化强国，根据《中共中央关于深化文化体制改革推动社会主义文化大发展大繁荣若干重大问题的决定》、《中华人民共和国国民经济和社会发展第十二个五年规划纲要》和《国家“十二五”时期文化改革发展规划纲要》，特制订《文化部“十二五”时期文化产业倍增计划》。

一、指导思想、发展思路和主要目标

（一）指导思想

以邓小平理论和“三个代表”重要思想为指导，深入贯彻落实科学发展观，坚持社会主义先进文化前进方向，始终把社会效益放在首位，加强文化内容引导和建设，努力实现社会效益和经济效益相统一，以改革创新和科技进步为动力，增强文化产业发展活力，转变文化产业发展方式，充分发挥文化产业在促进经济社会发展、推进社会主义核心价值体系建设、传播先进文化、提升国家文化软实力中的积极作用。

（二）发展思路

遵循文化发展的客观规律，适应社会主义市场经济的内在要求，坚持文化事业和文化产业双轮驱动、两翼齐飞的思路，一手抓公益性文化事业，一手抓经营性文化产业，实现文化事业和文化产业相互促进，共同发展。

以结构调整为主线，实施重大项目带动战略，谋划和启动一批具有示范性、基础性、战略性、带动性的重大工程和重大项目，提升产业规模和整体素质，加快产业结构调整和转型升级。

发挥市场对文化资源配置的积极作用，加强政府政策引导和公共服务职能，打造政策支撑、公共服务、投资融资、贸易合作、人才培养五大服务平台，提供良好的政策环境和市场环境，营造发展氛围，推动产业集聚，培育市场主体。

实施差异化的区域文化产业发展战略，加强分类指导，发挥各自优势，努力形成文化产业“东、中、西”优势互补、相互拉动、共同发展的局面。鼓励东部地区优化产业结构，倡导文化创新，提升文化品质，实现跨越发展。支持中部地区完善产业政策，扩大文化消费，规范市场秩序，加快产业崛起。引导西部地区发挥资源优势，突出区域特色，培育消费市场，带动产业发展。

（三）主要目标

“十二五”期间，文化部门管理的文化产业增加值年平均现价增长速度高于20%，2015年比2010年至少翻一番，实现倍增。文化原创能力进一步提高，文化产品和服务更加丰富，文化产业成为满足人民多样化精神文化需求、提高人民生活幸福指数的重要途径。文化产业就业容量大、形式灵活的优点得到充分发挥，成为吸纳就业效果显著的产业之一。文化消费保持快速增长态势，占城乡居民消费的比重不断提高，成为国家扩大内需的重要组成部分。

二、主要任务

以实现跨越式发展为主题，以优化结构布局、加

快转变发展方式为主线，以培育文化企业、扩大文化消费、推进文化科技创新、发展特色文化产业为重点，加强内容引导，实施重大文化产业项目带动战略，全面提升文化产业创新能力和核心竞争力，推出一批内容健康向上、深受群众喜爱、市场占有率高的中国原创文化产品，努力满足人民多样化精神文化需求，推动文化产业成为国民经济支柱性产业。

（一）培育壮大市场主体

加快发展文化产业，必须毫不动摇地支持和壮大国有或国有控股文化企业，毫不动摇地鼓励和引导各种非公有制文化企业健康发展，形成公有制为主体、多种所有制共同发展的文化产业格局，塑造培育文化市场主体，提高文化产业活力和竞争力，促进各类文化企业协调发展。

1．培育骨干文化企业

以建立现代企业制度为重点，加快推进经营性文化单位改革，加快公司制股份制改造，完善法人治理结构，形成符合现代企业制度要求、体现文化企业特点的资产组织形式和经营管理模式，培育合格市场主体。培育一批核心竞争力强的国有或国有控股大型文化企业或企业集团，在发展产业和繁荣市场方面发挥主导作用。在国家许可范围内，引导、扶持、规范非公有资本进入文化产业，非公有制文化企业在资金扶持、项目评审、投融资、税收优惠、人才引进、奖励表彰、土地使用等方面与国有文化企业一视同仁，营造公平参与市场竞争、同等受到法律保护的体制和法制环境。鼓励有实力的文化企业以资本为纽带，实行跨地区、跨行业、跨所有制、跨媒体兼并重组，形成一批有影响、有品牌、有竞争力的企业或企业集团，打造一批具有较强国际竞争力的“文化航母”。

2．扶持中小文化企业

通过政府采购、信贷支持、加强服务等多种形式扶持中小文化企业发展，形成富有活力的中小企业群体。简化创办手续，降低准入门槛，支持个体创作者、文化工作室、民办非企业文化机构、文化产业专业合作社发展。鼓励各类中小文化企业向“专、精、特、新”方向发展，强化特色经营、特色产品和特色服务。培育文化产权鉴定、评估、拍卖、经纪等机构，大力发展演艺经纪、票务销售、会展策划、版权代理、创意设计等文化企业。

（二）转变文化产业发展方式

推动文化产业结构调整，提升文化生产的品质和效益，促进文化产业转型升级，提高文化产业规模化、集约化、专业化水平，加快由注重数量扩张的规模增长转变到更加注重质量效益的内涵提高。

1．鼓励集聚发展

建设10家左右高起点、规模化、代表国家水准和未来发展方向的国家级文化产业示范园区和一批集聚效应明显的文化产业示范基地。开展特色文化产业示范区创建工作，在特色文化资源富集地区，培育100个左右特色鲜明、主导产业突出的特色文化产业集群和一大批特色文化产业乡镇。

2．促进产业融合

建立健全产业融合发展的体制机制，优化产业融合发展的政策环境，促进文化与旅游、体育、信息、物流、工业、建筑、会展、商贸、休闲等行业融合，提高国民经济的文化附加值。支持各类企业加大创意设计投入，提升纺织、轻工、包装等行业的文化内涵，推动创意设计向家具、家电、家纺、家饰生产延伸。打破文化产业门类的边界，促进不同文化行业之间的联姻融合，整合各种资源，延伸文化产业链。

3．打造文化品牌

强化品牌意识，以国家文化产业示范基地为依托，培育300家左右品牌文化企业。开展国家文化产业示范基地影响力评价活动，激励示范基地争创一流、扩大影响、打造品牌。打造10个左右社会影响大、综合效益高的文化会展和节庆活动。完善传统工艺、技艺的认定保护机制，保护创意设计知识产权。建立健全品牌授权机制，建立文化品牌营销推广平台，扩大优秀品牌产品生产销售。

4．加强引导调控

注重引导调控，防止盲目投资、一哄而上，推动文化产业从数量速度型向质量效益型转变。加强对文化产业园区、基地布局的统筹规划，坚持命名和认定的标准，严格控制文化产业园区、基地数量，强调文化内容，突出各自特色，提高发展水平。规范各类文化产业博览会的举办，防止盲目跟风、过多过滥，造成资源浪费。

（三）优化文化产业布局

鼓励东中西部地区根据资源禀赋和功能定位，确立文化产业发展重点，发挥各自优势，依托大型城市和城市群建设文化产业带，支持中小城市和农村发展特色文化产业群，形成区域、城乡文化产业协调发展格局。

1．加强文化产业区域布局

支持东部地区加快发展动漫游戏、创意设计、网络文化、数字文化服务等行业，培育科技型文化产业集群。引导中西部地区及限制开发的主体功能区，依托当地丰富的文化资源，重点发展演艺、文化旅游、艺术品、工艺美术、节庆会展等文化产业，走特色化、差异化、集聚化发展之路。结合国家各项区域性专项规划，主动将文化产业发展纳入区域发展总体框架，加快发展地方特色文化产业。

2．统筹城乡文化产业发展

发掘城市文化资源，发展特色文化产业，建设特色文化城市。支持大型城市和城市群发挥技术、人才、资金密集优势，加快发展新兴文化业态，形成一批具有国际影响的文化创意中心城市和城市群。发挥首都全国文化中心的示范作用。鼓励大型城市和城市群科学制定功能区域规划，形成各具特色、合理分工、重点突出的文化产业空间布局。支持中小城市完善文化消费基础设施，利用特色文化资源打造产业亮点。鼓励资源型城市合理利用其闲置旧厂房、废弃工业设施等，发展创意设计、演艺、会展、文化旅游等文化产业项目。鼓励发展农村手工艺品、民间演出和乡村文化旅游，培育打造一批特色文化产业乡镇和文化产业特色村，扩大农村就业，增加农民收入。

3．培育区域性特色文化产业群

挖掘各地特色文化资源，通过规划引导、政策扶持、典型示范等办法，引导特色文化产业有序聚集，发展壮大一批特色明显、集聚度高的特色文化产业基地。鼓励各地积极发展依托文化遗产的旅游及相关产业，打造一批特色文化产品和服务，培育一批民族演艺、文化旅游、工艺美术等文化产业集群，着力推进藏羌彝文化产业走廊等重大项目，增强特色文化产业群发展的聚集力、辐射力和竞争力。

（四）加强文化产品创作生产的引导

始终坚持正确的文化产品创作生产方向，加强内容引导和建设，建立以文化企业和个人为主体的文化创新机制，努力营造有利于文化创新的良好环境，不断完善文化产品评价体系和激励机制。

1．坚持正确创作生产方向

坚持为人民服务、为社会主义服务的方向和百花齐放、百家争鸣的方针，贴近实际、贴近生活、贴近群众，真正从群众需要出发，继承和发扬中华文化优良传统，吸收借鉴世界有益文化成果，着力提升文化产品的内涵和质量，推出更多深受群众喜爱、思想性艺术性观赏性相统一的精品力作。引导广大文化产业工作者和文化企业自觉践行社会主义核心价值体系，认真对待和积极追求文化产品社会效果，弘扬真善美，贬斥假恶丑，充分发挥文化产业在推进社会主义核心价值体系建设中的积极作用。

2．鼓励文化创新

把创新精神贯穿文化创作生产全过程，把传统元素与时尚元素、民族特色与世界潮流结合起来，增强文化产品时代感和吸引力，创作生产更多优秀原创文化产品。采取表彰奖励、政策扶持等多种方式，鼓励文化工作者深入生活，创作生产反映时代精神、积极向上、富于感染力的作品。鼓励国家文化产业示范基地不断推动文化内容形式、传播手段创新，提高产品研发和原创能力。重点支持具有鲜明民族特色、时代特点的优秀原创动漫产品创作。充分利用文化产业发展专项资金和国家有关文化艺术基金，加大对文化内容创新的支持力度，引导文化产品创作生产。

3．完善评价体系和激励机制

坚持把遵循社会主义先进文化前进方向、人民群众满意作为评价文化产品的最高标准，把群众评价、专家评价和市场检验统一起来，形成科学的文化产品评价体系。做好中国文化艺术政府奖动漫奖评选工作，建立公开、公平、公正评奖机制，提高权威性和公信度，引导中国动漫产业发展方向。加大优秀文化产品推广力度，支持演展映展播展览弘扬主流价值的精品力作。实施国家动漫精品工程，支持和鼓励优秀动漫原创产品的播出、演出、出版和展览等活动。

（五）扩大文化消费

把扩大文化消费作为扩大内需的重要组成部分，建立扩大文化消费需求的长效机制，以优质、丰富的文化产品和服务吸引消费者，增加文化消费总量，提高文化消费水平，增强文化产业发展的内生动力，满足人民群众不断增长的精神文化需求。

1．培育文化消费习惯

营造良好的文化消费环境和氛围，转变城乡居民文化消费观念，提高文化消费自觉性和积极性。鼓励实施文化消费补贴制度，引导城乡居民文化消费，有条件的地方要为困难群众和农民工文化消费提供适当补贴。鼓励在商业演出中安排一定数量的低价场次或门票，鼓励网络文化运营商开发更多低收费业务。发挥文化精品的市场影响力和带动力，激活文化消费市场。

2. 改善文化消费条件

发展文艺演出院线，支持建设、改造剧院等文化消费基础设施。提高基层文化消费水平，引导文化企业投资兴建更多适合群众需求的文化消费场所。支持社会力量兴办各类文化设施，鼓励机关、学校和部队的文化设施面向社会开放。加快全国文化票务网络建设。发展连锁经营、物流配送、电子商务等现代流通组织和流通形式，构建以大城市为中心、中小城市相配套、贯通城乡的文化产品流通网络。积极开发文化消费信贷产品，活跃文化消费市场。

3. 促进文化消费升级

拓展大众文化消费市场，开发特色文化消费，提供个性化、分众化的文化产品和服务，培育新的文化消费增长点。加强文化市场需求和消费趋势预测研究，引导文化企业开发适销对路的文化产品和服务。挖掘节假日和各类节庆活动的文化内涵，提升丰富其文化内容和形式。大力开发适宜互联网、移动终端等载体的网络文化产品，促进动漫游戏、网络音乐娱乐等数字文化内容的消费。提升城市文化消费的质量和层次，促进居民消费结构升级。加强农村文化网点建设，扩大农村文化消费。

（六）推进文化科技创新

科技创新是文化发展的重要引擎。要发挥文化和科技相互促进的作用，深入实施科技带动战略，增强自主创新能力。健全以企业为主体、市场为导向、产学研相结合的文化技术创新体系，培育一批特色鲜明、创新能力强的文化科技企业，支持产学研战略联盟和公共服务平台建设。

1. 加强对传统文化产业的技术改造

促进演艺、娱乐、艺术品、工艺美术、文化会展、创意设计等传统文化产业的科技含量的提高，加快演艺、娱乐等行业基础设施的改造更新，鼓励研发与生产具有自主知识产权的新型数字娱乐、音响、灯光和舞台技术装备。促进院线经营、文化旅游、票务销售、艺术品经营的信息化、数字化和标准化。支持现代科技成果向传统文化产业的转移与应用，加快推进传统文化产业在内容、形式、方式和手段等方面的创新。抓住三网融合、云计算、物联网等发展机遇，提升文化产业各行业技术水平。

2. 加快推进新兴文化产业发展

推动出台相关的政策措施，促进动漫、游戏、网络文化、数字文化服务等新兴文化业态加快发展，不断提高新兴文化产业对加快经济发展方式转变的贡献。重点加强与新兴文化业态密切相关的数字技术、数字内容、网络技术等高新技术的研发，提升文化产品多媒体、多终端传播的制作能力。扩大网络音乐、网络动漫、网络艺术品、网络演出等在线和移动生产销售。鼓励网络企业、IT企业和通信企业参与网络文化内容产品的生产和经营。

3. 发挥科技项目的支撑引领作用

建立健全统筹协调机制，把重大文化科技项目纳入国家相关科技发展规划和计划，加强核心技术、关键技术、共性技术攻关，实现文化产业重大技术突破和集成创新。部署实施若干个国家科技支撑计划重大项目，在国家文化与科技融合联合行动计划、国家文化科技提升计划和文化部科技创新项目计划中，安排实施一批文化产业科技项目。积极协调有关部门，在文化产业发展专项资金、高技术产业发展项目资金、科技型中小企业创新基金中，加强对研发具有自主知识产权的关键、核心技术的支持，促进文化企业的技术应用与成果转化。

4. 推进文化科技创新体系建设

推动企业成为创新主体，健全以企业为主体、市场为导向、产学研相结合的文化技术创新体系，认定20家左右文化与科技融合示范企业，支持产学研战略联盟的发展。依托国家高新技术园区、现代服务业产业化基地、国家级文化产业示范园区和国家文化产业示范基地，建立各具特色的国家级文化与科技融合示范基地。依托高校、科研院所和文化科技龙头企业，在演艺、文化资源数字化、动漫游戏、网络文化等领域，建设5个左右部级重点实验室与工程技术研究中心。支持建设一批示范性的文化产业公共技术平台，对服务功能突出的平台给予资助和奖励。

（七）实施重大项目带动战略

积极联合有关部门，实施一批带有全局性、引导性、公共性、基础性、示范性的重大工程，增强政府引导调控和公共服务能力，加强内容引导示范，促进产业集聚、企业孵化和人才培养，推进产业和产品升级，提升产业总体素质，增强产业发展后劲。

专栏　文化产业重点工程
特色文化产业发展工程：推动特色文化城市和特色文化产业示范区建设，引导各地加大扶持力度，因地制宜，突出特色，形成一批具有地方特色的基地、园区和文化产业群，提升文化产业的规模化、集约化、专业化发展水平。 文艺演出院线建设工程：打破地域界限、市场分割，降低演出流通成本，推动主要城市演出场所连锁经营，实现演艺产业规模化、集约化和高科技化。 文化产业公共平台建设工程：整合集成各类资源，提供可共享共用的基础设施、技术设备、信息资源和中介服务，降低文化企业的创业和运营成本，形成集聚和规模效应。 国家数字文化产业创新工程：选择数字文化产业中关键和共性技术进行重点攻关，形成具有自主知识产权的核心数字文化技术支撑体系，建设数字文化产业重大技术应用示范项目，加快文化企业数字化网络化信息化进程。 国产动漫振兴工程：加大对原创动漫游戏产品的扶持力度，支持重点动漫企业和动漫产业园区发展，大力发展网络动漫、手机动漫等新媒体动漫。从技术研发、人才培养、文化内涵等方面引导动漫游戏产业的发展方向。推动中国动漫游戏城（北京）和国家动漫产业综合示范园（天津）建设。 国家动漫产业公共技术服务平台建设：建设一批国家级动漫产业公共技术服务平台，在动漫产业集聚区建立动漫技术设备、公共技术服务支撑体系和共享机制，为动漫企业提供高品质动漫产品制作支持，推动动漫领域自主创新的关键技术研发。 文化产业投融资体系建设推进工程：培育服务于文化产业的金融市场主体，加快金融产品和服务开发推广，建立便捷的文化产业融资渠道，实施文化产业金融人才培养工程，推进文化产业投融资理论研究，建设文化产业投融资公共服务平台。 文化产业项目服务工程：继续丰富国家文化产业项目资源库，扩大我国文化产品和服务及投融资项目的交易量，使其成为文化产业信息交流、项目合作、产品交易的综合平台，促进投资便利化。 藏羌彝文化产业走廊：在藏羌彝地区实施一批具有带动示范作用的文化产业项目，把民族文化资源优势变为经济优势，扩大民族地区就业，促进文化资源的保护和合理利用。

（八）健全投融资体系

深入贯彻落实《关于金融支持文化产业振兴和发展繁荣的指导意见》，建立健全多元化、多层次、多渠道的文化产业投融资体系。促进文化产业与金融业全面对接，鼓励各类金融机构创新金融产品，改善提升文化产业金融服务，引导和鼓励社会资本投入文化产业。

1. 推进银行业全面支持文化产业

鼓励银行类金融机构积极开发适合文化产业的信贷产品，巩固和深化部行合作机制，加大文化产业信贷投放。创新文化产业授信模式，打造文化产业全产业链信贷融资体系。积极开展文化产业资产托管、投资理财、支付结算等配套金融服务。鼓励银行机构积极开展文化产业消费金融业务，提升文化消费层次，扩大文化消费规模。鼓励非银行类金融机构综合利用多种金融业务和金融产品与文化企业对接。

2. 发挥资本市场作用

利用多层次资本市场，推动优质文化企业利用公开发行股票上市融资，扩大文化产业直接融资规模。加强文化企业上市的培育储备和推荐机制，形成“储备一批、培育一批、申报一批、发行一批”的文化企业上市梯次推进格局，培育30家上市文化企业。支持国有文化企业吸引社会资本进行股份制改造。支持文化企业通过债券市场融资，引导文化企业科学利用期权、期货等多形式金融衍生品。探索文化企业代办股份转让系统试点工作。

3. 促进文化产业投资

充分发挥投资拉动作用，鼓励引导各类社会资本投入文化产业，培育文化产业领域战略投资者。在国家许可范围内，引导社会资本以多种形式投资文化产业，参与国有经营性文化单位转企改制，参与重大文化产业项目实施和文化产业园区建设。积极发挥中国文化产业投资基金等骨干投资机构的示范引导作用，培育文化产业领域机构投资者，鼓励风险投资基金、私募股权基金等积极进入新兴文化业态。

4. 完善文化产业投融资配套服务

推动文化产业保险市场建设，创新文化产业保险产品和服务方式，总结和推广文化产业试点险种。加强对重点文化产权交易所的指导，按照“总量控制、合理布局、依法规范、健康有序”的原则引导文化产权交易机构健康有序发展。探索完善文化类无形资产确权、评估、质押、流转体系，为文化企业提供专业化、综合性的投融资服务。探索创新文化产业担保方式，建立多层次文化企业投融资风险分担和补偿机制。

（九）强化人才支撑

以培养高素质文化产业经营管理人才为重点，建设文化产业人才教育培训机构，完善在职人员培训制度，鼓励高等院校开设文化产业相关专业，全面提高文化产业人才队伍的整体素质，为文化产业发展提供强有力的人才支持。

1．加强培训教育

创办中国文化产业研究院，为文化产业发展提供智力支撑。推动文化产业学科建设，以学历教育形式不断壮大文化产业人才队伍。支持举办高级研修班、EMBA班、在职进修班，以非学历教育形式不断提升文化产业人才质量和水平。积极探索政府、高校、院所、企业合作培养机制，建立一批文化产业人才培训基地和文化产业创业园、孵化器，促进产学研一体化。通过“走出去、请进来”的方式，加强与各国文化产业界的交流，培养国际化人才。加强职业道德建设和作风建设，增强广大文化产业从业者社会责任感。

2．完善人才政策

通过文化名家工程等国家重点人才工程计划，培育一支政治素质过硬、经营管理能力强的文化企业家队伍，造就一批文化经管名家。鼓励各地制定文化产业战略人才指导目录，积极推动入选人才享受国家高科技人才的同等待遇，优先推荐进入国家各类人才计划。健全人才使用、流动、激励、保障机制，采取签约、项目合作、知识产权入股等多种方式集聚文化人才。完善文化产业人才分类界定，推进职业技能鉴定和职业资格认定。大力引进海外高层次人才。加大对民营文化企业优秀人才的政策支持，解决落户、住房、医疗和子女教育等实际问题。

（十）推动文化产业“走出去”

根据“政府引导、企业主体、市场化运作”的原则，充分发挥政府的引导作用和服务职能，大力推动对外文化交流与对外文化贸易促进工作的有机结合，积极推动文化企业和文化产品走向国际市场，培育一批具有国际竞争力的外向型文化企业和中介机构，打造一批国际知名文化品牌，增强中华文化在世界上的感召力和影响力。

1．促进文化产品和服务出口

完善支持文化产品和服务出口的政策措施，利用政府对外文化工作平台，积极推动文化产业“走出去”。支持代表中华优秀民族文化、具有自主知识产权和品牌的文化企业和产品进入国际市场，重点扶持具有民族特色的演艺、动漫、游戏、艺术品、工艺美术、网络文化等领域产品和服务的出口。建立文化产品和服务“走出去”资源库，修订完善《文化产品和服务出口指导目录》，联合商务部等部门发布文化出口重点企业和项目目录。不断完善对外文化贸易统计工作。简化审批手续，推动出口便利化，在重点出口地区建立对外文化贸易基地。

2．鼓励文化企业开拓境外市场

鼓励文化企业通过独资、合资、控股、参股等多种形式在境外兴办文化实体、设立分支机构，实现文化企业在境外的落地经营。加强对海外文化产业、市场的深度分析，建立国际文化市场的信息收集、编辑、研究和发布机制，协助企业了解国际市场动态，扩大海外营销网络。积极支持文化企业参加境外国际大型展会和文化活动，协助提升在国内举办的文化博览会和交易会的国际化运营能力。充分发挥驻外使领馆文化处（组）、海外中国文化中心等驻外文化机构的作用，积极指导、协助文化企业开拓海外市场。

3、加强国际文化产业交流合作

实施国际市场区域开发战略，积极参与国际文化产业对话，建立、参与政府间国际文化产业领域双边和多边对话与合作机制，参与国际文化贸易规则制定，不断增加国际话语权。鼓励文化企业同国外有实力的文化机构进行项目合作，鼓励引进适合我国市场需求的国外优秀文化产品，丰富我国文化市场，同时积极学习国外先进的制作技术和管理经验，不断提升我国文化产业面向国际市场的综合能力。

三、重点行业

改造提升演艺、娱乐、文化旅游、工艺美术等传统文化产业，加快发展动漫、游戏、网络文化、数字文化服务等极具活力和潜力的新兴文化产业，构建结构合理、门类齐全、科技含量高、竞争力强的现代文化产业体系，以重点行业的快速发展实现倍增目标，形成各行业百花齐放、共同繁荣的良好局面，推动文化产业跨越式发展。

（一）演艺业

加快剧院、剧场、电子票务等演艺基础设施建设，为扩大演艺消费创造条件。建立演艺产品创作生产补贴机制，扩大原创性演出产品的生产。加快演艺与旅游等相关产业的融合，培育旅游演艺市场，丰富旅游演艺产品，避免同质化。设计开发演艺衍生产品，延伸演艺产业链。

专栏　演艺业发展目标和主要政策措施	
发展目标	“十二五”期间，建设10家左右覆盖全国主要城市的全国性或跨区域的文艺演出院线，打造一批深受人民群众喜爱、久演不衰的精品剧目，形成1-2个国际知名的演艺产业集聚区，大力拓展农村演艺市场，基本满足城乡居民对演艺的消费需求，为实现从演艺大国到演艺强国的跨越奠定基础。
主要举措	● 加快国有文艺院团转企改制的步伐，引导支持民营资本进入演艺领域，着力培育一批有较强竞争力的骨干演艺企业。 ● 发展以大型演艺集团为龙头，以中心城市剧场为支点，以二三线城市剧场为网络的若干个跨区域演出院线。 ● 加快演艺基础设施改造更新，重点鼓励生产具有自主知识产权的新型音响、灯光和舞台技术装备。 ● 积极推进全国文化票务网络建设，打造文艺演出票务平台。 ● 依托各地文化艺术资源，发挥已形成的地方特色演艺品牌的辐射效应，培育民族民间演艺产业群。
政策支持	● 研究制定和落实支持演艺产业发展的经济政策。 ● 发挥国家各类文化艺术基金的作用，调动国家、社会等各方面力量，推动演艺产品创新，鼓励创作反映现实生活和表现时代精神的优秀舞台作品。 ● 鼓励有条件的地方设立“演艺产业发展专项资金”，重点支持演出节目原创、舞台设备更新、剧场建设改造、演出院线建设、出国巡演等。 ● 制定完善演艺产业市场准入和退出、市场监管、知识产权保护、从业规范等政策法规。

（二）娱乐业

促进歌舞娱乐场所和游艺娱乐场所健康发展，积极开发具有民族特色、健康向上和技术先进的新兴娱乐方式，创新娱乐业态。促进娱乐业与休闲产业结合，扩大娱乐业发展空间。调整优化娱乐场所结构，鼓励娱乐企业连锁经营。推动娱乐场所品牌建设，增强中国娱乐业在国内外市场的吸引力。

专栏　娱乐业发展目标和主要政策措施	
发展目标	“十二五”期间，打造5至10家具有较大产业规模和较强竞争实力的娱乐业品牌，推动娱乐业自主创新，使国产娱乐设备、国产原创娱乐内容占据国内市场60%以上份额。
主要举措	● 扶持国内娱乐设备生产企业积极开发拥有自主知识产权的娱乐设备，鼓励娱乐产品内容提供商积极开发拥有自主知识产权、内容健康的娱乐产品。 ● 在大中城市积极发展集演艺、休闲、旅游、餐饮、购物、健身等为一体的综合性娱乐设施。 ● 科学规划、适度发展科技含量高、富有中国文化特色的娱乐园区，坚持合理布局，有序规范，防止盲目建设。 ● 加强娱乐场所引导和管理，加大执法力度，规范娱乐业经营秩序，净化娱乐市场环境。
政策支持	● 鼓励各地调低娱乐业营业税税率，促进大众娱乐业发展，丰富人民群众精神文化生活。 ● 推动娱乐场所标准化建设，建立娱乐场所硬件设施标准体系、技术标准体系和服务标准体系。

（三）动漫业

优化动漫产业结构，提升动漫产品质量，打造动漫精品，逐步形成统一、开放、竞争、有序的动漫产业体系和相互支撑、相互作用的动漫产业链条。加强创作，培育精品，倡导、扶持动漫产业走民族风格和时代特点相结合的原创之路，坚持走技术创新与市场开发相结合的产业发展道路。

专栏　动漫业发展目标和主要政策措施	
发展目标	力争到2015年，动漫业增加值超300亿元，动漫创意和产品质量有很大提升，着力打造5至10个在国际上具有较强竞争力和影响力的国产动漫品牌和骨干动漫企业，培育一批国际知名的动漫企业家和动漫艺术家，实现动漫产业质的飞跃，成为文化产业发展的重要增长点和未成年人思想道德建设的重要支点。
主要举措	● 制定动漫产业"十二五"发展规划。 ● 评选中国文化艺术政府奖动漫奖，示范、引导动漫产业健康发展。 ● 实施国家动漫精品工程，为优秀动漫创意和动漫产品搭建产业化平台，保护知识产权，推动形成上下游共同发展的动漫产业链条。 ● 实施原创动漫推广计划，包括动漫游戏海外推广、展会推广和边疆推广。 ● 加强动漫关键技术研发、动漫公共技术服务平台和国家动漫公共素材库项目建设，为动漫产业发展提供技术支撑。 ● 加强对现有国家动漫产业基地园区的管理，优化基地园区布局，提高基地园区的孵化、集聚、交易、展示、交流功能。 ● 联合教育部实施原创动漫人才培养计划，举办国家动漫产业高级研修班，培养产业需要的高端人才。 ● 加强动漫产业理论研究工作，发布动漫产业发展年度报告和产业数据。
政策支持	● 与财政、税务等部门共同开展动漫企业认定，完善面向动漫企业的财税优惠政策。 ● 继续在营业税、增值税、所得税、进口关税及进口环节增值税等税种实施优惠政策，扶持动漫企业发展。 ● 推动出台动漫产业公共技术服务平台认定管理及进口税收优惠政策。

（四）游戏业

增强游戏产业的核心竞争力，推动民族特色、健康向上的原创游戏发展，提高游戏产品的文化内涵。鼓励研发具有自主知识产权的网络游戏技术、电子游戏软硬件设备，优化游戏产业结构，促进网络游戏、电子游戏等游戏门类协调发展。鼓励游戏企业打造中国游戏品牌，积极开拓海外市场。

专栏　游戏业发展目标和主要政策措施	
发展目标	到2015年，游戏业市场收入规模达到2000亿元。鼓励网游企业到海外投资，形成10家综合实力达到世界水平的骨干游戏企业，培育一批内容健康向上、富有民族特色的游戏精品，力争每年向世界推出百款网游，其中3～5款精品网游跻身国际最受欢迎网游前十位排名。
主要举措	● 推动民族原创网络游戏产业快速发展，打造具有深厚文化内涵、深受群众喜爱的网络游戏精品。 ● 加强科技攻关，研发具有自主知识产权的网络游戏技术和电子游戏软硬件设备，搭建公共技术服务平台。 ● 调整优化产品结构和市场结构，丰富网络游戏类型，鼓励新产品填补细分市场。协调发展各游戏门类，提高游戏产业的核心竞争力。 ● 严厉打击网络游戏"私服"、"外挂"等侵犯知识产权的行为。
政策支持	● 促进游戏产品出口，鼓励我国游戏产品参与国际竞争，搭建游戏产业国际交流平台。 ● 完善游戏产业相关法律法规，构建监管互动平台，积极引导行业和企业自律。 ● 创新人才培养模式，推进产学结合，形成与产业发展相适应的游戏类教育和职业培训体系，培养一批专业人才。

（五）文化旅游业

促进文化与旅游相结合，以文化提升旅游的内涵，以旅游扩大文化的传播和消费。打造文化旅游系列活动品牌，扶持特色文化旅游项目。鼓励演艺与旅游资源整合，开发具有地域特色和民族风情的精品演出节目。加强旅游纪念品、工艺品的研发设计，拓展文化旅游产业链。

专栏　文化旅游业发展目标和主要政策措施	
发展目标	"十二五"期间，进一步扩大文化旅游产业规模，保护文化旅游资源，规范文化旅游市场秩序，形成文化内容与旅游载体相互融合、相互支撑的总体格局，使文化旅游成为文化产业和旅游产业新的经济增长点和重要支撑。

续表

主要举措	● 科学编制文化旅游发展规划，积极策划文化旅游的精品线路，建设旅游文化名街、名镇，打造文化旅游特色产业集聚区。 ● 认定一批文化特征鲜明、市场影响大、发展活力强劲、开放程度高的全国文化旅游实验区，发挥引领示范作用。 ● 深入挖掘历史文化和地域文化资源，打造一批拥有自主知识产权、具有广泛传播力和国际影响力的旅游演艺品牌。 ● 在有效保护的基础上，对历史文化名城、文物古迹进行科学合理利用，合理利用、传承发展传统手工技艺类和表演类非物质文化遗产，深度开发文化旅游工艺品，提升品位，拓宽市场。 ● 打造文化旅游系列活动品牌，扶持具有地方、民族特色的文化旅游项目。从2010年开始，文化部、国家旅游局每4年推出一个中国文化旅游主题年，每两年举办一届中国国际文化旅游周。 ● 文化部和国家旅游局定期发布《国家文化旅游重点项目名录》。 ● 加强文化旅游市场管理，营造良好的文化旅游环境。
政策支持	● 进一步扶持国家文化旅游重点项目，拓宽投融资渠道，吸引社会资本投资文化旅游项目的建设开发。 ● 加大政府投入，重点用于文化旅游宣传推介和交通等基础设施建设。

（六）艺术品业

繁荣美术创作，推动当代艺术品产业健康发展。创建艺术原创、学术评价、艺术品市场互为推进的艺术发展体系。引导、培育和建设艺术品一级市场。完善艺术区管理模式，鼓励艺术品产业集聚发展。建立中国艺术品行业登记认证数据库。积极扶持新媒体艺术。

专栏　艺术品业发展目标和主要政策措施	
发展目标	到2015年，艺术品市场交易总额达2000亿元，形成2～3家具有世界影响的艺术产业集聚区，将中国建设成为世界艺术品重要交易中心。

续表

主要举措	● 鼓励原创艺术创作，推动画廊业发展，鼓励各地结合自身资源建立艺术产业集聚区。 ● 鼓励建立新媒体艺术中心和视觉实验室，鼓励原创新媒体艺术发展。 ● 打造诚信度高、交易便捷、品种丰富的艺术品电子商务平台。 ● 扶持两个国际化、品牌化、高品位的艺术品产业博览会。
政策支持	● 完善艺术品市场政策法规，加强艺术品市场监管力度，建立艺术品市场信用管理机制，维护艺术品交易市场的正常秩序。 ● 完善艺术品经纪人制度、市场准入与退出制度。 ● 培养艺术品产业领军人才、艺术家、鉴定人才和经纪人才。

（七）工艺美术业

发掘民族文化元素，突出地域特色，强化品牌意识。有效保护传统技艺，不断开发新技术、新工艺、新产品，促进保护传承与创新发展密切结合，发展现代工艺美术。加快传统工艺美术产品与创意设计、现代科技和时代元素融合，增加文化含量和科技含量，提高产品的附加值。鼓励企业集聚，重点扶持特色鲜明的工艺美术产业集聚区。

专栏　工艺美术业发展目标和主要政策措施	
发展目标	到2015年，全国工艺美术业增加值超过6000亿元，出口额超过200亿美元。建设一批工艺美术特色产业集聚区和工艺美术研发、设计、创意基地。挖掘丰富的民族文化内涵，提升产品附加值，增强市场竞争力，打造一批具有广泛影响力的工艺美术品牌，带动工艺美术产业全面发展。
主要举措	● 支持传统工艺美术面向市场，鼓励工艺美术技艺创新和提高产品科技含量，开发更多具有自主知识产权的产品，扩大在国际市场的影响力。 ● 依托丰富的传统民族民间手工艺品资源，以工艺资源相对富集的中小城市和村镇为主体，加强创意和技术支持，培育集创意研发、生产销售、文化体验为一体的传统民族民间工艺品集散区。 ● 推动农村手工艺业发展，鼓励农民通过手工技艺增收致富，通过产业集聚培育一大批特色文化产业乡镇、农民专业合作社、文化个体户及乡村文化产业带头人，实现文化富民。

续表

政策支持	● 推动出台针对工艺美术行业的税收优惠政策，建立适应工艺美术产业发展的投融资体系。 ● 加强对制作传统工艺美术产品特需的珍稀矿产资源和天然原材料的保护，为传统工艺美术的研究、开发和生产提供支持。 ● 加大资金投入力度，加强传统工艺美术技艺整理传承、人才保护和技艺保护工作。 ● 建立科学、完善的工艺美术人才培养机制和教育体系，为工艺美术人才的成长创造良好条件。

（八）文化会展业

科学布局、合理分工、提升内容、突出特色，发展综合性、专业化等不同类型的文化会展。转变文化会展业运作模式，切实提升文化会展的交易功能和作用，促进文化会展与旅游、城市建设、商贸合作的融合，提高办会效益。建立健全会展评估机制，完善会展评估和反馈体系。加强对文化节庆活动的规范引导，发掘传统节庆文化内涵，提升新兴节庆文化品质。

专栏　文化会展业发展目标和主要政策措施

发展目标	“十二五”期间，形成3～5个覆盖全国并具有国际影响力的文化会展，逐步建立结构合理、特色明显、功能互补的文化会展业体系。
主要举措	● 重点培育扶持中国国际文化产业博览交易会等重要会展，打造精品会展品牌。 ● 转变政府职能，完善会展运作模式，协调会展业及其相关产业链条的发展和提升。 ● 进一步发掘传统节庆文化内涵，提升新兴节庆文化品质，培育一批群众参与度高、社会影响力大、经济和社会效益好的节庆活动。 ● 加强品牌性文化节庆活动的社会推广和宣传，扩大品牌影响力和经济带动力。
政策支持	● 建立健全会展评估机制，完善会展评估和反馈体系，促进文化会展业可持续发展。 ● 加强对地方文化会展和节庆活动的规范和引导。

专栏　重点发展的文化产业展会节庆

展会名称	发展目标	举办地
中国国际文化产业博览交易会	打造享有较高国际知名度和较大国际影响力的综合性、国际化文化产业博览交易会。	深圳
中国北京国际文化创意产业博览会	发挥首都全国文化中心示范作用，打造集聚文化创意资源、反映产业动向和趋势、促进产业合作和产品交易的国际文化经贸交流盛会。	北京
中国演艺产业博览会	为国内外演艺界搭建集“展示、合作、交易、发展”于一体的综合性服务平台，繁荣发展演艺产业。	天津
中国国际动漫游戏博览会	支持成为国内一流、亚洲知名的动漫游戏会展活动。	上海
中国国际网络文化博览会	引导网络文化产业发展方向，引领数字内容产业创新趋势。	北京
中国（北京）艺术品产业博览会	打造全国性、专业化、品牌化的艺术品产业交易交流平台。	北京
中国西部文化产业博览会	搭建展示中西部地区优秀文化资源、助推东中西部文化交流、推动西部文化产业走向国际的重要平台。	西安
中国义乌文化产品交易博览会	成为国际化特色明显、市场化运作模式相对成熟的文化产业投资、贸易和技术合作的平台。	义乌
中国东北文化产业博览交易会	构建主题突出、内容丰富、形式新颖、特色鲜明、功能完善、参与广泛的国家级文化产业交流展示和交易合作平台。	沈阳
中国洛阳牡丹文化节	打造以花为媒，融文化交流、旅游观光、经贸合作为一体的具有广泛影响力的国家级知名文化品牌节会，成为推动区域经济发展方式转变的引擎。	洛阳

续表

中国原创手机动漫游戏大赛	培育手机动漫游戏精品，发掘优秀创作人才，成为国内手机动漫领域的一流赛事活动。	长沙

（九）创意设计业

完善相关政策措施，营造创意设计氛围，不断提高创意设计能力，统筹推动创意设计业快速发展，提高文化产品的创意设计水平，充分发挥创意设计对文化产业、制造业、服务业等各产业领域的促进作用。扩大创意设计服务外包和出口。

专栏　创意设计业发展目标和主要政策措施	
发展目标	“十二五”期间，举办1～2个具有国际影响力的创意设计展会和赛事活动，全面提升我国创意设计水平，支持打造3～5个世界知名的“设计之都”。
主要举措	● 搞活创意设计市场，开展国际性创意设计推广、创意设计交易和品牌展示活动。 ● 培育壮大拥有自主知识产权和知名品牌、具有较强竞争力、成长性好的创意设计类龙头企业。 ● 建设创意设计产业孵化器，完善创业孵化功能，为大学生创业就业创造条件，推动中小创意设计企业集聚和成长。
政策支持	● 加强创意设计知识产权保护力度，形成尊重创意设计、维护创意设计创新的良好氛围。 ● 支持创意设计企业与高等院校联合建设创意设计产业人才培养基地，加快培养创意设计人才。

（十）网络文化业

积极实施网络内容建设工程，推动优秀传统文化瑰宝和当代文化精品网络传播，制作适合互联网和移动网络传播的精品佳作，鼓励网民创作格调健康的网络文化作品，提高原创水平，提升文化品位，发挥网络在文化建设中的重要作用。

专栏　网络文化业发展目标和主要政策措施	
发展目标	“十二五”期间，提高网络音乐、网络艺术品、网络动漫、网络演出、网络文学等网络文化产品的原创能力和文化品位，发展健康向上的网络文化，进一步增强网络文化的核心竞争力。

续表

主要举措	● 鼓励文化内容与网络技术结合，不断创新文化业态，丰富文化表现形式，推进文化产业结构调整。 ● 促进网络文化产业链相关环节的融合与沟通，创新营销推广模式，研究建立更规范、合理的分成模式。 ● 鼓励和支持数字技术企业、网络技术企业、计算机硬件企业和通讯企业参与网络文化内容产品的生产和经营。 ● 继续稳步推进网吧连锁化、规模化、专业化、品牌化经营。
政策支持	● 加强宏观规划，完善政策支持体系，支持网络文化企业发展。 ● 加强知识产权保护体系的建设，积极采用新的科技手段加强对网络文化作品的保护。

（十一）数字文化服务业

推动数字等高新技术在文化领域的广泛应用，促进文化内容以及产品的数字化转化和开发，加快文化产品的生产、传播、消费的数字化进程，加强文化内容与数字技术结合培育新兴文化业态。

专栏　数字文化服务业发展目标和主要政策措施	
发展目标	“十二五”期间，利用数字技术全面提升文化产业各门类信息化服务水平，加快传统文化产业的改造提升速度，培育基于数字技术的新兴内容产业，形成一批采用数字技术提供制作、传播、营销、推广等服务的文化服务企业，为文化产业和高新技术融合发展提供支撑。
主要举措	● 鼓励文化内容与数字等高新技术结合，不断创新文化业态，丰富文化表现形式，为各种新兴显示终端提供文化内容。 ● 培育以信息化服务、数字化生产、网络化传播为特点的高科技文化企业。 ● 加快文化资源和产品的数字化信息化进程，建设完成覆盖城乡的文化共享网络。鼓励扶持对舞台剧目、音乐、美术、文物、非物质文化遗产和文献资源进行数字化转化和开发。 ● 加快科技创新成果转化，提高演艺、动漫、游戏、网络文化等领域技术装备水平，增强文化产业核心竞争力。
政策支持	● 加强知识产权保护力度，加强数字内容的监督管理，保证国家文化安全。 ● 积极建设数字文化产品的产权交易平台，完善投融资机制和相关经济政策。

四、保障措施

贯彻落实十七届六中全会提出的“加大财政、税收、金融、用地等方面对文化产业的政策扶持力度”的精神，积极协调有关部门，逐步完善文化产业政策法规体系，出台具有可操作性的配套政策，加快文化产业振兴立法进程，深化体制改革，规范市场秩序，加强公共服务，全面创造有利于文化产业跨越式发展的良好环境。

（一）加大政府投入力度

增加公共财政对文化产业的投入力度，提高文化产业支出占财政支出比例，充分发挥财政资金杠杆作用，推动文化产业跨越式发展。扩大文化产业发展专项资金和文化产业投资基金规模，合理确定支持方向，提高文化产业发展专项资金的使用效率。创新政府投入方式，通过政府购买服务、项目补贴、以奖代补等方式，鼓励和引导社会力量提供公共文化产品和服务，促进文化产业发展。积极争取中央财政国有资本经营预算加大对文化产业的扶持力度，支持和培育文化市场主体。支持具有战略性、先导性、带动性的重大文化产业项目建设，支持文化科技研发应用和提高文化企业技术装备水平。鼓励和支持有条件的地方设立文化产业投资引导基金，努力探索以政府投入为引导，动员社会参与的新型文化产业投入模式。

（二）完善政策法规体系

进一步贯彻落实关于推动经营性文化事业单位转制、扶持文化企业发展、支持文化产品和服务出口、鼓励技术创新的税收扶持政策。争取将文化产业列入《西部地区鼓励类产业目录》，西部文化企业所得税减按15%的税率征收。积极协调有关部门，对部分行业反映出的税负较高问题认真加以研究，逐步完善相应的税收政策。支持各地结合实际情况，将文化产业用地纳入城乡发展规划、土地利用总体规划，在国家土地政策许可范围内，争取优先保证文化产业集聚发展用地。配合行业主管部门，加大土地使用监管力度，不断提高文化产业用地使用效率，严格禁止以文化产业之名违规占地。不断降低文化企业生产经营成本，推动实现符合鼓励类服务业条件的文化企业在用电、用水、用气、用热与工业同价。加快文化产业振兴立法进程，争取把行之有效的文化产业政策上升为国家法律法规，为文化产业发展提供法制保障。

（三）深化文化体制改革

通过深化文化体制改革，构建有利于文化产业繁荣发展的体制机制，进一步解放和发展文化生产力，激发全社会的文化创造活力。加快推进经营性文化单位改革，推进一般国有文艺院团转企改制，推动代表民族特色和国家水准的文艺院团等事业单位实行企业化管理，增强面向市场、面向群众提供服务能力。深化文化行政管理体制改革，加快政府职能转变，强化政府调节、市场监管、社会管理、公共服务职能，推动政企分开、政事分开，理顺政府和文化企事业单位关系。

（四）规范文化市场秩序

全面梳理文化市场法律法规，做好法规制度的立、改、废工作。充分运用法律、经济和必要的行政手段，调整市场布局，优化市场结构，引导和调节文化市场。加快文化市场诚信体系建设，规范市场经营主体之间、经营者与消费者之间的关系，营造公平竞争的市场环境。完善文化市场主体和产品准入制度，加强文化市场主体和内容管理，依法对文化产品进行内容审查。深化文化市场综合执法改革，统筹协调、监督指导文化市场综合执法工作，进一步完善文化市场综合执法机制，加强综合执法队伍建设。积极利用信息网络技术，创新文化市场管理手段，建立健全统一高效的全国文化市场技术监管系统。深入开展“扫黄打非”，加强文化市场管理，严厉查处违法文化经营行为，净化文化市场环境，维护诚信、公平、竞争有序的市场秩序。

（五）加强产业公共服务

根据建设服务型政府的要求，不断完善文化产业公共服务，策划建设一批包括企业孵化、公共技术支撑、投融资服务、信息发布、资源共享、统计分析等功能在内的文化产业综合服务平台。建设中小文化企业创业孵化基地，降低创业成本和创业风险，提高创业成功率。不断完善文化产业统计指标体系，创新统计方法，为推动文化产业发展提供可靠的统计保障。建立文化系统文化产业统计平台，及时发布统计数据。以文化产业示范园区和示范基地为依托，建立重点文化企业的统计制度，及时准确地反映行业发展动态情况，为各级党委政府决策提供数据支撑和信息服务。

（六）加强组织实施

各级文化行政部门要在党委、政府的领导下，

统一思想，提高认识，把文化产业发展列入重要议事日程，认真抓好《文化产业倍增计划》的组织实施，加强对计划落实情况的监督检查。要认真履行职责，主动加强与发展改革、财政、税务、科技、商务、教育、土地、金融等部门的沟通协调，争取建立相应的工作机制，共同研究落实本计划提出的发展目标和任务，确保各项政策措施落到实处，促进文化产业跨越式发展。充分发挥各级各类文化产业协会在提供政策咨询、加强行业自律、促进行业发展、维护企业合法权益、制定行业标准等方面的重要作用，使之成为联系文化产业界的桥梁和纽带，努力形成文化企业、行业协会与政府部门之间的良性互动。

文化部关于撤销4家单位国家文化产业示范基地命名的通知

文产函〔2012〕427号

各省、自治区、直辖市文化厅（局），新疆生产建设兵团文化广播电视局：

2011年6月至12月，根据《国家文化产业示范基地评选命名管理办法》，文化部开展了国家文化产业示范基地（以下简称示范基地）巡检工作。本次巡检采取了各示范基地自检、委托省级文化厅（局）巡检和文化部直接抽检相结合的办法。在各地文化厅（局）的大力协助下，现已顺利完成巡检工作。

从巡检总体情况来看，绝大部分示范基地都能够在党的十七大特别是十七届五中、六中全会精神指引下，面向市场，努力开拓，大胆实践，在推进文化体制改革、文化业态创新、地方经济发展、弘扬民族特色文化产业、推动就业、实施文化产品“走出去”战略等方面进行了有益的探索和尝试，取得了良好的业绩，为文化产业发展作出了积极贡献。

与此同时，通过巡检，也发现了极少数示范基地存在较为突出的问题，已不再发挥示范基地所应具备的示范、窗口和辐射作用。经调查核实，北京中录同方文化传播有限公司、湖北省民间艺术团、湖北三峡非博园发展有限公司和广东潮州关键宇航鼠动漫影视有限公司（现已更名为广东宇航鼠动漫有限公司）4家单位已不具备作为示范基地的基本条件。根据《国家文化产业示范基地评选命名管理办法》第21条的规定，经研究，撤销上述4家单位“国家文化产业示范基地”的命名。

特此通知。

文化部

2012年3月31日

文化部关于鼓励和引导民间资本进入文化领域的实施意见

文产发〔2012〕17号

各省、自治区、直辖市文化厅（局），新疆生产建设兵团文化广播电视局，各计划单列市文化局，各直属单位：

为贯彻党的十七届六中全会精神，落实《国务院关于鼓励和引导民间投资健康发展的若干意见》（国发〔2010〕13号）和《国务院办公厅关于鼓励和引导民间投资健康发展重点工作分工的通知》（国办函〔2010〕120号）精神，鼓励和引导民间资本进入文化领域，文化部结合当前文化改革发展实际，制定本实施意见。

一、充分认识促进民间资本进入文化领域的重要意义

（一）随着改革开放不断深入和经济社会发展方式转型升级，民间资本已成为推动我国文化建设的重要力量，在深化文化体制改革、公益性文化事业、繁荣文化产业、推动文艺创作生产、开展多渠道多形式多层次对外文化交流等方面发挥了重要作用。鼓励和引导民间资本进入文化领域，是深入贯彻党的十七届六中全会精神、推动社会主义文化大发展大繁荣、进一步兴起社会主义文化建设新高潮的重要举措。鼓励和引导民间资本进入文化领域，有利于完善社会主义市场经济体制，充分发挥市场在文化资源配置中的积极作用；有利于优化国民经济结构，创造更多就业机会，增加城乡居民收入；有利于拓宽文化资金来源渠道，促进投资主体多元化；有利于进一步解放文化生产力，调动社会各方面积极性，整合各种资源，凝聚各方力量，激发全社会文化创造活力，形成全社会共同参与文化建设的新局面；有利于丰富文化产品和服务供给，满足人民群众日益增长的多样化的精神文化需求。

二、鼓励民间资本参与国有文艺院团转企改制

（二）鼓励和支持民间资本以投资、控股、参股、并购、重组、项目合作等多种方式，积极参与国有文艺院团转企改制。鼓励艺术名家和其他演职人员以个人持股的方式参与转制院团的股份制改造。

（三）民间资本参与国有文艺院团转企改制，可享受国有文艺院团转企改制和国家扶持文化企业发展的相关优惠政策。

三、鼓励民间资本参与公共文化服务体系建设

（四）鼓励民间资本捐建或捐资助建博物馆、图书馆、文化馆、美术馆等公共文化基础设施，引导和鼓励民间资本通过捐助机构、资助项目、赞助活动、提供设施等形式参与公共文化服务。民间资本捐资助建公益性文化设施，可尊重捐赠者的意见，以适当方式予以褒奖；通过公益性社会团体和县级以上人民政府及其部门捐赠捐助的，可按有关法律法规享受税收优惠政策。

（五）采取政府采购、项目补贴、定向资助、贷款贴息、税收减免等政策措施，引导民间资本投资兴建民间文化馆、图书馆、博物馆、美术馆等文化设施；支持民间资本兴办具有公益性和准公益性特点的读书社、书画社、乡村文艺俱乐部、文化大院、群众文艺团队、社区文化服务组织、民间文艺协会等，直接面向社会公众提供公益文化服务。

（六）逐步建立公共文化服务政府采购制度，支持民营文化企业的产品和服务进入政府公共文化产品和服务采购目录。鼓励民间资本通过招投标等方式，参与基础文化设施建设、公共文化产品创作生产、公益性文化产品和服务供给、重大文化惠民工程、重大公益性文化活动和其他公共文化服务。

四、鼓励民间资本投资文化产业发展

（七）鼓励和引导民间资本投资演艺、娱乐、动漫、游戏、文化旅游、艺术品、工艺美术、文化会展、创意设计、网络文化、数字文化服务等行业和领域。支持民间资本参与重大文化产业项目实施，鼓励民营文化企业跨区域、跨行业兼并重组。民间资本投资符合国家重点扶持方向的文化门类和领域，可通过项目补助、贷款贴息、保费补贴、绩效奖励等方式给予资金扶持。

（八）对民营文化企业在立项审批、投资核准、项目招投标、政府采购、评比表彰、申请专项资金、享受税收优惠、申报国家级文化产业示范园区和国家文化产业示范基地等方面，要与国有文化企业一视同仁，不得对民营文化企业设置任何附加条件、标准和程序。

（九）建立健全多元化、多层次、多渠道的文化产业投融资体系，鼓励和支持民营文化企业借助资本市场做大做强。支持民营文化企业通过信贷、信托、基金、债券等金融工具融资，支持民营文化企业通过并购重组、上市等方式融资。鼓励和引导民间资本参与的金融机构、中介组织、各类投资基金进入文化产业领域。

五、鼓励民间资本投入非物质文化遗产传承保护

（十）鼓励民间资本积极投入非物质文化遗产基础设施建设，支持民间资本结合文化旅游、民俗节庆活动等建设非物质文化遗产博物馆、展示馆、传习所等基础设施，开展保护、展示、传承、宣传活动。

（十一）鼓励和引导民间资本利用现有优惠政策，参与非物质文化遗产生产性保护。积极协调有关部门，研究制定非物质文化遗产生产性保护税收、信贷、融资、土地使用等方面的扶持办法，为民间资本参与非物质文化遗产生产性保护营造有利环境。

（十二）鼓励民间资本建立信息平台和社会中介组织，为非物质文化遗产生产性保护搭建桥梁和纽带。鼓励民间资本支持非物质文化遗产代表性传承人开展传统技艺与题材的创新和发展，推动传统产品的功能转型和审美价值提升。鼓励民间资本支持技艺展示、产品销售等活动，宣传非物质文化遗产及其产品的文化内涵和审美价值。鼓励民间资本通过设立公益性基金等方式参与非物质文化遗产保护，如对濒危的非物质文化遗产进行抢救性保护，对代表性传承人及学艺者予以资助等。

六、鼓励民间资本积极参与对外文化交流和文化贸易

（十三）积极倡导“以政府为主导、民间为主体、市场化运作为主要方式”的方针，鼓励民间资本以资助、投资、捐赠等多种形式参与对外文化交流和对外文化贸易，鼓励民间资本参与节庆、演出、展览、展销等各种双边和多边文化交流活动及项目。

（十四）逐步建立重大对外文化交流项目的招投标和采购制度，鼓励和支持有良好信誉和资质的民营文化企业参与投标，打造对外文化交流精品项目。

（十五）鼓励和引导民营文化企业向规模化、集约化和国际化方向发展，努力开拓国际文化市场，扩大我国优秀文化产品和服务出口规模。鼓励民间资本通过新设、收购、合作等方式，在境外设立文化企业、收购文化设施、建立分支机构等。

七、为民间资本进入文化领域创造良好发展环境

（十六）加快推进文化行政部门观念和职能转

变，切实推进政企分开、政事分开、管办分离，消除制约民间资本进入文化领域的制度性障碍，强化政策调节、市场监管、社会管理和公共服务职能，加大对民营文化企业、民办文化机构、民间文化组织等的服务力度，促进民间资本健康发展。

（十七）全面梳理文化领域各项行政审批事项，完善信息公开制度，推动管理内容、标准和程序的公开化、规范化，为民间资本进入文化领域提供公开透明、平等准入、公平竞争的发展环境。积极协调有关部门，简化项目审批、税收优惠、进出口通关、资金汇兑、捐赠认定等事项办理流程，清理和规范涉企收费，切实减轻企业负担。

（十八）会同有关部门逐项落实鼓励和引导民间资本进入文化领域的各项政策措施，针对不同领域，研究制定具体扶持办法，加大财政、税收、金融、用地等方面的扶持力度，完善民间资本进入文化领域的政策保障机制，切实保护民间资本的合法权益。

（十九）不断提高政府公共服务水平，加强“文化产业投融资公共服务平台”等投资信息平台建设，及时发布国家政策、发展规划、准入标准、行业动态、项目招标、产品和服务采购等信息。充分发挥驻外使领馆文化处（组）、海外中国文化中心等的作用，协助民营文化企业了解和分析海外文化市场动态，拓展海外营销网络和渠道。

（二十）各级文化行政部门要积极组织宣传党中央、国务院关于鼓励、支持和引导民间资本健康发展的方针、政策和措施，客观、公正评价民间资本在促进文化发展方面的积极作用，营造有利于民间资本进入文化领域的舆论氛围。支持民营文化企业、民办机构及民间文化团体人才队伍建设，在评定职称、参与培训、申报项目、表彰奖励等方面与国有文化单位同等对待，带动民间文化人才参与文化建设的积极性。

八、加强对民间资本进入文化领域的指导和规范管理

（二十一）各级文化行政部门要依照有关法律法规要求，加快建立和完善管理制度和征信体系，综合运用政策指导、资质认定、业务培训、监督检查等措施，加强和改进对民间资本进入文化领域的服务和管理，引导其在依法投资、依法经营的同时，不断提高自身素质和能力，树立诚信意识和责任意识，主动承担和履行相应的社会责任。

（二十二）加强对民间资本进入文化领域现状、发展趋势的监测和分析，把握民间资本进入文化领域的动态，适时修订《文化部文化产业投资指导目录》，合理引导民间投资者正确判断形势，减少盲目投资。

（二十三）加强文化行业协会、促进会、商会、学会、联盟等行业自律组织建设，充分发挥其为民间资本进入文化领域提供法律、政策、咨询、财务、金融、技术、管理和市场信息等方面服务的积极作用。

（二十四）各级文化行政部门和文化部各直属单位要认真贯彻落实国家相关政策，采取切实措施，促进民间资本进入文化领域，并注意跟踪政策实施效果和存在的问题，及时将有关情况反馈我部。

2012年6月28日

“十二五”时期国家动漫产业发展规划

前言

动漫产业是极具生机和活力的新兴文化产业。发展动漫产业对于满足人民群众精神文化需求、传播先进文化、丰富群众生活、促进青少年健康成长、进一步优化产业结构、扩大消费和就业、培育新的经济增长点都具有重要意义。党的十七届五中、六中全会明确提出要推动文化产业成为国民经济支柱性产业，动漫产业作为文化产业的重要组成部分，深受群众喜爱，又广泛服务社会，发展前景十分广阔。

为全面贯彻落实党的十七届六中全会精神，推动动漫产业跨越式发展，根据《中共中央关于深化文化体制改革推动社会主义文化大发展大繁荣若干重大问题的决定》、《中华人民共和国国民经济和社会发展第十二个五年规划纲要》、《国家“十二五”时期文化改革发展规划纲要》、《国务院办公厅转发财政部等部门关于推动我国动漫产业发展若干意见的通知》，立足动漫产业发展实际，结合市场需求，确定“十二五”时期动漫产业发展的基本思路和主要目标：以邓小平理论和“三个代表”重要思想为指导，深入贯彻落实科学发展观，坚持社会主义先进文化前进方向，始终把社会效益放在首位，遵循动漫产业发展规律，加强动漫内容建设和引导；树立“大动漫观、全产业链”的发展思路，优化产业结构、完善产业链条，发挥市场在资源配置中的积极作用，培育一批充满活力、专业性强的动漫企业，打造若干具有中国风格和国际影响的动漫品牌；加强政府政策引导和公共服务，努力形成布局结构合

理、产业链条相对完整、整体技术水平先进、市场竞争有序、经济效益显著的动漫产业发展格局，动漫在丰富群众生活和未成年人思想道德建设方面发挥更大作用，在社会生活各领域得到更加广泛的普及应用。为实现上述目标，推动我国从动漫大国向动漫强国跨越发展，特编制本规划。

一、基本经验和面临的形势

“十一五”以来，我国动漫产业蓬勃发展，在提高思想认识、创新体制机制、满足消费需求、积极学习借鉴、坚持中国特色等方面取得了许多有益的经验。当前，我国动漫产业发展既面临着有利的形势，又存在诸多的困难和挑战，需要进一步明确思路、合理引导、科学规划，全面提高我国动漫产业发展水平。

（一）基本经验

1.坚持发展理念与产业实践相适应，不断提高和深化对动漫发展的认识。随着动漫产业发展理念的不断完善，社会各界对动漫的认识更加全面，动漫不仅是艺术、也是重要的文化产业门类已经成为共识。动漫消费的年龄阶层逐步扩大，动漫应用的社会领域更加广泛，“大动漫观、全产业链”的发展思路极大拓展了动漫产业的发展空间。

2.坚持社会效益与经济效益相统一，以满足人民精神文化需求为出发点和落脚点。动漫产业发展中始终坚持把社会效益放在首位，坚持社会主义先进文化前进方向，努力实现社会效益与经济效益相统一。确保动漫产业发展与社会主义先进文化前进方向保持一致、与人民群众日益增长的精神文化需求相适应。广泛的消费需求为动漫产业拓展了发展空间，我国动漫产品数量、产值规模和盈利水平相比“十一五”之初取得了重大进展。

3.坚持自主创新与借鉴国际经验相结合，走具有中国特色的动漫发展道路。在积极学习借鉴国际成功经验的基础上，我国动漫业界始终坚持以我为主、为我所用，努力挖掘民族优秀文化资源，坚持走中国特色的原创动漫发展道路，立足国际国内两个市场，不断提高中国动漫产业的整体实力和国际竞争力。

4.坚持技术创新与人才培养相结合，为动漫产业发展提供有力支撑。动漫发展呈现出艺术与技术高度融合的趋势，动漫关键技术研发及应用取得一定突破，有效促进了动漫生产效率和产品质量的提升。动漫人才培养工作稳步推进，一批优秀的创意与经营管理人才和大量专业技术人才为动漫产业发展奠定了坚实基础。

5.坚持政府推动和市场运作相结合，努力营造动漫产业发展良好环境。扶持动漫产业发展部际联席会议制度最大限度地调动了各方积极性，各成员单位团结协作，制定政策、搭建平台、举办活动。各地方各界高度重视，积极开展工作，社会力量投资动漫产业的热情高涨，动漫产业发展环境得到优化。

（二）面临的形势

当前，我国动漫产业发展势头迅猛，产值从“十五”期末不足100亿元，到2010年达470.84亿元，年均增长率超过30%；原创能力不断增强，产品数量大幅增长，质量不断提高，“十一五”期间，国产电视动画片产量从8万分钟增长到22万分钟；动画电影批准备案数量从12部增长到46部，国产动画电影票房纪录连续破亿；漫画期刊年发行量从4000万册增长到1亿多册，漫画图书年发行量从3000万册增长一倍以上；一批动漫企业和动漫品牌崭露头角，动漫产业链日益完善，动漫“走出去”步伐加快，动漫在社会生活各领域的应用更加广泛，动漫产业的发展面临着极为有利的条件和形势。

同时，我国与世界动漫强国相比，仍然存在很大的差距：对动漫产业发展规律性的认识还有待提高；具有市场竞争力的精品力作不多，缺少具有国际影响力的动漫品牌；产业结构不尽合理，部分企业持续盈利能力不强，产业链尚不完整；侵权盗版现象依然存在；高端创意策划与经营管理人才不足等等，必须要紧抓机遇，奋发有为，努力实现我国动漫产业跨越发展，为推动社会主义文化大发展大繁荣贡献力量。

二、主要任务

“十二五”期间，努力推动我国原创动漫创意、研发、制作能力大幅提升，动漫精品力作不断涌现，技术创新能力持续增强，国际竞争力大大提高，高度重视市场机制在资源配置中的积极作用，着力打造5至10家知名国产动漫品牌和骨干动漫企业，培育出一批具有较强市场意识、国内外知名的动漫艺术家和企业家，动漫产业的影响力、辐射力、带动力持续增强，动漫在社会生活各领域的普及应用更加广泛深入，成为文化产业发展的重要增长点。

（一）引导原创动漫创作生产

坚持正确的创作生产方向，加强内容引导和建设，鼓励原创、打造精品，促进弘扬中华民族优秀文化、内容积极健康、贴近群众的动漫产品的创作、生产和传播。

1. 加强内容引导

坚持社会主义先进文化前进方向，引导广大动漫工作者自觉践行社会主义核心价值体系，继承弘扬民族传统文化、吸收借鉴世界优秀文化，鼓励扶持动漫工作者和动漫企业创作、生产、传播和推广贴近实际、贴近生活、贴近群众、富有中国文化精神、饱含时代特点的动漫产品。不断提高产品研发和原创能力，着力提升产品内涵、质量、艺术和技术水平，加大对内容创新的支持力度，满足人民群众精神文化生活需求，为青少年健康快乐成长营造良好氛围。

2. 完善评价体系和激励机制

完善动漫产品评价体系和激励机制，做好中国文化艺术政府奖动漫奖的申报评选工作，完善评选标准，建立公开、公平、公正的评选机制，做到群众评价、专家评价和市场检验相统一，奖励内容健康、艺术性强、创新度高、深受群众喜爱的优秀动漫产品，提高权威性和公信度，引导中国动漫产业发展方向。

3. 加大优秀动漫产品扶持推广力度

实施国家动漫精品工程，扶持原创动漫产品的创作生产，在制作、资本、授权等方面为优秀动漫创意和产品搭建产业化推广平台。继续实施原创动漫推广计划，支持和鼓励优秀原创动漫产品的播出、演出、出版和比赛、展览等活动，通过展会推广、边疆推广、媒体推广、校园推广和海外推广，大力宣传和推广原创动漫精品和优秀人才，提高其影响力和知名度。

专栏一

项目名称	项目内容	责任单位	发展目标
中国文化艺术政府奖动漫奖	通过周期为3年的评奖，评选、表彰优秀动漫作品、品牌、形象、人才、机构和技术成果等。	文化部 广电总局 新闻出版总署 教育部 工业和信息化部	作为中国动漫的国家奖、最高奖，引导动漫艺术创作和产业发展方向。

续表

项目名称	项目内容	责任单位	发展目标
国家动漫精品工程	扶持原创动漫产品的创作生产和优秀人才，选择一批具备产业价值的优秀动漫创意和作品，为其搭建产业化推广平台。	文化部 广电总局 新闻出版总署	成为动漫领域的国家级、常设性项目，推动动漫产品进一步品牌化、市场化和产业化。
国产影视动画扶持项目	评审、奖励年度优秀动画作品、创作人才、制作机构，表彰优秀动画传播机构，宣传推广优秀动画作品	广电总局	引导影视动画内容创作走精品路线，培育优秀动画人才，鼓励创作机构积极投身精品创作，扩大优秀动画作品、人才和企业的社会影响力。
“原动力”原创动漫出版扶持计划	每年扶持一批具有较好市场潜力的优秀原创动漫作品的创作出版	新闻出版总署	集中扶持原创动漫出版机构、产品和作者，引导创作出版动漫产品的精品力作。

4. 强化国产动画播映体系

动画播出机构要遵循“优质优价、优质优时、优质优奖”的原则，不断扩大播出国产动画片的规模，国家对播出国产动画的电视频道给予一定的播出补偿。各级影视动画播出机构要公开公布动画片播映采购标准和流程，建立完善按质论价的影视动画节目购买制度。要形成国产动画电影放映规模，为国产动画电影推向主流院线和重要影院创造良好条件。

（二）创新盈利模式，完善动漫产业链条

充分发挥市场机制在动漫产业资源配置中的积

极作用，提高动漫产业盈利能力。全面把握动漫产业各环节的内在联系，以动漫创意和形象为核心，构建相互支撑、完善的动漫产业链条，形成产业上下游之间的良性互动。

1. 发挥市场机制积极作用，创新盈利模式

营造良好市场环境，鼓励各类所有制主体进行公平竞争，引导动漫企业积极探索创新产业盈利模式，大力发展动漫要素市场、产品市场，鼓励各种要素通过市场机制进行高效流通，提高动漫企业盈利能力。加强动漫产业与服装、玩具、食品、文具等其他产业的合作。

2. 发挥漫画创作的基础性作用

高度重视漫画创作在动漫产业链中的基础性作用，加大支持和引导力度，鼓励创作生产更多弘扬社会主义核心价值，具有民族特色的优秀漫画作品。推动优秀漫画与动画、游戏、衍生产品等行业的结合，积极发展动漫形象授权，打造受众欢迎、具有市场基础的漫画形象和产品。

3. 建设完善动漫出版体系

动漫出版在动漫产业中有着重要的积极作用，“十二五”时期，实施“原动力”动漫出版扶持计划，以骨干动漫图书、期刊、音像电子出版单位为抓手，重点打造一批社会效益好，经济效益高，为受众喜闻乐见的精品动漫出版物，打通动漫创作、出版、发行等环节、提高动漫出版的规模化、集约化、专业化水平，为动漫产业提供更加畅通的出版渠道。

4. 积极发展影视动画

保持影视动画平稳发展，到“十二五”末，电视动画年产量保持在5000小时左右，动画电影年产量保持在30部左右。鼓励创作生产富有民族特色、体现时代特征、深受群众欢迎的电视动画和动画电影精品，以质量为核心，着力提高影视动画的编剧创意能力。要努力建立中央和地方电视台共同参与，上星频道、地面频道相互协调，专业频道和非专业频道互相补充，传统媒体和新兴媒体积极参与，电视平台与电影院线共同促进的多层次多元化的播映体系，构建稳定有效的播映市场，努力形成互动传播、特色传播、多媒体传播的新型传播方式。对国产动画电影放映实施一定的鼓励措施。

5. 重点培育新媒体动漫

积极推动传统动漫产品通过新媒体传播，鼓励面向移动互联网等新媒体渠道及手机、平板电脑等智能终端的动漫创作和理论研究，推出一批具有较强影响力的新媒体动漫精品，发展壮大新媒体动漫产业。研究制定手机动漫行业标准、推动相应制作工具开发，打通新媒体产业链条，实现动漫内容的跨平台共享，降低内容制作和产品推广成本。

6. 鼓励动漫舞台剧发展

鼓励各类演艺机构与动漫企业的深度合作，积极参与动漫演出的创作、制作和演出，打造更多原创动漫舞台剧精品，塑造动漫演出经典形象。鼓励动漫企业通过品牌授权，参与动漫舞台剧创作、经营，实现动漫形象、品牌的推广与提升。

7. 大力发展应用动漫

贯彻落实“大动漫”产业观，注重动漫的社会推广与技术应用，大力发展应用动漫。继续推进动漫创意、技术在教育科普、医疗卫生、航天、会展、广告、设计、建筑、核电等各领域的广泛应用。促进动漫产业与制造业、服务业等相关产业融合发展，使动漫创意和技术成为相关产业转型升级的助推器。

8. 扩大动漫衍生产品市场规模

促进与动漫形象有关的服装、玩具、食品、文具、电子游戏等衍生产品的生产和经营，延伸动漫产业链，扩大动漫产业的盈利空间和市场规模。大力发展动漫品牌授权业务，推动各环节企业的互动合作。

（三）优化动漫产业布局结构

按照统筹协调和可持续发展原则，加快动漫产业布局结构的战略性调整，形成布局合理、特色突出、集聚效应明显、资源高效利用的协调发展格局。

1. 促进区域动漫产业协调发展

加强统筹规划，突出重点、整合资源，将动漫产业发展与区域优势和特点有机结合，促进资源的合理配置和产业分工合作，支持有条件的地区发展具有鲜明地域、民族特色的动漫产业，避免盲目发展、无序竞争。结合国家各项区域性专项规划，做好动漫产业相关政策在各地的落实工作。

2. 加强动漫产业基地园区、主题公园的建设与管理

统筹规划、突出特色、控制总量、提高水平，重点建设3～5家具有示范引领作用的国家级动漫产业示范基地园区，优化基地园区布局，加强动漫类

主题公园的建设和管理。完善动漫产业基地园区推动产业集聚、产品展示、人才培养、企业孵化、技术支撑、版权交易和国际合作等功能。

3. 合理发展动漫会展交易活动

加强对动漫会展节庆比赛论坛活动的管理，控制和压缩政府参与主办的会展交易活动，科学布局、提升内容、突出特色、讲求实效。发挥动漫会展交易活动的展示、交流、交易的平台作用，打造3—5个亚洲一流、世界知名的动漫产业会展品牌。重点支持中国国际动漫游戏博览会、中国国际动漫节、中国国际漫画节等会展交易活动。

（四）推进动漫技术创新

推动新兴技术在动漫产业中的应用，加快形成以企业为主体、市场为导向、产学研相结合的动漫技术创新体系，加强动漫领域关键技术研发，加强动漫产业公共技术服务平台建设和管理。

1. 加强关键技术的研发推广

加大技术研发支持力度，支持动漫产业关键技术、核心技术和共性技术的研发与产业化推广应用。鼓励企业、高校、科研院所向有关单位提供动漫创作工具和相关服务，支持开展产学研合作，针对产业发展中的关键领域和薄弱环节，研发具有自主知识产权的核心专利和技术标准，全面提升我国动漫技术应用能力和整体技术装备水平。

2. 完善公共技术服务支撑体系

建立动漫技术设备、公共技术服务支撑体系和共享机制，优化提升现有动漫公共技术服务平台的功能，实现资源互联、互通和信息共享，提高资源利用效率。建设国家动漫公共素材库和国家动漫产业公共信息平台，完善共享机制，有效降低企业创作成本。

专栏二

项目名称	项目内容	责任单位	发展目标
动漫产业公共技术服务平台	为动漫企业提供制作、设备租赁、研发、培训等技术支撑服务。	扶持动漫产业发展部际联席会议办公室	在全国布局建设5～10个重点动漫产业公共技术服务平台，每年服务企业数量200家以上。

续表

项目名称	项目内容	责任单位	发展目标
动漫生产关键技术研发	在动漫建模、动作捕捉、运动处理、后期渲染合成等关键制作领域，部署研发一批自主知识产权的关键共性技术，并注重动漫生产与超级计算机、云计算等先进技术的结合，研发我国自主的动漫技术。	财政部 文化部 科技部 工业和信息化部 广电总局	完成2-3项动漫生产关键技术研发项目，并实现产业化推广应用。
国家动漫公共素材库	建设符合制作标准、时代要求的公共动漫素材库，为国内动漫企业、制作团队提供专业的素材服务。	扶持动漫产业发展部际联席会议办公室	国内规模最大的公共动漫素材库。
国家动漫产业公共信息服务平台	为产业政策信息发布、咨询、统计服务，开展电子政务。	文化部	国内动漫产业最具权威性的信息发布共享平台。

（五）实施骨干企业和重大项目带动战略

实施骨干企业和重大项目带动战略，以产业、项目为纽带，带动中小动漫企业同步发展，提高动漫产业规模化、集约化、专业化水平，促进产业由量的增长到质的提升。

1. 培育壮大市场主体

加大政策扶持力度，培育骨干企业，扶持中小企业，打造一批有影响、有品牌、有竞争力的动漫企业。支持和壮大国有动漫企业，使其在发展产业和繁荣市场方面发挥主导作用。支持各类所有制动漫企业健康发展。通过信贷支持、加强服务等多种形式扶持各类中小动漫企业发展。改善动漫企业经营环境，帮助解决融资等瓶颈问题。

2. 实施重大项目带动战略

积极联合有关部门，加快建设一批具有示范效应、体现政策导向的重大动漫产业项目，提升产业

规模和整体素质，加快产业结构调整和优化升级。建设国家动漫产业项目资源库，为各部门各地方提供优质项目资源。推进国家动漫产业综合示范园、中国动漫游戏城、动漫领域核心关键技术研发等重大项目建设。协调有关部门，支持国家重点动漫企业开展重大项目建设。

（六）强化人才支撑

以培养高端创意人才和经营管理人才为重点，实施动漫高端人才培养工程、不断完善动漫人才培养机制，全面提高动漫产业人才队伍的整体素质，为动漫产业发展提供强有力的人才支持。

1. 构建动漫产业人才培养体系

根据市场需求和产业发展趋势，构建覆盖高等教育、职业教育、继续教育等不同层次的动漫人才培养体系。将动漫人才培养纳入国家文化艺术类人才培养规划，在学科门类、学位设置、教学研究经费上给予积极支持。继续举办国家动漫产业发展高级研修班，着力培养产业发展急需的既懂创意又善经营管理的复合型高端人才。充分发挥高等院校、动漫企业、科研院所、行业协会和培训机构的积极性，积极开展各种层次的社会培训。加快动漫人才培养标准化进程，为符合条件的动漫从业人员评定职称。

2. 提高动漫教育质量

加强漫画、动画、数字媒体艺术专业规范制定和动漫专业标准化教程及教材开发，努力形成具有中国特色、世界水平的动漫类教材体系。推动高等学校利用国内外企业的优势资源，以动漫产业需求为导向，加强与企业合作共建国家大学生校外实践教育基地，积极聘请国内外企业动漫创意、技术和企业经营管理专家授课，多种渠道培养高素质动漫人才。

专栏三

项目名称	项目内容	责任单位	发展目标
国家动漫产业高级研修班	以动漫企业、院校的高端人才为对象，举办市场、管理、编辑、制作、策划、导演、编剧等方向的研修班。	扶持动漫产业发展部际联席会议办公室	“十二五”期间，重点举办8～10期高级研修班，培训高端人才500人次以上。

续表

项目名称	项目内容	责任单位	发展目标
动漫人才培养标准化工程	研究动漫人才培养规律，制订标准化培训课程体系，开展标准化人才社会培训。	文化部	举办低、中、高级标准化培训课程若干次，培养各类从业人员1万人以上。
动漫高端人才联合实验班计划	在北京师范大学、中国传媒大学和北京电影学院组建跨校联合体，每年选拔一批本科生进入实验班进行联合培养。在人才选拔方式、课程体系、人才培养模式、实践教学环节四个方面进行重点探索。	教育部 文化部	探索建立高校与科研院所、行业企业联合培养动漫类人才的新机制，努力培养一批高素质动漫专门人才。
漫画、动画、数字媒体艺术专业规范调研和制定项目	开展漫画、动画、数字媒体艺术专业规范调研，制定本科专业规范。	教育部	指导高校科学设置动漫类专业，提高专业人才培养质量。
高等学校动漫类教材建设项目	加强动漫类专业教材建设；新编、评选、译制动漫类优秀教材，向全国高等学校动漫类专业推荐使用。	教育部 文化部	推进动漫类教材编写、引进工作，努力构建具有中国特色、世界水平的动漫类教材体系。

（七）推动动漫产业“走出去”

充分利用国内国外两个市场，通过信息共享、政策咨询、宣传推广、境内外参展、表彰鼓励等方式，推动动漫企业、产品和服务走向国际市场，全面提高我国动漫产业国际化水平。

1. 促进动漫产品和服务出口

积极鼓励优秀动漫产品和服务出口，力争出口

量有明显增加，每年出口量争取达到4000小时，在国际市场的竞争力和市场份额显著提升。积极鼓励动漫企业根据《文化产品和服务出口指导目录》申报国家文化出口重点企业和重点项目。继续完善服务外包人才支持体系，加强对动漫人才培养和培训的支持力度。鼓励我国企业承接国外动漫制作“一手”项目，通过承接服务外包业务积累经验、培养人才，提升动漫产业创作水平。建设国家动漫游戏海外市场数据库和支撑平台。

2. 支持动漫企业“走出去”

鼓励动漫企业在境外直接投资、并购或合资设立分支机构。通过资本运作，充分利用境外的人才、资源和技术优势，推进我国动漫产业的国际化。积极支持动漫企业参加境外国际动漫展会节庆比赛等活动，协助提升在国内举办的动漫展示交易会的国际化运营能力。充分发挥驻外使领馆文化处（组）、商务处、海外中国文化中心等驻外机构的作用，积极协助动漫企业开拓海外市场。

3. 加强国际动漫产业交流合作

充分利用我国官方对外文化交流主渠道和平台，加强与国外动漫产业发达地区交流合作，鼓励动漫企业同国外有实力的动漫企业和制作机构进行项目合作。积极学习国外先进的制作技术和管理经验。充分挖掘我国丰富的文化资源，通过合作拍片、独立拍片等方式，进入国际主流市场。

专栏四			
项目名称	项目内容	责任单位	发展目标
原创动漫推广计划	通过展会推广、边疆推广、校园推广、媒体推广、海外推广、译制补贴等方式，支持动漫企业积极开拓国际国内市场，努力形成国内外知名的动漫品牌和形象。	文化部 商务部 教育部 广电总局 新闻出版总署	“十二五”期间，支持30～50家企业参加国内、国际知名动漫展会，在西藏、新疆、青海等边疆民族地区举办动漫推广活动，支持动漫产品外语和少数民族语言译制。支持动漫产品进入国际市场。

三、保障措施

进一步完善支持动漫产业发展政策体系，继续发挥扶持动漫产业发展部际联席会议制度推动动漫产业发展的重要作用，加快完善财政、税收、金融等扶持政策，加强知识产权保护，创造有利于动漫产业跨越发展的良好环境。

（一）加大财政投入

继续发挥财政资金的杠杆作用，扩大中央财政扶持动漫产业发展专项资金规模，提高资金使用效率。重点扶持原创动漫产品的创作生产和传播推广、高端人才培养、关键技术研发及产业化以及动漫“走出去”，对业绩突出的动漫企业和动漫产品给予奖励，支持重点动漫企业的重大项目建设。

（二）保护知识产权

鼓励动漫作者进行动漫产品、形象的著作权登记和商标注册，加大国产原创动漫形象、品牌和衍生产品的知识产权保护力度。保护优秀民族动漫品牌，规范知识产权交易秩序，强化动漫市场监管，加强对优秀知名动漫产品的保护和数字版权保护，开展动漫市场专项整治行动，严厉查处侵犯动漫知识产权的行为，建立公平竞争的市场秩序，营造良好的市场环境。

（三）完善投融资政策

鼓励引导各类文化产业投资基金、中小企业创业投资基金加大对动漫产业的投资，鼓励有实力的大型企业通过参股、控股或兼并等方式进入动漫产业。引导社会资本以多种形式投资动漫产业，参与各类动漫产品的研发、创作和生产，参与重大项目实施。推动政策性银行对符合条件的动漫企业提供融资支持。将符合条件的动漫企业纳入相关政策性基金资助范围。支持动漫企业上市融资。

（四）实行税收优惠

修订完善《动漫企业认定管理办法》，做好动漫企业、重点动漫产品和重点动漫企业认定工作。贯彻落实国家对动漫企业的各项税收优惠政策，将动漫企业的营业税和增值税优惠政策延续到“十二五”末，落实对动漫内容生产企业的所得税政策。推动出台动漫产业公共技术服务平台进口设备的税收优惠政策。企业出口动漫产品享受国家统一规定的出口退（免）税政策。对动漫企业在境外提供劳务获得的境外收入不征营业税，境外已缴纳的所得税款可按规定予以抵扣。

（五）加强组织实施

各地、各有关部门要统一思想、提高认识、加强领导、科学谋划，认真组织实施，做好各项政策的落实。扶持动漫产业发展各级联席会议各成员单位要相互支持、加强协调配合，指导和推动动漫产业发展。各级联席会议办公室要提高综合协调能力，与各部门密切协作，承担各项日常工作，确保《规划》提出的各项任务落到实处。鼓励各地根据动漫产业发展的集聚程度成立不同层次的动漫行业协会，推动成立中国动漫行业协会，充分发挥协会的行业协调、自律、培训、标准制定等方面的作用。

文化部关于命名第四批国家级文化产业示范（试验）园区的决定

文产发〔2012〕29号

各省、自治区、直辖市文化厅（局），新疆生产建设兵团文化广播电视局：

近年来，在党的十七大关于加快区域性特色文化产业群建设的精神指引下，在国家文化产业政策和文化体制改革的有力推动下，我国文化产业发展迅速，培育扶持、发展壮大了一批产业集聚效应明显、特色鲜明的文化产业园区，充分发挥了集聚效应和孵化功能，为全国文化产业的发展发挥了引领和示范作用，进一步提高了我国文化产业的整体发展水平。

为深入贯彻党的十七届六中全会精神，认真落实《文化产业振兴规划》，正确引导我国文化产业园区由规模式增长转变到内涵式提高，提升文化产业的规模化、集约化、专业化水平，有效增强我国文化产业的整体实力和竞争力，按照《国家级文化产业示范园区管理办法（试行）》，文化部决定命名湖南省长沙天心文化产业园区和四川省成都青羊绿舟文化产业园区为第四批国家级文化产业示范园区；决定命名福建省闽台文化产业园、山东省台儿庄古城文化产业园、吉林省东北亚文化创意科技园、宁夏回族自治区石嘴山市星海湖产业园区为国家级文化产业试验园区。

长沙天心文化产业园区和成都青羊绿舟文化产业园区在当地党委和政府的领导支持下，把文化产业纳入本地经济社会发展的整体规划，充分发挥了园区在品牌打造、资源整合等方面的优势，以主导产业为龙头，带动关联产业加快发展，促进文化消费市场逐步成熟，已成为区域经济发展的重要增长点，为推动文化产业加快成为国民经济支柱性产业，促进经济社会全面协调可持续发展作出了突出贡献，在全国文化产业领域具有引领和示范作用。福建省闽台文化产业园、山东省台儿庄古城文化产业园、吉林省东北亚文化创意科技园、宁夏回族自治区石嘴山市星海湖产业园区在促进地区转变经济发展方式，优化调整产业结构，保护传承优秀民族文化等方面作出了积极贡献，在创新文化体制机制，探索文化产业发展模式等方面进行了积极探索和试验，具有较好的典型性和成长性。

希望各地文化行政部门学习借鉴国家级文化产业示范（试验）园区的成功经验，结合本地实际，统筹规划，科学发展，创新文化产业发展模式，加强对文化产业园区的规划、引导和管理，充分发挥文化产业园区和区域性特色文化产业群的示范作用与集聚效应，为实现“十二五”时期文化产业又好又快发展作出应有的努力。

希望此次获得命名的园区牢固树立社会责任感，珍惜荣誉，再接再厉，充分发挥园区的引领、示范和辐射作用，进一步提高管理和运营水平，不断增强创造力和竞争力，扩大园区的社会影响力，生产和提供更加丰富的文化产品和服务，为满足人民群众日益增长的精神文化需求、推动文化产业成为国民经济支柱性产业、促进产业结构调整和经济发展方式转变、实现我国社会主义文化大发展大繁荣作出新的更大贡献！

特此决定。

文化部

2012年8月23日

文化部关于命名第五批国家文化产业示范基地的决定

文产发〔2012〕28号

各省、自治区、直辖市文化厅（局），新疆生产建设兵团文化广播电视局：

近年来，在党的十七大关于大力发展文化产业的精神指引下，在国家文化产业政策和文化体制改革的有力推动下，我国文化产业发展迅速，涌现出一大批具有一定规模、市场竞争力突出、经济和社会效益显著的骨干文化企业，为保护、传承和发展我国优秀民族文化，满足人民群众多样化多层次多方面的精神文化需求，促进我国经济社会全面协调可持续发展作出了积极贡献。

为深入贯彻党的十七届六中全会精神，认真落实《文化产业振兴规划》，加强示范、树立典型，加快文化产业基地和区域性特色文化产业群建设，推动我国文化产业跨越式发展，根据《文化部关于加快文化产业发展的指导意见》和《文化部“十二五”时期文化产业倍增计划》提出的发展重点和主要任务，按照《国家文化产业示范基地评选命名管理办法》，文化部决定命名中国木偶艺术剧院有限责任公司等69家企业为第五批国家文化产业示范基地。

希望被命名为国家文化产业示范基地的文化企业，珍惜荣誉，再接再厉，充分发挥示范、带动和辐射作用，不断推动文化内容形式、体制机制和传播手段创新，为繁荣社会主义文化、满足人民群众日益增长的精神文化需求、促进我国经济发展方式转变、推动文化产业成为国民经济支柱性产业作出新的更大贡献！

特此决定。

附件：第五批国家文化产业示范基地名单

文化部

2012年8月23日

附件

第五批国家文化产业示范基地名单

序号	属地	基地名称
1	北京	中国木偶艺术剧院有限责任公司
2		北京万豪天际文化传播有限公司
3		北京四达时代软件技术股份有限公司
4		北京盛世金鹰国际传媒有限公司
5		北京通惠坊投资有限公司
6		北京春秋永乐文化传播有限公司
7	天津	兆讯传媒广告股份有限公司
8		天津福丰达动漫游戏制作有限公司
9	河北	金大陆展览装饰有限公司
10		承德鼎盛文化产业投资有限公司
11		河北野三坡神悦文化传播有限公司
12	山西	太原高新区火炬创意产业联盟管理有限公司
13		平定古窑陶艺有限公司

续表

序号	属地	基地名称
14	内蒙古	鄂尔多斯中视实业有限公司
15	辽宁	葫芦岛葫芦山庄有限责任公司
16	吉林	吉林省林田远达形象集团有限公司
17		长春知和动漫产业股份有限公司
18	黑龙江	黑龙江省同源文化发展有限公司
19		黑龙江省伊春市柏承工艺品有限公司
20	上海	上海世博演艺中心有限公司
21		上海宝山科技控股有限公司
22		上海淘米网络科技有限公司
23	江苏	南京云锦研究所股份有限公司
24		南通鸿禧文化创意有限公司
25		无锡软件产业发展有限公司
26	浙江	龙泉市金宏瓷厂
27		浙江乐富创意产业投资有限公司
28		台州市绣都服饰有限公司
29		浙江大丰实业有限公司
30	安徽	安庆帝雅艺术品有限公司
31		安徽演艺集团有限责任公司
32	福建	福建省时代华奥动漫有限公司
33		厦门根深智业文化创意产业集团有限公司
34	江西	江西省东源投资发展有限公司
35		江西婺源朱子实业有限公司
36	山东	山东金宝集团有限公司
37		东平水浒旅游开发有限责任公司
38		诸城中国龙城旅游投资有限责任公司
39	河南	禹州市神后镇孔家钧窑有限公司
40		河南安绣文化产业有限公司
41	湖北	宜昌金宝乐器制造有限公司
42		武汉亿童文教发展有限公司
43		湖北盛泰文化传媒有限公司
44	湖南	湖南明和光电设备有限公司
45		湖南金霞湘绣有限公司
46	广东	广州漫友文化科技发展有限公司
47		广东奥飞动漫文化股份有限公司
48		揭阳市阳美宝玉石有限公司
49		深圳市灵狮文化产业投资有限公司

续表

序号	属地	基地名称
50	海南	海南三道圆融旅业有限公司
51		三亚市天涯海角旅游发展有限公司
52	广西	广西榜样传媒集团有限公司
53	重庆	重庆演艺集团有限责任公司
54		重庆猪八戒网络有限公司
55	四川	四川天遂文化旅游集团有限公司
56	贵州	贵州省雷山县西江千户苗寨旅游发展有限公司
57	云南	云南文化产业投资控股集团有限责任公司
58		云南民族村有限责任公司
59	陕西	陕西演艺集团有限公司
60		西安长风数字文化科技有限公司
61	甘肃	甘南州羚城藏族文化科技开发有限责任公司
62		兰州创意文化产业园有限公司
63		肃南裕固族自治县祁连玉文化产业开发有限公司
64	青海	青海天地人缘文化旅游发展有限公司
65		青海生物产业园开发建设有限公司（博物馆群）
66	宁夏	宁夏西夏城文化旅游开发有限公司
67		宁夏新科动漫产业有限公司
68	新疆	新疆卡尔罗媒体科技有限公司
69		新疆德威龙文化传播有限公司

文化部关于公布2012年通过认定的重点动漫产品名单的通知

文产发〔2012〕36号

各省、自治区、直辖市文化厅（局），各计划单列市文化局：

根据《动漫企业认定管理办法（试行）》的有关规定，经审核，现将2012年通过认定的重点动漫产品名单予以公布。

特此通知。

附件：2012年通过认定的重点动漫产品名单

文化部

2012年9月25日

附件

2012年通过认定的重点动漫产品名单

产品名称	产品类型	申报单位
《漫画中国》系列	漫画	北京洋洋兔文化发展有限公司
《德行天下之中华德育故事》	动画	北京妙音动漫艺术设计有限公司
《棒槌日记》	漫画	天津神界漫画有限公司
《寻找自我的世界》	手机动漫	天津神界漫画有限公司
《麋鹿王》	动画	保定中科帷幄数码科技有限公司
《雪娃》	动画	黑龙江新洋科技有限公司
《喜羊羊与灰太狼之虎虎生威》	动画	上海炫动传播股份有限公司、广东原创动力文化传播有限公司
《喜羊羊与灰太狼之牛气冲天》	动画	上海炫动传播股份有限公司、广东原创动力文化传播有限公司
《马兰花》	动画	上海美术电影制片厂
《勇士》	动画	上海美术电影制片厂
《海宝来了》	动画	上海城市动漫出版传媒有限公司
《超蛙战士之初露锋芒》	动画	上海河马动画设计股份有限公司
《西游记》	动画	慈文紫光数字影视有限公司
《乐比悠悠教育系列》	动画	浙江中南卡通股份有限公司
《洛宝贝听故事》	动画	杭州漫奇妙动漫制作有限公司
《黑脸大包公》	动漫舞台剧	安徽樱艺缘文化传播有限公司
《笛卡特警队》	动画	江西笛卡传媒有限公司
《漫画月刊》	漫画期刊	河南漫画时代传媒有限公司
《小鼠乒乓》系列	漫画	海豚传媒股份有限公司

续表

产品名称	产品类型	申报单位
《阿特的奇幻之旅》	动画	湖北盛泰文化传媒有限公司
《虹猫蓝兔光明剑》	动画	湖南宏梦卡通传播有限公司
《虹猫蓝兔火凤凰》	动画	湖南宏梦卡通传播有限公司
《蓝猫西行记》	动画	湖南蓝猫动漫传媒有限公司
《呆家家》	动画	湖南金鹰卡通有限公司
《喜羊羊与灰太狼》	动画	广东原创动力文化传播有限公司
《喜羊羊与灰太狼之记忆大盗》	动漫舞台剧	广东原创动力文化传播有限公司
《吉豆世运会》	动画	广州艺洲人文化传播有限公司
《猪猪侠》	手机动漫	广东咏声文化传播有限公司
《小鸡不好惹》	动画	深圳华强数字动漫有限公司
《憨八龟的故事》	动画	深圳市华夏动漫科技有限公司
《乐乐熊奇游记》	动画	重庆享弘数字影视有限公司

文化部　财政部　税务总局关于公布2012年通过认定的动漫企业和重点动漫企业名单的通知

文产发〔2012〕44号

各省、自治区、直辖市文化厅（局）、财政厅（局）、国家税务局、地方税务局，各计划单列市文化局、财政局、国家税务局、地方税务局：

根据《动漫企业认定管理办法（试行）》的有关规定，经审核，现将2012年通过认定的动漫企业名单和重点动漫企业名单予以公布。

请根据本通知认真做好“动漫企业证书”的发放工作，按照规定对通过认定的动漫企业进行监督检查和年审，对年审不通过的动漫企业及时撤销资格，督促其自觉遵守国家有关法律、法规和政策，落实国家对动漫企业的税收优惠政策。

特此通知。

附件：1. 2012年通过认定的动漫企业名单

2. 2012年通过认定的重点动漫企业名单

文化部　财政部　税务总局

2012年9月25日

附件1

2012年通过认定的动漫企业名单

（110家）

北京市

北京其欣然影视文化传播有限公司
北京中科亚创科技有限责任公司
北京互象动画有限公司
北京洪恩教育科技股份有限公司
北京欧雷新宇动画科技有限公司
恒大动漫产业有限公司
北京梦之城文化有限公司
北京世纪彩蝶动画制作有限公司
北京神舟航天文化创意传媒有限责任公司
北京合力宏通动漫科技有限公司
北京圣壹门影视策划有限公司
中视新科动漫股份有限公司
北京梦空间影视文化传媒有限公司
泰圣思信息系统开发（北京）有限公司

天津市

天津十彩动画科技有限公司
灵然创智（天津）动画科技发展有限公司
卡通先生（天津）影业有限公司

河北省

河北点点传媒有限公司
河北深海文化传播有限公司

山西省

山西高新博澳文化产业股份有限公司

内蒙古自治区

赤峰无界影视传媒有限公司
鄂尔多斯东胜天风动漫影视有限公司

黑龙江省

哈尔滨品格文化传播有限公司

上海市

上海易霖动漫文化传播有限公司
上海简读文化传播有限公司
上海睿宏文化传播有限公司

上海肯米特唐华文化传媒有限公司
上海风炫动画设计制作有限公司

江苏省

苏州天一动画有限公司
苏州飞天动画有限公司
江苏如意通动漫产业有限公司
宿迁市美力动漫制作有限公司
江苏诺亚动漫制作有限公司
徐州百吉堂多媒体有限公司
南京朱雀影视动画有限公司
南京鸿鹰动漫娱乐有限公司
好莱坞（中国）数码艺术研发中心有限公司
常州市哈酷那软件科技有限公司
常州市可汉动漫艺术传媒有限公司
江苏瑞祥动漫制作有限公司

浙江省

杭州丰泽科技有限公司
杭州盛世龙图动画有限公司
浙江甲壳虫动漫产品有限公司
绍兴特立宙电脑动画有限公司

安徽省

合肥泰尚文化科技有限公司
合肥魔力红动漫有限公司
蚌埠水木易卡通文化传播有限公司
安徽九州传迈动漫文化有限公司
黄山冰鸿动漫设计有限公司
马鞍山华彤网络科技有限公司
安徽乐群文化传媒有限公司
芜湖市小蜜蜂动漫有限公司

福建省

福州翰格文化传播有限公司
厦门大拇哥动漫股份有限公司
泉州市功夫动漫设计有限公司
中娱文化股份有限公司
厦门利根思动漫有限公司
厦门翔通信息科技有限公司
福建省子燕动漫科技有限公司

江西省

江西卡卡通通信有限公司
南昌太卡通文化传媒有限公司
萍乡市安源境界三维影视动画有限责任

山东省

青岛广电动画有限公司

河南省

河南升环动漫影视有限公司
河南仁众文创信息科技有限公司
郑州嘟豆动漫有限公司
郑州小樱桃杂志社有限责任公司

湖北省

武汉邦维文化发展有限公司
武汉漫迪文化传播有限公司
湖北视纪印象科技有限公司
武汉市润天设计有限公司
武汉天娱动画设计有限公司

湖南省

长沙映山红文化传播有限公司
湖南玄牡影视传媒有限公司
湖南蓝猫全网教育有限公司
长沙市天越文化传播有限公司
长沙空行动画制作有限公司

广东省

深圳市数影影像科技有限公司
深圳市残友动漫文化发展有限公司
深圳市数虎图像科技有限公司
深圳市华漫文化传播有限公司
深圳市绿林风动画有限公司
深圳市亚通桥文化传播有限公司
深圳丝路数码技术有限公司
广州市星原动偶文化活动策划有限公司
广州市梦乐数码设计有限公司
广州市毓秀文化传播有限公司
珠海传奇动画科技有限公司
珠海杨氏网络动画设计有限公司
东莞市创造者文化传播有限公司
梅州市盛唐动漫文化传播有限公司

广西壮族自治区

广西蓝海世纪数码传媒有限公司
广西千年传说动漫影视有限公司
广西卡斯特动漫有限公司

重庆市

重庆帝华广告传媒有限公司

四川省

成都市青藤卷语动漫制作有限公司

贵州省

贵州光耀文化传媒有限公司

云南省
云南旅游信息网络有限公司
云南国联文化创意发展有限公司
云南新锐和达信息产业有限公司
云南大德正智传媒有限公司
昆明微想智森科技有限公司
陕西省
西安曲江乐雅动漫有限公司
西安喜洋洋影视文化传播有限公司
甘肃省
兰州南特数码科技股份有限公司
宁夏回族自治区
银川高新区幻影重工科技有限公司
新疆维吾尔自治区
新疆卡尔罗媒体科技有限公司
新疆河度文化传媒有限公司
新疆华艺文化传播有限公司
新疆漫龙数字技术有限公司

附件2

2012年通过认定的重点动漫企业名单

（16家）

北京市
北京妙音动漫艺术设计有限公司
黑龙江省
黑龙江新洋科技有限公司
上海市
上海炫动传播股份有限公司
上海美术电影制片厂
上海河马动画设计股份有限公司
上海城市动漫出版传媒有限公司
江苏省
常州卡米文化传播有限公司
浙江省
杭州漫奇妙动漫制作有限公司
江西省
江西笛卡传媒有限公司
河南省
河南省漫画时代传媒有限公司
湖北省
海豚传媒股份有限公司
湖北盛泰文化传媒有限公司
广东省
广东原创动力文化传播有限公司
深圳华强数字动漫有限公司
广州艺洲人文化传播有限公司
重庆市
重庆享弘数字影视有限公司

文化部　财政部　海关总署　税务总局关于公布2012年获得进口动漫开发生产用品免税资格的动漫企业名单的通知

文产发〔2012〕45号

各省、自治区、直辖市文化厅（局）、财政厅（局）、国家税务局，新疆生产建设兵团文化广播电视局、财务局，各计划单列市文化局、财政局、国家税务局，海关总署广东分署、各直属海关：

根据《财政部　海关总署　国家税务总局关于印发〈动漫企业进口动漫开发生产用品免征进口税收的暂行规定〉的通知》（财关税〔2011〕27号），文化部会同财政部、海关总署、税务总局对2012年提出申请进口开发生产用品免税资格的动漫企业进行了审核。经审核，以下企业自2012年6月30日起获享受《动漫企业进口动漫开发生产用品免征进口税收的暂行规定》（以下简称《暂行规定》）所规定的进口税收免税资格。

序号	企业所在地	企业名称
1	北京	北京万豪天际文化传播有限公司
2	天津	天津神界漫画有限公司
3	天津	天津市灵感创然动画制作有限公司
4	天津	天津福丰达动漫游戏制作有限公司
5	天津	天津夏唛影视动漫文化传播有限公司
6	江西	萍乡市凯天网络有限公司
7	江西	江西笛卡传媒有限公司
8	浙江	浙江中南卡通股份有限公司
9	山东	山东中动文化传媒有限公司
10	河南	郑州谷晶创艺动漫有限公司
11	广东	环球数码媒体科技研究（深圳）有限公司
12	广东	深圳华强数字动漫有限公司

2012年动漫企业进口税收免税资格年审工作已经结束，2011年获得进口税收免税资格的10家企业全部通过年审，继续享受进口税收优惠政策，具体名单见《文化部　财政部　海关总署　国家税务总局关于公布2011年获得进口动漫开发生产用品免税资格的动漫企业名单的通知》（文产发〔2012〕1号）。

所有享受进口税收优惠政策的动漫企业按照《海关总署关于执行动漫企业进口动漫开发生产用品税收优惠政策有关问题的通知》（署税发〔2012〕127号）有关规定办理减免税手续。已获得进口税收免税资格的企业应每年按照《文化部关于转发财政部、海关总署、税务总局〈关于印发〈动漫企业进口动漫开发生产用品免征进口税收的暂行规定〉的通知〉的通知》（文产发〔2012〕34号）的有关规定，向相关部门提出年审申请，不提出年审申请或年审不合格的企业，其动漫企业进口税收免税资格到期自动失效。

特此通知。

文化部　财政部
海关总署　税务总局
2012年10月22日

文化部关于公布2012年国家动漫品牌建设和保护计划评选结果的通知

文产发〔2012〕52号

各省、自治区、直辖市文化厅（局），新疆生产建设兵团文化广播电视局、各计划单列市文化局：

为贯彻落实《"十二五"时期文化产业倍增计划》、《"十二五"时期国家动漫产业发展规划》提出的"打造若干具有中国风格和国际影响的动漫品牌"的战略，促进动漫产业结构调整和优化升级，推动我国从动漫大国向动漫强国的转变，在中央财政的支持下，2012年11月2日，文化部印发了《关于2012年国家动漫品牌建设和保护计划申报工作的通知》，启动了2012年国家动漫品牌建设和保护计划。

经评审并向社会公示无异议，确定《十二生肖》等20个动漫品牌项目、《小蝌蚪找妈妈》等30个动漫创意项目入选2012年国家动漫品牌建设和保护计划。

文化部拟于近期将扶持资金拨付至申报单位提供的账户，请相关部门和单位予以配套资金和鼓励，希望获扶持单位珍惜荣誉，再接再厉，培育具有品牌化开发价值的民族原创动漫创意，推动建设在国内和国际市场具有一定影响力的民族原创动漫品牌，为推动我国动漫产业发展作出更大贡献。

特此通知。

附件：1. 2012年国家动漫品牌建设和保护计划动漫品牌入选名单

2. 2012年国家动漫品牌建设和保护计划动漫创意入选名单

文化部
2012年12月25日

附件1

2012年国家动漫品牌建设和保护计划动漫品牌入选名单

（排名不分先后）

申报地区	序号	项目名称	申报单位
中央直属单位	1	十二生肖	中国儿童艺术剧院
	2	功夫兔	中国传媒大学
北京	1	兔侠传奇	北京电影学院
	2	武林外传	北京联盟影业投资有限公司
	3	阿狸	北京梦之城文化有限公司
天津	1	济公传奇	天津神界漫画有限公司
内蒙古	1	大角牛	鄂尔多斯东胜天风动漫影视有限公司
上海	1	《喜羊羊与灰太狼》动画电影	上海炫动传播股份有限公司
	2	摩尔庄园	上海淘米网络科技有限公司
江苏	1	诺诺森林	苏州士奥动画制作有限公司
浙江	1	秦时明月	杭州玄机科技信息技术有限公司
福建	1	JONJON囧囧	福建金豹动画设计有限公司
河南	1	小樱桃	河南小樱桃动漫集团有限公司

续表

申报地区	序号	项目名称	申报单位
湖北	1	偷星九月天	湖北知音传媒股份有限公司
湖南	1	麦咭	湖南金鹰卡通有限公司
	2	虹猫蓝兔	湖南宏梦卡通传播有限公司
广东	1	张小盒	广州盒成动漫科技有限公司
	2	熊出没	深圳华强文化科技集团股份有限公司
	3	开心宝贝	广东明星创意动画有限公司
	4	爆笑校园	广州漫友文化科技发展有限公司

附件2

2012年国家动漫品牌建设和保护计划动漫创意入选名单

（排名不分先后）

申报地区	序号	项目名称	申报单位
中央直属单位	1	小蝌蚪找妈妈	中国儿童艺术剧院
	2	青蛇	中国国家话剧院
	3	我的老婆是只猫	中国电影股份有限公司
北京	1	绿树林家族	北京潘高文化传媒有限公司
	2	中华文明之光	赤子天下传媒文化（北京）有限公司
	3	我是狼	北京铁皮青蛙创意文化传播有限公司
	4	4.9x4.9	北京颜开文化发展有限公司
	5	2012BTV卡酷动画春晚	北京电视台卡酷少儿频道
天津	1	大财神	天津神界漫画有限公司
吉林	1	鲍尔历险记	吉林铭诺文化传播有限公司
	2	青蛙王国1	吉林禹硕动漫游戏科技股份有限公司
黑龙江	1	云奇飞行日记	哈尔滨品格文化传播有限公司

续表

申报地区	序号	项目名称	申报单位
上海	1	“中华先哲”	上海城市动漫出版传媒有限公司
	2	京剧猫	上海炫动传播股份有限公司
江苏	1	泡泡美人鱼	无锡今日动画影视文化有限公司
	2	郑和1405—魔海寻踪	南京朱雀影视动画有限公司
	3	米粒木匠	徐州百吉堂多媒体有限公司
浙江	1	长歌行	杭州夏天岛影视动漫制作有限公司
	2	小鸡彩虹(CHICKY RAINBOW)	杭州天雷动漫有限公司
	3	梦幻镇3	浙江中南卡通股份有限公司
山东	1	魔力蛋仔	青岛五千年文化传播有限责任公司
湖南	1	快乐的艾罗卡	湖南宏梦卡通传播有限公司
	2	中国戏曲经典原创动画	湖南九天星文化传播有限公司
	3	冲锋号	湖南蓝猫动漫传媒有限公司
广东	1	我的路-灿若繁星	广东漫友文化科技发展有限公司
	2	巴啦啦小魔仙之彩虹心石	广州奥飞文化传播有限公司
	3	亚叮的奇幻之旅	广东艺洲人文化传播有限公司
海南	1	宝岛寻仙	海南英立科技开发有限公司
四川	1	格萨尔	成都谛听文化传播有限公司
	2	打个大西瓜	成都饺克力动画有限公司

中国文化年鉴

Almanac Of Chinese Culture

文化科教

Cultural Science and Education

综 述

2012年，文化科技司以党的十七届六中全会《决定》和十八大精神为工作指针，推动文化科技融合发展，推动艺术学科提升发展，推动艺术教育共建发展，主要完成了以下工作：

一、依托部际会商合作机制，争取国家科技支撑计划资金支持6000余万元

在科技部、文化部部际会商机制的有效推动下，由文化科技司组织申报的《演出效果呈现关键支撑技术研发与应用示范》等4个项目全部列入国家科技支撑计划项目，其中《演出效果呈现关键支撑技术研发与应用示范》作为优先启动项目，获国拨资金支持达3000万元。其余3个项目涉及网络音乐、文化旅游和主题公园，共获国拨资金支持也达3000万元。这是继去年两部在《文化资源数字化关键技术及应用示范》等两个项目的组织实施后的又一实质性突破。两年来6个立项项目获国拨资金支持累计超亿元。

2012年的项目申报，文化科技司充分发挥作为行业主管部门的主渠道和组织协调作用，不仅敏锐地发掘行业技术关键点和攻坚点，而且通过项目的筹划和凝练，既通览“天下”又洞察“脚下”，在结盟浙江大丰实业有限公司等一批行业内骨干企业的同时，兼顾中国数字文化集团公司等文化系统内转制企业和中央歌剧院等事业单位科技力量的成长、壮大与发展，充分聚集了行业内外人才、资本、信息、技术等方面的活力，有效提高了文化科技自主创新和协同创新能力。

二、联合认定首批文化和科技融合示范基地，引导和推动文化科技融合发展

2011年，文化科技司就与科技部高新司及文化部文化产业司共同酝酿开展文化和科技融合示范基地、优秀企业和优秀产品的认定工作。我们起草了《示范基地认定管理办法》，并将认定工作列入部际会商议定书。在推进过程中，这项工作引起了中宣部的高度重视，形成由科技部、中宣部等五部委组成的认定机制。在2012年5月深圳第八届文博会上，五部委联合发布了首批16家国家级文化和科技融合示范基地。

为加强对示范基地的了解和指导，文化科技司组成调研组，深入基地开展调研，倾听基地所依托的国家高新技术园区和基地企业对文化与科技融合的相关诉求。通过对哈尔滨、沈阳、西安、兰州、成都、重庆等地的调研，为地方文化、科技主管部门协同加大对基地的扶持力度，建立各地区各区域形成文化和科技融合的长效机制起到了搭桥铺路的作用。

三、发布《文化部“十二五”文化科技发展规划》，描绘文化科技发展新蓝图

坚持规划先行，编制好文化科技发展“十二五”规划，是事关文化科技工作能否抓住机遇，实现跨越发展的一件大事。2009年《规划》就被列为文化部科技创新项目委托课题进行前期论证和调研，力求充分反应系统内外广大文化科技工作者的实际需求。《规划》全面梳理了“十一五”时期文化科技发展的主要成就，客观分析了当前存在的薄弱环节，明确了“十二五”文化科技工作思路，确定了总体目标，部署了重点工作。

《规划》提出，要把增强自主创新能力作为文化科技发展的战略基点，以文化科技创新体系建设为核心，加强基础条件和能力建设，优化文化科技发展环境，培养复合型文化科技人才队伍，培育具有国际竞争力的创新型文化科技企业，促进文化科技整体水平的提升。

四、完成第四届文化部创新奖评审及颁奖，获奖项目引领文化创新新潮流

第四届文化部创新奖申报共收到144个推荐项目。经专家评审并向社会公示，由安徽省文化厅推荐的《中国农民歌会组织模式的创新与实践》等4个项目获特等奖；由国家图书馆推荐的《掌上国图——移动数字图书馆服务体系建设》等16个项目获创新奖；由北京市文化局推荐的《原创精品工程暨儿童剧联盟项目》等9个项目获提名奖。获奖项目以求真务实的态度来解决文化建设中的实际问题，在观念和理念、体制和机制、形式和内容、方法和手段等多个方面进行全方位、多层次的突破性创新。获奖项目体现出科技进步及其对文化建设的巨大推动作用，见证了我国文化工作者不断高涨的创造热情和日益增强的创新能力。

在“创新奖”颁奖期间，举行了第五届中国文化创新高峰论坛。学者们不仅论述了《文化科技融合与博物馆事业的创新与实践》、《文化科技融合与图书馆的创新实践》、《文化科技融合与中国动漫产业的优化发展》、《文化科技融合中的新一代广播电视》等具体领域的融合发展，而且从宏观视角论述

了《论文化科技融合与文化产业发展》、《博览会与文化科技融合及文化科技创新发展》。

五、创新科研管理手段，提高“国家文化科技提升计划”等项目日常管理科学化水平

文化科技司继续对文化科技既有的工作抓手系统整合、区别定位、统筹实施。“国家文化科技提升计划”，“文化部文化科技创新项目”、“国家文化创新工程”三个部级项目共立项50个，《多民族地区村寨文化建设与社会发展示范项目》等20个项目验收结项，产生了良好的社会和经济效益。

在创新科研管理方面，我们充分发挥业内资深专家作用，邀请专家参与国家科技计划项目的凝练与组装；文化部科研项目申报平台上线并投入使用，完成了“国家文化科技提升计划”等三个专项的网上申报，有力保证了申报工作正常进行。与此同时，全国艺术科学规划管理软件也完成了开发和测试工作。在管理思路上，《2012年度国家社会科学基金艺术学项目课题指南》设定了“重点研究领域”，使《指南》的导向更加精确；为进一步保证项目评审的公正性，在初评模式上引入单独匿名通讯评审程序；为加强项目立项的区域均衡性，在坚持质量第一的前提下，作出“每单位每学科的项目不得超过两个”的限制性规定。

六、开展艺术学项目评审立项，促进优秀科研成果的转化应用

共受理艺术学项目2624项，经评审并报全国艺术科学规划领导小组同意，资助立项国家社科基金艺术学项目123项、文化部文化艺术科学研究项目43项，资助总额1900余万元。除了做好评审工作，还开展了艺术学后期资助项目、成果文库项目及重点资助期刊的初评和推荐工作。同时，启动艺术学重大招标项目评审工作。以上措施，使艺术学项目资助体系不断完善，为艺术科研发展打开更为广阔的空间。

完成20项文化科技类项目、64项国家社科基金艺术学项目和37个文化部文化艺术科学研究项目的结项工作，涌现出《文化产业统计口径平台》、《社会主义新农村文化艺术建设研究》等一批优秀成果。文化科技司继续与《中国文化报》、《艺术百家》等报刊建立合作关系，在上述媒体刊发成果简介，并为优秀成果设立专版进行宣传。

七、全面开展艺术研究院所调研，汇编《全国艺术科学规划项目成果》，整体规划学科建设

设立《全国艺术科研院所现状调查与创新发展研究》和《文化体制改革背景下我国艺术研究院所的发展研究》两个委托项目。目前，已经完成全国30个艺术研究院所的基本资料收集、汇总工作，并开展了相关个案研究。

《全国艺术科学规划项目成果简介汇编》进入出版阶段，《汇编》收录优秀研究成果230篇，45万字，首次对从“九五”以来立项的全国艺术科学研究规划课题研究成果进行了集中梳理和提炼，将对进一步掌握20多年来中国艺术学研究状况，分析当前文化建设对艺术科学研究的需求，推动艺术学发展起到积极作用。

八、落实中央领导批示精神，组织专家、学者讨论“戏曲艺术”生存、发展问题

遵照中央领导和部领导的批示精神，文化科技司组织有关专家进行座谈，在经多方面调研和综合各方面意见的基础上，形成了《文化部关于进一步理顺管理机制、明确责任主体，推动戏曲教育与人才培养的报告》，以部名义呈报有关中央领导。报告对戏曲教育和人才培养现状进行了分析，对戏曲教育管理机制、历史成因及现状进行了梳理，提出了理顺管理机制、明确责任主体，提出了推进戏曲教育和人才培养的具体举措。

九、加强艺术职业院校专业建设，会同教育部遴选民族文化专业示范点

为贯彻落实中央领导批示精神，教育部、文化部、国家民委共同商议通过遴选民族文化专业示范点方式支持职业院校专业建设，推进民族传统文化传承与创新。共收到140所院校的申报材料，涉及专业160余个。根据分工，文化部负责对表演艺术类示范专业点进行筛选，文化科技司委托全国文化艺术职业教育教学指导委员会对68所院校的申报材料进行了论证，最终北京市杂技学校的杂技与魔术表演等38所院校的38个专业入选为首批民族文化专业示范点。

十、指导全国艺术教育科学发展，推动专业艺术人才培养

文化科技司以“省部共建”为手段，加大对地方高等艺术教育的指导力度，经多次协调，将文化部与广西壮族自治区共建广西艺术学院内容纳入双方签署的《关于加快推进广西文化建设战略合作框架协议》，使广西艺术学院成为2000年院校体制改革以来，第一所由文化部与地方省政府共建的高等艺术院校。

文化科技司充分利用行业主管部门优势，发挥

中国艺术职业教育学会和全国艺术职业教育教学指导委员会的作用，从全局性高度研究制定指导性教学计划，提出艺术职业教育的培养目标、教学基本要求和人才培养质量评价办法，提出艺术职业教育人才培养的职业道德、知识和技能要求，并启动全国艺术职业教育教材编写工作。

十一、进行全国青少年艺术比赛改革，充分发挥政府赛事的“导向性”、“示范性”作用

先后组织举办了第四届全国青少年民族乐器演奏比赛等赛事。这些赛事充分地发挥政府举办比赛活动的导向性、示范性作用，引导各院校进行教育教学改革，采用先进的教学方式，培养优秀的艺术人才，创作出实践性强的教学作品。

赛事改革呈现两个特点：一是通过比赛活动的准确定位，在展示各院校优秀教学成果的同时，激发了各院校的创作热情。二是精减奖项，严格评审，大大提高了该项比赛的权威性和奖项的含金量。

十二、组织实施“我的音乐厅——外国经典音乐欣赏”项目，圆满完成年度任务

为贯彻落实《国家中长期教育改革和发展规划纲要》，提高当代青年学生的音乐文化素养，根据中央领导同志倡议和指示精神，会同教育部、国家大剧院组织实施“我的音乐厅——外国经典音乐欣赏”项目。中央歌剧院和中央音乐学院承担第一期曲目的演出和光盘制作工作。第一期录音录像制作工作已基本完成，已根据领导的要求正在进行必要的完善，出版发行工作正在进行中。

总体而言，在文化科技工作中，我们的定位是壮大脚下示范文化系统，沟通基地联动文化建设；在艺术学科工作中，我们的定位是单列学科遵循大局规划，科研项目助推院所建设；在艺术教育工作中，我们的定位是行业指导深化通联作用，院校共建强化服务意识。

专　题

全国艺术科学研究“十二五”（2011—2015年）规划

艺术科学是哲学社会科学的重要组成部分，是建设中国特色社会主义文化的重要基石。加强艺术科学研究是促进社会主义文化大发展大繁荣的重要体现，对于塑造民族精神、提高国民素质、推进文化创新、构建和谐社会具有重要意义。为大力推进我国艺术科学的健康发展和全面繁荣，根据《中共中央关于深化文化体制改革 推动社会主义文化大发展大繁荣若干重大问题的决定》、《国民经济和社会发展第十二个五年规划纲要》及《国家哲学社会科学研究“十二五”规划》的精神，结合“十一五”时期我国艺术科学研究工作的实际与未来五年艺术科学发展及文化建设的需要，制定《全国艺术科学研究“十二五”（2011—2015年）规划》。

一、“十一五”时期艺术科学研究工作的回顾与“十二五”时期面临的形势

“十一五”时期，艺术科学研究及管理取得显著成绩。过去五年，在党中央的高度重视和正确领导下，艺术科学研究高举中国特色社会主义伟大旗帜，牢牢把握正确政治方向，紧密结合全面建设小康社会实际，积极开展理论研究和实践探索，充分发挥了认识世界、传承文明、创新理论、咨政育人、服务社会的重要作用。国家对艺术科学的投入持续增加，有力地推动了艺术科学的建设和发展。

艺术学项目规划管理进一步规范、导向作用显著增强。“十一五”时期，原“全国艺术科学规划课题”统一更名为“国家社会科学基金艺术学项目”，评审立项周期由每两年一次改为一年一次，同时取消原自筹经费项目类别，专设文化部文化艺术科学研究项目，艺术学项目的申报评审制度、经费管理制度、中期管理制度、鉴定结项制度及成果宣传使用制度进一步规范，中级管理机构建设及职能作用进一步加强，艺术学项目经费总额及单项平均资助额度均较“十五”时期大幅提高；《全国艺术科学研究“十一五”（2006—2010年）规划》及历年课题指南构建了中国特色社会主义艺术学学科理论体系的初步框架，突出了我国文化艺术建设实践中的重大现实问题研究。“突出重点，兼顾一般，控制规模，提高质量”的总体原则贯彻于项目评审及管理全过程。

学科建设稳步推进，研究领域不断拓展和深化，研究成果数量倍增、宣传平台逐步扩大。“十一五”期间，共结项271个项目（国家项目219个，文化部项目52个），较“十五”时期的127个增长113.3%；艺术学研究领域不断拓展，艺术学各分支学科研究更趋深入，推出了一批具有重要标志性学术价值的研究成果，初步形成了基础研究、应用研究和对策性研究三足鼎立，传统学科、新兴学科和交叉学科共同发展的可喜局面；随着文化与科技融合趋势的不断加快，新兴文化业态进入艺术研究领域，日益成为新的研究方向，大大拓展了艺术科研的领域；成果库建设取得重要进展，《艺术百家》等报刊的成果宣传工作和《国家社会科学基金艺术学项目成果选介汇编》编辑工作相继启动。

科研服务于社会的功能日益增强，形成艺术创新的科研支撑力量。“十一五”时期，广大艺术科研工作者用敏锐的学术触角，不断吸收新理论、新思路、新方法，积极研究探索文化艺术实践中大量涌现的新现象、新课题，艺术科研领域的应用对策性研究愈益受到重视，在文化发展战略、公共文化政策、文化体制改革、公共文化服务体系建设、非物质文化遗产保护与传承、文化艺术知识产权保护制度建设、文化产业发展、新媒体艺术等领域产生了一批重要研究成果，把学理性寓于应用对策之中，艺术科研服务咨政的功能进一步发挥。

艺术学项目的社会影响日增，研究队伍蓬勃发展。“十一五”时期，艺术学项目规划管理按照本领域特有规律组织学术研究，共立项557个研究项目（国家项目390个，文化部项目167个），较“十五”时期的388个立项项目增长43.5%，承担国家艺术学规划研究项目的百余单位遍布全国（除海南、港澳台外）30个省（自治区、直辖市）；科研兴文的氛围逐渐形成，艺术科研工作者的积极性高涨，科研队伍得到较大的调整和充实，营造了良好的学术环境，推出一批优秀科研人才，使我国艺术科学研究队伍和事业发展充满活力。

在肯定成绩的同时，还应清醒地看到“十一五”时期全国艺术科学研究领域还存在着一些较突出的问题与薄弱环节：艺术学各学科门类的基础研究较之其他学科仍相对薄弱，学科体系建设还不完善，原创性、前沿性、高端性成果较少，具有国际性影响的力作不多，对新观念的吸纳、新方法的运用及新理论的建树尚需加强，整体水平有待提高；理论创新研究与文化艺术实践之间还存在一定程度的脱节，具有基础性、全局性和战略性影响的重大成果不多，对文化艺术发展现状的关注仍需加强；艺术科研体制仍需不断改革创新，科研经费投入仍不适应艺术科学发展的实际需要，科研成果的转化、应用仍需进一步加强。这些矛盾突出体现为艺术学科本身的建设进程仍然滞后于当前国家文化建设飞速发展的形势要求。这些问题都是“十二五”时期亟待解决的问题。

“十二五”时期是全面建设小康社会的关键时期，是深化改革开放、加快转变经济发展方式的攻坚时期，艺术科学研究面临着推动社会主义文化大发展大繁荣、提升国家文化软实力、推进文化创新等战略任务的新要求。在中国特色社会主义文化建设实践中，深入贯彻落实科学发展观，建设社会主义核心价值体系、深化文化体制改革，创新文化生产和传播方式，解放和发展文化生产力，增强文化发展活力，繁荣发展文化事业和文化产业，迫切需要艺术科学深入研究、回答新的历史时期我国文化艺术建设实践中一系列战略性、前沿性、综合性的重大问题，为提升国家文化软实力和民族文化竞争力、实现中华民族的伟大复兴提供理论基础和智力支持。

二、“十二五”时期我国艺术科学研究工作的指导思想与总体目标

“十二五”时期，艺术科学规划研究的指导思想是：

高举中国特色社会主义伟大旗帜，以马克思列宁主义、毛泽东思想、邓小平理论和“三个代表”重要思想为指导，深入贯彻落实科学发展观；

坚持解放思想、实事求是、与时俱进，大力推动理论创新，推进学科体系、学术观点和科研方法创新，不断增强创新能力，以时代的要求、发展的眼光与改革的精神推进艺术科学研究；

坚持为人民服务、为社会主义服务的方向和百花齐放、百家争鸣的方针，紧紧围绕全党全国工作大局，积极探索并遵循艺术科学自身的发展规律，努力促进社会主义经济建设、政治建设、文化建设和社会建设协调发展；尊重艺术科学工作者的创造性劳动，在坚持正确理论方向的前提下，充分发扬学术民主，提倡学术流派与学术风格的多样化；

坚持理论联系实际，注重调查研究，大力弘扬求真务实精神，以实际问题为中心，着眼于马克思主义理论的运用，着眼于对实际问题的理论研究，着眼于新的实践和新的发展；

坚持立足中国，面向世界，立足当代，面向未来，以放眼世界的宽广视野和贯通古今的历史深度，准确把握当今世界的发展趋势，深刻认识当代中国的发展规律，在继承民族优秀传统、借鉴吸收外来

优秀成果的基础上，努力构建中国特色社会主义文化理论体系及艺术学学科理论体系，不断提升我国艺术科学研究的国际影响力；

坚持突出重点，兼顾一般，控制规模，提高质量的总体原则，倡导扎实严谨、精益求精的科学治学精神，注重学术积累，注意处理好总结历史、研究现实与准确把握未来三者之间的关系；提倡运用现代科技手段，提倡定性研究与定量研究、理论研究与实证研究相结合，实现研究方法的科学性、规范性和严谨性。

“十二五”时期，艺术科学规划研究的总体目标是：推出一批立足于中国特色社会主义艺术学学科理论体系建设的标志性成果，推出一批立足于新的历史时期我国文化艺术建设中重大现实问题研究的标志性成果；通过规划研究项目锻炼、推出一批艺术学各分支学科领域有重要建树与影响的中青年优秀科研人才，进一步提高艺术科学研究的整体水平。

三、“十二五”时期我国艺术科学研究工作的中心任务与重点领域

“十二五”时期，我国艺术科学研究的中心任务是：围绕党和国家经济、政治、文化及社会建设的大局，紧密联系我国改革开放、发展中国特色社会主义特别是文化艺术建设的实际，大力推进、完善中国特色社会主义艺术学学科理论体系建设，深化、拓展新的历史时期我国文化艺术建设实践中的重大现实问题研究，进一步发挥艺术科学认识世界、传承文明、创新理论、咨政育人、服务社会的作用。

“十二五”时期，艺术科学规划研究的重点领域与方向是：

艺术基础理论研究。以经典马克思主义艺术理论和中国化马克思主义艺术理论为指导，配合党中央提出的马克思主义理论建设工程，开展马克思主义艺术理论建设，深化中国化马克思主义艺术理论发展规律、艺术学体系建设研究；加强中国传统艺术当代价值研究；加强中国现代艺术体系的形成与发展研究，对新中国成立以来特别是改革开放以来我国文化艺术主要成就、发展道路、基本经验及现实中亟待解决的主要问题、未来发展方向与途径的研究；继续推进地方艺术史学研究；加强和深化艺术社会学研究，密切关注当代新的艺术生产与消费实际；改善和加强艺术批评，推进科学精神与社会责任感、美学观点与历史观点相统一的艺术批评建设。

戏剧（含戏曲和话剧、曲艺、木偶、皮影、杂技、魔术）研究。重视戏曲本体研究，加强戏曲表演理论与体系建设，改善和加强戏曲批评，重视并加强戏曲研究中的新兴研究方法的引进和运用，完善和深化戏曲学科体系建设；重视中国现当代剧场史研究，加强当代戏曲艺术资料的建设与研究；鼓励戏曲艺术运用视听新技术研究，加强转型转制中的戏曲市场及经营研究。加强当代戏剧导演和编剧研究，重视话剧口述史研究；加强话剧演出现状、创作生产及剧团体制改革与戏剧产业、民营剧团的生存现状与发展路向的调查研究，为政府扶持戏剧文化产业提供决策依据。加强中国戏曲、话剧、曲艺艺术家、剧本、影像信息资料数据库建设；重视城乡新兴曲艺班社研究，加强曲艺基础理论研究，重视少数民族曲种的研究和曲艺的文化学研究，加强曲艺的口述史研究、音像文献的整理保存和曲艺文化的数据库建设。加强木偶、皮影、杂技、魔术发展现状及趋势调查与基础史论研究。

电影、广播电视及新媒体艺术研究。进一步加强电影、电视、动漫及新媒体研究的学科基础建设，推动中国电影美学范畴、理论框架与批评体系建构；重视影视、动漫、新媒体艺术与文化战略、跨文化、文化产业等其他新兴学科的交叉研究；加强影视、动漫、新媒体艺术创作中体现中国核心价值观与追求艺术性、娱乐性之间的协调关系研究；探讨电影、广播电视和新媒体数字技术与人文学科融合的前景，分析和预测数字化时代艺术形式、审美发展的趋势；加强外国（特别是欧美、日韩等国）影视、动漫和新媒体研究，推动中国影视、动漫和新媒体相关领域的研究走在世界性学术前沿；加强电影、广播电视及新媒体艺术领域技术应用的研究，如电影的3D技术及其他数字化技术的研究、软件的开发研究等，提高中国影视、动漫、新媒体的整体制作水平。

音乐研究。加强中国传统音乐基础理论及学科建设研究；整合多学科领域的学术资源，运用多学科方法论、多视角进行中国传统音乐文化研究；注重音乐与社会发展的互动关系，加强音乐文化人类学、音乐社会学及音乐创作研究；加强中国音乐古籍、民间传谱、宗教音乐、音像文献资料等整理、保护与数字化研究；整理、总结前代学者的学术成果和学术路径；梳理和总结音乐学各分支领域发展史研究；注重国际交流，加强中国传统音乐“走出去”及外国音乐研究。

舞蹈研究。加强中外舞蹈史学研究，在本体论、美学、发生学、类型学、形态学和中外舞蹈比较研究等学科方向上实现新的突破，尤其要加强舞蹈生态学和舞蹈文化人类学等跨学科研究；加强舞蹈教育的理论研究和文化建设；加强舞蹈创作研究和舞蹈编导学等创作理论的研究力度；加强音乐舞蹈学交叉学科领域非遗保护研究，以点带面地逐渐在各地建立“非遗数据库”，努力建立全国性的“非遗数据库”。

美术研究。加强美术理论基础性研究，鼓励系统性与新范式建构相关的美术理论研究；加强中国传统宗教美术、中外美术交流、中国美术史学史、中国传统美术思想史和少数民族美术史研究；加强中国当代美术批评话语的转型研究，建立与中国美术实践密切相关的批评话语及批评方式；加强中国当代美术的创作观念和中国当代美术的现状研究；加强当代社会文化环境中的美术传播与流通的理论研究，尤其是美术馆管理和运行机制研究；进一步加强艺术市场学研究，加强中外艺术品市场规制比较研究，关注艺术市场运作机制及规范性问题。

设计艺术研究。加强艺术设计学基础理论与史学研究，尤其是传统工艺、艺术设计（包括视觉传达设计、工业设计、展示设计、服饰设计、书籍艺术设计、环境艺术设计等）和建筑艺术设计的创作及理论研究；运用多学科资源，注重艺术设计与非物质文化遗产的保护及发展、当代文化创意产业的关系探索，加强艺术设计与自然科学、社会科学等的交叉研究；进一步展开中国当代艺术设计中外交流的经验总结，加强外国艺术设计的理论与中国当代设计实践的关系研究；重视我国古代传统造物思想的整理和研究。

艺术文化综合研究。探索我国文化发展的总体目标和基本战略，构建文化艺术管理的战略理论体系，研究文化艺术发展的整体布局和具体实施重点；明确文化艺术管理的学科特点、概念体系和理论范畴，建构科学化、系统化、专业化的学科体系；考察全球经济一体化、全球文化多元化背景下的国际文化艺术发展经验与路径，对我国文化艺术的长远发展提出具有战略意义的宏观构想；加强文化艺术生产部门和文化艺术人才有效管理及新兴文化业态研究，为政府在文化发展领域的宏观决策提供咨询和理论支持。

新兴学科与交叉学科研究。进一步加强艺术学各门类学科的系统性、创新性研究及与其他学科间的新兴、交叉、边缘学科研究；针对自然科学技术、其他人文社会学科与艺术科学间的相互渗透、融合趋势，加强和拓展在多学科互渗融合中出现的新兴领域研究。

四、“十二五”时期艺术科学研究的组织与保障措施

进一步发挥并强化国家艺术学项目评审的导向作用。依据本规划所明确的指导思想、中心任务、总体目标、研究重点，依据国家社会科学基金项目有关管理办法以及未来五年艺术科学发展趋势，重新修订《全国艺术科学规划课题管理办法》，进一步加强对国家文化战略重大前沿问题、相关政策的前瞻性研究；增强艺术学学科体系建设总体规划的指导性，增强年度课题指南的针对性、时代性与前瞻性，并使之贯穿于项目评审立项的全过程；探索建立国家艺术学重大招标项目、后期资助项目等申报、评审制度，完善国家艺术学委托项目的申报、评审制度；鼓励艺术学学科体系建设重要领域、重点方向及我国文化建设重大现实问题研究的集体攻关项目，鼓励这些研究领域与方向中优势学术资源的整合；积极探索现代艺术科研管理规律，将规划选题、项目评审立项与学科建设、队伍建设、人才培养及文化艺术科研结构调整、合理布局结合起来。

进一步规范和完善国家艺术学项目管理的制度建设。继续大力推进中级管理机构的科学化规范化建设，强化中级管理机构、项目承担单位科研管理部门的职能作用，提高科研管理水平；健全完善项目的申报评审、中期检查、经费管理、鉴定结项等制度，改进、完善专家推荐遴选制度及专家库建设，探索建立专家信誉评价制度，促进优秀成果、优秀人才的不断涌现；积极探索、逐步推进艺术学项目申报评审、中期检查、经费管理、鉴定结项、成果库管理等数字化网络系统建设，实现管理手段的科学化与高效率；进一步健全完善艺术科研成果奖励制度，使之成为优化和凝聚科研队伍、繁荣艺术科学的重要途径。

进一步加强、拓展国家艺术学项目成果宣传平台的建设。继续规范、完善艺术学项目成果库的建设、科学管理及有效利用；在巩固完善《成果要报》、《中国文化报》、《社会科学报》、《艺术百家》等宣传平台及文化部、全国哲学社会科学规划办公室网页相关栏目的基础上，继续做好《国家社会科

学基金艺术学项目成果选介汇编》的编辑工作，并将优秀成果与优秀人才的宣传结合起来；积极探索《国家社会科学基金艺术学项目优秀成果文库》及其他覆盖面广、影响力大的成果宣传形式与途径，努力促进艺术学项目成果的推广应用，更好地服务于党和政府决策、艺术学学科建设及社会主义文化大发展大繁荣。

全国艺术科学各学科“十二五”规划重点研究课题目录

一、艺术基础理论研究

（艺术基础理论研究，包括艺术学原理、艺术社会学、艺术批评学以及艺术史学等研究。）

1. 艺术学的学科反思与学科建设研究
2. 马克思主义艺术学原理研究
3. 马克思主义艺术理论中国化进程研究
4. 中国艺术通论
5. 中国现代艺术体系的形成与发展研究
6. 中国传统艺术当代价值研究
7. 中国当代艺术思潮史
8. 中国艺术批评史

二、戏剧（含曲艺、木偶、皮影、杂技、魔术）研究

（戏剧研究，包括话剧、戏曲研究。含曲艺、木偶戏、皮影戏、杂技、魔术等研究。）

1. 中国戏剧理论研究
2. 中国戏曲表演理论与体系研究
3. 中国戏曲音乐理论与体系研究
4. 20世纪戏曲研究与戏曲学术史
5. 中国现当代剧场史
6. 当代话剧、戏曲导演与编剧研究
7. 当代话剧、戏曲批评研究
8. 民营话剧、戏曲剧团的生存现状与发展路向调研
9. 城乡新兴曲艺班社研究
10. 木偶、皮影、杂技、魔术发展现状及趋势调研

三、电影、广播电视及新媒体艺术研究

（电影、广播电视及新媒体艺术研究，包括电影、电视剧及其他电视艺术、广播艺术、新媒体艺术等方面的研究。）

1. 电影学、广播电视学学科现状与前沿问题研究
2. 中国电影通史及专题研究
3. 动画电影历史与理论研究
4. 中国电影、电视剧创作现状研究
5. 中国原创动漫的价值取向研究
6. 电影、电视剧批评与评价标准研究
7. 我国动漫产业的国际竞争力研究
8. 中国电影与国家文化软实力研究
9. 数字电影研究

四、音乐研究

（音乐研究，包括音乐史学、民族音乐学、系统音乐学等研究。）

1. 中国传统音乐体系研究
2. 中国音乐通史
3. 音乐古籍、民间传谱、音像文献资料整理及数字化研究
4. 音乐类非物质文化遗产数据库建设与研究
5. 20世纪中国音乐界重要学者研究
6. 中国当代音乐作品与作曲家研究

五、舞蹈研究

（舞蹈研究，包括舞蹈学原理、舞蹈史学、舞蹈编导学、民族舞蹈学、舞蹈文化学、舞蹈生态学、舞蹈批评学、舞蹈传播学等研究。）

1. 中国舞蹈文化史
2. 舞蹈编导学研究
3. 舞蹈表演学研究
4. 舞蹈人体科学研究
5. 舞蹈生态学概论
6. 民族舞蹈学研究
7. 舞蹈民俗学研究
8. 舞蹈批评学研究
9. 舞蹈管理学研究
10. 舞蹈传播学研究
11. 舞蹈记录方式数字化研究

六、美术研究

（美术研究，包括绘画、雕塑等研究。）

1. 18世纪以来中西美术发展史比较研究
2. 中国现代美术发展现状研究
3. 20世纪中国主题绘画创作研究
4. 20世纪中国著名美术家研究
5. 中国宗教艺术研究
6. 当代中国城市雕塑研究
7. 当代城市公共艺术规划研究
8. 信息技术发展对美术行业的影响研究
9. 当代中国艺术品拍卖法律研究

七、设计艺术研究

（设计艺术研究，是指作为实用艺术的设计艺术研究。）

1. 中国设计艺术史研究
2. 20世纪中国著名设计艺术家群体研究
3. 当代中国设计艺术理论与实践研究
4. 当代中国设计艺术行业的现状与发展趋势研究
5. 信息技术在设计艺术行业中的应用研究
6. 当代设计艺术批评理论体系研究
7. 中外设计艺术产业竞争力比较研究

八、艺术文化综合研究

（艺术文化综合研究，是与艺术科学发展密切相关的我国文化建设理论与实践问题的综合性研究。）

1. 中国特色社会主义文化发展道路研究
2. 中国特色社会主义文化强国的理论与实践研究
3. 深化文化体制改革的理论与政策研究
4. 我国公共文化服务体系建设保障机制研究
5. 我国文化产业发展的政策体系研究
6. 我国文化市场理论与实践研究
7. 文化遗产保护的理论与政策研究
8. 中国特色社会主义文化立法研究
9. 文化与科技融合的政策与保障机制研究

2012年度国家社会科学基金艺术学项目课题指南

《2012年度国家社会科学基金艺术学项目课题指南》的指导思想是：高举中国特色社会主义伟大旗帜，以邓小平理论和“三个代表”重要思想为指导，深入贯彻落实科学发展观，贯彻落实党的十七大和十七届五中、六中全会精神，坚持解放思想，实事求是，与时俱进，坚持以重大现实问题为主攻方向，坚持基础研究与应用研究并重，努力构建艺术科学创新体系，为党和国家工作大局服务，为推动社会主义文化大发展大繁荣、建设社会主义文化强国服务。

申报2012年度国家社会科学基金艺术学项目，要以重大理论和现实问题为中心，坚持基础研究和应用对策研究相结合，紧密联系我国改革开放与中国特色社会主义建设特别是文化艺术建设实践，推进、完善中国特色社会主义艺术科学学科理论体系建设，深化、拓展我国文化建设实践中的重大现实问题研究，着力推出代表国家水平的艺术科学研究成果。

为进一步突出重点，针对我国艺术科学各门类学科理论体系建设中的薄弱环节、我国文化建设中亟待研究回答的重大理论与实践问题，本《课题指南》确定了若干重点领域和指定研究方向（以*标注），为全国艺术科研机构、科研人员和社会各界有关人士提供研究参考，具备相应学术积累、学术资源和研究实力的申请者可在相关的范围和方向下自行拟定题目，其中指定研究方向的申报课题一经获准立项，可根据研究工作的实际需求，适度放宽资助额度。基础研究要具有创新性和开拓性，应用研究要具有现实性、针对性和时效性；鼓励艺术科学学科理论体系建设重要领域、方向与我国文化建设重大现实问题研究的集体攻关项目，鼓励这些研究领域与方向中优势学术资源的整合；努力推动传统学科、新兴学科和交叉学科健康发展，力求居于学科前沿，避免低水平重复。除重要的基础研究外，鼓励以论文和研究报告作为最终研究成果进行申报。

为切实提高规划水平和研究水平，2012年度国家社会科学基金艺术学项目的评审立项要与学科建设、队伍建设、基地建设、人才培养及科研结构调整、合理布局结合起来，加强协同攻关，加强整合创新。在选题上应注意处理好几个方面的关系：

1. 注意处理好总结历史、研究现实以及准确把握未来三者之间的关系，努力使研究项目体现出科学性、时代性与前瞻性。

2. 注意处理好理论和实践统一的关系，防止理论与实践脱节的倾向。

3. 注意处理好共性与个性的关系，既要认真开展对当前艺术学发展有普遍指导意义的课题研究，也要针对本学科领域和本地区存在的特殊问题，深入开展个案研究和实证性研究。

4. 在数量和质量上注意做到缩短战线，控制规模，注重立项课题的质量，杜绝低水平重复选题，切实提高全国艺术科学研究的整体水平。

5. 在研究方法上，提倡运用现代科技手段，提倡定性研究与定量研究、理论研究与实证研究相结合，实现研究方法的科学性、规范性和严谨性。

根据突出重点，兼顾一般，控制规模，提高质量的要求，本年度项目将对我国文化建设实践中的重大现实问题研究给予重点关注，推出一批有代表性和重要社会影响的应用对策研究项目，以充分发挥项目的决策咨询功能，更好地为社会主义文化建设大局服务。同时，对在学科建设方面具有填补空白意义的基础理论研究、民族民间艺术研究等集体攻关课题以及边远贫困地区和少数民族地区特别是西部地区艺术研究给予一定倾斜。

艺术基础理论研究

（艺术基础理论研究，包括艺术学原理、艺术史学、艺术批评学以及艺术学的新兴、交叉学科等研究。）

马克思主义艺术学原理研究

中国化马克思主义艺术学研究

中国艺术学学科谱系研究*

中国艺术学方法论研究

中国传统艺术分类体系研究

中国传统文化体系中的中国传统艺术研究

中国现代艺术体系的形成与发展研究

地方艺术史研究

新中国成立以来艺术发展道路、主要成就与基本经验研究

新时期艺术理论、艺术学发展历程回顾与未来趋势展望

20世纪重要艺术理论家研究

口述艺术史资料整理研究

艺术生产评价体系研究*

中国现当代艺术批评史、艺术批评学研究

艺术学新兴、交叉学科发展状况及学科建设研究

数字时代的艺术媒介化研究

中国当代艺术与国家文化形象的研究*

关注当代中国艺术生活的社会舆情动态研究

中国艺术与世界艺术发展关系的研究

西方现当代艺术理论研究

非洲艺术研究

戏剧（含曲艺、木偶、皮影、杂技、魔术）研究

（戏剧研究，包括话剧、戏曲研究。含曲艺、木偶戏、皮影戏、杂技、魔术等研究。）

中国戏曲表演理论与体系研究*

中国戏曲音乐理论与体系研究

中国各剧种史论研究

中国戏剧史断代研究

中国戏剧口述史

中国话剧演出史研究

地方剧种文献文物整理与研究

中国戏剧（戏曲、曲艺、木偶、皮影、杂技、魔术）艺术家、剧本、影像信息资料数据库建设与研究

当代话剧、戏曲导演与编剧研究

当代话剧、戏曲批评研究

音乐剧研究

当代戏剧舞台美术与表演研究

当代科技对戏剧艺术的影响研究

中国现当代剧场研究

戏曲艺术的传承与发展研究

戏剧受众与文化影响研究*

戏剧传播途径研究

戏剧表演团体体制改革与戏剧产业研究*

话剧与城市发展关系研究

乡村曲艺现状的调查研究

曲艺曲本创作与革新研究

木偶戏、皮影戏、杂技、魔术史论研究

电影、广播电视及新媒体艺术研究

（电影、广播电视及新媒体艺术研究，包括电影、电视剧及其他电视艺术、广播艺术、新媒体艺术等方面的研究。）

中国电影通史及专题研究*

中国电影人口述历史研究

中国电影评论史研究

中国电影、电视剧创作现状研究*

中国电影的叙事研究

电影、电视剧导演与表演艺术家研究

电影、电视剧批评及其价值取向研究

数字电影研究

电视剧类型与发展研究

电视艺术、技术与媒介文化价值研究

当代电视娱乐栏目的价值取向研究

电影、电视发展与国家文化政策研究*

电影体制改革与创新机制研究

电影产业投融资机制研究

中国中小成本电影发展研究

我国动漫产业的国际竞争力研究

电影产业与电影院线建设及营运研究

中外电影关系史研究

外国电影研究

世界动漫作品中动画形象及影响研究

新媒体艺术研究

广播艺术研究

音乐研究

（音乐研究，包括音乐史学、民族音乐学、系统音乐学等研究。）

音乐史学基础理论研究

中国音乐史断代研究

中国音乐史专题研究

中国传统多声部音乐形态研究*

音乐地理学研究*

中国少数民族传统音乐形态中的民间知识体系研究

跨地域音乐及其传播研究

音乐生态研究

音乐古籍、民间传谱、音像文献资料整理及数字化标准研究

20世纪中国音乐界重要学者研究

中国当代音乐作品与作曲家研究

中国流行音乐的现状及发展趋势研究

社区音乐文化建设研究

中国音乐产业与音乐剧制作研究

数字技术应用与数字音乐研究

中国音乐的国际传播研究*

当代西方音乐发展研究

舞蹈研究

（舞蹈研究，包括舞蹈学原理、民族舞蹈学、舞蹈史学、舞蹈编导学、舞蹈生态学、舞蹈文化学、舞蹈批评学、舞蹈传播学等研究。）

中国舞蹈文化史*

中国民间舞蹈研究

中国少数民族舞蹈研究

中国现当代舞蹈发展研究

中国当代舞剧理论与实践研究

舞蹈编导学研究

当代舞蹈的表演艺术体系研究

舞蹈批评学研究

舞蹈生态学概论*

区域舞蹈研究

舞蹈记录方式数字化研究

群众舞蹈的文化功能研究*

舞蹈文化产业研究

舞蹈市场运行研究

中国舞蹈的国际传播研究

美术研究

（美术研究，包括绘画、雕塑等研究。）

中国美术史专题研究

民间美术传承人口述史研究

中外文化与美术史研究

地域文化与少数民族美术研究

中国现代美术发展现状研究

移居海外的华人艺术家群体研究

连环画、连环漫画创作现状研究

中国书籍装帧与插图创作现状研究

艺术品修复研究

信息技术在美术领域中的应用研究

美术批评研究

美术年展现状、问题与对策研究

20世纪中国现代雕塑的民族化问题研究*

城市规划与城市标准研究

中国传统文化与书法艺术的当代发展研究

摄影艺术研究

艺术品消费行为与消费模式研究*

当代中国艺术品市场现状、问题与对策研究

中外美术比较研究

中外艺术品市场政策法规比较研究*

设计艺术研究

（设计艺术研究，是指作为实用艺术的设计艺术研究。）

中国传统物质文化史

中国设计艺术史研究

中国传统文化与设计思想研究

区域文化与设计文化形态研究

20世纪中国著名设计艺术家研究

当代中国设计艺术理论与实践研究*

节约型社会的设计理论与实践研究

当代设计艺术批评理论体系研究

设计艺术与传统工艺结合研究

设计艺术与社会心理研究

设计艺术与传统工艺美术产业研究

设计艺术与文化创意产业发展的关系研究*

当代中国文化会展（博览会）中的艺术设计实践研究

交互设计研究

中外设计艺术比较研究

中外设计艺术产业竞争力比较研究*

艺术文化综合研究

（艺术文化综合研究，是与艺术科学发展密切相关的我国文化建设理论与实践问题的综合性研究。）

中国特色社会主义文化发展道路研究

中国特色社会主义文化强国的理论与实践研究*

文化创新体系的理论架构与实践模型研究

文化领域主要统计指标体系研究

我国大众文化消费结构调查与研究

我国农村群众文化需求调查与研究
我国公共文化服务体系建设保障机制研究*
当代文化发展繁荣与文化立法的关系研究
文化产业发展方式转变与创新研究
我国文化产业投融资体系建设研究
全国艺术院团建设标准与评估体系
国有表演艺术院团改革的支撑体系研究
民营艺术表演团体现状调查与研究
艺术资源信息库建设与应用研究
艺术产品的产权交易研究
文化市场监管体制机制与能力建设研究
网络文化发展对社会文化生活的影响研究
非物质文化遗产保护与传承机制研究
信息技术在非物质文化遗产保护中的应用研究
我国文化艺术行业的人才队伍现状与对策研究
推进文化与科技融合的政策与措施研究*
艺术服务于科学普及领域的现状研究
国际艺术节的运作模式及促进社会发展的作用研究
我国艺术产品的国际传播与国际贸易研究
世界各国文化法律、文化政策比较研究
世界文化思潮及文化热点问题研究
（*为指定研究方向）

文化部“十二五”文化科技发展规划

“十二五”时期是促进文化又好又快发展的关键阶段，也是文化科技发展的重要跃升期。为贯彻党的十七届六中全会精神和《国家“十二五”时期文化改革发展规划纲要》的战略部署，深入实施《文化部“十二五”时期文化改革发展规划》，发挥与增强文化和科技的相互促进作用、实施科技带动战略、增强自主创新能力，特制定《文化部“十二五”文化科技发展规划》。

一、形势与需求

“十一五”时期，文化科技得到较快发展，成为文化发展的重要引擎。贯彻科学思想，文化科技自主创新与集成创新能力进一步增强。实施各级文化科技项目的数量已达百余项，各地各部门科技研发投入创历史新高。文化和科技的融合有效助推了文化发展，在公共文化服务、文化产品创作与生产、文化产业、文化遗产保护与利用、对外文化交流以及文化行政管理等方面，文化科技支撑作用大幅提升：一批核心关键技术取得突破；文化领域标准制定以及管理填补空白；新兴文化业态得到发展。文化科技载体建设取得新进展，辐射与带动作用不断增强；全社会文化科技创新环境得到进一步改善，文化资源与科技资源的集成共享机制有了新的突破，一批科技人员和研发力量汇聚到文化行业，鼓励文化科技创新的社会氛围初步形成。

“十二五”时期，文化科技发展呈现新趋势，文化改革发展提出新要求，我国文化科技发展正处于大有作为的重要战略机遇期与跃升期。面对新的形势，必须清醒地认识到，我国文化科技发展仍存在一些薄弱环节和深层次问题。主要表现为：文化科技发展还不能很好满足国家文化发展的需求，文化科技自主创新意识与能力有待增强，文化科技创新投入严重不足。文化事业发展中新技术集成应用较少，文化产业技术研发与创新水平偏低，相关基础和前沿研究比较薄弱。企业文化科技创新活力和动力亟待加强，产学研用结合不够紧密，文化科技队伍建设需要加大力度，高层次创新型文化科技人才匮乏，科技资源配置效率有待提高，自主创新政策落实需要进一步深化。

加快文化科技发展，是文化繁荣发展的必要支撑，是文化建设的迫切要求，是转变经济发展方式、推动文化产业成为国民经济支柱性产业的战略任务。推动文化科技创新，将深化对文化自身及文化产业内生动力的认识，将深刻影响文化产品创作生产方式、文化服务传播传承方式、精神文化生活方式，将开辟文化生产力、文化产品供给力的新空间，将创造文化消费新需求。文化科技进步将依赖文化改革发展的强大需求拉动，也必将更加紧密融合与互相推动促进。

二、指导原则、发展目标及主要指标

（一）指导原则

1．自主创新。把增强自主创新能力作为文化科技发展的战略基点，加大对自主创新的投入，大力推进原始创新、集成创新和引进消化吸收再创新，加强成果转化，以创新促发展，增强文化发展核心竞争力。

2．重点突破。集中力量，优选主题，突破一批具有全局性、战略性关键共性技术，研发一批具有自主知识产权和市场竞争力的战略产品，提高公共文化服务能力，支撑文化产业发展。

3．系统推进。以文化科技创新体系建设为核心，坚持开放合作，汇集各方资源，加强基础条件

和能力建设，优化文化科技发展环境，培养复合型文化科技人才队伍，培育具有国际竞争力的创新型文化科技企业，促进文化科技整体水平的提升。

4．引领发展。充分发挥文化科技的动力和引擎作用，运用现代科技手段开发利用民族文化资源，加强技术集成与模式创新，改造传统文化产业，催生新的文化业态，抢占文化产业发展的制高点。

（二）发展目标

“十二五”文化科技发展的总体目标是：文化科技创新体系基本完备，自主创新能力大幅提升，科技竞争力显著增强，文化重点领域核心关键技术取得突破性进展，文化行业标准化体系相对完善，文化科技基础环境条件得到改善，科技资源与文化资源的共享明显增强，文化与科技融合在深度和广度上取得实质性推进，有力支撑和引领文化事业和文化产业的发展。

（三）主要指标

1．重点围绕传统文化产业的技术改造和新兴文化产业发展，加强技术研发、集成应用和产业化示范，组织实施8～10项国家级科技重点项目。

2．加强文化科技战略研究，支持300项左右文化科技基础科研项目，系统部署150项左右文化领域重要核心技术、关键技术和集成技术攻关，制定30项左右文化行业技术标准，转化推广75项左右先进适用技术。

3．加强人才队伍建设。以项目为带动，汇集和培养10名左右文化科技领域有重要影响的技术专家，100名左右中青年科技骨干，凝聚一批具有创新精神和创新能力的文化科技团队。

4．加强基础环境建设。依托文化单位、科研院所和高校设立3～5个文化与科技研发基地，2～4个文化部重点实验室与工程技术研究中心，建设5～8个文化科技创新平台，重点培育20个文化科技企业，认定20家左右文化与科技融合示范基地。

三、着力加强文化科技创新体系建设

（一）优化文化科技创新发展环境

开展形式多样、内容丰富的文化科技宣传、普及、教育活动，在全社会形成支持、参与文化科技创新发展的良好氛围。完善文化科技管理体制，积极探索跨部门、跨地区合作新机制，鼓励各级文化部门与科技部门建立文化科技协调工作机制，支持各种社会力量参与文化科技活动，形成有利于文化科技发展的工作管理环境。建立健全各级各类文化科技管理制度，制定和完善文化科技创新服务保障、资金扶持等方面的政策措施。积极协调各级财政部门，不断增加文化科技财政投入，形成持续稳定的经费支持渠道。重点支持欠发达地区文化科技服务手段创新，实现公共文化服务均等化。探索建立文化科技发展评价指标，客观评价文化科技发展速度、水平、潜力和效益，促进文化科技有序、有向、有度发展。

（二）加强文化科技创新载体建设

依托国家高新技术产业开发区、国家可持续发展实验区等，联合科技主管部门认定一批各具特色的国家级文化和科技融合示范基地，带动形成一批科技含量高、创新能力强的文化产业集群，优化文化产业结构。建设认定一批带动性强的文化科技创新型领军企业，结合促进高技术产业和文化产业发展的相关政策，研究制定促进文化科技企业快速发展的综合优惠措施。支持建立文化、艺术、技术、管理等方面力量相融合的新型文化科技综合研究机构和国家文化创新研究中心，持续开展文化科技创新发展战略和政策研究。加强资源整合，依托高等院校、科研院所及文化科技企业，培育建设若干文化科技重点实验室，开展文化科技关键技术研究和国际交流合作，提高文化领域科技创新能力，促进文化科技成果转化和创新创业人才培养。加强政产学研用紧密结合，构建以技术创新型企业、文化综合服务运营商及骨干文化集团为主体的文化技术创新战略联盟。

（三）强化文化与科技融合发展功能

面向文化发展需求，加强文化科技与文化建设各领域间的协调合作，在深度与广度上大力促进文化与科技的结合与融合发展。开展公共文化服务领域共性关键技术的研究与开发，支持数字技术、信息技术、网络技术在图书馆、博物馆、美术馆、文化馆中的集成应用，提升公共文化产品技术含量和服务效益。研究文化科技与文化产业融合发展的集成技术，积极采用适用技术推动传统文化产业升级，积极利用高新技术增强与壮大新兴文化产业。提高艺术生产装备水平和科技含量，增强文化演出的创造力、表现力和传播力。研究文化资源保护开发共享、知识产权保护、文化安全监管、文化诚信评价等文化管理共性技术，提高文化管理科技服务水平。

（四）发挥科技项目引领带动作用

加快实施文化科技重大专项，统筹开展原始创新、集成创新、引进消化吸收再创新，加快自主创新步伐，提高文化产品科技含量和市场竞争力。加强文化科技项目顶层设计，建立专家咨询机制，统筹协调项目组织、实施、管理、推广、转化及应用。积极争取在国家科技计划和国家文化科技创新工程中部署若干文化领域重大项目并统筹推动实施。大力推进“国家文化科技提升计划”，强化文化领域前沿技术、关键技术研究，集中力量解决一批具有前瞻性、全局性和引领性的重大科技问题。组织开展“文化部文化科技创新项目”，加强文化科技基础性研究，持续增强科学研究积累。全面实施“国家文化创新工程”，推动创新成果，尤其是文化科技创新成果的运用与推广，增强社会各界参与文化创新的自觉性和主动性，加快构建有利于全面提升自主创新能力的体制机制。

（五）加快文化行业标准规范制定

推进《文化标准化中长期发展规划（2007—2020）》的组织实施，加强涉及文化领域服务、建设、安全、环保、工艺、消费者权益保护等各个环节的重要技术标准、服务标准和基础标准的研究与制定，充分发挥标准化在文化发展以及公民文化权益保障中的导向和规范作用。切实提高文化领域各标准化专业技术委员会的组织功能，发挥企业在技术标准研制中的重要作用。加快文化资源特别是文化信息资源的标准化研发与实施进程，促进文化资源整合和共享。重点研究制定文化艺术、动漫游戏、网络文化等重点行业技术和服务标准规范，引导行业健康发展。

（六）汇聚文化科技专业人才队伍

以文化科技重点领域的研发为依托，通过实施重大科研项目，引进和培养一批文化科技领军人才。围绕文化科技不同发展方向，汇聚各类中青年科技专家，培养特色学科带头人和高级技术管理者。依托国家各类人才计划，注重对高端文化科技人才的引进并给予政策、项目支持，表彰奖励成就卓著的文化科技工作者。依托高校、科研院所，加强理工学科与人文、艺术学科的交叉融合，支持高校设立文化科技交叉学科与专业，培养文化科技后备人才。加强高水平创新团队建设，在实施相关文化科技计划中，加大对优秀创新团队的引导和支持。

四、重点工作任务及领域

（一）文化科技基础性工作

围绕文化领域内应急性、培育性、基础性科研工作，组织开展相关公益性科研。加快行业应用基础研究、行业重大公益性技术前期预研；推进文化行业重要技术与服务标准研制；做好文化行业重要基础数据的搜集、整理、统计、分析工作；推进文化行业相关计量与检验检测技术等研究的进程；支持文化资源保护开发共享、知识产权保护、文化安全监管、文化诚信评价等文化管理共性技术研究；开展文化领域文化科技软科学研究。

（二）文化艺术资源保护与开发领域

推动文化资源数字化、信息化和网络化进程；创新面向全社会的文化资源公益服务与商业应用的并行互惠经营模式；针对各类文化遗产保护传承和各类艺术表现形式资源积累的需求，利用高新技术建立起文化基础资源的信息采集、转换、记录、保存的应用技术体系；利用高新技术提升对传统介质资源保护的技术手段；建立各类文化基础资源信息数据库；开展针对各类文化基础资源数字化应用的关键技术研究；利用现代信息处理技术形成标准化、可共享的数字文化资源体系；为中华文明在数字化条件下的传承与创新发展奠定坚实的资源基础。

（三）文化艺术产品创作生产领域

综合利用高新技术，创新各类文化内容和艺术的表现形式和表现手段；丰富文化艺术创作的体裁与手段；增强文化艺术产品的表现力、感染力与时代感；增强动漫与游戏等电子娱乐体验的设计与制作技术；催生新的文化产品科技化形态；开展针对提升文艺作品创作、创意协同、内容编排、活动策划、艺术表现、受众互动和展演展映展播展览等效能的关键技术研究；开展针对版权保护及协同化服务的集成技术研究。

（四）文化传播与服务领域

综合利用现代高新技术扩大公共文化服务的有效覆盖与服务效率；统筹推进公共数字文化建设与服务，推进数字文化信息资源共享；支持重点文化产业围绕传播与服务形成系统性、集成性技术解决方案；推进针对互联网传播秩序、新兴媒体传播、文艺演出院线、网络内容生产和服务的新技术新业务的集成应用与集成创新；开展现代文化市场体系构建与技术监管所需的新技术开发与集成应用；利用信息技术构建与扩展文化遗产、对外文化交流、知识产权保护、文化贸易等领域传承传播服务的新途径与新渠道，增强国际竞争力。

（五）文化装备与系统平台建设

加快发展文化装备制造业，以先进技术支撑文化装备、软件、系统研制和自主发展。提高演艺业、娱乐业、动漫业、游戏业、文化旅游业、艺术品业、工艺美术业、文化会展业、创意设计业、网络文化业、数字文化服务业等重点产业的技术装备水平与系统软件国产化水平；发展面向公共文化服务与传播渠道建设的文化资源处理装备、展演展映展播展览装备和流动服务装备与系统平台；研发面向网络文化的内容制作、传输、消费和监管的模块化单元产品等重大关键技术，提升数字文化技术装备水平；攻克演艺装备数控系统、功能设备的核心关键技术，实现演艺灯光、音响、舞台机械与数控系统的协同发展与统筹部署，打造完整演艺装备产业链，大幅提高我国演艺装备产业的国际竞争力；开发工艺品与工艺美术辅助设计、舞台虚拟创作与演出彩排、数字内容生产等重大系统平台；推进各类技术创新服务平台建设，推动平台运行服务。

五、切实保障规划实施

文化部科技主管部门牵头组织实施本规划。各地方要依据本规划，结合各自实际，突出各自特色，强化本地方文化科技发展部署，做好与本规划的衔接，加强重大事项的会商和协调，做好重大任务的分解和落实。各级文化科技管理部门要加强对规划的贯彻宣传，做好协调服务和实施指导，调动和增强社会各方面参与的主动性、积极性。要注重加强与贯彻实施《国家“十二五”时期文化改革发展规划纲要》、《国家“十二五”科学和技术发展规划》和《文化部“十二五”时期文化改革发展规划》的衔接部署，重视与文化部各专项规划以及各地方文化发展规划的协调，强化规划对年度计划执行和重大项目安排的统筹指导。在规划实施中，要重视开展文化科技发展战略研究。要加大文化科技宣传力度，提高文化科技信息服务能力，为文化科技的战略决策和管理提供有力支撑。要在全社会营造鼓励文化科技创造的良好氛围，让蕴藏于人民中的文化科技创新活力得到充分发挥。

中国文化年鉴

Almanac Of Chinese Culture

非物质文化遗产保护

The Protection of Intangible Cultural Heritage

综 述

2012年，非物质文化遗产司从全国非物质文化遗产保护的现状出发，继续深入贯彻实施《中华人民共和国非物质文化遗产法》，调研起草与《非物质文化遗产法》相配套的制度和规章，针对不同类别、不同项目非物质文化遗产自身的特点和传承演变的规律，不断探索和完善各种有效保护的方式和方法，以入选联合国教科文组织非物质文化遗产名录的项目、国家级名录项目的保护为重点，充分发挥专家的指导和咨询作用，注意听取媒体和社会的反馈意见，主要开展了以下几个方面的工作：

一、研究制定《中华人民共和国非物质文化遗产法》相关配套规章

《非物质文化遗产法》已于2011年6月1日正式实施，为中国非物质文化遗产保护工作奠定了坚实的法律基础。为贯彻落实《非物质文化遗产法》，对法律设立的主要制度进行细化，增强其操作性和有效性，逐步健全完善非物质文化遗产保护法律体系，开展了《非物质文化遗产法》相关配套规章的制定工作：

（一）对《非物质文化遗产法》中予以明确的制度，制定具体的落实措施。《非物质文化遗产法》中对境外组织和个人在境内进行非物质文化遗产调查进行了明确规定，需要具体的实施细则。组织人员研究拟定相关文稿，经多次研究，并征询有关专家、全国文化厅局、非物质文化遗产保护工作部际联席会议成员单位等意见后，形成了《境外组织或者个人在中华人民共和国境内进行非物质文化遗产调查管理暂行办法（草案送审稿）》，计划于2013年正式出台。

（二）根据《非物质文化遗产法》的规定，对已经出台的《国家级非物质文化遗产保护与管理暂行办法》和《国家级非物质文化遗产项目代表性传承人认定与管理暂行办法》进行修订和完善，确保其内容与法律的规定相一致。已经多次征求过专家意见，并于2012年10月组织召开了各省文化厅有关人员参加的专题座谈会，正在根据各方面反馈的意见进行修改和完善，计划2013年正式出台。

二、积极推进非物质文化遗产生产性保护

（一）举办国家级非物质文化遗产生产性保护示范基地颁牌仪式。2012年1月，在文化部309会议室为41家国家级非物质文化遗产生产性保护示范基地企业和单位颁发了牌匾，通过颁牌仪式，宣传非物质文化遗产生产性保护工作，增强了入选企业和单位保护传承国家级非物质文化遗产的荣誉感和责任感，营造全社会广泛、自觉参与非物质文化遗产生产性保护工作的良好氛围。

（二）印发《文化部关于加强非物质文化遗产生产性保护的指导意见》。《意见》对非物质文化遗产生产性保护的概念、意义、原则、措施、工作机制等作了具体阐述，提出了加强生产性保护的切实措施，为科学指导和规范生产性保护工作的开展提供了充分的依据和坚实的基础。

（三）为进一步推进非物质文化遗产生产性保护，丰富节日期间人民群众的精神文化生活需求，营造浓郁的节日文化氛围，2012年元宵节期间，文化部联合14个部委和北京市人民政府在中国农业展览馆举办了“中国非物质文化遗产生产性保护成果大展”，集中展示了近几年中国非物质文化遗产生产性保护取得的丰硕成果。李长春等多位党中央、国务院、全国人大、全国政协领导以及400多名部级领导干部，155名各国驻华使节参观了此次大展，并对大展给予了充分的肯定和高度的评价。中共中央政治局常委李长春指出：“非物质文化遗产保护不仅是一项文化工程，而且是富民工程、德政工程。非物质文化遗产生产性保护是最积极、最有效、最有利于非物质文化遗产可持续发展的保护传承方式。”大展吸引了社会各界高度关注，自开幕以来，参观人数超过16万人次。“中国非物质文化遗产生产性保护成果大展”是近年来举办的“规模最大、规格最高”的一次非物质文化遗产大型宣传展示活动，对于进一步宣传非物质文化遗产保护工作，提升全社会主动参与非物质文化遗产保护的文化自觉具有重要意义。

（四）开展第二批国家级非物质文化遗产生产性保护示范基地的推荐工作。经报部批准，印发通知部署了第二批国家级非物质文化遗产生产性保护示范基地的推荐工作。

（五）举办传统技艺类项目生产性保护培训班。8月31日至9月3日，在山西太原举办了“非物质文化遗产传统技艺类项目生产性保护培训班”，就非物质文化遗产生产性保护相关政策制定出台、生产性保护理论与实践、非物质文化遗产产品的利用、创意设计、产品功能转型以及坚守和维护传统技艺所产生的社会效益和经济效益等方面进行了培训。

（六）积极推动非物质文化遗产生产性保护税收优惠政策研究制定工作。通过提交建议材料、组织召开座谈会、安排调研等方式推动国家税务总局、财政部非物质文化遗产生产性保护税收优惠政策研究制定工作。

三、非物质文化遗产整体性保护扎实推进

开展文化生态保护区建设，是推动非物质文化遗产整体性保护，促进地方经济、社会全面协调可持续发展的有效措施。2012年，文化部统筹规划，新设立了一批国家级文化生态保护实验区。2012年5月，在专家实地考察和论证的基础上，设立了第12个国家级文化生态保护实验区——陕北文化生态保护实验区。2012年12月，设立了黔东南民族文化生态保护实验区、客家文化（赣南）生态保护实验区、铜鼓文化（河池）生态保护实验区等三个国家级文化生态保护实验区，目前国家级文化生态保护实验区总数达15个。

2012年，文化部继续开展文化生态保护区总体规划论证及指导工作，组织专家论证通过了《晋中国家级文化生态保护区总体规划》、《迪庆民族文化生态保护区总体规划》、《海洋渔文化（象山）生态保护区总体规划》，经报部批准，上述三个总体规划正式实施。

四、评审认定第四批国家级非物质文化遗产项目代表性传承人

传承人保护是非物质文化遗产保护工作的关键。评审认定第四批国家级非遗代表性传承人，加强国家级非物质文化遗产项目代表性传承人队伍建设，对于进一步完善传承机制建设具有重要作用。2012年，非物质文化遗产司组织开展了第四批国家级非物质文化遗产项目代表性传承人评审工作。第四批国家级非物质文化遗产项目代表性传承人各地共申报了1406人，经审核符合评审资格条件，进入专家评审程序的推荐人共1362人。8月，我司和中国非物质文化遗产保护中心，按照十个类别分三批对第四批国家级代表性传承人推荐人选进行了初评。10月，我司组织召开评审委员会会议，对初选名单进行审议，确定了第四批国家级非物质文化遗产项目代表性传承人推荐名单，共490人，占初评1362人的36%，经报部同意后，在文化部政府网站和中国文化报向社会进行了公示，公示时间20天，同时书面征求了非物质文化遗产保护工作部际联席会议成员单位的意见。11月，组织召开评审委员会会议，对社会公示意见和联席会议成员单位的反馈意见进行了审议。12月，文化部命名公布了第四批国家级非物质文化遗产项目代表性传承人名单498人。截至目前，文化部已命名公布国家级非物质文化遗产项目代表性传承人共计1986人。

五、开展全国非物质文化遗产保护督导工作，加强国家级非物质文化遗产代表性项目的动态管理

建立“有进有出”的动态管理机制是加强非物质文化遗产保护工作的重要手段。为加强对国家级非物质文化遗产名录项目保护单位的管理，督促项目保护单位履行保护职责，2011年底，印发《文化部办公厅关于开展国家级非物质文化遗产代表性项目保护督查工作的通知》，部署了督查工作。2012年4月，各省（区、市）开展了非物质文化遗产保护自查工作；4月底，我司召开了非物质文化遗产保护自查工作汇报会；5月，对全国31个省（区、市）部分省份进行了重点抽查，形成了《全国非物质文化遗产保护督查工作总结报告》，并在全国非物质文化遗产保护督查工作的基础上，根据《中华人民共和国非物质文化遗产法》、《国家级非物质文化遗产保护与管理暂行办法》和《文化部关于加强国家级非物质文化遗产代表性项目保护管理工作的通知》的有关规定，根据督查、核实的结果，8月，文化部颁布了《关于对天津市红桥区回族大刀队等105个国家级非物质文化遗产代表性项目保护单位进行调整、撤销的决定》，对97个国家级非物质文化遗产代表性项目保护单位进行调整，对2个履责不力的项目保护单位提出批评与限期整改，对6个履责不力的项目保护单位资格予以撤销。保护单位的调整与撤销，是加强我国国家级非物质文化遗产名录管理工作，建立“有进有出”的动态化管理机制迈出的实质性一步，从此国家级非遗名录项目将不再是“终身制”，动态化管理机制的建立对今后的非物质文化遗产保护工作有着重要的意义。

六、修订《国家非物质文化遗产保护专项资金管理暂行办法》，开展2013年国家非物质文化遗产保护专项经费申报工作

2012年按照财政部要求，配合财务司启动了《国家非物质文化遗产保护专项资金管理暂行办法》的修订工作。5月4日，财政部和文化部联合下发了《国家非物质文化遗产保护专项资金管理办法》，原《暂行办法》废止。新管理办法重点对专项资金的分类和开支范围重新做了详细界定，对资金申报单位应具备的基本条件首次提出了明确要求，并增加了中央部门所属单位申请国家级非物质文化遗产代表性项目保护补助费的审批程序等内容。与旧办法相比，新办法内容更加完整，程序更加规范，更适应非物质文化遗产保护工作的实际需要。按照新的资金管理办法，配合财务司启动了2013年度国家非物质文化遗产保护专项资金申报工作，并与信息中心合作，增加了申报材料网上预审的环节。通过网上预审，有效避免了不符合申报条件的单位提交申请材料，也使不符合要求的申请材料能及时退回修改，减少了各地纸质文件的反复来往，降低了人工成本，提高了工作效率，同时也使申报过程更加科学规范、公正透明，为下一步工作打下了良好基础。

七、组织开展第七个“文化遗产日”活动

在第七个文化遗产日到来之际，积极筹备、组织开展了“文化遗产日”活动。5月，文化部办公厅印发了《关于认真组织第七个“文化遗产日”活动的通知》，全面部署第七个“文化遗产日”活动。

6月5日，召开了十七大以来非物质文化遗产保护暨第七个“文化遗产日”活动新闻发布会，通报十七大以来非物质文化遗产保护工作，通报全国非物质文化遗产保护督查工作有关情况和“文化遗产日”期间文化部和全国各省（区、市）举办的100多项非物质文化遗产宣传展示活动，以及第二届中国非物质文化遗产博览会筹备情况。

6月9日至18日，在国家图书馆举办“文化遗产日”主题活动——“中国非物质文化遗产保护讲座周”、“中国非物质文化遗产典籍记忆系列展”。“中国非物质文化遗产保护讲座周”举办了10场专题讲座，从工作实践、立法保护和专题研究等方面，介绍非物质文化遗产保护的相关知识，宣传非物质文化遗产保护的理念和方式方法。“中国非物质文化遗产典籍记忆系列展”包括“中国传拓记忆展”和“中国传统建筑营造技艺展”，系统展示了中国传拓技艺和传统建筑营造技艺产生发展的历史及近年来保护成果。

八、与地方联合举办丰富多彩的非物质文化遗产宣传展示活动

（一）端午节期间，与浙江省人民政府、湖北省人民政府分别在浙江省嘉兴市和湖北省秭归县共同主办了嘉兴端午文化活动和屈原故里端午文化活动，弘扬端午文化习俗，促进节日文化传承；与江苏省人民政府联合主办“第四届非物质文化遗产保护·苏州论坛”，研讨交流非物质文化遗产保护工作经验和方式方法。

（二）9月，与山东省人民政府在山东省枣庄市台儿庄古城共同举办了“第二届中国非物质文化遗产博览会”，邀请了全国31个省（区、市），新疆生产建设兵团和台湾地区的767项非物质文化遗产项目，379名省级非物质文化遗产项目代表性传承人参加展览和现场演示，集中展示了我国非物质文化遗产的独特魅力和生产性保护成果。5天时间，70多万人次参观了博览会。博览会期间参展展品销售额近1000万元，135个项目现场签约，协议资金442.6亿元。

（三）11月，与安徽省人民政府在安徽省黄山市共同主办了中国（黄山）非物质文化遗产传统技艺大展，邀请全国31个省（区、市）237个非物质文化遗产项目参展，以30幢徽州古民居为展厅，集中展示了近年来我国传统技艺保护的成果，总结和交流了非物质文化遗产生产性保护的经验和做法。

（四）9月，作为支持单位支持天津举办了“第二届全国非物质文化遗产展示会”，展示、总结和交流各地的非物质文化遗产及保护工作经验。

九、联合国教科文组织非物质文化遗产名录项目申报取得新突破

联合国教科文组织保护非遗政府间委员会第七届常会上，中国申报的“福建木偶戏后继人才培养计划项目”成功入选“优秀实践名册”，实现了在这个名录上的零的突破。截至2012年底，在加入《保护非物质文化遗产公约》的145个国家中，我国共有37项非物质文化遗产项目入选联合国教科文组织名录，是唯一一个在“人类非物质文化遗产代表作名录”、“急需保护的非物质文化遗产名录”和“优秀实践名册”三个名录中都有入选项目的国家，也是入选三个名录项目最多的国家。

专　题

文化部关于加强非物质文化遗产生产性保护的指导意见

文非遗发〔2012〕4号，2012年2月2日

为进一步规范、加强非物质文化遗产生产性保护，根据《中华人民共和国非物质文化遗产法》（主

席令第42号）和《国务院办公厅关于加强我国非物质文化遗产保护工作的意见》（国办发〔2005〕18号）精神，现就非物质文化遗产生产性保护提出以下指导意见：

一、充分认识开展非物质文化遗产生产性保护的重要意义

非物质文化遗产生产性保护是指在具有生产性质的实践过程中，以保持非物质文化遗产的真实性、整体性和传承性为核心，以有效传承非物质文化遗产技艺为前提，借助生产、流通、销售等手段，将非物质文化遗产及其资源转化为文化产品的保护方式。目前，这一保护方式主要是在传统技艺、传统美术和传统医药药物炮制类非物质文化遗产领域实施。

在有效保护和传承的前提下，加强传统技艺、传统美术和传统医药药物炮制类非物质文化遗产代表性项目的生产性保护，符合非物质文化遗产传承发展的特定规律，有利于增强非物质文化遗产自身活力，推动非物质文化遗产保护更紧密地融入人们的生产生活；有利于提高非物质文化遗产传承人的传承积极性，培养更多后继人才，为非物质文化遗产保护奠定持久、深厚的基础；有利于继承弘扬优秀传统文化，推动优秀传统文化繁荣发展，满足人民群众的精神文化需求；有利于促进文化消费、扩大就业，促进非物质文化遗产保护与改善民生相结合，推动区域经济、社会全面协调可持续发展。

各级文化行政部门应充分认识非物质文化遗产生产性保护的重要意义，增强责任感和紧迫感，积极探索，加强引导，进一步推动我国非物质文化遗产生产性保护工作深入开展。

二、正确把握非物质文化遗产生产性保护的方针和原则

非物质文化遗产生产性保护要坚持以科学发展观为指导，按照《中华人民共和国非物质文化遗产法》的规定，认真贯彻“保护为主、抢救第一、合理利用、传承发展”的方针。在非物质文化遗产生产性保护工作中，坚持以人为本、活态传承原则，坚持保护传统工艺流程的整体性和核心技艺的真实性原则，坚持保护优先、开发服从保护原则，坚持把社会效益放在首位，社会效益和经济效益有机统一原则，坚持依法保护、科学保护原则。

三、科学推进非物质文化遗产生产性保护工作深入开展

（一）坚持正确导向。非物质文化遗产生产性保护是一种保护方式，出发点和落脚点都是非物质文化遗产的保护和传承。因此，应当坚持非物质文化遗产生产性保护的正确导向，严格遵循非物质文化遗产传承发展的规律，处理好保护传承和开发利用的关系，始终把保护放在首位，坚持在保护的基础上合理利用，尊重非物质文化遗产生产方式的多样性，坚持传统工艺流程的整体性和核心技艺的真实性，不能为追逐经济利益而忽视非物质文化遗产保护和传承，反对擅自改变非物质文化遗产的传统生产方式、传统工艺流程和核心技艺。

（二）合理规划布局。加强对非物质文化遗产生产性保护的调查研究与整体规划，编制促进非物质文化遗产生产性保护的行动计划，将非物质文化遗产生产性保护纳入本地区经济社会发展规划。重点培育一批国家级非物质文化遗产生产性保护示范基地，积极探索和总结非物质文化遗产生产性保护的做法和经验，充分发挥国家级非物质文化遗产示范基地的示范、带动作用。发掘东中西部地区各自优势，规划建设各具特色的非物质文化遗产生产性保护示范基地，彰显区域特色和民族特色。

（三）健全传承机制。要研究非物质文化遗产生产性保护的特点，建立健全符合非物质文化遗产自身规律的传承机制。制定非物质文化遗产生产性保护传承人培养计划，建立传承人培养激励机制，增强代表性传承人履行传承义务的责任感和荣誉感；为代表性传承人开展生产、授徒传艺、展示交流等活动创造条件，提供服务；对年老体弱的代表性传承人，抓紧开展抢救性记录工作，翔实记录代表性传承人掌握的精湛技艺和工艺流程；对传承工作有突出贡献的代表性传承人给予表彰、奖励；对学艺者采取助学、奖学等措施，鼓励其学习、掌握传统技艺；遵循非物质文化遗产项目生产方式的个性和特征，鼓励和支持代表性传承人设立个人工作室等。

（四）落实扶持措施。要统筹规划，加强天然原材料、珍稀原材料的保护，处理好天然原材料、珍稀原材料保护与利用的关系，依照相关法规制度为传承人使用天然原材料、珍稀原材料提供帮助和支持；鼓励和支持传承人在传承传统技艺、坚守传统工艺流程和核心技艺的基础上对技艺有所创新和发展；鼓励和支持传承人在制作传统题材作品的同时创作适应当代社会需求的作品，推动传统产品功能转型和审美价值提升；支持和帮助代表性传承人开展产品宣传，利用报刊、电视、网络等媒体宣传非

物质文化遗产代表性项目及其产品的文化内涵和审美价值；积极为代表性传承人提供技艺展示、产品销售的渠道和平台。

（五）加强引导规范。深入开展调查研究，掌握本地区适合生产性保护的非物质文化遗产代表性项目生存发展状况，根据不同状况采取相应的引导、规范措施。对适合生产性保护但处于濒危状态、传承困难的代表性项目，要优先抢救与扶持，记录、保存相关资料，尽快扶持恢复生产，传承技艺，督促开展相关工作；对有市场潜力的代表性项目，鼓励采取“项目+传承人+基地”、“传承人+协会”、“公司+农户”等模式，结合发展文化旅游、民俗节庆活动等开展生产性保护，促进其良性发展；对开展生产性保护效益较好的代表性项目，要引导传承人坚持用天然原材料生产，保持传统工艺流程的整体性和核心技艺的真实性，促进该项遗产的有序传承；对开展生产性保护取得显著成绩的代表性项目，要及时总结，推广经验；对忽视技艺保护和传承或者过度开发、破坏传统工艺流程和核心技艺的，要及时纠正偏差，落实整改措施，加强管理和规范。

（六）建设基础设施。要充分发挥政府职能，合理布局，有计划地建设一批非物质文化遗产生产性保护基础设施，为代表性传承人提供必要的生产、展示和传习场所。鼓励开展非物质文化遗产生产性保护的企业、单位和个人根据自身条件建设非物质文化遗产展示馆（室）和传习所，鼓励社会力量参与非物质文化遗产生产性保护设施建设。充分发挥已有设施的作用，积极开展宣传、展示、传习等活动，有计划地征集非物质文化遗产项目代表性传承人的代表作品，妥善保存和科学展陈传统工艺精品、传承人代表性作品。

（七）发挥协会作用。要充分发挥传统工艺美术等已有行业协会的积极作用，鼓励成立非物质文化遗产相关行业协会，支持协会开展非物质文化遗产的宣传、展示、教育、传播、研究、出版等活动，鼓励协会制定有关非物质文化遗产代表性项目在原材料、传统工艺流程和核心技艺方面的相关标准和规范，支持协会开展行业管理、行业服务、行业维权等工作，通过行业自律和行业监管，推动非物质文化遗产生产性保护健康发展。

（八）营造良好氛围。非物质文化遗产生产性保护与人民群众的生产生活密切相关，许多非物质文化遗产项目具有鲜明的地域特色、民族特色，依存于传统民俗节庆活动之中。要鼓励开展各种健康有益的民俗文化活动，尊重和支持民众在民俗文化活动中开展非物质文化遗产生产性保护实践；充分利用“文化遗产日”和传统民俗节庆，开展非物质文化遗产生产性保护宣传展示活动，营造非物质文化遗产生产性保护的良好社会氛围。

四、建立完善非物质文化遗产生产性保护的工作机制

（一）坚持政府引导。坚持政府对非物质文化遗产生产性保护的价值引导、政策引导和舆论引导，组织开展非物质文化遗产生产性保护知识和成果宣传，利用现有的优惠政策和出台新的优惠政策扶持非物质文化遗产生产性保护，为非物质文化遗产生产性保护营造环境、创设条件和提供服务。

（二）鼓励社会参与。积极采取措施，鼓励个人、企业和社会组织积极参与非物质文化遗产生产性保护，多渠道吸纳社会资金投入非物质文化遗产生产性保护；鼓励建立社会中介组织，使其成为非物质文化遗产生产性保护与社会需求、市场需求联系的桥梁与纽带。

（三）发挥专家作用。鼓励专家结合非物质文化遗产生产性保护工作实际开展理论研究和实践研究，充分发挥专家的指导、咨询和参谋作用，为非物质文化遗产生产性保护提供学术支持和实践指导。

（四）加强指导检查。加强对国家级、省级非物质文化遗产生产性保护示范基地的管理，制定相关管理办法；建立非物质文化遗产生产性保护绩效评估机制，对生产性保护实施情况进行指导和检查，及时发现问题，总结经验，改进工作；对非物质文化遗产生产性保护成绩突出的地区或单位予以鼓励。

关于印发《国家非物质文化遗产保护专项资金管理办法》的通知

财教〔2012〕45号

中央有关部门，各省、自治区、直辖市、计划单列市财政厅（局）、文化厅（局），新疆生产建设兵团财务局、文化局：

为了规范和加强国家非物质文化遗产保护专项资金的管理，提高资金使用效益，根据《中华人民共和国预算法》、《中华人民共和国非物质文化遗产

法》和国家有关法律、行政法规的规定，财政部、文化部制定了《国家非物质文化遗产保护专项资金管理办法》，现印发给你们，请遵照执行。

附件：国家非物质文化遗产保护专项资金管理办法

财政部 文化部
2012年5月4日

附件：

国家非物质文化遗产保护专项资金管理办法

第一章　总则

第一条　为了规范和加强国家非物质文化遗产保护专项资金(以下简称专项资金)的管理，提高资金使用效益，根据《中华人民共和国预算法》、《中华人民共和国非物质文化遗产法》和国家有关法律、行政法规的规定，结合我国非物质文化遗产保护工作实际，制定本办法。

第二条　专项资金由中央财政设立，专项用于国家非物质文化遗产管理和保护。专项资金的年度预算根据国家非物质文化遗产保护工作总体规划、年度工作计划及国家财力情况核定。

第三条　专项资金的管理和使用坚持统一管理、分级负责、合理安排、专款专用的原则。专项资金用于补助地方的，适当向民族地区、边远地区、贫困地区倾斜。

第四条　专项资金的管理和使用严格执行国家有关法律法规和财务规章制度，并接受财政、审计和文化等相关部门的监督检查。

第二章　专项资金的分类和开支范围

第五条　专项资金分为中央本级专项资金和中央对地方专项转移支付资金，按照开支范围分为组织管理费和保护补助费。

中央本级专项资金包括文化部本级组织管理费和中央部门所属单位保护补助费，中央对地方专项转移支付资金为中央财政对各省（区、市）保护补助费。

第六条　组织管理费是指组织开展非物质文化遗产保护工作和管理工作所发生的支出，具体包括：规划编制、调查研究、宣传出版、培训、数据库建设、咨询支出等。

第七条　保护补助费是指补助国家级非物质文化遗产代表性项目、国家级代表性传承人、国家级文化生态保护区开展调查、记录、保存、研究、传承、传播等保护性活动发生的支出。具体包括：

（一）国家级非物质文化遗产代表性项目补助费，主要补助国家级非物质文化遗产代表性项目相关的调查研究、抢救性记录和保存、传承活动、理论及技艺研究、出版、展示推广、民俗活动支出等。

（二）国家级代表性传承人补助费，用于补助国家级代表性传承人开展传习活动的支出。

（三）国家级文化生态保护区补助费，主要补助国家级文化生态保护区相关的调查研究、规划编制、传习设施租借或修缮、普及教育、宣传支出等。

第三章　专项资金的申报、审批和拨付

第八条　中央本级专项资金申报审批程序：

文化部本级组织管理费由文化部按照部门预算管理的有关规定报财政部审核，经法定程序批准后纳入文化部部门预算。

中央部门所属单位申请保护补助费，由中央部门按照部门预算管理的有关规定列入本部门预算并按规定时间报财政部，同时还应当于每年6月30日前向文化部报送申请材料。文化部对申请材料进行审核，提出专项资金补助建议方案报财政部，财政部按照部门预算管理的有关规定审核后下达中央部门。

第九条　中央对地方专项转移支付资金申报审批程序：

各省（区、市）申请保护补助费，应当由申报单位提出申请，经地方各级财政和文化主管部门逐级申报。省级财政和文化主管部门进行审核汇总后，于每年10月31日前联合向财政部和文化部提出下一年度资金申请。凡越级上报或单方面上报的均不受理。其中，国家级代表性传承人补助费由省级财政和文化主管部门直接上报财政部和文化部。

文化部对申请材料进行审核后，提出专项资金补助建议方案报财政部，财政部审核后会同文化部下达省级财政和文化主管部门。

第十条　专项资金预算下达后，按照国库集中支付有关规定拨付。

第四章　专项资金的管理、使用和监督

第十一条　保护补助费的申报单位必须具备以下条件：

（一）具有独立法人资格；

（二）具有固定的工作场所；

（三）具有专门从事非物质文化遗产保护的工作

人员；

（四）具有科学的工作计划和合理的资金需求。

第十二条　专项资金预算一经批准，必须严格执行，一般不作调整。如遇特殊情况确需调整的，应当按本办法规定的申报程序报财政部审批。

第十三条　用专项资金购置的固定资产应当按照国家国有资产管理的有关规定，纳入单位的固定资产账户进行核算与管理。

第十四条　纳入政府采购的项目应当按照国家政府采购的有关规定执行。

第十五条　项目结转结余按照财政部有关规定使用。

第十六条　项目实施完毕，省级文化和财政主管部门负责组织对项目进行验收，并将验收结果报文化部和财政部备案。财政部和文化部可视情况组织复查。

第十七条　建立健全专项资金使用的监督检查机制和绩效评价制度。财政部和文化部可根据项目实施情况，组织或委托有关机构进行监督检查和绩效评价。

第十八条　有下列情形之一的，财政部和文化部根据国家法律和行政法规的有关规定给予暂停核批新项目、停止拨款、收回专项资金等处理，并依法追究有关人员的责任：

（一）弄虚作假申报专项资金的；

（二）擅自变更项目实施内容的；

（三）截留、挪用和挤占专项资金的；

（四）因管理不善，给国家财产造成损失和浪费的。

第十九条　接受国家级代表性传承人补助费的个人未按规定开展相应的传习活动，或者将补助资金用于传习活动无关的其他事项的，财政部和文化部可以视其情形，作出核减、停拨补助费或者收回已拨补助费的处理。

第五章　附则

第二十条　本办法自发布之日起施行。财政部、文化部2006年7月13日印发的《国家非物质文化遗产保护专项资金管理暂行办法》（财教[2006]71号）同时废止。

中国文化年鉴

Almanac Of Chinese Culture

对外文化交流

Foreign Cultural Exchange

综　述

2012年在十七届六中全会精神鼓舞下，在十八大召开的氛围中，外联局（港澳台办）按照“十二五”规划部署，乘国内文化大发展大繁荣和全国文化体制改革的东风以及国外了解中国文化的热潮，把握国际文化多元发展大趋势，以科学发展观为指引，以“四大机制”为基轴，解放思想，求真务实，开拓创新，不断促进对外文化工作繁荣发展，创造了新的佳绩。据初步统计，外联局（港澳台办）全年落实中央领导、部领导议定事项70项，回复人大、政协议案提案建议62件，办结率均达100%。与21个国家签订或续签文化交流年度执行计划，与6个国家签订了互设文化中心协定和谅解备忘录；经文化部审批的对外文化交流项目共计1072起，对台文化交流项目2321项，对港澳文化交流项目901项；98个驻外文化机构配合或开展大文化领域活动19314起。

全年工作呈现出以下七大亮点：

一、政府合作机制进一步深化，高层往来促进双多边关系发展

2012年政府层面的对外文化交流合作向全方位、多领域和机制化迈进。配合中央领导和部领导参与各类高访和出访32次，极大提升了文化外交的层级和影响。接待外国政府文化代表团84起，在中俄、中美、中欧、中英、中非论坛、中阿论坛、东盟（10+3）、上合组织等18个区域性多边和双边政府合作机制框架下，参与和深化各类中外人文交流与合作，密切了高层往来，增进了互信。拓展了与联合国教科文组织在非遗领域的国际合作，首次申报最佳非遗实践名录并获成功，向教科文组织提交了《保护和促进文化表现形式多样性公约》履约报告。加大了针对周边和发展中国家的工作，利用好“中日国民交流友好年”和“中韩友好交流年”（分别完成合作项目600余项和100余项），为运筹我周边外交拓展了空间。实施“文化睦邻计划”，全方位推进对朝鲜、东南亚和南亚的文化交流合作，对16个发展中和周边国家实施约400万元的小额“文化援助”，共培训了22个国家的124名政府文化官员和文化艺术人士。

二、深层次思想文化交流规模大、影响广、效果佳

2012年是文化思想对话较为集中的一年，先后举办了中日韩文化部长会议、中国与东盟文化部长对话、上海合作组织成员国文化部长第九次会晤、中非合作论坛——文化部长论坛、第三届中美文化论坛、中欧文化高峰对话等十多起文化论坛和对话会，凝聚了一批参与中外文化交流的学者和政府官员，交流了思想，借鉴了观点，深化了内涵，促进了中外文化的互解与互信：首届“中非文化部长论坛”共有46个文化部长及代表出席，成为中非文化交流史上“规模最大、规格最高、影响最广”的盛会；上海合作组织文化部长论坛十多个成员国部长与会，开启上合组织文化合作的新篇章；第三届中美文化论坛，中美专家与代表深入探讨如何在全球化时代减少中美间的文化误读与偏见；作为中欧文化合作的新起点，中欧文化对话年举办了论坛并发表了《中国——欧盟文化合作联合宣言》；第四届中日韩文化部长会议共同签署《上海行动计划》，启动“东亚文化之都”项目，加深三国人民之间的相互理解和沟通，提高了我国在多边文化舞台上的话语权和影响力。

三、重大活动注重创新实效，质量水平提高

加大活动的形式和内容的创新，通过强化与国外主流机构的合作、加大对驻外文化机构的工作指导，突出了实效，通过派出优秀艺术团体和作品，提升了活动的质量和水平，影响更加深入广泛：加大了对“欢乐春节”的统筹协调，注重派出项目的多样性，加强了交流与贸易项目的融合，联合10多个部委、多个国家级院团、20多个省（区、市）及驻外使领馆、海外文化中心和孔子学院等机构在全球82个国家和地区的144个城市举办了323个交流项目，活动吸引了约3000万海外民众的热情参与，成为当前中外文化交流活动中规模大、覆盖广、影响远的卓越品牌；中欧文化对话年共完成了近300个合作项目，涵盖了文学、艺术、哲学、体育等多领域，覆盖所有27个欧盟成员国和国内包括港澳地区在内的22个省市；澳大利亚“中国文化年”注重创新办节模式，以发挥国外主流机构的作用为突出亮点，广泛吸纳社会项目和当地大企业参与“文化年”，为活动提供资金赞助；“华艺新颜”拉美中国艺术节在拉美3国举办展演活动30余场，夯实了拉美国家对华友好民众基础；俄罗斯中国文化节有史以来第一次实现了在俄10个联邦主体、16个城市的全覆盖，各类演出近50场；土耳其“中国文化年”联合14个部委，共实施项目81起，涉及300多场次活动，覆盖土

40多个城市，取得超常的效果。此外，还积极打造“中国国际青年艺术节”、“东方文化研究计划”等8个民间文化交流品牌项目，调动了民间力量参与交流，为事业注入了新活力。类似这样的重大涉外文化活动，我们去年在世界各地和港澳台地区共举办了45起。

四、文化传播方式与时俱进，影响广泛

积极创新对外宣传方式方法，着力拓展网络、影视、新媒体外宣以及针对来华外国人的外宣工作，大力加强对驻外使领馆和海外中国文化中心外宣工作的服务与保障，积极统筹协调对外文化新闻宣传工作：在四川省文化厅的大力配合下成功组织了《再生——国际摄影师看汶川摄影展》在20多个国家和地区以及网络展出；在精心制作“脉动中国——国庆主题图片展”、“建交图片展”、文化纪念品和外宣品，同时启动在首都国际机场“文化国门”项目和首届“外国驻华外交官看中国”摄影比赛；积极与海外传媒公司合作，利用其海外播出渠道推动国内影视片在美国、德国、非洲以及港澳地区落地播出；顺应数字时代文化传播特点，开发“触摸中国文化”电子书架项目，通过苹果公司应用商店平台向全球发布；大力加强对外文化工作网络平台建设，推动中文版“文化传通网”和英文版“中国文化网”建设再上新台阶。在去年12月由中国信息化研究所与促进网和工信部电子科技情报所等单位联合举办的评估会上，“文通网”被评为“2012年度快速发展型政府网站”，“中国文化网”被评为“中国最具影响力外文版政府网站”。

五、服务国内文化建设，提升“走出去”能力

为适应国内文化繁荣发展，主动创新思维，使对外文化与国内文化建设需求更加贴近。一是对地方举办的各类国际性艺术节加大统筹，鼓励创新办节思路，鼓励社会力量参与，加大惠民力度。顺利完成了对“相约北京”、上海国际艺术节、中国武汉国际杂技节、中俄文化大集等18个大型国际性艺术节的部署和指导，服务国内民众700多万人次，促进了城市文化发展，实现了经济效益和社会效益的有机结合，实现了将国际文化艺术节办成“艺术的盛会，人民的节日”理念。二是大力推介国内优秀院团和作品登上世界一流舞台和艺术节，提升院团走出去的信心和能力。先后推出中芭、国话、儿艺、国家京剧院等全国几十个优秀艺术院团参加爱丁堡、阿维尼翁、莎士比亚等国际知名艺术节和重大文化活动，派出中直和地方文化艺术精品项目数百个之多，繁荣了国内文化艺术创作，提升了院团走出去能力。三是广泛牵线搭桥，深化国内几十家博物馆、图书馆、歌舞团等专业文化机构与国外同行建立长期合作机制，实现业务、人才和项目直接交流。推动墨尔本艺术节和奥克兰艺术节出资并组派创作团队为乐山歌舞团和国家话剧院打造全新的外向型文化产品。举办“亚洲图书馆的资源共享与合作发展”论坛，提升了国内图书界国际地位和影响力，宣传了公共文化建设成就。邀请欧美和中东欧15个国家有影响力的艺术节总监来华考察交流，推动国内艺术机构、团体、组织和个人与国外建立“点对面”的直接合作；组织文化管理人员赴美参加文化贸易和产业交流，推动澳大利亚阿德莱德艺术节邀请国内艺术人员实习；成功推动梦工厂、迪斯尼和动视暴雪等美国公司在上海设立合资公司或工作室，联合制作文化产品；引荐西安宝鼎影视文化有限公司与罗马尼亚电影公司合作，实现中罗首部合拍电影《秋语》；在南非非洲电视节上，中国电视媒体和动漫企业在中国展台与非洲国家电视台达成了上千万美元的合同意向，加快了中国文化企业与国际接轨的步伐。

六、注重顶层设计和机制建设，文化中心发展步伐加快

2012年是文化中心发展历程中重要的一年，首先加强了顶层设计，完成了《海外中国文化中心发展规划（2012—2020年）》方案，国务院已于12月12日正式批复，为中心常态化建设打下了坚实基础。2012年有3家海外中国文化中心投入运营。其中，泰国曼谷中国文化中心由温家宝总理和泰国英拉总理共同揭牌，俄罗斯莫斯科中国文化中心由刘延东国务委员与俄副总理共同揭牌。马德里中心虽然没有举行正式的揭牌仪式，但已进入试运营阶段。墨西哥中心经过场馆改造后也即将启动。部省与中心对口合作计划有效实施，11个省（区、市）与海外中心实现对接，去年以800多万元资金的投入，带动地方投入项目资金达2000万元左右。初步统计，9个海外中心共举办800多起文化活动，服务海外民众近20万人次，为中央各部门及全国各地方推动文化“走出去”搭建了长久的平台。

七、队伍建设常抓不懈，内部工作明显改进

在干部队伍建设方面，主要做了五方面的工作：一是加强党风廉政建设和反腐败工作，严格按国家

现有规章制度进行人、财、物的管理和审批，注重查找并掌控廉政风险点，加强对外重大项目招投标及大型活动的制度化建设和监督工作；二是加强干部核心价值观和忠诚教育，组织全局干部参观国家安全部的“国家安全展”，选派三批干部参加外交部“三防”培训班，通过参观、培训、表彰等方式，提高干部政治觉悟、工作责任和保密意识；三是通过组织考察红色革命老区（河南、山西、河北）、为贫困地区捐款等活动，提高干部党性修养，传承优良革命传统；四是利用各种机会，鼓励安排现职干部赴境外和国内培训学习。去年文化部外联局在外学习人员4人，在国内读在职研究生、博士生20人，基层挂职锻炼4人；五是以人为本，通过局长接待日、民主生活会等方式，及时了解党员干部思想状况，协助解决实际困难，解决驻外干部后顾之忧。

专　题

双边文化交流

一、中国政府文化代表团出访

（一）美大地区

6月11日至17日，赵少华副部长率中国政府文化代表团一行6人访问澳大利亚，出席“中国文化年”闭幕式活动。

（二）西欧地区

1月28日至2月5日，应德国外交部长韦斯特维勒和欧盟委员会教育、文化、多语言和青年委员瓦西利乌的邀请，蔡武部长率中国政府文化代表团一行6人赴德国、比利时访问，出席德国“中国文化年”开幕式和“中欧文化对话年”开幕式。

4月21日至30日，应瑞士“山水”艺术基金会邀请，中国文联党组副书记覃志刚、中国文联副主席刘大为、中国美协驻会副主席吴长江、中国美协外联部副主任刘中一行4人前往瑞士、法国进行采风创作活动。

5月14日至18日，西欧处处长陈平应邀赴德累斯顿国家艺术收藏馆参加《重新生长——许江艺术作品展》开幕系列活动，并与德累斯顿欧洲艺术中心商谈双方合作事宜。

7月12日至15日，应德国石荷州音乐节组委会邀请，李洪峰率中国政府文化代表团一行5人出席石荷州音乐节中国主宾国开幕式。

8月24日至30日，应驻意大利使馆和威尼斯双年展基金会邀请，西欧处温大严、陈文锋、中国对外文化集团张宇等赴意大利出席威尼斯双年展“中国馆”开幕活动，并对双年展中国国家馆选址事宜进行实地调研。

（三）欧亚地区

2012年欧亚地区中国政府文化代表团出访共计2起，包括文化部党组成员、中央纪委驻部纪检组组长李洪峰率领中国政府文化代表团访问德国、波兰、匈牙利，赵少华副部长率中国政府文化代表团出访俄罗斯和哈萨克斯坦，出席中俄人文合作分委会第十二次会议、中哈文化和人文合作分委会第八次会议，并陪同刘延东国务委员和王岐山副总理分别出席中俄人文合作委员会第十三次会议和中哈合作委员会第六次会议。

（四）亚洲地区

1月21日至24日，应泰国旅游体育部的邀请，文化部副部长兼国家文物局局长励小捷率中国政府文化代表团对泰国进行友好访问，出席由中泰两国文化部、泰国旅游体育部、曼谷市政府和中国驻泰国大使馆联合主办的“2012·欢乐春节”文化活动开幕式及相关活动，并与泰多位政要、文化界友好人士就加强中泰文化交流进行了深入交流。

2012年是中韩建交20周年和两国政府商定的“中韩友好交流年”。4月3日，由中韩两国文化部共同主办的中韩友好交流年开幕式活动在首尔隆重举行。文化部副部长王文章率中国政府文化代表团访问韩国，与中韩两国政府、艺术界、友好团体代表200余人出席了开幕式演出前的招待会，并与中韩各界人士近千人观看了由中韩两国艺术家联袂打造的开幕式演出。

4月9日至11日，文化部部长蔡武作为中国政府特使赴日本出席“中日国民交流友好年”中方开幕式系列活动。访日期间，蔡武特使与日本政治、经济、文化界代表共同出席了中方开幕式并观看演出经典舞剧《丝路花雨》；还与官民各界代表单独会面，并赴松山芭蕾舞团看望了该团总代表和团长。蔡武与日方就中日关系、两国文化交流和庆祝中日邦交正常化40周年等事宜深入坦诚地交换了意见。

5月24日至26日，应新加坡新闻、通讯及艺术部

邀请，文化部部长蔡武率中国政府文化代表团访问新加坡，与东盟、日本、韩国的文化部长或其代表，以及东盟秘书处主管社会文化共同体的副秘书长共同出席了在当地举行的首届中国——东盟（10+1）文化部长会议及第五届东盟——中日韩（10+3）文化部长会议。与会期间，蔡武出席了新加坡总理李显龙会见与会部长活动，并与印尼、新加坡等东盟主要成员国文化部长以及东盟秘书处副秘书长等与会代表举行多场双边会谈。

为纪念中日邦交正常化40周年和“中日国民友好交流年”，配合在泰举办的第五届“中泰一家亲”音乐歌舞晚会系列活动，进一步加强中日、中泰文化交流，8月11至20日，文化部副部长杨志今率中国政府文化代表团访问日本、泰国。其间，杨部长在东京出席了“万里江山——中国美术馆藏20世纪山水画精品展”开幕庆典，在曼谷出席了第五届“中泰一家亲”音乐歌舞晚会系列活动开幕式，并与泰国诗琳通公主和英拉总理共同观看了由朱拉蓬公主亲自登台表演的首场演出。

（五）亚非地区

2月6日至16日，文化部外联局局长助理肖夏勇率局级工作组访问沙特、阿曼、阿联酋三国，考察沙特“杰纳地利亚民族遗产文化节”举办情况，出席在阿曼的“欢乐春节”演出并与阿联酋“欢乐春节”合作伙伴进行工作会谈。

3月25日至4月5日，文化部王文章副部长率中国政府文化代表团一行6人应邀赴巴林、摩洛哥和韩国进行访问，商签《中巴文化协定2012年至2016年执行计划》，出席在巴举办的第二届中阿合作论坛“中国艺术节”开幕式；出席在韩国举办的纪念中韩建交20周年暨“中韩友好交流年”开幕式活动。

10月19日至30日，中国作协名誉副主席丹增一行6人赴阿尔及利亚、突尼斯和摩洛哥三国进行访问。

12月3日至7日，中国文联书记处书记杨承志率中国文联代表团一行6人赴土耳其出席2012中国文化年闭幕式活动。

12月24日至29日，廖奔率中国作家代表团访问以色列。

12月，文化部副部长、国家文物局局长励小捷率中国文化代表团访摩洛哥，就中摩合建茶博物馆项目的具体步骤与摩方进一步达成共识。

（六）非洲地区

无

二、文艺团组出访

（一）美大地区

1月2日至2月5日，成都市文化代表团一行200人赴悉尼参加中国春节庆祝活动。

1月7日至2月4日，文化部组派山西歌舞艺术团一行26人，赴智利和墨西哥进行“欢乐春节”演出，并参加智利“圣地亚哥一千”国际艺术节和中墨建交40周年庆祝活动。

1月14日至15日、18日至20日，应美国亨廷顿图书馆、亚太博物馆邀请，江苏省手工艺人团和木偶团赴洛杉矶访演。

1月16日至2月3日，文化部组派重庆歌舞艺术团一行23人，赴古巴、特多、牙买加和委内瑞拉参加“欢乐春节”庆祝活动演出。

1月18日至23日，应美国盖里事务所邀请，中国美术馆范迪安等2人赴美国访问商谈美术馆新馆事宜。

1月18日至29日，广东省海外交流协会组织广东艺术团一行21人，赴巴拿马参加当地华人社团新春联欢活动。

1月19日至30日，广东清远龙宝醒狮团赴巴拿马参加慰问华侨演出。

中国指挥家余隆、钢琴家郎朗、竹笛演奏家唐俊乔和内蒙古五彩呼伦贝尔儿童合唱团与美国纽约爱乐乐团合作，于1月24日在纽约林肯中心举办了中国新年音乐会。

1月26日至2月17日，国务院侨办组派综合艺术团一行38人，赴巴拿马、哥斯达黎加、巴西举办“文化中国·四海同春”春节文化访演活动。

1月28日至2月18日，国务院侨办“文化中国·四海同春”艺术团一行42人赴美国、加拿大举办慰侨演出。

1月29日至31日，“文化中国·四海同春”艺术团赴洛杉矶访问演出。

1月29日至11月30日，应美国环球心马戏团邀请，郑州星光演出有限公司一行9人赴美巡演。

1月31日至2月5日，中国文联副主席覃志刚（副部级）一行4人赴美国出席在纽约联合国总部举办的《中国著名表演艺术家书画联展》活动。

帝国大厦春节橱窗展于1月在美国纽约帝国大厦举办。

舞剧《牡丹亭》于1月在美国纽约林肯中心演出。

1月至2月，应美国大学表演经理人组织邀请，

上海金星舞蹈团一行20人赴美参加该组织演出季巡演。

2月1日至6日，应美国华人音乐家协会邀请，中央民族乐团席强赴美担任“2012年华音杯中国音乐国际比赛”评委。

2月1日至13日，上海三林龙狮队、浙江台州市海东方乱弹剧团和北京龙神道乐团赴新西兰参加第13届奥克兰“元宵灯节”和第8届基督城“元宵灯节”演出，并赴首都惠灵顿和汉密尔顿等城市参加当地“欢乐春节”活动。

2月3日至15日，广东河源市龙川杂技团赴巴拿马参加慰问华侨演出。

2月5日至12日，人大附中艺术团一行45人赴澳大利亚参加堪培拉“多元文化节”以及悉尼、墨尔本等地中国春节庆祝活动。

2月8日至14日，应美国旧金山中华总商会邀请，河北省沧州狮舞和井陉拉花艺人团一行34人赴美国旧金山访演。

2月，应美国大学表演经理人组织邀请，上海民族乐团一行24人赴美参加该组织演出季巡演。

2月至3月，应美国中西部艺术联盟邀请，“塔里木”音乐歌舞小组一行19人参加“世界艺术节”并巡演。

2月15日至3月2日，应阿根廷外交部、阿中商会和厄瓜多尔“花果节”组委会的邀请，文化部组派浙江婺剧团一行21人赴阿根廷和厄瓜多尔访演，分别参加中阿建交40周年庆祝活动暨“欢乐春节”活动和厄瓜多尔“花果节”巡演。

3月17日至26日，应美国ICN电视联播网邀请，山西省吕梁中阳剪纸代表团刘广龙一行10人赴美国纽约举办“吕梁中阳剪纸艺术展”，并在休斯敦、旧金山春节庆祝活动中现场表演。

3月10日至19日，中国艺术研究院李长林副院长等一行7人赴美国、加拿大，考察两国工艺美术馆、非物质文化和民俗博物馆建设及馆藏展示经验。

3月11日至19日，中央芭蕾舞团一行160人赴墨尔本演出原创芭蕾舞剧《牡丹亭》。

3月19日至24日，应墨西哥合众国国家人类学与历史局邀请，故宫博物院李文儒副院长等4人赴墨西哥参加“古代玉器珍品展”开幕式及相关文化活动。

3月20日至12月30日，应加拿大“太阳马戏团”邀请，内蒙古自治区杂技团“高车踢碗”节目组一行6人在美国演出。

4月15日至28日，应美国纽约大学邀请，中国儿童艺术剧院《十二生肖》剧组一行25人赴该大学斯格堡演出艺术中心演出。

4月16日至21日，应美国布赖恩特大学邀请，故宫博物院古建修缮中心郭建桥等一行4人赴美国商谈在该校仿建故宫漱芳斋项目的设计方案事宜。

4月17日至26日，应美国大都会艺术博物馆及日本中国文化交流协会邀请，国家博物馆馆长吕章申等一行5人访问美国、日本。

4月22日至27日，应美国斯坦福大学东亚图书馆邀请，国家图书馆高红等3人赴美国调研美国相关机构的民国文献存藏情况。

4月23日至9月30日，应委内瑞拉演艺中心集团的邀请，昆明杂技团一行30人赴委内瑞拉、巴拿马、洪都拉斯、危地马拉、秘鲁、厄瓜多尔和哥伦比亚进行巡回商业演出。

4月28至5月3日，应专利信息用户组协会的邀请，上海图书馆曹可2人赴美国丹佛参加2012年专利信息用户组协会年会。

4月29日至5月4日，应美国博物馆协会邀请，恭王府管理中心王永章一行3人赴美国参加该协会年会。

5月2日至27日，深圳艺术学校民乐小组一行14人，赴苏里南、特立尼达和多巴哥、圭亚那和巴巴多斯进行交流访问，参加“特多钢鼓艺术节”和“中圭建交40周年”、“中巴建交35周年”庆祝活动。

5月8日至14日，国家图书馆副馆长张志清等一行4人赴美，与芝加哥大学东亚语言文明系、哈佛大学燕京图书馆等合作举办的“中国古籍与文献：写作、流传与保护”会议。

5月13日至18日，应美国竞争情报专业人员协会的邀请，上海图书馆吴磊、沙青青2人赴美国费城参加2012年竞争情报专业人员国际年会。

5月18日至12月15日，天创国际演艺制作交流有限公司《功夫传奇》节目组一行62人赴美在其自营的白宫剧院进行驻场演出。

5月20日至11月1日，应美国恒创娱乐有限公司邀请，重庆市杂技艺术团《花木兰》节目组一行34人赴美国参加该公司举办的演出活动。

5月20日至6月1日，应阿根廷伊瓜苏国际音乐节组委会邀请，上海戏剧学院青少年艺术团一行22人赴阿根廷参加第三届伊瓜苏国际音乐节。

5月22日至31日，应美国洪门致公总堂及多米尼

加鲜花基金会邀请，致公党中央常务副主席王钦敏一行17人赴美国、多米尼加访问演出。

5月28日至6月6日，应多伦多大学郑裕彤东亚博物馆及普林斯顿大学图书馆邀请，国家图书馆出版社总编辑徐蜀访问加拿大、美国。

5月28日至12月31日，新疆杂技团软钢丝小组2人随太阳马戏团“OVO”剧组赴澳大利亚演出。

5月31日至6月7日重庆市文化代表团一行18人赴斐济和萨摩亚访演。

5月，应亚洲协会邀请，上海昆剧团一行22人赴美国纽约参加“亚协中国年”活动。

5月，川剧《凤仪亭》剧组郭文景一行4人赴美参加了斯伯雷多艺术节演出。

6月2日至18日，中国侨联“亲情中华”艺术团一行18人赴巴西、巴拿马和苏里南进行慰问演出。

6月6日至26日，内蒙古自治区图书馆馆长李晓秋等一行11人赴美国进行“图书馆服务专题交流”活动。

6月8日至22日，应美国芝加哥人体韵律组织、丹佛孔子课堂和美国国际文化交流基金会邀请，广西南宁艺术剧院一行73人赴美国芝加哥、丹佛和洛杉矶演出舞剧《逐梦天涯》。

6月11日至21日，山西华晋舞剧团一行100人赴澳大利亚演出舞剧《粉墨春秋》。其中6月14日在悉尼歌剧院的演出被确定为澳大利亚“中国文化年”闭幕演出。

6月15日至22日，中国对外文化集团公司在四川举办《中国与墨西哥艺术家联展》，展出墨西哥艺术家马努埃尔·菲尔盖雷思和四川艺术家牟晚秋的作品共计64件。

6月20日至27日，文化部组派中国东方演艺集团有限公司、中央民族乐团、中国杂技团有限公司、天津市青年京剧团和北京体育大学等单位演职人员一行21人，赴阿根廷举办庆祝中阿建交40周年活动。

6月21日至26日，应美国图书馆协会的邀请，上海图书馆陈翔2人赴美国加利福尼亚州阿纳海姆市参加美国图书馆协会2012年会。

7月14日至19日，应美国专业图书馆协会的邀请，上海图书馆施俊一行2人赴美国芝加哥市参加美国专业图书馆协会2012年会。

7月15日至8月3日，应美国国际氦氮氧和技术潜水员协会邀请，国家博物馆张威等19人赴美国进行学术交流活动，参加洞穴潜水员培训及发展课程。

7月26日至8月12日，应美国国际歌剧院邀请，中国人民解放军总政治部歌舞团男高音歌唱家张英席赴美国参加歌剧演出。

7月25日至8月5日，深圳艺术团一行24人赴库克群岛和新西兰进行交流演出。

中国东方演艺集团有限公司常静于7月26日至8月8日陪同泰国朱拉蓬公主出访美国（纽约和华盛顿），指导公主练习古筝。

7月，川剧《凤仪亭》剧组郭文景一行4人和陶身体剧场一行8人应林肯中心邀请，赴美参加“林肯中心艺术节”演出。

8月1日至2014年7月31日，应加拿大“太阳马戏团”邀请，山东省杂技团一行27人参加该团“龙狮”晚会在美国、加拿大的巡演。

8月3日至13日，总政歌舞团和二炮文工团2人赴美国参加在耶鲁大学艺术学院和哈佛大学艺术学院举办的文化艺术交流和演出活动。

8月8日至12日，杭盖乐队一行15人赴多伦多参加“港前艺术节”演出。

2012年8月13日至2013年7月31日，应美国大苹果马戏团邀请，辽宁省大连杂技团“车技”节目组一行9人赴美国参加该马戏团2012年至2013年巡回演出。

8月13日至9月4日，应加拿大国家博览会邀请，深圳市雅特文化发展有限公司杂技团一行16人赴加拿大博览会演出。

8月22日至26日，深圳市宝安区福永杂技艺术团一行11人赴古巴参加第十一届古巴国际夏季杂技节比赛。

8月26日至9月13日，中国艺术研究院吴为山等2人赴美，参加9月3日至7日在美国纽约联合国总部举办的《文心铸魂——吴为山雕塑艺术国际巡展·联合国特展》。

8月28日至9月8日，应日本角川集团、墨西哥作家协会和秘鲁文化部的邀请，中国文学艺术界联合会副主席赵实等一行6人赴日本、墨西哥和秘鲁访问。

9月8日至17日，应阿根廷作家协会和古巴文联邀请，中国作家协会党组副主席张健率中国作家代表团一行6人访问阿根廷和古巴。

9月4日至15日，应美国圣地亚哥当代艺术博览会邀请，中国文化传媒集团有限公司刘承萱等23人赴美访问，在该博览会上举办“视觉中国美洲

行——中国艺术特展”。

9月5日至12月15日，武汉杂技团一行45人赴美国、加拿大进行商业演出。

9月8日至2013年1月16日，故宫博物院研究馆员严勇作为香港北山堂基金会“利荣森纪念交流计划”2012/2013年资助学者赴美国进行研习。

9月13日至24日，应美国北美亚洲表演艺术协会邀请，中国文联一行48人赴美国纽约、波士顿等地举办“今日中国”艺术周活动。

9月19日至25日，上海京剧院一行11人赴密克罗尼西亚演出。

9月中旬至12月中旬，应美国哥伦比亚艺术家管理公司邀请，《武林时空》节目组一行26人赴美国、加拿大演出。

9月28日至10月11日，应美国布莱恩特大学邀请，国家博物馆杨林赴美国访问，参加该大学庆典活动并发表演讲。

10月2日至23日，北京当代芭蕾舞团一行25人赴墨西哥、厄瓜多尔和哥伦比亚等3国参加文化部举办的“华艺新颜”大型文化展示活动。

10月8日至31日，文化部组派上海京剧院《王子复仇记》剧组一行40人赴哥伦比亚、厄瓜多尔和墨西哥进行巡回演出，参加“华艺新颜”文化展示活动。

10月8日至12月7日，故宫博物院文保科技部馆员李媛赴美国亚利桑那大学进行学术交流。

10月9日至15日，四川乐山歌舞团一行30人参加墨尔本艺术节，演出由中澳联合制作的现代舞《断层线》。

10月9日至28日，文化部组派上海民族乐团一行25人赴哥伦比亚、厄瓜多尔和墨西哥进行巡回演出，参加“华艺新颜”文化展示活动。

10月10日至11月5日，应加中文化发展协会和美国梦幻娱乐制作有限公司邀请，中国残疾人艺术团一行46人赴加拿大、美国访演。

10月10日至21日，文化部外联局李鸿副局长率代表团一行3人，访问哥伦比亚、厄瓜多尔、墨西哥3国，参加“华艺新颜”大型文化展示活动。

10月10日至19日，应中国驻美国大使馆和加拿大太阳马戏团邀请，中国对外文化集团公司田燕1人赴美国、加拿大考察文化产业发展情况。

10月10日至19日，中国对外文化集团公司张宇1人随中央文资办文化考察团赴加拿大、美国考察文化产业发展情况。

10月16日至11月6日，文化部组派江苏省演艺集团木偶剧团一行12人，赴哥伦比亚和厄瓜多尔进行巡演，参加由文化部举办的“华艺新颜”文化展示活动，并赴牙买加参加中牙建交40周年庆祝活动。

10月至12月，清华大学美术学院“中国当代纤维艺术展”赴哥伦比亚展出，清华大学谢维和副校长率随展团11人于10月7日至22日赴哥伦比亚出席展览开幕式。

11月4日至8日，国家大剧院管弦乐团一行110人赴悉尼演出。

11月9日至12月8日，文化部与美国亚洲协会合作，在该会纽约总部举办了“银幕上的中国女性”电影展。

11月12日至17日，应美国弗吉尼亚美术馆邀请，故宫博物院副院长陈丽华等一行5人赴美国访问，与美方就馆藏文物、宣传教育、展览陈列等方面进行交流。

11月15日至20日，应美国佛州中部大学邀请，文化部民族民间文艺发展中心李松等5人赴美国访问，商谈在该校建立“中美民族文化交流合作中心”事宜，并进行学术交流。

12月4日至9日，应世界数字图书馆的邀请，国家图书馆副馆长魏大威等一行3人赴美国参加世界数字图书馆项目合作伙伴会议。

12月10日至2013年1月7日，恭王府管理中心在智利玛塔之家文化中心举办《贵胄风华——恭王府1776—2012》旅游文化推介展，恭王府管理中心孙旭光等4人出席展览开幕式。

12月12日至2013年1月3日，应美国国际文化交流集团邀请，河北省京剧院一行28人赴美国旧金山演出。

（二）西欧地区

1月25日至2月14日，国侨办组派艺术团一行37人，赴英国、爱尔兰、奥地利、意大利举办“文化中国·四海同春”春节文化访演活动。

1月26日至2月11日，应那不勒斯华侨华人贸易总会、巴里华侨华人商会、布雷西亚华侨华人商会、普拉托华人华侨联谊会、佛罗伦萨华人华侨联合总会、中国驻巴林使馆邀请，中国侨联组派“亲情中华”艺术团一行21人，赴那不勒斯、巴里、布雷西亚、普拉托、佛罗伦萨、巴林进行慰问演出。

1月27日至31日，中国爱乐乐团110人赴德国，参加德国“中国文化年”开幕演出，余隆担任指挥，演出歌剧《唐豪瑟序曲》，声乐套曲《最后四首歌》，交响京剧《贵妃醉酒》。

2月1日至2日，江苏昆剧院小组11人访问柏林，在柏林音乐厅演出两场折子戏，该活动为德国“中国文化年”开幕系列活动之一。

2月9日至13日，中国国际文化艺术公司组派哈雅乐队一行10人在柏林演出，该活动为德国“中国文化年”开幕系列活动之一。

2月1日至15日，红樱束打击乐团在菲尔特、汉诺威、奥利希、柏林等十二个德国城市举办巡演。

2月至5月，中国传媒大学在法兰克福应用美术馆举办《中国东西》展览。

2月3日至12日，应德国德累斯顿国家艺术收藏馆、意大利佛罗伦萨伽利略博物馆邀请，国家博物馆副馆长陈履生一行2人赴德国商讨“启蒙之对话”系列论坛相关事宜，并前往意大利出席由美国史密森学会与意大利佛罗伦萨伽利略博物馆共同策划的“平衡与交错”展前期筹备会议。

3月8日至14日，为推动中国珠宝设计文化“走出去”，深圳市大凡珠宝公司在有“奢侈品中的奥斯卡”、“国际腕表珠宝界风向标”之称的瑞士巴塞尔钟表珠宝展组织“龙年生肖跨界首饰设计作品”主题活动。

3月10日至14日，杭州市人民政府赴意大利威尼斯、罗马、米兰等地举办杭州城市旅游及文化交流活动（包括：杭州旅游推荐展、4+4风物纪意中艺术作品展、市民使者民间艺术表演展示等），市场司副巡视员孙秋霞等2人参加活动开幕式并督导相关活动。

4月23日至27日，中国对外文化集团组派艺术团一行50人参加德国汉诺威工业博览会开幕式及“中国之夜”活动。

5月19日至25日，重庆市川剧院一行59人，赴德国，参加德国威斯巴登市举办的第116届五月戏剧节，演出两场川剧《灰阑记》。

5月24日至30日，深圳市文体旅游局组派深圳歌舞团一行42人，期间访问德国，在法兰克福、纽伦堡演出4场《凤舞东方》节目。

5月至8月，中国美术馆在德累斯顿国家艺术收藏馆举办“重新成长：葵园大地上的远望”许江大型学术展览。

6月至11月，中国雕塑学会在北德艺术中心举办无形之形——中国当代艺术展。

尤伦斯艺术中心于2012年6月参加柏林国际设计节，举办《中国新设计》展览，展出100件（套）展品。

6月19日至25日，迷笛演出公司组派中国流行乐队参加德国科隆举办的流行音乐节和瓦肯重金属音乐节。

6月19日至26日，应意大利都灵美术馆邀请，中国美术馆范迪安、张晴、柳淳风等一行3人赴意大利都灵，参加在该馆举办的方力均个展开幕式及研讨会。

7月，中国担任德国规模最大的世界音乐节——德国尔施塔特世界音乐节中国主宾国，文化部组派艺术团组一行70人参加该音乐节，包括龚琳娜和大白嗓合唱团、摇滚乐队“二手玫瑰”，广东粤乐小组“五架头”，陕西榆林民间唢呐组合“一家人”，新疆麦盖提木卡姆音乐小组，江苏昆剧团“藏奔”剧组，贵州黔东南歌舞队，吉他手小河。

7月9日至15日，北京京剧院梅兰芳剧团在柏林喜歌剧院举办京剧节。

中国担任德国规模最大的古典音乐节——石荷州音乐节主宾国，上海交响乐团一行120人于7月14日参加石荷州音乐节中国主宾国开幕演出，上海民族乐团一行30人于8月15日至20日参加该音乐节，东方之声艺术团一行40人于8月1日至6日参加该音乐节，中央戏曲学院一行17人于7月17日至23日参加石荷州音乐节演出《还魂三叠》，8月6日至12日国家京剧院一行68人赴德国汉堡塔利亚剧院参加该音乐节演出京剧《野猪林》，中央音乐学院北京现代室内乐团于8月10日至17日参加该音乐节。

7月15日至8月6日，应艾米利亚音乐节组委会、高尔基文化协会、贝里尼歌剧节组委会、法国第纳尔市政府邀请，深圳交响乐团一行86人访问意大利和法国，参加相关音乐节活动。

7月19日至20日，国家大剧院音乐厅管弦乐团120人赴德国演出，参加石荷州音乐节，巴特基新根音乐节等。

8月1日至12日，应罗马第一大学东方研究院等机构邀请，清史办赵海明等4人赴意大利、德国、法国访问，搜集国外清代档案文献与清史研究等相关资料，检查并洽谈项目合作事宜。

8月23日至9月2日，北京大学生合唱团参加巴伐利亚弗朗克合唱团成立150周年庆典活动。

8月29日至11月25日，中国对外文化集团中国对外艺术展览有限公司承办第十三届威尼斯建筑双年

展中国国家馆项目，并在意大利威尼斯军械库及处女花园举办题为《原初》的中国国家馆展览，展出5位艺术家的装置、影像及综合媒体等作品共计5件（套），中国对外文化集团公司阎东等4人出访参与威尼斯建筑双年展中国馆展览筹备工作并出席开幕式等相关活动。

9月，中国对外展览中心在德国曼海姆博物馆举办《建筑中国100展》，展出中国当代建筑模型。

9月，中国美术馆在德国卡塞尔市举办《公共艺术展》，这是近年来我在德国举办的规模最大的公共艺术展。

9月21日至10月5日，国侨办组派综合艺术团一行25人赴德国、瑞士举办“文化中国·七彩云南”中秋文化访演活动。

9月22日至28日，国家交响乐团120人赴德国柏林、科隆、慕尼黑，奥地利萨尔茨堡举办演出。

9月24日至10月7日，应罗马交响乐团邀请，中央歌剧院组派俞峰等一行199人访问意大利，举办9月30日与10月1日在罗马举办的歌剧《图兰朵》演出活动。

10月3日至12月31日，文化部恭王府管理中心与丹麦菲特烈堡国家历史博物馆合作在位于丹麦首都哥本哈根以北35公里的腓特烈堡国家历史博物馆举办《北京的恭王府：丹麦腓特烈堡之行》展览，展出了恭王府收藏的文物、现代艺术品、复制品、服饰等百余件展品，以及专门为展览设计制作的布景装置。丹麦女王玛格丽特二世和丈夫亨里克亲王、丹麦文化大臣埃尔贝克、中国驻丹麦大使李瑞宇等200余名嘉宾出席了仪式。这是恭王府在国际上第一次以馆藏精品为主角、以历史文化为脉络、根据展厅量身定制、倾力打造的全景再现式展览，是恭王府业务开放以来的重要成果。

10月7日至15日，中央芭蕾舞团赴瑞士日内瓦大剧院上演《天鹅湖》。

10月，故宫在科隆东亚艺术博物馆举办《金昭玉粹——清代宫廷生活艺术展》。

10月，北京雷动天下现代舞团一行20人赴德国举办巡演。

10月，陶身体剧组、不乱扭舞蹈团赴德国参加hellerau欧洲艺术中心“内观中国”活动。

11月27日至12月16日，应驻意大利使馆邀请，中国艺术研究院承办，《文心铸魂——吴为山雕塑艺术国际巡展·意大利罗马威尼斯宫展》在意大利罗马威尼斯宫举办，该展将展出吴为山雕塑作品23组（共30件），中国美术馆馆长范迪安应邀出席开幕式及相关研讨会。

12月，中外文化交流协会在柏林中国文化中心举办《圆明重光——圆明园特展》。

（三）欧亚地区

1月26日至2月4日，文化部组派孔宏伟爵士乐团一行10人赴罗马尼亚、保加利亚、乌克兰执行“欢乐春节”演出任务，获圆满成功。

1月27日至2月1日，文化部组派安徽省花鼓灯艺术团一行28人赴匈牙利、塞尔维亚执行“欢乐春节”演出任务，获得圆满成功。

1月28日至2月7日，文化部组派北京乐和天地艺术团一行25人赴波兰执行“欢乐春节”任务，获得圆满成功。

1月26日至2月10日，文化部组派广西柳州艺术剧院艺术团一行31人赴塔吉克斯坦、吉尔吉斯斯坦、乌兹别克斯坦和土库曼斯坦四国执行庆祝建交20周年暨“欢乐春节”演出任务，获得圆满成功。

1月28日至2月8日，文化部组派湖南综合艺术团一行35人赴俄罗斯、哈萨克斯坦两国执行“欢乐春节”演出任务，获得圆满成功。

2月23日至3月9日，文化部组派南京民族乐团一行28人赴波黑、摩尔多瓦和阿尔巴尼亚演出，参加“萨拉热窝之冬”艺术节、“迎春花”艺术节并执行庆祝中摩建交20周年等演出任务。

4月13日至15日，文化部组派人艺戏剧评论家2人参加土库曼斯坦举办的“戏剧艺术与复兴时代”国际戏剧节。

5月13日至21日，孔宏伟爵士乐团一行10人赴克罗地亚参加中克建交20周年庆祝活动。

8月9日至9月9日，由中国美术馆与匈牙利国家美术馆共同主办的“开放与共融”——中国当代艺术展在布达佩斯的匈牙利国家美术馆举办。展览展示了中国艺术家对中国社会变革的真切记录，对人与自然相亲相融的诗意表现，对艺术观念和语言的多元探索。

根据中波两国文化部签署的2012—2015年文化合作议定书，文化部组派中央音乐学院“北京现代室内乐团”一行27人及“雷动天下”现代舞团一行21人分别于2012年8月13至18日和2012年9月12至15日副波兰参加“中国文化季”活动。

10月6日至13日，为庆祝中土建交20周年，文化

部组派北京市黄城根小学儿童艺术团一行15人赴土库曼斯坦阿瓦扎市参加第四届“阿瓦扎——友谊之滨”国际儿童音乐节。

10月19日至26日，受文化部组派，由珠海汉胜艺术团30人和河北省杂技团5人组成中国艺术团赴乌兹别克斯坦参加“中国文化日”演出活动。

10月26日至11月7日，受文化部组派，由珠海汉胜艺术团30人和河北省杂技团5人组成中国艺术团赴亚美尼亚参加“中国文化日”演出活动。

10月，厦门爱乐乐团一行102人、长兴百叶龙艺术团一行66人，黑龙江文化艺术代表团一行56人、广西地方戏剧艺术团一行20人、中国紫金城室内乐团一行12人、新疆歌舞艺术团一行46人、广东湛江龙狮团一行16人、广东省木偶艺术剧院一行14人赴俄罗斯莫斯科和圣彼得堡参加“中国文化节”，成功举办了民族交响音乐会等各类活动，受到俄观众的热烈欢迎。

10月26日至11月7日，文化部组派中国对外艺术展览有限公司和西安大唐西市文化产业投资有限公司，2012年12月14日至26日参加分别在亚美尼亚和格鲁吉亚举办的“中国文化日”活动框架内的“彩绘丝路——中国当代著名美术家作品展”活动。

10月27日至11月3日，文化部组派中国戏剧和舞蹈领域的著名艺术家及相关机构负责人一行20人赴俄罗斯参加“中俄舞台艺术对话”活动。

11月5日至7日，文化部组派广西民族博物馆一行10人赴土库曼斯坦参加在土国家博物馆举办的中国民间艺术展。

12月10日至21日，文化部组派甘肃省歌剧院一行40人赴阿塞拜疆、格鲁吉亚参加“中国文化日”演出。作为“中国文化日”的重要内容，“彩绘丝路——中国当代著名美术家作品展”分别于阿塞拜疆国家艺术博物馆和格鲁吉亚国家博物馆展出。

（四）亚洲地区

为庆祝中韩建交20周年和“中韩友好交流年”，4月，文化部组派由浙江小百花越剧团、上海评弹团组成的中国艺术团70人赴韩国参加“中韩友好交流年”开幕式演出。文化部副部长王文章应邀率政府文化代表团访韩，与中韩两国政府、艺术界、友好团体代表近千人出席并观看了由中韩两国艺术家联袂打造的开幕式演出越剧《春香传》。

4月11日至19日，为纪念金日成诞辰100周年，朝鲜政府在平壤举办第28届朝鲜“四月之春”友谊艺术节。文化部组派由总政歌舞团和中国杂技团组成的中国艺术团197人赴朝参加艺术节，共获得12项金奖和5项银奖。

4月，为纪念中日邦交正常化40周年、庆祝“中日国民交流友好年”，文化部组派甘肃省歌舞剧院80人赴日本参加“中日国民交流友好年”中方开幕式，演出经典舞剧《丝路花雨》。

4月11日至24日，为纪念金日成诞辰100周年，根据中朝文化交流执行计划，文化部组派《中国广西美术展》赴朝鲜展览。

4月5日至11日，应越南“顺化艺术节”组委会邀请，文化部组派天津市少年宫艺术团30人赴越南演出。

6月7日至18日，为庆祝中斯建交55周年，进一步加强我与孟加拉国文化交流，文化部组派中国残疾人艺术团39人赴孟加拉国和斯里兰卡访问演出。

8月22日至25日，作为“中韩友好交流年”重要项目，文化部组派中国交响乐团120人赴韩国举办中韩建交20周年音乐会演出。

8月15日至8月26日，文化部组派中国艺术团51人赴泰国参加第5届“中泰一家亲”音乐歌舞晚会演出。

8月28日至31日，中蒙两国政府商定于2012年互办“文化月”。作为“中国文化月”重要项目，文化部组派河北省艺术团一行35人，赴蒙古举办“中国文化月”开幕式演出。

9月24日至28日，作为“中韩友好交流年”重要项目，文化部组派中国国家京剧院53人赴韩国演出京剧《锁麟囊》。

11月1日至12月31日，作为“中韩友好交流年”重要项目，文化部组派中国国家话剧院20人赴韩国首尔演出话剧《罗密欧与朱丽叶》。

12月下旬，作为“中韩友好交流年”和“中日国民交流友好年”交流项目之一，文化部组派广西“漓江画派”知名画家一行15人赴日本、韩国开展采风写生活动。

（五）亚非地区

1月13日至14日，中国龙年“欢乐春节”文化庙会在埃及尼罗河畔的萨维文化中心成功举办。

1月28日至2月9日，中央歌剧院古典室内乐团访问阿联酋、卡塔尔、阿曼，举办“欢乐春节——中外名曲音乐会”，在阿曼参加马斯喀特艺术节。

5月23日至30日，金旦民乐团一行14人赴摩洛哥

参加艺术节演出。

5月29日至6月6日，为庆祝中国以色列建交20周年，文化部组派保利演艺经纪有限公司功夫诗《九卷》艺术团一行35人赴以访演，参加以色列艺术节。

7月2日至10日，中国残疾人艺术团一行37人赴以色列和巴勒斯坦访问演出。

7月7日至7月24日，河北省杂技团一行30人赴约旦，阿尔及利亚，突尼斯3国访问演出，参加约旦杰拉什艺术节、阿尔及利亚独立日庆典活动和突尼斯迦太基艺术节。

7月29日至8月8日，湖南省歌舞剧院民乐团（13人）和中国穆斯林书法艺术团（3人）共16人，参加在开罗举办的第5届国际心灵音乐与歌唱艺术节。

7月29日至8月8日，文化部委托中国对外文化集团赴埃及举办“书苑奇葩——中国穆斯林书法展”。

8月25日至9月1日，中华文化促进会剪纸艺术专业委员会应突尼斯青年体育文化中心的邀请，赴突举办《走进突尼斯——中国现代剪纸精品展》。

12月6日至12日，中央歌剧院一行30人赴阿尔及利亚参加第4届国际交响乐艺术节演出。

（六）非洲地区

2012年，文化部共安排天津、宁夏、重庆、福建、上海、北京、河南、中国残疾人、中关村小学等11个艺术团（组）共346人赴非27个国家访演，分别参加“欢乐春节”、相关国家独立庆典、建交周年纪念和重大艺术节等活动，演出总计67场，有力地配合了国家整体外交大局，为推动中华文化走进非洲作出了积极贡献，获得了出访国民众以及中国驻外使馆、中资机构、华人华侨等多方面的高度评价。

1月8日至22日，作为“欢乐春节”活动组成部分，“魅力天津”艺术团一行29人（武术、杂技、民乐等）赴马拉维、坦桑尼亚、卢旺达访演，配合中国与卢旺达建交40周年、中国与马拉维建交5周年等庆祝活动，为3国近万人奉献9场演出。

1月17日至27日，作为“欢乐春节”活动组成部分，“锦绣宁夏”艺术团一行29人（舞蹈、民乐等）赴塞舌尔和毛里求斯访演，在上述2国举办4场演出。

1月24日至2月 8 日，作为“欢乐春节”活动组成部分，“魅力北京”艺术团一行60人赴赞比亚、莱索托访演，在上述3国举办9场正式演出。

1月26日至2月5日，作为“欢乐春节”活动组成部分，“巴渝风情”重庆艺术团一行26人赴贝宁和刚果（布）访演，在上述2国举办4场正式演出。

1月24日至2月15日，作为“欢乐春节”活动组成部分，中国残疾人艺术团一行45人赴埃塞俄比亚、津巴布韦、安哥拉、莫桑比克和赞比亚进行访问演出，取得圆满成功。

6月29日至7月14日，河南艺术团一行30人（武术、民乐）赴布隆迪、乌干达、厄立特里亚和阿联酋4国访演，配合胡锦涛特使蔡武部长出访布隆迪，参加中乌建交50周年等庆祝活动。

7月1日至14日，福建艺术团一行29人（歌舞、魔术）赴南非和博茨瓦纳访演，参加南非国家艺术节，并参加慰问约翰内斯堡、德班和博茨瓦纳侨界等活动。

9月4日至13日，中关村一小学生艺术团并天津杂技团一行36人赴毛里求斯和津巴布韦访演，取得良好效果，为在青少年学生中传承中非友谊作出了贡献。

9月4日至11日，“闽韵流芳——福建木偶艺术团”一行11人赴南非参加约翰内斯堡2012活力艺术节活动，共演出9场，受到当地群众热烈欢迎。

9月11日至29日，上海艺术团一行27人（歌舞、民乐）赴多哥、塞内加尔和佛得角访演，参加中国与多哥建交40周年等活动。

11月18日至30日，天津艺术团一行24人（歌舞、杂技、武术）赴尼日利亚和贝宁访演，参加尼日利亚阿布贾嘉年华及中贝复交40周年庆祝活动。

三、外国政府文化代表团来访

（一）美大地区

8月20日至24日，厄瓜多尔文化部长埃里卡·西尔瓦·查尔韦特率厄政府文化代表团一行5人访问北京。

10月17日至20日，新西兰文化遗产部首席执行官路易斯·霍登访华，并于10月18日拜会赵少华副部长。

12月8日至15日，澳大利亚艺术部长西蒙·克林一行4人访华并于12月14日拜会蔡武部长，共同签署《中华人民共和国政府和澳大利亚政府文化合作协定2013—2015年度执行计划》。

（二）西欧地区

经国务院批准，应我部蔡武部长邀请，丹麦文化大臣乌菲·埃尔贝克于2012年1月3日至5日访华。1月4日，文化部赵少华副部长在钓鱼台国宾馆会见并宴请了来访的丹麦文化大臣一行。埃尔贝克就中丹互设文化中心、互办文化年与我部交换了意见。在京期间，埃尔贝克还访问了北京当代芭蕾舞团、国家大剧院、北京大学、清华大学，参观了798艺术区等。

3月18日至25日，奥地利萨尔茨堡州州长布格施塔勒女士及代表团一行访华，拜会蔡武部长。

奥地利萨尔茨堡艺术节主席赫尔嘉·拉伯尔——施塔德勒女士一行于10月18日至24日访问上海、北京，出席与上海歌剧院联合制作的《艺术家生涯》演出。

3月23日至26日，德国外交部国务部长皮珀女士一行来华访问，出席中国国家博物馆与德国三大博物馆合办的《启蒙的艺术》展览闭幕式。

意大利文化遗产与活动部部长lorenzo ornaghi于7月4日至9日率政府代表团来华访问，其间拜会蔡武部长及励小捷副部长、参加在国博举办的《佛罗伦萨与文艺复兴》展开幕式及国博百年庆典活动，同时访问上海考察世博会意大利馆并与沪有关机构进行商谈。意文化部开发司司长Mario Resca陪同部长来华访问期间（7月4日至11日），专程赴西安考察汉阳陵、秦始皇兵马俑等文物古迹以及中意合作相关项目。

11月29日至12月2日，应我部邀请，欧盟委员会教育、文化、多语言和青年委员瓦西利乌访华。刘延东国务委员会见了瓦西利乌一行。蔡武部长与其共同出席了中欧文化对话年闭幕式。

（三）欧亚地区

6月4日至7日，上海合作组织成员国文化部长第九次会晤在北京成功举办。上合组织成员国哈萨克斯坦、中国、吉尔吉斯斯坦、俄罗斯、塔吉克斯坦、乌兹别克斯坦，观察员国印度、伊朗、蒙古、巴基斯坦，对话伙伴国白俄罗斯、斯里兰卡，主席国客人阿富汗等13个国家的代表团来华参加会晤。

7月24日，乌兹别克斯坦文化和体育部副部长巴霍德尔·阿赫梅多夫率政府文化代表团来华参加中国和乌兹别克斯坦人文合作分委会第一次会议。期间，会见了赵少华副部长，与我签署了《中乌人文合作分委会第一次会议纪要》。

7月26日，土库曼斯坦文化部副部长阿塔格利德·沙穆拉多夫率政府文化代表团来华参加中国和土库曼斯坦人文合作分委会第二次会议。期间会见了文化部副部长赵少华，与我签署了《中土人文合作分委会第二次会议纪要》。

8月3日至7日，应中国政府邀请，土库曼斯坦新任主管文化的副总理努尔穆拉多娃率团来华进行工作访问，学习我举办活动的成功经验。全国政协副主席罗富和、蔡武部长分别会见了努尔穆拉多娃一行。代表团访问了上海、杭州、北京三地，与有关省市领导举行了会见，参观了公共文化设施、影视产业基地等地，观看了大型实景演出，听取了有关文化机构和企业的介绍。

9月17日至22日，应文化部邀请，格鲁吉亚文化和古迹保护部部长尼科罗兹·鲁鲁阿率格政府文化代表团一行3人对北京、上海进行了友好访问。期间，蔡武部长会见代表团，并签署《中华人民共和国文化部和格鲁吉亚文化和古迹保护部2012-2015年文化合作议定书》。

11月25日至29日，白俄罗斯共和国文化部第一副部长弗拉基米尔·米哈伊洛维奇·卡拉切夫斯基率政府文化代表团访华。赵少华副部长会见代表团一行，双方共同签署了《中华人民共和国文化部和白俄罗斯共和国文化部2012—2016年合作议定书》。代表团访华期间还出席了“白俄罗斯文化日”专场演出。

（四）亚洲地区

4月11日至13日，应文化部邀请，蒙古国教育文化科学部部长奥特根巴雅尔率蒙古国政府文化代表团一行6人访华，并于4月12日与文化部部长蔡武在国家博物馆共同出席“蒙古国文化月”开幕式。

5月12日至26日，应文化部邀请，泰国朱拉蓬公主一行24人来华访问，为8月在泰国举行的第五届“中泰一家亲”歌舞晚会进行古筝练习和排演筹备。

9月12日至15日，应文化部邀请，泰国前总理班汉率泰国苏攀府旅游委员会代表团一行14人访华，为2013年在泰国举办的“欢乐春节”活动挑选演出节目。

10月10日至14日，应文化部邀请，泰国国家旅游局局长素拉蓬率泰国国家旅游局代表团一行9人访华，为2013年中泰两国政府在泰举办的“欢乐春节”活动挑选演出节目。

11月16日至21日，应文化部邀请，缅甸文化部长吴埃敏玖率代表团一行10人来华访问。在京期间，代表团就中方支持缅甸承办2013年第27届东南亚运动会开闭幕式事与中方协商，并就进一步加强双边文化交流和合作与中方交换意见，代表团之后赴天津、深圳进行友好访问。

12月11日至12日，应文化部邀请，韩国文化体育观光部长官崔光植率韩国政府文化代表团一行8人

来华出席“中韩友好交流年”闭幕式演出及相关活动。

（五）亚非地区

2月13日至18日，伊朗文化与伊斯兰联络组织副主席伊曼尼普尔先生率伊朗政府文化代表团一行6人访华，参加中国伊朗文化联合委员会第一次会议。

5月26日至31日，科威特文化艺术与文学委员会文化官员团一行4人来华考察，访问北京、上海等2个城市。

6月18日至19日，突尼斯文化部长马布鲁克一行3人，毛里塔尼亚文化、青年与体育部部长布瓦德女士一行2人，阿尔及利亚文化部长图米一行4人，埃及文化部国秘纳赛尔一行2人，摩洛哥文化大臣斯比希一行2人，南苏丹文化、青年与体育部部长奥夫豪一行2人，苏丹文化部长古莱氏一行2人来华参加“中非合作论坛文化部长论坛”活动。

7月12日至16日，土耳其文化旅游部副次长巴沙尔女士一行4人访问北京和上海，商谈在华举办2013土耳其文化年。

9月10日至14日，阿尔及利亚文化部秘书长（常务副部长）吉哈杜·达利莱一行3人、埃及文化部主管对外文化联络事务的副部长卡米里亚女士，访问宁夏，参加在银川举办的中阿文化产业发展合作论坛，发表主题演讲，并出席中阿经贸论坛大会开幕式和中阿文化艺术节文艺晚会。

10月14日至22日，黎巴嫩艺术节负责人代表团一行5人来华考察，访问北京和上海，并参加第十四届上海国际艺术节。

（六）非洲地区

2012年，除接待“中非合作论坛——文化部长论坛”45国代表团外，文化部另接待了4起部级非洲政府文化代表团访华，代表团分别参访了北京、天津、河南等省市，并接待来华考察文化产业的司局级非洲高级官员，有效地加强了中非文化高层战略对话，推动了中非文化关系的稳定发展。

2月9日，蔡武部长在北京会见了来访的贝宁文化和旅游部长让·米歇尔·阿宾博拉一行，双方重点就进一步加强两国文化领域的交流与合作充分交换了意见。

3月21日至28日，埃塞俄比亚文化产业代表团一行6人访问了北京和河南，参观两地文化设施并考察了有关文化产业。文化部产业司副司长吴江波会见了代表团并介绍了中国文化产业发展情况，赵海生局长助理会见并宴请了代表团。

3月，商务部举办了莫桑比克民生和社会发展部级研讨班，10位莫正部级官员参加。3月9日，文化部组织莫官员参观了中国杂技团有限公司，考察中国文化产业情况，对中国文化企业的管理、运营等有了比较深入的了解。

7月15日至24日，津巴布韦教育、体育与文化副部长拉扎鲁斯·迪克拉率津政府文化代表团一行7人来华，访问了北京、天津、河南等地。赵少华副部长在京会见代表团一行，并一同观看了津巴布韦合唱团在国家大剧院的专场演出。

8月27日，蔡武部长在北京会见了来华参加“中非媒体合作论坛”的坦桑尼亚新闻、青年、文化和体育部长费内拉·穆坎加拉女士一行，双方就中非、中坦文化关系发展情况，以及进一步加强两国文化交流合作等事宜深入交换了意见。

四、外国交流性文艺团组来访

（一）美大地区

1月12日，国家大剧院资料中心举办巴西古典之夜——杜瓦·塞悌钢琴独奏音乐会。

2月13日至20日，应文化部外联局邀请，美国亚洲协会演出部主任瑞秋·库珀访华。

2月19日至29日，应文化部民族民间文艺发展中心邀请，美国佛罗里达州中部大学一行6人访华。

2月28日，应中国国际广播电台邀请，美国“芝加哥和朋友”三重奏乐团一行5人在该电台举办演出交流活动。

3月3日，应美国驻成都总领馆邀请，美国歌唱家卡拉·德丽科芙演出在重庆图书馆演出。

3月22日至4月18日，文化部与墨西哥驻华使馆为庆祝中墨建交40周年，在中央美术学院美术馆共同主办《马努埃尔·菲尔盖雷思绘画雕塑作品展》，展出作品共计34件。

4月22日至5月15日，古巴国家芭蕾舞团一行66人来华演出。该团于4月22日至5月2日参加第十二届“相约北京”联欢活动，之后顺访上海、广州。

5月1日至9日，应国侨办邀请，美国游子吟合唱团一行52人分别在北京国家大剧院、天津大剧院和上海东方艺术中心举办交流演出《大风歌》。

5月3日，国家大剧院举办“智利文化之旅”活动。活动由音乐展演、图片展、酒会、音乐会4部分组成。

5月6日至16日，美国伊利诺伊大学图书馆中国

馆研究员蒋树勇等一行3人来华参加在苏州和长春举办的“中美图书馆专业交流项目·中文信息共享平台试点子项目”活动。

5月7日至22日，国家大剧院与中国人民对外友好协会、美国驻华使馆合作，举办《即兴的魅力：美国爵士音乐大师的环球音乐之旅》展览，共计展出84幅作品。

5月23日至27日，美籍华人田浩江参加在国家大剧院举办的第十二届“相约北京”联欢活动。

6月11日至14日，应上海大剧院演艺中心邀请，美国巴德大学音乐学院管弦乐团一行110人访问上海，于6月13日在上海大剧院举办交流演出《犹太上海避难所》。

7月4日至10日，委内瑞拉四重奏音乐组合一行4人来京访演。

7月9日至11日，应国家图书馆邀请，美国国会图书馆政策与标准部主任芭芭拉·B·蒂利特来华，参加资源描述与检索高级研讨会。

8月8日至27日，应中外文化交流中心邀请，美国摄影师一行4人来华访问，在贵州省贵阳市爱心家园儿童特殊教育康复中心为《世界的孩子》影集拍摄图片和视频资料。

8月20日至26日，厄瓜多尔民间音乐舞蹈团一行20人来北京、天津两地参加由文化部与厄瓜多尔驻华使馆共同主办的“厄瓜多尔文化周”活动。

8月20日至26日，文化部与厄瓜多尔驻华使馆在首都图书馆艺术展厅共同主办《厄瓜多尔摄影作品展》。

9月4日至10日，应文化部邀请，美国国家人文基金会一行10人来华参加第三届中美文化论坛。

9月6日至12日，应文化部外联局邀请，美国史密森学会代表团一行3人访华，考察在山东枣庄举办的“第二届非物质文化遗产博览会”。

9月7日至13日，文化部与秘鲁驻华使馆在北京中华世纪坛世界艺术馆共同举办秘鲁《爱德松近期作品展》和《映像·秘鲁——宫本才摄影展》，之后该展于9月24日至10月14日赴广州大剧院当代艺术厅展出。

10月，悉尼交响乐团一行137人来华演出。

10月11日，秘鲁安第斯民间音乐舞蹈团来华访演。

10月17日至24日，哥伦比亚亚洲伊比利亚美洲基金会代表团一行2人访问上海、北京。

10月20日至12月30日，中华社会文化发展基金会和加拿大罗伯特·麦考罗琳画廊在中华世纪坛联合举办“中加国际书画艺术展”。

10月30日，国家大剧院艺术资料中心举办智利长笛演奏家薇薇安·古兹曼与钢琴家马哈尼·特阿薇“长笛与钢琴：智利二重奏风情音乐沙龙”。

11月6日至10日，应中国上海国际艺术节中心邀请，巴西帝诺四重奏乐队一行4人来华参加第十四届中国上海国际艺术节。

11月13日至18日，应中国上海国际艺术节中心邀请，墨西哥州民俗舞蹈团一行21人赴上海参加第十四届中国上海国际艺术节。

11月16日至30日，文化部与委内瑞拉驻华使馆在中国美术馆共同举办“委内瑞拉当代绘画展”。

（二）西欧地区

中国对外艺术展览有限公司与意大利文化艺术中心合作，分别于2012年3月15日至30日、4月15日至30日，在北京奥林匹克公园中央数字电视书画频道艺术展览馆和山东东方现代艺术馆举办《意大利艺术风景线》展览，展品共计352件（套）。

中国对外文化集团公司和英国大使馆文化教育处合作，于2012年4月24日至5月3日在深圳市关山月美术馆、5月10日至25日在北京红色之星画廊、6月20日至7月20日在青岛市美术馆、7月26日至8月31日在上海新天地时尚·购物中心，举办《英国2012年伦敦奥运海报展》，展品共计12件（套）。

上海周小燕歌剧中心邀请意大利钢琴演奏家马可·博艾米（Marco Boemi）、女高音歌唱家米凯拉·斯布拉蒂（Michela Sburlati）、指挥艾玛努埃尔·里皮（Emanuele Lippi）等3人于2012年8月13日至26日赴上海，参加第九届2012年上海国际歌剧大师班的各项活动，并于8月25日在贺绿汀音乐厅举办交流演出。

瑞士蒙塔纳军乐团一行45人，于2012年8月25日至28日赴鄂尔多斯市参加第二届鄂尔多斯国际那达慕大会文艺演出。

9月2日至12日，中国艺术节基金会与美国ZZYX娱乐有限责任公司合作，邀请意大利盲人男高音歌唱家安德烈·波切利期间在北京市劳动人民文化宫（太庙）举办交流演唱会。

9月5日至14日，中国对外艺术展览有限公司与意大利文化艺术中心合作，分别在山东工艺美术学院美术馆，9月28日至10月4日在北京市通州区宋庄

东区艺术中心，举办《阿玛尼在中国——服装设计展》，展品共计100件。

9月28日至10月2日，法国艾维吉尔舞团来华交流演出来华演出三场《暮之花》。

为庆祝中德建交40周年，中德联合乐团于2012年10月11日在国家大剧院举办庆祝中德建交40周年音乐会。10月13日在常州大剧院、10月15日在上海音乐厅举办两场“中德建交40周年——2012朗盛青年欧洲·古典中国音乐会”。

德国L'arte del Mondo乐团一行28人于2012年10月3日至15日来京，与国家京剧院一起合作演出京剧·歌剧·昆曲《界碑亭》。

12月6日至9日，巴黎北方剧团一行14人来华交流演出《情人的衣服》。

（三）欧亚地区

5月22日，克罗地亚文化部副部长波利斯莱夫·谢普什率克罗地亚重奏乐团访华并在国家大剧院演出，赵少华副部长会见克罗地亚文化部副部长兼院团指挥波利斯莱夫·谢普什并出席观看该团演出。

8月23日至9月7日，应文化部邀请，塞尔维亚芭蕾舞团一行26人来华演出。访演期间，该团先后赴大庆举办专场演出、赴上海参加2012“中国国际青年艺术周”、赴乌鲁木齐参加中国——亚欧博览会“中外文化展示周”活动。

9月18日至25日，“格鲁吉亚文化日”框架内的格鲁吉亚雕塑绘画作品展在北京金台艺术馆举办。

9月28日至10月21日，根据《中华人民共和国文化部和黑山文化部2012—2016年文化合作执行计划》，“黑山绘画艺术展”分别在北京、上海两地举办。

11月26日，白俄罗斯格罗德诺州“白露”歌舞团一行35人来华参加“白俄罗斯文化日”演出。

（四）亚洲地区

4月13日至19日，文化部在北京孔庙和国子监博物馆举办了纪念金日成主席诞辰100周年朝鲜民主主义人民共和国美术展，文化部外联局副局长张爱平和朝鲜驻华使馆临时代办朴明浩出席开幕式并讲话。

作为“蒙古国文化月”重要项目，今日蒙古国艺术展于4月27日至5月5日在北京皇城艺术馆举办，展出现代绘画、摄影作品及雕塑共93件（套）。文化部外联局副局长李鸿与蒙古国教育、文化、科学部国务秘书达莱扎日格勒共同出席展览开幕式并致辞。

中蒙两国政府商定于2012年互办“文化月”。作为“蒙古国文化月”重要项目，4月12日，蒙古国国立马头琴乐团和国家歌舞团45人来华访演。文化部部长蔡武在国家博物馆与蒙古国教育文化科学部长奥特根巴雅尔共同出席了开幕式，并观看了蒙古国艺术团的演出“蓝天的旋律”。

作为“中韩友好交流年”重要项目，7月24日至29日，韩国国立舞蹈团52人来华访演，演出舞剧《春香传》。

10月30日至11月15日，孟加拉国青年艺术家来华采风绘画创作及专题展览活动在昆明、北京两地举办，共展出6位艺术家经过采风创作的画作约40幅。

作为“中韩友好交流年”重要项目，12月8日至12月13日，韩国艺术团一行70人来华访问，参加在北京举行的“中韩友好交流年”闭幕式演出。

（五）亚非地区

7月14日至21日，埃及艺术学院所属高等音乐学院青年合唱团一行25人，参加在北京举办的第十一届中国国际合唱节。

8月10日至17日，阿尔及利亚国家芭蕾舞团一行30人，参加8月12日在北京举办的第五届中国国际青年艺术周开幕式演出，8月14日至15日在内蒙古鄂尔多斯举办的第二届国际那达慕大会演出。

9月10日至13日，巴勒斯坦国家歌舞团一行20人，来华参加“2012宁洽会暨第三届中阿经贸论坛”大型文艺晚会演出。

（六）非洲地区

2012年，文化部邀请坦桑尼亚、津巴布韦、厄立特里亚、尼日利亚和塞内加尔等5个艺术团及画家小组共90余人来华访演，进一步加强了中非文化交流、增进了中非相互了解和友谊。

5月19日至27日，坦桑尼亚国民服务队艺术团来华访演一行23人，参加“2012非洲文化聚焦”活动开幕式演出、贝宁驻华使馆主办的庆祝“非洲日”演出并赴天津演出。此外，艺术团还参加了“相约北京”活动，在清华大学和北京化工大学各举行一场专场演出。

7月14日至21日，津巴布韦音乐学院合唱团一行24人访华，在国家大剧院举办“2012非洲文化聚焦”专场演出，并参加了第十一届中国国际合唱节和内蒙古那达慕大会。赵少华副部长出席观看了在国家大剧院的演出。

9月18日，文化部邀请2名坦桑尼亚画家在天津

美术馆举办“多彩坦桑——挺嘎挺嘎画展”，该展共展出坦桑尼亚久负盛名的挺嘎挺嘎画派的珍贵画作117幅。展览期间还举办了非洲画家与观众见面会、非洲画家与天津青年画家交流会等活动。

9月14日至25日，厄立特里亚国家艺术团一行16人访华。该团先赴天津技术职业师范学院举办“2012非洲文化聚焦——非洲文化进校园”活动，近距离接触中国青年学生，随后赴河南演出交流，在河南艺术中心文化广场为近千名观众献上中非艺术家联合演出。

10月14日至23日，塞内加尔林盖尔国家舞蹈团一行25人赴深圳和上海访演。在深圳少年宫剧场举行了专场演出，与深圳五洲艺术团举行交流演出。在上海大宁剧院参加第十四届中国上海国际艺术节演出，在上海青浦区工业园区参加上海国际艺术节的节中节——农民工艺术节的开幕演出。

11月2至7日，文化部与莫桑比克驻华使馆在北京凯宾斯基饭店展厅联合举办中莫美术作品联展，展出4名莫桑比克画家的60幅作品和曾赴非进行客座创作的6名中国画家的15幅作品。蔡武部长为展览题写了贺词，莫驻华大使、专程来华的莫文化部代表、各国驻华使馆外交官和新闻媒体记者约150人出席了开幕式。中莫画家在开幕式上共同创作了一幅画作并将其捐献给中国残疾人艺术团。

12月11日和12日，作为“2012非洲文化聚焦”闭幕系列活动的“尼日利亚周”在北京凯宾斯基酒店举行。该活动由尼文化、旅游和国家指导部、尼驻华使馆和尼日利亚文化中心共同主办，文化部协办，包括尼日利亚艺术团演出、尼画家作品展览等。文化部副部长董伟和尼日利亚文化部长杜克出席了相关活动。

五、对外培训和文化援助

（一）美大地区

文化部与美国倪德伦环球娱乐公司合作，组织全国15个省市政府部门、艺术院团、演艺集团和剧院的25名管理人员于1月7日至16日赴美举办了第二届“文化贸易经验交流项目”。

应美国弗利尔与赛克勒美术馆邀请，故宫展览部馆员孙淼于2月27日至6月27日作为“利荣森纪念交流计划”2012年受资助访问学者，赴美在该馆参加研习活动。

（二）西欧地区

无

（三）欧亚地区

无

（四）亚洲地区

9月，由文化部和广西壮族自治区政府联合主办、中国国家图书馆协办的2012中国——东盟文化论坛暨第7期（10+3）文化人力资源开发合作研讨班在广西、浙江两地举办。此次研讨班以“亚洲图书馆的资源共享与合作发展”为主题，来自中国、东盟十国、东盟秘书处和韩国的文化官员、图书馆馆长、专家们通过论坛发言、分组讨论和实地考察等多种形式进行了深入交流与探讨，并通过了一份旨在提高亚洲图书馆在国际图书馆领域发展话语权和集体影响力的《东亚图书馆南宁倡议》，该倡议的通过将为加强本地区图书馆合作与共同进步产生积极的推动作用。

（五）亚非地区

无

（六）非洲地区

1月12日至2月21日，广东省佛山市陶艺专家小组潘景新、潘振辉和邓晓丹一行3人赴莱索托开展制陶讲座和培训，受到莱文化部及社会各界的普遍欢迎和好评。

6月至8月，第五届“中非文化人士互访·客座画家来华创作”项目在南京举办，文化部邀请莫桑比克、尼日利亚、乌干达和纳米比亚4国共4位画家赴南京画院进行客座创作和交流。客座活动包括日常创作、同行交流、作品展览和外出采风等内容。项目结束前，南京画院为非洲画家专门举办了“走进南京——非洲画家笔下的中国”作品汇报展。

12月，文化部组派南京书画院、深圳画院6名画家，分赴贝宁、津巴布韦和南非3国进行客座创作、交流和学习。

2012年，文化部分别向坦桑尼亚、厄立特里亚、津巴布韦、南非和利比里亚等非洲5国提供了价值30万元人民币的小额文化援助用于资助各国的文化事业发展。

多边文化交流

一、国际会议、国际组织相关工作

（一）《保护非物质文化遗产公约》相关工作

1. 积极参与国际会议，准确把握国际规则

中国是《保护非物质文化遗产公约》（下称《非遗公约》）缔约国和保护非物质文化遗产政府间委员会委员国。文化部组派团组参加了于6月4日至8日在巴黎教科文组织总部召开的《非遗公约》缔约国大会第四届会议。会上，代表团积极参与《非遗公约》操作指南的修改讨论，我国推荐的中国民俗学会和世界中医药联合会获得大会认证，具备了向委员会提供咨询服务的资质，并有机会参与委员会咨询机构的工作。文化部还组团参加了10月22日至23日在教科文组织总部召开的保护非物质文化遗产政府间委员会工作组会议，以及12月3日至7日召开的保护非物质文化遗产政府间委员会第七届常会。在第七届常会上，中国申报的“福建木偶戏后继人才培养计划”成功入选联合国教科文组织优秀实践名册。截至2012年底，中国共有29个项目列入人类非物质文化遗产代表作名录，7个项目列入急需保护的非物质文化遗产名录，1个项目入选优秀实践名册。2012年，文化部向教科文组织非物质文化遗产国际基金捐款7万美元。

2. 推进中国亚太中心工作

联合国教科文组织支持的亚太地区非物质文化遗产国际培训中心（下称“亚太中心”）是教科文组织批准设立的二类中心，是我国在非遗领域开展区域与国际合作新的平台和阵地。亚太中心于2012年2月22日在京隆重举行成立大会，文化部副部长赵少华、副部长王文章、教科文组织文化助理总干事班德林、教科文组织亚太地区相关办事处代表等300余位国内外嘉宾出席了亚太中心成立大会和相关活动。亚太中心管理委员会第一次会议同期举行，亚太中心管理委员会主席、文化部副部长王文章主持了管委会第一次会议，文化部外联局副局长张爱平、中国教科文组织全国委员会秘书长杜越以及国内外非遗领域专家等任管理委员会委员。会议主要审议通过了中心中期发展规划、2012年工作计划和预算、中心标识及其使用管理规定等相关内容。

2012年，在文化部指导下，亚太中心积极主办、参与国内、国际活动，为树立我亚太中心在该领域内的核心地位营造积极有利的外部环境。包括：亚太中心咨委会第一次会议（8月）、中国—东盟非物质文化遗产保护研讨会（8月）、亚太中心与国内四省就非遗保护及与东盟国家开展合作工作座谈会（8月）、出席韩国亚太中心管委会会议（10月）、承办教科文组织能力建设培训班总结会（11月）、太平洋岛国履约培训班（12月），等等。

3. 积极开展国际合作，推动中蒙联合保护非遗合作机制工作

为推动中、日、韩三国亚太中心之间的交流与合作，文化部组派代表团于10月3日至6日赴韩国首尔出席了韩国亚太中心管理委员会第二次会议。代表团还出席了韩国亚太中心举办的主题为“非遗的创造性价值与可持续发展”的国际会议。此访增进了我对韩亚太中心的运作情况的了解，为我指导中国亚太中心工作提供了有益的经验。

根据《中华人民共和国文化部和蒙古国教育文化科学部关于联合保护非物质文化遗产合作协议》，文化部积极推进中蒙联合保护非物质文化遗产合作机制工作。10月，蒙方确定了新一届中蒙联合保护非物质文化遗产合作机制蒙方领导小组和工作小组成员名单。中蒙双方将于2013年上半年召开中蒙联合保护非遗合作机制第三次工作小组会议。

4. 重视公约宣传工作，出版图书提供服务

中国作为《非遗公约》首批缔约国，为推动《非遗公约》发展作出了积极贡献。为与国际接轨，提高中国非遗领域从业人员和公众对《非遗公约》的理解和认识，切实提升我国整体履约能力，以文化部外联局名义出版了《联合国教科文组织〈保护非物质文化遗产公约〉基础文件汇编》，作为该领域的重要参考工具书。

（二）《保护和促进文化表现形式多样性公约》相关工作

1. 履行责任，撰写并提交履约报告

提交履约报告是中国作为《保护和促进文化表现形式多样性公约》（下称《多样性公约》）缔约方的责任和义务，也是国家层面履约的重要工作之一。文化部于2011年8月开始启动《多样性公约》履约报告的撰写工作，并牵头成立了跨部门的履约报告撰写工作组，负责履约报告撰写工作。经过一年多的努力，中国政府《多样性公约》履约报告于2012年底完成。该报告中文总字数约5万字，包括中央政府《履约报告》和香港、澳门特别行政区政府独立撰写的《履约报告》，以及补充数据和信息。报告总体上反映了我国批约以来在保护和促进文化表现形式多样性方面所作出的努力和取得的成就，表述了相关政策措施以及实施《多样性公约》过程中面临的挑战。

2. 参加“亚太地区文化多样性部长级论坛”，促进区域合作

"亚太地区文化多样性部长级论坛"于5月9日至11日在孟加拉国首都达卡举行。文化部外联局侯湘华局长率团与会。论坛就《多样性公约》的执行情况、文化政策及发展战略、资金使用等问题进行深入交流，并围绕亚太地区国家间文化合作的发展前景、面临的挑战和机遇进行探讨并达成共识。最后大会一致通过《文化表现形式多样性达卡部长级宣言》。我代表团与各方代表充分交流，积极发言，全面介绍中国批约以来所开展的工作及所取得的成就，得到与会各方的积极评价。

3.积极配合《多样性公约》框架下的各项活动

文化部派员出席了于9月25日至28日在泰国曼谷举办的联合国教科文组织东南亚地区文化统计研讨班。研讨班围绕2009年联合国教科文组织文化统计框架（简称FCS）内容展开，具体包括：文化统计面临的挑战、FCS的概念和定义、《多样性公约》与文化统计等内容。我与会人员在会上就中国文化政策及文化统计做了专题报告；在会议期间积极准备小组讨论，与各国与会人员充分交流，取得积极效果。

文化部还组派包括文化多样性跨部门协调机制成员单位在内的代表团出席于12月10日至14日在法国巴黎教科文组织总部召开的保护和促进文化表现形式多样性政府间委员会第六届常会。此次会议议程主要包括：审议《多样性公约》缔约方提交的首批履约报告摘要；讨论文化多样性国际基金使用操作指南修改草案；制定《多样性公约》标识及其使用的操作指南草案；评估《多样性公约》第21条"国际磋商与协调"，等等。代表团积极参与包括制定操作指南在内的各项工作。

2012年，文化部还根据教科文组织要求，向其提交了《多样性公约》第21条调查问卷答卷及联合国教科文组织东南亚地区文化统计调查问卷答卷。

（三）出席第五届亚欧会议文化部长会议

文化部组派由外联局张爱平副局长率领的代表团于9月17至19日赴印尼出席第五届亚欧会议文化部长会议。来自36个亚欧会议成员、亚欧基金等共约120余名代表出席会议，其中包含14位相关国家主管文化和遗产事务的部长级官员。会议围绕"为了可持续的未来，加强遗产城市管理"这一主题展开讨论，通过四个分组会议进行充分沟通，最后通过成果文件《主席声明》。我代表团在全会上作主旨发言，并参加高官会和分组会议讨论，还在会议期间与印尼教文部主管文化的副部长进行了双边会见。

二、国际文化艺术节和赛事活动

举办国际文化艺术节庆活动是开展对外文化交流与合作的重要平台，也是促进城市文化发展、塑造城市文化形象、提高城市凝聚力的重要方式，在贯彻"文化惠民"政策，实施文化"走出去""引进来"战略，增强文化"软实力"等方面起到十分重要的作用。

为切实加强对国际艺术节和赛事活动的指导，为今后真正做到宏观管理，2012年，文化部外联局有针对性地开展了以下工作：

（一）成功举办"国际文化艺术节研讨会"

11月6日，"文化部外联局国际文化艺术节研讨会"在北京举办。本次研讨会是外联局首次举办以"国际文化艺术节"为主题的研讨会。会上，与会代表就《关于进一步完善国际文化艺术节工作的意见》（草案）和其他一些普遍关心的问题进行了探讨。会议高度肯定《意见》对今后工作的指导意义，并对今后进一步做好国际文化艺术节工作提出了建设性意见。

"相约北京"联欢活动、中国上海国际艺术节、北京国际音乐节、中国吴桥国际杂技艺术节、中国武汉国际杂技艺术节、中国国际合唱节、中国成都国际非物质文化遗产节、南宁国际民歌艺术节、中国新疆国际民族舞蹈节、张家界国际乡村音乐周、鄂尔多斯国际那达慕大会等多个具有较高知名度和影响力的艺术节负责人介绍了办节经验和办节理念，以及对国际文化艺术节未来发展的思考、设想和规划。文化部艺术司、办公厅、外联局有关处室以及黑龙江省文化厅、厦门市文广新局、珠海市文化局等人员参加了本次研讨会。

（二）完成第十三届"相约北京"联欢活动政府采购工作

按照《中华人民共和国招标投标法》、《中华人民共和国政府采购法》等相关法律法规的规定，外联局对第十三届"相约北京"联欢活动项目进行政府采购公开招标。8月23日，开标、评标会议召开。4家投标公司分别讲标后，评标委员会对其资质、方案等进行了认真的审核和评议，并逐项打分。最终，中国对外文化集团公司以最高分中标，同外联局签订了正式协议书。此次政府采购顺利完成。

首次招标"试水"，对于今后外联局进行政府采购具有很好的示范作用，对于提升文化项目承办服务水平亦有积极的作用。

（三）公布《文化部关于2012—2014年鼓励参加的国际艺术比赛获奖选手鼓励办法的通知》，表彰2011年国际艺术比赛中国获奖选手

2011年度共有19人次获得21个国际艺术比赛奖项。为推介新人，扩大影响，文化部于2012年7月11日在北京世纪剧院举办颁奖晚会，赵少华副部长出席并为获奖选手颁发荣誉证书。在吸收专家意见，充分调研论证的基础上，外联局于2012年3月公布《文化部关于2012—2014年鼓励参加的国际艺术比赛获奖选手鼓励办法的通知》，此通知涉及赛事项目126个，是文化部实行奖励制度以来，项目最多，级别最高、内容最丰富的一次。

（四）派团出席第56届国际音乐比赛世界联盟年会

第56届国际音乐比赛世界联盟年会于4月11日至16日在荷兰埃因霍温市举行。80多个国际音乐比赛组委会的100多名代表出席了会议。会议审议和更新了联盟的章程，投票选举了新一届联盟机构工作人员，就当前国际形势下国际音乐比赛的发展等问题进行了专题研讨等。外联局组织中国三大音乐比赛承办单位人员与会。我代表团与参会各国代表进行沟通，虚心向各赛事学习办赛经验。

（五）指导和协调文化部主办的国际艺术节、国际艺术比赛

针对大型国际多边文化活动数量众多，水平参差的现状，外联局严格把握政策导向，认真做好项目审批和管理工作，对各类艺术节、艺术比赛进行工作协调和业务指导，积极督促承办单位“成立班子、提早启动、规范流程、科学筹划”，确保活动不断发展。

2012年，第十二届“相约北京”联欢活动、第十一届中国国际合唱节、第二届鄂尔多斯国际那达慕大会、第十五届北京国际音乐节、第五届北京国际音乐比赛（长笛）、第十四届中国上海国际艺术节、第十届中国武汉国际杂技节等成功举办。外联局本着“宏观管理、深度参与、科学指导、热情服务”的原则，在加强管理的同时，与各个活动承办方密切沟通，认真筹划。各艺术节（比赛）在原有基础上有了长足的进步，积极贯彻了“文化惠民”理念，实现了经济效益和社会效益的有机结合，并不断努力实现“艺术的盛会，人民的节日”的办节目标。

1.第十四届中国上海国际艺术节

第十四届中国上海国际艺术节于10月18日开幕，上海大剧院联合萨尔茨堡艺术节共同制作的“原创”歌剧《波西米亚人》精彩上演。王仲伟副部长、侯湘华局长出席了开幕式、演出交易会等活动。11月20日，作为闭幕式演出，由俄罗斯指挥家捷杰耶夫执棒的马林斯基交响乐团同中国钢琴家郎朗一道为观众献上了精彩的音乐会，为艺术节画上了圆满的句号。张爱平副局长出席。

2012年艺术节分为7个板块，46台精心挑选的国内外优秀剧目和14项博览活动，精彩纷呈，吸引445万人次参与。中外艺术家联袂出场，不仅为观众奉献了高水平的节目，而且真正体现了主办方“各美其美，美人之美，美美与共，天下大同”的和谐理念。艺术节期间，文化部外联局、上海市文化广播新闻局共同举办了“文化多样性与跨文化合作”论坛，从宏观层面探讨文化多样性对全球合作与交流的意义，为加强文化交流、合作与发展提供了学术支撑。论坛吸引了超过30多个国家与地区以及本地近300名业内同行、媒体等参与。上海国际艺术节交易会于10月19日至21日举行，共有来自36个国家的250多家机构、400多位中外代表前来参加。本次交易会27台推介演出全部为中国原创节目，涵盖了音乐、舞蹈、戏剧和戏曲四种艺术形式，融汇传统与现当代。交易会上，中外双方达成了118项意向。在以往举办演交会的基础上，本届艺术节交易会融国际性与专业性于一体，人气与成效双向并举，极大地丰富了艺术节的内涵，在文化交流和文化贸易的结合上迈出关键和坚实的一步。“扶持青年艺术家计划”是本届艺术节新设立的板块，青年艺术家的首演吸引了萨尔茨堡艺术节、林肯中心艺术节、爱尔兰都柏林戏剧节等国际一流艺术机构、知名经纪公司的负责人，演出现场达成合作意向25项。

2.第十一届中国国际合唱节

合唱节于7月16日举办，共8大板块。赵少华副部长出席了开幕式。在外联局的指导下，本届合唱节在参加团队上实现了历史性突破，国内外合唱团达166个，遍及五大洲的30多个国家，总参赛人数近万人，成为创办以来规模最大、参加团队及人数最多的一次。合唱节同期举办了国际合唱联盟世界合唱峰会，出席峰会的共有来自24个国家和地区的30多位代表，通过了成果文件《北京宣言》。

国内主流媒体对于中国合唱事业发展的现状持续关注，对目前存在的主要困难与问题进行深度探

讨。据不完全统计，合唱节期间共有90家国内媒体参与报道，其中人民日报、光明日报、香港大公等报给予大篇幅报道；中央电视台新闻频道、音乐频道、英语频道、东方时空栏目进行了专题报道。路透社、韩国好新闻电视台、哈萨克斯坦阿斯塔纳国家文化电视台等国外媒体也予以了关注。

3.第十二届“相约北京”联欢活动

第十二届“相约北京”联欢活动于4月28日至5月29日在京举行。本届活动以“浪漫春天”为主题，邀请来自古巴等近20个国家的近千名国外艺术家，为观众呈献60场剧场演出、100场广场演出及多个展览。古巴国家芭蕾舞团在国家大剧院演出舞剧《天鹅湖》为本次活动拉开了帷幕。赵少华副部长，国家广电总局张海涛副局长，北京市人民政府程红副市长等出席了开幕式活动。国务委员刘延东、文化部部长蔡武观看了芭蕾舞演出。杨志今副部长出席观看了闭幕式演出。

中外文化传播

一、开展“科学发展，成就辉煌”主题宣传

组织开展“迎接党的十八大——科学发展，成就辉煌”主题宣传活动，通过新闻发布、主题展览、网络宣传、参与中央电视台大型文艺专题片录制等方式，围绕对外文化理论、对外文化交流、高端文明对话、国际文化合作、海外中国文化中心发展等，全方位地宣传党的十六大特别是十七大以来对外文化交流的辉煌成就，推动了全社会对我国对外文化工作的进一步关注、了解和支持。

二、组织中央记者团赴海外中国文化中心采访

6月，文化部外联局组织由新华社、人民日报、光明日报、中央电视台、中央人民广播电台、中国国际广播电台、经济日报、中国日报、中国文化报等中央媒体记者，分两批赴巴黎、柏林、埃及、毛里求斯、马耳他、贝宁六个中国文化中心采访，中央媒体陆续在重要版面刊发了《在这里感知中国》、《为了人类多样性融合》、《是窗是邻更是桥》、《平台如风景 多些会更美》、《那些鲜活的记忆》、《文化如水 润物无声》、《让中华文化更好地传播》、《China goes to the world》和《The Middle Kingdom in the Land of the Pyramids》、《中华名片 闪亮世界》、《大处着眼 小处着手》、《为了人类多样性的融合》等共20余篇报道。

三、海外“欢乐春节”活动形象大使传播中国文化

文化部首次邀请倪萍、杨澜、郎朗等三位海内外知名的文化人士担任海外“欢乐春节”活动“形象大使”，并分别参加在巴黎、东京和纽约等地的春节文化活动。1月24日，中国爱乐乐团与纽约爱乐乐团联合在纽约林肯中心举办“中国龙年春节音乐会”，郎朗在音乐会上激情演奏了富有浓郁中国民族文化特色的《春节序曲》、《炎黄风情》、《挂红灯》及李斯特钢琴协奏曲等中外名曲。杨澜参加了在东京中国文化中心举办的新春联欢会，向在场的日本友人讲述中国春节习俗，与中日少年儿童一起剪窗花，写“福”字，传播中国春节文化。倪萍与驻法国大使孔泉一起同法国友人共贺新年，并向法国民众介绍中国春节文化，一起包饺子，画年画，观看演出，以亲和、质朴的形象展示着中国文化的魅力，带去中国春节的温情。

四、《金色记忆》出版宣传活动

10月29日，《金色记忆——新中国早期文化交流口述记录》图书出版座谈会在北京举行，蔡武、赵少华、周和平、周巍峙、资华筠等部领导和部分老同志出席新书发布座谈会，并观看“新中国早期对外文化交流”图片展览。为进一步弘扬老一辈艺术家心系祖国、无私奉献的可贵精神，推动新时期对外文化交流事业的发展，赵少华副部长在《人民日报》发表《历史难以忘怀 文化精神永存》的文章。

五、“文化国门”展览在首都机场推出

启动首都国际机场的“文化国门”项目，紧密围绕政治、社会、文化主题，策划举办《再生——国际摄影师汶川地震灾后重建掠影》、《从北京到伦敦》、《中国文化绽放英伦》、《脉动中国》和《美丽中国——驻华外交官看中国》等5期图片展，向往来中国的国内外旅客生动展示现代中国发展。制作《中国文化走向世界》的专题短片，在三个航站楼的460余块电子屏幕上进行为期一个月的播放和展示，持续推动了来华外国人对中国文化的了解和关注。

六、举办“海外华语电视媒体中国文化‘走出去’座谈会”

11月16日，文化部外联局与中央电视台联合召开“中国文化‘走出去’座谈会”，邀请来自美国、加拿大、法国、德国、新加坡、俄罗斯等16个国家及港澳台地区的50家华语电视媒体，与国家京剧院、

国家话剧院、中国美术馆、中国对外文化集团等国家级艺术院团、文化单位座谈，展望对外文化交流的新形势、新机遇，共商加强战略合作、内外互动，合力推动中国文化“走出去”。

七、文化部中秋招待会在国家大剧院举办

9月21日，文化部在国家大剧院举办中秋招待会，组织文化部中秋招待会，来自97个国家和欧盟使团、联合国教科文组织的近270名驻华使节，外国文化中心负责人，国际文化产业集团的驻华代表，以及中国香港、澳门特区驻京机构负责人和国务院有关部门负责人共500余人出席活动，中外嘉宾畅谈文化交流合作的美好前景。蔡武部长出席并为首届“外国驻华外交官看中国”摄影比赛获奖者颁奖。招待会现场举办《脉动中国》图片展和《外国驻华外交官看中国》摄影展，并邀请中外来宾共同观赏国家大剧院创作的音乐剧《美丽的蓝色多瑙河——1872年施特劳斯访美的故事》。招待会后，20余家中央新闻媒体予以广泛报道，《人民日报》专门以“赏一轮清辉　叙文化情缘”为题刊发了蔡武部长在中秋招待会上的致辞。

八、中国文化与时政主题展览在海外受到热切关注

文化部外联局策划制作《脉动中国》国庆图片展，在179个使领馆和文化中心推出，有力地配合了馆办国庆活动。全年制作完成73套橱窗图片，建成300张图片（中英文）的图片库，受到驻外使领馆和文化中心的欢迎。与新华社合作，为25个开展建交周年纪念活动的使馆策划和制作相关展览。中国文化与时政主题展览增进了国际社会对我国文化事业的了解，全面展示了我国文明、民主、开放、进步的国家形象。

九、《再生——国际摄影师汶川地震灾后重建掠影》立体展出

由文化部与四川省人民政府联合组织开展的《再生——国际摄影师汶川地震灾后重建掠影》，在美、英、意、奥、法等国家和部分海外文化中心、联合国教科文组织展出，受到广泛关注，该展在全球展出后，产生了巨大反响，各国政要前往参观或出席开幕仪式。展览同时在外交部官网和所有驻外使领馆网站，以及文化传通网、中国文化网进行专题展览。

十、对外文化影视宣传

文化部外联局与美国彩虹电视台合作推动《武当大师赵剑英》、《云锦大师周双喜》两部非遗传承人专题片在美国23个州的公共电视频道播出。完成自主版权《中国文化》第三系列13部专题片改编工作，在全美公共电视平台投放播出。为香港旅游与经济电视台，协助频道开办“文化中国”专栏节目，并向四达时代、华润尚德等媒体公司提供我外宣影片资源，持续扩大外宣影视片在非洲、欧洲、美国和港澳地区等地的传播空间，提升中华文化国际影响力。

十一、“触摸中国文化”电子书架上线苹果商店

文化部外联局与中国数字文化集团合作开发“触摸中国文化”电子书架项目，精选部分独立版权的外宣书籍进行数字化改编，包括《中国文化》、《京剧启蒙》、《中国昆曲》等8本精品文化外宣图书在内的84册中外文电子图书通过苹果公司App Store平台向全球发布，受到全球用户欢迎与好评。同时，利用“电子书架”嵌入式广告功能，增加了用户对中国文化院团的了解。

十二、文通网、中国文化网影响力快速提升

“文通网”加快优化结构、功能多样的步伐。加速网上办公平台建设，启动“资源在线”版块的改版，新增“业界论衡”等6个栏目，推出精心制作的20余个频道和专题栏目，全年平均每天上载稿件量近百篇。成功实现文化纪念品网上征订功能，为国内外搭建高效便捷的交流平台。英文“中国文化网”经过十周年的发展，正向着专业化、特色化、国际化的方向发展，提升中华文化的感染力和时代感。中国文化网荣获“2012年度中国最具影响力外文版政府网站第一名”的称号，文通网荣获“2012年度快速发展型政府网站”。

文化中心工作

一、政策法规

1. 2012年12月12日，《海外中国文化中心发展规划（2012—2020年）》得到国务院批复，明确了海外中国文化中心的任务和功能要求。文化中心发展提升为国家对外战略性事业。

2.《外国文化中心登记管理条例》经过多轮修改后，已经正式形成送审稿。

二、文件商签

1. 2012年3月2日，中华人民共和国政府和尼日

利亚联邦共和国政府签署《中华人民共和国政府和尼日利亚联邦共和国政府关于互设文化中心的协定》。

2. 2012年4月23日至25日，温家宝总理宣布中国将在瑞典设立中国文化中心。

3. 2012年6月4日，中华人民共和国政府和斯里兰卡民主社会主义共和国政府签署《中华人民共和国政府和斯里兰卡民主社会主义共和国政府关于在斯里兰卡设立中国文化中心的谅解备忘录》。

4. 2012年6月16日，中华人民共和国政府和丹麦王国政府签署《中华人民共和国政府和丹麦王国政府关于互设文化中心的谅解备忘录》。

5. 2012年6月21日，中华人民共和国政府和巴西联邦共和国政府签署《中华人民共和国政府和巴西联邦共和国政府关于互设文化中心的谅解备忘录》。

6. 2012年7月11日，中华人民共和国政府和老挝人民民主共和国政府签署《中华人民共和国政府和老挝人民民主共和国政府关于在老挝设立中国文化中心的谅解备忘录》。

7. 2012年11月1日，中华人民共和国政府和尼泊尔政府签署《中华人民共和国政府和尼泊尔政府关于在尼泊尔设立中国文化中心的谅解备忘录》。

8. 2012年11月4日，国务院批准了《关于在澳大利亚悉尼设立中国文化中心的请示》，正式立项。

三、筹建启用

1. 2012年11月21日，温家宝总理出席曼谷文化中心揭牌仪式并为中心揭牌。曼谷中国文化中心正式揭牌启用。

2. 2012年12月5日，刘延东国务委员出席莫斯科中国文化中心揭牌仪式并为中心揭牌。莫斯科中国文化中心正式揭牌启用。

3. 2012年12月10日，新加坡中国文化中心正式开工建设。

4. 2012年12月13日，悉尼中国文化中心正式完成了在澳大利亚的注册手续。

四、中心运营

2012年，12个海外中国文化中心共举办各类宣传文化系统文化活动800多起，举办各类讲座百余场，放映中国电影200多场次，举办汉语培训班200多期，培训学员7200多人次，参与各类相关活动的各国公众达20多万人，在配合外交大局、传播中华文化、树立国家形象、推动交流合作方面发挥了不可替代的作用。

文化贸易工作

一、政策规划

（一）加强全国对外文化贸易工作的规划与布局

（1）2012年12月，在上海国家对外文化贸易基地举办全国文化系统对外文化贸易工作会议，旨在贯彻落实十八大精神，引导和推动全国各地因地制宜开展对外文化贸易工作。

（2）加强国家对外文化贸易基地建设的引导和扶持，推动上海国家对外文化贸易基地制定并完成3年规划；同时于2012年3月将位于天竺保税区的“北京国际文化贸易服务中心”命名为“国家对外文化贸易基地”。

（3）加强央地合作框架下对外文化贸易工作机制建设，推动与上海市共同组织企业参与国际展会等部市合作项目。

（二）加强对驻外使领馆文化处组和文化中心开展对外文化贸易的指导

积极加强与驻外使领馆在推动对外文化贸易工作的指导，加强文化交流与文化贸易相结合，推动中外文化产业合作。

（三）搭建重点出口项目的申报、评选及扶持体系，建立制度化的对外文化贸易工作机制

为进一步贯彻落实《文化部关于促进中国文化产品和服务“走出去”总体规划》的精神和《文化部关于鼓励和引导民间资本进入文化领域的实施意见》，制定并实施《文化部外联局2012年度文化产品与服务“走出去”项目申报、评审及扶持办法》。本办法旨在通过对中小及民营企业的扶持，鼓励民间资本参与演出、展览、艺术品、动漫、游戏、网络及数字产品、创意设计等产业领域，打造外向型文化产品，引导企业加快创新发展，提升国际化经营水平，推动文化产品出口。

二、信息服务与理论研究

（一）加强信息服务，建立国际文化产业和文化贸易信息收集、编辑和发布机制

2012年，完成并发布《中国对外文化贸易年度报告（2012）》、《国外重要文化会展基础信息》、《对外文化工作信息》、《国际文化产业动态信息》等。

（二）加强理论研究，建立政产学研相结合对外文化贸易工作体系

2012年11月13日，正式组建文化部外联局对外

文化贸易专家委员会，邀请了17位研究文化产业、国际贸易、国际传播等领域的专家担任专家委员会成员，为我部开展对外文化贸易工作提供政策咨询、开展对外文化贸易理论研究、项目评审、人才培训等项工作。

三、平台建设

（一）加强平台建设，组织企业参与国际展会，协助企业拓展海外渠道

组织企业参与“美国APAP演艺出品人年会”、美国电子娱乐展（E3）、美国洛杉矶艺术展等知名国际展会与交易会，积极鼓励和支持优秀产品对外推介和出口。积极参与深圳文博会、京交会等大型文化产业博览会，并先后在济南、北京、深圳等地举办“中国文化产品国际营销年会”系列活动，为企业积累国际市场经验和国际客户资源提供了重要机会和平台。

（二）推动国际文化产业合作：举办中韩文化产业合作原创内容故事比赛

为执行《中韩文化产业合作2011—2012年行动计划》中关于双方将“挖掘文化产业内容素材，举办原创内容比赛”的规定，2012年5月，我与韩国文化产业振兴院共同主办了“中韩原创内容故事比赛评选暨颁奖会”，推动两国之间的友好交流和促进文化产业的进一步发展。

四、提升出口模式，创新走出去方式

（一）引导企业加强提升出口模式

针对杂技“走出去”面临的新的问题，根据“政府引导、企业（院团）主体、市场化运作”的原则，进一步推动政府主导与行业自律相结合，推动全国重点杂技院团签署《关于提升杂技出口模式的倡议书》。

（二）积极协助我民营企业打造外向型文化产品，在海外实现落地经营

为进一步贯彻落实《国务院关于鼓励和引导民间投资健康发展的若干意见》（国发〔2010〕13号）和《文化部关于鼓励和引导民间资本进入文化领域的实施意见》（文产发〔2012〕17号），根据《文化部关于促进中国文化产品和服务“走出去”总体规划》，我处积极利用各种平台，牵线搭桥，协助民营企业红樱束打击乐团登上百老汇舞台。红樱束打击乐团《木兰》剧目于2012年12月17日至2013年1月13日在百老汇演出32场，票房上座率达90%以上，成为我引导民营企业开拓海外主流市场的有益尝试。

（三）创新走出去方式，探索利用新媒体推动文化贸易

扶持开发外向型数字文化产品，委托中国数字文化集团开发制作的“欢乐春节”应用程序正式在苹果应用程序平台上线发布，来自全球的用户均可免费下载使用。此外，为不断创新中华文化“走出去”的新办法和新模式，积极扶持开发新媒体文化产品。扶持中国积极扶持中国数字文化集团开发中国杂技主题的移动媒体游戏软件《钻圈》，既扶持企业面向国际市场开发新媒体文化产品，同时也利用新媒体协助我国杂技企业深化品牌形象。

文化交流协议文件与国际公约

一、美大地区

2月，蔡武部长随李长春同志访加，与加遗产部签署《中华人民共和国政府和加拿大政府文化协定2013—2015年度合作计划》。

12月14日，蔡武部长在京与澳大利亚艺术部长西蒙·克林共同签署《中华人民共和国政府和澳大利亚政府文化合作协定2013—2015年度执行计划》。

二、西欧地区

无

三、欧亚地区

与斯里兰卡签署《中华人民共和国政府和斯里兰卡民主社会主义共和国政府关于在斯里兰卡设立中国文化中心的谅解备忘录》。

与塔吉克斯坦签署《中华人民共和国文化部和塔吉克斯坦共和国文化部2012—2014年文化交流计划》。

与阿富汗签署《中华人民共和国国家文物局与阿富汗伊斯兰共和国信息与文化部关于维护与保护文化遗产的谅解备忘录》。

与哈萨克斯坦、吉尔吉斯、俄罗斯、塔吉克斯坦、乌兹别克斯坦签署《上海合作组织成员国文化部长会晤北京宣言》、《上海合作组织成员国文化部长第九次会晤纪要》、《上海合作组织成员国政府间文化领域合作协定2012—2014年执行计划》。

与吉尔吉斯签署《中华人民共和国文化部和吉尔吉斯共和国文化旅游部2012—2015年合作计划》。

与乌兹别克斯坦签署《中乌人文合作分委会第一次会议纪要》。

与土库曼斯坦签署《中土人文合作分委会第二次会议纪要》。

与格鲁吉亚签署《中华人民共和国文化部和格鲁吉亚文化和古迹保护部2012—2015年文化合作议定书》。

与白俄罗斯签署《中华人民共和国文化部和白俄罗斯共和国文化部2012—2016年合作议定书》。

与俄罗斯签署《中俄人文合作委员会文化合作分委会第十二次会议纪要》。

与哈萨克斯坦签署《中哈合作委员会文化和人文合作分委会第八次会议纪要》。

四、亚洲地区

《中华人民共和国政府和尼泊尔政府文化合作协定》

《中华人民共和国政府和巴基斯坦伊斯兰共和国政府文化合作协定二〇一三至二〇一五年执行计划》

五、亚非地区

1月15日，签订《中华人民共和国政府和沙特阿拉伯王国政府文化协定2012年至2016年（伊历1433年至1437年）执行计划》。

3月26日，签订《中华人民共和国政府和巴林王国政府文化协定2012年至2015年执行计划》。

六、非洲地区

2012年，文化部与安哥拉、利比里亚、尼日尔、塞内加尔和厄立特里亚等5个非洲国家签署了文化合作协定年度执行计划。分别为：

《中华人民共和国政府和安哥拉共和国政府文化合作协定二〇一二至二〇一四年执行计划》；

《中华人民共和国政府和利比里亚共和国政府文化合作协定二〇一三至二〇一六年执行计划》；

《中华人民共和国政府和尼日尔共和国政府文化协定二〇一二至二〇一五年执行计划》；

《中华人民共和国政府和塞内加尔共和国政府文化协定二〇一二年至二〇一五年执行计划》；

《中华人民共和国政府和厄立特里亚国政府文化协定二〇一二至二〇一五年执行计划》。

中国文化年鉴

Almanac Of Chinese Culture

对港澳台地区文化交流

Cultural exchange with Hong Kong and Macao Special Administrative Regions and Taiwan Region

综 述

2012年，文化部根据中央的总体要求和具体部署，认真学习、深刻领会党的十八大会议精神和胡锦涛、习近平等中央领导指示，坚持以“理解、沟通、尊重、双赢”为原则，以“立足主流、面向青少年，着眼长远，以文化认同促进人心回归”为工作思路，跟踪研判港澳地区宏观形势和热点问题，紧紧抓住庆祝香港回归十五周年这一重要主题，全方位推动对港澳文化交流与合作，促进港澳社会、经济、文化的繁荣稳定与发展。

一、对港澳工作方面

2012年初文化部召开对港澳台文化工作研讨会，全面总结去年工作情况，分析当前对港澳工作形势并对2012年对港澳重点工作进行了安排。根据会议部署，全年我部依托央地合作机制、部机关和直属机构合作机制，统筹实施“港澳台文化传承工程”，深入打造重内涵、具特色、有影响的交流品牌，全力构建全方位、多层次、宽领域的对港澳文化交流格局。

（一）配合香港特区重大庆典，举办多项文化庆祝活动

为庆祝香港回归祖国十五周年，香港特别行政区政府于6月30日晚在香港会议展览中心举办“庆祝香港回归十五周年文艺晚会”，国家主席胡锦涛同志和数千名香港市民共同观看了演出。根据中央领导同志要求和整体部署，我部对晚会政治上严加把关，内容上仔细审查，并根据特区政府要求协调落实内地演艺人员参演。蔡武部长、赵少华副部长对此高度重视，多次指示要全力协助特区政府办好此次晚会。在时间紧、任务重，且经费预算极为有限的情况下，所有内地演艺人员都能够以国家利益和大局为重，以高度的政治责任感和精湛的艺术水平高质量地完成了此次重要任务，晚会整体效果得到了中央领导同志的充分肯定。

为配合特区政府的庆典活动，我部还筹划和促成了众多高水平文化交流项目齐聚香港，为香港市民带来一场场文化盛宴，使香港观众真正感受到中华文化的内蕴气质和独特魅力。演出类项目主要有：“我爱你香港——陈思思‘美丽之路’”演唱会；解放军军乐团、海军军乐团和江西师范大学女子军乐团共二百余人参加庆祝香港回归15周年国际军乐汇演；湖北京剧院、歌舞剧院等4批次共329人赴港参加湖北舞台精品演出周。展览类项目重点为：南京佛顶骨舍利赴香港供奉；故宫博物院《颐养谢尘喧——乾隆皇帝的秘密花园展》、陕西省文物局《一统天下——秦始皇的永恒帝国》赴香港展出。以上演展活动均受到广泛欢迎，特别是两个文物类展览，参观人数逾50万人次。

（二）推动文化高层互访，密切内地与港澳文化关系

2012年，文化部领导多次访问港澳，并会见了多批来访的港澳文化高层人士，三地文化高层互访频繁，深化了内地与港澳的文化交流与合作，进一步密切了内地与港澳文化关系。6月初杨志今副部长赴澳门、香港出席“根与魂——中国非物质文化遗产展演”系列活动；6月底赵少华副部长赴香港出席“庆祝香港回归十五周年文艺晚会”，积极协调有关各方完善演出细节；9月赵少华副部长赴港澳出席“濠江月明夜”和“香江明月夜”大型中秋晚会等中秋国庆文化活动。蔡武部长、赵少华副部长、中纪委驻部纪检组长李洪峰还在京分别会见了来访的澳门特区政府社会文化司司长张裕、香港潮属社团总会代表团和香港中华总商会代表团等。

（三）打造品牌项目，弘扬中华优秀文化深入人心

我部充分挖掘内地与港澳“血脉同宗、文化相通”的人文特点，运用演出、展览等方式，组织实施了一系列具有品牌效应的交流活动，吸引了港澳民众广泛参与，具体包括：作为“欢乐春节”系列活动组成部分的“内地春节习俗展演”和“香港元宵彩灯会”分别在澳门和香港举办；6月为展示内蒙古和四川非遗保护成果，在澳门、香港分别举办的第二届“根与魂——中国非物质文化遗产展演”活动；7月在甘肃省成功举办的第八届“艺海流金——走近敦煌”活动，百余名港澳文化艺术界代表应邀进行了文化考察和交流活动；9月在中华世纪坛举办的“2012年港澳视觉艺术双年展”，来自港澳设计师的近百件雕塑和平面设计作品参展；中秋节前夕在澳门、香港分别举办的“濠江月明夜”、“香江明月夜”大型中秋晚会以及“香港中秋彩灯会”文艺展演等。

（四）发挥优势，频推直属机构文化精品登上港澳舞台

深化文化部机关与直属机构在对外文化工作中

的合作机制，推动多个直属院团携优秀剧目赴港澳演出，打造“名团、名品、名人”，成为今年对港澳文化交流的一大亮点。国家话剧院80余人两度应邀赴香港、澳门上演经典话剧《四世同堂》；国家京剧院前后派出120余人携新编历史京剧《汉苏武》作为澳门艺术节开幕大戏登上澳门舞台、81人赴香港参加“中国戏曲节”演出、86人赴香港参加“海峡两岸三地中国京剧名家名剧香港展演周”；中央民族乐团128人赴澳门、香港参加“濠江月明夜”、“香江明月夜”中秋晚会；中央芭蕾舞团164人赴澳门演出经典舞剧“胡桃夹子”等。这些演出以其宏大的演出阵容和精良的舞台制作在港澳主流艺术平台轮番上演，不仅成为港澳地区全年的文化盛事，同时也是对如何在文化体制改革背景下推动“文化国家队”“走出去”进行了有益的探索和尝试。

（五）加强国情教育和文化认同，做深、做实港澳青少年文化培育工作

积极克服香港社会热炒的“国民教育”风波和“洗脑”言论等负面影响，在潜移默化中培养青少年对中华文化的兴趣。成功举办了第七次“港澳大学生内地文化实践活动”，选拔来自港澳地区14所高校的88名大学生赴内地12家文博机构进行为期5周的实习和文化交流。在实习过程中，学员们参观名胜古迹、听取专题讲座、观看文艺演出、举办座谈联谊，达到了岗位锻炼、人文交流、文化认同和国情认知等多重功效。继续举办“国粹香江校园行”，将已列入联合国教科文组织人类非物质文化遗产代表作名录的项目——中国皮影戏带入香港科技大学、香港大学、香港演艺学院、香港城市大学、汉华中学小学部、福建中学附属学校等7所学校，让广大香港青少年学生领略了中国民间艺术的魅力，激发了他们探索中华文化的兴趣。坚持举办“香港青少年中国民族民间文化艺术演习考察计划”，组织32名香港中学生赴福建考察畲族文化。

（六）体现中央关怀，将港澳文化纳入国家文化活动平台

积极协调港澳特区通过国家对外文化交流平台参与对外文化交流，鼓励港澳文化机构参与内地举办的国际性、全国性及区域性文化交流活动。将澳门中乐团和澳门乐团赴葡萄牙巡演、香港芭蕾舞团赴美演出等多项港澳活动分别纳入“中欧文化对话年”和在美国举办的“中国文化系列活动”中；首次请香港特区政府民政事务局曾德成局长作为中国政府文化代表团成员，参加在新加坡举行的“第五届东盟10+1文化部长会议”暨“首届中国东盟文化部长会议”；同意香港特区民政事务局推荐香港中乐团参加“第四届文化部创新奖”评选，充分体现了中央政府对港澳特区发展文化的关怀，扩大了港澳文化活动在国际上的影响力。

（七）开拓文化产业新渠道，助推文化贸易新发展

参与起草了《关于建立更加紧密经贸关系的安排》第九个补充协议（CEPA 9）中有关文化领域的条款，为港澳文化服务提供者进入内地市场放宽了准入条件，为港澳文化服务业进一步发挥优势提供了更多选择。配合澳门特区政府举办“澳门特区文化遗产保护和管理高级研修班”，邀请20名来自澳门遗产保护和管理领域以及建筑业、规划业、房产业人士参加，共同探索文化遗产保护与城市发展的新思路、新理念和新办法。应香港贸发局邀请出席第10届香港国际授权展和亚洲授权业研讨会，广泛接触国际和亚洲授权业内人士，充分认识香港在内地与国际文化产业交流中可以发挥的最佳枢纽作用，同时推动内地蓬勃发展的文化产业成为香港建设文化贸易平台的坚强后盾。

（八）加强基础研究和战略思考，为做好对港澳文化工作提供智力支持和政策保障

继续围绕港澳文化政策、文化体制、文化社团和文化动向等议题深入调研，及时、准确地把握对港澳文化工作新形势，并向中央上报了《梁振英的文化政策引发香港社会广泛关注》、《关于港澳文化社团发展情况及对策建议的报告》、《关于内地与香港的文化交流与需求调查报告》等调研报告，为中央领导了解今后对港澳文化工作提供了参考。此外，我部还就如何发挥横琴特区优势，吸引港澳文化机构发展文化产业进行了调研，并提交了《关于进一步发挥港澳在文化“走出去”和横琴开发中作用的建议》报告。

二、对台湾工作方面

2012年，两岸关系和平发展迎来新的发展机遇。根据岛内形势的发展变化，文化部深入贯彻落实中央精神，大力加强两岸文化交流。据不完全统计，2012年经文化部批准的两岸文化交流项目2045起，9573人次。

（一）全力推动高层访问，促进两岸交流持续发展

2012年7月，赵少华副部长以中央台办特邀嘉宾身份出席第八届两岸经贸文化论坛，并以“巩固交

流成果、深化务实合作，努力开创两岸文化关系新局面”为题发表主题演讲，受到与会各界人士的高度评价，引起广泛共鸣。文化部推荐的涉及文化行政、文化遗产、文化产业及表演艺术等领域的多位专家学者参与了论坛相关议题的讨论，与台湾代表深入交换意见，凝聚诸多共识。

文化部副部长、国家文物局局长励小捷以中华文化联谊会顾问、中华文物交流协会会长身份率团于10月赴台交流，出席“两岸城市艺术节——广东城市文化周”、第三届“海峡两岸文化创意产业展”和“商王武丁与后妇好——殷商盛世文化艺术特展”开幕活动，会见了中国国民党荣誉主席吴伯雄、“中华文化总会”会长刘兆玄、台“政务委员”黄光男、“文化部”政务次长张云程、常务次长许秋煌等台湾各界重要人士，探讨加强两岸文化交流与合作的思路和举措。

文化产业司、港澳台办领导利用访台和会见台湾客人等机会了解台内部机制整合情况，努力打造两岸文化主管部门经常性沟通的有效平台。

（二）积极开展两岸文化交流与合作，品牌影响力不断扩大

1.“情系齐鲁”深化思想交流内涵

台湾地区文化界、教育界、媒体界知名人士共90人应邀参加文化部、山东省人民政府于7月在山东省共同举办的“情系齐鲁——两岸文化联谊行”大型文化交流活动。本届情系活动内容充分依托山东丰富的传统文化资源，突出孔孟文化特色，将“情系齐鲁”活动打造为一次名副其实的文化寻根之旅和思想对话之旅。

2.“两岸汉字艺术节”共书同文经典

由中华文化联谊会、中国艺术研究院与台湾中华文化总会共同主办的第三届“两岸汉字艺术节”与第二届中国非物质文化遗产博览会于9月在山东枣庄同期举办。艺术节以“汉字的渊源与流变”为主题，通过举办书法、篆刻艺术展览、多媒体展、台湾汉唐乐府演出、专题报告会、学术研讨会和两岸书法家交流笔会等活动，进一步追溯汉字发展脉络，挖掘汉字文化内涵，传承汉字艺术精髓，深入探讨汉字在当今社会的实际作用，努力提升汉字文化的影响力和传播力，进一步推动两岸中华儿女共同弘扬以汉字为载体的中华传统文化。

3.“两岸城市艺术节”拓展品牌发展空间

文化部以中华文化联谊会名义与广东省、台北市共同主办的“两岸城市艺术节——广东城市文化周”大型两岸文化交流活动于10月在台北成功举办。广东省艺术展演团一行250余人以粤剧、交响乐演出、美术书法展、摄影图片展、非物质文化遗产展演等丰富多彩的形式，多角度、多层次地展现岭南文化的独特魅力。这是继上海世博会期间打造台北、上海两岸城市文化“双城会”后，文化部首次将“两岸城市艺术节”从北京、上海、南京等单一城市扩展到广东的城市群，拓展了该艺术节的品牌发展空间。

4.“两岸文创展”提升展会品质

文化部以中华文化联谊会名义连续第三年与台方合作在台湾国际文博会期间以“展中展”形式举办两岸文化创意产业展，以展会为平台，推动两岸文化企业整合资源、优势互补，共创两岸文化产业互利双赢的新局面。为进一步提升大陆展区品质，文化部在今年的招展过程中着力推动北京、广东、浙江、江苏、新疆、福建等省区市30家企业以“特装”形式参展，展现近年来大陆文化产业蓬勃发展的成果，受到两岸文化产业界好评。

5.两岸文物交流再传合璧佳话

继2011年两岸联合举办“山水合璧——黄公望与《富春山居图》特展”之后，两岸文物机构再度携手，于10月合作在台举办“商王武丁与后妇好——殷商盛世文化艺术特展”寓意了两岸一家、早日团圆的美好愿望。

6.第五届“两岸文博会”提高举办层级

2012年10月，文化部与中央台办、广电总局、新闻出版总署等部门首次由“海峡两岸（厦门）文化产业博览交易会”的指导单位升格为主办单位，从更高层面推动两岸共同打造文化产业交流与合作的重要平台，构筑两岸文化产业迈向国际市场的桥梁，提升了两岸文博会的规格和业界代表性。台湾参展企业和机构多达600余家，签订合同类项目70个，金额102.3亿元。

7.2012海峡两岸民间艺术节内涵不断丰富

文化部以中华文化联谊会名义与厦门市人民政府、福建省文化厅共同主办的“2012海峡两岸民间艺术节”于10月在厦门举办。本届艺术节以“两岸剧场的当代呈现”为主题，举办了14场演出、6场学术研讨会及姚一苇生平与著述展等系列活动。海峡两岸民间艺术节历经八年的累积，成为两岸文化交流的重要品牌。

8. 第二届“两岸非遗月”圆满落幕

第二届“守望精神家园——两岸非物质文化遗产月”大型文化交流活动继2011年11月底在台北开幕并在新竹、台南及嘉义等地成功展演之后，于2012年初移师高雄和台中，分别借助佛光山佛陀纪念馆启用典礼暨“世界和平、两岸和合”祈福法会以及农历新年，面向基层民众，扩大活动影响，在台湾南部掀起非物质文化遗产热潮，成为台湾地区领导人选举后率先开幕的两岸大型文化交流活动和农历春节期间岛内备受瞩目的文化热点。

9. 扎实落实日常两岸文化交流工作

以中华文化联谊会名义邀请台湾地区大学院校艺文中心协会交流访问团赴云南、贵州参访交流，组派大型综艺演出团赴台中举办2012“妈祖之光”大型综艺晚会、赴苗栗举办第三届“客家之歌”大型综艺晚会，分别在北京、上海举办、前台北县长周锡玮个人画展、台湾琉璃工坊25周年特展，组派大陆文化行政专业人士交流访问团赴台访问，与中国宋庆龄基金会继续实施“大陆优秀青少年团体台湾校园巡演计划”，邀请朱宗庆打击乐团来大陆巡演，指导中国杂技团、中国戏曲学院做好对台湾戏曲学院杂技、京剧演员的培训工作。

双边文化交流

一、香港、澳门地区交流项目

（一）中国政府文化代表团出访

香港、澳门地区

日　期	活　动　内　容
6月8日至12日	为庆祝第七个中国文化遗产日，“根与魂——中国非物质文化遗产展演”系列活动分别于6月9日、10日在澳门和香港隆重开幕。文化部副部长杨志今率团赴港澳出席了开幕式等相关活动，会见澳门社会文化司司长张裕、香港民政事务局局长曾德成等港澳文化事务主管部门官员，并参观当地的公共文化设施和非物质文化遗产。
6月28日至7月1日	6月30日晚，中共中央总书记、国家主席胡锦涛同志出席并观看了由香港特别行政区政府在香港会议展览中心举办的“庆祝香港回归十五周年文艺晚会”。根据中央领导同志要求和整体部署，文化部副部长赵少华于6月28日至7月1日率工作组赴港审查节目内容、观看节目彩排，并出席了庆祝香港回归十五周年文艺晚会。工作组积极协调有关各方完善演出细节，确保演出取得圆满成功。
9月26日至28日	9月26日至28日，文化部副部长赵少华率团赴澳门、香港先后出席首届“濠江月明夜——大型中秋晚会”、第十三届“香江明月夜——大型中秋晚会”等相关文化活动。9月28日，香港文化艺术界在香港会展中心新翼举办庆祝国庆63周年酒会，香港特区新任行政长官梁振英、文化部副部长赵少华、中央驻港联络办副主任李刚、外交部驻港公署副特派员李元明、香港特区民政事务局局长曾德成、香港文化艺术界庆祝国庆筹委会主席霍震霆等官员以及文化艺术界知名人士、各国驻港领事及新闻、商贸各界人士数百人出席。

（二）文艺团组出访

1．香港地区

演出

单位（个人）	项目	人数	邀请方	时间
河南省濮阳市杂技团	演出	32	香港中国文化艺术传播有限公司	1.17-1.22
梅兰芳京剧团：李恩杰等	参加“第十四届香港艺术节”	82	香港艺术节协会有限公司	2.8-2.13
国务院侨办	文化中国四海同春艺术团春节赴东南亚及港澳地区慰侨访演	43		1.28-1.31

续表

单位（个人）	项目	人数	邀请方	时间
上海民族乐团：王甫建	大型民族音乐会	93	香港新天地文化策划有限公司	1.5-1.9
内蒙古兴安盟歌舞剧团	参加元宵彩灯会	41	香港中华文化城	2.3-2.8
成都市锦江区威风威文化艺术咨询工作室	参加香港各界庆祝春节及元宵节演出活动	8	香港林戈娱乐制作公司	1.20-2.7
上海戏剧学院青年京昆剧团	香港大会堂演出	90	香港上海戏曲艺术协会	2.26-3.1
重庆市文广局	“文化经典耀香江——重庆唱读讲传香港行”	459	香港大公报	2.9-5.5
国家京剧院	参加“第14届香港演艺节、纪念京剧大师马连良先生诞辰111周年”京剧演出活动	1	香港艺术节协会有限公司	2.8-2.13
国家大剧院	演出歌剧《赵氏孤儿》	258	香港歌剧院	3.18-3.27
中国文联：黄文娟等	出席IFACCA第三十三次执委会会议	2	香港艺术发展局	
国家话剧院	演出《四世同堂》	76	香港映艺剧团有限公司	4.5-4.9
上海昆剧团	昆曲讲座并演出	24	香港中文大学	3.17-3.22
中央民族乐团：王楠	参加“告别迪华特——瞥见刚柔”音乐会	1	香港管弦协会	4.3-4.8
上海歌剧院：张庆新等	演出	80	香港管弦乐团	4.17-4.22
甘肃省歌舞剧院民族交响乐团	演出大型民族交响乐《敦煌音画》	55	香港联艺机构	6.19-6.25
北京东方松雷音乐剧发展有限公司	演出6场音乐剧《爱上邓丽君》	65	香港万兆丰国际娱乐有限公司	4.1-4.7
陕西省戏曲研究院	参加“中国戏曲节2012”演出	50	香港中华文化城	7.12-7.15
江苏省苏州昆剧院	参加中国戏曲节演出	54	香港中华文化促进中心	6.13-6.18
四川凉山歌舞团	“彝风舞韵汇筌城”专场演出	33	香港云海艺术团	6.1-6.5
中华文化联谊会	“我爱你——香港陈思思演唱会”	22	香港全国政协委员联谊会	5.11-5.21
北京良宵竹乐团	参加“国际合家欢”艺术节演出	29	香港文艺演出公司	7.19-7.21
安徽省黄梅戏剧院	参加“中国戏曲节2012”	53	香港明辉文娱有限公司	6.18-6.22
江西省赣剧院	参加“中国戏曲节2012”	50	香港中国艺术推广中心	8.1-8.6
四川省文化厅 蜀风文艺演出团	“根与魂——四川非遗展演”	65	香港联谊机构有限公司	6.8-6.22
江西师范大学女子军乐团	庆祝香港成立15周年国际军乐汇演	70	香港康乐及文化事务署	6.19-6.25
湖北省文化厅“湖北舞台精品演出周”团队	举办湖北舞台精品演出周活动	329	香港联艺机构有限公司	6.21-6.30
湖南省昆剧院	举办两场艺术示范讲座	48	香港城市大学中国文化中心	6.25-6.29

续表

单位（个人）	项目	人数	邀请方	时间
河北杂技团	国庆联欢活动	10	香港联艺机构	9.23-10.3
泰安市杂技团	庆祝国庆及中秋演出活动	10	香港林戈娱乐制作公司	9.21-10.8
湖南省飞燕杂技艺术团等	2012中秋彩灯会	15	香港联艺机构	9.27-10.2
中央民族乐团	“香江明月夜”中秋晚会	118	香港中华文化城	9.28-10.1
中国京剧艺术基金会	京津沪港京剧名家名师名票联袂演出	57	香港联艺机构有限公司	9.29-10.6
广西壮族自治区百色市右江民族歌舞团	庆祝国庆及中秋联欢活动	22	香港联艺机构有限公司	9.23-10.3
上海徐汇燕萍京剧团	演出	58	香港上海戏曲艺术协会	11.26-12.2
浙江宁波市小百花越剧团	参加“2012中国戏剧节”	67	香港上海戏曲艺术协会	10.24-10.30
广电总局：姜克美	参加“新林乐韵关怀音乐会”	1	香港演艺制作中心	9.30-10.4
浙江昆剧团	演出《未生怨》	55	香港志莲净苑	11.7-11.13
国家京剧院：宋官林等	参加“海峡两岸三地，中国京剧名家名剧香港展演周”	86	香港上海戏曲艺术协会	12.7-12.12
广西南宁市民族文化艺术研究院	演出“白蛇传”	50	香港沙田民生关注会	11.15-11.19
武汉杂技团	演出	57	香港中华文化城有限公司	12.22-12.27

展览

单位（个人）	项目	人数	展品	邀请方	时间
故宫博物院：单霁翔等 文明等 王子林等	“颐养谢尘喧——乾隆皇帝的秘密花园展”	533		香港康乐及文化事务署	6.18-6.24 6.18-6.22 10.15-10.24
国家文物局	“秦始皇文物大展”	23	123	香港康乐及文化事务署	7.24-11.26
中外文化交流中心	“李铁夫先生油画展”	2	40	欧盟中国经济文化交流有限公司	12.28-12.31
浙江省美术家协会	“2012·飞龙在天——第三届中国当代百名老艺术家书画精品邀请展”	11	350	中国爱心事业基金会	11.25-12.6

2. 澳门地区

演出

单位（个人）	项目	人数	邀请方	时间
国务院侨办	文化中国四海同春艺术团春节赴东南亚及港澳地区慰侨访演	43		2.14-2.17
东方演艺集团：郭蓉	国侨办“文化中国·四海同春”	1		2.13-2.17

续表

单位（个人）	项目	人数	邀请方	时间
中央民族乐团：魏育茹等	演出《蝶梦飞扬》	10	澳门文化局	4.16-4.22
国家京剧院：宋官林等	参加第23届澳门艺术节	123	澳门文化局	4.23-5.3
甘肃省歌剧院	演出《敦煌韵》	54	澳门基金会	4.10-4.13
中国交响乐团	金沙城中心庆典演出	150	澳门威尼斯人有限公司	4.9-4.16
山东省文化厅（非物质文化遗产演出团）	第23届澳门艺术节	32	澳门文化局	5.8-5.14
中国京剧艺术基金会	京剧进校园	53	澳门基金会	7.5-7.10
甘肃省残疾人艺术团	参加“放飞梦想——澳门与内地残疾人艺术汇演”	43	澳门社会工作局	7.18-7.24
浙江昆剧团	演出“京昆粤”戏剧曲艺汇演欣赏晚会	30	澳门缘聚坊曲艺会	9.25-9.27
中央民族乐团	“濠江月明夜”	43	澳门中华文化联谊会	9.25-9.28
上海戏剧学院附属戏曲学校	“全澳门中学生普及艺术教育——鉴赏国粹 细味戏曲”	67	澳门特区政府教育暨青年局	9.16-9.22
中央民族乐团吴玉霞	第二十六届澳门国际音乐节之澳门中乐团《中乐新风》音乐会	1	澳门特区政府文化局	10.15-10.23
国家话剧院	《四世同堂》演出	88	澳门基金会	11.5-11.13
广电总局：姜克美	参加第二十六届澳门国际音乐节之澳门中乐团《中乐新风》音乐会	1	澳门特区政府文化局	10.16-10.22
中央芭蕾舞团	“走进芭蕾2012”普及演出	24	澳门基金会	11.23-11.30

展览

单位（个人）	项目	人数	展品	邀请方	时间
故宫博物院：吕成龙等	“玉貌清明——故宫珍藏两宋瓷器精品展”	5		澳门艺术博物馆	1.6-1.11 3.7-3.16
中国残疾人联合会	“情情系两地残疾人放飞艺术梦想——澳门与内地残疾人书法绘画及工艺品联展”	5	113	澳门政府社会工作局	4.17-4.25
保利艺术博物馆	“圆明园兽首国宝展”		4	澳门吕志和基金有限公司	5.15-5.25
中国对外文化集团	“笔墨情致——中国书画大师精品展”		40	中国对外文化集团	8.1-9.1
故宫博物院	君子比德——故宫珍藏清代玉器精品展	16	115	澳门民政总署	12.12-3.10

（三）港澳政府文化代表团来访

1. 香港地区

时　间	活　动
5月25日	中纪委驻部纪检组长李洪峰在文化部会见了香港中华总商会蔡冠深会长率领的香港中华总商会艺术文化委员会访京团一行。双方就进一步深化内地与香港文化交流与合作、扎实推进文化产业合作等事宜广泛深入地交换了意见。
9月13日	文化部副部长赵少华在北京会见了香港潮属社团总会主席陈幼南率领的香港潮属社团总会访问团一行。简要介绍了国家“十一五”规划以来内地与香港的文化交流情况，并鼓励香港潮属社团总会继续传承中华文明，弘扬中华民族传统文化，希望总会能够利用自身优势，整合社团资源，准确把握“求稳定、求发展、求和谐”的主流民意，激发当地民众爱国爱港，共同构建香港和谐社会。

2. 澳门地区

时　间	活　动
3月20日	文化部部长蔡武在京会见了以澳门特区政府社会文化司司长张裕为团长的政府文化代表团一行9人，双方就进一步加强内地与澳门的文化交流与合作等事宜深入交换了意见。

（四）港澳文艺团组来访

1. 香港地区

单位（个人）	项目	人数/展品数	邀请方	时间
谭永铨等6人	2012“两岸四地大学生魔术交流大赛”	6	中国少数民族文化艺术基金会	7.20-7.22
香港非常林奕华有限公司	演出舞台剧《贾宝玉》	20	浙江省演出有限公司	4.13-4.14
黄贵权	《情真像幻——黄贵权摄影艺术的诗意空间》作品展览暨研讨会	1(52件)	中国艺术研究院	4.25-5.10
精艺轩等	2012艺术北京博览会	13件	北京艾特菲尔文化有限公司	4.29-5.2
香港贸发局	第八届中国动漫节		中国动漫节组委会	4.28-5.3
香港高龄教育工作者合唱团、香港基信书院合唱团、元朗文协童声合唱团、庇理罗士公立中学合唱团、香港童声合唱团、嘉诺撒圣心书院合唱团	参加第11届中国国际合唱节	36、33人	中国对外文化集团	7.15-7.22
香港康乐及文化事务署	参加国博馆庆	2	中国国家博物馆	7.8-7.10
刘诗昆	参加第15届北京国际音乐节	1	北京明迅公关顾问有限公司	10.5-11.4
欧阳应霁等2人	参加“文化中国——知名华人书画家新疆行”	2	国务院侨办	8.15-8.29

续表

单位（个人）	项目	人数/展品数	邀请方	时间
亚洲青年管弦乐团	内地巡演	20	广州左岸色彩文化传播有限公司	8.12-8.18
梁志和、伍韶劲等2人	第四届广州三年展主题展	2	广东美术馆	9.28-12.16
香港少青联合步操乐团	参加上海旅游节	180	上海市旅游节组委会	9.11-9.20
伍韶劲	第三届艺术与科学国际作品展暨研讨会	3件	清华大学	11.1-11.30
香港康文署李玉文、郑学仁	赴兰州参加第九次中文文献资源共建共享合作会议	2	国家图书馆	9.24-9.27
香港演艺研究创办人：毛俊辉	“欧亚戏剧人论坛”	1	国家话剧院	10.16-10.21
戚谷华	第四届北京国际书法双年展	1人（3幅）	北京市文学艺术界联合会	9.21-9.25
简庆福	2012上海国际摄影节暨上海第11届国际摄影艺术展览	1	上海市文联	10.11-10.17
洪祖星等	参加第21届中国金鸡百花电影节专题影展	33	中国电影家协会	9.25-9.29
香港美术家协会	参加17届广州国际艺术博览会	30件	广州市文化广电新闻出版局	12.6-12.10
李绮华、谭洁瑜等5人	参加2012年中国图书馆年会	5	国家图书馆	11.21-11.24
胡锦明、曾景辉等8人	参加第九届“广东现代舞周”	8	广东星海现代舞蹈艺术有限公司	11.22-11.28
香港梅州联会39人	广州客家文化艺术节	39	广东省人民政府	11.22-11.28

2．澳门地区

单位（个人）	项目	人数/展品数	邀请方	时间
翁达智等5人	2012“两岸四地大学生魔术交流大赛”	5	中国少数民族文化艺术基金会	7.20-7.22
澳门动漫文化产业协会	参加第八届中国国际动漫节		中国动漫节组委会	4.28-5.3
澳门浸信中学信望爱合唱团	参加第11届中国国际合唱节暨国际合唱联盟世界合唱峰会	44	中国对外文化集团	7.15-7.21
澳门博物馆、澳门艺术馆	参加国博馆庆	3	中国国家博物馆	7.8-7.10
澳门乐团	第九次内地巡回音乐会	95	中华文化促进会	9.4-9.12
吴方洲等	文化中国——知名华人书画家新疆行	2	国务院侨办	8.15-8.29
陈秉松	赴兰州参加第九次中文文献资源共建共享合作会议	1	国家图书馆	9.24-9.27
连家生	第四届北京国际书法双年展	1人5(幅)	北京市文学艺术联合会	9.21-9.25

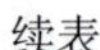

续表

单位（个人）	项目	人数/展品数	邀请方	时间
张晓光等	参加第21届中国金鸡百花电影节专题影展	7	中国电影家协会	9.25-9.29
澳门集艺画廊	参加17届广州国际艺术博览会	30件	广州市文化广电新闻出版局	12.6-12.10
林婉媚	参加“第二届广州国际藏书票双年展”和“第二届广州国际小版画双年展”	1人（1幅）	广州美术学院	11.14-11.30

二、2012赴台交流项目

	赴台时间	团组名称	人次	活动内容
1	1月17日至2月9日	四川省甘孜州委宣传部部长毕世祥以四川省海峡两岸交流促进会常务理事身份率甘孜州歌舞团等	95	应台湾丽宝文化艺术基金会邀请，赴台举办“四川文化季”活动。
2	1月18日至2月15日	沈阳杂技团安宁等	41	应台湾中华台北杂技家协会邀请，赴台演出大型杂技剧《天幻Ⅱ——太阳鸟》。
3	1月18日至2月16日	四川省自贡市杂技团高先敏等	38	应台湾高雄关帝庙管理委员会邀请，赴台演出。
4	1月19日至2月1日	浙江曲艺杂技总团有限公司魏真柏等一行	39	应台湾文化艺术发展促进会邀请，赴台演出。
5	1月29日至2月8日	中国京剧院退休人员李门	1	应台湾中华国乐学会邀请，赴台参加“2012年中华国乐团新年音乐会”。
6	1月30日至2月23日	北京皮影剧团路宝刚等	2	应台湾台原偶戏团邀请，赴台参加排练演出。
7	1月9日至10日	上海东方艺术中心管理有限公司总经理林宏鸣	1	应台湾中山大学剧场艺术学系邀请，赴台就剧院经营管理作系统演讲。
8	1月9日至31日	四川省自贡市灯贸管理委员会邓红等	22	应台湾台中市旅行商业同业公会邀请，赴台参加“中台湾元宵灯会”花灯展示。
9	1月12日至21日	四川省海峡两岸交流促进会拟组派四川省文物管理局局长王琼等	10	应台湾新光三越文教基金会邀请，赴台参加“神秘北纬38度线——古蜀文明秘宝展”开幕式、布展及相关活动。
10	1月3日至9日	故宫博物院王琥等	7	应台湾时艺多媒体股份有限公司邀请，赴台参加正在台北故宫博物院展出的《康熙大帝与路易十四特展》撤展工作。
11	1月4日至10日	国家话剧院导演吴晓江	1	应台湾周凯剧场基金会邀请，赴台进行舞台剧《孙飞虎抢亲》的演员遴选等前期准备工作。
12	2月10日至17日	安徽省文化厅副厅长唐跃拟率安徽省文化艺术交流团	10	应台湾宜兰县中国传统艺术推广协会邀请，赴台进行文化交流。

续表

	赴台时间	团组名称	人次	活动内容
13	2月10日至23日	北京非物质文化遗产保护中心白玉清等	27	应台湾文化大学邀请，赴台参加“2012年两岸城市文化互访系列——北京文化周”活动。
14	2月10日至6月9日	河北省吴桥杂技团信卫民等	24	应台湾能博旺国际传播有限公司邀请，赴台演出。
15	2月8日至10日	第二炮兵政治部创作室副主任刘洪彪等	11	应台湾“中华新文化发展协会”邀请，赴台进行书法交流并举办书法展。
16	2月11日至18日	重庆歌舞团有限责任公司张欣等	86	应台湾威景国际文化事业有限公司邀请，赴台演出舞剧《邹容》。
17	2月11日至20日	北京电视台张亮等	179	应台湾TVBS无线卫星电视台邀请，赴台参加“2012年两岸城市文化互访系列——北京文化周”活动，并举办《北京之夜》晚会。
18	2月13日至23日	北京798艺术区管理委员会张国华等	26	应台北市文化基金会邀请，赴台参加“2012年两岸城市文化互访系列——北京文化周”活动。
19	2月17日至23日	北京市文联拟组派陈启刚等	22	应台湾台北曲艺团邀请，赴台参加“2012京味文化之旅”演出活动。
20	2月17日至24日	北京人民艺术剧院濮存昕等	62	应台湾文化艺术发展促进会邀请，赴台参加“2012年两岸城市文化互访系列——北京文化周”活动，并演出话剧《李白》。
21	2月18日至26日	首都博物馆杨丹丹等	7	应台湾世界宗教博物馆邀请，赴台参加《佛教文物珍藏展》撤展工作。
22	2月22日至3月2日	北方昆曲剧院杨凤一等	130	应台湾环境有限公司邀请，赴台参加“2012年两岸城市文化互访系列——北京文化周”活动，并演出昆曲《红楼梦》。
23	2月23日至28日	江苏省文化联谊会拟组派江苏省美术馆副馆长张兴来等	7	应台北市文化艺术促进会邀请，赴台参加在“国父纪念馆”举办的“情系阿里山——两岸中国画名家联展”活动。
24	2月6日至12日	中国艺术研究院音乐研究所所长田青等	6	应台湾沈春池文教基金会邀请，赴台，参加“守望精神家园——第二届两岸非物质文化遗产月”系列活动之“保护·传承·弘扬——两岸非物质文化遗产论坛”。
25	2月7日至12日	中国交响乐团李心草	1	应台湾交响乐团邀请，赴台参加《心星之火花》音乐会演出。
26	3月15日至21日	中国国家博物馆黄振春等	7	应台湾台北市两岸人员交流服务协会邀请，赴台进行博物馆业务交流。
27	3月16日至19日	中国艺术研究院梁治平	1	应台湾政治大学邀请，赴台参加“2012第八届东亚法哲学研讨会”。
28	3月16日至22日	中国文化报社徐涟、叶飞等	2	应台湾《旺报》邀请，赴台参加“《旺报》第二届两岸征文奖颁奖典礼”。

续表

	赴台时间	团组名称	人次	活动内容
29	3月16日至23日	文化部所属中华文化促进会王石、韩阳等	2	应台湾中时集团邀请，赴台参加《旺报》第二届两岸征文奖颁奖典礼。
30	3月16日至26日	中央芭蕾舞团原团长赵汝蘅	1	应台湾威盛电子股份有限公司邀请，赴台进行文化交流。
31	3月17日至24日	中华文化联谊会拟再次与福建省广播影视集团、中华广播影视交流协会、福建省对外文化交流协会等单位合作，组派综艺演出团等	161	应台中市政府、台湾大甲镇澜宫邀请，赴台中市大甲体育馆举办2012“妈祖之光”大型综艺晚会。
32	3月17日至24日	福建省广播影视集团等单位拟共同组派舒展等	143	应台湾台中市政府、大甲镇澜宫邀请，赴台在台中市大甲体育馆举办2012“妈祖之光”大型综艺晚会。
33	3月19日至28日	河北文化信息资源共享中心靳志军	1	应台湾中华图书资讯馆际合作协会邀请，赴台参加“中华文化云数字图书馆平台建设研讨会”。
34	3月19日至28日	青海省图书馆馆长于立仁	1	应台湾中华图书资讯馆际合作协会邀请，赴台参加中华文化数字云图书馆平台建设研讨会。
35	3月1日至12日	北京京剧院李恩杰等	93	应台湾文化艺术发展促进会邀请，赴台参加“2012年两岸城市互访系列——北京文化周”演出活动。
36	3月1日至4月16日	国家话剧院刘铁钢等	6	应台湾周凯剧场基金会邀请，赴台参加舞台剧《孙飞虎抢亲》排练、演出活动。
37	3月20日至26日	广西壮族自治区文化厅吴兵等	3	应台湾台北市文化艺术促进协会邀请，赴台考察“广西少数民族艺术节”展演场地。
38	3月20日至31日	中国国家话剧院李东等	4	应台湾台北艺术推广协会邀请，赴台进行文化交流。
39	3月27日至4月1日	上海音乐学院教授方琼	1	应台湾台北市国乐团邀请，赴台参加“赵季平电视电影金曲音乐会”演出。
40	3月27日至4月1日	上海民族乐团演奏员段皑皑	1	应台湾台北市国乐团邀请，赴台参加“赵季平电视电影金曲音乐会”演出。
41	3月28日至4月16日	中国国家话剧院周志强等	15	应台湾周凯剧场基金会邀请，赴台参加话剧《孙飞虎抢亲》演出。
42	3月31日至4月30日	中国艺术研究院向延生	1	应台湾南华大学邀请，赴台进行近代音乐史学术交流。
43	3月31日至4月9日	中央戏剧学院教授刘杏林	1	应台湾周凯剧场基金会邀请，赴台参加话剧《孙飞虎抢亲》的舞美设计活动。

续表

	赴台时间	团组名称	人次	活动内容
44	3月5日至14日	四川省文物局拟派刘振宇等	2	应台湾新光三越文教基金会邀请，赴台进行该展相关撤、布展事宜。
45	3月6日至14日	中国艺术职业教育学会拟组织何亚文等	12	应台湾贤志文教基金会邀请，赴台进行交流考察活动。
46	4月10日至20日	内蒙古鄂尔多斯市苗秀花等	46	应台湾台北市少数民族两岸文经交流促进会邀请，赴台进行交流演出。
47	4月11日至16日	重庆市歌剧院院长刘光宇	1	应台湾台北市立国乐团邀请，赴台参加“放纵的两根弦”音乐会演出。
48	4月11日至23日	江苏省演艺集团昆剧院陈强等	17	应台湾建国工程文化艺术基金会邀请，赴台进行交流演出活动。
49	4月14日至23日	北京保利演艺经纪有限公司陈科等	14	应台湾新视纪整合行销传播股份有限公司邀请,赴台进行交流演出活动。
50	4月15日至21日	中央歌剧院许知俊	1	应台湾台北市立国乐团邀请，赴台湾参加音乐会演出。
51	4月19日至30日	辽宁省本溪市文联田连元	1	应台湾台北市曲艺团邀请，赴台讲学。
52	4月20日至28日	厦门艺术学校师生种俐俐等	39	应台湾戏曲学院邀请，赴台湾演出交流。
53	4月22日至29日	中央音乐学院吴爽等	5	应台湾台北市立国乐团邀请，赴台参加“2012年台北市民族器乐大赛”及获奖音乐会。
54	4月22日至30日	中央音乐学院章红艳	1	应台北市立国乐团邀请，赴台湾担任“2012年台北市民族器乐大赛”评委并参加音乐会演出。
55	4月23日至27日	厦门市金莲升高甲剧团吴晶晶等	50	应台湾金门县社教文化活动基金会邀请，赴金门进行交流演出活动。
56	4月23日至5月2日	四川省文物考古研究院辛玉等	2	应台湾新光三越文教基金会邀请，赴台参加《神秘北纬38度——古蜀文明秘宝展》在台中的撤展及在高雄的布展工作。
57	4月23日至5月2日	北方昆曲剧院魏春荣	1	应台湾昆剧团邀请，赴台参加“2012昆剧名家汇演”演出活动。
58	4月24日至26日	上海音乐学院叶国辉等	12	应台湾师范大学邀请，赴台进行演出交流活动。
59	4月25日至6月25日	北京麟祥文化艺术中心张宏伟	1	应台湾琴锣京曲团邀请，赴台进行琴艺交流及演出活动。
60	4月27日至30日	中国文联所属中国电影家协会副主席康健民	1	应台南艺术大学音像艺术学院邀请，赴台湾研讨交流。
61	4月2日至14日	河南省鹤壁市豫剧团团长金不换等	5	应台湾传统艺术总处筹备处邀请，赴台参加“2012传统表演艺术节”。

续表

	赴台时间	团组名称	人次	活动内容
62	4月2日至5月15日	河南省豫剧一团退休演员陈安福	1	应台湾传统艺术总处筹备处邀请，赴台参加“2012传统表演艺术节”活动。
63	4月8日至16日	中央芭蕾舞团刘炬	1	应台湾台北市立国乐团邀请，赴台参加“放纵的两根弦”音乐会演出。
64	4月9日至15日	大陆文化行政专业人士交流访问团肖夏勇等	16	应台湾沈春池文教基金会邀请，赴台湾参访交流。
65	4月9日至16日	上海音乐学院二胡专业学生陆轶文	1	应台湾台北市国乐团邀请，赴台参加“放纵的两根弦”音乐会演出活动。
66	5月10日至6月5日	上海昆剧团林峰等	4	应台湾水磨曲集昆剧团邀请，赴台参加水磨曲集昆剧团25周年团庆演出活动。
67	5月10日至8月9日	河北吴桥杂技团黄桂刚等	27	应台湾能博旺国际传播有限公司邀请，赴台演出。
68	5月18日至25日	兰州许琪敦煌艺术学校艺术总监许琪、校长贾培浩等	2	应台湾佛光大学艺术研究所邀请，赴台湾进行学术交流。
69	5月20日至27日	宁波市歌舞团江武吉等	75	应台湾文化艺术发展促进会邀请，赴台演出。
70	5月21日至27日	中华文化联谊会拟与福建省广播影视集团等单位共同组派陈文广等	146	应台湾苗栗县政府、中华海峡两岸客家文经交流协会邀请，赴台湾举办第三届“客家之歌”大型综艺晚会。
71	5月21日至28日	安徽省文化厅拟组派安徽文化产业考察交流团宰学明等	15	应台湾宜兰县“中国传统艺术推广协会”邀请，赴台湾交流考察。
72	5月22日至29日	新疆维吾尔自治区文物考古研究所名誉所长、研究员伊弟利斯·阿不都热苏勒	1	应台湾“中国边政协会”邀请，赴台湾研讨交流。
73	5月28日至6月4日	中央歌剧院指挥许知俊	1	应台湾台北市立国乐团邀请，赴台湾参加“品东西·疯台湾”音乐会演出。
74	5月2日至21日	北京歌舞剧院有限责任公司种玉杰等	4	应台湾台北曲艺团邀请，赴台进行说唱艺术交流及演出活动。
75	5月30日至6月13日	福建省民族管弦乐学会骆季超等	2	应台湾高雄市爱乐文化艺术基金会邀请，赴台进行文化交流活动。
76	5月30日至6月4日	国家文物局局长单霁翔拟以中华文物交流协会会长身份率团	29	应台北故宫博物院邀请，赴台访问交流，并出席该展开幕式及相关活动。
77	5月3日至15日	河南省鹤壁市豫剧团金不换等	37	应台湾传统艺术总处筹备处邀请，赴台参加“2012两岸豫剧联演”系列活动。
78	5月3日至8日	厦门歌仔戏研习中心朱伟捷等	50	应台湾金门县社教文化活动基金会邀请，赴金门进行交流演出活动。
79	5月5日至12日	湖北文化代表团杜建国等	92	应台湾中华文化经济交流协会邀请，赴台进行演出交流活动。

续表

	赴台时间	团组名称	人次	活动内容
80	5月7日至14日	上海民族乐团演奏员钱军等	2	应台湾台北市立国乐团邀请，赴台参加音乐会演出。
81	5月9日至14日	中央美术学院教师缪晓春	1	应台湾美术馆邀请，赴台参加《未来通行证》展览及学术交流活动。
82	5月9日至18日	中国文献影像技术协会名义组派魏大威等	10	应台湾“中华档案暨资讯微缩管理学会”邀请，赴台湾参加“海峡两岸档案暨微缩学术交流会”。
83	5月9日至21日	中华文物交流协会何戌中等	30	应台湾沈春池文教基金会邀请，赴台参加“第一期两岸文博专业人员交流研习活动”。
84	6月10日至17日	河北省冀台经济文化交流协会拟组派贾占生等	9	应台湾联合报系文化基金会邀请，赴台进行文化交流活动。
85	6月10日至18日	甘肃敦煌研究院罗瑶等	11	应台湾佛光大学艺术研究所林谷芳所长邀请，赴台湾参访交流。
86	6月10日至18日	中华文化促进会张玉文等	10	应台湾中华两岸文化创意产业发展协会邀请，赴台湾进行文化创意产业交流。
87	6月11日至7月11日	河北省石家庄市京剧团牛征良	1	应台湾传统艺术总处筹备处邀请，赴台与台湾国光剧团合作演出。
88	6月12日至21日	河南省青少年武术表演交流团闫国祥等	32	应台湾“中国青年大陆研究文教基金会”的邀请，赴台交流演出。
89	6月14日至21日	中国华夏文化遗产基金会拟组派耿莹等	11	应台湾中华新文化发展协会邀请，赴台湾举办第二届“华夏魂”两岸文化交流活动。
90	6月15日至19日	福建省杂技团张靖华等	93	应台湾唐龙艺术有限公司邀请，赴台参加“海峡论坛•台中之夜文艺晚会”演出。
91	6月15日至23日	河南省文化厅拟以河南文化联谊会名义组派张占标等	42	应台北世界贸易中心邀请，赴台湾举办“中原风—走进台湾”综艺演出。
92	6月15日至30日	北京金牌大风文化传播有限公司周笔畅	1	应台湾金牌大风音乐文化股份有限公司邀请，赴台进行音乐宣传活动。
93	6月15日至7月1日	北京金牌大风文化传播有限公司付辛博等	3	应台湾金牌大风音乐文化股份有限公司邀请，赴台进行音乐宣传活动。
94	6月16日至19日	福建省实验闽剧院周虹等	61	应台湾马祖经贸文化交流协会邀请，赴马祖交流演出。
95	6月18日至7月10日	北京京剧院安云武等	2	应台湾传统艺术总处筹备处邀请，赴台湾进行京剧教学指导。
96	6月20日至23日	上海美术馆收藏委员会特约收藏顾问陈龙等	2	应台湾师范大学国文学系邀请，上海美术馆原副馆长、赴台挑选台湾师范大学退休教授方祖燊先生的捐赠作品。

续表

	赴台时间	团组名称	人次	活动内容
97	6月20日至25日	国际儒学联合会李焕梅	1	应台湾中华孔孟学会邀请，赴台参加“国际儒学交流论坛”。
98	6月20日至29日	厦门市博物馆陈建标等	5	应台湾台南市文化协会邀请，赴台征集有关少数民族乐器及相关资料。
99	6月21日至7月3日	上海越剧院李莉等	76	应台湾传大艺术事业有限公司邀请，赴台演出。
100	6月22日至28日	河北省张家口市旅游协会拟组派中都草原艺术团乌恩奇等	12	应台湾“中华两岸旅行协会”邀请，赴台参加旅游经贸推介会的演出活动。
101	6月22日至29日	中共云南省委原副书记丹增（赴台身份为云南油画学会荣誉顾问）拟率云南油画学会文化考察团一行17人	17	应台湾“中国文化统一促进会”邀请，赴台举办“云南名家美术作品展”并进行文化交流活动。
102	6月22日至29日	河北省冀台经济文化交流协会拟组派王离湘等	24	应台湾联合报系文化基金会邀请，赴台进行交流演出活动。
103	6月22日至29日	河北省冀台经济文化交流协会拟组派潘学聪等	11	应台湾联合报系文化基金会邀请，赴台进行交流演出活动。
104	6月22日至7月1日	四川省阿坝州民委拟组派《羌魂》剧组李川等	69	应台湾两岸文化事业有限公司邀请，赴台交流演出。
105	6月23日至7月11日	四川省文化厅副厅长王志平拟率四川省歌舞剧院有限责任公司《大美四川》剧组	45	应台湾文化艺术发展促进会邀请，赴台演出。
106	6月24日至8月23日	北方昆曲剧院张毓文等	2	应台湾台北昆曲研习社邀请，赴台讲学。
107	6月25日至7月1日	文化部文化市场司副巡视员付燕梅等	2	应台北世界贸易中心、台湾游戏产业振兴协会邀请，赴台湾参加2012GDC台北峰会暨两岸及亚太地区游戏交流活动。
108	6月27日至7月4日	甘肃省嘉峪关市委宣传部长冯旭等	7	应台湾广播股份有限公司邀请，赴台进行交流考察活动。
109	6月28日至7月4日	中国保利集团公司总经理张振高等	4	应台湾辜公亮文教基金会邀请，赴台出席策略伙伴签约仪式。
110	6月28日至7月7日	上海市文化艺术档案馆俞瑾云等	5	应台湾唐龙艺术有限公司邀请，赴台参加布展及开幕式等相关活动。
111	6月2日至12日	沈阳故宫博物院韩春艳等	2	应台湾广达文教基金会邀请，赴台湾进行“皇家风尚——清代宫廷与西方贵族珠宝特展”布展工作。
112	6月30日至7月21日	上海文化联谊会秘书长应明达等	10	应台湾新象文教基金会邀请，赴台参加“海派文化艺术节·上海戏曲季”系列活动。

续表

	赴台时间	团组名称	人次	活动内容
113	6月30日至7月7日	重庆市川剧院院长沈铁梅等	132	应台湾文化艺术发展促进会邀请，赴台参加“巴山渝水宝岛情——重庆文艺精品走进台湾”演出活动。
114	6月30日至7月9日	北京管乐交响乐团田金贵等	59	应台湾嘉义市政府邀请，赴台参加“2011世界管乐年会”演出。
115	6月4日至7日	福建省厦门市金莲升高甲剧团陈炳聪等	50	应台湾金门县金城镇南门境天后宫的邀请，赴金门演出。
116	6月5日至16日	河北省文物局文物鉴定中心主任刘建华	1	应台湾新竹清华大学邀请，日赴台湾研讨交流。
117	6月6日至6月13	陕西省贸易会会长陈俊等	20	应台湾“中华爱艺协会”邀请，赴台举办长安雅集走进台湾文化交流活动。
118	6月7日至16日	中国文化传媒集团孔繁灼等	7	应台湾沈春池文教基金会邀请，赴台访问并与旺旺中时媒体集团签署合作协议。
119	6月8日至17日	河北河间毛公书画院郝双良等	12	应台湾台南县双清文献研究学会邀请,赴台举办画展及笔会、采风等交流活动。
120	6月9日至15日	四川省文物管理局张复生等	2	应台湾新光三越文教基金会邀请，赴台进行“神秘北纬38度线——古蜀文明秘宝展”相关工作。
121	6月9日至23日	中国文化遗产研究院退休研究馆员胡平生	1	应台湾“中央研究院历史语言所”邀请，赴台湾进行学术交流并参加“中央研究院第四届国际汉学会议”。
122	7月10日至16日	苏州市总商会拟组派苏州文创交流团徐国强等	60	应台湾创意经济促进会邀请，赴台湾举办“苏州・台北文创交流展示会”并进行相关参访交流。
123	7月11日至16日	山东省文化厅副厅长陈鹏拟率山东艺术团等	69	应台湾联合报系文化基金会邀请，赴台参加“2011台湾・山东周”演出活动。
124	7月11日至17日	中国戏曲学院王彩云	1	应台湾新竹青年国乐团邀请，赴台参加“2012竹堑国乐节”演出活动。
125	7月11日至18日	山西省歌舞剧院民族乐团常喜刚等	82	应台湾新竹市市立青年国乐团邀请，赴台参加“2011竹堑国乐节”演出。
126	7月11日至23日	上海民族乐团演奏员段皑皑	1	应台湾台北小巨人丝竹乐团邀请，赴台参加“两岸薪传系列音乐会”演出，并举办专题讲座。
127	7月11日至9月10日	河南省艺术研究院石磊等	2	应台湾传统艺术总处筹备处邀请，赴台进行艺术指导工作。
128	7月12日至18日	北京金克木文化发展有限公司张哲昕等	24	应台湾因思锐娱乐有限公司邀请，赴台参加“女子十二乐坊演奏会”演出。
129	7月12日至19日	黑龙江艺术职业学院管弦系主任金东日等	5	应台湾交响乐团邀请，赴台参加两岸青少年管弦乐团交流展演活动。

续表

	赴台时间	团组名称	人次	活动内容
130	7月12日至20日	国家文物局所属中华文物交流协会拟组派商小韫等	4	应台湾佛光山文教基金会邀请，赴台参加“千年重光——山东青州龙兴寺佛教造像展”布展及相关学术活动。
131	7月13日至18日	上海社会经济文化发展研究中心主任许明等	4	应台湾中山大学中国与亚太区域研究所邀请，赴台参加“两岸民间收藏艺术品展览”。
132	7月13日至21日	国家文物局副局长董保华拟以中华文物交流协会副会长身份率团	6	应台湾佛光山文教基金会邀请，赴台参加“千年重光——山东青州龙兴寺佛教造像展”开幕式等活动。
133	7月15日至22日	北京舞蹈学院王伟等	23	应台湾台北艺术大学邀请，赴台参加“2012国际舞蹈节”演出活动。
134	7月15日至23日	山西省晋城市文广新局局长闫锦绣拟率上党梆子团等	22	应台湾新竹青年国乐团邀请，赴台参加“2012年竹堑国乐节”演出活动。
135	7月15日至24日	重庆市文史馆李联军等	14	应台湾“中华现代国画研究学会”邀请，重庆市文史馆李联军等14人拟于2012年7月15日至24日赴台参加“台渝书画名家作品展览”。
136	7月15日至8月14日	北京金牌大风文化传播有限公司江奇霖等	2	应台湾金牌大风音乐文化股份有限公司邀请，赴台进行音乐宣传活动。
137	7月15日至8月25日	厦门艺术学校教师李秀华	1	应台湾苗栗荣兴客家采茶剧团邀请，赴台讲学。
138	7月15日至9月9日	贵州省赤水市竹雕工艺家卢华英	1	应台湾周凯剧场基金会邀请，赴台参加来台阿里山乡跨部落驻点交流活动。
139	7月16日至21日	上海文化联谊会拟组织上海评弹团秦建国等	22	应台湾中国信托商业银行文教基金会邀请，赴台参加“海派文化艺术节·上海戏曲季”评弹专场演出。
140	7月17日至22日	河南省宋庆龄基金会艺术顾问、河南艺术中心演员张志刚等	2	应台湾“中国青年大陆研究文教基金会”邀请，赴台演出。
141	7月17日至30日	南京博物院陆建芳等	3	应台湾台北故宫博物院邀请，赴台为拍摄南京博物院建院80周年专题片查询相关资料。
142	7月18日至22日	贵州省文物局陈顺祥	1	应金门大学人文社会学院邀请，赴金门参加第13次中国近代建筑史学术年会。
143	7月18日至22日	中国文化遗产研究院工程师吴婷	1	应台湾金门大学人文社会学院邀请，赴金门参加学术年会。
144	7月18日至24日	辽宁芭蕾舞团王训益等	70	应台湾金雅股份有限公司邀请，赴台演出。
145	7月1日至5日	中国艺术研究院梁远远等	3	应台湾台南市文化局和台湾漆艺协会邀请，赴台参加“2011台南国际树漆艺术大展”及相关活动。
146	7月20日至8月25日	福建省厦门市金莲升高甲剧团纪亚福	1	应台湾苗栗荣兴客家采茶剧团邀请，赴台教学。

续表

	赴台时间	团组名称	人次	活动内容
147	7月20日至9月27日	上海昆剧团导演饶洪潮	1	应台湾戏曲学院邀请，赴台担任戏剧《杨妃梦》的排练指导工作。
148	7月21日至8月31日	上海昆剧团周志刚等	2	应台湾台北昆剧团邀请，赴台讲学。
149	7月21日至8月5日	北京爱乐合唱团杨力等	3	应台湾台北爱乐文教基金会邀请，赴台参加“2012国际合唱音乐节”演出活动。
150	7月21日至9月15日	天津京剧院演员李经文等	2	应台湾辜公亮文教基金会邀请，赴台讲学。
151	7月22日至29日	北京东方松雷音乐剧发展有限公司李嘉润等	8	应台湾威景国际文化事业有限公司邀请，赴台进行音乐剧《爱上邓丽君》的演出宣传工作。
152	7月22日至8月1日	上海京剧院单跃进等	137	应台湾传大艺术事业有限公司邀请，赴台参加“海派文化艺术节·上海戏曲季”演出。
153	7月23日至31日	上海昆剧团沈昳丽	1	应台湾新象文教基金会邀请，赴台参加《游园惊梦》舞台剧演出。
154	7月23日至8月1日	北京京剧院吴然等	32	应台湾威龙顾问有限公司邀请，赴台演出。
155	7月23日至9月1日	石家庄市京剧院牛征良	1	应台湾当代传奇剧场邀请，赴台讲学。
156	7月25日至31日	故宫博物院文化服务中心科长杨萍等	4	应台湾台北故宫博物院邀请，赴台进行博物馆文化创意产品研发进行交流活动。
157	7月26日至31日	福建省福鼎市太姥山快乐合唱团张祖强等	54	应台湾台北艺术家文教推广基金会邀请，赴台参加“第4届台湾原住民合唱嘉年华会”演出活动。
158	7月26日至31日	国家图书馆高红等	3	应台湾汉学研究中心邀请，赴台进行文献调研活动。
159	7月27日至8月3日	北京爱乐合唱团唐重庆等	54	应台北爱乐文教基金会邀请，赴台湾演出交流。
160	7月28日至8月1日	北京市第二十中学及清河第四小学拟组派刘瑞英等	12	应台湾青少年多元发展协会邀请，赴台湾参加“2012城市杯青少年书法交流赛”。
161	7月29日至8月5日	中国国家博物馆副馆长都海江等	9	应台湾“台北故宫博物院”邀请，赴台进行交流考察活动。
162	7月2日至18日	上海越剧院何向莲等	69	应台湾传大艺术事业有限公司邀请，赴台参加“海派文化艺术节·上海戏曲季”演出。
163	7月30日至8月2日	广州交响乐团指挥林大叶	1	应台湾台南应用科技大学音乐系邀请，赴台参加青少年夏令营活动。
164	7月31日至8月8日	文物出版社名誉社长苏士澍	1	应台湾中华伦理教育学会和德安生活文教基金会邀请，赴台参加“笔华墨韵——中国书画名家联展”。
165	7月3日至10日	上海音乐学院教授王建民等	2	应台湾新竹青年国乐团邀请，赴台参加“第一届新竹市竹堑杯国际二胡大赛”暨“2012竹堑国乐节”活动。

续表

	赴台时间	团组名称	人次	活动内容
166	7月3日至10日	上海民族乐团二胡演奏家闵惠芬	1	应台湾新竹青年国乐团邀请，赴台参加“新竹市第一届竹堑杯国际二胡大赛”暨“2012竹堑国乐节”活动。
167	7月3日至10日	我部拟以中华文化联谊会名义组派由高树勋部长助理担任团长的大陆文化交流访问团一行	8	应台湾新象文教基金会邀请，赴台湾交流访问，并出席“海派文化艺术节·上海戏曲季”开幕系列活动。
168	7月3日至9日	上海音乐学院民乐系二胡专业学生陆轶文	1	应台湾新竹青年国乐团邀请，赴台参加“第一届新竹市竹堑杯国际二胡大赛”暨“2012竹堑国乐节”活动。
169	7月3日至9日	中央音乐学院严洁敏等	5	应台湾新竹青年国乐团邀请，赴台参加“第一届新竹国际二胡大赛”。
170	7月4日至10日	新疆华夏艺术馆馆长赵万顺	1	应台湾中华书学会邀请，赴台进行书画交流活动。
171	7月4日至23日	中央民族乐团团长席强等	8	应台湾新竹青年国乐团邀请，赴台参加“新竹市第一届竹堑杯国际二胡大赛”暨“2012竹堑国乐节”演出及交流活动。
172	7月4日至7日	湖南理工学院美术学院副教授毛全周等	3	应台湾“中华书学会”邀请，赴台参加“两岸书画艺术联展暨论坛”活动。
173	7月4日至7日	广东省东莞诗书画研究院秦长江等	2	应台湾“中华书学会”邀请，赴台参加“两岸书画艺术联展暨论坛”活动。
174	7月6日至23日	新疆维吾尔自治区大型文化活动服务中心组派喀什地区歌舞团叶美金等	15	应台湾新北市优高行销有限公司邀请，赴台参加“2012新北市乐舞节”演出活动。
175	7月6日至8月2日	福建艺术职业学院副教授陈雯	1	应台湾陈玫陵舞蹈工作室邀请，赴台讲学。
176	7月7日至14日	上海音乐学院黄晓同等	2	应台湾新竹青年国乐团邀请，赴台参加交流演出活动。
177	7月9日至14日	文化部恭王府管理中心副主任李铬钢等	5	应台湾唐龙艺术有限公司邀请，赴台考察交流。
178	7月9日至14日	上海音乐学院交响管乐团乔展文等	57	应台湾嘉义市政府邀请，赴台参加“第20届嘉义市国际管乐节”演出。
179	7月9日至18日	云南曲靖市民乐演奏家陈兴彪等	3	应台湾桃园乐友丝竹室内乐团邀请，赴台参加音乐会演出及艺术讲座等活动。
180	8月10日至10月20日	福建省漳州市芗剧团导演吴兹明	1	应台湾荣兴客家采茶剧团邀请，赴台参加新编戏曲编导工作。
181	8月11日至16日	文化部艺术服务中心蒋存雄等	4	应台湾沈春池文教基金会邀请，赴台湾考察交流。
182	8月12日至19日	罗新民等	11	应台湾文化艺术发展促进会邀请，赴台进行交流考察活动。

续表

	赴台时间	团组名称	人次	活动内容
183	8月12日至20日	滚石（北京）文化传播有限公司郁英霞等	2	应台湾滚石国际音乐股份有限公司邀请，赴台湾进行专辑筹备及宣传工作。
184	8月14日至19日	四川省都江堰市青城赵公民俗文化学会杨启铭等	9	应台湾中华净明忠孝道教会邀请，赴台湾进行文化交流。
185	8月15日至10月16日	中国作家协会所属《人民文学》编辑部副主任周晓枫	1	应台湾耕莘文教基金会邀请，赴台参加“文学与社会——两岸作家创作交流活动”。
186	8月16日至22日	中央音乐学院朱亦兵等	8	应台湾春之声管弦乐团邀请，赴台参加“2011暑期音乐教育交流展示周”活动。
187	8月17日至9月10日	北京时代新纪元文化传播有限公司冯国栋等	2	应台北市立交响乐团邀请，赴台湾演出交流。
188	8月17日至21日	北京戏曲艺术职业学院杜莹	1	应台湾交响乐团邀请，赴台湾参加华人音乐创作与发展座谈会。
189	8月17日至9月10日	中央音乐学院李国玲	1	应台湾台北市交响乐团邀请，赴台湾参加演出。
190	8月18日至25日	吉林省文联金中浩	1	应台湾景伊文化艺术基金会邀请，赴台进行书法交流活动。
191	8月18日至25日	上海商贸旅游学校退休教师张大卫	1	应台湾景伊文化艺术基金会邀请，赴台参加书画艺术交流活动。
192	8月18日至9月7日	福建省广播影视集团共同组派舒展等	78	应台湾辜公亮文教基金会邀请，赴台湾参加“海峡梨园情—2011京昆交响音乐会”演出。
193	8月19日至27日	浙江省宁波市文化广电新闻出版局副局长舒月明拟率宁波市艺术剧院演出团一行	60	应台湾文化艺术发展促进会邀请，赴台参加“台湾·浙江文化节”演出。
194	8月1日至2013年2月28日	中国艺术研究院吴钊等	2	应台湾南华大学邀请，赴台讲学。
195	8月1日至2013年1月21日	内蒙古民族歌舞剧院李镇	1	应台湾艺术大学邀请，赴台讲学。
196	8月1日至9月17日	河南省豫剧三团退休干部崔燕	1	应台湾传统艺术总处筹备处邀请，赴台参加戏曲《梅龙镇》排练的身段指导工作。
197	8月1日至9月17日	中国戏曲学院左奇伟	1	应台湾传统艺术中心邀请，赴台湾进行编腔作曲及音乐指导工作。
198	8月20日至10月19日	沈阳钢厂文化干事胡连祝	1	应台湾台北市曲韵剧坊邀请，赴台教学。
199	8月20日至27日	湖北荆楚文化研究会董继宁等	13	应台湾湖北文献社邀请，赴台举办《纪念辛亥首义一百周年·海峡两岸荆楚名人书画展》。
200	8月20日至30日	中央音乐学院赵寒阳等	3	应台湾台北市立国乐团邀请，赴台演出并参加国乐暑期研习营教学活动。

续表

	赴台时间	团组名称	人次	活动内容
201	8月20日至8月25日	中国标准草书学社陈墨石等	2	应台湾台北市中华粥会邀请，赴台参加“于右任法书纪念辛亥展”及相关交流活动。
202	8月20日至9月1日	中央音乐学院李真贵等	2	应台湾台北市立国乐团邀请，赴台参加“百家争鸣”音乐会。
203	8月20日至9月1日	上海音乐学院陆春龄	1	应台湾台北市立国乐团邀请，赴台湾参加音乐会演出并举办讲座。
204	8月22日至28日	国家文物局闫亚林等	3	应台湾中华水下考古学会邀请，赴台进行学术交流。
205	8月25日至30日	中国国家话剧院周志强等	2	应台湾周凯剧场基金会邀请，赴台湾商谈联合制作舞台剧有关事宜。
206	8月25日至9月1日	安徽省书法家协会拟组派安徽省文化厅副厅长江刘伍等	11	应台湾宜兰县“中国传统艺术推广协会”邀请，赴台湾交流考察。
207	8月26日至9月2日	中国诗酒文化协会会长陈琪林等	15	应台湾中华酒文化交流协会邀请，赴台参加“首届海峡两岸中华酒文化交流研讨会”。
208	8月26日至9月9日	中国国家话剧院李东、田沁鑫	2	应台湾台北艺术推广协会邀请，赴台湾考察交流。
209	8月27日至9月10日	中华文化联谊会所属北京巨龙文化公司拟组派天津人民艺术剧院郭昊博等	64	应台北艺术推广协会邀请，赴台湾举办《风华绝代》话剧演出。
210	8月27日至9月3日	安徽省书画院陈建国等	18	应台湾宜兰县中国传统艺术推广协会邀请，赴台举办“安徽书画精品展”并进行书画艺术交流活动。
211	8月28日至10月26日	江苏省演艺集团周义刚	1	应台湾弘梅雅集京昆艺术团邀请，赴台讲学。
212	8月28日至30日	故宫博物院拟组派闫宏斌等	4	应台湾金鼎文教基金会邀请，赴台湾考察展览。
213	8月29日至9月3日	中国歌剧舞剧院交响乐团李小祥等	68	应台湾辜公亮文教基金会邀请，赴台参加“海峡梨园情—2011京昆交响音乐会”演出。
214	8月2日至10日	中国文物交流中心拟组派邓超等	4	应台湾佛光山文教基金会邀请，赴台湾进行“千年重光——山东青州龙兴寺佛教造像展”的展览安全检查工作。
215	8月30日至10月29日	黑龙江省京剧院一级演奏员赵惠兰	1	应台湾曲韵剧坊邀请，赴台讲学。
216	8月31日至9月7日	上海市文化艺术档案馆吴景春等	3	应台湾唐龙艺术有限公司邀请，赴台进行《上海舞台艺术精华展》的撤展工作。
217	8月31日至9月9日	浙江省杭州越剧院三团王小娣等	66	应台湾文化艺术发展促进会邀请，赴台演出。
218	8月5日至15日	贵州画院赵晓林等	3	应台湾高雄市中华文化经贸交流发展协会邀请，赴台进行交流考察工作。

续表

	赴台时间	团组名称	人次	活动内容
219	8月5日至18日	星海音乐学院附中校长李继武等	12	应台湾交响乐团邀请，赴台参加交流演出活动。
220	8月6日至13日	广西少数民族艺术团林婕等	37	应台湾台东县记者工会邀请，赴台进行演出。
221	8月6日至17日	中央音乐学院兰维薇	1	应台湾小巨人丝竹乐团邀请，赴台参加音乐会演出。
222	8月7日至11日	北京国际音乐节艺术基金会王建等	6	应台湾台南应用科技大学邀请，赴台参加“2011音乐节研讨会”。
223	8月8日至15日	河北省文联拟组派以赵景芝为团长的访问团	17	应台湾“中国文艺协会”邀请，赴台进行文化交流活动。
224	8月9日至12日	北京皮影剧团路宝刚、毛忠博	2	应台湾台原偶戏团邀请，赴台湾参加“2012六堆客家儿童艺文嘉年华”活动。
225	9月11日至17日	福建京剧院刘作玉等	58	应台湾弘梅雅集京昆艺术团邀请，赴台湾交流演出。
226	9月11日至18日	重庆作家协会黄中模等	9	应台湾“中国文艺协会”邀请，赴台参加2011年两岸月圆诗歌朗诵会及两岸诗歌发布研讨会。
227	9月13日至19日	中国美术馆关世强等	2	应台湾美术馆邀请，赴台参加“复感·动观——2011海峡两岸当代艺术展”撤展工作。
228	9月15日至22日	重庆红岩联线文化发展管理中心主任厉华等	5	应台湾“中央通讯社”邀请，赴台进行交流参访活动。
229	9月15日至24日	中央民族乐团拟组派张鑫华	1	应台湾台北市国乐团邀请，赴台湾演出。
230	9月15日至29日	国家京剧院叶金森	1	应台湾王友兰黄梅调剧艺坊邀请，赴台参加“百年好合——黄梅调喜剧系列”两岸联演活动。
231	9月15日至30日	河北省文化厅副厅长李建华等	9	应台湾沈春池文教基金会邀请，赴台参加“河北非物质文化遗产图片精选展”开幕式。
232	9月16日至2013年7月31日	中国国家博物馆退休研究馆员周宝中	1	应台湾台南艺术大学博物馆学与古物维护研究所邀请，赴台讲学。
233	9月18日至28日	中华文化联谊会和中国艺术研究院组派刘茜等	24	应台湾“中华文化总会”邀请，赴台参加“第二届两岸汉字艺术节”演出。
234	9月19日至12月19日	山西省歌舞剧院一级演奏员王宝灿	1	应台湾南华大学邀请，赴台讲学。
235	9月19日至25日	湖南省文化厅拟组派张蔚等	5	应台湾沈春池文教基金会的邀请，赴台进行“守望精神家园——两岸非物质文化遗产月”活动前期考察。
236	9月19日至26日	中国音乐学院刘德海等	8	应台湾台北市立国乐团邀请，赴台参加音乐会演出。
237	9月1日至10月30日	黑龙江省京剧院拟组派赵惠兰	1	应台湾曲韵剧坊邀请，赴台讲学。

续表

	赴台时间	团组名称	人次	活动内容
238	9月1日至11日	北京交响乐团张文华等	208	应台湾台北市文化基金会邀请,赴台湾参加“2011年京台文化节”。
239	9月1日至12月1日	山西演艺集团歌舞剧院有限责任公司王宝灿	1	应台湾南华大学邀请，赴台湾讲学。
240	9月1日至5日	上海交响乐团张明等	4	应台湾牛耳艺术经纪公司邀请，赴台湾参加演出。
241	9月1日至6日	广东民族乐团陈佐辉等	69	应台湾传大艺术事业有限公司邀请，赴台参加“2011年彰化当代国乐节”演出活动。
242	9月20日至27日	河南省文物局局长陈爱兰（赴台身份为河南省文物考古学会会长）等	9	应台湾“中华民族文化发展协会”邀请，赴台进行文化交流活动。
243	9月20日至28日	中国广播艺术团王书伟等	92	应台湾传大艺术事业有限公司和新竹县树杞林客家文化协会邀请，赴台演出。
244	9月20日至29日	四川省文化馆张汝宜等	5	应台湾台北文化艺术促进协会邀请，赴台考察“四川文化艺术节”活动场地。
245	9月22日至25日	故宫博物院研究馆员罗文华	1	应台湾“中央研究院”近代史研究所邀请，赴台参加“清宫之舶来品与皇权”工作会议。
246	9月22日至28日	中纪委驻文化部纪检组组长李洪峰拟以中华文化联谊会顾问身份率中华文化联谊会访问团	18	应台湾“中华文化总会”邀请，赴台参加第二届两岸汉字艺术节开幕式及相关活动。
247	9月23日至25日	福建省泉州市对外文化交流协会拟组派陈元殿等	75	应台湾澎湖县文化基金会邀请，赴澎湖参加“欢乐泉州·走进澎湖”演出。
248	9月24日至10月1日	广西摄影家协会主席施兴良等	10	应台湾南投县摄影学会邀请，赴台参加“第二届台湾·广西风光风情摄影艺术展”及艺术交流活动。
249	9月24日至10月3日	中国文物交流中心副主任殷稼等	14	应台湾时艺多媒体传播股份有限公司邀请，赴台参加在台北故宫博物院举办的《康熙大帝与路易十四特展》的布展工作及开幕式等相关活动。
250	9月24日至31日	青海省艺术研究所方立峰	1	应台湾周凯剧场基金会邀请，赴台研商有关交流事宜，并进行参访活动。
251	9月25日至10月2日	上海京剧院陈平一	1	应台湾台北市民交响乐团邀请，赴台参加演出。
252	9月25日至30日	四川省文物考古研究院闫西莉等	9	应台湾新故乡文教基金会邀请，赴台参加“两岸震后重建与文化资产维护”交流活动。
253	9月28日至10月3日	福建省龙岩市永定县客家土楼艺术团吴瑞林等	15	应台湾桃园县政府客家事务局邀请，赴台演出原生态客家风情舞集《土楼神韵》。
254	9月30日至10月6日	福建省厦门市金莲升高甲剧团吴晶晶等	49	应台湾中华民俗艺术基金会邀请，赴台演出。

续表

	赴台时间	团组名称	人次	活动内容
255	9月3日至9日	上海宋庆龄故居纪念馆薛晓峰等	6	应台湾“国父纪念馆”邀请，赴台举办展览。
256	9月5日至10月26日	北京京剧院安云武等	2	应台湾传统艺术总处筹备处邀请，赴台参加排练及演出活动。
257	9月5日至10月31日	南京博物院刘文涛等	2	应台湾台北故宫博物院邀请，赴台进行学术交流。
258	9月5日至12日	福建省晋江市高甲戏剧团曾文杰等	19	应台湾葛玛兰文化基金会邀请，赴台演出。
259	9月6日至12日	文化部副部长欧阳坚以中华文化联谊会顾问名义率大陆文化产业专业人士访问团一行	15	应台湾沈春池文教基金会邀请，赴台湾出席第二届“海峡两岸文化创意产业展”开幕式及两岸文化产业论坛。
260	9月6日至15日	“海峡两岸文化创意产业展”参展团许向明等	169	应台湾“商业总会”邀请，赴台湾举办第二届“海峡两岸文化创意产业展”并参加相关交流活动。
261	9月8日至17日	河南省京剧院陈平一	1	应台湾弘梅雅集京昆艺术团邀请，赴台湾进行艺术指导交流活动。
262	9月8日至20日	江苏省演艺集团王群等	76	应台湾弘梅雅集京昆艺术团邀请，赴台湾演出。
263	9月9日至16日	浙江省嵊州市文化广电新闻出版局副局长王霞燕拟率越剧艺术保护传承中心一行	40	应台湾文化艺术发展促进会邀请，赴台湾演出。
264	12月18日	重庆歌舞团等	105	应台湾威景国际文化事业有限公司邀请，赴台交流演出。
265	10月10日至12月10日	北京戏曲艺术职业学院张国栋、中国木偶艺术剧院有限责任公司张延军等	2	应台湾戏点子工作坊邀请，赴台讲学。
266	10月11日至16日	成都杜甫草堂博物馆郑勇等	12	应台湾亚太文化创意产业协会邀请，赴台交流考察。
267	10月16日至20日	中国国家话剧院导演吴晓江	1	应台湾周凯剧场基金会邀请，赴台参加话剧《孙飞虎抢亲》的设计会议及遴选演员等前期准备工作。
268	10月17日至24日	中国戏曲学院舒桐等	3	应台湾传统艺术总处筹备处邀请，赴台进行交流演出。
269	10月17日至29日	天津交响乐团董金池	1	应台湾台南艺术大学中国音乐学系邀请，赴台参加2011国乐大师系列讲座。
270	10月20日至27日	四川省书法家协会主席何应辉等	24	应台湾高雄市“中华文化经贸交流发展协会”邀请，赴台参加“海峡两岸书法联展”及艺术交流活动。

续表

	赴台时间	团组名称	人次	活动内容
271	10月20日至24日	中国儿童艺术剧院雷喜宁等	9	应台湾台北如果儿童剧团的邀请，赴台演出儿童剧《小吉普变变变》。
272	10月21日至19日	江苏省演艺集团卢小杰	1	应台湾东南中学邀请，赴台进行教学指导和学术交流活动。
273	10月21日至26日	中国音乐学院宋飞	1	应台湾台北市立国乐团的邀请，赴台参加音乐会演出。
274	10月21日至26日	江苏省演艺集团朱昌耀等	27	应台湾台北市立国乐团邀请，赴台参加2011大型民族音乐演出活动。
275	10月21日至27日	武汉大学人文社会科学研究院教授傅才武等	2	应台湾艺术大学教育推广中心邀请，赴台参加“第四届两岸四地文化创意产业研究联盟论坛”活动。
276	10月22日至26日	中国文联所属中国音乐家协会副秘书长王建国等	3	应台湾台北市立国乐团邀请，赴台参加两岸三地《天下为公》大型民族音乐会。
277	10月22日至31日	广东省南方歌舞团团长谢晓泳	1	应台湾新古典表演艺术基金会邀请，赴台参加“2011音乐舞蹈文化人类学研讨会”。
278	10月24日至11月7日	哲滕（北京）文化传播有限公司田旭等	13	应台湾台北艺术大学邀请，赴台演出舞台剧《隐婚男女》。
279	10月25日至11月1日	四川省南充市文化体育局代表团冯庆煜等	16	应台湾普仁青年关怀基金会邀请，赴台进行交流考察活动。
280	10月27日至11月2日	北京鲁迅博物馆副馆长黄乔生等	2	应台湾彰化师范大学国文系邀请，赴台参加“2011中文知识生产与亚洲社会转型国际学术研讨会”。
281	10月27日至11月7日	中国国家话剧院《红玫瑰与白玫瑰》剧组严凤琦等	31	应台湾“两厅院”邀请，赴台进行交流演出。
282	10月27日至30日	国家博物馆副馆长陈履生	1	应台湾台北艺术大学传统艺术研究所邀请，赴台参加“百年雕刻——杨英风和他的时代”学术研讨会。
283	10月27日至30日	四川省川剧艺术研究院院长杜建华	1	应台湾戏曲学院邀请，赴台参加“2011年戏曲国际学术研讨会”。
284	10月27日至31日	福建博物院副院长林恭务	1	应台湾“中央研究院”人文社会科学研究中心考古学研究专题中心邀请，赴台参加“马祖列岛与海洋环境文化”研讨会。
285	10月28日至11月4日	贵阳乐韵坊女子合唱团张玲等	49	应台湾台北艺术家文教推广基金会邀请，赴台进行交流演出。
286	10月28日至11月8日	北京哈雅盛世文化传播有限公司张全胜等	6	应台湾新北市音乐心灵推广协会邀请，赴台参加“2011恒春国际民谣音乐节活动”。

续表

	赴台时间	团组名称	人次	活动内容
287	10月29日至11月4日	上海市政协副主席吴幼英拟以上海市文史资料研究会名誉主席身份率上海市政协代表团	11	应台湾图书出版事业协会邀请，赴台参加《纪念辛亥百年上海名家书画展》开幕式活动。
288	10月29日至11月9日	北京师范大学教授郭小凌等	12	应台湾世界宗教博物馆邀请，赴台参加展览开幕式及相关活动。
289	10月31日至11月9日	北京新文化运动纪念馆郭俊英等	5	应台湾祥泷股份有限公司邀请，赴台参加《品味经典 感受大师—中国新文学作家与作品展》的布展工作及展览开幕式等相关活动。
290	10月31日至12月31日	哲滕（北京）文化传播有限公司傅若岩等	4	应台湾戏剧表演家剧团邀请，赴台演出舞台剧《我的祖宗十八代》。
291	10月6日至11日	江苏省常州市动漫协会徐缨等	6	应台湾中华海峡两岸经贸文化协会邀请，赴台进行交流考察活动。
292	10月6日至18日	福建省艺术研究院研究员叶明生	1	应台湾台中技术学院应用中文系邀请，赴台参加“关帝信仰与现代社会国际学术研讨会”。
293	10月8日至17日	中华文物交流协会副会长宋新潮等	10	应台湾沈春池文教基金会邀请，赴台参加第三届海峡两岸文化遗产论坛。
294	10月8日至20日	福建省漳州市芗剧团吴兹明、陆逸红等	2	应台湾荣兴客家采茶剧团邀请，赴台参加新编戏曲的编导工作。
295	11月10日至16日	河南省宋庆龄基金会副主席闫国祥等	15	应台湾太平洋文化基金会邀请，赴台举办“2011豫台书画交流展”并进行书画交流。
296	11月10日至20日	内蒙古呼伦贝尔市鄂温克旗乌兰牧骑艺术团色音图等	44	应台北市少数民族两岸文经交流促进会邀请，赴台湾演出交流。
297	11月13日至20日	上海话剧艺术中心吴嘉等	10	应台湾戏剧表演家剧团邀请，赴台湾演出交流。
298	11月13日至21日	上海耀演网络科技有限公司所属表演团体ICE QUEEN倪妍等	4	应台湾唱戏娱乐事业有限公司邀请，赴台参加演出及录制节目。
299	11月14日至19日	故宫博物院院长郑欣淼、上海博物馆副馆长陈克伦等	10	应台湾台北故宫博物院邀请，赴台参加“两岸故宫第三届学术研讨会”。
300	11月14日至21日	青岛市文化广电新闻出版局局长姜正轩拟率青岛交响乐团	17	应台湾高雄市交响乐团邀请，赴台交流演出。
301	11月17日至20日	文化部所属中国动漫集团有限公司总会计师胡月明	1	应台湾中山大学文学院邀请，赴台湾研讨交流。
302	11月20日至26日	中国图书馆学会理事长、国家图书馆常务副馆长詹福瑞等	40	应台湾中华图书资讯馆际合作协会邀请，赴台参加“2011年海峡两岸公共图书馆服务研讨会”。
303	11月20日至27日	上海音乐学院民乐系学生林杲等	2	应台湾台北市国乐团邀请，赴台参加“2011台北市民族器乐大赛——二胡”比赛。

续表

	赴台时间	团组名称	人次	活动内容
304	11月20日至27日	中央音乐学院严洁敏等	15	应台湾台北市立国乐团邀请，赴台参加“2011台北市民族器乐大赛”二胡比赛及音乐会演出。
305	11月20日至29日	上海市群众艺术馆拟组织上海社区文化交流参访团高春明等	18	应台湾唐龙艺术有限公司邀请，赴台进行交流考察活动。
306	11月21日至24日	中国艺术研究院音乐研究所研究员王子初	1	应台湾佛光大学人文学院邀请，赴台参加“第二届中国音乐史学国际学术研讨会”。
307	11月21日至25日	中国友好和平发展基金会副秘书长王合善等	6	应台湾唐龙艺术有限公司邀请，赴台为举办“品味陕西·第二届海峡两岸春节民俗庙会”进行前期考察。
308	11月22日至28日	北京金牌大风文化传播有限公司周笔畅	1	应台湾金牌大风音乐文化股份有限公司邀请，赴台进行专辑宣传活动。
309	11月23日至2013年1月22日	安徽省六安市裕安区京剧团郭利利	1	应台湾“高雄市国剧研究会”邀请，赴台进行教学演出。
310	11月24日至30日	浙江省文物考古研究所沈岳明等	5	应台湾鸿禧艺术文教基金会邀请，赴台参加“东亚青瓷展暨东亚青瓷学术论坛”。
311	11月24日至30日	河南省文物考古研究所所长孙新民	1	应台湾鸿禧艺术文教基金会邀请，赴台参加“东亚青瓷展暨东亚青瓷学术论坛”。
312	11月26日至2012年2月20日	湖南省人民政府组派大陆非遗展演交流团曹学群等	131	应台湾沈春池文教基金会邀请，赴台举办第二届“守望精神家园——两岸非物质文化遗产月”大型文化交流活动。
313	11月26日至2012年2月20日	文化部肖夏勇等	13	应台湾沈春池文教基金会邀请，赴台举办第二届“守望精神家园——两岸非物质文化遗产月”活动。
314	11月27日至12月5日	中国作协所属作家出版社副总编辑应红	1	应台湾《印刻文学生活志》杂志社邀请，赴台参加“两岸文学高峰会——大陆作家参访活动”。
315	11月27日至2012年1月10日	北方昆曲剧院魏春荣	1	应台湾传统艺术总处筹备处邀请，赴台参加昆曲《梁山伯与祝英台》演出。
316	11月2日至11日	成都对外文化交流中心邓先富等	13	应台湾沈春池文教基金会邀请，赴台进行交流考察活动。
317	11月2日至4日	中国国家图书馆副馆长张志清等	5	应台湾汉学研究中心邀请，赴台参加“中文文献资源共建共享合作会议”。
318	11月6日至12月20日	福建漳州市芗剧团演奏员谢梁波	1	应台湾一心戏剧团邀请，赴台湾传习交流。
319	11月7日至11日	中外文化交流中心部门经理姚志华	1	应台湾观想艺术有限公司邀请，赴台考察展览场地。
320	11月7日至21日	河南省漯河市豫剧团团长宋德甲等	4	应台湾传统艺术总处筹备处邀请，赴台进行观摩、培训等交流活动。

续表

	赴台时间	团组名称	人次	活动内容
321	11月8日至20日	中央民族乐团退休演员胡炳旭	1	应台湾高雄市爱乐文化艺术基金会邀请，赴台参加音乐会演出。
322	11月8日至28日	浙江小百花越剧团杨建新等	70	应台湾亚太文创多媒体国际艺术有限公司邀请，赴台湾参加第五届“台湾·浙江文化节”演出交流活动。
323	11月至12月	兰州文化联谊会拟组派王振军等	21	应台湾中华经济文化发展促进会的邀请，赴台湾进行书画艺术交流活动。
324	12月11日至17日	文化部民族民间文艺发展中心组织李松等	19	应台湾“中央研究院”人文社会科学研究中心邀请，赴台参加“海峡两岸中华文化数字空间信息与技术研讨会”。
325	12月13日至20日	重庆市政协办公厅秘书长王长寿等	6	应台湾省教育委员会邀请，赴台举办小型书画展。
326	12月15日至19日	厦门市金莲升高甲剧团吴晶晶等	50	应台湾金门县许氏宗亲会邀请，赴台参加许氏家庙奠安庆典演出。
327	12月16日至22日	中国民间文艺家协会刘晓路、李亚沙和广东省文化馆研究员刘志文等	3	应台湾“中国口传文学学会”邀请，赴台参加“2011年海峡两岸民俗暨民间文学学术研讨会”。
328	12月18日至25日	云南省楚雄州民族艺术剧院民族管弦乐团朱非等	34	应台湾桃园乐友丝竹室内乐团邀请，赴台进行交流演出。
329	12月18日至26日	安徽省黄山市中国画研究院姜林和等	4	应台湾中国画学会邀请，赴台举办“姜林和画展”。
330	12月1日至11日	福建人民艺术剧院演出团卢鸿筠等	21	应台湾戏点子工作坊邀请，赴台进行交流演出并举办讲座。
331	12月1日至14日	上海星世代影音娱乐有限公司董事长徐毅	1	应台湾中华音乐人交流协会邀请，赴台参加陈志远纪念音乐会研讨交流活动。
332	12月1日至23日	中国戏曲学院左奇伟	1	应台湾传统艺术总处筹备处邀请，赴台参加台湾豫剧团音乐会编腔作曲及音乐指导工作。
333	12月23日至2012年1月15日	国家京剧院常贵祥	1	应台湾辜公亮文教基金会邀请，赴台参加演出排练活动。
334	12月23日至2012年1月8日	青海省戏剧艺术剧院李晟	1	应台湾辜公亮文教基金会邀请，赴台参加《新编京剧》与《新老戏》彩排活动。
335	12月23日至2012年1月8日	天津京剧院吕玉勇等	3	应台湾辜公亮文教基金会邀请，赴台参加京剧演出排练活动。
336	12月23日至2012年1月8日	北京京剧院李萍、北京戏曲艺术职业学院陈晨	2	应台湾辜公亮文教基金会邀请，赴台参加演出排练活动。

续表

	赴台时间	团组名称	人次	活动内容
337	12月23日至31日	上海京剧院董洪松	1	应台湾辜公亮文教基金会邀请，赴台参加京剧排练。
338	12月4日至10日	中国作协拟组派以艾克拜尔·米吉提为团长的中国作协代表团	19	应台湾艺文作家协会邀请，赴台参加“第一届两岸民族文学交流暨学术研讨会”。
339	12月5日至10日	广东省广州市文化广电新闻出版局徐彬等	3	应台湾“中华演艺总工会”邀请，赴台商谈广州市杂技团杂技剧《西游记》赴台巡演相关事宜。
340	12月5日至15日	中国音乐学院郝菲等	11	应台湾任蓉表演艺术学坊邀请，赴台参加“2011世华声乐大赛”。
341	12月7日至15日	广东省国际文化交流中心拟组派许钦松等	12	应台湾画院邀请，赴台举办“岭南精品画展”。
342	12月9日至13日	中央歌剧院李爽	1	应台湾任蓉表演艺术学坊邀请，赴台参加“世华声乐大赛历届优胜者音乐会”。

三、2012台湾来访交流项目

	活动时间	团组名称	人次	活动内容
1	2月17日至3月25日	台湾地区装置艺术家涂维政	1	上海当代艺术馆邀请在该馆举办《怀念——东亚当代艺术展》。
2	3月23日至4月4日	台湾地区周锡玮等	59	中华文化联谊会与台湾省文化基金会合作，在上海美术馆和中国美术馆举办《大彩无色——2012周锡玮油画展》。
3	3月5日至16日	台湾地区梁秀中等	39	杭州吴山书画院和浙江省女花鸟画家协会在杭州西湖博物馆举办“文化同根、和谐中华——浙江省与台中市两岸女画家艺术交流展”。
4	4月10日至6月10日	台北历史博物馆馆长张誉腾等	8	湖北省博物馆与台北历史博物馆、在该馆举办《画影江山——郎静山摄影作品特展》。
5	4月17日至10月12日	台湾奇美博物馆馆长郭玲玲等	4	镇江博物馆邀请在该馆举办“艺术中的儿童形象：奇美博物馆珍藏展等相关工作及活动。
6	4月18日至22日	台湾“中华汉光书道学会”荣誉理事长黄一鸣等	25	西安碑林博物馆与台湾“中华汉光书道学会”在西安碑林博物馆共同举办“中华汉光书道学会暨黄一鸣作品展”。
7	4月1日至15日	台湾画家许文融	1	上海市文化市场研究所邀请在上海壹号美术馆举办个人画展。
8	4月21日至5月13日	台湾刘国松等	3	朱屺瞻艺术馆邀请在该馆举办《白线的张力》作品展活动。
9	4月26日至29日	台湾“中华广播电视节目制作商业同业公会”理事长汪威江等	19	中国文联所属中国电视艺术家协会与重庆广电集团、重庆市北碚区人民政府、台湾“中华广播电视节目制作商业同业公会”合作，在重庆市联合举办首届“海峡两岸电视艺术节”。

续表

	活动时间	团组名称	人次	活动内容
10	4月27日至30日	台北昆剧团应平书等	12	郴州市委、市政府在郴州举办“相约郴州——海峡两岸昆曲交流展演”活动。
11	4月28日至5月12日	台湾地区吴瑞秀等	5	重庆中国三峡博物馆与台湾“中国文化大学”合作，在重庆中国三峡博物馆举办《张书旂中国画及艺术传承作品展》开幕式等相关活动。
12	4月3日至5日	台湾太平洋基金会执行长张豫生等	7	陕西省台办、中国国民党革命委员会陕西省委员会和黄帝陵基金会，在西安亮宝楼联合举办《第五届清明公祭轩辕黄帝海峡两岸名家书画展》。
13	5月13日至27日	台湾雕塑家谢栋梁	1	上海文化联谊会邀请参加展览开幕式等相关活动。
14	5月13日至28日	台湾台南市摄影学会理事长施明德等	21	全国台联与台湾南美会和北京市台联在北京台湾会馆共同举办“台湾南美会成立60周年北京特展”。
15	5月18日至20日	台湾地区孙震等	16	国际儒学联合会与四川大学及台湾中华孔孟学会、台湾大学，在四川成都联合举办“2012海峡两岸儒学交流研讨会”。
16	5月18日至21日	台湾作家骆以军等	6	中国作家协会邀请来深圳参加“新媒体、新科技、新文学论坛”。
17	5月5日至6日	台湾慈济慈善事业基金会陈玉瑶等	9	复旦大学上海视觉艺术学院邀请来该院图文信息中心剧场演出4场音乐手语剧《亲恩浩连天》。
18	5月至11月	台湾亚太文化创意产业协会	1	“2012法蓝瓷陶瓷设计大赛”校园巡回讲座活动。
19	5月至12月	台湾地区演职人员詹惠登等	9	中国国家话剧院与台湾“两厅院”在北京、上海、厦门、西安等地巡回演出。
20	6月15日至8月15日	台湾云林科技大学文化资产维护系硕士研究生陈郁琳	1	邀请台湾云林科技大学文化资产维护系硕士生进行古籍修复研修。
21	6月15日至8月15日	台北历史博物馆馆长张誉腾等	15	在安徽博物院、江苏省淮安国际摄影馆（郎静山摄影艺术馆）举办《画影江山——郎静山摄影作品特展》，展出台湾已故摄影家郎静山摄影作品100件（组）。
22	6月27日至7月4日	台湾幼狮管乐团	59	河南省宋庆龄基金会邀请参加“豫台参访交流演出活动”。
23	6月5日至29日	台湾画家张书旂	1	在浙江美术馆举办“张书旂作品展”。
24	6月9日至23日	台湾“中华舞墨艺术发展学会”理事长庄一竹等	3	在辛亥革命武昌起义纪念馆联合举办《舞墨飞扬中华情》书画展。
25	7月12日至10月15日	台湾“中华文化产业协会”、盘古国际顾问有限公司等9家文化机构	1	济南西城投资开发集团有限公司与台湾“中华文化产业协会”合作，在济南大学科技园园博园共同举办“2012鲁台动漫嘉年华”活动。
26	7月20日至22日	台湾地区魔术师罗飞雄等	7	在北京大学百年纪念讲堂共同举办“2012两岸四地大学生魔术交流大会”。

续表

	活动时间	团组名称	人次	活动内容
27	7月29日至8月5日	台湾口传文学学会名誉理事长金荣华等	5	中国民间文艺家协会邀请到江西省进行学术交流和考察。
28	7月6日至8月8日	台湾“中华书学会”理事长龚朝阳等	20	宁波市天一阁博物馆邀请，到宁波参加展览开幕式等相关活动。
29	8月10日至22日	台湾工艺研究发展中心主任蔡湘等	10	全国台联、北京市台联与台湾工艺研究发展中心合作，在北京台湾会馆联合举办“2012台湾工艺精品展”。
30	8月11日至12日	台湾台北如果儿童剧团颜士育等	17	中国儿童艺术剧院邀请，来北京参加首届“中国儿童戏剧节”演出活动。
31	8月11日至19日	台湾新竹青年国乐团	93	广东民族乐团邀请，到广东省演出4场音乐会。
32	8月12日至15日	台湾书法家吴庭仪等	29	在陕西省历史博物馆联合举办“海峡两岸翰墨名家书法联展”。
33	8月16日至20日	台湾心般若艺术画廊、飞皇艺术、涵艺术经纪公司、汉乡画廊、乙皮画廊、艺大利艺术中心、格尔画廊等	10	中央统战部所属华兴经济咨询服务中心与北京艺博嫦娥国际会展中心，在北京中国国际贸易中心联合举办“2012年北京国际艺术博览会”。
34	8月21日至26日	台湾书画家孟昭光等	3	海南紫宣文化发展有限公司邀请，赴琼参加在海南省博物馆举办的“山海传情·书画艺术交流展”。
35	8月29日至11月10日	台湾工艺研究发展中心	8	上海市宝山区文广局与台湾工艺研究发展中心合作，在上海宝山国际民间艺术博览馆联合举办“台湾手工艺作品展”。
36	8月至2013年8月	台湾地区王祥基等	3	中华老人文化交流促进会与湖南卫视文化传播有限公司合作，在北京、湖南、四川、广东、福建、海南等地共同举办《我的岁月我的歌——两岸四地中老年歌咏汇》活动。
37	10月中旬	台湾“中华经济文化发展促进会”陈录星等	63	济源市人民政府邀请，来济源市参加“尊道重生·和谐共荣”2012海峡两岸（济源·王屋山）道文化合作论坛。

四、营业性演出

主送单位	主要演员	人员	开始时间	结束时间	演出地点	邀请方
山东省文化厅	姜育恒	2	2012-01-01		山东省聊城市体育公园体育馆	山东省演出公司
上海市文化广播影视管理局	相声瓦舍剧团宋少卿	3	2012-01-01	2012-01-03	上海东方艺术中心	上海东方艺术中心管理有限公司
内蒙古自治区文化厅	尤秋兴	8	2012-01-02		内蒙古包头奥林匹克中心体育馆	浙江省对外文化交流有限公司
安徽省文化厅	李宗盛	1	2012-01-02		合肥市安徽大剧院	安徽大剧院有限责任公司

续表

主送单位	主要演员	人员	开始时间	结束时间	演出地点	邀请方
江苏省文化厅	罗大佑	5	2012-01-02		南京奥体中心体育馆	南京大唐亚太国际演出交流有限公司
天津市文化广播影视局	张信哲	1	2012-01-02		天津体育馆	天津华乐文化艺术发展有限公司
浙江省文化厅	胡启志	1	2012-01-03	2012-01-09	浙江省永康市广电剧院、义乌剧院	浙江省对外文化交流有限公司
海南省文化广电出版体育厅	吴奇隆	4	2012-01-04		海南省博鳌亚洲论坛酒店	南京悍马文化演艺有限公司
新疆维吾尔自治区文化厅	张宇（张博翔）	1	2012-01-04		乌鲁木齐市红山体育馆	新疆维吾尔自治区演出展览中心
江苏省文化厅	酷爱组合范逸臣	2	2012-01-06		江苏无锡灵山梵宫	无锡广电星辰演艺传媒有限公司
浙江省文化厅	吕建忠	1	2012-01-06		杭州君尚皇后酒吧	浙江省对外文化交流有限公司
福建省文化厅	Gochic乐队赖思匀	4	2012-01-07		厦门市国际会展中心草坪	北京迷笛演出有限公司
四川省文化厅	苏慧伦	2	2012-01-07		四川省自贡市南湖体育中心	贵州新中亚文化投资有限公司
上海市文化广播影视管理局	潘裕文	1	2012-01-07		上海吴淞口国际邮轮港发展有限公司	上海美音文化发展有限公司
广东省文化厅	丁建中	1	2012-01-07	2012-02-25	广州中山纪念堂、江南大戏院	广州星翰演艺文化有限公司
江苏省文化厅	欧得洋（李益嶒）	1	2012-01-07		江苏南通体育会展中心	江苏喜纳文化传播有限公司
河北省文化厅	蔡依林	2	2012-01-07		河北省体育馆	石家庄中仁闪凝娱乐有限公司
安徽省文化厅	蔡琴	1	2012-01-07		安徽省合肥体育中心	安徽中艺影视演艺有限公司
北京市文化局	齐秦	1	2012-01-08		北京首都体育馆	北京城乡行文化艺术有限公司
贵州省文化厅	蔡依林	1	2012-01-08		贵州省贵阳国际会议展览中心	贵阳演出有限责任公司
北京市文化局	李宗盛	1	2012-01-08		北京国家游泳中心	北京世纪轩昂文化艺术传播有限公司
安徽省文化厅	孟庭苇（陈秀玫）	2	2012-01-08		安徽省芜湖市奥体中心综合馆	合肥汉源文化传播有限公司
广东省文化厅	周杰伦	4	2012-01-08		广州天河体育中心体育场	广州市明星巨典文化艺术有限公司

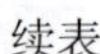

续表

主送单位	主要演员	人员	开始时间	结束时间	演出地点	邀请方
北京市文化局	李宗盛	1	2012-01-10		北京三里屯Village橙色大厅	北京世纪轩昂文化艺术传播有限公司
上海市文化广播影视管理局	黄舒骏	1	2012-01-11	2012-01-17	上海国际体操中心	上海开思文化艺术有限公司
湖北省文化厅	温岚	1	2012-01-11		武汉万达威斯汀酒店	湖北龙行天下文化传播有限公司
江西省文化厅	蔡依林（蔡依翎）	1	2012-01-12		江西上饶市艺术中心	江西金星文化演出有限公司
江苏省文化厅	吴晋铵、许濬紘	2	2012-01-13		江苏红颜娱乐有限公司南京小乱酒吧	江苏省演出公司
江西省文化厅	蔡依林（蔡依翎）、齐秦	2	2012-01-13		江西抚州市体育中心体育场	江西华娱传媒有限公司
河北省文化厅	温岚、吴克群	2	2012-01-13		河北沧州市体育馆	北京保利演艺经纪有限公司
山东省文化厅	信乐团孙志群	2	2012-01-13		济南市奥体中心东荷体育馆	济南世博演艺经纪有限公司
云南省文化厅	周华健、苏慧伦	2	2012-01-13		云南文山州盘龙体育场	云南卓越文化传播有限公司
福建省文化厅	孟庭苇	5	2012-01-13		福建省莆田市体育中心体育场	福州鲁宁文化艺术有限公司
重庆市文化广播电视局	蔡依林（蔡依翎）	1	2012-01-14		重庆市铜梁县运动场	重庆天籁文化发展有限公司
甘肃省文化厅	范玮琪（范伟琪）	1	2012-01-15		甘肃兰州体育馆	甘肃省演出公司
福建省文化厅	苏慧伦	2	2012-01-15		福建省三明市综合体育馆	福建省中视传播有限公司
广东省文化厅	信乐团黄迈可	2	2012-01-18	2012-01-19	广东省汕头市林百欣国际会议展览中心剧场	浙江省对外文化交流有限公司
四川省文化厅	许茹芸、罗大佑	2	2012-01-18		四川省资阳市体育馆	四川永艺演出有限公司
北京市文化局	棒棒堂	4	2012-01-19		北京国家奥林匹克体育中心体育馆	北京中歌嘹亮音乐文化传播有限公司
北京市文化局	周杰伦	11	2012-01-19		北京国家奥林匹克体育中心体育馆	北京中歌嘹亮音乐文化传播有限公司

续表

主送单位	主要演员	人员	开始时间	结束时间	演出地点	邀请方
上海市文化广播影视管理局	黄利琪	10	2012-01-21		上海奔驰文化中心	上海开思文化艺术有限公司
江苏省文化厅	李度	3	2012-02-03	2012-02-05	江苏兴化市兴达钢帘线股份有限公司	江苏省演出公司
上海市文化广播影视管理局	李圣堂、陈宜裕	2	2012-02-10		上海东方艺术中心	上海菲杨文化艺术有限公司
北京市文化局	尤雅（林丽鸿）	1	2012-02-11		北京人民大会堂	北京世纪轩昂文化艺术传播有限公司
北京市文化局	信乐团（黄迈可	2	2012-02-14		四川遂宁市船山体育馆	四川省演出展览公司
内蒙古自治区文化厅	齐秦、辛晓琪	2	2012-02-14		内蒙古包头奥林匹克中心体育馆	天津华乐文化艺术发展有限公司
内蒙古自治区文化厅	齐秦	1	2012-02-14		内蒙古包头奥林匹克中心体育馆	天津华乐文化艺术发展有限公司
河南省文化厅	台北新剧团李宝春	51	2012-02-15	2012-04-08	江苏常州大剧院、泰州大剧院	北京保利剧院管理有限公司
上海市文化广播影视管理局	台北新剧团李宝春	89	2012-02-16	2012-02-19	上海大剧院	上海大剧院演艺中心
云南省文化厅	周杰伦	10	2012-02-18		云南昆明市体育场	昆明瑞百德演艺有限公司
上海市文化广播影视管理局	魏海敏、朱安丽	2	2012-02-23	2012-02-24	上海大剧院	上海大剧院演艺中心
广东省文化厅	张芸京	8	2012-02-25		广州天河体育中心体育馆	上海新碟文化传播有限公司
四川省文化厅	张信哲	1	2012-02-25		四川成都麓镇	四川省演出展览公司
河南省文化厅	张宇（张博翔）	6	2012-02-25	2012-04-22	河南艺术中心大剧院	北京保利剧院管理有限公司
北京市文化局	吴克群、任贤齐	2	2012-02-26		北京展览馆剧场	北京世纪轩昂文化艺术传播有限公司
浙江省文化厅	李圣杰	1	2012-02-27		浙江省温州市前线玖玖音乐酒吧	浙江省对外文化交流有限公司
海南省文化广电出版体育厅	李宗盛	1	2012-02-27		海南琼海市博鳌镇东屿岛索菲特大酒店	海南采艺文化传播有限公司
北京市文化局	陈富元	1	2012-03-01	2012-09-01	北京世茂星际餐饮管理（北京）有限公司	上海桑德利文化艺术有限公司

续表

主送单位	主要演员	人员	开始时间	结束时间	演出地点	邀请方
北京市文化局	表演工作坊宋少卿	1	2012-03-01	2012-06-01	北京保利剧院、广州大剧院、深圳保利剧院、杭州大剧院、上海东方艺术中心歌剧厅	北京保利剧院管理有限公司
海南省文化广电出版体育厅	蔡依林	12	2012-03-02	2012-03-04	海南省高级体育运动学校运动场	海南采艺文化传播有限公司
重庆市文化广播电视局	姜育恒	1	2012-03-03		重庆市潼南县一中	北京城乡行文化艺术有限公司
上海市文化广播影视管理局	张宇	2	2012-03-03		上海梅赛德斯奔驰文化中心	上海白玉兰文化艺术发展有限公司
上海市文化广播影视管理局	爵诺人声乐团陈至翔	5	2012-03-04		上海大宁剧院	上海中演文化艺术有限公司
江苏省文化厅	柳翰雅	1	2012-03-08		江苏连云港市体育馆	江苏省演出公司
广西壮族自治区文化厅	潘美辰	1	2012-03-09	2012-03-10	广西南宁市皇嘉凯歌大剧院、柳州市柳北区皇嘉凯歌大剧院	南宁皇嘉凯歌文化传播有限公司
贵州省文化厅	吴克群	1	2012-03-09		贵州省六盘水凉都影城	贵阳演出有限责任公司
江苏省文化厅	范逸臣（范佑臣）	1	2012-03-10		江苏镇江高等专科学校体育馆	江苏高唐文化传播有限公司
福建省文化厅	姜育恒	1	2012-03-17		厦门市工人体育馆综合馆	厦门市天视文化有限公司
海南省文化广电出版体育厅	黄小琥（黄春凤）	1	2012-03-18		海南省高级体育运动技术学校	海南中国金唱片主题系列活动组委会
四川省文化厅	苏慧伦	4	2012-03-18		四川省体育馆	贵州新中亚文化投资有限公司
上海市文化广播影视管理局	雷光夏	3	2012-03-21		上海嘉洋娱乐有限公司	上海艺穗文化管理有限公司
上海市文化广播影视管理局	姚中仁	1	2012-03-23		上海外滩18号酒吧	北京春秋永乐文化传播有限公司
上海市文化广播影视管理局	金士杰、卜学亮	2	2012-03-23	2012-04-01	上海人民大舞台	上海歌星俱乐部
海南省文化广电出版体育厅	丁建中	1	2012-03-24		海南省琼中县	海南华人国际文化有限公司与广州左岸色彩文化传播有限公司
北京市文化局	周传雄	2	2012-03-24		北京国家奥林匹克体育中心体育馆	北京世纪轩昂文化艺术传播有限公司
湖北省文化厅	姜育恒	1	2012-03-26		湖北襄阳老河口市	华娱百纳（北京）国际文化传媒有限公司

续表

主送单位	主要演员	人员	开始时间	结束时间	演出地点	邀请方
上海市文化广播影视管理局	全民大剧团林文彬	6	2012-03-29	2012-04-07	上海人民大舞台、北京世纪剧院	上海歌星俱乐部
广东省文化厅	非常林奕华剧团赵逸岚	11	2012-03-30	2012-03-31	广州大剧院	中演演出院线发展有限责任公司
湖南省文化厅	周杰伦	8	2012-03-30		湖南省衡阳新体育中心	湖南省演出公司
福建省文化厅	黄丽玲、罗文裕	2	2012-03-31		福建省奥林匹克体育中心体育场	福建省演出公司
北京市文化局	陈志朋	4	2012-03-31		北京国家会议中心	北京金水桥文化有限公司
辽宁省文化厅	张震岳	6	2012-03-31		辽宁大连世界博览广场	大连动力演出有限公司
广东省文化厅	潘俊佳	6	2012-03-31		广东深圳湾体育中心体育场	广州市明星巨典文化艺术有限公司
四川省文化厅	苏打绿组合	6	2012-04-02		四川省体育馆	成都演艺集团有限公司
贵州省文化厅	迪克牛仔（林进璋）	1	2012-04-07		贵州省黔西南州人民会场	贵州省演出有限责任公司
上海市文化广播影视管理局	周定纬	4	2012-04-07		梅赛德斯奔驰文化中心	上海白玉兰文化艺术发展有限公司
江苏省文化厅	非常林奕华剧团赵逸岚	14	2012-04-07	2012-04-08	苏州文化艺术中心大剧院	苏州科文演出有限公司
北京市文化局	田馥甄	1	2012-04-07	2012-04-21	北京工人体育馆上海大舞台	北京九洲巨室文化传播有限公司
北京市文化局	田馥甄	1	2012-04-07		北京工人体育馆	北京九洲巨室文化传播有限公司
浙江省文化厅	非常林奕华剧团赵逸岚	14	2012-04-13	2012-04-14	浙江省杭州剧院	浙江省演出有限公司
江苏省文化厅	纪家盈	1	2012-04-14		南京奥体中心体育场	南京大唐亚太国际演出交流有限公司
北京市文化局	李建复	1	2012-04-14		北京国家体育场	中国国际文化艺术公司
湖北省文化厅	苏打绿乐团	6	2012-04-14		湖北武汉光谷体育馆	上海执信文化传播有限公司
江苏省文化厅	MP组合潘俊佳	6	2012-04-14		南京奥体中心体育场	南京大唐亚太国际演出交流有限公司
山东省文化厅	潘美辰	1	2012-04-15		山东省菏泽市演武楼（体育馆）	杭州市名星文化艺术传播有限公司
山东省文化厅	齐秦	1	2012-04-15		菏泽市演武楼（体育馆）	杭州名星文化艺术传播有限公司

续表

主送单位	主要演员	人员	开始时间	结束时间	演出地点	邀请方
云南省文化厅	蔡康永、周杰伦	2	2012-04-15		云南昆明新亚洲星耀体育馆	昆明申卓文化传播有限公司
江苏省文化厅	杨培安	1	2012-04-17		江苏省江都市体育馆	江苏省演出公司
北京市文化局	苏打绿乐队	7	2012-04-19		北京万事达中心	北京华翰国际文化发展公司
上海市文化广播影视管理局	演员赵逸岚	13	2012-04-19	2012-04-22	上海文化广场剧院	上海大剧院艺术中心
江苏省文化厅	姚中仁	3	2012-04-20		江苏江阴魅力动感音乐酒吧	苏州双子文化传媒有限公司
河南省文化厅	纪佳松	1	2012-04-20		河南省济源市一中青少年体育俱乐部	郑州市智慧广告文化传播有限公司
北京市文化局	蔡琴	1	2012-04-20		北京首都体育馆	北京九洲巨室文化传播有限公司
重庆市文化广播电视局	范玮琪	1	2012-04-21		重庆师范大学大学城校区校友会堂	重庆观翰文化传播有限公司
浙江省文化厅	熊宝贝乐队	6	2012-04-21		浙江杭州西湖天地大草坪	杭州演出有限公司
山东省文化厅	姜育恒	1	2012-04-21		山东省潍坊市潍坊学院体育馆	北京同路唱响文化艺术有限公司
四川省文化厅	玺恩、何戎、郜正宵	3	2012-04-21		四川省体育馆	成都市残疾人联合会
四川省文化厅	五月天组合陈信宏	5	2012-04-21		成都体育中心	四川省演出展览公司
河南省文化厅	张惠妹	1	2012-04-21		河南省体育中心	河南星逸文化传播有限公司
北京市文化局	张信哲、姜育恒、蔡琴	3	2012-04-22		北京展览馆剧场	北京世纪轩昂文化艺术传播有限公司
山东省文化厅	黄小琥	32	2012-04-23		山东省济南市奥林匹克体育中心东荷体育馆	山东省演出公司
重庆市文化广播电视局	高明俊	1	2012-04-25		重庆市云阳体育场	重庆宏途文化传播有限公司
江苏省文化厅	李圣堂	3	2012-04-25	2012-05-05	江苏常州中华恐龙园	江苏省演出公司
北京市文化局	罗志祥	1	2012-04-26		北京国家奥林匹克体育中心体育馆	北京派格环球影视文化发展有限公司
北京市文化局	苏见信	1	2012-04-26		北京国家奥林匹克体育中心体育馆	北京派格环球影视文化发展有限公司

续表

主送单位	主要演员	人员	开始时间	结束时间	演出地点	邀请方
江苏省文化厅	周杰伦	7	2012-04-26		江苏溧阳市天目湖城市广场体育馆	无锡市唐家文化传播有限公司
重庆市文化局	张惠妹	3	2012-04-27		重庆市北碚区缙云文化体育中心	四川省宜宾市综艺演出展览有限公司
北京市文化局	杜振熙	3	2012-04-28		北京市佛罗门戈餐饮有限公司	中国国际文化艺术公司
湖北省文化厅	伊能静、周华健	2	2012-04-28		湖北省麻城市博达学校运动场	北京凤嘉源文化传播有限公司
北京市文化局	刘谦	1	2012-04-28	2012-04-30	北京保利剧院	北京保利剧院管理有限公司
贵州省文化厅	黄迈可、孙志群	2	2012-04-29		贵州省荔波小七孔景区	贵阳演出有限责任公司
上海市文化广播影视管理局	魏如萱	52	2012-04-29	2012-05-01	上海世博公园	北京城乡行文化艺术有限公司
山东省文化厅	吴奇隆、黄小琥	2	2012-04-29	2012-06-16	济南奥体中心体育馆、四川省体育馆、长沙国际展览中心	北京城乡行文化艺术有限公司
北京市文化局	任贤齐、纪家盈	2	2012-04-29	2012-04-30	北京国家体育场	北京中演文化娱乐公司
四川省文化厅	黄立行	10	2012-04-29	2012-05-01	成都市新都区保利198公园	四川永艺演出有限公司
上海市文化广播影视管理局	沈柏均	3	2012-04-29		上海音乐厅	上海市演出公司
北京市文化局	杨乃文	3	2012-04-29	2012-05-01	北京首钢二通厂厂址	北京天韵东方演出有限公司
北京市文化局	魏如萱	52	2012-04-29	2012-05-01	北京市通州区运河公园	北京城乡行文化艺术有限公司
河北省文化厅	周杰伦	7	2012-04-29		河北廊坊市体育中心	江苏银湖文化传播有限公司
北京市文化局	罗大佑	5	2012-04-29		北京工人体育场	北京世纪轩昂文化艺术传播有限公司
北京市文化局	非常林奕华剧团赵逸岚	14	2012-04-29	2012-05-01	北京展览馆剧场	北京北展演艺文化有限公司
江苏省文化厅	萧敬腾	10	2012-04-30		江苏镇江市丹徒区世业洲长鹭岛文化村	江苏镇江市华艺演出有限公司
云南省文化厅	范玮琪	1	2012-04-30		云南文山盘龙体育场	云南卓越文化传播有限公司
北京市文化局	杨培安	3	2012-04-30		北京人民大会堂	中国国际文化艺术公司
北京市文化局	五月天乐队陈信宏	11	2012-04-30		北京国际体育场	北京中演文化娱乐公司

续表

主送单位	主要演员	人员	开始时间	结束时间	演出地点	邀请方
河南省文化厅	郑智化	1	2012-05-01		河南省濮阳市濮上园区	河南濮阳市唐韵文化传播有限公司
上海市文化广播影视管理局	台北乐府乐旗艺术团	34	2012-05-01		复旦大学正大体育馆	上海歌星俱乐部
上海市文化广播影视管理局	相声瓦舍剧团冯翊纲	3	2012-05-01		上海文化广场	上海文化信息票务中心有限公司
安徽省文化厅	高胜美	1	2012-05-02		安徽省明光市万豪建材市场	安徽合肥风羽文化经纪有限公司
上海市文化广播影视管理局	欧开合唱团赖家庆	4	2012-05-03		上海大剧院	上海大剧院演艺中心
江苏省文化厅	黄丽玲	1	2012-05-04	2012-05-05	江苏无锡市艾姆替音乐酒吧、常州拉斯维加斯娱乐有限公司芭芘娱乐分公司	上海新碟文化传播有限公司
福建省文化厅	贾静雯	1	2012-05-05		福建泉州海峡体育中心体育场	福建省金海湾文化发展有限公司
四川省文化厅	非常林奕华剧组周姮吟	9	2012-05-05	2012-05-06	四川省锦城艺术宫	四川省演出展览公司
云南省文化厅	周正芳	1	2012-05-05	2012-05-06	云南省昆明春城剧院	云南大众联合传媒有限公司
上海市文化广播影视管理局	黄宏洲	1	2012-05-06		上海大宁剧院	上海中演文化艺术有限公司
安徽省文化厅	刘谦	1	2012-05-06		安徽省灵璧县奇石文化园	四川永艺演出有限公司
新疆维吾尔自治区文化厅	姜育恒	1	2012-05-06		新疆乌鲁木齐华凌商贸城	新疆璞智文化传播有限公司
上海市文化广播影视管理局	公共澡堂人声乐团	5	2012-05-06		上海大宁剧院	上海中演文化艺术有限公司
河南省文化厅	罗大佑、张芸京	2	2012-05-11		河南省新乡市体育中心	江苏省演出公司
甘肃省文化厅	非常林奕华剧团赵逸岚	12	2012-05-11	2012-05-12	甘肃大剧院	中演演出院线发展有限责任公司
广东省文化厅	王金龙	5	2012-05-11	2012-05-12	广东星海音乐厅、深圳音乐厅	深圳市聚橙网络技术有限公司
北京市文化局	廖俊杰	3	2012-05-12		广州体育馆	北京大麦文化传播有限公司
四川省文化厅	周正芳	1	2012-05-12	2012-05-13	成都华美紫馨国际剧场	成都演艺集团有限公司

续表

主送单位	主要演员	人员	开始时间	结束时间	演出地点	邀请方
河北省文化厅	姜育恒、裘海正	2	2012-05-13		河北沧州体育馆	杭州名星文化传播有限公司
广东省文化厅	安心亚（廖婧伶）	1	2012-05-13		广东佛山市影剧院	广州千翔文化传播有限公司
重庆市文化局	孟庭苇（陈秀玫）	3	2012-05-13		重庆市江南体育馆	重庆演出有限公司
广东省文化厅	表演工作坊许哲诚	8	2012-05-16		深圳保利剧院	深圳市文化娱乐交流公司
甘肃省文化厅	周正芳	1	2012-05-16	2012-05-17	甘肃大剧院	中演演出院线发展有限责任公司
甘肃省文化厅	周正芳	1	2012-05-16	2012-05-17	甘肃大剧院	中演演出院线发展有限责任公司
山西省文化厅	周杰伦	2	2012-05-18		山西省长治市体育场	山西运城市新阳光艺辉文化传播有限公司
安徽省文化厅	孟庭苇（陈秀玫）	1	2012-05-18		安徽省马鞍山市保利大剧院	安徽芙兰德文化传播有限公司
山西省文化厅	齐秦	1	2012-05-18		山西体育中心体育馆	北京凤嘉源文化传播有限公司
江苏省文化厅	潘安邦	1	2012-05-18		江苏苏州市体育中心体育馆	江苏星系文化传播有限公司
湖南省文化厅	安心亚（廖婧伶）	1	2012-05-18		湖南省衡阳市崇尚百货有限公司	湖南省演出公司
河北省文化厅	杨丞琳	1	2012-05-18		河北石家庄河北艺术中心大剧院	北京世纪轩昂文化传播有限公司
北京市文化局	汉唐乐府南管乐舞团	33	2012-05-18	2012-05-19	北京国家大剧院戏剧场	北京国家大剧院演艺中心有限公司
江苏省文化厅	姜育恒	1	2012-05-18		江苏阜宁县中学体育馆	江苏省演出公司
北京市文化局	范晓萱及其乐队	5	2012-05-18	2012-05-20	北京市平谷区渔阳国际滑雪场	北京歌华中演文化有限公司
江苏省文化厅	齐秦	5	2012-05-18		苏州市体育中心体育馆	江苏星系文化传播有限公司
重庆市文化局	蔡依林	2	2012-05-18		重庆市永川区体育中心	重庆天籁文化发展有限公司
浙江省文化厅	罗大佑	4	2012-05-19		浙江省宁海体育场	江苏省演出公司
江苏省文化厅	赵咏华	2	2012-05-19		江苏省南京市人民大会堂	江苏省演出公司
浙江省文化厅	甜莓号乐队吴孟修	5	2012-05-19		浙江省杭州太子湾公园	浙江省演出有限公司

续表

主送单位	主要演员	人员	开始时间	结束时间	演出地点	邀请方
福建省文化厅	纪家盈	1	2012-05-19		福建省泉州市海峡体育中心体育场	福建世纪时尚文化传播有限公司
广东省文化厅	张芸京（张芸菁）	1	2012-05-19		广州大学城体育中心体育场	广东南方文化发展有限公司
上海市文化广播影视管理局	张震岳	5	2012-05-19		广州国际体育演艺中心	上海白玉兰文化艺术发展有限公司
福建省文化厅	魔幻力量乐队潘俊佳	6	2012-05-19		福建泉州市海峡体育中心体育场	福建世纪时尚文化传播有限公司
山东省文化厅	周杰伦、纪佳松	2	2012-05-19		山东济南奥体中心体育场	山东有朋文化传播有限公司、山东省演出公司
北京市文化局	费玉清（张彦亭）	1	2012-05-19		北京人民大会堂	北京金展望文化艺术有限公司
江苏省文化厅	姜育恒	3	2012-05-20		江苏省丹阳市体育馆	江苏省演出公司
安徽省文化厅	蔡依林	7	2012-05-22		安徽省宣城市麦莎广场	南京靓泽文化传播有限公司
浙江省文化厅	方芳（周正芳）	1	2012-05-22	2012-06-14	浙江省宁波大剧院、湖州大剧院、杭州红星剧院、福建省福州大剧院	杭州文广演艺有限公司
广东省文化厅	张博翔	1	2012-05-23		广东汕头市龙湖区尚格酒吧	汕头市演出公司
江苏省文化厅	长荣交响乐团郭维斌	94	2012-05-24	2012-05-26	江苏省南京紫金大剧院、溧阳市天目湖城市广场体育馆	无锡市唐家文化传播有限公司
广东省文化厅	非常林奕华剧团赵逸岚	11	2012-05-25	2012-05-26	深圳市保利剧院	深圳市文化娱乐交流公司
广西壮族自治区文化厅	纪家盈	1	2012-05-26		南宁广西区体育场	南宁市演出公司
上海市文化广播影视管理局	姚中仁	3	2012-05-26		上海国际时尚中心	上海歌星俱乐部
广东省文化厅	简爱	12	2012-05-26		广东深圳湾体育中心体育场	南京星之都文化传播有限公司
浙江省文化厅	杨丞琳	1	2012-05-26		浙江省温州市体育中心体育场	浙江省对外文化交流有限公司
河北省文化厅	齐秦、黄小琥（黄春凤）	2	2012-05-26	2012-05-27	石家庄市河北体育馆	石家庄市中仁闪凝娱乐有限公司

续表

主送单位	主要演员	人员	开始时间	结束时间	演出地点	邀请方
广西壮族自治区文化厅	五月天组合 陈信宏	11	2012-05-26		南宁广西区体育场	南宁市演出公司
山西省文化厅	齐秦	1	2012-05-27		山西省运城市体育场	山西运城市演出服务中心
北京市文化局	游鸿明	1	2012-05-27		北京国家奥林匹克体育中心体育馆	北京世纪轩昂文化艺术传播有限公司
青海省文化和新闻出版厅	王若琳	1	2012-05-27		青海师范大学附属中学音乐厅	北京世纪轩昂文化艺术传播有限公司
上海市文化广播影视管理局	大嘴巴组合 张怀秋	4	2012-06-01		上海皓世东派克餐饮有限公司	上海新碟文化传播有限公司
北京市文化局	大嘴巴组合 张怀秋	4	2012-06-02		北京咖钩酒吧	上海新碟文化传播有限公司
江苏省文化厅	罗大佑、王汤尼	2	2012-06-02		江苏常州市体育馆	江苏东方盛世文化产业有限公司
云南省文化厅	张信哲	1	2012-06-06		云南昆明新亚洲体育场	昆明剧院有限责任公司
湖北省文化厅	黄鸿升	1	2012-06-08		湖北武汉市江岸区苏格缪斯酒吧	上海新碟文化传播有限公司
浙江省文化厅	黄鸿升	1	2012-06-09		浙江省温州市前线玖玖音乐酒吧	上海新碟文化传播有限公司
黑龙江省文化厅	萧敬腾	1	2012-06-09		哈尔滨国际会展体育中心体育场	哈尔滨盛世华文文化传播有限公司
辽宁省文化厅	齐秦	1	2012-06-10		大连金州新区体育场	大连对外文化艺术交流中心
广东省文化厅	棒棒糖组合 廖亦崟	4	2012-06-10		广州市中山纪念堂	广州市穗演文化活动策划有限公司
江西省文化厅	张惠妹	1	2012-06-10		江西省奥林匹克体育中心	江西中盛唱片发展有限公司
上海市文化广播影视管理局	张震岳	1	2012-06-12		上海世博中心	上海白玉兰文化艺术发展有限公司
河北省文化厅	刘谦	1	2012-06-15	2012-06-16	石家庄河北体育馆	上海星璀文化传播有限公司
上海市文化广播影视管理局	黄晏琳	1	2012-06-15		上海贺绿汀音乐厅	上海上音演出有限公司
新疆维吾尔自治区文化厅	张震岳	1	2012-06-16		乌鲁木齐市新疆体育中心	乌鲁木齐市渊源崛起演艺娱乐有限公司
湖北省文化厅	萧亚轩（萧雅之）	1	2012-06-16		湖北省潜江市体育场	湖北普瑞特文化艺术传播有限公司

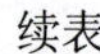

续表

主送单位	主要演员	人员	开始时间	结束时间	演出地点	邀请方
浙江省文化厅	信乐团 孙志群	2	2012-06-16		浙江省温州市体育中心体育馆	浙江国华演艺有限公司
江苏省文化厅	丁建中	1	2012-06-16		江苏省沭阳县体育中心体育馆	杭州名星文化传播有限公司
山西省文化厅	张惠妹	1	2012-06-16		太原“山西体育中心体育场”	华瀚国际文化发展公司
北京市文化局	苏见信	1	2012-06-17		北京斯普瑞斯奥特莱斯购物中心	北京春秋永乐文化传播有限公司
北京市文化局	黄小琥	2	2012-06-17		北京首都体育馆	北京大麦文化传播有限公司
广东省文化厅	台湾戏剧表演家剧团	6	2012-06-19	2012-06-22	广东省珠海大会堂、中山市文化艺术中心	北京哲腾文化传播有限公司
四川省文化厅	范晓萱	46	2012-06-21	2012-06-24	四川成都市国际非物质文化遗产博览园	四川省演出展览公司
江苏省文化厅	张宇 (张博翔)	1	2012-06-22		江苏省宿迁市文体馆	江苏省演出公司
四川省文化厅	萧亚轩 (萧雅之)	1	2012-06-22		四川泸县二中体育场	四川永艺演出有限公司
河北省文化厅	任贤齐	6	2012-06-22	2012-06-24	河北野三坡百里峡	北京世纪轩昂文化传播有限公司
辽宁省文化厅	温岚	1	2012-06-22		大连世界博览广场多功能厅	大连动力演出有限公司
贵州省文化厅	张信哲	1	2012-06-23		贵州省六盘水市三中体育场	中央民族歌舞团
上海市文化广播影视管理局	周沈文程	3	2012-06-23	2012-07-28	上海奥丝卡餐饮管理有限公司	上海歌星俱乐部
宁夏回族自治区文化厅	孟庭苇	3	2012-06-23		宁夏体育场	宁夏银川汉唐盛世影视广告有限公司
山东省文化厅	郑智化	1	2012-06-23		山东淄博市体育中心体育场	山东淄博市演出服务中心
上海市文化广播影视管理局	彭于晏	1	2012-06-23		上海和斯娱乐有限公司	上海新碟文化传播有限公司
山东省文化厅	罗大佑	4	2012-06-26		山东烟台体育公园体育场	山东烟台市演出公司
广东省文化厅	张博翔	1	2012-06-26		汕头市龙湖区尚格酒吧	汕头市演出公司

续表

主送单位	主要演员	人员	开始时间	结束时间	演出地点	邀请方
四川省文化厅	萧敬腾	6	2012-06-28		四川成都东区音乐公园成都大舞台	四川金手指文化传播集团有限公司
安徽省文化厅	游鸿明	1	2012-06-28		安徽芜湖市路易酒吧	安徽芜湖市演出艺术中心
河北省文化厅	蔡琴	3	2012-06-28		河北廊坊市固安工业园区	石家庄天天大麦文化艺术有限公司
内蒙古自治区文化厅	迪克牛仔（林进璋）	1	2012-06-29		内蒙古乌兰察布电视台演播厅	内蒙古乌兰察布电视台
贵州省文化厅	萧亚轩	7	2012-06-29		贵州省贵阳市体育场	贵州大华文化艺术有限公司
贵州省文化厅	王心凌	1	2012-06-29		贵州省贵阳奥体中心	北京城乡行文化艺术有限公司
安徽省文化厅	苏打绿组合吴青峰	12	2012-06-29	2012-07-01	安徽合肥市庐阳区三国遗址公园	安徽合肥风羽文化经纪有限公司
江苏省文化厅	姜育恒	1	2012-06-30		江苏昆山九方城售楼中心	江苏省演出公司
四川省文化厅	蔡琴	1	2012-06-30		四川成都复地御香山会所	四川省演出展览公司
北京市文化局	林宥嘉	1	2012-06-30		北京国家奥林匹克体育中心体育馆	北京太合传媒投资有限公司
浙江省文化厅	纪家盈	7	2012-06-30		浙江省温州市体育中心体育场	浙江国华演艺有限公司
辽宁省文化厅	动力火车组合尤秋兴	2	2012-06-30		辽宁沈阳奥园房地产广场	辽宁省对外文化交流公司
上海市文化广播影视管理局	姚中仁	2	2012-06-30		上海市浦东陆家嘴正大广场	北京春秋永乐文化传播有限公司
天津市文化局	周杰伦	5	2012-06-30		天津泰达足球场	天津华乐文化艺术发展有限公司
四川省文化厅	范玮琪	1	2012-06-30		四川省体育馆	成都演艺集团有限公司
北京市文化局	张惠妹	1	2012-06-30		北京工人体育场	北京九洲巨室文化传播有限公司
上海市文化广播影视管理局	吴沁东	1	2012-07-02		度曼波（上海）餐饮有限公司	上海明媚文化交流有限公司
北京市文化局	范玮琪（范伟琪）	1	2012-07-04		北京国家奥林匹克体育中心体育馆	北京世纪轩昂文化艺术传播有限公司
辽宁省文化厅	周华健	3	2012-07-05		辽宁沈阳铁西体育场	辽宁红韵文化艺术有限公司
吉林省文化厅	蔡依林	4	2012-07-07		吉林省长春经济开发区体育场	吉林省易吟文化传播有限公司

续表

主送单位	主要演员	人员	开始时间	结束时间	演出地点	邀请方
上海市文化广播影视管理局	甜梅号乐队吴孟谚	4	2012-07-07		上海嘉洋娱乐有限公司	上海艺穗文化管理有限公司
北京市文化局	齐秦	31	2012-07-07	2012-07-08	北京通州区运河公园	北京泛海盛世国际文化经纪有限公司
黑龙江省文化厅	尤雅（林丽鸿）	1	2012-07-07		哈尔滨国际会展中心体育场	哈尔滨盛世华文文化传播有限公司
江苏省文化厅	黄小琥、黑girl组合	6	2012-07-07		苏州市体育中心体育场	苏州市对外演出交流有限公司
北京市文化局	五月天组合陈信宏	5	2012-07-07		天津奥林匹克体育中心	北京巨龙文化公司、天津紫荆文化传媒发展有限公司
重庆市文广局	黄迈可、孙志群	2	2012-07-14	2012-08-12	重庆市南岸区南滨路海棠烟雨公园	重庆演出有限责任公司
北京市文化局	陈麒元	1	2012-07-14	2012-07-27	北京音乐厅	北京华艺文化艺术交流中心有限公司
北京市文化局	周华健	7	2012-07-14		北京国家体育场	北京世纪轩昂文化艺术传播有限公司
福建省文化厅	周传雄	3	2012-07-14		福建省福鼎市体育馆	深圳市红鼓演出有限公司
北京市文化局	齐秦	9	2012-07-14		北京国家奥林匹克体育中心体育馆	北京世纪轩昂文化艺术传播有限公司
陕西省文化厅	张惠妹	1	2012-07-14		陕西体育场	陕西天视传媒有限公司
北京市文化局	台湾经典青少年国乐团	78	2012-07-18		北京音乐厅	北京中天演娱文化传媒有限公司
吉林省文化厅	阿雅（柳瀚雅）	3	2012-07-18		四平市体育场	吉林省东北情演艺有限公司
浙江省文化厅	李丽芬	1	2012-07-19	2012-08-18	浙江诸暨金海岸大舞台、金华金海岸大舞台、杭州红磨坊大舞台、义乌金海岸大舞台	杭州演出有限公司
上海市文化广播影视管理局	黄迈可	10	2012-07-20	2012-07-22	上海金山城市沙滩	上海歌星俱乐部
北京市文化局	纸风车剧团吴静吉	26	2012-07-20	2012-07-22	北京国家大剧院戏剧场	北京国家大剧院演艺中心有限责任公司
四川省文化厅	张惠妹	1	2012-07-21		四川宜宾市南岸体育场	四川省演出展览公司
四川省文化厅	张惠妹	1	2012-07-21		四川宜宾市南岸体育场	四川省演出展览公司

续表

主送单位	主要演员	人员	开始时间	结束时间	演出地点	邀请方
山西省文化厅	温岚	1	2012-07-21		山西省太原市青年宫演艺中心	山西金视听文化传播有限公司
江苏省文化厅	李丽芬	1	2012-07-21	2012-08-16	江苏苏州金海岸大舞台、常州红磨坊大舞台	江苏省演出公司
山东省文化厅	姜育恒	1	2012-07-21		威海	郑州星锐文化传播有限公司
浙江省文化厅	郭彦均	17	2012-07-21		浙江杭州黄龙体育中心体育场	浙江国华演艺有限公司
海南省文化广电出版体育厅	齐秦、赵传（赵柏钧）	2	2012-07-21		海南高级体育学校体育场	湖南中煌文化经纪传播有限公司
四川省文化厅	动力火车组合尤秋兴	2	2012-07-21		四川省体育馆	四川金手指文化传播集团有限公司
浙江省文化厅	陈焕昌	12	2012-07-21		浙江省杭州黄龙体育中心体育场	浙江国华演艺有限公司
辽宁省文化厅	五月天组合陈信宏	12	2012-07-21		辽宁沈阳市铁西体育场	哈尔滨同利达文化发展有限公司
北京市文化局	萧敬腾	1	2012-07-21		北京万事达中心（原五棵松体育馆）	北京大麦文化传播有限公司
湖北省文化厅	罗大佑	3	2012-07-21		武汉洪山体育馆	湖北楚天演出有限公司
广东省文化厅	刘谦	1	2012-07-21		广州体育馆	广州耀星影视艺术传播中心
上海市文化广播影视管理局	金士杰、卜学亮	2	2012-07-25	2012-07-29	上海人民大舞台	上海百庭文化传播有限公司
上海市文化广播影视管理局	戏剧表演家剧团李宗熹	10	2012-7-26	2012-07-28	上海戏剧学院	哲腾（北京）文化传播有限公司
福建省文化厅	焦安溥	7	2012-07-27	2012-07-29	厦门思明区观音山沙滩	厦门市天视文化有限公司
河北省文化厅	王若琳、吴苡嫣	2	2012-07-27	2012-07-29	河北张家口张北县中都草原	河北天澜文化传播有限公司
北京市文化局	台湾表演工作坊谢盈萱	6	2012-07-27	2012-08-11	北京保利剧院、上海东方艺术中心、杭州大剧院	北京央华文化发展有限公司
上海市文化广播影视管理局	高凌风	2	2012-07-27	2012-07-28	上海兰心大戏院	北京春秋永乐文化传播有限公司
重庆市文广局	刘尔金	1	2012-07-28		重庆市沙坪坝区蓝天剧院	重庆演出有限责任公司
甘肃省文化厅	卓依婷	1	2012-07-28		甘肃平凉体育场	甘肃省演出公司

续表

主送单位	主要演员	人员	开始时间	结束时间	演出地点	邀请方
山东省文化厅	纪家盈	7	2012-07-28		山东青岛天泰体育场	上海白玉兰文化艺术发展有限公司
江苏省文化厅	郭采洁	1	2012-07-28		江苏盐城国际会展中心	江苏省演出公司
山东省文化厅	五月天组合陈信宏	5	2012-07-28		山东青岛天泰体育场	上海白玉兰文化艺术发展有限公司
四川省文化厅	伍佰（吴俊霖）	1	2012-07-28		四川省体育馆	四川省演出展览公司
广西壮族自治区文化厅	张惠妹	1	2012-07-28		广西柳州市体育中心	重庆星天娱乐文化传媒有限公司
甘肃省文化厅	萧亚轩	5	2012-07-29		甘肃省庆阳市体育场	中视频道（北京）国际影视文化传媒有限公司
河北省文化厅	周华健	4	2012-07-30	2012-08-12	河北衡水体育馆、沧州体育馆	杭州名星文化艺术传播有限公司
上海市文化广播影视管理局	南台湾交响乐团官孟萱	40	2012-07-31		上海陆家嘴中心绿地	上海交响乐团
新疆维吾尔自治区文化厅	罗大佑	5	2012-08-03		新疆乌苏市一中体育场	乌鲁木齐市璞智文化传播有限公司
北京市文化局	果陀剧场金士杰	5	2012-08-03	2012-08-06	北京国家大剧院戏剧场	北京国家大剧院演艺中心有限责任公司
重庆市文广局	姜育恒	1	2012-08-04		重庆市万州人民大会堂	重庆演出有限责任公司
北京市文化局	游鸿明	6	2012-08-04	2012-09-01	北京万事达中心	北京世纪轩昂文化艺术传播有限公司
江苏省文化厅	如果儿童剧团周浚鹏	17	2012-08-04	2012-08-05	江苏南京人民大会堂	江苏浩扬文化产业发展有限公司
辽宁省文化厅	黄小琥（黄春凤）	1	2012-08-05		辽宁抚顺市清原县金沙湾广场	辽宁华星国际演艺文化传媒有限公司
河北省文化厅	罗大佑	3	2012-08-05		河北唐山体育馆	重庆海鸿星文化传播有限公司
河北省文化厅	蔡依林	5	2012-08-06		河北张家口工人文化宫	天津华乐文化艺术发展有限公司
山东省文化厅	费玉清（张彦亭）	1	2012-08-08		山东滕州市体育中心体育场	江苏省演出公司
北京市文化局	棒棒堂组合	4	2012-08-08		北京工体剧场（工人体育馆）	北京世纪轩昂文化艺术传播有限公司
山东省文化厅	萧敬腾	3	2012-08-08		山东枣庄滕州市体育中心体育场	江苏省演出公司

续表

主送单位	主要演员	人员	开始时间	结束时间	演出地点	邀请方
北京市文化局	台北爱乐合唱团古育仲	40	2012-08-10		北京国家大剧院音乐厅	北京国家大剧院演艺中心有限责任公司
甘肃省文化厅	黄安	1	2012-08-10		甘肃平凉人民大会堂	甘肃平凉亚泰广告装饰有限公司
黑龙江省文化厅	范玮琪、杨培安	2	2012-08-10		东北林业大学体育馆	哈尔滨中泰兄弟文化传媒有限公司
吉林省文化厅	齐秦	5	2012-08-10		吉林长春市体育中心五环体育馆	长春市书博文化艺术传播有限公司
北京市文化局	黄维德	1	2012-08-11		北京首都体育馆	北京春秋永乐文化传播有限公司
河北省文化厅	吴克群、潘美辰	2	2012-08-11		河北体育馆	石家庄市中仁闪凝娱乐有限公司
北京市文化局	萧敬腾	2	2012-08-11		北京展览馆剧场	北京世纪轩昂文化艺术传播有限公司
山东省文化厅	费玉清	2	2012-08-11		青岛天泰体育场	青岛时空演出有限公司
四川省文化厅	潘越云	30	2012-08-11		四川成都体育中心	四川省演出展览公司
安徽省文化厅	周杰伦	6	2012-08-11	2012-8-12	安徽合肥市中国非物质遗产园	上海伊津贝演出展览有限公司
四川省文化厅	萧敬腾	1	2012-08-11		四川省体育馆	成都演艺集团有限公司
天津市文化局	亚洲青年管弦乐团	30	2012-08-12	2012-8-18	天津大剧院音乐厅	北京驱动文化传媒有限公司天津分公司
四川省文化厅	萧敬腾	14	2012-08-13		四川成都大舞台	四川金手指文化传播集团有限公司
宁夏回族自治区文化厅	林进璋	1	2012-08-15	2012-8-25	宁夏银川凯宾斯基酒店、贵州贵阳喜来登大酒店、辽宁大连富丽华大酒店	宁夏艺海盛世文化传媒有限公司
北京市文化局	辛晓琪	3	2012-08-15		北京国家游泳中心多功能厅	北京索有文化传播有限公司
浙江省文化厅	来自台湾海洋之声组合	4	2012-08-15		舟山市体育馆	浙江省文化馆
北京市文化局	黄小琥（黄春凤）及乐队	5	2012-08-15	2012-10-01	北京保利剧院、青岛保利大剧院、成都锦城艺术宫、重庆大剧院、武汉琴台大剧院	北京保利演艺经纪有限公司

续表

主送单位	主要演员	人员	开始时间	结束时间	演出地点	邀请方
广东省文化厅	姚中仁	1	2012-08-16		广东汕头市金煌商务酒店	汕头市演出公司
内蒙古自治区文化厅	周杰伦	2	2012-08-17		乌海市体育中心体育场	内蒙古乌海爱乐舞台器材有限公司
江苏省文化厅	张宇(张博翔)	1	2012-08-17		江苏太仓市经济开发区LOFT工业园	南京鸿蒙文化传播有限公司
山东省文化厅	齐秦	5	2012-08-17		山东泰安市中心体育场	山东省演出公司
山东省文化厅	张悬(焦安溥)、姚中仁	2	2012-08-17	2012-08-19	山东青岛市黄岛区金沙滩万人广场	北京城乡行文化艺术有限公司
浙江省文化厅	表演工作坊谢莹萱	6	2012-08-17	2012-08-18	浙江宁波大剧院	宁波大剧院文化发展有限公司
广东省文化厅	如果儿童剧团颜士育	12	2012-08-17	2012-08-18	深圳保利剧院	广州左岸色彩文化传播有限公司
上海市文化广播影视管理局	王宏恩、韦礼安	2	2012-08-18		上海梅赛德斯奔驰文化中心	上海白玉兰文化艺术发展有限公司
云南省文化厅	吴克群	1	2012-08-18	2012-09-02	云南昆明春城剧院、曲靖会堂、玉溪聂耳音乐剧院	云南蒲公英文化演出有限公司
贵州省文化厅	罗志祥	8	2012-08-18		贵州贵阳奥体中心	贵州大华文化艺术有限公司
四川省文化厅	苏慧伦	3	2012-08-18		四川峨边彝族自治县东风新城	四川永艺演出有限公司
辽宁省文化厅	孟庭苇(陈秀玫)	1	2012-08-18		辽宁省盘锦市蓝岸名府音乐广场	北京神起东方文化传播有限公司
上海市文化广播影视管理局	邱翊橙	4	2012-08-18		上海东方体育中心	上海新碟文化传播有限公司
北京市文化局	南方二重唱组合林明桦	2	2012-08-18		北京中山公园音乐堂	北京天韵东方演出有限公司
福建省文化厅	袁小迪	12	2012-08-18		福建晋江体育中心体育场	福建省金海湾文化发展有限公司
天津市文化广播影视局	姜育恒	1	2012-08-18		天津体育中心	天津华乐文化艺术发展有限公司
河南省文化厅	张震岳	4	2012-08-18	2012-09-25	河南艺术中心	北京保利剧院管理有限公司
北京市文化局	陈麒元	1	2012-08-19		北京国家大剧院小剧场	北京国家大剧院演艺中心有限责任公司

续表

主送单位	主要演员	人员	开始时间	结束时间	演出地点	邀请方
安徽省文化厅	吴克群	1	2012-08-19		安徽合肥信地红星美凯龙广场	安徽慧仕顿文化发展有限公司
山东省文化厅	黄小琥	2	2012-08-19		山东日照奥林匹克水上公园太阳广场	山东省演出公司
宁夏回族自治区文化厅	姜育恒	1	2012-08-19		宁夏回族自治区石嘴山市平罗县体育公园体育场	宁夏斯莱曼文化演艺产业发展有限公司
江西省文化厅	黄安	1	2012-08-19	2012-08-20	南昌市新中原大剧院	南昌市演出公司
北京市文化局	萧敬腾、吴克群	6	2012-08-21		北京万事达中心	北京雍和行国际文化传播有限公司
湖北省文化厅	萧亚轩	7	2012-08-23		湖北十堰市郧西县郧西体育场	武汉琴台大剧院管理有限公司
上海市文化广播影视管理局	姚中仁	1	2012-08-23		上海大舞台	上海白玉兰文化艺术发展有限公司
贵州省文化厅	拳乐队柯晓龙	7	2012-08-23	2012-08-26	贵州省贵阳市花溪公园	北京迷笛演出有限公司
江苏省文化厅	信乐团	2	2012-08-23		江苏宿迁市体育馆	徐州振鑫影视文化服务有限公司
河北省文化厅	郑智化	1	2012-08-23		河北沧州肃宁县体育馆	北京神起东方文化传播有限公司
四川省文化厅	姜育恒	1	2012-08-23		四川省体育馆	四川金手指文化传播集团有限公司
上海市文化广播影视管理局	吴世伟	6	2012-08-23	2012-08-27	上海人民大舞台	上海歌星俱乐部
广西壮族自治区文化厅	罗志祥	4	2012-08-24		广西南宁横县	广西韵阳文化艺术有限公司
江苏省文化厅	胡启志	1	2012-08-24		泰州市体育馆	江苏泰州稻草人文化发展有限公司
北京市文化局	姜育恒、周华健	2	2012-08-24	2012-08-26	北京市房山区长阳镇滨河公园	北京九洲文化传播中心
浙江省文化厅	陈嘉桦	1	2012-08-25		浙江湖州大剧院	杭州一铁演出经纪有限公司
北京市文化局	周杰伦	4	2012-08-25		北京奥林匹克体育中心体育馆	北京世纪轩昂文化艺术传播有限公司
四川省文化厅	动力火车组合尤秋兴	2	2012-08-25		四川南部县第二中学操场	四川金手指文化传播集团有限公司

续表

主送单位	主要演员	人员	开始时间	结束时间	演出地点	邀请方
陕西省文化厅	苏打绿组合吴青峰	6	2012-08-25		陕西西安城市运动公园体育馆	西安曲江启唐文化传媒有限公司
天津市文化广播影视局	张惠妹	1	2012-08-25		天津奥林匹克中心体育场	天津市演出公司
湖北省文化厅	江美琪	4	2012-08-26		武汉洪山体育馆	湖北龙行天下文化传播有限公司
江西省文化厅	徐佳莹	1	2012-08-26		江西南昌剧场	北京中歌嘹亮音乐文化传播有限公司
上海市文化广播影视管理局	李贤璞	5	2012-08-26		上海嘉洋娱乐有限公司	上海艺穗文化管理有限公司
浙江省文化厅	张宇(张博翔)、彭佳慧	2	2012-08-28		浙江瑞安市体育馆	杭州荣音堡文化传播有限公司
江苏省文化厅	萧敬腾、黄子佼	2	2012-08-28		江苏扬州体育中心体育馆	江苏长三角舞美艺术有限公司
河南省文化厅	潘耀澄	6	2012-08-29	2012-10-14	河南艺术中心大剧院	北京保利剧院管理有限公司
福建省文化厅	张宇(张博翔)	1	2012-08-31		福建泉州市宝洲路万达金街	福建世纪时尚文化传播有限公司
山东省文化厅	飞儿乐团	6	2012-08-31		山东潍坊市奥体中心体育场	江苏喜纳文化传播有限公司
贵州省文化厅	黄小琥	1	2012-08-31		贵阳奥体中心	中国金唱片奖组委会
辽宁省文化厅	刘谦	1	2012-08-31		大连世界博览广场多功能厅	沈阳大义文化演出有限公司
上海市文化广播影视管理局	范晓萱	1	2012-09-01		上海大舞台	北京时代立方文化传播有限公司
北京市文化局	苏见信	1	2012-09-01		北京万事达中心	北京世纪轩昂文化艺术传播有限公司
辽宁省文化厅	李宗盛	5	2012-09-01		沈阳师范大学文体馆	辽宁形色男女广告传媒有限公司
湖北省文化厅	文章(黄文章)	1	2012-09-02		湖北京山县一中体育场	北京凤嘉源文化传播有限公司
宁夏回族自治区文化厅	张信哲	4	2012-09-02		宁夏体育场	宁夏艺海盛世文化传媒有限公司
北京市文化局	徐佳莹	1	2012-09-02		北京万事达中心M空间	北京春秋永乐文化传播有限公司

续表

主送单位	主要演员	人员	开始时间	结束时间	演出地点	邀请方
江苏省文化厅	吴宗宪	1	2012-09-03		江苏江阴魅力动感音乐酒吧	南京鸿蒙文化传播有限公司
广东省文化厅	卢家宏	1	2012-09-03	2012-09-05	深圳保利剧院、杭州大剧院	广东南方文化发展有限公司
浙江省文化厅	信乐团孙志群	5	2012-09-04		浙江余姚市职成教中心体艺中心	浙江省对外文化交流有限公司
重庆市文广局	姜育恒	1	2012-09-05		重庆市彭水县两江广场	重庆演艺集团有限责任公司
辽宁省文化厅	蔡琴	1	2012-09-05		沈阳市铁西体育馆	哈尔滨同利达文化发展有限公司
山东省文化厅	萧亚轩（萧雅之）	1	2012-09-06		山东省泰安市体育中心体育场	山东省演出公司
黑龙江省文化厅	吴宗宪	1	2012-09-06		哈尔滨拿铁酒吧	哈尔滨盛世华文文化传播有限公司
新疆维吾尔自治区文化厅	信乐团	5	2012-09-07		新疆塔城市城市演艺广场	乌鲁木齐市渊源崛起演艺娱乐有限公司
福建省文化厅	台湾交响乐团张书豹	82	2012-09-07		厦门市宏泰音乐厅	厦门市天视文化有限公司
湖南省文化厅	苏打绿组合	7	2012-09-08	2012-09-09	湖南长沙橘子洲沙滩游乐园	湖南省文化艺术交流中心
湖北省文化厅	万芳	1	2012-09-08	2012-09-30	武汉琴台大剧院	武汉琴台大剧院管理有限公司
广东省文化厅	卢广仲	1	2012-09-08		广州市海珠区全民健身中心	广州千翔文化传播有限公司
广西壮族自治区文化厅	蔡琴	1	2012-09-08		广西柳州李宁体育馆	广西南宁柯沃乐文化艺术演出有限公司
天津市文化局	许茹芸	7	2012-09-08		天津泰达足球场	天津华乐文化艺术发展有限公司
辽宁省文化厅	苏芮（苏瑞芬）	17	2012-09-08		沈阳市铁西体育场	沈阳明真文化演出有限公司
贵州省文化厅	范玮琪	1	2012-09-09		贵州贵阳市奥体中心	贵阳演出有限责任公司
安徽省文化厅	周华健	3	2012-09-09		安徽亳州市师专体育场	安徽同惠文化交流发展有限公司
北京市文化局	王若琳、迪克牛仔	2	2012-09-14	2012-09-15	北京五棵松体育馆M空间、北京盘古七星酒店	北京城乡行文化艺术有限公司
福建省文化厅	姚中仁	3	2012-09-14		厦门乐摩俱乐部	厦门市天视文化有限公司

续表

主送单位	主要演员	人员	开始时间	结束时间	演出地点	邀请方
海南省文化广电出版体育厅	王杰	5	2012-09-15		湖南陵水黎族自治县海航体育场	湖南陵水黎族自治县文化广电局
安徽省文化厅	罗志祥	3	2012-09-15		安徽淮南市体育场	合肥汉源文化传播有限公司
辽宁省文化厅	辛晓琪	1	2012-09-15		沈阳棋盘山世博园凤之翼广场	沈阳关东演艺有限公司
广西壮族自治区文化厅	黄品源（黄钰棋）	1	2012-09-15		广西南宁东盟经济开发区	广州艺扬文化传播有限公司
浙江省文化厅	高凌风	1	2012-09-15		杭州国际会议中心有限公司洲际酒店	浙江国华演艺有限公司
海南省文化广电出版体育厅	范逸臣（范佑臣）	1	2012-09-15		海南三亚洲际度假酒店	上海新礫文化传播有限公司
江苏省文化厅	王若琳	3	2012-09-15	2012-09-16	苏州文化艺术中心湖滨广场	苏州苏艺演出有限公司
广东省文化厅	杨丞琳	1	2012-09-15		广州市花都区体育中心体育场	深圳市红鼓演出有限公司
湖南省文化厅	张惠妹	1	2012-09-15		湖南长沙市贺龙体育中心	湖南省演出公司
北京市文化局	蔡依林（蔡依翎）	1	2012-09-15		北京工人体育馆	北京世纪轩昂文化艺术传播有限公司
内蒙古自治区文化厅	周华健	9	2012-09-16		内蒙古包头市奥体中心体育场	内蒙古金鹤广告文化传媒有限公司
上海市文化广播影视管理局	宋少卿	1	2012-09-17	2012-09-23	上海兰心大戏院	上海玄同文化传播有限公司
四川省文化厅	萧亚轩	2	2012-09-17		四川凉山州会理县体育中心	四川省演出展览公司
上海市文化广播影视管理局	胡德夫	1	2012-09-18		上海嘉洋娱乐有限公司	上海艺穗文化管理有限公司
内蒙古自治区文化厅	姜育恒	1	2012-09-19		内蒙古巴彦淖尔市杭锦后旗奋斗中学体育场	呼和浩特市华萃演艺经纪有限公司
安徽省文化厅	丁建中	1	2012-09-19	2012-09-25	安徽马鞍山大剧院、芜湖奥新体育馆、蚌埠大剧院、安庆九牧体育馆	安徽滚石文化传播有限公司
湖北省文化厅	张惠妹	7	2012-09-20		安徽黄石市体育场	安徽合肥风羽文化经纪有限公司

续表

主送单位	主要演员	人员	开始时间	结束时间	演出地点	邀请方
江苏省文化厅	陈明真	8	2012-09-20		江苏淮安市古淮河文化广场	江苏演艺文化传播有限公司
湖北省文化厅	动力火车组合颜志琳	2	2012-09-20		湖北宜昌市乐巢酒吧	江苏省演出公司
山东省文化厅	潘美辰	1	2012-09-21		山东省东营市广饶县一中礼堂	山东省演出公司
浙江省文化厅	张震岳	1	2012-09-21		浙江杭州市西子宾馆草坪	浙江省演出有限公司
江苏省文化厅	张芳瑜、张擎佳	2	2012-09-21	2012-09-26	南京人民大会堂	江苏新天地演艺中心
北京市文化局	外表坊时验团黄郁晴	8	2012-09-21	2012-09-22	北京朝阳区文化馆	哲腾（北京）文化传播有限公司
浙江省文化厅	蛋堡组合杜振熙	3	2012-09-21		杭州百乐门酒吧	杭州荣音堡文化传播有限公司
内蒙古自治区文化厅	齐秦	1	2012-09-21		内蒙古通辽市奥林匹克体育馆	内蒙古金鹰文化艺术有限责任公司
贵州省文化厅	陈明真	1	2012-09-21		贵州毕节市毕节学院	贵州泰利特文化传媒有限公司
北京市文化局	吴克群	1	2012-09-21	2012-09-23	北京国家体育场	北京市演出有限责任公司
广西壮族自治区文化厅	罗志祥	5	2012-09-21		广西体育中心	南宁大地飞歌文化传播有限公司
湖北省文化厅	万芳(林万芳)及其乐队	6	2012-09-21		武汉琴台大剧院	武汉琴台大剧院管理有限公司
北京市文化局	表演工作坊宋少卿	23	2012-09-21	2012-10-21	北京保利剧院、天津津湾大剧院、武汉琴台大剧院、上海东方艺术中心	北京央华文化发展有限公司
四川省文化厅	范玮琪	1	2012-09-22	2012-09-23	四川绵州大剧院、遂宁国际会展中心	四川永艺演出有限公司
江西省文化厅	五月天组合陈信宏	5	2012-09-22		南昌国际体育中心体育场	江西华娱传媒有限公司
江苏省文化厅	刘谦	1	2012-09-22		江苏泰州国际博览中心	北京保利剧院管理有限公司
山东省文化厅	张惠妹	1	2012-09-22		青岛天泰体育场	安徽省马鞍山市演出有限公司
广东省文化厅	周杰伦、南拳妈妈组合	7	2012-09-22		广东省惠州市体育公园体育场	广州千翔文化传播有限公司

续表

主送单位	主要演员	人员	开始时间	结束时间	演出地点	邀请方
山东省文化厅	罗大佑	5	2012-09-23		青岛国信体育馆	青岛市文化艺术交流中心
安徽省文化厅	高胜美	1	2012-09-23		安徽省天长市体育馆	安徽中艺影视演艺有限公司
湖北省文化厅	萧亚轩（萧雅之）	1	2012-09-23		武汉琴台大剧院	湖北普瑞特文化艺术传播有限公司
云南省文化厅	温岚	1	2012-09-23		云南昆明市云安会堂	北京城乡行文化艺术有限公司
山东省文化厅	蔡琴	1	2012-09-23		山东烟台国际博览中心	山东世博演艺经纪有限公司
北京市文化局	毛梯剧团 陈雪甄	5	2012-09-24	2012-09-26	北京朝阳区文化馆	北京哲腾文化传播有限公司
四川省文化厅	黄小琥	5	2012-09-25		四川省锦城艺术宫	四川省演出展览公司
湖北省文化厅	齐豫	1	2012-09-26		湖北襄阳市体育场	湖北文华影视演出有限公司
浙江省文化厅	杨培安	1	2012-09-26		浙江舟山普陀区朱家尖南沙沙滩	浙江省对外文化交流有限公司
黑龙江省文化厅	罗大佑	6	2012-09-26		哈尔滨会展中心体育场	哈尔滨盛世华文文化传播有限公司
山东省文化厅	范玮琪	3	2012-09-26		山东省体育中心体育馆	山东省演出公司
北京市文化局	陈富元	1	2012-09-27	2013-03-01	北京世贸星际餐饮管理有限公司	上海桑德利文化艺术有限公司
山东省文化厅	伍思凯	1	2012-09-27		山东省滕州市体育馆	江苏省演出公司
山东省文化厅	姜育恒	1	2012-09-28		山东省枣庄市台儿庄运河古城	山东省演出公司
上海市文化广播影视管理局	陈冠霖	3	2012-09-28	2012-10-07	上海华侨城投资发展有限公司	上海歌星俱乐部
甘肃省文化厅	吴克群	1	2012-09-28		甘肃天水秦州大剧院	甘肃西宇文化艺术有限责任公司
新疆维吾尔自治区文化厅	信乐团	2	2012-09-28		新疆昌吉州呼图壁县	新疆梦幻舞台艺术有限公司
湖北省文化厅	费玉清（张彦亭）	1	2012-09-28		湖北天门中学	湖北龙行天下文化传播有限公司
江苏省文化厅	纪佳松	1	2012-09-28		江苏常州市淹城遗址公园	江苏省演出公司
辽宁省文化厅	迪克牛仔（林进璋）	1	2012-09-28		辽宁省锦州市东湖一号广场	辽宁省对外文化交流公司
山西省文化厅	蔡琴	1	2012-09-28		山西省体育中心体育馆	山西九龙文化艺术交流中心

续表

主送单位	主要演员	人员	开始时间	结束时间	演出地点	邀请方
北京市文化局	彭家熙	1	2012-09-28		北京糖果餐饮娱乐有限公司	北京天利时代国际演出策划有限公司
江苏省文化厅	胡启志	1	2012-09-28		江苏仪征市体育馆	泰州稻草人文化发展有限公司
辽宁省文化厅	张宇、罗大佑、林志炫	3	2012-09-29		辽宁沈阳市铁西体育场	大连艺术隆演出有限公司
云南省文化厅	萧亚轩（萧雅之）	1	2012-09-29		云南大理市体育场	深圳市红鼓演出有限公司
江苏省文化厅	伍思凯	1	2012-09-29		江苏无锡体育馆	江苏省演出公司
山东省文化厅	姜育恒、苏芮（苏瑞芬）	2	2012-09-29		山东青岛国信体育馆	山东省演出公司
湖北省文化厅	萧敬腾	1	2012-09-29		武汉光谷体育馆	上海大麦文化艺术发展有限公司
上海市文化广播影视管理局	尤雅（林丽鸿）	1	2012-09-29	2012-11-24	上海大舞台、广州体育馆	北京春秋永乐文化传播有限公司
陕西省文化厅	五月天组合陈信宏	5	2012-09-29		陕西省体育场	陕西天视传媒有限公司
北京市文化局	文沛然、李圣堂	2	2012-09-30	2012-10-07	北京欢乐谷景区、华侨城大剧院	北京雍和行国际文化传播有限公司
上海市文化广播影视管理局	伍思凯	2	2012-09-30		上海体育场	上海东亚演出有限公司
江苏省文化厅	陈明真	1	2012-09-30		江苏省靖江高级中学会堂	江苏省演出公司
安徽省文化厅	高胜美	1	2012-10-01		安徽桐城市黄梅飘香体育馆	安徽同惠文化交流发展有限公司
江苏省文化厅	苏打绿组合吴青峰	11	2012-10-01	2012-10-03	江苏镇江市长江鹭岛文化村	北京城乡行文化艺术有限公司
广东省文化厅	阎宗玉	1	2012-10-01		广东东莞市体育中心体育馆	北京艺元鼎文化艺术有限公司
上海市文化广播影视管理局	傅家煌、许哲佩	11	2012-10-02	2012-10-04	上海美兰湖罗店北欧新镇	上海星族文化艺术发展有限公司
上海市文化广播影视管理局	MP魔幻力量组合萧秉治	6	2012-10-02		上海梅赛德斯奔驰文化艺术中心	上海白玉兰文化艺术发展有限公司
北京市文化局	林金丞	1	2012-10-02		北京国家大剧院音乐厅	北京交响乐团
山东省文化厅	姜育恒	1	2012-10-03		山东省滨州市沾化县	山东省演出公司

续表

主送单位	主要演员	人员	开始时间	结束时间	演出地点	邀请方
上海市文化广播影视管理局	纪家盈	1	2012-10-04	2012-10-05	上海虹口足球场	上海白玉兰文化艺术发展有限公司
山东省文化厅	罗大佑	1	2012-10-05		山东济南奥林匹克体育中心东荷体育馆	山东世博演艺经纪有限公司
江苏省文化厅	苏有朋	3	2012-10-06		江苏盐城市新体育馆	北京诺啦艺术发展有限公司
湖南省文化厅	刘若英、姜育恒、温岚	3	2012-10-06		湖南怀化市体育中心	湖南城乡行文化艺术有限公司
上海市文化广播影视管理局	纪家盈	1	2012-10-07		上海虹口足球场	上海白玉兰文化艺术发展有限公司
浙江省文化厅	欧阳慧儒、李哲艺	2	2012-10-07		浙江绍兴蓝天大剧院	杭州演出公司
上海市文化广播影视管理局	陈志朋	6	2012-10-09		上海梅赛德斯奔驰文化中心	北京巨龙文化公司
江苏省文化厅	萧亚轩	2	2012-10-09		江苏昆山市体育中心体育场	昆山市演出有限公司
上海市文化广播影视管理局	黄家伟	1	2012-10-10	2012-10-14	上海东方艺术中心	上海上体文化传媒有限公司
山西省文化厅	萧亚轩（萧雅之）	1	2012-10-12		山西大同南城墙关城	太原市焱兴文化传媒有限公司
四川省文化厅	吴克群	1	2012-10-12		四川乐山大佛剧院	四川永艺演出有限公司
江苏省文化厅	姜育恒	1	2012-10-12		南通市体育发展中心体育馆	南京仟禧文化广告有限公司
上海市文化广播影视管理局	金士杰、卜学亮	2	2012-10-12	2012-10-14	上海人民大舞台	上海百庭文化传播有限公司
江苏省文化厅	齐豫	4	2012-10-12		南京五台山体育馆	江苏星系文化传播公司
福建省文化厅	王汤尼	3	2012-10-13		厦门市工人体育馆	厦门市天视文化有限公司
浙江省文化厅	南拳妈妈组合詹宇豪	2	2012-10-13		浙江嘉兴市体育场	浙江国华演艺有限公司
广东省文化厅	台北爱乐室内合唱团	57	2012-10-13		广州大剧院	广州大剧院管理有限公司
山东省文化厅	周华健、罗志祥	2	2012-10-14		山东烟台莱山体育公园体育场	山东省演出公司
安徽省文化厅	罗大佑	2	2012-10-15		安徽省淮北市人民体育场	北京艺飞鸿文化传播有限公司

续表

主送单位	主要演员	人员	开始时间	结束时间	演出地点	邀请方
江苏省文化厅	世界轨迹乐队吴莹萩	3	2012-10-15	2012-10-17	南京紫金大戏院	江苏省演出公司
上海市文化广播影视管理局	陈乔恩	1	2012-10-18	2012-11-04	上海人民大舞台	上海满艺文化传播有限公司
宁夏回族自治区文化厅	F. I. R乐队詹雯婷	3	2012-10-19		宁夏吴忠市体育馆	甘肃西宇文化艺术有限公司
广东省文化厅	吕思纬、纪家盈	7	2012-10-19		广州市天河体育中心体育场	广州市明星巨典文化艺术有限公司
湖南省文化厅	甘媛琳、吴瑞婷	2	2012-10-19		湖南长沙市天心区爱克丝五酒吧	江苏省演出公司
浙江省文化厅	信乐团孙志群	2	2012-10-20		浙江义乌市菲尚酒吧	浙江国华演艺有限公司
湖北省文化厅	陈绮贞	16	2012-10-20		湖北武汉体育中心	武汉体育中心发展有限公司
浙江省文化厅	范逸臣（范佑臣）	1	2012-10-20		浙江省淳安县秀水镇秀水广场	北京神起东方文化传播有限公司
广东省文化厅	棒棒堂组合杨奇煜	4	2012-10-20		广州大学商业广场	广东省友谊文化影视公司
辽宁省文化厅	林宥嘉	1	2012-10-20		沈阳辽宁大剧院	沈阳市演出公司
上海市文化广播影视管理局	陈依婷、萧人凤	2	2012-10-20		上海卢湾体育馆	上海星族文化艺术发展有限公司
湖北省文化厅	甘媛琳、吴瑞婷	2	2012-10-20		湖北武汉爱尚娱乐管理咨询有限公司	江苏省演出公司
上海市文化广播影视管理局	黄小芸	3	2012-10-20		上海世博园区	上海文化娱乐管理有限公司
上海市文化广播影视管理局	郭正男、杜镇熙	2	2012-10-20	2012-10-21	上海世博园区	上海文化娱乐管理有限公司
北京市文化局	如果儿童剧团彭琬珺	16	2012-10-20	2013-2-1	北京海淀剧院	北京大麦文化传播有限公司
上海市文化广播影视管理局	吴莹萩	3	2012-10-20	2012-10-21	上海世博文化园区	上海文化娱乐管理有限公司
湖北省文化厅	郭彦均	24	2012-10-20		湖北武汉沌口体育中心体育场	武汉体育中心发展有限公司
湖南省文化厅	萧敬腾	1	2012-10-20		湖南国际会展中心	湖南省文化艺术交流中心
新疆维吾尔自治区文化厅	信乐团	5	2012-10-21		新疆乌鲁木齐市浦建陆玖缪斯音乐俱乐部	乌鲁木齐渊源崛起演艺娱乐有限公司

续表

主送单位	主要演员	人员	开始时间	结束时间	演出地点	邀请方
江苏省文化厅	吴宗宪	1	2012-10-25		昆山市玉山镇菲花魅力动感酒吧	南京鸿蒙文化传播有限公司
江苏省文化厅	齐豫	1	2012-10-25	2013-01-26	南京市人民大会堂	南京星之都文化传播有限公司
重庆市文化广播电视局	安以轩（吴若轩）	1	2012-10-26		重庆市奉节县职成教育中心	重庆神州中外文化交流传播中心
江苏省文化厅	伍思凯	1	2012-10-26		无锡市体育中心体育馆	江苏演艺文化传播有限公司
江苏省文化厅	棒棒糖组合	4	2012-10-26	2012-11-10	江苏省无锡市后宫酒吧有限公司、南通崇川区外滩一号酒吧以及福建省厦门市思明区湖滨南路417号福联大厦	上海新礫文化传播有限公司
福建省文化厅	姜育恒	1	2012-10-26		福州融侨锦江新天地篮球馆	福建鲁宁文化艺术有限公司
广东省文化厅	表演工作坊陈彦廷	13	2012-10-26	2012-10-27	广州白云国际会议中心有限公司（世纪大会堂）	佛山市直觉文化传播有限公司
福建省文化厅	徐怀钰	1	2012-10-27		福建省奥林匹克体育中心体育场	福建世纪时尚文化传播有限公司
海南省文化广电出版体育厅	田馥甄	1	2012-10-27		海南省海口市	海南中视文化传播股份有限公司
河南省文化厅	唐禹哲（阮霆钧）	1	2012-10-27		河南平顶山市体育场	河南世创国际文化传播有限公司
江西省文化厅	吴克群	1	2012-10-27		江西省萍乡市体育馆	江西省指南文化传媒有限公司
福建省文化厅	张震岳	25	2012-10-27		福建省奥林匹克体育中心体育场	福建世纪时尚文化传播有限公司
上海市文化广播影视管理局	张悬（焦安溥）	1	2012-10-27		上海大舞台	北京领先艺典文化发展有限公司
湖北省文化厅	张惠妹	1	2012-10-27		武汉体育中心体育场	北京城乡行文化艺术有限公司
安徽省文化厅	吴克群	1	2012-10-28		安徽合肥大剧院	安徽芙兰德文化传播有限公司

续表

主送单位	主要演员	人员	开始时间	结束时间	演出地点	邀请方
江苏省文化厅	梁心颐	9	2012-10-28		张家港市体育中心体育场	张家港市巨星影演文化有限公司
上海市文化广播影视管理局	陈俐谊	5	2012-10-28		上海嘉洋娱乐有限公司	上海艺穗文化管理有限公司
浙江省文化厅	张宇（张博翔）	1	2012-10-29		浙江宁波博威集团有限公司厂区广场	杭州演出有限公司
广西壮族自治区文化厅	蔡琴	1	2012-10-30		广西桂林市甲天下会展中心	桂林市演出公司
福建省文化厅	曹启泰	1	2012-10-30	2012-10-31	厦门国际会展中心	厦门博誉文化传播有限公司
福建省文化厅	张宇（张博翔）	1	2012-10-30		福州市鼓楼区玛莎莉酒吧	福建省中视传播有限公司
广东省文化厅	张芳瑜	2	2012-10-30	2013-02-06	深圳大剧院	深圳巨星娱乐有限公司
福建省文化厅	陈永龙	6	2012-10-31		厦门音乐岛爱乐厅	福建鲁宁文化艺术有限公司
北京市文化局	云门舞集2团林怀民	29	2012-10-31	2012-11-01	北京国家大剧院戏剧场	北京国家大剧院演艺中心有限责任公司
广西壮族自治区文化厅	庾澄庆	1	2012-11-02		广西梧州市新梧州高中体育场	梧州市演出公司
江苏省文化厅	刘谦	1	2012-11-02		无锡市体育公园体育馆	上海上音演出有限公司
四川省文化厅	萧亚轩	6	2012-11-02	2012-11-04	四川省金堂县淮口科玛森林体验公司	成都演艺集团有限公司
上海市文化广播影视管理局	台湾爱乐乐团陈嘉宏	105	2012-11-02	2012-11-06	上海东方艺术中心、江苏无锡大剧院、北京国家大剧院	北京吴氏国际文化传媒（北京）有限公司
广东省文化厅	林奕汎	1	2012-11-02	2012-11-03	广州大剧院	广州市乐之津文化传播有限公司
湖北省文化厅	张信哲	4	2012-11-02		湖北武汉市沌口体育中心体育场	武汉琴台大剧院管理有限公司
江苏省文化厅	罗大佑	1	2012-11-03		江苏南通中南体育会展中心体育场	江苏淮安振邦文化交流有限公司
新疆维吾尔自治区文化厅	罗志祥	1	2012-11-03		乌鲁木齐市新疆国际会展中心	新疆华艺文化传播有限公司
四川省文化厅	张惠妹	1	2012-11-03		四川达州市体育场	四川永艺演出有限公司
湖北省文化厅	林宥嘉及其乐队	11	2012-11-03		武汉华中科技大学光谷体育馆	广州艺铭文化艺术发展有限公司

续表

主送单位	主要演员	人员	开始时间	结束时间	演出地点	邀请方
重庆市文广局	黄小琥（黄春凤）	1	2012-11-03		重庆市奥林匹克体育中心体育场	重庆红太阳文化演出有限公司
天津市文广局	萧敬腾及其乐队	17	2012-11-03		天津体育馆	天津市演出公司
天津市文广局	云门舞集2团林怀民	39	2012-11-03	2012-11-04	天津文化艺术中心	北京驱动文化传媒有限公司天津分公司
湖南省文化厅	五月天组合陈信宏	5	2012-11-03		湖南省长沙市贺龙体育中心	湖南省演出公司
甘肃省文化厅	齐秦	2	2012-11-04	2012-11-04	甘肃大剧院	甘肃西宇文化艺术有限责任公司
上海市文化广播影视管理局	许勤毅	1	2012-11-04		上海大宁剧院	上海中演文化艺术有限公司
河北省文化厅	黄小琥（黄春凤）	1	2012-11-04		河北省石家庄裕彤国际体育中心体育场	北京城乡行文化艺术有限公司
北京市文化局	杨丞琳、黄立行	2	2012-11-04		北京国家奥林匹克体育中心体育馆	北京世纪轩昂文化艺术传播有限公司
安徽省文化厅	费玉清（张彦亭）	1	2012-11-05		安徽安庆市黄梅戏艺术中心	安徽中艺影视演艺有限公司
北京市文化局	巫白玉玺	1	2012-11-08		北京中山公园音乐堂	北京保利紫禁城剧院管理有限公司
北京市文化局	陈乔恩	1	2012-11-08	2012-11-09	北京展览馆剧场	北京北展演艺文化有限公司
江苏省文化厅	姚中仁	1	2012-11-09		无锡市运河公园广场	无锡市三六零文化交流有限公司
浙江省文化厅	云门舞集2团林怀民	39	2012-11-09	2012-11-10	浙江杭州红星剧院	杭州文广演艺有限公司
海南省文化广电出版体育厅	吕建忠	1	2012-11-10		海南省儋州市	海南中视文化传播股份有限公司
湖北省文化厅	鄂文化办〔2012〕346号	6	2012-11-10		湖北省孝感市体育场	武汉新健演出有限公司
福建省文化厅	SIGMA组合周定纬	2	2012-11-10		厦门嘉庚体育馆	福建金海湾文化发展有限公司
安徽省文化厅	纪家盈	1	2012-11-10		安徽合肥体育中心体育场	安徽合肥汉源文化传播有限公司
江苏省文化厅	徐怀钰	6	2012-11-10		江苏南京奥体中心体育场	江苏五环广告传播公司

续表

主送单位	主要演员	人员	开始时间	结束时间	演出地点	邀请方
贵州省文化厅	张惠妹	1	2012-11-10		贵州省新体育场	贵州泰利特文化传媒有限公司
黑龙江省文化厅	蔡琴	1	2012-11-10		哈尔滨国际会展中心体育馆	哈尔滨同利达文化发展有限公司
江苏省文化厅	黄小琥	5	2012-11-10		江苏苏州体育中心体育场	苏州市对外演出交流有限公司
江苏省文化厅	任贤齐	28	2012-11-10		南京奥体中心体育场	江苏五环广告传播公司
广东省文化厅	表演工作坊时一修	6	2012-11-10	2012-11-11	深圳市保利剧院	深圳市文化娱乐交流公司
湖北省文化厅	蔡依林（蔡依翎）	1	2012-11-10		湖北洪山体育馆	深圳巨星娱乐有限公司
安徽省文化厅	五月天组合温尚翊	5	2012-11-10		安徽合肥体育中心体育场	安徽合肥汉源文化传播有限公司
上海市文化广播影视管理局	刘谦	2	2012-11-10	2012-11-11	上海长宁国际体操中心	上海上音演出有限公司
浙江省文化厅	杨宗纬	1	2012-11-11		杭州君尚皇后酒吧	杭州一轶演出经纪有限公司
广西壮族自治区文化厅	F.I.R乐队詹雯婷	6	2012-11-11		南宁广西区体育场	南宁市演出公司
北京市文化局	张悬（焦安溥）	1	2012-11-11		北京万事达中心	北京大麦文化传播有限公司
江苏省文化厅	姜育恒	1	2012-11-11		江苏江阴体育中心体育场	江苏东方盛世文化产业有限公司
云南省文化厅	吴克群	1	2012-11-11		云南丽江市体育发展中心	云南卓越文化传播有限公司
河北省文化厅	周传雄	3	2012-11-11		河北省体育馆	河北嘉纳文化传播有限公司
云南省文化厅	蔡依林	1	2012-11-11		云南丽江市体育发展中心	云南卓越文化传播有限公司
北京市文化局	苏打绿乐团吴青峰	6	2012-11-11		北京万事达中心	北京大麦文化传播有限公司
江苏省文化厅	BOXING组合	6	2012-11-15		江苏省沭阳县体育场	北京华夏龙情文化传播有限公司
广东省文化厅	范晓萱	4	2012-11-16		广东广州国际服装展贸中心	上海白玉兰文化艺术发展有限公司
四川省文化厅	范纬琪、李宗盛	2	2012-11-16	2012-11-16	彭州市体育中心	南充市演出有限公司

续表

主送单位	主要演员	人员	开始时间	结束时间	演出地点	邀请方
四川省文化厅	姜育恒	1	2012-11-16		乐山市中国西部不锈钢城园区	成都演艺集团有限公司
广东省文化厅	表演工作坊时一修	6	2012-11-16	2012-11-17	广东友谊剧院	佛山市直觉文化传播有限公司
北京市文化局	苏见信	1	2012-11-16		北京工人体育馆	上海新碟文化传播有限公司
上海市文化广播影视管理局	云门舞集2团杨凌凯	17	2012-11-16	2012-11-18	上海艺海剧院	上海东方票务有限公司
重庆市文化局	齐豫	5	2012-11-17		重庆市奥林匹克体育中心体育场	重庆演出有限公司
广东省文化厅	苏芮（苏瑞芳）	1	2012-11-17		广州大学城体育中心体育场	广东南方文化发展有限公司
上海市文化广播影视管理局	林宇中	10	2012-11-17	2012-11-18	上海世博绿地	北京时代立方文化传播有限公司
福建省文化厅	张宇	3	2012-11-17		漳州师范学院体育场	漳州市七色彩虹文化传播有限公司
广东省文化厅	胡德夫	6	2012-11-17		深圳音乐厅	深圳市聚橙网络技术有限公司
浙江省文化厅	纪家盈	7	2012-11-17		浙江宁波富邦体育场	浙江国华演艺有限公司
上海市文化广播影视管理局	杨宗纬	1	2012-11-17		上海大舞台	上海东亚演出有限公司
湖南省文化厅	周杰伦	1	2012-11-17		湖南长沙市贺龙体育中心	湖南省文化艺术交流中心
上海市文化广播影视管理局	杨培安	1	2012-11-17		上海世博绿地	北京时代立方文化传播有限公司
重庆市文化局	伍佰	1	2012-11-17		重庆市奥林匹克体育中心	重庆演出有限公司
安徽省文化厅	张信哲	5	2012-11-17		合肥体育中心体育场	安徽合肥风羽文化经纪有限公司
甘肃省文化厅	游鸿明	1	2012-11-18		甘肃兰州体育馆	甘肃鑫辉文化传媒有限公司
北京市文化局	钟伯渊、徐启康、曾珮	3	2012-11-18	2012-11-20	北京木马剧场	北京蓬蒿人剧场
江西省文化厅	辛晓琪	1	2012-11-18		江西新干县玻璃灯饰城体育场	江西金星文化演出有限公司
北京市文化局	郭采洁、黄春风	6	2012-11-18	2012-11-18	北京展览馆剧场	北京城乡文化艺术有限公司

续表

主送单位	主要演员	人员	开始时间	结束时间	演出地点	邀请方
北京市文化局	辛晓琪	1	2012-11-20		北京国家体育馆	北京春秋永乐文化传播有限公司
江苏省文化厅	陈明真	1	2012-11-21		江苏江阴市夏港街道长江村	江苏省演出公司
海南省文化广电出版体育厅	庾澄庆	7	2012-11-23	2012-11-25	海南省三亚海棠湾	海南采艺文化传播有限公司
四川省文化厅	张韶涵	7	2012-11-23	2012-11-25	四川省金堂县淮口科玛森林体验公园	成都演艺集团有限公司
甘肃省文化厅	林怀民	36	2012-11-23	2012-11-24	甘肃大剧院	中演演出院线发展有限责任公司
上海市文化广播影视管理局	沙丁庞客剧团董佳琳	6	2012-11-23	2012-11-25	上海话剧艺术中心	上海歌星俱乐部
北京市文化局	李宗盛	2	2012-11-23		北京万事达中心	北京九洲巨室文化传播有限公司
云南省文化厅	张韶涵、游鸿明	2	2012-11-24		昆明市禄劝县体育馆	昆明月光翎文化传播有限公司
湖北省文化厅	詹雯婷、黄汉青	3	2012-11-24	2012-11-24	湖北剧院	湖北楚天演出有限公司
四川省文化厅	齐秦	1	2012-11-24		成都保利公园198	成都演艺集团有限公司
云南省文化厅	李圣杰	13	2012-11-24		云南昆明市体育场	云南卓越文化传播有限公司
湖北省文化厅	伍佰（吴俊霖）	1	2012-11-24		武汉光谷体育馆	武汉新健演出有限公司
云南省文化厅	任贤齐	11	2012-11-24		昆明体育场	云南卓越文化传播有限公司
浙江省文化厅	张宇（张博翔）	1	2012-11-25		浙江宁波梁祝文化产业园	杭州演出有限公司
江苏省文化厅	陈明真	1	2012-11-26		江苏泰兴体育馆	江苏省演出公司
浙江省文化厅	姚中仁	1	2012-11-27		浙江温州体育中心体育馆	杭州荣音堡文化传播有限公司
四川省文化厅	黄品源（黄钰棋）	1	2012-11-27		四川省体育馆	四川省演出展览公司
四川省文化厅	周华健	3	2012-11-27		四川省体育馆	四川省演出展览有限公司
北京市文化局	刘文纬	1	2012-11-28	2013-02-03	北京地质礼堂、海淀剧院	北京开心麻花文化发展有限公司
四川省文化厅	姜育恒	1	2012-11-28		四川攀枝花市东区辉煌世纪会所	四川省演出展览公司

续表

主送单位	主要演员	人员	开始时间	结束时间	演出地点	邀请方
山东省文化厅	张惠妹	7	2012-11-28		山东省奥林匹克体育中心东荷体育馆	山东省演出公司
上海市文化广播影视管理局	陈子杰	4	2012-11-29		上海度曼波餐饮有限公司	上海明媚文化交流有限公司
重庆市文化局	迪克牛仔（林进璋）	2	2012-11-30		重庆市巫山县职教中心体育场	重庆歌舞团有限公司
北京市文化局	温岚	1	2012-11-30		北京科技大学体育馆	北京世纪轩昂文化艺术传播有限公司
安徽省文化厅	周杰伦	3	2012-11-30		安徽省芜湖市奥体中心体育场	江苏中奥国际体育文化产业有限公司
广东省文化厅	丁建中	1	2012-11-30		广州海心沙亚运公园	北京大麦文化传播有限公司
北京市文化局	张芸京	1	2012-11-30	2013-01-02	北京万事达中心M空间、上海卢湾体育馆、南京大会堂、湖南大学体育馆、广州中山纪念堂	天星文化娱乐有限公司
上海市文化广播影视管理局	台北晓剧场钟伯渊	10	2012-11-30	2012-12-02	上海话剧艺术中心	上海歌星俱乐部、上海话剧艺术中心
广东省文化厅	林奕汎	1	2012-11-30	2012-12-02	广州星海音乐厅、江苏徐州音乐厅、上海东方艺术中心	广州市乐之津文化传播有限公司
江西省文化厅	温岚	1	2012-12-01		江西宜春职业技术学院礼堂	江西省指南文化传媒有限公司
福建省文化厅	向蕙玲	4	2012-12-01		福建泉州市侨乡体育馆	福建省金海湾文化发展有限公司
广东省文化厅	黄殷钟、周以谦	2	2012-12-01		深圳音乐厅	哲腾（北京）文化传播有限公司
湖北省文化厅	萧亚轩	3	2012-12-01		湖北宜昌市东山体育场	湖北普瑞特文化艺术传播有限公司
四川省文化厅	萧敬腾	1	2012-12-01		四川省体育馆	成都演艺集团有限公司
天津市文化广播影视局	蔡依林（蔡依翎）	1	2012-12-01		天津体育馆	天津华乐文化艺术发展有限公司
湖南省文化厅	蔡琴	1	2012-12-01		湖南国际会展中心	湖南省演出公司
河北省文化厅	周传雄	3	2012-12-02		河北沧州体育馆	杭州名星文化传播有限公司
四川省文化厅	王若琳	1	2012-12-02		四川成都市锦江区娇子音乐厅	四川永艺演出有限公司

续表

主送单位	主要演员	人员	开始时间	结束时间	演出地点	邀请方
北京市文化局	张悬	10	2012-12-02		北京五棵松体育馆M空间	北京世纪轩昂文化艺术传播有限公司
北京市文化局	刘谦	1	2012-12-02		北京昌平区体育馆	北京演艺集团有限责任公司
上海市文化广播影视管理局	魔幻力量组合黄柏翔	6	2012-12-04		上海梅赛德斯奔驰文化中心	上海白玉兰文化艺术发展有限公司
河北省文化厅	黄小琥（黄春凤）	1	2012-12-05		河北廊坊明珠影剧院	北京城乡行文化艺术有限公司
重庆市文广局	炎亚纶（吴庚霖）	1	2012-12-05		重庆永川区文化艺术中心	重庆捷众文化传播有限公司
重庆市文广局	林宥嘉	1	2012-12-06		重庆蓝天歌剧院	重庆品度文化传媒有限公司
湖北省文化厅	齐秦、姜育恒、陈明真	3	2012-12-06		湖北孝感市体育场	武汉新健演出公司
北京市文化局	黄君豪	2	2012-12-06	2012-12-07	北京三里屯VILLAGE橙色大厅	北京金亿广苑文化发展有限公司
广东省文化厅	姜育恒	4	2012-12-06	2012-12-09	广东深圳市深圳湾体育中心体育馆、广州国际体育演艺中心	浙江省对外文化交流有限公司
内蒙古自治区文化厅	周传雄	1	2012-12-07		内蒙古赤峰市国际会展中心	内蒙古金鹰文化艺术有限责任公司
北京市文化局	罗大佑、苏芮（苏瑞芬）	2	2012-12-07		北京国贸大酒店	湖北华语广电传媒有限公司演出分公司
河南省文化厅	苏打绿组合吴青峰	6	2012-12-07		河南省体育馆	河南省商河文化传播有限公司
四川省文化厅	罗志祥、李宗盛	2	2012-12-07		绵阳市南河体育中心	上海睿洋文化传播有限公司
北京市文化局	张芸京（张芸菁）	1	2012-12-07		北京五棵松体育馆M空间	北京天星文化娱乐有限公司
广东省文化厅	林志颖	5	2012-12-08		广东广州体育馆	广州明星巨典文化艺术有限公司
广东省文化厅	张震岳	26	2012-12-08		广州市天河体育中心体育场	广州市明星巨典文化艺术有限公司
安徽省文化厅	张帝（张志民）	1	2012-12-08		安徽芜湖新视听演艺中心	芜湖市演出艺术中心

续表

主送单位	主要演员	人员	开始时间	结束时间	演出地点	邀请方
安徽省文化厅	张宇(张博翔)、黄舒骏	2	2012-12-08		安徽马鞍山市大剧院	安徽同惠文化交流发展有限公司
内蒙古自治区文化厅	吴克群、张又方	2	2012-12-08		内蒙古体育馆	内蒙古呼和浩特市华萃演艺经纪有限责任公司
四川省文化厅	周杰伦	6	2012-12-08		四川成都体育中心	贵州新中亚文化投资有限公司
福建省文化厅	纪家盈	7	2012-12-08		福建省奥林匹克体育中心体育场	福建世纪时尚文化传播有限公司
重庆市文化局	萧亚轩	11	2012-12-08		重庆市北碚区缙云文化体育中心	重庆天籁文化发展有限公司
四川省文化厅	蔡依林(蔡依翎)	1	2012-12-08		四川省体育馆	四川金手指文化传播集团有限公司
四川省文化厅	吴克群	1	2012-12-09	2012-12-22	四川资阳市体育中心、内江市飘香园林饭店	四川永艺演出有限公司
北京市文化局	林宥嘉	1	2012-12-09		北京国家奥林匹克体育中心体育馆	北京罗盘文化艺术有限公司
北京市文化局	张韶涵	1	2012-12-09		北京糖果餐饮娱乐有限公司	北京天利时代国际演出策划有限公司
重庆市文化局	黄小琥	2	2012-12-09		重庆市奥林匹克体育中心体育场	重庆红太阳文化演出有限公司
贵州省文化厅	周华健、邰正宵	2	2012-12-10		贵州省遵义汇川区体育中心体育场	贵州省演出有限责任公司
北京市文化局	赖玟君、魏英娟	2	2012-12-11	2012-12-16	北京蓬蒿剧场	北京蓬蒿人剧场
广东省文化厅	陈惠琴	5	2012-12-11		广州海心沙亚运公园	广州市明星巨典文化艺术有限公司
浙江省文化厅	MO MO组合甘媛琳	2	2012-12-13		温州市体育场	浙江省对外文化交流有限公司
上海市文化广播影视管理局	胡启志	1	2012-12-13		上海文化广场	上海白玉兰文化艺术发展有限公司
甘肃省文化厅	黄安	1	2012-12-13		甘肃省庆阳剧院	甘肃平凉市正道文化艺术发展有限责任公司
河北省文化厅	张宇(张博翔)	1	2012-12-13		石家庄河北艺术中心	河北邮电广告有限公司

续表

主送单位	主要演员	人员	开始时间	结束时间	演出地点	邀请方
江西省文化厅	吴克群、张韶涵	2	2012-12-14		南昌市江西省奥体中心体育场	江西华娱传媒有限公司
内蒙古自治区文化厅	苏打绿组合吴青峰	7	2012-12-14		内蒙古包头奥体中心体育馆	呼和浩特市华萃演艺经纪有限公司
山东省文化厅	罗大佑、王心凌、齐秦	3	2012-12-14	2012-12-21	山东省聊城市江北水城明珠剧场、滨州市滨州学院会堂、曲阜师范学院大学生活动中心会堂	北京中世通盈国际文化传媒有限公司
河北省文化厅	炎亚纶（吴庚霖）	1	2012-12-14		河北邯郸大戏院	河北星光演出有限公司
贵州省文化厅	陈明真	1	2012-12-14		贵州省毕节市毕节学院绣山体育馆	贵州泰利特文化传媒有限公司
北京市文化局	八三夭乐队李贤璞	5	2012-12-14		北京糖果餐饮娱乐有限公司	北京天利时代国际演出策划有限公司
江苏省文化厅	张宇	1	2012-12-14		南京师范大学体育中学	江苏演艺文化传播有限公司
四川省文化厅	费玉清（张彦亭）	1	2012-12-14		四川省体育馆	成都演艺集团有限公司
山东省文化厅	姜育恒	3	2012-12-15		山东奥林匹克体育中心东荷体育馆	山东世博演艺经纪有限公司
江西省文化厅	王心凌	1	2012-12-15		江西赣州市体育馆	江西指南文化传媒有限公司
江苏省文化厅	辛晓琪、姜育恒	2	2012-12-15		江苏南京万达希尔顿酒店	南京壹仟零壹广告传媒有限公司
江苏省文化厅	汪东城	1	2012-12-15		江苏南京奥体中心体育馆	江苏中奥国际体育文化产业有限公司
上海市文化广播影视管理局	八三夭乐队李贤璞	5	2012-12-15		上海梅赛德斯奔驰文化中心音乐俱乐部	上海立宁文化传播有限公司
河北省文化厅	周传雄	1	2012-12-15		河北保定市河北大学剧场	石家庄天天大麦文化艺术有限公司
甘肃省文化厅	张宇（张博翔）	1	2012-12-15		甘肃兰州体育馆	甘肃西宇文化艺术有限责任公司
福建省文化厅	张悬	3	2012-12-15		厦门市工人体育馆	厦门市天视文化有限公司
山东省文化厅	黄文章	3	2012-12-15		山东省临沂市金沂蒙体育馆	马鞍山市演出有限公司

续表

主送单位	主要演员	人员	开始时间	结束时间	演出地点	邀请方
江西省文化厅	刘谦	1	2012-12-15		江西九江市体育中心体育馆	上海星族文化艺术发展有限公司
北京市文化局	相声瓦舍冯翊纲	3	2012-12-15	2013-01-03	北京保利剧院	北京央华文化发展有限公司
江苏省文化厅	吴宗宪	1	2012-12-16		江苏溧阳市体育馆	南京鸿蒙文化传播有限公司
河北省文化厅	周传雄	1	2012-12-16		河北唐山丰南大剧院	广州星浪文化传播有限公司
四川省文化厅	萧亚轩	7	2012-12-18		四川宜宾五粮液剧场	四川永艺演出有限公司
辽宁省文化厅	赵传（赵柏钧）	1	2012-12-18		沈阳皇朝万鑫酒店	辽宁形色男女广告传媒有限公司
北京市文化局	表演工作坊许哲诚	6	2012-12-18	2012-12-29	北京保利剧院、大连广电中心、南京人民大会堂	北京央华文化发展有限公司
山西省文化厅	姜育恒、李宗盛	2	2012-12-19		山西太原市中国煤炭交易中心	北京世纪轩昂文化艺术传播有限公司
北京市文化局	王心凌	11	2012-12-19		北京万事达中心	北京华翰国际文化发展公司
云南省文化厅	齐秦、辛晓琪	2	2012-12-20		云南玉溪市玉溪庄园会堂	云南省演出公司
内蒙古自治区文化厅	范玮琪、辛晓琪	3	2012-12-20	2012-12-26	内蒙古体育馆、呼和浩特香格里拉酒店	呼和浩特华萃演艺经纪有限公司
河北省文化厅	苏芮（苏瑞芬）	1	2012-12-20		河北艺术中心	石家庄市中仁闪凝娱乐有限公司
四川省文化厅	周传雄	1	2012-12-21		雅安市四川农业大学大礼堂	四川永艺演出有限公司
四川省文化厅	游鸿明	1	2012-12-21	2012-12-22	四川绵阳市西南科技大学、广元市凤凰大剧院	河南知行合一文化传播有限公司
北京市文化局	林依晨	1	2012-12-21		北京万事达中心（五棵松体育馆）M空间	北京春秋永乐文化传播有限公司
江苏省文化厅	张宇	2	2012-12-21		江苏扬州体育公园体育馆	江苏长三角舞美艺术有限公司
江西省文化厅	伍思凯	1	2012-12-22		江西省抚州市东乡县体育馆	江西群艺文化演出有限公司
山东省文化厅	辛晓琪	1	2012-12-22		山东济南万达凯悦酒店宴会厅	山东省演出公司

续表

主送单位	主要演员	人员	开始时间	结束时间	演出地点	邀请方
四川省文化厅	棒棒堂组合廖亦崟	7	2012-12-22		四川省体育馆	四川省演出展览公司
广东省文化厅	刘谦	1	2012-12-22		广州市中国大酒店	广东南方文化发展有限公司
福建省文化厅	南方二重唱林明桦	2	2012-12-22		福建厦门嘉庚体育馆	福建世纪时尚文化传播有限公司
上海市文化广播影视管理局	伍佰	4	2012-12-22		上海大舞台	上海普杰文化传播有限公司
湖南省文化厅	庾澄庆	7	2012-12-23		湖南长沙市贺龙体育中心	湖南省文化艺术交流中心
上海市文化广播影视管理局	神秘失控人声乐团	8	2012-12-23		上海大宁剧院	上海中演文化艺术有限公司
辽宁省文化厅	周华健	1	2012-12-24		辽宁沈阳皇朝万鑫酒店	沈阳大义文化演出有限公司
辽宁省文化厅	林志炫	1	2012-12-24		辽宁大连长江广场有限公司日航饭店	沈阳大义文化演出有限公司
江苏省文化厅	郑智化	1	2012-12-24		江苏镇江市金山超越神话大剧院	江苏省演出公司
辽宁省文化厅	高明俊、潘美辰	2	2012-12-24		辽宁大连市开发区不夜城大酒店多功能厅	南京靓泽文化传媒有限公司
江苏省文化厅	邰正宵	1	2012-12-24		江苏省丹阳市王府酒店有限公司	江苏省演出公司
北京市文化局	高胜美、童安格	2	2012-12-24		北京国际饭店	江苏新天地演艺中心
上海市文化广播影视管理局	关颖	4	2012-12-24		上海梅赛德斯奔驰文化中心	上海白玉兰文化艺术发展有限公司
山东省文化厅	伍思凯	1	2012-12-24		山东济南喜来登酒店多功能厅	山东省演出公司
山东省文化厅	黄文章	1	2012-12-24		济南银座索菲特大酒店	山东省演出公司
江西省文化厅	伍佰（吴俊霖）	1	2012-12-24		江西南昌国际体育中心综合馆	江西华娱传媒有限公司
北京市文化局	刘谦	1	2012-12-24		北京工人体育馆	北京时代立方文化传播有限公司
重庆市文广局	齐秦及其乐队	22	2012-12-24		重庆市人民大礼堂	重庆正点文化产业发展有限公司

续表

主送单位	主要演员	人员	开始时间	结束时间	演出地点	邀请方
上海市文化广播影视管理局	张震岳、姚中仁	2	2012-12-24		上海梅赛德斯奔驰文化中心	上海白玉兰文化艺术发展有限公司
北京市文化局	杨宗纬	2	2012-12-25		北京万事达中心	中国国际文化艺术公司
河北省文化厅	刘若英	2	2012-12-26		河北邢台体育馆	杭州乾年演出有限公司
广西壮族自治区文化厅	李宗盛	3	2012-12-27		广西体育中心	南宁市演出公司
海南省文化广电出版体育厅	动力火车	6	2012-12-28		海口市海航文化广场	北京华谊兄弟音乐有限公司
四川省文化厅	温岚	1	2012-12-28		四川攀枝花学院现代教育技术中心	四川永艺演出有限公司
江苏省文化厅	王若琳	4	2012-12-29		江苏省常州奥体中心体育馆	江苏风潮文化传媒有限公司
河北省文化厅	萧亚轩	3	2012-12-29		武汉体育中心	湖北楚天演出有限公司
广西壮族自治区文化厅	潘美辰	1	2012-12-29		广西南宁广西区体育馆	南宁市演出公司
江西省文化厅	刘若英	2	2012-12-29	2013-01-11	江西九江市体育馆、南昌国际体育中心体育馆	江西群艺文化演出有限公司
广东省文化厅	表演工作坊陈彦廷	22	2012-12-29	2012-12-30	深圳保利剧院	深圳市文化娱乐交流公司
福建省文化厅	高凌风	8	2012-12-29		漳州师范学院体育场	漳州市七色彩虹文化传播有限公司
上海市文化广播影视管理局	张芸菁	1	2012-12-29		上海国际体操中心	上海大麦文化艺术发展有限公司
云南省文化厅	蔡依林（蔡依翎）	1	2012-12-29		昆明星耀体育馆	昆明申卓文化传播有限公司
辽宁省文化厅	蔡琴	1	2012-12-29		辽宁大连世界博览广场多功能厅	北京九维文化传媒有限公司
山东省文化厅	苏打绿乐队吴青峰	6	2012-12-29		山东省奥林匹克体育中心东荷体育馆	山东省演出公司
北京市文化局	张信哲	1	2012-12-29		北京万事达中心	北京苍明文化有限责任公司
江苏省文化厅	罗大佑	1	2012-12-30		江苏南京名都家居广场	江苏省演出公司
湖南省文化厅	林宥嘉	1	2012-12-30		湖南国际会展中心	北京城乡行文化艺术有限公司

中国文化年鉴

Almanac Of Chinese Culture

文物事业

Cultural Relic Undertakings

综 述

2012年，全国文物系统认真贯彻党中央、国务院党的决策部署，紧紧把握稳中求进的工作总基调，按照文物事业“十二五”发展规划的部署，不铺新摊子，保持连续性，抓主抓重，稳健务实，改革创新，狠抓落实，着力提高工作质量和效益，全面完成各项工作任务，推进了文物事业加快发展的良好态势。

一、进一步做好事关全局的重点工作

7月，筹备召开了时隔十年再次召开的全国文物工作会议。李长春、刘延东等中央领导同志会见会议代表并发表重要讲话，会议提出了全面加强文物保护利用和传承发展、加快推进文化遗产强国建设的历史任务。各地、各部门贯彻落实全国文物工作会议精神，对文物工作更加重视，加大政策支持。北京、甘肃、重庆、四川、山东、广东等省（市）人民政府召开文物工作会议，政府主要领导讲话，从全局高度对文物工作提出新要求，帮助解决在经费和编制上的实际问题。

4月至5月，配合全国人大常委会开展了《文物保护法》执法检查。这次执法检查是1982年《文物保护法》颁布实施以来，由全国人大常委会在全国范围内组织开展的第一次执法检查。吴邦国委员长作出批示：要求督促支持各级政府和有关国家机关依法履行职责，改进工作，加强管理，推动我国文物事业全面发展。执法检查组重点对10个省（区、市）开展了实地检查，委托21个省（区、市）人大常委会进行了执法检查。对检查中发现的问题，国家文物局和各有关部门进行认真整改，并将初步成果报送全国人大常委会。

全国人大常委会组织的执法检查和国务院召开的全国文物工作会议这两件大事，乘贯彻六中全会精神、建设文化强国的东风，促进各地、各部门进一步形成了重视文物工作、加强文物工作的喜人形势，给全国文物系统以极大的鼓舞，成为2012年全国文物工作的一个鲜明亮点。

在紧紧抓住基础性、全局性大事的同时，国家文物局努力适应文物事业发展的新形势，积极破解体制机制障碍和不平衡、不协调、不可持续的问题。12月，国务院印发了《关于进一步做好旅游等开发建设活动中文物保护工作的意见》（国发〔2012〕63号），对文物保护单位管理体制、旅游收入部分用于文物保护、文物保护单位用于旅游开发的审批和文物景点的游客承载量等问题，提出了明确意见。这是一个很有针对性的管用文件，充分体现了国务院对文物工作的高度重视和大力支持。针对社会关注的文物市场“乱象”，国家文物局会同有关部门，制定了关于加强文物拍卖标的审核、文物鉴定类广播电视节目、古玩旧货市场文物经营活动管理等文件。

国家文物局在调查研究的基础上，本着转变职能、加强管理的思路，从下半年开始，组织开展了文博人才队伍建设、文物保护工程审批制度改革、重点工作和重点项目绩效考评、文物行业标准体系建设等四项课题研究，取得了阶段性成果。急需人才培养的工作方案已经形成；文物保护项目审批改革相关文件在第五次文物保护工程会上讨论通过。

二、进一步改善不可移动文物保护状况

第三次全国文物普查成果转化取得重要进展，21个省（区、市）公布了100%、3个省公布了90%的不可移动文物名录。部分省（区、市）公布了一批省、市、县级文物保护单位。第七批全国重点文物保护单位推荐名单上报国务院审核。会同住房和城乡建设部开展历史文化名城名镇名村保护检查工作，提出城镇化进程中加强文物保护的措施。

文物保护重点工程进展顺利。玉树灾后文物抢救保护工程基本完成；承德避暑山庄及周围寺庙、嘉峪关长城、山西南部早期建筑、应县木塔、涉台文物、西藏、新疆等重点文物工程继续推进；山西彩塑壁画和中央苏区革命旧址保护工程启动实施。

世界文化遗产工作再获佳绩。元上都遗址成功列入《世界遗产名录》。更新《中国世界文化遗产预备名单》，28个省（区、市）和香港特别行政区的45项遗产入选。确定大运河和丝绸之路首批申遗名单。成立中国、哈萨克斯坦、吉尔吉斯斯坦丝绸之路协调委员会，签署三国联合申遗及协调保护管理协议。完成红河哈尼梯田的环境整治和国际专家的现场评估。完成长城资源调查并公布结果。

考古及大遗址保护积极推进。配合南水北调、西气东输等重大基本建设中的考古发掘和文物保护成效显著，三峡工程消落区抢救性考古发掘项目陆续实施。中华文明探源、早期秦文化研究等重点课题相关考古工作不断深入，考古学术水平不断提高。实施40余项大遗址考古项目。以“六片、四线、一

圈”为重点、150处大遗址为支撑的大遗址保护格局初步形成并展开。西安成立汉长安城国家大遗址保护特区领导小组和管委会，湖南里耶古城、铜官窑国家考古遗址公园建成开放，大遗址保护综合效益逐步显现。

水下文物保护取得新成效。组建国家文物局水下文化遗产保护中心。南海基地建设完成可研报告编制，选址已纳入海南先行先试区总体规划。我国第一艘水下考古工作船开工建造。完成“南海I号”考古发掘和文物保护方案制定。

三、进一步提升博物馆建设和社会服务水平

博物馆建设势头良好。全国博物馆总数达到3866个；其中，国有博物馆3219个,民办博物馆647个。天津、河北、湖南、湖北等省市博物馆新馆及改扩建工程进展顺利。122个地市级博物馆纳入《全国地市级公共文化设施建设规划》，项目建设有序推进。

博物馆行业管理更趋规范。17家博物馆入选国家一级博物馆，全国一级博物馆总数达到100家。制定博物馆管理制度，完成国家一级博物馆运行评估。印发《民办博物馆章程示范文本》，总结推广国有博物馆对口帮扶民办博物馆试点经验。文物进出境管理、珍贵文物征集工作不断规范。

可移动文物普查工作准备就绪。国务院印发《关于开展第一次全国可移动文物普查的通知》，制定了普查工作的实施方案，成立了领导小组和工作机构。陕西省、北京朝阳区、山东青岛市、中国人民解放军和武警部队等可移动文物普查试点取得积极成效。

免费开放不断深化，社会服务不断拓宽。博物馆展陈数量显著增加，展陈水平明显提高，《元代青花瓷器特展》、《佛光里的神秘西藏》等一批优秀展览受到社会好评。推广博物馆免费开放十项最佳实践和全国最具创新力博物馆的做法，带动了博物馆展陈和管理水平提升。举办博物馆及相关产品与技术博览会、博物馆文化产品创意设计推介活动，在加快文化产业发展、满足多层次文化需求方面进行了积极尝试。

四、进一步增强文物安全防范能力

构建文物安全长效机制。强化部际协作，联合印发《关于加强和改进文物安全工作的指导意见》。深入推行文物安全公示公告制度，对重大文物案件和安全事故进行通报，对文物行政执法和安全监管情况进行公示。与公安部共同建立打击和防范文物犯罪联合长效工作机制。

加强安全监管和设施建设。开展文物安全隐患排查整治专项行动，检查不可移动文物18.3万处、博物馆2329个，整改安全隐患2万余处。推进文物平安工程，启动255项文物安全设施建设工程，开展文物安全执法动态监管试点，全面部署田野文物安全防范工作。

加强联合执法。与海关总署在13个省份开展打击文物走私专项行动；与国家海洋局在11个省份开展文化遗产联合执法巡航专项行动。推动全国文物犯罪信息中心与公安部DNA数据库进行对接，为防范打击文物犯罪提供技术支持。不断完善督察机制，制定《文物行政执法巡查档案范本》。国家文物局全年接报行政违法案件317起、文物安全案件306起；直接督办文物行政违法案件78起。

五、进一步推进人才、科技和对外交流工作

开展各类人才培训，理清队伍建设的总体思路。开展全国范围的文博人才队伍建设调研，研究《文物事业中长期人才需求规划》和《文博人才培养教育教学体系》。加强文博管理人才培训，完成6期654名县级文物行政部门负责人和5期基层文物安全管理干部、文物行政执法人员的培训班。加强专业技术人才培训，举办新任考古领队、考古发掘项目电子审批系统、文物进出境责任鉴定员、可移动文物普查等培训班；加强技能人才培养，举办泥塑彩绘保护、近现代文物保护修复、出水文物保护、西藏壁画修复等培训班。

促进文物保护与科技应用的融合。完成5项国家科技计划项目立项、2项国家科技计划项目验收，启动文物保护科技领域技术路线图预研究。推进与中科院的科技战略合作，组建文物保护领域物联网建设技术创新联盟。考古发掘现场移动实验室荣获国家科技进步二等奖。推进“指南针计划”专项实施，与上海市政府共建国家“指南针计划”专项青少年基地，与中国科协开展中国古代发明创造国家名录认定工作，举办《惠世天工》展览。

对外交流合作持续拓展。政府间交流与合作更加深化，与墨西哥、哥伦比亚两国政府签署关于防止盗窃、盗掘和非法进出境文化财产的双边协定，签定双边协定的国家已达15个；与苏格兰文物局实施清东陵数字保存项目，与丹麦、摩洛哥、阿富汗文化部门签署合作协议；继续推进柬埔寨茶胶寺保护修复工程、肯尼亚考古项目等援外工程。与国际

组织的合作更加密切，成功举办国际古迹遗址理事会顾问委员会和执行委员会会议，共享国际社会文化遗产保护经验，我国在国际文化遗产领域的话语权进一步增强；积极参与关于打击文化财产非法贩运的国际会议。文物出入境展览更加丰富，全年举办进出境展览76个，《华夏瑰宝展》成为中土文化年的一大亮点。与台港澳的交流与合作更加活跃，开展海峡两岸文物交流20年纪念活动，举办两岸文博专业人员交流研习活动，在台湾高雄市举办的《青州佛教造像展》观众突破70万人次，有力促进了两岸四地的文化认同。

六、进一步夯实文物工作保障条件

转变职能的改革深入推进。采取有力措施，优化文物保护工程审批程序，压缩审批时限，提高办事效率；扩大省级审批方案试点。地方文物部门积极跟进，山西省文物局将涉及文物工作的行政审批由18项调减为9项。引入第三方机构，参与中央财政文物保护专项资金预算控制额度核审和重大项目绩效考评。中国文化遗产研究院组建北京国文琰文物保护发展有限公司。推进政务信息化建设。向海南省博物馆调拨1000余件文物。完成国家文物局直属事业单位的清理规范工作。

文物法制和标准体系建设不断加强。公布施行《大运河遗产保护管理办法》，印发《大运河遗产展示与标识系统设计指导意见》。推进《博物馆条例》立法进程和《水下文物保护管理条例》修订。开展文物保护标准体系和文物安消防标准体系研究。修订《博物馆和文物保护单位安全防范系统技术要求》、《全国博物馆评估办法》和《博物馆评估标准》。国家标准由6项增至12项，行业标准由33项增至47项。36项国家标准和40项行业标准正在编制之中。

文物保护经费实现较大幅度递增。在国家发改委、财政部等部门的大力支持下，中央财政文物保护专项资金达到128亿元，比2011年增长30%；其中，全国重点文物保护单位维修保护55亿元，博物馆免费开放30亿元，抢救性保护性设施建设10亿元。专项经费加大了对大遗址、申遗等项目的支持力度，对西藏、新疆等边疆、少数民族及贫困地区给予了更有力支持。地方文物保护经费投入也继续大幅增加，北京市由1.5亿元跃升至10亿元。湖南省投入各项文物保护资金6亿元，启动省级以上重点文物保护项目42个。陕西省全年安排文物安全经费6700万元。

宣传工作主动性明显提高。及时叫停“十大名楼”联合申遗，妥善应对“遇真宫”抬升等网上舆论事件，履行社会管理职能得到明显加强。文化遗产日郑州主场城市活动、博物馆日南宁主场城市活动、文化遗产保护无锡论坛影响广泛，以文博宣传活动为主轴的4月至6月全国性“文化遗产宣传季”品牌效应初步显现。文物知识宣传普及工程试点工作取得实效。围绕主题主线，开展“保护发展·成就辉煌”、文物系统先进典型等正面宣传收到良好的社会效果。

专　题

全国文物工作会议

一、召开全国文物工作会议

7月10日，全国文物工作会议在北京人民大会堂隆重召开。这次会议是国务院时隔十年再次召开的重要会议，是文物工作中的一件大事。全国文物工作会议议程分为两个阶段：第一阶段，中共中央政治局常委李长春，中共中央政治局委员、国务委员刘延东，全国人大常委会副委员长路甬祥，全国政协副主席郑万通等中央领导会见全国文物工作会议代表、全国文物系统先进集体代表和先进工作者并合影留念，李长春作重要指示，文化部部长蔡武主持会见活动。第二阶段，召开全国文物工作会议。刘延东，蔡武，国务院副秘书长江小涓，中宣部副部长翟卫华，国家发展和改革委员会副主任穆虹，公安部副部长张新枫，财政部副部长张少春，人力资源和社会保障部副部长杨志明，文化部副部长、国家文物局局长励小捷在主席台就座，江小涓主持会议。会议议程共三项：一是表彰全国文物系统50个先进集体和30位先进工作者，会议宣读了《关于表彰全国文物系统先进集体和先进工作者的决定》，向全国文物系统先进集体和先进工作者代表颁发了奖牌或奖章；二是国家文物局、公安部、财政部、北京市和西藏自治区的负责人作简要工作汇报；三是国务院领导发表重要讲话。

全国文物工作会议主题是，深入贯彻落实党的十七届六中全会精神，总结党的十六大以来文物工作的创新实践和成功经验，分析当前文物工作的新形势新任务，研究部署新时期推动文物事业发展的

政策措施，为努力建设文化遗产强国作出更大贡献，以优异成绩迎接党的十八大胜利召开。

李长春强调，做好文物工作，对于继承和弘扬中华民族优秀传统文化、建设中华民族共有精神家园，对于满足人民群众日益增长的精神文化需求、提高全民族思想道德素质和科学文化素质，对于展示良好国家形象、增强中国文化软实力、维护世界文化多样性，都具有十分重要的意义。各级党委政府要进一步增强文化自觉，把文物工作摆上重要议事日程，予以大力支持和积极推动；广大文物工作者要进一步增强责任感和紧迫感，扎实工作、开拓创新，不断提高文物保护、利用、管理水平，在新的历史起点上努力开创新局面。能不能把文物工作方针落到实处，能不能切实开创文物工作新局面，是省委书记省长、市委书记市长有没有文化的重要标志。

刘延东发表了《继往开来　改革创新　全面推进文物保护利用和传承发展》的重要讲话。会议充分肯定了党的十六大以来文物工作取得显著成就，为全面推进文物工作奠定坚实基础，主要体现在五个方面：各级党委政府文物保护意识明显提高，文物保护责任进一步落实；文物保护基础工作得到加强，文物事业可持续发展能力不断提升；文物保护利用水平不断提高，服务社会、惠及民生的作用日益凸显；博物馆免费开放、改善服务，文化建设的社会效益得以实现；对外文物交流与合作更加广泛，中华文化影响力不断提升。中国初步建立起较为完备的文物保护法律制度，初步建立起政府主导、社会参与，与社会主义市场经济体制相适应的文物保护体制和文物保护体系，保护文物日益成为全社会的自觉行动，成功走出一条中国特色文物事业发展道路。会议总结了文物事业快速发展的基本经验，即“五个坚持”：一是必须坚持高举中国特色社会主义伟大旗帜，全面贯彻落实科学发展观，始终把文物工作放到党和国家工作全局中来认识、来谋划、来推动，这是文物工作的指导思想；二是必须坚持文物工作方针，正确处理保护与利用的关系，始终把保护作为前提和基础，在保护中利用，在传承中发展，这是文物工作的根本要求；三是必须坚持文物事业的公益属性，发挥政府的主导作用，正确处理文物事业与文化产业的关系，始终把社会效益放在首位，这是文物工作的根本性质；四是必须坚持服务社会、惠及民生，始终把“文物保护人人参与、保护成果人人共享”作为文物工作的出发点和落脚点，这是文物工作的根本目的；五是坚持改革创新，做好全局谋划、制度安排，以重点突破带动整体推进，不断深化理论创新、体制创新、科技创新，这是文物工作的根本动力。“五个坚持”，既是对文物工作规律的深刻把握，也是对今后文物工作一以贯之的基本要求，要在实践中不断丰富发展。会议部署了新时期文物工作的重点任务，就是“6个进一步”：进一步落实文物保护责任，切实把文物工作摆到更加突出位置；进一步推进文物保护重点工作，切实提高文物安全防范能力；进一步发挥文物资源优势，更多更好地服务社会、促进发展、惠及民生；进一步完善政策法规体系，努力营造有利于文物事业科学发展的良好环境；进一步健全机构和队伍，全面加强能力建设；进一步增强全民文物保护意识，宣传引导全社会共同参与文物保护。

各省（区、市）、计划单列市人民政府和新疆生产建设兵团负责人，省级文物行政部门主要负责人，中央和国家机关有关部门负责人，全国文物系统先进集体代表和先进工作者，在京有关文博单位负责人，部分文物博物馆专家等出席会议。

二、贯彻全国文物工作会议精神座谈会

7月10日下午，国家文物局召开贯彻全国文物工作会议精神座谈会，学习贯彻中央领导的重要讲话和全国文物工作会议精神，再动员、再部署，全面完成“十二五”规划各项目标任务。文化部部长蔡武出席会议并发表讲话，文化部副部长、国家文物局局长励小捷主持会议，国家文物局副局长董保华、童明康、顾玉才、宋新潮出席会议。中央和国家机关有关部门，国家文物局机关各部门和各直属单位，各省（区、市）和各计划单列市、新疆生产建设兵团的文物部门，在京中央有关文博单位的负责人，以及部分文博专家参加了会议。会议议程共三项：一是住房和城乡建设部、国家旅游局、河南省文物局、重庆市文物局、新疆维吾尔自治区文物局、浙江省文物局、中国文化遗产研究院等7个单位和国家文物局原顾问谢辰生交流了学习全国文物工作会议精神的初步体会及贯彻思路；二是蔡武部长发表讲话；三是励小捷局长作会议总结，布置2012年下半年重点工作。

三、学习贯彻全国文物工作会议精神

7月16日，国家文物局印发《关于深入学习贯彻全国文物工作会议精神的通知》，要求各省级文物部

门、各直属单位制订学习贯彻全国文物工作会议精神工作方案，认真抓好学习贯彻工作。7月30日，国家文物局印发《国家文物局关于落实全国文物工作会议部署重点任务的分工方案》。8月，国家文物局启动文博人才队伍建设、文物保护利用、文物保护法修订前期研究的专题调研。各省级文物部门相继召开传达学习全国文物工作会议精神座谈会。北京、甘肃、重庆、四川、山东、广东等省（市）人民政府召开文物工作会议。

《文物保护法》执法检查

2012年全国人大常委会《文物保护法》执法检查，是自1982年《文物保护法》颁布实施以来，由全国人大常委会在全国范围内组织开展的第一次执法检查。吴邦国委员长对这次执法检查工作十分重视，作出重要批示：全面贯彻落实文物保护法，是继承和弘扬中华民族优秀传统文化、推动社会主义文化大发展大繁荣的必然要求。全国人大常委会这次在全国范围内开展文物保护法执法检查，主要目的就是在党的十七大和十七届六中全会精神指导下，督促、支持各级政府和有关国家机关依法履行职责，改进工作，加强管理，推动中国文物保护事业全面发展。希望检查组精心准备，扎实工作，组织开展好这次执法检查，圆满完成工作任务，为建设中华民族共有精神家园作出积极贡献。

4月5日，全国人大常委会执法检查组召开第一次全体会议，听取国家文物局、住房和城乡建设部、海关总署、国家工商总局、国家发改委、财政部、国土资源部、环境保护部、国家旅游局、国家宗教事务局等国务院有关部门的情况汇报，部署相关工作。王兆国副委员长出席会议并作重要讲话。会议明确，这次执法检查的重点是文物安全情况，处理文物保护与经济建设、社会发展关系情况，文物流通领域管理情况，执法能力建设和配套法规制定情况，以及进一步修改完善法律的意见和建议。

全国人大常委会《文物保护法》执法检查组由路甬祥副委员长任组长，韩启德、周铁农、李建国、严隽琪副委员长以及白克明同志任副组长。执法检查组分为5个小组，成员包括28位全国人大常委会委员和全国人大教科文卫委员会委员、全国人大法律委员会委员，以及21位全国人大代表。

4月至5月，全国人大常委会开展《文物保护法》执法检查。执法检查组重点对北京、河北、浙江、江西、山东、河南、湖北、四川、甘肃、新疆10个省（区、市）进行实地检查，授权委托21个省（区、市）人大常委会对本行政区域文物保护法实施情况进行执法检查。

6月26日，第十一届全国人民代表大会常务委员会第二十七次会议，听取路甬祥副委员长所作的执法检查报告，提出审议意见。执法检查报告指出，30年来，贯彻实施《文物保护法》取得的主要成效是：文物法制宣传教育不断深入；政府文物保护责任逐步落实；综合执法能力不断加强；文物保护状况明显改善；文物保护在服务经济社会发展、惠及民生方面的积极作用日益凸显；配套法规规章逐步健全。贯彻实施《文物保护法》中存在的主要问题是：对文物保护的认识有待进一步提高，文物安全形势依然严峻；文物执法能力需要进一步增强；文物流通领域亟须加强监管；文物专业人才匮乏，文物保护科技水平有待提升；文物保护的法律法规有待进一步完善。对进一步贯彻实施《文物保护法》提出6项建议：依法履行职责，切实保障文物安全；健全完善管理体制，加强文物保护能力建设；健全监管制度，规范引导文物流通秩序；加强专业人才队伍建设，提升文物保护科技水平；促进合理利用，努力使文物保护成果更好更多地惠及民众；进一步完善文物保护法律制度。随着我国经济社会快速发展，现行《文物保护法》在一些方面已同文物工作实际不相适应，建议将其列入全国人大常委会立法规划，在调查研究基础上，及时修改完善。

文化部、国家文物局会同有关部门，按照《关于请研究处理〈全国人民代表大会常务委员会执法检查组关于检查《中华人民共和国文物保护法》实施情况的报告〉及审议意见的函》的要求，逐项对照落实，将《关于落实全国人大常委会文物保护法执法检查报告及审议意见的报告》上报国务院，并将经国务院办公厅转报全国人大常委会办公厅。国家文物局启动《文物保护法》修订前期调研工作。

第一次全国可移动文物普查

印发《通知》。10月8日，国务院印发《关于开

展第一次全国可移动文物普查的通知》（国发〔2012〕54号），决定从2012年10月到2016年12月开展第一次全国可移动文物普查。普查范围是中国境内（不包括港澳台地区）各级国家机关、事业单位、国有企业和国有控股企业、中国人民解放军和武警部队等各类国有单位所收藏保管的国有可移动文物，包括普查前已经认定和在普查中新认定的国有可移动文物。

成立普查机构。国务院成立第一次全国可移动文物普查领导小组，负责普查工作的组织和领导，协调解决重大问题。国务委员刘延东任组长；文化部部长蔡武，国务院副秘书长江小涓，国家文物局局长励小捷任副组长。中央党史研究室、发展改革委、教育部、民政部、财政部、国土资源部、文化部、人民银行、国资委、统计局、宗教局、档案局、文物局、总政治部、中国科协负责同志任成员。领导小组办公室设在文物局，负责普查工作的日常组织和具体协调。县级以上地方各级人民政府要按照国务院的统一部署，设立相应的普查领导小组及其办公室，认真做好本行政区域文物普查的组织实施工作。各国有单位要按照属地管理原则，在单位所在地的县级普查机构完成本单位可移动文物的普查登记。

编制普查实施方案、经费预算和标准规范，开发信息采集软件。11月13日，在郑州召开全国可移动文物普查实施方案（草案）研讨会，各省文物局负责同志及试点单位50余人参加。初步完成普查培训教材编制。

完成普查试点。陕西省、北京市朝阳区、山东省青岛市、中国人民解放军和武警部队普查试点工作推进有力，为全面启动第一次全国可移动文物普查积累经验。

加强工作沟通。与教育部、文化部、财政部、宗教局、档案局、统计局等单位进行调研沟通，就可移动文物普查范围、经费保障、组织模式和协调机制等方面达成共识。

国务院印发《关于进一步做好旅游等开发建设活动中文物保护工作的意见》

针对违法转让、抵押国有不可移动文物，将国有不可移动文物作为企业资产经营，过度开发利用文物资源、导致文物破坏或损毁，甚至擅自拆除文物古迹和历史文化街区、村镇以及历史建筑等突出问题，12月19日，国务院印发《关于进一步做好旅游等开发建设活动中文物保护工作的意见》（国发〔2012〕63号），为进一步规范文物利用活动提供政策保障。

《意见》要求：一是严格执行文物保护法律法规。国有不可移动文物不得转让、抵押，不得作为企业资产经营。文物古迹和历史建筑应当尽可能实施原址保护，不得擅自拆除、迁移。二是严格履行涉及文物的旅游等开发建设活动审批。要加强各级文物保护单位的规划编制工作，提高规划的科学性。各地编制旅游等开发建设规划要符合城乡规划，并与文物保护单位的规划相衔接，坚持文物保护优先，把文物安全放在首位。旅游等开发建设项目要严格履行基本建设审批程序。三是合理确定文物景区游客承载标准。文物、旅游等部门要立足文物安全，科学评估文物资源状况和游客流量，合理确定文物旅游景区的游客承载标准，并向社会公布。四是加大对文物保护的投入。各级人民政府要将文物保护经费列入本级财政预算，保证财政拨款随着财政收入增长而增加。要切实保障文物保护单位的日常维护经费和文物保护的抢救性投入。五是加强文物旅游的指导和监管。旅游、文物等部门要把依法保护文物、确保文物安全列入旅游景区质量标准管理体系。对文物保护与安全管理规定不落实，造成文物破坏、损毁的，要依照相关规定处理并通报批评，涉嫌违法的要依法追究相关单位和人员责任。六是切实落实文物保护责任。县级以上地方人民政府及其文物行政部门是文物保护的第一责任人。国务院每两年组织开展一次文物保护法律法规落实情况检查，对领导不力、玩忽职守、决策失误，造成文物破坏损毁的，要严肃追究责任。七是认真履行文物保护职责。进一步发挥全国文物安全工作部际联席会议制度的作用，对各地在旅游等开发建设活动中文物保护情况进行督导。八是依法纠正违法违规行为。各地要对本行政区域内旅游等开发建设活动中涉及文物古迹和历史文化街区、村镇以及历史建筑等的保护情况进行一次检查，全面摸清有关情况，依法纠正违法违规行为。

法制建设

一、召开纪念《文物保护法》颁布30周年暨修订10周年座谈会

12月11日，全国人大教科文卫委员会、国务院法制办公室、文化部和国家文物局在北京人民大会堂联合召开“纪念《中华人民共和国文物保护法》颁布实施30周年暨修订10周年座谈会”。

会议议程共7项：一是全国人大常委会委员、教科文卫委员会主任委员白克明主持会议并致辞，介绍《文物保护法》的发展历程。二是文化部副部长、国家文物局局长励小捷介绍《文物保护法》实施情况和落实全国人大常委会《文物保护法》执法检查报告的有关情况，提出下一步文物法制建设的初步思路。三是地方文物部门代表——北京市文物局局长孔繁峙、河北省文物局副局长李恩佳、浙江省文化厅巡视员鲍贤伦、新疆维吾尔自治区文物局副局长艾尼江·克依木简要汇报《文物保护法》的贯彻实施情况。四是专家代表谢辰生同志就《文物保护法》贯彻实施提出建议。五是文化部部长蔡武就结合贯彻落实十八大精神，做好新时期文物工作发表意见建议。六是国务院法制办公室副主任袁曙宏介绍文物法制建设情况、存在的问题，提出加强新时期法制建设的意见建议。七是全国人大常委会副委员长路甬祥就进一步依法做好文物工作，推动文物事业科学发展发表重要讲话。与会代表从不同侧面回顾了《文物保护法》颁布实施以来的成就、经验及问题，对进一步贯彻实施《文物保护法》提出了意见建议。

全国人大常委会副委员长路甬祥出席会议并发表主旨讲话，全国人大常委会委员、教科文卫委员会主任委员白克明主持会议。文化部部长蔡武，全国人大法律委员会副主任委员刘锡荣，全国人大教科文卫委副主任委员刘永治、刘振起、任茂东、吴恒，全国人大法制工作委员会副主任信春鹰，国务院法制办公室副主任袁曙宏，文化部副部长、国家文物局局长励小捷，故宫博物院院长单霁翔，国家文物局副局长董宝华、顾玉才出席会议；31个省、自治区、直辖市文物部门的负责同志，长期关注支持文物工作、为我国文物事业做出突出贡献的专家学者代表，中央有关文博单位的负责同志，国家文物局机关各司室、各直属单位的负责同志参加会议；邀请中央主要新闻媒体记者列席会议，会议规模达到100余人。

二、立法工作

公布施行《大运河遗产保护管理办法》。7月，《大运河遗产保护管理办法》由文化部部务会议审议通过，并于10月1日正式施行。《办法》明确了大运河遗产的范围、保护主体及责任，确立了大运河遗产保护规划制度、建设项目遗产影响评价制度，为大运河遗产的保护管理工作提供了有力的法制保障。

推进《博物馆条例》立法进程。国家文物局与国务院法制办开展了专题调研和会商研究，召开了研讨会，进一步完善了《博物馆条例》相关内容。

三、行政审批制度改革

按照国务院第六轮行政审批制度改革要求和工作部署，对涉及文物工作的行政审批项目进行了逐项研究论证，取消“没收、追缴文物中一般文物投入流通审批”，下放“境外机构和团体拍摄文物审批”和“拍卖企业拍卖的文物审核”。

四、全国人大建议和全国政协提案办理

国家文物局全年负责办理完成全国人大建议议案72件、全国政协提案89件，总共161件。10月12日，国家文物局荣获政协十一届全国委员会的提案先进承办单位，其中国家文物局承办的“关于加大荆州古城墙保护和申报世界文化遗产工作力度的提案”、“关于立项建立国家文物安全与违法预警系统的提案”被评为优秀提案。

五、《文物保护法》研究

为做好《文物保护法》修订的前期准备工作，分别委托中国文化遗产研究院、北京市文物局开展了《文物保护法》实施情况评估和《地下文物保护立法研究》项目，委托文物出版社编辑出版了《文物保护法研究》专辑。

宣传工作

一、完善新闻宣传工作机制

健全新闻发布机制，增强对外口径的权威性和实效性。围绕重点工作、重大活动、重要文件出台，全年组织新闻发布、新闻通气、领导访谈20多次。举办全国文物宣传工作培训班，提高文物宣传干部队伍的能力建设。

二、重要节庆和纪念活动宣传

以文物、博物馆宣传活动为主轴的4月至6月全国性“文化遗产宣传季”品牌效应初步显现。为迎接党的十八大召开，开展了“保护发展·成就辉煌”主题宣传。组织了文化遗产日郑州主场城市活动、文化遗产保护无锡论坛、国际博物馆日南宁主场活动、世界遗产公约颁布40周年、《文物保护法》颁布30周年暨修订10周年、海峡两岸文物交流20年、文物进出境管理60年系列宣传活动，扩大影响力，积聚正能量。

三、重点工作宣传

围绕元上都遗址成功申遗、我国管辖海域内水下文化遗产保护联合执法、“指南针计划”阶段性成果、田野文物安全现场会、ICOMOS顾委会和执委会会议等重点工作，开展了深入系统的宣传报道，多角度、全方位反映文物博物馆工作成就，取得良好社会反响。

四、舆情研判与应对

国家文物局联合人民舆情监测室， 改版升级文物舆情监测平台，实现舆情监测常态化、反应处置快捷化，妥善处理“维修性拆除”、圆明园流失文物境外拍卖、“十大名楼”联合申遗、武当山遇真宫抬升等舆情热点，履行社会管理职能得到明显加强。

五、文物知识宣传普及工程试点

扩大文物知识宣传普及工程试点，试点县域由2个增加至7个。召开试点县工作经验交流会，建立试点工作协调机制，推动绩效评估和经验推广。

执法督察

一、健全工作机制

制定文物执法巡查范本和编制要求，印发《文物安全与行政执法信息上报及公告办法》，将安全检查和执法巡查统计指标从省级文物行政部门延伸至市县级文物行政部门，将案件上报指标从重点关注国保、一级风险单位延伸至不可移动文物点和文物收藏单位，进一步推动安全检查、执法巡查与案件上报工作制度化、规范化。

二、联合执法

国家文物局、国家海洋局共同部署“2012年度我国管辖海域内文化遗产联合执法专项行动”。目前，沿海11个省份均已建立了文物、海监联合执法工作机制，积极开展海上执法巡查工作，共派出船舶巡航180余艘次，航行20余万海里；制止和查处了一批涉嫌破坏水下文化遗产的违法行为。联合培训文物和海监执法人员近600名。与海监部门联合制止菲律宾藉考古船在我国黄岩岛海域开展非法活动。

国家文物局、国家宗教局等10部门，联合印发《关于处理涉及佛教寺庙、道教宫观管理有关问题的意见》，对宗教活动场所依法落实文物保护措施、确保文物安全提出了明确要求。

三、督办文物行政违法案件

国家文物局全年直接督察督办行政违法案件78起，其中73起整改到位、处罚到位。涉及世界文化遗产和全国重点文物保护单位的文物行政违法案件共34起，占督办案件总数50%。2012年违法案件中，违法性质主要集中在建设行为破坏文物本体及其环境风貌，并以法人违法为主。坚持国家督察、属地管理的原则，积极推动地方文物部门依法执法，取得了良好效果。坚持舆论监督、主动公开的原则，定期将督察督办情况向社会公告。组织2012年度文物行政处罚案卷评查工作，“以查代促、以查带训”。

针对文物保护单位违规经营及过度旅游开发等媒体关注的热点问题，重点开展了“四大佛教名山上市”的调查分析和全国重点文物保护单位经营管理情况的统计分析，为开展后续工作提供了数据支撑。

文物安全

一、印发《关于加强和改进文物安全工作的指导意见》

9月，全国文物安全工作部际联席会议16个成员单位联合印发《关于加强和改进文物安全工作的指导意见》，明确文物安全工作的指导思想和主要目标，从健全文物安全责任体系、完善文物安全防控体系、严厉打击文物违法犯罪、强化组织协调与监督保障等方面，对加强和改进文物安全工作提出全面系统的要求。

召开全国文物安全部际联席会议联络员会议，研究贯彻落实《意见》的措施。赴西藏、湖北等地开展文物安全专项调研，形成调研报告；刘延东对调研报告给予充分肯定，做出重要批示。湖北省委根据调研报告建议，责成省委组织部研究将文物安全纳入领导干部考核指标。

二、召开田野文物安全现场会

针对威胁文物安全的突出问题，9月9日在湖南长沙召开了“田野文物安全现场会”，明确要求把田野文物安全摆到文物安全工作的首要位置，全面部署加强田野文物安全保护。

三、文物安全隐患排查整治专项行动与防汛救灾

部署“2012文物安全隐患排查整治专项行动”，共检查18.3万处不可移动文物和2329家博物馆，整改安全隐患2万余项，有效预防和避免了重特大文物安全事故的发生，确保了中秋、国庆双节期间特别是十八大前后文物系统安全稳定。

针对洪涝灾害异常偏重情况，国家文物局指导各地加强防洪减灾工作，汇总分析全国受灾情况，提出构建“文物防灾减灾体系”的工作建议。

四、文物安全防范

继续开展以卫星遥感、地理信息、地面接收和物联网技术为主的文物安全监测和违法预警系统的研究开发工作，基本形成以“一库一网三应用”为核心内容的总体设想，完成执法监管和预警系统建模和软件的初期研发工作，启动“文物安全预警平台”前期工作。开展“全国重点文物保护单位安全情况调查”，初步完成“全国重点文物保护单位安全管理数据库”搭建。组织山西全省国保单位“一键报警”系统应用试点，提升一线安全巡查人员应急处置能力。委托安徽省文物局启动博物馆远程监管组网试点。

积极推进“文物平安工程”。基于风险性原则，指导各地加强古遗址、古墓葬、石窟寺防盗报警设施和古建筑防火、防雷设施建设，全年审批国保单位安全保护工程立项、方案255项，较好完成项目储备与初排任务。承德避暑山庄及周围寺庙、陕西周秦汉唐帝王陵等重大安全保护工程进展顺利。试点开展工地检查。起草完成《文物安全防范设施方案审批管理改革研究报告》。

五、文物行业安防、消防标准体系研究

会同公安部制定的国家标准《博物馆和文物保护单位安全防范系统技术要求》（GB/T16571—2012）颁布施行，分类规范古遗址、古墓葬、古建筑、石窟寺安防工程设计要求。会同中国气象局联合制定的强制性行业标准《文物建筑防雷技术规范》通过审查，《文物建筑消防工程技术要求》完成起草。

六、联合打击文物犯罪

国家文物局和公安部联合印发《关于建立打击和防范文物犯罪联合长效工作机制的通知》，对“2011打击文物犯罪专项行动”中20个先进集体、100名先进个人和8个组织协调先进单位予以通报表扬，在新疆乌鲁木齐联合举办“常态化防范打击文物犯罪研修班”，推动全国文物犯罪信息中心与公安部DNA数据库对接，联合挂牌督办“四川眉山12·19系列石刻被盗案”等一批重大案件。截至2012年年底，14个省份的公安、文物部门建立打防文物犯罪长效工作机制，河北、河南、湖南、湖北、浙江、陕西、贵州等建立省级文物安全工作联席会议制度，陕西、湖北开展省内打击文物犯罪专项行动。

国家文物局、海关总署联合印发《关于联合开展打击文物走私专项行动的通知》，在全国13个省市、17个海关开展打击文物走私专项行动，为研究建立打击走私文物长效机制奠定了基础。

文物保护维修

一、文物保护工程规范化管理

开展文物保护工程项目审批制度改革课题研究，深化文物保护工程项目审批制度改革。坚持“责权统一”的原则，探索将文物保护工程方案技术性审核交由第三方机构独立承担，重点抓好文物保护工程的前期立项、工程检查、竣工验收等工作。推动制定《文物保护工程竣工验收管理办法》；完成文物保护工程北方定额标准编制，委托山西省开展试点工作；启动文物保护工程南方定额标准编制。

12月19日，在山西太原召开第五次全国文物保护工程会，提出今后做好文物保护工程管理的总体思路——“一个目标，两个转变，六个创新”，即以全面提升文物保护工程质量为目标，实现从“办文物事业”向“管文物事业”转变，从事务性管理模式向宏观管理模式转变，不断加强法规体系建设、管理制度建设、重大工程项目管理、人才队伍培养、经费保障管理和研究应用的创新。

二、重大文物保护工程

加强对山西南部早期建筑、应县木塔、涉台文物、西藏文物保护、青海玉树震后文物保护等重大文物保护工程的管理、检查和指导。陆续启动山西彩塑壁画、中央苏区革命旧址等重大文物保护工程。在工程实施中，注重对文物保护工程资料的收集整理，建立了山西南部部分早期建筑维修信息三维数据库，制作了一批建筑模型，编写出版了部分竣工工程报告；注重加强人才培养，委托山西省文物局

会同中国文化遗产研究院举办了彩塑壁画保护修复培训班；注重加强文物保护工程的前期方案储备和工地检查工作。

涉外文物保护工程——援柬吴哥古迹二期茶胶寺修复工程进展顺利。完成了茶胶寺修复工程第二阶段方案、施工图组织设计审批。4月，国家主席胡锦涛视察了茶胶寺保护修复工程工地，对取得的工作成绩给予充分肯定。

三、基础工作

做好第三次全国文物普查的后续保护工作。督促各地按照《关于做好第三次全国文物普查后续文物保护工作的通知》要求，陆续公布了一批不可移动文物名录和相应级别的文物保护单位。全国21个省（区、市）不可移动文物名录公布率达到100%。北京、辽宁、江苏、安徽等省市研发了普查数据库、电子地图及管理信息系统，为普查文物点的数字化管理、综合查询和数据应用提供了新平台。推进《中国文物古迹保护准则》修订工作，起草完成了该《准则》修订稿。

推动第七批全国重点文物保护单位名单报批工作。经与中央宣传部、中央统战部、中央党史研究室、中央文献研究室、发展改革委、财政部、住房和城乡建设部、国家宗教局等部门会商，将各有关部门和各省级人民政府取得一致意见的第七批全国重点文物保护单位推荐名单正式上报国务院核定。

四、历史文化名城名镇名村保护管理

国家文物局联合住房和城乡建设部加强历史文化名城名镇名村保护的制度建设。联合印发了《历史文化名城名镇名村保护规划编制要求》，编制完成了《历史文化名城名镇名村保护规划编制审批办法》。

国家文物局联合住房和城乡建设部在对各地国家历史文化名城检查的基础上，形成了《关于国家历史文化名城保护工作检查情况的报告》，并正式上报国务院。针对检查中发现的问题，与住房和城乡建设部联合印发了《关于国家历史文化名城保护工作检查情况的通报》和《关于对聊城等国家历史文化名城保护不力城市予以通报批评的通知》。

国家文物局联合住房和城乡建设部开展了国家历史文化名城申报的考察工作，对提出申请的库车、伊宁和泰州3座城市提出考察意见并上报国务院。库车、伊宁先后被国务院公布为国家历史文化名城，国家历史文化名城总数达119个。

大遗址保护和国家考古遗址公园

国家文物局全年批准米兰遗址、扬州城遗址、赵邯郸故城遗址、平粮台古城遗址、姜女石遗址、藏王墓、临安城遗址、喇家遗址、秦咸阳城遗址、大窑龙泉窑、自安山城遗址、阿房宫遗址、良渚遗址等重要遗址的保护规划；批准了牛河梁遗址、老司城遗址、大明宫遗址、北庭故城遗址、燕下都遗址、铜绿山古铜矿遗址、喇家遗址、统万城遗址、合浦汉墓群、鲁国故城遗址、大汶口遗址、可乐遗址、靖江王陵、凤凰山山城、天马曲村遗址、郕城遗址、城阳城址、扬州城遗址、苏巴什佛寺遗址、泥河湾遗址、汉魏洛阳城遗址、鸿山墓群、邛窑十方堂遗址、隋唐洛阳城遗址、南越王宫署遗址等重要遗址保护工程；批准了西汉渭、延、义、康陵、容美土司遗址、纪山楚墓群、半坡遗址等重要遗址保护规划立项。

3月至4月，国家文物局与国家开发银行就申报世界文化遗产项目、考古遗址公园建设、历史文化街区的保护和传统民居村落的保护等融资方式多元化、合作机制开展进行了专题调研，达成初步共识。

6月，国家考古遗址公园联盟第二届联席会议在北京举行，发布《国家考古遗址公园联盟圆明园宣言》。

11月，国家文物局召开“大遗址保护工程检查办法专家研讨会”。国家文物局委托中国文物信息咨询中心开展大遗址保护工程检查制度设计预研究。

12月，国家文物局组织专家先后赴江苏、山东两省检查重要大遗址保护项目的进展情况。国家文物局印发《关于进一步规范考古遗址公园建设暨启动第二批国家考古遗址公园评定工作的通知》、《国家考古遗址公园规划编制要求》，加强考古遗址公园建设可行性研究，明确考古遗址公园建设内容，规范考古遗址公园建设过程，探索考古遗址公园运营模式；启动第二批国家考古遗址公园的申报工作。

世界文化遗产保护

一、世界文化遗产申报

6月29日，在俄罗斯圣彼得堡举行的联合国教科文组织世界遗产委员会第36届会议上，元上都遗址被列入《世界遗产名录》，成为我国第30处世界文化

遗产，保持了中国连续10年成功申报世界文化遗产的良好势头。截至2012年，中国世界遗产总数达到43项，居世界第三位。

1月，经国务院批准，红河哈尼梯田文化景观申报世界遗产文本正式提交联合国教科文组织世界遗产中心，并经确认合格。9月，世界遗产委员会国际咨询机构——国际古迹遗址理事会专家，完成对红河哈尼梯田文化景观的现场评估考察工作。

二、大运河保护与申遗

国家文物局编制完成《大运河遗产保护与管理总体规划》，经国务院领导同志审阅同意，由大运河保护和申遗省部际会商小组公布实施；督促各省、市完成大运河省级、地市级保护规划的公布实施工作，形成国家、省、地市三级大运河保护规划体系。

3月，召开大运河保护和申遗省部际会商小组第四次会议，研究部署2012年重点工作任务。由大运河沿线35个城市组成的大运河保护与申遗城市联盟在江苏扬州共同签署了《关于保护大运河遗产的联合协定》，进一步强化大运河保护的跨区域合作机制。

8月，国家文物局与中国进出口银行签署《关于金融支持大运河保护和申报世界文化遗产的合作协议》，为大运河保护和申遗项目探索信贷资金支持方式。

9月，国家文物局编制大运河申报世界遗产文本，并报送世界遗产中心预审。

10月，国家文物局印发《大运河遗产展示与标识系统设计指导意见》，编制了《中国大运河遗产监测与档案系统建设方案》，有力指导了各地的保护与申遗工作。

三、丝绸之路跨国系列申遗

5月15日，中国、哈萨克斯坦、吉尔吉斯斯坦的三国丝绸之路跨国系列申遗协调委员会第一次会议召开，签署《“丝绸之路：起始段和天山廊道的路网”跨国系列申报世界遗产及协调保护管理的协议》，决定力争2014年成功申报世界遗产。三国丝绸之路申遗预审文本如期在9月底前报送世界遗产中心。

2月28日，国家文物局召开丝绸之路申遗工作推进会，部署2012年丝绸之路申遗相关工作，印发《关于推进丝绸之路申遗工作的通知》及《丝绸之路申报世界文化遗产工作要求》等文件。中国丝绸之路首批申遗的22处遗产点均编制管理规划或保护规划，为各遗产点的保护管理提供法律依据。

12月25日，丝绸之路沿线河南、陕西、甘肃、宁夏、青海和新疆6个省、自治区文物局负责人签署《关于保护丝绸之路遗产的联合协定》，作为加强国内丝绸之路遗产协调保护管理的基础文件。

四、更新《中国世界文化遗产预备名单》

11月，参照世界遗产申报工作程序，国家文物局更新公布了《中国世界文化遗产预备名单》，涉及28个省（区、市）以及香港特别行政区的45个项目，为今后申遗工作奠定良好基础。

五、召开全国世界文化遗产工作会议

11月17日，国家文物局召开全国世界文化遗产工作会议，系统总结2006年以来世界文化遗产工作进展，部署“十二五”和今后一个时期的世界文化遗产工作。

六、世界文化遗产监测

编制完成《中国世界文化遗产监测预警体系建设规划》，并印发各省征求意见；批复同意10处遗产地的监测工作方案，积极推进相关的监测试点工作。11月，国家文物局印发《关于加强世界文化遗产监测能力建设的通知》。

国家文物局组织完成第二轮世界文化遗产定期报告，将12处世界文化遗产点的回顾性地图提交至世界遗产中心，完成丽江古城、布达拉宫历史建筑群、澳门历史城区3处世界遗产保护状况报告。

七、世界文化遗产保护工程

长城保护工程取得重大进展。在长城资源调查工作的基础上，经过各省申报、专家审核、各省复核和专家委员会集体评审的严格程序，国家文物局完成了全国长城认定工作。6月5日，国家文物局在北京居庸关长城举办“长城长 中华魂”——长城保护宣传暨长城资源调查和认定成果发布活动，认定分布于15个省（区、市）的长城遗产43721处，长城总长度为21196.18千米。国家文物局对全国长城保护维修和“四有”基础工作进行了深入调研，草拟相关的指导意见。

承德避暑山庄及周围寺庙、嘉峪关长城、高句丽壁画、大足石刻千手观音造像等重大保护工程有序推进。2月，承德避暑山庄及周围寺庙文化遗产保护工程协调会召开。4月，国家文物局组织召开承德保护工程领导小组第二次会议，对保护工程提出明确要求。

考古工作

一、基本建设工程中考古和文物保护

国家文物局研究审议《长江三峡重庆库区消落区地下文物保护（2011—2014年）实施规划》，并对三峡后续文物保护工作提出指导意见；全年批准实施17项长江三峡消落区考古发掘项目；委托中国文物信息咨询中心开展三峡库区文物保护工程验收大纲编制工作。

南水北调东、中线一期工程文物保护工作进展顺利，中线干渠京石段、河北段、河南段文物保护工作全部完成，东线江苏段完成田野阶段的文物保护工作，东线山东段和丹江口库区文物保护工作进展顺利，累计完成考古发掘面积近167万平方米，占总工作量的98.8%。国家文物局指导开展南水北调工程文物保护项目验收和总结，启动《中国南水北调工程·文物卷》的编撰工作。国务院南水北调办和国家文物局联合赴山东、江苏和河南、湖北对南水北调东线、丹江口库区文物保护工作进行了专项检查。

国家文物局与发改、能源部门进一步加强沟通协调，确保西气东输三线、区域原油管网等大型建设工程中文物保护工作的开展，实现文化遗产保护和能源建设工程的双赢双利、和谐发展。

二、考古研究

国家文物局全年共批准各地612项考古发掘项目。结合世界文化遗产申报、大遗址保护展示、古建维修保护、学术研究开展100余项主动性考古工作。其中，浙江良渚、山东曲阜鲁故城、河南隋唐洛阳城、汉魏洛阳城、黎阳仓、湖北容美土司、湖南老司城、四川三星堆、重庆老鼓楼、贵州海龙屯、陕西石峁、新疆阿敦乔鲁等遗址考古获重要发现，有力推动了文物保护工作的开展和相关课题研究的深入。

加强考古报告出版、考古成果宣传。国家文物局全年共批准辽宁、山东、河南等十省37部考古发掘报告出版计划。4月，河南郑州老奶奶庙旧石器时代遗址、福建漳平奇和洞遗址等10个项目被列入2011年度全国十大考古新发现。国家文物局出版《2011中国重要考古发现》。

三、考古管理

规范考古管理。国家文物局印发《关于大遗址考古工作的指导意见》和《大遗址考古工作要求》，积极推动大遗址考古工作的开展和工作质量的提高。国家文物局组织对河北、江苏、山东、河南、江西、贵州、新疆等考古工地以及肯尼亚拉穆群岛地区陆上、水下考古发掘项目进行检查，指导考古和保护工作。组织全国考古发掘资质证书年审和到期证书更换工作。完成考古发掘项目电子审批系统（2.0版）改版升级工作。

开展合作考古。国家文物局全年共受理中外合作考古研究项目7项，其中甘肃磨沟遗址出土动物骨骼标本出境检测分析项目、河南和新疆出土动物骨骼标本出境检测分析项目，以及北京大学考古文博学院、吉林大学边疆考古研究中心外国留学生参加田野考古实习项目获得批复。

四、水下考古

水下文化遗产保护机构建设取得重要突破。6月13日，中编办正式批复同意在中国文化遗产研究院加挂国家文物局水下文化遗产保护中心牌子，负责组织实施全国水下文化遗产调查、发掘、研究和保护等工作。

重要水下考古项目进展顺利。国家文物局水下文化遗产保护中心、广东省文物考古研究所、广东省博物馆、广东海上丝绸之路博物馆等联合开展的“南海I号”考古发掘与文物保护预研究项目顺利完成。国家文物局水下文化遗产保护中心联合广东省文物考古研究所制定了“南海I号”考古发掘和文物保护方案，为下一阶段考古和保护工作奠定基础。结合南海执法巡航任务，组织开展西沙珊瑚岛I号水下沉船调查工作，初步掌握了珊瑚岛水下遗迹的性质、年代、分布范围，为下一阶段西沙水下专项调查工作的开展提供了重要资料。“南澳I号”沉船水下考古项目完成水下考古工作，进一步摸清了沉船遗址的分布情况与船体结构，出水文物6千余件，并专门设置了钢结构保护框，对遗址主体进行临时性保护。“小白礁 I 号”沉船水下考古工作发掘面积160平方米，出水文物134件，完成了对船体基本保存状况的全面记录和评估，为船体发掘和现场保护提供了依据。平潭海域（以海坛海峡为核心）水下考古调查项目完成目标区域8平方千米的系统探测，为研究制订整个海坛海峡的系统探测工作方案提供了重要参考数据。此外，鄱阳湖、丹江口库区内水水下考古调查工作取得了重要发现，内水水下文化遗产保护工作有序推进。国家文物局协调外交、总

参、海军等有关部门，做好“中俄合作旅顺俄罗斯沉船调查项目”收尾工作，为中俄双方外长级会谈顺利进行提供保障。

考古工作船完成详细设计、建造招标工作，并于10月24日举行了建造合同签约仪式，进入建造阶段。完成了船载专业设备的采购工作。国家水下文化遗产保护南海基地建设项目向国家发展和改革委员会提交立项报告，西沙工作站建设项目完成可研报告并获国家文物局批准，与西南中沙办事处签署共建协议。

五、考古工作会议和学术研讨会

4月，国家文物局在浙江杭州召开全国考古工作会，研究部署下一阶段重点工作。5月，考古学学科建设发展研讨会在北京召开。12月，国家文物局召开了蒙古族源与元朝帝陵综合研究项目专家咨询会和西藏考古工作座谈会，研究、推动相关边疆民族地区考古研究工作开展。11月，中国考古学会第十五次年会在河北石家庄举行，本次年会以“环渤海考古”为主题。北京大学考古专业60周年、山东大学考古专业40周年、吉林大学考古学科成立40周年、河南省考古研究所成立60周年、山西省考古研究所成立60周年等一系列学术庆典相继举办，早期丝绸之路暨早期秦文化国际学术研讨会、凌家滩文化论坛、第二届黄淮七省考古论坛、中国社会科学院考古学论坛等学术会议先后召开，增进了学术交流，推动了相关研究的深入。

博物馆建设

一、博物馆年检备案

建立运行博物馆年检管理信息系统，完成2011年度全国博物馆年检备案。核准备案博物馆3866家，其中国有博物馆3219家，民办博物馆647家。

印发《全国博物馆名录》，公布专业化程度较高博物馆3089家，其中国有博物馆2706家（文物行政部门管理的国有博物馆2206家，其他国有博物馆500家），民办博物馆383家。

二、博物馆管理制度

印发《民办博物馆章程示范文本》，对民办博物馆的法人治理、藏品管理、财务管理、终止的特殊情形等通过章程形式加以规范。

印发《关于规范文物出入境展览审批工作的通知》，从加强陈列大纲编制、科学遴选展品、确定合适的境外合作办展主体、完善申报材料、加强验收总结建档等方面进行规范。

印发《第二批禁止出国（境）展览文物目录（书画类）》，首次确定了37件禁止出境书画作品。

修订《全国博物馆评估办法》和《博物馆评估标准》及《博物馆评估申请书》，完善博物馆质量评价体系。

印发《关于加强博物馆陈列展览工作的意见》，提出坚持公益属性、突出科学品质、强化教育功能、规范设计制作、提高策展能力、加强专业指导的意见。

三、博物馆质量评估

建立运行全国博物馆评估管理系统，包含一级博物馆定级评估、运行评估、二三级博物馆定级备案三个子系统，实现博物馆在线申报、全国博物馆评估委员会专家通讯评估。

新增第二批国家一级博物馆。新增中国国家博物馆、宁夏回族自治区博物馆等17个一级博物馆，全国一级博物馆已达100个，在地域上覆盖了全国30个省、自治区、直辖市，在题材上包括了历史、艺术、科学等各种类型的博物馆。

完成2010年度国家一级博物馆运行评估。2010年度国家一级博物馆平均得分为65.00分（满分100分），与2008、2009年度运行评估比较，得分在60分以上的比例从62.7%提高到80.5%。上海博物馆、南京博物院、故宫博物院总分位居前三。

四、深化博物馆免费开放

开展2011年度博物馆免费开放最佳实践做法推介活动。其中：最佳展示推广（陕西历史博物馆）、最佳未成年人教育（内蒙古博物院）、最佳讲解导览（苏州博物馆）、最佳宣传推广（浙江省博物馆）、最佳文化产品推广（国家博物馆）、最佳旅游推广（重庆红岩革命历史博物馆）、最佳社区文化促进（四川博物院）、最佳网站服务（浙江自然博物馆）、最佳管理创新（湖南省博物馆）、最佳社会参与（上海博物馆）。

在广西民族博物馆举办“传承文化 强国惠民——全国博物馆、纪念馆免费开放成果展”。该展览系统梳理免费开放新形势下博物馆文化服务的亮点和创新点，有效带动全国博物馆对博物馆开放服务理论和实践的积极探索，促进博物馆工作水平的提升。

五、国际博物馆日南宁主场城市活动

5月18日，国家文物局、广西壮族自治区人民政

府联合举办国际博物馆日南宁主场城市活动，表彰博物馆免费开放最佳实践做法和2012年全国最具创新力博物馆（上海博物馆、中山故居纪念馆），播放首个国际博物馆日宣传片《变革中的博物馆》，召开博物馆免费开放最佳实践做法研讨会，中国博物馆协会发布2010年度一级博物馆运行评估结果。

六、博物馆文化产品开发

开展博物馆文化产品创意设计推介活动。该活动共收到345件设计作品，其中：博物馆投稿173件，博物馆文化产品开发企业投稿81件，设计师个人投稿91件；评出金奖作品1件、银奖作品2件、铜奖作品5件、优秀奖作品20件和提名奖作品17件。在2012博物馆及相关产品与技术博览会设立了“全国博物馆文化产品创意设计展示推广区”，45件获奖作品集中亮相。

举办2012博物馆及相关产品与技术博览会。博览会以“科技进步、文化创意与博物馆发展”为主题，展览总面积13000平方米，参展单位共191家，包括国内各类博物馆49家；英国泰特现代艺术馆、希腊雅典新卫城博物馆、法国蓬皮杜文化中心、伊朗国家博物馆等国外文化机构10家；以及从事博物馆文化产品设计开发、博物馆高科技产品研发、文物修复、运输、陈列展览设计等博物馆相关产业的文化企业132家。全国人大常委会副委员长路甬祥宣布博览会开幕，国家文物局局长励小捷、北京市副市长、市委宣传部部长鲁炜在开幕式上讲话。文化部部长蔡武，中国科学技术协会副主席、书记处书记程东红，国家文物局副局长、中国博物馆协会理事长宋新潮等出席开幕式。为期三天的“博览会”共吸引了来自海内外的文博界专业观众和热心市民2万多人参观。

七、民办博物馆发展

完成国有博物馆对口帮扶民办博物馆试点工作。顺利完成“山西博物院帮扶广灵剪纸艺术博物馆展示服务提升”、“上海博物馆帮扶上海琉璃艺术博物馆藏品保管提升”和“成都武侯祠博物馆帮扶成都华通博物馆展示服务提升”三个试点项目。

8月28日，国家文物局在上海举办全国国有博物馆对口帮扶民办博物馆试点总结暨经验推广会，积极推动民办博物馆与国有博物馆在合作中相互借鉴，共同进步，在竞争中优势互补，相互促进，共同开创博物馆事业新局面。

10月，在宁波举办为期一周的民办博物馆馆长培训班，28个省份35个博物馆馆长参加。该培训班是继首期成都民办博物馆馆长培训班后的第二期集中培训活动。

社会文物管理

一、文物市场监管

印发《关于进一步做好文物拍卖标的审核工作的意见》，首次明确文物拍卖专业人员的征集鉴定责任，强化文物拍卖企业的诚信意识，进一步完善省级文物行政部门标的审核程序，加强对文物拍卖经营活动的管理。

联合公安、海关、工商等部门印发《关于进一步加强文物经营活动管理工作的通知》，强化文物购销经营资质审批、日常监管和联合执法制度，健全古玩旧货市场监管体制。

会同广电部门印发《关于加强对文物鉴定类广播电视节目管理的通知》，引导广播电视节目树立正确的宣传导向，坚决抵制文物投机炒作和违法违规行为，为文物市场健康有序发展营造良好的舆论氛围。

完成文物拍卖经营资质审批69起，其中批复同意45起、不批准9起，暂不批准并进行调查处理15起。截至12月，全国共有文物拍卖企业354家。

完成2012年度文物拍卖企业第一类文物拍卖经营资质审批工作。其中：10省（市）24家企业申报增加第一类文物拍卖经营资质；11家企业增加第一类文物拍卖经营资质。截至12月，全国共有第一类文物拍卖经营资质企业117家。

举行2012年度文物拍卖企业专业人员资格考试工作，共有825人报考，共有157人通过195个门次的考试。

二、文物进出境审核管理

加强文物进出境管理，加强机构建设。2月23日至25日，国家文物局在浙江宁波召开全国文物进出境管理工作会议，研究部署今后的文物进出境工作重点。4月24日，举办国家文物进出境审核山西管理处授牌仪式。

12月11日，国家文物局和海关总署共同举办《中国文物进出境管理60年成果展》，文化部蔡武部长、国家文物局励小捷局长、顾玉才副局长、海关总署于广洲署长、鲁培军副署长出席开幕式。

完成文物进出境审核信息管理系统验收工作，

为2013年该系统试点运行奠定良好基础。

三、国家重点珍贵文物征集及海外流失文物追索

促成日本堀内先生向我国捐赠粟特石椁，并顺利入藏国家博物馆。

完成西周贾伯壶征集并入藏中国文字博物馆。

四、国家文物鉴定委员会与文物鉴定

启动国家文物鉴定委员会秘书处建设工作。

完成国管局保存的34件藏品鉴定、移交工作，接收其中24件文物及5件新（仿）工艺品，并移交国家博物馆收藏。完成西藏博物馆拟征集珊瑚耳坠、大明永乐款金刚铃杵等6件海外回归文物的鉴定、评估工作。完成公安部拟追索在西班牙的中国文物、局外事部门转来的境外机构拟收购中国文物等鉴定、评估工作。完成我驻日使馆提供的《描金藏经》等的鉴定评估工作。

协助指导部分省文物鉴定委员会开展涉案文物司法鉴定。

指导中国文物信息咨询中心完成向海南省博物馆调拨陶瓷文物1213件。

文物科技与信息化建设

一、与中国科学院建立战略合作关系

5月22日，文化部副部长、国家文物局局长励小捷与中国科学院院长白春礼签署《科技战略合作协议》，从国家层面进一步推动文物界和科技界的协同创新，并成立领导小组和联合工作组。6月21日，国家文物局宋新潮副局长、中国科学院潘教峰副秘书长主持召开第一次工作会议，讨论通过2012年合作工作计划。10月23日，国家文物局与科技部、中国科学院联合召开“文物保护与科技融合战略研讨会”。

推动中科院上海高等研究院与敦煌研究院成立“文物保护联合实验室”；建立文物保护领域物联网建设技术创新联盟。

二、国家重大科技计划项目

“遗址博物馆预防性保护关键技术与古代建筑传统工艺科学化研究”等7个项目成为国家科技支撑计划项目入库项目，其中6个项目启动实施。《石质文物保护关键技术研究》项目及其6个课题通过科技部结项验收，取得显著科研成果。据统计，已申请国家专利9项，其中1项已获得专利授权；完成自主知识产权新装置和软件系统5项；培养研究生43名；发表学术论文37篇。

三、中华文明探源工程

“中华文明探源工程及相关文物保护技术研究（2010—2012）”项目课题完成结项工作，初步提出符合中华文明特质的文明标准，丰富世界文明史研究的理论与方法，总结中华文明主要特征的历史渊源，初步揭示中华文明起源与早期发展历程；形成一批新技术、新装置、新材料及实施工艺，相关成果进行了应用示范。

四、指南针计划——中国古代发明创造的价值挖掘与展示专项

2月16日，国家文物局与上海市人民政府举行“国家指南针计划专项青少年基地”签约仪式，为推动我国优秀传统文化的传承与弘扬搭建重要平台。7月5日，在浙江省博物馆举办“惠世天工——中国古代发明创造文物展”展览，加强专项阶段性成果宣传与普及。

五、可移动文物保护

组织召开全国可移动文物科技保护工作会议，研究部署“十二五”可移动文物保护的工作思路和工作重点。完善管理制度，修改完善《可移动文物修复管理办法》。依托科研基地的科研力量，组织开展了青铜器、陶质彩绘文物保护修复方案编制培训班，提高保护修复方案的编制水平。推广可移动文物修复技术与研究成果，组织编制《文物保护修复简明手册》，出版《铁质文物保护修复手册》、《敦煌南湖乡林场出土东汉铜牛车保护修复报告》。

六、文物保护标准化建设

完成文物保护技术标准委员会换届工作，召开“全国文物保护标准化技术委员会年会”。

顶层策划开展文物保护标准体系框架研究工作；继续推动国家标准、行业标准的制修订工作，累计发布国家标准6项，行业标准47项，82项标准正在编制中。加强文物保护技术标准宣传工作，举办石质文物保护标准培训班。

联合国家标准管理委员会开展国际标准化组织文化遗产保护技术委员会的筹建调研工作，与欧洲文物保护标准化技术委员会、意大利文化遗产部、国际文物保护与修复研究中心（ICCROM）等机构进行沟通协商。

七、信息化建设

加强数字博物馆建设规划研究，开展“数字博

物馆元数据规范研究”课题，研究元数据规范的通用性、开放性和标准化。组织科研项目管理信息系统研发，充分利用信息技术和网络技术手段，优化管理流程，提高管理绩效。

对外交流与合作

一、政府间交流与合作

中国与墨西哥、哥伦比亚两国政府签署关于防止盗窃、盗掘和非法进出境文化财产的双边协定，与中国签定双边协定的国家已达15个。

与苏格兰文物局实施清东陵数字保存项目，与丹麦、摩洛哥、阿富汗文化部门签署合作协议。继续推进柬埔寨茶胶寺保护修复工程、肯尼亚考古项目等援外工程。

二、与国际组织的交流与合作

世界文化遗产领域的交流与合作。6月，出席在俄罗斯圣彼得堡举行的联合国教科文组织第36届世界遗产委员会会议，“元上都遗址”被列入《世界遗产名录》。积极推进大运河、丝绸之路及红河哈尼梯田的申遗工作并获得了世界遗产中心及相关专家的肯定。10月27日至11月1日，2012年国际古迹遗址理事会顾问委员会和执行委员会会议、科学理事会会议和科学研讨会在北京成功召开，共享国际社会文化遗产保护经验，我国在国际文化遗产领域的话语权进一步增强。来自国际古迹遗址理事会52个国家委员会、20个国际科学委员会的100名国际专家出席会议。中央政治局委员、国务委员刘延东出席顾问委员会会议开幕式并致辞。在亚太地区世界遗产第二轮定期报告工作中，向世界遗产中心提交了12处世界文化遗产的回顾性地图信息；重新确定《中国世界文化遗产预备名单》并提交世界遗产中心。

成功举办国际博物馆协会亚太地区联盟(ICOM-ASPAC)2012年武汉大会。大会由国家文物局、湖北省人民政府、国际博协亚太地区联盟主办，中国博物馆协会、湖北省文化厅、湖北省文物局协办，湖北省博物馆承办，是继1989、2002和2010年之后，我国第四次举办国际博协亚太地区联盟的重要会议。文化部副部长、国家文物局局长励小捷，国际博协中国国家委员会主席、国家文物局副局长宋新潮，湖北省人民政府副省长郭有明，国际博协主席汉斯·马丁·辛兹等出席大会开幕式。9月23日至27日，24个国家和地区的130位代表参会，以“多学科视域下的博物馆：包容与协作”为主题进行学术交流。会议期间还举行了亚太地区联盟工作会议，宋新潮全票当选亚太地区联盟新一任主席。

保护文化财产免遭贩运工作。联合文物流出国，积极推动联合国教科文组织保护文化财产免遭贩运工作。联合国教科文组织1970年《关于禁止和防止非法进出口文化财产和非法转让其所有权的方法的公约》第二届缔约国大会于6月20日至21日在联合国教科文组织总部召开，积极支持秘鲁提出的关于建立公约的监督机制并对公约的某些条款做出修正等一揽子建议，并以协商一致方式通过了该项决议以及缔约国议事规则。对1970年公约而言，该规则的通过具有里程碑意义，克服了公约缺少履行监督机制的先天缺陷，并为今后对公约做出实质性改革奠定了基础。该规则主要内容包括：每两年召开一次公约缔约国会议；成立专门监督公约实施的“附属机构”，该机构由18个缔约国构成，每届任期为4年，不得连任，每两年更换其中半数国家。第一届理事依据地理平衡原则，六组缔约国每组选举3个国家进入该机构，同时以抽签方式决定其中任期为两年的9个国家；下届公约缔约国会议于2014年召开。

水下文物保护领域的交流与合作。虽然我国尚未加入《保护水下文化遗产公约》，但为掌握水下文物保护技术以及理论研究、法律规范的前沿动态以及第一手资料，积极参与联合国教科文组织相关水下文物保护国际会议。6月，参加联合国教科文组织在柬埔寨举办的亚太地区水下文物保护国际会议。会议讨论通过了《保护水下文化遗产亚太地区行动建议》。以观察员身份参加水下公约科学委员会会议和缔约国会议。

三、与港澳台的交流与合作

文物展览情况。2012年，共举办13项赴港澳文物展览和10项赴台展览，有力促进海峡两岸及港澳地区的文化认同。其中，为庆祝香港回归15周年而举办了《一统天下：秦始皇帝的永恒国度》展览。截至12月，该展览参观人数超过30万人次，在香港民众中引起了强烈反响。在台北故宫博物院举办的《商王武丁与后妇好——殷商盛世文化艺术特展》和《赫赫宗周——西周文化特展》是我局2012年度赴台重点展览项目，被列入国台办2012年对台重点交流项目。《商王武丁与后妇好——殷商盛世文化艺术特展》将藏于台北的与“武丁”有关的文物同大陆收藏的“妇好”文物合璧展出，成为两岸再次合璧推出的又一精品力作。《赫赫宗周——西周文化特展》展品几乎囊括了陕西出土西周文物中最具代表性的重量级国宝。在台湾高雄市举办的《青州佛教造像展》观众突破70万人次。

学术交流和人员交往情况。内地与港澳地区的学术和人员交流除互派代表团进行学术考察和座谈、参加论坛及研讨会等形式外，着重进行了与港澳青少年的相关交流与教育工作。澳门文物大使协会会长致函文化部副部长、国家文物局长励小捷，励小捷回函勉励澳门文物大使协会以更加积极的态度参与祖国文化遗产保护，鼓励两地青年志愿者通过经验交流实现共同成长、共同进步。顾玉才副局长专门接待了来访的澳门大使代表团一行，并就澳门文物大使们关心的文化遗产相关问题进行座谈。对台文物学术交流项目精彩纷呈。在学术交流方面，国家文物局与台湾沈春池文教基金会合作，在广东省博物馆举办主题为“文化遗产的法制与管理”的第四届海峡两岸论坛。在人员交流方面，国家文物局共举办三次赴台交流研习活动，围绕“博物馆的公务服务与管理”、“文化遗产与创意产业”、“实务经营研习”三个主题，共选派近90名大陆博物馆专业人员赴台交流研习。

成功举办海峡两岸文物交流20年纪念活动。1992年大陆文物展览《兵马俑及金缕玉衣展览》在两岸分隔43年后首次成功赴台展出，随后两岸共同倡议组织实施了长江三峡文物保护考察活动，掀开了两岸文物交流合作的新纪元。10月30日至11月6日，国家文物局与海峡两岸关系协会、沈春池文教基金会在湖北、重庆举办共同主办“海峡两岸文物交流20年纪念活动”。纪念活动以“加强两岸文物交流 携手传承中华文明”为主题，秉持“回顾、合作、传承”的宗旨。文化部副部长、国家文物局局长、中华文物交流协会会长励小捷，中央台湾事务办公室主任助理、海协会副会长李亚飞，国家文物局副局长、中华文物交流协会副会长顾玉才，中华两岸经贸投资文化教育协会理事长张京育，台北故宫博物院副院长何传馨，沈春池文教基金会副董事长严隽泰等两岸嘉宾，两岸中青年文物保护专家学者、部分参加过1993年三峡考察的两岸老团员、积极支持两岸文物交流的两岸人士，以及湖北、重庆当地政府领导、文博系统人员200余人参加。纪念活动包括座谈会、回顾展、“重走三峡”文物保护考察活动，出版回顾展图录和纪念文集。

举办与港澳工作组会议。11月18日至11月24日，国家文物局副局长顾玉才等一行8人组成的代表团访问香港、澳门，分别与香港、澳门方面举行年度工作组会议，对双方上一年度开展的交流与合作项目和取得的成果进行全面核查，制定下一年度的具体目标和工作计划。12月，国家文物局与香港民政事务局、澳门社会文化司分别签署深化文化遗产领域交流与合作的协定，推进今后内地与港澳在文化遗产保护、人员培训与交流、打击文物走私等方面合作的制度化、常态化。

四、文物进出境展览

全年各地博物馆申报进出境展览81个（含港澳台26个）。其中出境展56个（含港澳台23个），分别前往中国台湾10个、中国香港7个、中国澳门7个、日本9个、韩国8个、新加坡1个、泰国1个，英国1个、法国2个、荷兰1个、丹麦1个、德国1个、瑞士1个、瑞典1个、西班牙1个、意大利1个、美国5个、墨西哥1个、罗马尼亚1个、土耳其1个；入境展25个（含港澳台7个），分别来自中国台湾5个、中国香港2个、中国澳门1个、日本2个、韩国2个、荷兰2个、意大利2个、英国4个、新西兰1个、美国2个、墨西哥1个、俄罗斯1个。国家文物局共批复同意76个进出境展览，《华夏瑰宝展》成为中土文化年的一大亮点。

党的建设

国家文物局直属机关党委以党的十七届六中全会精神为指导，在推动重点工作完成的过程中深化创先争优活动，扎实有效地开展基层组织建设年活动；以学习贯彻党的十八大精神为主题，贯彻落实国家文物局直属机关第五届党代会的工作部署为主线，深入开展坚定理想信念教育活动，加强党员和党务干部队伍建设，不断加强学习型党组织建设，为文物工作科学发展提供政治保障。

一、选举十八大代表

严格按照中央的部署和要求，认真完成国家文物局系统党的十八大代表选举工作。文化部副部长、国家文物局局长励小捷被选举为党的十八大代表。

二、学习贯彻十八大精神

召开学习贯彻十八大精神动员部署会、举办党的十八大理论学习班、组织对不同层面的人员专访、印发有关文件、召开十八大精神经验交流会等活动，兴起学习宣传贯彻十八大精神的热潮。

三、创先争优活动

召开文物局机关各党支部书记、直属单位党组织负责人、青年代表、民主党派人士参加的创先争优群众评议会，推动创先争优活动的深入开展。通过举办创先争优座谈会、《任质斌传》出版发行座谈会、组织团员青年深入文博一线调研、广泛开展主题党日实践活动等，努力把创先争优活动融入到岗位职责和实际工作中，转化为争创一流业绩的精神动力。2012年文物局系统有1个单位、15人被文化部直属机关党委评为先进基层党组织和优秀党员、优秀党务工作者。

四、基层组织建设

以“强组织、增活力，创先争优迎接十八大”为主题，召开我局系统基层组织建设年动员会，制定《关于在创先争优活动中开展基层组织建设年的实施意见》，深入开展文物局基层党支部情况的调查摸底。依据先进党支部“五个好”的标准，结合文物局直属单位基层党组织的实际，制定了机关、事业单位、企业三类党支部定级参考标准，按照“好、较好、一般”的档次，组织开展分类定级工作。文物局系统35个支部（不含离退休支部）中，3个为“好”、32个为“较好”；并制定整改措施，有计划、有步骤、有针对性地开展晋位升级工作。

五、和谐单位建设

举办2012年文物局机关迎新春联谊会，营造欢乐祥和的工作氛围。组织文物局机关、服务中心职工开展春季植树活动，提高对生态文明建设的认识。举办文物局系统第七届运动会，倡导文明健康的生活方式；支持篮球队、足球队等定期开展活动，增强机关职工的强身健体意识。

廉政建设

国家文物局直属机关纪委认真落实中纪委关于预防和惩治腐败体系建设工作部署，努力构建适应文物局工作实际的教育、制度、监督并重的惩治和预防腐败体系，不断纯洁干部职工思想，提高党性修养，为文物事业科学发展提供坚强保障。

一、落实党风廉政规定

各单位（部门）主要领导严格执行廉洁自律的各项规定，做到大事要事、大额资金开支等事项由领导班子集体研究，集体把关，集体决定，营造既能充分发挥民主，又能有效实现集中的良好氛围。

国家文物局认真贯彻执行《党政领导干部选拔任用工作条例》，最大限度保障竞岗人的知情权、参与权、监督权。在大额资金审批方面，对文物保护专项经费中大额资金实行严格管理、规范管理、细化管理，重大经费支出都由我局务会议专题研究审批。严禁领导干部插手干预工程招标和各种评审活动，并引进第三方进行工程技术方案审核，减少对项目预算的人为干预。

二、廉政建设的监督监察

国家文物局系统纪检部门积极做好干部选拔任用、行政许可项目、局机关办公楼装修工程、文物保护工程施工资格资质评定以及水下文物考古船等方面的监督、监察工作，做到全过程参与，使廉洁自律的各项规定和监督制约机制真正落实到权力运行的具体环节上。

三、反腐倡廉思想教育活动

国家文物局、人力资源和社会保障部联合表彰全国文物系统先进集体、优秀个人，充分发挥先进典型、优秀事迹的教育引导作用。组织干部职工集中观看电影《忠诚与背叛》、《苏联亡党亡国二十年祭》、话剧《红岩魂》，引导党员干部树立正确的人生观、价值观、权力观。将中央国家机关工委十七大以来审批司局级干部党纪处分案件材料印发给司局级领导干部，进行警示教育，增强反腐倡廉的自觉性。

四、党风廉政建设举措

国家文物局直属机关党委修订《中国文物博物馆工作者职业道德准则》，要求文博工作者在严格依法履责、恪尽职业操守、树立文明新风的等方面发挥模范带头作用。通过《中国文物报》在全国范围内开展文博行业精神表述语活动，凝练文博精神，构筑文博共识，促进文博工作者践行社会主义核心价值体系，提升道德素质和精神境界。

五、纪检干部队伍建设

为贯彻落实中纪委相关文件要求，结合国家文物局系统实际，出台制定《加强和改进纪检监察组织建设的意见》，对纪检监察组织的机构设置、职责任务、工作机制、领导班子和队伍建设等方面作出具体规定。

人才队伍建设

一、开展文博人才队伍建设调研

为深入贯彻党的十七届六中全会精神，落实全国文物工作会议部署，破解制约文物事业发展的紧迫问题，9月至10月，国家文物局组织开展了文物博物馆人才队伍建设专题调研。在向31个省（区、市）文物部门和相关高等院校、科研院所发出调查问卷的基础上，实地考察了河南、陕西、重庆等12个重点省份，就加强新时期文博机构建设、构建高素质人才队伍作了系统研究，形成《关于文物博物馆人才队伍建设的调研报告》。

二、在职人员培训

文物管理人才培训。2012年在中央文化管理干部学院完成六期全国县级文物行政部门负责人培训班，培训学员654人。举办第三期西藏地区文博管理干部培训班，培训藏族学员60名。7月31日至8月3日，全国文物宣传工作培训班在山东省海阳市举办，来自全国各省市自治区70余人参加培训。这是国家文物局首次组织针对文物宣传部门负责人的培训班。

专业技术人才培训。完成泥塑彩绘保护、近现代文物保护修复、出水文物保护、西藏壁画保护修复等培训班，培养了170名文物保护修复的急需人才。

基层文物行政执法人员培训。全年培训文物行政执法人员600人。印发《“十二五”文物行政执法人员培训指南》，为开展执法培训和编制教材提供重要依据。针对边疆和西部地区安全管理基础较为薄弱的青海、重庆、吉林、贵州、广西五省市区，分别举办“文物安全管理培训班”，培训基层文物安全管理业务骨干近600人次。

考古人才培训。国家文物局为1家单位（无锡市文化遗产保护和考古研究所）颁发考古发掘资质证书，为48人颁发考古发掘领队证书。国家文物局分别在山东章丘和陕西西安组织开办田野考古培训班和新任领队岗前培训班，推广《田野考古工作规程》和新的考古、保护技术手段，提高一线人员综合素质和工作水平；先后在吉林长春、湖南长沙、四川成都举办考古发掘项目电子审批系统（2.0版）培训班，先后共组织400余名在职领队人员和省级文物部门业务负责同志学习系统操作程序、考古及文物保护前沿理论方法。

文物进出境责任鉴定员考核、培训。1月5日至6日，举办了文物进出境责任鉴定员资格考试，共有25人符合报名条件，共有7人通过8门次考试，其中3人次书画类考试合格，5人次金属器类考试合格。7月9日，为进一步提高文物进出境审核鉴定工作水平，举办文物进出境责任鉴定员碑帖类文物鉴定培训班，参训学员约40人。为加强边疆地区文物进出境管理工作，分别于7月和10月举办西藏、新疆地区文物进出境责任鉴定员培训班，参训学员共约80人，组织西藏班责任鉴定员考试和新疆班结业测试。为进一步提高海关执法人员查缉文物走私的专业技能，国家文物局与海关总署于8月在天津武清联合举办玉器鉴定培训班，共有40余名海关学员参加了培训。

三、文博高级职称评审

按照人事部《专业技术资格评定试行办法》的有关规定并报局党组会议研究决定，对文物博物馆、古建工程和文物编辑出版三个高级职称评审委员会进行调整并完成2012年度高级职称评审工作。

中国文物报社李政、崔波、孙秀丽，文物出版社张玮、郑彤、杨新改取得编审任职资格；文物出版社赵磊、梁秋卉、杨冠华、欧阳爱国、许海意、李媛媛、秦彧取得副编审任职资格。

中国文化遗产研究院张纪平取得古建高级工程师任职资格。

北京鲁迅博物馆姜异新、中国文化遗产研究院郑军、天津博物馆白文源、云南省文物考古研究所闵锐、云南省博物馆沐蕊取得文物博物馆系列研究馆员任职资格；中国文物交流中心周明、民族文化宫王毅、民族文化宫博物馆罗吉华取得文物博物馆系列副研究馆员任职资格。

四、职业分类大典修订

按照人力资源和社会保障部的要求，积极做好修订国家职业分类大典中与文物行业相关内容，充分征求了机关部门和相关单位意见和建议，并邀请专家进行了论证，使职业分类大典充分体现文博事业的发展需要，具有较强的指导作用。

人事工作

一、机构编制

6月，根据《关于中国文化遗产研究院加挂国家文物局水下文化遗产保护中心牌子的批复》（中央编办复字〔2012〕119号），中央编办批复同意中国文化遗产研究院加挂国家文物局水下文化遗产保护中心牌子。

10月，组建国家文物局第一次全国可移动文物普查工作办公室，在全国可移动文物普查工作领导小组下负责普查具体工作。国家文物局副局长宋新潮兼任国家文物局第一次全国可移动文物普查工作办公室主任。国家文物局博物馆与社会文物司（科技司）司长段勇，国家文物局办公室（外事联络司）副主任王莉兼任国家文物局第一次全国可移动文物普查工作办公室副主任。

二、收入分配制度改革

7月，国家文物局印发《关于〈中国文化遗产研究院绩效工资考核分配办法（试行）〉的批复》，原则同意《中国文化遗产研究院绩效工资考核分配办法（试行）》，并从批复之日起执行。

三、非时政类报刊出版单位体制改革

1月，经请示中宣部非时政类报刊出版单位体制改革工作联席会议办公室批复同意中国文物报社转制为企业。12月，中央编办批复同意中国文物报社不再列入事业单位序列，核销经费自理事业编制30名。

四、表彰奖励

全国文物系统先进集体和先进工作者表彰。6月，人力资源和社会保障部、国家文物局授予北京市延庆县八达岭特区办事处等50个单位“全国文物系统先进集体”荣誉称号，授予廖静文等30名同志“全国文物系统先进工作者”荣誉称号。被授予“全国文物系统先进工作者”荣誉称号的同志，享受省部级先进工作者和劳动模范待遇。在7月召开的全国文物工作会议上，中共中央政治局常委李长春同志会见受表彰的先进集体和先进工作者代表，中共中央政治局委员、国务委员刘延东出席表彰大会并为先进集体和先进工作者代表颁发奖牌和证书。全国人大常委会副委员长路甬祥、全国政协副主席郑万通参加会见。

全国文物系统先进集体名单。北京市：延庆县八达岭特区办事处、孔庙和国子监博物馆；天津市：西青区文物保护所；河北省：承德市文物局、黄骅市博物馆；山西省：太原市文物局；内蒙古自治区：阿拉善右旗文物管理所、呼伦贝尔民族博物院；辽宁省：朝阳市牛河梁遗址管理处、铁岭市博物馆；吉林省：吉林省博物院、四平市文物管理委员会办公室；黑龙江省：黑龙江省博物馆；上海市：中国共产党第一次全国代表大会会址纪念馆；江苏省：扬州市文物局、张家港市文物局；浙江省：余姚市河姆渡遗址博物馆、嘉兴市文物局；安徽省：安徽省文物考古研究所、寿县文物管理局；福建省：闽西革命历史博物馆；江西省：井冈山革命博物馆；山东省：青岛市文物局、山东博物馆；河南省：河南省文物考古研究所、洛阳市文物管理局；湖北省：湖北省钟祥市显陵管理处、荆州文物保护中心；湖南省：湖南省文物考古研究所；广东省：广东省文物鉴定站、广东革命历史博物馆；广西壮族自治区：百色起义纪念馆；海南省：海南省博物馆；重庆市：北碚区文化广电新闻出版局、巫山县文物管理所（巫山博物馆）；四川省：汶川县文化体育局、安岳县文物管理局；贵州省：黄平县文物局；云南省：大理市文物保护管理所；西藏自治区：山南地区文物局、布达拉宫管理处；陕西省：西安碑林博物馆、延安市文物局（延安革命纪念地管理局）；甘肃省：甘肃省文物保护维修研究所、庆城县博物馆；青海省：青海省果洛藏族自治州文化体育局文化艺术科；宁夏回族自治区：宁夏回族自治区固原博物馆；新疆维吾尔自治区：新疆维吾尔自治区文物古迹保护中心、新疆吐鲁番地区文物管理局；新疆生产建设兵团：新疆生产建设兵团农三师图木舒克市文物管理局。

全国文物系统先进集体名单。北京市：廖静文（女）；天津市：梅鹏云；河北省：谷同伟；山西省：张庆捷；辽宁省：李向东；吉林省：李强；黑龙江省：张凤礼；上海市：宋浩杰；浙江省：刘斌；安徽省：蔡文静（女）；福建省：林跃先；江西省：詹祥生；山东省：孙美荣（女）；河南省：赵新海；湖北省：刘钢；湖南省：何强；广东省：张建雄；广西壮族自治区：周海；海南省：张健平；重庆市：黎方银；四川省：谢辉；贵州省：龙虎（布依族）；云南省：包震德；西藏自治区：拥忠达瓦（藏族）；陕西省：田亚岐；甘肃省：李宁民；青海省：索南旦周（藏族）；宁夏回族自治区：王金铎；新疆维吾尔自治区：梁涛；中国文化遗产研究院：詹长法。

五、社团管理

5家局属社会组织完成换届工作。

2月16日，中国古代铜鼓研究会召开会议代表大会，覃溥当选会长。

6月13日，中国文物学会召开第七次会议代表大会，单霁翔当选会长。

9月22日，中国文物保护基金会召开第四次会员代表大会，张柏当选新一届理事会理事长。

9月25日，中国紫禁城学会召开第四次会员代表

大会，郑欣淼再次当选会长。

10月22日，中国长城学会召开换届大会，许嘉璐再次当选会长。

完成国家文物局主管的17家社会组织2011年度检查材料的初审工作。

六、扶贫工作

11月，根据《关于做好新一轮中央、国家机关和有关单位定点扶贫工作的通知》（国开办发〔2012〕78号），确定国家文物局新一轮定点帮扶的国家扶贫开发工作重点县为河南省淮阳县。

财务工作

Financial work

财务工作综述

2012年，财务司以党的十七届六中全会精神为指引，深入学习党的十八大精神，围绕文化改革发展大局，紧扣“找准突出问题、探索有效机制、做好财务保障、切实加强管理”的主题，科学规划、统筹协调、扎实工作，顺利完成了各项工作任务。在财政部开展的中央部门绩效考评工作中，文化部被评为优秀部门；在财政部对中央部门决算工作的评比中，文化部获得了部门决算工作三等奖。

一、突出重点、统筹兼顾，稳妥推进各项工作

（一）围绕中心、服务大局，增强经费保障能力

一年来，财务司紧密围绕文化改革发展中心工作，积极策划项目，争取资金，不断提升对文化改革发展的保障水平。

我部2012年财政拨款预算总额达到38.61亿元（含国家艺术基金2亿元），为司局和直属单位各项业务工作的开展提供了可靠的资金保障；通过继续实施“三馆一站”免费开放、非遗保护、公共数字文化建设工程等中央补助地方文化项目，共落实中央财政专项转移支付补助资金38.97亿元，再创历史新高。此外，还落实了文化部转制单位文化产业发展专项资金5000万元，国有资本金预算6000万元，为转制单位的改革发展提供了资金支持。

在申报2013年预算时，财务司紧紧抓住财政将文化事业作为支持重点的有利契机，积极策划新增项目，2013年初预算已落实45.12亿元，与2012年同口径相比，增长16.81%，成为历年来部门预算安排最多的一年。

经过近3年的调研和积极推动，2012年11月，国家艺术基金终于经国务院批准设立，“十二五”期间财政投入预计达到20亿。这是文化投入方式创新的重大突破，从预期效果来看，不仅为财政加大艺术创作投入提供了稳定可靠的资金来源，更重要的是基金管理模式的引入，将对转变财政投入方式、实现政府职能转变、提高财政资金使用效益起到积极的推动作用。

（二）突出重点，扎实推进国内文化设施建设

2012年，财务司一方面深入现场调研，指导项目单位开展项目策划论证，帮助落实项目前期条件；另一方面会同项目单位，加强与国家发改委等有关审批部门的沟通协调，确保项目的顺利实施。

重大文化设施建设方面，2012年顺利完成国家话剧院剧场调概申请，落实调增投资5446万元。国家美术馆、中国工艺美术馆（非物质文化遗产传承馆）、中央歌剧院剧场3个工程完成立项，开始建筑设计方案深化和可行性研究报告编制工作，总投资30亿元。其中，国家美术馆、中国工艺美术馆（非物质文化遗产传承馆）两项重点文化设施举行了两次设计方案展览，中央领导同志多次视察，并做出重要指示。积极推进“平安故宫”工程立项工作，在与国家发改委、财政部等部门沟通协调的基础上，会同故宫修改完善总体方案，估算总投资近40亿元。

地方文化设施建设方面，2012年，国家发改委和文化部相继编制印发了《全国地市级公共文化设施建设规划》和《国家“十二五”文化和自然遗产保护设施建设规划》。两个规划计划安排中央预算内资金70多亿元，比“十一五”时期补助地方文化设施建设专项资金总额翻了一番。根据《全国地市级公共文化设施建设规划》，拟完成532个地市级“三馆”建设项目的新建和改扩建工作，其中地市级公共图书馆189个，文化馆221个，博物馆122个。项目整体建设规模约450万平方米，总投资约200亿元，中央补助投资约87亿元，其中公共图书馆和文化馆中央补助投资共63亿元，占中央补助投资总量的72%。2012年，中央补助资金4亿元。《国家“十二五”文化和自然遗产保护设施建设规划》涉及我部的是非物质文化遗产保护利用设施建设项目。根据规划，在“十二五”时期，拟在国家级非物质文化遗产名录中筛选100个具备与旅游开发、生产经营、展示利用等进行有效结合的保护传承项目，分类建设保护利用设施。

（三）全力推动，海外中国文化中心建设取得丰硕成果

2012年是海外中心建设全力冲刺、结下硕果的一年。财务司在设计、招标、施工、监理等环节严格把关，精益求精，在中心选址、设计和建设过程中将设施建设与内容建设、管理运营相结合，从实际功能出发，细化空间布局，完善功能需求，保证中心建好后好管，好用。曼谷中心于2012年11月21日举行揭牌仪式，温家宝总理和泰国总理英拉共同为中心揭牌。莫斯科中心12月5日举行揭牌仪式，刘延东国务委员和俄罗斯副总理戈洛杰茨为中心揭牌。马德里中心于2012年9月竣工，举行了国庆招待会

等多项活动。新加坡中心已于2012年12月正式开工，墨西哥、塞尔维亚等中心也都有不同程度的进展。

在不断推进海外文化中心设施建设的同时，财务司撰写了《2009—2011年文化部驻外机构基本支出统计分析报告》，草拟了《海外中国文化中心预算管理暂行办法》，为下一步提高海外文化中心基本支出标准，更好地发挥海外文化中心阵地作用提供了依据。

（四）加强调研，努力实现调查研究成果转化

2012年，财务司会同发改、财政等部门以及部内有关司局，发挥文化财政政策研究基地作用，针对乡镇文化站建设、“三馆一站”免费开放、财政支持中直院团改革发展等问题进行全面调研，完成了《关于“三馆一站”免费开放督查工作情况的报告》、《全国“十一五”乡镇综合文化站建设总结评估》及《中直院团企业化管理调研报告》等，为下一步研究制定补助标准、改进补助方式，推进和完善相关工作打下了良好的基础。其中，延东同志在《关于“三馆一站”免费开放督查工作情况的报告》做出了专门批示，对免费开放工作给予了充分肯定，为免费开放工作的进一步深入推进提出了明确要求；中直院团调研也促成了财政部在2013年部门预算中增加安排中直院团改革发展专项资金2亿元，为中直院团的改革发展提供了有力的资金支持，实现了调研指导和推进现实工作的目的。

（五）主动配合，不断推动文化文物对口支援工作

一是会同部内有关司局，组织召开了第四次全国文化文物援藏工作会议。会议以全面贯彻落实党的十七届六中全会和中央第五次西藏工作座谈会精神为主题，全面总结了近年来全国文化文物援藏工作取得的成绩和经验，研究部署了下一阶段援藏工作，对于进一步全面推进西藏文化文物建设，实现西藏跨越式发展和长治久安具有十分重要的意义；二是通过建立分工协作、监测交流、联系人和督促检查等工作制度，有效提高了文化对口支援新疆、西藏工作的实效性与可操作性；三是为进一步加强连片特困地区扶贫工作，按照国务院统一部署，参加全部11个片区的前期调研、规划编制、征求意见答复、任务完成情况反馈等各项工作，为片区文化建设争取项目和资金。

二、坚持强化管理、开拓创新，提升财务管理水平

2012年，财务司着力提高预算编制科学化精细化水平，着力强化预算执行过程管理，精核算、严控制、常监督，有力确保各项财务管理工作落到实处。

（一）建立交流会商机制，提高预算编制水平

针对目前文化改革发展资金供需矛盾依然突出的情况，在继续实行项目库滚动管理、规范预算编制程序的基础上，财务司加强了交流会商，及时了解司局、直属单位以及地方文化厅局的工作重点和资金需求，在此基础上确定当年预算的支持方向和重点项目，使预算编制更加贴近文化工作实际，更加符合国家宏观经济发展战略和公共财政支持方向，提升了预算编制的科学性和准确性，提高了项目预算申报的落实率。

（二）增强预算执行约束力，推动预算又快又好执行

做好预算执行工作，根本目的是要把预算执行与业务工作有效衔接，通过加强预算执行管理来推动业务工作的开展。为进一步增强预算执行的约束力，推进预算执行工作，在继续实行定期通报、约谈等措施基础上，2012年财务司会同人事司，将领导班子和行政一把手年度考核中的执行进度指标由90%提高到95%，并实行了预算执行均衡性考核。在多项措施的推动下，在各司局、各单位的共同努力下，我部公共财政预算执行进度比上年又有所提高，总体预算执行进度超90%，当年预算执行进度超98%，完成了年初制定的预算执行目标任务。

（三）加强经费支出管理，确保资金合法合规使用

2012年，在继续督促部本级有关项目预算执行和做好相关会计核算工作的基础上，针对审计工作中发现的问题，切实采取有效措施促进整改落实，同时，邀请专业招标代理公司以讲座的方式普及政府采购及公开招标的政策及规则，并协助有关司局在全国文化市场监管平台建设工程，国庆图片展、部分外宣工艺品采购、相约北京、阿拉伯艺术节等项目上通过公开招标选定承办单位，进一步提高了有关工作的规范化水平。此外，我们对驻外机构固定资产管理系统进行了完善，建立了驻外机构固定资产数据库，及时掌握了所有驻外机构固定资产增减状况，保证了国有资产的安全；通过对即将外派的会计进行驻外机构财务制度、驻外会计核算及财务软件业务培训和考核，确保了外派会计人员的履职能力，进一步加强了驻外机构的财务管理。

（四）加强统计能力建设，提升统计数据质量和统计服务水平

目前，统计工作已经形成了以《统计年鉴》、《统计提要》、《统计手册》、《统计分析报告》为主打的系列产品。这一系列统计产品内容翔实，观点明确，形式美观，可读性强，在各部门统计工作中处于领先地位。2012年，为进一步规范文化统计工作，我们以部长令的形式正式颁布了《文化统计管理办法》，给我国文化统计工作提供了强有力的制度保障，有助于进一步提高文化统计数据的真实性、及时性、准确性和完整性。此外，针对文化发展的新问题、新形势，全年我们撰写了10多篇文化统计分析报告，并且在党的“十八大”前期，会同中国文化报设立了“数据十年”专栏，以统计图表的形式，全面直观展示了“十六大”以来的十年文化改革发展取得的显著成就，取得了良好的社会效果。

（五）严格基建管理，保证工程进度和质量

2012年财务司认真分析研究新形势下基建管理的规律，制定了《文化部中小型建设项目储备库制度》，在管理上动真格，对于前期工作不扎实、条件不成熟，不能进入项目储备库的项目，以及预算执行不力、工程进展缓慢的项目，不予安排2013年投资。按照硬性条件，经过严格筛选，主动调减了2013年部门自身建设项目申报总额。

（六）强化内部审计，加大监督检查力度

在配合审计署开展审计工作的基础上，财务司积极推动建立内部审计轮审工作机制，2012年完成了对文化艺术人才中心等3家单位开展的内部审计，蔡武部长、赵少华、董伟副部长在有关情况的报告上均做出了重要批示，按照批示精神，我司已下发了审计反馈意见并督促被审单位整改落实。同时，为进一步加强文化部内审工作，财务司草拟了《文化部内部审计工作暂行规定》，经过多次修改和广泛征求意见，已基本成熟，计划于明年印发执行。

（七）开展专项检查，规范政府采购行为

为进一步规范政府采购行为，提高各单位依法采购的意识和能力，财务司针对近几年政府采购工作中存在的一些问题，完成了对部本级和直属事业单位2009年至2011年政府采购执行情况的专项检查。赵少华副部长指出，开展专项检查是进一步规范管理，提高工作效率，促进廉政建设的重要课题。财务司认真落实部长批示，并向发现问题的单位下发了整改意见，督促其尽快落实。同时，为解决部本级政府采购预算和计划编报不完整的问题，我司拟定了《文化部本级政府采购预算计划编报工作规程》，印发了《政府采购政策汇编》，从制度上加强政府采购预算管理工作，逐步规范部本级政府采购工作。

（八）加快标准建设，发挥宏观管理职能

为强化宏观管理职能，提高工作规范化水平，针对长期以来文化类资产配置随意性大、缺乏统一标准的情况，2012年，财务司对乐队编制、各类乐器配置数量、价格和使用年限及乐器配置方式等方面进行了深入研究，初步完成了部属院团主要乐器配置标准的拟定工作，将于近期上报财政部，在文化资产配置标准方面取得了突破性进展。此外，经过3年多的努力，《乡镇综合文化站建设标准》经国家发改委和住房城乡建设部批准，正式印发，在提高基层文化设施标准化、规范化水平的工作上迈进了一大步。

（九）加强制度建设和人员培训，提高财务管理水平

为全面推进财政财务科学化精细化管理，我司制定出台了《文化部预算执行管理办法》、《文化部部门决算管理工作规程》、《文化部直属事业单位公务用车配备更新工作程序》，修订了《文化事业单位财务制度》、《国家非物质文化遗产保护专项资金管理办法》等文件，完善了制度体系，规范了工作流程。同时，通过组织开展会计人员继续教育培训、驻外会计人员培训等日常业务培训和“文化统计理论与实践”培训班，不断提高财务人员素质，全面提升文化财务管理水平。

全国公共文化服务设施建设概述

2012年，全国各级文化部门认真贯彻执行中央有关精神，加大对公共文化服务设施建设的投入力度，积极进取，开拓创新，各项文化设施建设均取得了显著成效。

一、全国公共文化设施建设稳步推进

2012年，全国文化（文物）系统基本建设投资项目总数达到2579个，项目计划总投资达735.59亿元，比上年增长16.9%；计划施工面积（建筑面积）1461.08万平方米；本年完成投资额106.27亿元。全国竣工项目1068个，竣工面积221.27万平方米。

2012年，全国文化基建项目2136个，比上年减少4546个。项目计划总投资511.12亿元，比上年增长30.2%；计划施工面积（建筑面积）924.37万平方米，与上年基本持平；竣工项目982个，竣工面积170.74万平方米。

2012年，全国文物事业机构新建项目总数为443个（不含文物维修项目），与上年基本持平；项目计划总投资224.47亿元；计划施工面积（建筑面积）536.71万平方米；本年完成投资额为278.01亿元；全年竣工项目86个，竣工面积50.53万平方米。

在文化基建项目中，全国有255个公共图书馆建设项目，占文化基建项目总数的11.9%；计划施工面积189.22万平方米，占文化基建项目总面积的20.5%；国家预算内资金17.28亿元，占文化基建项目国家预算内资金总量的24.3%；本年实际完成投资额16.77亿元，占文化建设项目本年实际完成投资额的21.4%。全年竣工项目83个，竣工项目面积35.96万平方米。

全国有1266个群众艺术馆、文化馆、乡镇文化站建设项目，占文化基建项目总数的59.3%；计划施工面积113.89万平方米，占文化基建项目计划施工总面积的12.3%；国家预算内资金5.63亿元，占文化基建项目国家投资总数的7.9%；本年完成投资额7.14亿元，占总数的9.1%。全年竣工项目682个，其中文化馆64个，文化站618个，竣工面积44.31万平方米。

在文物基建项目中，有222个博物馆建设项目，占文物基建项目总数的43.7%。计划施工面积312.92万平方米，占文物基建项目总面积的58.3%。国家预算内资金27.35亿元，占文物系统总数的80.4%；本年完成投资额21.65亿元，占文物系统总数的77.9%。2012年，全国44个博物馆项目建成，竣工面积42.93万平方米。

二、基层文化设施建设项目仍是建设主体

2012年，各级文化部门对县级图书馆、文化馆和乡镇综合文化站等基层文化设施建设的投入大幅增加。在全国2579个文化（文物）基建项目中，县级和乡镇级基建项目共1857个，占全国文化基建项目总数的72.0%。其中，乡镇综合文化站建设项目共1101个。

乡镇综合文化站是我国农村群众文化工作网络的重要组成部分，是党和政府开展农村文化工作的基本阵地，长期以来在活跃农村文化生活，促进农村经济社会协调发展等方面，发挥着重要作用。“十一五”期间，文化部和国家发展改革委联合制定并实施了《全国“十一五”乡镇综合文化站建设规划》，在全国范围内基本实现“乡乡有文化站”的建设目标。截至2012年底，需要中央补助投资的乡镇综合文化站建设项目23856个已基本全部建成。目前，竣工并投入使用的乡镇综合文化站，为群众开展了丰富多彩的文化活动，对于满足广大农民群众精神文化需求，保障基层群众文化权益起到了重要的作用。

三、地市级公共文化设施成为重点建设领域

为进一步改善我国城市文化设施，切实解决地市级文化基础设施薄弱的问题，2012年1月，文化部会同国家发展改革委、国家文物局正式印发了《全国地市级公共文化设施建设规划》。根据规划，拟对全国532个纳入项目储备库的地市级文化设施项目进行建设。其中，公共图书馆189个，文化馆221个，博物馆122个。预计总建设规模约为450万平方米，总投资约200亿元，中央投资近70亿元。规划实施完成后，将基本实现全国地市级城市都建有设施达标、布局合理、功能完善的公共图书馆、文化馆和博物馆。

截至2012年底，在纳入《规划》的532个地市级公共图书馆、文化馆和博物馆建设项目中，已开工建设项目142个，占规划项目总数的26.7%；已开工建设项目计划总投资140.33亿元，平均每馆9882万元；已开工建设项目总建筑面积187.06万平方米，平均每馆13173平方米。

四、国家重点文化设施建设进展顺利

在奥林匹克公园中心区建设的国家美术馆工程和中国工艺美术馆·国家非物质文化遗产传承馆完成设计招标，开始建筑设计方案的深化和可行性研究报告的编制工作，中央领导同志先后2次出席成果展览。其中，国家美术馆工程总建筑面积12.86万平方米，总投资17.13亿元；中国工艺美术馆·国家非物质文化遗产传承馆总建筑面积8.68万平方米，总投资11.4亿元。“平安故宫”工程围绕故宫在火灾、盗窃、地震、文物藏品、文物库房、基础设施、游客安全等方面存在的安全隐患，提出了“平安故宫”工程总体方案，估算资金近40亿元。国家博物馆改扩建工程总建筑面积20万平方米，总投资25.03亿元，是世界上单馆面积最大的博物馆，已于2011年3月投入使用，目前正在抓紧进行工程结算。国家话剧院剧场已经于2011年5月投入使用，总建筑面积2.12万平方米，总投资经批准调整为3.7亿元。中央歌剧院剧场工程总建筑面积2.98万平方米，总投资2.74亿元，完成建筑设计方案的招标，正在编制可行性研究报告。中国国家画院扩建、国家图书馆“文献战略储备库”等项目编制完成项目建议书，陆续进入评审程序。

中国文化年鉴

Almanac Of Chinese Culture

文化人才队伍建设

Cultural Talent Team Construction

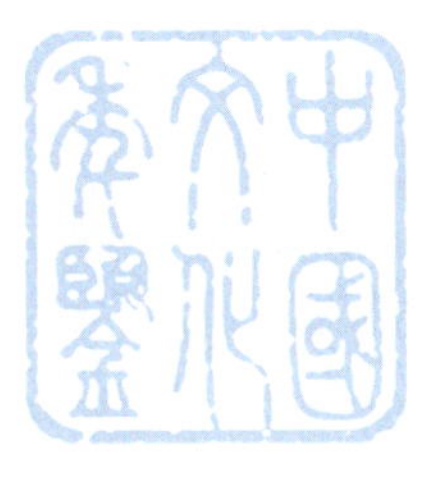

综 述

2012年，文化部深入学习实践科学发展观，切实贯彻落实党的十八大和十七届六中全会精神，积极实施“人才兴文”战略，不断完善人才评价机制，创新工作思路，积极推进重大人才工程的落实，强化专家服务职能，进一步加强人才推荐和选拔工作，大力推动文化人才队伍建设，较好地完成了各项人才工作任务。

一、以科学人才观为指导，扎实推进文化人才队伍建设

（一）努力实现“三个转变”，推动“人才兴文”战略向纵深发展

推动社会主义文化大发展大繁荣，做好文化人才工作，需要广开进贤之路，广纳天下各类英才为文化改革发展服务。据此，文化部党组确定了今后文化人才工作要重点实现的三个方面的转变，即：努力实现从主要面向文化部系统向面向全国文化系统转变，从面向体制内向面向全社会转变，从侧重高端人才培养到高端人才和基层队伍建设并重转变。为实现“三个转变”，文化部进一步深入实施“人才兴文”战略，牢固树立人才是最活跃的先进生产力，人才是科学发展的第一资源，人才工作为文化发展中心任务服务的科学人才观，尊重劳动、尊重知识、尊重人才、尊重创造，把品德、知识、能力和业绩作为衡量人才的主要标准，不唯学历，不唯职称，不唯资历，不唯身份，切实做好文化人才队伍建设工作。

（二）贯彻落实人才规划，加强人才工作战略谋划和顶层设计

根据党的十七届六中全会提出的加快培养造就德才兼备、锐意创新、结构合理、规模宏大的文化人才队伍的战略要求，文化部深入贯彻落实《全国文化系统人才发展规划（2010—2020年）》，紧紧围绕文化发展中心任务培养、吸引、用好人才，把用好用活人才作为人才工作的核心环节，在使用中培养，以使用来激励，充分调动了文化各类人才的积极性和创造性。在2012年出台的《文化部“十二五”时期文化改革发展规划》中把加强文化人才队伍建设列为重要一章，明确“十二五”期间文化人才队伍建设发展方向，把文化艺术人才队伍建设工程、边远贫困地区、边疆民族地区和革命老区人才支持计划文化工作者专项、全国基层文化队伍培训工作项目和非物质文化遗产项目代表性传承人扶持计划确立为“十二五”期间文化人才队伍建设四项重点工程。《文化部“十二五”文化科技发展规划》中也把汇聚文化科技专业人才队伍作为“十二五”规划任务之一，要求引进和培养一批文化科技领军人才，培养复合型文化科技人才队伍。

（三）加强高端人才选拔培养，推进高层次文化人才队伍建设

开展2012年度享受政府特殊津贴人员推荐选拔工作，报送文化部中国艺术研究院一级美术师李胜洪等12人为2012年享受政府特殊津贴人员人选，由中宣部上报审批“四个一批”人才李海燕等5人享受政府特殊津贴。向新闻出版总署报送国家图书馆编审殷梦霞等3人为全国新闻出版第三批领军人才建议人选。此外，向人力资源和社会保障部全国技能人才评选表彰办公室推荐第十一届中华技能大奖全国技术能手和国家技能人才培育突出贡献奖候选单位候选个人，推荐中华技能大奖候选人1人，全国技术能手候选人1人，国家技能人才培育突出贡献奖候选单位1家，国家技能人才培育突出贡献奖候选个人2人。

充分利用国家公派留学计划选派有发展潜力的优秀学者、教师、学生和中青年艺术家到国外著名院校或机构留学，积极做好文化部艺术类人才培养特别项目，为2012年艺术类人才培养特别项目的录取人员做好留学手续办理有关工作。充分利用人社部留学人员科技活动择优资助项目，对留学归国的文化部优秀专业技术人员开展科技活动进行资助。开展2013年度中新总理基金奖学金项目申报工作，选拔优秀人员赴外留学。

为加强高技能人才队伍建设，文化部于6月召开第三届文化行业职业技能鉴定工作会议暨第一期文化行业质量督导员培训班，进一步推动文化行业职业技能鉴定工作的深入发展，规范职业技能鉴定行为，加快构建文化行业职业技能鉴定质量管理长效机制。

（四）积极推进重大人才工程落实，努力为文化发展繁荣提供人才保障

根据中组部等10部委《边远贫困地区、边疆民族地区和革命老区人才支持计划（以下简称“三区计

划”）实施方案》，积极推进该计划中我部负责的文化工作者专项实施工作，向财政部报送“三区计划”文化工作者专项试点工作经费预算，努力申请试点经费，争取在西部地区先行开展试点工作。此后，在征求各省（区、市）文化厅（局）和相关部委意见的基础上，印发《边远贫困地区、边疆民族地区和革命老区人才支持计划文化工作者专项实施方案》。

根据《全国宣传思想文化中长期人才发展规划（2010—2020年）》（中宣发〔2010〕32号），非物质文化遗产项目代表性传承人扶持计划是唯一由文化部牵头实施的重大人才工程。为切实推进该项工程，文化部就工程的实施方式、扶持措施、组织领导、经费预算等进行讨论，与有关部门多次沟通。下一步，将在做好现有非物质文化遗产项目代表性传承人扶持工作的基础上，尽早实施非物质文化遗产项目代表性传承人扶持计划，加大对非物质文化遗产项目代表性传承人的扶持力度。

为进一步推进文化系统人才队伍建设，文化部积极落实《全国文化系统人才发展规划（2010—2020年）》中规划的重点人才工程。着眼于提高文化党政干部的思想政治素质、知识素养和实践能力，开展机关处级干部任职培训、地（市）文化局领导干部培训等，积极推进文化党政干部能力建设培训工程。着眼于提高文化产业现代化经营管理水平和国际竞争力，培养一批了解艺术生产和现代企业制度的复合型经营管理人才，开展文化产业经营管理人才培训，推进文化产业高层次经营管理人才培养工程。

（五）认真做好人才队伍建设的工作调研

为全面摸清文化人才队伍现状，切实推进文化人才队伍建设，文化部开展了全国文化系统人才队伍建设调研工作。通过召开直属单位人事部门负责人座谈会、请各有关司局、直属单位和各地文化厅（局）人事部门提供书面材料以及赴地方座谈等方式，调研组围绕文化人才工作中的热点和难点，对各地文化人才队伍的人员构成、专业范围、职称分布等基本情况进行调研，了解各单位在人才培养开发、评价发现、选拔任用、流动配置、激励保障等方面的具体措施，汇总各地各部门在人才队伍建设中遇到的困难及需要重点解决的问题，并根据问题提出相应的工作建议，形成调研报告供上级领导参考。

（六）结合文化工作实际，多渠道推动文化人才队伍建设

文化部各部门协同配合，结合文化实际和自身优势，多渠道推动文化人才队伍建设。文化部启动“名家传戏——当代昆曲名家收徒传艺工程”，举办京剧优秀青年演员折子戏展演，选拔、推出一批京剧优秀青年人才。举办第一节李德伦全国指挥比赛，使一批青年优秀指挥人才脱颖而出。国家图书馆开展数字图书馆建设与服务人才培训16期，共培训全国图书馆人员1500余人次。中央芭蕾舞团树立“人才是第一资源”的理念，坚持在剧目中锻炼、培养人，促使各部门演职人员、经营管理人员进一步提高业务水平，同时坚持外请国际著名艺术家排练、演出，选派人员赴美国、德国培训或参加国际比赛。与北京舞蹈学院合作开办“芭蕾舞表演人才实验班”，为培养更多优秀芭蕾后备人才探索新渠道。中央歌剧院以人为本，扎实推进收入分配制度改革，积极实施聘任制，在艺术岗位、职称、保险和待遇等方面提供优厚保障，吸引了海内外大批优秀艺术人才。国家京剧院继续实施“延长当红艺术家的舞台青春，加快青年人才的成长周期”战略，通过研究生班、流派班，以2012国家艺术院团优秀剧目展演等重大活动、赛事为契机，推进青年人才脱颖而出。中国东方演艺集团有限公司始终坚持“不拘一格选人、唯才是举用人、千方百计育人、优惠政策留人”的用人理念，大力推动艺术理念创新，将生产创作和体制机制创新相结合，大胆起用新人，让一大批改革后脱颖而出的艺术人才，特别是优秀的青年艺术人才挑起大梁，取得市场和观众的肯定。彻底打破束缚人才创新发展的条条框框，把人才从体制的藩篱中解放出来。

文化部联合中央文明办继续实施“春雨工程”——全国文化志愿者边疆行，在前两年试点基础上，从志愿者招募管理、项目供需对接、工作运行保障、绩效评估表彰和宣传推广5个方面加强制度建设，进一步提高工作的科学化、规范化水平，提升了服务质量和效果。2012年“春雨工程”共83个文化志愿服务项目，涉及30个省（区、市）和6个文化部直属单位。内地有关省、市和单位，共组织40多支文化志愿团，招募了1500多名文化志愿者，为边疆民族地区群众开展了内容丰富、形式多样的文化支援服务活动，直接服务对象40万人次。

二、贯彻落实人才培训规划，创新人才培训模式，提高全国文化干部培训工作水平

文化部认真贯彻落实党的十七届六中全会和十八大提出的关于加强基层文化人才队伍建设的要

求，按照中央提出的“大规模培训干部，大幅度提高干部素质”的精神和部党组关于培训工作的总体部署，贯彻落实《2011—2015年全国文化系统干部教育培训规划》，创新人才培训模式，努力打造培训品牌，积极开拓培训班次，加大培训宣传力度，努力开创培训工作新局面。

（一）创新培训内容和形式，增强培训的吸引力，发挥主体培训班次的示范效应

经过多年的持续举办和摸索积累，文化部一些主体培训班次已形成品牌，在文化系统有着广泛影响，在学员中有着良好口碑，产生了很好的社会效应。2012年，在认真总结以往好经验好做法基础上，在美国举办第5期全国文化艺术管理机构人力资源管理境外培训班；在重庆举办第21期全国地市文化局长培训班等主体性品牌培训班；首次面向全国文化系统青年公务员举办青年干部培训班。

充分发挥培训资金导向作用和杠杆，文化部对中西部省区市培训工作予以适当资金支持，更加注意将培训工作与援藏援疆和西部大开发等国家战略相结合，向少数民族地区、边疆地区、革命老区等地区倾斜。支持西藏举办文化局长培训班和办公室主任培训班，帮助西藏干部打开了走出西藏开展培训的局面，为西藏干部和内地干部开展交流提供了机会。支持新疆举办图书馆业务培训班。还对其他10个中西部地区进行资助。资助经费共达100万元。

为进一步提升文化系统专业技术人员知识技能水平，2012年8月份文化部举办了两期面向全国文化系统的专业技术人才知识更新工程高级研修班，分别由中国文化传媒集团和中国动漫集团承办，主题为“桌面游戏设计人才原创能力建设”和“全国动漫游戏知识产权保护问题研讨”，进一步提高文化专业技术人员桌面游戏设计原创能力和对知识产权保护重视程度。

（二）创新培训班次，培训覆盖面扩大到更多人群

根据中组部要求，举办2期文化部机关处级领导干部学习党的十八大精神轮训班。文化部机关处级150名领导干部参加轮训。以培养造就一批既了解艺术发展规律和现代企业制度、又懂管理善经营的复合型经营管理人才为目的，文化部联合清华大学分3期举办“文化部艺术院团经营管理人才高级研修班”，来自全国艺术院团高级经营管理人员30余人参加了培训。为贯彻落实党的十七届六中全会有关精神，学习领会中共中央、国务院《关于分类推进事业单位改革的指导意见》，提高直属单位人事干部综合业务能力，分2期举办“直属单位人事综合业务培训班”，文化部31个直属单位120余位人事干部参加轮训。为深入学习领会党的十八大报告精神，贯彻落实十八大关于文化工作的重要战略部署，提高广大青年干部的学习能力和业务水平，举办“文化部直属单位青年干部培训班”。帮助青年干部增强大局意识、责任意识、危机意识，坚定理想信念，树立形成良好学风和作风，提高学习力、执行力和创新力。为提高机关处级非领导职务干部业务水平和沟通协调能力，增强心理素质和文化底蕴，举办“文化部处级非领导职务干部培训班”。

根据中央颁布的《干部教育培训工作条例（试行）》、《2010—2020年干部教育培训改革纲要》及国家公务员局的《公务员职业道德培训大纲》有关要求，制定下发“文化部2012年机关公务员全员培训暨公务员职业道德建设工作方案”，在广泛征求意见建议后，经报部领导批准，组织开展文化部机关公务员全员培训工作。先后举办“文化部‘十二五’时期文化产业倍增计划解读”、“中国传统文化价值理念的现代意义”、“舞台演艺的生存困境与时代抉择”、“走出民族文化的误区”、“古琴艺术及其赏析”、“油画艺术的特性与美感”等6期专题讲座。组织机关干部赴天津滨海新区考察学习型党组织体验中心、国家级动漫园区。全员培训工作使文化部机关学习氛围更加浓厚，有力调动了各部门学习培训活动的积极性，较好地发挥了示范和引领作用。

（三）加强培训调研工作，夯实干部培训工作基础

开展干部教育培训工作调研。为进一步了解党的十七大召开以来各地、文化部各司局、各直属单位干部教育培训工作情况，总结好经验好做法，更好地发挥干部教育培训工作在人才培养方面的先导性、基础性作用，从而为文化的大发展大繁荣提供更加有力的人才保障和智力支持，研究制定了“干部教育培训工作调研方案”，下发了“干部教育培训工作调研提纲”，组织3个调研组于12月初陆续赴9个省（区、市）、部分直属单位和机关司局开展了专题调研。调研活动结束后，在认真总结、深入研究基础上，研究提出加强和改进干部教育培训工作的意见建议。

增强干部培训信息公开化、透明化。文化部在

机关内网开设干部培训公告，及时发布部领导在培训班上的讲话及关于培训工作的指示、最新培训工作通知、培训工作情况反映、文化系统培训工作相关信息等，有效保证了广大机关干部在培训工作上的知情权、参与权、选择权和监督权。

三、进一步深化改革，不断改进和完善文化人才工作各项机制

党的十八大提出要深化干部人事制度改革，建设高素质执政骨干队伍。十七届六中全会提出要进一步深化改革开放，加快构建有利于文化繁荣发展的体制机制，加快推进文化体制改革，深化国有文化单位改革，全面推进文化事业单位人事、收入分配、社会保障制度改革，推动政企分开、政事分开。充分发挥人才作用，关键在于体制和机制。为调动人才积极性，实现文化艺术人才资源的优化配置，文化部做了大量工作，积极推进文化单位的人事及分配制度改革。

（一）稳步推进人才使用机制建设

一是稳步推进直属单位结构布局改革。成立了文化部非物质文化遗产国际培训中心，为国家图书馆加挂“国家典籍博物馆”牌子，有效保证了文化工作新任务的承接，促进了文化事业的发展。根据直属单位职能转变情况，将艺术服务中心更名为艺术发展中心，将全国文化信息资源建设管理中心更名为全国公共文化发展中心。

二是进一步推进文化行业职业资格制度建设。2012年1月，完成文化部文化行业已有51个职业的修订工作，并向国家职业分类大典修订办公室报送了《文化行业已有职业描述信息修订建议书》。同时，为调动参与文化行业职业修订工作的139位专家的积极性，为这些专家颁发了文化行业职业修订专家委员会委员的聘书。

（二）完善专业技术人才评价机制

1.更新高级职称评委会评委库，修订高级职称评审基本条件。为做好职称评审准备工作，从评委组成的广泛性、专业性和代表性出发，同时考虑到一些评委已经退休或离开了原专业岗位，对各专业评委库进行了调整和充实，吸收了高等院校、科研机构、地方等各类评委，扩大了评委范围，增加了评委数量。在征求各有关单位、专家评委对高级职称评审基本条件的意见、建议的基础上，修订音乐、舞蹈、戏剧、戏曲、美术、舞台美术设计、舞台技术、图书资料、文物博物、群众文化等10个专业的职称评审条件，并对2009年出台的艺术研究、演出监督、摄影（摄像）、工程技术、新闻出版等5个专业的职称评审条件作进一步完善，将于近期印发。

2.做好职称评审工作。对2011年职称评审工作情况进行汇总并报部审批，公布职称评审结果。开展2012年职称评审工作，积极落实部领导关于职称评审工作的要求，严格执行评审条件，强化对职称评审材料的审核。在评审会议中严格履行评审程序，坚持公正、公平原则，评委对参评人员逐一评议审核，确保评审质量。

（三）进一步加强和规范人才激励制度

1.积极推进文化艺术领域荣典制度的设立。配合人社部草拟了《国家文化荣誉称号管理办法》和《首届国家文化荣誉称号授予工作方案》，对文化荣誉称号名称及设置、授予对象、评选原则、评选名额、评选条件、评选周期、评选程序、授予仪式、享受待遇等作了初步规定。

2.开展“三先”表彰调研工作。为改进和完善“全国文化先进单位（县）、先进集体和先进个人”评选表彰工作，由人事司牵头，会同公共文化司组成工作调研组，12月赴9个省（区、市）、部分直属单位和机关司局开展了专题调研，形成了书面调研报告，提出了改进和完善“三先”评选表彰工作的总体思路和具体建议。

3.做好各项表彰工作。开展对外及对港澳台文化交流工作作出突出贡献的地方文化厅局通报表扬活动。推荐全国文化信息资源建设管理中心原主任张彦博参评全国“两基”（基本普及九年义务教育、基本扫除青壮年文盲）先进个人。推荐财务司王明亮参评国家统计局全国统计系统先进个人。申请设立“全国文化市场综合执法评比表彰项目”。推荐中国儿童艺术剧院为全国未成年人思想道德建设工作先进单位。开展“农民工文化服务示范项目”通报表扬活动。向中国翻译家协会推荐资深翻译家人选。

四、以强化服务为着力点，加强与人才的沟通与联系

（一）生活上热情关心，发放生活困难补助

2012年初，为解决部分生活有特殊困难及身患重病的老艺术家、老专家生活困难问题，按照国务院的要求和财政部有关文件精神，文化部向689名老艺术家、老专家发放困难补助，发放补助总金额为743万元。补助范围包括文化部直属院团和在京中央

部委直属艺术院团老艺术家、老专家。其中文化部系统502人，中国文联、中国广播艺术团、中央民族歌舞团、中国铁路文工团、全总文工团、煤矿文工团等6家单位187人。补助人员绝大多数在60岁以上，年龄最大的100岁。此外，根据人力资源和社会保障部安排，对按月享受政府特殊津贴人员情况进行了核查，及时将按月享受政府特殊津贴专项资金核拨到各有关单位。根据人力资源和社会保障部、财政部《关于给有名望的老艺术家老运动员老教练员发放生活补贴的通知》，向文化部14位有名望的老艺术家发放生活补贴。

（二）为专家开展学习及研究创作活动做好服务

根据中组部安排，做好文化部中央联系专家参加2012年国情研修班相关工作，推荐中央歌剧院王霞参加中国井冈山干部学院第1期院士专家理论研究班，推荐中央民族乐团吴玉霞和国家京剧院李胜素参加中国浦东干部学院第2期院士专家理论研究班。根据中宣部安排，做好文化部“四个一批”人才田沁鑫开展“创作排演舞台剧《我的千岁寒》”项目、冯英开展“中国版芭蕾舞剧《胡桃夹子》编排、展演”项目相关联系服务工作。

（三）开展各项人才走访慰问活动

2012年春节前，按照办公厅整体安排，做好部领导慰问王昆、范曾、李世济、郭汉城等老艺术家、老专家的相关协调联络工作，为老艺术家、老专家送去慰问金及慰问信。

在中国文联、中国作协、北京市文化局及我部所属的中国艺术研究院、国家图书馆、故宫博物院、国家博物馆、中国美术馆、中国国家画院等单位推荐的基础上，拟订了参加中央办公厅举办的2012年元宵节联欢晚会的文化艺术界专家名单，并承担晚会期间专家的联系服务工作。按照中组部安排，积极配合中组部做好2012年院士专家新春联谊会的协调服务工作。

（四）组织专家休假，放松专家身心

7月，根据中央要求，推荐文化部袁慧琴、李羚、李延声三位专家赴北戴河参加中央组织的院士专家休假活动。8月，组织部系统18位在国内同行中有较高知度的专家赴贵州考察休假。参加考察休假活动的专家均具有正高级专业技术职务，主要从事艺术学、图书馆学、文物博物等方面的研究和美术创作、艺术表演、剧本创作等。考察休假为专家提供了疗养身心的机会和学术交流的平台，增强了他们对边疆文化艺术发展历史和基层文化发展现状的了解，对地方博物馆、图书馆建设等文化工作提出了建设性意见和建议。

（五）积极为人才排忧解难，为他们解决后顾之忧

解决夫妻两地分居，是解决干部后顾之忧的民心工作。按照条件办理的原则，以人为本，积极为各直属单位职工排忧解难。由于文化事业快速发展和人才流动速度加快，两地分居现象越来越突出，工作量急剧增加。文化部2012年累计办理85名干部夫妻两地分居问题，办理数量超过了过去5年解决夫妻两地分居人数总和，解决了干部后顾之忧，稳定了直属单位人才队伍。

五、进一步加强人才信息化建设，及时掌握文化人才动态

进一步推动专家管理系统的使用开发，将各省（区、市）文化系统的高级专家纳入专家数据库收录范围，举办专家数据库管理培训班，不断做好数据更新工作。

进一步做好人才统计工作。参加全国文化文物统计工作会议，及时掌握文化人才的现状，与有关部门积极进行沟通，探讨正副高职称人员分类统计方法，了解全国文化系统高级职称、中级职称的人员数量，进一步掌握文化系统的人才结构。根据国家统计局、国家外国专家局通知，做好我部系统境外来中国大陆工作专家基本情况统计工作。

中国文化年鉴

Almanac Of Chinese Culture

Party Building In Cultural Department

文化党建

综　述

2012年，文化部直属机关各级党组织在部党组领导下，认真贯彻落实党的十七大和十七届三中、四中、五中、六中全会精神，带领直属机关各级党组织，以迎接党的十八大胜利召开和学习贯彻十八大精神为主线，以开展基层组织建设年、党员集中培训等活动为载体，积极开展各方面党建工作，党建工作科学化水平得到进一步提高，受到了部党组和广大党员干部的充分肯定。

一、以基层组织建设年为载体，深入开展创先争优活动

按照中央创先办的部署，根据《关于在文化部直属机关基层党组织和党员中深入开展创先争优活动的实施方案》、《关于在全国文化文物系统基层党组织和党员中深入开展创先争优活动的指导意见》的总体安排，2012年以基层组织建设年为抓手，以加强基层组织建设为重点，深入开展创先争优活动。文化部党组召开全国文化文物系统基层组织建设年动员大会，印发《关于在全国文化文物系统在创先争优活动中开展基层组织建设年的指导方案》和《全国文化文物系统基层党组织分类定级考核参考标准》，对基层组织建设年活动进行全面安排部署和具体指导。活动第一阶段进行分类定级，摸清底数。所有基层党组织按照“领导班子好、党员队伍好、工作机制好、工作业绩好”的要求，结合平时掌握情况和年度考核结果，将基层党组织按“优秀、较好、一般、较差”四个等级进行分类定级。根据统计情况，在全国文化文物系统24722个基层党支部中，“优秀”和“较好”的支部达到94%。这表明全国文化文物系统基层党组织状况是好的，基层党组织发挥了对文化改革发展的思想、组织保障作用。第二阶段针对存在问题，进行查遗补缺。在前一阶段分类排队的基础上，党支部针对各自薄弱环节，在班子建设、制度建设、活动开展、作用发挥等方面查遗补缺。本着有什么问题解决什么问题、什么问题突出解决什么问题、集中力量解决重点问题的原则，充分发挥先进基层党组织的示范带动作用，突出整顿软弱涣散党组织，努力使每个基层党组织都有新的提高。4月份与中组部共同举办全国文化文物系统党支部书记培训班，培训基层党支部书记94人。开展媒体走进党支部活动，《中国文化报》派记者蹲点中国艺术研究院图书馆、中国美术馆保卫处等先进基层党支部，总结支部工作经验，推广他们的工作方法。第三阶段进行创先争优评选表彰。7月9日，文化部召开创先争优总结大会，表彰全国文化文物系统在创先争优活动中涌现出来48个的先进基层党组织、87名优秀共产党员和76名优秀党务工作者。

通过三年的创先争优活动，文化系统党建工作和文化工作上了一个新台阶。一是助推国有文艺演出院团体制改革，基本完成国有文艺院团体制改革阶段性改革任务。开展创先争优活动的三年，正处于国有文艺院团体制改革的深水期和攻坚期。各改制单位按照文化部创先争优的总体部署，以开展创先争优活动为抓手，坚持解放思想、转变观念，坚持面向市场、面向群众，坚持以人为本、保障权益，坚持实事求是、分类指导，坚持完善政策、加强扶持，依照《关于深化国有文艺演出院团体制改革的若干意见》明确的体制改革“路线图”和“时间表”，完成体制改革阶段性任务。二是形成了文化文物系统窗口单位“为民服务创先争优”的良好氛围，改进了干部职工的作风。全国文化文物系统窗口单位准确把握活动的目标任务，积极推进“三亮”，开展“三创”，组织“三评”，探索制定了符合本单位特点的各项制度，加强了窗口单位基层党组织规范化建设，形成了心系民众、为民服务的工作氛围，广大干部职工的思想、学习、工作作风向亲民、爱民、为民的方向转化。刘延东在《文化部关于深入开展创先争优活动情况的专题报告》上批示：“文化部直属机关创先争优活动结合实际，主题鲜明，富有成效。望再接再厉，以党建促进文化工作上水平。”三是有力推进了艺术创作繁荣发展，为人民群众提供更多更好的精神食粮。各艺术院团发挥各自的品牌优势，携优秀文艺作品深入基层、服务群众，积极开展公益性演出活动，把更多更好的精神食粮从“高雅殿堂”送到“田间地头”，得到基层群众的广泛欢迎。在继续做好传统服务项目的基础上，各艺术院团不断创新公益活动模式，积极建立基层联系点，通过帮助培养艺术人才、援助演出器材等方式与他们“结穷亲”，扶持基层从等待文化“输血”向自身文化“造血”转变。李源潮同志批示：“文化部抓‘三贴近’，在艺术生产和服务群众中推进创先争优，很好。”四是有力推进了公益性文化事业发展，进一步保障了人民群众基本文化权益。在创先争优过程中，增加对公共文化事业的财政投入，推进公共文化服务普惠制和均等化，推动文化改革发展成果的全民共享。公共文化设施免费开放工作深入实施，国家级和省级美术馆在2011年底前实现面向公众免费开放。面向基层的系列公共文化服务项目稳步实施，人民群众更为便利地享受到形式多样、内容丰富、贴近需求的基层文化服务。针对未成年人、老年人、农民工特殊群体的文化服务广泛开展，有效维护了特殊群体的文化权益，促进公共文化服务均等化。

二、认真推选出席党的十八大代表，深入学习贯彻党的十八大精神

党的十八大是在中国进入全面建成小康社会关键时期和深化改革开放、加快转变经济发展方式攻坚时期召开的一次十分重要的会议，是全党全国各族人民政治生活中的一件大事，认真做好党的十八大代表选举工作是开好这次会议的重要基础。文化部高度重视代表推选工作，根据《中共中央关于党的十八大代表选举工作的通知》和《关于中央国家机关出席党的十八大代表选举工作的通知》的要求，机关党委认真组织我部出席党的十八大代表候选人预备人选的推荐提名工作，召开出席党的十八大代表候选人推选工作动员部署会议。文化部党组书记、部长蔡武和部党组成员、驻部纪检组组长、部直属机关党委书记李洪峰作动员和部署，要求各级党组织以高度的政治责任感和历史使命感确保十八大代表推选工作的圆满完成。机关党委迅速制定《文化部关于出席党的十八大代表候选人推选工作方案》并按照工作方案开展工作，将有关选举环节、流程及推选工作方案等材料刻成光盘供各单位学习，就相关政策以及代表类别、代表结构比例等大家比较关心的问题，进行耐心细致的解答。各单位党组织根据本单位实际，制定推选工作计划，开展动员部署，召开会议向本单位全体党员传达会议精神和要求，组织全体党员认真学习《中国共产党章程》和中央有关文件精神。各单位以党支部为单位组织全体党员进行充分酝酿，根据代表候选人分配名额、代表条件和结构要求，在文化部范围内进行推荐提名，遴选出代表候选人推荐人选建议名单。经部党组研究，印发《关于征求文化部出席党的十八大代表候选人推荐人选建议名单意见的通知》，将征求意见名单送各司局、各直属单位征求基层党组织和党员意见。文化部45个直属党组织的298个党支部全部参与了推荐提名，党组织参与率为100%。部直属机关7281名党员中有6950名党员参与推荐提名，党员参与率为95.45%。经中央国家机关工委批准，机关党委会同驻部纪检组监察局组成了两个考察小组，对考察对象进行考察。考察结束后，进行了公示。再经过部直属机关党委会选举，推荐部党组书记、部长蔡武等7名候选人给中央国家机关工委。最后经过中央国家机关党代表会议选举，文化部推荐的7名候选人全部当选。这是文化部历次推选党的全国代表大会代表工作中前所未有的。

在代表推荐过程中，部党组和各级党组织按照履行党章、发扬民主、加强领导、选好选优，突出代表的政治先进性、党员代表性的要求，把推选代表的过程当作组织广大党员参与党内民主实践、进行民主集中制教育的过程，面向广大党员进行党性党风党纪教育、深入推进创先争优活动的过程，严格掌握政策、规范工作程序、扎实细致地开展工作，经过自下而上、上下结合、反复酝酿、逐级遴选，顺利完成了推选任务。这次推选，相比文化部十七大代表的推选实现了三个突破。一是党员参与率的突破。推选十七大代表时，党员参与率为92.5%，这次党员参与率95.45%，超过中央国家机关的平均值。二是一线党员代表的突破。十七大时一线党员代表3名，这次增加1名。三是代表总数的突破。十七大时文化部当选6名代表，这次当选7名。

及时抓好党的十八大精神的学习宣传，迅速掀起学习十八大精神热潮。十八大召开后，部直属机关认真组织收听收看十八大新闻报道，制定文化部学习贯彻党的十八大精神的总体方案。召开文化部传达学习党的十八大精神大会，蔡武部长作学习贯彻动员报告。举办3期文化部司局级干部党的十八大精神学习班，培训司局级干部近230名，李洪峰、杨志今等部领导作了辅导报告。举办文化部直属机关党务干部、纪检干部、工会干部、团干部培训班，培训党群工作干部近170名。开展党的十八大精神宣讲活动，邀请中央国家机关宣讲团成员、国防大学马克思主义研究所教授颜晓峰以《深入把握十八大报告的底蕴》为题，给各单位党工团妇女组织的同志作报告；邀请中央国家机关宣讲团成员、中国社会科学院马克思主义研究院教授侯惠勤以《准确把握中国特色社会主义的几个问题》为题，给部机关在职干部和部分离退休老同志作辅导报告。部工会组织开展了学习十八大精神赛诗会，广大党员干部群众积极参与，体现了文化部系统干部职工对党的深厚感情和对未来美好生活的无限憧憬。赛诗会后，部工会在机关举办获奖作品图片展，对活动主题进行进一步宣传。各司局和直属单位也在短时间内通过报告会、座谈会、赛诗会等多种形式掀起了学习宣传十八大精神的热潮，并在年终总结会、民主生活会等会议过程中进一步深入学习，把十八大精神贯彻到各单位的实际工作中去。在学习过程中，党员干部原原本本地读十八大文件，并以阅读辅导材料来对报告文本本身进行深入钻研，同时第一时间认真学习习近平同志的一系列重要讲话精神，包括在一中全会上的讲话、参观复兴之路基本陈列时的讲话、在各地考察工作中的重要谈话，学习中央一系列重要部署，大家把这些看成是十八大精神的重要组成部分和内涵的不断深化。通过对十八大精神的学习宣传，广大党员干部职工全面理解了十八大精神；通过认真学习新党章，增强了党性修养；通过准确把握十八大关于扎实推进社会主义文化强国建设的重大部署，进一步增强了做好文化工作的责任感和使命感。

三、大力宣传十七大以来文化部机关党建工作成果，为文化发展营造良好舆论氛围

为营造十八大召开的良好氛围，大力宣传十七大以来我国文化建设取得的辉煌成就和宝贵经验，文化部连续举行十七大以来文化建设成就系列新闻发布会。在第11次新闻发布会上，部直属机关党委通报了十七大以来文化部直属机关党的建设取得的主要成就。人民日报、光明日报、中央人民广播电台等多家中央媒体应邀参会，文化部门户网站对会议进行现场文字直播。机关党委以《围绕中心　服务大局　机关党建成效显著》为题，对文化部直属机关五年来党的建设情况进行了介绍。十七大以来，尤其是文化部直属机关第八次代表大会召开以来，在中央国家机关工委和部党组领导下，文化部系统各级党组织带领广大党员干部坚持以十七大精神为指引，以中国特色社会主义理论体系为指导，深入贯彻落实科学发展观，按照服务中心、建设队伍的总体要求，高举中国特色社会主义伟大旗帜，紧紧抓住文化大发展大繁荣的历史机遇，积极、活跃、丰富、扎实、创造性地进行党的思想、政治、组织、作风和反腐倡廉建设，为圆满完成各项文化工作任务，掀起社会主义文化建设新高潮提供了强大的思想动力和有力的政治保障。这五年，与文化建设成为中国历史上最好的发展时期相适应，文化部正确认识、准确把握党建工作目的和手段、党建工作的重要性和保障性、党建工作长期任务和阶段目标、党建工作常规事务与创新举措、机关党建和基层党建五大关系，围绕学习科学发展观、创先争优等党建重点工程，健全了自上而下、一级抓一级、层层抓落实的党建工作机制，为文化系统各项业务工作注入充沛的精气神，营造了风清气正、昂扬向上的良好环境，形成了党建工作的三大指导思想：第一，始终坚持机关的党建工作必须首先全面贯彻落实科学发展观，以中国特色社会主义理论武装头脑，形成整个队伍的强大的理论自信、制度自信和道路自信，始终把学习贯彻中国特色社会主义理论体系特别是贯彻科学发展观作为重要任务；第二，始终坚持机关党建工作与文化部作为政府的文化行政管理机关所承担的主体业务工作紧密融合，而不能搞成两张皮。机关党建工作一切都要围绕着使主体业务工作沿着党中央、国务院所确定的路线方针、所确定的战略部署、所确定的规划任务来开展，而不是脱离主体业务工作单独地另搞一套；第三，机关党建工作是建设性的工作，是立足于发挥党组织的战斗堡垒作用、党员干部的模范带头作用，团结带领广大职工投入到我们的事业中间来，以思想引领、组织引领、先锋模范作用的引领来实现，同时按照党章规定，完善党的建设的各项制度，抓好反腐倡廉等建设，起到配合保障作用，为文化改革发展重大部署和重大任务的完成提供思想动力、政治保障和组织保障。这五年，成为文化部直属机关党组织思想、组织、作风、反腐倡廉和制度建设成果丰硕的时期，成为亮点纷呈、特色鲜明的时期，成为屡受赞誉、影响广泛的五年。

各司局、直属单位也利用各自渠道，大力宣传开展创先争优活动，提高党组织的战斗力和党员的先进性；开展主题党日活动，加强理想信念教育；建设学习型党组织，提高党组织的凝聚力、领导力和党员的综合素质；抓基层打基础，加强组织建设；开展作风建设和反腐倡廉，筑牢党员干部思想防线；积极开展统战和群团工作，夯实党的群众基础等方面的情况，为十八大的胜利召开营造良好的舆论氛围。

四、开展坚定理想信念主题教育，提炼宣传单位核心价值理念

理想信念教育是保持和发展党的先进性和纯洁性、巩固党的执政基础的根本要求，是共产党员加强党性修养、保持高尚精神境界的终身课题。文化

部坚持通过读马列原著、讲党课、座谈会、报告会等多种形式，组织党员干部认真学习马列主义、毛泽东思想、邓小平理论、“三个代表”重要思想和科学发展观，深刻认识中国特色社会主义理论体系的时代背景、实践基础、科学内涵、精神实质、历史地位和重大意义，引导党员干部高举中国特色社会主义伟大旗帜，坚持中国特色社会主义道路，为担当社会主义事业建设者的重任打下坚实的思想基础。认真学习胡锦涛7月23日在省部级主要领导干部专题研讨班开班式上的重要讲话和习近平7月24日在结业式上的总结讲话精神，深入开展党的光辉历史和丰功伟绩的宣传教育，引导党员干部全面了解和正确认识91年来党的光辉历史、伟大成就、宝贵经验、光荣传统和优良作风，发挥党史对党员干部的实践激励和精神引领作用。开展形势任务教育，把党员干部的思想认识统一到中央对形势的判断上来，统一到中央重大决策部署上来。

提炼宣传核心价值理念是社会主义核心价值体系建设的重要内容和具体实践，对于增强文化部系统党员干部职工践行社会主义核心价值体系的自觉性和坚定性，激励党员干部职工与时俱进、开拓进取、扎实工作，推动新形势下的文化改革发展具有重要现实意义。为深入学习贯彻党的十七届六中全会精神，深入开展社会主义核心价值观学习教育活动，加强社会主义核心价值体系建设，部直属机关党委组织开展了提炼宣传单位核心价值理念活动，下发《关于开展提炼和宣传单位核心价值理念活动的通知》。各级党组织高度重视此项工作，精心组织，认真开展单位核心价值理念的提炼、宣传和践行活动，近20个单位提炼出了单位核心价值理念。在提炼过程中，各单位把提炼的过程视为回顾、体味、升华和固化单位精神历史的过程，深入挖掘单位历史文化资源，总结归纳单位精神演进脉络，为核心价值理念切入历史找好思想端口。政策法规司提炼出“博学慎思、严谨务实、开拓创新、团结合作、甘于奉献”的核心价值理念，中央芭蕾舞团提炼出“团结、务实、自强、奋斗”理念，全国文化信息资源建设管理中心提炼出“勤学勤俭勤工作，求实求新求发展”的理念。这些核心价值理念显示了广大党员干部对党的文化事业的深厚感情，对单位未来发展的坚定信心，展示了各自独特的文化底蕴，体现了单位发展的终极追求。形成核心价值理念之后，各单位加紧进行宣传和践行。通过提炼宣传践行核心价值理念，各单位形成了思想共识，夯实了集体认同，增进了集体荣誉感和归属感，增强了集体向心力和战斗力，为个人和单位的发展提供了崇高而深远的精神力量。通过提炼宣传践行单位核心价值理念，各单位进一步理清了发展思路，明确了工作重点难点，增强了完成各项工作任务的信心和决心，推动了单位工作再上新台阶。

五、完成党员集中培训，大面积提高党员干部的思想政治素质和文化知识水平

按照党的十七届四中全会的要求和文化部第八次党代会的部署，根据《中共文化部党组关于加强和改进党员教育培训工作的意见》，文化部制定了在2010—2012年对所有在职党员进行一次集中培训的计划。部直属机关党委专门编印了《文化部党员集中培训学习文件》、《文化部党员集中培训参考教材》等培训用书，受到中央领导同志的高度肯定和受训党员的普遍欢迎。2012年机关党委举办了新党员培训班、新任支部书记培训班、党员培训示范班等5期培训班，培训党员干部近400人。三年中部直属机关党委连续举办了14期培训班，直接培训新党员、基层党支部书记和在职党员1027人，约为部直属机关在岗党员总数的1/4。培训工作以贯彻十七届六中全会精神，提高党员干部业务能力、职业素质和党性修养为主题，选聘中央党校教授为学员讲授党性党史课，聘请部领导和机关部分司局的负责同志讲授文化领域相关业务知识，在提高党员干部党性修养的基础上重点加大了对学员业务能力的培养。参加培训的学员来自不同单位，行业多、层次多、年龄段多。培训班根据学员的不同特点，搭建以党史党建和党性锻炼为重点，兼顾新形势下文化工作需要，有主题、有针对性的课程，把理想信念教育作为新党员培训班的核心，在支部书记培训班偏重于支部书记的实操培养和党史党建教育，在在职党员培训班加入重温入党誓言环节，增强党员的荣誉感，所有班次都突出结合实际工作，提升学员对文化发展形势的认识。学员普遍反映培训课程安排合理、贴近工作、受益匪浅。

各司局和直属单位十分重视支持培训工作，在业务工作繁忙的情况下依然抽出单位骨干参加培训，认真组织督促学员的报名与学习，保证了每期培训班的圆满完成。培训期间，学员悉心听取报告，认真记录，认真准备发言提纲，认真撰写学习心得，学习气氛非常浓厚。通过培训，党员干部更加认识到新形势下加强党员培训工作的重要性，加深了对党的认识，坚定了对党的信念；明确了文化建设事业面临的新形势、新任务，认识到了作为文化系统的一名党员所应承担的责任和使命；了解了文化工作全局，加强了各单位之间的交流，增进了学员之间的友谊。截至年底，各单位的独立培训也基本结束，顺利完成三年内全体党员轮训一遍的任务，基本实现了部党组提出的预期培训目标。此外，机关党委还组织机关司局和直属单位的党员干部参加中央党校中央国家机关分校的春季、秋季的处级、科级干部培训班，10余位同志参加了为期三个月的脱产培训。

六、加强作风建设和反腐倡廉建设，构建为民务实的清廉机关

2012年，部直属机关进一步加强了作风建设和反腐倡廉建设。各级党组织引导督促广大党员干部带头践行全心全意为人民服务的根本宗旨，带头贯彻中央关于保持党的先进性和纯洁性的要求，树立廉洁从政的良好形象。以坚持党的实事求是的思想路线为切入点，大力加强和改进机关作风精神，切实解决在作风建设方面存在的办事难等突出问题。教育引导党员干部坚持群众路线，带着深厚感情为群众服务，把实现好、维护好、发展好最广大人民群众根本利益作为检验纯洁性的试金石，从群众利益出发想问题、做决策、干工作，求真务实、真抓实干。以作风建设推进服务型机关建设，以优良的作风带政风促行风。坚持奋发向上、百折不挠的精神，弘扬勤俭节约、艰苦奋斗的作风，自觉抵制不良风气。深入开展“走基层、转作风、改文风”活动，推进党务公开规范化，建立健全例行公开制度和依申请公开制度。严明党的纪律，加强对中央重大决策部署落实情况的监督，加强对党的政治纪律执行情况的监督检查，保证中央政令畅通。全面推进反腐倡廉建设各项工作，加强反腐倡廉宣传教育，严格执行《廉政准则》等各项规定，扎实推进廉政风险防控机制建设，加大查办违纪违法案件力度，贯彻落实党风廉政建设责任制，加强廉政文化建设。配合相关司局共同完成对中国动漫集团的巡视工作。加强与相关司局的沟通协调，积极探索和创新机关纪委参与项目审批、干部选拔任用、工程建设招投标、政府采购等方面的监督方式。

七、大力开展群团工作，拓展党建工作覆盖面

工、青、妇等群团工作是党的建设工作的重要组成部分。各级党组织加强对群团组织的领导和支持，加强群团组织建设，完善工作机制，创新工作方法，更好地动员和组织干部职工为文化改革发展贡献力量。开展工会主席走基层活动，前往河北永清县与有关同志进行座谈，进一步了解新农村文化建设。举行纪念“三八”国际劳动妇女节——文化部“巾帼建功”座谈会。文化部党组副书记、副部长赵少华同志和李洪峰同志出席座谈，部机关、直属单位部分女领导干部和妇女工作负责人近80余人参加。与会代表介绍获得“巾帼建功”先进个人、先进集体的感人事迹。参加“当好主力军、建功十二五、迎接十八大”首届中央国家机关公文写作技能大赛，举办“当好主力军、建功十二五、迎接十八大”文化部直属机关公文写作技能竞赛活动。干部职工踊跃投稿463篇，在中央国家机关获奖50余篇。关心困难职工生活，开展春节期间送温暖走访慰问活动，文化部党组成员走访慰问9人，发放慰问金共计4.5万元；部工会对68名特困职工进行补助，发放补助金共计21万元。组织高雅艺术走进北大荒活动。举办文化部机关春节联欢会和文化部直属机关工会2012年春节联欢会。开展工会干部和团干部培训班。开展学雷锋活动，引导广大职工、青年、妇女学习传承雷锋精神，自觉践行雷锋精神，遵守社会公德、坚守职业道德、弘扬家庭美德、陶冶个人品德。在学雷锋活动中，部团委结合文化青年走基层活动，在受助乡村小学成立学雷锋小分队。国家图书馆开展“雷锋在我们身边”图片展、“雷锋精神永不忘”主题征文活动，把学习雷锋与自身业务工作相结合，将活动引向深入。离退中心党支部请曾任雷锋班第十七任班长的李峰同志参加座谈会，交流学雷锋体会。以纪念共青团成立90周年为契机，广泛开展一系列富有青年色彩、对青年有吸引力的活动。举办“青春芬芳——全国文化系统青年书法美术作品展”，开展“起航之旅——圆梦北京夏令营”活动，组织广西贫困山区27名特困优等生参观首都北京，激发他们的学习和爱国热情。开展“文化青年走基层”实践活动，组织8个小组，分赴河北、山西、黑龙江、山东、河南、陕西农村，与基层群众同吃、同住、同劳动，向群众学习，向实践学习。开展文化援疆活动，组织文化部艺术家小分队赴新疆慰问演出、走进新疆基层党支部、捐赠图书资料、协助联络老艺术家为兵团农五师创作师歌等活动，活动获得部里的表彰。做好统战、侨联工

作，积极引导民主党派成员和党外专家在文化建设中发挥作用。

八、以全国文化系统思想政治工作研究会为阵地，大力开展党的工作理论研究

3月初下发《全国文化系统思想政治工作研究会关于2012年课题研究的通知》。各会员单位根据《通知》要求，向秘书处提交论文题目近60个，开展了党员干部模范践行社会主义核心价值体系研究、党的十六大以来思想政治工作创新研究、加强和改进党对文化工作的领导研究等10多个课题的研究。河北省文化厅等34个会员单位提交论文74篇。这些文章绝大多数材料翔实、情况准确、分析到位、观点鲜明，能对促进文化工作实际起到理论指导作用。相比去年的成果，不论数量和质量都有明显的提高。从8月18日至9月5日，研究会对这些论文进行了专家评审、秘书处评议和研究会领导审核三道程序，评出一等奖2篇、二等奖6篇、三等奖10篇。9月在厦门召开的2012年全国文化系统思想政治工作研究会年会上，对获奖作品进行了颁奖。为发挥课题研究的作用，扩大课题研究的影响，研究会将获奖作品和部分未赶上评奖的优秀作品推荐给上级研究会。其中1篇论文获得全国党建研究会优秀奖；3篇获得中国思想政治工作研究会奖励；11篇获得中央国家机关党建研究会奖励，其中部直属机关党委的《文化部系统党员干部践行社会主义核心价值体系研究》获得二等奖，纪检监察局的《着力强化机制建设保持党员队伍的纯洁性》获得三等奖，信息中心等9个单位的论文获得优秀奖，机关党委获得组织奖（在中央国家机关党建研究会的获奖数量，文化部在所有中央部委中名列前茅）。所有会员单位提交的论文都在文化部党建在线网站两研会的栏目中刊登，供系统内外的同行学习参考。此外，研究会作为中央国家机关党建研究会的会员单位，承担了2012年中央国家机关党建研究会第二重点课题C组“关于加强机关文化建设的问题研究”的牵头工作，高质高效完成了13个部委课题单位的开题、结题工作，受到中央国家机关党建研究会的表扬。

中国文化年鉴

Almanac Of Chinese Culture

Culture to combat corruption and build a clean government

文化反腐倡廉

综　述

2012年，文化部认真贯彻落实中央反腐倡廉方针政策，坚持党要管党、从严治党，坚持标本兼治、综合治理、惩防并举、注重预防的方针，紧密联系工作实际，围绕中心、服务大局，既突出重点又全面扎实地推进了文化系统党风廉政建设。

一、认真学习贯彻十七届中央纪委七次全会精神和十八大精神

2月23日，文化部党组召开了文化部2012年党风廉政建设工作会议。会议传达了胡锦涛总书记在十七届中央纪委七次全会上的重要讲话和贺国强所作的工作报告，对十七大以来文化部党风廉政建设和反腐败工作进行了总结，对2012年党风廉政建设和反腐败工作进行了部署。党组书记、部长蔡武代表部党组作了重要讲话。党组成员、驻部纪检组组长李洪峰作了党风廉政建设工作报告。党组副书记、副部长赵少华主持会议。党组成员、副部长杨志今，党组成员、故宫博物院院长单霁翔，党组成员、部长助理高树勋出席了会议。全国各省（自治区、直辖市）、计划单列市文化厅（局）纪检监察部门负责人，部机关各司局正处长以上领导干部，各直属单位党政主要负责人参加了会议。

2月23日，召开了“文化系统纪检组长监察室主任工作会议”。会议听取了文化部外联局、国家文物局、文化部机关服务局、国家博物馆、中国美术馆、文化部恭王府管理中心、中国艺术科技研究所等十家单位所作的2011年工作汇报。李洪峰作了重要讲话，对文化系统贯彻落实文化部党风廉政建设工作会议精神，抓好各项工作的落实提出了明确要求。

会后，驻部纪检组监察局制定了工作计划，向全国文化系统纪检监察部门印发了《驻文化部纪检组监察局2012年工作要点》。对文化部各单位贯彻落实十七届中央纪委七次全会精神和文化部2012年党风廉政建设工作会议精神情况进行了督促检查。要求全国文化系统深入开展党风廉政建设和反腐败工作，为文化改革发展提供坚强保证。

党的十八大胜利召开后，驻文化部纪检组监察局按照中央纪委和文化部党组的要求，把学习贯彻十八大精神作为首要政治任务。李洪峰带头学习，并为文化部司局级领导干部作了《紧密团结在以习近平同志为总书记的党中央周围，深入学习贯彻党的十八大精神》的辅导报告。11月22日，中央书记处书记、中央纪委副书记赵洪祝批示：“洪峰同志对党的十八大精神学习认真，思考深入，报告整理得好。”为了推动全国文化系统纪检监察干部深入学习十八大精神，驻部纪检组监察局向全国文化系统纪检监察部门转发了中央纪委《关于纪检监察机关认真学习党的十八大精神的通知》和李洪峰同志的辅导报告，要求认真领会、全面准确把握十八大精神，密切联系文化纪检监察工作实际，更加有力地推动文化系统党风廉政建设和反腐败工作深入开展。

二、扎实开展“惩防体系建设年”活动，文化系统惩防体系基本框架初步建成

2012年是实施中央《建立健全惩治和预防腐败体系2008—2012年工作规划》的收官之年。中央纪委要求，抓好工作推进，圆满完成《工作规划》规定的各项工作任务。

文化部党组高度重视文化系统惩防体系建设，蔡武同志代表部党组在文化部2012年党风廉政建设工作会议上强调，2012年，要在全国文化系统开展“惩治和预防腐败体系建设年”活动，争取建成文化系统惩治和预防腐败体系基本框架。部党组委托驻部纪检组监察局研究起草并于5月4日向全国文化系统印发了《全国文化系统开展惩治和预防腐败体系建设年活动工作实施方案》，推动文化系统惩防体系建设扎实进行。5月25日，文化部机关和直属单位惩防体系建设年活动推进会在京举行。国家文物局、外联局、国家博物馆等七个单位作了大会发言，介绍了惩防体系建设工作经验。李洪峰作了重要讲话，要求各单位认真贯彻文化部党风廉政建设工作会议精神，按照蔡武部长的要求，抓好工作落实，查找不足，总结经验，稳步推进，保证文化部机关和直属单位惩防体系取得扎实成效。会后，驻部纪检组监察局总结了十七大以来文化部机关和直属单位惩防体系建设工作，向中央纪委报送了文化部机关和直属单位惩防体系建设工作情况报告。8月28日，全国文化系统惩防体系建设工作经验交流会在湖北宜昌召开。驻部纪检组监察局整理并向全国文化系统印发了《文化部惩防体系建设年活动材料汇编》。全国各省（自治区、直辖市）文化厅（局）均提供了工作情况报告，湖北省文化厅、文化部财务司、国家图书馆等16个单位作了大会发言。李洪峰出席会议并作了重要讲话，对十七大以来全国文化系统惩

防体系建设工作进行了全面总结，既充分肯定了成绩，又指出了工作当中的不足，对进一步加强文化系统惩防体系建设提出了明确要求。11月，根据中央纪委通知要求，开展了对文化部各单位惩防体系建设工作情况的大检查，并在此基础上起草了《文化部2012年惩治和预防腐败体系建设工作报告》，上报中央纪委。

总的看来，文化系统惩防体系建设基本框架初步建成，教育、制度、监督、改革、纠风、惩治各方面的工作都取得了显著成效，为社会主义文化事业的发展提供了系统性的坚强保障。

三、认真履行监督检查职责，保证文化事业健康发展

文化部坚持权力制约监督，规范行政权力运行，以领导班子和领导干部为重点，突出重要领域和关键环节，不断加强和改进监督检查工作，从源头上预防腐败现象的发生。

一是加强了对各单位领导班子成员的监督。通过各单位领导班子民主生活会、年度考核、召开座谈会听取意见等方式，对各单位领导班子成员遵守党的政治纪律、贯彻落实科学发展观、执行民主集中制、执行廉洁自律各项规定、落实党风廉政建设责任制情况进行监督检查，促进了领导干部廉洁从政。

二是加强了对新进公务员和干部选拔任用工作的监督检查。由驻部纪检组监察局对拟选拔任用和试用转正的136位局、处级干部签署廉政意见；对2012年公务员考录、遴选基层公务员、机关处级干部竞争上岗进行了全程监督，防止了带病提拔、带病上岗。

三是加强了对工程建设项目和政府采购活动的监督检查。对国家美术馆、中国工艺美术馆、中央歌剧院剧场等建设工程相关项目招投标进行了监督。对全国文化市场技术监管系统建设项目招投标、2011—2012年流动舞台车采购项目招投标进行了监督，有效防止腐败行为的发生，保证了这些活动依纪依规顺利进行。

四是加强对重大文化活动的监督检查。对第十六届群星奖音乐舞蹈初赛复赛、第四届文化部创新奖、国家艺术院团优秀剧目展演评奖、第四批国家级非物质文化遗产项目代表性传承人评审、第十届全国声乐比赛、第十届桃李杯舞蹈比赛、第五批国家文化产业示范基地评审、中国设计大展评审、第五届中国昆剧艺术节和第五届中国苏州评弹艺术节等14项文艺评奖评审活动进行了监督，保证了这些评奖评审活动公平、公正、公开。

四、进一步完善反腐倡廉制度，加强廉政风险防控

紧密结合文化部门反腐倡廉工作实际，加强廉政风险防控，健全反腐倡廉制度体系。向中央纪委推荐了国家图书馆加强政府采购与工程建设廉政风险防控的经验。对十七大以来全国文化系统开展廉政风险防控进行系统总结，把文化部反腐倡廉制度汇编成册，印发全国文化系统，进一步推动廉政风险防控工作深入开展。这些制度主要有：《文化部党风廉政建设责任制规定》；《文化部政府信息公开实施办法》、《关于加强文化部直属机关反腐倡廉建设的若干意见》、《中共文化部党组关于文化部机关及直属单位党员领导干部外出执行公务的规定》、《文化部办公厅关于进一步推进机关厉行节约的实施方案》、《文化部关于进一步加强因公出国境审批管理的规定》；《文化部党组管理干部任职前人事司听取驻部纪检组监察局意见和驻部纪检组监察局回复人事司意见实施办法》、《文化部党政领导干部选拔任用工作责任追究办法实施细则》、《文化部党政领导干部选拔任用工作有关事项报告办法实施细则》；《文化部财政国库资金支付管理办法实施细则》、《文化部开展“小金库”专项治理工作实施办法》、《文化部工程建设领域突出问题专项治理工作实施方案》、《文化部直属事业单位国有资产管理暂行办法》、《文化部预算管理暂行办法》、《文化部直属事业单位对外投资管理暂行办法》、《文化部财务审计办法》；《文化部关于加强行业作风的意见》、《文化市场综合行政执法人员行为规范》；《中共文化部党组巡视工作办法》、《文化部关于实行党政领导干部问责的暂行办法》；《中共文化部党组关于贯彻落实〈关于加强和改进中央和国家机关纪检监察组织建设的意见〉的意见》等，初步形成文化系统以积极防范为核心、以强化管理为手段的制度防控长效机制，进一步提高了文化部反腐倡廉建设规范化、制度化水平。

五、加强反腐倡廉宣传教育，积极推进廉政文化建设

反腐倡廉建设教育是基础。文化部认真落实中央关于加强反腐倡廉教育的要求，积极组织部机关和直属单位党员干部观看《永葆党的纯洁性》、《家庭腐败警示录》、《坚守崇高信仰》、《守住第一次》、

《“蚁贪”之祸》等教育片。面向全国文化文物系统征集十七大以来发生的违纪违法案例，着手编辑《全国文化文物系统违纪违法案例汇编》，用身边的事教育身边的人，筑牢党员干部思想道德防线，做到反腐倡廉常抓不懈、拒腐防变警钟长鸣。

充分发挥文化部门资源优势、阵地优势、人才优势，大力推进廉政文化精品工程建设。在李洪峰同志主持下，历时四年，组织中国艺术研究院和国家图书馆上百位专家学者编撰出版了《中国廉政史鉴》，从思想理论、典章制度、历史人物三个方面，对中国古代廉政文化资源进行了挖掘整理，共有3卷16分册计400万字，是迄今第一部全面反映中国古代廉政文化面貌的鸿篇巨帙，对继承、传播、弘扬中华民族优秀文化传统作了有益尝试，对反腐倡廉建设有重要的启迪、借鉴、警示和教育意义。《中国廉政史鉴》的编撰出版，得到中央纪委领导同志高度重视，何勇同志亲自作序，强调了廉政文化建设的重大意义，对《中国廉政史鉴》的出版给予了充分肯定。

充分发挥国家博物馆廉政教育基地的作用，接待中央纪委监察部全体机关500多名党员干部参观《复兴之路》展览，使参观者受到了一次深刻的革命传统教育，得到中央纪委的好评。

六、认真处理信访举报，严肃查办违纪违法案件

严肃查办违纪违法案件是反腐败斗争的直接手段。2012年，共收到来信来访举报94件，其中，署名举报40件，检举控告件92件。在检举控告件中，涉及司局级及以上单位和干部59件，县处级单位和干部18件，科级及其他单位和干部15件，均按规定对信访举报件进行了处理，对有具体线索的信访举报件都进行了核查。

2012年，共初步核实案件线索13件（含上年度遗留的4件），函询1件，了解、谈话提醒和要求作出说明7件。另协助司法机关和有关部门调查3件。

在查办案件过程中，坚持惩前毖后、治病救人的原则，准确掌握政策，严格区分一般错误和违纪违法的界限，对经过核查确有问题的单位和个人，及时向有关单位和个人通报情况，指出问题，分清责任，限期整改；对轻微违纪但尚不够追究党纪政纪责任的，进行诫勉谈话或函询，提出批评，促其改正；对属错告或诬告造成不良影响的，予以澄清，消除影响，保护干部的积极性。充分发挥查办案件工作的治本功能，利用发生违纪违法案例，进行警示教育，堵塞制度漏洞，使查办案件工作取得较好的综合效果。

为不断探索研究违法违纪案件发生的规律，对全国文化系统2011年信访举报和查办案件工作进行了认真统计和分析，起草了关于2011年全国文化系统纪检监察机关信访举报和查办案件工作情况报告，报送了中央纪委。按照中央纪委有关部门要求，对十七大以来反腐败信访举报工作情况进行了总结，向中央纪委信访室报送了《创新思路完善机制不断提升信访举报工作科学化水平》的报告。先后两次向中央纪委汇报2012年受理信访和查办案件工作情况，得到了中央纪委有关部门的肯定。

七、坚持以人为本、执政为民，扎实推进文化系统行业作风建设

加强行业作风建设是反腐倡廉建设的重要内容。2012年，文化部认真贯彻落实《文化部关于加强行业作风建设的意见》。深入推进行政审批改革，简化审批手续，提高办事效率。积极推进勤政建设，克服庸懒散奢。召开了文化部绩效工作座谈会，交流了文化部绩效管理的情况，推动了相关工作的开展。积极贯彻中办国办关于清理庆典、研讨会、论坛活动的要求，认真开展清理工作，完成了清理任务，起草了《文化部近两年举办博览会、研讨会、论坛活动情况汇报》，报送中央清理工作领导小组。对国家审计署移交的七个司局和一个直属单位违反财经纪律的问题，进行了调查核实，提出了处理意见，纠正了存在问题，取得良好效果。制定印发了《文化市场综合行政执法人员行为规范》，提出工作纪律、组织纪律和廉政纪律要求，规范执法人员行为，强化了文化市场的规范管理。对地方文化市场进行暗访抽查，主动发现问题，及时进行处理，保障了文化市场健康发展。承担了全国节庆管理工作，使全国节庆管理纳入文化管理的工作格局，保证相关管理工作顺利进行。

八、强化党内监督，认真开展巡视工作

根据《中国共产党巡视工作条例》和《中共文化部党组巡视工作办法》，对中国动漫集团开展巡视工作。巡视组在动漫集团召开干部职工见面会。与动漫集团领导班子成员、全体中层干部、动漫集团干部职工及离退休人员共85人进行谈话。组织对动漫集团领导班子及部党组任命的领导班子成员进行民主测评。调阅查看动漫集团董事会、监事会、党

委书记办公会纪要、记录等相关材料。对动漫集团成立以来建立现代企业制度、法人治理结构情况、经营情况、企业面临的问题、国有资本金建设项目以及动漫春晚、动漫嘉年华活动等进行了较深入的了解，同时就巡视过程中群众反映的问题和部党组要求了解的有关情况进行了初步核查。在深入细致的工作基础上，巡视组向党组提交了巡视工作报告。经部党组批准，向动漫集团领导班子反馈了巡视工作意见，促进了动漫集团的改革发展。

九、深入开展调查研究，提高反腐倡廉工作科学化水平

按照中央纪委七次全会精神要求，高度重视反腐倡廉调查研究工作。先后对国家文物局、外联局、机关服务局、国家博物馆、中国美术馆、恭王府管理中心、中国艺术科技研究所等单位贯彻落实文化部党风廉政建设工作会议精神和反腐倡廉工作开展情况进行了深入调研，掌握第一手资料，为进一步做好文化部反腐倡廉工作提供了重要依据。

为研究解决文化系统反腐倡廉工作面临的新情况、新问题，对黑龙江、安徽、陕西、甘肃、宁夏、青岛五省（自治区）一个计划单列市文化系统惩防体系建设情况进行了深入调研，为了进一步了解掌握全国文化部惩防体系建设工作情况打下了良好基础。对北京、天津、吉林、山东、福建、湖南、青海、宁波等地文化系统文化反腐、制度反腐、监督和惩处工作进行了深入调研，撰写了三份主题调研报告，总结了成功经验，对发现的新问题提出了意见和建议，为提高全国文化系统反腐倡廉建设科学化水平提供了重要依据。

十、加强纪检监察干部队伍建设，提高纪检监察工作能力与水平

不断提高思想政治业务素质，是做好纪检监察工作的基本保证。委托中国纪检监察学院举办了全国文化系统纪检监察业务培训班。全国文化系统53名纪检监察干部受到了政治思想与业务能力培训。李洪峰出席开班式并作了重要讲话，为学员作了《深入学习党的反腐倡廉建设理论》的辅导报告，使学员感到收获很大，培训工作取得圆满成功，得到学员好评。

认真学习贯彻中央《关于加强和改进中央和国家机关纪检监察组织建设的意见》，组织传达学习了贺国强、何勇关于做好派驻机构纪检监察工作的重要讲话，代部党组起草了《关于加强和改进中央和国家机关纪检监察组织建设的意见》的意见，积极推动机关纪检监察组织建设，为文化系统党风廉政建设和反腐败工作提供组织保证。

专　题

全国文化系统惩治和预防腐败体系建设年工作实施方案

为全面贯彻中央关于加强惩治和预防腐败体系建设的重大决策部署，扎实推进文化系统惩治和预防腐败体系建设，确保文化系统惩治和预防腐败体系建设年活动取得实效，根据《建立健全惩治和预防腐败体系2008—2012年工作规划》（以下简称《工作规划》）和中共文化部党组《关于贯彻落实〈建立健全惩治和预防腐败体系2008—2012年工作规划〉的实施意见》（以下简称《实施意见》），制定本实施方案。

一、指导思想

高举中国特色社会主义伟大旗帜，以邓小平理论和“三个代表”重要思想为指导，深入贯彻落实科学发展观，全面坚持党要管党、从严治党，坚持标本兼职、综合治理、惩防并举、注重预防的方针，围绕中心，服务大局，求真务实，真抓实干，以改革创新精神整体推进文化系统惩治和预防腐败体系建设各项工作，以党风廉政建设和反腐败工作新成效，迎接党的十八大胜利召开。

二、目标任务

按照《工作规划》和《实施意见》的部署，在近年来工作的基础上，经过今年的扎实工作，全面完成《实施意见》确定的工作任务，建成文化系统惩治和预防腐败体系基本框架，拒腐防变教育长效机制初步建立，廉政文化创建活动丰富多彩，反腐倡廉规章制度比较健全，从源头上防治腐败的体制改革继续深化，权力运行监督机制基本形成，党风政风行风明显改进，腐败现象进一步得到遏制，人民群众的满意度有新的提高。其中，重点推进以下六个方面的工作。

（一）反腐倡廉教育方面

把反腐倡廉教育与社会主义核心价值体系建设结合起来，紧紧抓住社会主义核心价值体系这个兴国之魂，开展理想信念和政治纪律教育，教育引导文化系统党员干部坚定政治立场和政治方向，增强政治敏锐性和政治鉴别力，始终在政治上、思想上、行动上同以胡锦涛同志为总书记的党中央保持高度一致。开展保持党的纯洁性教育，教育引导文化系统党员干部加强党性修养，践行党的宗旨，保持党员干部思想纯洁。开展警示教育，组织党员干部观看警示教育片，参观警示教育基地，举办反腐倡廉专题报告会，编辑整理《全国文化系统违纪违法案例警示教育材料》，以身边的事教育身边的人，增强反腐倡廉教育的效果。

（二）廉政文化建设方面

充分发挥文化系统的人才优势、资源优势、阵地优势，创新思路，创新方法，加大廉政文化产品创作生产力度，组织形式多样、内容丰富的廉政文化展览展演活动，扩大覆盖面，增强影响力。挖掘中华优秀历史文化的丰厚资源，组织做好《中国廉政史鉴》（理论卷、制度卷、人物卷）的编辑出版工作，确保质量，使其成为廉政文化精品。深入开展马克思主义廉政理论研究，系统整理马克思、恩格斯、列宁等革命导师和毛泽东、邓小平、江泽民、胡锦涛等领导同志的廉政思想理论，形成一批研究成果。加强对中央纪委命名的廉政教育基地的建设，把廉政教育基地建设成党员干部受教育的生动课堂。

（三）体制机制制度改革方面

巩固“反腐倡廉制度建设年”活动成果，对文化部各司局、各直属单位制定的规章制度进行梳理。紧密结合文化工作实际，按照文化事业改革发展的要求，继续推进干部人事制度、行政管理体制、财政管理体制、招标投标制度改革完善。加强反腐倡廉制度执行情况的监督检查，认真贯彻执行《中国共产党党员领导干部廉洁从政若干准则》、《国有企业领导人员廉洁从业若干规定》、《关于对党员领导干部进行诫勉谈话和函询的暂行办法》、《关于党员领导干部述职述廉的暂行规定》等规章制度。全面落实《关于领导干部报告个人有关事项的规定》和《关于对配偶子女均已移居国（境）外的国家工作人员加强管理的暂行规定》。对违反《廉政准则》，不按规定报告个人有关事项的行为进行调查核实，提出处理意见，维护制度严肃性，提高制度执行力。

（四）监督方面

充分运用查找廉政风险点工作成果，加强对权力运行的监督，建立健全廉政风险防控机制。加强对领导干部特别是主要负责人的监督，对领导班子和领导干部遵守党的政治纪律，贯彻党的路线方针政策和重大决策部署，执行民主集中制和党风廉政建设责任制，以及贯彻《廉政准则》的情况进行监督检查，促进领导干部廉洁从政。加强对干部选拔、人员招聘、职称评定等人事工作的监督，提高选人用人公信度，坚决防止“带病提拔”、“带病上岗”。加强对行政审批权和行政执法权的监督，促使行政权力依法、公正、透明运行。加强对工程建设活动的监督，深入推进工程建设领域突出问题专项治理，落实工程建设质量和安全生产责任制，确保基建工程项目优质、安全、廉洁、高效。加强对政府采购工作的监督，督促业务主管部门严格遵守政府采购规定，依法采购，阳光操作，严厉打击商业贿赂行为。加强对文艺评审评奖的监督，督促业务主管部门，健全评审评奖章程，明确评审评奖纪律，完善评审评奖规则和程序，促使评审评奖活动公开、公平、公正。加强对财政资金和国有资产的监督，巩固治理“小金库”工作成果。按照中央纪委的部署，结合文化系统工作实际，深化庆典、研讨会、论坛、博览会过多过滥问题专项治理，深化公务用车专项治理。

（五）行业作风建设方面

部署开展文化系统行业作风建设情况监督检查活动，进一步提高文化系统行业作风建设水平。加强领导机关、领导干部作风建设，大力精简会议和文件，大兴求真务实之风，提高行政效能。加强行政审批窗口作风建设，提高行政审批效率，为人民群众提供方便、快捷、优质、高效的服务。加强行政执法窗口作风建设，加强综合执法队伍建设，严格落实执法责任制，规范执法人员的自由裁量权，推动综合执法规范化。加强公共文化服务窗口作风建设，推进公共文化场馆免费开放，提高公共文化服务的质量和水平。加强对网吧、网络游戏、网络音乐、文艺演出、艺术品市场的监管，创造良好的社会文化环境。加强对文化产品创造生产的引导，抵制低俗之风。积极推进政务公开，深化公开内容，丰富公开形式，促进机关自身建设和管理创新。

（六）查办案件方面

做好信访举报工作，加大查办违纪违法案件工作力度，发挥查办案件的治本功能。以严肃查办领导机关和领导干部滥用权力、以权谋私、腐化堕落、失职渎职案件为重点，严肃查办违反中央路线方针政策、重大决策部署的案件；违反政治纪律、组织人事纪律的案件；利用行政许可、行政审批、行政执法权力谋取非法利益的案件；基建工程领域和文艺评审评奖活动中违纪违法案件；文化体制改革过程中侵吞国有资产、造成国有资产流失的案件；政府采购中发生的商业贿赂案件；以及各类严重违反《廉政准则》的案件。要深入研究文化部门腐败现象发生的特点和规律，分析案件发生的条件、诱因和过程，增强工作的针对性和有效性。

三、工作措施

（一）会议推进

4月，组织召开文化部所属单位惩治和预防腐败体系建设推进会，对文化部惩治和预防腐败体系建设工作进行再部署，推动今年工作任务的落实。

9月，组织召开全国文化系统惩治和预防腐败体系建设工作交流会，广泛交流工作情况，总结工作经验，进一步推动工作。

（二）专项检查

下半年，部署开展惩治和预防腐败体系建设专项检查活动。

检查内容包括：一是检查落实责任情况。包括各部门各单位承担反腐倡廉建设主体责任，把反腐倡廉建设列入本部门本单位总体工作，加强领导、组织实施，落实各项任务的情况；各职能部门把担负的惩治和预防腐败体系建设任务与业务工作同研究、同部署、同落实，完成牵头任务和协办任务的情况；纪检监察部门履行组织协调和监督检查职责的情况。二是检查推进工作情况。包括加强反腐倡廉教育，构筑拒腐防变的思想道德防线的情况；加强廉政文化建设，推进廉政文化产品生产和传播的情况；健全反腐倡廉规章制度，增强制度执行力的情况；强化对权力运行的制约和监督，确保权力正确行使的情况；加强行业作风建设，纠正损害群众利益的不正之风的情况；坚决查办违纪违法案件，始终保持惩治腐败强劲势头的情况。三是检查取得实效情况。包括本部门本单位干部职工对惩治和预防腐败体系建设工作的认可情况；本部门本单位管理和服务对象对反腐倡廉工作成效的满意情况。

检查步骤包括：一是单位自查。各部门各单位要按照统一部署，对本部门本单位惩治和预防腐败体系建设情况进行自查，并向驻部纪检组监察局提交惩治和预防腐败体系建设工作总结报告，对落实责任、推动工作、取得实效等情况作出分析，总结成功经验，提炼有效做法，概括工作规律，查找存在问题，分析产生原因，制定改进措施，提出工作建议。二是重点抽查。在自查基础上，驻部纪检组监察局将会同有关部门组成检查组，采取听取汇报、查阅资料、实地察看、专项调查等方式，对部分单位进行重点抽查。把检查结果作为对领导班子、领导干部综合考核评价的重要内容，作为年终考核、评优评先、干部使用的重要依据，作为党政领导干部问责的重要方面。三是总结提高。驻部纪检组监察局对各单位自查和专项检查的内容进行汇总分析，总结工作经验，指出存在问题，督促改进工作，谋划下一个5年惩治和预防腐败体系建设工作。撰写全国文化系统惩治和预防腐败体系建设工作总结报告，报中央有关部门。

（三）宣传推广

加强舆论宣传，通过媒体、网站、简报等途径，大力宣传文化系统惩治和预防腐败体系建设的重要成果和成功经验，为推进文化系统惩治和预防腐败体系建设营造良好的氛围。

四、组织领导

文化部党组负责全国文化系统惩治和预防腐败体系建年活动的总体部署，驻部纪检组监察局负责统筹协调，文化部各司局、各直属单位，国家文物局，各省、自治区、直辖市及计划单列市文化厅（局），新疆生产建设兵团文化局要树立政治意识、大局意识、责任意识，自觉把惩治和预防腐败体系建设工作列入议事日程，专题研究部署，狠抓工作推进，狠抓任务落实，确保文化系统惩治和预防腐败体系建设工作取得实效。

巡视工作通知书

中国动漫集团党委：

为深入贯彻落实十七届中央纪委七次全会和2012年部党风廉政建设工作会议精神，扎实推进文化部反腐倡廉建设，切实加强党内监督，根据《中国共产党巡视工作条例（试行）》和《中共文化部党组巡视工作办法》，经文化部党组研究同意，决定派出党组巡视组，拟于近期对中国动漫集团进行巡视，特通知如下：

一、指导思想

巡视工作以邓小平理论和“三个代表”重要思想为指导，深入贯彻落实科学发展观，坚持从严治党的方针，以《中国共产党章程》和其他党内规章、

制度为依据，维护党的纪律和民主集中制原则，保证党的路线方针政策和文化部党组有关决策部署的贯彻执行。

二、基本原则

巡视工作坚持党组统一领导，党组巡视组办公室（办公室设在驻部监察局）组织协调，各有关部门分工负责，实事求是，客观公正，发扬民主，依靠群众的原则。

三、组织领导

巡视工作在部党组领导下进行。巡视组组长由驻部监察局局长秦建业担任，副组长由人事司副司长张士军担任。巡视组成员分别从驻部纪检组监察局、人事司、财务司、部直属机关党委选调。

四、巡视时间

2012年8月1日至7日（按正式通知时间为准）。

五、巡视内容

1. 贯彻执行党的路线方针政策、决议、决定和国家法律法规、遵守党的各项纪律和文化部各项规章制度的情况。

2. 执行民主集中制，实行决策民主化、科学化和制度化的情况。主要包括：建立健全贯彻执行民主集中制的规章制度、执行“三重一大”有关规定、在管理上实行领导班子集体决策的情况。

3. 落实党风廉政建设责任制、遵守《廉政准则》有关规定的情况。

4. 领导班子作风建设情况及领导班子成员思想作风、工作作风、生活作风情况。

5. 执行组织人事制度、选拔任用干部情况。包括：执行党的干部工作方针政策，遵守组织人事工作纪律，贯彻落实《党政领导干部选拔任用工作条例》，健全及执行单位内部干部选拔任用规章制度，坚持按程序和条件选拔任用干部等情况。

6. 维护群众利益，切实解决与群众利益紧密联系、群众反映强烈的突出问题的情况。

7. 部党组要求了解的其他事项。

六、工作程序

1. 中国动漫集团党委接到部党组巡视组巡视工作通知后，要对动漫集团成立以来党的建设、反腐倡廉建设、业务开展等情况进行总结，向巡视组提供书面汇报材料。

2. 巡视工作开始后，动漫集团协助巡视组召开党政领导班子成员及全体在职职工见面会。巡视组组长讲话，通报巡视工作的目的、意义、内容、计划安排、纪律要求等事项。动漫集团党政负责同志作回应性讲话。

3. 巡视组专门听取动漫集团党政领导班子自集团成立以来工作情况汇报。分别找党政领导班子成员、中层干部、离退休老同志代表及在职职工代表（离退休老同志和在职职工代表谈话随机选择）个别谈话，听取意见。领导班子成员和中层干部谈话率100%。

4. 开展不具名的民主测评和问卷调查。

5. 根据巡视工作需要，可调阅、复制动漫集团有关文件、档案、会议记录等资料。

6. 巡视期间，根据需要，召开干部群众座谈会，听取意见。

7. 巡视工作结束后，巡视组向部党组提交巡视工作报告，针对了解的有关问题提出处理意见和建议。

8. 巡视工作报告经部党组审定后，巡视组向动漫集团党政领导班子反馈巡视工作情况，提出整改建议。

9. 根据巡视组提出的整改意见，动漫集团党政领导班子应在50个工作日内制定整改方案，10个月内向巡视组提交整改情况报告。

七、特殊问题的处理

对巡视中发现的特殊问题，根据《中共文化部党组巡视工作办法（试行）》的规定，按以下途径办理：

1. 涉及贯彻执行党的路线方针政策、贯彻落实科学发展观、党风廉政建设责任制、处理改革发展稳定方面的问题，由部直属机关党委负责处理。

2. 涉及党政领导班子及其成员违纪问题，移交纪检监察部门处理。

3. 涉及党政领导班领导班子及其成员执行民主集中制、干部选拔任用、干部工作作风等方面存在的问题移交人事部门处理。

八、对被巡视单位的要求

1. 应当自觉接受巡视监督，积极配合巡视组开展巡视工作，做好和巡视有关的各项组织协调联络工作。

2. 应按要求向巡视组全面如实反映情况、提供相关文件材料。

3. 不得暗示、指使、强令干部职工干扰、阻挠巡视工作。不得妨碍、阻挠干部职工向巡视组反映有关问题。

4. 不得向巡视组赠送任何礼物、礼券，不得为巡视组安排任何娱乐活动。

九、巡视工作纪律和要求

1. 巡视组成员要政治坚定，思想敏锐，作风正派，责任心强，具有参加巡视工作所需的政治理论水平和事业心。

2. 要坚持原则，实事求是，依法办事，客观公正全面地反映情况和问题。不得隐瞒、歪曲、捏造事实。

3. 要加强组织协调，妥善处理各方关系，不干预被巡视单位的正常工作，不处理被巡视单位的具体问题，对发现的问题不擅自表态，不承办案件。

4. 要严格遵守保密纪律，不得扩散与巡视工作有关的任何情况。要妥善保管巡视工作使用的记录本、电脑等，待巡视工作结束后，所有记录须上交党组巡视组办公室统一保管。

5. 不得借用被巡视单位的车辆、电脑、手机等工具，不得在被巡视单位报销任何费用。

6. 严格执行请示报告制度，对了解发现的重大问题，重要情况，及时向党组报告，不得拖延迟滞。

中共文化部党组巡视组办公室
2012年7月9日

中国文化年鉴

Almanac Of Chinese Culture

部属单位概况

Subordinate Unit Profiles

文化部信息中心

文化部信息中心于2011年下半年正式挂牌成立。一年多来，中心按照部党组要求，根据自身职能定位，顺利完成机构组建，明确了中心职责，以“调整、整顿、充实、提高”八字方针贯穿全年工作，以建设电子政务平台、数据交换平台、网络媒体平台三大核心业务为总体目标，确立了基础运行维护、电子政务、数据中心建设、信息应用服务四个重要专项，充分发挥信息中心在文化系统信息化建设中的领头羊作用，提高信息化服务质量和效能基础，圆满完成年初制定的各项工作任务。

一、加强团队建设，营造良好氛围，推进事业快速发展

（一）高度重视理论和业务学习

中心致力于开展学习型组织、学习型单位建设，先后组织了十七届六中全会、七中全会和十八大精神的集中学习，集中收听收看十八大开幕式、常委见面会等重要活动。紧跟信息化发展趋势，加强业务学习，组织学习了《“十二五”国家政务信息建设规划》、《国家“十二五”时期文化改革发展规划纲要》、《文化部“十二五”时期文化改革发展规划》和《2012年国家电子政务内网建设和管理工作要点》等重要文件，举办了“IPV6技术应用的意义及其对我中心工作的潜在影响研究”、“美国国家宽带计划介绍”和“网站安全与计算机安全防护”等技术交流和讲座，积极参加行业交流研讨，提高团队整体业务业务水平。中心承担的“基于地理信息系统（GIS）的文化信息综合服务平台研究与示范”课题研究不断深入，进展顺利。

（二）建立科学、民主决策机制

建立中心常务会议制度，重大事项经常务会议研究决定，决策过程和结果公开透明。设立编审委员会和技术委员会作为内部咨询机构，研究、论证、讨论、审议重要规章制度、文件，重要技术问题和重要建设项目，为中心常务会议提供决策参考。

（三）健全组织机构

中心在有关部门支持和帮助下，建立了党、团、工会组织，并结合业务工作，开展了一系列内容丰富、形式活泼的活动，极大增强了中心的凝聚力和战斗力。汪淼、李经同志分别荣获2012年“全国文化文物系统优秀党务工作者”、“全国文化文物系统优秀党员”称号。信息中心党支部提交的论文《网络新媒体给党的舆论宣传工作带来的挑战与机遇》获得全国文化系统思想政治工作研究会2012年度论文评选一等奖、中央国家机关党建研究会2012年度机关党建课题研究成果优秀奖。汪淼等同志还在“当好主力军、建功十二五、迎接十八大”文化部直属机关公文写作技能竞赛中获奖。

（四）推进建章立制

制定并颁行了《文化部信息中心编审委员会工作规范》、《文化部信息中心技术委员会工作规范》、《文化部信息中心项目管理暂行办法》、《文化部信息中心预算管理实施细则》、《文化部信息中心工作人员考勤办法》等8项制度，保障各项工作有章可循、有序开展。

二、深入调研，加强交流，统筹谋划文化系统信息化建设

（一）广泛调研，科学规划

一年来，中心先后到有关部委、相关机构和部直属单位、地方文化厅局共17家单位开展学习调研，并在全系统进行了问卷调查，在此基础上编制印发了《文化部信息中心2012—2014年发展规划》，《文化部信息化发展规划》已完成征求意见稿的编制。

（二）加快制度建设，推进行业信息化顶层设计

中心在广泛调研、深入实践的基础上，制定了《文化部信息化工作领导小组职责》、《文化部信息化工作领导小组办公室职责》、《文化部非涉密信息系统安全管理暂行办法》、《文化行业信息系统安全管理暂行办法》、《文化行业信息安全管理暂行办法》、《文化行业信息安全等级保护工作的指导意见》6项行业信息化工作相关规范和项应急预案，并根据专网业务应急管理需要，制定完成了《文化部网吧监管平台应急预案》、《文化部网络音乐审查管理系统应急预案》3项应急预案。分别向有关部门报送了《文化部电子政务2012年度报告》、《文化部信息化建设情况简介》、《2011年文化部软件正版化工作总结》、《关于征求对〈互联网信息服务管理办法〉（修订送审稿）意见的函》、《文化部数据中心和发展趋势调查问卷》、《文化行业信息安全等级保护工作自查报告》、《政府系统业务网络情况调查表》、《文化部重点领域网络与信息安全自查总结报告》、《发挥电子政务在文化大发展大繁荣中的推动作用》（电

子政务建设蓝皮书的文化部分）9个信息化方面的总结、报告。

（三）组织培训，开展评估

协同办公厅在青岛和昆明举办了两期文化部信息工作及信息安全等级保护培训班，共培训来自全国各地（包括机关各司局）的学员125名。开展了2012年度文化部政府网站群绩效评估工作，历经指标制定、征求意见、修改完善、采样与评估、结果发布五个阶段，对网站群的76个子站进行了统一评测，清晰地把握了文化部政府网站群的建设情况和运营水平，并指出了网站群进一步努力的方向。

（四）积极策划，推进重大基础性项目建设

中心编制的文化部文化信息基础数据库系统项目书、文化部信息安全及运维监测管理平台项目书、视频会议系统改造升级项目书等，在相关部门的大力支持下，均得到不同程度的推进。

三、立足本职，科学管理，确保部机关电子政务系统、视频会议系统、网吧监管平台等信息系统安全稳定运行

（一）日常信息系统安全畅通运行

对部机关机房、主机、UPS室温度、网络、网吧监管平台、视频会议系统、网络音乐系统、电视卫星系统、电话总机、机房空调等定期安全检查和巡检，部署重点安全岗位人员24小时值班工作，节假日有专人值守，确保部机关外网、内网、机房、空调等软硬件安全。开展计算机网络、电话总机、卫星电视系统运行维护，保障文化部信息通信设施的安全。经部领导同意，实施电话总机夜间电脑值守，完成硬件采购、语音值守录音、系统集成等，并重新编排话务员轮值，迄今为止运行正常，效果良好。

（二）网络信息维护工作顺利进行

全年共完成网络和计算机维护1800余人次，新增或更换计算机联网工作180余次，新增或变更办公网用户及权限150人次。维修电话故障600余次，更换线路1500余米，装机、移机130余次，更换电话机100余部，办理电话业务、开通长途、调整号码130余次。电视终端维护60余次，更换线路200余米，为部机关播放闭路电视5次。全年共解决卫星电视接收系统故障5次，大楼各处室线路故障35次。此外，配合机关党委、纪检组和人事司，播放宣传片等4次。

（三）做好视频会议系统运维

2012年视频会议系统共使用75次，其中配合业务司局使用309大屏72次，召开全国性视频会议3次。完成视频会议系统大屏拼接器采购项目的安装、调试、大屏检修、验收等事项，以及大屏幕核心部件的更换、安装、测试、验收工作。通过以上优化和调整保证了全年视频会议系统运行安全无故障。着眼未来发展需要，我们及时启动了视频会议系统的升级改造项目调研论证工作，已经形成升级改造方案并报财务司审核。

（四）全力保障信息系统安全稳定

完成了《2011年度信息安全检查报告表》，开展了文化系统信息安全专项检查工作。开展了信息系统等级保护工作，召开了定级专家评审会，确定了文化部政府门户网站、网吧监管平台和网络音乐系统等5个信息系统的安全等级，完成了政府门户网站等级保护测评工作。按照要求完成部办公系统分级保护安全整改和测评工作。

四、改进服务，苦练内功，努力提升信息化服务能力和保障水平

（一）完成办公OA系统的软件开发改造工作，改善部机关办公网络和信息化基础设施条件

采用虚拟化技术对内、外网服务器进行了改造，在不增加机房面积和大量设备的情况下大大提高了服务器容量；采用VPN专网技术，在外网上增设非涉密办公业务系统（即文化部专网应用系统）；使用链路负载技术，在不增加上网费用的前提下，将机关互联网上网带宽由原来的30M提高到了80M。我们积极改进电子政务系统的功能，提升了服务效能。完成了内网办公系统升级改造，改进了系统工作流程，新增了10多个业务专栏，新增了新闻信息门户。升级了电子邮件系统，完成mcprc.gov.cn与ccic.gov.cn两个邮箱系统的合并工作，实现为部机关提供独立域名的商务邮箱服务。

（二）主动配合各司局业务工作，积极与各直属单位开展业务合作

2012年中心积极配合9个司局完成12项信息化建设相关工作，与2家直属单位、2个地方文化厅（局）开展了信息化业务合作。由中心承担建设的恭王府网站、文化系统调研成果报送发布平台、文化部科研项目申报平台、非物质文化遗产保护项目申报管理平台等，均已上线运行，达到了预期效果。

五、坚持正确舆论导向，提升公众服务能力，政府门户网站建设管理迈上新台阶

（一）新闻宣传能力大幅度提升，公众服务能力大大增强

截至12月7日，网站共发布各类信息25711条，较去年同比增118%，共有11806292人访问了网站，访问了76915178个页面，平均每天有34521人访问，分别较去年同比增长140%、55%、126%。结合我部宣传重点加大“热点专题”宣传力度，全年共推出“热点专题”16个；丰富视频报道栏目内容，新增14个视频资料，以多种方式对重要文化活动进行宣传报道；进行了35场各类会议及讲座的“网上直播”，直播了90%以上的文化部新闻发布会，开展了3次“在线访谈”；加强公众留言自主回复力度，目前自主回复已达到总回复量的91%；打造“展演/讲座信息服务平台”，该平台今年共发布各类展演及讲座信息181 条。

（二）改进信息公开系统功能，开通“文化部信息报送系统”

按照国办有关要求，完成《文化部政府门户网站政府信息公开工作自查报告》，并对网站政府信息公开系统升级改造进行了充分论证。开通“文化部信息报送系统”，实现了全系统子站信息直报。自7月以来，共报送500余条信息，信息报送质量较高，部分省份信息采用率高达80%，相应栏目覆盖率高达60%，文化部政府网站群正向着资源整合、整体联动方向迈进。

（三）网站建设全面推进，综合绩效进一步提高

2012年文化部政府门户网站在各权威部门组织的网站绩效评估中成绩优秀，在“国脉互联”评测中，文化部政府门户网站排名第19名（近60家部委级政府网站参评），较去年提前了11个名次。在“中国信息化研究与促进网”评测中排名第12名，并荣获“2012年中国政府网站领先奖”，“全国文化信息联播”栏目荣获“2012年度中央国家机关网站特色栏目”。另外“热点专题”栏目被电子政务理事会评为“2012年中国政府网站信息公开精品栏目”。

六、圆满完成了文化部委托的文化产品内容审查相关工作，为文化市场监管提供有力的技术支持

（一）文化产品内容审查工作平稳有序进行

继续改进和完善网络音乐审查系统，并完成网络音乐审查管理系统安全定级和评测工作。目前该系统已经完全实现原有设计功能并根据工作实际添加了多种功能。随着“全国文化市场技术监管平台”全面启动，网络音乐审查管理系统已纳入该监管平台系统。涉外营业性演出内容审查和进口艺术内容审查复核、电子游戏游艺机内容审查工作均在规定时限内完成，未出现工作失误、差错。

（二）改进网吧监管平台运行维护工作

全国网吧监管平台专线网络包括37条专有线路及互联网线路，承载了网吧监管平台、全国视频会议、网络音乐系统等多个业务系统。通过严格的定期巡检制度，保证了线路全年的畅通。开展了网吧监管平台主动运维，对网吧监管平台硬件进行季度巡检，对机房、电源室精密空调进行了月度巡检，发现并修复平台备份软件故障，汇总形成各月份的网吧平台监管情况通报。协助地方厅局推进平台工作，协助湖南文化厅、辽宁省文化厅、宁夏回族自治区文化厅、河南省文化厅，广东省文化执法队等完成专线开通、故障维修和恢复等工作，发现并排除了山东、浙江、江西的监管平台网络故障，配合有关方面排除网吧监管平台浙江、青海、黑龙江段的网络故障。

中国艺术研究院

2012年，中国艺术研究院在文化部的直接领导下，认真贯彻落实党的十七届六中全会精神，经过全院人员的共同努力，艺术科研、艺术创作、艺术教育以及非遗保护、文化交流和书刊出版等方面的工作，都取得了新的进展。

一、以艺术科研为中心，完善科研创新机制，加强学科建设、全面推进学术发展

2012年中国艺术研究院科研工作科研工作取得很大进展：完成著作62部，论文637篇，评论362篇，研究报告28篇，译著4部，译文12篇，论文集5部，学术资料12种，编辑41种，共计3328.6万字。包括《西方现代审美主义思想源流》、《20世纪中国戏曲理论批评研究》、《现代性与民族性：中国话剧思想史》等在内的8项课题获得国家社科基金艺术学项目批准立项，《博学鸿词科与康熙诗坛关系研究》获得国家社科基金项目批准立项。

国家社科基金艺术学项目《中国电影史学与资料库建设研究》、《新中国书法史》、《传统的蜕

变——中国现代民族管弦乐队百年鉴思》等6项课题进入结项程序。国家社科基金艺术学项目的重点课题《昆曲艺术大典》、《京剧艺术大典》、《昆曲口述史》、《中国近代戏曲论著集成》、《二十世纪戏曲学研究论丛》等项目的研究工作进展顺利并取得阶段性成果，其中《昆曲艺术大典》的部分重要成果即将出版。

国家社科基金艺术学项目重点课题《中国艺术学大系》出版了《艺术人类学》、《艺术市场学》两部专著。国家社科基金艺术学决策咨询项目《弘扬传统节日文化研究》顺利结项并出版最终成果《弘扬传统节日文化现状与对策：中国传统文化调研实录》。另一项国家社科基金艺术学决策咨询项目《中国国家文化安全研究》课题进展顺利，前期成果《守望文化江山——中国国家文化安全研究》一书正式出版。

国家社科基金重大项目《提高我国文化软实力研究》进入攻坚阶段，“中国文化发展战略与增强国家文化软实力”学术研讨会成功举办。

《中国廉政文化史鉴》课题历经六次系统修订，最终形成思想理论卷5册，典章制度卷3册，共计8册，近300万字成果正式出版。

院招标课题《中国文化核心价值观念通诠》、《中国宗教非物质文化遗产的现状与保护研究》、《马克思主义艺术学原理》、《热播影视剧跟踪研究》、《中国现代舞发展历史研究》、《建国六十年戏曲剧种文化生态变迁研究》等一批具有重大理论价值和现实意义的项目研究正在积极推进并取得了丰硕成果，院委托课题《中国古版年画作品整理、修复和出版（印前）及图库建设》、《中国戏曲剧种音像资料（院藏）数字化工程》等陆续通过专家论证，开始启动。

颁布实施了《中国艺术研究院科研奖励类别及标准（试行）》，对中国艺术研究院在职人员在报纸、文摘、期刊上发表的学术论文、评论文章，在中央电视台访谈类节目接受的访谈，对在各类评审中的获奖成果，进行审核和奖励。给予奖励的论文、评论类共19个部门42人109篇，访谈活动类共5个部门5人19项；还审核通过2006年至2010年获奖成果配套奖励共9项，包括1个部门集体3项，5个部门6人6项，突出学术成果奖励共3项。

结合课题年度检查中发现的问题，及时召开“中国艺术研究院2012年度国家社科基金艺术学项目成果汇报会”，针对即将到期的21项课题，听取项目负责人汇报课题研究的具体情况，并进行具体指导。

二、坚持正确的文艺创作方向，关注现实，与时代结合，推进艺术创作的繁荣发展

2012年，中国艺术研究院的艺术创作迎来了丰收之年。多名艺术家登上世界舞台：文学院院长莫言获得诺贝尔文学奖。袁熙坤研究员获得匈牙利文化部授予的“最高文化奖”。雕塑院院长吴为山在联合国总部举办“文心铸魂——吴为山雕塑艺术国际巡展联合国特展”。篆刻院常务副院长骆芃芃在伦敦奥运会期间举办了2012年伦敦书展中国主宾国的重要展事“‘中国印’的世界——骆芃芃篆刻书法艺术展”。

进一步引进人才，加大机构建设力度。成立了“中国当代艺术中心”，及时有效地向世界推介中国艺术创作、研究发展的当代新的成果。成立了“秋雨书院”，聘请著名文化学者余秋雨担任书院院长，同时聘请他担任研究生院的博士生导师。为文化所著名艺术家、文化学者范曾成立“范曾文院”。

举办了多个艺术展览活动。如：大型现实主义中国绘画主题展“同在蓝天下——为农民工塑像中国画主题创作展”、“中国当代工艺美术双年展”、“2012中国当代青年雕塑展”、“2012卢浮宫国际美术展”、“中国国际摄影双年展”、“中国摄影家响沙湾国际摄影周”、“中国当代艺术展”、“中国精神——油画风景学术邀请展”、“当代中国与俄罗斯写实油画展”、“中国写实画派2012年展”、“2012景德镇国际陶瓷艺术展”等。

三、提高教学服务理念，发挥学术资源、教育资源优势，艺术教育工作稳步推进

在艺术教育方面，中国艺术研究院现有6个系9个专业，包含硕士、博士、艺术硕士、课程班、访问学者以及新疆非物质文化遗产保护定向培训班学员及各专业中的留学生共6种类型。

2012年，中国艺术研究院在艺术教育方面所进行的工作主要有：完成研究生招生工作，硕博士招生121人。研究生院博士后科研流动站的确认与增设工作正式获得批准；完成美术设计二级学科申报工作及艺术学理论、音乐与舞蹈学、美术学和戏剧与影视学四个一级学科的确认工作；完成2012年硕士、博士学位的申请及授予工作，硕博士毕业196人，延期1人；组织召开关于“一级学科简介和博士、硕士学位基本要求编写”的会议，并在各系、所协助下完成了编写工作；加强与高校和其他科研院所的合作，与上海大学共建“中国艺术研究院研究生院上海大学分院”，拟于2013年在全国范围内联合招收并培养文化艺术类研究生；筹备联合培养艺术硕士方案，制定了与故宫博物院合作招收文物修复与鉴定专业、招收油画专业和招收雕塑专业艺术硕士班的基本方案；开设世界前沿艺术论坛系列讲座和其他专题讲座，邀请欧洲、美国、亚洲的艺术家和学者授课；全力以赴做好（新疆）非遗班培训工作。2012年完成了2011级（第二期）15名学员的培训任务，同时又迎来2012级的15名学员。

四、搭建高端学术平台，建立长效交流机制，加强对台和对外文化交流与合作

成功举办了第三届两岸汉字艺术节。与台湾中华文化总会合作出版了《台北道地地道北京——两岸生活小辞典》，推出了两岸文化界共同建设的动态数据库——“中华语文知识库”；在山东枣庄台儿庄古城建立了内地首个两岸汉字艺术馆。

文化发展战略中心被文化部授予“文化部两岸文化研究基地”称号。基地成立以后，已编印《台湾文化动态》6期，编写了有关《台湾“文建会”更名“文化部”的历史由来及其文化政策》、《台湾“文化部”部长龙应台的施政方向》等文化动态资讯。

与福建师范大学就共建“海峡两岸文化发展研究协同创新中心”达成合作协议，决定合作共建“海峡两岸文化发展研究协同创新中心”。

组织承办了“跨文化双边对话：第三届中美文化论坛”，来自中美两国的50余名专家、学者和艺术家围绕“文化的语境：地域，人类，历史”的议题进行深入对话和广泛交流；在联合国教科文组织总部举办“和韵天歌——感悟《道德经》咏诵会”；组织承办了“第五届世界儒学大会”。来自美国、澳大利亚、奥地利、韩国、新加坡、越南、中国港澳台地区和中国等国家和地区的100余位儒学研究专家围绕儒家伦理与市场伦理、中华元典与现代文明、儒学与国民教育等重大现实议题进行了深入研讨和广泛对话。

五、统筹安排，合理布局，开阔视野，深入调研，推进非遗保护工作科学持续发展

2012年，中国艺术研究院举办了首届“中华非物质文化遗产传承人薪传奖”的颁奖仪式。奖项面向中国内地和港澳台地区，表彰中华非物质文化遗产传承作出杰出贡献的各级非物质文化遗产代表性传承人，推动非物质文化遗产的保护以及中华优秀传统文化的继承和弘扬。

举办2012宝马中国文化之旅系列活动，以“探四方节令，恒悦古今的精神家园”为主题，推出了围绕节日主题的系列活动，探访沿途非遗项目和代表性传承人，并围绕相关主题举办文化论坛。

参与承办“中国非物质文化遗产生产性保护成果大展”，全面展示非遗生产性保护的丰硕成果；配合大展主办了“弘扬传统节日文化：新载体 新形式 新民俗”学术研讨会。

组织专家考察文化生态保护实验区建设，召开文化生态保护实验区规划纲要论证会。

积极参与国际国内的相关非遗评审工作，保证非遗保护工作的规范化和标准化。参与组织中国向联合国教科文组织申报“人类非物质文化遗产代表作”和“优秀实践名册”工作，“第四批国家级非物质文化遗产项目代表性传承人”评审工作。

组织“非物质文化遗产保护讲座周”，举办了“第四届中国非遗保护·苏州论坛”、“第二届中国非遗博览会高层论坛”。

出版众多非物质文化遗产理论研究成果。已完成第二批、第三批《国家级非物质文化遗产名录图典》、《国家级非物质文化遗产项目代表性传承人大典》的编审工作，完成了《中国非物质文化遗产年鉴》（2010）的编撰工作并已交付出版，组织力量编撰“中华非物质文化遗产传承人薪传奖”画册。

亚太地区非物质文化遗产国际培训中心正式成立并投入运营。中心组织召开了“保护非物质文化遗产国际信息交流会”和“中国——东盟地区非物质文化遗产研讨会”；承办了“联合国教科文组织首届保护非物质文化遗产全球能力建设战略评估会议”；举办了面向太平洋岛国非遗领域的国际培训班。

非物质文化遗产数字化保护中心不断补充完善非遗数据库资源，进行“非遗数字化保护工程（一期）”项目成果的试点推广工作，开展“非物质文化遗产数字化保护工程（一期）”补充项目建设，计划推进国家级非物质文化遗产代表性项目数字化采集；设计开发民间文学门类专题数据库软件及数字化采集软件等任务，制定出适用于民间文学门类的统一的、可操作的、涵盖数字化保护的业务类标准，同时对标准化建设过程中及建成之后所需的系统管理及信息管理模式进行规范。

六、倡导学术正气，引领学术风尚，期刊和出版呈现良好发展态势

2012年，文化艺术出版社共出版图书300余种，发货码洋近6000万元，初步形成大型项目、“非遗”图书和畅销图书三足鼎立的图书出版结构。国家“十二五”出版规划重点图书《中国现代文学馆馆藏珍品大系》、《名家评说丛书》、《现代文学钩沉丛书》陆续出版。出版了“莫言心声系列”等图书。《中国工尺谱集成》增补进国家“十二五”出版规划重点。《国家级非物质文化遗产项目代表性传承人大典》、《大美在民间——中国艺术研究院民间艺术创作研究员总览》等重要图书在抓紧制作中。

积极做好进入市场竞争的各项准备事宜。稳妥推进转企改制工作，初步完成了薪酬体系建设、人力资源管理等一系列改革工作。

举办“《美术观察》出版200期座谈会暨《美术观察学术文丛》首发式”，进一步扩大了《美术观察》的社会影响力。《文艺研究》继续成为在全国有重要影响力的刊物，转载率在全国文艺刊物中名列前茅。《艺术评论》、《文艺理论与批评》等刊物发挥自身优势，围绕2012年的重要艺术话题及重大艺术事件，组织策划了系列重要专题。

国家图书馆

一、重要会议、重大活动

（一）2012年中国图书馆年会

2012年11月22日至23日，“2012年中国图书馆年会——中国图书馆学会年会·中国图书馆展览会”在广东省东莞市召开。本次会议以“文化强国——图书馆的责任与使命”为主题，由文化部和广东省人民政府主办，文化部公共文化司、中国图书馆学会、广东省东莞市人民政府、国家图书馆、文化部全国文化信息资源建设管理中心、广东省文化厅共同承办，是我国图书馆界最高层次、最大规模的行业盛会。文化部副部长杨志今，广东省副省长林少春，文化部原副部长、国家图书馆馆长、中国图书馆学会名誉理事长周和平，中国图书馆学会理事长、国家图书馆党委书记、常务副馆长詹福瑞，中国图书馆学会副理事长陈力等出席大会。来自全国各省（自治区、直辖市）文化行政主管部门的负责人、国内外图书馆领域的管理者、专家学者、图书馆工作者、新闻媒体记者及相关企业代表近3000人参加了会议。

11月22日上午，2012年中国图书馆年会开幕式在东莞市玉兰大剧院举办。文化部公共文化司司长于群主持开幕式。东莞市委副书记、市长袁宝成，美国图书馆协会主席玛丽·拉斐尔，文化部原副部长、国家图书馆馆长、中国图书馆学会名誉理事长周和平先后致辞。开幕式上隆重举行了“2012中国图书馆榜样人物”颁奖典礼。中国图书馆学会副理事长、上海图书馆馆长吴建中作了题为《新常态 新指标 新方向》的大会学术报告。

共有1691名代表注册参加了本次年会学术会议。年会首创四个“主题论坛”，引起广泛关注，每个主题论坛均超过300人（次）参加。年会还设置了27个分会场，比去年增加59%，4524人（次）参加了各分会场学术会议。

本次年会分别于11月22日和23日上午举办了两场行业、企业信息发布会，共有630人（次）参与。

本次图书馆年会展览会面积达20000余平方米，参展单位共144家。公共文化事业展区分为“国家重点文化工程数字体验区”、“广东省部分城市图书馆事业发展展示区”、“东莞市创建国家公共文化服务体系示范区汇报展”、“东莞、新加坡、美国等城市图书馆体系建设展示区”等几大区域，其中“国家重点文化工程数字体验区”面积918平方米，包括“国家古籍保护展示区”、“文化共享工程及公共电子阅览室体验区”和“数字图书馆推广工程体验区”三大部分。企业展示区参展企业多样化，参展范围广阔，涵盖了整个图书馆行业内外和上下游的相关企业。

11月23日下午，2012年中国图书馆年会完成各项议程，圆满落幕，文化部公共文化司巡视员刘小琴主持闭幕式。闭幕式上，举行了隆重的表彰仪式，颁发了2012年中国图书馆年会征文活动组织奖和论文优秀个人奖、优秀学术会场奖、中国图书馆学会“全民阅读示范基地”、“全民阅读优秀组织奖”“全民阅读先进单位奖”、韦棣华奖学金、2012中国图书馆展览会特装展区设计奖等。中国图书馆学会理事长詹福瑞宣布2013年中国图书馆年会举办城市为上海浦东新区。最后，文化部公共文化司司长于群致闭幕辞。

（二）“部级领导历史文化讲座”十周年纪念活动

从2002年1月开始，由中央国家机关工委、文化部、中国社会科学院主办，国家图书馆承办的“部级领导干部历史文化讲座”开讲。讲座每月一次，利用周末休息时间进行，坚持以加强党的执政能力建设和先进性建设为目的，以突出治国理政能力建设为主题，注重历史文化特色，坚持精心选题、精心选人、精心服务，有效帮助部级领导干部从历史文化中汲取营养，拓宽人文视野，认识和把握社会发展规律，成为部级领导干部业余学习的重要阵地和有效载体。

2012年是“部级领导干部历史文化讲座”举办十周年。十年来，出席的中央国家机关以及中央直属机关、北京市、解放军驻京单位的省部级领导干部达两万余人（次）。为了纪念“部级领导干部历史文化讲座”举办十周年，国家图书馆会同讲座主办单位共同组织了系列纪念活动。活动包括：

1.举办2012年首场讲座

1月14日，在国家图书馆举办2012年首场讲座，讲座的题目为《宋代政治文化面面观》，由北京大学教授邓小南主讲。中共中央政治局常委李长春同志参加了本次讲座。

2.举办“知古鉴今 资治理政——部级领导干部历史文化讲座10周年展”

展览共分为六个部分。第一部分为《序厅》，主要介绍国家领导人对领导干部素质提高的重视。第二部分为《特色鲜明》，主要介绍十年来，主办和承办单位坚持在内容、形式安排上准确定位，坚持以提高治国理政能力为主题，突出部级领导干部历史文化讲座的历史文化特色。第三部分为《名家主讲》，优秀的主讲人对深化选题内容和增强讲课效果起着重要的作用。十年来主办和承办单位力邀学养深厚、善于表达、在学术领域具有权威性的专家学者做客讲座，以保证讲座的高质量。第四部分为《引领学习》，主要介绍部级领导干部历史文化讲座十年来参加讲座的部级领导干部的上课情况以及学以致用，将所学付诸实践的相关情况，并介绍了十年来“勤学奖”的获奖情况。第五部分为《精心组织》，主要介绍讲座的主办方和承办方在讲座开始前的策划和筹备工作。最后一部分为《影响广泛》，主要介绍部级领导干部历史文化讲座的广泛影响以及主要媒体的报道介绍情况。

3.编辑出版《为政镜鉴》和《为政箴言》

为丰富部级领导干部历史文化讲座十周年纪念活动，为领导干部为政提供借鉴，国家图书馆编辑出版了《为政镜鉴》和《为政箴言》。学习中国历史，可以了解中华民族优秀的传统文化和高尚的精神追求，继承中华民族在漫长历史进程中形成的优良传统，借鉴历史上治理国家和管理社会的各种有益经验，并从中汲取思想精华，与新的实践结合而不断发扬光大。有鉴于此，国家图书馆依托宏富的馆藏文献资源，从中华文化典籍中精选历史名贤的经典论述和典型事例，编辑为《为政箴言》和《为政镜鉴》二书。希冀这些名言与典故能对领导同志起到“鉴古知今”、“彰往而察来”的作用，为治国理政提供重要借鉴，为广大读者日常学习提供方便。

（三）“文艺的灯塔——纪念毛泽东同志《在延安文艺座谈会上的讲话》发表七十周年馆藏文献展”

2012年5月18日至6月2日，由国家图书馆主办，中国作家出版集团、中共北京市海淀区委宣传部联办，中国美术馆、中国艺术研究院、中国延安文艺学会、中国红色文化研究会协办的“文艺的灯塔——纪念毛泽东同志《在延安文艺座谈会上的讲话》发表七十周年馆藏文献展”在国家图书馆总馆北区稽古右文厅隆重展出。此次展览是为了纪念1942年毛泽东同志《在延安文艺座谈会上的讲话》（以下简称《讲话》）发表七十周年，重温《讲话》精神，深入贯彻落实党的十七届六中全会精神，弘扬中华民族优秀文化，推动社会主义文化大发展、大繁荣。

5月18日，展览在国家图书馆总馆北区稽古、右文厅正式拉开帷幕。文化部党组副书记、副部长赵少华，国家图书馆馆长周和平，中国文联党组成员、书记处书记夏潮，中国作协党组成员、书记处书记陈崎嵘以及延安时期老艺术家的代表出席了开幕仪式。来自中宣部、文化部、中国文联、中国作协、中共中央文献研究室和展览联办、协办单位的有关负责同志，北京各大高校、科研院所的专家学者近200人出席了仪式。

本次展览共展出珍贵历史文献300余件、珍贵照片100余幅，通过文献资源展示座谈会的背景、《讲话》的核心内容，以及在《讲话》精神指引下中国文艺创作所取得的成绩。展览共分为三个单元，第一单元是“《讲话》诞生的背景”，共展出45种文献，为观众描绘出延安当年的文化景象。第二单元是“《讲话》的内容与传播”，通过50余种馆藏《讲话》不同版本的展示，以说明《讲话》的传播和影响。第三单元是“解放区的文艺成就”，为观众展示了在《讲话》精神的感召下，解放区在文艺理论、小说、戏剧、诗歌、报告文学、散文和杂文、民间文艺、儿童文艺、音乐、美术、电影与摄影等方面所取得的巨大成就。此外，展览还增加了备受学界关注，尚未受到公众瞩目的解放区儿童文艺作品。

展览期间，国家图书馆还邀请相关专家来馆举办了3场专题讲座，并于6月18日邀请当年曾在延安生活战斗过的老同志或他们的子女召开“‘文艺的灯塔——纪念毛泽东同志《在延安文艺座谈会上的讲话》发表七十周年馆藏文献展’延安时期老同志及家属座谈会”。此外，国家图书馆还出版了《文艺的灯塔：纪念毛泽东同志〈在延安文艺座谈会上的讲话〉发表七十周年馆藏文献展图录》。

（四）启动《远东国际军事法庭庭审记录》编纂出版工作

远东国际军事法庭庭审资料的调查、征集、整理、研究与保护，是民国文献保护计划的一项重要工作，可为驳斥日本右翼保守势力歪曲否认侵华史实言论提供佐证，有助于解决国内学界面临的开展相关研究缺乏原始资料的困难，对于未来解决中日关系、近现代史遗留问题具有重要意义。

为此，2012年3月，国家图书馆和上海交通大学共建成立“东京审判研究中心”，整合双方文献资源优势和学术研究力量开展相关研究。6月，国家图书馆组织召开了“中美民国时期文献保护工作研讨会”，与美国、加拿大地区专家就合作开展“东京审判”等重要民国时期文献保护工作达成共识。10月24日，国家图书馆组织召开“《远东国际军事法庭庭审记录》编纂出版启动仪式暨座谈会”，标志着中国在“东京审判”研究的领域迈出了极为重要的一步。杨天石、陈铁健等来自中国社会科学院、江苏省社会科学院历史研究所、北京大学、南京师范大学南京大屠杀研究中心等机构的专家40余人参加会议，对《远东国际军事法庭庭审记录》编纂出版工作给予高度肯定。活动还得到了远东国际军事法庭审判中国代表团后人的广泛支持，倪征燠之女倪乃先还将所藏部分庭审记录及判决书原件带至现场向大家展示。对此，媒体进行了积极报道，社会反响热烈。10月24日当天《光明日报》即对编纂出版项目作了整版报道，刊发了周和平馆长和杨天石、步平、程兆奇等专家的署名文章，近40家媒体到场采访报道。

远东国际军事法庭庭审资料保护工作得到学界的广泛关注和高度肯定，中央领导和文化部领导多次批示，指示国家图书馆要想方设法，尽快实现海外相关文献的回归；加快文献整理和影印出版进度，促进更多成果问世，留下完整的历史记忆；加强对“东京审判”文献的研究，深入总结历史的经验和教训；加大宣传力度，使相关研究成果为学界和社会公众所了解和使用，充分发挥这项工作的社会效益，使之成为爱国主义教育的生动教材。

二、单位概况

2012年是国家图书馆的“基础年”。在文化部的正确领导下，国家图书馆按照“强化基础、苦练内功、开拓创新、稳步发展”的总要求，各项事业扎实推进、成效显著。一年来，文献资源建设、读者服务工作等基础业务水平不断提升；国家数字图书馆工程、数字图书馆推广工程、中华古籍保护计划、民国时期文献保护计划、国家图书馆一期维修改造等重点项目稳步推进；国内外图书馆界交流与合作深入开展，国家图书馆行业引领和协调指导作用愈加凸显；事业发展综合保障能力进一步增强；党工团工作立体推进。国家图书馆圆满完成全年各项工作任务，为实现“十二五”时期国家图书馆发展目标，促进公共文化服务体系建设作出了新贡献。

(一)文献信息资源建设

2012年，国家图书馆实体文献建设取得新成绩。启用出版物缴送管理平台，文献缴送时效大幅提升；文献入藏数量同比较大增长，中文图书增长19.5%，博士后报告增长40%，东文书（含日文和小文种）增长25.3%，西文书增长34.5%；按专题开展中外文重点文献补藏工作取得实效，如围绕东京审判相关史料，从美国采购缩微胶卷2212卷，老照片2万余张，从日本订购缩微胶卷6000余卷；地方文献、拓片、手稿、家谱等古籍特藏采访以及海外实体文献回归成果突出；缩微文献资源建设稳步推进。2012年新入藏实体文献127.2万册(件)，全馆文献总量达3119.51万册(件)。

数字资源建设实现新突破。修订了数字资源管理办法，完善业务工作流程；创新数字资源建设模式，首度面向社会文化机构征集数字资源，馆藏特色资源数字化不断加快，积极拓展商业数字资源馆外访问服务权。2012年新增数字资源252.2TB，数字资源总量达813.5TB，其中自建数字资源694.9TB。

（二）立法决策服务

2012年，国家数字图书馆资源首次全面为“两会”代表服务；与中央办公厅档案图书资料室达成的合作共识逐步落实，设立了图书文献借阅服务窗口，直接为中央办公厅服务；关注时政热点，成立国家图书馆中国边疆文献研究中心、举行“馆藏钓鱼岛有关文献情况介绍会”，向广大媒体展示钓鱼岛等海疆海域文献，积极服务国防外交，引起社会热烈反响；部委分馆建设进一步拓展，与国家安全部中国现代国际关系研究院图书馆建立合作关系，与国防大学图书馆就建立分馆达成初步共识；全年承办部级领导干部历史文化讲座15场，累计189场，成功举办十周年纪念活动，中共中央政治局常委李长春出席并给予高度评价，讲座在“中央国家机关示范学习品牌”评选中荣登榜首。

（三）公益性服务

2012年，国家图书馆努力克服一期维修改造对读者服务工作造成的影响，在总馆北区读者服务较为集中的情况下，确保了读者预约文献不延误，能够顺利获取；梳理优化服务流程，强化综合咨询工作，得到读者广泛好评；积极开展春节、国庆等节假日期间文化活动，满足群众文化需求，“网络书香过大年”等活动得到社会热烈反响；大力开展参考咨询服务，科技查新和文献查证服务发展迅速。在南区改造、缩小服务空间的情况下，全年接待到馆读者达378.35万人（次），文献流通册（次）2461.69万册（件）；参考咨询服务67.25万件，同比增加22.5%。

国家数字图书馆读者门户系统正式上线，提供实名认证功能，将数字资源推送到读者家中；推出了“文津搜索”系统，整合汇聚近2亿条元数据，对数字图书馆各类资源实现“一站式”检索，极大地方便了读者获取文献；国家数字图书馆新版网站、新版OPAC系统上线，为读者带来全新的服务体验；完善“掌上国图——移动数字图书馆服务体系”，荣获第四届文化部创新奖；推出了北京歌华数字电视平台“国图空间”新版服务；推进与中央电视台IPTV平台合作，已在云南等六省落地；用户信息素养教育得到加强，开展了多场分层分类用户培训。全年国家数字图书馆网站点击率11.51亿次，同比增长53.5%。

（四）社会教育工作

2012年，国家图书馆举办的培训、讲座、参观、展览等各项社会教育活动共接待读者84.99万人（次），与2011年相比，增加40%。成功举办“纪念毛泽东同志《在延安文艺座谈会上的讲话》发表七十周年馆藏文献展”、“周叔弢自庄严堪善本古籍展”、“国家图书馆藏甲骨精品展”、“中国非物质文化遗产典籍记忆系列展”、“国家图书馆百年服务展”、“莫言作品展”等展览69场，许多展览引起社会热烈反响；继续做好讲座工作，开办公益性讲座215场，“文津讲坛”被评为“中央国家机关展示学习品牌”，“国图讲坛”“中国典籍与文化系列讲座”等品牌的公众知名度进一步提升；倡导阅读风尚，完成第七届文津图书奖评选，向读者推荐好书；引导阅读方向，利用互联网和手机推出“文津经典诵读”，选取名言警句每日更新并推送服务。

（五）图书馆业界服务

2012年，国家图书馆举办多次全国省级公共图书馆馆长座谈会，凝聚行业智慧，研究落实已有重大项目，策划新项目，共谋事业发展；承办2012年中国图书馆年会，对年会学术会议策划进行有益的探索和创新，有效提升图书馆行业影响力；举办中国图书馆学会第四届百县馆长论坛，推动了免费开放环境下县级图书馆的建设与服务创新；召开中国文献影像技术协会第五次全国会员代表大会，顺利完成协会换届。发挥全国图书馆标准化技术委员会作用，加强行业标准规范建设，2012年新立项的标准制修订及科研项目达13个；受文化部委托，修订完成第五次公共图书馆评估标准。联合全国图书馆，开展了区域性公共图书馆服务体系建设模式调研，促进公共文化服务体系建设；承担的全国文化志愿者边疆行示范项目“图书馆规划建设论证研讨及现场指导”，获得文化部表彰；积极开展与CALIS、NSTL等文献保障机构合作，全国图书馆参考咨询协作网建设稳步推进；全国联合编目中心新增成员馆315家，成员馆总数达1248家，数据下载量同比增长43%；全国公共图书馆讲座联盟不断拓展，“国图·塞上人文论坛”、“国图·山东·大众讲坛”、“国图·东南讲坛”相继开办。

（六）国家数字图书馆和数字图书馆推广工程

2012年，国家数字图书馆工程进入攻坚收尾阶段，形成了数字图书馆现代化的硬件平台、开放互连的软件平台和较为完善的标准规范体系。文津搜索系统、数字资源发布与服务系统、唯一标识符系统等核心软件系统上线运行；34个标准规范项目全部研制完成；传统图书馆业务和数字图书馆业务结合日益紧密，初步实现了对数字资源生产、组织、保存以及发布服务的生命周期全流程管理。

2012年，国家图书馆承办召开推广工程工作会议，配合文化部下发了《关于加快实施数字图书馆推广工程的意见》；中央转移支付经费已投入1.73亿元，带动地方投入共计9978.4万元。全国共计24家省馆、86家市馆硬件平台搭建已达到推广工程配置标准；48家省市图书馆实现虚拟网互联互通，浙江、黑龙江、广西、山西等地实现全省（区）联通；统一用户认证系统、政府公开信息整合服务平台等软件平台部署有序进行；推广工程网站开通服务，读者可便捷获取各地图书馆数字资源，超过560TB的数字资源实现共享。积极拓展服务对象，先后与沈阳军区、第二炮兵共建网上军营数字图书馆，为军队文化建设服务；创建公共文化服务与企业信息服务相结合的服务新模式，与塔里木油田公司开展合作，推进国家数字图书馆的资源和服务走进企业。大力开展数字图书馆建设与服务人才培训16期，全国各级、各类图书馆的1500余人（次）接受了培训。

（七）中华古籍保护计划和民国时期文献保护计划

2012年，中华古籍保护计划组织开展全国古籍存藏与保护现状调查，完成调查报告；完成第四批《国家珍贵古籍名录》和“全国古籍重点保护单位”评审、上报工作；全面开展全国古籍普查登记工作，启动了《全国古籍普查登记目录》编纂工作，编制了《古籍普查登记手册》、藏文古籍分类和著录规则，进一步规范了普查登记数据，完成国图汉文古籍13万余种的普查登记工作；启动国家古籍保护中心古籍保护人才培训基地建设，举办17期古籍普查、古籍修复、传拓等各类培训班，培训学员1139人（次）；完成了《古籍定级标准》、《图书馆古籍库房基本要求》等7个国家标准的申报修订工作；完成《中华再造善本》续编278种的出版工作，开展《中华医藏》、《中国珍贵典籍史话丛书》、《国家珍贵古籍名录》中古籍题跋整理等古籍整理出版项目；开展建设中华珍贵典籍资源库；成功举办“中华古籍保护计划成果展”。

民国时期文献保护计划全面启动。深入调研海内外民国时期文献和革命历史文献存藏保护情况，召开了各层面工作研讨会，确定了保护工作思路；开展文献普查工作试点单位申报，完成普查标准研制，启动了普查登记工作，民国时期文献保护计划普查平台、“民国时期文献全国联合目录”系统建设取得初步成效；组织召开了“中美民国时期文献保护工作研讨会”，积极拓展海外合作；开展海外文献调查和征集，逐步实现美国国家档案馆民国影音资料、东京审判史料的数字化回归；加强文献整理利用，启动《远东国际军事法庭庭审记录》等专题文献出版工作。

（八）国际及台港澳交流与合作

2012年，国家图书馆积极参与“中英人文交流机制启动仪式”、“2012中欧文化对话年”等重要活动，扩大国际交流领域；协办2012年“中国——东盟文化论坛”，倡议并签署《东亚图书馆南宁倡议》，与东亚地区图书馆的合作得到加强；积极参加第78届国际图联大会、亚大地区图书馆馆长会议等重要国际会议；联合举办“第九次中文文献资源共建共享合作会议”、“文本中国：中国古文献的写作、流传与保护国际研讨会”。深化与重点国家的双边合作，分别与澳大利亚国家图书馆、新西兰国家图书馆、俄罗斯叶利钦总统图书馆、日本出版贩卖株式会社、台湾汉学研究中心达成合作意向或签署合作协议，开展多领域合作。开展多边合作项目，海外中华古籍合作保护项目启动，重点推进了与英国、北美地区的古籍保护合作，与北美近十个东亚图书馆达成合作意向；国际敦煌项目、中华寻根网项目成果显著；数字图书馆领域交流合作进一步加强，参加世界数字图书馆会议、中日韩数字图书馆业务交流会，并与香港中央图书馆达成共建数字图书馆合作共识。

（九）干部和人才队伍建设

2012年，国家图书馆共接收高校毕业生78人；接收军转干部4人；从劳务派遣员工中招录工作人员20人；根据实际工作需要，进行了16人（次）中层干部调整、99人（次）科级干部聘任调整；完成本年度职称评审工作，推荐晋升各系列高级职称22人，通过晋升或转任副研究馆员66人、各系列中级及以下职称29人；积极向国家及文化部行业高层次人才培养计划推荐骨干拔尖人才；通过推荐驻外后备人选、干部挂职交流等方式为青年员工提供了更多的业务学习与实践机会；选派业务骨干57人（次）赴国（境）外交流学习；鼓励在职学历学位教育，与武汉大学、南京大学、中国艺术研究院联合培养人才工作积极开展。

（十）科研工作

2012年，国家图书馆召开全馆科研工作会议，进一步强调科研在推动业务发展和培养人才方面的重要作用；修订《国家图书馆科研项目管理办法》，科研管理流程、项目申报审批流程进一步完善；完成2012年度馆级科研项目申报及评审工作。本年度获准国家社科基金项目立项5项，文化部科技提升计划1项，文化部创新工程2项；“国家古籍数字化战略研究”成功入选国家社会科学基金重大委托项目；国家图书馆牵头承担的国家“十二五”科技支撑计划“文化资源数字化关键技术及应用示范”项目正式启动；博士后科研工作站取得单独招收人员资格。加强事业发展研究，首次编撰出版《中国图书馆事业发展报告（蓝皮书）》，组织开展山西、天津、东莞三地公共图书馆服务体系建设实地调研，编撰出版《公共图书馆服务体系的探索与实践——东莞调研报告》；加强文献研究整理，《国家图书馆藏敦煌遗书》出版圆满完成；《原国立北平图书馆甲库善本丛书》、《民国文献资料丛编》、《民国期刊资料分类汇编》、《近现代名人日记手札》系列图书的整理出版工作稳步开展。

（十一）调整管理运行机制

2012年，国家图书馆继续调整完善内部管理机制，不断拓展事业发展领域，增强发展活力。调整经费管理机制，所有业务部门开始实行经费总额承包，进一步激发了各部门加强文献开发、创新文化产品的意识，在做好公益性服务的基础上开展创收工作，弥补人员经费缺口，保障人员队伍稳定。不断完善机构设置，筹建国家典籍博物馆，中编办正式批复同意国家图书馆加挂“国家典籍博物馆”牌子；设立展览部，负责国家典籍博物馆展览策划和实施；进一步理顺工作流程，对国家数字图书馆工程、数字图书馆推广工程等重点工程项目进行了细致调研，进一步明确和细化相关部门的部门职责和工作流程；调整完善行政管理、后勤服务、物业监管的工作关系，确立物业监管机制；全面梳理协调机构，设立国家图书馆一期维修改造工程协调小组。

（十二）党群组织建设和党工团工作

2012年，国家图书馆顺利完成“十八大”代表候选人推荐工作；通过组织党员、干部职工收看“十八大”开、闭幕盛况，举办专题报告会、专题学习班等多种形式，紧密结合实际深入学习贯彻“十八大”精神；馆党委积极参与全馆重大事项的研讨和决策，充分发挥党委在事业发展中的政治核心作用；完善思想政治工作制度，思想政治工作的针对性和实效性逐步提高；推动学习型党组织建设，坚持理论中心组学习制度和“三会一课”制度，党员领导干部的理论水平，决策能力明显提高；认真开展党员集中培训，三年来完成国图全部在职党员的轮训任务；将创先争优活动引向深入，举行了国家图书馆创先争优活动表彰暨先进事迹报告会，建立健全创先争优长效机制；以基层组织建设年为契机，召开组织工作会议，注重在业务骨干中发展党员，保持党组织的先进性；组织开展了支部分类定级考核等活动，各级党组织建设全面加强；践行社会主义核心价值体系，提炼形成国图核心价值理念“传承文明、服务社会”；开展道德领域突出问题专项教育和治理活动，发挥了窗口示范单位引领作用；蝉联“全国文明单位”荣誉称号。改进工作作风，建立馆处级干部基层联系点，帮助基层解决实际问题，务实高效、风清气正的工作氛围日益浓厚；深入开展惩防体系建设年活动，全面加强制度建设,构建起反腐倡廉长效机制；努力排查廉政风险点，工程建设、图书采购等重点领域与关键环节的监管进一步加强；召开2012年党风廉政建设专题会议，开展了永葆党的纯洁性专题教育。

大力开展积极向上的文体活动，成功举办国家图书馆第十届员工运动会；馆团委开展了以“雷锋精神永不忘”为主题的征文活动，倡导雷锋精神；组织开展业务知识学习，提高青年员工职业素养，营造了和谐稳定、团结向上的工作氛围。

故宫博物院

2012年是迎接党的十八大胜利召开和学习贯彻落实“十八大”精神的一年。故宫博物院认真学习贯彻落实“十八大”精神，广大干部职工锐意进取，扎实工作，稳步推进文物管理、古建修缮、展览宣教、科研出版、数字故宫、对外交流等文化遗产保护和博物馆建设事业，并与故宫博物院工作实践紧密结合，着眼于占地112公顷古代木结构宫殿建筑群、180万余件文物藏品和每年约1500万中外观众的安全，提出了实施“平安故宫”工程的建议和方案。

一、“平安故宫”工程

（一）“平安故宫”工程的提出及批复进展

5月，故宫博物院领导班子经过持续、全面、广泛、深入地调研，提出开展“平安故宫”工程的建议，以彻底解决故宫存在的火灾隐患、盗窃隐患、震灾隐患、藏品自然损坏隐患、文物库房隐患、基础设施隐患、观众安全隐患七大安全问题，引起中央领导的高度关注。7月26日，中共中央政治局委员、国务委员刘延东来故宫调研时指出，要抓紧实施“平安故宫”工程。文化部、国家发展改革委、财政部、国家文物局等有关部门就故宫安全现状多次来院进行调研。吴邦国、温家宝、贾庆林、李长春、李克强，就故宫安全问题相继作出重要指示。

（二）“平安故宫”工程的内容

“平安故宫”工程通过实施故宫博物院北院区建设项目、地下文物库房改造、基础设施改造、世界文化遗产监测、故宫安全防范新系统、院藏文物防震、院藏文物抢救性科技修复保护7个项目，以实现如下目标：在2015年，即故宫博物院成立90周年之时，有效缓解目前存在的防火、防盗、防雷、防震、防踩踏等方面的重大安全隐患，解除其中最紧迫、最危险的隐患点；在2020年，即紫禁城建成600年之时，基本实现故宫博物院进入安全稳定的健康状态，全面提升管理和服务水平，迈进世界一流博物馆行列。

二、业务工作

（一）制定总体规划，开展遗产监测，继续修缮工程

2012年启动了《故宫保护总体规划》编制工作，确定了各专项规划内容，初步完成故宫使用功能规划。

遗产地监测工作方面，召开了故宫世界文化遗产监测工作会，提出监测工作的要求。十个监测方面，已相继开展了室外陈设基础数据采集、室外陈设材质鉴定和保存状况评估、植物监测数据库、气象数据库、空气质量监测站建设、午门城台沉降变形监测、故宫世界文化遗产监测平台建设等工作。

修缮工程进展方面，由故宫博物院和香港中国文物保护基金会共同合作复建的中正殿2012年竣工，再现了清乾隆时期的建筑全貌。建福宫维修工程、英华殿区维修工程、大高玄殿乾元阁抢险工程全面完工。

古建研究与资料整理方面，按照故宫博物院发展规划，维修工程竣工后的东华门将作为紫禁城宫殿建筑艺术展览使用。目前，东华门古代建筑展览大纲已完成。

（二）加强文物藏品的科学管理与保护

藏品管理方面，根据工作中发现的新问题、新情况，进一步修订增补《故宫博物院藏品管理规定》。“故宫博物院业务人员培训”和春季业务培训的举办，全面提高了业务人员的责任心和文物操作实践技能。2012年为《故宫博物院藏品总目》的公开做好了前期准备，并于2013年1月1日正式在故宫网站推出。

坚持开展对地下、地上文物库房的随机抽查，不断完善库房保管工作。做好文物清理后续工作，对现有文物藏品进行核对，及时完成51452件一般藏品入账工作。召开文物防震工作协调会，继续推进文物防震工作。

接受袁运甫捐赠作品5件、浙江省考古所拨交的瓷器标本3件。收购“大清康熙年制万寿赋笔筒”1件。

非物质文化遗产传承方面，举办故宫博物院首次国家级非物质文化遗产展“妙笔神工——国家级非物质文化遗产古书画临摹复制与装裱修复技艺展”，受到人民日报、中央电视台、新华社、新浪网等媒体关注，吸引了不少观众前来参观体验。

在开展日常文物保护工作的同时，加强文物科技保护工作。完成各类展览、原状陈列、库房的文物修复任务，并协助其他外单位修复文物。全年修复文物261件，制作囊匣108件。继续开展白蚁防治、普通虫害防治和纺织品保护工作，进行乾隆花园保护工程环境研究、文物保护及展览环境的研究、故宫墙体青砖泛霜的研究、石质文物的保护工作，以及红外光谱仪的应用、利用X射线装置对文物进行无损检测和国家文物局古陶瓷重点科研基地的工作。

（三）提高安全防范科技含量，提升开放管理水平

坚持用科学技术引领故宫安全保卫工作，努力改善安防设施。安防改造工程已完成合同总量的75%：到2012年底，防盗系统全部竣工，投入使用；消防系统将在2014年底投入使用。加强技防设备的科学化维护和管理，变被动排故障为主动查隐患。加强对地下文物库房安全保障设备的维护保养，以及对技防设施故障的分析研究。积极推进安防系统智能化研究和一体化改造工作。

开展多项活动，增强防火能力，消除火灾隐患。通过重大活动和节假日前的安全大检查、安全动员会、“安全周”活动，以及定期全院专项巡查等行动，确保故宫安全；通过启动彩钢房拆除、开展“清剿火患”行动、“乾清宫西南庑展厅由雷击引发火灾”消防演习、举办第七期志愿消防队员业务技能培训班、全院电器防火安全检测等活动，不断提高安全防范和应急能力。

加强开放管理，增强安全意识、文明服务意识。全年组织封门演习29次，不断提高现场综合管理能力和应对突发事件的能力。制订并完善接待预案，

克服观众流量增大、极端天气等不利因素，圆满完成了暑期、“十一”黄金周等节假日的接待工作。国庆期间，午门、端门高峰时期增开售票窗口至34个，强化了一线值守力量，加强人流疏导，经受住了单日接待18.2万余人的客流高峰的考验。

（四）精心组织文物展览，弘扬故宫传统文化

为弘扬传统文化，凸显故宫特色，在院内举办了“故宫藏明清花鸟画展”，“古物撷英——故宫博物院藏捐献陶瓷精品展”，“故宫藏历代书画展”（第二轮第四期、第五期）等展览。赴国内博物馆展览共13个。引进湖南醴陵釉下五彩瓷珍品展、浙江原始青瓷及德清火烧山等原始青瓷窑址考古成果汇报展等6个展览。

举办和参加涉外展览9项，多为配合国家外交工作的项目，为中国文化外交事业贡献了力量。如赴日本“地上的天宫”展、赴科隆东亚艺术博物馆“金昭玉粹：清代宫廷生活艺术展”、赴中国香港“颐养谢尘喧：乾隆皇帝的秘密花园”展等。赴日本“国宝观澜——故宫博物院文物精华展”共有25.8万观众参观。日本天皇夫妇，前首相鸠山由纪夫、福田康夫和森喜朗等众多政要、学者、文化界知名人士专程前往参观。党和国家领导人对展览给予了高度评价并作出重要批示。

精彩纷呈、寓教于乐的文化活动加深了观众对故宫的认识，也使观众受益匪浅。举办“龙年话龙——第七届故宫知识课堂”，接待342个家庭，100多名山区学生；5·18博物馆日举办了“从‘功能城市’到‘文化城市’”讲座、“艺术·文化”主题宣传活动，助观众探寻文化之源；6·9中国文化遗产日开展了院领导与志愿者座谈会、“用真心保护，用行动传承”的主题宣教活动。举办“霓裳幻彩，手绘龙袍”等动手教育活动，以及暑期“科学·艺术”教育活动。另外，与东城区政府合办“故宫讲坛”，端门观众服务中心于暑期启动。

为了更好地传播故宫文化，探索适合故宫发展的文化产品研发新途径，组织召开了故宫文化产品研发工作座谈会。在“2012年博物馆及相关产品与技术博览会”和“2012年全国博物馆文化产品创意设计推介活动”中获博物馆与文化创意产业促进奖和最佳展示奖等奖项，选送的55件设计作品中获得一项银奖、两项优秀奖、两项提名奖。在“第五届海峡两岸文化产业博览交易会”综合评比中荣获二等奖，黄金产品“福禄万代传家宝瓶”获得最佳创意产品奖。今年共研发上市各类故宫特色新商品340多款，先后利用“聚划算”、“双11”等网购形式进行宣传和促销。

（五）加强学术建设和科研管理，增强文化传播能力

继续推动故宫学建设，拓展故宫的学术影响力。初步拟定《故宫学研究所五年科研规划》，南开大学“故宫学与明清宫廷研究中心”于12月22日成立，举办故宫学高校教师讲习班，启动“故宫学”数据库与网络平台建设工作，组织了明代宫廷生活史、民国时期故宫博物院史、“宫廷与江南”三次学术研讨会，《故宫学刊》、《明清论丛》被纳入中国学术期刊网络出版总库。

继续加强科研管理工作，提高了申报国家、省部级课题的成功率。1项国家社科基金艺术学项目、2项文化部文化艺术科学研究项目、1项国家社科基金后期资助项目（第一批）立项。研究馆员王素投标的“新中国出土墓志整理与研究”项目，被立为“2012年度国家社科基金重大项目”。12个院级科研课题项目立项。

围绕“实现文化传播功能的提升”的主旨，大力开拓出版工作。出版书籍170种，其中，新书125种，重印书45种，重印率达到26.5%。增补的5种图书选题被列入“十二五”国家重点图书出版规划项目。《故宫博物院藏中国古代窑址标本》、《钦定武英殿聚珍版书》两个项目获得2012年度国家出版基金资助。《明代宫廷建筑大事史料长编·洪武建文朝卷》图书，获得2012年度国家古籍整理出版资金资助。《故宫出版与学术数据库》项目获得文资办文化产业发展专项资金资助。20种图书入选《2012年中小学图书馆（室）推荐书目》。《国家艺术·十二美人》荣获上海市新闻出版局2012年度“中国最美的书”称号。故宫出版社取得文化部颁发的专业类别为书画的社会艺术水平考级资格证书。

（六）继续建设数字故宫，努力推出新重点新亮点

重点项目方面，端门数字博物馆概念设计方案形成；与首都机场合作的“文化国门——故宫印象”展厅对外开放，迄今共有6740人次参观；启动信息化规划编制工作，由北京工业大学承担编制工作。

故宫官方网站全年访问量达1873277人次，获文化部办公厅2012年度文化部政府网站群绩效评估“年度最佳奖”，“文化专题”栏目获2012年政府网站“信息公开精品栏目奖”。

继续推进传统文化的数字化展示工作。完成“梵华楼古建测量及虚拟漫游”360全景浏览项目，《龙孩儿守故宫》第三集、第四集动画片的制作。《故宫雕塑》在中国电影电视技术学会主办的“中国立体（3D）影视作品奖”的评选中获得电视专题类优秀奖。虚拟现实演播厅共接待278场、6118人次。

（七）积极开展对外交流，推动中华文化“走出去”

馆际交流与合作方面，继续巩固与台北故宫的交流合作，与印尼国家博物馆、澳大利亚维多利亚州国家美术馆、美国波士顿美术馆、美国皮博迪·埃塞克斯博物馆、中国香港康乐及文化事务署签署合作意向书，与英国大英博物馆续签《故宫博物院与大英博物馆谅解备忘录》。首次举办了“驻华使节进故宫”活动，先后接待瑞典大使、意大利大使、美国大使等外交使节，与各国外交使馆建立了联系。

三、内部管理

完善内部规章制度。制定《故宫博物院人员从事院外有关活动的规定》等院规，同时，对故宫博物院多年来在综合管理、安全管理、财务管理、人事管理、党务工作、古建与工程、藏品保护与利用、科研管理、宣教与服务、后勤服务等全面工作的所有规章制度进行梳理，形成了11类114项规章制度、共40余万字的《故宫博物院规章制度汇编》基本定稿。

加强人才队伍建设。全年共接收29名2012年应届高校毕业生。同时，为配合落实“故宫世界文化遗产监测实施方案”、“平安故宫”工程等院内重大项目与工程，从高校、系统内相关部门等单位引进急需的各类专业技术人员4人。认真组织落实入职岗前培训、业务人员专业技能培训、处级干部培训等多项教育培训计划，不断提高综合素质和工作能力。

严格执行财务工作制度，做好各项财务核算工作，加强财务管理，严格预算管理，为“平安故宫”工程项目于2013年正式实施积极争取国家财政支持。按时编报决算报表工作，被评为文化部2011年度决算工作先进单位。以政府采购法为准绳，严格执行政府采购相关政策，坚持“公开、公平、公正”的宗旨，认真组织实施各项政府采购活动。按照国家法律法规和院规章制度，执行审计职能，规范工作程序，完成院内的有关财务审计调查、经济责任审计和各类工程的预算、结算、进度款、合同标的审核工作。

积极发挥法律服务职能，通过召开“博物馆与法律学术研讨会”，举办文化、文物法制建设讲座，举办《合同法》讲座等活动，为全院工作顺利开展保驾护航。

围绕全院事业发展，继续做好安全用电管理、办公设备维护、通讯保障服务、精神文明建设、院容整治及医疗卫生、房管、水暖等服务工作。由于在2011年无偿献血工作中表现突出，故宫博物院荣获北京市“献血工作突出贡献奖”；同时被东城区献血办公室授予“无偿献血工作先进单位”称号。

中国国家博物馆

2012年，中国国家博物馆喜迎百年诞辰，在试运行一年后于3月1日正式开馆。以胡锦涛总书记给国博的贺信和习近平总书记率新一届中央政治局常委参观“复兴之路”基本陈列为标志，国家博物馆迎来百年发展史上的辉煌时期。在文化部的正确领导和国家文物局的指导支持下，馆领导班子率领全体干部职工，认真学习贯彻党的十七届六中全会和十八大会议精神，在“人才立馆、藏品立馆、学术立馆、服务立馆”办馆方针的指引下，加快“世界一流”博物馆建设步伐，各项工作取得优良成绩。

一、习近平总书记率新一届中央政治局常委来国家博物馆参观“复兴之路”基本陈列并发表重要讲话，国内外反响巨大、意义深远，国博人深感鼓舞和鞭策

11月29日上午，中共中央总书记、中央军委主席习近平和中央政治局常委李克强、张德江、俞正声、刘云山、王岐山、张高丽及中央书记处同志来到国家博物馆，参观“复兴之路”基本陈列。吕章申馆长进行了引导和讲解。参观过程中，习近平总书记发表了重要讲话。他指出，“‘复兴之路’这个展览，回顾了中华民族的昨天，展示了中华民族的今天，宣示了中华民族的明天。展览图文并茂，文物众多，馆长讲得很精彩，观后给人以深刻教育和启示”。他号召全党团结全国各族人民，坚定不移地走中国特色社会主义道路，为实现中华民族的伟大复兴这一梦想而努力奋斗。

参观结束时，习近平总书记对国家博物馆提出了殷切的期望，他说：“在此，我也祝贺国家博物馆的展览越办越好，对国家博物馆的员工付出的艰辛和努力表示衷心的感谢！”

国家博物馆组织全馆员工，认真学习了习近平总书记的讲话，并认真贯彻落实好讲话精神，以党

的建设为基础，切实将文化强国建设落实到国家博物馆实际工作中。

二、国家博物馆喜迎百年诞辰，胡锦涛总书记发来贺信，对国博给予高度评价并要求其发挥好三个重要作用，举世瞩目

7月9日，中国国家博物馆喜迎百年诞辰，国家博物馆隆重举行了建馆100周年纪念大会。胡锦涛总书记发来贺信，充分肯定了国家博物馆100年来所取得的显著成就和突出贡献，希望国家博物馆以建馆百年为新的起点，加快世界一流博物馆建设步伐，更好地发挥展示中华文化的重要窗口作用、培育民族精神的重要基地作用、引领文博事业科学发展的重要示范作用，在社会主义文化大发展大繁荣的进程中再创辉煌。刘云山在大会上做了重要讲话。纪念大会前，李长春、刘云山、刘延东参观了国博百年馆史展。

为了展示国家博物馆百年来的成就，国家博物馆筹划举办了一系列活动：

精心策划系列展览。从2012年5月开始，陆续举办了“百年国博——中国国家博物馆百年简史与成果展”、“馆藏非洲雕刻艺术精品展”、“国家博物馆水下考古成就展”、“国博百年·中国雕塑百年作品展”、“瓷之韵——大英博物馆、英国国立维多利亚与艾伯特博物馆藏瓷器精品展”、“佛罗伦萨与文艺复兴：名家名作展”等系列展览。

7月10日，举办了“百年国博——中外博物馆馆长论谈会”。来自15个国家近50位世界知名博物馆馆长和文化机构负责人，以及中国内地及港澳博物馆、美术馆馆长约40人出席。

7月8日，举行百年国博邮票首发仪式。“国家博物馆特种邮票”一套2枚，以1963年发行过的“后母戊鼎”和“四羊方尊”原邮票的版式嵌入新发行的邮票中，形成“票中票”形式，设计精美。同日发布的还有“国家博物馆特种邮票”首日封。

在国博剧场演出三场古琴音乐会。

百年国博的发展历程和所取得的成就，得到了社会各界的高度关注和认可。《人民日报》和《光明日报》发表了《百年国博　努力迈向“世界一流”》吕章申馆长的署名文章。各类宣传媒体从不同的角度大量报道了百年国博的发展历程和成绩，社会反响强烈。

三、新馆正式开馆，整体运转良好，赢得社会广泛赞誉

3月1日，中国国家博物馆新馆正式开馆。新馆建筑质量优良、功能完善，设备设施运转正常。2012年，国家博物馆被评为建筑设计施工政府最高奖——鲁班奖第一名。自开馆以来，国家博物馆按照“历史与艺术并重”的发展定位，已初步建立了具有国博特色的陈展体系，建立了“以人为本”的公众服务系统，建立健全了安全有效的安保运行系统，科学管理的规章制度体系日益完善。2012年接待观众近600万人次，社会各界对新馆的运行服务普遍予以高度评价。

四、具有国博特色的陈列和展览体系初步建成，社会反响良好

新馆开馆后，国家博物馆迅速建立起以2个基本陈列和10余个专题陈列为核心的具有国家博物馆特色的展陈体系，陈列展览的质量和品类赢得了专家学者和社会公众的广泛赞誉。2012年，国家博物馆继续调整和充实“古代中国”和“复兴之路”两个基本陈列。新开专题“友好往来、历史见证——党和国家领导人外交活动受赠礼品展”、“国博百年·中国雕塑百年作品展”、“百年国博——中国国家博物馆百年简史与成果展”、“中国国家博物馆水下考古成果展”、“中国古代瓷器艺术展”、“中国国家博物馆馆藏非洲雕刻艺术精品展”、“中国国家博物馆建筑设计展”、“中国古代经典绘画作品”等。还举办“瓷之韵——大英博物馆、英国国立维多利亚与艾伯特博物馆藏瓷器精品展”、“佛罗伦萨与文艺复兴：名家名作”、“毛利碧玉：新西兰的传世珍宝”、“布莱恩·布瑞克：镜头里的中国和新西兰”4个国际交流展，以及临时展览30余个。

五、“以人为本”的公众服务体系和安全保障体系建立并发挥良好作用

国家博物馆已初步建立起“以人为本”的公众服务体系，建立健全了安全保障体系。2012年国家博物馆提出“服务立馆”的办馆方针，在全馆各部门开展了多种类型的服务教育，努力树立高水平服务的意识，着力提升观众安保服务的质量，继续探索新的公共教育形式，丰富博物馆文化产品的类型，为党和国家领导人、外国政要、社会各界观众提供中文讲解服务5000批次，英文讲解服务71批次，为青少年和周边学校开设“第二课堂”，安检接待服务近600万余人次，新开发200余款具有国博特色的文化创意产品。各项服务获得专业机构和社会各界的充分肯定。

六、业务学术活动蓬勃开展，学术交流精彩纷呈

2012年，国家博物馆各项业务学术活动蓬勃开展，以陈列展览、国博讲堂、学术交流、图书出版为平台，开展多方面的学术活动，学术研究的声誉和在学术界的影响力持续上升。

继续开展以藏品保管和陈列展览为核心的各项基础业务活动，完成了藏品移库上架、中央礼品接收入库等工作，征集古代藏品44件，征集艺术类和历史类实物藏品316件（套),中国历届奥运冠军肖像照原版底片186张、电影人肖像的原版底片1000张。以馆藏为基础，筹备举办了中央礼品、古代瓷器、非洲雕刻等专题陈列。

围绕陈列展览，继续打造“国博讲堂”这一学术交流的品牌，举办了15场高质量的学术讲座，先后有5000余位观众参加了这些活动。

积极开展对外学术交流，成功举办了“中外博物馆长论谈会”和“中美博物馆馆长研讨会”。与美国、瑞典、波兰、肯尼亚等国家进行考古交流与合作，同时与韩国、德国、日本等国家博物馆开展了学者访问交流、人员培训交流、共同研究项目等多种形式的学术交流活动。

2012年，全馆共出版专著6部、合著6部、图录49部，发表学术论文188篇，学术成果显著。尤其是围绕建馆百年，出版了《中国国家博物馆百年简史》、《百年国博纪念学术文集》、《纪念国博百年考古文集》等专题著作。开展科研项目20项。国家科技支撑项目“文物出土现场保护移动实验室研发”获国家科技进步奖二等奖。

七、对外文化交流活动丰富多彩，国博文化软实力窗口作用凸显

2012年，国家博物馆举办了4个国际交流展览，在法国凯·布朗利博物馆举办了“味蕾的诱惑——中国烹饪与饮食”展，影响广泛。4月，吕章申馆长率团赴美国，与美国大都会艺术博物馆签署合作备忘录。10月，参加第七届中日韩国家博物馆馆长会议，加强了文物保护领域的合作。

为配合国家外交大局，国家博物馆承办了13场大型涉外文化活动。共接待来访的外国政要和贵宾216批，共计5300余人，其中副总理级别以上12人次。

八、进一步加强制度建设，着力加强内部程序和细节管理，各项管理工作上了新台阶

2012年，国家博物馆制定了《中国国家博物馆公务卡管理办法（试行）》、《中国国家博物馆科研经费管理办法（试行）》、《中国国家博物馆临时展览财务收支管理办法(试行)》、《中国国家博物馆电子门禁管理办法(试行)》、《中国国家博物馆文物库区大门安全管理办法(试行)》、《中国国家博物馆关于领导干部选拔聘任工作施行办法（试行)》、《中国国家博物馆职称评审工作管理办法(试行)》等全馆性的规章制度。

九、以百年馆庆为契机，国博百年简史编成出版，《国脉——中国国家博物馆100年》6集人文纪录片拍摄完成，按计划于2013年元旦播出

为系统整理百年国博的发展历史，国家博物馆组成馆史编写小组，并按照“国立历史博物馆时期”、“中国历史博物馆和中国革命博物馆时期”、“中国国家博物馆时期”三个历史节点确定了简史编写体例。2012年12月，《中国国家博物馆百年简史》完成出版，全书共25万余字，配图300余幅。这部馆史是对国家博物馆百年发展历史的第一次系统梳理和总结，反映了国家博物馆在近代中国深刻变革和新中国发展进步的时代变迁中所取得的成绩，为后人留下了宝贵的历史资料。

同时，为总结百年国博发展的历史经验，形象再现百年国博的发展历程，国家博物馆邀请中央电视台拍摄《国脉——中国国家博物馆100年》人文纪录片。纪录片共6集，分别是：《殿堂》、《陈列》、《聚宝》、《扛鼎》、《大美》、《公器》，总时长约300分钟。2013年元旦，中央电视台将其作为新年大片在科教频道播出。

十、以建馆百年为契机和新起点，各项工作取得新成绩

国家博物馆党委高度重视党员政治素质和思想水平的不断提高，先后组织了党的十七届六中全会报告和十八大报告的学习活动。馆理论中心组召开十八大报告学习会议，带动了全馆的学习热潮。

11月29日，新一届中央领导集体来到国家博物馆参观“复兴之路”基本陈列，习近平总书记发表了重要讲话。吕章申馆长要求全体员工，要认真学习习近平同志重要讲话，并亲自撰写了题为《复兴之路——任重道远》的学习心得。

继续开展“创先争优”活动，重视发挥党员的模范带头作用。5月，馆党委对32个“党员示范岗”和27个“党员示范窗口”进行了授牌，标志着国家博物馆“创先争优”活动取得了阶段性成果。

继续开展反腐倡廉教育，加强惩防体系建设，尤其加强了在领导干部聘任和政府采购工作中的纪律监督。加强审计工作，2012年共完成内审项目552项。

继续推进人事制度改革，成立了“国家博物馆深化干部人事制度改革领导小组”，发布了《中国国家博物馆深化干部人事制度改革实施意见》。进一步深化职称制度改革，加大公开选拔领导干部工作力度。2012年，国家博物馆荣获全国文化体制改革工作先进单位。

不断完善财务制度，严格财务程序，加强财务预算执行力度，年度预算执行率达99.7%。继续加强财务监督职能，着重对政府采购活动进行严格管理。制定完成了2013至2015年项目预算三年规划。

国家博物馆图书馆于4月28日实现了正式开放。

“数字国博”总体架构进一步调整和优化。国博网站获2012年度文化部政府网站群绩效评估年度最佳奖，官方微博获2012年度腾讯全国政务微博最具影响力奖、新浪全国政务微博排名第22名。

会议活动、餐饮接待、环境管理、后勤服务、工程设备维护等各项基础保障工作成绩优异，各项基础工作扎实有序。

总之，2012年是国家博物馆历史上具有里程碑意义的一年。在新馆正式开馆之际，迎来了建馆一百周年。国家博物馆的建设发展得到了党中央、国务院的高度关心，胡锦涛总书记和习近平总书记对国家博物馆给予了充分肯定并寄予厚望，由此，中国国家博物馆走上历史上最辉煌的时期。国家博物馆全体员工，以国博百年为新起点，在党的十八大精神指引下，加快“世界一流”博物馆建设步伐，为增强国家文化软实力作出贡献，在文化强国建设进程中再创辉煌。

中央文化管理干部学院

2012年，我院在部党组的亲切关怀和正确领导下，在部各司局、各直属单位和各地文化机构的大力支持下，积极落实蔡武部长关于“把中央文化管理干部学院建设成为文化干部教育培训的主阵地、主渠道”的工作要求，按照《国家“十二五”时期文化发展规划纲要》和《文化部2011—2015年干部教育培训规划》的战略部署，以特色立院、质量兴院、人才强院为目标，以干部培训工作为中心，坚持干部教育培训为社会主义文化建设服务，为文化人才队伍建设服务，把突出社会效益和提高培训质量作为工作重点，全面推进培训理念、内容、方式和体制机制的改革创新，初步形成了分层次、分类别、多渠道、多形式、重实效、充满活力的干部培训体系，较好地完成了各项培训任务。

一、重点工作

（一）培训工作取得新业绩

2012年，学院培训工作全面推进理念、内容、方式和体制机制的改革创新，初步形成了分层次、分类别、多渠道、多形式、重实效、充满活力的干部培训体系，实现了培训工作的新业绩。

培训规模化的目标初步实现。截至2012年12月底，计划和已经完成培训（会议）项目109个，培训学员近6000人次，较上一年度均有较大增长，提前完成了学院《2010—2015年中期发展规划》中所设定的年均培训学员达到6000人次的目标。通过学员满意度调查表显示，学员对培训的课程设置、组织实施、后勤服务等满意率达到99%，参训学员普遍反响较好，社会效益日益凸显。同时，随着培训规模化的实现，主营业务收入得到稳步增长，经济效益日益提升。

充分发挥主阵地主渠道作用。紧紧围绕部文化建设中心工作，实施品牌战略，推进一批重点项目、系列项目班次。2012年，继续实施全国基层文化队伍示范性培训系列班次、全国县级文物行政部门负责人培训系列班次、基层文化馆站工作人员培训系列班次及文化部在职党员轮训系列班次。通过这些系列班次的实施，为公共文化服务体系的建设、基层人才队伍的培养起到了很好的作用，同时学院培训班次品牌效应开始凸显，培训的影响力和吸引力逐年上升。另外，涉外品牌班次逐渐形成。“阿拉伯国家文化官员培训班”是涉外培训的传统项目，已经逐渐打造成为涉外培训的精品班次，多次得到商务部和文化部的表扬。

创新培训理念，突出培训特色，推进五大体系建设。在培训工作中，采用新思路、新办法、新举措，大力推进培训课程体系、教学体系、教材体系、教学点体系和师资体系建设。课程体系的建设，以实用、管用和好用为原则，建立了以能力建设、业务知识等为主要类别的课程体系，设置了公共文化服务体系、文化体制改革等相关课程模块；教学体系

的建设，以学员为主体，以解决问题为出发点，采用了课堂讲授、互动研讨、现场体验“三位一体”的培训模式；师资体系的建设，已初步建立起以政府官员为核心，研究机构与高校知名专家、学者和行业权威人士为重点，本院师资为补充的400人培训师资队伍；现场教学基地和教学点的建设，已达到50余个，类型涵盖基层公共文化服务、文化产业建设、党性培养与爱国主义教育等方面，形成了一个覆盖范围广、教学资源丰富、教学主题鲜明、教学效果明显的现场培训网络。

（二）科研工作迈出新步伐

2012年，学院积极开展决策参考、理论研究、信息交流和咨询服务项目，科研工作成绩喜人。

围绕部中心工作，积极做好决策参考服务。与部改革办合作编写出版《转变文化发展方式研究》、《国有文艺院团体制改革典型经验选编》等书籍，全面展示文化改革发展的最新成果。承担《国有文艺院团体制改革政策支撑体系研究》、《国有文艺院团体制改革扶持政策解读》、《民营文化表演艺术团体现状调查与研究》等研究项目，相关成果被部改革办采用。参与“文化体制改革十年巡礼”电视专题片脚本撰写，《文化体制改革十年巡礼》专著编写。

咨询项目稳步开展。完成“西藏自治区文化产业发展规划编制研究”项目，系统梳理西藏文化资源，提出西藏文化产业发展思路。完成“山西省长治县文化产业发展规划”项目，明确山西省长治县文化产业发展思路。完成“山西省襄垣县文化旅游产业规划”项目，就制定山西省襄垣县制定文化旅游产业规划开展研究。

科研管理工作进一步规范。制定《中央文化管理干部学院科研工作管理办法》。筹建文化与科技研究中心，拓展科研业务。拟聘任国内文化领域知名专家学者为学院兼职研究员，建立专家库。鼓励青年教职工申报文化部相关课题，吸收青年教职工参与科研项目。学院科研队伍不断壮大。

（三）远程培训取得新进展

2012年，全国文化干部远程教育培训平台建设工作继续稳步推进，并逐步转向试用，远程培训工作进展顺利。

培训平台建设全面展开。重点推进软件建设、硬件建设、资源建设及试用推广四个方面。对“全国文化干部远程教育培训平台”的软件构架和运营模式进行了深入研究，完善了中心机房的硬件配置，拓展网络带宽，对远程培训网课件建设进行了全方位的调研。

为了完善培训平台的各项功能并尽快推进培训平台投入使用，选择了各方面条件都较为具备的全国基层文化队伍培训基地，进行了培训平台的首次试用，并结合试用工作，开展了对基层文化工作者电脑使用情况和县级文化骨干对培训平台的试用情况的调研。首次试用，反响良好，得到学员的肯定和好评。

（四）设施建设取得新成效

2012年，学院市政管网综合整治工程得到批准，7月开始动工。供暖管线成功并入市政供暖系统。11月前，采暖工程已全部完成，换热站工作运行正常，改变了过去供暖效果不理想的局面，得到职工及家属一致好评。供暖项目的解决，对学院长远发展起到了至关重要的作用。

对道路、地下管线、学院景观等进行了统一规划和设计，力图消除各种潜在的安全隐患，完备各项功能。2013年5月，道路、景观及绿化工作将全部完成，届时校园环境将得到很大改善，以满足学院可持续发展的需要。

（五）队伍建设开创新局面

2012年，学院共招录、聘用高校毕业生、军转干部、技术类人才等7人，为学院发展注入了新活力，学院人才队伍建设开创了新局面。

坚持开展全体员工的培训，不断提高干部队伍的职业化和专业化水平。2012年，学院组织了在职职工专题培训班、青年员工及《院报》编辑人员专题培训班等，每期班均设立主题，制定培训目标，取得了积极的成效。

加大干部选拔聘用工作力度。本年度经公开竞争上岗选拔中层干部4人。优秀人才脱颖而出，扩大了选人用人视野，促进了学院选拔干部工作的规范化、制度化、科学化。进一步改善了人员结构，人力资源的配置更加合理。

推进专业技术人才队伍建设。2012年，在学院领导的激励和指导下，我院5名同志积极参加副高职称以上评审，经专家评审委员会评审，通过了副高职称3人，正高职称2人。鼓舞了学院专业技术人才队伍，加强了学院科研工作力量。

（六）后勤保障取得新进步

2012年，后勤服务保障工作有计划、有步骤、有成效地完成了各项任务，并且凸显出许多工作亮点，取得了新的进步。

再创接待服务新高。其中含外事项目服务5个，国外学员数百人。后勤保障部门在餐饮、客房、车辆等方面都经受了严峻的考验，如此繁重的接待工作能做到始终保持服务水准的高度稳定性，始终做到后勤服务的无投诉。

规范服务标准。总务部门制定、学习、修订了《中央文化管理干部学院学员和会议接待服务标准（试行）》。并广泛征求意见和建议。此服务标准将在2013年逐步试行。

（七）安保工作取得新提升

2012年，学院坚决按照预防为主，安全第一的工作方针，在“两会”、“十八大”和节假日期间均实行保卫干部24小时上岗值勤制度，认真完成了维稳、安全保卫值班工作。

配合辖区消防、公安部门完成了消防基本情况建档、消防安全情况评估、少数民族信息、流动人员信息、“十八大”期间及敏感时期安保方案、管控措施的数据统计汇报工作。

24小时保安制度实行良好。为提升保安服务管理水平，对全体保安员进行了一般性规范动作和服务的专题培训。

（八）宣传工作拓宽新渠道

2012年，学院成立了宣传工作领导小组，制定了宣传工作计划，在原有网络宣传平台的基础上，拓宽新渠道，建立了平面宣传平台。

学院官网大规模改版完成。在2011年对学院官网进行改版的基础上，2012年经过版面的修改和完善，正式推出新版官方网站。除了向系统内外的广大用户提供服务外，也同步向我们的培训对象提供学习、研究的资料和政策法规信息，在学院对外宣传中起到了积极的作用。另外，重新开发了学员管理系统，增加了批量导入、查询等功能，系统结构更加科学化、人性化，更适用于培训管理工作。

3月份，学院院报编辑队伍建立并试刊发行，每个部门确定了兼职信息员，负责本部门宣传信息的采写、上报工作。目前，已编辑发行9期。院报的刊发，既锻炼了队伍，又宣传了学院各项工作，提高了全院宣传工作意识，拓宽了学院宣传渠道，取得了良好的宣传效果。

（九）党建工作迈上新台阶

2012年，学院党建工作紧紧围绕“强组织、增活力、创先争优迎十八大”这一主题，以群众满意为标准，以创先争优为动力，以开展“基层组织建设年”活动为契机，推动学院党建工作迈上了新的台阶。

党的第十八次全国代表大会胜利召开。学院党委高度重视，认真组织了十八大代表推选工作、印发了《学习宣传贯彻党的十八大精神实施方案》、《关于学习党的十八大精神的通知》等文件、组织集中观看胡锦涛同志在十八大上的报告、组织收听收看十八大闭幕式和新领导与媒体见面会、组织党员干部认真聆听《党的十八大精神解读》专题讲座等活动；党委中心组带头集体学习，组织召开青年干部专题座谈会，交流学习十八大精神心得体会，为学院发展献计献策。学院上下迅速掀起了学习贯彻落实十八大精神的热潮。

推进基层组织建设年活动。继续依托独有的机会和资源，组织我院广大党员干部，特别是党支部书记跟班学习，培训基层党务干部。各党支部也积极开展各具特色的主题党日系列活动，增强基层组织的凝聚力和合心力。

确定“责任、奉献、创新”的学院精神。各支部召开专题会议，展开对学院核心价值理念的大讨论，最终确认“责任、奉献、创新”的学院精神，为学院发展提供了共同的价值追求和精神动力。

支持和指导工会和团组织围绕党的中心任务积极开展工作。工会广泛开展各项丰富多彩、寓教于乐的活动。先后组织职工摄影、乒乓球比赛等，各种活动的开展增强了学院的凝聚力，促进了学院精神文明建设。充分发挥青年组织的作用，发扬青年的创新精神，举办文化沙龙系列活动，提升青年自身素质，在青年中形成相互学习、相互促进的良好氛围。

二、工作亮点

（一）国际交流取得新突破

2012年，为丰富培训手段，拓宽培训渠道，打开学员的国际视野，更好地为文化的发展繁荣服务、为队伍建设服务，学院在国际交流方面，取得了新的突破。

开展对国外文化官员的培训，加强与国际培训机构间的交流，开展多形式国际文化交流。2012年，在对国外文化官员的培训方面，承办了7个涉外培训班次，培训了27个国家和地区的200多名文化工作者和文化官员。组织实施了内地与港澳文化交流合作论坛，该论坛以“艺术节与城市活力”为主题，港澳艺术节协会、港澳文化行政管理部门及内地艺术节领导人、各地文化行政主管领导与会代表交流了办节经验，取得了良好效果。2012年，组织承办的中东欧国家与中国艺术节领导者12+1高峰论坛，是我院首次参与执行的大型多边国际会议，爱沙尼亚、波兰等12个国家15个知名艺术节的17位总监和领导者，与中国艺术节领导者、国家艺术院团等相关负责同志参加了此次活动，就艺术节文化定位、组织管理、观众培养、资金筹措等议题，进行了交流研讨。新华社、中国新闻社、国务院新闻办、中国国际广播电台、欧洲时报、澳门日报等数十家国内外网络和平面媒体对我们的涉外班次和国际会议进行了报道。

组织了全国公共文化服务体系建设与管理赴美培训班、全国艺术院团经营管理人才赴美培训班和全国文化艺术管理人才赴德培训班三个审核类出国（境）培训项目，两个赴美项目已成功举办，赴德培训班于2012年年底前完成。培训期间，学员们通过听取专家讲授，与美方艺术机构和相关艺术基金会负责人座谈、交流、参观、观摩，对美国艺术院团的管理和运营模式，艺术机构资金筹资机制、艺术生产机制和营销机制进行了深入了解。大家普遍认为，受益匪浅，收获良多，达到了开阔视野，增长见识，启发思路，促进工作的目的。

CIOFF搭建了国际交流的平台。2012年，邀请克罗地亚民间艺术团参加昆明市第13届国际旅游文化节、选派陕西汉中一个少儿舞蹈团参加希腊兹拉马市的第20届国际民间艺术节，派团参加第42届CIOFF世界年会等活动，建立了良好的双边多边关系，搭建了良好的国际交流平台。

（二）自主品牌迎来新机遇

2012年，学院加强科研与培训结合的顶层设计，申报了需要财政支持的《全国文化管理干部能力提升工程》项目并得到立项批复，为学院打造自主培训品牌带来了新机遇。

全国文化管理干部能力提升工程，是紧紧围绕部中心工作，以财政资金为依托，以科研为引领，推动文化干部培训、特色课程建设、培训教材编写、主讲师资储备同步进行同步发展的战略工程。深入研究当前文化工作的难点、重点、亮点，通过举办“文化科技”、“文化金融”、“文化旅游”、“文化艺术人才开发”等系列专题研修班，为部中心工作提供新型专业人才支持，以满足文化大发展大繁荣对人才的巨大需求，同时也逐渐打造学院自主培训品牌，实现学院培训结构日趋完整。

（三）基地建设取得新成果

2012年，受文化部公共文化司委托，学院代行全国基层文化队伍培训基地管理办公室职责，按文化部要求与首批4家基地签署了合作协议书，完成了命名、授牌等工作，4家基地已分别开展工作，取得了新的成果。

培训基地已承担起周边省份师资班、骨干班的培训任务，2012年分别完成省市师资、县级文化馆、图书馆业务骨干、文化信息资源共享工程骨干等方面16个培训班的组织实施工作，由学院负责指导各基地课程设计，师资推荐，效果检查等工作。

中国文化传媒集团

2012年，中国文化传媒集团是取得重大突破的一年，是喜获丰收的一年，是实现跨越式发展的一年。在文化部党组的正确领导及相关部门的关心支持下，在全体员工的共同努力下，中国文化传媒集团一手抓文化传媒宣传主阵地建设，一手抓文化产业新兴领域拓展，各项工作取得显著成绩。

一、围绕中心，服务大局，认真做好宣传报道工作

2012年，《中国文化报》作为全国文化艺术、宣传思想领域舆论主阵地作用得到进一步加强，新媒体建设不断发展壮大，刊物的专业化水平得到提高，发挥了多媒体的聚集效应，以传媒业作为集团核心主业的格局日趋凸显，为宣传党的方针政策，贯彻落实文化部党组的各项工作任务，报道各地文化建设成就和各项文化事业发展做了大量卓有成效的工作。

（一）重大报道做到准确、及时、给力

一是通过报纸、刊物、网络、手机报等联动的方式，全方位、多角度地对党的十八大进行了全面系统的宣传报道，发挥文化媒体在文化领域的宣传和引导作用，营造了良好的舆论氛围。二是全力做好全国“两会”、纪念《在延安文艺座谈会上的讲话》发表70周年、学习贯彻落实十七届六中全会精神、全国文化厅局长会等重大活动的宣传报道；三是积极做好文化体制改革，尤其是国有文艺院团体制改革成果的宣传报道；四是认真做好文化部举办的各项重大文化活动的报道。

（二）“走转改”报道常态化、制度化

一是在上海浦东建立了基层联系点；二是动员

全国驻站记者，采写来自基层的鲜活报道；三是先后启动“齐鲁文化基层行”、“公共文化基层行”、“走转改·兵团行”、“中国画·画中国——走基层·画基层”、“走基层：探访历史文化街区”等大型采访活动；同时，《中国文化报》还注重宣传报道文化单位的“走转改”活动。

（三）常规报道贴近实际、贴近生活、贴近读者

为最大限度发挥文化系统行业报和文化部机关报的引领作用，中国文化传媒集团紧紧围绕文化部中心工作，做到了对重大政策的事前预测、事中解读和事后跟踪，切实保证了报刊的权威性、指导性、深度性、参考性和可读性，刊发了一大批贴近实际、贴近生活、贴近读者的好稿件。

（四）对外文化交流活动报道系统全面，有所突破

《中国文化报》注重对“欢乐春节”、“中国文化年”、“艺海流金”、“情系”两岸文化联谊活动、“相约北京”、“非洲文化聚焦”等重点对外文化交流活动的宣传报道工作。尤其2012年3月，集团领导带队，组成由人民日报、中央电视台、新浪网等媒体记者在内的中国记者代表团赴巴林报道中国艺术节盛况，以纸媒、视媒、网媒、微博等形式，发回了数十篇各类报道，形成立体宣传态势，产生广泛影响。

（五）言论报道力度加大，成效显著

2012年，报社加大言论报道力度，对社会热点问题，尤其是一些突出的文化现象及重大文化活动做出快速反应，推出了一大批高质量的言论稿件，尤其强化了本报评论员文章的组织撰写，围绕文化体制改革、全国文化厅局长会议、党的十八大、习总书记参观“复兴之路”讲话等重要活动，累计刊发评论员文章近50篇。

（六）三刊找准定位，做出品牌扩大影响

2012年4月，中国文化传媒集团《艺术市场》杂志社有限责任公司成立，实现了对“三刊”的统一管理，使杂志社真正成为市场的主体，拓宽了业务范围，调动了职工的工作热情。公司成立以来，在坚持正确办刊方向的同时，大力拓展报道领域，细化市场定位，实现社会效益与经营效益的双丰收。2012年12月31日，拥有5000平方米的中国文化传媒集团国际文化交流中心暨《艺术市场》杂志社艺术家俱乐部在京启用。

（七）大力拓展新媒体业务，着力打造全媒体平台

按照蔡武部长“从单一媒体向多媒体、新媒体转变”的重要批示要求，集团在办好纸质媒体同时，努力适应新形势，大力打造网络媒体、移动媒体等新媒体业务，取得显著成绩。2012年，网络中心策划制作了各类专题178个，刊发手机报246期，这些专题及时宣传报道了党和国家重大事件、文化部中心工作和重要活动。由于内容丰富、题材新颖、运营规范，使网站的访问量大幅攀升，日均访问量从年初的1万IP上升到5万IP，峰值达到23万IP，最高浏览量突破百万IP。国际排名、国内排名呈上升趋势。动漫中心在保证国家动漫产业网正常运维的同时，推出全新媒体宣传推广服务，制作了“精品工程”“动漫大奖”等10个专题。为提高国家动漫产业网的影响力，在上海、福建建立了分站,广东、内蒙古、重庆等分站也在洽谈筹备中。同时，动漫中心利用自身优势，积极组织各项动漫游戏活动，取得了较好的效果。国家公共文化网也不断丰富内容、健全功能，切实发挥了“服务工作，指导实践，推动发展”的作用。

（八）宣传报道获各方好评，发行再创新高

2012年，中国文化传媒集团在宣传报道方面的工作获得了各级领导及社会各界的认同和好评。尤其是《中国文化报》，随着报纸版面的调整，内容的丰富，办报水平的提高和服务的改进，使其在突出工作指导性的同时，文化气息日益浓厚，可读性日益增强，已成为越来越多的文化工作者喜爱的报纸。中宣部、文化部阅评组多次对本报给予高度关注和认可，许多稿件被人民日报等多家媒体转载、选播。与此同时，集团和报社领导班子高度重视通联发行工作，班子成员带领通联部门同志分赴10多个省区督促报刊发行，报纸发行量由2011年的3.4万份一举突破5万份，创历史新高，目前，据最新统计已达70353份，再次突破历史最好水平。

二、创新思路，锐意改革，努力提高企业适应市场的能力

（一）加强管理，完善各项规章制度

集团积极稳妥地在人事管理、薪酬制度等方面进行了改革，进一步完善了内部管理制度；明确了各部门岗位职责和人员编制；调整了年度薪酬结构体系；制定了中层干部管理办法；确立了报社采编人员职称聘任办法。尤其是在干部任用机制上进行了大胆尝试，经文化部党组同意，首次采用聘任制形式，配备集团副总经理，这也是深化体制改革和干部人事制度改革的重要举措。通过一系列的改革，集团初步建立了符合现代企业发展的用人机制、薪

酬体系和考核办法，做到干部能上能下，职工能进能出，收入能多能少，待遇能高能低。

（二）积极探索，加强对外合作和运营管理

为了迅速扩大集团体量，集团以品牌价值、媒体资源等无形资产估值入股等多种形式，组建经营实体。集团内部设立了运营管理、战略发展部门，专门负责项目前期洽谈和运行管理，集团确定班子成员分工联系直属单位和二级公司，加强日常工作管理和重大经营项目的监管。通过一系列办法的制定和实施，保证了集团内部的顺畅运行。

（三）进一步优化报纸版面结构，大胆创新体制机制

2012年初，《中国文化报》再次进行了改版，大胆创新体制机制，引进民营资本参与经营，采取市场化运作，在每周六推出了8个版的《文化财富周刊》。经过一年的运营，该周刊逐渐形成了自己的风格和品牌，在业界的影响力日益凸显，受到了专家和读者的好评。此外，报纸还采取各种合作方式创办了《艺彩山东》、《湖湘文化》和《大运河》专刊，在济南和长沙设立了分印点，不仅丰富了报纸的报道内容，而且缩短了投递时间，增强了时效性。

（四）积极拓展业务，印刷厂工作取得新进展

为适应市场需求，印刷厂加强职工技能培训，除完成为全国人大常委会、最高人民检察院和文化部印制的文件、资料、期刊、书等工作外，还积极转变思路，寻找新的商机，扩大业务发展生产，提高经济效益。2012年完成产值约540万元，实现新突破。

三、扩大合作，拓宽业务，全力提升企业发展实力

（一）加强对外合作，积极拓展新业务，做大集团体量

2012年，集团先后与山东、山西、广东、浙江等地的政府或企业单位建立了合作关系，与深圳市坪山新区政府、山西省朔州市政府、河南省开封市、上海市金山区、山东省文化厅等签订了战略合作协议；与文化部全国公共文化发展中心、华夏文化纽带工程执行委员会、北京城乡世纪商厦有限公司、西北师范大学、安徽春光投资集团有限公司、深圳西部国际珠宝城有限公司、北京文化硅谷签订了合作框架协议；与爱丁堡艺术节组委会、美国圣地亚哥艺术博览会组委会签署合作协议。

在做好传媒主业同时，集团与多家企业合作，在北京、青海等地完成了艺术市场杂志社有限责任公司、中传环球（北京）新媒体科技有限公司、中传华丽（北京）服饰有限公司、中传财富（青海）投资有限公司、中传壹画（北京）艺术有限公司、国文华建（北京）科技股份有限公司的注册登记，目前正在注册的公司有中传经典（北京）影院投资管理有限公司、中传家文化（北京）传播有限公司。这些公司业务范围涉及文化地产、演艺旅游、服饰家居、艺术品交易、报刊经营、文化产业园、新媒体技术、资讯票务、农业科技开发等。“中传系”公司的组建使集团在传统报刊业之外，业务范围更大，基础更为稳固，更加适应市场经营和今后的发展需要。

（二）精心组织品牌活动，扩大集团国内外影响

集团组织和动员骨干力量和优势资源，成功开展了一系列品牌文化活动，在坚持社会效益优先的基础上，实现了经济效益和社会效益的统一。2012年，第四届“中国历史文化名街”推介评选活动圆满完成，“中国历史文化名街展”在法国巴黎中国文化中心展出，在当地产生广泛影响，相关图片展品被该中心收藏并展览；“视觉中国”作品巡回展运作模式趋于成熟，2012年“视觉中国”共完成了“亚洲行”“欧洲行”“美洲行”三个国际性展览，在海外艺术界树立起中国艺术的独特形象；全国艺术院校院（校）长高峰论坛成功举办了7届，受到广泛关注。

除了加强对原有品牌活动的大力策划和挖掘，集团还发挥自身优势资源，着力打造了一批精品活动，受到了部领导及社会各界的好评。投资出品“永远的王洛宾”——诞辰百年纪念音乐会在北京人民大会堂举行；采写出版《金色记忆——新中国早期文化交流口述记录》；成功主办了首届“全国公共文化（新疆）论坛”、“汾河论坛”和“2012乐动城市——中国城市之歌赏评活动”等。其中，“全国公共文化（新疆）论坛”获得了全国文化志愿服务组织工作成绩突出单位奖和2012年“春雨工程”——全国文化志愿者边疆行示范项目奖两个奖项。

2012年，在文化部的正确领导和支持下，通过全体干部职工的努力拼搏，集团各项工作全面推进，富有成效，集团也因此在全国文化体制改革工作表彰大会上，被评为“全国文化体制改革工作先进单位”。

国家京剧院

2012年，国家京剧院紧紧围绕“讲团结、树正气、排精品、推人才、抓管理、创效益”的工作目标，加强正规化建设、科学化管理，以剧目建设、人才建设、市场开发、民生工程四项工作为重点，推动了剧院的全面建设。

中央领导关心剧院建设发展，年内李瑞环两次莅临剧院并观看演出，刘延东国务委员先后观看我院“年轻的朋友来相会”青年演员专场和《韩玉娘》演出，并对剧院发展提出了殷切期望。一年来，中央领导28人次，省部级领导150余人次出席观看剧院的演出活动。领导的关怀和全体同志的共同努力使剧院全面建设蒸蒸日上，取得了令人欣喜的成绩。回顾2012年工作，主要有以下几方面：

一、加强思想建设，牢记使命，坚定剧院建设发展方向，全面推进各项工作

（一）继续贯彻符合艺术规律、符合文化体制改革要求的发展方向

按照中央提出的“政府扶持、转换机制、面向市场、增强活力”的要求，剧院深化改革、推进发展，不断强化“讲团结、树正气、排精品、推人才、抓管理、创效益”和加强正规化建设、科学化管理的发展目标，紧抓“艺风”“院风”两个作风建设，深化人事制度、分配制度和以目标管理为重点的管理机制三项改革，抓实剧目建设、人才建设、市场开发、民生工程四个重点工作。

（二）学习贯彻党的十七届六中全会和十八大精神，紧抓党建、思想建设工作

一年来，院党委积极部署组织学习十七届六中全会精神、十八大和“延安文艺座谈会讲话”精神，采取了中心组学习、支部学习、座谈会等多种形式。年初，剧院召开中心组学习扩大会，各部门主要负责同志就如何按照剧院既定目标，开拓工作新局面进行深入思考，交流座谈，活跃思维，拓宽视野，为做好全年工作奠定了重要的思想理论基础。

二、努力推进人事制度、分配制度、以目标管理为重点的管理机制三项改革

（一）建章立制，提高正规化建设和科学化管理水平

剧院规章制度建设小组根据国家相关政策法规的调整和要求，结合剧院改革发展的需要，对十年来的规章制度进行了认真梳理，对以往规章制度进行了重新制定、修订和废止，并将内容涉及管理、人事、财务、演出经营等44项规章制度进行了汇编。通过规章制度的不断完善，使剧院各项工作有章可循，职责更加清晰，管理更加规范，执行力得到加强和提高。

（二）立足需求，合理配置，增强活力，建立健全用人机制

根据剧院现有人才状况，剧院制定了适时引进优秀人才，合理配置紧缺人才，多种用工形式并存的人员聘用基本思路。年内剧院完成了全员聘用工作；接收应届高校毕业生、公开招聘13人，引进了董圆圆、张兵两名优秀演员，田磊正在办理中；完成8名管理干部的聘任调整工作；适当增加了部分岗位的派遣制人员人数。严格考勤制度，适时调离解聘人员8名。

（三）促进收入增长，着重向一线演职员倾斜、兼顾分配公平，调动各方面积极性

完善分配制度，按照注重实绩、按劳分配、提高效率、兼顾公平的原则，加快剧院演职员收入分配改革。剧院根据实际制定了行政部门人员基本工资+岗贴，一线演职员基本工资+演出费+业务补贴的基本分配模式。行政人员岗贴基数得到提高，演职员每月业务补贴达到2000元，确保了演职员在创排新戏的档期内基本收入不减少。

（四）以目标管理为重点，促进管理机制改革，实现管理出效益的成效

2012年是剧院实施“管理干部任期目标管理责任书”制度的第二年。管理干部的责任意识，管理水平和执行力得到明显提升。根据工作目标，业务干部开拓思路，积极拓展业务空间，各团的剧目创作、人才培养成绩显著，尤其是演出收入明显增加。

三、着力推动剧目建设、人才建设、市场开发、民生工程四项重点工作

坚持以艺术生产为中心，创新思维，激发活力，努力逐步形成出人、出戏、出精品、出效益的良好态势。2012年剧院演出332场，演出收入2401万元，其中商业演出收入约1692万元，公益性演出98场。创下近年来收入新高。努力塑造国家艺术形象，加强宣传工作，年度内剧院在人民日报、中央电视台、中国文化报、北京晚报等中央地方媒体发稿达800篇（条）；新开通了剧院官方英文网站和官方微博，网

站信息发布近千条，累计访问量已达830万次，达到近年最好水平，为宣传剧院起到了积极作用。

（一）坚持以人民为中心的创作导向，立足国家水准，彰显国家京剧院艺术风格

剧目创排紧紧围绕国家艺术院团优秀剧目展演、“三大演出季”和对外文化交流等重要业务工作，推出了新创剧目《清风亭》、《韩玉娘》、《舌战群儒》，新排剧目《太真外传》、《大破铜网阵》，重点复排《杨门女将》等6部大戏，同时根据演出市场的需求和人才建设目标复排了《西厢记》、《卓文君》、《野猪林》、《铁笼山》等20余出剧目。

坚持正确的创作方向使剧院的剧目建设迎来了丰收之年，在各类国家级评比中，荣获5部剧目奖。去年创排的新编历史剧《大漠苏武》于2012年获得中宣部第十二届精神文明建设“五个一工程”奖，并于5月首次代表剧院赴澳门参加第23届澳门艺术节开幕式演出，中央电视台《空中剧院》现场直播，引起热烈反响。经典传统戏《杨门女将》荣获第二届优秀保留剧目大奖；在2012国家艺术院团优秀剧目展演活动中，新创剧目《韩玉娘》、《清风亭》分别获得优秀剧目奖、剧目奖，新排剧目《大破铜网阵》、《太真外传》优秀演出奖、演出奖。

（二）加强青年人才培养，多渠道多形式，完备演员梯队建设，努力造就德艺双馨优秀人才

继续遵循“延长当红艺术家的舞台青春，加快青年人才的成长周期”的战略，通过研究生班、流派班两个重要的青年人才培养渠道，以文化部2012国家艺术院团优秀剧目展演、优秀青年演员折子戏展演和央视青京赛等重大活动、赛事为契机，展示剧院当红艺术家风采，推进青年人才脱颖而出。在全国性演出评比中，剧院有49人次获得个人奖项。此外加快优秀拔尖人才的引进力度，引进了优秀青衣董圆圆和小生张兵，接收了11名优秀青年应届毕业生。

在第五届青研班、首届流派班学员汇报演出中，剧院有20名优秀青年演员参演。年初，剧院推出了“年轻的朋友来相会”优秀青年演员展演活动，50余名青年演员参加17场演出。参赛第七届央视青京赛，取得了4金10银8铜的佳绩；文化部优秀青年演员折子戏展演中，2人获优秀表演奖，5人获表演奖。举办“意圆情缘——董圆圆专场汇报演出”、“京胡百年·琴源情缘——赵建华京胡音乐会”和“佳音春色——张佳春专场演出”等。

（三）寻求艺术规律和市场规律的契合点，做好公益性和商业性两个市场，努力为人民群众提供丰富多彩的文化生活

1．坚持把社会效益放在首位，加大公益性演出份额。积极参与公共文化服务体系建设，剧院坚持面向基层、服务群众，以弘扬中华优秀传统文化为己任。剧院公益性演出近百场，占据了全年演出近1/3的份额。除完成中宣部、文化部等上级部门委派的“三下乡”、“高雅艺术进校园”等活动外，剧院还根据中央领导的指示精神开辟了“国粹进军营”活动，精心策划实施了“春平爱心行动”等公益性演出。把每年元旦首场演出献给首都建设者做成了剧院公益演出的品牌、形成了惯例。

“文化下乡”慰问演出团冒着零下20～30度的严寒赴辽宁的朝阳、建平、北票、葫芦岛等地农村、厂矿举行演出12场。“高雅艺术进校园”走进了河南、青海、山东、海南等地的40所高校。“国粹艺术进军营”活动先后在北京、辽宁、湖南等地演出12场。同时，为加强观众对京剧艺术的了解，院领导、老艺术家、中青年演职员等纷纷走上舞台为大家做京剧知识讲座，剧院还特别为中小学生举办画脸谱、参观后台化妆等活动，受到欢迎。为落实中央和文化部关于“走转改”的指示精神，剧院以务实创新的精神，分别建立了“山东省鲁东京剧文化促进会基地”和“黑龙江省迎春林业局基地”。

2．面向市场，增强活力，提高综合策划、宣传、票务营销水平，强化剧院演出的品牌建设。继续以“新春”、“五一”、“金秋”三大演出季为重点，以文化部举办的国家艺术院团优秀剧目展演活动为载体，以贯穿全年的“国粹经典中华行”主题性巡演活动为依托，积极推进剧院商业性演出活动的实施，促进剧院商业演出品牌进一步提升。剧院单场演出收入明显提升，创造了京外单场演出收入24万元，两场演出收入48万元的可喜成绩。

3．积极拓展对外文化交流渠道，创新“走出去”形式，逐步形成“名团、名剧、名人”的品牌效益。积极推进对外文化交流“走出去”，对外文化交流活动共计28批次560人次，足迹遍布美国、加拿大、德国、韩国等国家及中国港澳台地区。

5月，三团京剧《大漠苏武》与澳门中乐团合作，圆满完成第23届澳门国际艺术节的开幕式演出。7月，一团赴香港参加“中国戏曲节”演出，引起了积极反响。全年剧院组团连续16次赴台湾演出，以

"名家荟萃，剧目经典"成为加强两岸文化交流的"中国国家京剧院"演出品牌。9月，二团程派经典剧目《锁麟囊》首次走出国门，赴韩国参加"庆祝中韩建交20周年"演出；8月，由宋官林院长作为主讲人应邀参加由国务院侨办组织的"文化中国·名家讲坛"赴美国、加拿大讲学活动，开创了讲演结合的新型传播京剧形式。10月，中德建交四十周年，由国家京剧院与德国联袂演出的京剧歌剧《界碑亭》成功在德国和北京上演。12月，剧院组团参加在香港举行的"两岸三地名家大汇演"受到广泛关注和热烈欢迎。

（四）关注和改善民生，营造和谐环境，增强剧院全体演职员的凝聚力

剧院努力提高演职人员福利待遇。通过分配制度改革，人均月收入增加千余元，特别是一线演职员业务补贴增长到2000元。剧院在"春节""三八妇女节""五一劳动""中秋节"等重大节庆日发放福利近100万元；为提高演职员保健水平，剧院组织全体在职演职员和部分离退休人员体检，花费约25万元。落实部工会关于"2012年央务阳光助学工作"精神，为剧院符合条件的同志申报了补助。剧院领导关心离退休老同志的生活，规范发放了离退休人员的津补贴、提高了待遇，组织老同志新春团拜会、春游、"重阳节"联谊等活动。全年有21位老同志相继辞世，剧院及时抚慰家属，配合家属妥善处理后事，体现了人文关怀。剧院嗓音诊所全年接待咨询治疗人员达900人次；青年公寓有50人入住。

中国歌剧舞剧院

2012年，中国歌剧舞剧院在文化部的领导下，文化体制改革稳步推进并取得突出成绩：全年演出总场次393场，观众人数达120万人，在2011年全年总收入首次实现亿的突破后，2012年总收入继续上升，演出收入同比2011年增长15%，达到1.087亿元；创作经典剧目是中国歌剧舞剧院不懈的追求，剧院的创作始终坚持"三贴近"原则，也始终坚持以人民为中心的创作导向，坚持崇高的艺术理想，2012年中国歌剧舞剧院推出诸多新创作品，如舞剧《嫦娥奔月》、大型交响合唱音诗《神话中国》、歌舞晚会《天边的祝福》等，创排出的新作品，多方听取意见，同时在演出市场上不断打磨，精益求精，竭力打造常演不衰的舞台艺术精品；勇于担当社会责任，"三下乡"、"高雅艺术进校园"等公益性演出反响强烈，强大的演出阵容、高水准的节目质量，展现一个国家级艺术院团担当社会责任的能力，展现国家艺术形象，充分发挥导向性、代表性、示范性作用。2012年中国歌剧舞剧院实现社会效益、经济效益、艺术创作的全面丰收。

一、开拓演出市场，演出收入继续增长

作为艺术团体，演出就是生命！在文化体制改革的正确方针指引下，中国歌剧舞剧院积极开拓演出市场，2012年，总演出场次393场，其中歌舞剧95场，歌舞晚会207场，音乐会91场；承办"海口之春"旅游文化节开幕式演出、山西潞安矿业集团成立六十周年庆典等观众人数过万的大型综艺活动20余台；代表中国赴德国、希腊、荷兰、土耳其、英国等地演出。

2012年剧院全年总收入达到1.087亿元，这和剧院的营销机制有着密切关系：对外，中国歌剧舞剧院演出在营销上与客户之间遵循"互惠互利"的原则，做到剧院有效益，演出商有收益；对内号召全院人员推介剧院作品，专门以开拓演出市场为目的成立的演出中心、大型演出项目部工作人员已近20人，他们全年无休息日，不是带队演出就是打电话、约客户、签合同，但多劳多得的分配机制、人性化的管理和对艺术对剧院的热爱，使大家毫无怨言，演出市场越来越广阔，演出收益大幅度递增。

演出越多，院领导对演出质量的要求越高，所有演出，一把手都会坐在观众席中，观察观众的反应，对演出质量的要求苛刻到"鸡蛋里挑骨头"的程度，即使演出再频繁再辛苦，演员们始终把最佳状态展现在舞台上，决不懈怠，对得起客户的信任，对得起观众的期待，对得起国家级艺术院团的头衔。

二、努力创作精品剧目

优秀的作品是文艺院团的根本，创作出代表国家水准和民族特色的舞台艺术精品是中国歌剧舞剧院不懈的追求，2012年对于中国歌剧舞剧院来说也是一个创作的丰收年，推出舞剧《嫦娥奔月》、大型交响合唱音诗《神话中国》、歌舞晚会《天边的祝福》等全新舞台艺术作品；修改完善歌剧《红河谷》、大型演歌会《镜花水月》等经典作品；与中央民族乐团合作排演民族管弦情景音乐会《牛郎织女》、与爱乐合作排演音乐会《大秦帝国》、参与国家大剧院歌剧《蝙蝠》、《漂泊的荷兰人》、《赵氏孤

儿》等剧目的排演工作。

大型交响合唱《神话中国》是中国歌剧舞剧院2012年的新创音乐会作品，整部作品以恢弘壮阔、激情澎湃的音乐语言，描绘了一幅五彩斑斓、充满民族特色和文化精神的音乐画卷，从内容到形式，史诗性地向世人展示了进入21世纪的中国人民的精神风貌。《神话中国》选取了“盘古创世”、“女娲补天”、“夸父追日”、“精卫填海”、“嫦娥奔月”等具有代表性的远古神话展开叙述和抒情，乐章与乐章之间既有一定关联又有相对的独立性，每个独立故事的音乐结构又是一部完整的声乐协奏曲，用现代的音乐语言和人声来表达远古意境和民族风情，技巧的多变赋予了这部作品“神似之灵动”。交响乐的大气磅礴、民乐的古朴悠扬、合唱的恢弘空灵、童声的清澈天籁融合成全新的音乐会经典标尺。

观看过这部作品的专家都给予高度评价：“震撼、感动、优美、壮丽、激昂……”；“中国歌剧舞剧院的演员们表现得十分出色，他们在舞台上呈现的状态令人振奋”；“这部作品音乐响起就给人很强的画面感，每个故事都有极其鲜明的特色”；“选材很好，这是国内近十年合唱创作难得一见的好题材，承载了中华民族不屈不挠的开拓精神”；“用音乐的形式诠释民族精神是很有意义很独特的。”

这部作品在国家艺术院团优秀剧目展演中获得优秀剧目奖，中国歌剧舞剧院正根据多方建议对这部作品进行进一步修改，希望将这部作品打造成表达华夏民族优秀文化和民族精神，具有长远生命力的划时代巨作，使中华民族古老的精神文明得以传承。

几年的发展证实“以歌舞晚会带来的收益盘活歌剧舞剧”的经营方针是行之有效的，为增加剧院歌舞晚会储备，中国歌剧舞剧院坚持每年推出一部大型歌舞晚会。2012年初大型歌舞晚会《天边的祝福》在北京上演，从大漠敦煌到江南水乡，从雪域高原到百老汇剧场，一个半小时的演出就像一次穿越时空的旅行，既浪漫温馨又激情荡漾，大气、时尚、雅俗共赏，年轻的主创团队、华丽的舞美服装、亮丽的舞蹈演员、颇具实力的唱将，全力打造出一台好听好看的视听盛宴。这部作品一经推出，演出订单不断，也得到领导、专家、观众们的好评。

李洪峰同志观看过演出后说：“这是一台非常成功的演出，辉煌灿烂、热情澎湃、异彩纷呈。主题好，能引起台上台下的共鸣；节目编排好，有中国、外国、传统、现代，整个编排浑然一体，气氛祥和；演出好，所有演员都很投入、都很激情、都很给力。”陶诚副司长说：“这台晚会是我近十几年来看过的最好的歌舞晚会，节目个个精彩，你们把歌舞晚会重新引入了正轨，提上新的高度。”

这部作品也在国家艺术院团优秀剧目展演中荣获优秀表演奖。

党的十八大明确指出：要发挥文化引领风尚、教育人民、服务社会、推动发展的作用。坚持人民为主的文艺创作方向，构建社会主义文化价值体系，弘扬社会主义文化精神，增强文化的软实力和影响力。国家艺术院团在引领健康文化消费、提高全民族文化素质及大众审美品位中起着极为重要的作用，先决条件是我们的作品要有吸引力，才能引导消费。中国歌剧舞剧院的创作始终遵循“三贴近”原则，充分发挥导向性、代表性、示范性作用，努力创排出具有中国特色、中国风格、中国气派的优秀原创作品是我们的追求和责任。

三、认真完成政治演出及公益性演出任务

2012年，中国歌剧舞剧院积极参加文化部组织的“三下乡”、高雅艺术进校园等公益性演出活动。

健康文化消费的引导对于全民族文化素质的提高、大众审美品位的追求、思想道德的水准起着极为重要的作用。身为国家级艺术院团，要有担任社会责任的意识，更要有担当责任的能力，没有能力的担当只是一句口号。

2012年已是第三年承办“三下乡”演出启动仪式，为山东省内的乡村演出13场歌舞晚会，观众人数达23000人。

今年的高雅艺术进校园活动中国歌剧舞剧院120人的演出队伍，为南昌、宁波、福州、武汉16所大学的3万多名学生上演了《中外歌剧及经典歌曲音乐会》。演出场场爆满、场场沸腾，欢呼声、掌声响彻剧场，受到学生、老师们极高的评价，“震撼、折服、精彩至极、不眠之夜”赞美之词不绝于耳。

浙江省教育厅艺术教育委员会副秘书长鲁晓虹说：“几年来，我们接待过很多高雅艺术演出团，你们的演出是最精彩、最适合进校园的，我从未轻易说过这样的话，明年我要再次争取你们能到浙江来演出！”福建师范大学党委书记说：“这是你们院第二次在我们学校演出了，越来越精彩，这种形式太适合在校园里演出了。”

在普及高雅艺术的过程中感受到肩负的责任有

多重，没有人才、没有强大的演出阵容就不能很好地诠释高雅艺术、弘扬民族经典，给难得看一次高雅艺术的人们留下的印象就会非常模糊。想达到高标准，拥有承担责任的能力就显得尤为重要，经费是其中最关键的因素。中国歌剧舞剧院每年都将商演收入的一部分补贴到公益性演出中，为承担好这一责任付出努力。

在2012年，中国歌剧舞剧院还荣获“首都精神文明单位”称号，舞剧团荣获“全国三八红旗集体”、“全国妇女创先争优先进集体”称号，中国歌剧舞剧院的党建工作及精神文明建设又上了一个台阶，为剧院的平稳发展提供有力保障，全院上下呈现出良好的精神面貌。

2012年是中国歌剧舞剧院建院60周年，为总结、回顾剧院60年来不断探索、创新、发展的成果，全景展示剧院形象，同时考虑到中央提出的简化庆典活动的指导方针，并进一步凸显艺术院团庆典特色，中国歌剧舞剧院在北京举办了“中国歌剧舞剧院六十周年庆典展演”活动，歌剧《红河谷》、《原野》、歌舞晚会《四季情韵》、《天边的祝福》等九台作品相继亮相，节俭低调办院庆的形式，得到了业内人士的赞赏。

中国东方演艺集团有限公司

2012年是集团公司发展史上极不平凡的一年。在中央和文化部党组的高度重视与大力支持下，在全体演职员工的共同努力下，紧紧围绕“改革、创新、品牌”三大主题，紧抓机遇，直面挑战，整体综合实力又上升到了一个新的高度。

一年来，集团经受住了市场环境起伏变化的严峻考验，一方面两项收入再创新高。2012年集团因势利导、迎难而上，总收入达到2.2亿元，演职员工的人均年收入突破16万元，同比均增长10%，两项收入都稳居改革前列。另一方面演出场次大幅增长。2012年集团公司演出场次增幅明显加快，超过400场，同比增长27%。

一、改革旗帜更加鲜明，改革之路备受关注

2012年中国东方演艺集团的改革已经迈入了第三个年头，随着十八大的胜利召开以及全国文化体制改革的深入推进，集团公司的改革发展又跃上了一个新的台阶。

一方面各级领导充分肯定、寄予厚望。2012年8月17日，李长春在蔡武部长呈报的《关于中国东方演艺集团有限公司改革发展情况报告》上作出重要批示，对集团改革中所取得的显著成绩给予充分肯定，明确指出了集团未来发展的前进方向，并对集团寄予厚望。中共中央政治局常委、原中宣部部长刘云山、中共中央政治局委员刘延东等中央领导多次对集团的改革发展作出重要批示并提出具体要求。蔡武、王仲伟、董伟、王文章等文化部领导或亲自调研、或赴演出一线慰问，始终给予集团高度重视和大力支持，进一步坚定了集团深化改革的信心和决心。

另一方面社会媒体多方关注、广受赞誉。在2012年9月举行的全国文化体制改革工作表彰大会上，集团公司位列前茅，单项排名高居榜首，一举荣获两项先进称号。同时，集团公司的改革成果备受瞩目，成为媒体争相报道的焦点。据统计，2012年集团的改革事迹被央视新闻联播报道5次，央视其他频道报道6次，各类媒体报道215次，相关内容转载数千余次，在百度搜索引擎中集团相关搜索条目高达340多万条，同比增加41%。特别要指出的是在2012年两部向十八大献礼的重大纪录片《科学发展铸辉煌》和《跨越——文化改革发展十年巡礼》中集团公司都作为成功范例被重点展示。同时由集团报送的《百舸争流千帆竞 敢立潮头唱大风》一文入选《科学发展观系列案例研究》一书。可以说集团三年走过的改革发展之路已成为中国文化改革发展的重要一角，被载入史册。

二、艺术生产精益求精，市场之路越走越宽

2012年，在“以改革求活力，以创新谋发展，以品牌创效益”三大战略的指引下，集团的艺术生产、创作有了大变革、大发展、大跨越。总结一年来的艺术生产创作有以下三个鲜明特点：

一是品牌附加值越来越高。2012年工作会议后，根据新形势的发展需求，集团公司在产品结构调整方面进行了大量富有成效的改革。一年时间里，在各院团的共同努力下，充分挖掘集团的品牌潜力，开发创作了一批具有核心竞争力的艺术产品。比如“爱之旅”是去年成立的一个新团，却超额完成了两台音乐会，其中一台艺术歌曲普及音乐会《乐之蓓蕾》，李岚清同志专门为其题词，在进校园演出中取得了非常好的效果。同时，《爱的旋律》这台音乐会在去年9月份文化部的展演中获得剧目奖。包括《大美新疆》、《永远的王洛宾》、《爱的旋律》等剧节目，所有的创作、出品、指挥、导演、音乐总监以及独唱、独奏都是由中国东方演艺集团完成的，集团正在创造一种模式，从过去产业链下游的生产商向上游的集成商、品牌运营商转变，逐渐在向“一流企业出标准”的目标挺进。

二是新剧节目竞争力越来越强。在创新战略的带动下，集团公司的艺术生产创作又进入了一个新的高峰。去年下半年集团有10台剧节目（4台复排剧目、6台新剧节目）几乎同时上马，艺术生产呈现井喷式的增长效应。同时在创作理念上集团强调“让歌舞晚会回归艺术本体”，2012年集团五个院团新创排的《水墨中华》、《天际之爱》、《民乐也时尚》、《爱的旋律》四台新晚会一举囊括文化部展演评比的多个奖项。集团在晚会中大胆采用了交响乐团和合唱团现场伴奏的方式，取得了前所未有的社会反响。

三是重大活动的影响力越来越大。为进一步培育及开辟演出市场，打响集团品牌、剧目品牌、人才品牌。集团公司决定每年定期举办系列演出季。继2011年先后推出青岚剧场驻演和保利院线巡演，并取得巨大成功后，2012年6月又举办了以“炫彩华章”为主题的首个演出季，共演出55场，观众人数高达11万人次，平均上座率达到90%以上，有50多家媒体追踪报道百余次。此外，集团将演出季的开展与市场调查相结合，让集团的艺术产品充分接受市场和观众的检验，并建立了稳定的观众群体，以此为基础，在2013年开年又在人民大会堂推出了以“祝福”为品牌的新春大型歌舞晚会，并致力于将其打造成一个国际文化品牌，在观众心目中扎根。由于演出季的成功，带来了2013年4500多万元的演出订单，更加坚定了集团培育市场，扩大市场，占领市场的信心和决心，“旺季赚销量，淡季赚人气”，在不断地总结摸索中，走出了一条富有中国东方演艺集团特色的“演出季”之路。

三、三大体系成效显著，现代企业格局分明

在2012年集团公司工作会议上，提出了“一个中心，两个机制，三个体系，四个调整”的战略部署，对集团整体结构、布局、人事制度和分配制度进行一次大的调整。随后又连续召开了“营销、创作、管理”三个专门会议，按照专业更细化，分工更明确的原则，打破原来“小而全”的模式，让专业的人做专业的事。从一年来的运作情况来看，营销、创作、管理三个体系建设，亮点纷呈，取得了显著的成绩。

一是营销体系厚积薄发，集团的营销中心，组建半年多时间就创造了近5000万元的销售成绩。集团演出公司填补了过去缺失的“演出中介”的空白，将市场的主动权牢牢抓在自己手中，首先在海外洽谈、开拓方面，卓有成效。其次，在国内演出中介方面，表现突出，魔术、大美新疆等项目都取得不错的市场效益，为今后集团衍生板块的做大做强奠定了基础。

二是创作体系逐渐明晰，集团创作中心不断创新、紧盯市场、以满足人民群众日益增长的、多元化井喷式的文化需求为己任，逐步建立了自己的创作体系，为集团在新形势下重新定位找到了方向。在摸索确立独特创作理念的同时，还建立起了一支素质过硬、集老中青三代创编人员的创作团队，使集团的艺术创作从以往的编舞、编曲上升到可以“出标准”的层次。

三是管理体系锐意创新，一方面严格按照现代企业制度的要求建章立制，出台了人事、财务、行政办公等一系列管理办法和细则，进一步提高了集团的运营能力和效率。另一方面，建立了垂直化管理和扁平化管理的两种模式，改变传统的管理理念和管理方法，经过半年多的运作和实施，垂直管理模式成效显著、有目共睹。

四、以人为本开创新局，多项并举人才第一

国以才立，业以才兴，发展靠创新、创新靠人才、人才靠体制，2012年集团公司进一步发挥体制优势，一方面坚定不移地实施“人才强企”战略，另一方面不遗余力地推进人事制度改革。经过一年的努力，集团公司优秀人才群体快速聚集、青年人才作用充分发挥，发展优势明显增强。

一是确立了中国东方演艺集团的考核机制。首先是每年新毕业的大学生，无论是专业还是管理岗位，逢进必考；其次是在职人员内部考核，不留死角。通过一系列富有成效的改革，使我们的人事管理从过去的管人向开发人力资源转变，让一批优秀的艺术人才脱颖而出，比如东方流行乐团的陈志龙就在Roland电鼓大赛中获得中国区第一名，东方歌舞团的王梓丁、中国歌舞团王海田、单思涵在文化部优秀剧目展演中获得优秀青年演员奖。

二是建立人才交流中心。集团是一个事转企的单位，事业单位遗留的很多问题要通过内部机制的完善来解决，而人才交流中心的成立和人才交流中心各种制度的完善对集团的改革发展起到了不可估量的作用。2012年在集团人力资源部耐心细致的管理下，集团的人才交流中心“蓄水池”、“中转站”的重要功能正在日益凸显。

三是集团在改革进入深水区时，对全体艺术家负责，制定了离岗待退制度，俗称内退，这是集团改革发展取得成果后对艺术家的优厚待遇。在制度制定实施的过程中，一方面本着“不建议、不动员、不承诺”的原则，根据年龄资历，老同志完全自愿选择，另一方面要求必须做到细致周到、讲求实效，务必以最优厚的保障和条件，使每一位同志都能充分享受到集团改革发展的成果。

五、延伸文化产业链条，开拓全新发展阵地

2012年，集团进一步加大了产业结构调整的力度，一方面以资本为纽带，增量越做越大，除现有的演出营销、出租房屋等常规性经营之外，进一步加大产业扩张的力度，不断进行跨地域、跨行业的资源整合，2012年集团公司与多家单位达成了合作开发文化产业经营项目的意向性协议。集团与扬州市、福州市分别合作的东方演艺集团文化产业基地正在筹备上马。同时，集团在海外的前沿阵地也逐渐成形，2013年集团将在美国成立中国东方演艺集团的分公司，德国法兰克福东方文化中心也在积极洽谈中。

另一方面以市场为导向，存量越做越强，2012年集团按照“演艺业为主、多业态发展”的原则，在充分提炼品牌内核的同时，加快价值链的裂变和延伸，向影视、艺术教育、网络、传媒等多业态发展。集团培训中心不仅超额完成了经济指标，还将少儿舞蹈品牌推向海外，在新加坡参加国际华人少儿舞蹈交流比赛中荣获多个奖项。此外集团与广东海洋大学的合作也开展得有声有色，不久前集团又与山东潍坊学院达成合作办学协议，潍坊演艺学院也将建立。艺术培训、艺术教育将会成为今后集团非常重要的新品牌、新经济增长点。此外，集团的舞美中心除完成集团商演外，2012年开始逐渐在国内一些有影响的大型活动中崭露头角，虽然是个新兵，但却闯出了自己的一片天地。同时，集团影视出版公司积极拓展出版业务，制作的《月光与影子》由人民音乐出版社出版，《托赛里小夜曲》由中国高等教育出版社出版，这两首作品已由中宣部、文化部机关党委建议推广、学习。

中国交响乐团

在中央乐团——中国交响乐团半个多世纪的历史史册上，2012年是继往开来，以更大的步伐走向世界，并收获了荣誉的一年。党的十八大胜利召开，提出了“建设有中国特色的社会主义文化”、“打造社会主义文化强国”的战略目标，中国交响乐团以此辨明了方向，增强了动力。回首2012，中国交响乐团总体上可以概括为八个字：稳步发展，亮点突出。

一、欧洲巡演“惊艳”世界

从9月16日到10月8日，中国交响乐团从维也纳、慕尼黑、萨尔茨堡，到柏林、巴黎、尼斯，一共举行了六场音乐会，场场在世界顶级音乐厅举行，场场奉献了最精彩的演奏，场场赢得了观众最热烈持久的掌声，以及同行专家、中外媒体最热情洋溢的赞誉。

在维也纳，国交创造了中国音乐团体在此售票的最高纪录，当晚一票难求；在萨尔茨堡，副市长激动地表示：“萨尔茨堡的观众对陌生的非欧洲传统的作品比较排斥，但对中国交响乐团却赞赏不已”；在柏林，曲目全是出自“龙声华韵”的当代中国作品，德国媒体惊讶的评论：“完全想不到柏林观众竟然发出了通常只给予西方经典交响乐作品那样的喝彩与欢呼。”在巴黎的表现近乎完美，观众盛赞这是“一流的指挥、一流的乐队、一流的音乐”。曾拉松多次带领乐队谢幕；在尼斯是最后一场音乐会，被中外媒体誉为“火爆收官”，当晚的观众很多都是音乐界的同行专家，然而我们的每个曲目演奏结束后，都会令全场起立，热烈的掌声每每如潮水般经久不息……

欧洲巡演短短22天却成为了中国自有交响乐历史以来最高规格的欧洲巡演，而且是公开售票，上座率极高，也因此被媒体评价为：“这是中国交响乐历史上第一次以出人意料的信心和实力向世界亮剑！”更有熟悉我们的记者这样写道：“这是中国交响乐团自2004年走出低谷以来，历经八年坚持不懈，在‘走交响乐中国化，中国交响乐国际化的道路’上迈出的坚实一步”。

二、音乐季演出精彩纷呈

国交音乐季在国内分量最重、水平最高、最受欢迎，这已经是广大音乐爱好者及专家、媒体的共识。多年来，国交始终坚持“中外曲目并举、提高与普及并重”的原则，以及“以市场为导向、以质量求生存、以品牌树形象、以经典立标高”的策略，形成了定位明确、特色鲜明的四大板块，即《聆赏经典》、《龙声华韵》、《主题音乐会》和《新年新春系列》。

国交2012年乐季音乐会的很多重要场次，无论是艺术性还是演出效果都可圈可点，例如6月17日的瓦格纳作品音乐会、7月15日的2011—2012乐季闭幕式、8月17日的新乐季开幕式、9月8日的北大新生音乐会、10月12日夏巴多指挥的《聆赏经典》、11月2日至7日的波兰文化艺术周开闭幕式，以及11月20日龙声华韵系列的《杜鸣心新作品音乐会》等，都得到了广大观众听众的热烈欢迎，获得了专家、媒体的高度评价。国交的乐队、合唱团还参加了文化部国家艺术院团优秀剧目展演并获得了多个重要奖项。

尤其是《龙声华韵》系列，近年来已经占据了中国原创交响乐作品的制高点，陆续推出了《徐振民作品音乐会》、《韩兰魁作品音乐会》、《金湘作品音乐会》、《叶小刚作品音乐会》，深受业内专家、音乐爱好者和作曲家群体的好评。近年来，国交已经为16位中国作曲家开了18台个人作品专场音乐会，如此大规模地推出中国作曲家的作品，被专业媒体赞誉为“一骑领先”。2012年我团欧洲巡演的柏林音乐会中全部是中国作品，而且全都出自《龙声华韵》系列。由此，也以实践证明了国交“走交响乐中国化，中国交响乐国际化”道路的正确性。

三、公益演出屡获赞誉

为人民服务是我们坚持的宗旨。国家乐团为人民服务一方面体现在为国家服务，国交承担了大量国事演出任务；另一方面体现在为群众服务，国交把交响乐送到了基层的老百姓身边。

近年来，国交出色地完成了大量国事演出，多次受到胡锦涛主席、习近平总书记等党和国家领导人及外国元首的称赞，例如2011年为金砖五国元首会晤、博鳌论坛，以及外交部兰厅音乐会演出。2012年又为上合组织、中非论坛、外交部新春音乐会演出。这既是国交的责任，也体现了中央领导和外交部、文化部对国交的信任和重视。

公益演出方面，除了“三下乡”、“进校园”，国交2010年还在重庆市南岸区迎龙镇北斗村建立了“中国国家交响乐团基层联系点”，每年去为当地农村群众演奏新年音乐会，到留守儿童学校举行慰问演出，到田间地头和农民一起劳动。明年1月9日至11日，将是国交第三年奔赴那里开展共建活动，并向留守儿童学校捐赠两架钢琴。

四、改革创新成效显著

根据中央文化体制改革精神，国有艺术院团定位为“公益二类”单位，即“体现国家水准和民族特色的艺术院团”，改革重点是要求国交“实行事业单位企业化管理”，换句话说，就是要在事业体制内进行内部机制的创新。

近年来，国交积极探索企业化管理，推进全员聘任制，并得到了广大员工的认同和支持；国交建立了市场化的艺术运营机制，规范了执行艺术生产计划的职责和程序。尤其是在欧洲巡演中，国交首次采用了“项目制”运作模式，也就是以项目为核心的生产运营机制，以项目的策划到实施的全过程为工作核心，以项目预期目标的实现为考核内容，以项目的收支盈亏进行财务核算。事实证明，这种模式成效显著，据测算欧洲巡演较好地实现了“收支平衡，略有盈余”的经济目标，而且美国巡演也将顺利实现这一既定目标。

近年来，国交还创新了多元化发展模式。传统的院团发展是单线的“创作—演出”模式，这必然在演出饱和后遭遇瓶颈，必须开辟新思路。所以，国交建立了以筹资和协调社会关系为主旨的董事会荣誉制度，尽最大限度的让乐于支持乐团发展的社会力量发挥作用。最近三年，国交利用这种模式，除了每年斥资300万元聘请普拉松担任首席指挥外，还在欧洲巡演和美国巡演中筹集了大量资金，创造了可观的经济效益。

五、合唱团艺术水平不断提升

2008年，国交制定了合唱团艺术水平的“三年提升”计划，至2011年较好地实现了这一目标，尤其是赴意大利演出引起轰动效应，充分显示出了高超的艺术水准。2012年，合唱团再接再厉，完成了很多精彩的演出，例如《贝多芬第九交响曲音乐会》、《吕远60年作品音乐会》、以中国革命斗争史及世界反法西斯斗争为主题的《燃烧的岁月》音乐会，还奔赴哈尔滨、长春、广州等地，举行了12场“进校园”音乐会，受到广大师生热烈欢迎。合唱团的《民歌经典音乐会》还在文化部举办的2012国家艺术院团优秀剧目展演中荣获了奖项。

2012年由于国家经济结构调整，整体增长幅度呈下滑趋势，演出市场也受到了一定影响。但是即便如此，合唱团也付出了应有的努力，作出了较好的成绩。据统计，2012年合唱团共完成各类演出41场，如果算上所有应收而目前尚未收回的演出收入，例如“进校园”、“三下乡”等演出费，2012年合唱团收支核算结果应为“结余100万元左右”。

合唱团是国交重要的一线演出单位，并且多年来通过不懈努力为国交事业发展作出了贡献。

六、北京音乐厅平稳发展

2012年，在乐团的正确领导及音乐厅全体员工的共同努力下，北京音乐厅保持了稳健的经营业绩，营业收入继续增长，并加强内部管理，提高员工素质，改造软硬件设施，提升专业化服务标准。据统计，2012年北京音乐厅全年演出241场，实现经营收入1300万元，再创历史新高。

2012年，北京音乐厅根据自身的经济实力和发展方向，努力追求品牌优势，加强了自营品牌的打造和推广，如一年一度的“打开音乐之门”暑期系列，一直受到广大观众的喜爱。作为专业的古典音乐演出场地，北京音乐厅的演出质量保持了一贯的高水准，既有我们团自己的音乐季，也有其他国家级院团的乐季演出，众多世界级音乐家，如艾森巴赫、潘德列斯基、梅耶、阿卡多和朗朗等乐坛巨星都在北京音乐厅的舞台上奉献了精彩的演绎。为了加强宣传推广工作，他们开辟了新的渠道和平台，例如以北京音乐厅的名义注册使用中国移动官方短信平台，点对点的向观众发布信息；并首度与乐卡传媒合作，借助其平台拓展宣传品投放广度；还选择了国内影响力较大的传媒集团三联书店，与之进行全年深度合作；尤其是与时俱进地加强了网络宣传，其比重已经占到了宣传工作总量的40%以上，包括官方网站和基于新浪微博、博客、豆瓣、微信、人人网等社会网络资源建立起来的发布平台。

中国交响乐团2012年的艺术生产实现了社会效益和经济效益双丰收，并且以更大的步伐走向世界，获得了荣誉；乐团已经步入稳定发展的轨道，无论事业建设还是群众利益，都将得到更大的保障，实现更加美好的愿望。

中国儿童艺术剧院

2012年，在文化部党组的正确领导下，中国儿童艺术剧院认真贯彻落实科学发展观，以创作和演出为中心，以建设和谐剧院为途径，以“出精品、出效益、出人才”为目标，以改革创新精神统揽全局，全院同志团结奋斗、勇于创新、稳中求进，使剧院的全面建设实现了新跨越，取得了令人振奋的新成果。

一、狠抓创作和演出，实现经济效益和社会效益双丰收

新创剧目不断涌现。2012年是中国儿艺世界经典童话年，这是剧院继“优秀剧目轮换上演制”后的又一举措，旨在汲取世界儿童文学的精髓，扩大儿童戏剧创作的视野，实现艺术的交流，开阔中国孩子的眼界。推出《伊索寓言》《小王子》《青蛙王子》《卖火柴的小女孩》四部经典童话作品，并与河北吴桥杂技学校推出首部大型杂技童话剧《憨憨猫皮皮鼠》，五台新创剧目均取得了较好的社会效益和经济效益。

优秀剧目轮换上演制的品牌影响力不断提升，剧目营销渠道不断拓展，演出效益再创新高，宣传渠道丰富多样，剧院实力进一步壮大。中国儿艺全年上演了22部儿童剧，共计演出578场，演出总收入2647.16万元，演出足迹覆盖28个省、市、县，并赴美国、印度、日本演出，观众达56万人次。优秀剧目轮换上演制已经成为展示中国儿艺剧目品牌建设和人才培养的首要窗口，是剧院锻炼队伍、提高效益的重要平台，是孩子和家长认可的首都儿童戏剧中心。我院被东城区教委推荐为北京市未成年人教育先进集体。被北京市孤独症儿童康复协会授予北京市孤独症儿童关爱基地、在新浪联合国家计生委人口宣教中心共同主办的婴幼行业网络盛典中荣获“演艺类”大奖，也是唯一获此殊荣的演艺团体。

作为国家剧院，中国儿艺在积极开拓市场的同时，不忘肩上担负着的公益性责任。积极落实中央“走、转、改”的要求，深入开展下基层采风、慰问演出系列活动。一是认真组织文化下乡、经典儿童戏剧走进西部等系列献礼十八大的文化惠民活动。将优秀的儿童剧送到太行革命老区山西长治县、革命历史转折点遵义市、少数民族地区广西和西藏拉萨，送到老少边穷地区的贫困学校、福利院，特别是10月15至20日，中国儿艺再次走进西藏，为雪域高原的孩子们演出了组合式儿童剧《特殊作业》。用实际行动贯彻落实中央第五次西藏工作座谈会和第四次全国文化文物系统援藏工作会议精神，整个团

队克服氧气稀薄和高原反应带来的不适，5天时间演出10场，为一万两千余名少数民族的少年儿童奉献优秀的精神食粮，震撼了现场师生的心灵，受到当地领导、师生、媒体的广泛赞誉；二是在遵义、宁波和北京市东城区分司厅小学设立了中国儿童艺术剧院艺术家下基层采风创作演出实践基地；三是为首都农民工子弟、中小学生、孤残儿童及困难群体子女等进行专场演出；四是与中国关工委开展“儿童戏剧进校园，健康成长更快乐”儿童戏剧走进百县千校系列活动；五是组织艺术家赴韶山进行艺术采风和慰问演出活动；六是“六一”期间在天桥剧场演出由中国儿艺与陕旅集团联合制作的大型歌舞剧《延安保育院》。通过系列公益演出活动，让西部和边远山区的少年儿童有机会看到儿童剧，扩大了舞台艺术的影响力和辐射力。

二、打造国家品牌，第二届“中国儿童戏剧节”圆满成功

第二届中国儿童戏剧节秉承“点亮童心塑造未来”的主题，以儿童戏剧展演为主要内容，自2012年7月13日开幕，在43天时间里，集中展示36台优秀剧目，700多名国内外艺术家们汇集北京演出185场，12万人次观众走进剧场，极大地丰富了2012暑期文化生活。戏剧节期间，还同步进行了专家讲座、公益演出、儿童戏剧夏令营、儿童戏剧工作坊、儿童戏剧主题公园、演员见面会等13项活动。

第二届中国儿童戏剧节的成功举办，取得了多方面成效。一是儿童戏剧演出剧目品种丰富，集中展示了中外儿童戏剧的优秀成果，促进了儿童戏剧人才的培养和院团之间的交流。二是拓展了儿童戏剧的观众群，坚持高品质、低票价，使更多的普通家庭的孩子们有机会走进剧场。三是形成了北京为主场、辐射全国的办节模式，扩大了戏剧节的规模效应。四是组织优秀儿童剧走进社区、走进公园，开展丰富多彩的活动。五是注重院团交流，促进合作共赢发展。戏剧节期间，中国儿童艺术剧院与台北如果儿童剧团共同成立海峡两岸儿童戏剧工作室，促进海峡两岸儿童戏剧交流与合作，共同打造儿童戏剧产业链。六是举办了第二届中国儿童戏剧节研讨会暨第六届中国儿童戏剧研究会第一次理事会，邀请国内31家主要儿童剧院（团）负责人齐集一堂，共同探讨儿童戏剧的现状与未来发展，加强相互交流与合作，所有与会团体代表还签署《倡议书》，倡导全国儿童戏剧工作者要“始终牢记弘扬社会主义核心价值体系的历史使命，努力提升戏剧作品的思想品质和艺术品质，切实履行服务少年儿童的社会责任”。

三、开拓国际市场，儿童戏剧对外交流实现新突破

坚持“请进来走出去”相结合的艺术交流模式，儿童戏剧走出国门实现新突破。2012年4月18日至22日中国儿艺首次走进美国亮相纽约，参加杰克斯格堡艺术中心“大红色椅子”演出季，大型视觉舞台剧《十二生肖》的演出在纽约大获成功，掀起了中国文化热，受到了纽约当地少年儿童和新闻媒体的热烈欢迎。首演结束后，演出季总负责人迈克尔·哈灵顿感慨道：“此番能够邀请到中国儿艺的《十二生肖》赴纽约演出，我们倍感荣幸，当我在观看演出的时候，我深深被眼前美丽的图景所吸引，纽约的观众也被深深震撼了。演出很精彩，我非常希望以后能有机会再次邀请中国儿艺到纽约来演出！”《纽约时报》评论：“中国儿童艺术剧院的《十二生肖》美妙而友好地为观众们传达了有关生态环境的讯息，细致感人。”7月中国儿艺带着《小吉普·变变变》首次亮相印度，参加小小艺术节，演出轰动印度金奈，成为中印儿童戏剧交流史上浓墨重彩的一笔。8月《十二生肖》首次赴日本冲绳参加了2012国际儿童青少年艺术节，演员多次返场谢幕，热情的小观众纷纷冲上舞台与演员合影，多家国外剧团的负责人纷纷向中国儿艺投来橄榄枝，演出取得巨大成功。

通过中国儿童戏剧走出去，展示了中国优秀民族文化，在与不同文化的碰撞和交融中彰显力量、丰富内涵、创新发展，为中外文化交流作出了新的贡献。

四、改革创新机制，创造了生机勃勃的新局面

创新人事分配机制。在用人机制上，一是完成全员聘用制，完善聘用合同。二是建立健全岗位设置制度，定岗、定责，做到人尽其才，人事相宜。三是与中央戏剧学院联合办班培养演艺人才。四是为重点岗位和有发展潜力的青年提供进修、观摩、交流的机会和学习条件。五是优化布局，构建结构合理的人才队伍，在充分发挥老同志多年工作实践经验的基础上，通过传、帮、带，给予年轻的业务骨干更多的实践机会，大胆启用年轻人走上重要岗位，保障剧院未来可持续发展。六是在分配机制上，进一步向业绩和贡献倾斜。全院人员收入稳步提高，进一步调动了全院演职人员的积极性和创造性，保证了剧院以创作演出为中心的各项工作科学、协调、高效地运转。七是团结协作机制明显加强，演员、舞美技术人员、营销人员、管理人员之间强化了以完成任务为核心的协作机制，感人事迹不断涌现。八是创新行政保障运行机制，聘请物业管理公司深化剧场科学管理。以务实创新促发展，建立科学的管理制度，充分发挥其服务艺术生产的作用，保质保量地完成中国儿艺舞美仓储基地建设并投入使用，完成剧院票房改造、剧场设备更新。

五、加强党的建设，为剧院科学发展凝聚力量

院党委以认真学习贯彻落实党的十八大精神为载体，以“创先争优”为契机，全面加强剧院党的思想、组织、作风、制度和反腐倡廉建设，保证党的路线方针政策在剧院贯彻落实，凝聚了人心，促进了发展，发挥了党支部的战斗堡垒作用和党员的先锋模范作用，为剧院的稳定和发展提供了重要的政治保证。

一是及时传达学习党的十八精神，研究提出贯彻落实的措施，保证剧院发展的正确方向。二是着力搞好领导班子建设，形成了“学习、团结、有为”的领导集体。三是弘扬中国儿艺精神，践行核心价值观；四是发挥好临时党团支部的作用，在巡演剧组中组建临时党团支部，发挥党员、团员的模范带头作用。五是加强对干部作用、工程建设、采购招标、大额资金使用的监督，开展对干部廉洁自律执行情况的监督检查。六是评选表彰先进党组织、优秀的共产党员和优秀党务工作者，积极稳妥做好新党员发展工作。七是开展丰富多彩职工业余文化活动，相继举办“中国儿艺人心中的家”中秋主题活动，以及乒乓球、摄影书画比赛、老干部春秋游等系列活动，增强了团队凝聚力和团队价值观，形成了互相关心、互相帮助、团结有为的集体，共同打造和谐剧院。

六、获奖丰富喜人，全院创作演出热情日益高涨

2012年是剧院各项工作喜获丰收的一年，在全国性文化艺术展演活动中，中国儿艺捷报频传，一批优秀剧目和艺术工作者得到表彰：2月，《绝对小孩》荣获国家动漫精品工程动漫演出奖；6月，《特殊作业》荣获第七届全国儿童剧展演优秀剧目奖和两项单项奖；11月，在第八届中国话剧金狮奖评选中，我院荣获两项集体奖五项单项奖，其中《绝对小孩》荣获儿童剧金狮奖，《罐头小人》荣获小剧场金狮奖，五人分获导演、表演、舞台美术和经营管理金狮奖；12月，在2012年国家艺术院团优秀剧目展演中斩获四项集体奖16项单项奖，其中《特殊作业》荣获优秀剧目奖、《憨憨猫皮皮鼠》荣获剧目奖，《马兰花》荣获优秀演出奖，《西游记》（第二部）荣获演出奖，并揽获优秀编剧奖、优秀导演奖、优秀音乐创作奖、优秀舞台美术奖、优秀表演奖、优秀青年演员奖等个人奖项。成绩的取得得益于文化部各级领导的大力指导和帮助，得益于剧院团结向上的工作氛围，得益于全体演职员的勤勉工作，充分体现了中国儿艺人对祖国的“大爱、奉献、执著、乐观”精神。

中央芭蕾舞团

2012年，在文化部直接领导下，中央芭蕾舞团牢固树立国家院团使命意识，坚持崇高艺术理想，充分发挥导向性、代表性、示范性的作用，立足本土、面向国际，把“高、精、尖”作为业务定位，以传承芭蕾艺术、彰显经典魅力、传播优秀文艺作品为己任。围绕年初确定的工作目标，抓重点、创亮点，使剧团全年工作又上新的台阶。

一、立足本土，面向国际，不断思考，继续探索符合中芭团情的艺术发展模式

艺术创作方面，牢固树立国家院团使命意识和担当精神，坚持崇高艺术理想，树立崇高艺术追求，把握国家艺术院团创作导向，坚持高、精、尖标准，严把质量关，创作、演出新剧目《小美人鱼》，推出第三届Workshop芭蕾创意工作坊、“中法交流之春”晚会，复排上演《红色娘子军》、《大红灯笼高高挂》、《牡丹亭》、中国版《胡桃夹子》、《天鹅湖》、《卡门》、《阿莱城姑娘》等保留剧目。年轻演员利用业余时间，自编自创了若干立足现实、关注社会的新作品，如《悬浮》《没有结果的结局》《Redemption》等，这些作品通过演员公开考核、进校园演出等形式呈现给了广大观众。

邀请德国汉堡芭蕾舞团艺术总监约翰·诺伊梅尔大师共同合作，创作、排演芭蕾舞剧《小美人鱼》，是中芭2012年全年工作的一大亮点。该剧是中芭与诺伊梅尔大师的历史性合作，历经了三年的谈判和考察。作品虽然取材于西方童话，但经过中芭演员的演绎，打上了深深的中国烙印。在创排过程中，全团上下齐心协力，克服困难，顶住压力，练就了一部被业界称为里程碑式的当代芭蕾，引起了观众、媒体、专家、学者的高度关注和肯定。引进、排演《小美人鱼》获得成功，得益于中芭具有独特的艺术眼光和艺术追求，来源于几代艺术家的努力和“传、帮、带”的良好作风，特别值得珍惜和发扬。

9月28日，李长春同志、刘延东同志、蔡武部长观看中芭《小美人鱼》演出并做了重要讲话和指示，11月22日下午，董伟副部长来团调研，指导中芭认真学习、宣传、贯彻落实党的十八大报告精神，督促中芭认真落实李长春同志和刘延东同志关于中芭深化改革的要求，以改革促发展、以改革促繁荣。

扎根民族文化土壤、深挖本土创作题材是中芭艺术创作的指导性思路，“Workshop芭蕾创意工作坊”就是这一思路的具体体现，经过前两年的培育，本届工作坊的策划、组织、宣传推广都有较大进步，形成了一定的创作规模和相对稳定的宣传推广。围绕中国传统文化主题，今年有7位年轻人加入编创队伍，共创作了6个风格不同的作品，孔子、王昭君、蔡文姬、苏轼、《白蛇传》等中国历史人物和神话人物经过再创造，成为了崭新的、具有当下时代性的芭蕾艺术形象。鼓励年轻人把创作与研读中国古典文学结合起来，努力提高社科文化水平和综合素养，是中芭培养知识型、复合型编创人才的方向性工作。

值得一提的是，在文化部举办的2012年“国家院团优秀剧目展演”中，中芭的整体表现受到文化部领导、专家评委一致好评，剧团参演剧目均获得大奖，演员、指挥、舞美设计等10多人获得个人奖项，中芭交响乐团首次参加“展演”即成为一大亮点，实现了质的飞跃。

二、定位国际主流剧场，参与世界顶尖赛事，扎实有效地通过“走出去”扩大剧团知名度、增强国家影响力

2012年，在党的文化政策指引下，中芭进一步增强文化自觉和文化自信，推动和平友好交流，“走出去”演出、国际比赛和外事活动呈现欣欣向荣的局面。

3月，一行160人应邀赴墨尔本艺术中心大剧院演出5场《牡丹亭》，澳大利亚10多家主流媒体、澳大利亚国家电视台、澳大利亚民族电视台等都对《牡丹亭》在墨尔本的商演进行了报道。澳洲《时代报》赞誉该剧是“惊艳世纪的爱情史诗”，“古典芭蕾舞与中国舞蹈韵律的完美组合”。此次演出不仅是澳大利亚“中国文化年”的重要项目，也是中澳两国建交40年以来的大型商演文化活动。

10月，应瑞士日内瓦大剧院邀请，在日内瓦大剧院连续上演4场古典芭蕾舞剧《天鹅湖》。日内瓦大剧院在新装重建50年庆典之际，希望安排《天鹅湖》演出。由于中芭《天鹅湖》早已受到欧洲媒体及同行的赞誉，因此剧院将中芭的《天鹅湖》作为首选，并将中芭的演出确定为该剧院2012—2013演出季3台芭蕾舞演出的重点项目进行推介。中芭4场演出票在演出开始前一个月销售一空。剧团高水平的演出吸引了众多瑞士观众及世界各国驻瑞士的代表机构、国际组织。中央电视台《新闻联播》和《新闻三十分》对此事进行了播报，记者采访了解到，瑞士观众非常热情，他们对中国人能够这么深地理解欧洲文化表示惊讶。有观众特地从400多公里外的巴黎赶来观看。

日内瓦演出结束后飞抵北京的当天，中芭演职人员直接在首都机场转机登上赴韩国航班，参加中韩建交20周年暨中韩友好交流年演出，在首尔国立剧场和高阳美丽世界剧场演出4场《大红灯笼高高挂》。

12月，应澳门金沙集团邀请，一行180人应邀在澳门威尼斯人剧场演出7场贺岁芭蕾《过年》（又中国版《胡桃夹子》）暨圣诞·新年芭蕾音乐会，既为澳门当地营造了浓郁的圣诞节气氛，也向来自世界各国的观众展示了丰富多彩的中国“年”文化。

在第七届赫尔辛基国际芭蕾舞比赛中，中芭参赛选手喜获男子成年组银奖（金奖空缺）和评委会特别奖。编导费波获得作品创意奖。此次代表中芭出战的年轻演员，是中芭人才梯队的新生力量，他们在国际舞台上顽强拼搏，展示了中国年轻艺术家的风采和实力。

随着剧团声誉的远播和与国际舞蹈界关系的日益紧密，中芭优秀演员不断被邀请到各国艺术节、Gala演出中担任客席主演，他们作为剧团的代表，深入到世界各地的主流舞台，比如日本新国立剧院、第三届亚太艺术节、澳大利亚芭蕾舞团建团50周年庆典活动等，青年编导王思正、李俊等人还受邀赴德国汉堡、中国香港编创委约作品。

除了舞台艺术交流，3月，中芭首次组派以冯英团长为首的3位代表参加了“德国舞蹈大奖”颁奖晚会。莫里斯·贝嘉、皮娜·鲍什、约翰·诺伊梅尔等国际顶尖大师曾获得该奖项。德国舞协主席特别向全场嘉宾隆重介绍了中芭并表示了热烈欢迎。通过各方面持续、深入的国际交流，中芭进一步扎实有效地扩大了知名度，与此同时增强了中国在国际艺术界的影响力。

三、明确剧团定位，履行国家使命，增强社会效益，树立公益品牌，进一步巩固艺术教育成果

除了积极参与展演、艺术节、舞蹈节、音乐节等固定性、示范性项目演出，中芭坚持艺术服务于社会大众的指导原则，在丰富百姓文化生活的同时，实现社会效益和经济效益双提高，并将增强社会效益、树立公益品牌放在第一位。剧团全年共演出127场，其中包括“高雅艺术进校园”、“三下乡”、“走转改”、“慰问残疾人”专项公益性演出及交响乐团举办的音乐会等。

2012年，中芭公益演出场次较往年继续增加，仅“高雅艺术进校园”就举办了32场，而且场场叫好叫座。5月下旬至6月中旬，中芭20天内分三队赴甘肃、山西、内蒙古、广西、湖南、江苏、安徽、河北8省（自治区）11市30所大学进行了32场“高雅艺术进校园”演出。西部省、自治区高校学生特别希望中芭能经常深入基层，让更多的年轻人了解芭蕾、喜欢芭蕾。走进校园让广大师生切实体会到文化大发展大繁荣带来的实惠，数以万计的高校学子从这项民生工程中获得美的启迪和激励。

为配合国家素质教育，提高全民综合素质，帮助更多人获得接触、了解芭蕾艺术和提高艺术修养的机会，中芭不局限于三部委安排的走进高校活动，特别将眼光放大到广大中、小学，探索高雅艺术进中学、与泸州教委合作是第一步，经过多方联络和协调，中芭建立了泸州艺术教育基层基地。为此，中芭着手编写适合中学生的教学大纲，选派优秀教员每学期对学校进行为期一周的现场教学，中芭艺术教育中心每年分两批为当地教师进行免费教学业务培训。与此同时，与北京部分幼儿园的艺术教学合作仍在有序进行，面向社会的中芭业余班培训工作也开展得有声有色，深得广大家长欢迎。

在丰富市民生活、“芭蕾进社区”方面，中芭出台了新举措。剧团与西城区合作举办了“社区居民·走进中芭”活动，为没有经济条件欣赏高雅艺术的人们提供了难得的艺术欣赏机会。12月3日是“国际残疾人日”，这一天，中芭与区残联合作，热情邀请残疾人朋友进中芭，与剧团演员同台表演，充分践行了作为国家院团应有的社会责任，取得了很好社会效益。

四、着眼长远，“六管齐下”，引导演职员工牢固树立社会主义核心价值理念，将人才培养工作落到实处

一是大力加强职业道德教育，探索、建立健全各部门工作制度，组织全团演职员学习《中国文艺工作者职业道德公约》，宣传身边感人事迹，评选“德艺双馨”、“先进工作者”、“年度最佳新人”，用绩效考核、奖优罚劣制度激励人。

二是在剧目中锻炼、培养人。聘请知名芭蕾大师来团指导剧目排练，保持鲜活创造力和剧目多样性。比如排演《小美人鱼》、《中法交流之春》，邀请德国著名指挥马克思博默来团执棒，带领“芭交”再度谱写“德奥音乐新篇章”。

三是引进知名国际大师来团系统教学。除了在创作上引进、排演大师作品，中芭坚持在日常的基本功训练和经典剧目排练中与国际最新、最前沿的芭蕾教学法接轨。2012年，先后邀请了前莫斯科大剧院的两位资深教员为演员授课并排练舞剧《舞姬》第三幕。邀请加拿大皇家芭蕾舞团资深芭蕾大师张卫强为和拥有30年经验的美籍芭蕾大师来团开始为期三年的教学、培训和管理工作，林恩女士是中芭历史上第一位非华裔长期教员。

四是按照事业单位企业化管理要求，借助国内外高水平大学和其他培训机构，开始对演出经营、艺术管理人才培训，增强市场适应能力。2012年剧团先后选派5名演员、演奏员和管理人员赴美国、德国进行中长期培训。

五是与北京舞蹈学院合作开办“芭蕾舞表演人才实验班”，加强双方在舞蹈教学与实践方面的合作，为培养更多优秀芭蕾后备人才探索新的渠道。2012年9月该实验班已招收26名新生。

六是为解决演员学历继续教育需求，邀请北京舞蹈学院老师来团授课、考试，剧团20多名演员已参加北舞本科学历教育。

五、深入学习、贯彻、落实党的十八大精神，围绕中心工作，发扬中芭精神，牢固树立社会主义核心价值理念

按照文化部党组的统一部署，中芭深入学习、贯彻、落实党的十八大精神，以实现全团艺术生产目标，狠抓职业道德教育和爱国主义、集体主义教育，增强全团演职员工的凝聚力和战斗力，以强化剧团内部管理为工作抓手，以“强组织、增活力，创先争优迎十八大”为主线，以积极、主动、多层次开展公益性演出为载体，充分发挥了国家艺术院团推进发展、服务群众、凝聚人心、促进和谐的作用。

职业道德教育和爱国主义、集体主义教育是中芭思想政治工作的重中之重，一方面通过严格执行工作制度，促进职业剧团建设，另一方面引导演职员工牢固树立社会主义核心价值理念，用先进人物教育人，用先进事迹感染人，集中学习先进人物的光荣事迹，如集体观看“感动中国2011年度人物”颁奖典礼录像，通过评选先进工作者、先进党支部等荣誉称号来鼓励优秀、鞭策落后，开辟专栏大力宣传身边感人事件，让大家学有榜样，干有标准。

2012年，中芭演员队荣获全国“工人先锋号”殊荣，演员队党支部被授予“文化部直属机关先进基层党组织”荣誉称号，张剑同志被授予“文化部直属机关优秀共产党员”荣誉称号，陈月明同志被授予“文化部直属机关优秀党务工作者”荣誉称号。中芭荣获陶然亭街道创先争优区域党建先进单位和西城区精神文明建设先进单位。

细致周到的党、团、工、青、妇工作，老、中、青传、帮、带的优良作风，自上而下坚守艺术的朴素思想，极大地增强了全团演职员工的凝聚力和战斗力，极大地鼓舞着中芭全体演职员工向着更加美好的目标奋斗、前进。

中国美术馆

2012年，中国美术馆在文化部的领导下，以建设社会主义文化强国理念为指导，坚持为人民服务、为社会服务的发展方向，充分发挥国家公共文化服务设施职能，不断提升学术研究能力，积累国家艺术典藏、为公众奉献高水平展览、开展优质教育活动、推动对外国际交流，增强中国美术的国际影响力，为创新21世纪中国的美术馆文化，促进美术馆行业的整体发展作出了有益的探索。

一、坚持精品意识，提高展览质量，形成“好戏连台、精品纷呈”的展览面貌

中国美术馆是世界上少有的常年每日开放馆，并且以固定陈列和流动展览并举，中国美术馆自2011年免费开放以来，得到了全社会的广泛欢迎，为了使公众不仅能够免费走进国家最高的美术殿堂，同时也能够持续享受到优质的文化服务，中国美术馆提出“免费更要优质”的工作要求，认真分析社会审美需求，一方面加大自主策划展览的力度，另一方面严格把关，科学安排展览项目，形成了全年“好戏连台、精品纷呈”的展览面貌，许多展览引起社会广泛关注，多次掀起公众参观热潮，为全社会提供了高品位的精神享受和丰富的文化艺术产品。

2012年，中国美术馆举办各类展览113个（不包括赴海外的展览），在艺术载体方面，构成了包括国画、油画、版画、雕塑、书法、摄影、陶瓷、民间美术及其他综合材料等各类别美术大观。在表现主题方面，既有反映主旋律的经典作品展，也有展现传统文化风貌的古代艺术珍品展；有反映民族民间艺术独特风貌的展览，也有展示国际艺术发展特色的国际艺术交流展；有展现老一辈艺术家杰出成就的回顾性大览，也有中青年艺术家创新探索的成果展示。在展示设计方面，不仅为展览主题营造意境，更注重观众参与，运用多种手段提供互动式观赏，令观众获得“常进常新”的审美感受。2012年，中国美术馆策划的精品展览有：“都市·田园——中国美术馆中国画提名展（2012）”、“邓拓捐赠中国古代绘画珍品特展”、“从延安走来——纪念毛泽东同志《在延安文艺座谈会上的讲话》发表70周年美术作品展”、“大器‘玩’成——中国美术馆藏民间玩具精品陈列”、“翰墨传承——中国美术馆当代书法邀请展（2012）”、“搜尽奇峰——20世纪中国山水画选展”等，这些展览不仅得到公众和媒体的好评，也受到美术界和学界的肯定，发挥了优秀美术展览引领美术创作的思想，彰显时代主旋律的作用。其中“从延安走来”大型主题展览在本馆展出之后，还巡回到浙江美术馆、广东美术馆展出，前后达3个月。

中国美术馆在陈列方面也有新的举措，将五楼展厅作为馆藏陈列的专用展厅，以实现美术博物馆的陈列功能。如“大器‘玩’成——中国美术馆藏民间玩具精品陈列”，展出97天，观众量近29万人次，被评为“2012年全国美术馆馆藏精品展出季”优秀展览项目。推出“重读经典”系列馆藏陈列，使国家艺术典藏为社会公众共享，首展“搜尽奇峰——20世纪中国山水画选展”获得广泛好评。

二、加强公共教育，创新教育手段，提高教育的针对性与有效性

面对免费开放后观众结构复杂化的新情况，为满足公众更加多元的服务需求，中国美术馆公共教

育工作调整思路，提升了教育活动的有效性与针对性，美术馆的教育品牌日益深入人心。

一是加强学术讲座的策划，满足不同人群的需求。针对专业人士组织各种主题的学术研讨会，针对普通观众组织了各种学习普及型活动如“与艺术家对话”、“带你看展览”。针对团体参观组织了“美术馆之夜”及“艺术沙龙”等活动。例如，在“从延安走来”展览中，邀请延安革命纪念馆讲解员来京导览，在“山川蒙养20年——山艺术文教基金会川美艺术作品收藏展”期间，推出主题为“艺术魅力与收藏情怀”的“艺术沙龙”专场活动。多种形式的活动以及丰富的内容使得每场活动均吸引大量观众报名参与。

二是坚持主打儿童教育品牌，培养观众走进美术馆的习惯。“我在中国美术馆画画儿”是中国美术馆的传统儿童教育项目，免费开放后，中国美术馆增加了“儿童展厅观摩体验活动”、“童心·创想——全国少儿绘画大赛”、“我在中国美术馆上课”教师教学观摩研讨活动、“我在中国美术馆画画儿活动——优秀作品巡展”等活动，通过丰富活动内容、拓宽活动形式、延长活动时间、增加互动渠道等方式，年受益儿童观众达数万人次。

三是拓展“现场”体验，营造互动性的参观氛围。充分发挥中国美术馆资源优势，通过邀请策展人、艺术家、理论家在展厅与观众交流、对话，进一步提高观众的参与热情。开发了设计体验类、软陶体验类、阅读体验类、表演体验类、亲子游戏类不同内容的教育活动课件，以丰富不同类型的教育活动内容。

四是扩大志愿者队伍规模，为广大观众提供丰富和优质的导赏及其他服务。目前中国美术馆志愿者队伍人数已经稳定在130余人，为提高志愿者专业素养，组织志愿者专业培训系列学术讲座。在中国美术馆“馆藏玩具展”期间推出的“小小讲解员”服务，成为展厅导赏服务的新亮点。志愿者在中国美术馆公共文化服务方面发挥着越来越重要的作用，成为中国美术馆与社会公众的纽带和桥梁。

五是发展社区项目服务，注重美育普及推广。鉴于社区受众相对零散，坚持“请进来、走出去”的工作理念，通过多种合作机制的探索，加强与周边社区和机构的联系，扩大了教育服务的辐射面，许多在京高校和企事业团体也选择中国美术馆作为开展审美与体验活动的教育基地。

三、构建国家美术收藏序列，弘扬捐赠善举，增强藏品的修复、研究和利用

2012年中国美术馆继续通过常规收藏和专项捐赠构建国家美术收藏序列。本着“加强重点、突出特色”的原则，在研究馆藏构成的基础上形成收藏重点，加大收藏力度。全年收藏作品共计1279件，比去年收藏581件翻了一番，其中落实专项捐赠王憨山、陈大羽、韩景生、孙常非、黎雄才、张漾兮、力群及马正荣藏民间美术、朱海彬藏古代陶瓷玩具9个项目，涉及中国画、油画、版画、木刻原版、年画、写生稿、书法、背扇、服饰九大品类，总计894件。为表达对老艺术家的敬意，同时也体现了国家对文化艺术的尊重，认真举办每一场捐赠作品展，加大宣传力度。与此同时，将常规收藏重点放在当代艺术名家上，争取了一批重要作品，并着手制定书法收藏规划，通过举办专题展收藏了一批名家书法佳作。

藏品数字化建设取得新进展。在全国美术馆界率先制订了藏品信息管理标准文件：《中国美术馆藏品信息指标著录规范》、《中国美术馆藏品二维影像采集技术规范》和《中国美术馆藏品声像信息著录规范》。完成十万余件藏品纸本账目与电子账目的核对工作，建立并储存标准藏品数字化图片5000余张；拍摄藏品1000余张。

加强藏品展览的策划，充分发挥藏品作用。分别策划“共和国美术之路——中国美术馆馆藏作品展”赴天津美术馆展出，“共和国美术经典——中国美术馆馆藏美术作品展”赴内蒙古展览馆展出，两地参观观众总计十余万人。支持上海中华艺术宫开馆展览借用藏品，全年办理外借作品3049件，调用藏品图片5080件。

“邓拓捐赠作品保存修复项目”作为近年中国美术馆重点业务，得到多位中央领导同志和文化部领导的高度重视，工程历经两年努力，终于在2012年春节前完成，此项工程的告竣意义重大，为此中国美术馆策划举办了“邓拓捐赠中国古代绘画珍品特展”，并召开了“卷轴绘画保存修复学术研讨会”，中国美术馆修复工作的创新不仅在美术馆界得到肯定，也在博物馆界的同行中获得好评。

四、通过主渠道大力开展国际交流与合作，增强在国际美术界的影响力

2012年，中国美术馆通过主渠道大力开展艺术展览、国际论坛、专业培训等方面的高层次国际交

流活动，国际合作不断向纵深发展，国际事务的工作经验不断丰富，整体的国际交流水平进一步提高。今年主办国外来展项目5个：分别为“伯胡斯拉夫·雷聂克——捷克的现代隐士”、“从马列维奇到康定斯基——欧洲的构成主义”、“苏立文与20世纪中国美术”、“移动中的变化——澳大利亚当代影像展”、“图与词：玛格利特以来”。同时，加大了“走出去”的力度，举办赴海外展览5个：为纪念中日邦交正常化40周年，在日本东京日中友好会馆美术馆举办“山花烂漫——中国美术馆藏贵州蜡染艺术精品展”，在日本东京国立博物馆举办“万里江山——中国美术馆馆藏20世纪山水画精品展”；赴匈牙利国家美术馆举办“开放与共融——中国当代艺术展”，规模之大在欧洲尚属首次；赴德国举办“大道之行：中国当代公共艺术展”，是中国文化年视觉艺术领域的重要项目，也是中国公共艺术在海外规模最大的一次展示；赴大英博物馆举办“中国印·李岚清篆刻书法艺术展”和国际学术研讨会。此外，全年接待外事来访、会见、业务交流与洽谈近300人次，增进了中国美术馆与国际同行间的了解，为今后更好地开展国际合作奠定了基础。在文化部外联局的支持下，与孟加拉国家艺术院合作，推动“第六届亚洲美术馆馆长论坛”的召开，为共同探讨当代亚洲美术的问题提供重要契机。与德国柏林自由大学合作，举办“文化管理在中国”培训项目，积极推动美术馆人才建设。

五、坚持学术立馆，注重媒体宣传，加强观众拓展，强化公共服务

中国美术馆积极推进20世纪当代中国美术的学术研究、展览与项目策划以及博物馆学的相关活动。配合重大展览活动举行了6场学术研讨会，同时在重大展览的学术策划、展览的具体实施、画册编辑、新闻传播以及相关学术活动中都发挥学术的核心作用。组织实施了全国美术馆策展人培训班、举办了国家近现代美术研究中心的学术研究展及学术研讨会，继续进行国家重点课题“中国民间美术著名传承人创作现状调查”的研究，100项传承人项目已完成93项。

加强与新闻媒体的沟通与协作，拓宽美术展览发布的资讯渠道。以重大展览活动为支点，通过主流公共媒体及专业媒体适时发布重要展览的信息。与多家媒体保持良好的合作关系，宣传和报道的力度不断加强，重要展览的媒体关注度超过200家。在对外展览的宣传方面取得了有效的进展，使得展览在国外取得良好效果的同时，在国内也受到关注。全年共邀约记者到馆1214人次，组织发布新闻40场，编辑完成新闻集锦35册，新闻报道4812篇，网络转载4万余条。电视新闻播报约200条，其中中央电视台播报51条，北京卫视80条。免费推出“最美北京之中国美术馆”宣传片，连续7天，每天20次播出，极大的推广了中国美术馆的良好公益社会形象。

积极推广美术馆文化。组织了“尚德·尚美·树新风”观众文明参观倡议活动，活动期间向观众派发了5万张印有馆藏美术作品的宣传卡，利用巨型路牌广告，取得良好宣传功效；在纪念学习雷锋活动中，组织了“中国美术馆学雷锋志愿者在行动”项目，在活动中向来馆观众派发一万张馆藏雷锋版画宣传卡，“中国美术馆用艺术的形式传递雷锋精神”成为当时大量媒体引用的标题；在“从延安走来——纪念毛泽东同志《在延安文艺座谈会上的讲话》发表七十周年美术作品展”中，策划“邀请7万名文艺工作者走进中国美术馆观展”观众拓展活动；在国际残疾人日之时，举办“生命痕迹——特殊儿童美术作品展”，许多重要媒体对活动进行了报道，引起社会的关注。

在公共服务方面，加强常规性展览服务和信息的更新覆盖，以方便观众安排自己的活动行程。每月印制2万份展讯供观众取用，增设多处电子显示屏以供观众查阅展览信息；建立观众意见周报制度，在前台设置观众意见卡按期收集整理公众意见，全年总计收集和整理观众留言上千条，根据观众需求和建议积极增加服务项目；改善前台观众服务管理，加强服务人员队伍建设。

加大随展纪念品开发力度，在主业延伸产品开发和市场调研、考察方面整体加大了拓展力度。以开发中国美术馆有形资产和无形资产为中心，以最大程度推介、宣传中国美术馆的形象为目的，紧跟重大展览项目，较好地完成了衍生产品、艺术纪念品的开发与销售工作。

中国美术馆积极推进数字美术馆建设，不仅通过内网实现部分网络办公职能，同时也进一步加强门户网站建设，全年网站日均访问量达7.9万余次，同比去年增加1万次。中国美术馆网站已在中国美术界拥有一定影响力，为宣传中国美术馆事业发展，为公众提供文化信息服务作出了极大的贡献。在“2012年度文化部政府网站群绩效评估”活动中，被评为文化部政府网站建设先进单位，获得“特色创新奖”。《中国美术馆》月刊紧紧围绕中国美术馆学术建设的大局，全年12期编发的文字总量超过140万字，刊登图片总量3000余幅。及时地报道了中国美术馆及美术馆业界的学术活动和最新学术研究成果，有效地扩大了中国美术馆的学术影响力。《中国美术馆年鉴》是中国美术馆事业发展全面、系统、准确的总结性记录，为美术界提供了宝贵的资料，具有重要的档案价值。2011年年鉴共收录文字32万字、图片685张。

六、提高综合管理效率与水平，推进人才队伍建设，加大后勤保障支持力度

积极发挥综合行政、人事管理、财务分配、后勤服务、安全保卫等方面的职能，不断探索新的方式方法，为确保顺利完成中心任务提供坚实的保障。

提高综合性文稿起草质量和重大事件的应急能力，全年共办理各种公文1247件；注重制度建设和档案管理两项基础性工作，取得开创性成效；加强对上级机关的信息报送，荣获文化部“2012年度文化信息工作先进单位和先进个人”称号；注重人事制度和人才队伍建设，通过制定多种方式引进人才，采取多种形式培养人才，最大限度满足美术馆事业发展需求；财务工作服务事业发展大局，加大投入的力度，兼顾职工工资利益，保障全馆各项事业顺利、平稳发展，荣获文化部颁布的2012年度部门决算评比奖项；后勤保障工作在国有资产、设施建设、医疗保障、职工福利等方面提供了有力支持，与物业管理公司合作经验不断成熟，获得“建设部”北京市五星级物业管理示范单位光荣称号，成为物业管理服务样板单位；安全工作在改进安全防范手段，提升安全服务质量，完善安全服务机制，强化安全服务理念上下工夫，全年检查包裹60万余件，查处危禁物品9000余件，审核展览搭建项目40余个，发放防伪标4万余枚，荣立北京市公安局颁布的“2012年集体三等功”。

七、建设学习型党组织，加强党风廉政建设，密切联系群众，增强党组织的凝聚力、战斗力

2012年，中国美术馆坚持“围绕事业抓党建，抓好党建促发展”的工作思想，以开展保持党的纯洁性教育为主线，以提炼宣传中国美术馆核心价值理念为创新点，坚持学习型党组织建设，在加强基层党组织的思想、组织、作风、制度和廉政建设方面不断创新手段，注重发挥党员先锋模范作用和党支部的战斗堡垒作用，为全馆各项工作任务的完成提供了有力的思想保证。

以建设学习型党组织为目标，不断完善党委理论学习中心组学习制度。党委理论学习中心组的龙头作用，带动党员干部认真学习贯彻党的十八大精神，推动全馆职工的学习，努力把党员干部的思想认识统一到中央精神上来。结合提炼宣传中国美术馆核心价值理念活动，把开展学雷锋常态化活动与开展道德领域突出问题专项教育和治理活动融入其中，不断深化党员干部思想认识，通过观看教育光盘、组织参观考察、举办学习班、召开座谈会、向英模学习等一系列活动，多角度、全方位地开展党员思想教育活动，使保持党员先进性和纯洁性教育不断深入心。围绕开展党的基层组织年建设，注重建立健全创先争优长效机制。通过制订方案、定级测评、考核评选、宣传报送等手段，使基层组织建设工作开展得有声有色。认真做好发展党员工作，今年共发展党员2名，转正8名。围绕“惩治和预防腐败体系建设年”工作要求，认真抓好教育、制度、监督、纠风等长效机制的建立和完善，构建起中国美术馆惩治和预防腐败体系的基本框架。注重树立党员和领导干部廉洁从政的良好形象，通过建立党政联席会议制度、制定《中国美术馆廉政监督暂行办法》，不仅加强了对权力运行的监督，也有效地促进了监督工作的规范化。进一步加强对中层干部选拔聘任和大额资金使用等重大问题研究决策的监督，扎实推进廉政风险防控机制建设。不断加强与群团组织的联系，营造团结和谐，积极进取的工作氛围。开展走基层，送书法下乡、学雷锋艺术传递志愿服务等活动，组织职工书画创作写生、展览，开展丰富多彩、寓教于乐的文体活动。提高离退休人员的生活待遇，力争做到让离退休人员满意，把对离退休人员的关心落实到具体的工作中。

八、不断完善新馆设计方案，稳步推进新馆建设

国家美术馆建设项目已经成为国家重点文化建设项目，得到中央领导的高度重视。今年，中国美术馆加强与入围的四家外方设计单位及设计师的沟通，不断改进设计方案，于3月上旬开始进行设计方案展示和内部观摩的筹备工作，从接收作品、选定场地、布置展场等各个环节把关，使整个工作有条不紊，按计划布置完成。李长春、刘延东、刘云山、马凯等中央领导，文化部、国家发展改革

委、北京市相关部门领导及国内建筑界、艺术界众多专家相继前来观摩。组织完成了设计方案专家评审会，邀请国内外共11名著名专家担任评委，在驻部监察局和北京市标办监督下，经过评标、投票等环节，圆满完成评审工作，在此期间，中央领导，北京市领导，文化部领导及各方面专家学者，先后来馆观摩方案深化设计成果，并提出很多意见和建议，为优化和深化设计工作提供参考。2012年北京市重大项目建设办公室再次将新馆项目列入2013年重点项目，中国美术馆与北京市各职能部门建立了良好的工作关系，对推进各项手续的审批办理提供了有益的帮助。

中国国家画院

在十七届六中全会及十八大胜利召开，全国上下全面掀起建设具有中国特色社会主义新高潮的时代背景下，中国国家画院在2012年的各项工作实现了快速发展，取得了有目共睹的成绩：

一、紧抓创作、研究两项核心工作

（一）主办或承办多项大型美术作品展

2012年，中国国家画院坚持以展览带创作，打造精品力作的方针，先后主办或承办了多项在全国引起较大反响的美术作品展：

“南北对话——中国当代画家创作成就展”。此次展览汇聚南北各地40余位名家的近200幅力作，展示了当代中国画创作的新面貌。将南北名家的作品以“对话”的方式展示出来，其意义不仅是为了呈现当代国画创作的地域性特征，更是为了推动南北画家的艺术交流。

“写意中国——2012中国国家画院国画·版画邀请展”。集中展出了当代国画名家作品160余幅，版画名家作品80余幅。2010年以来，“写意中国”系列展览已成功举办三届，在艺术界、学术界和社会公众中曾引发热烈的关注与探讨。本次展览作为前两届展览的延伸和拓展，进一步凸显了“写意精神”的时代价值，展示了当代中国美术家们继承传统、开拓创新的时代风采，弘扬了中华民族“大美为真”的艺术精神。

“艺术·经典——中国国家画院美术作品展”。作为2012首届中国艺术品产业博览会最主要的内容，展览面积超过15000平方米，展出中国国家画院国画院、书法篆刻院、版画院、雕塑院、公共艺术院、青年画院等专业院及特邀画家共500多名艺术家创作的最新作品近1000幅。

“大美东方——2012中国国家画院美术作品展”。2012年9月，在中阿峰会期间，在宁夏银川举办“大美东方——2012中国国家画院美术作品展”，展出的近400件作品，形式多样、题材丰富。

“荆浩杯·中国画双年展”。共收到作品近3000件，评出优秀作品60件，入选作品246件。将先后在河南济源、郑州及北京进行展览。

云南大观楼楹联美术创作工程。2012年，经过反复论证审稿，大观楼楹联美术创作工程顺利实施，以林容生、苗再新牵头，集合了全院艺术家智慧的两件巨幅作品，得到了云南省市领导、艺术界及社会观众的广泛好评。

永乐宫壁画原大复制。由中国国家画院研究员申少君主持项目，填补国内相关领域空白，出版大型画册。

（二）开展学术研究

各项国家级科研课题进展顺利。目前有包括《中国画院史》、《中国现代美术史》两项国家重点课题在内的共七项科研课题正在进行。2012年新立项《写意论》，也开始启动实施。

中国首届艺术品产业博览会“全球化时代的艺术品产业国际高峰论坛”。本次论坛深刻的探究了全球化时代的艺术品产业问题，以宏大的视野和多元、立体的视角，系统地分析、梳理了当前我国艺术品产业发展的整体状况，对所存在的问题进行了富有建设性的思考与讨论，所产生的理论成果必将会对中国艺术品市场的建设与发展产生积极的影响，为打造世界级艺术品产业国际交流平台奠定坚实的基础，创造良好的条件。11位从事艺术经济、艺术市场研究的专家学者作为嘉宾进行了演讲。

荆浩国际学术论坛。月度学术日活动。自2011年起，学术日每月举行一次，全院专业人员参加，围绕六大题材美术创作工程，中国当代美术创作、研究发展现状，中华文明历史题材创作，古代画论翻译工程等议题进行讨论，极大地增强了国家画院学术研究的风气和氛围。

国家重大现实题材美术创作论证会。中国国家画院召开国家重大现实题材美术创作工程专家论证会，由部分在京的党史、历史和美术界专家参与的论证会，就国家重大现实题材美术创作工程方案做出论证。

（三）六大题材美术创作工程

中国国家画院自2011年启动以《祖国》为总题目的“六大题材美术创作工程”。此项工程将以长江、黄河、长城、大运河、丝绸之路、郑和下西洋六项中华民族具有代表性的人物、事件和自然地貌为题材，创作数组类型多样的大型作品。2012年，该工程上报文化部等上级主管部门，并得到了李长春同志的批示支持。现项目正在按计划逐步实施。

二、教学培训工作

2012年，中国国家画院教学培训中心进一步严把教学质量和生源质量关，对各工作室进行重新筛选、整合，在控制招生规模的基础上，提升学员的层次水平。目前共有30个工作室的近400名学员在院学习。同时，2011年中国国家画院教学培训中心还新增招收访问学者，这对培养高质量的美术创作和研究人才发挥了积极的作用。

同时，中国国家画院在2012年还承担了文化部全国画院专业人员的研修培训工作，成立了山水、人物两个创作班，共计培训学员近60名。

三、收藏工作

在文化部、财政部等支持下，2012年下拨收藏经费700万元。共收藏作品245件，其中国画100件，版画145件。

（一）以展代藏

“南北对话”。在经费有限的基础上，实行以展代藏的方式，邀请40余位艺术家参展，利用收藏经费举办展览的同时，对艺术家进行适当补贴，收藏了40余件精品；

“艺术·经典——中国国家画院美术作品展”收藏版画作品65余件。

（二）捐赠性收藏，给予适当补贴

王憨山41件，晁梅20件，汤文选20件，徐匡20件，广军20件，李焕民20件。

四、对外文化交流

作为目前国内最高级别的美术创作和研究机构，中国国家画院对中国当代美术的海外推广承担着重要责任，特别是在2011年建院30周年美术作品展上，李长春同志提出要引领世界美术发展潮流的要求，因此，中国国家画院把海外交流和中国美术的海外推广也作为重要工作之一，在2012年取得了不错的成绩：

（一）“中国风格——中国国家画院著名画家邀请展”在纽约亚洲美术馆开幕

5月初，中国国家画院一行15人访问美国纽约、华盛顿、新泽西州等地区，参加纽约以及新泽西等地多家机构主办的一系列艺术活动。中国国家画院此行是应纽约州政府和美国中国文化艺术基金会邀请，这是中国国家画院自更名以来，第一次以院的名义走出国门，向西方国家展示当代中国画家的代表作品，是画院“走出去”活动的第一步，也是“中国美术海外推广工程”计划之一。

（二）建立海外创作基地

目前，已经初步确定在纽约和巴黎建立2个中国国家画院海外创作基地，并以这2个基地为中心，将中国国家画院的影响力辐射至美洲和欧洲，进一步推广中国当代美术创作的精品力作，打造中国当代美术的国际知名度和影响力。

（三）艺术交流中心海外推广工作

“写意中国·2012美国迈阿密国际美术展”12月初，在美国迈阿密艺术周期间举行，展出了国家画院20余位研究员的近百件作品。

大韵·林州——百名艺术家走进林州写生活动。邀请中国当代名家赴林州太行大峡谷写生及参与国际和平纪念日活动，同时征集中国当代100位名家绘制100幅作品，装裱百米长卷，作品在联合国总部、北京、郑州等地巡回展出。

（四）为海外中国文化中心创作大型作品

2012年，先后为莫斯科中国文化中心、马德里中国文化中心、曼谷中国文化中心分别创作巨幅作品8件，其中国画4件、书法4件。

（五）接待多个国家和地区的艺术代表团来院

2012年，曾先后接待美国、法国、日本、非洲、中国台湾等多个国家和地区的艺术家代表团来院参观访问并进行学术交流。

五、深入基层开展系列活动

中国国家画院积极响应上级部门的号召，深入基层，开展了形式多样的美术创作、采风写生等活动，这对带动地方美术创作，促进与基层美术工作者交流起到了推动作用：

“走进西南——中国国家画院赴贵州采风创作”。

“走进延安——中国国家画院纪念毛泽东同志《在延安文艺座谈会上的讲话》发表70周年主题活动”。为纪念毛泽东同志《在延安文艺座谈会上的讲话》发表70周年，由刘文西、刘大为、龙瑞、于志学、杨力舟、王迎春、尼玛泽仁等百名艺术家组成的“走进延安——中国百名画家写生采风创作团”一行赴革命老区延安、榆林等地进行为期14天的采风创作活动。

“大美青海——中国国家画院著名画家青海行采风活动”。应青海省委省政府的邀请，中国国家画院组织30余位艺术家及工作人员，在为期9天的时间里，深入到玉树、互助、贵德等青海各地进行写生、采风，同时进行笔会、交流、捐赠等活动。

六、开展公益性活动

作为文化部直属的公益性事业单位，中国国家画院多年来积极投身各项公益事业，在社会上引起了积极反响。

为广西贫困地区捐款捐物。在广西壮族自治区红十字会的配合下，2012年春节期间，先后走访了13个贫困市县，捐款捐物累计达530余万元；

举办“起航之旅——圆梦北京夏令营活动”。由广西壮族自治区红十字会选拔的27名品学兼优的贫困山区学生在为期8天的活动中游览故宫、长城等名胜古迹，参观国家博物馆、天文馆、科技馆、“鸟巢”等大型场馆，体验专业艺术家的美术教学，在领略首都风貌的同时丰富知识、开阔视野。

为贫困、受灾地区捐画。响应文化部扶贫慰问的号召，组织全院艺术家，创作了两件巨幅作品，分别捐献给陕北延安和四川汶川地区。

七、基础设施建设顺利开展

院址东扩工程。在文化部、国家发展改革委和北京市等相关部门和领导的关心支持下，中国国家画院院址东扩工程正按计划顺利进展。目前项目申报书已上报国家发展改革委进行专家论证，我们预计将在2013年完成项目立项、整体设计和项目招标等前期工作，力争在2013年底之前开始动工，并在2年内完成项目建设工作。

各个基地建设、使用进展顺利。圆明园创作中心已投入使用，盘龙谷创作基地和国展美术中心已经完成建设和装修工作，即将于2013年初全部进驻，其他各基地也按计划进行建设和使用，进展顺利。

新建创作基地。2012年，中国国家画院新建立了3个创作基地，分别为：中国国家画院颐和艺术中心（广州）、中国国家画院龙门艺栈（洛阳）、中国国家画院内蒙古创作基地（呼和浩特）。与此同时，与多个有合作意象的地区正在讨论进一步方案，成熟一个建设一个，力争在全国各重要地区建设中国国家画院美术创作中心和基地，在扩大知名度和影响力的同时，也带动地方美术创作及文化事业和文化产业的共同发展。

八、拍摄电视专题片

与中央新闻电影制片厂联合拍摄《岁月丹青》电视专题片，对年龄在70岁以上，在全国范围内最具影响的60位老艺术家进行抢救性拍摄，目前已经拍摄完成40余集，并在中央电视台、凤凰卫视等频道播出，产生了很好的社会反响。现在已与书画频道达成协议，自2013年春节起，在书画频道进行全天滚动播出，必将进一步扩大影响力。

中国动漫集团有限公司

中国动漫集团有限公司成立于2009年11月，是文化部两个直属事业单位（文化部文化市场发展中心、中国演出管理中心）改制转企基础上组建的国有独资企业。出资人为财政部，业务管理和指导单位为文化部。中国动漫集团有限公司（以下简称动漫集团）根据文化部、财政部的指导意见，确定了成为中国动漫游戏行业的综合服务提供商的宗旨。此外，还承载着国家动漫产业示范园区建设和代表中华文化精品动漫产品的制作业务。

动漫集团2012年的主要工作，是加快动漫游戏综合服务平台建设，加快奠定作为动漫游戏产业综合服务提供商的主体地位，尽快实现跨越式发展。

一、联系实际，学习贯彻十七届六中全会和十八大精神

2011年10月党的十七届六中全会，2012年11月党的十八大，对发展我国文化产业给予了史无前例的重视，作出了全面深入的部署，直接关乎中国动漫游戏产业的发展。动漫集团结合实际组织学习贯彻活动，力争通过学习促业务，通过学习促发展。

动漫集团当前重点抓好国家动漫游戏综合服务平台建设的举措，力争成为中国动漫游戏行业综合服务提供商的定位，符合十七届六中全会和十八大精神，符合中国动漫游戏行业的发展现状与规律，是对自身的恰当定位。循此目标和规划，动漫集团也必将得到又好又快的发展。

二、力求规范，推进重大事项、决策的科学和高效

一是通过动漫集团董事会、总经理办公会、党委书记办公会和监事会4套班子，以及领导班子会议，开展集团重大事项的研究和决策。全年共召开董事会8次，总经理办公会25次，党委书记办公会11次，监事会工作会议2次，领导班子会17次，研究决议事项150余项。

二是建章建制，规范项目采购与实施工作。为执行好2.2亿元国有资本预算项目，动漫集团主动通过招标采购方式，落实项目建设；制定实施了《国有资本金项目管理办法》、《国有资本金项目经费管理办法》、《国有资本金项目招标采购管理办法》等规章制度，规范项目招投标、集中采购、工程监理诸环节；在招标采购工作中形成了互相监督机制，力争把项目建设成为经得起上级检查、机构审计和市场检验的项目。

另外，修改制定了关于设立子公司、控股公司管理办法等；有效实施了季度、年度经营情况分析报告制度，促进了动漫集团的管理和规范发展。

三、突出重点，做好国家动漫游戏综合服务平台筹备建设

（一）将国有资本预算项目的执行作为年度工作重点

2011年8月，动漫集团申报了国有资本金项目“国家动漫创意研发中心建设项目”、“动漫内容集成分发系统建设项目”和“动漫游戏无线整合运营平台建设项目”（其中申请创意研发中心56433万元，内容集成分发平台申请26238万元，动漫无线运营平台15000万元，合计申请项目资金9.7亿元），12月，财政部批复3个项目首批资金2.2亿元。按照文化部的部署要求，动漫集团认识到，切实落实国有资本金项目，建设国家动漫游戏综合服务平台及国家动漫创意研发中心、国家高新动漫孵化中心的工作，并依托开展多项应用服务的立项、规划、申报、建设、运营，才能为今后更好地抓住机遇、争取支持打下基础，实现动漫集团成为动漫游戏综合服务提供商的目标。动漫集团领导班子确定将国有资本预算项目作为2012年核心和重点工作，为综合服务平台开好头，起好步。

（二）加强领导，集中力量，确保实施成效

一是动漫集团董事会确定了“管好用好国有资本金，发挥国有资本金杠杆作用，实现平台运营效益最大化，建立最优的商业模式”等基本原则；确立了“一体两翼”（一体即国家动漫游戏综合服务平台，两翼分别是国家动漫创意研发中心和国家高新动漫孵化中心）的项目总体思路；以坚定的信心和决心，开足马力，杜绝干扰，全力投入，力争实效，投入到实际工作中。

二是成立了国有资本金项目筹建办公室；下设以中层干部、骨干员工和专业技术岗位员工为主体，各环节工作实施的6个工作小组，有效开展工作。

（三）多方调研，科学论证，及时汇报沟通

一是先后调研了19家动漫内容制作、平台运营、技术支持类企业和机构，组织了由总体专家组和8个专家工作组共40余名专家参加的多轮论证，寻求了专业咨询机构的支持、认证，以了解动漫企业需求，探索平台商业模式，完善技术方案。设计完成了国家动漫游戏综合服务平台的功能需求方案，初步形成项目的运营推广方案；按照整合资源、优化配置原则，优化、整合了原申报的动漫内容集成分发系统与动漫游戏无线整合运营平台项目，完善了项目的总体框架。

二是集团主要领导多次向中央文资办和北京市文资办专题汇报项目的总体方案及阶段、分项目标，阶段进展情况。综合服务平台一期工程目标是动漫游戏内容（漫画、动画、游戏及周边产品资源库）的集成与提供，搭建集信息服务、动漫展播、游戏运营与周边产品在线交易为一体的行业综合门户；国家动漫创意研发中心目标是搭建高品质、国际化动漫创意研发环境，遴选、提炼国内动漫原创题材，提升我国动漫产业创意能力和原创水平；国家高新动漫孵化中心目标是突出动漫游戏技术的孵化和转化。项目实施目标与方案得到上级认可，北京市文资办同意给予项目配套资金支持。

（四）抓住机遇，夯实基础，落实项目用房

动漫集团积极向文化部、中央文资办、北京市文资办及石景山区报告国有资本金项目筹建工作情况，项目用房的需求与情况，得到认可和支持。动漫集团确定将项目落地石景山区，在该区及北京市考察了近40个商业楼盘，初步选择石景山区苹果园地块商业用房，报文化部审批后已转中央文资办。

已争取到北京市石景山区政府在项目用房上的居间协调和周转用房的租金补贴。待财政部批准项目用房方案后，还有望争取到北京市文创专项资金的配套支持、集中实施入住国家动漫创意研发中心大楼企业的优惠政策等政府资源，从而解决动漫集团的即期需求，获取长远发展的基础资源。

（五）立意高端，内引外联，探索强强联手

一是与迪士尼和腾讯公司签订合作协议，确立了动漫创意研发项目的合作方向，动漫创意研发中心以资助方式融资570万元。

二是与中国卫星通信集团等多家机构签署战略合作框架协议，探索平台内容的多渠道分发合作。

三是通过招标方式，确定了中科软、东软集团、中软、中国普天等一批在行业影响力大、实力强的合作机构，形成对项目实施的有效、有力支撑。

在经验缺乏、困难重重情况下，动漫集团经过多方努力，如项目用房请示获财政部批准，则2012年度国有资本预算项目预计执行率68.6%(加上预留的项目运行费用，全部预算基本执行到位)，预算执行和建设成效达到预期目标，为下一步项目建设和集团发展打下了良好的基础。

四、实施动漫游戏节目制作与推广等业务和项目

（一）倾力生产和推广一批高质量动漫产品

动漫集团在无财政支持和集团现金投入情况下，努力开展动漫游戏节目制作与推广工作：

一是持续打造“动漫春晚”品牌。完成了2012中国动漫春节联欢晚会、2012中国动漫元宵联欢晚会，在包括央视在内的全国40余家电视台和10余家视频网站的播出，收视率和收视份额均创中央电视台少儿频道的历史新高。2013年1月中旬完成制作的2013中国动漫春节联欢晚会，与更多机构、动漫企业和高等院校合作，品牌得以深化。动漫春晚打下了动漫集团原创战略的基础，成为具有里程碑意义的品牌。

二是由动漫集团、中娱文化公司、北京电视台卡酷少儿频道、中国电影公司及韩国OCON株式会社联合出品的动画电影《波鲁鲁冰雪大冒险》已于2013年1月25日全球发行，专家和各界给予了极好评价。

三是承接其他一批动漫节目的制作。包括应央视要求，完成两台暑期动漫大联欢节目，在中央电视台少儿频道成功播出；受陕西音像出版社委托，完成秦腔动画电影《窦娥》、《墙头记》制作；继续承制卫生部疾控局出资，文化部交办的艾滋病公益宣传片项目等；承制法国电视动画剧集《PERCY》的动画环节制作工作。

另外，动漫集团厦门节目制作基地于2012年6月开业。励小捷副部长、刘玉珠司长等文化部及福建省文化厅、厦门市委市政府等领导，以及动漫行业专家、同行出席了开业仪式。基地为动漫集团打下了动漫游戏节目制作的基础，还与厦门大学、福州大学等13所高校签订实训基地协议，开展了人才培训。首批二维、三维制作课程班毕业生就业率达100%。

（二）稳步推进动漫游戏多领域、基础性业务

一是成立了中国动漫游戏产业股权投资管理有限公司，探索开展动漫游戏投融资平台建设与运营。

二是筹备与西藏岗地文化集团合资设立中国动漫文化传媒公司，开展动漫游戏媒体传播业务。

三是完成动漫产业人才标准化建设项目结题，连续第二年获批承办全国动漫游戏知识产权保护问题研讨高级研修班，取得良好社会和经济效益，树立了品牌形象。

四是推动与首钢集团、北京市石景山区和丰台区合作的中国动漫游戏城运营公司项目，推进了中国动漫游戏城的基础工作。

五是经动漫集团总经理办公会、领导班子会和董事会研究，决定成立独资的中国动漫集团园区投资管理公司。

（三）推进艺术品评估和交易业务

一是以精品展览提升关注。在皇城艺术馆举办“‘金玉良缘’和田玉精品展”等12场展览，累计168天，产生了聚集效应。

二是推进《20世纪美术作品档案》项目，出版《20世纪美术作品档案——陈少梅1》及《20世纪美术作品档案——李青萍1》。

三是开展艺术品评估、交易与保管业务。共计评估各类艺术品104件，完成艺术品交易37件，艺术品保管970余件。

(四)举办系列国家级展会活动与项目

完成了文化部委托的一系列会展业务：一是圆满承办了中国艺术品博览会。包含其中的文化部第四届诚信画廊精品展，邀请到全国38家画廊参展。二是顺利承办了第十届中国国际网络文化博览会。

此外还承担了文化部“中土文化年”的论坛活动和项目推介。

（五）积极申报和实施动漫游戏领域科研项目

成功申报文化部国家文化科技提升计划项目《手机微动漫平台关键技术研究与应用示范》，科技部文化科技创新计划项目《面向农民工的动漫安全教育平台》；开展了3项2013年国家文化科技提升计划项目的申报。

文化部恭王府管理中心

2012年是恭王府管理中心落实“调整、改革、巩固、提高”战略部署的“提高”年，同时也是内部制度建设年。一年来，中心坚持“履行五大职能，打造四张名片，践行核心理念”的指导思想和工作方针，全年工作围绕“提高四项能力，完成两个任务，实现一个目标”的部署有序推进，取得了实际效果，获得了切实提高。不仅成功晋级了国家5A级旅游景区，还荣获了2011年度中国民族建筑传承奖、2012博物馆及相关产品与技术博览会“最佳展示奖”和“博物馆与文化创意产业促进奖”，2012年政府网站信息公开“精品栏目奖”等多项行业大奖，讲解员刘鹏博以总分第一名的成绩荣获“北京市优秀导游员”和“北京市导游之星”称号。

一、强化制度建设，提高管理保障能力

2012年是恭王府的制度建设年，中心从大局着眼，细节着手，着力加强制度建设，强化运营保障，使得内部管理水平得到全面提高。

成立了制度编制工作领导小组，要求各部门进一步明确细化部门职能及岗位职责，认真梳理各自职责内的工作，并以制度、规范、流程的形式制定下来，完整、系统且符合恭王府实际地表达出来，进而形成踏实严谨、务实高效的崭新的工作作风，管理水平显著提高。

持续开展消防安全和古建保护宣传工作，定期进行日常安全巡视和设备检修，提高安全保护责任意识，加强保护防控工作水平，不断更新安防设备，加强安保队伍建设，强化安保、监控、干部24小时值班和警民共建4套安防体系，着手改扩建监控室，增加显示屏数量，提高监控防控能力。

整合办公资源，改善设施条件，实现办公集约化。完成办公区西侧楼翻建，花园西配楼投入使用，集中库房安置落实，职工食堂落成竣工，办公区整合规划逐步到位，古建区得到有效保护，同时有利于部门间衔接配合，有利于工作高效集约；进一步提升服务社会化管理水平，完成水、电、暖、空调、保洁等物业招投标工作，府邸和花园物业管理实现统一；成立企业运营中心维修科，负责零修碎修工程，提高内部运营效率。

信息化建设长足发展，实现新突破。与文化部信息中心合作，完成了官方网站改版工作，版面更加清晰，突出恭王府特色，信息容量大，检索更加方便，有利于官方信息发布以及与游客网友的互动；完成内部局域网改造，增设布线增加端口，更便于内部办公交流，同时节约了电信带宽费用；着手进行机房改扩建工程，为下一步内部办公、电子商务和销售收银联网等工作创造条件。

加强经济管理，严格工程项目审批制度。进一步修订了《合同管理办法》和《项目实施和管理办法》，启用“项目审核程序流转单”，工程项目管理更加明晰，项目审批制度更加严谨，有效避免漏洞，确保经济活动规范有序。

有计划组织职工岗位培训，特别是一线人员礼仪服务规范方面的课程，进一步强化了职工的业务水平和工作能力。根据恭王府实际进行了网络公开招聘，与文化部文化艺术人才中心合作，严格笔试、面试等环节质量，选拔了一批优秀人才充实职工队伍。

二、业务建设再上台阶，外展交流初现异彩

全面开放后，恭王府的工作重心逐渐转移到业务建设上来，3年多时间里，中心在展览展示、文物收藏、文化研究、古迹保护、公共教育、文化活动等方面做了大量扎实的工作，2012年，以赴外展览实现重大突破为代表，恭王府业务建设获得大幅提升。

2012年，恭王府对外展览交流项目实现重大突破，成功举办了一系列影响广泛的展览，并根据展厅形式不同、展览受众不同、展示效果不同、展览方向不同，形成了以柏林展为代表的形象宣传图片展、以丹麦展为代表的历史文物和场景再现展以及以智利展为代表的旅游文化推介展三类特色鲜明的展览模式，外展邀请呈现井喷式增长，文化走出去战略得到推动。而极具恭王府品牌特色的“艺术系列展”已成功举办三十余次，在今年举办的17项展览中，包括了陶瓷、绘画、书法、玉器等艺术门类，呈现出更加多样化的特色。

古建保护方面，历时两年的《恭王府及花园文物保护规划》编制工作圆满完成，为恭王府未来20年的发展描绘了蓝本，对恭王府保护和发展具有重要指导意义；恭王府花园修缮方案初步完成，确保在开放的同时进行保护性修缮，并通过修缮弥补缺憾、完善设施，最大限度地保护文物，同时兼顾合理的开发和利用；原恭王府附属建筑之一、现为居民大杂院的福善寺，正式挂牌为西城区区级文物保

护单位，是恭王府开展周边文物建筑保护工作以来取得的一项重要进展，为下一步的腾退、搬迁和恢复工作奠定了基础，同时也是《恭王府及花园文物保护规划》启动以来取得的重要阶段性成果，对于加大恭王府及周边保护力度、整合王府资源、推动以恭王府为中心形成王府历史文化休闲旅游圈都具有一定的意义。

成功举办第二届海棠雅集、非物质文化遗产昆曲演出周、端午诗会、道教音乐专场演出等多项具有王府特色的传统文化活动举办活动，不仅积累了一批新的文化财富，而且实现了一个公众文化机构的文化担当。

依托即将改造竣工的北总布10号院，成立了文化创意与文化交流中心，并将在成立玉文化研究中心的基础上，陆续成立王府文化研究中心、福文化研究中心、中国古典家具研究中心、新视觉文化研究中心、中华老字号中华传统技艺研究中心、王府书院等研究机构，建立起内容丰富、基础坚实的文化平台，不断培育新的事业和产业项目，加快科研学术成果向文化产业的转化。

本着“突出藏品系列，优先用于展线”的原则，重点收藏与王府文化密切相关、有较高历史价值、学术价值和艺术价值的藏品。同时利用举办展览和活动，收藏现当代艺术品，进一步丰富馆藏品类，使得藏品数量大幅增加，实现了重大突破。征集清代红木家具13件套，包括红木架子床等重器和数件嵌螺钿镶理石的清代红木家具；收藏当代青瓷大师徐定昌等青瓷作品70件；征集9020件清代及民国皮影作品；入藏清朝宗室盛昱撰《鬱华阁遗集》(四卷)、果亲王允礼撰《静远斋诗集》、林则徐旧藏《唐圭峰定慧禅师碑》等二种、溥心畬著《华林云叶集》、清末美国驻华公使康格夫人著《中国来信》等珍贵古籍文献资料；接受国家清史编纂委员会捐赠图书《清史译丛》、《编译丛刊》等文献百余册。采购了《清代孤本外交档案》、《清宫御档》、《光绪帝起居注》等一批档案文献。档案文献收藏数量和质量再上一个台阶。新征集藏品可充实现有馆藏，使恭王府清代家具收藏形成一个更为完整的系列。

继2011年出版《清代王府文献资料汇编》后，2012年出版了《清代王府文化研究文集》第一辑和第二辑，收集文章一百多篇，近80万字，是恭王府研究最全面、最完整、最系统的文献合集；完成《恭王府海棠雅集诗选》的编辑与出版工作；编辑出版《和恭仁文——恭王府大事记》《华府新辉——恭王府新闻报道》；与中外文化交流中心合作完成了第一部独立制作、全面反映恭王府历史及府邸花园建筑风貌的专题片《恭王府》；举办“清代王府文献资料建设”座谈会，第一次就清代王府文献资料建设进行研讨，意义非凡；举办清宫史2012年理事会，研定将于2013年举办的第十一届清宫史研讨会的主题、时间、地点和规模等议题。这将是恭王府承办国内大型清宫史学会议的开端，恭王府在清史研究领域的地位显著提升。

社教工作蓬勃发展，由恭王府志愿者服务队自编自导自演的历史情景剧《王府的主人们》已连续义务演出几十场，得到上级领导和观众的热烈响应和称赞，被确定为志愿者服务示范单位；历时2年研发制作的国内首例盲文导览图《恭王府盲文导览图册》制作完成并投入使用，得到盲人朋友的热烈欢迎；举办“走进恭王府”教育教学实践活动，培训“小小讲解员”光荣上岗，西城区130位中小学校长现场观摩，活动得到了西城区教委领导的认可。

三、立足创新，优化产业经营模式

在国际经济形势疲弱的大背景下，恭王府今年经营态势总体平稳，游客数量和部分经营项目保持旺盛势头，以创新机制为导向的产业经营能力得到提高。

2012年，相继成立了北京恭王府家宴餐饮管理有限公司、北京文恭建筑装饰有限公司，进一步完善恭王府文化产业链，打造旅游文化形象，提升旅游服务水平，并实现了盈利。

坚持开展每季度一次的经营形势分析会；加强知识产权保护意识，加大对恭王府系列商标的保护力度，“恭王府”商标作为“北京市著名商标”的申报工作正在积极开展；拓展“品牌授权”经营新模式，创新合作方式，积极引进合作单位，进行恭王府酒、福文化家具和恭王府家居等项目的开发，合理利用恭王府系列商标的知识产权，从制度和模式上探索新的经营思路，培育新的经济增长点。

成功举办第二届旅游纪念品设计大赛，征集参赛作品318件，评出获奖作品53件，以此带动高端产品研发和销售。

加强对一线员工的礼仪培训，广泛开展内部业务交流，塑造员工良好形象，提升旅游服务质量；开展团队市场调研、撰写分析报告及营销计划，为进一步拓宽旅游市场提供科学依据。从团队源头，加大宣传和市场推广力度，有效保证了恭王府旅游客源的稳定性，保证了其他经营服务工作的规范有序进行。

围绕“迎福、祈福”主题，开展丰富的旅游经营项目，营造传统文化空间，吸引游客，凝聚人气。逢传统节日举办“春节福文化周”、“二月二龙抬头”等民俗文化活动；艺术沙龙举办书法绘画和京剧脸谱等艺术展览；福文化互动区增设“拓福字”、“书福联”等体验项目；与北京市东区邮局合作设立“中国福邮局”，发行“福禄寿喜”特种邮票。异彩纷呈的文化活动和经营项目，增加了游客游览过程中的体验感和认知度，也在一定程度上推动了恭王府旅游经济的发展。

开展团队市场调研、撰写分析报告及营销计划。深入北海公园、孔庙、国子监等与我们经营模式相似的旅游景点，实地了解经营情况，对其团队经营方式、商店、商品进行实地体验调研，以便制定有针对性的营销计划；进行高端客户调研，了解需求，听取意见，适时推出具有恭王府特色的高端商务旅游项，寻找从传统经营模式到新的经营方式的转变；通过参加旅游交易会、走访旅行社、动车组投放广告等方式，广泛开展营销推广，进一步拓宽旅游市场。

根据销售业绩，对销售网点、销售人员进行动态调整，合理利用销售空间，充分调动销售人员的工作热情和积极性。尝试捆绑式销售等促销手段，取得成效。通过科学分析销售数据，制定销售指标，实行末位淘汰制，充分激发销售活力。

启用新的电子售票机和售票系统，做好数据备份和系统衔接工作，确保过渡时期积分正常使用。团队预约制度常态化，有效发挥了削峰平谷、调控客流的作用；办卡与使用积分游览方式人数同比去年有所增加，反映恭王府积分换票模式已逐渐被大多数导游认同。

一流的景区服务进一步提升了恭王府作为文化部外事窗口单位的能力和形象，接待规格和接待水平全面提高。2013年，相继接待了中国国民党副主席蒋孝严、哈萨克斯坦文化与信息部副部长阿什哈·布里巴耶夫等参访团，圆满完成十八大期间各代表团参观接待任务。6月，成功承办上海合作组织成员国文化部长第九次会晤文化交流活动，整场活动气氛庄重热烈，既展示了东道国的传统文化魅力，又展现了中华民族的友好和热情。活动得到文化部领导的肯定，文化部外联局特专函致谢。恭王府成为文化部外事工作的窗口基地和有力支撑。

文化部文化艺术人才中心

一、基本情况

文化部文化艺术人才中心（以下简称“中心”）成立于1996年1月，是全国文化艺术人才中介机构，也是全国文化行业特有职业鉴定机构。中心自成立以来，遵循“以人为本，诚信至上，服务人才，服务公共文化建设”的宗旨，坚持公益性服务发展方向，强化公共服务职能，以加强文化人才队伍建设为己任，积极承担全国文化人才公共服务工作，提升文化行业的整体竞争力，为文化大发展大繁荣提供优质高效的人才服务工作。

中心的主要业务范围：开展文化行业人才社会化服务、人才市场中介服务；承担人事代理、人才派遣、人才咨询工作；开展流动人员人事档案收存及管理工作；承办人才交流、人力资源开发、人才培训、人才评价工作；开展人才信息收集、整理、发布工作，建立人才信息库；承办文化行业职业技能鉴定、职业资格考试、专业水平考评的工作；组织人才成果开发、利用、展览、演示等工作；开展人才输出、引进和猎头服务工作；开展出国（境）留学、劳务输出和境外就业服务工作；承办直属单位人事争议调解工作；主办中国文化人才网、中国京剧杂志。

中心下设办公室、财务处、人才评价处、人才培训处、信息资源处、人事争议调解处、开发交流处。中心直接管理的下属单位有文化部文化艺术人才中心培训中心、北京国文人力资源有限责任公司和中国京剧杂志社。

二、2012年取得的主要成绩

2012年，中心在文化部领导及有关司局的正确领导下，认真贯彻落实科学发展观，坚持以“提高素质，规范管理，优化服务，促进发展”为指导思想，在注重业务建设的同时积极做好全员的政治思想建设，通过全体工作人员的共同努力，中心在各方面都取得了较明显的成效，为中心的快速发展夯实了坚实的基础。

（一）思想政治建设取得的主要成绩

1. 认真学习贯彻党的十八大会议精神，统一思想，明确方向

中心党委组织中心全体干部职工在第一时间收

看了党的十八大开幕式，并以各处室、党支部为单位开展了十八大精神的理论学习和讨论，学习内容不仅包括胡锦涛同志的讲话、党的十八大报告，更对新修改的党章、党在十年建设中形成的宝贵经验、党的十八大的新思想、新思路、新部署等进行了广泛的探讨和学习。同时，还组织了党的十八大精神重点60道问题问答活动，60道问题主要围绕党的十八大报告及十八大期间的热点问题展开，中心全体职工积极参与回答问题，通过学习讨论，大家加深了对十八大精神的理解，提升了大家的政治意识和使命意识，有力地统一了全体职工的思想，明确了前进方向。

2.积极落实部党组的各项指示要求

2012年，在文化部党组的关心指导下，中心顺利地实现了新老领导班子的交替，蔡武部长与新任中心领导就中心如何发展，如何定位，如何在文化大发展大繁荣的历史任务中发挥作用、作出贡献进行了语重心长的谈话鼓励，提出殷切期望。赵少华副部长与中心新老领导座谈听取汇报，了解情况并亲临中心视察指导工作，不仅对中心的各项工作给予了充分的肯定，也对新一任领导班子的思想政治素质、行政管理经验以及积极开拓、协同配合等方面都给予了积极的肯定。她要求新一届领导班子成员要继续保持以往的优良作风，加强学习，勤奋工作，搞好团结，带好队伍，廉洁自律，积极的转变角色，认真地履行新的岗位职责，也希望中心领导班子能够坚持以科学发展观为指导，认真贯彻落实支持党组的各项工作部署，大力加强思想政治建设、作风建设、能力建设，坚持民主集中制原则，切实维护好班子的团结，努力开创工作新局面。

目前，中心新一届领导班子已经实现了角色的迅速转换和工作的正常开展。新一届领导班子始终不渝地把加快中心的发展作为第一要务，按照部党组的要求，重新明确了中心的发展思路，进一步确定了中心发展的准则和目标，秉持求真务实，苦干实干的精神和人才中心“服务人才、服务社会”的宗旨，积极探索，勇于创新，争取中心的各项工作迈上一个新台阶。

3.开展“学习型基层组织建设年”，扎实做好思想政治工作

中心党委把2012年作为“学习型基层组织建设年”，并有序有重点的做了安排，其中第一季度作为廉政教育学习季、第二季度作为制度建设学习教育季、第三季度作为“庆七一”党性学习教育季、第四季度作为党的十八大精神学习教育季。同时，中心党委在中心开展了文明礼仪教育、职业道德教育，以及多项健康向上的文体活动，调动了全体职工的工作热情，增强了团结，促进了友谊，形成了良好的工作氛围，为中心的发展奠定了扎实的思想基础。

（二）业务工作取得的主要成绩

1.文化行业职业技能鉴定工作稳步推进

2012年，参加文化行业职业技能鉴定的人数达2130人，同比2011年增加了40%，涉及的专业包括：芭蕾、钢琴、弦乐、琵琶、二胡、化妆师、电影电视、歌唱等，鉴定考试的地区包括：浙江省、上海市、安徽省、云南省、广东省、河南省等。同时，在年内完成了对任期届满的60名考评员的换证和88名文化行业考评员的培训工作。

6月，中心在重庆召开了第三届文化行业职业技能鉴定工作会议和第一期文化行业质量督导员培训班，为文化行业职业技能鉴定工作的持续推进奠定了基础。

2.积极参与国家职业分类大典的修订和增补工作

根据人力资源和社会保障部的要求，2012年中心完成了文化行业的职业大典中121个职业的修订工作。其中包括独立完成对原有51个职业的修订和参与完成对另外70个职业的修订，同时完成了对拟增的7个新职业和19个专业工种（动画策划师、动画导演等）的相关报告。

3.组织编写了《动漫人才标准化建设》研究报告

2012年，中心组织编写了《动漫人才标准化建设》研究报告及动漫类国家职业标准和教材，对推进动漫产业人才培养，实现我国动漫产业从业人员职业化、管理机构专业化、服务行为规范化奠定了基础。

4.开展全国文化人才资源公共服务工程的项目建设

全国文化人才资源公共服务工程，是以文化部文化艺术人才中心职能为依托，以服务于文化行业发展、服务于文化人才队伍建设、服务于文化体制改革、服务于社会主义文化大发展大繁荣为宗旨，通过采用现代信息技术手段，建立布局合理、功能齐全、开放高效、体系完备的文化人才资源共享共用的社会公共服务平台，整合集成文化人才资源，面向全社会集中提供各类基础性文化人才数字化信息，逐步建立科学的文化人才培养机制、文化行业选人用人机

制、社会化文化人才评价机制、文化人才激励保障机制；充分发挥文化人才服务机构的作用。

2012年，中心积极开展该项目的基础建设，多媒体影像数据库软件的测试和安装工作基本完成，目前正加紧对文化人才的相关信息进行采集、整理工作。

5.积极推进文化人才的社会化管理工作

2012年，中心新增17家人事代理集体委托存档单位，较去年同期增长20.48%；人事档案增加261册。2012年新增被派遣单位6家，全年新增派遣员工181名，总量达到1115名。此外，中心还在积极拓展人力资源顾问服务等高端业务。

6.加强争议调解工作，促进社会和谐稳定

在人事争议调解方面，中心以真诚、务实的态度，认真履行人事争议和劳动争议的调解职责，按照政策法规开展文化部直属单位人事争议调解工作和劳务派遣用工中的劳动争议处理工作。2012年，中心调解及处理各类争议案件26起，并为部直属单位及其工作人员提供了人事政策咨询服务。在党的十八大胜利召开前期，积极组织开展了我部劳动人事争议预防摸底排查活动，制定并实施了“十八大期间”劳动人事争议处置应急预案。

7.继续开展以文化单位需求为主的定制化服务

2012年，中心相继为文化部恭王府管理中心提供了中层干部岗位竞聘、新进人员的入职考试，并承办了文化部恭王府管理中心2012年青年干部培训班的具体培训工作。在年内还承办了中外文化交流中心处级领导职位竞聘考核测评；为国家博物馆公开招聘的应届毕业生进行了综合素质考核。

8.网站与文化人才库建设取得较好成绩

2012年，中心与中国文化管理学会、北京世纪方鼎文化传媒有限公司携手建立并完善了企业文化人才库、戏剧人才库、曲艺人才库、书画人才库。同年共收录入库高级文化人才242人,为全国文化人才资源公共服务工程的落实打下了良好的基础。中国文化人才网的建设在“2012年度文化部政府网站群绩效评估”中夺得72.2分，在文化部29个直属单位中名列前茅。

9.网吧从业人员岗位培训的基础工作基本完成

2012年10月，由中心组织编写的网吧从业人员培训教材正式出版，并制定了《网吧从业人员定点培训机构管理办法（试行）》、《网吧从业人员岗位培训规划》、《网吧从业人员岗位培训测试办法（试行）》、《网吧从业人员岗位培训证书管理办法（试行）》等一系列文件，以此规范网吧从业人员的培训工作。9月与广东省签订了第一家网吧从业人员岗位培训的合作协议，将以此打开网吧从业人员岗位培训的局面。

10.认真做好职称评审的培训考试工作

2012年，中心在开展文化部职称评审工作中，共对621人次进行了培训测试工作，并完成了文化部职称评审会的组织和会务工作。

11.积极推进岗位测试培训工作

2012年，中心与国家话剧院合作，举办了三期“戏剧演员”岗位培训班，共计64人次参加培训和测试。

2012年，中心与演艺设备技术协会合作举办了两期“演艺设备系统工程项目经理岗位培训测试”培训班，共计274人次参加培训和测试。

12.开展有一定社会影响的文化交流活动

在做好主要工作的同时，中心非常重视对社会资源的开发和利用，积极开展一些有社会影响的文化交流活动，如系列图书出版、大型书画展等，取得了很好的经济效益和社会效益。在2012年，中心主办了“长征组歌少年版大型音乐会”、“2012年度全国优秀艺术特长生综合能力测评活动”、“中华墨韵——当代书画家精品展”等，为中心赢得了较好的社会效益和经济效益。

13.《中国京剧》杂志的编辑出版工作平稳进行

2012年，《中国京剧》杂志在内容上，通过12个有鲜明特色的专题和自由来稿的有机结合，保证了杂志内容的充实，增加了可读性，圆满完成了全年12期杂志的编辑出版工作。

文化部艺术发展中心

2012年，文化部艺术发展中心在部党组的坚强领导下，学习领会党的十八大精神，贯彻落实党的十七届六中全会决定，围绕中心，创新方式，狠抓业务，提升实力，各项工作取得了显著的成效。主要情况如下：

一、树立精品意识，坚持艺术的高品质与多样性的有机结合，不断满足人民群众日益增长的文化需求

近几年来，“中心”坚持用科学发展观统领文化建设，不断提高文化发展的质量和效益，努力提高推动文化科学发展的能力，着力推动文化创作繁荣发展。

（一）着力打造优秀品牌，增强核心竞争力

1.《中国美术大事记》全面改版

《中国美术大事记》从2011卷起全面改版，从篇幅规模、编排方式、栏目设置、遴选标准等方面入手，并根据事件大小和重要程度分类编审，突出重点、主次分明、扩大收录资讯信息量。严格按照改版要求，顺利进行《中国美术大事记》（2011卷）资讯收集和栏目、条目筛选编辑工作及发行工作，并在中国文化报上做整版宣传。

2. 戏曲数字化暨戏曲彩铃项目全面推动

目前，戏曲彩铃业务与移动、联通、电信三大运营商接入合作和后续的运营维护、收益结算以及戏曲彩铃产品的设计、开发、包装和推广已经全面展开。戏曲彩铃项目的全面推广将助力文化信息化建设，实现社会效益、经济效益和艺术效益的多丰收。

3. 中国国际文化艺术博览会成功举办

11月2日至4日，“2012中国国际文化艺术博览会”在北京全国农业展览馆新馆成功举办，受到了各界人士及媒体的热情关注并获得较高评价。

展期3天，每天到场观众达到5000人次。现场成交额又继上届基础上有所提升，现场洽谈近百家，成功签约近200笔。据不完全统计，现场签约及成交金额达8000万元。

（二）着力公共服务，活跃群众文化生活

1. 扶持高雅艺术，丰富全国各级演出市场

策划、监制、出品了大型时尚音乐剧《昆仑神话》，3月份在保利剧院首轮演出3场，取得成功，现在进入第二次修改演练中。积极筹备“2013中国乡土艺术春晚”并深入基层开展全国《军民心连心》（或《军民鱼水情》）公益汇演活动。

2. 开展艺术考级，壮大文化艺术人才队伍

“中心”本着普及和推动艺术教育、弘扬民族文化的宗旨，经过多年的时间和筹备，取得文化部批准同意，面向社会开展美术考级活动，促进青少年审美能力的全面提高，为群众艺术活动的普及与发展、艺术人才的培养做出了应有的贡献。

3. 参与艺术品评，不断加强文艺主流引导

继续编辑出版美术专业期刊《美术观点》（香港刊号，只能赠阅不能发行），该刊以“直面美术，阐述观点”为编辑主旨，在突出美术学术建设、绘画实践理解和媒体品牌建构的同时，注重艺术家在艺术创作过程中的理性思考和作品所传达观点的研究与传播，努力打造一个真实客观开放的学术平台。新闻出版总署柳斌杰署长看后极其赞赏，现已经获批准报出版总署。另外，编辑出版《中国校园文化创意博览》一书。

4. 多部作品喜获丰收，影视制作产业化发展

“中心”发行了若干部影视作品。34集连续剧《外姓兄弟》将在中央电视台播出；36集连续剧《孝子难当》将于岁末年初在多个省级电视台播出；30集连续剧《将军外交家——黄镇》经外交部、广电总局和重大办的多次审核，已批准摄制，完成后将在中央电视台黄金时段播出；革命传统教育电影《十三根金条》（原名《赤诚》），作为党的十八大的献礼片，11月在江西赣南原中央苏区开拍。

5. 深入“文化惠民”工程，服务不同人群

“中心”广泛开展群众文化活动，提高对特殊群体的公共文化供给能力，举办了首届聋人书画艺术交流展暨残疾人文化艺术与经济发展研讨会、“中国环保大百科全书—艺术画卷”巡展活动，提倡绿色文化。

（三）着力文化创新，构建主题工程

“中心”与社会有关单位合作，开发实施4个项目工程。

1. 中国特色文化城市主题影视工程

自5月起，“中心”启动实施了“中国特色文化城市主题影视工程”。目前，重庆市南川区“金佛山主题影视工程”10月正式启动，内蒙古赤峰市“契丹文化主题影视工程”12月签订协议，其他浙江温州、义乌，江苏昆山，山东高密、甘肃兰州、湖北荆门、安徽滁州等地区也正在审核中。

2. 中国农村幸福小镇建设工程

“中心”创建“幸福小镇示范工程”文化旅游品牌项目，立足于国家优秀传统文化产业化的发展、保护我国乡镇历史文化遗产和乡镇社会经济发展的实际需求，为新农村建设和文化兴国战略发展作出贡献。

3. 戏剧精品影片工程

“中心”成功摄制320部戏曲艺术片供中央电视台戏曲频道播出使用，以此弘扬中国优秀民族戏剧艺术，促进广大中华子孙对传统文化的保护和继承。

4. 大城市商业文化广场建设工程

“中心”与相关企业战略合作，引入社会资本，策划了大城市商业文化广场建设工程，目前常州延

陕西路南大街人防工程特色文化商业街和常州邹区（国际）灯饰文化博览商贸城两个项目已获当地政府立项。

（四）着力吸纳非公资本，推进产业发展

“中心”积极引进战略投资者，积极吸纳社会资本进入文化事业和文化产业领域，以企业的资金优势和我们的资源优势相结合，为文化事业和文化产业的加快发展作出贡献。

1．与东风悦达起亚集团的战略合作协议，并在三个项目上开发启动

在学术项目和影视摄制等方面投资或赞助总额达到6000余万元。

2．中国美术创作研究基地渐显规模

截至10月底，中国美术创作研究基地在2011年15家加盟合作单位的基础上成功发展加盟了7家省级基地，超额完成了2012年度的工作规划。带动了社会非公资本投资文化产业约为人民币85亿元，带动文化产业人员就业约15000人，直接或间接产生经济效益约为人民币150亿元，在全社会引起广泛而积极的影响。

（五）着力非遗传承保护，提升文化软实力

1.“中心”在西部地区建立了非物质文化遗产研究机构，并已确定被文化部命名为全国非物质文化遗产生产性保护研究基地。

2.在四川绵阳成功承办全国非物质文化遗产防灾救灾和灾后保护培训班。

3.“中心”开发部在朝阳区国粹苑长期租用一栋24000多平方米的展馆，展示来自全国各地近200个最具特色的传统手工技艺。

4.积极策划与社会企业联合摄制一批中国非物质文化遗产的电视宣传片。

5.成功举办“中华颂·天鹅湖杯”第四届全国小戏小品曲艺大展。

6.7月21日至24日，在人民大会堂和北京大学举行的第八届“爱我中华·全国青少年科学与艺术大会”，我们研究的课题《基于位置业务的文化信息传播研究》被列为2012年度“文化部科技创新项目”。

7.广泛开展优秀传统文化教育普及活动以及各种形式交流活动，内部设立了中国茶文化研究院、中国香文化产业办公室、中国漆画艺术研究院、中国紫砂艺术国际交流中心、中国国学文化发展中心、中国武术文化发展中心、中国海峡两岸文化交流中心、中国佛学文化保护发展中心、中国玛瑙文化艺术研究院、“中国文化产业园”办公室等机构，共同弘扬中华优秀传统文化。

（六）着力开展文化外交，展示民族艺术

1.2012年春节期间，在纽约联合国总部大厅举行青少年文艺表演，3位联合国副秘书长与李保东大使和1000多名外交官、联合国工作人员现场观看演出。

2.8月，与澳大利亚教育协会共同举办国际校园艺术周，中澳青少年同台在悉尼歌剧院演出，澳大利亚总理写信祝贺并派代表出席。

3.7月，在台湾开启了两岸学术交流演出，连战出席观看。

4.8月，组织中韩青年文艺夏令营活动，600名中韩青年同台演出。

二、坚持解放思想，转变观念，科学发展，创新机制，积极开展党群工作，为事业发展提供坚强保证

（一）深入贯彻学习党的十七届六中全会精神

“中心”党支部组织广大党员干部和全体职工通过多样的学习方式深刻领会党的十七届六中全会的重要性。紧密结合“中心”实际，以体制机制创新为重点，在重塑文化市场主体、完善文化市场体系、改善宏观管理、加快转变政府职能等关键环节上实现新突破，促进文化事业全面繁荣和文化产业快速发展，为建设社会主义先进文化作出新的贡献。

（二）深入贯彻学习党的十八大精神

党的十八大胜利召开，“中心”党支部组织全体党员和全体行政人员认真聆听学习了十八大报告。胡锦涛同志在报告中提出要增强国家文化软实力，发挥文化引领风尚、教育人民、服务社会、推动发展的作用，扎实推进社会主义文化强国建设的目标，让大家备受鼓舞的同时，也深感责任重大。

三、统筹兼顾，多元经营，服务大局，收益显著

（一）扎实工作，实现社会效益与经济效益双丰收

为使“中心”各项业务工作不断有新的突破，改变贫困面貌，改善职工生活福利待遇，保持队伍和谐稳定，我们坚持改革、创新，挖掘特色传统文化产业资源，积极开展业务创收，领导干部带头超额完成任务指标，单位的业务创收有了较大幅度的增加。

（二）关心职工利益，保持队伍稳定，职工福利待遇稳步增长

“中心”在增加创收的基础上提高职工的福利待

遇。职工福利人均增加3400元，是去年的1.5倍，是2008年的5.57倍。

（三）争取中央财政投入，拓宽经费来源渠道

在部领导的关心和财务司的帮助下，“中心”成功申请中央财政经费200万元，为《中国美术大事记》的改版增版、材质使用和装帧设计提供了最有力的支持。

（四）多措并举，严格实行部门预算申报与预算执行

2011年，“中心”预算执行工作得到了文化部的表扬，2012年在文化部提出更严格更细致的要求之下，我们进一步提高了执行主体的责任意识，充分贯彻落实“全方位预算、全员参与、全过程控制”的全面预算管理思路，有计划，有步骤的执行。按照预算口径，“中心”总体执行进度为99%，全年预算执行达到90%以上的目标已经如期实现。

国家清史纂修领导小组办公室

清史办以党的十七届六中全会和十八大精神为指针，按照部党组和领导小组的总体工作部署，紧紧围绕抓编纂质量、促审改工作这个中心，进一步整合机构人员，充实审改力量，加强队伍建设、提高管理水平，实现了减人增效和部分工作新突破，不断开拓出工作的新局面。

一、强化项目管理，《清史》审改工作取得新进展

进一步加强新修清史项目审改工作的领导，明确审改工作流程、职责要求，努力推进审改工作。经过一年的努力，新修清史需要审改的146个项目已经提交全部最终成果的有139个，占95%；进入一审已完成合同签署的项目有128个，占88%，完成一审进入验收的项目有85个，占58%，完成一审验收的项目有56个，占38%；进入二审已完成合同签署的项目有42个，占29%。完成二审的项目24个，占16%。同时，针对存在问题的项目，分别重新遴选通纪《第四卷》、《第七卷》、《第九卷》撰写专家，承担相应修改工作。加大《典志·边政志》项目管理力度，并新增《海洋篇》，使项目内容更加充实全面。

二、加强经费管理，完善内部控制，提高预算执行力度

进一步强化财务管理，严格报销程序，控制公务费用的支出，减少接待费用。认真研究财务预算方案，根据清史纂修工作进展的需要调整分类预算和年度预算，严格把关，按时执行预算进度，充分发挥财政资金的最大效力，保证了当年预算在11月份100%完成，财务预算的执行质量和效率大幅提高。针对今年新接手的文化部艺术创作活动中心工作，根据《会计法》的有关规定，明确分工和职责，设立专人管理，在资金的支付方面进行严格的程序控制，发挥了财务监督职能。

三、调整裁撤机构，充实审改工作力量

随着清史纂修工作重心的调整，先后裁撤档案组、文献组、编译组、史表组和图录组。采取“化整为零，化零为整”的方式，分类落实人员裁撤和工作交接。在人员裁撤工作的同时，进行工作调整，把部分专家骨干充实到清史纂修主体项目的审改中，做到了任务到人，层层负责，不仅没有影响工作，反而提高了工作质量和效率，为后续向“设馆修史”转型打下了基础。

四、做好档案文献成果的出版，推进主体项目出版启动

坚持出版采购程序，充分考虑各出版社专业、地域优势和出版质量与服务等因素，先期进行选择性协商，询价与竞标相结合，全年完成3个批次25个出版项目采购，实现与出版单位的合作共赢。坚持认真履行付印前编校质量检查与验收结项制度，保证图书出版质量。全年共出版图书13种，139册，约计1.34亿字，其中，《清代理学史》获吴玉章优秀学术成果奖。为推进新修清史的出版工作，与人民出版社召开了“清史主体项目出版启动会”。《史表》中较为成熟的5个项目，作为第一批移交出版社书稿，现已进入编校程序。通过借助出版社的专业力量，既促进了清史编纂的进度，又使编纂和编校能够有序地滚动推进；同时，有利于出版社尽早熟悉了解清史编纂情况，推动了新修清史的出版工作。

五、整合档案图书资源，提升科学化管理水平

档案收集工作继续推进。在手稿和修改稿数量不断加大的同时，规范档案著录排序，制定了《清史工程归档文件整理著录细则》、《清史工程归档照片整理著录细则》，学术档案的整理、著录、排序更加科学规范。为改变早期图书分散管理存在的问题，对在账图书进行了资产清查，收回散存图书8245册，完成了3152册漏登图书的补录分类，做到了集中管

理、统一使用，丰富了图书馆藏资源。改变图书手工登录管理方式，选用文津图书馆管理系统，先后组织人员对10余万册图书的ISBN号进行扫描，套录国家图书馆Marc数据35159条，大大提高了图书管理的科学化水平。

六、加强信息技术建设，完成清史编纂平台设计调试

清史办与中国文化传媒集团组联合设计开发了集流程管理、在线编纂、版本留存和稿件、资料检索为一体的信息化清史编纂平台。清史编纂平台于10月初步建成，并进行了全面系统测试。清史编纂平台实现了编纂项目的流程管理、监控和数据统计，以及文稿的在线编纂、修改留痕并分类保存、管理不同部类编纂成果和相关长编、考异等资料，还可进行全部清史文稿、长编、考异的全文检索，为清史编纂工作提供有力的技术辅助支持。配合清史编纂平台的开发需求，对网络中心机房软硬件续保、升级和基础环境进行了改造，进一步提高了网络服务能力和效率，确保了数据资源安全，并为清史编纂平台的上线使用和清史工程今后的信息化建设打下了好的硬件基础。

七、做好《清史参考》编发工作，进一步提高社会影响力

为进一步提高办刊质量，充实了《清史参考》外编力量。在文章安排上精心布局，刊载“清亡百年”系列7篇，“康熙帝研究”系列6篇，还全新推出了“清代文化”、“秘密社会”等系列专题。全年共出刊48期，合计约17万字。结集出版了《清史镜鉴》第五辑；继续与中国文化报合作“清史探秘”栏目，共转载《清史参考》文章14篇；《人民日报》、《光明日报》、《文摘报》、《北京日报》也有多篇《清史参考》文章予以转载，进一步扩大了《清史参考》的社会影响。根据李洪峰指示，精选并认真校核《清史参考》创刊六年多来的60余篇文章，结集出版。

八、完善机制，加强队伍建设，为清史纂修工作提供保障

清史工程管理机制打通后，进一步完善人员分类管理，规范了编制人员、兼职专家、全日制外聘人员三类人员聘用办法，明确岗位职责、工作要求等，坚持择优聘用。完善以部门为主体的考勤机制，实行较严格的考勤和请假制度，提高了工作效率和质量。发挥党支部、工会作用，扎实推进创先争优活动，紧密结合清史纂修工作实际，通过专题性学习、辅导和研讨，认真学习贯彻党的十七届六中、七中全会和十八大会议精神，不断提高干部员工的理论素养和解决实际问题的能力。通过选拔，有2人担任了部门负责人，有2人提拔到部门正职的领导岗位。倡导岗位成才，鼓励相关人员参加从业资格、业务培训与职称考试，职称评审工作稳步推进，有2人通过了图资系列中级职称评定。

九、改善文化部艺术创作活动中心基础设施，做好暑期休假接待工作

文化部艺术创作活动中心由于基础设施存续时间已较长，客房、餐厅等内部设施老化、陈旧及墙皮腐蚀等多种情况。为此，进行基本维修和墙面粉刷，并更换了客房内的基本用具。为体现清史工程的特色，精选了二百幅反映清代内容和特点的图片，分别制作成画框，美化客房、餐厅环境。全年完成接待文化部九批近1000人（次）的休假任务，共接待清史工程、部直属单位会议、休假和散客累计1500多人（次）。杨志今副部长、李洪峰分别到中心视察指导工作，对于中心的基础设施建设和未来发展提出了指导性意见，并对接待与服务工作给予充分肯定。

中外文化交流中心

2012年，逐步展开的事业单位分类改革让中外文化交流中心（以下简称“中心”）对未来充满期待。在部党组和分管副部长的正确领导下，在有关司局的支持和帮助下，中心干部员工将热切的期待化为不懈的努力，按照事业单位分类改革的总体要求，以改进内部管理和加强队伍建设为重点，扎实推进各项工作，较好地完成了全年工作任务，中心的面貌也有新改观。

一、基本情况

中心的工作内容随着时间的推移不断丰富，但中心自成立之初即秉持的，为对外文化传播和对外文化交流提供“优质、高效、低成本”服务的宗旨始终未变，实践这一宗旨的努力从未松懈，2012年的工作成果依然印证了这一点。

2012年，完成21部故事片和专题片的后期制作。接待德国、南非、美国、埃及和波兰的电视台摄制组在国内十余个省（自治区、直辖市）拍摄纪录片。完成向23个甲类文化处和中国文化中心提供的蓝光高清播映设备的市场调研、采购和验收任务。

策划、制作中国与外国建交周年纪念展览26个。设计、制作文化纪念品（含台历、挂历）35个品种4.77万余件，欢乐春节饰品和纪念品18种7.1万件。制作并发送国庆主题图片展179套，橱窗新闻图片1.06余万张。

完成小额对外文化援助采购发送任务10起。

完成以驻外中国文化中心为主要服务对象的采购发送任务25起。

全年总共向265个驻外使（领）馆和中国文化中心发送上述文化外宣品和文化用品共计4457箱，货物总量达13.18万余件。寄发报纸期刊273种24.7万份。

年初，外宣品库房新址最终选定，中心对原库房所存物品进行了搬迁。共以24个20英尺集装箱、20余车（次），将1万多箱，总计40余万件外宣品运至新库房。新库房位于朝阳区一号地国际艺术区，环境良好，交通方便，基础和配套设施也较完善，尤其是临近机场的位置，使发行运输工作更为便捷。

文通网完成部分栏目改版工作，开通运行网上办公平台，全年全网更新文字量达2729.16万字，编辑发布文章2.6万余篇，图片1.7万余幅。

编辑出版《中外文化交流杂志》中英文版各12期，发表稿件373篇共计132.6万字。编辑出版《中国对外文化交流年鉴》（2010）和《对港澳台文化交流年鉴》（2010）。

2012年，以中心名义主办或参与主办的对外文化交流活动或文化艺术活动18项；承办或参与承办的对外文化交流活动或文化艺术活动20余项，其中有常州国际动漫艺术周、中国沉香文化论坛、《无中生有——卞青艺术展》、上海合作组织成员国文化部长会晤、中国文化产品国际营销年会、外交官看中国摄影比赛、文化管理人员赴美培训项目等。

2012年，中心继续学习贯彻党的十七届六中全会精神，以改革创新的理念引领中心工作，在制度建设和队伍建设等方面迈出了新步伐。党的十八大闭幕后，中心根据文化部党组和机关党委的部署，积极组织全体党员和员工学习十八大精神，认真思考如何在工作中贯彻落实十八大精神。

中心坚持集体领导，重大事项如人事安排、资金使用和项目选择均经过主任办公会议研究决定。

2012年，中心共编写反映内部管理的工作动态22期，业务工作的简报16期。

二、工作思路、举措和成效

（一）增强服务意识，提高服务质量，培育业务能力

2012年6月底和10月初，中心分别收到外联局的感谢信，对中心在承办两个重要项目时的良好表现给予表扬。中心干部员工为此深受鼓舞，因为这两封信所传递的，不仅是对中心圆满完成任务的鼓励，更是对中心为赢得和巩固信任所付出努力的肯定。中心成立以来的经验和教训表明，作为一个服务机构，与业务主管部门、服务对象和合作伙伴建立和巩固信任关系，对中心的健康持续发展至关重要。而这种信任关系的建立和深化，中心承担着主要责任。从这种认识出发，中心2012年的工作思路之一就是努力在已经轻车熟路的日常工作中寻找改进和提高的突破点。首先，定期召开专题工作研讨会，由中心领导班子全体成员与某一处室负责人和工作骨干一起，就如何提高工作水平深入研讨，最终形成改进工作的意见。通过研讨，文通网明确了今年的工作重点即制度建设、编辑人员培训和网络安全，并采取了相应措施。而中外文化交流杂志则调整了各类文章的比重，增加了以对外文化交流为内容的稿件的数量，向将杂志办成对外文化交流行业刊物的方向迈出了新的一步。其次，中心在面对重要任务时，打破处室局限，统一调配各处室骨干，集中全中心力量，齐心协力组织实施上级部门交办的项目。还有，对与地方合作举办的长线项目，如常州国际动漫艺术周，认真履行承办方的职责，主动与地方合作伙伴沟通，积极提出改进工作的建议，优质高效地完成承办任务。在与常州方面签订了新的四年合作协议的基础上，中心今年组成精干团队，在三个月的时间内，征集和整理了300余部外国动漫参赛作品，并邀请和组织国际评委，在动漫艺术周开幕前，完成了全部外国参赛作品的终评。

此外，中心还在内设机构调整之际，增设了跨处室、机制性的创意设计室，从全中心范围内，聘请有美术和设计教育背景的员工组成中心设计团队，在本职工作之外，利用业余时间为中心承办的部分项目提供创意设计服务。

（二）建设团队文化，增强中心凝聚力

2012年4月，部直属机关党委发出《关于开展提炼和宣传单位核心价值理念活动的通知》，中心领导

班子认为，此次活动的举办正逢其时，与中心拟开展的团队文化建设讨论不谋而合，随即发出通知，要求全体员工发扬主人翁精神，积极参与这一活动，把提炼核心价值理念的过程作为中心团队文化建设的重要组成部分。并组成评审小组，负责核心价值理念建议稿的收集、整理和评审。

经过历时一个月，三上三下的广泛讨论和严肃评审，中心核心价值理念在集思广益的基础上最终出炉，即：志存高远，诚心奉献，严谨务实，勤学善思，居安思危，和谐包容。这二十四个字既是中心十几年来经验和教训的凝聚，也是中心未来发展的基石和指针。此后，中心还以演讲比赛、征文比赛、参观考察、座谈讨论等形式，开展了两个多月的核心价值理念学习宣传活动，广大干部员工，尤其是青年人的踊跃参与，体现了对建设中心团队文化的强烈愿望和极大热情。正是在此期间，中心获得了来自外联局的表扬。

（三）练好内功，为承担新职能做准备

2012年12月，中心向部领导递交报告，申请承担全面为海外中国文化中心提供后方保障和服务的职能。这是中心全体干部员工的热切愿望，也是中心生存发展的必要条件。蔡武部长和赵少华副部长作出了让中心受到鼓舞的肯定的批示。一年来，中心努力创造条件，练好内功，争取尽快具备承担这一职能的基本素质。经过广泛而深入的讨论，在充分听取中心全体员工意见的基础上，中心于今年2月对中心内设机构进行了调整，将中心原有处室按照其业务特点，整合为三个业务板块，即外宣服务部，信息与传媒部和交流项目部。这样的调整，既有利于同外联局在工作上更好的对接，也有利于整合资源，为将来成为海外中国文化中心的后方保障和服务机构做好准备。在机构调整的同时，中心又对所有处室负责人的职位实行竞聘。为让竞聘工作透明、公平和专业，我们引入第三方——文化艺术人才中心组织和主持考试。竞聘结果令人满意，29位员工报名参加考试，11位员工获聘担任新职，70%的原处室一把手轮岗。在整个调整和竞聘过程中，中心领导重视做人的工作，领导班子成员多次与人谈话，使这项工作能平稳有序进行。

此外，中心从三月份起，组成专门工作班子，对成立之初制订的规章制度进行全面梳理和修订。截至八月底，共完成中心十二项基本规章制度的修改、补充和完善。

（四）重视队伍建设，提高员工素质

中心近一半的员工是35岁以下的年轻人，他们富有工作激情和创造力，代表着中心的未来。因此，中心重视培养青年员工的业务能力、敬业精神和对中心的归属感。中心为此制定了《中心员工培训办法》，从制度上为员工特别是青年员工参加进修和培训提供必要保证。无论工作多忙，中心都积极响应部机关团委、工会，有关司局，以及相关社会组织和机构组织的培训活动，合理安排工作，鼓励和支持青年员工参加。2012年，中心相继派出三名青年员工出国参加业务进修。中心定期举办知识讲座，帮助青年员工开阔视野，拓展知识面。除此之外，中心还开展了一系列适合青年人特点的活动，如成立篮球队，每周进行训练；组织赴郊区植树，参与生态文明建设;参观国家图书馆，与国图青年员工交流。

中国艺术科技研究所

2012年，中国艺术科技研究所(以下简称“艺科所”)深入学习贯彻落实党的十八大精神，按照文化部的统一要求，明确文化与科技融合为主要研究思路，科研项目申报立项、研究、成果推广及科研管理等各项业务工作全面推进，较好地完成了2012年的工作任务。

一、明确文化与科技融合的总体思路，大力推进各项业务工作的进展

（一）科研立项更加突出文化和科技融合

为积极促进文化和科技融合，推动文化创新，艺科所积极做好2012年度科研项目工作。《艺术表演场所安全技术标准》、《基层公共文化服务场所重要技术标准研究》、《民族服饰非遗生产性保护与利用关键标准研究》3个项目列入国家质检公益性行业科研专项。

《中国公民文化消费与需求调查》、《文化与科技融合文集》、《中国文化元素符号的视觉表达及应用》、《演出系统设备供电中有害谐波的测量与分析》、《乐器用木材的人工干燥处理研究》、《舞台测量设备使用与管理的研究》6个项目列入艺科所自主课题。

组织申报2013年度财政专项《国家文化消费需求基础性数据调研及统计评估建模》、《中国传统视

觉与听觉文化符号的数字化平台》、《中国汉字历代字体检索数据库》工程（延续项目），科技部国家科技支撑计划项目《立体视觉系统研发集成与内容服务》等并获得批准。

（二）科研成果验收

2012年有《文化馆建筑设计规范》、《全国演出市场监管信息系统研究》、《舞台管理导则》、《剧场等演出场所安全管理体系的研究》、《公共文化服务评价指标体系研究》、《中国画新材质新技法画雪研究》、《中国画艺术生态研究》、《正弦波舞台调光标准研究》8个项目通过专家验收。完成了文化部文化产业司委托的《文化产业领域共性、关键、核心技术现状及前瞻》专项课题研究。

（三）科研成果推广

"书画真伪科学鉴定系统"于2010年12月通过验收后，继续开展该成果的推广工作，与深圳海棠文化发展有限公司（中国文化报华南新闻中心）签订了战略合作协议，加快科研成果在南部地区的推广工作；与雅昌企业集团公司在前期合作的基础上更进一步，在人员、设备、检测、技术等方面有了更多深入的互通，并共同举办了书画科学备案画展；与北京东方雍和版权交易有限公司合作，对其技术人员进行了业务培训，帮助其启动业务，并签订了战略合作补充协议；与山东省美术馆深入合作，推广艺术品科学备案技术和理念，加强山东省美术馆新馆的软件建设。

该研究成果获得第四届文化部创新奖、获得国家专利局颁发的专利证书。

二、在研项目稳步推进，不断推出新亮点

2012年在研项目列表如下：

课题名称	课题性质	参加人员	完成状态
艺术表演场所安全技术标准	科技部公益性专项之质检公益性行业科研专项	闫贤良、闫常青、陈林、郑敏、张素贤、胡晓群、徐霄	在研
基层公共文化服务场所重要技术标准研究	科技部公益性专项之质检公益性行业科研专项	闫贤良、胡晓群、张素贤、郑敏、徐霄	在研
民族服饰非遗生产性保护与利用关键标准研究	科技部公益性专项之质检公益性行业科研专项	闫贤良、胡晓群、张素贤、郑敏、徐霄	在研
国家文化宏观决策支持系统研究及应用	国家文化科技提升计划项目	闫贤良、徐霄、胡晓群、张素贤、郑敏、陈林	在研
文化行业标准化基础理论与实证研究	国家社会科学基金艺术学一般项目	闫贤良、张素贤、胡晓群、徐霄、郑敏、陈林	在研
公共文化服务促进社会管理服务指南	文化行业标准化研究项目	闫贤良、张素贤、胡晓群、徐霄、郑敏、陈林、袁泉	在研
文化馆服务标准	国标委委托课题	闫贤良、张素贤、胡晓群	在研
乡镇综合文化站服务标准	国标委委托课题	闫贤良、张素贤、胡晓群	在研
中国文化地图	国家财政科研专项	闫贤良、徐霄、胡晓群、张素贤、郑敏、陈林	在研
移动式公共文化方舱系统	国家文化科技提升计划项目	沙狄等	在研
便携式小型流动演出系统	所内自主课题	沙狄等	在研
舞台测量设备使用与管理研究	所内自主课题	李海燕	在研
演出系统设备供电系统中有害谐波的测量与分析	所内自主课题	杨俊	在研
中国公民文化消费与文化需求	所内自主课题	白国庆	在研
文化与科技融合文集	所内自主课题	严先机	在研

续表

课题名称	课题性质	参加人员	完成状态
中国视觉文化元素符号源流研究	所内自主课题	兰静	在研
公益类事业单位绩效工资改革方案	所内自主课题	白国庆 严先机 宋磊等	在研
电子建设工程预算定额修订	工信部项目（合作）	苏培义	在研
舞台灯光工程设计概要	所内自主课题	苏培义	在研
乐器用木材的人工干燥与处理	所内自主课题	朱凤良 陈美红 董舒怀 姜立中	在研
中国汉字历代字体检索工程	国家财政项目	容铁	在研
书画科学备案认证系统	国家财政项目	尹毅	在研
文化资源数字化关键技术与应用示范课题四之文化资源数字化采集、加工、支撑技术研究	国家科技支撑项目	孟放等	在研
文化资源数字化采集、加工、支撑技术研究静态三维资源数字化采集处理系统研制及展示环境构建技术研究	国家科技支撑项目	洪志国等	在研

其中代表性项目为：

（一）国家科技支撑计划课题“文化资源数字化采集、加工、支撑技术研究”。该课题的主要任务是进行各种类型的文化资源的数字化采集、加工的关键技术研究，并研制相应的数字化标准规范，构建数字文化资源用于支撑统一揭示与服务平台开展数字化应用示范。主要创新亮点：对书画、图片等静态平面文化资源的数字化采集，提出新的采集技术和加工处理技术，以确保所获取的数字化文化资源可完整记录并可从多个角度、不同层级得到再次应用。目前，已制定静态平面、静态立体、动态二维及活态三维文化资源的数字化采集方案并研制开发相关设备。

（二）自主课题“中国公民文化消费和文化需求调查”。此课题旨在对当前我国公民对文化产品的消费情况进行调研，发放了6000余份问卷调查，在收回的问卷中分析其中存在的问题和需求，提出科学的对策与建议，为有关部门的决策提供参考。

（三）自主课题“中国文化元素符号的视觉表达及应用”。该课题的主要任务是遴选海内外社会公知与熟悉的、能够代表中华民族文化的典型视觉符号，梳理与研究出文化符号表达的特征及其历史沿革、美学意义和文化内涵；并在此基础上，研究并提出标准的文化符号表达。研发基于网络的传统文化视觉元素符号传播平台，建立视觉符号数据库。通过荟萃具有典型意义、历史悠久、文化内涵丰富的传统文化视觉元素符号来打造互联网文化元素符号展示平台。

（四）财政部社会公益项目“书画科学备案认证系统”取得阶段性研究成果。2012年11月6日至7日，艺科所与湖南省文化厅在长沙举办了“书画认知与管理专家会”。来自国内外包括台湾地区的50余位专家，针对书画认知与管理方面的缺失现象，以及如何健全中国艺术品管理体系，改善中国书画艺术生态环境，推动中国书画艺术事业的发展与繁荣的路径与策略等重要问题，从不同角度进行了较全面地研讨。会后出版论文集《书画认知与管理》。

（五）财政部社会公益项目“中国汉字历代字体检索数据库”取得阶段性成果。该项目将收录甲骨文、金文、镜铭文、石鼓文、瓦当文、封泥文、陶文、秦汉简牍、帛书、碑帖、手札、刻石、墓志、印章文字、钱币文字和历代书法家的篆、隶、楷、行、草各种书迹墨宝等中国历史上出现的全部汉字字体。预计单字收录1万字左右，全部字库总数达40万字。项目的最终成果是将中国古老的书法艺术用现代数字化方式，建设成为国内目前最大的在建书法资源数据库。研发组已完成了数据库的基本结构、内容以及相关的功能软件开发。

三、打造产学研基地，加强对外交流与服务

（一）对外交流与合作

与总装备部工程设计研究总院、江苏镇江旋丽电器有限公司、广州斯全得灯光有限公司、中科院

长春光学机电研究所、吉林省艺术科技研究所等多家单位进行了多方面的技术交流与合作，并分别在江苏镇江旋丽电器有限公司设立了“中国艺术科技研究所镇江旋丽电器科研基地”、在河南禹州设立“中国艺术科技研究所钧瓷艺术科研基地”。

（二）对外舞台技术咨询

在对外咨询、设计项目中，注重与国际著名顾问设计公司或国内著名建筑设计院一起开展工作。如在承接江苏宜兴大剧院建筑声学项目时，与国际著名的澳大利亚马歇尔戴声学公司合作；承接甘南州大剧院设计项目与中国建设部设计院合作，通过合作交流学习达到了共同提高，同时也起到了对全国剧场建设的技术支撑作用。

2012年对外技术咨询、设计主要完成了河北省石家庄国际会议中心、江苏宜兴大剧院、湖北黄冈大剧院、甘南州大剧院、内蒙古演艺中心、广西贺州大剧院、河北关汉卿大剧院、广西来宾大剧院、湖南常德大剧院等项目，取得了较好的社会效益。

四、开展公益性活动，服务奉献社会

（一）文化青年走基层

为了用实际行动响应党中央提出的“走转改”号召，3月，艺科所组织优秀年轻同志参加了文化部团委组织的“文化青年走基层”实践活动，赶赴河南偏远贫困地区进行义务支教，既把爱心和文化带到了基层，又锻炼了所内青年同志的吃苦耐劳精神，得到了部领导的肯定。同时，为支持河南偏远贫困地区教育事业，所党支部号召全体职工奉献爱心，积极支援当地中小学生，捐赠了一批文具和书籍。

（二）文化拥军 走进军营

为了响应关于“文化下基层”的精神，2012年艺科所先后组织所内外书画家到北京军区联勤部、北京消防总队大兴支队西红门中队开展慰问活动。

五、美术考级工作稳步推进

(一)考级人数稳中有升

2012年，中国艺术科技研究所考级中心美术考级考生总人数达到87834人次，比2011年增长8.9%，其中国画人物199人、中国画山水1956人、国画花鸟6583人、软笔书法21897人，硬笔书法9146人、西画素描17543人，西画速写2699人，西画水粉224人，西画水彩224人，西画油画69人，漫画25772人。

（二）出版考级系列教材

考级中心与上海书画出版社合作编写出版美术考级教材，这套教材分为八大系列，全套共12个专业，二十九本书，具有简明扼要、深入浅出、图文并茂、针对性强等特点。

（三）举办首届美术考级优秀作品展

11月，举办“沃土新苗——中国艺术科技研究所首届美术考级优秀作品展”，集中荟萃艺科所开展美术考级工作近10年来的300多幅优秀作品，董伟副部长出席。

文化部全国公共文化发展中心

2012年，文化部全国公共文化发展中心（以下简称“发展中心”）在新一届领导班子的领导下，实现了全面转型，进一步强化公共文化服务职能，发挥数字文化在公共文化服务中的优势，积极打造公共文化服务体系的资源建设中心、技术研发中心、服务和培训中心。应对新形势、新任务提出的新挑战，全面满足了人民群众的新要求、新期待。

一、认清形势，把握机遇，加快推进文化共享工程转型

为认真贯彻落实中央领导、部领导的指示精神，圆满完成文化共享工程“十二五”规划目标，发展中心积极总结经验，不断开拓思路。由杨志今副部长亲自带队，赴内蒙古、云南、新疆等10余个省（自治区）考察调研；走访了国家信息中心、清华大学、中国科学院等科研单位；先后8次召开专家座谈会、论证会，邀请各领域专家及资深媒体人共商工程建设大计。在充分开展调研和广泛征求意见的基础上，发展中心就如何从单一发展转向全面融入国家公共文化服务体系的各个领域的重大而长远发展问题进行了认真思考，并确立了“三个转变”工作思路：一是建设方式从铺摊建点的规模化建设向专业化和品牌化转变；二是工作重点从侧重设施建设向侧重管理服务转变；三是发展模式从单一化向社会化转变。这三个转变，是文化共享工程从开创共建到全面共享的历史性必然，是今后我们理清工程发展的指导思想。

二、全力以赴、扎实推进公共电子阅览室建设再上新台阶

完成乡镇级19545个，街道1389个，社区7678个（共计28612个）基层服务点公共电子阅览室设备升级任务的规划部署。在深入调研全国各省级分中心公共电子阅览室信息管理系统工作状况的基础上，进一步参考行业专家建议，启动了国家级公共电子阅览室建设管理平台建设。该平台建成后将有效监督和管理全国各级公共电子阅览室的服务和使用情况，确保公共电子阅览室网络信息服务的安全性，资源更新的及时性以及服务导航的实用性和针对性。

为了进一步规范公共电子阅览室建设与管理，下发了《文化部办公厅关于做好公共电子阅览室技术平台建设工作的通知》和《关于印发〈2012年度省级公共电子阅览室技术平台配置标准〉等的通知》。配置标准包括：《2012年度省级公共电子阅览室技术平台配置标准》《2012年度省级公共电子阅览室技术平台集成方案》《2012年度乡镇、街道（社区）公共电子阅览室增补配置标准》和《2012年度乡镇、街道（社区）公共电子阅览室系统集成方案》四部分。这些文件明确了各级有关单位的分工和主要工作内容、步骤，规范了全国省级、乡镇、街道（社区）公共电子阅览室建设标准。

三、认真落实文化部交办的各项具体工作

（一）积极参与春雨工程文化志愿者服务

在内蒙古、黑龙江等6个省（自治区）沿边境县、乡镇基层服务点，开展文化共享志愿者边疆行活动，共培训了42县市96个乡镇的基层文化工作者620人，检修设备200余台，指导群众上机近千人，近万基层群众参与观看了文化共享工程巡回展。

（二）加快推进文化共享工程“进村入户”

与广电总局相关司局洽商实施路径，研究制定共享工程资源通过中星九号“进村入户”实施方案。与山东省文化厅合作，举行了“文化方舟·山东省文化信息资源共享工程有线电视平台”开通仪式。

（三）积极参与文化援疆援藏工作

协助新疆维吾尔自治区译制维吾尔语视频资源115小时，哈萨克语视频资源85小时；与中国文化报、新疆维吾尔自治区文化厅联合主办“2012中国公共文化论坛”。指导西藏自治区译制安多藏语资源115小时，卫藏藏语资源160小时，康巴藏语资源175小时；与西藏文化厅共同主办了“西藏自治区共享工程建设成果展”。

（四）完满完成2013年中国图书馆年会有关任务

作为承办单位，组织搭建了“共享工程·公共电子阅览室”数字体验区，展现“三个转变”思路下共享工程全新的建设、惠民之路。近千名参会代表到展台参观展览，社会反响强烈。该展台获得“事业展位特装创意设计一等奖”。

四、创新工作方法，加快资源建设步伐

强化数字资源核心地位。梳理存量资源，整合出20余个专题数字文化资源。召开全国资源建设工作会议，草拟《文化共享工程资源建设管理办法》，以文化部办公厅名义下发2012年、2013年资源建设的通知（方案），建立健全资源建设工作机制。工作重心向侧重服务转变，充分发挥网站、卫星、手机等资源服务平台作用，围绕学习宣传“十八大”等主题，组织策划10余个专栏和互动活动，将1000多小时精品数字资源送到2000多个县级支中心。通过卫星频道播出农村实用技术、地方戏等视频资源3285小时；通过中组部党员远程教育平台播出102小时农村文化资源；通过手机网站发布图文和视频资源1680条；通过部委版网站为国家机关公务员发布电影、讲座等1920部（集）。全年共完成15600小时音视频，2041种电子图书和1715课时多媒体课件，790小时少数民族语言资源建设任务，完成预定目标。

五、深化队伍培训，探索以培训带动服务的新思路

全年共举办12次网络培训，有近20万人次参加学习。先后与山东大学、浙江艺术职业学院、湖南艺术职业学院、重庆艺术学校四家单位签署了合作共建协议，颁发共享工程培训基地标牌，举办了四期培训班，来自全国省级文化馆、部分地市级文化馆的160位骨干系统学习了共享工程和公共电子阅览室相关知识。

为全面提升各地公共电子阅览室管理服务水平，发展中心以赛代训，与各省级分中心合作举办“全国‘公共电子阅览室建设计划’百题知识竞赛活动”，全国各地有71521人次参赛，其中的19739人荣获满分。上海、江苏、安徽、吉林、河北等10个省级分中心荣获集体。这次竞赛活动首次通过网络开展全国范围的比赛，由于组织宣传工作扎实、有序，知识竞赛活动有效的锻炼了队伍，扩大了公共电子阅览室在基层群众中的知晓度、影响力。

六、组织开展“践行雷锋精神，推动惠民服务”系列活动

为学习贯彻中央关于深入开展学雷锋活动的意见，发展中心在文化共享工程系统内组织开展了“践行雷锋精神，推动惠民服务”系列活动。具体包括“学习雷锋好榜样”资源推送活动；“雷锋精神共

享情”惠民服务活动；“岗位学雷锋，行业树新风”岗位练兵活动；“做一个有道德的人”未成年人道德教育辅导活动；“雷锋精神永驻我心”全社会志愿活动等。系列活动在3月全面启动，由发展中心整合并向基层推送了《学习雷锋好榜样》资源光盘，在文化共享工程网站上推出学雷锋主题专栏，开展媒体宣传。

七、总结十年，加大宣传，精心策划纪念活动

2012年文化共享工程已经走过十年的发展历程。发展中心以此为契机，举办“全国文化信息资源共享工程十周年系列活动”。全国人大、全国政协领导在会上为32个“文化共享之星”和200个“全国文化信息资源共享工程·公共电子阅览室示范点”颁奖授牌，与全国总工会、总政宣传部等7家单位签署了合作协议，开通了“国家数字文化网”。

八、认真落实知识产权保护课题等相关研究专项

完成国家知识产权发展战略《共享工程公益性服务中的知识产权保护问题》、国家文化科技提升计划《云计算环境下智能化数字文化资源信息采集和资源整合服务模式研究》课题立项；文化部公共文化司《公共文化服务资源供给机制研究》《公共文化服务技术支撑体系研究》、国家图书馆《数字资源音视频元数据标准规范》等课题顺利结题；与福建省分中心联合开展的“基于云计算的公共数字文化服务技术支撑平台建设研究与应用”获得第四届文化部创新奖。

九、积极开展道德领域突出问题专项教育和治理活动

发展中心以建设社会主义核心价值体系为根本，把提升共享工程系统干部职工道德素质与加强社会公德教育相结合，把鼓励干部群众自我提高与发挥文化工作职能作用相结合，采取切实有效措施，进一步带动整个共享工程系统道德水平的提升。一是在文化共享工程网站开设“学习道德楷模，引领社会风尚”专栏；二是结合实施“文化志愿者边疆行”工作，践行雷锋精神等推动共享工程系统内惠民服务活动；三是运用先进技术手段，大力推动公共电子阅览室管理平台和国家公共数字文化支撑平台建设；四是结合创先争优、践行雷锋精神、核心价值理念建设、员工综合素质和服务能力建设学习提升计划等活动的开展，以“勤学讲坛”“爱心建言”等形式为载体，加强发展中心员工队伍道德教育等活动，在发展中心形成学习、争当道德模范的浓厚氛围。同时发挥工程网站的宣传导向作用，通过典型宣传，展示形象，扩大活动的社会影响力。

中国文化年鉴

Almanac Of Chinese Culture

地方文化建设

Local Culture

北京市

2012年，北京市文化局在市委市政府和市委宣传部的领导下，认真贯彻落实党的十八大、十七届六中全会和习近平同志讲话精神，以喜迎十八大、学习宣传贯彻落实十八大精神为中心，推动工作有序开展，取得了明显成效，掀起了文化建设新高潮，已呈现出全面蓬勃发展态势。社会主义核心价值和北京精神更加深入人心，文化活力竞相迸发，公共文化服务体系更加完善，文化创意产业发展基础更加雄厚，文化与科技、旅游、商务、金融、体育等相关行业的融合程度更加紧密。

一、围绕迎接、宣传、贯彻党的十八大，文化发展的顶层设计切实加强，全社会文化资源有效整合，文化活力竞相迸发，文化推动能量大大释放，文化创新进入活跃期

全市文化系统以党的十八大为指引，采取有效措施，科学统筹文化资源，充分发挥中央及部队在京文化企事业单位在首都文化建设中的积极作用，为喜迎十八大胜利召开营造了浓郁的文化氛围。组建成立首都剧院联盟和首都图书馆联盟，统筹央属、市属、民营文化资源。

采取政府邀标、委约创作和市区合作等模式，推动中央及部队在京文艺创作机构、国家大剧院、北京人艺和市属院团及民营院团创作了50多部反映原创的、当代的、北京的剧目。9月，精选了其中的36部优秀剧目，举办了“颂扬北京精神讴歌伟大时代——2012年北京市优秀剧目展演”，共演出72场。11月，又优中选优，选择了其中的15部更为优秀的剧目经过多次修改、打磨、提炼，举办了“庆祝党的十八大胜利召开，北京金秋优秀剧目汇报演出”共演出30场。其中，国家大剧院原创歌剧《运河谣》、北京人艺的《甲子园》一票难求，堪称经典，北京京剧院的现代京剧《云之上》、中国评剧院的《银杏庄》、北方昆曲剧院的《爱无疆》、北京市河北梆子剧团的《前门前》、北京市曲剧团的《乡约青春》、儿童剧《少年孔子》、音乐剧《天桥》、北京戏曲艺术职业学院的大型儿童京剧《白雪公主》和《少年马连良》等以及民营院团的话剧《白纸坊太狮》、《海淀之北》等剧目都经受了观众和市场的检验，取得了经济效益和社会效益的双丰收。中国评剧院的《马本仓当官记》荣获中宣部“五个一工程”奖，《林觉民》荣获中国评剧艺术节优秀剧目一等奖。

各区县也围绕党的十八大积极进行文艺创作，取得了较好的效果。大兴区与中国评剧院联合创作的评剧《银杏庄》受到广泛好评、房山区联合民营院团创作完成的话剧《李方洪》、顺义区与北京凌空评剧团联合创排的大型原创现代评剧《恩怨亲家》都获得了广泛好评。海淀区举办首届中关村金秋演出季，充分调集了区域内总政歌舞团、解放军艺术学院等八大艺术院团和北京舞蹈学院等专业院校及北大百年讲堂、北京航空晨兴音乐厅等场馆，共推出42种、35个单位、80台精品节目，获得广大人民群众的热烈欢迎。北京画院完成中国画、油画作品500余幅，先后有蔡玉水、李小可等7位画家举办了个人画展；近70人（次）参加了全国性展览、专题展和学术展，多位画家在展览中获奖，还撰写专业文章多篇，出版各种专著40余部，先后为全国政协、中央文史馆、《北京日报》等单位创作作品数十幅。北京戏曲艺术职业学院发挥艺术研究和创作优势、“文艺人的必修——纪念延安文艺座谈会讲话70周年”专题讲座，举行了“改革创新传承发展——京剧教育60年回顾与展望”论坛，建立了艺术研究、人才培养和艺术创作相辅相成的良好机制。

二、社会主义核心价值更加深入人心，党的十八大精神、北京精神得到弘扬

深入推进社会主义核心价值体系建设，进一步加强对中国特色社会主义文化和首都文化的研究。党的十八大胜利闭幕后，全市文化系统立即行动起来，切实把学习宣传贯彻党的十八大精神作为头等大事来抓，进一步转变作风、端正学风、改进文风，在求实、务实、落实上下功夫，在学以致用、学用结合上下功夫，全力营造学习宣传党的十八大精神的浓厚氛围，用十八大精神统一思想、武装头脑、指导工作，把力量凝聚到全市文化系统为实现党的十八大确定的各项任务上来，通过文艺演出、图书服务、展览、讲座等多种渠道和传播媒介，大力宣传普及党的十八大精神和北京精神。充分发挥文艺的宣传作用，用十八大精神武装凝聚群众，组织北京市曲艺团深入社区、工矿、学校、乡村，以群众喜闻乐见的曲艺形式，开展总计50场的宣传贯彻党的十八大精神系列巡演活动，组织北京京剧院、北京交响乐团等市属院团开展以宣传十八大精神为主题的专场演出。加大“每周一星——北京京剧院送大戏下基层活动”等公益演出活动中十八大精神宣传展演专场的比例，以“爱北京、写北京、颂北京”为主题推出以讴歌北京建设发展成就、宣传党的十八大精神为主的文艺演出、征文比赛、书画展览等群众性文化活动。

以“北京精神”为主题，组织了为期一年的群众业余文艺团队大汇演，演出达1万场，370多家群众文艺团体、700多项群众艺术精品、10余万名业余群众文化参与者走上舞台，1200多万名群众近距离感受到文艺魅力，在十八大前形成了高潮。从学习宣传、培育弘扬、实践体验三个方面扎实推进“北京精神”学习实践活动，努力把“北京精神”融入、贯穿、体现到首都文化建设发展的各个方面和全过程。

深入开展“走、转、改”活动，引导文艺工作者树立以人民为中心的创作导向。建立大兴、房山、密云等艺术家创作基地，开展艺术家走基层采风活动，一大批艺术创作者深入基层，深入田间地头，了解国情、市情与民情，潜心创作。组织来自中央及部队驻京院团、院校，北京市属、民营等各类艺术单位的评论家、编剧、导演、演员等文艺专家开展了“深入基层，采撷乡风，拓展视野”的体验生活活动。组织创作的50多台剧目的创作者基本都反复深入实践，深入群众，充分听取群众的意见和建议，反映了首都发展的新风貌。北京京剧院为创作《云之上》，多次深入中关村，反复听取群众的声音；中国评剧院和大兴区在创作《银杏庄》时多次找到人物原型，揣摩人物性格、反复修改；民营院团在创作《白纸坊太狮》、《海淀之北》时，也多次深入群众、反复修改、磨炼。

紧扣十八大和“北京精神”，在春节、元宵、端午、中秋等传统节日开展了近千项文艺汇演、讲座、展览等群众文化活动。启动了“唱响北京”——北京市公园群众文艺活动，深入宣传践行十八大和“北京精神”，展示首都市民积极向上的精神面貌，打造具有中国特色的首都群众文化活动品牌。筹划了以“爱我家，唱我家，我的北京我的家”为主题的大型群众性歌曲演唱电视竞赛活动，宣传践行十八大和“北京精神”，着重凸显群众写北京、群众唱北京、群众颂扬北京积极进取的精神风貌。组织开展了“北京好歌”整理编辑工作，将不同时期创作的北京歌曲进行梳理，精选出300首编辑成音响典藏集。

三、公共文化服务体系建设更加完善，文化惠民工程内容丰富，服务水平全面提升

文化服务基础设施建设达到全国领先水平。全市四级公共文化设施平均覆盖率达到了98%，市、区县两级覆盖率100%。城乡文化一体化步伐加快，率先在全国实现了农村地区文化设施全覆盖。加大财政投入和政策引导力度，按照全覆盖、高标准的要求，正在实施将基层公共文化设施由普遍覆盖向达标建设提升，基层文化活动由遍地开花向打造品牌提升，建成基层文化组织员队伍并发挥作用。推进街道和乡村“一街一品”和“一村一品”特色文化项目建设。东城区的锣鼓巷文化节、大兴区西瓜节、平谷桃花节、海淀旅游文化节等已经成为当地文化品牌，影响日益扩大。

制定了《北京市基层公共文化设施服务规范（试行）》等制度，规范各基层公共文化设施服务。以数字文化社区、24小时自助借书机、“多网合一”、42个重点镇、53个最美文化乡村以及示范区、示范项目为抓手，带动提升全市公共文化数字化、信息化水平，进一步推动公共文化服务城乡一体化，引领示范全国。建设完成100个数字化社区文化站。朝阳区以国家公共文化服务体系示范区创建为契机，整合资源、开拓思路，集中力量推进公共文化设施建设，取得了明显成效。启动了行政村“多网合一”工程，将有线电视、数字电影、全国文化信息资源共享和远程教育融合在文化室，实现多元共享，丰富服务内容。实现了文化馆（站）、公共图书馆和公共美术馆三馆免费开放。全市已拥有区级以上公共图书馆25个，年流通人次1千余万。公共图书馆计算机信息服务网络覆盖全市16个区县的154个成员馆。首图二期开馆运行，首图总建筑面积达到9.4万平方米，位居全国公共图书馆前列，可容纳文献千余万册（件），具有2万人次的日接待能力，可借阅图书数量在全国公共图书馆中居首位。仅国庆、中秋8天假期，就接待读者10.7万人次，办理读者卡2500张，外借图书5万余册，参与各类文化活动3万余人次。北京画院“齐白石旧居纪念馆”修缮一新面向社会开放，不仅成为一处重要的公共文化设施，而且还吸引了诸多外来旅游者，成为一处隐藏在北京胡同深处的热点文化旅游景点。推动了北京市文化中心、北京市国际戏剧中心、北京市歌舞剧院等一批市级文化设施建设。

公益惠民演出数量和范围不断扩大，今年全市已有400多家专业和业余文艺团体参加“万场演出下基层”活动，已演出11000多场，1800万人次群众受益，同时组织百名名家名角进社区、下农村，面对面为基层群众表演。大兴区出台《大兴区“农村文艺演出星火工程”业余团队管理办法》，加强业余团队的管理，提高公益性演出的质量。丰台区仅在春节“幸福丰台过大年”送温暖系列活动中就举办送文艺演出、送庙会门票、送春联和“福”字等活动241场，受到群众好评。首都剧院联盟积极推动国家大剧院等联盟单位将100元以下的低票价区扩大到剧院的30%；首都图书馆联盟推出了全城63个点通借通还图书等便民服务，受到市民好评。在“2011年全国31个省（自治区、直辖市）公共文化服务综合指数总量排名”中，北京人均公共文化服务指数位居全国前茅。

非物质文化遗产传承发展取得新成就，隆重召开了北京市非物质文化遗产保护工作会，公布了《关于加强非物质文化遗产保护传承的扶持办法》，出台了更加详细的保护政策。北京市33人被命名为第四批国家级非物质文化遗产项目代表性传承人，命名了5个“北京市非遗生产性保护示范基地”、3个“北京市非物质文化遗产研究基地”、5个“北京市非物质文化遗产传承教学基地”。建立非物质文化遗产保护督查和退出机制，重新认定全市235个市级非物质文化遗产名录项目的保护单位，怀柔区喇叭沟门满族乡以其独特的“少数民族民间花会”项目，被文化部命名为2011—2013年度“中国民间文化艺术之乡”。利用春节、清明节、端午节、中秋节等传统节日，开展“第七届北京春节庙会·灯会·文化活动评选”等300多项传统文化活动；组织80个非物质文化遗产项目120余位传承人，在国家博物馆举办“京味儿——北京非物质文化遗产展”，创新国博多年来静物展览的常规模式，吸引中外观众15万人次；组织非物质文化遗产项目传承人参加“中国非物质文化遗产生产性保护成果大展”、“第二届中国非物质文化遗产博览会”、“中国（黄山）非物质文化遗产传统技艺大展”等全国性非遗大展；组织25个项目传承人赴台湾举办“燕京绝技——北京非物质文化遗产展”，受到岛内同胞的关注和欢迎，在增进两岸民众感情、促进两岸文化认同等方面产生了积极的推动作用。

四、首都文化经济形态初现，文化创意产业迅猛发展

文化与科技融合逐步推进，文化创意产业快速发展。北京中关村国家级文化和科技融合示范基地被认定为首批国家级文化科技融合示范基地。西城区和东城区在首都核心演艺区建设上取得重大进展，市委常委会听取并原则通过了推动天桥演艺区北京天桥艺术中心和天桥艺术大厦两个项目的设计方案，目前已有21家演艺机构签约天桥演艺区，参与演艺区优秀文化产品创作和文艺演出活动，为北京打造国际一流演艺区提供强有力的内容支撑；天坛演艺区建设全面启动，市政府与港中旅集团举行天坛演艺区项目合作协议签字仪式，规划总面积超过100万平方米，着力打造中国园林式演艺集聚区。万达集团文化总部落户通州，投资260亿元。一批有影响力的民营企业将文化总部设在北京，水晶石等已实现文化走出去的企业成长迅速。保利文化集团、完美世界、北京演艺集团入选全国文化企业30强，中国木偶艺术剧院、北京万豪天际文化传播等6家企业被文化部命名为第五批国家文化产业示范基地，我市示范基地数量已位居全国第一。推动了澳门新濠集团和美国罗斯洛克集团等海外资本来我市投资文化创意产业，将分别投资500亿元和200亿元。与石景山、中国动漫集团共同主办了“动漫北京”活动，共达成各类意向成交额55.8亿元。

文艺舞台空前活跃，文艺演出市场继续呈现增长态势。文化与科技、旅游、商务、金融、体育等相关行业的融合发展速度加快，创新培育消费业态的趋势已经显现。全市通过文化与产业的融合创造新的消费业态，通过文化与科技的融合实现新的消费模式，通过内容对渠道的整合形成新的消费产品，通过文化对空间的整合形成新的消费承载，推动全面提升首都文化消费的发展规模、发展质量和发展水平，从而实现首都文化消费的国际参与、业态集聚和创新引领。

文化“走出去”迈出新步伐，面向主流国家、主流城市和主流人群开展文化交流，取得突出成绩。赴芬兰、爱沙尼亚、西班牙、德国举办“欢乐春节”活动，赴阿尔巴尼亚、肯尼亚举办了“北京之夜”综艺演出，赴纽约举办了“北京文化节”、举办了德国中国文化年北京文化周活动、土耳其中国文化年北京文化周活动、俄罗斯中国文化节北京文化周活动，精心筹备了伦敦奥运会“北京文化周”，举办了“2012两岸城市互访系列——北京文化周”等，受到当地群众的热烈欢迎。此外还组派中国杂技团赴老挝、缅甸交流演出，邀请津巴布韦大学孔子学院中文合唱团来京交流演出，产生了不小的反响。推动非物质文化遗产“走出去”，选派京剧、昆曲艺术主动走出国门，传播中国传统优秀文化，展示我国非物质文化遗产保护和传承的成果。北京京剧院赴土耳其、德国、意大利进行交流演出、北京戏曲艺术职业学院赴荷兰、法国进行京剧交流演出，北方昆曲剧院赴法国举办了昆曲艺术片《红楼梦》首映式受到当地观众的好评。配合“2012城市可持续发展北京论坛”，举办了城市艺术节，加强了各城市间文化交流。参与举办了“天涯共此时”2012年卢沟晓月中秋晚会，此次晚会邀请到京、港、澳、台四地文化艺术名家，以歌舞诗乐等艺术形式展现了“文化同根、情感同源”的主题，营造了两岸四地一家亲的美好氛围。

积极搭建平台，推动对外文化贸易发展。对已经实施的民营团体优秀“走出去”项目进行了资金奖励，如北京良宵竹乐团赴美国参加华盛顿中国文化节项目、北京当代芭蕾舞团2012年国际巡演项目、现代舞团赴阿尔巴尼亚、肯尼亚交流项目、北京青戏节赴法国参加阿维尼翁艺术节项目，进一步激发民营团体“走出去”的积极性，鼓励更多的民营优秀项目走出国门。参与举办了以国际化、专业化、多元化为主要特点的首届京交会动漫游戏产业洽商会、首届中国艺术品产业博览和首届北京国际魔术大会。

严格遵守服务承诺，认真高效地做好外事服务工作，切实为局属单位、文化归口管理单位“走出去”和“引进来”的文化交流项目做好咨询、服务工作。截至12月31日，市文化局共受理出访国外及港澳台地区文化交流项目153批3525人（次）。其中，局系统54批1661人（次），归口管理单位99批1864人（次）。引进国外及港澳台地区共40批1330人（次）。其中，局系统2批120人（次）；归口管理单位38批1210人（次）。

五、文化体制改革稳步推进，文化市场管理不断加强，有力维护了首都文化市场秩序

大力推进文化体制改革，转变政府职能，实现从办文化向管文化的转变，发挥政策调节、市场监管、社会管理和公共服务的职能。在支持直属单位加快发展的同时，将文化行政管理工作真正拓展到全社会，服务中央的文化资源，通过加强政策制定，提高了管理全局的能力；通过建立联盟组织，增强了统筹首都文化资源的能力；通过严格依法行政，提高文化行政许可审批监察和市场监管能力，增强了一手抓繁荣，一手抓管理的能力。

按照中央文化体制改革要求，今年完成了中国评剧院、北京市河北梆子剧团、北京市曲剧团转企改制工作，成立了中国评剧艺术中心、北京河北梆子艺术中心、北京曲剧艺术中心。事业单位体制机制改革进一步深化，北京京剧院、北京交响乐团、北方昆曲剧院实施项目制，采取措施推动其加强管理、转换机制、面向市场、增强活力。

进一步推进改革创新艺术创作生产扶持奖励机制。会同市财政局重新修订《北京市舞台艺术创作生产扶持专项资金管理暂行办法》，已资助了《大街小巷》、《那年我们成就梦想》、《海淀之北》、《白纸坊太狮》等优秀民营剧团的剧目。积极扶持“名角、名剧、名团”。在重大题材创作上推行招标制，吸引民营文艺院团参加，同时鼓励民营文艺院团参与政府采购的演出任务。推荐有特色、高水准的民营院团参加对外演出和国际文化交流活动。引导奖励中外经纪公司组织国际一流艺术团体来京演出。

文化市场管理不断加强。文化发展必然带来多种文化思潮，会夹杂腐朽的，甚至危害国家安全的意识形态，文化大发展大繁荣必须同步抓安全、抓管理。集中开展了小剧场、相声、艺术品等多项专项整治行动。制定了《北京市小型营业性演出场所经营单位管理规定实施细则》、《北京市文化局关于加强舞台剧节目审查与演出监管工作的意见》、《北京市舞台演出剧节目内容审查意见》等指导性文件，实施加强剧目审查监管的新办法。开展了演出行业风险管理和游艺娱乐场所在首都文化发展中作用的调研。为强化市场管理奠定了基础。会同十六区县文化委员会和相关部门加强重点场馆和演出监管，加强对798、宋庄的管理、引导和服务。

六、深入学习宣传贯彻落实党的十八大精神，党的建设和文化工作队伍建设日益加强

全市文化系统切实把学习宣传贯彻党的十八大和习近平同志讲话精神作为头等大事来抓。局领导干部发挥带头作用推动十八大精神学习。局系统各级领导班子、领导干部一方面精心组织学习，把本单位学习宣传贯彻工作抓紧抓实，另一方面身体力行，自觉学习运用，认真参加关于十八大精神的学习讲座、辅导研讨。推动学习宣传贯彻十八大精神工作深入基层，通过开展专题培训、座谈讨论、知识竞赛、演讲比赛等主题鲜明、内容丰富、形式多样的学习、宣传、贯彻活动，加深基层工作人员和普通群众对十八大精神的学习和理解。扩大学习宣传贯彻十八大精神的覆盖范围，组织文化系统中青年文艺工作者、名家名角等文艺骨干力量和民主党派、无党派等党外人士的十八大精神教育和培训工作。将学习贯彻十八大精神与文化系统开展“走、转、改”活动有机结合，逐步扩大十八大精神培训的覆盖面，有计划、有步骤地将活动推广到全体首都文艺工作者。

推进以党员队伍建设为核心的工作队伍建设，采取制度约束、党性教育、先进评比等形式，不断加强机关工作人员的党性教育和廉政教育，努力适应新形势下文化工作的特点。狠抓党风廉政建设责任制落实，将51项反腐倡廉任务分解落实到责任处室，做到党风廉政建设工作与中心工作同部署同落实。加强监督检查和效能监察工作，对大额资金使用及“万场公益演出下基层”活动进行重点检查。积极开展廉政风险防控工作，制定了文化系统推进廉政风险防控工作实施方案和考评细则，基本完成了第一阶段确权事项和编制目录任务。采取多种教育形式，促进领导干部廉洁自律。不断加强理论探索与交流，定期开展干部职工学习交流活动，编辑出版了内部刊物《文化观察》，已印发12期，刊登重要理论文章40多篇，为干部职工搭建了理论学习、探索交流的重要平台。编辑出版了《首都图书馆联盟》、将《群文博览》改版为《北京公共文化》，成为宣传推广首都图书馆建设与服务、公共文化服务体系建设与服务的重要载体。建立了文化市场管理群和网络文化经营单位管理群和小剧场从业人员微信群，加强工作人员之间的沟通交流。认真开展“创先争优”活动，北京京剧院和中国评剧院分别被北京市、文化部评为先进基层党组织。探索在首都剧院联盟、首都图书馆联盟建立党的机构、发展培养党员，以党性教育、党员先锋模范带头作用等形式，加强社会文化工作队伍党性建设。

改变思路，拓宽培训面，对社会文化机构工作人员进行培训。以纪念毛泽东同志《在延安文艺座谈会上的讲话》发表70周年为契机，举办了小剧场戏剧创作理论培训班，对部分小剧场戏剧制作单位负责人和小剧场经营管理人员代表进行培训，引导文艺工作者坚持“二为”方向和“双百”方针，牢固树立以人民为中心的创作导向。先后选派6批28名企业高管人员参加文化部组织的动漫企业高管培训。组织召开了2012年北京市网吧培训会，组织全市十六区县的3000多名网吧业主分两批进行了培训。开展了北京市2012年度网络文化经营企业理论培训班，全市近百家网络文化经营单位负责人接受了法律法规及自我管理方面的培训与指导。北京戏曲艺术职业学院创新学生培养机制，引进小童星邓鸣贺入校就读，制定专门培养计划，进行一对一培养。

推动基层文化人才队伍建设，分批轮训全市的文化组织员和文化站长，提高他们的业务素质和管理能力。根据基层群众文化队伍培训计划，委托北京戏曲艺术职业学院举办基层群众文化骨干培训班，按照六会标准系统地培训基层文化骨干。首都图书馆举办公共图书馆培训班，邀请业内专家对图书馆员进行集中授课，每期1周，持续5个月。文化艺术活动中心举办了文化志愿者项目带头人培训班和文化志愿者培训班。各区县也分别制订培训计划，创新培训模式。延庆县文化委与县教委共同举办了首届群众文化组织员中专班，把培训工作纳入到国民教育系列；怀柔区文化委推出了“向阳花”培训计划，举办了106期，集中培训业余文艺骨干；顺义区文化委分三期举办文艺骨干队伍培训班，学员达400人。有效提升了群众文化工作队伍素质，对群文工作的开展起到积极的推动作用。

2012年是北京市学习宣传贯彻党的十八大、十七届六中全会和中共北京市委十届十次全会精神，推动首都文化大发展大繁荣，充分发挥首都作为全国文化中心示范作用的一年，是市文化局全面工作创新的一年。市文化局在市委市政府和市委宣传部的领导下，转变思维，创新思路，抓住机遇，振奋精神，以高度的文化自觉和文化自信，在繁荣首都文艺舞台、推动文化创意产业发展、深化文化体制改革、提高公共文化服务水平和质量等方面取得了显著成效，为党和人民交上了一份较为满意的答卷。

天津市

天津市文化系统认真学习贯彻党的十八大、十七届六中全会精神和市第十次党代会、市委九届十一次、十二次全会决策部署，坚持围绕中心，服务大局，解放思想，攻坚克难，奋力拼搏，全力打好文化大发展大繁荣攻坚战，争当文化强市建设排头兵，圆满完成全年各项工作任务，一些重点工作实现新突破，开创了全市文化工作新局面。

一、天津文化中心建成开放

天津市历史上规模最大、标准最高、投入最多的标志性文化设施——天津文化中心建成并投入使用。各文化场馆认真落实“管理最优化、效率最大化、效益最高化”要求，积极创新公共文化服务内容和方式，着力打造“高雅艺术展示中心、文化艺术普及中心”，向社会奉献高水平的公共文化服务。精心打造了《市第九次党代会以来天津经济社会发展成就展》、《中华百年看天津》、《中国当代美术名家捐赠展》等48个展览，一、二级文物展品占展出文物的比例达到70%，许多珍贵文物首次亮相。举办了莫斯科丹钦科音乐剧院芭蕾舞团《天鹅湖》和《罗密欧与朱丽叶》、美国费城交响乐团音乐会、中央芭蕾舞团《红色娘子军》、浙江小百花越剧团《梁山伯与祝英台》等239场高水准文艺演出。开展了“天博讲堂”、“音乐大讲堂”、“天津美术讲坛”系列讲座和天津大剧院开放日、国内首个多媒体互动展《你就是乐队》等329场公益文化普及活动。天津图书馆总面积达到12万平方米，包括三个馆区，设计总藏书量1200万册，成为全国规模最大的省级公共图书馆，建成专业音乐图书馆，实行全年不闭馆和24小时自助服务，实现了办证、借书、还书的自助化和3个馆区书刊文献的通借通还。各文化场馆接待观众及读者236万人次，受到社会各界高度关注和赞赏，文化中心日益成为展示天津深厚历史文化底蕴和现代化大都市魅力的靓丽名片。积极创新文化场馆管理体制机制，实施精细化、智能化、规范化、常态化管理，为市民营造舒适宜人的环境、提供更加人性化的星级服务，为公共文化设施运营与管理积累了宝贵经验。

二、公共文化服务体系建设迈上新台阶

公共文化设施网络更加完善。市群众艺术馆新馆、平津战役纪念馆和周恩来邓颖超纪念馆红色旅游项目二期工程、天津自然博物馆新馆改造、元明清天妃宫遗址博物馆改扩建、中国大戏院维修改造、河北梆子剧院重建、红旗剧院改扩建等项目扎实推进。滨海新区投入500多万元健全基层文化设施，汉沽版画刻字馆、大港大剧院等提升改造项目完成。和平区南市小剧场建设完工，河北区建成中山公园等10个城市书吧，河东区中山门影剧院，红桥区文化中心建设顺利推进。静海县16个新建乡镇文体活动中心陆续投入使用。

文化惠民工程成果突出。首批国家公共文化服务体系示范区（项目）创建工作取得阶段性成果，和平区及“天穆杯”全国农村小品展演、“东丽杯”群众文学评奖通过文化部督导检查。全市257个公共图书馆、美术馆、文化馆（站）实现免费开放，服务内容和品质不断提升，受益群众数量显著增加。文化信息资源共享工程取得新进展，“天津故事”和“天津市非物质文化遗产”两个数字资源项目获文化部批准建设。公共电子阅览室建设积极推进，制定了建设规划，启动技术平台建设，在近百家街道乡镇和社区建立了公共电子阅览室。天津图书馆、市少儿图书馆分别开通移动阅读平台。成立了天津市文化志愿服务总队，文化志愿服务工作扎实推进。在新疆和田地区三个对口县举办文化交流活动，建立了天津图书馆、天津市少年儿童图书馆分馆，“春雨工程”天津市文化志愿者边疆行活动被文化部评为“全国文化志愿者边疆行示范项目”，市文化广播影视局荣获组织工作成绩突出单位，和平区“心目影院”被评为“全国基层文化志愿服务优秀项目”，“爱心圆梦学校”被评为“全国服务农民工示范项目”。启动“千人百团”社区艺术团文艺骨干培训工程，为119支社区艺术团的1600余名文艺骨干提供公益培训服务。深入农村、企业、工地、社区、学校等基层一线开展公益演出282场，组织开展送展览进学校、部队、社区，“津门谈古”文博知识讲座、“生物科学”科普讲座，天津市第二届国学文化节等文化活动，市级公共图书馆新建了9家分馆，丰富和活跃了基层群众文化生活。

群众文化活动丰富多彩。成功举办第十一届“和平杯”中国京剧票友邀请赛、第二十一届“东丽杯”全国孙犁散文评奖、第三届“天穆杯”全国农村小品展演和第六届中国·天津妈祖文化旅游节等大型群众文化活动，进一步扩大了影响，打造了品牌。组织举办了“群星奖”天津地区选拔赛，选拔25件文艺作品参加全国“群星奖”评选，推动了群众文艺创作。天津市第七届农民艺术节、第三届外来务工人员艺术节、第二届合唱艺术节、第五届民乐大赛、第十届残疾儿童艺术节、“好书伴我成长”读书系列活动、第三届青年美术节、津台两地社区民众联欢晚会、华夏未来中小学生双周免费音乐会等群众文化活动贯穿全年，参与广泛，丰富和活跃了群众文化生活。第五届七里海文化旅游节、“相聚东丽湖”第十届文化艺术节、“第四届团泊洼诗歌节”、“欢乐西青”文艺大舞台系列活动、和平区

“万人千场”优秀影片社区漂流、河东区第六届社区文化艺术节、北辰区“图书进万家”、河西区“西岸风”文化惠民系列活动、津南区第五届民间花会展演、蓟县独乐寺庙会、宝坻区“盛世和声”春节系列文化活动、武清区消夏晚会、“喜迎十八大·金秋颂河北”摄影作品展等区县文化活动丰富多彩，特色鲜明，巩固发展了“一区一品”的群众文化格局。南开区鼓楼街等28个单位被命名为第四批天津市“民间文化艺术之乡”。

三、文化体制改革扎实推进

积极稳妥推进文化体制改革，按照“整合一批”、“保留一批”、“改制一批”的原则，按期完成国有文艺院团改革阶段性任务。天津北方演艺集团有限公司、天津北方文创产业集团有限公司挂牌成立。天津歌剧院与天津大剧院签署驻场演出协议，采取剧团、剧场结合的方式，量身打造适合驻场演出的精品剧目，努力打造国内一流演艺院团。天津人民艺术剧院实行“独立制作人”制度，与演出经纪机构和知名演员合作推出历史话剧《风华绝代》，在42个城市演出73场，创造了良好效益。天津市杂技团与法国葛露贝国际演艺公司签署合作协议，梦幻杂技剧《爱丽丝漫游奇境》将在欧、美连续巡演5年。深化公益性文化事业单位改革，实施全员聘用制，完善岗位设置、岗位聘用制和绩效工资管理制度，推行标准化星级服务和社会化用工，事业单位活力和自我发展能力不断增强。天津市被评为全国文化体制改革工作先进地区，周恩来邓颖超纪念馆被评为全国文化体制改革先进单位。天津市杂技艺术有限公司、天津人民艺术剧院有限公司、天津曲艺有限公司青年鼓曲队、市文化广播影视局文改办4个单位被文化部授予“在国有文艺院团改革工作中做出突出贡献的单位”，6人被授予“在国有文艺院团改革工作中做出突出贡献的个人”。

四、艺术创作演出繁荣活跃

精品创作硕果累累。创作排演了新编京剧《洛阳宫》、《风雨吴三桂》，河北梆子《晚雪》、《梦南国》，话剧《相士无非子》，儿童音乐剧《妈妈别哭，我们都在》，歌剧《白毛女》，大型歌舞乐《海韵河风》，杂技剧《爱丽丝梦游奇境》等一批新剧节目。在全国性重大文艺评奖中实现新突破，京剧《华子良》荣获第二届优秀保留剧目大奖；河北梆子《晚雪》荣获中宣部第十二届精神文明建设“五个一工程”奖；在国家舞台艺术精品工程评选中，京剧《香莲案》入选2010—2011年度重点资助剧目，评剧《赵锦棠》入选2011—2012年度资助剧目并荣获第八届中国评剧艺术节优秀剧目奖；在第八届中国评剧艺术节上，评剧《非常妈妈》荣获优秀剧目奖，《珍珠衫》荣获特别荣誉奖；交响京剧《郑和下西洋》荣获第四届全国少数民族文艺汇演表演金奖，我市荣获优秀组织奖；木偶剧《七夕的传说》荣获第21届国际木偶联合大会暨国际木偶节最佳剧目奖，并获得第七届全国儿童剧优秀剧目展演优秀演出奖、导演奖和表演奖三个奖项。《天津曲艺说唱现状与发展对策性研究》被文化部评为“全国文化系统优秀调研成果”。

大型演出精彩纷呈。在文化部举办的“讴歌伟大时代，艺术奉献人民”——2012年全国优秀剧目展演中，我市6台剧目进京演出，参演院团和剧目数量居全国各省（自治区、直辖市）首位，演出场场爆满，气氛热烈，赢得广泛赞誉，《人民日报》、《光明日报》、《文艺报》等中央和本市主要媒体刊发了大量报道和评论，展示了本市近年来艺术创作的丰硕成果和文艺工作者昂扬向上的良好精神风貌。评剧《赵锦棠》获选参加全国地方戏精粹展演，得到专家和观众的高度评价。精心组织了“纪念毛泽东同志《在延安文艺座谈会上的讲话》发表70周年优秀剧目展演”活动，历时两个多月，推出优秀剧（节）目141台，演出464场，观众超过18万人次。市青年京剧团进京举办纪念“百日集训”25周年系列演出，市评剧白派剧团在梅兰芳大剧院举办“李瑞环创作改编评剧剧目展演”，天津京剧院、天津人艺参加首届海南省艺术节，歌舞剧院赴江苏、山西、辽宁等省市巡演，交响乐团参加第三届中国交响乐之春演出等演出活动，进一步开拓了演出市场，弘扬了津派艺术。各文艺院团全年共演出2557场，观众达127万人次，取得良好的社会效益和经济效益。

完成市第十次党代会《放歌天津》文艺晚会，运用多种艺术手段歌颂了市第九次党代会以来全市经济社会发展取得的显著成就，激发了全市干部群众开创天津美好未来的信心与豪情。完成第九届全国大学生运动会开闭幕式文艺演出、达沃斯论坛“天津之夜”文艺演出、发展中国家第23次院士大会文艺演出、中非国家文化部长论坛开幕演出和天津市2012年新年音乐会、春节军民联欢晚会、国庆文艺晚会等大型演出任务，展示了天津风采，营造了良好氛围。

五、文化产业和文化市场发展呈现新亮点

重点文化产业项目成效显著。国家动漫产业综合示范园共注册文化创意类企业近300家，全年纳税超过4亿元，建成了亚洲最大的动作捕捉室，二期工程扎实推进。国家影视网络动漫实验园和研究院内文化创意企业近70家，拥有专利、版权500余项，注册资金达12亿元。滨海高新区被认定为首批国家级文化和科技融合示范基地。美国卡梅隆——佩斯集团中国总部、美国好莱坞天堂影效公司、中国坞环球影视服务总部基地、博纳影业集团等一批知名文化企业落户滨海新区。成功举办第三届中国（天津滨海）国际文化创意展交会，现场销售额近亿元，签约重大项目20个、中小项目近400个，达成意向和签约总额25亿元。组团参加了杭州动漫节、北京文博会，取得社会影响、交易数额超往届的良好效果。西青区建立文化产业项目库，推出一批重点文化产业项目。宝坻区引进文化旅游项目3个，总投资超亿元。

演艺、动漫等产业持续快速发展。积极搭建演艺产业平台，组建天津市剧院联盟，开通天津演出票务网，全市35家剧场、院团和演出经纪机构加入，统筹本市剧院以及演出经纪机构的演艺资源，培育演艺市场迈出可喜一步。中国·天津海河之春国际音乐艺术节、“都市浪漫——中外艺术精品经典剧目展演”共演出36场，观众5万多人次，品牌效应进一步显现。天津神界漫画公司的漫画作品《三国演义》荣获巴塞罗那国际漫画节特别奖，并与外商签约发行西班牙文彩色漫画《西游记》。天津市十彩动画科技有限公司等3家企业、《棒槌日记》等2部作品通过2012年重点动漫企业和产品认定，8件作品入选国家动漫精品工程，4家企业获得2012年度进口动漫开发生产用品免税资格。天津福丰达动漫游戏制作有限公司、兆讯传媒广告股份有限公司入选第五批国家文化产业示范基地。7家企业被认定为2011—2012年度国家文化出口重点企业，灵然创智(天津)动画科技发展有限公司“基于4K分辨率的胶片修复项目”入选国家文化出口重点项目目录。

文化市场监管水平不断提高。认真开展迎接党的十八大文化市场专项保障行动、动漫市场专项整治行动和棋牌类网络游戏专项检查，进一步规范了文化市场秩序。全年审批外籍演出团体或个人来津娱乐场所演出116件，审批连锁网吧设立10件。2012年新增互联网文化经营单位10家，注册资金均在千万元以上，是互联网文化经营单位增速最快的一年。引导和规范游艺娱乐场所发展，全市游艺娱乐场所达到220家，经营规模和档次明显提升。对艺术品经营单位实行备案登记，开展了“诚信画廊”复核工作和艺术品市场法制宣传教育，引导艺术品市场规范发展。

六、文化遗产保护全面推进

文物保护工作成效显著。圆满完成第三次全国文物普查，全市12个集体、70名个人受到表彰。市政府核定公布第四批天津市文物保护单位145处。重新修改划定国家级、市级文物保护单位的保护范围和建设控制地带141处。完成大运河申遗文本资料和信息的收集，《大运河天津段遗产保护规划》经市政府常务会审议通过。开展《中华人民共和国文物保护法》和《天津市文物保护条例》执法检查，加大依法保护文物力度。编制完成明长城天津段保护修缮方案，完成梁启超故居饮冰室书斋、望海楼教堂、觉悟社旧址、天后宫、蓟县鲁班庙保护修缮工程，北疆博物院、大悲院和白塔维修工程即将竣工。抢救性发掘三艘明代沉船，出土与采集各类文物及标本600余件。完成子牙环保产业园等13项建设项目的前期考古勘查。西青区文物保护所被评为全国文物工作先进集体，1名同志荣获全国文物系统先进工作者称号。

博物馆事业取得新成就。深入推进博物馆免费开放，新增3所免费开放国有博物馆，免费开放博物馆达到19家。精心举办了《魅力·智慧——美国人眼中的周恩来》、《战火中的莫斯科》、《踏寻雷锋足迹》、《天津市首届碑刻拓本收藏展》、《纪念弘一大师书画展》等60余个特色展览，接待观众410余万人次。博物馆、纪念馆文物藏品征集等基础性工作取得新进展，天津博物馆全年征集入藏各类文物1300余件，周邓纪念馆征集周恩来、邓颖超遗物146件。加强社会文物管理，审核拍卖文物标的13917件，审核出入境文物约2400件。

非物质文化遗产保护深入开展。成功举办第二届全国非物质文化遗产展示会，来自全国29个省（自治区、直辖市）的106个非遗项目和近百位非遗传承人齐聚天津，吸引观众3万余人次，搭建了非物质文化遗产项目集中展示、交流和交易的平台。命名表彰了天津市首批非物质文化遗产示范基地。组织开展第三批市级非物质文化遗产名录项目评审，6人入选第四批国家级非物质文化遗产项目代表性传承人。精心组织“薪火相传”非物质文化遗产师徒

同台演出、第二届剪纸艺术擂台赛、“宝坻杯”环渤海地区评剧电视大赛、“非遗进校园”等活动，营造了全社会关注支持文化遗产的良好氛围。组织本市非遗项目赴北京、山东、安徽等地参展，扩大了天津非物质文化遗产的影响力。

七、对外文化交流进一步扩大

坚持“引进来”和“走出去”相结合，扎实推进对外文化交流工作，全年引进和派出文化交流项目120项，涉及3615人次。认真执行天津市与文化部“央地合作”计划，完成赴马拉维、坦桑尼亚、卢旺达、柬埔寨四国“欢乐春节”访演和中国尼日利亚文化周开、闭幕式演出任务，受到文化部高度赞扬。“美丽天津”艺术团赴尼日利亚参加阿布贾嘉年华艺术节、赴贝宁参加中贝恢复外交40周年庆典，坦桑尼亚JKT艺术团、“多彩坦桑·挺嘎挺嘎绘画艺术展”和津巴布韦政府文化代表团访津，增进了天津与非洲的文化交流。杨柳青年画、泥人张彩塑等非遗项目赴韩国参加丽水世博会中国馆天津周活动，天津市青年京剧团赴阿根廷参加中阿建交40周年庆祝活动，赴美国俄勒冈州参加“莎士比亚戏剧节”和波特兰市“玫瑰节”，充分展现了中华传统文化的独特魅力。成功举办天津国际少年儿童文化艺术节，华夏未来艺术团“环球之旅”赴德国、波兰等18个国家进行访演，架起了世界少年儿童间友谊的桥梁。配合天津市参访团访问台湾，举办“津沽文化宝岛行”，进一步扩大了两岸文化交流。市文化广播影视局被文化部授予“对外及对港澳台文化交流贡献奖”。

八、党的建设和文化人才队伍建设进一步加强

党员干部思想政治建设不断加强。进一步完善理论学习中心组制度，深化学习型党组织、学习型领导班子、学习型团队创建活动。认真学习贯彻党的十八大精神，制定了《学习贯彻党的十八大精神的安排意见》和理论学习中心组学习计划，召开了文广系统学习贯彻十八大精神报告会，举办了处级干部培训班、支部书记和党员轮训班，采取中心组学习、读书班、宣讲、辅导报告等多种形式，在全系统兴起了学习宣传贯彻党的十八大精神的热潮。全系统党员干部紧密结合工作实际，进一步明确了工作思路、目标、任务和措施，做到了学习内容、人员、时间、效果“四落实”，党员干部全覆盖。精神文明建设取得新成果，天津博物馆荣获全国文明单位，天津市少年儿童图书馆被评为全国未成年人思想道德建设先进单位。华夏未来“残疾儿童艺术节”、平津战役纪念馆“踏寻雷锋足迹”展览荣获2012年度天津市精神文明建设项目最高奖。

领导班子和干部队伍建设扎实推进。对20个局属单位领导班子进行了充实调整，涉及局管干部进退留转61人。认真落实干部考核制度，13个基层单位领导班子被授予2011年度“改革创新贡献奖”，13名局管领导干部年度考核被评定为优秀。认真做好党代会代表选举工作，选举产生2名十八大代表和2名市第十次党代会代表。扎实推进基层组织建设年活动，对局系统161个基层党组织进行全面调查摸底，认真做好整改提高、晋位升级各项工作，促进了基层党组织建设。完成78家文化艺术类社会组织党组织的组建工作，覆盖率达到100%。创先争优活动深入开展，在建党91周年之际，共有10个先进基层党组织，30名优秀党员，10名优秀党务工作者受到中央组织部、市委、市委宣传部和局党委表彰。积极发展党员，61名同志加入党组织。充分调动各方面积极性繁荣文化事业，认真做好老干部、工会、共青团工作，在“天津市五一劳动奖状”、“工人先锋号”、“三八红旗集体”、“五四青年奖章”等评选中，19个集体和42名个人受到表彰。

文化人才队伍建设取得新成效。制定《天津市高层次领军拔尖艺术人才引进办法》、《天津市高层次拔尖艺术人才考评办法》，设立人才培养专项资金，建立了人才服务绿色通道。推荐申报天津市第三批宣传文化“五个一批”人才建议人选30人，引进各类急需优秀人才71人。文博系统“名师教室”第一期培养任务圆满完成，8个学科17个门类的35名优秀青年人才顺利结业，第二期培养工作启动。天津京剧院、天津戏剧博物馆合作建立青年京剧人才实践基地。天津艺术职业学院与市青年京剧团联合培养人才，开拓了人才培养的新途径。全年共举办各类培训79项，采取讲座、集中授课、实地训练、外出学访、半脱产进修等多种形式，培训党政领导干部、文化专业技术人员、经营管理人员和基层文化工作者近万人次，文化队伍整体素质进一步提高。

天津市京剧演员在第七届全国青年京剧演员电视大赛中获得5金12银5铜的好成绩，在全国名列前茅。在全国京剧优秀青年演员折子戏展演中，8名演员获奖。天津交响乐团演奏家荣获第九届美国纽约国际艺术家钢琴比赛最高组别艺术家组第一名，交响乐华彩三重奏组获得俄罗斯圣彼得堡国际室内乐

比赛第三名和俄罗斯作品最佳演绎奖，填补了该项赛事中国选手获奖的空白。市曲艺团2名青年演员荣获第七届中国曲艺牡丹奖全国曲艺大赛表演新人奖。天津艺术职业学院师生在第三届全国京剧表演专业中青年教师教学交流展示比赛、第十六届中国少儿戏曲小梅花荟萃比赛等重要赛事中获得多个奖项。天津工艺美术职业学院被教育部认定为第三批高等职业学校骨干教师培训基地。

党风廉政建设深入开展。保持党的纯洁性教育扎实推进，促进了党员干部思想纯洁、队伍纯洁、作风纯洁和清正廉洁。积极推进文化系统反腐倡廉惩防体系建设，初步形成以自律机制、他律机制、激励机制、惩处机制和创新机制为支撑的基本框架。深入进行岗位廉政教育，形成《天津市文化广播影视局系统重点岗位廉政风险点暨防控措施汇编》。加强反腐倡廉制度建设，出台《天津市文化广播影视局系统基层党组织党务公开实施办法》，修订《廉洁从政监督员管理办法》，在全系统推行《工程建设廉政风险防控六项制度》和《工程管理工作规程》，强化了对重点领域的监管。加强廉洁从政监督员队伍建设，聘请了第二批15名监督员，引导职工群众有序参与监督工作取得新进展。

河北省

2012年，河北省文化工作以科学发展观为指导，以迎庆党的十八大胜利召开为主线，以建设文化强省、推动河北文化建设进入全国第一方阵为目标，坚持思想上同心、目标上同向、工作上同力、实践上同行的工作理念，以“五体”观念、“五讲”标准、“五行”精神贯穿工作始终，围绕繁荣文化事业和发展文化产业两大任务，谋规划、抓重点、促改革、求创新，各项工作取得明显成效。

一、文化品牌活动在服务大局中彰显独特作用

把迎庆党的十八大胜利召开作为加强精品生产、打造文化品牌的契机、动力、主题和目标，努力推出具有中国特色、河北特点的上乘佳作，打造一批立得住、叫得响、传得开的文化品牌，唱好河北文化“地方戏”。

【文艺精品创作亮点纷呈】

河北省京剧院京剧《响九霄》获2009—2010年度国家舞台艺术精品工程重点资助剧目（精品十台），实现了河北省在该奖项上零的突破；在中宣部第十二届“五个一工程”奖评选中，河北省话剧院《寻找李大钊》、承德话剧团《雾蒙山》双双获奖；河北省河北梆子剧院《宝莲灯》入选文化部第二届优秀保留剧目大奖，这在全国地方院团中尚属首例。

【艺术管理工作不断创新】

重点围绕邯郸平调落子剧团魔幻舞台剧《黄粱梦》、省承德话剧团话剧《雾蒙山》、省杂技团情景杂技《印象·花木兰》、省心连心艺术团情景歌舞晚会《花·月·梦》、交响乐《燕赵风华》等剧目的创作排练，指导了京剧《南越王》、河北梆子《狼牙山壮歌》的剧本创作和修改。

【文化品牌活动丰富多彩】

第八届中国评剧艺术节以“评剧故里、魅力唐山”为主题，来自北京、天津、河北、内蒙古、黑龙江、辽宁6个省(自治区、直辖市)的17个评剧院团的18台剧目共演出34场。成功举办第九届河北省戏剧节，7个地市的42台剧目参加了演出评比。组织举办了“德茂杯”第五届河北省民俗文化节。开展了第十届“燕赵群星奖”评选活动；沧州市着力打造了杂技精品剧目《憨憨猫和皮皮鼠》，首开杂技童话剧先河；承德市精心打造了融入歌舞、喜剧、杂技、魔术等艺术元素的《梦幻紫塞——承德动感剧场》；石家庄市推出大型音舞诗画《白鹿缘泉》成为文化旅游与演艺娱乐新品牌；廊坊市创作推出了舞台剧《双河——廊坊龙凤故事》；邢台连续举办的太行山文化节、中国·邢台“七夕”爱情文化节等已成为知名文化节庆活动；张家口蔚县剪纸艺术节、张北草原音乐节等已形成较大规模和影响；秦皇岛市进一步提升大型情景剧《海上生明月》、大型室内歌舞剧《海誓·南戴河》演出水准，举办了“国际长城节”、“望海祈福文化节”等特色文化节庆活动。

【服务中心工作成效显著】

围绕“善行河北”主题活动，创排推出了报告诗剧《河北好人》、话剧《约定无期限》、评剧《爱心小院》等舞台作品。厅党组书记王离湘同志《试论“善行河北”主题道德实践活动的核心价值及其文化取向》获得全国文化系统思想政治工作研究会2012年度论文评选一等奖。根据河北省委省政府加强基层建设年活动的有关安排，动员全省各级各类艺术院团深入5010个基层帮扶单位开展系列慰问演出工作。与秦皇岛市政府联合推出七大类69项7000余场次主题活动，成功举办“海之韵——2012年北

戴河海上音乐厅暑期演出季”活动。

【河北美术事业不断发展】

以河北美术馆为阵地，成立了河北画院国画院、油画院、版画院、雕塑院四大专业画院与河北省美术馆联盟；先后举办第四届河北美术家“走进太行”大型写生活动、“继承传统·弘扬精典——河北美术馆馆藏精品展”活动；河北省美术家及美术作品多次受邀赴北京、上海、广东等地展览。

【艺术科研工作深入推进】

由河北省文化厅推荐、河北大学张冬梅申报的《环首都区域民族民间舞蹈资源分布与旅游开发》、刘宗超申报的《中国艺术写意体系研究》两项科研课题，获得2012年度国家社科基金艺术学项目立项，并获得相应资金资助;围绕提升艺术人才专业素质举办了“河北省2012年度青年编导培训班”；认真做好社会艺术考级管理工作，严格备案程序，加强管理督导。

二、公共文化服务在改善民生中发挥积极效应

以满足人民基本文化需求为根本任务，以体现公益性、基本性、均等性、便利性为原则，努力推动全省公共文化服务体系建设再上新台阶。

【公共文化设施建设稳步推进】

河北省图书馆建成开馆，河北博物馆建设完成主体，投资2亿多元的河北省群艺馆新馆建设完成立项。全省9个市级公共图书馆、群艺馆列入了“全国地市级公共文化设施建设规划”。全省列入国家“十一五”乡镇综合文化站规划建设的1557个项目已有1537个建成并投入使用。争取中央补助地方文化体育与传媒资金1890万元用于支持21个县级图书馆和21个县级文化馆维修改造达标，全面完成了2009—2012年规划维修改造补助资金的落实工作。完成2011年度河北省420个乡镇综合文化站、48个城市社区文化中心和217个文化活动室专用设备采购工作并及时配送到位，完成362个乡镇综合文化站，48个城市社区文化活动中心、217个社区文化活动室和1008个公共电子阅览室专用设备的采购配送工作。

【公共文化服务供给持续加大】

组织了“百场儿童剧进校园”活动，行程遍布全省10市县的99学校，演出101场，观众达20万人，这是河北省内首次、也是迄今为止全国规模最大的流动舞台车儿童剧下乡演出。与河北省教育厅、团省委联合主办了“体验阅读快乐，放飞科学梦想”2012年“燕赵少年读书系列活动”。组织“走进太行”河北省优秀摄影作品展、新疆巴州文化馆（站）长到河北培训以及博物馆布展策划培训三个项目参加2012年“春雨工程”——全国文化志愿者边疆行活动。石家庄市“一月一名剧”“石演大舞台”系列惠民活动在市区演出近百场；承德市继续实施“市民大舞台”城市社区演出工程和“乡村大舞台”农村演出工程；沧州市创办了“百姓乐”群众文化活动品牌；唐山市开展了2012·广场舞推广活动；衡水、邢台分别依托衡水大舞台和邢襄大舞台为文化阵地，全年开展百余场文艺展演活动；邯郸市第七届中原民间艺术节、承德市第二届中国旅游名城“城市之韵”合唱节、唐山市第二届群众文化艺术节、保定市“欢乐城乡·文化保定”系列活动以及张家口“大好河山”杯冀蒙晋陕四省区东、西路二人台邀请赛的成功举办都极大地丰富了当地群众的文化生活。

【公共文化运行机制推陈出新】

制定印发了《关于开展2012年度“河北省县域公共文化建设‘二十强’”、“河北省百佳乡镇综合文化站”评选活动的通知》，进一步推动县域公共文化建设。在全国领先制定了《河北省文化广场建设指导标准（试行）》，对文化广场作为公共文化服务设施的地位及功能进行了明确。在全省范围内开展“一县一品”文化品牌创建活动。指导秦皇岛市制定出台了《秦皇岛市创建国家公共文化服务体系示范区支持政策》，着力建立公共文化服务体系建设长效机制，得到文化部高度肯定和表彰，并在全国推广。印发了《关于进一步加强农村文艺辅导基地建设深入推进农村文化事业发展的通知》，依托“基层建设年活动”确定的帮扶村为重点，指导各级群艺馆、文化馆巩固、完善和新建基层文艺辅导基地1355个（其中农村1094个），并建立了《河北省基层群众文艺辅导基地名录》，同时，编辑发放了《加强基层建设年活动文艺演唱材料》15000册。

【公共文化服务理论研究取得阶段性成果】

推进了“群众文化需求和基本文化权益”课题研究，将14个子课题列入河北省社科规划基金支持项目。启动“提升公共文化设施使用效率”课题研究。在文化部召开的国家公共文化服务制度设计研究2010年课题评审和验收工作会上，河北省承担的《群众文化需求与基本文化权益》课题研究顺利通过评审和验收。

【数字化服务助推城乡均等】

新建文化信息资源共享工程村级服务点700余

个。保质保量完成河北省委确定的基层建设年“十项重点任务”中河北省文化厅负责的5010个帮扶村的“文化信息资源共享工程村级服务点建设”任务。在全省范围内开展“全国文化信息资源共享工程.公共电子阅览室”和“文化共享之星”推荐工作。其中，邯郸市涉县井店镇文化站站长赵兴善被文化部评为“文化共享之星”，承德县支中心等7个基层点被评为“全国文化信息资源共享工程·公共电子阅览室示范点”。

【公共文化场馆免费开放工程深入实施】

对免费开放的11个市级图书馆、11个市级群艺馆和154个县级图书馆、163个县级文化馆、3个县级美术馆和1942个乡镇综合文化站，落实中央补助资金8620万元、省级补助资金2030.25万元已全部下达各地财政。河北省纳入中央免费开放政策补贴的博物馆由46座增加到54座，2012年组织举办陈列展览570多个，免费接待观众2400多万人次；河北美术馆制定了《河北美术馆免费开放运行方案》，2012年接待观众近8万人次。

三、文化遗产保护在构建科学保护体系中取得显著成绩

坚持把文化遗产保护工作放在全省经济社会发展大局中来定位，积极推进各项工作，全省文物保护维修、考古发掘、非物质文化遗产保护、古籍保护、安全执法等各项工作均取得了阶段性进展。

【重大文物修缮保护项目稳步推进】

2012年以来，国家文物局支持河北省文物保护资金大幅增加，已批复河北省文物保护项目138项。承德避暑山庄及周围寺庙文化遗产保护工程取得阶段性进展，编制完成保护方案77个，其中68个方案已获得国家文物局的审批，已开工29项，完工5项；清东陵、清西陵文物保护工程列入国家明清皇家建筑保护工程，已顺利启动；开展怀来鸡鸣驿城内文物建筑修缮保护项目；积极推进大运河保护和申遗工作，争取2014年成功申报世界文化遗产；实施了历史文化名城名镇名村濒危传统建筑保护工程，重点实施鸡鸣驿城内文物建筑、正定古城、西古堡等文物保护修缮项目，积极推进考古遗址公园建设；配合省住建厅制发了历史文化名城名镇名村、城镇古树名木、风景名胜资源3个保护工程实施方案，启动了传统村落的调查工作。

【规划编制及考古工作取得新成绩】

编制并公布了《河北省文物保护项目总体方案》、《燕下都遗址保护总体规划》、《泥河湾遗址群总体保护规划纲要》。在邺城遗址、曲阳田庄、内丘邢窑遗址的考古工作取得重大发现，承办了中国考古学会第十五次年会。第三次文物普查后续工作以及文物科技保护工程也取得了明显成效。开展第二批《河北省珍贵古籍名录》及“河北省古籍重点保护单位”申报工作，全面启动了古籍普查登记工作。

【非物质文化遗产保护工作持续推进】

河北省政府先后公布了四批省级名录项目共538项，其中132项被国务院公布为国家级非遗名录，总数位居全国前列；公布了三批计490名省级名录项目代表性传承人，其中91人被文化部公布为国家级非遗项目代表性传承人（其中有8人已经去世）；11个设区市和172个县、市、区均公布了非遗项目名录，其中县级名录3006项，市级名录1131项。加大对河北省国家级非遗名录项目及代表性传承人的扶持力度，完成了2012年度国家级非遗专项资金申报争取工作，补助河北省非遗专项资金1712万元；首次启动了省级非物质文化遗产项目和代表性传承人专项资金补助工作。评选命名了11个“河北省文化生态保护实验区”、52个省级非遗传承示范基地；曲阳石雕和衡水内画2家企业入选国家非遗生产性保护示范基地。河北省共建立了10所专题博物馆，16所民俗博物馆，121个传习所，13个省级非物质文化遗产传播基地。出台了《河北省省级非物质文化遗产项目代表性传承人认定与管理暂行办法》。进一步修订完善了《河北省手工艺大师申报评定暂行办法》、《河北省省级非物质文化遗产项目代表性传承人年度审核认证实施细则》、《河北省非物质文化遗产条例（建议稿）》等重要文件。出版发行了《河北省非物质文化遗产项目代表性传承人图志（第二辑）》。启动了河北省非遗项目价值点、价值量及保护要点等课题研究，初步形成应用理论成果。

【文化遗产保护宣传工作扎实开展】

分别于春节、元宵节、清明节、端午节、七夕节举办主题非物质文化遗产系列展演工程。组织参加了“中国非物质文化遗产生产性保护成果大展”、第二届中国非物质文化遗产博览会以及“2012中国·石家庄（正定）国际小商品博览会”。结合“5·18国际博物馆日”和6月9日中国文化遗产日，围绕“文化遗产与文化繁荣”主题，精心组织开展了一系列宣传活动。

【文物执法和安全工作得到加强】

与省海洋局联合成立了河北省管辖海域内文化遗产联合执法专项行动指挥部，开展了河北省管辖海域内文化遗产联合执法专项行动。编制并公布了《河北省田野文物安全技术防范系统总体方案》，召开项目调度会对田野文物安全技术防范系统建设项目进行了安排部署。

四、文化产业在推动经济转型升级中加快发展壮大

把推动文化产业发展壮大作为全省经济转方式、调结构、保增长的重要手段，通过规划引导、政策支持、资金扶持等措施，为文化产业创造了良好的发展环境。

【县域文化产业蓬勃发展】

紧密结合非遗性生产保护工作，及时下发通知进行安排部署，对全省县域民间特色文化产业基础资源及发展现状进行了全面摸底；先后组织召开了全省文化产业现场会和全省文化产业“三个十”创建活动调度推进会，就发展县域特色文化产业工作进行了专题研究部署。

【博览会招商推介成效明显】

围绕香港“4·18”投洽会、廊坊“5·18”贸洽会、深圳“5·18”文博会、北京文博会等大型招商推介活动，遴选重点文化产业项目20余家参会。香港“4·18”投洽会现场有6个项目达成意向；廊坊“5·18”贸洽会上筛选了91个招商项目，吸引客商40多家，现场有8个项目达成意向；深圳“5·18”文博会期间，河北省有41个项目实现签约，总签约金额681亿元人民币，占第八届深圳文博会总签约额的47.6%，位居全国各省之首。

【示范基地申报和评选工作有序展开】

河北省承德鼎盛文化产业投资有限公司、金大陆展览装饰有限公司和河北野三坡神悦文化传播有限公司入选国家级文化产业示范基地并已正式授牌，此次入选企业数量为河北省历年之最，评选数量在全国各省市自治区中位列前茅。完成了河北省第三批文化产业示范基地评选工作，最终评审筛选出39家企业入选，同时开展了全省文化产业示范基地巡检活动。

【银企文对接服务平台初步搭建】

举办了河北省首期文化产业投融资培训班，初步探索了文化产业融资发展之策，积极向金融机构推介和发布文化产业融资信息，为银企文对接搭建了服务平台。主动谋划银企文对接项目，同中国建设银行河北分行达成战略合作机制；中国工商银行河北分行下属机构已与5家文化企业进行了实质性洽谈，初步达成了融资方案。

【文化产业引导资金申报积极】

河北省承德鼎盛王朝文化产业投资有限公司和张家口市汇智博创文化传媒有限公司在贷款项目上入选文化部部行合作的重点信贷项目；承德鼎盛文化产业投资有限公司、河北金音乐器集团有限公司和曲阳宏州大理石工艺品有限公司在保险项目上入选文化部部行合作的重点信贷项目。

五、文化市场管理在完善机制中不断提升水平

以为党的十八大召开营造良好的文化市场环境为中心任务，大力实施“护城河”工程，深化文化市场监管，加强队伍规范化建设，加大市场引导调控力度，整个市场呈现了平稳有序的发展态势。

【文化市场监管工作明显加强】

先后开展了“两节”、“两会”文化市场保障行动、打击侵犯知识产权和制售假冒伪劣商品行动、动漫市场专项整治行动、暑期文化市场集中整治及迎接党的十八大专项保障等行动。据统计，全年各级文化市场管理和执法部门共出动执法人员42.8万人次，检查网吧、娱乐、演出等文化市场经营单位18.6万家次，责令改正4973家次，责令停业整顿465家，吊销许可证6家，关闭非法网站8家。

【文化市场监管机制明显完善】

建成省级网吧监控中心，完成了全省网吧监管平台的升级提档，监管软件安装率和在线率大幅提升。组织开展农村文化市场监管长效机制试点建设，指导保定市构建了县、乡、村三级农村文化市场管理体系。开展全省综合执法案卷评比和重大案件评选活动，在各级综合执法机构中开展公正廉洁执法主题教育活动，树立了良好的队伍形象。

【文化市场管理服务水平明显提升】

建成全省文化市场经营单位数据库；会同省文明办等5部门出台《关于推进网吧连锁化整合工作的实施意见（试行）》，为网吧连锁推进工作开辟了绿色通道；对各地游艺娱乐场所审批情况进行统计摸底和随机抽查，引导游艺、歌舞等娱乐场所作为城市娱乐休闲综合体、度假村、旅游景点等配套设施的方式发展；完成艺术品市场经营单位的备案工作，成功举办全省艺术品法制宣传周活动。

【动漫产业工作取得明显进展】

河北省2家企业通过国家动漫企业认定，由河北

省文化厅推荐的动画电影《麋鹿王》通过2012年重点动漫产品认定，实现河北省重点动漫产品零的突破。组织动漫企业申报2012年国家动漫品牌建设和保护，向文化部推荐了《赵云与咔哒盒子》等五个动漫创意保护，《西柏坡》等三个动漫品牌保护。

六、文化体制改革在推动文化创新中实现阶段突破

按照“区别对待、分类指导，循序渐进、逐步推开”的原则，以“创新体制、转换机制、面向市场、增强实力”为目标，坚持抓改革与谋发展相结合，全面完成中央确定的改革阶段性任务。

【国办文艺院团改革有了新突破】

省直文化系统各转制单位完成财务审计、清产核资和资产评估，转企改制的7家单位（省河北梆子剧院、省歌舞剧院、省话剧院、省杂技团、省承德话剧团、省心连心艺术团、河北画报社）已分别以资产评估净资产注册；按照《关于省属经营性文化事业单位转制为企业劳动关系调整及社会保障政策意见的通知》（冀政办〔2010〕29号）的政策规定，办理了7家转制单位人员安置审批工作，提前离岗退休人员和在职转制人员的劳动关系全部办结；在此基础上，注册成立了河北演艺集团，并任命了集团董事长、党委书记、总经理。院团转企改制工作基本完成，正在按照现代企业制度要求，以增强企业活力为核心，进一步健全法人治理结构和相关制度。

【公益性文化事业单位内部管理机制改革有了新成效】

坚持以提升公共文化服务能力为方向，以“增加投入、转换机制、增强活力、改善服务”为目标，不断推进公益性文化事业单位内部管理机制和运行机制的改革创新。制定了《河北省公共图书馆服务标准》，对公共图书馆服务进行了规范调整。邯郸市图书馆在全省率先开展公共图书馆“真人借阅”活动，这一创意性工作引起社会的广泛关注。

【政府职能转变有了新进展】

按照建设服务型政府的要求，从观念、体制、机构、工作方式等方面推动文化行政部门转变职能，以行政职能科学化、行政管理制度化、行政行为标准化、行政手段信息化为目标，努力实现由微观管理向宏观管理、由办文化向管文化、由面向直属单位向面向全社会、由重管理向寓管理于服务转变。完成了以ISO9001体系认证为核心的机关标准化建设工作，顺利通过外审认证。进一步推进政务公开，加强电子政务建设，推进全省公共文化信息服务网的改版升级。

七、文化交流活动在拓展渠道中实现稳步发展

紧紧围绕国际国内两个大局，以促进优秀文化走出去为重点，在河北省委、省政府的领导下，在文化部的支持下，开展多渠道多形式多层次对外文化交流与合作。

【参与国家文化外交的活动稳步增加】

配合国家外交大局，加强“央地合作”，组派沧州狮舞和井陉拉花赴美国旧金山执行文化部“欢乐春节”海外演出任务，组派河北杂技团赴塞舌尔、毛里求斯参加当地春节庆典演出活动，组派河北艺术团赴约旦、阿尔及利亚和突尼斯执行国家对非文化交流任务、赴蒙古参加中蒙文化月开幕式。

【全省对外文化交流活跃频繁】

认真执行省政府的对外任务，积极打造河北省文化交流品牌，先后组织第三届河北文化宝岛行活动、河北河间书画院赴台展览活动、河北杂技集团赴港参加国庆庆典演出、河北京剧院赴澳门参加中秋演出、河北文化传媒协会赴澳门举办书画艺术交流展等活动。在对外文化交流活动中，展示了河北文化的魅力，树立了河北对外良好文化形象。全省各地市也积极推进海外文化交流，拓宽交流渠道，自主实施丰富多彩的文化交流项目，全年共审核审批出访团组41批（次），320多人（次）；来访团组46批（次），510多人（次）；合计87批（次），830多人（次）。

【演出和展览引进活跃有序】

为满足群众多样化的文化需求，通过市场化运作引进国外及港澳台地区演艺团组和优秀艺人，一大批优秀的商业性演艺活动深受市场欢迎。石家庄、沧州、承德、秦皇岛、张家口、邯郸等地积极引进国外及港台等文化演出活动，南美风情舞、欧洲现代舞、爱尔兰民乐等一批高雅艺术及港台流行音乐走进我省，丰富了当地民众文化生活。

山西省

2012年是深入贯彻落实十七届六中全会和省第十次党代会精神的关键之年，是实施文化强省战略的开局之年，也是党的十八大胜利召开的喜庆之年。今年以来，全体干部职工在厅党组的领导下，紧紧围绕省委、省政府中心工作，牢牢扭住山西发展的

主题、主线，以“四个走在前列”为目标，以艺术生产力重新布局和文化体制机制创新发展为核心任务，以抓文化转型跨越、抓资源整合、抓重大项目为着力点，以实施“双百凝心、百县强基、万村千乡、四级保护、产业集聚、引导示范、旅游演艺”新的七大工程为抓手，不断加大工作力度，文化体制改革取得明显成效，文化事业和产业快速发展，文艺精品和优秀人才竞相涌现，文化创新能力和发展实力显著增强，圆满完成全年工作任务。

一、文化体制改革深入推进，跻身于全国第一方阵

一年来，全省文化系统开拓进取、攻坚克难，开创了文化改革发展的崭新局面。继续推动国有文艺院团体制改革向纵深发展，163家国有文艺院团体制改革阶段性任务全面完成，转企改制中心环节取得重大进展，并形成了《山西省组建演艺院线联盟实施方案》；继续深化行政体制改革，较好解决了市县两级“三局”合一中存在的不彻底、不到位问题，文化市场综合执法改革工作全部到位；继续深化事业单位分类改革，形成方案，进一步完善事业单位岗位绩效工资制度，建立健全了与工作业绩紧密联系的保障机制；开展事业单位法人治理结构试点工作，进一步激发了文化发展创新的活力，为文化强省建设打下坚实的基础。经过不断改革探索，基本实现了全省范围内的演艺产业布局、剧种科学保护和演出市场的初步调整，基本形成了国有、集体和民营院团竞相发展，大剧种小剧种平等竞争的局面，达到了出人才、出作品、出活力、出效益的目标。2010年以来，连续三年被中宣部、文化部评为全国文化体制改革先进地区，文化晋军跻身于全国第一方阵。

二、公共文化服务体系不断完善，文化惠民取得显著成效

文化厅坚持把公共文化服务体系建设作为首要任务，以公共财政为支撑，以公益性文化单位为骨干，以全体人民为服务对象，以“公益性、基本性、均等性、便利性”为基本要求，着力加强公共文化基础设施建设。配合省工务局做好山西大剧院和山西省图书馆新馆建设后续工作，做好图书馆新馆搬迁、大剧院移交准备工作。长治市国家级公共服务体系示范区创建工作扎实有力，初步形成面向基层、面向农村的公共文化服务体系，受到文化部督查组的充分肯定。继续实施“百县强基”工程，积极推进中央资助支持的16个市级公共图书馆、群众艺术馆建设，引导地方政府规划、论证85个县级项目和新建20个县级文化馆、图书馆，引导各地编制市级文化设施建设规划，新开工县级文化设施近30个，落实补助项目20多个。继续实施“万村千乡文化设施建设工程”，全力推进中央及我省规划内1135个乡镇综合文化站建设，基本实现了乡镇综合文化站的全覆盖；同时，完成村级综合文化活动室建设28200个，提前实现了全省乡村文化设施建设全覆盖任务；开展第二届山西省文化先进乡镇和示范村的评选工作，推动基层公共文化设施建设和服务水平不断提升。加强对“三馆一站”和免费开放工作的监督检查，落实美术馆、公共图书馆、文化馆（站）中央免费开放补助资金5813万元，地方配套近5000万元；推进省图书馆和4个市级图书馆首批数字图书馆试点单位建设，推进乡镇综合文化站和农村文化活动场所开放利用，完成了市县级文化共享工程标准化支中心建设，共建成1个省中心、6个市中心、119个县支中心、975个乡镇（街道）站点、29024个村（社区）站点。深入开展各类群众文化活动，组织参加第十六届“群星奖”比赛；成功举办“凯嘉杯”山西省第十届书法临摹展、喜迎十八大书法展和第七届“三晋之春”合唱比赛；组织参加第十四届中国老年合唱节和第十届“快乐阳光”少儿歌曲卡拉OK全国总决赛，获奖数量居全国第3名；文源讲坛举办网上公益课堂38场、中华诗词赏析讲座9场，举办系列专题讲座45场，得到省城机关、企事业单位、退休人员等各行各业干部群体和广大读者的喜爱与欢迎。公共文化服务网络日益健全，公共文化服务制度体系建设取得进展，公共数字文化建设稳步推进，公共文化服务能力明显提升，老百姓从中享受到了实惠。

三、文艺创作亮点纷呈，在全国引起强烈反响

2012年，我省文化艺术生产创作又迎来了新的高峰期、高产期和超越期，出现前所未有的繁荣，涌现出大量具有鲜明时代特征和体现民族精神的精品佳作。创作了《美丽女孩》、《申纪兰》、《幸福全覆盖》、《立春》、《东方欲晓》等一批精品力作；说唱剧《解放》获得中宣部第12届精神文明建设“五个一工程”奖；晋剧《大红灯笼》入围2010—2011年度国家舞台艺术精品工程资助剧目；《傅山进京》参加第四届全国少数民族文艺会演荣获表演大奖、编剧大奖、导演大奖等9个奖项；舞剧《一把酸枣》、《粉墨春秋》荣膺2011—2012年度国家文化出口重点项目；第七届全国儿童剧优秀剧目展演中，晋剧《刘胡兰》、皮影木偶剧《孙悟空三打白骨精》共获四项大奖；完成《粉墨春秋》、《立春》、《知音》、群文专场晚会《大地情深》等10台剧目为十八大献礼演出22场，首都观众好评如潮；举办喜迎十八大文化大惠民优秀剧目展演活动，共选调全省19家文艺单位的26台剧节目，共计演出49场，集中展示近年来省、市、县各级文艺院团的转企改制、狠抓创作的最新成果，让省城观众尽享精美文化盛宴；完成了《幸福山西》文艺晚会、2012"欢歌笑语满三晋龙年文化大拜年"新春演出季活动、2012"辉煌山西文化惠民"活动，共演出50余场，观众近4万人次；开展毛泽东同志《在延安文艺座谈会上的讲话》发表70周年系列纪念活动；组织完成"黄河情韵"第四届能博会专场文艺演出、"黄河情韵放歌天山"大型专场文艺晚会、首届世界晋商大会"晋商颂"文艺晚会，充分发挥了文艺作品的鼓舞和展示作用。

四、非物质文化遗产保护稳步推进，优势资源得到有效弘扬

《山西省非物质文化遗产条例》正式通过，于2013年1月实施，非物质文化遗产立法保护走在全国前列。文化部批准《晋中文化生态保护实验区总体规划》，成为全国第三家获得论证通过的国家级文化生态保护实验区总体规划；成功举办2012年文化遗产日系列宣传展示活动，非遗保护社会影响进一步扩大；完成河曲、碛口2个省级文化生态保护区和山西杏花村汾酒有限集团公司、山西水塔醋业股份有限公司等16个省级非物质文化遗产生产性保护示范基地的评审认定工作；参加文化部举办的全国非物质文化遗产生产性保护成果展，共4个项目获奖；组织第四批国家级非物质文化遗产代表性项目代表性传承人评选工作，全省35人入选，占全国的7%；组织参加深圳文博会非物质文化遗产展，实现签约项目额4400万元；成功举办中国山西非物质文化遗产成果展，5天时间吸引3万余名观众参观，实现交易额40余万元。此外，我们还组织参加了中国第二届非物质文化遗产博览会，中国非物质文化遗产传统技艺大展，各项展览展示活动都取得了良好社会效益和经济效益。全省非物质文化遗产保护取得显著成效，优势文化资源的社会价值和文化价值得到了充分发扬。

五、文化产业发展步伐加快，迈入与全国同步发展新时期

目前，我省文化产业呈现出蓬勃发展的良好态势，市场主体大量涌现，产业结构趋向合理，市场体系更加完善，品牌影响显著提升，初步形成了体现山西特点的文化产业体系。制定了《山西省文化厅"十二五"时期文化产业翻番计划》、《山西省国家资源型经济转型综合配套改革试验区文化建设实施方案（2012—2015）》、《山西省组建演艺院线联盟实施方案》，《山西省科学技术厅、山西省文化厅关于建立文化与科技融合工作会商制度议定书》、《山西省文化与旅游结合发展的意见》正在征求意见，全省文化产业发展政策环境得到有效改善。组织实施重大文化产业项目带动战略，"一市一景区一文化企业一演艺剧（节）目"取得突破，《印象·平遥》、《印象·五台山》将分别于年底和明年上半年同观众见面；山西省非物质文化遗产展示园、山西省文化产业创意示范园等重大项目推进顺利，"三纵两横"文化旅游线（黄河风情线、魅力太行线、塞北神韵线、晋商万里茶路线、雁门五台山线）建设取得进展，晋商万里茶路线进入试运营。积极培育文化产业示范基地，太原高新区火炬创意产业联盟管理有限公司、平定古窑陶艺有限公司入选第五批国家文化产业示范基地；第二批省级文化产业示范基地评审命名工作正有序进行。搭建交流平台，成功举办了黎氏阁杯·中国山西第四届赏石文化博览会、首届中小文化企业博览会、山西省首届工艺美术大师作品暨艺术精品博览会、山西省首届全国手机动画大赛等；参与组织第八届深圳文博会，共签约项目38个，总额达77亿元；即将参加第七届北京文博会；组织举办了文化产业投融资及担保知识培训班，在山大商务学院设立了首家山西省文化产业人才培养基地。预计今年文化产业增加值将达到或超过500亿元，对全省经济社会发展贡献进一步加大。

六、对外文化交流日趋活跃，山西文化影响力显著提升

坚持走出去和引进来并举，充分调动国际与国内、政府与民间、省级与地方等各方文化资源，全面推动新时期对外及对港澳台文化工作向纵深发展。全年完成对外文化交流项目20个，涉及智利、美国、加拿大、意大利等二十个国家和地区。圆满完成了出访斯里兰卡演出、大型舞台精品《粉墨春秋》赴澳大利亚参加中国文化年闭幕式演出和新加坡演出、

省歌舞剧院《黄河情韵》剧组赴南美参加《欢乐春节》等重大文化品牌活动；组派文化交流代表团参加山西与意大利阿布鲁佐大区结好二十周年庆祝活动；完成澳门各界庆五一演出活动；完成《山西对外文化交流（2011）年鉴》、《山西对港澳文化交流（2011）年鉴》的撰写、审稿和上报任务。一年来，全面服务于全省改革开放大局，为国家重大对外文化交流提供有力支持，有效保障民间对外文化活动的顺利开展，极大地展现了山西文化发展新形象，提升了山西文化影响力。

七、文化人才战略强力实施，队伍规模不断壮大

实施文化领军人才素质提升工程，继续与中国戏曲学院、上海戏剧学院等高等院校合作，开展戏曲表演人才、舞美、导演等紧缺人才的培养工作；组织各类文化人才培训班10期共2300余人次；开展人民艺术家评选评比工作，推进知名艺术家建立工作室，鼓励名师收徒传授；参加第十六届中国少儿戏曲小梅花荟萃，并获“金花冠军”，目前，全省共有150余人获得“小梅花”荣誉称号，我省的获奖总数和获奖质量居全国之首；组织开展全省第八届音乐舞蹈比赛和第十三届“杏花奖”评比演出，对近年来全省艺术创作生产成果集中汇报，已成为我省最具品牌价值、公信力与权威性的舞台艺术政府奖项；全年申报成功国家级课题2项、省软科学课题5项、省艺术科学规划课题15项，在全系统范围营造出学习理论、研究问题的良好氛围；组织推荐9篇调研论文参加宣传部优秀调研论文评选活动，荣获思想文化调研工作先进单位。

八、文化政策和市场管理不断创新，文化发展环境明显优化

《山西省图书馆管理办法（草案）》通过省政府法制办修改定稿；正式印发《山西省文化厅“十二五”时期山西文化改革发展规划纲要》；起草完成《山西省文化厅2012—2016艺术创作规划》、《山西省舞台艺术精品创作资助办法》、《公益性演出补贴暂行办法》、《人民艺术家评比办法》和《山西省文化厅知识产权评价体系建设指导意见（草案）》；完成了《山西省公共文化场所和文化活动突发事件应急预案》编制，健全了省直文化系统政策保障体系。全省文化市场规模继续扩大，截至目前，全省演出、娱乐、艺术品、网吧、网络音乐、网络游戏六大市场总规模达到31.18亿元，其中，网吧达3658家，市场规模13.4亿元，连锁率达66%，文化市场已成为人民群众文化消费的主要渠道。文化市场管理水平不断提升，省厅进一步深化行政审批制度改革，将原有11项审批缩减为4项；健全了省直文化系统应急保障体系，集中研究解决文化市场综合执法改革的难点和问题，执法力量明显加强，执法成本显著降低，执法效能显著提高。文化市场环境进一步净化，组织开展了“全省文化市场专项整治行动”，各级文化市场行政管理部门共出动执法人员326298人次，检查各类文化市场129126家，立案853个，移交案件89个，办结案件816个，为迎接党的十八大胜利召开，创造了良好的环境。

九、主题教育反腐倡廉常抓不懈，队伍作风和素质建设不断提高

省直文化系统采取多种形式深入开展了保持党的纯洁性学习教育活动。75个基层党组织开展专题讲座70次、专题座谈会61次、专题党课120次，广大党员干部谈认识、谈感想、写心得、写体会，极大地提升了学习教育效果。坚持学以致用，将学习教育与开展“文明处室”、“文明示范窗口”、“党员文明号”等创先争优活动相结合，推动精神文明创建活动融入文化建设的各项工作之中，贯穿于公共文化服务、艺术创作生产、文化惠民工程等文化建设工作中，受到了省文明办、省直工委的肯定。厅党组带头认真学习贯彻《中国共产党党员领导干部廉洁从政若干准则》，组织各种专题反腐倡廉教育活动6次；下发了《关于成立省文化厅整治“吃拿卡要”问题创优发展环境领导组的通知》；加强对第十二届“杏花奖”评选、第十六届“群星奖”山西省选拔赛和乡镇文化站完工情况、“三馆一站”免费开放情况、省级彩票资金申报项目评审等重要活动、重大项目、重点工程的监督；举办“弘扬清风正气，促进转型跨越”为主题的山西省廉政文化精品剧目展演活动，共演出8个场次，观众达5000人次，协助省纪委组织优秀廉政文化展演剧目在全省各市、县进行了巡演，演出场次达100多场。通过学习教育，广大党员干部的理想信念进一步坚定，宗旨意识进一步增强，工作作风和创作取向进一步改进，廉洁本色进一步保持，各项工作进一步促进，为全省文化事业繁荣与文化产业发展提供了有力的政治保证和纪律保证。

十、社会基础工作齐头并进，促进文化建设全面发展

在推动文化事业和文化产业不断取得新成就的

同时，着眼全局，认真开展了下乡扶贫、提案办理、政风行风、综合治理、对口援疆、工会建设、双拥工作、计划生育等基础工作，并取得了较好成绩。扶贫工作与包村项目对接，全年共落实项目12个，落实资金140余万元，有力促进了垣曲县古城镇允岭等四个村的经济社会发展。认真办理人大代表建议和政协委员提案，共受理省十一届人大六次会议代表建议20份、省政协十届五次会议政协委员提案30份，先后联系人大代表和政协委员70余人次，深入社区、机关、学校40余次，切实做到有调研、有依据、有沟通、有答复、有反馈，保证了代表建议和政协委员提案件件有回复、有落实，受到省人大和省政协的通报表扬。认真贯彻落实省政府办公厅《关于深入开展民主评议政风行风工作的实施意见》和省行评办《山西省民主评议基层站所实施意见》，4次参加“政风行风热线”活动，加强政风行风建设，全年未受过国家和省委、省政府的批评，没有发生一起文化安全生产事故，没有发生一件影响社会稳定的严重问题。

内蒙古自治区

内蒙古自治区文化厅是主管全区文化艺术事业的自治区人民政府组成部门。厅机关现有公务员编制52名，在职49人，离退休69人，设职能处室12个，管理区直文化单位18个，职工1285人。

一、公共文化服务体系建设

【积极推动公共文化服务体系建设】

3月初，自治区文化厅对全区公共文化建设、管理和服务情况，进行了广泛深入的调查，摸清了家底，找到了问题，明确了方向。在此基础上，草拟了《关于进一步加强我区公共文化服务体系建设的实施意见》。6月17日至18日，召开了全区公共文化服务体系建设工作会议，这是我区第一次就公共文化服务体系建设召开的专题会议。会议全面总结了“十一五”时期全区公共文化服务体系建设情况，部署了“十二五”时期公共文化服务体系建设工作，提出了今后一个时期我区公共文化服务体系建设的奋斗目标、主要任务、工作措施和指标体系，这标志着我区公共文化服务体系建设进入了新的发展阶段。8月25日，在土默特右旗召开自治区农村牧区公共文化服务体系建设经验交流会，会议总结了全区农村牧区公共文化服务体系建设的成果与经验。8月初，“春雨工程”——全国文化志愿者边疆行山东省书画名家走进内蒙古系列活动在我区开展。选送包头市老年艺术团合唱团、内蒙古群艺馆老年大学阳光合唱团和鄂尔多斯老干部合唱团参加了在福建举办的第十四届中国老年合唱节，均荣获闽江杯。12月份，举办了全区文化馆馆长培训班。

【博物馆、图书馆、文化馆免费开放扎实推进】

自治区文化厅、财政厅转发了《文化部、财政部〈关于推进全国美术馆、公共图书馆、文化馆(站)免费开放工作的意见〉的通知》，明确我区免费开放资金各级财政的分担比例、各馆(站)免费开放项目。博物馆、图书馆、文化馆和文化站免费开放资金全部下达到位。国家下达我区博物馆纪念馆免费开放资金4126万元，“三馆一站”(图书馆、文化馆、群艺馆、文化站)免费开放资金7932万元，自治区共配套3779万元，共下达1.5837亿元。全区免费开放的博物馆、纪念馆95家，图书馆95家，文化馆(群艺馆)116家，文化站871家。我区博物馆纪念馆于2008年在全国率先免费开放，“三馆一站”于2011年实行免费开放，至此，公益性文化单位全部实行了免费开放。2012年共接待观众1400多万人次，丰富了群众文化生活，收到了较好的社会效益。

【文化惠民演出活动丰富多彩】

继续在全区开展“百团千场”下基层慰问演出活动，演出1516场，惠及各族各界观众108多万人次。举办了区直艺术院团迎庆党的“十八大”演出季，从10月11日开始持续到2013年1月7日结束，实行低票价或免费演出，共演出90场。其中，内蒙古民族歌舞剧院演出40场，内蒙古直属乌兰牧骑艺术团、曲艺团、二人台艺术团、杂技团、京剧团各演出10场，每天一场，每场演出时间不少于75分钟。我区的舞剧《草原记忆》、内蒙古民族歌舞剧院的无伴奏合唱团开始全国巡演，先后在保利院线的全国14个剧院演出20场以上，受到各地观众热烈欢迎。反映农村现实生活的话剧《小村总理》在全区巡演34场。内蒙古民族歌舞剧院、内蒙古直属乌兰牧骑艺术团先后赴中国香港、美国、俄罗斯等国家和地区进行了访演。

二、艺术创作和舞台演出

【艺术创作工作取得了新进展】

以舞台剧创作为重点，从基础抓起，采取研讨会、论证会等多种形式，把好一度创作关，组织专家先后对漫瀚剧《敕勒川的女儿》、《咱们的地税官》、话剧《小村总理》、舞剧《安代魂》、二人台《黄土谣》等进行研讨论证，其中部分剧目已搬上舞台，参加各类展演活动，其他剧(节)目正修改完善。开展了包括调研、规划、研究拟订政策、筹备全区舞台艺术专家委员会等大量基础性工作，研究拟定了《内蒙古自治区人民政府关于加强新时期舞台艺术创作工作的意见》、《内蒙古自治区优秀舞台艺术作品和人才参加国内外重大评比活动取得成绩奖励办法》，修订印发了《内蒙古自治区乌兰牧骑评估管理办法》，开展了五次全区乌兰牧骑评估活动，在盟市自查的基础上，文化厅组织人员先后赴东部和西部对20支乌兰牧骑进行了实地抽查。

【节庆文化活动精彩纷呈】

成功举办第九届草原文化节。从6月23日至7月4日，组织举办了优秀剧(节)目展演、汉语和蒙语小戏小品优秀作品专场演出、二人台精品晚会以及乌力格尔主题晚会等。在乌兰恰特大剧院和人民会场演推出舞剧《安代魂》、《勇敢的鄂伦春》、《彩虹之路——鄂温克》和话剧《小村总理》四台新创剧(节)目，并连续演出11场。举办了第二届内蒙古二人台艺术节，先后举办了开幕式晚会、西部六省（自治区）二人台优秀剧(节)目展演、包头市民间二人台“擂台赛”、二人台艺术发展高层论坛、首届“内蒙古二人台艺术贡献奖”评选等活动。其中，《乡音乡情二人台》大型主题晚会，以浓郁的乡土气息、时尚的艺术呈现、绚烂的舞美效果赢得了现场1.7万多名各族各界观众的好评。西部六省（自治区）二人台优秀剧(节)目展演是本届艺术节的核心内容。共有来自蒙晋陕冀甘宁6个省（自治区）的7台大戏、2台综艺晚会和53个小戏、小品、歌舞、牌子曲等优秀剧(节)目，分别在剧场和广场演出14场，参演人员800多名，观众25万多人。

【舞台艺术作品在全国重大艺术赛事展演上表现不俗】

组织参加了第四届全国少数民族文艺会演，该区参演的舞剧《呼伦贝尔大草原》、《草原记忆》分别获得剧目金奖和创作金奖，是该区参加历届全国少数民族文艺会演取得的最好成绩。该区二人台现代戏《花落花开》、漫瀚剧《草原阿妈》、音舞诗《鄂尔多斯婚礼》先后参加了在北京举办“讴歌伟大时代，艺术奉献人民——2012年全国优秀剧目展演”，得到了观众和专家的一致好评，取得了很好的社会反响。选拔该区优秀作品和人才参加第十届全国声乐比赛、第十七届全国音乐作品(合唱、室内乐)评奖、全区第十一届精神文明建设“五个一工程”评选等艺术赛事活动，都取得了好成绩。

三、文化遗产保护

【文物保护工作取得丰硕成果】

元上都遗址成功申报世界文化遗产，实现了内蒙古世界遗产零的突破，标志着内蒙古文化遗产事业迈入新的发展阶段。赤峰市敖汉旗“前红山文化时期”的兴隆洼文化兴隆沟遗址，经考古发掘出土了距今约8000年的黍和粟两类重要谷物的碳化颗粒标本，被国际粮食起源考古研究界确定为“欧亚大陆旱作农业的发源地”。敖汉旗被联合国粮农组织经过大会研命名为“全球重要农业文化遗产保护试点”，并授予牌匾。我区巴彦淖尔市的阴山岩刻、赤峰市的辽代上京城和祖陵遗址与红山文化遗址(红山后遗址、魏家窝铺遗址)入选国家文物局公布的中国申报世界文化遗产预备名单。公布了第三次文物普查数据，全区登记的不可移动文物21099处，盟市、旗县级重点文物保护单位700余处。完成全区长城资源调查，历代长城的总里程为7570公里，其长度位居全国第一。全区拥有世界文化遗产1处(锡林郭勒盟元上都遗址)，全国历史文化名城1座(呼和浩特市)，全国历史文化名镇2处(赤峰市喀喇沁锦山镇、锡盟多伦镇)，全国历史文化名村2个(包头市美岱召村、五当召村)。有全国重点文物保护单位79处，自治区重点文物保护单位319处，盟市、旗县级重点文物保护单位700余处。注册登记的博物馆144家，其中国有博物馆108家，行业与民办博物馆36家。全区国有博物馆拥有文物藏品为50余万件(套)，其中有国家一级文物1522件(套)。全区各级文博单位从业人员总计约2000人。达斡尔、鄂伦春、鄂温克、俄罗斯等人口较少民族的博物馆，也已建成开放。启动了我区可移动文物普查工作。

文物保护法制建设、行政管理工作取得新成绩。自治区文化厅加挂了自治区文物局牌子。增设2名副局长、3名事业编制，成立了文物监督处、博物馆处、文物保护中心。赤峰市、巴彦淖尔市、锡林郭勒盟，也相继成立了盟市级的文物局。正蓝旗、多伦县、喀喇沁旗、翁牛特旗、巴林左旗、扎兰屯市、扎赉诺尔矿区，也成立了旗县(区)文物局。在全区开展了贯彻、执行《文物保护法》和《内蒙古自治区文物保护条例》的执法检查工作。会同自治区人大先后对锡林郭勒盟、呼伦贝尔市、赤峰市、鄂尔多斯市、巴彦淖尔市以及所属18个旗县区进行了重点抽查，实地察看了国家级、自治区级重点文物保护单位和博物馆、文物仓库、文物考古工地等43处。接待了由全国政协副主席陈奎元为组长的长城保护视察组，实地考察了呼和浩特秦代长城遗址，包头市、乌兰察布市的战国、秦汉长城和金代界壕遗址，对我区长城调查、维修、保护工作给予表扬。

“草原神灯”文物安防保护工程效果显著。开展了严厉打击盗掘古墓犯罪的专项行动，重点对呼和浩特市等10个盟市的40个旗县市(区)进行了重点打击和整治，公安机关共立案12起，破案10起，打掉破获犯罪团伙7个，抓获犯罪嫌疑人38人，追缴三级文物1件，追缴一般文物29件（套)。自治区各级文化文物部门制定了《全区文物保护长效机制方案》、《全区应对文物突发性事件应急预案》。开展了“2012全区文物安全隐患排查整治专项行动”，排查各全国重点文物保护单位79处，自治区级文物保护单位319处，盟(市)区(县)级文保单位3123处，其他不可移动文物2890处，博物馆等文物收藏单位144座，排查安全隐患共75处，对存在的隐患和问题基本按要求得到了及时整改。编制完成了《关于开展蒙古族源与元代帝陵调查计划(2012—2022年)》，并经中宣部、国家社会科学项目办公室同意立项。

培养了一批优秀的文物管理、保护、考古、博物馆研究人才。2012年，共培训各级文物保护管理、行政执法、文物保护、文博技术等方面人员达200余人。完成了国家文物局“全国文博人才培养工作调研课题”。

【非物质文化遗产保护工作全面推进】

开展全国国家级非物质文化遗产代表性项目保护督查工作，对呼伦贝尔市等四个盟市的13旗县的30个国家级非物质文化遗产项目进行检查。起草了《内蒙古自治区非物质文化遗产条例》(草案)。10月，启动了我区《非物质文化遗产条例》区外立法调研工作。由自治区人大和文化厅组成的调研组赴四川、贵州等省，对当地非物质文化遗产立法的筹备、实施和执法等情况进行调研。举办了第二届全区非物质文化遗产摄影比赛。开展古村落调查工作。非物质文化遗产代表性传承人乌兰、刘静兰获得中国非物质文化遗产保护中心颁发的“中华非物质文化遗产传承人薪传奖”。蒙古族服饰、巴林石雕刻等项目参加了在北京农展馆举办的中国非物质文化遗产生产性保护成果大展。6月，蒙古族长调、呼麦、蒙古族服饰等多项非物质文化遗产名录项目赴澳门参加“根与魂——中国内蒙古非物质文化遗产展演活动”。举办了首府地区2012年中国文化遗产日宣传活动，对蒙古族长调民歌、蒙古族马头琴音乐、二人台等重要非物质文化遗产项目进行了宣传展示。8月，在锡林郭勒盟东乌珠穆沁旗举办了首届全区长调艺术节，并开展了“蒙古族长调遗产保护的理论与实践——东乌珠穆沁论坛”、“宝音德力格尔杯”长调大赛、蒙古族长调艺术高级研传班、长调敖包祭祀等系列活动，进一步推动了蒙古族长调的保护和展示。9月，选送我区包头剪纸、和林剪纸、乌珠穆沁骨雕、奈曼版画、蒙古族刺绣等项目参加在天津举行的第二届全国非物质文化遗产展示会。组织我区蒙古族服饰、蒙医药、桦树皮制作技艺、达斡尔族刺绣、蒙古族铜银器制作技艺、阿拉善地毯织造技艺、蒙古象棋、乌珠穆沁骨雕8个项目，以及10余位国家级非物质文化遗产项目传承人参加了在山东台儿庄举行的第二届中国非物质文化遗产博览会，并进行了展览展示活动，8个项目及其传承人均获得组委会颁发的参展奖和传承人展示奖，自治区文化厅获组委会颁发的组织工作奖。

四、文化市场监管

【围绕党的十八大，开展了多个专项保障行动】

为迎接党的十八大，开展了“两节、两会”期间文化市场专项清理行动、校园周边文化市场专项整治行动、优秀动漫产品知识产权保护专项行动。截至11月底，全区共出动执法人员386709次，检查经营单位276464家（次），责令整改3839家（次)，受理举报419件，立案调查1356件，移交案件50件，办结案件1187件，警告2665家（次)，罚款5924022元,责令停业整11560家（次)，吊销许可证10家，没收违法所得49031元。确保了全区文化市场安全稳定、有序繁荣。

【组织开展了全区文化市场工作大调研】

从4月20日至5月19日，自治区文化厅组织四个调研督查组深入全区12盟市、44个旗县区、13个乡镇、6个口岸、11个经济开发区和农业示范区，通过座谈了解、查看相关材料、考察当地文化市场经营场所等方式，对文化市场现状、存在的主要困难和问题建议能等情况进行了大调研。完成了《农村牧区文化市管理思路调研》、《农牧区较大乡镇、经济技术开发区、口岸等地区文化市场发展规划及管理工作调研》两个调研报告。起草了《内蒙古自治区人民政府关于加强新形势下文化市场管理的意见(征求意见稿)》。

【进一步加强和规范了文化市场管理综合执法工作】

年初制定下发了《全区文化市场管理和综合执法考评细则》，出台了《全区文化市场管理和综合执法工作评选表彰办法》。10月16日至17日，举办了首届全区文化市场综合执法技能比武大赛，全区12支代表队的36名队员参加了比赛。11月，对12个盟市本级和36个旗县区文化市场管理与综合执法工作进行大巡查。

【营业性演出市场管理得到进一步加强】

下发了《内蒙古自治区文化厅关于加强涉外及涉港澳台营业性演出管理工作的通知》，加强了对涉外及涉港澳台营业性演出承办主体资格、演出内容的把关，严格市场准入。开展了《营业性演出管理条例》及实施细则调研评估。受中国演出家协会委托，指导自治区群众艺术馆举办了第四期演出经纪人培训班。

【加大教育培训力度，文化市场管理和执法队伍素质明显提升】

3月，举办了《文化市场综合行政执法管理办法》培训班，10月，举办了盟市文化市场执法局局长任职培训班、执法实务培训班。通过培训，不仅开阔了视野，而且学习了新知识新技能，特别是文化市场计算机远程监控平台应用水平和综合执法办公系统信息化水平得到明显提升。

五、文化产业

【研究制定文化产业政策，稳步推进文化产业发展】

制定了《内蒙古自治区人民政府关于进一步促进文化产业发展的若干政策意见》。从市场准入、资金支持、土地使用、投融资政策等7个方面对文化产业发展予以支持，并提出了文化产业示范基地、文化产业园区、文化企业“走出去”等建设重点。11月6日至15日，对呼和浩特市、包头市、鄂尔多斯市等地贯彻落实《意见》的情况进行实地调研。起草了《内蒙古自治区级文化产业园区申报认定管理办法》，加强对文化产业园区的规范化建设。与国家开发银行内蒙古分行联合编制了《内蒙古自治区“十二五”文化产业系统性融资规划》。制定了《内蒙古文化产业研究中心申报命名管理办法(试行)》，并组织了今年的申报工作。内蒙古大学、内蒙古财经大学、兴安盟职业学院等7家单位被命名为自治区文化产业研究中心。4月至8月，对呼和浩特市、赤峰市、鄂尔多斯市、通辽市的8家文化产权交易所进行了清理整顿。指导自治区文化产业协会，通过举办讲座、会员之间的交流等方式研究、探讨文化产业的发展规律，为全区文化产业发展做出了积极贡献。

【表彰先进，树立典型，发挥示范带动作用】

开展了第三批自治区文化产业示范基地评选工作，批准命名呼和浩特苏鲁锭皮业有限责任公司等13 家单位为第三批自治区文化产业示范基地。至此，我区共有34家单位被命名为自治区级文化产业示范基地。我区鄂尔多斯中视实业有限公司被文化部命名为国家级文化产业示范基地。至此，我区共有5家单位被命名为国家级文化产业示范基地。开展了我区2012年动漫企业认定工作，赤峰无界影视传媒有限公司、鄂尔多斯东胜天风动漫影视有限公司2家企业认定为动漫企业。截止到目前，我区共有6家企业被认定为动漫企业，通过认定的企业将享受到增值税、企业所得税、进口关税和进口环节增值等多项优惠政策。

【开阔视野，加强交流，参展文化产业博览会】

5月至9月，参加了第八届中国(深圳)国际文化产业博览交易会和第六届中国西部(西安)文化产业博览会，加强了我区与区内外乃至国内外文化产业的交流与合作，有多个文化产业项目在博览会期间达成了合作意向。我区获得“优秀组织奖”、“最佳展示奖”、“最佳创意奖”等多项殊荣。以《文化产品和服务出口指导目录》为依据，组织文化产业境外投资和合作项目申报文化出口重点企业和重点项目，呼和浩特的原生态阿希达组合被确定为2011—2012年度文化出口重点项目。

【加强文化产业人才队伍建设】

7月31日至8月3日，组织盟市动漫行政管理人员和动漫企业负责人共50多人参加了全区动漫经营管理人员培训班，并选派10余人(次)参加了全国动漫高级研修班，为全区区动漫产业发展提供了人才保障。9月16日至21日，与北京市对口支援和经济合作工作领导小组办公室共同举办了文化产业经营管理人才高级研究班，自治区直属文化单位、盟市文化局、自治区文化产业示范基地的39名学员参加了培训。12月，组织自治区文化产业管理人员和文化产业示范基地负责人赴澳大利亚参加文化产业经营管理人员培训班。

六、文化体制改革

【积极推进艺术院团体制改革任务】

2月，全国文化体制改革工作会议召开后，自治区文化体制改革领导小组及时组织了全区文化体制改革工作会议，传达会议精神，部署任务，落实责任，明确时限。3月，文化部督察组对区文艺院团体制改革情况专题调研督导后，自治区党委、政府主要领导非常重视这项工作。5月8日，自治区党委召开常委会，专题进行研究部署。自治区党委常委、宣传部长、体制改革领导小组组长乌兰同志亲自主抓，通过召开工作会、下发指导文件、下派督导组、给盟市委主要领导发函、约谈、一对一指导等方式，扎实推进各项改革任务的落实。7月，各地确定了改革方案，明确了改革路径和具体做法。全区不再保留事业体制的53家国有文艺院团中确定实行转企改制的有39个(由于其中有4个盟市的11家院团整合为4个后再转企，实际上最后转企的数量为32个)，占承担改革任务院团总量的74%；划转的8个，占改革院团总量的15%；撤销的6个，占改革院团总量的11%。基本符合中央关于文艺院团体制改革的要求。截至目前，国有文艺院团体制改革基本完成。

【文化市场综合执法改革成效明显】

全区12个盟市本级、101个旗县区均组建了文化市场综合执法机构，成立了文化市场管理工作领导小组。召开了全区文化市场管理工作会议，举办执法局长任职培训和执法业务培训，开展文化市场专业化执法实践活动。

七、对外文化交流

2012年，全年共派出文化团组29个，500余人(次)，分别赴日本、韩国、蒙古、美国、匈牙利、俄罗斯、白俄罗斯、印度、泰国、以色列以及中国香港、中国澳门、中国台湾等国家和地区进行了友好访问交流及演出展览。接待了法国、日本、蒙古、印度、及中国香港、中国台湾等国外、海外文化艺术团组18个，800余人（次)。

【积极参加国家及自治区重大对外文化交流活动】

4月，内蒙古自治区政府在香港举办“内蒙古·香港经贸合作活动周”，文化厅承担了3场艺术演出和5场推介演出任务，取得圆满成功。6月上旬，自治区文化厅与澳门特区政府文化局在澳门联合主办了“根与魂——内蒙古非物质文化遗产展演”活动，举办了讲座、演出、展示和展览等内容。活动为加强我区与澳门地区的合作发挥了积极作用。10月，受中国文化部和内蒙古自治区政府委派，内蒙古文化代表团一行30人赴俄罗斯图瓦共和国，开展了“中国文化节·内蒙古文化周”活动，这是中国与俄罗斯建交60多年来首次在图瓦共和国举办的规模最大的一次文化活动，在当地受到热烈欢迎。中国驻伊尔库茨克总领馆和文化部对活动给予高度评价。

【大力开展与周边国家对外文化交流活动】

开展了与泰国、俄罗斯、白俄罗斯、蒙古国、日本的对外文化交流。1月下旬，鄂尔多斯歌舞剧团参加了在泰国举办的第八届“欢乐春节”文化活动。2月中旬，内蒙古杂技团赴蒙古国参加了2012年“欢乐春节”活动项目“迎春杂技专场晚会”。6月至7月，乌海市民族歌舞团参加了在白俄罗斯莫吉廖夫州勃布鲁伊斯克市举办的第十届“友谊花园”国际民族艺术节。

【积极开拓对外文化交流新领域】

11月，文化访问团赴澳大利亚，与澳大利亚博伍德市政府、墨尔本市澳星传媒演艺集团等达成了一系列合作意向。12月，自治区文化厅在澳大利亚举办了全区文化产业管理培训班。

辽宁省

2012年，在省委、省政府的领导下，省文化厅全面贯彻落实党的十七届六中全会和省十一次党代会精神，围绕建设文化强省的目标，以科学发展观为指导，以改善文化民生为根本任务，以转变文化发展方式为主线，抓住文化改革和文化发展这两个关键环节，努力多出精品，多出人才，多出效益，各项工作取得明显成效。

一、文艺创作演出亮点纷呈

【文艺创作捷报频传】

话剧《郭明义》入选国家舞台艺术精品工程“十大精品剧目”，获中宣部第十二届精神文明建设“五个一工程”优秀作品奖；京剧《将军道》入选国家舞台艺术精品工程（二期）初选剧目；儿童剧《水晶之心》获第七届全国儿童剧展演优秀剧目奖；舞剧《珍珠湖畔》在第四届全国少数民族文艺会演中，获得创作金奖及多个单项奖。在国际芭蕾舞比赛最高级别赛事第七届赫尔辛基国际芭蕾舞和第20届瓦尔纳国际芭蕾舞比赛中，辽宁芭蕾舞团王韵和何泰昱，分别一人包揽包括最高奖项“特别大奖”在内的两项大奖，是中国芭蕾舞演员在国际芭蕾舞大赛中的一个重大突破。出台《辽宁省文化厅对获得国家级舞台艺术大奖剧目的奖励办法》，鼓励和引导艺术精品的创作生产。新创作的交响芭蕾舞蹈诗《辽河·摇篮曲》、话剧《深情——周恩义的故事》、杂技剧《霸王别姬》、《玉兰·爱的世界》等9部剧目受到广泛好评。

【演出市场日益活跃】

“龙舞辽河”迎新春、庆元宵文艺晚会圆满成功。省委书记、省人大常委会主任王珉，省委副书记夏德仁，省委常委、宣传部长张江，省人大常委会副主任李文科，副省长滕卫平，省政协副主席高鹏等领导出席观看了演出，并给予了高度评价。组织实施全省文艺院团改革成果展演周活动，全省十个市和省直四家院团共演出14台优秀剧（节）目，观众达1.5万余人。本次展演周，创新组织形式，采取全省联动、市与市之间交互演出的方式，扩大演出活动的影响面，取得了良好效果。举办辽宁省第六届优秀剧（节）目演出季。演出季历时近40天，观众6万余人，来自国内外、省内外的80余场优秀剧（节）目参加演出。推出10元至30元低价票，使各类优秀剧（节）目走近百姓。

【送戏到基层反响强烈】

大力支持全省各级艺术院团进乡村、进校园、进厂矿、进军营、进社区等演出活动。全年共演出2794场，观众达350余万人，超额完成了省委、省政府下达的2000场任务。既营造了良好的社会文化氛围，也有力地满足了广大群众的精神文化需求。创新高雅艺术进校园模式，组织省直艺术院团在全省30所高校演出39场，观众达5万余人。把演出活动与普及艺术知识相结合，充分发挥艺术的社会功能。

【人才培养工作有效开展】

组织开展辽宁省青年戏剧编剧人才培训班，挑选具有一定编剧基础和潜质的青年作者参加培训，邀请省内外14位剧作家、艺术理论评论家为学员集中授课。建立编剧人才库，为重点培养和人才储备打基础。

二、公共文化服务成效显著

【群众文化活动内容更加丰富多彩】

成功举办了“学习郭明义，传承雷锋精神”主题群众文化活动。全省文化系统共举办各类学雷锋主题文化活动2700余场（次），受益群众近300余万人。人民电视网、中国文化报、辽宁日报、辽宁电视台等中央及省内媒体作了大篇幅报道，产生较大影响。

组织了“幸福歌潮”——辽宁省喜迎十八大系列群众文化活动。与省委宣传部共同主办了“幸福歌潮——辽宁省迎接党的十八大群众文艺晚会”，1000余名基层群众文艺骨干和文化志愿者参加了演出。省委副书记夏德仁、我省出席十八大的党代表及4000余名沈师学生、教师共同观看了演出。分别与抚顺、沈阳、鞍山、锦州市政府共同主办了“辽宁省喜迎十八大群众文化主题演出、群众合唱专场、优秀成果展演、戏剧曲艺优秀节目展演”等活动。全省各级举办的群众文化喜迎十八大系列活动达1500余场，受益群众达千万。

【全省文化志愿服务工作开创新局面】

以组织“文化志愿者走基层”活动为主线，组织开展了“百姓大舞台”、“文化大展台”、“知识大讲堂”为主要形式的文化志愿服务活动。开展各类演出及送戏下乡活动640场，展览展示活动470场，讲座及辅导活动1200场（次），受益人数达360万。极大丰富了基层群众的文化生活，涌现和催生了一批关注民生、贴近群众、特色鲜明的品牌活动和典型。采取有效措施，促进文化志愿服务队伍发展。目前，全省文化系统共建立各行业文化志愿队伍260余支，注册文化志愿者23000余人。蔡武部长对我省的做法给予了高度评价，我省在全国文化志愿服务工作会议上作了典型发言并被评为全国文化志愿服务组织工作成绩突出单位。

【文化信息资源共享工程建设加速推进】

圆满完成机顶盒频道和模拟频道的播出任务。模拟频道共播出302天，共编辑、制作、推送图文信息42500篇、电子图书20多部、视频约1000小时，采购节目1000小时。中共中央政治局常委李长春来辽宁视察期间，来到营口市后砬山村，了解基层文化惠民工程建设情况，对辽宁依托广播电视村村通网络和直播卫星推进文化信息资源共享工程进村入户的做法给予充分肯定。全国30家重点网络媒体对辽宁的文化共享工程工作进行了大篇幅的宣传报道。

【国家级公共文化服务体系示范区（项目）创建工作取得可喜成果】

文化部创建国家公共文化服务体系示范区督察组对大连市进行了督查。大连市按照国家东部地区创建标准，大力推进示范区创建各项工作，创建工作取得显著成绩。在25项督查指标中，23项达到优秀标准，2项达到良好标准，总体评分为优秀。

【“七个一百”群众文化品牌创建工程全面启动】

在充分调研、广泛听取各方面意见和建议的基础上，制定了《“七个一百”基层群众文化创建工程实施方案》，在全省范围启动了“七个一百”基层群众文化创建工程。

【公共电子阅览室建设取得新的进展】

下发《关于认真做好首批公共电子阅览室建设的通知》，明确时间表、路线图。全面完成县级公共电子阅览室及460个乡镇公共电子阅览室的设备招标工作。

【“辽宁省公共图书馆服务宣传月”活动广泛深入】

全省128家公共图书馆积极响应，吸引了众多读者的参与。在全省范围内深入宣传了图书馆在文化强国中的责任和使命，使广大社会公众进一步了解图书馆、走进图书馆、利用图书馆，活动取得了预期效果。

【古籍保护工作取得长足发展】

积极开展古籍普查登记工作，完成了2.3万条馆藏已编目古籍的普查登记工作，在全国古籍保护工作会议上介绍了经验和做法。开展了第二批《辽宁省珍贵古籍》及重点古籍保护单位评审工作，评出入选古籍1060部，省古籍重点保护单位2家。

三、文博事业成绩斐然

【文化遗产申报工作取得新进展】

我省文化遗产保护工作取得新成果，朝阳市牛河梁遗址、义县奉国寺大雄殿、兴城城墙分别作为“红山文化遗址”、“辽代木构建筑”、“中国明清城墙”的子项目成功入围《中国世界文化遗产预备名单》，为三个项目正式申报世界文化遗产奠定了坚实基础。

【全国重点文物保护单位的遴选、推荐工作成绩突出】

我省有93处文物保护单位（含长城和中东铁路两个打捆项目）列入国家文物局拟提请国务院公布的第七批全国重点文物保护单位名单，数量是前六批总和的2倍。陈政高省长对此项工作高度重视，批示“不仅要争取列入，更要保护好”。

【文物保护工作进展顺利】

完成了《兴城古城保护规划》的修订和省级核准工作，《兴城古城保护规划》已经上报省政府，待公布后实施。大遗址保护工程有序进行，牛河梁遗址、姜女石遗址保护工程按计划实施。长城保护工程进展顺利。组织各市县对183处工业遗产地进行了核实和确认。正式启动了公布《辽宁省工业遗产保护名单》的推荐、遴选和公布程序。向省政府上报了《关于我省工业遗产保护工作情况的报告》，对如何研究确定我省重点工业遗产保护项目、推进保护规划和保护方案编制、实施保护展示工程提出了五点工作建议，待省政府领导批示后实施。

【田野考古成果显著】

牛河梁遗址考古发掘报告正式出版，标志着我省红山文化研究取得重大突破。建昌东大杖子战国墓地被评为“2011年度全国十大考古新发现”，这是我省第七次获此殊荣。

【博物馆法规建设有新进展】

出台《辽宁省文物藏品征集暂行办法》、《辽宁省非国有博物馆设立审核暂行办法》、《辽宁省文物鉴定机构管理办法(试行)》，促进文物征集、博物馆设立、文物鉴定工作科学化、制度化和规范化。

【“5·18国际博物馆日”宣传纪念活动产生较大影响】

在国际博物馆日期间，全省共设立活动会场15个，举办展览132个，发放宣传单近10万份，免费接待观众35万人次，参与各类活动群众近百万人次。沈阳铸造博物馆在“5·18国际博物馆日”当天隆重开馆，全国人大财经委副主任委员闻世震，国家文物局副局长顾玉才，省委书记、省人大常委会主任王珉，省委常委、沈阳市委书记曾维，省委常委、秘书长周忠轩，省政府副省长滕卫平等多名国家、省、市领导参加了开幕剪彩仪式。

【文物科技保护工作上新台阶】

编制完成7个可移动文物保护方案，推动铁器保护工程，成立辽宁省文物系统文物收藏单位馆藏铁器文物保护工作领导小组，制定保护方案，培训专业保护人才。

四、非物质文化遗产保护成绩突出

【非物质文化遗产展示活动声势浩大】

“2012中国·辽宁非物质文化遗产传统技艺大展暨生产性保护成果展活动”圆满成功。来自辽宁、吉林、黑龙江和内蒙古4个省（自治区）的100多个国家级、省级非物质文化遗产代表性项目参加现场展示，传承人、民间艺人450余人，共有10万余人次到现场参观。省长陈政高、省委常委、宣传部长张江、省人大常委会副主任龚世萍、省政府副省长滕卫平、省政协副主席程亚军等领导都来到现场参观。省长陈政高对展示活动给予充分肯定和高度评价，并指示要研究确定一个固定场馆，常年展示非物质文化遗产成果。

【非物质文化遗产对外文化交流活动更加活跃】

选调了18个国家级和省级非遗项目参加了2012俄罗斯“中国文化节”——辽宁文化展示日活动。通过文化交流和展示，让俄罗斯人民零距离接触和感受辽宁悠久的传统文化与独特的关东风情，加深当地民众对辽宁优秀传统文化的认识和了解。我省的烙画、剪纸、满族刺绣荷包等非物质文化遗产项目及作品参加了韩国丽水世博会辽宁活动周活动，受到了来自世界各地朋友的赞赏。

【非物质文化遗产保护督查工作成效显著】

国家级和省级代表性项目保护工作取得了明显成效。文化部督查组对我省国家级代表性项目保护和代表性传承人开展传承活动非常满意，对我省非物质文化遗产保护工作中的一些措施和做法予以充分肯定和高度评价。

【全省非物质文化遗产传统舞蹈展演和非物质文化遗产进校园系列活动反响良好】

海城高跷、抚顺地秧歌等7个传统舞蹈项目参加了现场展演，同时有20个具有较强互动性和观赏性、贴近百姓生活的项目进行了展示，丰富了人民群众的文化生活。选调辽宁鼓乐、庄河剪纸、凌源皮影戏等10项国家级和省级项目，到辽宁大学等6所的学校，对1000余名教和师学生进行了非物质文化遗产相关知识的辅导。

【非物质文化遗产重点项目保护得到加强】

召开了全省民间剪纸及传统手工艺发展座谈会，推出一批具有辽宁民族和地域特色、保护工作基础较好、保护措施得力、保护成效显著、具有示范引领作用的生产性保护示范项目。省委常委、宣传部长张江出席会议并就全省民间剪纸及传统手工艺发展做了重要讲话。

五、文化市场管理与执法水平不断提高

【文化市场综合执法体系不断完善】

全面完成文化市场综合执法改革，建立覆盖全省的文化市场执法机构，完善市、县执法队伍，统一综合执法标志标识，建立综合执法骨干队伍，加大培训力度，提升监管能力。

【网吧场所管理日益规范】

巩固全省网吧连锁成果，压缩数量，建立完善网吧场所管理的各项制度措施，形成网吧场所管理长效机制。年初有网吧场所6577家，到年底，网吧数量下降900余家，整体压缩幅度在15%左右。网吧场所经营秩序明显改善。网吧监管中心监控省内全部网吧场所，监控网吧终端43万余台，监控率100%，提高了监管效能。中共中央政治局常委李长春同志对我省监管平台的管理及使用情况进行实地考察，并给予了充分肯定。

【文物执法督察工作力度加大】

重点查处了鞍山调军台汉墓群遭破坏案件。鞍山市高新技术开发区激光产业园工地汉墓遭到严重破坏后，组织省考古研究所有关人员及专家赶赴现场，对文物遗迹遭破坏情况进行调查，制定了开展抢救性清理工作计划。但施工单位擅自恢复施工，将已发现的汉代墓葬全部用挖掘机挖毁。省文化厅立即赴鞍山调查处理，随即向滕卫平副省长和国家文物局做了专题报告。此事件也得到中央和国家文化部、文物局领导的批示。国家文物局督察司副司长刘铭威带督察组来鞍山，专程了解和督办汉墓遭破坏事件。目前，文化行政处罚工作已经完成，当地公安部门正在追究相关人员的刑事责任。

【文化市场监管明显加强】

联合省公安厅、省工商局开展全省游戏娱乐场所专项整治行动、网吧场所专项行动，全省出动人员26万人次，检查场所14万家次，查处案件1960起，停业整顿128家，吊销许可证4家，罚款478.4万元。确保文化市场安全有序，为党的十八大召开创造良好的文化环境。

【民营演出市场更加繁荣】

培育扶持民营演出团体发展，民营演出团体增加到480个，全年在农村演出超过2万场。

六、文化产业发展势头良好

【园区、基地建设再上新台阶】

葫芦岛葫芦山庄有限责任公司被文化部命名为第五批国家级文化产业示范基地。沈阳市和平区被文化部、科技部、中宣部、广电总局、新闻出版总署五部门联合命名为国家级文化和科技融合示范基地，成为首批16家国家级文化和科技融合示范基地之一。至此，全省国家级文化产业示范园区和示范基地达15个，总数在北京、上海、广东之后，位居全国第四。

【演艺产业迈上快速发展轨道】

中国辽宁剧院联盟全年共演出70场，实现产值1000余万元。本山传媒有限公司凭借优异的经济效益和良好的社会效益，连续三年成功入选“全国文

化企业30强”。以本山传媒集团为代表的民营演艺团体规模不断壮大，产值不断增加。刘老根大舞台今年跨省连锁经营取得新的突破，在长春成功建立了连锁剧场，演出火爆。刘老根大舞台的演出收入也连创新高，今年达2.5亿元。2012年，全省演艺业实现产值4.7亿元，比2011年增长17.5%。

【其他文化产业日趋繁荣】

岫玉、玛瑙产业持续健康发展，辽砚、紫砂、剪纸等产业也取得了重大进展，为工艺美术产业增添了生机与活力。文化会展丰富多彩。举办了“锦州古玩节”、“沈阳古玩艺术品博览会”、“沈阳动漫电玩博览会”、“阜新玛瑙博览会”、“首届本溪辽砚文化节”、“大连国际文化产业博览会”等，为文化企业搭建了展示企业形象、展销文化产品的平台。文化旅游业成投资热点。全省各地一批新上和续建大型文化旅游项目顺利推进。沈阳华强文化科技产业基地总规划占地面积2400亩，总投资100亿元。沈抚新城文化产业园区的丰远热高乐园项目总投资45亿元，占地3000亩。

截至2012年底，全省共有文化企（事）业单位3.54万个，从业人员34.8万人，文化产业实现增加值262亿元，比2011年增长了31%，文化产业招商引资达101.3亿元。

七、对外、对港澳台文化交流工作取得新突破

【芭蕾舞剧《末代皇帝》欧洲巡演引起轰动】

辽宁芭蕾舞团赴奥地利等欧洲国家演出现代芭蕾舞剧《末代皇帝》，进行文化交流活动。这是奥地利第一次以官方名义邀请中国专业艺术团体赴奥进行文化交流活动。辽宁芭蕾舞团成为第一个进入奥地利演出的中国芭蕾舞团，具有里程碑意义，在国际上产生强烈反响。

【省、部重要对外文化交流活动效果良好】

圆满完成2012年俄罗斯中国文化节“辽宁文化展示日”活动、韩国丽水世博会“辽宁活动周”交流任务。辽宁省的非物质文化遗产传承人的展示项目、京剧、民族歌舞节目得到了当地民众的热烈欢迎和高度赞扬。观众无不为中国国粹的博大精深所折服，极大地增进了中国与俄罗斯、韩国人民之间的相互了解。

【对外、对港澳台文化交流呈现繁荣势头】

文艺演出和文物展览打入发达国家的文化市场，商业性演出展览持续发展。全省对外文化交流项目198项，对港澳台文化交流项目57项，取得良好的社会效益和经济效益。

八、文化体制改革取得新成绩

【国有院团改革全面完成】

举行了辽宁人民艺术剧院有限公司成立大会，省委书记、省人大常委会主任王珉，省委常委、宣传部长张江共同为“辽宁人民艺术剧院有限公司”揭牌，副省长滕卫平致辞。辽宁人民艺术剧院有限公司的揭牌成立，标志着全省国有文艺院团改革工作全面完成。全省61个国有文艺院团除3家保留事业体制外，转企25家，整合11家，撤销21家，划转1家，排在全国前列。

【中国辽宁剧院联盟成功组建】

省委常委、宣传部长张江，副省长滕卫平，省政协副主席高鹏等领导参加了中国辽宁剧院联盟揭牌仪式。首批22家单位加入联盟，有效整合了全省演艺资源，搭建了演出经营平台，有力地推进了全省演艺产业的发展，是全省深化文化体制改革的又一重要举措。

九、干部选拔推荐工作顺利完成

组织开展全省首届公推比选省文化厅副厅长人选工作。严格按照自愿报名、面试答辩、民主评测和推荐、党组差额票决、组织考核、党组集体讨论等程序，公推比选省文化厅副厅长人选。此次公推比选活动成为媒体关注的热点，辽宁电视台、新华网、中国日报网、光明网、凤凰网、东北新闻网等20多家媒体对公推比选工作进行了深入报道，引起了强烈的社会反响，得到领导和群众的广泛好评。同时，还完成了其他3位副厅级干部的选拔推荐工作，完成了厅机关11名中层干部竞聘上岗和部分厅直单位领导班子调整任用工作。

十、立法、制定规划工作加速

《辽宁省文物保护条例》、《辽宁省非物质文化遗产保护条例》列入省人大2013年至2018年立法规划，下发了有关法制建设、文物保护、文化产业发展的规范性文件5件。修改并下发了《辽宁省文化发展“十二五”规划》。

十一、各项经费投入大幅增长、文化基础设施建设迅速推进

省财政厅下达文化厅2012年经费2.6亿元（不含文物和非遗保护经费），比2011年年初预算增加近4000万元。主要有三个因素：一是通过努力省直院团转为全额拨款单位，增加基本支出经费近1500万元；二是艺术学校落实职业教育政策，增加公用经费100余万元；三是专项经费增加近2000万元，主要

是新设立了5个事业发展项目，其中群众文化400万元、对外文化交流300万元、文化市场100万元、人才培养200万元、送戏下乡500万元。经费追加工作取得成效。本年争取追加到位资金23709万元，其中国家级补助资金14203万元。省委宣传部已下达追加经费1969万元；省财政厅下达追加经费 5573万元。

投资20多亿元的省图书馆、博物馆新馆工程进展顺利，主体已经封顶，两馆布展方案已经省政府批准，待新馆建成后实施。占地190多亩、投资近10亿元的辽宁艺术中心开工建设，艺术中心四个剧场建设正在紧锣密鼓地进行。

十二、党建工作、廉政建设扎实开展

【党建工作科学化水平不断提高】

以宣传贯彻落实十八大精神为重点，积极开展“基层组织建设年”活动，完成了全省县区以上文化文物系统基层党组织分类定级考核工作，为进一步整改提高，晋级升位打下基础。扎实推进创先争优活动，完成了对厅直单位党组织和党员开展创先争优活动情况群众评议工作，进一步增强了基层党组织战斗堡垒作用和党员先锋模范作用。有效开展学习型领导班子建设，利用4月中旬至5月中旬一个月时间，组织开展了厅机关全体党员及直属单位班子成员参加的学习培训。全年中心组结合民主生活会、思想建设和工作决策重大理论学习12次。切实有效地增强了党员的思想政治素质和党务干部做好本职工作的能力。

【通过目标绩效考评工作促进职能工作落实】

在最佳实事评选工作中捷报频传。第一季度申报的“我省国有文艺院团转企改制在全国率先完成”，第二季度申报的“创新服务基层方式文化志愿者情暖万家”，第四季度申报的“省图书馆满足读者阅读需求开展系列文化服务活动”，在省直机关最佳实事评选活动中被选为最佳实事。在省直工委目标办的定点扶贫工作最佳实事评比中，省文化厅“建馆建站送知识，产业扶持帮致富”被评为最佳实事。省文化厅被评为扶贫先进单位。

【惩防体系建设和廉政文化建设取得新进展】

在文化部召开的全国文化系统惩治和预防腐败体系建设工作经验交流会上，省文化厅以《狠抓落实、注重创新，不断完善惩防体系建设》为题，作了经验介绍。在省纪委监察厅派驻机构工作座谈会上，省文化厅以《积极推动廉政文化作品创作和传播，为反腐倡廉营造良好社会氛围》为题，作了典型发言。廉政话剧《木匠村官》已到14个市巡演，目前演出了26场，观众达25000多人，受到热烈欢迎和一致好评。

吉林省

2012年，在文化部的支持下，在吉林省委、省政府的正确领导下，全省文化系统深入贯彻落实科学发展观，凝心聚力、励精图治、攻坚克难、务实有为，较好地完成了各项工作任务。社区文化活动中心、农村文化大院、“送戏下乡”3项省政府年度民生实事任务顺利完成；吉林省图书馆新馆建设项目主体封闭；吉林省东北二人转博物馆正式开馆；图书馆联盟创新成果不断拓展，服务效果很好；国家公共文化服务体系示范区（长春市）和示范项目（松原市）创建工作稳步推进，为全省公共文化服务体系建设提供了新鲜经验；京剧《牛子厚》名列第十二届中宣部“五个一工程”奖戏曲类榜首；吉林省东北亚文化创意科技园成功晋级为国家级文化产业试验园区；吉林省政府与国家文物局签订了合作加强吉林省文物博物馆工作的框架协议；朝鲜族的农乐舞表演、辽源市的2012把琵琶表演、吉林市的河灯表演相继入选吉尼斯世界纪录；吉林省歌舞团有限责任公司的《长白神韵》在韩国世宗文化中心演出引起轰动；吉林省中外文化交流中心创排的综艺节目《盛世龙腾》作为伦敦奥运会前期文化活动内容之一在英国成功进行巡演（这是英国有关部门首次向中国省级文化机构发出的邀请），为吉林省赢得了荣誉。

一、专业艺术

吉林省2012新年音乐会、春节团拜会文艺演出、京剧元宵晚会、民乐元宵晚会、迎接党的十八大系列文艺演出等节庆期间的演出活动以及“央企进吉林”期间的文艺演出任务圆满完成。其中，历时50多天的吉林省优秀舞台艺术作品演出季，参演剧目、参演团体、参演人员和观众，为近年来吉林省文艺演出之最。吉剧《贵妃还乡》入选全国优秀保留剧目；原创童话剧《水姑娘》荣获第七届全国儿童剧优秀剧目展演一等奖，并与上海演出商签订了百场演出合同；延边歌舞团大型中国朝鲜族原创歌舞《放歌长白山》获第四届全国少数民族文艺会演金奖，其中的舞蹈《泉》入选2013年文化部春晚，王刚等领导观看了专场演出。

二、文化产业

吉林省以演艺娱乐、艺术培训、工艺美术、动漫游戏、文化创意等为主要内容的文化产业体系更加完善，呈现出立体多元、快速发展的良好态势。歌舞演艺产业良性发展。随着文化体制改革的不断深化，国有文艺院团主动面向市场，日益释放出生机和活力。吉歌集团连续16年走进央视春晚舞台，成为国内歌舞领域的领头羊。吉林省歌舞团有限责任公司创排的大型时尚歌舞《长白神韵》在国内外取得了良好的演出效益，在韩国世宗文化中心演出引起轰动，又与万达集团合作创排《天地长白》，实现了在长白山旅游度假区大剧场的驻场演出，在文化与旅游融合方面闯出了一片新天地；“吉林二人转”已成为吉林省一张靓丽的文化“名片”。和平大戏院重现生机；刘老根大舞台在长春新建了剧场；东北风剧场今年演出近2000场。艺术培训业的龙头企业辽源显顺琵琶学校成功举办了“中国琵琶之乡——辽源首届国际琵琶文化艺术节”，2012名琵琶选手齐奏《金蛇狂舞》，成功创造“吉尼斯世界纪录”最大规模琵琶合奏纪录，引起了社会轰动。全省动漫产业持续快速发展。吉林动漫集团步入良性发展轨道，完成的“动漫援疆”项目《哈萨克民族民间故事精粹》深受阿勒泰地区广大少年儿童的喜爱，社会反响很好。动漫公共技术服务平台支撑作用充分发挥，形成了一批在国内外具有广泛知名度和影响力的动漫企业、动漫园区，以长白山人参主题动画片为代表的原创动漫作品不断涌现，节目质量和盈利水平稳步提高，预计年产值将达60亿元。《和家有乐》、《七星传奇》等作品在中央电视台播出；《长白精灵》、《参娃与天池怪兽》、《鲍尔历险记》等动画片已经进行后期制作阶段，将于2013年在中央电视台播出。吉林动画学院、知合、风雷、睿网、禹硕、铭诺、凯蒂、年年、同创等动漫网游企业在动漫原创、外包加工、人才培养等方面的影响力不断提升。特色文化产业日益做大做强。松花石（砚）、剪纸、刀画、农民画等以地域文化元素为主的特色文化产业取得长足发展，通化和白山的松花石（砚）产业园、宇平工艺品产业园、华联古玩城等以工艺美术品为主的产业园区成长性很好，吉林特色文化产品的知名度、经济效益进一步提升。通化、白山两个地区的松花石企业经营业户已超过1000户，从业人员2万人，总产值近6亿元。成功举办了中国·白山江源松花石艺术节和第二届吉林省松花石研讨会。《吉林省松花石产业发展规划》正式下发。文化产业示范基地和园区建设正在驶入发展的“快车道”。全省的文化产业示范基地和园区着眼于“新兴”和“特色”，努力提高核心竞争力。吉林省东北亚文化创意科技园被命名为国家级文化产业试验园区（东北三省唯一一家），吉林省林田远达形象集团有限公司和长春知和动漫产业股份有限公司被命名为国家级文化产业示范基地。文化产品“走出去”、“请进来”工作取得突破。借助东北亚博览会，积极为吉林省文化企业搭建展示、交流、合作的平台。东博会期间，配合吉林省委宣传部开展东北亚博览会文化产业展馆招展工作，完成了6家省外文化企业、40个标准展位的招展任务；举办了茶叶展暨茶文化产业博览会、东北亚书画摄影大赛，促进了吉林省与东北亚各国的文化交流，宣传了吉林文化。组织吉林省文化产业代表团参加在台湾举行的经贸文化交流活动，在招商引资方面取得了实效。文化与科技的融合成果突出。汪清县文化体育局承担的“村级文化建设模式创新与示范推广——朝鲜族民文化村建设模式实践与推广”项目被文化部列为2012年度国家文化工程创新项目（全国评选10个）；吉林省文化所承担的“提琴及板腔共鸣乐器储存方法及音质嫁接关键技术研究”项目被文化部列为2012年度文化科技创新项目。

同时，吉林省文化厅组织相关人员对全省非公资本进入文化产业情况和民营企业发展情况进行了调研，初步形成了调研报告，为制定相关扶持政策奠定了基础；与吉林省委政府研究室、省社科院组成联合调研组，对省内外文化产业园区进行了广泛调研，形成了《关于我省文化产业园区建设的调查报告》，孙政才书记（时任），省委常委、宣传部长庄严，副省长王化文均做了重要批示。

三、社会文化和图书馆事业

吉林省实施免费开放的美术馆5个、公共图书馆65个、文化馆77个、乡镇综合文化站625个，第一阶段免费开放工作任务顺利完成，实现了无障碍、零门槛进入，公共空间设施场地免费开放，基本服务项目免费提供。图书馆联盟成员馆发展到50家，并启动了数字联盟，长春市总分馆制分馆达88家；文化信息资源共享工程、数字图书馆内容建设、服务工作不断深入；古籍图书普查工作全面展开；成功举办第五届“长白之声”合唱节活动；组织完成了一批全省基层群众文化队伍和业余文艺骨干培训工作；吉林省博物院被人力资源和社会保障部和国家文物局授予“全国文物系统先进单位”称号（全国仅3家）；国家公共文化服务体系示范区（长春市）和示范项目（松原市）创建工作稳步推进，为公共文化服务体系建设提供了新鲜经验。

四、非物质文化遗产保护工作

吉林省的非物质文化遗产挖掘、保护、宣传、展示工作不断加强。先后组织“朝鲜族民族乐器制作技艺”、“蒙古族马头琴制作技艺”、“关云德满族剪纸”等具有地域特色的非物质文化遗产项目参加中国首届非物质文化遗产生产性保护成果大展等大型活动，宣传和展示了吉林省近年来在非物质文化遗产保护方面取得的丰硕成果。吉林省“朝鲜族农乐舞”代表性传承人金明春荣获“中华非物质文化遗产传承人薪传奖”；《满族说部》丛书第三批书目编撰工作正式启动；《吉林省非物质文化遗产名录图典》正式出版发行；深入挖掘吉林贡品文化资源，设立了“吉林省贡品文化保护传承基地”、启动了《吉林贡品文化丛书》编纂工作。

五、对外文化交流

吉林省圆满完成了文化部在海外举办的“欢乐春节”相关演出工作和第17届东北亚地区地方政府首脑会议分科活动——第14届东北亚美术作品展参展工作；吉歌集团吉林市歌舞团赴英国伦敦访问，并成功在温布利大球场参加“张艺谋大型景观歌剧《图兰朵》”演出活动；应日本松竹株式会社邀请，吉林省京剧院部分演员参加了在日本东京举办的超派歌舞伎《大和猛》的公演活动，获得好评；吉林省孤儿职业学校“春蕾孤儿艺术团”赴澳门进行文艺交流汇演，获得圆满成功；吉林省歌舞团有限责任公司创排的大型时尚歌舞《长白神韵》作为“感知中国·吉林文化周”的主要演出节目在韩国演出引起轰动。朝鲜血海歌剧团《卖花姑娘》巡回演出长春首演圆满成功，孙政才书记（时任）、王儒林省长（时任）等领导观看了演出；成功举办宫城县书法作品展；邀请英国伦敦华埠商会代表团到吉林省考察文化产业，为招商引资奠定了良好基础。

六、文物考古和博物馆事业

吉林省文化厅（文物局）在全国率先与吉林省测绘局签订战略合作框架协议，为加强文化遗产保护探索了新路；长城保护工作全面启动；审核批复了七道江会议旧址、溥仪宣诏退位旧址、东北民主联军指挥部旧址、磐石天主教堂、王德泰墓、柳河五七干校旧址、中共中央东北局梅河口会议旧址、通化玉皇阁维修8个省级文物保护单位保护修缮加固方案；完成了龙潭山城——帽儿山墓地、大安后套木嘎遗址、延边长城等7个考古发掘项目的申报工作，并得到国家文物局的审核批准；完成了《吉林省工业遗产保护名录》的编写工作、《吉林省考古发掘工作检查管理办法》的起草及专家论证工作。大遗址保护工作成果显著。好太王碑、将军坟的变形监测项目得到了国家文物局的充分肯定；完成了《集安高句丽王城、王陵及贵族墓葬遗产监测试点工作方案》并得到国家文物局的批准；编制了《吉林省高句丽遗迹保护项目规划》，通过了财政部和国家文物局的评审。加强文物安全监管工作。联合吉林省公安厅在全省开展了文物安全保卫专项整治及检查评比工作，加强了全省文物安全保卫工作。长春市新民大街入选“第四届十大中国历史文化名街”。

七、文化基础设施

2012年，吉林省扶持建设了25个社区文化活动中心、2000个农村文化大院。为巩固已建农村文化大院建设成果，向发展较好的文化大院和军地共建重点村文化大院配送了1000套音响设备。吉林省京剧院大众剧场修旧如旧项目主体封闭；吉林省美术馆、省演艺中心项目顺利推进，计划2013年启动建设。

八、文化体制改革

吉林省67家国有文艺院团体制改革阶段任务基本完成。按照国家规定的国有文艺院团转企改制的“五条验收标准”，完成了深化吉林省歌舞团有限责任公司体制改革工作，撤销了吉林省歌舞剧院。完成了吉林省省直4个国有文艺院团的整合工作，即：吉林省民族乐团整合到吉林省交响乐团，成立了新的吉林省交响乐团；注销了吉林省京剧院和吉林省吉剧院，组建了吉林省戏曲剧院。吉林省曲艺团有限责任公司、吉林省歌舞团有限公司法人治理结构进一步完善。

黑龙江省

2012年，黑龙江省文化战线深入贯彻落实党的十七届六中全会、十八大精神，按照黑龙江省委推进文化建设“八大工程”的战略部署，着力推进文化科学发展和改革创新，各项工作均取得新进展，重要方面取得新突破。

一、抓建设强服务，公共文化服务体系建设稳步推进

【设施网络更加健全】

一大批县市新建“两馆”年内竣工投入使用，多个县（市）开工建设综合文化艺术中心，一批国家支持“两馆”维修改造项目完工，另有一些县（市）博物馆建成和在建。哈尔滨音乐厅、大剧院，大庆市图书馆，双鸭山市文广中心、大剧院，鹤岗市博物馆等一批投资超亿元项目快速推进。农垦系统投入4.34亿元，建设文化设施11.37万平方米。全年文化设施建设总投入27亿元，建筑总面积91.3万平方米，设施状况整体改善。黑龙江省数字图书馆、省群众艺术馆新馆建设已申请立项。

【重点文化工程项目有效实施】

新建乡镇综合文化站24个，全面完成乡镇综合文化站建设任务，实现乡乡有文化站目标。完成全部文化站设备采购配送工作，基本实现全省900个文化站设施建设、设备配送全覆盖，全省乡镇文化站长首轮培训工作全面完成。大力实施数字图书馆推广工程，文化厅与财政厅联合印发《黑龙江省数字图书馆推广工程实施方案》，完成省图书馆和哈尔滨、牡丹江、伊春三市四馆中央下达资金建设任务。依托各级图书馆、文化馆站、社区文化中心，建设公共电子阅览室1042个，为204个社区文化中心和文化活动室配发设备。国家公共文化服务体系示范区（项目）牡丹江示范区创建工作顺利通过国家督导组中期验收。

【公共文化服务能力显著提升】

全省各级图书馆、文化馆站全部实现免费开放。落实国家补助资金5205万元，新增免费开放博物馆33家，使全省国家支持免费开放博物馆达88家。各级博物馆在办好阵地展览同时，深入挖掘馆藏文物资源，积极引进外省资源，举办丰富多彩的临时展览，仅省直博物馆，全年举办临时展览60余个。全省各级各类博物馆年接待观众970万人（次），博物馆、纪念馆服务社会、服务大众的理念得到很好发展和延伸。全省图书馆年接待读者780余万人（次），黑龙江省图书馆年流通读者突破240万，同比增长38.9%。各级图书馆在全省建有流动分馆站近千个。各地充分利用文化共享工程建设成果积极对群众开展服务，全省基层图书馆可无障碍免费共享数字资源总量已达79TB，共享工程年服务受众600万人（次）。文化馆免费开放后，活动人数大增，全年接待群众380余万人（次）。公益文化单位公共文化服务主阵地作用凸显。

【群众文化活动蓬勃开展】

隆重举行全省“城市之光”和“金色田野”品牌群众系列文化活动启动仪式，围绕主题全年各级文化部门和农垦、森工系统组织开展各类文化活动3.2万场（次），参与群众超2000万人（次）。省文化厅投入资金230万元，对134个群众文化品牌群体奖励扶持。争取省级财政资金345万元，为300个城市广场文艺团队配发便携式音响设备，有力推动了全省城乡群众文化活动的繁荣发展。继续组织“送欢笑到基层”演出活动，全省艺术表演团体下乡演出8699场，受众达448万人（次）。黑龙江省曲艺团多年坚持服务基层的事迹被刘云山同志批示肯定，中宣部新闻局组织中央媒体进行宣传报道。组织实施“春雨工程”——文化志愿者边疆行活动，赴新疆阿勒泰地区举办美术书法摄影作品展，邀请新疆蓝靛金箔中国画桑皮纸绘画作品展到黑龙江巡展，受到两地群众欢迎，黑龙江省荣获文化部颁发的“全国基层文化志愿活动优秀项目奖”。

二、抓规划重引导，艺术创作生产成果丰硕

【涌现出一批具有较高艺术水准的优秀作品】

全年新创排剧（节）目503个，获省级以上各类奖项293项，实现演出6145场。大型舞蹈诗剧《鹤鸣湖》获中宣部精神文明建设“五个一工程奖”，话剧《大湿地》获“优秀剧目奖”，参加全国优秀剧目展演广获好评。《大湿地》与评剧《半江清澈半江红》成功入选“国家舞台艺术精品工程”年度资助剧目。大型达斡尔族风情剧《达斡尔人》参加第四届全国少数民族文艺会演，获“表演金奖”等十余个奖项。大型京剧《月照塞北》被文化部确定为全国京剧院团6部重点扶持剧目之一。现代评剧《风雪夜归人》参加第八届中国评剧艺术节获优秀剧目奖。根据“最美女教师”张丽莉的英雄事迹，创排了话剧《师爱芬芳》、音乐剧《茉莉飘香》舞蹈诗剧《绽放的生命》《丽莉之歌》等，从不同角度讴歌了大美大爱的时代精神。全省“唱神奇黑土地·颂富饶黑龙江”中小型舞台艺术作品征集活动，发现一批具有浓郁龙江特色的原创艺术作品。完成25部龙江剧精品折子戏录制工作，为龙江剧的剧目积累和传承留存了珍贵的艺术财富。

三、抓重点打基础，文化遗产工作取得突破性进展

【重要遗址的保护展示工作成效显著】

国家重点项目渤海遗址保护展示工程有效推进，

文物本体保护、环境整治、遗址博物馆建设等工程全面完成，开展了遗址保护规划编修、遗址公园保护规划编制等工作，为遗址保护升级做好准备。金上京遗址、侵华日军第七三一部队旧址保护工作取得突出成果。金上京遗址保护规划获国家文物局批复，由省政府正式公布实施，遗址考古发掘等展示基础工作正式启动；七三一遗址保护规划已报国家文物局，遗址公园规划编制工作正在进行。金上京遗址和七三一遗址双双被国家文物局列入向联合国申报世界文化遗产预备名单。中东铁路历史建筑群和边境要塞遗址群的保护工作顺利推进，哈齐客专工程涉及中东铁路历史建筑迁移工作取得阶段性成果，2处建筑迁整体迁移至指定位置。

【文物保护基础工作扎实推进】

召开全省第三次全国文物普查成果发布暨总结表彰会，全面总结了第三次全国文物普查工作，向社会发布了普查成果和基础数据，普查成果转化利用工作有序开展。历时5年的长城资源调查工作圆满完成，国家正式认定黑龙江省长城资源总长266公里，保护工作全面启动，部分抢救性保护项目顺利竣工。开展了省级文物保护单位保护现状调研和文物保护项目排查摸底工作，基本廓清文物保护整体状况，正有计划地开展抢救性维修工作。完成第六批省级文物保护单位的评审工作，完成最后一批省级文保单位保护标志制作。完成哈尔滨莫斯科商场旧址、哈尔滨文庙、金界壕遗址等一批重点国保单位安技防项目实施和立项。组织“中国文化遗产日”、“5·18国际博物馆日”主场城市宣传活动在倡导全社会参与文化遗产保护同时，扩大黑龙江文化文物工作的影响。

【文物保护工程管理工作得到全面加强】

文物保护工程资质建设取得突破，国家首次确定黑龙江省文物保护工程勘察设计甲级资质、施工一级资质单位各一家，填补省内空白。黑龙江省文物保护工程指导组成立，全面规划和指导全省文物保护工程的开展。发展了一批文物保护工程勘察设计乙级、施工二级资质单位，为全省文物保护事业长远发展打下基础。

【考古科研工作取得新成果】

全年共开展文物调查勘探37项，考古发掘项目7个，考古发掘面积8000平方米。配合金上京会宁府遗址保护规划制订和实施，开展了金上京城址考古发掘工作，出土了大量精美建筑饰件。配合基本建设开展的调查勘探和考古发掘，进一步丰富了考古学资料，特别是在我国东北地区首次发现旧石器时代晚期至新石器时代早期完整的地层剖面，为考古研究提供重要佐证。出版考古学专著《渤海上京城考古研究》，首次有两项考古研究项目获省哲学社会科学研究规划立项。完成《东北亚考古资料译文集》第8集的编译工作。

【博物馆事业整体提升】

中共黑龙江历史纪念馆在党的十八大召开前向社会开放，两月余接待观众7万余人（次），成为黑龙江党史宣传教育的新基地和红色旅游重要景点。瑷珲历史陈列馆、大庆铁人纪念馆、东北烈士纪念馆顺利通过国家一级馆运行评估，黑龙江省博物馆被评为国家一级博物馆。组织全省博物馆陈列展览精品评选活动，形成一批具有龙江文化特色的精品陈列。开展有针对性的藏品征集活动，一批珍贵文物和自然标本被博物馆收藏。《黑龙江省博物馆馆藏文物精粹》由国家文物出版社出版发行。全省有172家博物馆通过年检。

【非物质文化遗产保护工作扎实有效】

推进联合国非物质文化遗产保护名录项目履约工作。组织“赫哲族伊玛堪”国家级、省级传承人进行说唱录制，整理了一批文字和音像资料，制定了《伊玛堪说唱保护工作规划》和传习所、传承人相关管理规定。成立望奎皮影戏研究所，整理、改编《石岭山招亲》等15折传统影卷和《红月娥做梦》等45段皮影唱腔，整理皮影戏曲牌13种。对44个国家级和省级濒危项目开展记录式保护，完成大量文字、音像、实物资料摄录整理工作。组织国家级保护项目督查工作，文化部督导组对黑龙江省国家级名录项目保护情况给予肯定。确定公布了第三批省级名录保护单位和传承人，又有2名传承人被确定为国家级代表性传承人，东北大鼓传承人获“中华非物质文化遗产传承人薪传奖”。新命名了牡丹江流域民族文化生态保护实验区，修改完善了《赫哲族文化生态保护区规划纲要》。组织参加“中国非物质文化遗产生产性保护成果大展”等各类展览展示活动，获金奖1个和多个优秀组织奖。出版《黑龙江省非物质文化遗产名录图典》、《黑龙江省非物质文化遗产系列丛书》（全11册），完整、客观、系统地展示了全省非物质文化遗产保护研究成果。

四、抓申报重服务，文化产业健康发展

【国家重点项目申报取得丰硕成果】

申报国家文化产业示范基地和扶持项目，获得

丰厚回报。黑龙江省同源文化发展有限公司、黑龙江省伊春市柏承工艺品有限公司以创意创新优势被评为第五批国家文化产业示范基地；黑龙江省冰上杂技舞蹈演艺制作有限公司等16家企业成功入选2011—2012年度国家文化出口重点企业目录；哈尔滨品格文化传播有限公司、黑龙江新洋科技有限公司分别通过国家动漫企业和重点动漫企业认定；13个产业项目申报2012年度国家文化产业发展专项资金，其中8个项目共获3900万元扶持，4家企业获得绩效奖励，1家企业入选国家动漫品牌建设和保护计划。两家文化企业进入全省品牌单位行列。省政府常务会议确定18个文化产业项目为年度全省重点推进文化产业项目，成立专门机构，召开专题会议进行推进，取得良好的效果。组织文化企业参加"深圳文博会"、国家优秀动漫成果展，举办"中俄文化大集"、"哈尔滨国际冰雪动漫展"、"哈尔滨国际青年少年动漫周"、"哈洽会"文化产业展等，为企业开拓市场搭建平台。

【特色产业项目和民营文化企业稳步发展】

黑龙江冰雕艺术展营销于美国、泰国、以色列、中国澳门等地，经济效益丰厚，品牌影响日增。黑龙江省冰上杂技产业基地孵化作用日益凸显，组建冰上杂技舞蹈三团，全年境内外演出840场，品牌塑造成果显著。齐齐哈尔马戏团3支队伍常年驻外商演，全年演出近千场。哈尔滨松雷集团、马迭尔集团、莫斯科大剧院、牡丹江和音乐器、三五味业等一大批民营文化企业具有良好的成长性和创意创新能力，黑龙江新洋科技有限公司原创产品《雪娃》被确定为国家重点动漫产品，哈尔滨品格文化传播有限公司原创作品《云奇飞行日记》荣获法国戛纳电视节最佳动画片奖。

五、抓管理重建设，文化市场规范有序发展

【文化市场平安建设成效明显】

针对文化市场管理突出问题和阶段性工作重点，全年组织开展"两节一假"专项整治行动、"动漫市场专项整治行动"、"暑期文化市场专项行动"等四次专项整治行动；针对敏感时期特殊要求，开展十八大文化市场专项保障行动。全年出动执法人员32万人次，查办案件947件。通过加大检查频次，严厉打击违法违规经营，保持了全省文化市场稳定健康有序发展。完成全省文化市场计算机监管平台省级监管指挥中心升级建设，在全省推广应用文化市场综合执法电子政务系统，全面提升文化市场监管的规范化、信息化水平。省文化厅联合省关工委，组织召开全省"五老"义务网吧监督工作表彰大会，极大地鼓舞了社会各界参与网吧监督管理的热情。

【文化市场综合执法队伍建设得到加强】

全省地市级文化市场综合执法改革工作全部完成，67个县区成立了文化市场管理工作领导小组，68个县区组建综合执法机构，组建综合文化责任主体90个。统一了全省文化市场综合执法标识，树立文化执法队伍新形象。建立黑龙江省文化市场执法培训师资库，组织开展执法人员业务培训，全年集中培训234人。开展以案代训网络文化市场重点督办案件查处工作，组织全省文化市场综合执法考评，有效提高了文化市场执法队伍的执法水平。牡丹江、佳木斯市文化市场综合执法支队被评为"全国文化市场工作先进集体"。

【文化市场建设取得新进展】

网吧连锁工作正式启动。省文化厅联合省公安厅、省工商行政管理局下发《关于推进黑龙江省网吧连锁经营的实施意见》，制发《关于推进网吧连锁整合和开展网吧连锁企业认定管理工作的通知》，对网吧连锁经营模式和网吧连锁企业认定标准等进行明确，为全面推进网吧连锁提供政策依据。加强艺术品市场管理，开展首届艺术品市场法制宣传周活动，完成全省艺术品经营单位登记备案，两家经营单位被文化部评定为"诚信画廊"。8月，由文化部和黑龙江省政府主办，省文化厅、黑河市政府承办的"2012中国国际文化休闲周"在黑河举办，活动以"游走边城、寻根华夏"为主题，举办6大板块22项活动，成为文化与旅游结合促进文化消费增长的成功尝试。

六、抓项目树品牌，对外文化交流和贸易呈现新局面

【成功举办第三届中俄文化大集活动的组织承办工作】

第三届中俄文化大集首次提升为中俄两国文化部和黑龙江省、阿穆尔州政府共同主办，跨境同期举行，活动规格高、规模大，在主办部门的支持和承办部门省文化厅和黑河市政府的精心策划组织推动下，活动取得圆满成功。活动期间，双方共举办6大板块30余项活动。两省州长亲率代表团高层互访交流，就多项交流合作达成共识；双方分别举行盛大开幕式和丰富多彩的文化活动，互派高水平文艺团体交流演出；文化展销、推介洽谈取得社会效益

和经济效益双赢；数万民众跨境赶集，增进了解，加深友谊，使活动真正成为两地人民的盛大文化节日。中俄媒体争相报道。中俄文化部、两省州政府对活动给予充分肯定，表示将继续共同主办“中俄文化大集”活动，将其打造成中俄文化贸易和交流的品牌项目。

【高质量落实国家和省重要对外文化交流项目】

落实文化部央地对口合作年度计划，全年组织黑龙江文化代表团和艺术团6次出访蒙古国乌兰巴托，接待蒙古代表团来访3次，取得良好的交流效果。组派黑龙江艺术团参加俄罗斯“中国文化节”远东之旅活动，行程3000多公里，访演4个州（区）6个城市。黑龙江艺术团所到之处，受到政府和民众热烈欢迎，市民倾城出动观看演出，各州市政府负责人亲临观看，产生积极广泛的影响，发挥了文化对提升地区软实力的重要作用。举办第二届黑龙江友城文化周活动。邀请20多个国家和地区的顶级艺术团组参加第二十九届哈尔滨之夏音乐会。全年完成国家级对外交流项目11个，组织省级对外交流项目5个，组织审批对外文化交流项目47批次，其中出访项目22个，来访项目25个，涉及五大洲30多个国家和地区。

七、抓重点攻难点，文化体制改革取得阶段性成果

【圆满完成国有文艺院团体制改革阶段性任务】

2012年上半年，是国有文艺院团体制改革攻坚收尾阶段。按照国家推进国有文艺院团改革的要求部署，黑龙江省国有文艺院团体制改革工作在省委、省政府的重视领导下，坚决执行中央决定，认真选择改革模式，准确把握支持政策，以保持稳定、促进发展为目标，以加强保障、落实政策为重点，不断提高组织领导改革的科学化水平，逐一攻克改革过程中出现的重点难点问题，确保了改革工作平稳顺利完成。6月8日，正式出台《中共黑龙江省委办公厅黑龙江省人民政府办公厅关于加快全省国有文艺院团体制改革的实施意见》和《黑龙江省演艺集团有限责任公司组建方案》。6月11日，召开全省国有文艺院团体制改革推进会议。6月26日，举行黑龙江省演艺集团有限责任公司挂牌仪式。至2012年底，全省79个国有文艺院团中，除国家允许保留1个，完成转企改制24个，完成划转26个，撤销27家，并确保了整个队伍的稳定。文化部主要领导对这些成果给予充分肯定。在全国文化体制改革工作会议上，哈尔滨、大庆、鸡西市被中宣部、文化部、国家广电总局和新闻出版总署授予“全国文化体制改革工作先进地区”称号，大庆文化体育旅游集团公司、侵华日军第七三一部队罪证陈列馆、牡丹江市图书馆、大庆市林甸县花园乡综合文化服务站、鸡西市文化市场综合执法支队被授予“全国文化体制改革工作先进单位”。

八、抓基础促长远，艺术教育科研和人才培养工作迈上新台阶

【艺术教育科研整体水平稳步提升】

黑龙江艺术职业学院“东北少数民族民间舞蹈”专业被民政部、教育部、文化部确定为全国民族文化示范专业，舞台、音乐表演两个专业被教育部、财政部确定为年度高等职业学校重点扶持专业，舞蹈、影视两个专业被确定为黑龙江省“十二五”重点建设专业。学院2012年毕业生就业率达97.4%。举办第二届全省美术设计书法摄影艺术教育成果评比和舞台艺术教育成果调演评比，省内19个大专院校的艺术学院参加评比调演活动，规模和参评节目质量大大超过上届，极大地促进了艺术教育工作的繁荣发展。又有3项艺术科研课题获国家社科基地艺术学项目立项，两个国家级项目通过文化部验收批准结项。

【人才培养工作扎实有效】

针对黑龙江文化艺术领域人才短缺的严峻形势，着眼事业长远发展，从基础做起，实施专业艺术人才培养计划，从最急需的专业艺术人才和领域入手，把最具发展潜力的青年人才，送到最高艺术院校学习深造，为文化长远发展储备力量。2012年派出50人，分别到中央戏剧学院、中国传媒大学、北京舞蹈学院完成为期一年的学习培训，效果显现。省文化厅与国家各高等艺术院校建立较为直接的人才培养通道，2013年派出40人到中央戏剧学院和中国戏曲学院的培养计划已经落实，参加培训的人员也由文化系统扩展到全省艺术单位。同时，采取“请进来”方式，依托黑龙江艺术职业学院，全年举办两期为期半年的“综艺晚会策划编导培训班”、“艺术职业教育管理干部读书班”，聘请名师为学员集中授课，培训学员60人。全省专业艺术创编队伍整体素质明显提升。加强文化系统领军人才梯队建设，制定出台《黑龙江省文化厅领军人才梯队管理办法》，确定了考古、评剧、京剧三个厅级梯队，上报黑龙江省考古研究所被批准为省级领军人才梯队。

上海市

2012年，在市委、市政府和市委宣传部的领导下，市文广影视局以改善文化民生为基础，以发展文化产业为重点，以深化文化体制改革为动力，奋发有为、开拓进取，圆满完成了全年工作任务，文化项目建设取得新成效，文化惠民实现新突破，文化产业形成新态势，文博工作呈现新亮点，文化管理与服务再上新台阶。

一、文化项目建设取得新成效

搭建全局“重大文化项目协同推进平台”，有效解决项目推进中需要集中协调的重点、难点问题。其中，重点聚焦中华艺术宫和上海当代艺术博物馆开馆筹备工作。2012年10月1日，两馆顺利开馆。业界人士和广大观众高度认可市委、市政府的决策以及两馆的艺术氛围和观展环境。截至12月31日，两馆运行79天，中华艺术宫参观人数50.2万人次（日均约6350人次），上海当代艺术博物馆11.8万人次（日均约1500人次）。此外，上海元代水闸遗址博物馆顺利开馆，上海崧泽遗址博物馆、刘海粟美术馆迁建工程先后开工，世博会博物馆正在进行方案设计招标，上海市历史博物馆深化了展陈设计方案，上海市非遗展示传承中心、上海少年儿童图书馆制订了数字化建设方案。

二、文化惠民实现新突破

搭建全局“公共文化建设协同推进平台”，完成了《上海市社区公共文化服务若干规定》的立法，重点推进了第一批国家级和上海市公共文化服务体系示范区（项目）建设，主要进行了四方面探索。一是调动广大市民参与，扩大受益面。设计推出“春、夏、秋、冬”系列上海城市广场音乐会，得到市民的普遍欢迎。扩大社区影视厅试点范围，全市总数达25家；完成20家乡镇影院数字化改造；新增农民工公寓公共电子阅览室5家；重点推进了“长兴岛农民工公共文化服务工作”。二是推进以社会力量参与、绩效考核评估、服务信息发布、文化服务模式为重点的体制机制创新。重点通过专项资金，吸引社会力量办好民办博物馆、民营院团、民营影视机构和乡镇影院，推进非遗传承等。首次推出并免费发放了近百万张“文化上海”系列导览图；首次以政府公告的名义刊登免费开放博物馆名录、系列文博活动清单等。利用公园绿地，把上海春季艺术沙龙打造成亚洲首个户外艺术博览会；利用酒店客房，举办了首届上海城市艺术博览会。三是努力形成公共文化的上海特色，催生一批群文品牌团队、品牌作品。2012年的“上海之春”群文活动在全市开展了50余项群文创作展演活动，各区县和各系统选送了165部作品参加了新人新作优秀节目展评展演活动。四是积极推动各区县加大对公共文化服务的保障力度。指导各区县参照市里架构成立区县公共文化服务协调小组，明确区县、街镇的责任主体地位，确保对公共文化的足额投入。加快信息基础设施建设，全面完成郊区县100万户有线视数字化整体转换和100万户下一代广播电视网改造的既定目标。完成上海文广影视行业73家文化场馆无线局域网（WLAN）覆盖。

三、文化产业形成新态势

搭建了“局文化产业协同推进平台”，重点推进了六方面工作：一是抓产业政策研究。抽调业务骨干和青年公务员，成立政策研究小组。以“倾听企业”为主题，召开了影视企业、艺术拍卖企业等系列座谈会。发布上海电影产业五年规划、扶持政策及重大项目。二是抓产业规划落实。根据局“十二五”规划，进一步细化动漫游戏、网络视听、广播影视、文化市场等的发展目标、主要任务和保障措施。年内，97个项目共获1020万元动漫游戏奖励资金扶持，5部重点电影和4部新人新作共获2500万元上海市电影精品专项资金扶持。三是抓产业基地建设。制定网络视听产业基地公共服务建设方案和“国家对外文化贸易基地”三年行动计划，举办中国网络视听产业论坛，上海世博演艺中心等三家单位被文化部评为第五批国家文化产业示范基地。四是抓产业项目对接。与旅游、教育、科技和金融等部门携手推进各类服务平台建设。与市旅游局签署了《上海文化与旅游合作发展三年推进计划》，明确了八大重点项目。与中国工商银行等八大银行签订“百亿授信”协议，八大银行将在未来五年向上海市影视业提供总额130亿元的综合授信额度。五是抓文化市场繁荣。举办江浙沪演出业务洽谈会暨长三角国际演出项目交易会，举办第八届中国国际动漫游戏博览会。上海市动漫行业协会宣告成立。六是促区县产业发展。指导各区县大力发展区域特色的文化产业，对重点扶持的产业门类、产业园区和产业企业给予一定的配套政策和资金。

四、文博工作呈现新亮点

第三次全国文物普查圆满结束，基本摸清了家底，全市共有不可移动文物4422处，其中近现代代表性建筑3266处，其数量居全国首位。全面完成120家博物馆、纪念馆、陈列馆的年检工作，首次公布包括109家场馆的“上海市博物馆名单”。国际博物馆日和文化遗产日宣传活动精彩纷呈，让广大市民零距离感受到博物馆和文化遗产的魅力。上海市文物保护研究中心挂牌，填补了本市文物保护综合研究机构缺失的空白。配合大型基本建设的松江广富林遗址考古发掘，开全国联合考古发掘模式之先，得到国家文物局首肯。建立本市管辖海域内文化遗产联合执法工作机制。推进民办博物馆扶持资金管理办法的修订，坚持扩大范围、放低门槛，加强对个人收藏展示馆扶持力度。

五、文化管理服务再上新台阶

一是确保了文化导向的正确。通过加强审读审看队伍建设，提高技术应用水平，完善联动监控机制，确保了文艺创作、舞台演出及文化展览等的导向正确，确保了广播电视、新媒体舆论导向的正确和安全播出，为十八大的胜利召开营造稳定和谐的舆论氛围。二是完成了文化体制改革任务。在市委宣传部的领导下，坚决贯彻文化部的部署，全面完成了全市37家区县电影院、11家区县国有文艺院团的改革任务。三是加强了文化内容建设。以“精品、优品、新品”工程为抓手，积极推动本市电视、电影、美术及演出剧目等各类文化产品的创作。上海历史文脉美术创作工程第二期顺利完成。上海国际电影节、上海国际艺术节等成功举办。四是提高了依法行政能力。加大政务信息主动公开，加强局门户网站建设，推出局政务微博。简化申报材料和申报手续，压缩审批时限，下放行政审批权限，帮助区县提升行政审批效能。五是规范和繁荣了文化市场。在培育合格市场主体、扩大市场消费上下功夫，营造了统一开放、规范有序、资源配置充分的文化市场环境。在做好进出口美术品内容审查的同时，开展了棋牌类网络游戏专项核查、文化市场三级联动专项考核，推进了公益演出和低票价工作的落实等。

江苏省

2012年，全省文化系统深入贯彻落实党的十七届六中全会、党的十八大和省委十二届四次全会精神，以发展为主题，以改革为动力，以人才为根本，深入实施文化建设工程，协调发展文化事业和文化产业，文化建设取得了新进展新成绩。在江苏省文化厅的积极推动下，9月10日江苏省政府与文化部、国家文物局成功签署战略合作协议，是文化部首次在京外签署部省合作协议，也是文化部司局领导参加人数最多的一次。省委罗志军书记专门会见了蔡武部长一行，李学勇省长出席签字仪式并致辞。部省合作协议签署后，江苏省文化厅先后与泰州、南京、徐州、淮安等市签署了合作协议，与扬州、常州、宿迁等市签署工作已筹备就绪，江苏文化强省建设形成新合力。

一、艺术生产创作

为推动江苏舞台艺术繁荣发展，江苏省文化厅与省财政厅联合制定《关于繁荣舞台艺术的意见》并由省政府办公厅转发，提出了繁荣江苏舞台艺术的指导思想、基本目标和重要举措。在文化部召开的2012年全国艺术创作工作会议上，蔡武部长和董伟副部长充分肯定并高度评价江苏关于繁荣舞台艺术的做法，认为可供全国借鉴。

江苏舞台艺术取得长足进步，年度获奖情况进入全国第一方阵。越剧《柳毅传书》、儿童剧《青春跑道》荣获第二届全国优秀保留剧目大奖。儿童剧《留守小孩》、舞剧《秀娘》获第十二届全国精神文明建设“五个一工程”奖。昆曲青春版《牡丹亭》、儿童剧《留守小孩》，分别入选2011—2012年度国家舞台艺术精品工程重点资助和资助剧目，江苏省文化厅获优秀组织奖。儿童剧《留守小孩》获第七届全国儿童剧优秀剧目展演“优秀剧目奖”，舞剧《格桑花·茉莉花》获第四届全国少数民族文艺会演金奖。继续实施江苏省舞台艺术精品工程，评出2011—2012年度资助剧目10台，其中重点资助剧目5台：《留守小孩》（金坛市华罗庚艺术团）、《一蛊缘》（张家港市锡剧团）、《鸡村蛋事》（涟水县淮剧团）、《花蕊》（江苏省演艺集团京剧院）、《宝剑记》（江苏省淮剧团）；3台剧目滚动进入下一年度资助剧目：《雁过留声》（无锡市演艺集团曲艺团），《李斯》（泰州市淮剧团）、《红豆祭》（苏州市苏剧团、苏州市锡剧团）；2台提名剧目：《丁香》（南京市越剧团）、《鸭鸣湖畔》（江苏省柳琴剧团）。盐城市淮剧团的淮剧《半车老师》和江苏省演艺集团扬剧团的扬剧《丹凤湖畔》代表江苏参加文化部在北京举办的“讴歌伟大时代，艺术奉献人民”——2012年全国优秀剧目展演。

在美术方面，继续组织实施江苏省重大主题美术创作精品工程，对一期精品入围作品进行深度加工，启动第二期版画、雕塑作品创作，推出新作品45幅，举办“省美术精品工程”作品展，展出作品共70件，其中一期精品入围作品30幅，二期新创作品40件。同时，先后举办或承办傅抱石奖·江苏中国画作品展、“艺无涯——陈大羽百年艺术展”、省国画院书画精品交流展、情画江苏·江苏百名画家万里写生等美术创作交流活动。《1912泰坦尼克》(杨玉贵)、《昆曲遗流》(钱流)、《我们》汪莺莺(江苏)获“时代风采——2012中国百家金陵画展”金奖。

2012年，江苏省文化厅成功组织第十届江苏省戏剧文学奖、第七届江苏戏剧奖·全省小戏小品大赛、第七届江苏省曲艺节、江苏省第四届新人新作歌舞大赛、第十届“五星工程奖”等艺术赛事活动。江苏省文化厅与江苏省委宣传部、省文联等部门和南京、苏州、盐城等省辖市共同主办或承办首届中国江苏文化艺术节、“时代风采——2012中国百家金陵画展”、第五届中国昆曲艺术节、第五届中国苏州评弹艺术节、盐城首届江苏省淮剧演唱大赛等艺术活动。

扎实推进艺术科研，江苏13个项目获国家社科基金艺术学项目立项，且2个项目为重点项目，为我省历史最好成绩，共获国家社科基金资助总额达206万元，立项数和资助数仅次于北京，列全国第二。《现代数码技术在传统织锦工艺流程中的开发应用》、《刺绣工艺创新研究与示范》入选2012年度国家文化科技提升计划项目；《公共图书馆数字化建设与创新管理》获第四届文化部创新奖。举办第四届全省艺术学校专业教师技能比赛，完成全省艺术学校招生共2300人。

二、公共文化服务体系建设

全省公共文化服务设施建设取得新进展。12月25日，江苏最大的文化工程——江苏大剧院开工建设，项目建设用地19.66公顷，投资约20亿元，是规模仅次于国家大剧院的现代化大剧院。南京博物院二期工程进展顺利，已基本完成土建任务。无锡大剧院、徐州博物馆、泰州市图书馆和美术馆新馆正式建成并对外开放。南京大报恩寺遗址公园和牛首山遗址公园项目已经奠基，预计2014年8月前建成主体工程并部分对外开放。

江苏公共文化服务体系建设在全国继续保持领先地位。覆盖城乡的五级公共文化设施网络体系基本形成，全省公共文化设施的数量和质量均领先全国。加快推进社区文化建设，建成70个社区（街道）文化中心、1600个社区（居委会）基层服务点，实现城市社区基层服务点全覆盖。省人民政府省长李学勇签署了省政府第77号令，颁布了《江苏省农村公共文化服务管理办法》，并明确自2012年3月1日起施行。

公共文化设施免费开放工作影响广泛，全省所有公共图书馆、文化馆、美术馆和乡镇文化站全部实现免费开放，文化系统博物馆、纪念馆免费开放率达到92.6%。深入开展文化先进县创建活动，新命名5个县（市、区）、复查并重新命名23个县（市、区）为江苏省文化先进县。加强公共数字文化工程建设，不断提高数字化建设水平。南京图书馆和金陵图书馆等6个市级图书馆被列入2012年国家数字图书馆推广工程，省美术馆启动信息化平台项目建设。江苏省人民政府批准并公布江苏省文化厅《第三批江苏省珍贵古籍名录》，共249部。靖江市“农民工合唱团”和吴江市“区域文化联动”被文化部评为2012年农民工文化服务示范项目。

江苏省公共文化服务体系示范区建设不断深入，苏州、无锡2个省辖市、10个县（市、区）和107个乡镇（街道）被命名为首批省公共文化服务体系示范区。9月25日至26日，国家公共文化示范区创建工作现场经验交流会在苏州召开，张家港“网格化管理”经验得到了全国与会代表的肯定和赞扬。刘云山、蔡武先后对张家港“网格化”公共文化服务典型经验作了批示，中央电视台等各大媒体进行了深度报道。11月12日，省政府召开全省公共文化服务体系建设推进会，进一步提出要加快打造具有江苏特色的公共文化建设新格局。启动第二批江苏省公共文化服务体系示范区创建，全省共申报市级示范区2个，县级示范区23个，乡镇（街道）示范区106个。

文化惠民活动持续开展，顺利实施“三送工程”，先后向全省基层送书80万册、送戏2800场，此外还送展览45个、基层文艺巡演40场。文化志愿者边疆行“大舞台”、“大展台”分别被文化部表彰为示范项目，省文化厅被评为“全国文化志愿服务组织工作成绩突出单位”。

全省各地文化活动精彩纷呈。南京第四届历史文化名城博览会、第三届南图阅读节、第十二届南京文化艺术节、2012中国泰州梅兰芳艺术节、2012西游记文化节、2012中国（无锡）吴文化节、2012中国（张家港）长江文化艺术节等文化艺术活动形成广泛的社会影响。

三、文化市场管理

在全省开展游艺娱乐场所“打非治违”专项治理，集中打击游艺娱乐场所违法行为。开展动漫市场专项整治，强化知识产权保护，净化网络文化环境。加强对营业性演出市场的常态监管，严格演出审批手续，严密防范含有淫秽色情及低俗等内容的演出剧节目进入演出市场，重点监控城乡接合部和集市节庆活动期间的流动性演出。根据文化部统一部署，全省文化系统在全省范围内开展迎接党的十八大文化市场专项保障行动，共出动检查人员近12万人（次），查处违法案件2551起，吊销（取缔）371家，刑拘52人，确保全省文化市场不出责任事故、不出大的安全问题和负面新闻。扬州谢安非法买卖文物案和常州“星巴音乐网”侵权案入选2012年全国文化市场十大案件，6件案件入选“全国文化市场重大案件”，入选数量名列全国第一。

全省积极推进网吧连锁化经营，江苏网吧连锁化率达到91%，居全国第一。在完成网吧“单改连”工作的基础上，推动全省12家网吧连锁企业共同发起成立江苏网联文化发展有限公司，促进网吧行业向品牌化、高端化发展。在全国率先成立全省娱乐行业版权调解委员会，推动省高院研究制定全省统一的歌舞娱乐场所侵权判赔标准，得到了文化部的充分肯定。突出引导民营演出团体开设演出经纪机构，经纪人数量达到1600余人，有力地促进了演出市场的健康繁荣。去年，全年演出11万场（次），演出总收入近10亿，其中引进境外各类表演团体790批（次），涉外大型演出475场。加强对演出市场的日常监管，建立了全省庙会台账，采取预先检查、现场巡查等多种手段，有效遏制了色情演出等现象的发生。

全省文化系统加快技术监管平台建设，完成视频会议系统省厅中心会场建设，全省文化市场技术监管系统建设正式进入实施阶段。圆满完成文化市场执法人员培训任务，在全国率先实现用3年时间将执法人员轮训一遍的目标。

四、文化产业发展

4月28日，江苏省政府在苏州成功召开文化产业推进会。省长李学勇会前对全省文化产业工作作出重要批示。省委常委、宣传部部长王燕文，副省长曹卫星出席会议并讲话。省文化、广电、新闻出版局主要负责同志作大会发言，苏州市政府、省广电总台、江苏嬉戏族有限公司等8个单位作交流发言。

江苏省文化厅扎实推进文化产业示范基地（园区）提升工程，新创建3个国家文化产业示范基地，1个国家级文化和科技融合示范基地，并组织开展了第四批省级文化产业示范基地评选命名工作。根据省文化产业示范基地（园区）提升工程的要求，对2007年以来省文化厅命名的所有省级文化产业示范基地及园区共28家进行了巡检，对巡检中发现的问题进行督促整改。全省积极实施重大项目带动战略。2012年度省文化产业引导资金安排资金总额22540万元，对有214个项目给予补贴、奖励、贴息等不同形式的扶持。

江苏47家企业、4个项目入选2011—2012年度国家文化出口“双重点”，入选数居全国第二，比2009—2010年度增长123%。全省各地积极从政策、资金等方面推动文化产业发展，南京市新出台《关于促进全市文化产业跨越式发展的意见》，无锡、连云港等市首次设立文化产业引导资金，徐州市签署了金融支持文化产业发展合作协议。全省首支文化创意中小企业集合票据在南京成功发行。

江苏积极推动动漫产业发展。组织申报“中国文化艺术政府奖首届动漫奖”（该奖为与文华奖、群星奖并列的三大国家文化奖之一），苏州士奥《诺诺森林》和常州宏图《小卓玛》等9部作品分获最佳动漫品牌奖、最佳动画电视奖等四大类入围奖。新媒体动漫《崽子兔爱运动》、哑剧《包子馒头》等9件作品入选，文化部首次实施的“国家动漫精品工程”。1个品牌和3个创意项目入选“2012·国家动漫品牌建设和保护计划”。12家企业被文化部、财政部、国家税务总局认定为动漫企业。

4月28日至30日，由文化部文化产业司、江苏省文化厅和苏州市人民政府共同主办的首届中国·苏州文化创意设计产业交易博览会在苏州国际博览中心成功举行，10多个国家和地区的240多家企业参展，参观人次超过10万人（次），187个项目实现对接，签约金额近10亿元。8月16日至22日，文化部与江苏省政府联合主办的第九届中国（常州）国际动漫艺术周在常州成功举办。江苏积极参加第八届深圳文博会，精心打造江苏馆，日均参观人数超过万人，经文博会组委会组织评选，江苏省文化厅获优秀组织奖，江苏委托策展的苏州市文化经济发展总公司获优秀展示奖，都是该奖项的最高奖。

五、文化遗产保护

大运河（江苏段）保护和申遗工作取得实际进展，走在大运河沿线省市前列，较好地发挥了示范引领作用。江苏省政府专门在南京召开大运河（江苏段）保护和申遗工作推进会，组织赴大运河沿线8市进行实地考察，并在扬州召开大运河（江苏段）保护和申遗考察汇报会。江苏省文物局成功组织了“江苏省沿运河历史文化保护志愿者行动”。

扬州瘦西湖及盐商园林文化景观等5个项目入选我国世界文化遗产预备名单，江苏预备名单项目总数达6个，列全国第二。122处文物点入选第七批全国重点文物保护单位推荐项目，完成第四至六批省级以上文物保护单位保护范围和建设控制地带划定工作。“江苏盱眙大云山江都王陵”获2011年度全国十大考古新发现。泗洪县顺山集新石器时代遗址的发现将江苏文明史推前了1500多年，入选第十二届“中国社会科学院——2012年中国考古新发现”，并被评为“2012年度江苏十大新闻”。

大遗址保护与考古遗址公园建设稳步开展，南水北调文物保护工程顺利进行。博物馆建设稳步推进，新批准设立江苏盆景博物馆等15座行业和民办博物馆，18个县（区）博物馆在建，常熟古琴艺术馆等6座博物馆入选2012年全省县级博物馆展览展示与服务水平提升工程。

全省文物行政管理与执法机构建设、文物安全工作取得进展。建立和深化江苏海洋文物联合执法机制、江浙沪文物行政执法合作机制、文物保护行政执法部门协作机制，省文物局再获江苏省政府法制创新奖。全年督办重大违法案件28起，保护不可移动文物218处、可移动文物2600余件。

非遗保护工作扎实有效。修订完成《江苏省非物质文化遗产保护条例》，通过省人大常委会终审。31名传承人被文化部认定为第四批国家级代表性传承人。江苏在全国率先启动全省国家级项目中长期保护规划编制工作，18个国家级项目完成试点编制，评选了首批江苏省非遗杰出传承人和优秀传承单位。

继续推进省级文化生态保护实验区建设，全面深化高淳村俗文化、洪泽湖渔文化、姜堰清明习俗文化、连云港山海文化生态保护试验区建设，启动常熟虞山文化、金坛民俗文化生态保护实验区规划。

江苏省文化厅与省财政厅联合制发《江苏省非物质文化遗产保护专项资金使用管理办法》，与苏州市人民政府等共同承办“第四届中国非物质文化遗产保护苏州论坛”，还积极开展《江苏省非物质文化遗产代表性项目保护规范与工作标准》课题研究。江苏积极参加国家非遗生产性保护成果大展、第二届中国非遗博览会等非遗展示活动，全年获各类奖项40余个。全省举办非遗展示1600多场（次），以非遗为主题的展示馆等设施已逾550个。

六、对外文化交流

2012年，全省共有99批文化团组赴世界25个国家及中国港澳台地区实施70个文化交流项目，18个国家及中国台湾地区的18批文化团组来我省开展16个文化交流项目。

首届中国·江苏文化艺术节期间，成功举办了“第三届中美文化论坛（南京会场）”，中美两国的50余名专家、学者和艺术家就文学、社会学、历史、语言学等多方面的内容进行了交流。先后成功承办了在美国洛杉矶举行的“2012欢乐春节·江苏文化周”，英国“感知江苏”文化周，“茉莉飘香·2012巴黎江苏文化年”，2012年土耳其中国文化年——“感知江苏”文化节系列活动，在台北孙中山纪念馆，成功举办了“情系阿里山——两岸水墨名家联展”。国家图书馆、台湾汉学研究中心（台湾“国家图书馆”）和南京图书馆联合举办“海峡两岸玄览堂珍籍合璧展”。

江苏文化艺术不断走出国门，影响日益增强，省淮海剧团大型传统淮海戏《皮秀英》赴韩国全罗北道交流演出，南京博物院“革命时代的中国艺术：傅抱石（1904—1965）”展览走进美国大都会艺术博物馆，江苏省演艺集团“《江苏风韵》——中国作品交响音乐会”作为中欧文化对话年项目巡演欧洲，省演艺集团昆剧院、省苏州昆剧院积极向海外推广昆曲艺术，南京市组织系列文化活动参加2012年德国中国文化年，南京小红花艺术团、省女子民族乐团赴多个国家访问演出，无锡市组团参加“2012渥太华国际音乐节”，苏州国画院“新吴门画派作品展”赴美洲巡展，南通市参与主办“从洛桑到北京”——国际纤维艺术双年展暨学术研讨会，盐城艺术团赴马耳他、荷兰参加“欢乐春节”活动等，成为江苏2012年对外文化交流的精彩亮点。

七、文化人才和干部队伍建设

以艺术名家建设为龙头，带动整体文化人才队伍建设，江苏省文化厅起草了江苏省艺术名家培育的相关文件（征求意见稿），强化高端人才选拔培养机制，制定“江苏省高层次文化人才培养与引进工程”方案，积极引进专业匮缺、技能优秀的人才。平稳有序推动事业单位绩效工资改革，全力推进事业单位岗位设置管理。2012年，江苏文化系统圆满完成职称评审，参评人数599人，通过401人，占参评人数的67%。江苏省文化厅开展“基层组织建设年”活动，完成全省文化系统基层党组织分类定级考核工作；组织开展“三解三促”领导干部下基层活动、创先争优活动和全省文化系统先进基层党组织、优秀共产党员、优秀党务工作者表彰活动，加大基层党务干部和新党员的教育培训，完成省厅机关党委换届和18个基层党组织换届工作。江苏省组织实施“大展台”、“大讲堂”等春雨工程文化援疆活动，帮扶援建沭阳县周集乡周集村综合服务中心图书室，开展“文化进军营”等拥军活动，被文化部表彰为全国文化志愿者服务组织工作成绩突出单位。

浙江省

浙江省文化系统紧扣加快文化强省建设这一战略任务，以邓小平理论、“三个代表”重要思想和科学发展观为指导，坚持围绕中心、服务大局、面向基层、服务群众，认真贯彻落实中央和省委、省政府的决策部署，紧抓机遇谋发展，紧扣主题求实效，加快推动各项文化工作，文化强省建设实现良好开局。

一、认真学习贯彻党的十八大和省第十三次党代会精神，积极谋划和加快推进文化强省建设重点工作

围绕中心，突出重点，重谋划，抓统筹，强措施，着力推进各项工作，积极谋划文化发展新格局。

【以迎接和庆祝党的十八大胜利召开为重大主题，积极服务中心工作】

认真部署开展了党的十八大和省第十三次党代会精神学习宣传贯彻活动。围绕迎接和庆祝党的十八大胜利召开，组织举办了浙江省庆祝党的十八大召开优秀剧目展演、“永远跟党走——2012年浙江省红色经典歌曲合唱大赛”活动等一系列内容丰富、特色鲜明的文化活动。据不完全统计，全省各地举行“迎接党的十八大胜利召开”各类文化活动达数百项之多，营造了热烈和谐的喜庆氛围，有力地服务了中心工作。围绕党的十八大和省第十三次党代会胜利召开等重大任务，部署开展全省文化市场专项保障行动，有效确保了文化市场繁荣有序。据统计，2012年全省共出动检查11.8万余人次，检查各类经营单位约14.9万余家次。全省各级文化综合执法机构共举报（督办）受理2124件，立案调查3733件，办结案件3941件；给予警告2450家次，停业整顿142家，吊销许可证16家。

【以党的十八大和省第十三次党代会精神为引领，积极谋划文化重点领域发展】

积极谋划和推动文艺精品创作，研究编制《浙江省舞台艺术精品创作生产规划》，着力实施舞台艺术精品生产“1535”工程，力争5年内，在全省范围推出100个左右优秀题材，创作50个左右原创剧本，打造30台左右舞台艺术佳作，其中5部左右作品在全国精神文明建设“五个一工程”、“国家舞台艺术精品工程”等国家级重大艺术评比中获奖。积极谋划和推动重大文化设施建设，启动编制《省级重大文化设施“四个一批”规划》，即建成投用一批、改造提升一批、立项启动一批、谋划储备一批，努力使省级文化设施面貌有明显改善。积极谋划和推动文化产业发展，重点推进了动漫业和演艺业发展政策课题研究，为召开全省文化产业发展大会作准备。积极谋划和推动省级文化系统建设，召开加强厅属单位建设工作大会，出台《关于进一步加强厅属单位建设的意见》，努力发挥厅属单位在文化强省中的骨干与示范作用。

【以贯彻党的十八大和省第十三次党代会精神为动力，快速推动重点文化设施建设】

全力以赴抓好浙江音乐学院（筹）和浙江小百花艺术中心两个省重点工程项目建设，先后正式开工建设。由于浙江音乐学院各项筹建工作推进较快，得到了省领导的充分肯定，省文化厅在全省扩大有效投资推进大会上作了典型交流发言。同时，积极做好浙江图书馆新馆、浙江省博物馆新馆、浙江省非物质文化遗产馆、省文物考古研究所科研业务楼等一批大型文化设施的筹建工作。舟山市海洋文化艺术中心、金华市文化艺术中心、绍兴市文化中心、临海市文化广场综合体、景宁县文化中心等一批市、县级重点文化设施也建成投用或开工建设，全省兴起了新一轮的公共文化设施建设热潮。

二、大力推进文化惠民工程，覆盖城乡的公共文化服务体系基本形成

以保障人民群众基本文化权益为着力点，以农

村和基层为重点，以实施重点文化惠民工程为抓手，不断加大供给力度，创新服务形式，公共文化服务体系建设呈现出持续推进、全面改善的良好态势。

【全省公共博物馆、美术馆、图书馆、文化馆（站）全面实现免费开放】

继省博物馆率先在全国实现免费开放后，2012年，全省文化行政主管部门归口管理的各级美术馆、图书馆、文化馆（站）全面实现了无障碍、零门槛进入。加大对公共文化设施的管理与利用，努力提高服务水平。组织开展了全省“博物馆免费开放最佳做法”评选活动，总结推广全省博物馆免费开放的创新做法和亮点经验，浙江省博物馆、浙江自然博物馆还分别在全国博物馆免费开放最佳做法评选活动中获得了“最佳宣传推广奖”和“最佳网站服务奖”。浙江美术馆坚持实行免费开放，年均举行各类文化艺术交流活动100多次，接待各类团队150多批（次），其中外籍及港澳台观众30多批（次），观众约40万人（次）。浙江图书馆继续做好免费开放服务，2012年到馆读者250万人（次），外借书刊131.9万册（次），新办借书证1.9万张，举办各类读者活动134场（次），5.1万人（次）参加。

【公共文化服务与供给进一步得到拓展】

持续组织大规模的“送”文化下乡活动，累计组织送戏下乡2.15万余场，送书下乡195万余册，送讲座展览3854场，开展“文化走亲”活动1760场（次）。加强农民工文化建设，下发《关于加强农民工文化工作的指导意见》，成功承办了全国农民工文化建设现场经验交流会。加强公共数字文化建设，实施“数字图书馆推广工程”，推进全省各地数字图书馆建设。2012年，浙江网络图书馆点击量达1064万余次。加强全国公共电子阅览室建设试点工作，目前全省共建成各级公共电子阅览室1366家。深入实施“文化低保”工程，加强对特殊人群的文化关怀，组织开展了浙江省2012年国际盲人节大型公益文化活动、第八届浙江省未成年人读书节等一系列文化服务活动。深入实施“春雨工程”文化援疆工作，建立浙疆藏三地文化交流新机制。

【公共文化服务运行机制不断创新】

顺利完成了文化部委托的国家东部地区公共文化服务体系制度设计综合研究任务，取得了一批具有创新性、示范性的制度设计成果，被文化部评定为优秀。持续开展全国领先的全省基层公共文化服务评估，启动首次公共文化绩效考核工作。推进国家级和省级公共文化服务示范区（项目）创建、浙江省文化先进县（市、区）创建工作。组织开展全省公共文化服务创新项目、浙江省文化强镇、浙江省文化示范村（社区）评选和全省乡镇文化站评估定级工作，召开了浙江省群众文化活动机制推广现场会，鼓励基层公共文化服务创新。2012年，杭州图书馆“多终端全方位数字服务平台——文澜在线”项目获第四届文化部“创新奖”。

三、强化文艺繁荣措施，文艺创作取得丰硕成果

坚持“二为”方向和“双百”方针，坚持面向市场与面向基层并举，国有艺术院团和民营艺术院团并进，创作生产了一批优秀的文艺精品，为弘扬社会主义核心价值体系、满足人民群众精神文化需求发挥了重要作用。

【一批艺术精品和优秀文艺人才在全国性艺术评比中获得佳绩】

据不完全统计，2012年，省共有40余件优秀文艺作品和数十位演艺人员在全国性艺术评比中荣获奖项。宁波市演艺集团有限公司音乐剧《告诉海》获中宣部第12届精神文明建设“五个一工程”奖，浙江话剧团有限公司政论体话剧《谁主沉浮》入选国家舞台艺术精品工程重点资助剧目并获第八届全国戏剧文化奖话剧金狮优秀剧目奖，浙江京剧团的新编京剧《飞虎将军》入选国家舞台艺术精品工程年度资助剧目，浙江昆剧团《十五贯》入选文化部第二届优秀保留剧目，浙江曲艺杂技总团有限公司杂技《墨荷·蹬伞》获第十届中国武汉国际杂技节金奖等。

【对艺术创作生产的指导、推动进一步加强】

陆续召开了省级文化系统纪念毛泽东同志《在延安文艺座谈会上的讲话》发表70周年座谈会、全省艺术创作生产及题材规划会、省属艺术单位文艺精品创作座谈会和全省美术工作座谈会，研究部署文艺创作主要任务。推出浙江省第二批优秀保留剧目，引导和推动优秀剧目长期演出。话剧《雷锋》等一批围绕中心工作和紧扣市场需求的新创作品接踵亮相，其中政论体话剧《谁主沉浮》在近一年里演出已超100场，演出收入超400万元，观众人数超10万人（次）；京剧《宝莲灯》演出超千场，京剧《藏羚羊》演出超600场，创造京剧演出历史佳绩。支持成立浙江省戏剧发展促进会。制定出台《浙江省“八个一百”群文精品评选办法》，指导推动全省群文精品创作。

【重大文化活动社会反响良好】

成功举办了纪念毛泽东同志《在延安文艺座谈会上的讲话》发表70周年系列文化活动。持续办好省级大型文化活动，成功举办了浙江省第四届曲艺杂技魔术节、杨小青导演艺术研讨会暨作品展演、何占豪交响作品音乐会、浙江省第三届乡村诗歌大赛、浙江省舞台舞蹈大赛等；积极打造群众广泛参与的新品牌活动，策划举办了首届浙江省合唱节、浙江省首届村歌创作演唱大赛等。这些文化活动促进了文艺繁荣，满足了群众文化需求，产生了良好的社会影响。继续实施“雏鹰计划”优秀儿童剧巡演、高雅艺术进校园演出、“钱江浪花”艺术团文化直通车下基层演出、新年演出季等活动，进一步发挥了文化惠民演出的品牌和示范作用。

四、推动重点领域改革实现重大突破，文化体制改革阶段性任务完成

以完成全省国有文艺院团改革为中心环节，推动文化体制改革向纵深推进，加快推进体制机制创新，全省文化体制改革阶段性任务完成。浙江省和宁波市、嘉兴市、湖州市、绍兴市被中宣部、文化部等四部门评为全国文化体制改革工作先进地区。

【全省国有文艺院团改革任务全部完成】

积极推动省属院团率先完成阶段性改革任务，浙江歌舞剧院、浙江曲艺杂技总团、浙江话剧团全面完成转企改制工作，浙江越剧团、浙江京剧团分别与浙江小百花越剧团、浙江昆剧团合并成立了浙江小百花越剧院、浙江京昆艺术中心。同时，加大督查与指导力度，推动全省市县国有文艺院团全部完成既定改革任务。全省64家承担改革任务的文艺院团（不含4家保留院团）中，转制21家、划转14家、撤销29家。浙江省的国有文艺院团改革工作得到了文化部复查验收工作组的充分肯定。省文化厅文改办和浙江歌舞剧院有限公司、浙江曲艺杂技总团有限公司被文化部评为全国国有文艺院团体制改革工作作出突出贡献先进单位。

【公益性文化事业单位内部管理机制改革进一步深化】

坚持以提升公共文化服务能力为方向，不断推进公益性文化事业单位年度目标管理责任制、绩效工资等内部管理机制和运行机制的改革创新，取得了明显成效。如浙江图书馆创新服务手段，积极创建“四个联盟”，即全省公共图书馆讲座联盟、展览联盟、信息服务联盟、网络技术联盟，推动全省公共图书馆资源共享、联动发展。近年来，已举办巡讲83场（次），听众3.7万余人（次）；巡展185场（次），观众54.98万余人（次），社会反响良好。省博物馆成功接收了曹其镛夫妇捐赠的中国古代珍贵漆器160件（组），进一步完善了藏品和结构，还被评为全国文化体制改革工作先进单位。

【经营性文化单位转企改制持续推进】

按照现代企业制度的要求，扎实推进经营性文化单位转企改制。目前，浙江新远文化产业集团公司下属浙江省对外文化交流公司、浙江省文化实业发展中心、浙江文艺音像出版社等10家单位已完成转企改制任务。浙江新远文化产业集团主营业务不断发展壮大，新远国际影城自2010年9月开业以来票房累计突破7000万元，2012年9月起票房领先杭城，周票房最高排名列全国第七。开展浙江省演艺集团组建方案调研，积极筹建浙江省演艺龙头企业。

【政府职能转变向纵深推进】

在全面完成全省文化市场综合执法机构改革任务后，坚持强队伍与强科技相结合，实施执法队伍素质提升工程，为全省市县执法机构统一配置了移动执法终端装备，实现了远程实时执法。2012年，浙江省在全国文化市场综合执法考评中位列第一。推进政务公开，深化行政审批制度改革，加强电子政务建设，提升行政审批效率。目前，省文化厅大部分审批事项的承诺期限已在法定审批期限的基础上提速四分之一以上。为扶持舟山群岛新区和义乌国际贸易综合改革试点建设，下放四项行政审批权限。

五、着力营造良好的发展环境，文化产业发展取得积极进展

深入贯彻落实《浙江省文化产业发展规划（2010—2015）》，突出文化产业重点门类，着力打造文化产业发展服务平台，优化文化产业发展环境，文化产业持续快速发展。

【义乌文博会、杭州国际动漫节两大节会的品牌效应进一步提升】

积极参与办好义乌文博会、杭州国际动漫节，两大节会的国内外参展商参展阵容进一步壮大，国际化程度进一步提高，已发展成为国内一流的文化产业展会，成长为促进和带动全省文化产业发展、推动文化产品走向世界的重要平台。2012义乌文博会实现经贸成交额45.17亿元，同比增长11.2%。第八届中国国际动漫节签约项目165个，涉及金额104亿元，现场成交金额42亿元，成为动漫节举办以来

"规模最大、人气最旺、成交额最高"的一届动漫节。与中国移动手机动漫基地合作，浙江动漫专区成功上线。

【文化产业扶持措施进一步加强】

指导设立了"浙江省卓越浙商文化产业基金"，整个基金规模可达4亿元，为优势文化产业项目及优质文化企业提供金融服务。指导组建了浙江文化艺术品交易所有限公司，打造文化产业信息服务、文化艺术品交易、文化知识产权交易和文化产业投融资等四大服务平台。加强对文化企业的服务和扶持工作，成功推荐4家企业入选第五批国家级文化产业示范基地，并指导2家企业做好上市准备工作。指导浙商文化促进会开展第三届"文化新浙商"评选活动，引导浙商进军文化产业。进一步加大对民营文艺表演团体的扶持力度，举办开展全省民营文艺表演团体展演和民营文艺表演团体负责人培训班，继续对参加送戏下乡演出活动的民营文艺表演团体实行演出场次补助。

【文化市场发展和管理体系日渐完善】

制定实施了《关于加快文化市场繁荣有序发展的若干意见》，着力营造良好发展环境。积极发展网络文化市场，2012年以来，浙江省新发展经营性互联网文化单位91家，全省总数达240家，其中棋牌类网络游戏企业60家，为全国之最。着力推动艺术品经营一级市场的发展，目前全省诚信画廊总数18家，位列全国第二；2012年以来，浙江省共举办文物艺术品拍卖会47场，总成交额人民币23亿余元。研究制定全省网吧和电子游戏规划，完善全省网吧和电子游戏的总体布局，促进文化市场持续健康发展。2012年，全省共引进国外及港澳台的演出团体和个人662批（次），演出4000余场，遍布全省主要大中城市，进一步丰富了广大群众的文化生活。

六、深入实施浙江省文化遗产传承计划，文化遗产保护取得丰硕成果

坚持文物与非物质文化遗产工作齐头并进，抓住重点，创新举措，完善制度，文化遗产保护工作收效显著，持续走在全国前列。在省委、省政府召开的浙江省申报人类与国家级非物质文化遗产、杭州西湖文化景观申报世界文化遗产工作总结表彰大会上，省文化厅、省文物局受到表彰。

【文物博物馆工作成绩突出】

浙江省第三次全国文物普查圆满结束，调查总数、登录总数及新发现总数均居全国首位。大运河（浙江段）保护和申遗工作进入关键阶段，申遗点段的保护、整治工作进展顺利。杭州西湖文化遗产预警监测体系建设项目被国家文物局列为国家世界文化遗产监测工作试点。考古工作取得了重要成果，余杭玉架山遗址获评"2011年度全国十大考古新发现"，良渚古城考古项目获得国家文物局田野考古一等奖，国家水下文化遗产保护宁波基地象山工作站揭牌成立，启动了象山渔山沉船遗址水下考古发掘。加强重要濒危文保单位的保护工作。持续推动博物馆建设与管理，浙江自然博物馆、中国丝绸博物馆、宁波博物馆被国家文物局评定为国家一级博物馆，浙江省一级博物馆总数上升至4座。深入推进浙江省博物馆馆藏资源整合共享，加强馆际合作办展工作，成功推出"龙行浙江"等5个资源整合共享项目（展览）。积极促进民办博物馆发展，启动了国有博物馆对口帮扶民办博物馆工作。推进国家文化遗产保护科技区域创新联盟建设。启动了浙江省辖区海域内文化遗产联合执法行动，文物安全工作机制进一步健全。

【非物质文化遗产工作成效明显】

提请省政府公布了第四批省级非遗名录（共202项）。继续扎实推进浙江省国遗项目"八个一"保护措施。在开化县召开浙江省县级区域非遗保护工作现场会，在桐庐县召开浙江省美丽乡村建设中非遗保护工作现场会，促进非遗工作层级推进、梯度发展。加强非遗保护各类基地建设，会同省教育厅公布第二批浙江省非遗传承教育基地，会同省旅游局公布第二批浙江省非遗旅游景区。推动市县两级非遗保护中心和基层非遗馆建设，目前已建立市、县级非遗保护中心93个，建成不同类型的非遗展示馆和非遗展示厅等近150座。组织开展一系列富有特色的非遗宣传展示活动，举办了第七届浙江省非物质文化遗产节暨浙江省非物质文化遗产进校园活动季系列活动和2012中国浙江非物质文化遗产博览会、中国嘉兴端午民俗文化节等。

七、持续推动文化"走出去"，对外及对港澳台文化交流频繁活跃

文化交流面进一步扩大，浙江文化艺术的影响力和辐射面有效扩展。据统计，2012年，全省共实施对外对港澳台文化交流项目775起，7280人（次）参与交流。省文化厅被文化部评为对外及对港澳台文化工作先进单位。

【对外文化交流渠道进一步拓展】

成功举办了2012年西班牙·中国浙江文化节，

充分展示了浙江独特的文化魅力。深化央地合作，加强与文化部对外文化交流项目的对接，扩展海外文化交流阵地。受文化部委派，组织浙江小百花越剧团参加了“中韩友好交流年”活动，组织长兴百叶龙艺术团参加了“第五届俄罗斯国际军乐节”活动。积极组织艺术团参与文化部“欢乐春节”品牌活动，组派浙江曲艺杂技总团赴罗马参加“中国文化年闭幕式——罗马人民广场春节活动”，组派浙江婺剧团赴阿根廷、厄瓜多尔参加中阿建交40周年庆祝活动和厄瓜多尔艺术盛会——“花果节”巡游展演活动，组派台州乱弹剧团赴新西兰参加2012年元宵灯会展演活动。此外，还成功组织了浙江昆剧团赴英国参加莎士比亚诞辰纪念日庆典活动演出，赴法国联合国教科文总部进行了纪念昆曲申遗11周年专场演出等活动。

【对台港澳文化交流深入推进】

进一步扩大对台文化交流的深度和广度，对台文化交流项目124起，对港澳文化交流项目98起。成功举办了第六届台湾·浙江文化节，取得了良好而广泛的社会影响，有力地服务了对台工作大局，得到了省领导的批示表扬。多形式开展对港澳文化交流活动。参加香港回归15周年庆典活动，与香港特区政府民政事务局签订了浙港文化交流与合作框架协议。与香港浙江省同乡会联合会共同主办了“浙港文化交流——弘扬国粹迎新春”浙港两地京剧名流汇演，浙江昆剧团赴港成功首演昆剧《未生怨》，获得广泛社会好评。浙澳艺术家积极互访，在杭州和澳门分别举办了作品联展。浙江京剧团、浙江昆剧团、省非遗保护中心分别参加文化部、中剧协、京剧基金会组团赴澳门举办了“濠江之春”、《哪吒》、《春节习俗展》等展演活动。

【文化贸易进一步发展】

启动建设文化交流和文化贸易项目库，指导推动各地市实施“一市一品”工程，基本完成了2012年打造或包装一个文化艺术演展产品、项目的任务。浙江歌舞剧院有限公司与美国美方中华文化创意基金会合作，赴美国洛杉矶进行商业性演出，积极推销原创歌舞《华采东方》。杭州越剧院赴新加坡参加滨海艺术中心第八届“艺满中秋”庆祝活动，通过商业演出形式献演了《红楼梦》、《新狮吼记》，得到了新加坡主办方和广大观众的赞扬。我省文化产品走出去态势良好，动画作品和衍生产品已出口到70多个国家和地区，稳居全国前列。

八、全面推进各项保障工作，文化队伍建设和机关建设进一步加强

进一步加强文化队伍建设，完善机关内部管理制度，强化机关效能建设，为加快推进文化强省建设提供了有力的保障。

【文化人才队伍建设持续推进】

积极筹建具备本科办学层次的浙江音乐学院，大力打造文化人才培养基地。深入实施青年文艺人才培育“新松计划”，一批优秀青年文艺人才脱颖而出。浙江歌舞剧院有限公司刘福洋获第九届浙江五四青年奖章。深入实施基层文化队伍素质提升工程，启动2012年“耕山播海”浙江省经济欠发达地区农村文艺骨干系列培训活动，2012年省、市、县培训基层文化队伍15万余人（次）。整合全省3万余支文体团队、50余万名业余文艺骨干，组建浙江省文化志愿者联合会，积极开展文化志愿服务活动。

【机关内部管理和服务工作明显加强】

推动内部管理创新，完善议事制度和内部管理制度。为进一步提升议事效率和机关服务水平，修改完善了《浙江省文化厅党组会议制度》、《浙江省文化厅厅长办公会议制度》，建立省文化厅月度重点工作制度和重点工作督查制度，启动了《浙江省文化厅机关处室考核办法》的制定工作，着力规范厅机关内部管理，促进机关效能建设。针对新形势、新情况，制定了《浙江省文化厅网络舆情处置方法》、《浙江省文化厅关于进一步加强预算管理工作的意见》等制度性文件，有力地推动了省级文化系统建设。认真落实党风廉政建设责任制，严格贯彻中央关于改进工作作风、密切联系群众“八项规定”和省委改进工作作风、加强党风廉政建设电视电话会议精神，工作作风进一步好转。

安徽省

2012年，全省文化系统以迎接、宣传、贯彻十八大精神为主线，以建设文化强省为动力，树品牌引领，抓重点带动，强基础惠民，各项工作呈现快速发展、全面繁荣的良好态势。

一、公共文化服务体系进一步完善

加快公共文化基础设施建设。列入省民生工程的65个乡镇综合文化站和734个公共电子阅览室全部建成，2012年6月，在全国乡镇综合文化站建设会议上作

经验介绍。全省综合文化站已有1410个，实现了“乡乡有站”的目标。试行文化站等级评定，新评定等级站613个，全省现有等级站共1121个，占民生工程总数的90.2%。扶持6个市级图书馆、文化馆、博物馆建设和9个县级两馆维修改造。参与规划省级文化中心项目，拟建设省美术馆（已立项）、省图书馆新馆、省博物馆新馆、省非遗馆、省音乐厅、安徽百戏城、安徽大剧院等。加强数字图书馆建设，升级文化信息资源共享工程。配送流动舞台车21辆，总数达84辆。

推进公共文化服务体系示范区（项目）建设。马鞍山、铜陵和淮南市分别承担国家首批公共文化服务体系示范区创建、首批示范项目“城市社区文化建设”和“少儿文艺发展项目”创建任务，取得重大进展，文化部、财政部督导组充分肯定。省厅及三市分别于9月和11月，两次在全国公共文化示范区（项目）创建工作经验交流会上发言。

创新开展群众文化辅导员活动。坚持“自发自愿、规范引导、灵活多样、注重实效”，组建2000多名有专业技能和志愿精神的群众文化辅导员队伍，培训583人。赴新疆皮山县、西藏山南地区参加“春雨工程”文化志愿者边疆行活动。省厅、赴疆展演展示及赴藏（马鞍山市）交流项目、“百团千场万人”文化下基层活动，分别获全国文化志愿服务组织工作成绩突出单位、全国文化志愿者边疆行示范项目、全国基层文化志愿服务活动优秀项目。芜湖市弋矶山街道“文化志愿者服务农民工”项目，受到文化部表彰。

开展各类文化惠民活动。以庆祝党的十八大系列文化活动为主题，全省组织各类宣传庆祝活动1158场、群众性文艺晚会346场、书法美术作品展395(次)。各级文化馆（站）广场、社区演出4050场（次），观众676万人（次）。“江淮群星奖”评选一批代表性作品、惠民项目和群文之星。由中宣部、文化部等9部委，会同省委、省政府举办的2013年全国文化科技卫生“三下乡”集中服务活动启动仪式，在六安市裕安区独山镇举行。据最新快报统计，一年来，各级博物馆接待观众1883万人（次）；图书馆接待读者609万人（次）；文化馆办班1974个，培训13万人（次）。省博物馆举办《走进御书房》等展览20多个，观众超90万人（次）。省图书馆接待读者98万人（次），外借书刊176万册（次）。“新安百姓讲堂”、“安徽人文讲坛”、“中华文化大学堂”、“安徽文博讲堂”四大公益性文化平台，举办讲座近百场。省文化馆安徽画廊举办展览32个，阜阳剪纸、萧县农民画、青阳农民画等，纷纷走进省城并到各市巡展，观众14万人（次）。省书画院举办“献礼十八大·畅和新安”书画展等活动。省文物鉴定站开展“鉴宝江淮行”等活动，年鉴定文物近万件。繁昌县支中心等7个基层服务点被授予“全国文化信息资源共享工程·公共电子阅览室示范点”，太湖县喻小祥被授予“全国文化共享之星”。

二、艺术创作生产成绩显著

依托国家级展演平台推出优秀作品。黄梅戏《榴花不开盼哥回》，唯一由县级剧团（潜山县黄梅戏剧团）创排，进京参加第四届全国少数民族文艺会演（参演剧目共42部）。黄梅戏《天仙配》获第二届全国优秀保留剧目大奖（全国20部）。成功举办第十届全国艺术院校“桃李杯”舞蹈比赛，海内外102支代表队、1822名选手参加，安徽艺术职业学院获3项一等奖。赖少其艺术馆馆藏精品展和亚明欧亚风情写生作品展，双双入选文化部2012年全国美术馆馆藏精品展（全国28个），文化厅获优秀组织单位（全国4个）。黄梅戏《雷雨》、舞剧《徽班》参加“讴歌伟大时代、艺术奉献人民”全国优秀剧目调演；童话剧《拇指姑娘》在全国63台剧目中脱颖而出，入围第七届全国儿童剧优秀剧目展演。铜陵架子鼓《四度空间》参加第三届香港国际文化艺术节；淮南花鼓灯舞蹈《荷花湖》亮相第29届“上海之春”国际音乐会。宿州市声乐《金唢呐》、黄山艺术团舞蹈《攀登》、凤台县花鼓灯艺术团舞蹈《千里淮河一线牵》成功入围全国第十六届“群星奖”音乐类、舞蹈类节目复赛。省文化厅获安徽省第十二届“五个一工程”组织工作奖。

举办大型品牌活动展演优秀作品。成功举办第六届中国（安庆）黄梅戏艺术节，包括新剧目展演、省民营院团调演、“黄梅之星”青年演员大赛等活动，参演剧目之丰、剧团之众，均创历届新高。推出黄梅戏《徽州往事》、《牛郎织女》、《半个月亮》、《寸草心》等一批优秀剧目。第九届安徽花鼓灯会与第四届中国（蚌埠）花鼓灯歌舞节节会共办、歌舞满台，全省16个市39个节目、上千名演员同台交流。第二届安徽省小戏折子戏调演，全省23个国有院团、8个民营院团，12个剧种的47个小戏参演。第五届安徽省“金色晚霞”合唱节、全省少儿文艺调演、第二届全省曲艺小品大赛精彩圆满。

实施文旅演艺产品创作引领工程。精心选定李白在皖故事传说和诗歌，创作大型音舞诗画《太白皖韵》，进行文案撰稿。指导各地打造演艺产品，展示灿烂历史文化和多彩地域风情，黄山市《宏村·阿菊》、《花山谜窟激光秀》等文旅结合，项目精彩亮相。列入省重大历史题材美术创作工程的53幅签约作品，已基本画成，正在打磨提高。合肥新桥国际机场人文装饰工程进展顺利，以师松龄黄山版画为基础设计创作的巨幅漆艺壁画，以安徽历史文化名人、古庐州市景图、馆藏青铜器精品高仿件为内容的人文画廊，特色鲜明，广受称赞。

三、文化遗产保护成绩喜人

加强文物保护工作。省十一届人大常委会主任会议听取全省文物保护工作报告，对省文物保护工作给予充分肯定。精心组织第七批国保和第六批、第七批省保单位申报工作。第七批国保单位确认79处，超过前六批国保单位数量总和。省政府公布第六批省保单位173处、第七批省保单位80处，省保单位总数增至708处。固镇垓下大汶口文化城址发掘获全国十大考古新发现，受到省政府表彰。含山凌家滩遗址等5处全国重点文保单位保护规划，获国家文物局和省政府批准。淮北市、宿州市积极推进大运河遗址申报世界文化遗产工作，省政府公布大运河遗产安徽段保护规划。实施旌德江氏宗祠等18处重点文物维修工程，超额完成省政府任期目标。完成青阳县等21处经济开发区扩区文物勘查、保护工作。经国务院批准，“安徽中国桐城文化博物馆”正式设立，为我省第三个“国字号”博物馆。扶持民办博物馆发展，开展“十佳”民办博物馆评选活动。一年来，新增民办博物馆10家，总数达32家，全省各类博物馆139家，居全国第五。第七个“文化遗产日”主场活动在亳州市举办，各地文化遗产宣传活动丰富多彩。举办中国凌家滩文化论坛，形成《凌家滩文化共识》。省考古研究所完成岳武高速、广德开发区等20多处考古发掘，发掘古墓葬500多座。省文物总店年创收千万元，发挥了主渠道作用。江淮大戏院安全安稳，用优质演艺品牌服务社会。

重视非物质文化遗产保护。创新思路，在黄山脚下、新安江畔、古民居内成功举办首届中国（黄山）非遗传统技艺大展。以传统技艺流程展示为重点，以传承人作品精品展为示范，以黄山论坛研讨探索为提升，以年度主题活动为拓展，动静结合，完美呈现，15万人（次）参观，40多家媒体集中报道，成为在中部及长三角地区布局、打造的国家级非物质文化遗产活动的新品牌。

组织40余项非遗项目参加中德文化交流、成都国际非遗节、中国非遗博览会等10多项大型展示活动。中国宣纸集团、绩溪胡开文墨业有限公司入选首批国家级非遗生产性保护示范基地，22人入选第四批国家级非遗项目代表性传承人名录，编印出版《安徽非物质文化遗产保护手册》。配合省人大教科文卫委、省政协社会和法制委开展调研，加快制定《安徽省非物质文化遗产保护条例》。全面完成《徽州文化生态保护区总体规划》年度建设任务。

四、文化产业保持良好发展势头

充分发挥基地（园区）示范引领作用。实施文化产业促进工程，对全省文化产业示范基地开展巡检，积极反映和帮助企业解决问题，使其引领带动效应更加明显。桐城佛光集团、合肥乐堂动漫信息技术有限公司等业绩大幅增长，位居全国同行业前列。合肥跻身首批国家级文化科技融合示范基地。安徽演艺集团、安庆帝雅工艺品公司被命名为第五批国家文化产业示范基地，至此，全省已有9家国家级文化产业示范基地。黄山徽州竹艺轩雕刻有限公司、岳西泉源盛工艺品有限公司入选国家重点文化出口企业名录。蚌埠花鼓灯嘉年华、淮南志高文化园、池州大愿文化园等文化产业园区试开园。

着力推动动漫产业快速发展。认真落实《安徽省动漫产业“十二五”发展规划》，支持合肥、芜湖国家动漫产业基地建设和马鞍山、淮南、蚌埠动漫产业集群发展，8家皖企获得国家动漫企业认定，至此全省共有国家认定动漫企业24家，列全国第六、中部第一。《黑脸大包公》动漫舞台剧被文化部、财政部、国家税务总局评定为重点动漫作品。以“放飞创意、汇聚精品”为主题的第二届安徽省动漫大赛，收到参赛作品1600多件，规模超过上届，涌现出一批原创优秀作品。全省动漫企业产值比2011年增长32%，连续五年增速超过30%。

促进民营演艺娱乐业繁荣有序。文化市场规模扩大，全省现有文化市场经营机构11507个，居全国第八；娱乐场所3879个，居全国第七。推动娱乐、网吧、演出等传统门类调整结构，合理布局，转型升级。进一步推广网吧连锁的“安徽模式”，扶持国有大型文化企业进入农村开展“三合一”农民文化家园布点，网络文化新兴市场迅速兴起。民营院团“3311”计划圆满收官，评选表彰了四批民营“百佳院团”，安庆黄梅戏、临泉杂技、埇桥马戏3大特色区域民营演艺产业初具规模；多形式培训民营院团负责人和演职员1500余人（次）。举办全省民营院团优秀剧目展演，12个市、21个团、200多名演职员参加，剧种丰富，题材多样，关注现实，贴近群众。2012年，民营院团总收入4.5亿元，院团数量、演出场次、演出收入分别占全省院团数量、演出场次、演出收入的96%、96%、88%。

精心搭建服务平台。省厅与中国银行安徽省分行签署合作协议，为安徽中卡通等11家文化企业协议贷款24.15亿元。积极争取中央和省财政资金，为宣纸集团、桐城佛光、江南文化园、华安达工艺品、安庆帝雅、万盛文化传播等10多家文化企业，申报落实资金3900多万元。开通安徽文化产业网，为文化企业提供政策宣传、信息发布、产品交易、引导发展的平台。邀请国内著名专家和省商务、税务等部门负责人，为市、县文化产业科长、文化企业经营者解读文化产业政策，效果良好。

五、文化市场健康发展

加大日常监督、检查和指导力度。以迎接党的十八大文化市场保障行动为主线，部署开展了为期8个月的系列专项整治行动，创建平安文化市场、诚信文化市场、和谐文化市场。全省共出动执法人员49.1万人（次），检查各类经营单位19.6万家（次），查处违规经营场所4347家（次），吊销许可证100余家，责令停业整顿2905家（次），立案调查1535件。安徽省被评为2012年度全国文化市场综合行政执法先进单位，动漫市场专项整治行动获文化部表彰，市场管理继续位列全国第一方阵。

推进文化市场综合执法规范化。深化文化市场综合执法改革，在全国文化体制改革会上介绍经验。出台《安徽省文化市场重大案件管理办法（试行）》等8个规范性制度，制定了《常见文化市场行政处罚案件执法取证指引（试行）》等3个执法指引。培训市场执法人员500余人（次），提升技能。举办综合执法技能大赛，评选“十大案件”、“十佳案卷”和“优秀案卷”。首次入选全国文化市场十大案件1件，入选全国重大案件5件。

有效利用全省网吧监管平台。全面完成综合执法办公系统推广应用工作，推进执法流程网上管理，利用网吧监管平台实现远程监控，有效提高执法效能。全省网吧服务器在线率、终端监管在线率均位居全国前列，累计屏蔽和拦击非法信息和网站588万次。文化部《文化信息》多次通报表扬我省综合执法办公系统管理工作。

六、对外文化交流可圈可点

推动安徽文化“走出去”。全年组织对外文化交流项目40批（次），引进境内外优秀艺术团组130余批（次）。积极参与文化部“欢乐春节”品牌活动、新加坡第十九届“春城洋溢华夏情”演出、阿联酋国庆41周年大型庆典演出。赴匈牙利、塞尔维亚、以色列、土耳其等地演出成功精彩。圆满完成“活力澳门”安徽推广周、德国“中国文化年·安徽周”展示展演任务，参加肯尼亚、阿根廷等国际考古合作项目和国际性学术研究交流会。

推进与港澳台文化交流。省博物馆举办“历史的跨越——纪念《澳门特别行政区基本法》颁布十九周年暨澳门回归十二周年图片展”。黄梅戏《天仙配》、《女驸马》赴香港展演。“云林宗脉——安徽省博物馆馆藏新安画派作品展”在澳门艺术博物馆展出，并举办新安画派研讨会。组织6个批次人员赴台湾进行交流考察。

提高对外文化贸易水平。1月至10月，全省文化产品出口8.6亿美元，占全省出口总值的4.1%，居全国第7位，较去年同期上升了15位。出口总量居中部第2位，增幅跃居全国第2位、中部第1位。宣纸、铁画、文具等在文化产品出口中占相当比例。

七、统筹推进文化事业全面发展

文化合作谱写新篇章。2012年3月，省政府与文化部在京签署《加快安徽文化强省建设合作协议》，双方就共同推进安徽公共文化服务体系建设、文化产业发展、文化遗产保护利用和艺术创作繁荣开展合作。5月，与湖南省文化厅签署两省文化合作框架协议。

深化改革增添新活力。开展文化体制改革巩固拓展年活动，制定《关于进一步深化文化体制改革的意见》，推动演艺院团面向市场求发展。在全国文化体制改革工作表彰大会上，安徽再芬黄梅文化艺术股份有限公司、安徽中国徽州文化博物馆、当涂县太白镇综合文化站、蚌埠市文化市场综合执法大队受到中宣部、文化部等4部委表彰。省厅、省博物馆、芜湖、马鞍山市文化市场综合执法大队获全省文化体制改革工作先进单位。安徽演艺集团组建了安徽演艺院线，构建现代演艺营销体系。马鞍山市艺术剧院黄梅戏《千羽锦》全省首家进入保利院线，在浙鄂苏皖4省8市完成9场巡演。石台县黄梅戏剧团在广东乡村唱响安徽黄梅，演出700余场。推进省直文化事业单位绩效工资改革，全面完成岗位设置，实行全员聘用。11项行政审批项目下放管理层级，3项转变管理方式，8项合并。

理论研究结出新硕果。组织申报国家社会科学基金艺术学项目课题78个，省艺术研究院承担大量具体工作。《农村区域文化中心建设模式创新与示范》、《艺术人才就业模式探索与实践》获国家文化创新工程项目（全国共10个）。《中国城市化进程中的标识导向系统性建设与应用研究》等4个项目，获国家社科基金艺术学项目立项，2个完成结项鉴定；《艺术精神建构下的中国留法艺术学会研究》等3个项目，获文化部文化艺术科学研究项目立项。我省承担的《公共文化服务人才队伍建设研究》课题，通过验收。

人才培养展现新面貌。以恢复组建安徽艺术学院为契机，安徽艺术职业学院创新工作机制，狠抓内涵建设，学院发展水平迈上新台阶。实施文化人才培养与引进工程，会同人社厅实施文化人才开发培养专项计划。省非遗中心配班子、进人员、添设备，进入实质性运转。举办市县文化馆馆长培训、文化站站长轮训、图书馆业务培训、文物保护工程管理培训、博物馆馆长培训等各类培训班18个，培训1340人（次）。全省文化系统3人获国务院特殊津贴、8人获省政府特殊津贴。文化厅系统扎实开展提标杆促创新、提效能促服务、提实绩促繁荣、提廉政促和谐“四提四促”活动，保持党的先进性和纯洁性。

八、重大文化活动丰富多彩

省政府与文化部签署合作协议。3月4日，省政府与文化部在北京签署《加快安徽文化强省建设合作协议》。省委书记张宝顺出席签字仪式，文化部部长蔡武、省长李斌分别致辞并签署协议。根据协议，安徽省与文化部成立省部合作领导小组，由双方主要领导担任组长，原则上每年会商一次，共同推进我省公共文化服务体系建设、文化产业加快发展、文化遗产保护利用和艺术创作繁荣发展。

文化民生持续改善。以庆祝党的十八大为主线的系列文化活动丰富多彩，全省组织各类宣传庆祝活动1158场、群众性文艺晚会346场、书法美术作品展395次。各级博物馆全年接待免费参观群众1100多万人（次），其中青少年800多万人（次）。各级文化馆（站）广场、社区演出4050场（次），观众676万人（次）。列入省文化民生工程的65个乡镇综合文化站和734个公共文化信息化服务点全部建成，综合文化站已达1410个，实现了“乡乡有站”的目标。在全国率先试行文化站等级评定工作，新评定等级站613个，全省现有等级站、1121个。加快推进市县级图书馆、文化馆、博物馆建设，“新安百姓讲堂”、“情暖农民工”、“周末大舞台”等群众文化品牌活动，深受欢迎。“中国农民歌会组织模式的创新与实践”与2010年上海世博会中国国家馆展示总体设计等4个项目获创新奖特等奖，我省项目名列第一。

艺术精品创作工程多姿多彩。黄梅戏《榴花不开盼哥回》进京参加第四届全国少数民族文艺会演，获表演金奖等8项大奖。黄梅戏《天仙配》获文化部第二届全国优秀保留剧目大奖（全国20部）。第六届中国（安庆）黄梅戏艺术节举办新剧目展演、省民营剧团调演、“黄梅之星”青年演员大赛等活动，参演剧目之丰、剧团之众、剧种之多、舞台之大，均创历届之最。围绕李白在皖故事传说和诗歌创作的大型音舞诗画《太白皖韵》，进入文案撰稿阶段。合肥新桥国际机场人文装饰工程进展顺利，以师松龄黄山版画为基础设计创作的巨幅漆艺壁画等特色鲜明。重大历史题材美术创作工程53幅签约作品全部画成，正在打磨提高，等待验收。第九届安徽花鼓灯会暨第四届中国花鼓灯歌舞节节会共办、歌舞满台。第二届安徽省曲艺小品大赛、全省小戏折子戏调演、全省少儿文艺调演新作新人迭出。

第十届“桃李杯”舞蹈比赛在合肥举办。8月18日至26日，由文化部主办，省文化厅、合肥市政府和安徽艺术职业学院共同承办，以“舞动江淮、桃李天下”为主题的文华艺术院校奖——第十届“桃李杯”舞蹈比赛在合肥举行。海内外102支代表队、1822名选手，分别参加古典舞、民族民间舞、芭蕾舞、群舞等组别比赛。安徽艺术职业学院的群舞《守爱》、《一片太阳花》获一等奖，《守爱》同时获原创教学剧目奖，学院获唯一的优秀组织奖。本届比赛是首次在安徽举行，也是首次由综合性艺术院校承办，不仅开、闭幕式的舞台设计、主题词和奖杯会徽展示了皖风韵徽，还由皖籍词曲家、歌唱家专为本届比赛创作、演出了主题曲《桃李天下》。

文化遗产保护不断加强。第七批国保确认名单79处，超过前六批我省国保数量总和。省政府公布第六批省保单位173处、第七批省保单位80处。寿县寿春城遗址等5处全国重点文保单位保护规划获批，全力推进大运河申遗工作，国务院批准设立“安徽中国桐城文化博物馆”。举办中国凌家滩文化论坛。

创新举办中国（黄山）非物质文化遗产传统技艺大展。组织宣纸制作技艺、黄梅戏等40多项国家级、省级非遗项目参加首届中国非物质文化遗产生产性保护成果大展、第八届深圳文博会等多项非遗展演展示，广受好评。

创新举办中国（黄山）非物质文化遗产传统技艺大展。中国（黄山）非物质文化遗产传统技艺大展由文化部和省政府主办，中国非遗保护中心、安徽省文化厅、黄山市政府承办，11月7日至11日在黄山市举行。大展包括开幕仪式、开幕式文艺晚会、传统技艺展示、传统技艺作品精品展、中国非物质文化遗产保护黄山论坛、中国非物质文化遗产年度主题活动等六项内容，荟萃中华传统技艺，以传统技艺展示为重点，以传承人作品精品展为示范，以黄山论坛研讨探索为提升、以年度主题活动为拓展，15万人（次）参观，50多家媒体集中报道，成为在中部及长三角地区布局、打造的国家级非物质文化遗产活动的新品牌。大展凸显五个特色：一是展示与体验结合，互动性强；二是物态与活态结合，感知度高；三是理论与实践结合，相得益彰；四是神工与美景相映衬，浑然一体；五是覆盖全国，参与面广。

文化产业加速发展壮大实力。落实《安徽省动漫产业“十二五”发展规划》，推动文化企业做大做强。举办第二届安徽省动漫大赛，共收到国内参赛作品1600多件，规模超过上届。8家皖企获得国家动漫企业认定，认定数位居全国第四、中部第一；目前安徽省动漫企业获国家认定数名列全国第六、中部第一。重点动漫产品认定获得突破，《黑脸大包公》动漫舞台剧，被文化部、财政部、国家税务总局评定为重点动漫作品。安徽演艺集团、安庆帝雅工艺品公司入选第五批国家文化产业示范基地。推动文化科技融合，合肥跻身首批国家级文化科技融合示范基地。开通安徽文化产业网，打造文化企业政策宣传、信息发布、产品交易的服务平台。

深化体制改革增活力。开展文化体制改革巩固拓展年活动，制定《关于进一步深化文化体制改革的意见》，推动演艺院团面向市场求发展。10月，中国徽州文化博物馆等4个文化单位受到全国文化体制改革领导小组表彰。11月，安徽省及5市、10个单位、9人获文化部国有文艺院团改革表彰，分别占全国受表扬总数的7.6%、6.4%、4.5%。6月25日，我省在全国国有文艺院团体制改革工作座谈会上作典型发言。深入推进文化市场综合执法改革，出台《文化市场举报办理规范》等系列规章制度，开展执法队伍培训，推广应用综合执法办公系统。3月6日，文化部召开全国文化系统体制改革工作会议，省文化厅作典型发言。

扶持民营艺术院团发展“3311”计划圆满收官。积极推动民营艺术院团发展，评选表彰了第四批民营“百佳院团”。现有百佳民营院团100个，临泉杂技、埇桥马戏、安庆黄梅戏3大特色区域民营演艺产业初具规模，采取各种形式培训民营艺术院团负责人和演职人员1500余人（次）。10月，举办全省民营艺术院团优秀剧目展演，12个市、21个民营院团、200多名演职员，参加4场演出，涉及多个剧种，剧目题材多样，关注现实，贴近群众，展现出我省民营艺术院团蓬勃发展的新气象。

全国率先启动全省群众文化辅导员工作。按照“自发自愿、规范引导、灵活多样、注重实效”原则，组建了2000多名有专业技能和志愿精神的群众文化辅导员队伍，为社会提供专业性、公益性、经常性文化服务。8月6日，安徽省群众文化辅导员大队成立仪式暨培训班在省委党校举行，副省长谢广祥宣布大队成立并授旗。全省启动文化志愿者招募工作，已有1万余人报名。

福建省

2012年，福建省文化系统以喜迎和宣传贯彻党的十八大为主线引领文化事业发展，自觉践行社会主义核心价值体系，深入贯彻落实党的十七届六中全会和福建省第九次党代会、省委九届二次全会精神，立足新起点，抓住新机遇，激发全省文化系统活力，充分调动文艺工作者积极性，兴起推动福建文化大发展大繁荣热潮，务实推进了福建文化建设，各项工作取得了明显成效。

一、谋求发展，文化体制改革扎实推进

认真做好新一轮省部合作协议签订及推进工作。文化部、国家文物局与福建省政府签订了《进一步加快推进海峡西岸经济区文化发展合作协议》，文化部、国家文物局在规划布局、政策制定、项目安排、资金支持等方面给予福建大力支持。在文化部、国家文物局和福建省举行的签约仪式上，福建省文化厅与中国艺术研究院签订了《文化建设项目合作协议》，双方在艺术作品创作、非物质文化遗产保护、

文化产业发展、文化艺术人才培养四个方面达成合作协议。

福建省文化体制改革进展顺利。《福建省国有文艺院团体制改革总体工作方案》和《福建演艺集团有限责任公司组建方案》以省委办公厅、省政府办公厅的名义印发实施。全省89家涉改国有文艺院团基本完成改革任务，莆田、南平、漳州3个地区，福建省杂技团、莆仙戏剧团、厅文改办3个单位和5名个人获得文化部国有院团体制改革工作突出贡献的地区、单位和个人。文化市场综合执法改革已基本完成，九个设区市均已成立文化市场综合执法支队，各县（市、区）基本组建了文化市场综合执法大队。

二、创新提高，文化艺术进一步繁荣

一批文艺作品在全国性赛事中获奖或参加展演。厦门歌仔戏剧团的歌仔戏《蝴蝶之恋》、歌曲《我要回延安》和《两岸一家亲》荣获第十二届精神文明建设“五个一工程奖”，福建省梨园戏实验剧团的梨园戏《董生与李氏》获文化部第二届优秀保留剧目大奖，福建省歌舞剧院、宁德市畲族歌舞团大型歌舞剧《海歌山魂凤凰情》荣获第四届全国少数民族文艺会演创作金奖，福建省艺术研究院林瑞武创作的闽剧《别妻书》荣获第四届中国戏剧奖·曹禺剧本奖，泉州南音乐团李白燕荣获“中国曲艺牡丹奖·表演奖”，厦门大学校园话剧《日租房》获第三届中国校园戏剧奖，福建省人民艺术剧院的神话儿童剧《麻达历险记》获得第七届全国儿童剧优秀剧目展演优秀剧目奖，福建京剧院时增帅获全国京剧优秀青年演员折子戏展演优秀表演奖、李哲获中央电视台第七届全国青年京剧演员电视大赛金奖，福州市艺术学校的闽剧《红裙记》入选2011—2012年度国家舞台艺术精品工程资助剧目，国画《陈嘉庚在延安》获第十二届全军美术作品优秀奖（最高奖），书法《春江花月夜》获中国当代书法名家系统工程“三名工程”入展奖（最高奖），“大漆之美”馆藏漆画作品展获文化部2012年展出季入展奖（最高奖）等。福建京剧院的《北风紧》、福州市艺术学校的《红裙记》、省闽剧院的《别妻书》3台剧目赴京参加为迎接“十八大”召开而举办的全国优秀剧目展演。福建省歌舞剧院大型原创歌剧《土楼》作为唯一省级艺术院团创作剧目受邀参演国家大剧院第四届歌剧节。

举办多场重大文艺活动。福建省人民政府主办的第五届福建艺术节成功举办，全省各地有近百场文艺演出和展览、展示活动，有2万多人（次）专业和业余文艺工作者参与艺术节各项活动，有近5万人（次）的观众观看和参加了艺术节各项活动。本届艺术节是福建省规格最高、规模最大的全省性文化艺术盛会，荟萃了戏剧、歌舞、杂技、曲艺、文学、书法、美术、摄影等多门类艺术精品。本届艺术节突出了艺术创新，推出了一批新人新作；突出了文化惠民，让广大群众共享文化成果；突出了闽台交流，特邀台湾艺术家合唱团、台湾新九天民俗创艺团两个剧团来闽演出，举办了“河山新貌盛世丹青——两岸画家画福建”，加强了两岸文化交流合作。本届艺术节的成功举办，展示了福建文化艺术风采，打造了福建文化艺术品牌，推动了优秀文化的传承与发展。

在北京首次举办“福建音乐周”，集中展示了近年来福建音乐艺术发展所取得的丰硕成果，受到了社会各界的广泛关注和在京专家学者、首都观众的广泛好评。成功举办了福建省第25届戏剧会演（推出30台新创剧目）、第2届音乐舞蹈杂技曲艺优秀剧（节）目展演（新推18台剧节目）、福建省第四届曲艺节（有86个新创节目参加评选），充分展示了近年来福建舞台艺术的丰硕成果。举办纪念毛泽东同志《在延安文艺座谈会上的讲话》发表70周年大型音乐会、庆祝建军85周年文艺晚会、中华环保世纪行文艺晚会等一系列有影响的文艺演出活动，受到省领导的充分肯定。5月份以来，省属文艺院团围绕“喜迎十八大、艺术献人民”组织开展及近200场文化惠民公益演出，营造了喜庆热烈的文化氛围。

三、加强建设，公共文化服务体系进一步完善

认真落实2012年福建省委、省政府为民办实事文化项目工作，组织并完成33个未达标的县级公共图书馆、文化馆的改扩建；组织并完成了200个群众性文化激情广场示范点建设。组织完成全省博物馆、纪念馆绩效考评和第三轮全省博物馆、纪念馆评估定级工作。制定“三馆一站”免费开放的评估考核办法和经费保障管理办法。开展国家公共文化服务体系示范区（项目）的创建工作，做好文化部对厦门市创建国家公共文化服务体系示范区工作的评估验收并取得良好成绩。编发了《福建公共文化服务工作典型经验》，并推广先进经验和做法。省属6个文艺院团实行低票价公益性“文化惠民”演出，省属四馆（图书馆、艺术馆、美术馆和博物馆）免费开展公益讲座或展览活动。完成福建省第十六届“群星奖”音乐舞蹈类作品的评选推荐工作，组织专

家对全省各地申报的作品进行评审选拔参加文化部的评选。组织开展了“4·23世界读书日”、“第七个文化遗产日”、“5·18国际博物馆日”、“闽台两岸文物交流20周年展”及“福建积翠园建馆20周年展”等活动。

福建省图书馆“基于云计算的公共数字文化服务技术支撑平台建设研究与应用”项目荣获文化部第四届创新奖，在全国率先构建了覆盖全省、全网共享、智能协作、开放互动、安全节能的公共数字文化服务云技术支撑平台。数字图书馆推广工程有序展开，基本完成文化信息资源共享县级支中心建设，全省数字信息资源分发管理平台联网使用，新增城乡公共电子阅览室50个。

积极参加西部大开发，圆满完成中央文明办和文化部“春雨工程——全国文化志愿者边疆行”任务。组织文化志愿者服务团赴宁夏开展文化志愿服务、在新疆举办“大漆之美”福建省美术馆馆藏漆画精品展、在西藏举办“漆彩华光”厦门美术馆典藏漆画作品展。福建省“春雨工程”受到文化部通报表彰，荣获“全国文化志愿服务组织工作成绩突出单位”。福建省文化志愿者服务团杂技木偶等特色文艺节目赴宁夏展演和厦门美术馆典藏漆画作品赴藏展2个项目获2012年“春雨工程”全国文化志愿者边疆行示范项目。

文化部和福建省政府主办的第十四届中国老年合唱节取得圆满成功。本届中国老年合唱节是近年来规模较大、涵盖面较广的老年合唱节。全国有63支老年合唱团队参加，参赛人员近3000人，香港特别行政区和台湾地区也第一次派出团队参加。福建省选派的6支团队取得3金3银的好成绩。

四、优化服务，文化产业实力进一步提升

福建省积极引导文化产业走特色发展、集聚发展道路。闽台文化产业园被命名为第四批国家级文化产业示范（试验）园区；福建省时代华奥动漫有限公司、厦门根深智业文化创意产业集团有限公司被命名为第五批国家文化产业示范基地。组织开展了第七批福建省级文化产业示范基地评审工作。闽台（福州）文化产业园核心区等10个园区评选为“福建省十大重点园区”，印象大红袍有限公司等10家企业评选为“福建省文化企业十强”，23家文化企业被认定为2012—2013年度福建省文化出口重点企业，28家文化企业确定为2012年重点上市后备企业。7家动漫企业被文化部、财政部、国家税务总局认定为第四批动漫企业。

福建成功举办第五届海峡两岸（厦门）文化产业博览交易会，并首次升格由国台办、文化部、国家广电总局、新闻出版总署与福建省政府共同主办的国家级文博会。本届文博会观展人数达35万多人（次）；签订合同类项目70个、合同金额102.3亿元，比上届增加3倍多；文化商品与文化服务总交易额8.05亿元，比上届增长70.1%。福建省文化厅首次组团赴台推介第五届海峡两岸文博会，积极开展招商招展活动。文博会期间还举办了“闽台非物质文化遗产展”、“海峡两岸文博创意产业精品展”和“博物馆创意产业高端论坛”等活动。

福建省文化娱乐业协会更名为福建省文化企业协会，旨在发展壮大福建特色文化产业集群，推动文化产业加速发展，有280家文化企业参加协会，举办了多场文化企业投资对接活动，成为实现文化产业成为支柱性产业的骨干力量。福建省文化厅与中国银行福建省分行、福建文化企业协会签订了三方合作协议，并发行了“中银海西文化卡”。

文化产业实力快速提升。2012年福建省文化产业实现增加值突破1000亿元，占地区生产总值约5.0%。文化产品进出口额为19.53亿美元，比2011年增长44.4%，居全国第4位。

五、规范管理，文化市场进一步规范

以着重围绕迎“十八大”文化市场保障行动专项工作为主线，开展了动漫市场、校园周边等一系列的文化市场检查整治工作，取得了较好的效果，为党的“十八大”胜利召开营造了和谐稳定的社会文化环境。一是网吧网络市场重稳定促发展。出台《关于奖励省级网吧连锁企业新增网吧指标的通知》，提高网吧连锁企业的发展竞争力，强化对网络文化经营单位的报批监管工作。印发《福建省网络文化市场日常巡查制度》，建立网络文化巡查机制。二是娱乐市场重整治促规范。开展全省性《娱乐经营许可证》的年检换证工作，组织了对厦门、福州、泉州游戏（艺）机试点场所的验收工作。开展对游艺市场的专项检查，净化了游艺娱乐市场经营秩序。三是演出市场重管理促提升。加强对演出市场的培育和引导，积极倡导引进国内外优秀演出剧节目。制定执行《福建省营业性演出审批指南》，举办了全省演出经纪人职业资格认定培训班。四是文化市场执法重查处促规范。建立了全省文化执法办公系统。五是队伍建设重培训促提升。举办了全省文化市场

综合执法人员培训班。各地都分别举办了1—2期培训，统一换发了全省执法人员的执法证件和执法标识，使文化市场执法队伍的建设朝着规范化方向发展又迈出了新的一步。

六、科学管理，文化遗产保护利用卓有成效

持续加强文物保护工作。鼓浪屿、三坊七巷、海上丝绸之路、闽南红砖建筑、闽东北木拱廊桥五个项目列入《中国世界文化遗产预备名单》，数量居全国前列。厦门中山路入选第四届“中国历史文化名街”。编制完成《世界文化遗产福建土楼保护规划总纲》、《福建省涉台文物保护总体规划》。配合基本建设开展的抢救性考古发掘工作取得新进展，漳平市奇和洞遗址考古发掘项目入选2011年度全国十大考古新发现。组织赴肯尼亚等国开展水下考古，联合美国相关博物馆开展“福建沿海史前海洋文化考古学研究”。报经省政府核定公布第四批省级历史文化名镇名村21个。遴选、推荐第八批省级文物保护单位候选名单。向社会公布全省第三次全国文物普查不可移动文物33251处和《福建省涉台文物名录》1515处，建立《福建省第三次全国文物普查信息服务系统》和全省不可移动文物电子地图。组织开展《文物保护法》颁布30周年执法检查、“国门之盾”打击文物走私联合行动、福建省管辖海域内文化遗产执法专项行动等，加强文物安全和社会文物流通市场监管。加快推进以涉台文物为重点的一批重点文物保护维修工程。福建博物院开展的“双百活动”入围全国“最佳社区文化促进项目”前三名。

继续推进非物质文化遗产保护工作。福建省文化厅主报、文化部申报的“福建木偶戏传承人培养计划”成功入选联合国教科文组织“非物质文化遗产优秀实践名册”，这是我国第一个入选该名册的项目，填补了我国在“保护非物质文化遗产优秀实践名册”上的空白。完成第三批省级非遗项目代表性传承人的申报推荐工作。编辑第二集《福建非物质文化遗产名录》。组织闽南文化生态保护实验区示范点、示范园区的评估性验收。开展福建非遗进三坊七巷活动。启动福建非遗与全省百个社区百所学校合作共建活动，首批在全省建立200个共建点。继续开展“福建文化记忆”专题资源数据库建设。《畲族文化》等5个选题入选文化部资助选题规划。开展古籍普查登记工作，全省完成近2万部古籍普查登记目录。

七、扩大开放，对外、对台文化交流进一步拓展

福建省认真执行2012－2013年度与驻南非大使馆和驻博茨瓦纳大使馆的对口合作项目，福建省委常委、副省长陈桦率团赴南非和博茨瓦纳联系落实，组派杂技团和木偶团赴南非访演，取得良好的成效。福建艺术职业学院与毛里求斯甘地学院缔结姐妹校，福建省实验闽剧院赴毛里求斯参加文化交流会。福建省文化厅被文化部授予“2011年度全国对外、对台港澳工作先进单位”。

福建省交响乐团、厦门小白鹭民间舞团、莆田艺术团、宁德市古田县闽剧团、厦门爱乐乐团、泉州艺术团等一批艺术团体赴国外参加文化节或大型文化交流活动。多批福建文博系统专家学者赴日本、美国、新西兰、澳大利亚等国参加学术论坛和国际会议，福建博物院的《馆藏文物展——追溯长崎文化的源流》赴日本展出，泉州海交馆的《福建文物大展》赴新加坡展出，充分展示福建优秀传统文化魅力。

进一步加大对台文化交流力度。2012年，闽台文化交流项目逾50个超9000人（次）。福建省梨园戏实验剧团赴台启动“福建文化宝岛校园行”系列交流活动，先后在台湾大中专学校和文化机构开展交流巡演，实现了对台青少年文化交流新突破。“福建文化宝岛校园行”被评为“2012年闽台关系十大新闻”之一。举办了纪念郑成功开台350周年书画摄影展。泉州市组团赴台参加“2012世界闽南文化节”。厦门组派三个戏剧团赴台湾南部开展“乡音之旅”巡演51场。福建省实验闽剧院3位“梅花奖”演员赴马祖开展文化交流演出。福建省民俗博物馆、福建省文物总店的《清新淡雅德化名瓷展》、林则徐纪念馆的《闽台近代名人文物展》赴台举办，拓展了闽台文物界的交流。第四届海峡论坛期间各地举办的闽南文化节、第六届闽台对渡文化节暨蚶江海上泼水节、海峡两岸关帝文化节、台湾特色庙会、陈靖姑文化节、海峡两岸合唱节、朱子文化节、开漳圣王文化节为论坛增色添彩。第十四届湄洲妈祖文化旅游节、2013年海峡两岸民间艺术节、第五届海峡两岸文化产业博览交易会、第七届中国（莆田）海峡工艺品博览会等海峡两岸重大品牌节会，进一步扩大了福建祖地文化对台影响力，进一步推进了闽台文化产业对接与合作。福建·中国闽台缘博物馆全年共接待观众95.9万人（次），其中台湾观众7.3万人（次）。

八、抓好抓实，党的建设、党风廉政、人才队伍、文化安全等工作成效显著

加强党建工作。福建省文化厅以学习宣传贯彻十八大精神为重点加强党建工作。陈秋平厅长撰写的《兴起学习贯彻十八大精神热潮加快推进文化强省建设进程》文章在《党的生活》杂志刊发并被文化部“党建在线”网转发。反映全省文化系统学习贯彻十八大成果的文章《十八大东风送暖 下基层好戏连台》，被省委下基层简报全文刊发。持续加强基层党组织建设，扎实推进“下基层、解民忧、办实事、促发展”活动。召开纪念建党91周年暨创先争优总结表彰大会，19个先进基层党组织、54名优秀共产党和党务工作者受到文化部、省直工委和文化厅表彰。福建省杂技团党总支被文化部授予“全国文化文物系统先进基层党组织”荣誉称号。组织文明单位创建迎评和文明行业创建工作，15个直属单位被评为第十一届省级、省直级文明单位，3个单位被评为区县文明单位。进一步规范工会、共青团、妇委会建设。福建博物院工会获“全国教科文卫体系统模范职工之家”称号，闽台缘博物馆团支部被团中央授予“全国五四红旗团支部”荣誉称号，杂技演员方斌被团中央授予“全国优秀共青团员”荣誉称号（全省仅4人）。

抓好廉政建设工作。福建省文化厅先后举办了《信仰的力量——迎接党的十八大反腐倡廉文物展》、反腐倡廉图片展、“为政之道”专场报告等活动。组织开展了惩防体系建设年活动、惩防体系建设及党风廉政建设责任制考评检查工作，制定了年度惩防体系建设工作分解方案，召开了全省文化系统惩防体系经验交流会。制定了《福建省文化厅关于加强项目招投标报备管理办法（试行）》，着力从源头上预防腐败。广泛开展了反腐倡廉教育，先后组织开展了参观榕城监狱警示教育基地、观看廉政教育片、发送廉政短信、举办廉政专题讲座等教育活动。加强了对文化设施建设、采购项目、文化执法、干部人事以及艺术评奖评审等的监督。持续推进政风行风建设，制定了民主评议政风行风建设工作方案，完成了政风行风热线777栏目的电视直播工作，组织行评代表对直属单位和市县区基层文化单位进行明察暗访活动。

加强人才队伍建设。福建省文化厅严格按照程序和标准，组织省直文化系统各单位做好人才引进工作。完成编制2012年度文化行业紧缺急需人才引进指导目录需求表。积极选派各级各类干部参加学习培训，切实提高干部队伍的整体素质。举办了全省文化局长、文化系统领导干部、文化系统人事干部、文化站长、文化系统纪检监察干部、戏曲音乐创腔与配乐等各类培训班7期，共培训人员338人（次）。进一步做好文化系统四大系列每年一次的常态化职称评审工作，共评审通过390人，其中221人取得高级职称、169人取得初中级职称。组织修订新的艺术条例并于2013年1月1日正式实施。

注重机关效能建设。福建省文化厅深入抓好机关效能建设，着力增强公共文化服务能力。开展创建学习型机关、服务型机关、创新型机关、廉洁型机关、和谐型机关建设。继续推进政务公开。坚持重点工作、重要改革、重大决策一律公开，人事任免、职称评聘、基建工程、经费使用等一律规范操作。进一步加强省文化厅网站建设，完善网上信息查询、事项审批、投诉求助等服务项目。设立政务事务公开栏，落实职工群众的知情权、参与权、监督权，拓宽民主监督的渠道，增强工作透明度，扩大公众知情权。

做好老干部工作。福建省文化厅加强离退休干部思想政治建设，举办了老干部暑期读书班和离退休干部党支部书记培训班；落实老干部政策待遇，改进服务管理方式，开展丰富多彩主题活动，成功举办了《神韵·魅力》老同志“非遗”艺术摄影作品展、“喜迎十八大”第十届老年诗书画影作品展和第七届老年趣味运动会，推动老干部工作上新台阶。

做好文化安全工作。福建省文化厅牢固树立文化安全与政治安全、经济安全一样是国家安全的一个重要组成部分的理念，以社会主义核心价值观引领文艺改革发展，建设有中国特色社会主义先进文化，弘扬创新传统文化。认真贯彻落实福建省委省政府关于加强安全生产工作的部署，与各地、直属各单位签订并认真督查执行“文化安全责任状”。坚持“安全第一、预防为主、综合治理”的方针，深入开展“安全生产年”和“责任落实年”活动，以加强组织领导和监督管理为抓手，以强化安全生产“一岗双责”为重点，大力开展安全生产和消防安全专项整治活动，安全生产软、硬环境得到了进一步加强。福建省文化厅获省政府安委会颁布的“安全生产达标单位”称号，促进了全省文化系统和行业安全生产形势平稳健康发展。

江西省

2012年，江西省文化系统在省委、省政府的正确领导下，坚决贯彻党中央和省委的决策部署，牢牢把握稳中求进的总基调，围绕中心，服务大局，深化改革，加快发展，保持了文化事业和文化产业持续健康快速发展的良好态势，各项工作取得了显著成绩。

一、文化体制改革焕发新活力

文化体制改革取得了阶段性成果：全省81家国有文艺院团，保留1家，撤销5家，划转4家，其余71家全部转为企业。改革呈现“三大特点”：一是转企改制做到“零上访”。全省国有院团3378名职工，提前退休813人，调转1393人，转企1172人。省直五个院团参与改制的481名职工，提前退休195人，调转60人，转企226人。在这一涉及个人利益调整的重大关口，没有出现一起越级、越系统上访。二是改革激发院团新活力。2012年，全省72家国有院团、200家民营院团演出场次共达1.5万场，服务群众800多万人（次），演出票房总收入4.48亿元，均比上年增长30%以上。省直5个改制院团全年下乡演出821场，比2011年增长300%；商业演出1147场，演出收入1178万元，分别比2011年增长272%、208%。改制后留在院团的226名正式职工和180名聘用人员，仅用8个月（剔除改制前后4个月）时间，完成演出1968场，人均年演出170场，比2011年人均不到50场，工作量增加了3.4倍。一线演员月工资最高近万元，比改革前翻了一番多，其他演职员的月收入也增长了30%以上。三是改革带来文化发展“新动力”。江西艺术剧院与湖南琴岛公司合作项目，共同投资3500万元，打造天天演的节目，预计年票房收入可达3000万元左右。投资五亿元的江西艺术中心，积极加盟国内国际四个院线，组织演出102场，演出收入达到1200万元，提前2年实现了省政府提出的运营目标。江西艺术中心还发挥龙头作用，率领全省90家剧场组建了本省演出院线联盟。

【首家“演出剧场院线联盟”成立】

在江西艺术中心的牵头下，江西省演出剧场联盟11月初成立，全省17家剧场成为首批会员单位。剧场加入江西省演出剧场联盟有利于提升演出项目的议价能力，以规模化优势吸引国内外演出商，采取集中采购、统一宣传的方式降低成本，增加演出数量，从而达到降低票价、文化惠民的目的。

二、艺术创作生产取得新成绩

赣州的赣南采茶歌舞剧《八子参军》、南昌的歌曲《莲花红莲花白》荣获2012年中宣部“五个一工程”奖，《八子参军》还入选“2010—2011年度国家舞台艺术精品工程重点资助剧目”；鹰潭的畲族山歌戏《七彩畲乡》荣获第四届全国少数民族文艺会演剧目金奖和戏剧类所设全部单项最高奖；萍乡的《法中有情》、《将军回乡》、《和字歌》分别获全国第五届曲艺大赛二等奖和“中国牡丹奖”银奖；江西省群众艺术馆的歌曲《一湖清水》获第四届“江南文化节”全国歌曲征集评选金奖；江西艺术职业学院的群舞《映山红》获“全国文化艺术院校第十届桃李杯舞蹈大赛”二等奖。抚州的采茶戏《牡丹亭·游园惊梦》在中央电视台戏曲频道“春节特别节目”中播出；江西省歌舞剧院有限责任公司和江西艺术职业学院舞蹈团第一次代表江西参加央视春晚；江西省话剧团有限责任公司创作的话剧《我是海鸥》在北京南锣鼓巷国际小剧场艺术节上广受好评。

【文艺创作繁荣工程】

2012年，江西省文艺创作繁荣工程共收到各类项目60余个，经专家评审，确定江西省歌舞剧院柯骥音乐创作作品集《绿色交响》、江西木偶剧团大型卡通人偶剧《白雪公主和七个小矮人》、江西画院瓷上绘画作品创作《瓷画鄱湖》、江西省合唱协会合唱作品集《赣风鄱韵》、江西浔欣文化投资有限公司大型音舞诗画剧《春江花月夜》等12个项目为全省繁荣工程扶持项目。

三、文化设施建设迈上新台阶

九江、宜春、吉安、南昌、萍乡、抚州等设区市的一大批大型文化设施开工建设或投入使用；一大批县市区的文化场馆也正在建设或更新改造之中。根据文化部第三次文化馆评估定级，认定江西省市县上等级馆舍104个，比上次评估增加62个，增幅居全国第二；其中一级文化馆25个，全国排名由28位上升至第9位；二级馆40个，全国排名由17位上升至第2位；江西省市、县级馆上等级率达90%，优良率为59%，均居中部第一。全省市县两级文化馆的设施状况，由全国中下水平跃至全国前列。

【实施“两馆”维修改造工程】

县级图书馆、文化馆设施建设继续保持中部先进水平。继续推进县级未达标图书馆、文化馆的新

建、改建和扩建工程。2008—2012年省财政投入共完成近2亿元。2012年，新完工宜丰县图书馆、莲花县图书馆、赣州市章贡区文化馆等26个县级文化设施维修改造，即县级新完成维修改造面积60000多平方米。2008年至此，全省共完成了111个县级文化馆、图书馆的维修改造，全省基层文化设施条件大大改善。同时，2012年底新安排33个县级馆维修改造开工，涉及维修改造面积50000多平方米。以地方投入为主的南昌市群众艺术馆、都昌县文化艺术中心等一批市县公共文化设施新建项目完成投入超10亿元。

【博物馆建设】

博物馆数量增长迅速。目前，全省登记在册的博物馆共有132家，其中文化（文物）系统管理的107家、行业博物馆8家、民办博物馆17家。2012年，新设立了9家博物馆（包括6家民办博物馆）。博物馆馆舍建设方兴未艾。2012年，九江、宜春、吉安、抚州王安石纪念馆等4个设区市级博物馆和丰城、武宁、修水、宁都、资溪、黎川等十余个县级博物馆新建或改建。4个地市级博物馆纳入《全国地市级公共文化设施建设规划》，其中九江、宜春市博物馆新馆建设进展顺利，已陆续开馆。

四、公共文化服务实现新提升

农村文化“三项活动”持续深入开展，全年送戏下乡1万余场，自办文化活动5000多场，服务基层群众2000多万人（次）。全省图书馆、博物馆、纪念馆、文化馆（站）、美术馆免费开放，服务群众达3000多万人（次），比上年增长8.2%。“相约春天”公益大展演共举办34场演出，85万群众免费享受精彩纷呈的艺术盛宴。江西省文化厅主办的“情系农民工、放歌红五月”专场演出，江西省博物馆“一月一宝”展览活动，江西省图书馆“读好书”活动，江西省群艺馆“秀美江西”群众美术展，江西画院“瓷画鄱湖”活动，赣州群艺馆开展的“欢乐赣州”，上饶群艺馆开展的“群文讲坛”，九江图书馆开展的“寻庐讲坛”，万安图书馆开展的“金牌读者”，以及景德镇、高安、永新等许多地方开展的特色广场舞等50多个品牌活动，都深受广大群众的欢迎。

【公益展演文化惠民】

2012年“相约春天”公益大展演持续一个月的时间，大展演的内容形式越来越丰富、受众群体越来越广泛、演出院团层次也越来越高：34场精彩纷呈的演出，85万流连忘返的观众，让“相约春天”公益大展演这一文化品牌再一次绽放灿烂光芒。其中，代表江西最高艺术水准之一的大型风情歌舞《赣风》在江西艺术剧院连演15场。此外，大展演还邀请了代表国家级水平的上海芭蕾舞团的“镇团之宝”《白毛女》来南昌演出。

【实施“两馆一站”免费开放】

加强了免费开放工作的管理，制定了《江西省公共图书馆和文化馆（站）免费开放工作绩效考核要求（试行）》《江西省公共图书馆、文化馆（站）免费开放专项资金管理暂行办法》。省图书馆和省群众艺术馆克服免费开放补助资金不足的困难，维修设施，努力提高服务质量，开展技术培训，购置大量新书（含电子书），开展“读好书活动”和“秀美江西”系列群众性美术展览等服务品牌建设。全省初步形成赣州市群众艺术馆“欢乐赣州”、万安县图书馆“金牌读者”等一批市县公共文化服务品牌。免费开放工作中，各级公共图书馆开辟文化共享工程、公共电子阅览室和数字图书馆等新的公共文化服务业态。全省新增公益性电子阅览室601个，涌现了靖安县图书馆“青少年活动月”等服务品牌。

【实施农村文化“三项活动”】

农村文化“三项活动”扎实推进，进一步活跃了农村文化建设。全省各地文化部门利用传统节日，积极开展农村文艺演出、电影放映、农民自办文化活动，其中送戏下乡1万场、自办活动5000多场，服务全省农民2000多万人（次）。

【推进全省公共数字文化建设】

启动了第一批公共电子阅览室设备配置，正在制定第二批公共电子阅览室设备配置方案。全省新增公益性电子阅览室601个，中央财政下拨资金589万元，省财政配套资金331万元，其中支持全省乡镇综合文化站332个，每个站2万元，计664万元，支持全省城市社区文化活动中心46个，每个1万元，支持社区文化活动室223个每个0.75万元。江西省图书馆和南昌市、赣州市、九江市、萍乡市、景德镇市、抚州市、吉安市8家图书馆启动了数字图书馆推广工程，完成了“十二五”期间省市两级资源建设20%的任务。为加快数字资源自主建设，省图书馆启动了《红色印记》《赣南客家民居建筑》两个多媒体资源库建设。为配合国家图书馆征集数字资源工作，省馆还提交了一批元数据及对象数据样本。2012年12月，文化部批准靖安县级支中心等7个共享工程示范点，武宁县甫田乡基层服务站管理员李炳南获“文化共享之星”称号。

五、文化遗产保护呈现新亮点

2012年，国家文物局下达全省各类文物保护专项经费3.5亿元，比上年增长57%，为历史新高，其中重点文物保护经费接近上年的5倍。通过不可移动文物普查，江西省拥有不可移动文物32831处，在全国排名由21位上升为11位，成为名副其实的文物大省。2012年，经过文化部门的积极努力，文化部新批江西省国家级非物质文化遗产代表性传承人13名，增长56.5%，景德镇佳洋陶瓷有限公司等3家企业（全国41家）成为国家级非物质文化遗产生产性保护示范基地，数量居全国第一；赣南客家围屋已列入“中国世界文化遗产预备名单”；赣南客家文化生态保护区项目已得到文化部的批准；景德镇御窑陶瓷文化生态保护区项目及文化部支持景德镇陶瓷文化建设八条政策也已得到文化部的批复；万年仙人洞最古老陶片被美国《考古杂志》评为2012年世界十大考古发现。

【全省文物普查新发现后续保护和成果转化】

完成了文物普查报告编制工作，做好不可移动文物电子地图前期工作、文物保护名录公布前期工作，举办全省第三次全国文物普查信息服务系统软件安装与应用培训班，组织开展江西古陶瓷文化线路、江西红色文化遗产等专题研究。

【全省不可移动基层文物保护项目储备】

有计划地组织相关部门完成2012年度维修方案编制工作，组织专家对省保单位维修方案进行评审，并认真完成2012年项目的申报、汇总、安排等工作，同时认真编制和下发2013年度全省不可移动基层文物保护项目维修方案编制计划。

【万年仙人洞考古成果入选全球十大考古发现】

经国家文物局批准，由江西省文物考古研究所与北京大学、美国哈佛大学组成的联合研究小组，在万年仙人洞重新清理出来的考古地层剖面上采集陶片样本，并采用目前测定年代最先进的方法——碳14断代法进行检测，确定仙人洞遗址出土陶器年代可以提早到距今2万年前，是迄今为止世界上发现的最古老的陶片。该研究成果与危地马拉玛雅神庙太阳神面具、德国迄今最古老的罗马遗址、苏格兰发现的3000年前的木乃伊等，一道被美国《考古学》杂志评为2012年全球十大考古发现，也是江西省考古成果首次入选全球十大考古发现。该研究成果充分显示了考古学界对于陶器起源的重新关注，引起了世界的广泛关注。

【鄱阳湖水下考古调查工作】

2012年8月，省文物考古研究所对鄱阳湖老爷庙水域2011年发现的16个磁异常点中磁场信号最强的2处区域进行了复查。通过探测，发现这两处区域存在三艘沉船，并取得了三艘沉船的精确位置、体量大小、水深与湖床埋深的数据。鄱阳湖老爷庙水域水下文物专项探测工作是我国首次采用海底沉船探测技术对内陆水域水下文物进行的一次探索性探测，为在我国内水内湖地区探测发现水下文物积累了宝贵经验。

【赣南围屋列入世界文化遗产预备名单】

争取国家文物局对赣南围屋申报工作的高度重视和大力支持；认真做好国家文物局专家组赣南围屋实地考察工作。2012年11月，赣南围屋成功列入世界文化遗产预备名单。

【博物馆阵列展览】

全省博物馆围绕陈展质量提升实施“六个一”工程，即：制作一个高品位的陈列展览、培养一批高素质的讲解员、编写一份有分量的陈列讲解词、制作一个高质量的专题宣传片、开展一系列有影响的社会实践教育活动、研发一件有特色的文化产品。重点抓好八大山人纪念馆、庐山抗战博物馆的陈展提升项目；组织专家对十个展陈提升方案进行评审。同时积极指导地方争取国家陈展资金2200万元。江西省博物馆优化陈展体系，提升展览品位，2012年完成革命馆《红色摇篮》布展工程，并启动历史馆《江西古代文明》布展工程；同时精心策划，倾力打造原创性展览系列—“每月一宝”。

【实施非遗数字化保护工程】

积极推进非物质文化遗产普查成果和保护成果数字化保护宣传。江西省非遗普查成果数字化建设按市为单位，已完成30万字、3000幅图片的全部编写和赣州市等四个市的资料数字化工作，为2013年开通网上全省非物质文化遗产数据库奠定了基础。对湘东傩面具、万载得胜鼓等13个国家级代表性项目保护工作进行了抽查、整改，加强了全省对保护规划、保护单位、项目保护方案和预算、经费使用和支持传承人等工作的管理。

六、文化产业发展实现新跨越

一是文化产业总量迅速增长。2012年，江西省文化系统管理的文化产业核心层主营业务收入达到185亿元，比上年增加46.4亿元，增幅达33.5%。二是文化产业项目大幅增加。全省文化系统投资规模千万元以上、已建成或已开工建设的文化产业项目99个，较上年新增15个，其中超亿元的33个，较上年新增5个；国家级文化产业示范基地达6家，新增2家。三是民营文化企业蓬勃发展。全省各类民营文化企业4334家，吸纳就业人员18.6万人，总资产311.7亿元，创造主营业务收入146亿元。四是全省文化产业外围层主营业务收入达160亿元以上。

七、文化市场呈现新变化

演出场次和收入不断提高。2012年，全省演出场次达1.5万场，固定场所演出票房总收入达4.48亿元，与去年相比增长30%。其中，涉外演出58场，700多名境外、国外演艺人员来赣演出；大型演唱会19场，票房1.9亿元；中心城区演出包括江西艺术中心、宜春大剧院、汤显祖大剧院、吉安大剧院等票房收入5000万元；驻场演出包括南昌新中源、星光大道、萍乡新世界大歌城、新余天工大剧院等票房收入3015万元；旅游、景区演出包括实景《井冈山》、情景《井冈山》、《印象上饶》、《春江花月夜》、《神奇赣鄱》票房收入1亿元。演出经纪机构不断增加。到2012年底，全省注册的演出经纪机构共93家，数量众多的演出经纪机构是江西省演出市场繁荣发展的重要力量。

【网吧连锁】

2012年，新增连锁网吧直营门店39家，加盟门店211家，到2012年底，全省共有连锁网吧352家，比2011年底增加了250家。单体网吧总数由2010年的5015家下降为4715家。其中拥有网络终端200台以上的有228家，300台以上的有55家，500台以上的有7家。

【文化市场监管】

2012年，全省各级文化部门结合文化市场的实际，先后开展了7次针对电子游戏、棋牌类网络游戏、网吧、歌舞娱乐和演出的专项整治。全年出动执法人员57.9万余人（次），检查文化经营单位32.5万余家（次），责令整改6983余家（次），警告9425余家（次），责令停业551家，吊销文化经营许可证10家，通过专项整治，严厉打击了文化市场违规经营行为，切实规范了文化市场经营秩序，营造了健康、祥和的社会文化环境和平安、有序的文化市场秩序。

【开展“十佳民营院团”评选表彰】

为引导全省文艺表演院团健康发展，省委宣传部、省文化厅联合开展全省“十佳民营院团”评选表彰活动。经过评选，上饶市玉茗花赣剧团、会昌红都春英剧团、宁都赖村卫东文宣队、抚州市群艺旭东戏剧团、赣州市赣江办事处采茶剧院、南昌县凤岗采茶剧团、瑞昌市鸿运黄梅戏剧团、贵溪市罗河青年赣剧团、丰城市北坑农民剧团等十家民营院团获得表彰。

八、对外文化交流取得新突破

2012年，全省对外及对港澳台文化交流实施完成项目90个，是上年的1.3倍;文化交流出入境1099人（次），比上年增长15%。其中派出23项，比上年增长77%；引进67项，是上年的1.6倍。全省文化单位与境外文化机构建立友好合作关系4对，实现了零的突破。

【水墨清韵——近现代水墨书画大师作品展】

2月19日，由江西省博物馆、台北历史博物馆主办的“水墨清韵——近现代水墨书画大师作品特展”在南昌正式展出。86组来自吴昌硕、张大千、齐白石、黄宾虹、徐悲鸿等10位大师的真迹佳作与广大市民见面，最大程度地代表和体现了20世纪百年间中国水墨书画的发展脉络，对于品读20世纪中国书画艺术史、推动两岸文化交流、增进两地人民相互了解都具有重要意义。

【江西友好省区交流合作代表团赴美加联谊演出】

6月19日至28日，江西友好省区交流合作代表团出访加拿大、美国。代表团先后考察了加拿大里贾纳艺术剧院、麦肯齐艺术画廊、萨省议会博物馆和图书馆、多伦多大学古建筑，美国纽约百老汇、联合国总部、西点军校枪械博物馆、辛辛那提美国空军战机博物馆、洛杉矶环球影城等文化设施，并与加拿大萨斯喀彻温省和美国肯塔基州的政府部门、文化艺术机构、美国纽约全美江西同乡会、洛杉矶南加州江西同乡会进行了座谈，重点宣传了江西经济文化发展情况，推介了京剧、赣剧、采茶戏以及《赣风》等江西特色文化产品。

【江西省赣剧院参加香港第三届中国戏曲节】

8月1日至6日，江西省赣剧院一行50人受邀参加了香港第三届中国戏曲节。江西省赣剧院压轴本届戏曲节演出活动，表演了《荆钗记》、《窦娥冤》经典剧目2个、折子戏4个，举办赣剧非遗讲座2场。江西省赣剧院的演出风格多样，行当齐全，文戏武戏兼备，观赏性强，极大地体现了赣剧的鲜明特点，在八月的香江刮起一股赣剧旋风。

【《景德镇当代陶瓷艺术展》在台湾举办】

8月20日至22日，应台湾台北市文化教育交流发

展协会邀请，景德镇市陶瓷馆一行6人在台北莺歌陶瓷博物馆举办了《景德镇当代陶瓷艺术展》。该展是江西省“赣鄱文化台湾行”的主要项目之一，展出90件当代陶艺家作品。展览增进了海峡两岸陶瓷艺术界的了解和交往，进一步推动了中华陶瓷艺术的传播与发展。

【《景德镇十五世纪中期瓷器展览》在香港举办】

8月17日至12月16日，应香港中文大学文物馆的邀请，景德镇官窑博物馆与香港中文大学文物馆合作举办《填补空白：景德镇十五世纪中期瓷器展览》，展览以十五世纪“空白期”瓷器藏品作为断代的实物依据，景市参展物品45件（套），其中国家三级文物5件。展览宣传了景德镇悠久制瓷成就，增强和推动了江西与香港两地的学术文化交流。

【“亲情中华”赣鄱文化艺术团慰问演出】

9月20日至10月1日，由中华全国归国华侨联合会、江西省归国华侨联合会、江西省文化厅联合组织“亲情中华”赣鄱文化艺术团一行22人，赴印尼、马来西亚、阿联酋3国举办了5场慰问演出和若干场联欢活动，受到当地华侨华人的热烈欢迎和高度评价。

【《台湾少数民族历史文化图片展》在南昌举办】

9月23日至10月19日，台湾原住民研究会与江西省博物馆联合举办《台湾少数民族历史文化图片展》。国台办主任王毅、省委常委、秘书长赵智勇、省政府副省长洪礼和及省文化厅、省台办领导出席展览开幕式并参观了展览。展览通过照片、影片、文字等，呈现台湾现存14个族群原住民的社会制度、家庭组织、生命礼俗、信仰祭典、音乐舞蹈、部落建筑、渔猎器具、服饰工艺、饮食文化等，全方位展现台湾少数民族的历史文化和社会习俗。

山东省

一、第十届中国艺术节筹备工作取得重要成果

艺术精品创作成效显著。围绕备战十艺节，全省舞台艺术创作、社会文化艺术创作、美术创作呈现整体推进、全面发展的良好态势。在舞台艺术创作方面，大力实施“山东舞台艺术精品工程”和“十艺节重点剧目创作工程”，全省有62部新创作剧目搬上舞台，涌现出一批质量较高、潜力较大的作品。组织参加全国比赛展演取得优异成绩，省吕剧院的《姊妹易嫁》、济南市儿童剧《宝贝儿》荣获文化部第二届“全国优秀保留剧目大奖”；莱芜市《儿行千里》获中宣部“五个一工程”奖；济南市儿童剧《我的麦哲伦海峡》获“第七届全国儿童剧优秀剧目展演”最高奖——“优秀剧目奖”；滨州市现代吕剧《杨广和》获第四届全国少数民族文艺汇演“创作金奖”等5项奖。在全国京剧优秀青年演员折子戏展演和2012年中央电视台第七届全国青年京剧演员电视大赛中，取得优异成绩。成功举办了“第一届李德伦全国指挥比赛”、“全国京剧优秀青年演员折子戏展演”等比赛活动。在社会文化艺术创作方面，大力实施“社会文化艺术创作工程”，全省新创作冲击十艺节作品1100多个，有23件音乐、舞蹈类作品进入全国“群星奖”决赛，在全国各省（自治区、直辖市）中遥遥领先。成功组织举办“群星奖”音乐、舞蹈类作品全国复赛。在美术创作方面，大力实施“山东省重大历史题材美术创作工程”、“山东民间文学中国画创作工程”等重点工程，创办“齐鲁美术讲坛”，举办“山东省美术作品展”，开展优秀作品选拔工作，并从近三年在全国获奖作品中遴选作品130件，作为冲刺全国优秀美术作品展的备选作品。

重点场馆建设步伐加快。省会文化艺术中心大剧院主体已经封顶，省美术馆新馆、省艺术馆改造工程进展顺利，全省重点场馆建设改造全面铺开。在准备的55个场馆中，需新建的14个场馆有1个已经建成，其余13个场馆主体工程已完工，维修改造场馆的改造工作陆续展开，全省十艺节场馆建设改造计划投入资金总额70多亿元。

十艺节宣传工作持续升温。在大众日报要闻版开辟“喜迎十艺节”专栏，协调联络中央驻鲁新闻媒体，组织省内新闻媒体，策划组织重大宣传报道活动，开展对十艺节筹备重点会议和重要活动的宣传报道。举办十艺节倒计时一周年、“艺术圣火走基层”、十艺节标志和吉祥物揭晓等活动，宣传报道力度不断加大。在全省组织开展“喜迎十八大、相约十艺节”、“喜庆十八大、相约十艺节”等系列文化活动，十艺节氛围日益浓厚。

二、实施公共文化服务体系建设工程成效明显

公共文化设施建设形成高潮。省文化艺术之家项目进展顺利，一批市、县文化中心、图书馆、文化馆正在新建或改扩建。据统计，市级有9个图书馆、6个艺术馆、4个博物馆正在新建或改扩建，县级有17个图书馆、15个文化馆正在新建或改扩建，新建文化大

院5200多个，全省达到5.9万多个，占行政村总数的84%。筹备十艺节以来，全省五级公共文化设施已经投入和计划投入的资金总额达170多亿元。

落实文化惠民实事成效显著。认真办好由省文化厅直接负责的5件文化惠民实事。按照为1万个村（居）建设、完善文化大院的要求，积极争取有关部门的支持，落实资金1000万元对各市新建农村文化大院进行奖励，安排彩票公益金1800万元对城乡社区文化中心设备购置进行补助，全省新建文化大院5228个、完善文化大院5436个；按照免费培训1万名基层文艺骨干的要求，分级组织开展培训工作，全省免费培训1.8万人；积极推动美术馆、公共图书馆、文化馆（站）免费开放，中央、省级补助资金8400万元，全省“三馆一站”全部免费开放，新增服务窗口2277个，打造品牌服务项目1875个，接纳观众2830万人（次），比上年增长27%；采取政府采购、演出补助等方式，各级院团免费为农村（社区）群众送戏14475场，超额完成1万场送戏演出任务；组织开展扶持非遗传承人、民间艺人收徒传艺，免费培训非遗传承人、民间艺人1217名，各级代表性传承人已收徒12390名。继2011年为16市配备16辆流动舞台车后，2012年又配备流动舞台车30辆，并为500个庄户剧团购置了演出器材。

公共文化服务水平进一步提升。与省广电网络部门合作，整合制作视频资源260GB，开通了山东省文化共享工程有线电视平台——“文化方舟”，已覆盖全省17个市数字电视用户1700余万户，实现了由“村村通”到进入千家万户的跨越。积极开展公共电子阅览室建设与服务“示范县”创建活动，公共电子阅览室发展到5600多个。从各地涌现出的新型文化活动、文化项目、工作方式中，评选出“公共文化服务优秀实践奖”45个并在全省进行推广，产生较好的示范效应。国家公共文化服务体系示范区（项目）创建工作扎实推进，在文化部组织的中期验收中，示范区、示范项目创建和免费开放工作均被验收为优等。

各类文化活动丰富多彩。组织举办“全省文艺院团元旦春节演出活动”，全省完成各类演出6000余场；在全省开展“喜迎十八大　相约十艺节”、“喜庆十八大、相约十艺节”系列文化活动，全省举办县级以上较大规模的文化活动2700多场（次）。以开展第九批“十佳文化广场”评选为契机，带动广场文化活动的开展，全省3400多个规模较大的文化广场举办各类文艺演出5.2万多场。与有关部门、单位联合成功举办了“第二届全国群众文化美术书法大展”、“美丽山东中国画作品展”、“山东吕剧艺术节”、“首届山东地方戏新创作小戏展演”、“山东省合唱艺术周”、“全省残疾人歌手大赛”等活动，丰富活跃了基层群众文化生活。

三、国有文艺院团改革阶段性任务全面完成

国有文艺院团体制发生根本性变化。根据中央有关文件精神和省“两办”《关于加快国有文艺院团改革发展的实施意见》，整合省直院团、济南市部分院团和省直有关文化单位，组建了山东演艺集团。青岛、济南、济宁等组建了演艺集团，全省演艺资源整合重组迈出重要一步。全省承担改革任务的116家院团中，转企68家，撤销23家，划转25家，核销事业法人91个，核销事业编制4410名，切实做到了真转真改，可核查、不可逆。转企院团占到全省院团总数的58%，杂技、话剧、歌舞等一般性国有院团全部转企改制，形成了一批面向市场竞争的演艺企业，进一步激发了院团发展活力。

院团发展条件明显改善。着眼演艺事业长远发展，多次与省编办、省财政厅、省人社厅等部门沟通协调，积极争取政策支持，保障转制院团投入不减少、条件有改善、人才不流失、待遇有保障、发展可持续。省“两办”《意见》在加大各级政府对院团的投入力度、改善院团基础设施、文艺人才保护、演艺资源配置、演艺市场开拓等方面实现了较大突破，为院团改革的顺利推进提供了有力保障。初步统计，改革后对院团的拨款增加1.39亿元，增长33%，其中省直增加6900万元，增长53.4%；演出场次达23158场，比上年增加3088场；演出收入增加1733.75万元，增长25.7%。

四、文化产业加快发展

文化产业政策、规划体系建设取得新进展。全省文化产业发展专项资金由上年的3.32亿元增加到2012年的6.15亿元，其中省级由7000万元增加到2亿元。配合“蓝黄”两大国家发展战略的实施，省文化厅组织编制的《山东半岛蓝色经济区文化产业发展规划》、《黄河三角洲高效生态经济区文化产业发展规划》，被列入“蓝黄”发展战略专项规划。

文化产业发展载体建设成效明显。青岛华强文化科技产业园、济宁东方文博城、兖州兴隆文化园、淄博印象齐都文化产业园、潍坊中动动漫产业基地、东营孙子文化主题公园、菏泽中国商圣文化产业园

等一批大项目正在建设。青岛市“千万平米”文化创意产业园工程建设顺利推进，完成投资额27.1亿元，全市在建文化创意产业项目141个，计划投资额1432.3亿元，其中过亿元项目66个，过10亿元项目15个。全省有13个项目被列入2012年山东省重点建设项目目录；20家企业、4个项目分别被评为2011—2012年度国家文化出口重点企业、重点项目，入选数量有较大突破；台儿庄古城文化产业园被评为国家级文化产业试验园区；新增国家级文化产业示范基地3个，全省达到12家，居全国前列。

文化产业服务平台不断完善。成功参与举办山东省文化创意产业博览交易会，62个重点文化产业项目集中签约，涉及投资额970亿元，融资额683亿元。组织开展文化项目推介活动，征集文化产业、公益文化项目等395个，总投资额近692亿元，总融资额297多亿元，通过多种平台进行宣传推介，有35个项目达成合作意向，投资额达142亿元。面向全省征集成长性好、投资规模较大的文化产业项目70个，项目总投资额936.3亿元，建立文化产业重点项目库，并被纳入国家重点文化产业项目库，利用中国东西部合作与投资贸易洽谈会、山东文化创意产业博览会、鲁港文化产业合作洽谈会等平台，进行了重点宣传推介。

五、文化市场综合执法规范化建设工程全面推进

文化市场综合执法规范化建设工作成效明显。省委、省政府成立了文化市场管理工作领导小组，省文化厅与省委宣传部、省编办等全省文化市场综合执法领导小组15个成员单位，联合下发了《山东省文化市场综合执法规范化建设工程实施方案》，在全省全面推进规范化建设工程，对文化市场管理体制、执法机构、执法队伍、统一体系、制度体系、监管体系和保障体系进行规范化建设，建立完善了“统一领导、统一协调、统一执法”的文化市场管理体制和运行机制。各级文化市场综合执法机构进一步完善，执法队伍建设得到加强，执法能力和执法水平进一步提高。在全省范围内实现了执法标识、证件、着装、文书和车辆喷饰“五统一”，基本建立起综合执法统一体系。制定有关规章制度12项，保证了各项工作有章可循。加强文化市场监管平台建设，省中心视频监管系统已覆盖全省17市监管中心。

文化市场管理和专项整治力度加大。进一步加强对重点领域、重点区域、重点时段的文化市场监管。深入开展迎接党的十八大文化市场专项保障行动，加强对营业性演出活动的现场监管，加大对网吧违法违规行为查处力度，强化对游艺娱乐场所的日常巡查，营造了良好的文化市场环境。实施2012年新春和“两会”期间文化市场整治行动，深入开展网吧市场专项治理行动，依法严厉查处各种违法违规经营，确保了文化市场平稳有序。

推进网吧连锁经营取得新成效。推动出台扶持连锁网吧经营优惠政策，协调通信管理局，降低连锁网吧网络接入费，网络使用资费标准在原有基础上降低30%；积极协调省地税局出台网吧税收扶持政策，网吧营业税税率从25%降到5%，大大减轻了网吧经营负担。目前，网吧连锁整合工作正在有序推进，全省网吧市场连锁率达到52%。

六、非物质文化遗产保护工作深入扎实

第二届中国非物质文化遗产博览会圆满成功。2012年9月，在枣庄市台儿庄古城成功举办了第二届中国非物质文化遗产博览会。全国31个省（自治区、直辖市）、新疆生产建设兵团和港澳台地区全部参加，近800个项目参加博览展示，展品达9.7万多件，1800多名传承人现场表演，200多家以非遗生产性项目为依托的企业、490多名业务人员参加博览会，协议签约442.6亿元。优秀非遗剧目展演、踩街巡游、非遗保护高层论坛、第三届两岸汉字艺术节等重点活动均取得圆满成功。

非物质文化遗产保护工作扎实开展。潍水文化生态保护实验区建设扎实推进，规划编制工作全面启动。三个省级文化生态保护实验区总体规划正在抓紧制订。组织开展了首批山东省非遗生产性保护示范基地、非遗保护十大亮点事项、十大模范传承人、山东省非遗保护优秀实践项目评审。成功组织举办山东省传统曲艺传承成果展演暨第七届小品曲艺大赛。先后组织非遗项目和传承人参加中国非物质文化遗产生产性保护成果大展、第四届山东文化创意产业博览交易会、韩国丽水世博会非物质文化遗产展演等展会，充分展示了山东非遗保护成果。总投资28亿元的济南非物质文化遗产博览园项目正式奠基。

七、文化科技创新和对外文化交流取得新进展

文化科技、文化创新与艺术教育取得新成效。在文化部科技创新项目立项中，项目数量保持全国前列，有1个项目入选2012年度国家文化创新工程，有两个项目入选2012年度文化部科技创新项目；在

第四届文化部创新奖评选中，省文化厅完成的“社会艺术水平考级监管与服务模式创新实践”项目荣获创新奖；省文化厅和省图书馆承担的国家文化创新工程——“山东文化共享工程创新运行应用模式”项目，顺利通过文化部组织的验收；“濒危鲁绣传统技艺保护研究”，荣获2012年度山东省科技进步二等奖。在2012年度国家社科基金艺术学项目立项中，全省有9个课题获得立项；组织开展2012年度全省文化艺术科学优秀成果、重点课题评选，评出获奖成果363项，通过立项课题447项。由省政府设立的“山东省文化创新奖”，获得全国评比达标表彰工作协调小组正式批准。成功组织举办全省艺术考级“青少年舞蹈大赛”、“青少年音乐大赛”，1199个节目、4567名选手参赛，促进了青少年艺术教育的发展。

对外文化交流质量、层次进一步提升。第二届尼山世界文明论坛成功举办，对于促进世界不同文明交流合作，扩大中华文明的国际影响产生了重要作用。成功举办了第五届世界儒学大会暨2012年度“孔子文化奖”颁奖典礼。被列入文化部2012年对台文化交流重点项目的“情系齐鲁——两岸文化联谊行”大型文化交流活动取得圆满成功，深化了两岸文化交流。在德国柏林中国文化中心成功举办“山东汉代画像石拓片精品展”，组织非物质文化遗产演出团赴澳门参加第23届澳门艺术节。组织山东艺术团参加韩国丽水世博会，举办“山东活动周”开幕式演出和大型主题晚会演出，受到各方高度评价。

八、优秀文化宣传推介开创新局面

实施“山东文化宣传推介工程”，延聘许嘉璐、欧阳中石等文化名人为“齐鲁文化顾问”。新设立省级文化艺术宣传推介专项资金1000万元，打造山东文化宣传的五大平台：与中国文化报社联合创办了《中国文化报·艺彩山东》专版；与大众报业联合创办了《大众日报·大众文化》专版；开通文化共享工程有线电视平台——“文化方舟”，已覆盖全省十七市；在山东卫视“新闻联播”开辟“文化山东”栏目；对省文化厅门户网站进行了改版升级。组织开展“文化之春走山东”系列采访报道活动，有效扩大了文化工作的社会影响。

河南省

2012年，河南省坚持以科学发展观统领全省文化改革发展，扎实推进各项工作，按照打造华夏历史文明传承创新区、建设社会主义文化强省的总体要求，持续求进，务实发展，圆满完成了各项业务工作任务，全省文化工作呈现出好的趋势、好的态势、好的气势。

一、公共文化服务体系建设进一步完善

一是积极推进基础设施建设。全省共投入各类文化文物经费27.96亿元，河南省少儿图书馆、洛阳市少儿图书馆落成并启动服务活动，平顶山市文化艺术中心、鹤壁市艺术中心建成投入使用，省直文艺院团基础设施建设进展顺利，64个街道文化中心、300个社区文化活动室设备配置和1950个公共电子阅览室建设扎实推进。二是深入实施文化惠民工程。全省博物馆、图书馆、文化馆、美术馆、纪念馆和乡镇文化站免费开放工作进一步拓展，公共文化服务水平不断提高。河南博物院、省图书馆、省群众艺术馆、省美术馆以良好的服务充分发挥了示范引领作用。文化信息资源共享工程、数字图书馆推广工程和公共电子阅览室建设三大公共数字文化工程继续实施，省数字图书馆实现了省直机关全覆盖，并与6个市县图书馆联网服务。全省“舞台艺术送农民”深入农村演出3300场，其中省直院团达1230场。“高雅艺术进校园”演出22场。三是大力提升公共文化服务水平。修定出台了《河南省公共图书馆、文化馆（文化站）工作规范及考评办法》、《河南省公共电子阅览室管理办法》。命名了一批省级先进图书馆、先进文化馆、先进文化站，复核了省级文化先进县，促进了公共文化服务单位综合服务能力的提升。郑州国家公共文化服务体系示范创建扎实推进，洛阳、平顶山、济源等地公共文化服务体系示范建设积极开展。五是大力开展重大文化活动。成功举办第30届中国洛阳牡丹文化节、壬辰年黄帝故里拜祖大典“中原文化活动周”、第11届河南省群星奖小戏小品大赛、第11届河南省群星奖音乐舞蹈大赛、河南省民族民间文化专题展览、“黄河风”全省合唱节。全省“百城万场”广场文化活动在116个城市开展广场演出8000余场（次），“春满中原”春节系列活动举办大型文化活动939项，群众人数超过千万人（次）。省群艺馆开展全省示范性公益演出逾170场，河南艺术中心举办艺术知识讲座54场，“放歌如意湖”广场文化成为省会文化品牌，观众逾10万人（次）。

二、舞台艺术进一步发展繁荣

一是组织举办纪念毛泽东同志《在延安文艺座

谈会上的讲话》发表70周年座谈会等系列活动，引导广大文艺工作者坚持“二为”方向“双百”方针，弘扬社会主义核心价值观，培养德艺双馨的人民艺术家。二是组织重大文化艺术活动，营造迎接、宣传党的十八大的浓厚氛围。举办“向党的十八大献礼——河南省优秀剧目北京展演月”活动，9部17场优秀剧目演出获文化部和北京观众的一致好评。话剧《红旗渠》、豫剧《清风亭上》、中国汉字展、中原文化广场活动等在第十四届中国上海国际艺术节“河南文化周”期间，受到上海观众的高度称赞，《文汇报》整版报道并高度评价《红旗渠》。豫剧《苏武牧羊》作为“爱国主义教材”在全国巡演，话剧《红旗渠》在全省巡演。省文化厅、省豫剧三团、省文化艺术研究院等与中国戏曲现代戏研究会、河南中华豫剧文化促进会成功举办“豫剧现代戏成就与发展研讨会暨河南省豫剧三团成立60周年庆祝大会”。省美术馆学术讲坛、美术教育和青少年艺术活动丰富多彩，并启动《20世纪河南美术简史》学术工程和《口述河南六十年美术重大事项》编纂工作。三是抓重点剧目创作。对豫剧《苏武牧羊》、《兰考往事——焦裕禄》等15台优秀重点剧目进行进一步加工提高，省豫剧三团的《刘青霞》、省豫剧一团的《丹水情深》、省京剧院的《龙凤呈祥》等新剧目陆续上演。《丹水情深》获第四届全国少数民族文艺会演创作金奖、优秀组织奖等9项大奖，越调《老子》剧目入选2012年国家十大精品剧目实现“七连冠”，豫剧《朝阳沟》、《铡刀下的红梅》入选第二届全国优秀保留剧目大奖，豫剧《程婴救孤》、《铡刀下的红梅》入选全国地方戏精粹展演，《红旗渠》、《苏武牧羊》、《兰考往事——焦裕禄》入选文化部全国优秀剧目展演，郑州市歌舞剧院的《我们在黄河岸边》、省歌舞演艺集团的《红灯照》分获第八届中国舞蹈“荷花奖”金银奖。

三、文化遗产保护利用进一步加强

更新理念，转变观念，开拓创新，推动华夏历史文明传承创新。一是不断提高文化遗产保护水平。丝绸之路、大运河河南段等世界文化遗产申报整治工作有序推进，世界文化遗产监测预警体系建设项目列入国家遗产监测管理工作试点，全省19项大遗址保护展示和国家考古公园建设及重点文物保护工程等稳步推进。郑州老奶奶庙旧石器时代遗址考古发掘项目入选2011年度“全国十大考古新发现”。争取中央财政资金支持，加大了红色旅游景点景区维修利用力度。部署开展“全省文物安全督察年”活动，维护了全省文物安全形势的整体稳定。河南博物院“历史教室”、“华夏古乐”、“中原国学讲坛”等成为文博系统知名品牌，省文物考古研究院全面推进30余项考古发掘和30余项重大研究，省文物建筑保护研究院青海玉树援建工作全面完成，省文物交流中心春秋两季“河南·郑州全国文物艺术品展销会”成为全国文物交流交易平台，国家文物出境鉴定河南站全年鉴定审核各类文物1.5万件。二是不断加强非物质文化遗产制度化、体系化建设。《河南省非物质文化遗产条例》通过省政府常务会议审议。启动了河南省稀有剧种抢救工程。认定命名第三批省级非物质文化遗产项目代表性传承人，扶持、命名、宣传了一批省级非物质文化遗产传习所、展示馆、社会传承基地和生产性保护示范基地。与文化部非遗司、周口市政府共同主办了第三届“中原古韵——中国（淮阳）非物质文化遗产展演”，8个省份60多个非物质文化遗产项目参加，进一步增强了河南文化影响力。成功举办“中国文化遗产日”河南城乡系列文化遗产展示活动。

四、文化产业发展进一步加快

通过完善政策、提供服务、加强管理，扶持文化产业重点项目、重点企业、重点行业发展。一是做好规划，加大政策扶持力度。颁布并实施了《河南省文化系统“十二五”时期文化产业发展规划纲要》、《河南省“十二五”时期动漫产业发展规划》。省发展改革委、省文化厅颁布了《关于促进全省文化产业园区持续健康发展的意见》，开展了第三批省级文化产业示范园区认定评审工作，全省60个文化产业园区发展势头良好。孔家钧窑有限公司等2家文化企业被文化部命名为“国家级文化产业示范基地”。省财政厅、省文化厅下发《河南省扶持动漫产业发展专项资金管理使用办法》，12个动漫项目获扶持资金1000万元。二是千方百计为文化企业服务。扶持省演出公司等9个文化企业资金1650万元，16家文化企业的项目获国家文化产业发展专项资金5465万元。推进与省工行、省农行、省建行战略合作协议的落实，新增文化企业贷款24亿元。与省商务厅建立部门联席办公会议制度，11家外向型文化企业和1个文化出口项目入选国家名录。举办第二届“中原动漫嘉年华”活动，参与达8万人次，完成销售收入60万元。开展第二届“中原杯”河南省原创动漫画大赛、“华丽杯·河南之星”设计艺术大赛。三是加大文化产业招商引资。组织省内外重大招商引资活动，实施年度招商工作计划，推介各类文化产业项目70余个，合同金额超过100亿元。省演艺业首次组团参加中国上海国际艺术节，成为演艺交易会现场签约最多的单位。

五、文化市场管理更加繁荣有序

坚持一手抓繁荣，一手抓管理，促进全省文化市场健康发展。一是积极培育市场主体。全省全年认定网吧连锁企业91家，设立连锁直营门店304家，审批经营性互联网文化经营单位30家，发展游艺娱乐场所850余家，备案艺术品经营单位381家，审定公布文物复仿制品研究开发基地37家。二是严厉打击各种违法违规行为。2012年，全省持续进行了6次“闪电”集中整治活动，先后开展动漫市场专项整治、暑期集中整治、“迎接党的十八大专项保障行动”、“一打击两整治”等专项整治行动，各级文化市场综合执法机构累计出动执法人员613373人（次），车辆84573台（次），检查各类文化经营场所324004家（次），查处违规经营单位7025家，有效净化了市场环境。三是进一步加强文化市场综合执法队伍建设，大力提高文化市场综合执法水平。

六、对外文化交流进一步拓展

采取多种积极措施，大力推动中原文化“走出去”。一是落实文化部“央地合作”计划，完成赴巴林、土耳其等国家文化交流任务。赴德国参加了“中国文化年”活动，在德国、奥地利举办了“少林文化节”。为庆祝中韩建交20周年，在郑州、开封举办“纪念郑律成音乐晚会”。引进美国圣奥拉夫交响乐团演出，举办了意大利（双人行）当代艺术作品展。省图书馆成功举办“2012国际儿童早期阅读与成长论坛”。二是积极开展对台文化交流。组织“2012传统艺术文化交流·台湾行”系列活动，举办两岸豫剧演出季，现代戏《香魂女》赴台演出取得良好效果。继续实施“两岸互派戏剧艺术人才培训计划”。三是积极拓展对外文物交流。省文物局与美国、加拿大、瑞典、韩国、中国台湾等国家和地区的10多个文博机构签订了合作交流协议，赴台举办“商王武丁与后妇好——殷商盛世文化艺术特展”获广泛好评。

七、基本完成文化体制改革阶段性任务

一是全省58家国有文艺院团顺利转企改制，22家国有文艺院团划转为非物质文化遗产保护单位，108家国有文艺院团转为公益性文化事业单位。河南豫剧院正式组建。通过改革，政府投入增加，事业发展扩展，机制更加灵活，初步解决了长期困扰文化艺术发展的有关问题。二是省直公益性文化事业单位内部改革深入进行，岗位设置管理更加完善，全员聘任制、竞争上岗制全面推行。“河南省少儿图书馆”正式设立，“河南省文化艺术研究院”、“河南省文物考古研究院（河南省文物科技保护中心）”、“河南省文物建筑保护研究院”等正式更名，职能进一步拓展。河南博物院被评为全国文化体制改革先进单位。三是全省文化市场综合执法改革基本完成。市县文化、广电、新闻出版实现了三局合一，各省辖市成立了文化市场综合执法支队，108个县成立了文化市场执法大队，文化综合执法力量得到加强。

八、队伍素质进一步提升

一是加强干部队伍培训。规划并实施2012年度干部教育培训工作计划，全年举办各类培训班34期，培训人员1770人（次）。省直文化系统共有118人参加了自主选学，104人参加了网络培训工作。与省委组织部、文化部人事司联合在京举办了“文化创新管理培训班”。二是继续开展“河南艺术名家推介工程”。重点宣传推介李树建、汪荃珍、王惠、周虹、方可杰等5位河南艺术家，扩大了中原文艺人才的影响力，得到文化部领导的高度评价。积极组织河南京剧拜师和河南地方戏拜师活动，聘请京剧名家裴艳玲担任河南省京剧院名誉院长，在全国艺术界产生了较大影响。三是积极开展专业人才培训，先后对文物考古发掘、文物讲解、戏曲音乐、综合执法、非物质文化遗产代表性传承人和保护工作等人员进行专题培训，提高专业素质水平。继续开展动漫企业认定初审和年审工作。举办世界知名动画大师公益讲堂和动漫企业培训班，培训75家企业，接受培训人员达4000人（次）。三是创新艺术科研工作。向文化部推荐课题项目90项。加强对课题的中期管理，新增国家社科基金艺术学项目2个，文化部文化艺术科研项目1个，省科技攻关计划项目1个。河南博物院、省文物考古研究院、省文化艺术研究院、省美术馆等单位研究成果丰硕。

湖北省

2012年，是实施“十二五”规划承上启下的关键一年，是深入贯彻党的十七届六中全会和湖北省十次党代会精神，迎接党的十八大胜利召开的重要一年。全省文化工作以科学发展观为指导，围绕中心、服务大局，抢抓机遇、勇于担当，多措并举、狠抓落实，全力以赴地推进各项文化工作，取得显著成效。

一、重大文化活动和文艺精品创作

第一届湖北艺术节。第一届湖北艺术节由湖北省政府主办，文化部艺术司支持，湖北省文化厅承办，是湖北最高水平、最高规格、最大规模的综合性艺术盛会。活动期间，共有代表湖北最高水平的20台参评剧目、5台展演剧目参加演出，总政歌舞团和北京、湖南、江西等地专业院团的5台剧目来汉祝贺演出，240件群众文艺作品参赛，125件美术作品参展，充分展示了近年来全省文艺发展的最新成果，实现了湖北省委、省政府提出的“提升湖北文化建设品位、打造对外开放重要品牌、体现幸福湖北深刻内涵、彰显文化人才培养导向、营造市场主体公平竞争氛围”的办节目标。

重大文化活动。湖北省文化厅与文化部民族民间文化艺术发展中心、省委宣传部、省广电总台等联合承办第六届中国原生民歌大赛，该项赛事由文化部和湖北人民省政府主办，湖北省在大赛上取得1个金奖、1个银奖、2个铜奖、3个优秀将和1个组织奖的优异成绩，是全国获奖最多的省份。举办第五届湖北省楚剧艺术节，促进楚剧艺术发展。举办纪念“延座讲话”发表70周年湖北省优秀剧目、优秀美术作品展演月活动，举办文艺演出634场、美术展览27场，丰富和活跃了人民群众的文化生活。举办2012年湖北省京剧院北京巡演活动，受到首都观众的充分肯定和热烈欢迎。参与举办了第四届全国青年美术作品展．湖北巡展，展出全国青年艺术节作品300余件。承办2012年全国美术馆专业委员会年会，举办国家当代艺术研究中心重点项目“百年纵横——20世纪湖北美术文献展”、“湖北美术馆五周年馆藏精品展”等湖北美术馆开馆五周年庆系列活动。

文艺精品创作。以举办第一届湖北艺术节、参加第十届中国艺术节为契机，大力实施文艺精品创作工程，全省推出京剧《青藤狂士》、汉剧《宇宙锋》、楚剧《冬日荷花》、黄梅戏《李时珍》、东路花鼓戏《西风秋月》、郧阳二棚子《我的汉水家园》、歌舞《白云黄鹤是故乡》等一批新创优秀剧目，部分剧目在第一届湖北艺术节上获得楚天文华大奖。湖北省经典剧目京剧《徐九经升官记》、歌剧《洪湖赤卫队》获文化部优秀保留剧目大奖。湖北省群艺馆主创的《追爱》亮相央视春晚，歌舞诗剧《嗯嘎·女儿会》参加第四届全国少数民族汇演获“表演金奖”。

艺术科研工作。湖北省有3个项目入选全国美术馆发展扶持计划项目，2个项目入选全国画院优秀创作研究扶持计划项目，6个课题入选2012年度国家社科基金艺术学项目，4个课题入选2012年度文化部文化艺术科学研究项目，4项展览入选2012年文化部全国美术馆馆藏精品展出季，项目入选在中西部省份中位列第一。

二、公共文化服务体系建设

文化设施建设。大型标志性重点公共文化设施湖北省图书馆新馆建成开馆。县级“两馆”建设全面推进，2012年支持建设项目28个。社区文化中心设备购置工程顺利推进，制定《湖北省城市社区文化活动中心（文化活动室）设备购置专项资金管理办法》，为55个社区文化中心、457个社区文化活动室配备了相关设备。继续实施流动图书车工程，为11个县市配备了流动图书车。省政府在天门召开了全省推进公共文化建设现场会，推进全省公共文化设施建设。

公共文化服务。深入推进“三馆一站”免费开放，制定《湖北省美术馆、公共图书馆、群众艺术（文化）馆、乡镇综合文化站免费开放专项资金管理办法》，全省文化系统“三馆一站”基本公共文化服务项目全部免费开放。大力开展群众文化活动。省直组织举办京剧名家名票演唱会、全省残疾人文化节、“相约艺术节”等系列示范性、引导性群众文化活动；各地结合重要节假日和重大节庆活动，积极开展10000余场形式多样、深受群众喜爱的文化活动；组织开展第二十届全省专业艺术院团上山下乡暨新春金秋巡回演出季活动，全年演出20000多场。加大对农民工等群体的服务力度，湖北省两个基层农民工文化服务项目，入选“2012年农民工文化服务项目”。加强文化数字化服务建设。湖北省文化厅与省财政厅联合印发《关于实施湖北省数字图书馆推广工程的通知》、《湖北省公共电子阅览室建设计划实施方案》，支持指导各地深入开展数字化服务。依托国家数字图书馆推广工程，完成孝感、黄石、襄阳、荆州4家地市级数字图书馆建设。文化信息资源共享工程深入推进，建成各级基层中心和服务点40000多个，开通湖北教育网台共享工程频道、省电子政务外网共享工程频道，基本形成覆盖全省的数字文化服务网络。

公共文化运行机制。黄石市投入资金近10亿元，全面有序推进创建工作。参照国家标准，启动湖北省公共文化服务体系示范区（项目）创建工作，建立新的“文化先进县”评审机制。持续推进文化部委托的代表中部地区开展国家公共文化服务体系制度设计的综合研究，形成《文化系统人才选拔及岗位竞聘实施办法》、《公共文化建设激励机制》等阶段性成果。湖北省文化厅与省发展改革委联合印发《湖北省“十二五”文化发展规划》。

文化援边工作。落实中央和省委省政府有关精神，与新疆、西藏文化部门签订援助协议，援助新疆博州文化局执法车和流动舞台车，争取经费支持农五师楚天红星文体中心建设，援助支持西藏山南地区文化建设，组织画展、文物展赴新疆、西藏交流。完成2012年“春雨工程”——全国文化志愿者边疆行甘肃基层文化工作者来鄂培训工作。

三、文化市场

文化市场繁荣发展。一是网吧连锁化工作稳步推进。下发《关于进一步深化网吧连锁发展的实施意见》，召开全省网吧连锁推进工作会议。全省12家连锁网吧企业发展连锁网吧门店1000多家，占全省网吧的13%。二是演出市场热度不减。2012年新审批演出经纪机构11家，全省各类营业性演出达25000余场，观众人次近2000万人次。三是娱乐市场转型升级。全省娱乐场所（歌舞娱乐、游艺娱乐）3000多家，拥有KTV包房近2万个，游艺娱乐设备4.6万多台，呈现规模化、连锁化、品牌化、特色化发展趋势。四是艺术品市场稳步发展。目前全省艺术品经营单位283家，年营业收入近10亿元，发展势头良好。5月，文化部在湖北举办首届全国艺术品市场法制宣传周启动大会，荆门市圆宝斋画廊被评为全国第四批诚信画廊。五是网络文化市场发展迅速。全省在文化部门备案的网络文化企业53家，注册资金超近6亿元，营业收入超过10亿元。召开全省网络文化企业经验交流现场会议，举办第二届湖北省优秀网络游戏及相关产品评比活动。

文化市场监管水平提升。一是文化市场管理机制不断完善。召开全省文化市场管理工作领导小组会议，审议通过《湖北省文化市场管理工作领导小组工作规程》和《湖北省文化市场管理工作领导小组成员单位工作职责》，建立部门间的协作机制和定期会议机制。印发《湖北省网络文化市场日常巡查制度》。开展全省文化市场“十佳”评选表彰活动。二是文化市场综合执法信息化水平不断增强。开通湖北省文化市场网站，完成网吧监管平台和文化市场综合执法办公系统建设，制定《湖北省文化市场综合执法办公系统使用管理暂行规定》，在全省推行“执法信息网上录入、执法流程网上管理、执法活动网上监督、执法质量网上考核”的执法办案模式。三是文化市场综合执法力度不断加大。开展迎接党的十八大文化市场专项保障行动、暑期集中行动、动漫市场专项整治行动等一系列综合执法行动，全省全年共出动文化市场综合执法人员40多万人次，检查相关文化单位和场所20万多家次。全省办结案件4360件。四是文化市场综合执法队伍整体素质不断提高。举办培训班，组织开展“繁荣文化市场、创新市场监管方式”主题征文活动和“以案代训”活动，召开全省文化市场综合执法队伍建设经验交流会，全面推进文化市场综合执法“法制化、规范化、信息化”建设，湖北省在全国文化市场综合执法队伍规范化建设会议上作经验交流发言。

四、文化产业发展

大力发展动漫产业。发挥动漫扶持资金的引导作用，2012年下达动漫扶持资金1980万元，对33家动漫游戏企业的55个动漫项目进行了扶持。动漫公共技术平台和动漫信息服务平台建设完成投入运行。加强动漫企业认定，支持动漫原创和产品出口。武汉邦维文化发展有限公司等8家企业通过文化部动漫企业认定，海豚传媒原创三维动画《小鼠乒乒》、盛泰文化《阿特的奇幻之旅》被文化部认定为重点动漫产品，银都文化制作的《家有浆糊》获第26届中国电视金鹰奖优秀动画片奖，江通动画《天上掉下个猪八戒》获第22届“星光奖”动画片大奖，博润通《木灵宝贝》等6部动画连续剧在央视播出，《天元斗士》等鄂产动画片在全国各卫视频道展播。

着力营造发展环境。一是加大金融支持力度。主动与金融机构对接，为万达集团、华侨城集团、武汉光谷联合有限公司等一批文化企业争取信贷支持96.7亿元，推荐艾立卡公司“乐器领域信息资源开发服务平台建设”等近30个项目申报文化产业发展专项资金。二是加大政策支持力度。江通动画股份有限公司、宜昌金宝乐器制造有限公司等5家文化企业被评为2011—2012年度国家文化出口重点企业，武汉艾立卡电子有限公司SHS项目、黄梅挑花工艺有限公司黄梅挑花项目被评为2011－2012年度国家文化出口重点项目，武汉亿童文化教育发展有限公司、湖北盛泰文化传播有限公司等3家企业被文化部命名为第五批国家文化产业示范基地。开展第三批省级文化产业示范基地评选，评出武汉华侨城实业发展有限公司等49家文化企业为省级文化产业示范基地。三是搭建企业宣传展示平台。举办“湖北省首届食文化名企名食名人”评选、中韩日大学生数字艺术双年展、第四届中日（武汉）动漫游戏产业沙龙等活动；组团参加杭州国际动漫节、深圳文博会、厦门海峡两岸文博会等重点展会，对30多家文化企业、50多个文化产业项目进行集中推介，6个项目达成合作意向，涉及资金5000余万元。

推进园区建设。推动文化园区科学化布局，促进园区建设规模化、差异化、特色化发展。汉阳造文化创意园、光谷创意产业园、东创研发设计创意园、洪山大道创意产业园等发挥各自特色优势，拓展服务渠道，丰富盈利模式，实现管理科学化、规范化和市场化。江城壹号、武汉创意天地、长阳清江古城、三国文化旅游试验区等一批在建园区，完善规划，特点鲜明，发展前景看好。全省已建成文化产业园区40家，在建园区44家，意向性园区23家，规划投入资金952.79亿元，实际使用资金111.97亿元，实际进驻企业1390家。

五、文化遗产保护

文物保护。《湖北文物博物馆事业发展“十二五”规划》纳入国家文物博物馆事业“十二五”总体规划。文物保护规范化管理进一步加强。完善《湖北省文物保护工程勘察设计（施工）资质管理办法》，加强文化保护工程资质年检。世界文化遗产保护和申报成效显著。武当山、明显陵的本体安全和周围环境不断改善，黄石工业遗产、恩施土司城遗址、襄阳城墙、荆州城墙入选“中国世界文化遗产预备名单”。武昌起义军政府议员公所旧址复建工程顺利完成，利川大水井古建筑群李氏庄园等一批重要文物保护维修工程全面展开。

重大考古发掘工作。随州叶家山墓地考古发掘第一阶段工作已经完成，第二阶段考古发掘方案已获国家文物局批准。该发掘项目被国家文物局评为“2011年全国考古十大新发现之一”。南水北调文物保护工作顺利推进，组织南京大学等单位，对47处项目进行抢救保护发掘，完成发掘面积36380平方米。积极开展三峡后续文物保护工作，编制完成了《湖北三峡后续工作自然与历史文化遗产保护和完善实施规划》。

博物馆事业。湖北省博物馆承办国际博物馆协会亚太地区联盟2012年大会，来自德国、加拿大、瑞士等24个国家的博物馆知名专家参加会议。博物馆免费开放水平不断提高，全省各级博物馆新推出临时展览和专题展览500多个，接待观众1000多万人次。志愿者队伍日益壮大，全省博物馆登记注册志愿者达2000多人。积极扶持发展民办博物馆，新审批武汉铁盾书画艺术博物馆、武汉天人合一奇石博物馆、孝感麻糖米酒博物馆等8家民办博物馆。宜都市正国民俗博物馆馆长刘正国获得第五届“薪火相传——中国文化遗产保护年度贡献奖”。召开全省行业博物馆座谈会，加强对行业博物馆管理。

文物安全监管与保障。加强文物安全制度建设。建立全省及各市（州、区）文物安全联席会议制度和全省古墓葬保护值守工作和值守人员月报制度，出台《湖北省文物博物馆单位安全管理规定(试行)》，完善《文物建筑消防安全管理规则》。加大文物犯罪打击力度。召开全省打击文物犯罪专项行动工作会议，开展全省文物安全隐患排查整治专项行动，妥善处理了江陵“石人石马渊”雕像被盗等案件。加强文物市场管理与鉴定，审核涉案、征集、捐赠、拍卖文物10000多件（套）。

非物质文化遗产保护。立法保护取得重大成果，《湖北省非物质文化遗产条例》颁布实施。名录体系不断完善，开展第三批省级非物质文化遗产代表性传承人命名工作，命名省级非物质文化遗产代表性传承人153人。积极开展生产性保护工作，组织开展湖北省首届非物质文化遗产生产性保护专题艺术设计比赛活动，印发《关于开展省级非物质文化遗产生产性保护示范基地建设的通知》，命名武汉高龙城为首批湖北省非物质文化遗产生产性保护示范基地。积极创建国家级文化活动品牌，支持宜昌成功举办“2012年屈原故里端午文化节”。组织湖北省部分非物质文化遗产名录项目参加中国非物质文化遗产生产性保护成果大展、深圳第八届文博会、第二届中国非物质文化遗产博览会和首届中国（黄山）非物质文化遗产传统技艺大展。开展“文化遗产日”等系列宣传活动，文化遗产保护的意识更加深入人心。

六、对外文化交流

打造品牌，拓展渠道。大力打造“荆楚文化走世界”品牌，积极参与国家文化交流活动。春节期

间，组织黄梅戏表演艺术家杨俊和湖北青年艺术团参加国侨办“文化中国·四海同春”访演团赴美国、加拿大进行慰侨巡演，历时20余天，演出7场，现场观众达2万余人，受到各界人士热烈欢迎和高度赞誉，有力配合了国家侨务工作。圆满完成马耳他中国文化中心2012年全年文化交流任务，组织开展京剧经典折子戏专场演出、京剧艺术讲座、湖北省非物质文化遗产展览、中国画培训、武当武术培训等5项文化交流活动。

配合全省对外开放大局。实施“引进来”战略，引进墨西哥《古典与唯美》、意大利《辉煌时代——罗马帝国文物特展》等一系列等高水平演展，借鉴吸收外来有益文化。举办2012台湾·湖北（武汉）周文艺演出活动，组织精品剧目《家住长江边》在台湾演出两场，产生轰动效应，庆祝香港回归十五周年湖北舞台艺术精品演出周活动圆满成功，京剧《建安轶事》、黄梅戏《妹娃要过河》、歌剧《洪湖赤卫队》等剧目演出，受到香港各界人士的热烈欢迎和广泛赞誉。配合省政府代表团出访，省文化厅与意大利文化部门签署了《中国湖北省与意大利威尼托大区文化交流》、《道教文物展》、《中意博物馆联盟第二次会议》、《生命之相——梅内盖蒂本体艺术特展》等合作意向书。

七、文化体制改革

国有文艺院团改革全面完成。加强对地市县文艺院团改革的指导和督办力度，推动各项改革严格程序，规范操作，真改真转。截至2012年9月底，全省承担改革任务的96家国有文艺院团全面完成改革任务。随州市、天门市被文化部评为国有文艺院团改革工作中作出突出贡献的地区，鄂州市文化体育局等4个单位被评为作出突出贡献的单位，王永平等6名同志被评为作出突出贡献的先进个人。

文化市场综合执法改革进一步深化。湖北省文化厅与省广电局、省新闻出版局联合下发了《关于认真落实文化市场委托执法工作的通知》，与省财政厅联合下发了《关于加强全省文化市场综合执法装备配备工作的通知》。全省文化市场综合执法工作，全面实现了统一领导、统一协调、统一执法。

干部人事制度改革深入推进。大力推进干部人事制度改革，营造风清气正的选人用人环境，加大竞争性选拔干部工作力度，干部选拔任用的公信度和群众满意度进一步提高。加强厅直单位领导班子调整配备，各单位领导班子年龄结构、知识结构、专业结构日趋合理。

八、文化人才培养工程

文艺名家扶持计划。对董继宁、朱世慧等一批知名专家开展创作、研究、演出等进行资助，成立沈虹光艺术工作室；启动2012年度京剧名家培养工程。第一届湖北艺术节，颁发“湖北省文化艺术事业突出贡献奖”1个，评出“楚天文华表演大奖”8人，表彰和奖励了一批文化名家。

青年英才培养计划。对万晓慧等30多名优秀青年人才进行重点培养。湖北省文化厅与湖北省委组织部联合出台《湖北省舞台表演艺术青年英才培养计划实施方案》。在全国青年京剧演员大赛中，湖北省京剧院5位优秀青年演员入围决赛，取得3金2银的历史最好成绩；在意大利国际歌剧比赛中，湖北艺术职业学院3名青年教师分获一等奖、最佳演唱大奖等。

公共文化服务人才提升计划。举办全省公共文化管理干部培训班、全省博物馆讲解员培训班。湖北省图书馆、湖北省群艺馆等单位，面向基层文化骨干、社会文化人才、群众文化爱好者等开展各种培训活动，培训基层文化骨干2000余人（次）；各级积极开展社会文化培训活动，全省共举办各类培训班500多期，培训学员13000余人（次）。

湖南省

2012年，湖南省文化部门深入贯彻落实党中央、国务院和省委省政府关于文化建设的一系列重大决策部署，重点推进了以下工作。

一、通过举办第四届湖南艺术节，促进了艺术创作，丰富了群众文化生活

由中共湖南省委宣传部牵头，中共省委宣传部、省文化厅、省文联、湖南广播电视台、湖南日报社、湖南出版集团六单位联合主办，省文化厅具体承办的第四届湖南艺术节于9月11日至29日在长沙、岳阳、邵阳等地举行。艺术节以“向党献礼　向人民汇报”为主题，以“艺术的盛会　人民的节日”为宗旨，举办了大型开幕式演出、专业院团新剧目展演、群众文化舞台艺术展演、书法摄影和“湖南百年”美术创作工程作品展览、湖湘收藏艺术名品交易展、国内外优秀舞台剧目交流展演、万名市民进歌厅等8大活动，24台优秀专业剧目和98个群文节目

演出56场，400余幅美术书法摄影作品和3000多件典藏艺术精品参展，5000多演职人员参加演出，参与欣赏艺术节活动的群众超过200万人（次），参与“最喜爱节目评选”的网友达1500万人（次）。在第四届湖南艺术节期间，省文化厅推出了一批艺术精品，涌现了一批艺术新人，充分展示了湖南文化改革和发展的成果，反映了湖南改革开放的火热生活，体现了湖湘文化的传承和创新，为党的十八大营造了良好的文化氛围。

在艺术节的促进下，全省文化战线精品力作成批涌现。湘剧《李贞回乡》获中宣部第十二届精神文明建设“五个一工程”奖，舞剧《天山芙蓉》、湘剧《谭嗣同》、花鼓戏《潇湘红叶》、皮影戏《狼孩》，歌曲《祖国把我们连起来》、《又见洞庭》、《唱起国歌》等7部（首）作品获湖南省第十一届精神文明建设“五个一工程”奖。湘剧《李贞回乡》、《古画雄魂》，祁剧《梦蝶》分别入选2009—2010年度、2011—2012年度国家舞台艺术精品工程重点资助剧目和三十台精品剧目。大型原创皮影剧《人狼同舞》获第21届国际木偶节最高奖“最佳剧目奖”，这是湖南皮影戏首次获得国际级艺术大赛最高奖，俞涛等4人在第四届全国木偶皮影中青年技艺大赛上获最佳表演奖。湖南省民族歌舞团《五彩湘韵》剧目参加第四届全国少数民族文艺会演获音舞类剧目金奖。湘剧《古画雄魂》、舞剧《温暖》、湘剧《谭嗣同》、花鼓戏《平民领袖》参加2012年全国优秀剧目展演。昆剧《白兔记》、《荆钗记》参加第五届中国昆剧艺术节双获优秀剧目奖。教学剧目《永不凋谢的姊妹花》在第三届中国校园戏剧节获得校园戏剧奖的最高奖项优秀剧目奖。益阳的《接来乡里爹和娘》、省话剧院的情感小剧场话剧《青瓷》、湖南大剧院排练的魔术脱口秀《男子曰》、省杂技艺术剧院已演出130场的梦幻杂技剧《芙蓉国里》等等剧目，都是面向市场和艺术创新的成果。

二、攻坚克难，全面完成了文化体制改革阶段性任务

2012年上半年，省文化厅按照中央和省委省政府的统一部署，强力推进国有院团改革。全省90家国有文艺院团，除中央明确保留5家外，85家按时完成改革阶段性任务，其中转企改制的74家，划转9家，撤销2家。株洲市、常德市、怀化市3个市，湘潭市文广新局、岳阳市文广新局、湖南省歌舞剧院有限责任公司、湖南省杂技艺术剧院有限责任公司、益阳市湖南花鼓文化传播有限公司5个单位，徐岩立等6名个人受到文化部通报表彰。

改革使湖南省国有文艺院团在市场经济大潮中逐步建立了真正的市场主体，创作生产能力不断提升，实现了企业的资产、演出场次、主营收入和演职员工收入普遍大幅度增长。

三、狠抓基础设施建设，一批具有时代意义的文化重点工程上马建设

省级公共文化基础设施建设取得重要进展。湖南省博物馆改扩建、湖南图书馆改扩建、湖南艺术职业学院异地新建、省文化艺术中心、湖南大剧院二期工程、湖南省歌舞剧院整体异地新建等重点项目均已全面启动，总投资将超过40亿元。

各市州、县市区掀起了新一轮文化基础设施建设高潮。据文化厅规划财务处统计，全省已经启动市县两级大型公共文化设施建设项目284个，总建筑面积1968万平方米，计划总投资855亿元，已完成投资65.8亿元。

2012年，省财政投入专项建设资金1500万元，建设6个国家级非物质文化遗产地方剧院。14个市州的22个新建或改扩建的“三馆”项目建设进展顺利，获得中央、省级财政资金支持7.5亿元。长沙滨江文化园“两馆一厅”完成主体建设，梅溪湖国际文化艺术中心开工建设。衡阳启动新图书馆、博物馆、文化馆、市民文化广场、创意基地等重大文化项目建设，市图书馆新建项目列入国家“十二五”建设规划，非物质文化遗产传承交流中心建设继续推进，云集文化产业科技园项目入园企业总投资达25亿元。株洲各县区文化馆舍改造建设进一步提速。湘潭投资过亿元的市博物馆主体建成，正在进行陈列设计；市群众艺术馆河东分馆主体已完工，着手启动大唐婚礼文化艺术园、齐白石生态艺术园、湘江文化走廊、齐白石艺术城项目。邵阳市文化艺术中心举行了奠基典礼，征地拆迁、项目招标等各项工作都在稳妥推进。岳阳启动十大文化建设工程，市图书馆馆舍新建正进行建筑设计招标。常德市文化馆今年将投入使用，大剧院完成拆迁、项目工作，博物馆改扩建工程进入报建程序，投入9000多万元对草坪镇进行基础设施建设。张家界着手筹建市图书馆、市文化馆，市博物馆进行展厅形式设计。益阳加快梓山湖国际文化活动中心建设。郴州市群众文化艺术中心建设、市图书馆新建、市博物馆改扩建等项目进入规划设计和选址阶段，加快推进林邑文化创意产业园建设项目和投资40亿元的飞天山文化创意产业园项目。怀化加强对“三馆一中心”、文化创意产业园等项目建设推进力度。怀化图书馆建成开馆。娄底市文化中心建设项目采取政府交钥匙工程，正式奠基。湘西州图书馆、群艺馆建设项目进入国家计划笼子。

加强乡镇综合文化站建设。完成480个乡镇文化站设备政府采购工作，规范了全省乡镇文化站徽标。长沙完成第四批20个示范性乡镇综合文化站建设。衡阳市政府出台《衡阳市乡镇综合文化站管理办法（暂行）》，为全省第一个出台关于乡镇文化站管理与使用的市级规范性文件。

争取中央专项资金3427万元，加强城市社区文化中心（文化活动室）设备购置和公共电子阅览室建设。为20个县级国有改制剧团配送流动舞台车。着力推动全省公共电子阅览室暨数字图书馆建设，1个省级、6个市级数字图书馆建设项目获中央财政补助资金600万元。

四、公共文化服务水平明显提升，文化惠民工作取得新成效

长沙市国家公共文化服务体系示范区，“衡阳市公共文化服务进社区活动、常德市鼎城区民间艺术团体惠民演出”等三个国家级示范区和项目，经文化部中期督查验收，指标优良率为100%，文化部督查组认为湖南省创建工作位居中部前列。

积极推进“三馆一站”免费开放工作，联合省财政颁发了省、市、县三级财政经费配套保障政策文件。文化部督查组对湖南省免费开放工作给予好评。73家免费开放博物馆、纪念馆参观人数达3400万人次，共推出临时展览328个，观众满意度达到90%以上。韶山毛泽东同志纪念馆接待观众达380万人次；刘少奇同志纪念馆接待观众220万人（次）。

2012年，全省完成“送戏下乡、演艺惠民”演出11544场；完成“省会周末剧场”演出110场。由省委宣传部、省直机关工委和文化厅联合举办，文化厅具体承办的省会高雅艺术普及推广活动已举办12场。

五、群众文化活动如火如荼，品牌迭出

全省群众文化活动蓬勃发展。长沙积极扶植“草根”团队，现有群众文艺团体1200个，每年演出1万多场，举办“舞动星城　歌涌湘江”百万群众广场舞蹈、合唱展演活动。衡阳精心组织“幸福衡阳”、“喜迎十八大，欢歌颂雁城”群众文艺团体大赛等节庆活动，开展“广场旬旬演”活动32场，“社区周周乐”活动325场。株洲打造了新春音乐会、“周周乐”、“市民大讲坛”活动品牌。湘潭举办交响音乐会、音乐焰火晚会、湘潭群众广场舞大赛等活动，组织“周周乐”文化活动35场。邵阳大力开展广场文化活动，市区内每晚参加广场舞蹈健身的市民达4万人左右。岳阳推出的“高雅艺术演出季”已演出15场，举办“戏迎新春”、“社区万家乐”、南湖广场公益演出活动周，广受好评。常德开展群众文艺演出“百团大赛”，300余支团队参赛，参演人员4万多人，2000多个节目，600多场演出，160多万观众，被社会各界誉为民间剧团的“文化奥运会”、民间艺人的“星光大道”、老百姓的“欢乐大舞台”。张家界开展了“春节文化周”、“元宵灯会”等系列节庆文化、广场文化、社区文化活动。益阳举办第三届花鼓戏汇演，14天演出27场，观众达8万人以上；举办第二届南县地花鼓艺术节，36个代表队参加。郴州举办第六届郴州艺术节和首届全国海峡两岸昆曲交流展演活动，成功打造“市民大舞台·北湖之恋”、“魅力郴州·幸福苏仙”和“苏仙岭放歌”群文活动品牌。永州举办专题文艺晚会、广场文化、社区文化、专题展览等系列惠民活动，全市各县区按照“一季一主题、月月有活动”、“一月一场大演出、一周多场小活动”要求定期开展广场文化活动。怀化举办“放歌红土地·走进辰溪”大型广场文艺演出、第二届“三古”文化旅游节暨开幕式大型演唱会、“每周一歌”文化惠民活动。娄底举办“幸福娄底·欢乐湘中”广场文化系列活动。湘西州举办“金梧桐杯”全州广场舞大赛。

六、文化产业健康发展

长沙有网吧、歌厅、酒吧等文化娱乐场所2994家，从业人员4.8万余人，年产值达125亿元。琴岛、田汉两家都市娱乐演艺企业在提升水平、巩固市场的基础上，寻求和实现跨省发展。张家界整合旅游演艺市场，打造演艺精品，《天门狐仙·新刘海砍樵》、《张家界·魅力湘西》、《武陵魂·梯玛神歌》、《烟雨张家界》等旅游演艺企业，门票收入同比增长35%。民族舞蹈《追爱》登上央视春晚舞台。常德大力扶持民间演艺团体，以草坪镇、周家店镇、尧天坪镇为代表的“草根文化”在全国产生较大影响，全市民间团体年演出场次超过15万场，经营收入突破6亿元。湖南大剧院年收入突破5000万元，与江西艺术中心、武汉剧院等共同发起的“中三角”演艺

联盟成立，将共同促进三省演艺市场发展。

2012年，湖南省制作动画片15部，播出16653分钟；制作电影6部，动漫图书销售461万册；新媒体动漫作品超过7万件，作品累计下载次数突破5000万次，动漫总产值7.45亿元，比2011年产值增长30%。经文化部认定的重点动漫企业6家，占全国的18.8%。现有重点动漫产品17个，占全国25.8%。在2012年全国“两会”期间，湖南省在国家博物馆举办“十七大以来中国动漫产业发展成果展——湖南活动日”活动，周强书记、徐守盛省长和蔡武部长亲自出席。2012年省文化厅举办了“第六届全国手机动漫游戏大赛”和“2012年长沙国际动漫节”。

大力引导和推动艺术品产业健康发展。湖南省文化厅承办的第七届“中博会——湖南艺术品收藏与投资研讨会和湖湘收藏精品展”系列活动，成为中博会的一大亮点；第四届湖南艺术节湖湘收藏艺术名品交易展会反响强烈，上述活动艺术品交易额达到1.2亿元。省文物商店举办春秋两季全国文物艺术品交流会，交流会成交额达1.5亿元。由艺术品防伪鉴定、价值评估、交易平台组成的艺术品市场体系基本建成，湖南省画廊协会宣告成立。

“长沙天心文化产业园”获批为第四批国家级文化产业示范园区，是2012年全国确定的两个国家级园区之一。湖南金霞湘绣有限公司、湖南明和光电设备有限公司获批第五批国家文化产业示范基地，湖南省共有国家示范园区1个、示范基地9个，园区基地总产值达到25亿元。积极争取中央文化产业发展专项资金支持，5个项目获国家科技支撑计划专项经费799万元，39个文化类项目获得省引导资金2750万元。

七、文化遗产保护工作成果喜人

全省去年投入文物保护和建设资金约14亿元，其中争取中央财政补助4.9亿元。加强文物保护规划及方案编报，上报各类规划和方案51个，编制了《湖南近现代文化名人故居保护利用规划》和《湖南古民居古村落保护开发规划》。长沙铜官窑国家考古遗址公园（一期）、宁远舜帝陵庙考古遗址公园（一期）建成开园。启动古遗址、古建筑、古民居、名人故居、革命旧址等省级以上文物保护单位保护展示工程42项，湘阴左宗棠纪念园建成开放。国家文物局批准考古发掘项目30个。省内审批文物考古调查、勘探、发掘项目66个，有力配合了全省经济建设。启动实施了10个博物馆、纪念馆的新馆建设工程，15个博物馆、纪念馆馆舍改扩建工程。湖南省140处文物点列入第七批全国重点文物保护单位推荐名单，待国务院公布后，湖南省“国保”总量将位居全国前列。永顺老司城遗址、凤凰区域性防御体系、侗族村寨（通道、绥宁）成功入选《中国世界文化遗产预备名单》。保靖县夯沙乡夯沙村等30个村列入第一批中国传统村落公示名单。开展了文物执法巡查和检查等专项行动，确保文物安全。8处文化遗产入选第一批湖南省涉侨文化遗产名单。

2012年，湖南省开展了全省非物质文化遗产保护工作专项督查。新增21位国家级“非遗”项目代表性传承人，目前共有国家级传承人76人。70个项目入选第三批省级非物质文化遗产名录。在中国非物质文化遗产生产性保护成果大展、第二届中国（山东）非物质文化遗产博览会等全国性非遗重大展示活动中，湖南省有19个项目获奖，18名传承人受到表彰，获得3项组织工作奖。在“文化遗产日”期间，全省共投入资金459.42万元。组织了200余场非遗展览、展示、宣传活动，参与人数287.52万人。

八、文化市场监管更加规范，综合执法全面展开

全省推行使用电子政务服务平台办理行政许可项目，对全省14个市州的行政执法机构进行了统一资质考试，推行网吧连锁经营。统一部署清理整顿网络棋牌、网络音乐网站，没有发现违规经营情况。规范培育演出市场，新增演出经纪机构12家。省文化市场管理工作领导小组已召开筹备会议。

各市州成立文化市场综合执法机构之后，文化厅根据文化部的要求，及时完成了办证换证工作，共换发执法证件1752个。

文化部门办理互联网文化经营单位许可项目22项，演出经纪机构设立和变更许可项目23项，涉外涉港澳台营业性演出许可项目139项，1061人（次）。全省各级文化市场稽查机构共出动检查人员43万余人（次），检查各类文化场所27万家（次），受理举报2232起，立案调查7548起，移交157起，办结案件6125起，其中办结网络案件28起；责令停业整顿856家，吊销经营许可证2家，实现了全省文化市场的平安稳定。

九、对外文化交流得到加强

2012年，共派出文化交流团队48批，619人（次），同比分别增加37%、23%。共引进涉外涉港澳台商演项目140批（次），1064人（次），其中涉外大型演出活动31场，比2011年增长了35%。成功举办第二届“守望精神家园——两岸非物质文化遗产月”

系列文化交流活动，引起台湾各界强烈反响，受到文化部表扬。湖南综合艺术团赴俄罗斯、哈萨克斯坦参加文化部海外“欢乐春节”品牌活动，参加在埃及开罗举行的第五届“国际心灵音乐艺术歌曲艺术节”。江永女书习俗展参加美国纽约联合国总部举办的第三届“联合国中文日”活动。举办“亲情中华　魅力湖南——2012泰国湖南民间文化艺术节”。举办海峡两岸昆曲交流展演。湖南金霞湘绣有限公司等17家企业被认定为国家文化出口重点企业，釉彩瓷及釉下五彩瓷技术研发服务平台被认定为重点项目。全省文化出口和文化贸易得到稳步增长，在文化部召开的对外贸易工作会议上，湖南省文化厅作为中西部地区代表作了典型发言。省文化厅与湖北、江西两省签署了《文化交流合作框架协议》。

十、创新文化工作机制，引导社会力量参与文化建设

由文化厅主管的社会文化组织有43家，省文物局认定的民间博物馆16家。省文化厅召开了首次全省文化类社会组织管理工作会议，出台了《湖南省文化厅社会组织业务活动管理制度》等10项制度，规范了社会组织的审批程序。湖南省文化艺术基金会、湖南省收藏协会、湖南诗词协会、楹联协会等积极参与公共文化活动，发挥了很大的作用。

加强文化法制建设。《湖南省艺术品市场管理暂行规定》进入办文程序。《湖南省公共文化事业促进条例（草案）》、《湖南省〈非物质文化遗产法〉实施办法》等立法工作进展顺利。

广东省

2012年，在文化部和广东省委、省政府的正确领导下，广东省文化厅以邓小平理论、“三个代表”重要思想和科学发展观为指导，深入贯彻落实党的十八大、广东省第十一次党代会、全省文化改革发展工作会议精神和《2012年广东省政府工作要点》的要求，积极组织实施《广东省建设文化强省规划纲要（2011—2020年）》，努力将文化部和广东省委、省政府的各项部署要求转化为具体的目标任务和扎实的工作措施，确保各项工作落到实处，为建设文化强省和打造幸福广东作出了新成绩。

一、社会文化

办好广东省政府“文化民生实事”，大力推进基层公共文化设施全覆盖，把2012年作为基层文化设施建设的“攻坚年”，采取以奖代补的方式对全省经济欠发达地区的基层文化设施未达标项目进行扶持。积极开展第一批国家公共文化服务体系示范区（项目）创建工作。加强文化信息共享工程地方特色资源建设，广东成为国家文化共享工程数字文化网站平台试点，6个项目获国家地方资源建设项目立项。

【基层文化设施全覆盖工程】

2012年，省文化厅和各地党委政府部门合力推进基层公共文化设施建设。全省经济欠发达地区全年共计完成新建、改扩建县级图书馆、文化馆、博物馆42个，乡镇（街道）综合文化站118个，行政村（社区）文化室1000个，地级市数字图书馆3个，乡镇（街道）综合文化站公共电子阅览室333个，行政村（社区）文化室公共电子阅览室1000个。

【“三馆一站”免费开放】

2012年，广东省在上一年度基本实现“三馆一站”免费开放的基础上，着力推动各馆、站建立健全免费开放的规章制度和保障机制，完善与其职能相适应的基本文化服务项目，免费向群众提供服务。省财政全年共计安排320多万元专项补助资金支持广东美术馆、广东省立中山图书馆、广东省文化馆实行免费开放；下达6909万元专项补助资金支持全省经济欠发达地区县级以下公共图书馆、文化馆、乡镇综合文化站实施免费开放。2012年4月文化部开展专项督导检查，广东省“三馆一站”免费开放工作获得督查组的充分肯定和高度评价。

【全省群众文艺作品评选】

2月至5月，省文化厅组织开展全省群众文艺作品年度评选，各市推荐的参评作品451件，其中小戏95件、小品156件、音乐128件、舞蹈72件。经专家评选，共评出获奖作品180件，东莞市文广新局等8个单位获得组织奖。

【广东省文化志愿者四川行】

8月21日至26日，省文化厅组织73名来自全省各地的文化志愿者，深入四川甘孜藏族自治州、凉山彝族自治州、阿坝藏族自治州，奔赴康定、泸定、西昌、雅安、汶川等边疆民族地区，采取“大舞台”、“大讲堂”、“大展台”相结合的形式，开展“广东省文化志愿者四川行”活动，为当地群众送上精彩纷呈的文艺演出、摄影、书画展览和讲座培训等公益性文化服务，推动四川边疆民族地区与广东省的文化交流。

【全省群众性文化活动】

2012年，广东省委宣传部、省文化厅和各地组织开展“开心广场·百姓舞台”全省群众性文化活动。7月，省委宣传部、省文化厅、广州市委宣传部、广州市文化广电新闻出版局、广州市荔湾区委、荔湾区人民政府、佛山市顺德区委、顺德区人民政府联合主办首届广东省粤曲私伙局大赛。经过层层选拔，共有66支队伍、600多位参演人员分别参加家庭组和社区组决赛。经组委会评审，共评出家庭组决赛金奖8个、银奖9个、铜奖9个；社区组金奖13个、银奖14个、铜奖13个，组织奖8个、特别贡献奖3个。

8月，广东省委宣传部、省文化厅、潮州市委、潮州市人民政府和广东电视台联合主办的广东省民间潮乐大赛在潮州体育馆举行。共有25支团队进入总决赛。经组委会评审，共评出大锣鼓组决赛金奖4个、银奖4个、铜奖3个；弦诗乐组金奖4个、银奖5个、铜奖5个；评出优秀组织奖9个、特别贡献奖1个。

9月，广东省委宣传部、省文化厅、惠州市委、惠州市人民政府和广东电视台联合主办的广东省渔歌精英赛暨全国渔歌邀请赛在惠州市举行。共有12个省、60多支队伍、400多名渔歌表演者参加，共评出金奖12个、银奖13个、铜奖13个。

11月，广东省委宣传部、省文化厅、东莞市委、东莞市人民政府和广东电视台共同主办的广东省客家山歌擂台赛暨第三届八省客家山歌邀请赛在东莞凤岗举行。来自4个国家、国内8个省、60多个市的100多支队伍参加了比赛。共评出金奖11个、银奖13个、铜奖14个、特别奖5个、优秀创作奖6个、新秀奖6个、特别贡献奖1个、优秀组织奖11个。

【南粤幸福活动周】

9月29日，广东省社工委、省文化厅和省体育局牵头举办首届“南粤幸福活动周”。启动仪式在广州市天河体育中心南广场举行，4000多名群众演员参加演出，集中展示幸福广东的风采，活跃基层群众文体生活。汪洋、朱小丹等省市领导出席观看，并给予高度肯定。

【广东省第七届群众戏剧曲艺花会】

2012年11月30日至12月3日，广东省第七届群众戏剧曲艺花会在深圳市福田区举行。来自全省23支代表队的61个优秀戏剧曲艺节目参加了比赛和展演。大会评出金奖29个、银奖32个、优秀展演奖1个，中共福田区委宣传部（区文化体育局）等8个单位获得优秀组织奖。

【组织参加第十届中国艺术节“群星奖”比赛】

2012年，省文化厅组织全省参加第十届中国艺术节“群星奖”比赛。经层层选拔，全省共有10个节目入选第十届中国艺术节“群星奖”音乐、舞蹈类复赛，数量排名全国前三名。10月至11月，广东省10个音乐、舞蹈节目分别参加在烟台、青岛举行的复赛，得到了观众及评委的一致好价，全部入围决赛。

【基层文化队伍建设】

2012年，广东省选派全省基层文化干部赴北京，参加由文化部主办、中央文化管理干部学院承办的全国基层文化队伍骨干培训班。举办广东省公共电子阅览室业务培训班。转发文化部组织编写的《公共图书馆业务培训指导纲要》、《文化馆（站）业务培训指导纲要》培训教材。

【文化志愿者队伍建设】

2012年，成立广东省文化志愿者艺术团、东莞市文化志愿者服务大队。广东省文化志愿者队伍继续壮大，文化志愿服务水平进一步提升。目前全省有41支业余志愿者文艺团队共1900多人。

二、专业艺术

2012年，为迎接广东省第十一次党代会和党的十八大胜利召开，全省各级文化部门精心组织系列文化活动，在全省上下营造良好文化氛围。大力推进全省市县两级国有文艺院团体制改革步伐，通过分类指导，分步推进，全省113家国有文艺院团全面完成体制改革任务，广东省被中央评为全国文化体制改革先进地区。

【重大文艺活动】

2012年9月2日，省文化厅组织广东民族乐团创作的大型音乐会“粤韵飞扬——广东民族乐团音乐会”晋京演出获得成功。中共中央政治局常委李长春，中共中央政治局委员、广东省委书记汪洋，全国政协副主席罗富和及有关领导与首都观众一起观看演出，并给予高度评价。2012年，省文化厅成功组织举办“2012中国发展高层论坛‘广东之夜’主题晚宴”文艺演出、“两会”专场文艺演出、广东省军民春节联欢音乐会、全省各界人士迎春招待会晚会、全省高层次人才迎春音乐会、广东省第十一次党代会专场文艺晚会、喜迎党的十八大召开优秀作品展演、全省优秀舞台艺术作品巡演活动、首届粤港澳台魔术节、二沙岛草坪音乐会、第九届广东现代舞周等重大文艺活动。

【舞台艺术创作】

2012年，在国内外重大艺术比赛评比中，广东省取得较好的成绩：南方歌舞团有限公司主创的大型民族音舞诗画《瑶山随想》，参加第四届全国少数民族文艺会演获剧目金奖，并获最佳编剧奖等10个单项奖；广州交响乐团委约创作的大型交响乐《虎门1839》，获第十六届全国音乐作品（交响乐）大型作品组一等奖，是广东省近年来在交响乐创作方面取得的最好成绩；广州交响乐团常任指挥林大叶获第六届乔治·索尔蒂国际指挥大赛冠军；佛山粤剧传习所创作排演的粤剧《小凤仙》，入选“2010—2011年度国家舞台艺术精品工程”30台资助剧目；广东歌舞剧院有限公司的李思音获第十届全国声乐比赛民族组三等奖；广东省话剧院有限公司创作排演的音乐动漫剧《谁是朋友》，获第七届全国儿童剧优秀剧目展演“优秀演出奖”；关山月美术馆获全国美术馆馆藏精品展出季优秀展览奖。省文化厅荣获全国少数民族文艺会演、文华艺术院校奖、全国美术馆馆藏精品展等优秀组织工作奖，被评为全国艺术信息工作先进单位。

三、文化产业

2012年，广东省把发展文化产业作为促进产业结构调整升级、推动文化强省建设的一个重要着力点，不断强化政府引导、规范和服务职能，全省文化产业发展呈现加速发展的良好态势。

【文化产业政策研究制定】

2012年，省文化厅在全国率先开展全省小微文化企业发展情况课题调研，形成《广东省小微文化企业发展现状研究报告》。在广东省委组织部统筹下，文化产业纳入广东省市厅级党政领导班子和领导干部落实科学发展观评价指标体系及考核办法，实行“一把手”负责制。开展演艺业、工艺美术品业、动漫业和互联网文化企业的税收执行情况调研，为国家出台相关政策提供决策依据。

【推进文化产业与金融融合】

2012年，广东省金融办、省文化厅和省银监局联合对文化创意产业投融资问题进行专题调研，积极探寻解决中小微文化企业融资难和文化产业项目融资难的新路径。召开全省文化产业工作现场会暨投融资培训班。促进金融机构与文化企业深入沟通交流，签订战略合作协议。

【促进文化与科技融合发展】

2012年，省文化厅与省直相关部门积极开展文化与科技融合发展调研，研究拟订推进文化与科技融合发展的政策性文件，整合全省文化科技融合资源，依托文化科研机构、高等院校、公共图书馆、文化科技企业和孵化机构等资源，酝酿打造文化科技公共服务平台。积极扶持深圳华强、广州励丰等文化科技企业上市。

【文化会展】

2012年，全省各地文化会展业蓬勃开展，广州国际艺术博览会、广州演艺设备智能声光产品技术展览会、中国花都国际珠宝节、中国（中山）国际游戏游艺游博会、中国（云浮）石文化节、中国（揭阳）玉文化节、中国（东莞）国际沉香文化艺术博览会、江门侨乡动漫节、中国廉江红橙旅游文化节等文化会展成效显著。5月18日至21日，第八届中国（深圳）国际文化产业博览交易会在深圳市举行。本届文博会总成交额达1435.51亿元，其中广东团参展强化交易功能，签约金额817.16亿元。文博会整体质量、水平和影响力再上新台阶。广东省展团和广东团办公室分别荣获“优秀展示奖”、“五星级展商”和“优秀组织奖”称号。

【加强粤港澳台文化产业合作交流】

2012年，省文化厅加强与港澳沟通交流，粤港澳三方达成若干文化创意合作项目，合作项目实效性进一步加强。制定《粤港澳服务贸易自由化行动计划》，落实广东省政府“十二五”时期扩大深化CEPA、推动粤港澳服务贸易自由化的重点任务。组织文化企业赴台湾参加“海峡两岸文化创意展”，鼓励和支持文化企业参与国际竞争，扩大文化产品和文化服务出口。全省共有7个项目和65家文化企业被国家商务部、财政部和文化部等6个部门共同认定为2011—2012年度“国家文化出口重点企业”和“国家文化出口重点项目”。

【推动文化产业园区和基地建设】

2012年，广东省积极向国家争取先行先试政策，推进珠海横琴文化创意产业园区建设。在国家级文化产业示范园区和基地评选活动中，深圳灵狮文化产业投资有限公司、广州漫友文化科技发展有限公司、广东奥飞动漫文化股份有限公司、揭阳市阳美宝玉石有限公司等4家文化企业被评为“第五批国家级文化产业示范基地”。

四、文化市场

2012年，省文化厅紧紧围绕文化市场“三打两建”核心任务，精心组织全省文化市场“三打”专

项行动、“两会”期间文化市场暨出版物市场专项检查、演出歌舞娱乐场所安全生产检查、动漫市场专项整治、网络文化市场案件查处等一系列文化市场专项整治工作，加强文化市场政策法规建设，加大对文化市场的监管力度。

【推进行政审批制度改革】

2012年，省文化厅配合省编办对现有的审批事项进行清理，取消“香港、澳门特别行政区演出经纪机构在内地设立分支机构审核”、“网络文化经营许可证有效期届满前的延续审核”、“非经营性文化活动单位设立、变更、注销备案”、“互联网上网服务营业经营单位的总量和布局核准”4个项目。向文化部争取文化市场审批制度先行先试，其中涉外营业性演出(全国巡演除外)、港澳独资在深圳前海和珠海横琴设立娱乐场所等，由文化部委托下放省文化厅审批。《网络文化经营许可证》编码在保留全国统一编码的基础上，由文化部给予广东省专用号段。

【开展全省文化市场行政许可工作督查】

2012年11月6日至12月21日，省文化厅开展全省文化市场行政许可工作督查。全省21个地级以上市及顺德区的文化市场审批人员参会。督查期间，点评演出、娱乐、网吧及艺术品等案卷共216份。

【演艺市场】

2012年，省文化厅共办理涉外、涉台营业性演出审批272宗，简化和调整内部演出审批程序，统一规范全省演出审批文本。2012年，省文化厅与省科技厅联合主办中国（广州）国际灯光、音响、乐器暨恩平麦克风展。3月28日，广东首个本土演艺院线联盟——“星海演出院线”成立启动仪式在广州市举行。

【艺术品市场】

2012年，省文化厅组织开展艺术品经营单位的登记备案工作，深圳、东莞、佛山等12个市开展相关工作，备案单位413家，办理美术品进出口审批21宗。开展诚信画廊复核及第四批诚信画廊评选，广东有4家经营单位获得诚信画廊称号。

【游艺市场】

2012年，省文化厅组织开展第五、六、七批游戏游艺机型机种内容审核，上报文化部175款，基本实现工作常态化。11月，在广州（番禺）、中山开展游戏游艺机标签化管理试点。

【互联网文化市场】

2012年6月，省文化厅分别在广州、深圳组织开展经营性互联网文化单位负责人培训班，全省249家经营单位共471人参加培训。2012年，对全省308家从事网络游戏单位进行检查，对8家有严重问题的企业进行核查整改。2012年，共办理经营性互联网文化单位设立、变更、延续、注销事项312宗。

【文化市场“三打”专项行动】

2012年，省文化市场综合执法局在全省开展文化市场“三打”专项行动。重点打击制售政治性非法出版物、侵权盗版出版物；清理和查处含有国家法律法规禁止内容的文化产品和有害信息；查处演出、娱乐、网吧等文化市场欺行霸市等违法违规经营行为；整治非法文化产品生产制作源头、复制印刷环节、流通传播渠道和集中经营场所。据统计，全省文化执法部门共出动75.3万人（次），检查各类文化市场经营场所约32.1万家（次）；受理举报2254宗，立案调查各类违法违规案件7202宗，依法移交公安、工商等相关职能部门的案件264宗，办结案件7155宗，未办结47宗，案件办结率达99.3%；行政处罚违法违规文化经营单位3673家（次），其中责令停业整顿429家（次）、吊销经营许可证36家，罚没人民币约1622.6万元。专项行动保证了全省文化市场总体健康、平稳、安全。

【“两会”期间文化市场暨出版物市场专项检查】

2012年，省文化市场综合执法局在全省范围内组织开展“两会”期间文化市场暨出版物市场专项检查。采取联合检查、错时检查、暗访检查等方式，以出版物批发零售场所、印复制企业、繁华街区、旅游景点、交通枢纽、学校周边、城乡接合部等为重点检查区域，全面加大对文化市场的执法检查力度，重点查缴含有国家法律法规禁止内容的出版物以及盗版教辅读物、畅销书、工具书等。

【演出、歌舞娱乐场所安全生产检查】

2012年3月至12月，省文化市场综合执法局在全省范围部署开展演出、歌舞娱乐场所安全生产检查，进一步强化经营单位的安全生产意识，建立健全责任制，有效防止和减少文化市场经营场所安全生产事故的发生，保障人民群众生命财产安全。

【查办大案要案】

2012年，全省各级文化市场执法部门查处一批重大案件，有力地打击和震慑违法经营分子，有效地推动广东省文化市场的健康有序发展。据统计，2012年全省共查办文化市场大要案45宗。广州市查处非法复制印刷、仓储包装、运输、销售出版物大案12宗；深圳、汕头、惠州市各查处非法制售境内、

外出版物大案5宗；肇庆市查处销售、使用盗版教辅教材重大案件1宗；茂名市查处“假记者利用非法出版物诈骗案”1宗，该案涉案金额达300多万元，涉及当事人400多人。

【制定《文化市场行政处罚自由裁量权的暂行规定》】

2012年7月1日，《广东省文化市场综合执法局关于规范文化市场行政处罚自由裁量权的暂行规定》施行。

【文化市场技术监管系统建设】

1. 网吧监管平台建设。2012年，全省网吧服务端注册数约0.86万家，网吧服务器在线率日均61.24%，擅停率日均35.59%；网吧终端注册数约130.94万台，网吧终端安装率日均53.95%。2012年，广东省网吧监管平台与中央网吧监管平台的专线连接施工完毕，年内将实现与中央网吧监管平台的互联互通。

2. 文化市场综合执法办公系统建设。2012年1月1日，广东省文化市场综合执法办公系统正式应用，各地市共立案调查2604件，其中办结2244件。各地市报送612条执法信息，其中通过审核的有354条，未通过审核的有258条。

3. 广东文化执法网建设。2012年5月1日，广东文化执法网（英文域名：www.gdwhzf.gov.cn，中文域名：广东省文化市场综合执法局.com）正式开通。

【畅通举报渠道】

2012年，全省各级文化市场综合执法机构利用12318文化市场举报电话和网上举报等有效载体，及时受理群众对文化市场违法违规经营行为的举报。

五、文化遗产保护

2012年，广东省登记在册的不可移动文物点37156处，全国重点文物保护单位66处，省级文物保护单位506处。2012年，广东省获公布的非物质文化遗产代表性名录项目中，国家级129项（三批），省级446项（四批），市级905项，县级1455项。

【文物保护】

2012年，广东省政府公布拱桥岭遗址等99处不可移动文物为第七批广东省文物保护单位。5月，经省政府同意，省住房城乡建设厅与省文化厅核定公布第三批历史文化街区3个、名镇9个、名村36个。深圳市中英街被国家文物局评选为“中国历史文化名街”。

【考古调查与发掘】

2012年，广东考古资质单位配合基本建设工程进行考古调查、勘探和发掘项目30多项。9月，完成“南澳1号”2012年度水下考古发掘工作，“南澳1号”水下沉船全部文物出水，出水文物3万多件（套）。

【海峡两岸文化遗产保护论坛】

2012年12月3日至4日，第四届海峡两岸文化遗产保护论坛在广州市举行。两岸文博界和法学界30余位专家学者围绕文化遗产法制建设、文物进出境监管、水下考古、大遗址保护等共同关注的话题展开讨论。

【启动海域文化遗产联合执法专项行动】

2012年9月4日，省文化厅、省海洋与渔业局联合开展首次广东省管辖海域内文化遗产联合执法专项行动，在汕头海事码头启动。由文物、海监、文化市场综合执法人员组成的海上执法巡航，标志着广东对所辖海域文化遗产的管理和保护走向规范化、常态化。

【国家级非物质文化遗产代表性项目督查】

2012年1月至4月，省文化厅组织开展全省国家级非物质文化遗产代表性项目专项检查。5月，文化部督察组对广东省部分濒危和传承困难的国家级非物质文化遗产代表性项目进行督查。

【第三批省级非物质文化遗产项目代表性传承人申报评审】

2012年5月至12月，省文化厅组织开展第三批省级非物质文化遗产项目代表性传承人的申报评审工作，收到全省218位传承人申报。经专家委员会主任会议评审、社会公示和复核结果，确定传统音乐等9大类152名传承人，为广东省第三批省级非物质文化遗产项目代表性传承人。

【省级非物质文化遗产生产性保护示范和研究基地申报】

2012年8月，省文化厅组织开展第一批广东省非物质文化遗产研究基地和生产性保护示范基地推荐和申报工作，共收到申报研究基地申请59个、申报生产性保护示范基地申请76个。经专家初评，列入实地考察的研究基地12个、生产性保护示范基地48个。是年，确定进入公示阶段的第一批生产性保护示范基地28个、第一批研究基地12个，将于2013年3月在广东省文化厅公众服务网公示。

【广东省首批非物质文化遗产项目代表性优秀传承人评选】

2012年3月，省文化厅制定《广东省非物质文化遗产优秀传承人评选办法》。6月，省文化厅组织开展广东省非物质文化遗产优秀传承人评选活动，经各地市推荐、专家评审和社会公示，共评选出首批广东省非物质文化遗产优秀传承人31名。

【成立非物质文化遗产保护促进会】

2012年12月，广东省非物质文化遗产促进会成立。这是全国首个成立的省级非物质文化遗产促进会，共有个人会员339人，团体会员33个，将对广东省非物质文化遗产保护产生积极的推动作用。

【业务培训】

2012年4月至11月，省文化厅在东莞市、潮州市、云浮市、乳源县和广州市海珠区分别举办非物质文化遗产保护工作、非物质文化遗产生产性保护工作、网上申报非物质文化遗产中央资金、全省少数民族地区非物质文化遗产档案管理、入选联合国教科文组织“急需保护的非物质文化遗产名录”项目保护工作等培训班。

【非物质文化遗产理论研究和宣传】

2012年4月，省文化厅牵头组织、策划《探寻·传承》——广东省非物质文化遗产百集大型系列专题片的拍摄工作，将通过电视、网络和电子出版物等向社会传播。5月，省文化厅在中山市组织召开全省非物质文化遗产生产性保护研讨会。8月，省文化厅在汕头市组织召开粤东地区文化生态保护区专家论证会。8月，省文化厅在佛山市顺德区组织召开省级文化生态保护区建设专家论证会，就建设海洋文化、华侨文化、禅宗文化生态保护区等进行讨论。

【非物质文化遗产展演展示活动】

2012年1月至2月，省文化厅组织12个省级以上非遗名录项目、20多名非物质文化遗产项目代表性传承人，参加在北京市举办的非物质文化遗产保护成果大展。4月至6月，省文化厅组织举办“2012年广东龙舞网上大汇演”活动，全省50支队伍、2000多人参加，经专家评审并结合网民投票，评选出金龙10条、银龙20条，组织奖10名，最佳人气奖1名。5月，省文化厅组织非物质文化遗产代表性项目，参加第八届中国（深圳）国际文化产业博览交易会，签约金额近8000万元。5月，省文化厅组织“广州彩瓷烧制作技艺”等40多个传统技艺、美术、医药类非物质文化遗产名录项目，参加2012年广东（中山）“文化消费节”非物质文化遗产生产性保护成果展。6月9日，省文化厅在东莞市举办广东省2012年“中国文化遗产日”启动仪式，组织粤剧、古琴艺术等非物质文化遗产代表性项目进行展演。7月5日，广东省非物质文化遗产项目参加韩国丽水世博会广东活动周开幕式展演。7月至8月，广东省首届青少年粤剧粤曲大汇演在广州举行，全省17个地级以上市69个节目进入决赛，港澳两地青少年与广东省粤剧小演员同台献艺。9月，省文化厅组织全省10项非物质文化遗产代表性项目近百件精品，参加在枣庄市举办的第二届中国非物质文化遗产博览会；在汕头市举办广东省廉政文化剪纸优秀作品展，展览评出金奖9件、银奖15件、铜奖30件、优秀奖45件；指导深圳市盐田区组织举办第二届沙头角鱼灯节；组织省5个非物质文化遗产代表性项目，参加在天津市举办的2012年第二届全国非遗展示会；组织潮州市抽纱项目参加在昆明举办的第二届中国“福保”乡村文化艺术节。9月至11月，2012广东醒狮网上争霸赛在广东文化网上演，全省共有19个地级以上市137支醒狮队伍报名，2000多人参赛，在佛山市南海区进行总决赛并颁奖。11月，广东省首届非物质文化遗产麒麟舞大赛暨麒麟头制作技艺展在东莞市举行，来自全省26支代表队现场展示麒麟舞表演和独特的麒麟头制作技艺。11月，省文化厅组织潮绣、香云纱染整技艺（深圳）等非物质文化遗产代表性项目参加首届中国（黄山）非物质文化遗产传统技艺大展；组织非物质文化遗产音乐专场晚会“粤韵流长——岭南古琴、广东音乐欣赏会”在广州友谊剧院举行。

六、对外和对港澳台文化交流

2012年，广东省开展对外、对港澳台双向文化交流716批、11876人次，继续保持全国前列。其中，出访367批、6875人次，来访349批、5001人次。

【大型文化交流】

2012年5月10日至14日，日本驻广州总领事馆为纪念中日邦交正常化40周年，邀请日本冲绳友好舞蹈团一行20人在广州江南大戏院和大学城演出。5月24日至30日，深圳歌舞团一行42人赴德国法兰克福、纽伦堡参加“中国文化年”活动，演出4场原创歌舞《凤舞东方》；随后访问波兰作专场舞蹈演出。5月27日至30日，加拿大演出机构和艺术节代表团一行8人来粤参观。6月至11月，省博物馆举办法国“深海奇珍”（THE DEEP）展览，展出由法国哥伦比亚河展览制作公司（Columbia River）提供的深海动物标本43件（套）。6月8日至25日，广州市杂技艺术剧院有限责任公司一行20人，赴土耳其参加2012土耳其中国文化年活动及第五届大安卡拉市艺术节。6月22日至25日，埃及文化部副部长侯塞姆·纳赛尔博士一行2人访问广东，参观考察省博物馆、西汉南越王博物馆、光塔寺等文化设施。8月28日至9月4日，广东艺术团一行34人，赴塞舌尔参加“纪念首批华人抵塞150周年”庆典演出活动。9月13日至16日，埃及新闻中心摄制组一行6人来粤拍摄电视专题片，采访公共文化事业发展和群众文化生活，拍摄在华阿拉伯人与当地民众融洽的现况。9月29日至10月6日，广东省木偶艺术剧院有限公司一行15人，赴俄罗斯参加2012年俄罗斯“中国文化节”演出活动。11月8日至14日，广州市举办2012中国（广州）星海国际合唱锦标赛，来自德国、美国等20多个国家40多支团队及国内60多支团队来穗参赛。11月14日至30日，广州美术学院与中国美术家协会藏书票研究会在该校举办“第二届广州国际藏书票双年展”，展出来自27个国家及香港特区的藏书票共99件。11月16日至19日，波兰POLO电视台摄制组一行5人访问广州，拍摄广东省自然风光、风土人情及饮食文化。11月22日至28日，梅州市举办首届客家文化艺术节，来自美国、加拿大、法国、南非、澳大利亚、印度尼西亚、塞拉利昂7个国家及中国香港、澳门特区、中国台湾地区的18位演员参与演出；在梅县文体中心举办客家文化艺术展览，展出来自印度尼西亚、马来西亚及中国香港特区、中国台湾地区的油画、水墨画、书法及雕刻作品共16件。11月23日至27日，波兰驻广州总领事馆在广州亚太国际俱乐部举办“波兰文化节”，波兰民族艺术团一行27人参加开幕式活动。11月23日至12月12日，省文化厅、清远市人民政府、羊城晚报报业集团和连州市人民政府在连州举办“2012连州国际摄影年展”，共展出300多名中外摄影大师的7000多幅佳作。11月27日，省文化厅与省外办在中山纪念堂举办广东国际交流周“友城之夜”文艺晚会，邀请荷兰DOX艺术团等7个来自友好省州的表演团体70人参与演出。12月6日至10日，广州市举办第十七届广州国际艺术博览会，十多个国家及中国港澳台地区的艺术机构和艺术家参展，共展出作品467件。12月27日至2013年1月14日，广东歌舞剧院与香港舞蹈团赴美国华盛顿肯尼迪表演艺术中心、加拿大多伦多索尼艺术中心，演出粤港合作版舞蹈诗《清明上河图》。

【海外“欢乐春节”活动】

2012年春节期间，省文化厅向海外及中国港澳台地区派出38批文艺团组，875人次，分别赴英国、比利时、法属留尼旺省、印度、新加坡、马来西亚等9个国家及中国香港、澳门特区开展“欢乐春节”活动，演出146场，海外观众达20多万人次。受到我驻外使（领）馆、华侨机构的表扬。

【莫斯科中国文化中心系列活动】

2012年5月14日至23日，俄罗斯5名摄影家到粤采风创作，参观广州、深圳、珠海、佛山、东莞、中山、江门等市，拍摄作品将在莫斯科中国文化中心举办展览，俄罗斯驻穗总领馆文化领事出席此次活动，并给予高度评价。12月3日至10日，广东艺术团赴俄罗斯参加莫斯科中国文化中心揭牌仪式，启动广东与莫斯科中国文化中心开展文化年活动，举办“当代中国岭南艺术家作品展”、“广东屋”装置展、广东音乐小组演奏和非遗项目现场展示，开设第一批中华文化培训班，开展剪纸和武术教学活动。广东艺术团在莫斯科红军剧场和圣彼得堡音乐厅举办公演，在莫斯科中国文化中心举办“俄罗斯摄影家眼中的广东”摄影展。中共中央政治局委员、国务委员刘延东和俄罗斯副总理戈洛杰茨出席挂牌仪式，对广东艺术家的精湛技艺给予高度赞扬。

【2012韩国丽水世博会】

2012年6月28日至7月9日，广东艺术展演团一行49人，赴韩国参加2012年韩国世博会，在“中国馆”承办韩国丽水世博会“广东活动周”非物质文化遗产展演活动。

【第五届中泰一家亲】

2012年8月15日至26日，广州市杂技团、上海歌舞团、上海京剧院共51人组成的中国艺术团，赴泰国参加第五届“中泰一家亲”音乐歌舞晚会。在泰演出期间，泰国皇室诗琳通公主、颂莎瓦莉王妃、泰国总理英拉以及泰国外交部、文化部等要员观看演出，中国政府代表团文化部副部长杨志今一行出席首演式。

【第四届潮剧节】

2012年9月24日至28日，省文化厅、汕头市政府和省潮剧发展与改革基金会，在汕头市共同举办第四届潮剧节。来自美国、澳大利亚、马来西亚、新加坡、泰国及中国港、澳特区的20个海外团体及内地36个演出团体参加演出，参演人员近3000人，展演优秀剧目40多场，观众超过10万人次。全国政协港澳台侨委会副主任、省潮剧发展与改革基金会创会会长蔡东士，广东省副省长雷于蓝，中央人民政府驻港联络办公室副主任黄兰发以及中直、省直、粤东四市领导和海内外嘉宾出席开幕式。

【2012年中国广州国际演艺交易会】

2012年10月9日至10日，2012年中国广州国际演艺交易会在广州市白云国际会议中心举行。来自美国、加拿大、俄罗斯、乌克兰、德国、英国、法国、意大利、奥地利、南非、苏丹、日本、韩国、新加坡、澳大利亚等国家及中国台湾地区约200名演出经纪人和艺术院团代表参加。

【粤港澳文化交流】

2012年2月4日至7日，广东民族乐团一行26人，随朱小丹省长率领的省政府代表团，赴澳门、香港参加2012年港澳春茗演出活动。2月27日至3月2日，广州交响乐团一行94人赴澳门，为澳门高中教育一年级学生进行普及艺术教育示范演出。3月24日至4月15日，广州美术学院在该校岭南画派纪念馆举办首届“杨之光杯”青少年创意美术大赛，展出香港、澳门学生作品共28幅。4月6日至8日，广东粤剧学校邀请香港演艺学院演艺青年粤剧团一行37人，到该校进行文化交流，并在广州文化公园举办两场交流演出。4月12日至15日，澳门罗梁体育总会龙狮队等共139人，在广州市正佳广场举办第一届“广东·澳门周”旅游文化展。4月19日，粤港澳文化合作第13次会议三方全体大会在香港特区政府添马舰新总部会议厅举行，出席会议的三方代表共165人。会议议定三地共同打造舞蹈诗《清明上河图》、现代舞剧《从广州寄出的365封情书》、三地“流动博物馆”、“粤港澳历史建筑摄影大赛”、举办“中华创意产业论坛2012”和“粤港澳青少年粤剧交流团”等32个合作项目，三地签署《粤剧保护传承意向书》。5月17日至21日，珠影乐团一行61人、广州大学歌舞团舞蹈队一行46人和星海音乐学院合唱团一行63人，赴香港参加庆祝香港回归15周年“陈思思美丽之路——爱你香港”演唱会活动。7月16日至25日，省文化厅与香港特区政府民政事务局、澳门特区政府高等教育辅助办公室联合举办“2012年粤港澳青年文化之旅”活动，来自粤港澳地区著名高校的120多名青年大学生，完成在澳门、香港、福建、广东四地近千公里行程的文化之旅交流活动。7月20日，广东舞蹈戏剧职业学院与香港雯艺轩青少年粤剧曲艺培训学校、澳门街坊会联合总会粤剧培训中心，共同举办“2012年粤港澳青少年粤剧艺术培训交流团”，邀请港澳地区40多名青少年到广州地区巡演。11月10日至18日，省木偶艺术剧院有限公司赴澳门参加“亲亲中国传统表演艺术”系列活动。12月5日至18日，广东中华民族文化促进会在澳门金碧文娱中心举办“今天80后，未来国大师”——青年工艺美术师三雕一彩一绣精品展，展出广东省80后青年工艺美术师作品115件。

【对台文化交流】

2012年7月30日至8月2日，台北市政府文化局代表团一行7人访粤，参观广州大剧院、星海音乐厅、广东美术馆、友谊剧院等文化设施，并就2012“两岸城市艺术节——广东城市文化周”及2013年“两岸城市艺术节——台北文化周”活动安排进行商谈。8月2日至4日，台北教委会市政考察团一行20人访粤，参观广东省博物馆、陈家祠等文化设施。9月12日至22日，中国民主建国会广东省委员会、中国书画家联谊会华光书画院和台湾中华海峡两岸多元文化交流协会，在台北市松山文创园区举办“两岸书画名家作品联展”，展出海峡两岸120位知名画家、书法家创作的作品211幅。10月15日至26日，省文化厅组织观展团一行5人赴台湾参加第三届海峡两岸文化创意产业展及相关文化产业交流活动。11月15日至2013年2月24日，广州美术学院作为“东亚新世代交流展”主办方之一，组织大陆地区21位教师和15名学生的陶瓷作品91件赴台湾参展。12月3日至9日，深圳市特区文化研究中心组织11人代表团赴台北，参加“台北——深圳——香港——上海：城市文化交流会议2012台北年会”。

【两岸城市艺术节——广东城市文化周】

2012年10月19日至11月11日，2012“两岸城市艺术节——广东城市文化周”大型两岸文化交流活动在台北举办。文化部副部长励小捷、广东省海峡两岸交流协会名誉会长雷于蓝、台北市副市长陈雄文出席开幕式并致辞。省文化厅组织文化参访团、广州交响乐团、广东粤剧院、广东省非物质文化遗产展演团、省内书法艺术家及媒体一行252人赴台，举办3场粤剧精品汇演、2场交响音乐会、3场广东省非物质文化遗产展演及“味象——当代岭南写意状态”国画书法展、“今日广东”图片展等，受到台北民众的热烈追捧，展览观众超过8万人次。

【首届粤港澳台魔术节】

2012年8月10日至12日，由文化部艺术司、省文化厅和省文学艺术界联合会举办的首届粤港澳台魔术节在广州友谊剧院举行。来自两岸四地的30名魔术表演高手参赛，表演精彩纷呈，吸引大批观众观看，每场演出座无虚席。

七、博物馆

2012年，广东省有博物馆204家，其中国有博物馆152家，民办博物馆33家，行业博物馆169家。

【博物馆免费开放】

2012年，广东省已实行免费开放的博物馆有166家，其中文物部门所属博物馆125家，行业性国有博物馆14家，民办博物馆27家。

【大型陈列展览】

2012年1日至3月，省文化厅与湛江市政府举办“天南重地——雷州历史文化展”。5月，省文化厅与香港民政事务局、澳门文化局举办“海上瓷路——粤港澳文物大展”，在粤港澳三地巡回展出。2012年4月至6月，省文化厅和西藏自治区文化厅举办“雪域瑰宝——西藏文物展”。

八、公共图书馆

【2012年全国图书馆年会】

2012年11月22日至24日，由文化部和广东省人民政府共同主办，省文化厅和东莞市人民政府具体承办的“2012中国图书馆年会——中国图书馆学会年会·中国图书馆展览会”在东莞市举行。全国2000多名图书馆馆长、专家参加，共同商讨新时期图书馆事业的发展。本届年会首次引入城市申办机制，东莞市成为第一个成功申办年会的城市。

【文化资源共享工程】

2012年，广东省文化资源共享工程在实现省、市、县、镇、村级网络全覆盖的基础上，继续加强地方特色资源建设。岭南文化——客家文化多媒体资源库、述绎端砚专题片、潮汕民俗文化专题片、汕头埠老街市多媒体资源库、五邑华侨华人多媒体资源库六个项目获全国文化信息资源共享工程2011年度第一批地方资源建设项目立项。

【书香岭南全民阅读活动】

2012年4月23日，2012“书香岭南”全民阅读活动启动仪式在广东省立中山图书馆举行。通过“书香机关创建”、“评选十大书香企业和书香之家”、“青少年快乐阅读”、“农民读书”、“隽永华章·锦绣中华”等系列活动，倡导分级阅读、分众阅读、网络阅读、手机阅读、快乐阅读五大阅读理念，让阅读成为全民时尚。

【广东省立中山图书馆百年馆庆】

2012年12月18日，广东省立中山图书馆成立100周年庆祝活动在该馆广场举行。活动还举行百年馆史展和粤港澳地区图书馆建设与创新服务高峰论坛，鲍少游家属向中山图书馆捐赠鲍少游书画作品。广东省委书记汪洋、广东省省长朱小丹和文化部部长蔡武，分别对广东省立中山图书馆取得的成就给予充分肯定。55位在中山图书馆从事30年以上的员工被授予“图书馆服务贡献奖”。

【古籍保护】

2012年，省文化厅积极推动全省各地以现代信息技术方式开展古籍普查登记工作，利用“全国古籍普查登记平台”，全面开展古籍普查登记工作。

九、美术馆

【第四届广州三年主题展】

2012年9月28日至12月16日，由广东美术馆主办的第四届广州三年主题展在广东美术馆、广州大剧院和正佳广场举行。全球24个国家和地区的75位优秀艺术家的作品参展，以“见所未见”为主题，围绕“未来之物、未见之事、未见之信、未见之城、未见之变”五个关键词展示艺术家的作品，涵盖绘画、雕塑、摄影、装置、现场表演等多种艺术表现形式，共吸引34万多观众到场。

【全国美术馆发展扶持项目】

2012年，广东省推荐15个全国美术馆发展扶持项目有10个入选，其中国家重点美术馆优秀展览项目2个，优秀展览项目4个，优秀公共教育和推广项目4个，入选项目数量居全国各省（自治区、直辖市）之首，为近年广东省推荐参评全国美术馆发展扶持计划入选项目最多的一次。

广西壮族自治区

2012年，广西文化系统坚持以科学发展观为指导，深化文化体制改革，繁荣文化事业，发展文化产业，推进民族文化强区建设迈出了新步伐，为促进广西经济社会又好又快发展作出了积极贡献。

一、文化体制改革成果显著

【全区国有文艺院团体制改革如期完成】

出台了《自治区党委办公厅　自治区人民政府办公厅印发〈关于深化国有文艺院团体制改革的意见〉的通知》和《自治区人民政府关于同意自治区直属国有文艺院团体制改革实施方案的批复》，对财政投入、土地和资产处置、演出扶持、人员安置、社会保险、税收优惠等配套政策进行细化明确。全区117家国有文艺院团除经中央批准可以继续保留事业性质的9家院团外，截至6月底，其余108个文艺院团转制22家，划转69家，撤销17家。在中央规定的期限内如期完成改革任务。

【文化市场综合执法改革全面完成】

14个设区市和参与改革的95个县（市、区）文化市场综合执法责任主体全部组建，95个县（市、区）综合执法机构级别为副科级，人员编制为参公事业性质，达标率为100%。

【文化体制改革工作受到表彰】

在全国文化体制改革工作表彰大会上，北海市获“全国文化体制改革工作先进地区”称号，广西演艺集团有限责任公司、来宾市群众艺术馆获“全国文化体制改革工作先进单位”称号，广西文化厅何小萍同志获“全国文化体制改革工作先进个人”称号。在全国国有文艺院团体制改革工作通报表扬大会上，南宁市和文化系统4家单位、4位同志受到文化部的通报表扬。

二、公共文化服务体系建设取得新进展

【公共文化基础设施建设掀起高潮】

全区文化设施年内建设项目262个，完成投资18.65亿元，竣工项目155个，面积41.92万平方米。广西美术馆建成开放，广西铜鼓博物馆加紧建设。梧州市图书馆等11个市级公共图书馆、群众艺术馆、博物馆项目开工建设。认真统筹、规划、推进自治区级文化设施建设和区直改革院团配套演出设施建设，编制了《自治区图书馆地方民族文献中心综合楼项目建议书》等9个项目建议书。

【村级公共服务中心建设深受农民群众欢迎】

自治区本级财政投入1.92亿元补助资金，带动其他渠道和地方投入2.19亿元配套资金，建设了1200个村级公共服务中心。村级公共服务中心建设内容包括：建设一个篮球场、一个文艺舞台、一栋公共服务综合楼，组建一支农民文艺队、一支农民篮球队。村级公共服务中心建成后，具有文体娱乐、健康服务、文化学习、宣传教育等功能。

【创建国家公共文化服务体系示范区和项目工作积极推进】

组织力量完成了国家公共文化服务体系制度设计课题《公共文化单位免费开放与公益性服务研究》。来宾市通过创建示范区工作带动全市各级财政8亿多元的文化建设投入，完善提升了全市各级公共文化设施基础条件，初步建立了公共文化服务体系运行保障机制，成为全区首个建立健全公共文化服务体系建设长效机制的设区市。河池市罗城仫佬族自治县创建首批国家公共文化服务体系示范项目，率先在全国试行乡镇文化站“总—分站”弹性管理模式，为破解乡镇文化站管理难题提供了经验借鉴和有效参考。

【全面实施公共文化设施免费开放】

全区107个公共图书馆、1248个群众艺术馆、文化馆（站）、1个美术馆和45个博物馆、纪念馆免费开放，国家和自治区安排经费15996.4万元。全区公共图书馆总藏量2126.69万册（件），其中图书1437.21万册；总流通1366.43万人（次），其中，外借人次422.69万人（次）、外借册次805.83万册（次）。全区群众艺术馆、文化馆（站）共举办展览2726个；组织文艺活动25171次，参加活动人次1370.46万人；举办训练班14254个，培训71.5万人（次）；组织公益性讲座705次。全区博物馆藏品36.28万件，陈列展览416个，参观1124.97万人（次）。

【千团万场群众文化活动蓬勃开展】

全区11081个群众业余文艺团队，实现了“周周演”、“月月比”、“季季赛”、“年年奖”的良性发展。组织第十六届“八桂群星奖”各门类评选活动，培育挖掘出了一批优秀的群众文化作品，活跃了全区公共文化产品创作。开展“魅力北部湾”群众文化活动，以广场、社区为平台开展群众文艺创作、演出活动，打造具有广泛影响力的区域性群众文化活动品牌。南宁的乡村社区和谐文艺大展演、钦州的“广场大家乐”、百色的“红城广场周周演”、梧州的“璀璨广场”、河池的“金城大舞台”月月演等活动影响广泛。

三、舞台艺术精品创作演出进一步繁荣

【舞台艺术精品迭出】

桂剧《七步吟》入选2010—2011年度国家舞台艺术精品工程重点资助剧目，壮剧《赶山》入选2011—2012年度国家舞台艺术精品工程年度资助剧目。彩调剧《刘三姐》获文化部第二届优秀保留剧目大奖。音乐剧《桂花雨》获第十二届精神文明建设“五个一工程”奖，参加全国第四届少数民族文艺会演，获最高奖——剧目金奖，并囊括最佳导演、最佳编剧、最佳音乐、最佳舞美、最佳演员、最佳新人等单项奖，广西代表团获优秀组织奖。木偶音乐剧《拇指姑娘》获第21届国际木偶联会大会暨国际木偶艺术节优秀剧目奖。话剧《老街》获话剧艺术最高奖“金狮奖”。桂剧《七步吟》、舞剧《碧海丝路》参加文化部2012年全国优秀剧目展演。

【繁荣舞台艺术演出】

全区艺术表演团体年内创作首演剧目12个。全年演出1.2万场，平均每团176.9场，全年观众757.9万人（次），其中农村演出0.23万场、观众216.7万人（次）。演出收入4，630.6万元。全区艺术表演场馆演（映）出2.35万场，其中艺术演出0.25万场，平均每单位演（映）出1175.5场，全年观众159.1万人（次），艺术收入974.8万元。第八届广西剧展演出了20台大型剧目、71个小戏小品剧目，参演剧目数量之多、持续时间之长、剧展规模之大均为历届剧展之最。木偶剧《拇指姑娘》、桂剧《七步吟》、壮剧《赶山》、话剧《鬼马小雀仔》、话剧《老街》、《舞动八桂——温国鸣作品晚会》等作品陆续上演，深受观众好评。

【各类文艺活动精彩不断】

举办了全区首届基层群众文艺会演。组织举办了“永远记住他们——中国近现代著名词曲作家作品音乐会”演出，李岚清、郭声琨、马飚、赵维绥、李志群等领导与各界群众一起观看了演出。全年共举办了2012年“红十字博爱送万家”启动仪式文艺演出等10多项重大活动。

四、文化产业加速发展

【文化产业园区加快建设】

正式成立了广西文化产业城项目建设领导小组办公室，完成文化产业城概念性总体规划初稿，自治区党委、政府举行了广西文化产业城中国东盟创意乐园（锦园）项目启动仪式，锦园项目深化方案获原则通过。来宾金龟岛民族文化博览园、来宾凤凰文化创意产业园、桂台文化旅游园区、北海市高新区文化产业园动漫基地、凭祥红木文化产业园等文化产业园区建设取得实质性进展。

【文化产业示范基地建设成效显著】

1家企业入选第五批国家级文化产业示范基地，广西国家文化产业示范基地达到了6家；评选命名23家企业为第四批自治区文化产业示范基地，全区自治区级文化产业示范基地达到了51家。2012年，广西的6家国家级文化产业示范基地的主营业务收入达4.48亿元，营业利润2.62亿元；43家自治区文化产业示范基地主营业务收入达17.26亿元，营业利润2.22亿元。

【特色文化产业发展成果突出】

制定《自治区特色文化产业示范县（市、区）、示范乡（镇）评选命名办法》，组织评选命名了武鸣县等16个县（市、区）为首批自治区特色文化产业示范县，横县等22个县（市、区）为首批自治区特色文化产业项目示范县。特色文化产业示范县（包括武鸣县的文化旅游、梧州市的人造宝石、北海市的珍珠饰品、博白县的编织工艺品、凭祥市的红木艺术品产业等）成为重点关注、培育和发展的特色文化产业项目和地区。其中，凭祥年红木产品交易额达30亿元；博白县编织业总产值13.61亿元；梧州市每年约生产人工宝石136亿粒，约占全国产量80%，世界产量70%的市场份额。

【动漫游戏产业呈现发展新气象】

会同桂林市人民政府成功举办第四届中国·桂林创新创意文化节暨第四届桂林动漫节，为11家动漫骨干企业安排布展补助，较好地展示了广西动漫企业的主力阵容和发展水平。具体承办2012年文化部“原创动漫边疆推广计划”动漫进广西活动，组织开展了中国优秀动漫作品展、动漫图书捐赠、动漫发展论坛、动漫校园行、动漫企业行5大主题活动，得到广西动漫企业、高校师生和动漫爱好者的广泛参与，产生了良好的社会影响。自治区党委常委、宣传部部长沈北海、自治区副主席陈章良、文化部文化产业司高政副司长出席“原创动漫边疆推广计划”动漫进广西活动启动仪式。继2011年有2家企业通过国家动漫企业认定后，2012年又有成功推荐3家企业通过国家动漫企业认定，使广西通过国家认定的动漫企业总数达到5家。桂林力港网络科技公司2010年产值为230万元，2011年8500万元，2012年营业收入1.6亿元、完成税收1100万元，实现了三年“三大步”。自治区党委常委、宣传部部长沈北海2012年7月5日，组织召开全区动漫产业发展座谈会，研究部署动漫产业发展工作。自治区党委宣传部、自治区财政厅复函同意从2013年起设立额度为1000万元的广西动漫产业发展引导资金。

【文化和科技融合发展方式积极创新】

起草《关于加快推进文化科技融合发展实施方案》、《关于培育20万创意创业人员的实施方案》，作为《自治区党委办公厅、政府办公厅关于深化科技体制改革、加快建设广西创新体系实施意见》的配套文件印发，将文化与科技融合发展纳入广西创新体系建设，在全国走在前列。由广西文化厅申报、广西图书馆联合深圳华文数图信息咨询有限公司承担的“数字图书馆技术与应用”项目入选2012年度文化部科技创新项目立项名单，2012年顺利通过验收，获得验收专家组的高度评价。

【全区各市对文化产业发展的支持力度加大】

南宁市出台进一步加快文化产业发展的实施意见和若干政策，从2012年起在“十二五”期间每年安排不低于5000万元的文化产业发展专项资金，并根据财力增长情况逐年提高。北海市出台《关于加快北海市文化产业发展的实施意见》，市财政从2012年起每年安排1000万元作为文化产业发展专项资金。梧州市与高校合作筹建“梧州市文化创意产业孵化园”，探索建设微型企业孵化平台。

五、文化市场发展繁荣有序

【文化市场管理和执法工作成绩突出】

认真贯彻落实文化部、自治区党委、自治区人民政府的部署，狠抓文化市场专项整治，创建平安文化市场，确保了广西文化市场平安稳定、健康繁荣，为党的十八大顺利召开营造了良好的社会文化环境。2012年，文化部对广西文化市场综合执法考评评分97.5分。

【文化市场监管措施有力】

组织开展全国“两会”期间出版物市场专项检查、游艺娱乐市场专项整治行动和地毯式安全生产大排查等活动。全区各级文化市场综合执法机构共出动人员出动18.6万人（次），检查文化经营单位11.88万家（次），受理举报712件，立案调查716件，办结案件649件，收缴非法音像制品25.39万盒（张），罚款186.75万元，警告771家（次），责令停业整顿79家，确保了文化市场平安稳定。广西文化稽查总队被评为“2012年全国动漫市场专项整治行动先进单位”。

【文化市场监管能力得到提升】

加强全区网吧技术监管系统建设，全区网吧监控软件安装率全年平均居全国第10位，软件在线率全年平均居全国第5位。14个市全面完成市级网吧监管平台建设，并与广西文化厅互联网文化监管中心联网。启用文化市场综合执法办公系统，运用情况全年平均居全国第5位，作为8个省（自治区）之一受到文化部通报表扬。

【推进文化市场综合执法规范化建设】

以贯彻落实《文化市场综合执法管理办法》为核心，加大综合执法队伍培训，全区综合执法规范化水平显著提升，广西的做法被文化部《文化市场综合执法专刊》特载，在全国文化市场综合执法队伍规范化建设经验交流会上，作为4个省（自治区）之一广西的规范化建设经验交流材料被选编入大会经验材料交流手册。钦州市钦北区建立了“区有执法队伍、镇有协管队伍、村有监督队伍”先进管理模式，基本实现“横到边，纵到底”的管理目标。柳州市、南宁市文化市场综合执法支队被文化部评为“2012年全国文化市场综合执法工作先进集体”。广西文化稽查总队、百色市、桂林市文化市场综合执法支队负责人被文化部评为“2012年全国文化市场综合执法工作先进个人”。

【文化市场进一步繁荣】

全区文化市场8888个，经营机构固定资产原值38.68亿元，经营面积234.22万平方米，营业收入27.42亿元，利润总额9.58亿元，应付工资总额5.86亿元。

六、文化遗产保护迈上新台阶

【文物保护地方法规和规章制度逐步健全】

《广西壮族自治区文物保护条例（修订草案）》经自治区人大常委会一审通过，进入二审程序。《广西壮族自治区左江岩画保护办法》经自治区第十一届人民政府第110次常务会议审议通过，自治区主席签署第77号令颁布实施。

【扎实抓好重点文物保护项目】

自治区主要领导赴花山岩画保护工地视察，并召开现场办公会，决定给予花山岩画保护及开发利用经费5000万元。完成花山岩画本体抢救性保护第一期工程和平台地基加固工程，并通过了验收，花山岩画保护工程在加固材料、多学科联合攻关等方面为国内外同类文物保护工程创造了宝贵经验，花山岩画本体保护工程二期开工。靖江王陵安防工程顺利实施，靖江王陵、甑皮岩遗址考古遗址公园建设工程全面启动。完成北海近代建筑城仔教堂等20多项重点文物维修保护工程。开展湘桂铁路等18项重点建设工程用地的文物调查和考古勘探、发掘等工作。与福建、广东、海南三省签署了《福建、广东、广西、海南省（自治区）水下文化遗产保护合作框架协议》，共同推进南海周边4省（自治区）的水下文化遗产保护和利用工作。继续第三次全国文物普查后续工作。完成广西传统村落调查工作，上报住房城乡建设部、文化部、国家文物局、财政部。配合完成广西特色名镇名村建设涉及的文物保护工作。成功举办了国家文物局、自治区人民政府联合主办的中国南宁国际博物馆日主场城市活动。申报世界文化遗产工作取得重要进展。花山岩画文化景观、灵渠、海上丝绸之路·北海史迹、侗族村寨·三江侗族村寨列入《中国世界文化遗产预备名单》。

【大力推进百家博物馆建设】

建成开放了柳州工业博物馆、浦北县博物馆、环江毛南族博物馆、天等县博物馆、中国红军第七第八军河池整编阅兵纪念馆、贺州学院族群文化博物馆、崇左壮族博物馆等20家博物馆、纪念馆。龙胜龙脊壮族生态博物馆全国示范点建设项目顺利推进。广西民族博物馆获得国家民委授予第三批全国民族团结进步教育基地称号。

【加大文物行政执法和安全工作力度】

公安、文物部门联合破获桂林靖江王陵石刻被盗等案件。安排了10个县级文物管理机构和大遗址保护管理机构购置交通工具补助费。对桂林等4市文化（文物）行政部门、执法机构开展文物保护单位文物行政执法巡查。与自治区海洋局签署了“关于合作开展广西管辖海域内水下文化遗产保护工作的框架协议”，并开展2012年度广西管辖海域内水下文化遗产联合执法专项行动。

【加强文物管理机构建设】

广西壮族自治区机构编制委员会批复调整自治区文物管理机构设置和人员编制（桂编[2012]227号），设立自治区文物局，为自治区文化厅内设机构，自治区文物局内设文物保护与考古处、博物馆与文物安全督察处，增加5名行政编制。广西壮族自治区机构编制委员会批复同意设立广西文物保护与考古研究所（桂编[2012]153号），广西文物保护与考古研究所从广西博物馆分离建制，为自治区文化厅管理的相当正处级财政全额拨款事业单位。桂林市文物局和崇左市壮族博物馆、贺州市文物管理所、临贺故城管理处相继成立。

【非物质文化遗产保护传承取得显著进展】

靖西县壮锦厂入选第一批国家级非物质文化遗产生产性保护示范基地，这是我国第一批10个少数民族项目之一。参加了全国非物质文化遗产生产性保护成果展，展示了广西非物质文化遗产生产性保护成果。报请自治区人民政府公布了98个第四批自治区级非物质文化遗产代表性项目名录。国家级非物质文化遗产代表性项目（彩调）传承基地建成揭牌。对广西37个国家级项目所在地的11个市和17个项目保护单位进行了督查。铜鼓文化（河池）生态保护实验区升格为国家级文化生态保护实验区。

七、文化交流合作深入开展

【对东盟国家文化交流迈出新步伐】

成功举办2012中国—东盟文化论坛、2012·“红铜鼓”中国——东盟艺术教育成果展演、中国·东盟（广西）艺术品交流交易博览会等重大对外文化交流活动，反响热烈。新加坡总理李显龙授予广西文化厅“新加坡春到河畔组织奖。”自治区主要领导对2012中国—东盟文化论坛作出重要批示：“祝贺！认真总结经验，办好下届论坛。”

【重大文化交流活动影响广泛】

成功举办2012年新加坡第26届“春到河畔”春节文化庆祝活动、“八桂大歌中亚行”活动、韩国“欢乐春节”活动、新加坡“春城洋溢华夏情”活动等4大海外“欢乐春节”活动。广西4个文化艺术代表团在亚洲六国表演、展示期间，共演出44场，有200多万人次参与、观看。光明日报在广西举行广西海外“欢乐春节”专题座谈会并予以报道，人民日报辟专版进行了报道，中央电视台、中国网络电视台、新加坡联合早报等国内外主流媒体广泛报道。与首尔中国文化中心联合开展为期一年展示广西民族文化独特魅力的“广西文化年”系列活动，成功在韩国广西两地举办了“漓江画派展”、“韩国摄影家广西采风行”、“2012韩国·中国广西文化年——美在广西”文化交流活动、广西演艺产品推介会等12项活动。中国广西美术展（在平壤举办）、2012韩国丽水世博会访问演出展览等重大对外文化交流活动，影响广泛。

【对外文化工作得到肯定】

广西文化厅被文化部评为“对外及对港澳台文化工作先进单位”，在十家获奖厅局中排名第六、西部地区第一，并在2012年全国文化厅局外事工作座谈会上作了典型发言。

八、文化人才队伍建设取得明显成效

【实施文化人才队伍培训大行动】

在全区开展文化致富工程“两委”干部培训和基层文化骨干培训大行动，举办多期以全区文化系统和基层文艺骨干为对象的培训班、全国村歌大赛采风行广西研讨班、全区群文系统写作理论培训班等活动，举办广西文物博物馆安全管理人员培训班、广西文博事业高级管理人才培训班全区文物考古调查发掘培训班。组织人员积极参加全国各类公共文化培训行动。

【努力推出专业文化人才】

百色起义纪念馆、桂林甑皮岩遗址博物馆周海馆长分别荣获人力资源和社会保障部、国家文物局颁发的全国文物系统先进集体和先进工作者称号。广西文物保护与考古研究所熊昭明列入广西第十五批新世纪“十百千人才工程”第二层人选名单之列。

九、文化投入稳步增长

全区文化文物经费全年收入26.38亿元，其中：财政拨款22.81亿元，与上年收入18.94亿元及其中的财政拨款16.36亿元相比，分别增加7.44亿元、6.45亿元，增长39.28%、39.43%。2012年人均文化文物事业费48.72元。全区文化文物经费全年支出24.89亿元，比上年经费支出18.78亿元增加6.11亿元，增长32.53%。

海南省

2012年，海南省各级文化行政部门和文化单位，牢牢把握稳中求进的总基调，认真做好每一项工作，保持了全省文化事业和产业持续健康发展的良好态势，以公共文化服务体系建设为重点的各项工作取得了新进展，迈出了新步伐，实现了新突破，为推进海南国际旅游岛文化建设作出了新的贡献。

一、公共文化服务体系建设

基础文化设施建设成效显著。积极推动三亚市群众艺术馆、琼海市文化馆、海口市龙华区文化馆等市县文化馆、图书馆改扩建工作。启动全省行政村文化室建设工程，完成120个行政村文化室建设规划工作。澄迈县、陵水黎族自治县国家公共文化服务体系示范区（项目）创建工作进展顺利；海南省国家公共文化服务体系制度设计重点课题研究工作按计划推进。全省公共图书馆、文化馆（站）免费开放工作稳步推进并取得初步成效。与有关单位联合制订下发《关于进一步加强全省农民工文化工作的实施意见》，推动全省农民工文化建设。完成全省图书馆、文化馆（站）建设服务等各项调查研究，有效推动了工作。

公共数字文化建设服务工作扎实推进。完成全省乡镇综合文化站基层服务点文化信息资源共享工程专网建设工作；加快政务外网建设，着力解决资源传输通道问题，重点实现了政务外网省级中心全覆盖；加强与中国有线海南分公司的战略合作，完善“文化共享工程（401）频道”建设，利用数字电视不间断播出文化共享工程优秀资源；与中国联通合作开通“100M独享”数字通道，使省图书馆形成互联网出口的“双通道”模式，缓解了省图书馆不断增多的互联网读者因单通道带来的“数据瓶颈”压力，使全省各支中心流畅地访问互联网。抓好全省乡镇公共电子阅览室建设工作，为基层群众提供内容健康、服务规范、环境良好的公益性互联网服务。

基层文化干部队伍建设进一步加强。完成第一期、第二期全省基层文化干部培训工作，共计培训基层文化馆干部93人、图书馆干部90人、乡镇综合文化站干部196人，有效提高了全省基层文化干部队伍业务能力和知识水平。

群众文艺创作演出精彩纷呈。全省各级文化部门以文化进社区、文化下乡、广场文化活动等品牌活动为抓手，组织开展了8000多场各类群众文化活动；以“群艺大舞台”、海口万春会等重大文化活动为龙头，丰富拓展了公共文化活动的形式与内容，带动了城乡文化活动的广泛开展。组织制定《海南省“群星奖”评奖办法》，成功组织举办海南省首届“群星奖”评奖活动，74个群众文艺节目、166件美术摄影书法作品、4个群众文化活动项目获得海南省首届“群星奖”，5人被评为“群文之星”。组织美术、书法、摄影作品参加“2012群星璀璨·全国群众美术书法摄影优秀作品展”；组织推荐音乐、舞蹈节目参加全国“群星奖”评比，有5个节目成功入选复赛，创历史最好成绩。组队参加第十四届中国老年合唱节，荣获最高奖项海峡杯。完成2012年文化下乡工作任务。

二、艺术创作和演出

专业艺术创作喜获丰收。重点创排了黎族舞蹈诗《黎族故事》、新编历史琼剧《琼州海瑞》两台精品剧目；借首届海南省艺术节的平台，推出《天堂鸟》、《执着》、《恩义千秋》、《幽会的烦恼》、《奏考回琼》等一批优秀剧目；复排琼剧《百年苍翠》，参加2012年全国优秀剧目展演。

各类奖项和荣誉再上台阶。黎族舞蹈诗《黎族故事》获第四届全国少数民族文艺会演剧目金奖等11项大奖；音乐剧《火凤凰》被评为国家舞台艺术精品工程2010—2011年度资助剧目；省文化艺术学校邓藺珊同学获全国少儿戏曲最高奖——“金花奖”；海南大学唐丽春的课题《海南元素的视觉语言符号研究》获2012年度国家社科基金艺术学项目立项。

各类演出层出不穷，效益明显。2012年，省直院团共演出521场，收入1282万元，观众人数69.8万人（次）。顺利打造第二届海南迎新艺术节，共举行16场精品文艺演出，惠及观众3万人（次），广受好评；组织第八届泛珠大会开幕式文艺演出，为海南添彩；组织参加韩国丽水世博会海南活动周文艺演出活动，获得赞誉；携琼剧《下南洋》参加泰国国王诞辰84周年暨泰国海南会馆成立65周年庆典琼剧演出活动。

成功举办首届海南省艺术节，影响深远。2012年9月19日至29日，首届海南省艺术节期间，共组织34台剧（节）目39场演出，全省共有15个院团17个剧目参加海南省“文华奖”评奖，18个市县11家单位288个节目参加海南省“群星奖”评奖，举行开幕式演出及闭幕式暨颁奖晚会各1场，友情演出7场，展演5场，下基层惠民演出4场。共评出5个“文华大奖”，6个“文华优秀剧目奖”，6个“文华演出奖”，93个“文华单项奖”；284个作品类“群星奖”，4个项目类“群星奖”，5人获“群文之星”。

三、非物质文化遗产保护工作

非物质文化遗产基础建设工作取得新成效。制定下发《海南省非物质文化遗产代表性项目传承村认定与管理暂行办法》、《海南省非物质文化遗产保护专项资金管理暂行办法》、《海南省黎族传统纺染织绣技艺传承人保护培养暂行办法》等规范性文件。制定印发《海南省非物质文化遗产保护规划(2012—2015年)》；启动非物质文化遗产项目数字资料片拍摄计划并制定制作规范；完成国家级非物质文化遗产代表性项目保护规划编制；组织开展省生产性保护示范基地、省非物质文化遗产传承村认定命名工作。完成对全省省级非物质文化遗产代表性项目的调整清理，并报省政府审核公布；完成第四批省级非物质文化遗产申报评审，有9个项目被评为第四批省级非物质文化遗产代表性项目；有3人被文化部认定为国家级非物质文化遗产代表性传承人。省非物质文化遗产展示馆已立项并启动建设；各市县建成各类非物质文化遗产展示馆（陈列馆、博物馆）16个、传习所21个。

黎族传统纺染织绣技艺保护工作按计划推进。组织召开海南省黎族纺染织绣技艺保护领导小组工作会议，举办海南省第三届黎族织锦大赛，组织开展黎族传统纺染织绣技艺原材料调查等各项专题调研和原材料种植栽培科研工作，黎族传统纺染织绣技艺原材料基地、传习馆（所）建设等各项工作进展顺利。

非物质文化遗产宣传、展示工作成效显著。成功举办2012年海南省“文化遗产日”系列活动，组织参加韩国丽水世博会非遗展示及深圳文博会等国家级非物质文化遗产节庆活动，以传统民族民间艺术活动和非物质文化遗产展示馆、文化馆、图书馆、博物馆等为平台，采取多种形式积极开展非物质文化遗产的宣传和展示，促进了非物质文化遗产知识传播，增强了全社会的非物质文化遗产保护意识。推进《黎族传统纺染织绣技艺全书》和《海南省非物质文化遗产丛书》编纂工作。

古籍保护工作取得新进展。组织召开海南省古籍保护厅际联席会议，加强了对全省古籍保护工作的组织领导，促进了部门间的协调配合。制定下发省级珍贵古籍保护名录、重点古籍保护单位认定命名管理办法。启动全省古籍普查工作并取得阶段性成效。

四、文物考古和博物馆事业

推进省部合作。2012年3月7日，海南省人民政府与国家文物局签署了《共同推动海南国际旅游岛文化遗产保护战略合作框架协议》。

重点文博工程建设取得成效。积极推进国家水下文化遗产保护南海基地、国家南海博物馆、省博物馆二期和西沙永兴岛南海水下考古工作站的建设。国家水下文化遗产保护南海基地和国家南海博物馆选址已完成前期对接工作，两个项目落户在海南国际旅游岛先行实验区内，选址在黎安港潟湖西侧的走客村一带。南海基地用地面积约100亩，投资规模约3亿元；南海博物馆用地面积约150亩，投资规模约7亿元，目前已完成可研工作，并向国家发展改革委提交了立项报告，完成了南海博物馆机构设置、陈列大纲、功能需求等方面的预研工作。省博物馆二期工程开工建设。

各项文博保护工作稳步推进。完成五公祠、海瑞墓、落笔洞遗址、蔡家宅等重点文物保护单位保护规划的编制；实施建设五公祠、海瑞墓、丘浚墓、美榔双塔、蔡家宅、儒符石塔、青云塔等文物保护工程项目；完成国电海南西南部电厂工程等项目建设用地考古工作。推进南海水下文化大遗址保护基础工作，开展2012年西沙群岛水下文化遗产保护执法巡查工作，在西沙群岛划定北礁、华光礁、玉琢礁、永乐环礁4个遗址保护区；对“华光礁Ⅰ号”出水木质文物、陶瓷器及铁器文物进行了保护处理。完成第三次全国文物普查成果的整理、公布，编制完成全省不可移动文物名录、图录，建立不可移动文物电子地图系统。推动生态博物馆项目建设，向省政府推荐6个生态博物馆为海南省第一批省级生态博物馆。开通海南省文物局网站。海南省博物馆被评为国家一级博物馆。推进国家文物进出境审核海南管理处建设，培养鉴定人才，加强国际文化交流渠道和机构建设。

史前文化遗址考古取得重大发现。海南省文物考古研究所通过与中国社会科学院考古研究所合作，对海南省古代遗址开展调查工作。在陵水县内发现了桥山、莲子湾、陆仔湾、六岭下等史前文化遗址，其中陵水县三才镇桥山遗址为我省迄今发现的最大的史前遗址，其面积之大、堆积之丰厚、遗物之丰富、保存之完好在整个华南地区都极为罕见。预计对桥山遗址进行系统发掘和研究，可以命名我省第一个史前考古学文化，进而有可能解决我省史前文化谱系的构建问题；可以在海南史前人类行为模式、生计模式、海岸线变迁、“南岛语族”，甚至南海主权争端等热点学术与政治问题的研究中取得突破性进展。

推动全省博物馆、纪念馆免费开放工作，健全免费开放服务环境，提升展览水平。全省各级博物馆立足海南自身特点，全力打造精品展览。年均举办陈列展览近百个，接待观众100万人次。成功举办《人性与爱·李自健油画新世纪巡展》、《生命的印记——史前地球生物展》、《海贸遗珍——清代广州外销艺术品展》、《二十世纪中国书画大师系列展·齐白石》等。为配合海南国际旅游岛建设，注重加强国际间的文化交流与合作，先后举办了《琼岛踪影——75年前2名美国青年的探险之旅》、《时代肖像——芬兰摄影师眼中的海南》、《来自撒哈拉的问候——非洲雕刻文物艺术展》等多个展览，均在社会上引起较大反响，极大地发挥了博物馆文化窗口的重要作用。

五、文化市场管理

在促进文化市场发展和繁荣的同时，抓好市场管理，制定了《海南省经营性互联网文化单位2011年—2015年总量和布局规划》和《全省网吧和电子游艺娱乐场所2011年—2015年总量和布局规划》，进一步优化经营结构，提升经营服务水平，发展业态持续稳中有升。截至2012年底，全省娱乐场所重新规范登记总计1162家（其中：歌舞娱乐545家，游艺娱乐617家），网吧场所重新规范登记总计1148家（其中：海南问道网络文化传媒有限公司、海南省文化交流促进会、海南智联网络工程有限公司、海南美梦成真文化传媒有限公司、海南超越文化传媒有限公司等4家发展为网吧连锁企业）。在演出市场管理方面，强化市县属地管理原则，规范演出经营，全省现有演出团体89家，演出经纪机构26家。

不断加强文化市场执法力度和队伍建设，建立和完善市场监管机制，是近年实现全省文化市场经营规范有序的重要保证。截至2012年底，全省共有22支文化市场行政执法队伍，其中省级1支，地级2支，县（区）级19支（不含东方市）；定编人员150人，在岗人员168人，其中干部89人，工人79人。省总队、海口、三亚、万宁、琼海、保亭、琼中、五指山、屯昌、儋州、白沙等11支队伍实现参照公务员管理事业单位。

六、文化产业发展

文化产业发展实现新的跨越。成功举办2012中国体育旅游博览会；第23届全国书博会获批落户我省海口市；组团参加2012年中国深圳文博会，海南展馆获“五星级标志”；组织召开第八届泛珠三角区域合作与发展论坛文化合作专题磋商会，签署了广电媒体等6项战略合作框架协议；组织参加第22届全国书博会，省内3家图书出版社的2000多种图书和28家期刊社的1万多册期刊参展，展示了我省新闻出版改革的成果和实力。

三道圆融旅业公司、天涯海角旅发公司获第五批国家文化产业示范基地称号;移动多媒体广播电视实现“精彩旅游岛”频道开播，全省各市县注册用户总数已达21万。2012年，省直院团共演出521场，收入1282万元，观众人数69.8万人次；全省电影票房1.19亿元，创历史最高水平，比2011年票房增长27.3%；全省有线电视收入达3.6亿元，广播电视播出机构收入达7.54亿元；全省新华书店系统图书销售码洋达6.4亿。全省体育彩票销售量4.2亿元。

七、对外文化交流

2012年，全省对外和对港澳台文化交流共有200项4879人次。项目总量与去年同期相比增长12.3%人数总量与去年同期相比增长127.7%。其中出访50项，来访150项。与70多个国家及中国港、澳、台地区进行了文化交流往来。对外文化贸易自去年打破单向进口格局以来，取得进一步发展。

对外文化贸易取得新进展、文化交流百花齐放。据不完全统计，全年涉外商演共130项，701人次，与马来西亚、美国、中国香港、中国澳门、中国台湾等10余个国家和地区的演艺人员来琼和驻琼商演，较好地丰富了本省文化旅游市场。《火凤凰》和《槟榔·古韵》等作品出国商演10项，175人次。三亚太阳鸟文化产业有限公司创编的大型多媒体歌舞音乐剧《火凤凰》赴西班牙马德里、美国、加拿大等地商演7场，演职员55人（次），出境演出和艺术活动境外贸易毛收入约106100美元。甘什岭槟榔谷海南原住民文化游览区的《槟榔·古韵》民俗歌舞剧，接待外国游客超过5万人（次），赴迪拜、新加坡、新西兰、澳大利亚、俄罗斯等6国家演出共20场（次）。

对台交流不断深化。2012年，琼台两岛交流和商演共有13项，110人（次），超过了以往任何一年。两岛在演艺、画展、书展、文博、高尔夫等多方面进行了交流与合作，加深了两岛姐妹情谊。8月，海南省电视台组织黄丹等48人应台湾台湾地区“旅行商业同业公会总会”邀请赴台参加“第一美差”宣传海南国际旅游岛活动等。

积极参与文化遗产国际交流合作初见成效。12月，国家文物局和我省文物局分别组织专家组赴欧洲多国调研国外海洋博物馆，为国家南海博物馆项目做前期筹备。《东南西北四国菱形国际文化的传播与能力建设》欧盟国际合作项目告一段落，督察专员访琼谈合作成效；纽卡斯尔大学社会人文科学院院长杰拉德访琼，交流生态博物馆建设经验。

网络游戏出口创汇倍增。海口动网先锋网络科技有限公司积极拓展海外市场，2012年1月至10月，共创汇296.51万美元，比去年同期增长107%。《双龙诀》、《海岛大亨》、《功夫》和《战龙三国》四款动漫网页游戏，出口至美国、英国、菲律宾、韩国、越南、日本、马来西亚、泰国及澳洲市场，还开拓了巴西、土耳其、墨西哥、德国、中东北非以及原独联体的14个国家和地区(俄罗斯、亚美尼亚、阿塞拜疆、白俄罗斯等)的市场，目前已经覆盖了全球2/3的地区，并让世界各国不用语种的玩家均体会到了动网页游带来的乐趣。海南英立科技开发有限公司推出《战国争霸》、《疯狂碰球》、《语文小状元》、《伏龙神箭》、《捕牛达人》、《松鼠向上》等十多款手机游戏产品，并获得软件著作权；2012上半年，已经实现50万美元的出口创汇和105万元的国内销售业绩，预计2012年全年销售额将达到2000万元，上缴税金超过300万元。

八、文化体制改革

2012年，按照中央的部署和省里的要求，全力推进国有文艺院团体制改革，提前完成了中央和省提出的改革任务。极力争取有关部门支持保留非物质文化遗产独特剧中琼剧院团事业单位建制，激活了古老的琼剧艺术。截至2012年底，除临高县人偶剧团另有改革思路外，其余17家改制院团基本完成改革任务。通过改革，院团重新焕发了生机和活力：一是解放了思想；二是提高了艺术生产力；三是增强了市场意识和竞争力；四是带来了效益。海南省和海口、三亚两市被中宣部评为“全国文化体制改革先进单位”。

在推动经营性文化单位转企改制的同时，海南省不断巩固提升改革成果，推动已转制文化单位建立现代企业制度，完善法人治理结构，尽快成为合格市场主体。海南省歌舞团转企改制不到一年，就创排舞蹈诗《黎族故事》，晋京演出获得11项大奖，并探索依靠市场运作打造演艺精品。全省文化系统形成了哪里有改革，哪里就有活力，哪里就有发展的崭新气象。

重庆市

2012年，全市文化广电系统按照高举旗帜、围绕大局、服务人民、改革创新总要求，深入贯彻落实科学发展观，紧紧围绕建设文化强市奋斗目标，正确把握文化发展规律，唱响主旋律、打好主动仗，扎实推进文化广电各项工作，圆满完成各项目标任务，实现了稳中求进、提质增效，为全市经济社会发展提供了强有力的思想保证、精神动力、舆论支持和文化条件。

一、文化民生较好保障，文化活力逐步凸显，文化形象进一步提升

【公共文化服务体系纵深推进】

创建国家公共文化服务体系示范区（项目）推进有力，顺利通过文化部督导组“中期”检查验收。渝中区、南川区、大渡口区突出经验被多层次推广。国家公共文化服务体系制度设计阶段任务如期完成，9个课题通过文化部评审验收。全市新增街道文化中心27个，下达区县图书馆达标建设任务7个，文化馆等级达标建设任务3个，正在抓紧实施。31个街道243个社区配置图书、共享工程设备，720个乡镇标准化电子阅览室顺利建成，完成乡镇（街道）综合文化站全国评估定级试点933个。配置区县流动舞台车16台，配送公共图书馆流动图书车11台。博物馆、美术馆（画院）、公共图书馆、文化馆、乡镇（街道）综合文化站免费开放工作卓有成效，新启动全

市村文化室免费开放，博物馆年接待观众1420万人（次）。探索重庆图书馆、少儿图书馆和主城九区图书馆实现通借通还，流通图书43万册、持证读者11万。新招录西部文化志愿者29名，市级层面培训干部60期6321人，区县培训52期1700人。万人拥有文化设施268平方米，公共图书馆藏书1224万册，有线电视用户527万户，数字电视用户327.4万户，为农户安装"村村通"直播卫星设备247614套。

【重大文化设施建设加快推进】

国泰艺术中心交付使用即将试营业，群众艺术馆新馆、重庆自然博物馆抓紧装饰装修和陈列布展；重庆国际马戏城、重庆工业博物馆即将开工奠基；重庆艺术学校迁建项目已与巴南区签订征地协议，两江国际电影城项目启动，重庆非物质文化遗产博物园、重庆广播电视发射塔、两江文化艺术中心等进入前期工作。各区县投入逾3亿元，实施广播电视台技改工程。

【国有文艺院团改革取得成功】

国有文艺院团改革完成既定任务，阶段性完美收官。改革涉及7家市级、19家区县国有文艺院团。通过改革探索出分类改革模式，及时争取到市委、市政府出台"5＋5"政策体系，提高在职人员绩效工资，保障离退休人员补贴，加大奖励扶持力度，增加政府购买演出场次，提高演出场次补贴，确保院团改革平稳推进，得到中宣部和文化部的认同。演艺集团实现收入11592万元，同比增长21%，成为全国文化出口重点企业，全国演艺机构十强企业。演艺集团等6家单位、厉华等3名个人被表彰为全国文化体制改革先进；黔江、永川2个区，局文改办等6个单位、张乐等9名个人被表彰为文化部国有文艺院团改革先进。

【重大文化活动精彩纷呈】

成功举办第三届重庆演出季、第二届"双十佳"颁奖典礼、第五届乡村文艺汇演、第三届小品大赛、第三届舞蹈比赛、第四届青少年国标舞锦标赛、舞台艺术优秀原创剧目展演、首届社区文化艺术节、第六个农民工日文艺演出和少儿图书馆爱心接力活动。开展春节"双送"、"光影印党旗·献礼十八大"等活动，免费放映电影5万场。全年放映农村电影16.1万场（次），观影3843万人（次）。成功举办第四届西部动漫节，举办主题活动17项，展场面积30000平方米，现场销售5000万元，签约金额100亿元。成功举办第三届重庆文化遗产宣传月和5·18国际博物馆日、中国文化遗产日纪念活动。"群星奖"评选初战告捷，入围复赛总数11个，位列全国第三、西部第一。实施川剧、京剧、曲艺"师带徒"传承活动，完成"春雨工程——文化志愿者边疆行"援助西藏大舞台、大奖台活动。

二、艺术创作持续发力，创作质量进一步提高，创作、展演、交流活力大幅提升

【精品创作持续升温】

推进一批新剧目创作排演。川剧《中国公主杜兰朵》和话剧《彭家楼子》成功首演，话剧《幸存者》通过内部审查演出；芭蕾舞剧《追寻香格里拉》、情景曲艺《竹枝风流》抓紧排练；川剧《玉簪记》、《日出》完成剧本创作；歌剧《妙善公主》完成剧本大纲创作。推动《花木兰》、《三峡人家》、《钓鱼城》、《邹容》、《灰阑记》、《河街茶馆》、《鸣凤》、《张露萍》等剧目深度打磨。促进内容创作生产，制作广播电视节目16.8万小时，改版播出《拍案说法》、《新闻解码》，提升《阳光重庆》、《重庆新闻联播》、《天天630》、《拍案说法》等栏目影响力。备案公示和发行《刘伯承元帅》、《母亲，母亲》、《雾都》等电视剧14部380集，备案公示和发行《小猪班纳》、《缇可之暑期里的危机》等动画片8部6698分钟。

【展演展播屡获好评】

歌剧《钓鱼城》荣获"五个一工程"优秀作品奖和第四届全国少数民族文艺会演剧目金奖及七个单项奖，入选国家舞台艺术精品工程资助剧目。杂技剧《花木兰》、话剧《三峡人家》入选国家舞台艺术精品工程重点资助剧目。话剧《河街茶馆》、川剧《鸣凤》入选2012年全国优秀剧目展演参演剧目。2支队伍荣获第十四届中国老年合唱节金奖，2支合唱团和7名独唱选手入选第十届全国声乐比赛，《巴渝乐舞图》入选第十届"桃李杯"舞蹈比赛获三等奖和园丁奖。8部影视剧在央视播出，7部电视剧入选全国迎接十八大优秀电视剧，2部电影入选十八大献礼重点影片目录。电视剧《解放大西南》获"五个一工程"奖，《红星照耀中国》入选优秀国产纪录片，《大头小当家》等3档节目获精品专项资助。正式启动重大题材美术创作前期工作，《辛亥革命在重庆大型历史组画创作研究》入选优秀创作扶持计划，"第二届重庆青年美术双年展"入选"优秀展览项目"。

【文化交流点多面广】

引进演出、展览109项，开展文化交流198项，

其中出访61项1100人（次），出访29个国家和地区；来访137项2299人（次），来自21个国家和地区。一是派出4个代表团赴亚洲、美洲和非洲进行访演，在7个国家正式演出31场，参加文化部“欢乐春节”和国侨办“四海同春”海外春节文化活动，受到文化部好评。二是赴德国实施“重庆文化周”，举办“重庆影响世界”专题讲座、“城市——文明·重庆印象”图片展、“重庆之窗——中国图书角赠书活动”等7个子项目14场活动。三是对台文化交流取得突破，成功承办海峡两岸文物交流20周年走进三峡纪念活动，舞剧《邹容》赴台交流演出，刘光宇、李毅力等赴台献艺，重庆文化代表团首访台湾获得成功。四是举办贝宁重庆文化年，实施央地合作，举办文化交流活动8项。五是完成一系列赴外访演任务，参与多项国际艺术节活动，实现对外文化贸易重大突破。杂技剧《花木兰》等海外商演1210场，推广了中国文化，展现了中国艺术魅力。

三、文化遗产保护迈上新台阶，文化底蕴日益彰显，优秀传统文化不断弘扬

【体制机制不断完善】

市政府召开全市文物工作会议，制定出台《关于进一步加强文物工作的通知》，完善了文物保护工作体制机制，认真落实“五纳入”工作，切实加大财政投入，建立健全文博机构，及时落实人员编制，完善文化遗产保护工作体系，增强了文物保护工作力量。设立市文物局，将市文物考古所更名为重庆市文化遗产研究院，新增编制35名，全年文物事业经费达到3.94亿元，其中中央资金2.94亿元，增长34%。

【文物保护卓有成效】

白鹤梁水下题刻和钓鱼城遗址成功列入中国世界文化遗产预备名单。43个132处文物列入第七批全国重点文物保护单位推荐名单，待国务院审定公布。全面完成120处重要革命遗址和抗战遗址抢救维修任务，总面积达18.95万平方米，总投资达2.22亿元。全国石质文物保护一号工程——大足石刻千手观音造像抢救性保护加快推进，基本建成石质文物保护中心。编制完成《重庆市三峡后续工作自然与历史文化遗产保护和完善实施规划》，实施计划项目20个、落实资金4786万元。老鼓楼衙署遗址考古发掘基本结束，完成钓鱼城遗址西市民居维修整治、白帝城古建筑群保护维修、潼南大佛抢救性保护、3处市级重点会馆和2处寺观教堂保护修缮。重点推进后续三峡消落带考古发掘、老鼓楼衙署遗址、小南海电站、白马电站等重点建设工程考古调查、勘探发掘。

【博物馆事业亮点频现】

全年新增博物馆6家，博物馆总数达到68家，新增4家免费开放单位总数达到51家。开展免费开放博物馆绩效考核，实施国有博物馆对口帮扶民办博物馆提升展览。三峡博物馆在全国83家一级博物馆综合评估中名列第四，红岩革命历史博物馆成功申报第二批国家一级博物馆，荣获全国“博物馆免费开放最佳做法”之“最佳旅游推广奖”。白鹤梁水下题刻博物馆完成陈列布展和水下照明提档升级并对外开放。重庆自然博物馆新馆完成第二阶段陈列布展设计及施工制作总承包招标，市财政一次性解决陈列布展资金1.27亿元。巫山、云阳博物馆、卢作孚陈列馆、刘伯承六店子旧居纪念馆等建成开馆。全年征集文物14606件，自然博物馆接受贝林先生捐赠文物163件。

【非遗保护创新局面】

《重庆市非物质文化遗产条例》颁布实施，举办文化遗产摄影大赛，组织国家级非物质文化遗产项目技艺类传承人师徒大赛、非物质文化遗产精品展演、重庆市文化遗产图片展览。首次评选命名“重庆市非物质文化遗产传承基地”1个、“重庆市非物质文化遗产生产性保护示范基地”20个、“重庆市非物质文化遗产传承教育基地”27个，新增8名国家级传承人、116名市级传承人，编撰中国非物质文化遗产普查报告重庆卷，开展文化生态保护区申报工作，完成古籍普查任务，新公布第二批珍贵古籍名录354种。

四、文化产业快速增长，文化软实力显著提高，文化发展后劲显著增强

【文化产业亮点凸显】

一是园区基地快速发展。演艺集团、猪八戒网创建为国家级文化产业示范园区，新增市级文化产业示范园区2个、市级文化产业示范基地21个，累计创建国家级示范基地7个，市级示范园区5个，市级示范基地41个。二是品牌企业显著增加。出版集团、维普资讯、演艺集团等5家公司评为国家文化出口重点企业。帝华广告、享弘动漫被文化部、财政部、国家税务总局认定为2012年重点动漫企业。九鼎画廊、501艺术空间喜获全国第五批“诚信画廊”殊荣。三是重点项目快速推进。《印象·武隆》成功开演，累计演出200场收入4800万元，成为我市文化与旅游融合发展的典范。长寿菩提山顺利开街，万

盛引进帝华传媒投资39亿元倾力打造动漫产业园，永川、南川积极争创市级文化产业示范园区。联合成立重庆文化旅游产业技术创新联盟，4个项目建设获得2400万元资金支持。四是微型企业快速发展。新增微型文化企业3488家，累计达8200家。五是电影市场持续火爆。审读电影剧本《八卦宗师》等15部、审查电影8部，区县数字影院多厅化率达100%。重庆电影集团成功挂牌，新增城市影院16家、新增银幕107块、新增座位17810个，放映城市电影77万场（次），观众1676万人（次），票房收入5.47亿元，同比增长57%、34%、36.4%，票房收入全国第九、西部第二。

【产业发展平台拓展】

全年申报各类科技科研项目107项，创历年之最。北部新区成为首批国家文化和科技融合示范基地，顺利完成国家文化部基地建设专题调研检查。理顺文化产业专项资金申报体制，12个项目申报国家文化产业专项资金、58个项目申报市级文化产业专项资金。其中，1家民营企业获国家扶持资金27万元；10家民营文化企业获市级扶持资金360万元，占全市扶持企业总数的58%。会同市委宣传部等完成《关于加快推动我市文化产业成为支柱性产业的实施意见》起草，将文化产业发展纳入宣传文化考核内容。成立重庆文化产权交易中心有限责任公司，为文化产权交易和企业融资搭建了新的共享平台。

五、切实加强和改善党的建设，形成凝心聚力的发展氛围

【组织建设得到加强】

一是练好内功强能力。组织开展好创先争优活动，结合“一讲二评三公示”，创新建立局系统党务干部例会学习制度，全年举办例会学习11次、专题讲座6次、中心发言53人（次），发放《十八大学习辅导》、《党章修订问答》等学习书籍3951册，党务干部撰写理论文章或心得体会78篇。二是调研谋划出思路。出台规范性文件，对党建工作的指导思想、总体要求、基层党组织的功能定位、思想建设、组织建设、统战工作、党内民主和监督、精神文明建设、党建责任制以及党建工作的人员、经费和场地保障等提出明确要求。三是双向带动抓落实。实行“一岗双责”制，召开局党委班子专题民主生活会，收到意见建议106条，制定针对性整改落实措施。新发展党员21名，转正25名，完成9个党组织换届，充实党务干部43人，增加党务工作经费121万元，建立党员活动室15个。四是示范带动创一流。打造党建工作示范点7个，推荐一批先进受各层次表彰奖励，成功创建市直机关文明单位、合格职工之家，基层组织建设年活动经验在全国文化系统交流发言，工会工作在全国广电系统交流发言，局团委获“全国五四红旗团委”称号，工会工作、“走转改”干部蹲点调研工作得到国家广电总局肯定。

【人事工作成效突出】

一是规范干部选拔任用。深化干部人事制度改革，探索推行以民主推荐、考试考才、考核考绩、考察考德为主要内容的“一推三考”，将竞争性选拔领导干部拓展到局系统，竞争择优、差额甄选机关、直属单位32名处级领导干部，开展机关8名非领导职务民主推荐，激发创业活力。二是着力抓好能力素质提升。分12个板块对局系统47名处级领导干部开展培训，组织新任区县文广新局领导31人赴京培训和发达地区考察，40名区县广播电视台负责人到国家广电总局培训，250人参加文物博物馆安全管理培训及文物保护工程培训，选派30余人（次）参加国家部委专题培训，分四期完成1000名文化站站长培训。三是加强机构编制保障。坚持普遍性人才公开招聘、实用型紧缺型人才考核招聘、优秀人才遴选引进，全年引进机关公务员10人、事业干部52人，其中研究生、博士生22人。在机关内设处室新增设立电影处。四是认真落实老干部“两个待遇”，重大节日慰问局系统离退休干部、建初人员、困难职工2000人，发放慰问及帮扶资金60万元。夏季“送清凉”、冬季“送温暖”和“孝亲敬老”活动中发放慰问金25万元。组织踏春、赏秋，开展“共庆重阳·喜迎十八大”活动，参加全国离退休干部“诗书画影抒情怀、喜迎党的十八大”主题活动。

【纪检监察保障有力】

强化“决策部署贯彻落实、文广干部干净干事”两大保障，凸显“文化倡廉、广电促廉”特色。开展以“加强从政道德建设，保持党的纯洁性”为主题的“党性党风党纪教育月”“十个一”活动。会同市纪委开展重庆市“廉留心中”廉政公益广告创作评选展播活动，全局系统征集25件影视类、平面类、广播类廉政公益广告参评，获一等奖、三等奖和优秀组织奖；局领导三次率队参加《阳光重庆》直播互动节目上线，解决听众投诉20余项，回复满意率达到100%，荣膺2012年度“全市十佳上线单位”。三次举办“预防职务犯罪”等警示教育、两次邀请市纪委厅室主任来局专题授课，群发廉政短信13条，

受众4000人（次），累计发送42条，组织廉政谈话，撰写心得体会，填写《廉政承诺书》。盯住人、财、物关键环节，4(次）17人次赴区县开展大检查、重点复查与专项督查。开展三峡文物项目审计、美术公司、市歌剧院、文研院、群众艺术馆经济责任审计。对三峡博物馆、重庆图书馆、重庆艺术学校3个行评重点单位进行全面评议。按照“谁主管、谁负责”的原则，认真落实安全稳定工作责任制，扎实有效地做好安全稳定工作。

四川省

2012年，四川紧紧围绕纪念毛泽东同志《在延安文艺座谈会上的讲话》发表70周年、四川省委发出振兴川剧口号30周年、省十次党代会、中国共产党第十八次全国代表大会胜利召开等重大主题，先后组织参加、举办了第四届全国少数民族文艺会演、文化部全国迎十八大优秀剧目展演、《永远跟党走——四川省庆祝中国共产党第十八次全国代表大会胜利召开大型文艺晚会》、四川省首届文华美术奖评选、中国（南充）嘉陵江合唱艺术节等重大赛事和文艺活动，坚持实施艺术创作精品战略，深入推进文化体制改革，坚持文化惠民、还戏于民，全省艺术创作生产的势头得到保持和发展，文艺繁荣新局面得到不断刷新，迈上了新台阶。

一、舞台艺术

【文艺精品战略】

积极实施全省艺术创作生产滚动计划，鼓励创演新剧目，既注重对当年新创剧（节）目加工和论证，在近几年剧（节）目创作量积累基础上，又更加注重艺术质量和艺术品质的提升，力求在质上实现突破，努力实现全省艺术创作“创作一批、上演一批、修改一批”的良性运行机制。全力打造“立得住、传得开、留得住”的舞台艺术精品，使四川舞台艺术不断呈现繁荣发展的景象。

新创和修改提升了一批深受群众欢迎的剧（节）目。由广元市创演的舞蹈《老妈妈》入围中央电视台2012年春节联欢晚会文艺演出，成为继《俏花旦》《天地吉祥》之后，四川又一入围央视“春晚”的节目。新推出的四川省歌舞剧院有限责任公司的歌舞《大美四川》（修改版）、四川人艺的话剧《饭碗》、省川剧院的《镜花缘》（复排）《绣襦记》（复排），成都市川剧院的川剧《黎明十二桥》《断章》《车耀先》，四川交响乐团的《心灵律动》中华诗词交响音乐会、南充市木偶剧院的木偶剧《彩蝶的神话》、南充市川剧团的川剧《文建明》、甘孜州道孚县的话剧《寻找菊麦多吉》等一批新创或修改提高后的剧目展示出较高的艺术创作水准。这一批剧目既有传承中体现创新的传统保留剧目，又有紧扣时代脉搏，反映火热现实生活的优秀作品，使四川文艺舞台呈现出百花争妍的可喜局面。

少数民族题材成为亮点、热点。整合全省民族地区艺术资源和少数民族优秀文艺人才，为参加第四届全国少数民族文艺会演新创作了大型民族歌舞诗《天府吉祥》。整台剧目由序幕《爱在天地间》《春到天府》《浪漫天府》《风情天府》《锦绣天府》和尾声《天地吉祥》六个部分组成，再现了四川民族地区发展新貌，凸显四川各民族文化特色，展现出一个从悲壮走向豪迈的奋进四川。演出充分运用了现代舞台表现手段，在挖掘传统民族歌舞表现手段基础上，大胆创新，在编导手段上都做了大量新的尝试，令人耳目一新。其中三个节目：羌族声乐组合《羌山妙音》、彝族原生态声乐组合《出嫁歌》和羌族舞蹈《肩铃舞》参加会演开幕式晚会，受到观众和社会一致好评。

专题演出宣传了四川文化，增进了友谊，促进了交流。先后圆满完成了省委省政府2012年军地领导迎春座谈会、春节团拜会文艺演出《龙腾天府》、2012年四川统一战线迎春茶话会、四川省宣传文化界元宵节文艺演出、欢迎宁夏党政代表团来川考察文艺演出、新加坡总理李显龙访华团欢迎晚宴文艺演出、世界审计组织理事会第63次会议专题文艺演出《情满天府》等省委省政府指令性创作演出任务，丰富了省委省政府政治活动的内容，宣传了四川文化，增进了友谊，促进了交流。特别是成功完成接待宁夏党政代表团来川考察演出任务，受到了省领导的高度评价。

【参加全国重大赛事】

积极组织参加全国重大赛事活动，支持一批名家名人创作，发现鼓励一批新人新作，打造一批在全国叫得响的优秀剧（节）目，稳固提升四川艺术创作整体实力。在各项重大赛事中四川参赛剧（节）目得到了省领导关心、新闻媒体聚焦、国内外文艺界同行关注，创造了优异成绩，取得了新的突破。

歌舞诗《天府吉祥》在第四届全国少数民族文

艺会演上备受关注。国家民委副主任丹珠昂奔，四川省副省长曲木史哈、国家民委副主任吴仕民，原四川省老领导杨崇汇、刘宝琛等观看了演出。演出取得圆满成功，广受社会各界赞誉。

参加全国各重大赛事硕果累累。省川剧院川剧《易胆大》、四川交响乐团《心灵律动》中华诗词交响乐和宜宾市川剧院川剧《槐花几时开》等三台剧目入选参加文化部举办的“喜迎十八大、‘讴歌伟大时代，艺术奉献人民’——2012年全国优秀剧目展演”。川剧《易胆大》在京演出期间，中国文联副主席杨承志、文化部副部长董伟，中国文联老领导胡征明、李牧等领导观看演出。《心灵律动》中华诗词交响乐在京演出期间，国务委员、国务院秘书长马凯亲临观看演出,原中国文联党组书记高占祥，故宫博物院原院长、中华诗词学会会长郑欣淼，中国文联副主席冯远，中华记协原党组书记、副主席徐心华，民政部原副部长张文范，文化部艺术司副司长陶诚等领导出席观看。马凯在观看后，对四川交响乐团给予了充分肯定，并殷切鼓励大家以创新多种艺术形式更加广泛传播优秀中华文化。《心灵律动》是参加展演的全国119台优秀剧目中唯一一台以中华古典诗词歌舞音乐为主体的演出，由我国著名歌剧表演艺术家李元华担任总导演，四川交响乐团以其精湛的技术水平和良好的艺术表现力赢得了领导、专家和观众的普遍好评。

第四届全国少数民族文艺会演摘回表演金奖等多项大奖。同时在网络投票中，以421万票的得票数位列群众最喜爱的剧（节）目第三名。四川代表团获得优秀组织奖，羌族舞蹈《坐花夜》和《上房梁》摘获最佳节目奖，导演兰卡布尺和马琳获导演奖，3名演员获最佳演员奖，2名演员获最佳新人奖。编剧奖、舞美奖、新人奖和节目奖等项目中均有斩获。成都艺术剧院木偶皮影剧团《马可波罗与大熊猫》、四川人艺《课本总动员》获得全国第六届优秀儿童剧展演优秀剧目奖、优秀演出奖，演员优秀表演奖和表演奖。省曲艺研究院的四川扬琴《情怀》参加第七届中国曲艺牡丹奖，获得四川历史上首个牡丹奖节目奖，《船会》获新人提名奖，《四川更美丽》获新人入围奖。四川艺术职业学院的中国古典舞《百花争妍》获得第十届“桃李杯”舞蹈大赛表演一等奖和原创教学剧目一等奖，《心声》获表演三等奖。省歌舞剧院有限责任公司的舞剧《红军花》荣获中宣部第十二届精神文明建设“五个一工程”剧目奖（戏剧类）。遂宁市杂技团荣获第十四届意大利国际马戏杂技节金奖，《高椅》节目获第十届武汉国际杂技节比赛银奖。

【纪念振兴川剧号召30周年系列活动】

2012年，是中共四川省委、四川省人民政府发出“振兴川剧”号召30周年。在省委、省政府的领导下，振兴川剧工作取得了显著成就，在戏剧界产生了广泛而深远的影响。为了总结振兴川剧的典型经验，探索推进川剧艺术传承发展的新思路、新举措，进一步繁荣发展舞台艺术事业，四川相继开展了一系列纪念活动。

纪念中共四川省委发出“振兴川剧”号召30周年座谈会。省委常委、宣传部部长吴靖平，省政协副主席曾清华出席座谈会。副省长黄彦蓉主持会议。省老同志廖伯康、席义方等出席会议。吴靖平指出，要切实营造振兴川剧的良好氛围，凝聚推动川剧艺术繁荣发展的强大合力。全省将整合资源，进一步增加投入，加大政府采购力度，变财政“养人”为采买节目、建设项目，将振兴川剧纳入各地公共文化服务体系建设，与地方文化馆（站）活动相结合，为川剧下基层、进校园、闯市场提供保障。

“金堂·外实校杯”青年川剧演员比赛。在成功召开四川省振兴川剧30周年新闻发布会之后，作为纪念省委发出“振兴川剧”号召30周年系列活动之一，由中共四川省委宣传部、省文化厅、省文联、省振兴川剧领导小组主办，中共成都市委宣传部、市文化局、市文联，中共金堂县委、县人民政府，省剧协、省剧目室、市戏剧家协会承办的四川省“金堂·外实校杯”青年川剧演员比赛在金堂县举行。比赛吸引了全省各市（州）70多名选手、69个参赛作品报名。经过专家遴选、组委会初选，来自12个市（州）和省直院团14支代表队的40余名选手成功入围决赛。经过三天紧张激烈角逐，9位选手获得一等奖，11位选手获得二等奖，19位选手获得三等奖。比赛还邀请了任庭芳、刘世玉、杨昌林、刘芸、许倩云、兰光临、晓舫、晓艇等川剧老艺术家参与，老艺术家在闭幕式上的精彩演出，受到观众热烈欢迎。

优秀剧目展演集中展示30年来振兴川剧的重要成果。纪念振兴川剧30周年优秀剧目展演由省川剧院的川剧《镜花缘》拉开序幕。宜宾市原创现代川剧《槐花几时开》在北京上演，自贡市的川剧《夕照祁山》、南充市的新创川剧《文建明》相继在蓉城献演将活动推向高潮；重庆市川剧院“竞善竞

美·梅那么简单”重庆川剧四川行——祝贺四川省振兴川剧30周年暨川剧竞派创始人竞华先生诞辰85周年演出在成都演出取得圆满成功，同时作为加强区域文化交流合作、体现川渝兄弟情谊的举措取得了可喜成果。

【创新思维办赛事推动文艺惠民】

为隆重庆祝中国共产党第十八次全国代表大会胜利召开，成功举办各类艺术赛事活动，总结以往经验，坚持推陈出新，创新思维办赛事、办活动，坚持办出特色、办出亮点、办出品牌。加大政府采购力度，进一步建立健全文化下乡长效机制，采购优秀剧（节）目下基层进行公益性演出，进一步丰富城乡人民群众的精神文化生活，密切文艺工作者与人民群众的血肉联系。组织和鼓励各级艺术院团开展“文化下乡”活动，服务基层群众。丰富“高雅艺术走社区、下基层、进校园”等活动的内容和形式。

党的十八大胜利召开，由四川省委、省政府主办，省委宣传部、省文化厅、四川广播电视台承办，于10月26日在省体育馆隆重举行了“永远跟党走——四川省庆祝中国共产党第十八次全国代表大会胜利召开大型文艺晚会。为隆重庆祝中国共产全国代表大会胜利召开大型文艺晚会”。省委书记、省人大常委会主任刘奇葆，成都军区司令员李世明、政委朱福熙，省委副书记、省长蒋巨峰，省政协主席陶武先等观看了文艺晚会。晚会由举旗帜颂党恩、看天府展奇迹、绘蓝图向未来三个篇章组成，在“感恩共产党、感恩祖国、感恩社会主义”的宏大诉求中，表达四川人民对党的感恩之心，呈现面向未来的奋进之志。立体的舞台、可推移的8块LED屏幕是晚会舞美的亮点，同时荟萃了歌舞、声乐、杂技、曲艺、诗朗诵等不同艺术形式，22支参演团队，1786名舞台演员、1800多名群众方阵共同完成了晚会宏大的政治表达。晚会思想性、艺术性和观赏性俱佳，受到省领导称赞和高度评价。

第三届中国（南充）嘉陵江合唱艺术节。在南充市成功举办了“珍爱母亲河，放歌嘉陵江”——第三届中国（南充）嘉陵江合唱艺术节，本次合唱艺术节由文化部艺术司、中国合唱协会、四川省文化厅、中共南充市委、南充市人民政府主办，共有来自全国22个省（自治区、直辖市）58支队伍、约2500人参加。合唱艺术节已逐渐办出品牌，四川以此赛事为平台，大力弘扬中国特色社会主义文化，努力建设文化强省、强国，不断提升主办城市及四川文化实力，实现文化的大发展大繁荣。

世界木偶第21届国际木偶联会大会暨国际木偶节。在成都国际非物质文化遗产博览园成功举办了世界木偶第21届国际木偶联会大会暨国际木偶节。本届国际木偶节是被誉为“艺术界奥运会”的国际木偶节首次走进中国。为期8天的木偶节中，来自45个国家的65个木偶艺术团以及中国的36个木偶艺术团，联袂献上101场经典剧目，总计演出700多场，为四川观众奉献了一场国际风情与成都特色辉映的文化盛会。国际木偶联会大会同期举行。

进社区、下基层，进藏族聚居区，深入开展文化惠民活动。省文化厅直属院团积极组织队伍，精心编排节目进社区、下基层，进藏族聚居区，深入开展文化惠民活动。省歌舞剧院有限责任公司组织业务骨干赴甘孜州和阿坝州等地进行“高雅艺术进藏区　和谐真情暖人心”文艺惠民演出，分别在康定、丹巴、马尔康、米亚罗、理县和汶川6县为藏族聚居区群众送去了精彩的文艺表演。此外，还组织队伍参加雅安市芦山县民俗节开幕式文艺演出。四川交响乐团将“高雅艺术走进人民群众”作为全年艺术生产一大重点，开展“高雅艺术进校园”惠民演出20场次，主动与教育部门和大、中学校联系，积极组织实施。为避免单纯“进校园”、走形式，乐团针对大、中学校师生特点，从场地选择、舞台效果设计、节目编排等各方面精心策划准备，特别是与校园文化相结合，注重师生参与，同台演出，收到良好效果。省曲艺团、省人艺、省川剧院组织优秀（剧）节目进彝族聚居区、进藏族聚居区及云南民族地区开展送文化惠民演出活动，受到当地群众热烈欢迎。歌舞诗《天府吉祥》还走进北京市西城区慰问牛街社区的回族群众，整个演出过程观众高潮不断，掌声欢呼声此起彼伏。省豫剧团的豫剧《娘》开展成都高校巡演活动。省文化厅剧目工作室与省曲艺团、省曲协、成都市总工会联合举办了“包德宾作品研讨会暨谐剧回顾展演”。

《天府吉祥》首演暨汇报演出。在纪念毛泽东同志《在延安文艺座谈会上的讲话》发表70周年之际和为隆重庆祝中国共产党四川省第十次代表大会胜利闭幕，5月29日在成都锦城艺术宫进行了《天府吉祥》首演暨汇报演出，剧目反映了四川少数民族新时代新风貌和社会主义文艺繁荣新景象。省委常委、省委农工委主任、省委民族工委副书记李昌平等领导一起观看演出，并亲切慰问演职人员。

【巴蜀画派建设】

以打造“巴蜀画派”为龙头，全力推动四川绘画艺术的创作生产。在成都和遂宁两市组织举办张清智大型国画展，举办首届四川省文华美术奖作品展，为参加2013年全国十艺节画展储备一批上乘作品。组织推荐全省画院专业人员进入文化部高级研修班学习，培养画院人才，提升画院画师整体实力，进一步推进全省美术工作的发展。

张清智《中国·汶川·从悲壮走向豪迈》大型国画展。由中华全国归国华侨联合会、中国美术家协会和四川省文化厅共同主办的“大气磅礴　巍巍壮观　张清智《中国·汶川·从悲壮走向豪迈》大型国画展”在省博物馆开展。展示了张清智记录抗震救灾过程的国画百米长卷《2008中国汶川》、讲述灾后重建新成果的《2011中国新汶川》以及其近年来精心创作的三十余幅国画作品。为期两周的画展免费向市民开放，观众近万人次，不仅为美术名家搭建了优秀作品的展示舞台，为省内外美术家们提供一个相互学习、交流的沟通平台，也为大众奉献了难得的美术盛宴。中华全国归国华侨联合会副主席乔卫、四川省人民政府副省长黄彦蓉、四川省政协副主席陈杰，诺贝尔文学奖得主、中国作家协会副主席莫言等和相关单位的领导共同出席了画展开幕仪式。

首届四川文华美术奖作品展。四川文华美术奖是四川省人民政府首次设立的美术最高奖，对于团结激励全省美术工作者推动四川美术创作、出精品出人才，建设与西部经济发展高地相适应的文化强省具有广泛而深远的意义。首届四川文华美术奖作品展参赛者积极踊跃，参展作品三百余幅，画家水平高，作品质量上乘，是近年来四川规模最大的一次美术作品展，在很大程度上集中反映了全省近年来的绘画艺术水平，是对全省美术发展工作的阶段性总结展览，也为2013年的中国第十届艺术节画展储备了优秀作品。

二、公共文化

2012年，四川省文化厅坚持把公共文化服务体系建设作为文化惠民的首要任务，按照体现公益性、基本性、均等性、便利性的总体要求，着力加强公共文化基础设施建设，创新公共文化服务管理体制和运行机制，提高公共文化服务质量和水平，全省人民群众的基本文化需求不断得到满足。

【网点建设】

基础设施建设卓有成效。为有效发挥公共文化服务作用，充分满足广大人民的文化需求，四川对各级公共文化设施从硬件配套、功能延伸和管理体制等方面逐步进行了全方位的“升级”，着力构建覆盖省、市、县、乡、村五级的公共文化设施网络。全省已建成公共图书馆188个、文化馆205个、文化站4595个（其中乡镇综合文化站4375个，226个街道社区文化中心）、村（社区）文化室28555个、文化共享工程县级支中心181个、乡村基层服务点5.2万个，“县县有图书馆、文化馆”的目标基本实现。四川省图书馆新馆建设顺利推进，已完成主体施工；四川省群众文化活动中心已完成立项、方案设计，正在征求社会公众意见。四川首家由政府引导、公众参与、民办公助的公益性图书馆在眉山市青神县汉阳镇建成，成为贯彻落实十七届六中全会提出的“引导和鼓励社会力量通过兴办实体、资助项目、赞助活动、提供设施等形式参与公共文化服务”精神，助推公共文化事业发展的一大亮点，同时也为基层公共文化服务体系建设探索出了一条新途径。国家发展改革委、文化部和国家文物局编发《全国地市级公共文化设施建设规划》中，四川30个文化馆、图书馆、博物馆获得国家新建、改扩建经费6.18亿，这将极大改善现有馆舍狭小破旧、设施设备落后的问题，提高地市级城市的公共文化服务能力和对辖区内基层公共文化设施的带动辐射能力，增加城市文化活力，完善公共文化服务体系。

城乡公共文化服务网络进一步健全。在推进城乡公共文化服务均等化过程中，为破解村级公共文化建设常年经费不足这一难题，地方政府将村级公共文化服务保障纳入全部财政预算，成都在全国率先实现市、县、乡、村四级公共文化服务常年经费财政预算全覆盖，形成了较为完善的公共文化财政分级预算保障机制；攀枝花市每年每村（社区）给予6000元补助经费，用于日常活动开展及设施运行管理。成都市龙泉驿区在全区大力推进流转图书室“三级总分馆”管理模式，在省内率先实现流转图书室区、街道（乡镇）、村（社区）三级全覆盖，做到“一馆藏书，多馆利用，一人持卡，多馆借还”。文化信息资源共享工程、图书流转、“一卡通”、数字图书馆、移动图书馆等工作保持“三领先”；市民艺术学校不断发展壮大，以“站站有艺术分团，村村都有文化队伍，人人有一项文化爱好”为目标，全面实施“文化成都·幸福龙泉”文化乐民行动。龙泉驿区公共文化服务模式受到了省政府领导的高度重视，黄彦蓉副省长在《四川文化要情》第10期《龙泉驿区创新文化惠民机制大力推进基层流转图书室建设》上亲自批示："龙泉驿区建设农村图书室的做法很好，效果很好！通过好的制度设计、好的工作机制、好的管理模式，盘活了存量的设施设备资源，也让有限的财力和人力发挥了倍增效益，实现了区域公共文化服务的全覆盖、均等化和便利化。文化厅要进一步挖掘提炼龙泉驿的经验，在全省基层公共文化服务体系建设中充分发挥引领示范作用。"

【服务创新模式】

公共文化现场交流会推广新经验。2012年，四川省公共文化服务体系建设现场交流会于3月28日在国家历史文化名城宜宾召开。省文化厅厅长郑晓幸作了《文化为民　民生优先　掀起公共文化服务体系建设新热潮》的重要讲话。会议实地体验了宜宾市、县、乡、村四级公共文化服务体系基础设施，学习宜宾等8个市县的公共文化服务体系发展经验，推广了宜宾三大经验："一馆一团一车一品"市区县全覆盖，免费开放经费"县管站用，据实拨付"及县文化局对文化站人财物"县乡共管，以县为主"新体制。对在"全国文化馆第三次评估定级"中上等级的147个文化馆和荣获2011—2013年"中国民间文化艺术之乡"的32个单位进行了表彰授牌。

免费开放服务机制健全惠及全民。2012年，全省进一步推广免费开放"县管站用"新经验，受到中央、省级媒体高度关注，中央电视台新闻频道以《"县管站用"管好用好文化补助金》为题，对四川省乡镇综合文化站公共文化服务经费实施"县管站用"进行了专题新闻报道，文化部督查组在督导四川免费开放工作时指出：四川省对"三馆一站"免费开放工作高度重视，组织得当，措施得力，成效显著。11月，宜宾市文广新局会同市财政局正式下发了《宜宾市公共图书馆、文化馆（站）免费开放资金管理暂行办法和农村文化建设专项资金管理暂行办法》，以文件的形式对这一模式予以明确，实现了农村文化资金监管规范化和制度化，在四川省属第一家。12月18日，省文化厅值守2012年第四季度《阳光政务》政风行风热线直播，珙县作为"保障人民群众基本文化权益"工作先进地区，接受省广播电视台记者现场连线介绍经验做法。免费开放以来，市（州）接待人数不断增长：成都市文化馆增长200%，资阳市文化馆增长80%，遂宁市文化馆210%，广元市文化馆329%。乡镇综合文化站免费开放经费在全国创新实施"县管站用、项目申报、据实划拨、绩效追踪"管理办法，14个督查重点指标优良率达到100%。

公共图书馆服务扎实推进。《四川省公共图书馆条例》已通过省政府常务会讨论，将报送省人大进入最后立法阶段，图书馆事业迈入法制化规范化建设时代。省图书馆百年馆庆系列活动隆重开展。10个数字图书馆获得国家立项，并获得1320万元的专项建设经费，正在加快建设中。国家数字图书馆四川分馆服务平台升级开通；"巴蜀讲坛"走进基层、高校、军营，聘请专家学者为基层送去丰富文化大餐。召开全省古籍保护工作厅际联席会，黄彦蓉副省长出席会议并作重要讲话，会议一致通过成立以黄彦蓉副省长为组长、省政府陈保明副秘书长、郑晓幸为副组长的全省古籍保护工作厅际联席会议协调小组，原则通过了《四川省"省级古籍重点保护单位""省级古籍保护单位"申报评定暂行办法》、《四川省古籍保护中心关于申请全省古籍保护工作经费的请示》，并安排400万元用于全省古籍普查、古籍再造、古籍修复、少数民族古籍抢救保护工作，启动省级古籍重点保护单位评选工作，推动全省古籍保护工作再上新台阶。地方特色资源建设成效显著。《100小时藏语康巴方言译制项目》、《红军长征四川记忆多媒体资源库》、《四川非物质文化遗产多媒体资源库——川剧字库》三个地方资源库获文化部"首批全国文化信息资源共享工程地方资源建设项目"，共获得国家资金420万元，有力推进四川地方特色文化资源建设。

农村文化建设深入开展。在省委常委、省农工委主任李昌平的直接指导下，在全省广泛开展了农村文化建设调研活动和全省农村文化建设示范县乡村评选活动，34个县乡村获四川省首批示范培育县乡村荣誉，通过重点支持加强农村文化阵地建设、强化农村公共文化服务、发展农村文化产业促进农民增收、开展农村文体活动、壮大农村文化人才队伍等措施，这34个示范培育县乡村建设将成为全省农村文化建设的示范典型，以点带面加快推进全省农村文化发展。9月20日至21日第二届全国新农村文化艺术展演"和谐大舞台·幸福新农村"活动在四川达州市隆重举行，整个活动突出"离乡土最近才有生命力，离农民最近才有亲和力，离农村最近才有感染力"的理念，全方位、多角度、深层次集中展现了在全国新农村文化建设中取得的新业绩、新成就、新气象，用全新的艺术形式生动演绎了在全国新农村文化建设中涌现的新人、新事、新风尚。

社会文化事业全面繁荣。四川是全国最大的劳务输出大省，也是用工大省，农村劳动力转移输出人数2200余万人，占四川全省人口的四分之一，占全国农民工人数的十分之一，全年劳务收入达1700亿元，是四川经济的重要支撑。为让农民工感受到文化春风，在中共四川省委九届九次全会通过的《中共四川省委关于深化文化体制改革加快建设文化强省的决定》中，明确指出要将农民工纳入公共文化服务体系，省市设立农村文化建设专项资金，省里拿出10个亿建设基层公共文化服务体系，公共文化阵地建设进一步向农民工倾斜，不断完善农民工文化服务基础设施。四川创建了“农民工读书节”、“农民工文化网”、“农民工公共电子阅览室”、“农民工网校”、“农民工文化活动室”、“文化共享助订返乡票”、“农民工春晚”成为农民工享受文化食粮的百花园。各市（州）纷纷出台农民工文化的政策措施和服务规范，建立农民工文化发展资金，政府以补贴的方式为农民工配送公共文化产品。

成都、绵阳、宜宾等地在农民工相对集中的地区建设文化站、文化中心（室），遂宁等地设立“三农”图书专柜，绵阳、郫县在外来务工人员较多的大企业建立艺术团，合理引导文化娱乐场所向农民工相对集中的区域聚集。全省范围内开展的“关爱农民工‘八个一’文化维权活动”。通过文化桥梁的纽带，维护和保障农民工基本文化权益，受到文化部充分肯定，彭州市“农民工文化建设多部门合作实践”被授予“全国农民工文化服务示范项目”荣誉称号。举办全省首届农民工文艺汇演，为农民工真正融入城市生活、共享改革发展成果奠定了社会基础，增强了农民工的归属感、尊严感和幸福感。

四川省是农民工输出大省，留守儿童、留守老人、留守妇女成了农村人口的主要部分，形成了“三多一少”的现象。文化工作者成为关爱留守儿童、老人、妇女的重要力量，全省坚持以输出地政府管理为主，建成留守学生（阳光少年）之家4557所，全省100万留守儿童受到关爱，仅资阳依托村（社区）文化活动室等，建立“留守学生之家”1090个。两馆一站积极吸纳留守儿童参与文化活动，创作一批反映留守儿童题材的优秀文艺作品，为留守学生营造充满亲情、充满关爱、充满温暖的环境，也为在外务工的农民工解决了后顾之忧。

农村、农民工、社区、民族、残疾人、老年、妇女儿童等社会文化工作整体推进全面繁荣，有力地促进了公共文化均衡发展，省文化厅先后被授予“四川省妇女儿童工作先进集体”“四川省留守学生（儿童）关爱行动先进集体”“四川省第十次党代会宣传文化工作先进集体”等荣誉称号。

【示范区（项目）创建】

成都市创建“国家示范区”，攀枝花市、泸县创建“国家示范项目”工作稳步推进。4月16日至20日，文化部督导组对四川创建国家公共文化服务体系示范区（项目）工作进行了督导检查，督导组高度肯定了四川创建国家公共文化服务体系示范区（项目）工作，认为成都创建示范区督查指标优良率达到100%，“成都经验”值得向全国推广。攀枝花市、泸县创建示范项目也“分别达到了中期预定效果”。攀枝花市创建工作“组织有力，推动有序、活动有效、社会有益”；泸县创建工作“组织有力、队伍有势、活动有彩、宣传有效、创新有常”。第一批创建工作的顺利开展，充分调动了各地党委政府加强公共文化服务体系建设的积极性，全省掀起了创建公共文化服务体系示范区、示范项目的热潮。在全国公共文化示范区、示范项目工作交流会上，成都、攀枝花、泸县作为先进典型分别进行了经验交流；央视一套朝闻天下节目于10月18日播出了四川国家公共文化示范项目攀枝花市大地书香新农村家园工程子项目“第三届全民读书节全市农民书画展”情况。5月28日至6月3日，国务院参事郭瑞、袁隐一行来到四川，就公共文化服务体系建设情况开展实地调研。调研组高度评价四川公共文化近年来取得的成绩，充分肯定了成都创建公共文化示范区、攀枝花市“大地书香农村文化全覆盖”、泸县“农民演艺网”、宜宾“一馆一团一车”、藏族聚居区“富民安康牧民定居文化行动”等四川经验。10月30日，受文化部委托，四川召开了国家公共文化服务体系制度设计研究2010年课题评审验收会，国家首席专家李国新、冯守仁对四川承担的两个国家课题《政府公共文化服务主体地位研究》、《公共文化服务经费保障机制研究》给予了高度评价，认为四川省在示范区（项目）创建、制度设计研究方面已经走在了全国的前列。李国新教授在评审意见中提出：“四川省公共文化服务体系制度设计研究成果特色突出，体现了研究成果对实践的指导作用，研究成果上升到了制度建设，成果价值大，示范意义大"；冯守仁教授在评审意见中指出："四川省是全国最早拿出研究成果的省份，同时做到了课题研究与创建公共文化服务示范区工作紧密结合，与示范区的制度机制建设紧密结合，研究报告具有较高理论水平和实践指导意义"。

【群众文化活动】

"群星奖"音乐舞蹈大赛成果丰硕。"群星奖"是我国规模最大、规格最高的国家社会文化艺术政府奖。四川省"群星奖"既是四川省文化活动一大品牌，又是四川省文化建设的一件盛事。2012年度是四川开展"群星奖"活动历年来规模最大、规格最高的一届。本届"群星奖"的参与面更宽，群众性更强，艺术水准更高，可谓百花齐放、异彩纷呈，群星舞台已成为各地基层群众进行文艺创作和交流的盛会，其权威性、艺术性和广泛性得到广泛的肯定和认可。为充分备战即将于2013年举行的中国艺术节"群星奖"比赛，四川于5月24日至27日在芦山县举办"天府情深"——四川省"群星奖"音乐舞蹈大赛，遴选优秀作品参加全国"群星奖"音乐、舞蹈类作品评选。21个市（州）的文化部门积极响应参赛，组织了164个参赛作品800余人参赛，3万多群众参与，共评出音乐类奖项20个，舞蹈类奖项18个，廉政文化节目调演奖4个，农民工文艺汇演奖5个。最终四川选送的《香巴拉》、《心灵的声音》等9个作品入围参加11月在山东省烟台市、青岛市举行的第十六届"群星奖"复赛阶段的比赛，入围数量在全国位居前列，带动全省城乡群众文化活动进入新高潮。"群星奖"作为公共文化的政府最高奖，在群众文艺创作和公共文化服务方面的导向性、示范性、带动性和持续作用十分明显，为繁荣四川群众文艺创作，促进公共文化事业的发展与繁荣起到了不可替代的重要作用。

群众文化活动再掀热潮。4月至5月，在省第十次党代会召开之际，由省委宣传部、省文化厅共同主办的"奋进四川，辉煌巨变——迎接四川省第十次党代会系列群众文化活动"隆重举行，省文化厅组织开展了"藏羌儿女感恩奋进迎盛世"、"阳光沐浴帐篷新生活"、"歌声飞出彝家新寨"等13项主题群众文化活动，引领全省城乡群众文化活动形成规模、形成声势，掀起高潮。为迎接党的十八大胜利召开，省文化厅专门下发了《关于广泛开展迎接党的十八大系列文化活动的通知》，充分发挥公共图书馆、博物馆、文化馆（站）等公益性文化单位的组织和阵地作用，采用展览、讲座、文艺演出、广场文艺活动等广大群众喜闻乐见的活动形式，广泛开展符合人民群众实际需求，特色鲜明、内容丰富、形式多样的文化庆祝活动。全省各地陆续开展了数百项丰富多彩的文化活动，为党的十八大胜利召开营造热烈和谐、欢乐喜庆氛围。

示范区群众文化进京展演喜获好评。9月30日，"大地情深·成都文化四季风"——成都市创建国家公共文化示范区群众文化进京展演在北京市朝阳区九号剧场举行。这是四川群众文化品牌活动首次走出四川，"吹进"北京，成都市成为西部唯一入围的副省级省会城市，此次活动进一步扩大了四川群众文化在全国的影响。

【民族地区文化建设】

"文化藏区行"开辟惠民新路径。为贯彻落实《关于进一步保障和改善民生加强藏区群众工作的意见》（川委办〔2012〕2号），推进省委省政府藏族聚居区"三四五"工程，"健全和完善四川藏区群众工作长效机制"，以文化部、中央文明办"春雨工程"为引领，中共四川省委宣传部、四川省文化厅，广东省文化厅，甘孜、阿坝、凉山、州委州政府主办的四川文化藏区行——"四进、十大"系列文化活动暨文化部"春雨工程"——广东文化志愿者四川行系列活动，于2012年8月至9月，在甘孜、阿坝、凉山广泛开展。省文化厅、省财政厅专门为藏族聚居区牧民定居点文化室安排了价值350万元的100套文化设备。安排了6278万元公共文化专项经费，用于完善藏族聚居区公共文化服务体系、改善农牧民文化生活。省文化厅集中优势文化资源、队伍深入甘、阿、凉藏族聚居区，行程数千公里，跨越十余个县，为藏族聚居区农牧民群众送去了高水平的文艺演出、精彩的美术摄影及文博展览、专家讲座培训，充分展示文化的丰富内涵和艺术价值，满足藏族聚居区群众多元化、多样性、多层次的文化需求，丰富藏族聚居区群众文化生活，提高公共文化服务能力。省委常委、宣传部长吴靖平、省政府副省长黄彦蓉分别对此次活动作出了重要批示："藏区行文化行动受众面广，辐射力大，精彩热烈，深受群众欢迎，推动了藏族聚居区群众工作全覆盖，开拓了文化惠民新路径"，"内容丰富，意义重大。这项工作通过创新形式，拓宽渠道，在藏族聚居区切实推进文化惠民，促进了公共文化服务均等化，发挥了文化引领藏族聚居区发展的功能”，并要求省文化厅及时总结经验，研究制定文化十年行动计划方案，进一步推动藏族聚居区工作常态化、长效化。

春雨行动促进边疆省民族大团结。为积极响应文化部、中央文明办《关于开展2012“春雨工程”——全国文化志愿者边疆行工作的通知》精神，四川采取“走进去”和“请出来”方式，与新疆、广东、宁夏、云南开展“五省联动”“十大活动”：即引进《广东特色文艺节目藏区展演》、《“珠三角改革开放成就展”摄影展》、《龙门农民画展》、《“走进三江源感恩母亲河”长江流域十二省市摄影联展》、《基层文化队伍交流培训》等文化志愿服务项目；引进广东等省的高端专家、资源、服务赴四川省藏族聚居区开展文艺巡演、讲座培训和文化展览等公益文化服务；组织省内巴蜀气派的《天府风华》、《外国摄影师看四川灾后重建艺术摄影展》、《书画艺术培训讲座》深入新疆、宁夏、云南等边疆民族地区开展大舞台、大讲堂、大展台展演；四川文化志愿者队伍在宁夏举办的《再生——国际摄影师看汶川地震灾后重建摄影展》，受到宁夏当地群众的热烈欢迎，近万人观看展览，被认为是宁夏有史以来最震撼和规格最高的展览之一。省文化厅组织四川省曲艺研究院成立《巴蜀风华》演出志愿者团赴云南演出，全面展现四川民族民间文化，展示巴蜀文化特色风采。安排省内基层民族文化工作者前往先进发达地区广东接受专家培训，参观沿海地区文化设施体验文化活动。成都组织了本土最强的文化志愿者队伍，远赴新疆乌鲁木齐、阿勒泰等地区用最直接的方式把艺术送到边疆人民的身边，成为行程最远的志愿者队伍。在“边疆行”活动中，四川满怀感恩之心，以昂扬奋进的精神风貌，以实际行动回馈无私援助四川的兄弟省份，加强四川与边疆地区的文化交流，促进民族大团结。

12月4日，文化部在京召开全国文化志愿服务工作会议，这是文化部首次就文化志愿服务工作召开专题会议。四川省文化厅荣获“全国文化志愿服务组织工作先进单位”荣誉；四川省曲艺研究院《巴蜀风华》综艺节目获“春雨工程——全国文化志愿者边疆行示范项目”奖；四川博物院、成都市图书馆荣获“全国基层文化志愿服务活动优秀项目”奖。四川获奖总数4个，在全国名列第三，仅次于北京、山东。

三、文化产业

2012年，是四川文化产业发展的关键之年，十七届六中全会明确了推动文化产业成为支柱性产业，中共四川省委九届九次全会指明了四川文化产业发展“一核四带”区域布局，省第十次党代会提出要建设与西部经济高地相适应的文化强省，全省文化产业发展大会明确了“5+2”重点文化产业发展格局。四川省文化厅按照党中央国务院，省委省政府相关文化产业决策和部署，继续实施重大文化产业项目带动战略，依托全省文化产业资源优势，做大做强文化旅游产业、演艺娱乐产业，重点培育动漫游戏产业和创意设计产业，发展壮大文化产业旗舰企业和重点企业，积极培育中小微文化企业，努力推动文化产业成为四川国民经济支柱性产业。

【强化文化与科技金融旅游重点业态融合】

3月31日，四川省文化产业发展大会在成都召开。大会确定了四川文化产业发展目标和“5+2”文化产业重点业态。大会公布了《四川省首批重点文化企业名录》，共有207家文化系统文化企业上榜，其中有22家旗舰企业、61家骨干企业、124家培育企业。

为贯彻落实四川文化产业发展大会精神，提升文化产业综合实力，进一步推动文化与科技、金融、旅游业深度融合，省文化厅分别与省商务厅、省科技厅、省招商局、省旅游局、省统计局等拟订了战略合作协议，以保证为建设与文化强省相适应的西部内陆开放型文化产业发展高地，进一步提升四川文化产业竞争力提供产业支撑。为完善金融支持文化产业服务体系，省文化厅召开了四川银行业金融机构与文化企业融资对接会，与四川省银监局签订战略合作协议，加强行政金融合作，组织金融机构与企业进行项目——金融一对一对接。对接会成功为参会文化企业融资3000万元，30余个文化产业项目受到金融机构关注，意向性授信资金达20亿元。

【推动产业集聚】

2012年，成都青羊绿舟文化产业园区（核心区为国际非物质文化遗产博览园）被文化部命名为第四批国家级文化产业示范园区（截至2012年，全国仅命名四批共8个国家级文化产业示范园区），填补了四川国家级文化产业示范园区的空白，实现了历史性的新突破。截至年底，全省共有国家级文化产业示范园区1家；文化产业示范基地45家，其中国家级文化产业示范基地13个，省级文化产业示范基地32个。各示范基地以深化文化体制改革、转变经营管理模式、革新企业机制为动力，解放和发展文化生产力，灵活利用本地资源，开拓思路，创新发展，扩大规模，壮大实力，提升品牌，加速资源整合，推动跨地区跨行业兼并、重组，深入挖掘基地对产业的孵化功能，积极引进项目，拓展产业链条，实现了规模化、集约化发展。

【重大文化产业项目建设】

藏羌彝文化产业走廊是列入《文化部“十二五”时期文化改革发展规划》及《“十二五”时期文化产业倍增计划》中的唯一的区域性重点文化产业工程。四川作为该项目实施的中心区域，四川省委、省政府高度重视项目建设，已将藏羌彝文化产业走廊列为全省“一核四带”文化产业区域布局中的民族文化产业带核心内容。

2012年，为进一步扩大藏羌彝文化产业走廊在国家层面的影响力，四川邀请了清华大学教授、国家文化产业研究中心主任熊澄宇等国内著名文化产业研究专家赴甘孜、阿坝、凉山区域进行文化产业调研，形成了《建议从战略高度打造藏羌彝文化产业走廊》的新华社国内动态清样。同时，在西博会期间，策划召开了由文化部产业司主办、省文化厅承办的藏羌彝文化产业走廊建设论坛。文化部与四川、云南、西藏、甘肃、青海、陕西6省（自治区）先后在论坛上介绍了开展藏羌彝文化产业走廊建设意义和工作部署，达成了强力推进藏羌彝文化产业走廊建设的共识，一致认为年底前联合启动藏羌彝文化产业走廊工程建设工作。据各级藏羌彝文化产业走廊区域文化部门统计，藏羌彝文化产业走廊（四川区域）已规划重大文化产业项目42个，项目投资总额达882491万元，涉及文化旅游、演艺娱乐、动漫游戏、创意设计等多个文化产业门类。按省委省政府要求，编写了《金沙江流域大香格里拉（四川）区域文化发展规划》，重点体现了民族地区特色文化发展特点和区域布局。

【拓宽文化企业发展空间】

建立2012年四川省文化产业投融资项目库，编印了《2012年四川省文化产业招商引资项目推荐册》，并配合文化部编印了《中国文化产业2012投融资项目手册》，将编印的项目导入全国项目服务工程的项目资源库，切实做好了文化产业项目资源库建设和管理工作。继续发挥文化产业项目招商引资公共服务平台作用，面向全省征集文化产业项目264个。

借助第八届深圳（国际）文化产业博览会、第六届中国西部文化产业博览会、第十三届中国西部国际博览会等重大会展活动，为积极推进文化产业重要项目招商引资搭建对外宣传、交流与合作平台。在第十三届中国西部国际博览会上，省文化厅与四川省文化体制改革和文化产业发展领导小组、省广电局、省新闻出版局联合举办了四川文化产业项目推介会暨签约仪式。全省总体推荐文化产业项目208个，项目投资总额超过2000亿元人民币。其中文化系统文化产业项目153个，包括文化旅游业128个，演艺娱乐产业12个、动漫游戏产业4个、创意设计产业9个，重点推介了中国成都民办博物馆聚集中心、大北川禹羌文化产业园等35个项目。

为建设一批重大文化产业项目，组织申报了2012年度中央、省级文化产业发展专项资金。四川省歌舞剧院有限责任公司《巴蜀舞乐歌〈大美四川〉》、四川省文物总店《中国西部高端文物交流平台建设》等7个项目，获得355万元省级文化产业专项资金补助。为培育优势文化产业品牌，增强品牌项目的影响力和竞争力，组织开展了2012年四川省扶持文化产业品牌资金申报评审工作，共安排扶持资金750万元。

省文化厅还充分利用文化部文化企业信贷申报评审系统平台，推荐成都门里望江置地有限公司的“顺江路333号综合体项目”、四川润茂房地产有限公司的“锦门丝绸文化特色小镇”项目进行信贷申报，为企业融资提供了切实有效的帮助。

为积极推动四川文化面向国际市场，省文化厅与香港中国商会共同搭建“四川——香港文化产业高端人才培训平台”，旨在培养高端文化产业人才，推广优秀文化产业品牌和项目，促进文化产业投融资等，并在年内聘请香港专家来蓉举办首期“川港文化产业高端人才研修班”。

【扶持新型业态健康发展】

按照文化部相关要求，省文化厅认真完成了2012年动漫企业认定年审工作，开展了2012年动漫企业认定申报工作，组织了成都乐知软件有限公司和成都市青藤卷语动漫制作有限公司进行动漫企业资格认证申请。

为促进文化与科技更好融合，努力搭建动漫产业服务平台。积极促成国家动漫游戏产业（四川）振兴基地与成都武侯祠博物馆合作，在成都大庙会上融合表现力丰富的动漫元素，以“动漫三国”和“穿越三国”作为庙会主题，为传统节庆活动吸引人气。

组织成都恒风动漫制作有限公司、成都风之翼动画制作有限公司、成都牧鹰数码艺术设计公司、成都谛听文化传播有限公司等动漫企业参加第八届杭州国际动漫节和第八届上海国际动漫游戏博览会，四川参展的《妞妞淘》、《酷巴熊》等动漫作品与衍生产品大受欢迎。企业在展览期间与各地动漫企业、经销商、玩具商及投资人进行了意向性的合作洽谈，并在衍生产品授权、产品销售渠道等方面寻找到合作伙伴，进一步拓宽了发展空间，取得了很好的成果。

【扶持民营企业发展壮大】

根据蒋巨峰省长1月19日在省工商联《加快民营文化产业发展　完善我省文化产业格局的建议》上的批示精神，省文化厅及时进行了认真研究，召开了文化系统民营文化产业发展讨论会，分析了四川民营文化产业发展现状和存在的问题，深度挖掘民营文化产业发展问题的形成原因，积极研究制定加快民营文化产业发展，完善四川文化产业格局的对策方案，着重对四川民营文化产业发展的整体规划、聚集发展、制度创新、公共服务平台打造等方面进行了较为深入的探讨，并向蒋巨峰呈交了《关于促进我省民营文化产业发展的报告》。

完成了对三都博物馆、四川通惠老年大学、易园园艺博物馆等民办非企业单位安全生产工作检查，加强了民办非企业的安全管理工作。完成了57家文化类民办非企业单位的年审工作，加强了对文化类民办非企业的规范管理。2012年，新增民办非企业6家。按文化部要求，进行了小微企业课题调研，编写了《四川省小微文化企业发展现状研究报告》，为制定小微文化企业发展的政策文件提供了科学决策依据。

四、对外文化

2012年，四川省文化系统在文化部和省委、省政府的领导下，深入学习贯彻十七届六中全会精神，按照《十二五文化改革发展规划》部署，围绕“两个加快”，大力推动和实施四川文化“走出去”战略，传播中华优秀文化，积极展示四川灾后文化重建成果。四川全年对外和对港澳台文化交流演展项目222项，参与文化交流人数为3534人；在境外举办777场（天）展演活动，海外观众达216万人（次）；在省内举办涉外和港澳台文化展演7558场（天）。对外文化交流和文化贸易取得优异成绩，呈现出诸多亮点。

【机制化构建全方位合作模式】

以文化高层互访、开展项目合作、人员培训、推动友城文化交流、参与文化部央地合作计划，提升外宣活力等构建全方位的文化对外交流模式。

密切对外合作，为四川对外开放注入文化内涵。与香港、澳门特区政府文化部门分别就签署川港、川澳文化合作协议的内容达成一致；与友好省区法国香槟——阿登大区密切合作，双方开展文化高层互访并确定艺术院校师生培训、创意人才交流、演展互访等合作计划。促进省内艺术院团、博物馆、图书馆与美国、加拿大、英国等机构开展项目合作、人员培训等长期合作。推动友城文化交流，成都市通过举办国际木偶节，推动友城间人员交流与艺术院团互访;南充市与法国莎勒维尔市以木偶文化为桥，开展友城结对和文化交流。

完善央地合作、省市协作机制，提升四川文化辐射力和影响力。参与文化部央地合作计划，与东京中国文化中心紧密配合，推动乐山、成都、雅安、甘孜等市（州）文化局和文化企业参与，成功组织动漫、书画团等赴日交流活动，接待日方人员来川参访，策划蜀文化、茶文化、熊猫之旅、藏族文化展演等主题活动（后因故暂停）。与文化部、香港康乐署合作在香港成功举办“根与魂·四川非物质文化遗产展演”，通过省文化馆调动协调甘孜、阿坝、凉山3州的藏羌彝文化资源和绵阳、乐山等10个市（州）70多位“非遗”传承人和演职人员广泛参与，举办的专场演出、展览和讲座等吸引了1.5万香港市民热情参与。与文化部民间民族文化发展中心、澳门民政总署合作，省文化馆和南充市文化局参与，策划筹备“2013年澳门四川春节习俗展”。这些项目充分发挥了市（州）的参与积极性，突出四川文化特色，受到当地观众的高度评价，成功构建海外大型交流活动部、省、市三级互动合作模式。

加大统筹协作，形成外宣合力。省文化厅与省级相关部门密切协作，共同推动四川对外文化宣传工作。与省委台办协作，推动在台湾举办《神秘北纬38度线——古蜀文明秘宝展》，安排台湾百名学生在川文化参访；与省港澳办合作，为港澳高访团组安排文化参观，安排香港大学生在四川文化机构实习；与省侨办、省侨联密切配合，推动海外的文化慰侨活动。有效的沟通协作，形成分工明确、各司其职、发挥所长、相互借力的长效机制。

【塑造文化品牌提升外向型文化产品竞争力】

持续推动“一市一州一品”工程，充分发挥特色文化艺术感染力在对外文化交流中的重要作用，提升外向型文化产品的品牌竞争力。

支持改制院团开展国际合作、开拓国际市场，

实现中国艺术与国际表达的有机结合。在部省市共同支持下，乐山歌舞剧院与澳大利亚墨尔本艺术节开展现代舞合作，中、澳、新三方共同投资编创的现代舞剧《断层线》在澳大利亚墨尔本艺术节上大获成功，并被新西兰基督城国际艺术节当场确定2013年度赴新演出。支持省川剧院与瑞士洛桑维迪剧院、卢森堡国家大剧院以及法国著名导演查尔斯·托德曼联手打造的川剧《镜花缘》在成都开始中国首演。指导并推动四川交响乐团“天姿国乐”与新西兰亚新基金会合作，参加2013新西兰彩灯节演出。全面开展海外品牌推广：省歌舞演艺有限责任公司《大美四川》歌舞演出在台湾巡演14场；省川剧院新编川剧《绣襦记》参演韩国釜山国际艺术节；省诗书画院在港举办书画展宣传巴蜀画派；四川博物院“汉代画像砖真品展”赴澳门展览。此外，甘孜歌舞团、凉山歌舞团等分别在马来西亚、荷兰、香港推出特色民族歌舞。

推动文化企业以海外市场为导向，自主推广品牌。自贡彩灯民企积极研究国际市场，开发具有自主知识产权、符合海外市场需求的文化产品，改变过去订单形式，发展到他方定点、投资，通过“保底收入”规避风险，“利润分成”获得利益，保护了自主知识产权、扩展了商业品牌效应。3家彩灯企业分别在韩国、美国、我国台湾地区商业展览，收益近千万人民币。动漫游戏企业主动承接服务外包，拓展国际市场。如精英设计与BBC、加拿大COMET娱乐公司、新西兰维塔工作室、DIGIC特效服务商、美国游轮公司等国际知名服务商、运营商建立良好合作。金山互动、炎龙科技、索贝数码、锦天科技等一批游戏产品出口和承接服务外包企业等的文化贸易额持续递增。2012年，四川文化产品出口额为76894万美元（其中工艺品74408万美元；动漫游戏产品与服务外包2260万美元；演展产品出口226万美元），同比增长75%，位于西部前列。

深化省级部门合作，共同引导扶持文化贸易。11月，省文化厅与省商务厅签署共建西部内陆开放型文化产业发展高地战略合作协议，建立部门长期合作机制，共同推动文化产业“走出去”。文化厅通过省级文化产业品牌资金支持6家文化企业品牌项目“走出去”；推荐文化企业参评省商务系统服务贸易专项补贴；配合省商务厅，推动文化重点企业和重点项目参评国家级重点目录：德阳市杂技团、遂宁市春苗杂技团、自贡市灯贸、精锐动画、精英设计、金山互动、索贝数码科技等19家文化企业荣列2011—2012年度国家文化出口重点企业，“东方彩灯”、“藏谜”等3个“走出去”项目荣获重点项目，在西部地区名列第一。

【以创新推动四川文化走出去】

省政府与文化部共同举办的《再生——国际摄影师看汶川地震灾后重建》主题摄影展，从创意设计、传播模式、协作保障、效果评估等方面开展系统化创新运作，大幅提升了交流层次和水平。

活动立意创新。活动由部长蔡武和省委书记刘奇葆共同策划，省政府与文化部共同举办，省文化厅与外联局、驻外使领馆、海外文化中心紧密配合共同组织实施，以“请外国人拍”、“到外国去展”、“让外国人看”为特色，传播定位紧紧围绕人类面对自然灾难的共同主题，站在总结人类历史经验促进和谐发展的角度，表达了对世界人民、对汶川灾后重建的感谢，通过独立的视角直观表达、精心策划。

队伍组织创新。省厅和文化部外联局负责对采风活动、展览与画册主题以及照片和文字进行审核把关，具体方案交由国际化和本土化结合的团队实施：与省政府新闻办、成都、乐山、广元、绵阳、德阳、雅安市政府紧密协作，精心安排采风拍摄；特别邀请美国大都会博物馆中国部前任负责人担任展览和画册的策划；13位采风的国际知名摄影家由驻外使领馆和专业摄影协会推荐，确保作品的世界影响力；组织摄影界专业评委对入围照片进行评选；《中国画报》社的外国专家团队完成9个语种文字翻译和校译；经过多家评估比选，由国内一流的公司承接国家博物馆展览和《再生》画册设计、印刷和制作。外联局传播处、国际处、中心处和各地区处以及驻国外文化处（组）、海外文化中心密切配合、推动国际巡展，省文化厅负责国内巡展的组织实施。

传播手段创新。照片以定点采风和定向征集的方式组织。展览运用数字视频、网络展览、实物展览等多种形式。国内国外同时实施，相继在国家博物馆、首都机场航站楼、四川博物院、香港中央图书馆、联合国教科文组织总部以及我国驻外20多个使领馆和海外中国文化中心举办中、英、法、日、德、韩、俄、印尼、阿拉伯语等多语种图片实物展，在外交部及驻外使领馆网站347个站点、中国文化网、文通网、四川文化信息网等网站同步推出网络专题展。特别是在文化部海外“欢乐春节”和“5·12”周年纪念期间分别集中推出的巡展活动赢得了国内外极大关注。

宣传效应提升。在文化部的大力推动和支持下，中共中央政治局常委李长春在印尼出访期间，在文化部蔡武部长的陪同下专程出席《再生》展开幕式并对展览给予充分肯定。省委书记刘奇葆高度评价《再生》国博展是“一流的摄影、一流的展览”。中国驻英国大使、驻韩国大使、驻毛里求斯大使和驻纽约、墨尔本总领事等纷纷为展览开幕致辞。驻埃及、日本、韩国的使馆文化处和中国文化中心邀请参与采风拍摄的摄影师在开幕式现场向本国观众介绍自己在灾区的所见所感。马耳他总统、毛里求斯艺术文化部长、印尼教育文化部副部长、贝宁青年体育部副部长等各国政要观看并高度评价展览。国内主要媒体对《再生》全球巡展给予深度追踪报道、推出专版，中国文化网开设专栏全程报道，进一步扩大了展览的社会影响。

【制度化规范对外文化活动】

加强与文化部外联局和省外办、省台办沟通，按照相关文件规定开展对外文化工作归口管理，完善交流项目审核审批制度，依法制止未经批准的文化交流项目，限令相关市（州）整改未经报批的因公出境交流团组。加强与省外办协作，依法规范外国驻华使馆和驻成都、重庆总领事馆在四川举办文化交流活动的审核和批准手续。

【对外文化活动中的不足】

在推动四川对外工作的过程中，仍感觉到文化交流与文化贸易面临着一些问题，受到诸多因素的制约。

文化“走出去”经费保障不足。文化外交是公共外交的一部分。文化交流、文化外宣、文化贸易作为文化外交的重要内容，对提升我国文化“软实力”和国际影响力具有重要作用。随着对外文化交流活动的增加，原有的文化交流经费不足以保障活动的开展。

文化贸易扶持政策落地困难。近年来，国家出台了多个推动文化贸易发展的政策性文件。但在省、市级层面，有些优惠政策不能完全落实。省、市级文化部门难以单独协调海关、税收、金融、国土、外事等部门提供政策扶持。文化企业难以享受实质性出口优惠政策。特别是在促进动漫产品、艺术品等新兴文化产品出口方面，缺乏配套扶持政策和实施措施，文化部门缺少有力抓手。

对外文化数据统计和评估缺乏统一标准和平台。就四川而言，对外文化统计数据来源分为三大部分。其中，演展数据来自于项目报批登记，动漫游戏出口数据来自企业年度上报，工艺品等文化核心产品数据来自海关。很多企业不愿如实填报，贸易数据难以准确统计。

西部地区对外文化工作需要更多倾斜和扶持。由于地区经济发展的不平衡，对比沿海发达省市的对外文化工作，西部地区在资金、渠道、信息、人才和发展理念上处于弱势，缺乏对话国际文化的机会，导致“外向型”文化产品的艺术内涵、市场竞争力和国际影响力不高。国家应加大对中西部对外文化工作的指导和扶持力度，提供更多人才培训、项目交流机会，促进中西部优秀文化产品“走出去”。

五、文化市场

2012年，文化市场管理工作以四川“两化”互动、城乡统筹总体战略和《四川省人民政府关于加快推动文化产业发展的意见》为指导，强化服务，促进城乡文化市场协调发展。据统计，全年文化市场经营收入325亿元，比上年增长20.01%。全省营业性演出机构605家，新增144家，举办各类演出4万余场，其中，涉外涉港澳台演出6000余场，演出收入6亿元；全省娱乐场所7006家，新增813家，新增面积40万平方米，营业收入142亿元；全省网络文化企业71家，新增25家，其中网络游戏企业21家，网络音乐企业3家，网络艺术品企业1家，网络文化经营收入163亿元，新增原创网络游戏产品41款，网络游戏出口18款,出口额3500万元。全省连锁网吧企业24家，新增3家，全省网吧连锁直营门店333家，新增103家，新增计算机终端数11286台；艺术品经营机构314家，经营收入约14亿元。美术品进出口经营活动5批次。各艺术品机构举办专业艺术展览1500余场次，吸引观众超过160万人（次），举办文物艺术品拍卖32场，成交额2.47亿元，视觉艺术品出口额6.74亿美元（约合人民币41.9亿元）。全省文化市场总体保持稳步发展态势。

【转变服务观念】

贯彻党的十七届六中全会精神和省委九届九次全会精神，把文化市场管理融入四川省经济社会文化发展总体战略，规划了重点发展演艺娱乐市场、培育网络游戏和艺术品市场的目标、任务，不断提升政务服务水平，优化文化市场发展环境，引导民营资本投资文化市场，帮助转企改制后的文化企业

开拓市场，培育文化市场主体，推动文化与科技、旅游融合发展，调整市场结构，扩大文化消费。

【演出市场】

积极培育演出市场主体。指导省演出娱乐协会开展演出经纪人培训，提高演出经纪机构审批服务效率，规范演出经纪市场，新增演出经纪机构18家。指导开展演员资质认定考核，壮大演员队伍，推进个体演员备案工作。推动文化旅游融合发展，召开旅游景区演出座谈会，搭建政府、企业沟通和企业合作平台，旅游景区演出市场发展良好，截至10月，全省各重点旅游城市和旅游景区定时定点文化演出逾74台，票房收入1.631亿元，上缴利税1079万元，旅游演出成为全省旅游的一道自然人文互动双运的新“景观”。推进全省演艺院线建设，指导四川省演出展览公司和成都演艺集团公司组织优秀剧目赴绵阳、南充、达州、自贡、宜宾、广元、资阳、遂宁等地巡演，盘活现有剧场资源，做大演出市场。鼓励以连锁方式开展基层演出网点建设，建立节目配送机制，首批八个市（州）经营单位签约进入演艺院线，共同开发二级市场。全年省级重点演出公司在二、三线城市组织大型演出65多场，扩大了文化消费。“热波音乐节”“汽车音乐节”“咪咕音乐节”“欢乐谷狂欢节”渐成全省具有影响力的演艺节庆品牌，演出市场持续繁荣。针对演出市场的风险隐患，及时召集品牌演出经纪机构负责人会议，增强防控风险意识，制定防控措施，提高大型演出项目的风险控制和化解矛盾、处置风险的能力，确保了全省演出市场健康平稳运行。

【艺术品市场】

规范艺术品交易秩序，指导监督各地落实艺术品备案制度，逐步建立全省艺术品经营单位信息库；推动艺术品市场诚信建设，开展了首届“四川诚信画廊”评选活动，评选出9家“四川省诚信画廊”，8家画廊获文化部“全国诚信画廊”称号，占全国总数的8.7%，居全国第五位。组织四川的诚信画廊参加了中国诚信画廊展，充分展示了四川画廊界的良好形象。组织全省文化部门统一举办“四川省首届艺术品市场法制宣传周活动”，并与成都市文化局联合举办“首届全国艺术品市场法制宣传周四川分会场暨首届成都文化艺术品节”活动，推动全省艺术品市场健康有序发展。引导当代艺术健康发展，引进了高端艺术展览——“毕加索画展”在成都成功展览。该画展成为中国高端画展的盛宴，让川人在家门口享受到世界顶尖级艺术大师的作品。以艺术超市为主的平价艺术品市场发展加快，成都东区音乐公园平价艺术品集中展示交易区初步形成，为艺术品创作、收藏群体搭建了平台，满足了民众不同层次文化收藏和消费需求。

【网络文化市场】

深入重点网络文化企业调研，主动开展行政指导、提供咨询服务，承办文化部市场司“全国网络文化管理干部培训班暨第七期网络文化经营单位业务培训班”，全国140多家网络文化企业高管参会，为四川网络文化企业与全国知名网络文化企业学习交流提供了平台。组织网络文化企业参加全国高端动漫游戏展会，把“四川创造”网络文化产品推广出去；中国移动无线音乐基地保持了全国最大的正版音乐内容发布平台和交易平台地位，被文化部市场司授予“全国网络音乐创新示范单位”。金山数字和成都梦工厂入围工信部发布的2012年互联网信息服务收入百强企业，居西部第一。同时涌现出哆呵梦和乐生互动等一批成长性良好的网络文化企业，巩固了四川网络游戏全国第五、西部第一的地位。开展了整顿棋牌类网络游企业经营行为的工作，有效遏制了该类网络游戏企业涉赌运营违法行为，净化了网络游戏市场环境，监督企业全面落实“网络游戏未成年人家长监护工程”，促进了行业自律，净化了未成年人成长环境。

【文化会展】

促进文化与科技融合，推动全省游艺娱乐市场规范健康发展。指导省、成都市娱乐协会举办了“2012四川（成都）电子游艺游戏设备博览会”，展示、推介我国自主知识产权的高新技术游艺游戏机品牌产品，构建文化贸易、技术交流、信息互动的平台和政府、企业和从业者沟通对接平台，吸引了全省和重庆、陕西、河北、贵州、河南、湖北、湖南、云南9个中西部省、直辖市的众多游戏游艺场所经营者、从业者参会，共接待买家及代理商2720人次。本次博览会展示机台成交率达80%。指导四川省工商联文化产业商会与多家民间行业商会、协会和商业机构联合主办“2012第三届四川文化消费节”，文化消费节采用“政府授权、商会联办、企业参与、全省联动、惠及民生”的全新办节模式，开发特色文化消费，拓展大众文化消费市场，参展商和体验店超过1200余家，销售额突破40亿元。新华社、《光明日报》、《中国文化报》、《四川日报》、四川卫视、四川经视、四川在线等主流媒体对活动作了报道，提高了四川文化消费节的知名度。

【行政审批规范化、标准化】

进一步规范行政审批工作，全面清理行政审批事项，细化项目、优化流程，将全厅行政审批事项由原来的27项调整为24项，全部纳入省政务中心文化厅窗口办理。市场处（行政审批处）副处长担任首席代表，加大窗口授权力度，实现了“两集中、两到位”，从窗口受理、初审、首席代表审签、转外办理、现场勘察、专家论证，听证以及制证、发证全流程及各个环节明确了责任，提高了政务服务效能，方便了群众。2012年，实现窗口现场办结率100%、按时办结率100%和群众满意率100%的“三百”目标，收到企业感谢信9封、表扬锦旗23面，省政务中心考核获得二等奖。举办了2期全省文化市场管理培训会，通过政策法规解析，行政审批业务技能培训，转变文化市场管理理念，提高管理水平。开展了全省文化市场行政审批规范化、标准化建设，统一了全省文化市场行政审批模式、标准、流程，印制《四川省文化市场行政许可范本》，对市（州）政务中心文化窗口的行政审批数量、名称和办事指南进行了规范，实现了省、市、县三级统一运行模式。

【培育农村文化市场】

培育农村文化市场主体，繁荣发展农村文化市场。年初制定了《四川省文化厅关于进一步推动农村文化市场繁荣发展的指导意见》（川文办发〔2012〕39号），确立了农村文化市场发展目标、发展重点、监管举措。3月在成都召开全省文化市场管理和综合执法工作暨农村文化市场管理工作会议，对发展农村文化市场进行了专项部署。制定了《四川省文化厅关于加强全省演员管理工作的通知》（川文办发〔2012〕136号），指导四川演出娱乐协会制定《四川省演员资格认定办法》，首期考核服务基层的演员350余名，构建农村文化市场服务网络，丰富农村文化产品和服务供给。截至年底，四川农村文艺表演团体发展到309家，占全省演出团体的57.22%；农村网吧4401家，占全省网吧总量的47%，乡镇布点的网吧占新设连锁网吧直营门店75%；农村歌舞游艺娱乐场所2942家，占全省歌舞游艺娱乐总量的42%。全省农村文化市场服务业呈良好发展之势。

【指导转企改制单位开拓市场】

加强部门协调，推动经营性文化事业单位体制改革。省政府113次常务会议审议通过了四川博文文化产业集团有限公司组建方案，完成了《银幕内外》杂志社转企改制，四川文艺音像出版社转企改制进入尾声。加强对转企改制艺术院团的服务，通过省演出公司市场运作，发挥其营销网络优势，以项目观摩、推介等方式，将四川省歌舞剧院有限责任公司《大美四川》推向全国11个省市巡演16场，扩大市场影响，取得了良好的效益。推动四川交响乐团与演出企业合作打造“百姓舞台”品牌，截至10月，在省内外开展“百姓舞台”演出57场，受惠观众达6万余人。百姓舞台综合了交响乐、音乐舞蹈、诗朗诵等多种艺术形式，把高雅艺术推向大众，既推出了低价演出节目，扩大了文化消费，拓宽了市场，又搭建了艺术院校学生实践的舞台，调动演出事业单位改革创新、开拓市场的积极性，一举多赢。

【健全机制发挥文管办协调作用】

充分发挥文管办的协调作用，推动市、县两级设立文化市场管理工作领导小组及其办公室，基本理顺了文化市场管理体制。文管办多次召开成员单位会议，形成共识，制定了《四川省文化市场管理工作领导小组办公室工作制度》（川文管办发〔2012〕1号）和《四川省文化市场管理职能部门分工协作机制》（川文管办发〔2012〕2号）。明确了省文管办职能定位和相关职能部门在文化市场管理中的工作职责，建立了工作制度和工作机制，保障了文化市场管理相关行政部门与文化市场执法机构无缝对接。在省文管办的牵头下，省文化厅、省公安厅、省工商局联合制定了《关于贯彻〈四川省娱乐场所管理办法〉的通知》（川文办发〔2012〕12号），规范了娱乐场所审批事项，明确了文化、公安、工商部门的监管职责；省文化厅和省公安厅还联合制定了《关于建立查处游艺娱乐场所涉赌经营工作机制的意见》（川文办发〔2012〕79号），强化了文化、公安合作联动的工作机制。部署组织了十八大文化市场保障专项行动，维护了十八大期间文化市场的平安秩序。

在贯彻落实党的十七届六中全会关于健全文化市场综合执法机构的任务，加快建立统一、规范、高效的文化市场管理体制和运行机制上，报请省文管领导小组制定了《四川省文化市场综合执法专业化规范化信息化建设实施方案》（川文发〔2012〕1号），同时与省文改办共同召开“四川省深化文化市场综合执法改革暨综合执法‘三化’建设工作会议”，着力推动综合执法“三化”建设。在8月底文

化部召开的“全国文化市场综合执法规范化建设暨省级文化市场管理工作领导小组办公室负责人座谈会”上，窦维平副厅长代表四川省文管办作了《强化文管办职责，推动文化市场综合执法“三化”建设》经验交流发言，四川的做法，得到文化部的充分肯定。

六、公共图书馆

2012年，是四川省图书馆建馆100年。按照年初确定的项目总体目标和《四川省图书馆“十二五”规划纲要》，围绕以活动纪念省图书馆百年馆庆和推动四川省图书馆事业建设需要解决的问题，寻找解决难题的有效途径，深刻领会和全面把握新形势下推进文化体制改革发展的指导思想、重要方针、目标任务和政策措施。按照省委、省政府和省文化厅关于文化建设的新思路、新理念，深化文化体制改革，着力加强公益文化建设，强化公共图书馆免费开放服务工作，积极参与探索新形势下公共图书馆的创新发展，努力实现传统图书馆向智能化图书馆的推进，面向基层，进一步推进和深化图书馆改革，廉洁勤政，积极进取，开拓创新，团结协作，积极开展创“四好”班子和基层组织建设年活动，切实加强班子建设；在抓好基础工作的同时，调整和整合、规划业务、行政工作，抢抓文化发展机遇，把新馆建设列为2012年工作的重中之重，围绕四川省图书馆“十二五”时期工作规划，努力搞好免费开放工作和全民阅读服务工作。先后开展省图书馆百年馆庆系列活动启动暨国家数字图书馆四川分馆服务平台升级开通仪式、网上读书卡发放暨赠书仪式、“科普”活动月、送书下乡、图书馆服务宣传周、数字图书馆服务和共享工程活动，举办巴蜀讲坛·文化惠民百场流动讲座，做好决策参考工作，充分发挥职能作用，为促进四川文化大发展大繁荣作出了积极的贡献。

【四川省图书馆新馆建设】

省委、省政府、省委宣传部和省文化厅对省图书馆新馆建设高度重视。为落实省政府关于新馆建设的指示，省图书馆积极与各相关职能部门协调办理各种手续，加大工作力度。在省文化厅党组直接领导下，按照省委、省政府及上级主管部门要求，2012年1月至10月，多次召开专题会议，完成对《四川省图书馆新馆建设内部装修设计方案》《四川省图书馆新馆建设项目数字图书馆设计方案》的研讨、论证及评审工作；面向全社会公开征集省图书馆LOGO设计，并于8月初完成；截至2012年11月30日，新馆主体工程顺利封顶并进入新馆外墙装修阶段。

【省图书馆百年馆庆】

举行四川省图书馆百年馆庆系列活动启动暨国家数字图书馆四川分馆服务平台升级开通仪式。5月28日上午，四川省图书馆百年馆庆系列活动启动暨国家数字图书馆四川分馆服务平台升级开通仪式在省图书馆举行。省文化厅副厅长李兆权主持仪式。省文化厅厅长郑晓幸、副厅长王志平、省文化厅党组成员、省纪委驻厅纪检组长孙舒亚、机关党委书记严飒爽、省图书馆馆长李忠昊及读者代表鲜琦出席启动仪式并讲了话。出席启动仪式的领导还点击开通国家数字图书馆四川分馆服务平台并向基层图书馆代表、科研系统代表、高校图书馆代表和读者代表赠送网上读书卡。

省文化厅社文处、人事处、计财处负责人、成都市及周边县（市区）计19家基层公共图书馆、四川大学图书馆、西南交通大学图书馆等4家高校图书馆代表、中科院成都文献情报中心、省科学技术信息研究所及省图书馆领导班子和职工计200余人参加了启动仪式。

启动仪式结束后，围绕四川省图书馆百年馆庆和图书馆服务宣传周，在全省范围内开展“逾期图书免费回家”；巴蜀文化系列讲座等活动，充分展示丰厚的四川历史文化优秀传统，在全省掀起公共图书馆服务基层服务全民的热潮。

网上读书卡发放暨赠书仪式。10月24日上午，迎接党的十八大，四川省图书馆百年馆庆系列活动——网上读书卡发放暨赠书仪式在省图书馆举行。省图书馆馆长李忠昊主持仪式。李兆权及受赠单位代表泸州市图书馆馆长吴元元、四川大学图书馆副馆长王兴伦出席仪式并讲话。

省文化厅、省图书馆向接受捐赠单位赠送网上读书卡计26000余个，图书《第一批四川省珍贵古籍名录》100余册。即日上午，省图书馆还召开了百年馆庆座谈会。会议由省图书馆副馆长徐建华主持。省图书馆副馆长王嘉陵布置在21个市（州）举办“巴蜀讲坛——本土人讲本土历史文化讲座”相关工作；与会代表围绕省图书馆百年馆庆和公共图书馆创新发展，迎接党的十八大召开等议题进行了研讨。

举办四川省图书馆百年馆庆书画展。正值全国人民大力学习宣传贯彻党的十八大精神和四川省图书馆百年之际，省图书馆整合社会资源，为巴蜀文化艺术的传承和地方文献的收集、整理，联合省戍子书画院精心组织策划，精选四川省戍子书画院优秀书画作品计136幅于12月20日至22日在四川省博物院举办展览。此次展出的作品题材广泛，内容丰富，画种画风多样，不乏著名资深画家和青年艺术家的精品力作。多方面、多角度反映祖国的大好河山和祖国欣欣向荣的情景，生动展现了戍子书画院艺术家的成就。

【人才队伍建设】

为贯彻省文化厅党组人才队伍建设总体规划，落实《四川省图书馆学习贯彻科学发展观整改方案》，加强人才队伍建设，采取馆内培训和送出去培训相结合的方式，对中层干部和专业人员进行业务培训。截至11月30日，经过业务部门推荐、人事部门审核，馆长办公会讨论通过，第二批选派中层和业务骨干计8人于5月12日赴国家图书馆培训学习。第三批业务骨干计10人于10月赴上海图书馆培训学习。国家图书馆和上海图书馆先进的理念和知识对提升全馆整体业务能力和科研能力，促进全馆服务水平的提高，为全川读者提供全新的良好的图书馆服务起到积极作用。

【四川省公共图书馆地方立法】

在省政府法制办和省文化厅的领导下，经过多方协调和艰苦努力，四川省公共图书馆地方法规立法工作基本完成。该项目已经省政府常务会通过，已交省人大讨论。

【政府信息公开免费查询服务】

为推进公共图书馆政府信息公开服务，加快构建公共文化服务体系，发挥图书馆桥梁和纽带作用，协调关系，整合资源，搭建平台，保障公民权益，有效提供政府信息服务。四川省图书馆在馆内设置“政府信息查询阅览室”“政府信息公开查询平台”，并实现“政府信息公开”统一网页在全省各公共图书馆开通，推进了信息公开条例在四川的贯彻执行，效果明显。

【基础业务建设】

加强文献资源建设工作，为新馆储备好资源。成立采购办公室，规范文献采购工作程序。加大文献资源建设工作力度，逐步形成内容丰富、载体多样、特色鲜明的文献资源保障体系。截至11月30日，购进中文新书30075种，计102743册，电子图书20万册。各出版社高度重视，16家出版社向省图书馆呈缴出版物样书共计1025种，7348册。征集地方文献1313种（件），1945册，征集光盘40种，订中文期刊3817种，中文报纸275种，获赠四川地区和其他期刊705种；外文原版、港澳期刊376种；购外文图书3117册，其他各类视听音像资料300余种，购置专题数据库10余种，收到国际交换期刊40册，图书13种，接收亚基会赠书55种。截至11月30日，共计完成书目数据38427条，上传书目数据5000余条，超额完成了任务。

【公共文化服务】

创新服务内容与方式，拓展免费服务的覆盖面，以提升读者素养为目标的知识服务，向多样化、宽领域发展。

强化免费开放工作和延伸公共文化服务工作。为切实贯彻落实文化部、财政部、四川省文化厅、省财政厅关于推进公共图书馆免费开放工作的意见，省图书馆采取积极措施，免费开放工作出现良好势头。省图书馆联合全省公共图书馆，以构建公共文化服务体系建设为先导，突出服务创新意识和内容，满足读者多元化多层次需求。方便读者阅读，坚持全天候开放。在期刊部设立图书文献廉政角，重点读者农民工、现役军人、离退休人员、残障人和未成年人等特殊人群均可凭有效证件免费阅览图书文献，充分体现人文关怀，照顾特殊群体，为读者提供人性化服务，包括设立寄包、饮用水供应等免费窗口，为老年读者提供放大镜、老花镜等便民服务，受到读者好评。截至11月30日，免费服务共计接待读者80万人次，文献流通150万册次，接待上网查询30万人次，咨询10万人次。共计办理借书证3000余个。新建省机关事务管理局分馆，并为省国资中心、市残联、成都第一福利院、省建十二公司等提供图书文献2万余册。8月，组织召开省图书馆建馆100周年暨新馆展望读者座谈会，广泛听取读者意见和建议，取得很好的成效。参加由省委宣传部、科技厅组织的“迎春科技大场”活动；参加文化科技“三下乡”活动6次，送资料2万余份，受到当地群众普遍的欢迎。

加快文化共享工程和数字图书馆建设。积极发挥数字资源优势，快速提高公共文化资源的辐射面，已成为图书馆拓展延伸服务的重要手段。完成2009年度文化共享工程县级支中心61个县的建设工作；完成政府采购公开招标阶段对各县级支中心等方面的培训及设备安装、调试工作；康巴藏族影视资源译制项目按国家管理中心要求全部上交，完成康巴藏语资源的译制工作；完成2012年全国文化信息资源共享工程地方特色文化专题资源及红色历史文化资源的调研及部分资源搜集工作；完成四川省羌族文化遗产抢救工程数字空间项目羌族数字图书馆项目建设工作；5月22日，举办数字图书馆推广工程理念普及培训，21个市（州）的图书馆长和技术人员34人参加培训；完成对基层支中心的培训计10余次，培训人员达5000人；完成共享工程服务10次，下发光盘10000多张；完成国家管理中心及省文化厅交办的其他工作。在全省范围内已建成54467个文化信息资源共享工程各级服务点，继续实施“县级数字图书馆推广计划”；四川省数字图书馆平台向全省181个县升级开通，初步形成覆盖全省市（州）、县及乡（镇）、村的五级公共文化服务网络，服务人群达800万人。3月下旬起至“六一”国际儿童节前，面向四川地区的中、小学生，组织开展以“像雷锋那样……”为主题的电脑小报设计比赛活动。评选出180余幅作品代表四川参加全国电脑小报设计比赛。获得小学组个人三等奖1名，优秀奖1名；中学组个人二等奖1名，三等奖1名，四川省分中心荣获全国优秀组织奖，受到国家管理中心和各省级分中心的一致好评。

完成政府信息公开平台四川分站的建设任务，著录四川省各类政府信息78958条，圆满完成了任务；中国国家数字图书馆资源整合平台初步建立并正式运行，后续工作在积极进行之中；完成国家数字图书馆推广工程硬件设备招标及采购任务，设备已安装到位；切实加强省数字图书馆分馆的管理及服务。馆内已能够通过自动化部连接到电信主出口上网，内部服务在进一步调试之中。

继续举办巴蜀讲坛·文化惠民百场公益性流动讲座。作为省图书馆业务延伸工作的重点，“巴蜀讲坛”已成为省图书馆的文化品牌。截至11月，先后到眉山市、洪雅县、成都市新都区、康定县、遂宁市、彭山县、沐川县、西南交通大学、德阳市、雅安市等地，计举办“巴蜀讲坛”25场，听众达20000人（次），为武警战士、青年学生、留守儿童、残疾青年、离退休老同志、民族地区服务，受到广泛欢迎。

11月2日至12月5日，由省图书馆主办，各市（州）县（市、区）图书馆承办的巴蜀讲坛“本土人讲本土历史文化”讲座在全省21个市（州）图书馆及部分县（市、区）图书馆先后举办。首讲于11月2日在攀枝花市图书馆举办《攀枝花的历史文化》讲座，此后在雅安举办的《细说三雅文化》、康定举办《锅庄文化》、眉山举办《苏东坡在今天的意义》、内江举办《大雪与内江文化》等31场专题讲座。12月15日，作为本年度的收关之作，由省图书馆主办，成都市图书馆承办的“诗话成都”讲座邀请四川师范大学教授、国学家张昌余主讲。此次讲坛充分挖掘四川历史文化，展现了四川文化多样性特色，为巴蜀讲坛注入了新的内容。省、市多家电视台和《四川日报》等对活动给予了积极报道。

发挥馆藏优势，提供文献信息服务。按照省文化厅党组关于新的文化发展观要求，注重文化覆盖面，注重宣传。截至11月30日，为省委、省政府及各级领导及“两会”提供专题课题服务，为科研、文化、教学、企事业开展专题咨询10场，计16个专题课题，78期计107万字。编辑《工作简报》计37期；编辑《决策参考》（69期，30万字）；为成华区图书馆立法决策服务提供11个专题，计31期，48万字；为纪念省图书馆建馆100周年，编辑出版了《四川省图书馆馆藏保路运动史料书影汇编》《四川省图书馆百年馆庆纪念文集》《四川省图书馆·成都图书馆百年同人文集》《四川省图书馆百年馆庆书画集》。

【古籍修复保护普查及再造】

完成四川师范大学《第五批国家级珍贵名录》的申报组织、审定、上报工作。7月23日，召开四川省古籍保护第二次四川省古籍保护工作厅际联席会议，通报古籍保护工作的进展情况，研究和部署下一阶段四川省古籍保护工作发展规划，讨论并通过《四川省“省级古籍重点保护单位”“省级古籍保护单位”申报评定暂行办法》《关于“省级古籍重点保护单位”“省级古籍保护单位”的评审说明》。编辑《四川省古籍保护工作简报》1、2期，完成《第一批四川省珍贵古籍名录》出版工作。组织全省古籍普查工作业务工作会及相关人员技能培训，完成全省古籍普查工作重点单位的业务指导工作。完成与四川大学图书馆合作再造的《四川全图》，并与国家图书馆合作再造《华阳国志》（印制中）。完成对《成都日报》《成都晚报》《天府早报》等5种现报的前期整理、补缺及著录工作。拍摄馆藏《天府早报》《成都日报》《成都晚报》4种现报计47卷，21291拍计1065米；其中优质品43卷19714拍计986米；合格品4卷，1577拍计79米；优质品率占93%。

【业务辅导培训与馆际协作交流】

为进一步强化公共图书馆服务，省图书馆领导

与专家对全省部分公共图书馆进行了调研和分析，提出了以构建公共文化服务体系为核心内容的公共图书馆发展规划；1月组织召开“全省公共图书馆馆长联席会议”；加强与四川省艺术职业学院的合作，为培养图书馆学专业人才做出积极努力；完成四川省公共图书馆学文献学研究规划项目专家评审工作及课题研究工作；3月14日至16日，由省图书馆学会主办，宜宾市图书馆承办的“全省数字图书馆业务培训班”在宜宾开班，全省市（州）县（市、区）公共图书馆馆长及业务骨干200余人参加了培训；5月15日，由省图书馆、省图书馆学会主办，绵阳市图书馆承办的全省图书馆系统《中国图书馆分类法》第五版业务培训班在绵阳市图书馆举行；5月10日至17日，来自全省21个市（州）及县（市、区）公共图书馆和四川大学图书馆等22家省内高校图书馆近200名业务代表在绵阳市图书馆参加为期三天的中图分类法业务培训；5月29日，四川省图书馆学会、西南交通大学图书馆和四川省高校图工委联合举办的“图书情报专题培训会”在西南交通大学举行，来自全省公共图书馆长、业务骨干和四川地区高校图书馆业务骨干200人参加培训，取得很好的成效；5月28日至30日，由省文献影像技术协会主办，广汉市图书馆承办的“四川省文献影像技术协会第四次会员代表大会”在广汉市图书馆召开，来自协会24个单位计43位会员代表参加了会议；9月18日至21日，由省图书馆、省图书馆学会主办、峨眉山市图书馆协办的“图书馆学基础业务知识培训班”在峨眉山市举办，来自全省各地市（州）图书馆长及业务骨干200余人参加培训；11月27日至30日，由省图书馆学会主办、凉山州图书馆协办的“图书馆学基础业务知识培训班”在西昌市举办，来自全省各地市（州）图书馆馆长及业务人员计200余人参加了培训。

七、博物馆事业

2012年，四川博物馆事业在四川省文化厅的领导下，上下齐心协力，攻坚克难，团结拼搏，全省博物馆事业不断提高工作水平，不断拓展业务。通过大量业务活动做好了两篇文章：一篇是“请进来”，让更多人走进博物馆、爱上博物馆；一篇是“走出去”，开门办馆，打开围墙，让博物馆更贴近群众、贴近生活。积极开展免费开放活动，

【顺利通过国家一级博物馆申报】

以创建“国家一级博物馆”为目标努力，不断提升软硬件设施、加强公共服务质量、提高陈列展览水平、拓展学术研究等。2010年8月，四川省博物院专门成立了“创建全国一级博物馆工作领导小组”，由院长盛建武担任组长，副院长卢越、魏学峰、韦荃、谢志成担任副组长，由副院长谢志成任常务副组长抓整改、提升和完善申报工作。申报小组结合实际，在综合管理、藏品管理、文物保护、学术研究、陈列展览等几个方面提出了具体的改良意见，并逐一实施和贯彻。经过2年多时间的悉心准备，不断对照创建国家一级博物馆评分标准在硬件和软件上进行提升。国家文物局于12月6日又公布了第二批17家国家一级博物馆名单，四川博物院以优异的成绩在100多家申报博物馆中脱颖而出，顺利进入国家一级博物馆行列。

【公共文化服务】

2012年，四川博物院共接待观众105万人次，免费向观众发放展览资料30万余份，收集观众留言2060余条，提供婴儿车2800余次、残疾人车1060余次。接待了各级领导、专家、及社会各界嘉宾近120批次，其中省、部级领导24批次。承办了法国香槟阿登大区文化代表团、墨西哥大使馆代表团、美国领事馆领事、法国艺术博物馆、美国宝尔博物馆董事长来访等重大外事活动。

“大篷车”流动博物馆。截至12月，流动博物馆共巡展8次，总行程10767多公里，接待观众超过33万人次。巡展之处包括四川省革命伤残军人休养院、泸州、什邡市中国人民解放军某部、绵阳市人民公园广场、成都空军司令部、康定、攀枝花和乐山。四川博物院“大篷车”流动博物馆自2010年成立以来，巡展共46站。

志愿者活动。开展了第六届和第七届小小讲解员招募及培训活动。川博共有近两百名小小志愿者，服务累计达20000个小时。组织2011—2012年度“十佳小小讲解员”前往华东各著名博物馆参观考察学习。

举办了第二届“成人志愿者”面试选拔活动。川博共有近百名成人志愿者。其中成都体育学院老师陈酿作为川博志愿者参与“第四届中国博物馆十佳志愿者之星”的申报。他们服务于四川博物院多个部门，充分发挥在公益文化事业上的作用，志愿者已成为博物馆服务的不可或缺的一支重要力量。

主题活动。为配合节日、展览及宣传活动，开展了丰富多彩的主题活动共计11次，如“放飞川博——大型风筝主题活动”，“感恩母亲”小小讲解

员华通博物馆之行、国际博物馆日系列活动、联合《品格周刊》义卖活动、"让爱童行"——关爱外来务工子弟、"关爱留守儿童·奇妙博物馆之旅"走进川博、"月是中秋分外明——四川博物院邀您共度壬辰中秋"主题活动、高新讲堂走进川博、名家画·我也画——丹青之华临摹邀请展。

信息工作。打造院首个文物摄影工作室，加强摄影工作室管理，并制定了相关使用规定及工作流程。全面改版后的四川博物院网站，点击率提升数倍，为宣传院基本陈列、精品展览、学术研究、文博信息等产生了积极影响。建立了三大核心工作区(网络网站与计算机管理；文物影像采集与色彩管理；图书、数学图书与阅览管理)和一系列行之有效的规范化工作程序。管理并规范OA办公自动化系统和QQ群，实时同步调控最新博物院行政、人事信息，确保系统正常运行及全院公务信息交流渠道的畅通、快捷。重点采集国内外文博界最新文展、时事动态，编录《文博信息周刊》共计三十五期，供全院业务部门参考使用。申报了《数字博物馆建设》《古籍线装书数字化》《文物数字采集实验室》《文物数字展示平台》《导览系统》等项目，加快数字化、信息化发展步伐。升级中国知网文献、国学宝典数据库，方便全院资料查阅。

【学术科研】

《张大千留蜀墨迹选——张大千早期艺术研究》项目于4月正式立项，由魏学峰副院长主持。项目将编撰200多幅张大千先生早期在蜀创作的作品，同时配有5篇研究张大千先生艺术创作的论文；《四川博物院典藏大系》体例研究。《四川博物院典藏大系》(简称"典藏大系")是当前四川博物院学术出版工作的重心。为了确保《典藏大系》的工作顺利开展，首先确定《典藏大系》的编撰体例；《巴蜀史实（通史)》。课题立项是为配合四川博物院准备推出一个新的常设展览——"巴蜀通史陈列"进行的。《巴蜀通史》课题包括展览、电视宣传片、文学脚本。最后根据实际需要推出专著。

6月12日，在四川博物院国际交流中心举办了"四川博物院2009—2012年学术科研成果总结会暨《格萨尔（唐卡）研究》首发式"国际会议。这是四川博物院新馆开馆三年以来第一次召开大型的国际性的学术会议，同时也是对四川博物院三年来的学术科研成果的一个阶段性的总结。

《常见文物生僻字小字典》正式出版。该书广泛收集与文物信息相关的生僻字，涵盖了公众观展过程中可能遇到的各类常见文物。《常见文物生僻字小字典》的出版标志着国内在编写文物字典上迈出可贵的一步；《格萨尔唐卡研究》正式出版。以四川博物院收藏的一套格萨尔唐卡为研究重点，从文物本体出发，通过对藏文题记识读、转写、翻译、文本对勘、画面解读、分析等多方面入手，综合运用艺术史、图像学、文献学等多学科交叉结合的方式，其成果必将为国内格萨尔研究注入新的活力，为格萨尔文化的普及、传承和发展作出重要贡献。同时，对国内藏传佛教艺术史、文化史的研究亦将起到积极的推动作用；《博物馆学刊》第2辑正式出版。《博物馆学刊》是四川博物院院刊，每年定期出版两期。此刊物是一本集历史文化研究、藏品研究、考古、博物馆学研究为一体的具有一定学术品位的综合性刊物。新一期的《博物馆学刊》于2012年6月出版。

四川省博物馆学会事务。已成立了13个专业委员会，其中藏传佛教专业委员会、红色名人纪念地专业委员会、高校博物馆专业专业委员会、自然类博物馆专业委员会、遗址博物馆专业委员会分别于今年召开了成立大会，通过章程并确定了开展的活动。院学术中心作为四川省博物馆学会的秘书处，对于13个专业委员会的日常工作进行了督促，每个月都向省文物管理局和理事单位报送学会工作简报。新成立了"四川省工业遗产专业委员会"。

【陈列展览】

自主办展共计8个，包括《自得其乐　刘云泉诗书画展》、《方韶砚雕艺术展》、《挥麈烟岚　任重画展》、深圳博物馆馆藏书画精品展、《丹青之华——近现代十二家绘画大展》、《再生——国际摄影师看汶川地震灾后重建》摄影展、《两岸青山——龙开胜、范治斌书画联展》、《正墨清彩》中国画作品展。引进展览、与外单位合作、协助外单位及个人办展共计35个，其中包括协助辽宁省博物馆"张大千临摹敦煌壁画展"、"再生——国际摄影师看汶川地震灾后重建"、"墨西哥——中国两国画家交流展"、"巨墨清彩"、三峡画院画展等。外推展览4个：巴蜀饮食文化展（吉林)、"大千世界——张大千敦煌临摹作品展"(山西博物院)、"大千与敦煌四川博物院藏张大千绘画精品展"(沈阳的辽宁省博物馆)、"盛世之风——四川博物院藏汉代画像砖珍品展"(澳门民政总署)。

对外指导、帮助兄弟博物馆。四川博物院专家应邀参加省委宣传部召集的讨论北川地震纪念馆的展览内容方案，并多次前往北京及北川对展览内容进行进一步的修改，对展览设计提出意见。负责叙永县博物馆陈列展览的帮扶项目，组织业务人员前往叙永，对场地及文物进行了现场勘察，多次与叙永县有关部门进行交流，完成了展览大纲，并与叙永县文管所、设计公司就内容及形式设计进行交流、沟通。为遂宁“张清智百米长卷展览”提出建议，绘制展厅展线示意图及设计方案，得到对方好评。为渠县苏维埃纪念馆设计陈列文本大纲。院务委员、陈列展览部主任谢丹作为国家文物局、四川省文物局、成都市文物信息咨询中心专家库成员，本年度应邀请指导各地博物馆的陈列展览等业务工作近20余次，如为乐山沙湾郭沫若故居陈列工程的招投标进行咨询，并修改标书；应邀参加北川羌族民俗博物馆展览工程的评标；应省纪委邀请作为专家参加省法纪教育基地陈列方案的论证等。

临展一厅的改造。项目就临展一厅改造的平面布局、空间分割、展柜及展墙的灵活性、恒温恒湿等技术上的问题进行了改造。精装部分于6月21日初步检验合格。“临展一厅改造工程竣工验收”会议于8月13日在会议室举行，审计公司、监理公司及院相关部门负责人出席，经专家评审，临展一厅改造工程验收合格。

设计制作“外推展览宣传册”。在初步选定的20个主题中，确定了四川汉画艺术展、馆藏明清名家书画展、张大千临摹敦煌壁画、四川饮食文化展、馆藏唐卡艺术展、人生历程展、四川酒文化展、馆藏古琴精品展、万佛寺佛教造像展、四川龙泉青瓷精品展等10个主题，成立了10个工作小组。各组与典藏部相关保管员协调，进行展品筛选，选定重点展品，并撰写展览介绍及重点展品介绍文字。宣传册在各个馆际活动交流中发挥了重要作用。

【文物保护中心工作】

国家文物局确立的四川博物院“文保中心能力提升项目”于6月底全面完成。项目对提升文物保护修复技术能力和四川文物保护修复技术能力的整体飞跃都将起到重要作用。川博文保中心作为一个开放式平台，将与所有的文博单位形成资源共享，为全省乃至西南地区的文物保护提供服务。2010年，完成馆藏陶器修复60件；馆藏书画文物的养护50件；青岛博物馆书画文物的修复16件；安县书画修复97件；什邡市博物馆书画修复保养25件；乐山沙湾郭沫若故居博物馆大型石刻的保护与修复9件。完成建川博物馆纸质文物仿制品装裱55件；18米“十八罗汉朝中华”长卷装裱1件。完成馆藏“格萨尔王唐卡”扫描，打印1件；建川博物馆选用有关红四方面军和川陕革命根据地文物扫描46件，打印46件；馆藏“张大千白描罗汉图”扫描，打印1件；馆藏“张大千黄山云海图”扫描，打印5件；扫描油画7件；乐山博物馆书画扫描30件，打印40件。文保中心在遵从传统保护修复工艺的基础上，鼓励科技创新。截至2012年底，经国家知识产权局审批通过，文保中心取得国家专利3项。编制修复方案4项，其中包括《馆藏摇钱树保护修复方案》、《馆藏东汉陶说唱俑保护修复方案》；帮助青岛博物馆设计编制完成27件文物保护修复方案；设计编制《会理县文管所馆藏书画文物抢救性保护修复方案》，通过省文物局的审批。完成合江石棺博物馆、泸县博物馆馆藏文物的现场文物保存环境调查及文物病害调查、绵竹馆藏书画文物现场的保存环境及病害调查、东亚纸张项目涉及四川、重庆地区传统造纸工艺的调查等3项。

【项目合作】

8月1日，成立的“四川博物院与中国移动成都分公司合作项目部”，签署了长期战略合作协议。主要合作内容包括合作完成川博移动博物馆、掌上博物馆、校园主题创意文化大赛、华灯博物馆等项目。

【产业发展】

2012年，四川博物院开发文化创意产品300余项，总数量达到12000余个/套。荷花图真丝缎面大方巾、巫峡清秋图百变双层披肩、银花丝系列产品、沧浪歌图乌木镂空雕扇等均为畅销产品。其中特色产品“张大千临摹敦煌飞天红酒对杯”获得厦门文博会文创产品最佳创意奖。成功主办的首届“川博杯”校园创意文化产品设计大赛，对培养四川创意设计产业新人、新作，加强青年人的文化学习创新能力，展示四川文化新形象和加深四川公众对巴蜀文化的兴趣提供了很好的契机，为省内设计爱好者和专业人士提供了一个学习和交流的平台，也为充分挖掘四川丰富的文化资源和文化底蕴，展现四川文化特色，促进四川创意设计业的快速健康发展提供了有力支撑。

可移动文物保护管理和研究。全年组织评审会理县馆藏字画、川陕革命根据地博物馆石质文物等馆藏文物保护修复及预防性保护方案16个，初审馆藏文物保护修复、文物保存环境和预防性保护方案6

个并上报国家文物局。同时，组成完成四川博物院、青岛市博物馆、成都金沙遗址博物馆、成都市文物考古研究所、什邡市博物馆、安县博物馆、茂县羌族博物馆、宝兴县文管所、青白江区文管所、乐山沙湾郭沫若故居博物馆等文物收藏单位的可移动文物修复工作，修复可移动文物1186件。

博物馆间交流与合作。邛崃市博物馆对口帮扶成都尔玛民俗博物馆，安排专人对成都尔玛民俗博物馆藏品进行建档、建卡、拍照、登记，并将邛崃市市级文物保护单位——“海屋”进行维修，用作成都尔玛民俗博物馆临时陈列展览场所。四川博物院完成对口帮扶叙永县博物馆陈列展览项目，并为渠县苏维埃纪念馆设计陈列文本大纲。此外，为配合做好北川“5·12汶川特大地震纪念馆”陈列布展工作，四川省文物管理局组织四川省文物考古研究院、四川博物院及有关专家参加该馆内容形式设计、实物陈列布展等工作。

重要陈列展览。1月18日至5月13日，由成都金沙遗址博物馆、中国社会科学院考古研究所和成都市文物考古研究所共同举办的“殷墟宝藏”展览在成都金沙遗址博物馆展出。1月19日至2月20日，四川博物院举办“龙佑天府——龙文化展”。6月28日，茂县羌族博物馆新馆建成开放，占地面积60亩，总建筑面积10653平方米，展陈面积4229平方米，基本陈列以羌族为主题。8月1日至11月15日，成都金沙遗址博物馆、凉山州博物馆共同在成都金沙遗址博物馆举办“蜀南之谜——雅砻江流域考古大发现”。8月31日至9月10日，“任重千里行画展”在四川博物院举办。9月21日至11月26日，“丹青之华——近现代十二家绘画大展”在四川博物院举办。10月，由澳门基金会援建的北川羌族民俗博物馆建成开放，其基本陈列展览“大美·羌乡”，展出面积5445平方米，展线长694米。

【文博教育与培训】

12月28日，四川博物院主办的“四川省文物保护修复能力提升学术研讨会”在成都召开，来自全省各地从事文物保护修复的专业技术人员70余人参加了会议，对近年来四川在文物保护研究与修复领域所取得的成绩及面临的问题进行了深入交流；同时座谈会还举行了隆重的师承制“拜师会”，四川博物院文保中心4名年轻专业技术人员拜师国内知名青铜器修复专家杨晓邬大师学习文物修复技术。

2012年，四川省文物管理局认真做好国家文物局全国县级文物行政部门负责人培训班组织协调工作，累计选送6批42人参加培训。同时，派员参加了国家文物局7月在吉林省长春市举办的“全国文物外事工作业务培训班”；派员参加了9月由国家文物局主办、中国文化遗产研究院和湖南省韶山毛泽东同志纪念馆承办的在湖南韶山举行的“馆藏近现代有机类文物保护修复培训班”；派员参加了国家文物局10月在宁波举办的“2012年度民办博物馆馆长培训班”；派员参加了由国家文物局与台湾自然科学博物馆于11月在台湾联合主办的“两岸博物馆实务经营研习活动”。

【文博宣传与出版】

四川博物院“大篷车流动博物馆”下基层巡展10次，行程12860公里，接待观众37.8万人（次），并荣获2011年度博物馆免费开放“最佳社区文化促进奖”和文化部“全国基层文化志愿服务活动”优秀项目奖。成都武侯祠博物馆成功举办“2012成都大庙会”，共接待中外游客130余万人，同比增长8%。成都杜甫草堂博物馆成功举办“第三届成都诗圣文化节”、“第四十届梅花艺术展”、“夜游草堂”、“书写世界的诗意”诗歌节、“纪念杜甫诞生1300周年杜诗书画展”等活动。成都金沙遗址博物馆成功举办2012年“成都金沙太阳节”（总计接待游客80余万人次）、“太阳神鸟回家——迎接达喀尔拉力赛车手”、“金沙遗址博物馆开馆5周年之音乐剧《金沙》服装展示”、“5·18国际博物馆日‘同住成都　共享金沙’共建签约”等活动，同时《金沙》音乐剧自5月改版后主场演出突破220场（次）。广汉三星堆博物馆成功举办德阳市第二届文化旅游发展大会暨三星堆飞翔黄金周活动、三星堆青铜器特种邮票首发式、中央电视台《创造·三星堆》专题片开机仪式及“行摄365摄影作品展暨广汉老照片展”等活动，同时全年各类电视媒体关于三星堆报道超过1500分钟，平面及网络媒体报道三星堆超过2000次，《手机报》、三星堆官方网站、微博等各类信息超过30万字，三星堆形象片还亮相美国纽约时代广场。

四川博物院编制的《常见文物生僻字小字典》、《格萨尔唐卡研究》正式出版，四川博物院主编的《共和之光》一书获“四川图书奖”一等奖，四川博物院参编的《中国画像石棺全集》获“2011年度文化遗产优秀图书奖”。四川省文物考古研究院撰写发表《四川金川县刘家寨遗址调查简报》、《四川井研县金井坪宋代墓地发掘简报》等考古发掘报告33篇。

成都市文物考古研究所编辑出版《牟托一号墓》、《安宁河流域古文化调查与研究》、《遂宁金鱼村南宋窖藏》等3本考古发掘报告专刊，公开发表《郫县曹家祠遗址先秦文化遗存试掘简报》、《成都青白江包家梁子宋明墓葬发掘简报》等考古发掘简报26篇。

【对外交流与合作】

由四川省文物管理局与台湾新光三越文教基金会主办、广汉三星堆博物馆和成都金沙遗址博物馆承办的“神秘北纬30度线——古蜀文明秘宝展”于2012年1月至6月在台北、台中、高雄三地成功举办，展览精选了广汉三星堆博物馆和成都金沙遗址博物馆具有代表性的文物140件（套）[一级文物28件（套）]，两岸近40余家媒体争相报道，参观人数近30万人次。四川博物院“盛世之风——四川博物院藏汉代画像砖珍品展”于2012年12月14日在澳门民政总署画廊隆重开幕。四川省文物管理局与美国宝尔博物馆、休斯敦自然博物馆签订2014年出境展览合作协议，拟于2014年10月至2015年9月在美国共同举办“神秘的古蜀文化”巡回展览，拟展出广汉三星堆博物馆、成都金沙遗址博物馆馆藏文物120件（套）。

配合中国文物交流中心筹备中日邦交正常化40周年展览，开展赴日“中华大文明展”以及赴意“早期中国展”的展品遴选、调集、采访拍摄、人员派遣、学术交流等相关工作；其间，日本每日新闻报社、NHK电视台人员赴川采访拍摄。按照国家文物局统一安排，四川省文物管理局派员参与“中华大文明展”学术交流、开幕活动、安全检查、撤布展等工作，其中四川省文物管理局局长王琼任代表团团长率团赴日参加“中华大文明”展神户展场开幕活动，副局长赵川荣任学术交流团团长率团赴日调研展品安全、评估展览效果。

作为中美“成都平原考古调查”合作项目的一部分，成都市文物考古研究所派遣骨干力量赴“美国考古中心”进行为期两月的田野发掘。澳门文物大使协会谭志广主席率14名澳门青年赴四川开展文化遗产保护交流考察活动，访问了四川省文物考古研究院、广汉三星堆博物馆及其文物保护中心。第三届两岸县市“双百论坛”期间，台湾22个县市150余名代表参观了成都武侯祠博物馆、杜甫草堂博物馆和广汉三星堆博物馆。台湾文化部文化资产局文保中心主任李丽芳一行赴四川交流访问，美国明尼阿波得斯艺术博物馆亚洲艺术部主任柳扬博士赴川洽谈合办展览事宜，美国华裔收藏家、慈善家范季融夫妇一行赴四川参观考察。

八、文物工作

2012年，四川文物事业深入推进，蓬勃发展。文物基础工作成绩突出，省政府全省文物工作会议成功召开，全国人大赴川《文物保护法》执法检查圆满完成，文物保护项目储备和资金申报工作扎实开展。不可移动文物保护工作成果显著，省政府核定公布第八批省级文物保护单位484处，大遗址保护工作深入开展，基本建设中的文物抢救保护工作卓有成效，“古蜀文明遗址”、“藏羌碉楼与村寨”、“中国白酒老作坊”、“蜀道”4处文化遗产列入更新的《中国世界文化遗产预备名单》，“桃坪羌寨灾后文物抢救保护工程”荣获“全国2011年度十大文物维修工程”，泸州尧坝古街获评“2012年度中国历史文化名街”，“四川宜宾石柱地遗址”荣获“2011年度全国十大考古新发现”。博物馆公共文化服务体系建设成效凸显，全省博物馆纪念馆总数达234座，其中免费开放89座，四川博物院、成都金沙遗址博物馆获评第二批国家一级博物馆，四川博物院文保中心“修复能力提升项目”全面完成，《神秘北纬30度线——古蜀文明秘宝展》赴台展览反响强烈，可移动文物普查试点工作顺利完成。社会文物管理和文物鉴定工作不断加强，“四川省文物艺术品拍卖市场专项整顿活动”有效开展。文物安全和打击文物违法犯罪活动收效明显，眉山“12·19”系列盗掘文物案成功告破，四川省打击文物犯罪工作现场会及时召开。文物宣传渠道日益拓展，文物宣传活动异彩纷呈。

【执法督察与安全保卫】

全国人大常委会文物法执法检查。4月8日至13日，全国人大常委会委员、教科文卫委员会副主任委员唐天标率全国人大常委会检查组对四川省《文物保护法》执法工作进行检查。检查组在分别听取四川省人民政府、绵阳市人民政府、成都市人民政府及有关部门贯彻文物保护法情况汇报并实地检查都江堰古建筑群、阆中古城等多个文博单位后，对四川文物保护法执法工作给予了充分肯定，并对下一步工作提出了意见和建议。全国人大此次赴川执法检查，对于四川更好地贯彻执行文物法起到了积极的推动作用。

文物执法巡查与安全工作。全省各市（州）文物行政部门对各级文物保护单位开展文物执法巡查3743次，开展安全检查8598次，发现安全隐患1221

项，整改1092项。组织完成“2012文物安全隐患排查整治专项行动”，共检查全国重点文物保护单位128处，省级文物保护单位1039处，市县级文物保护单位3358处，博物馆等文物收藏单位175个；排查安全隐患1847项，整改1390项。组织完成文物、博物馆单位防洪涝灾害和博物馆文物展览与保管设施设备安全隐患排查整治工作，全省685处不可移动文物、23座博物馆（纪念馆）在洪涝灾害中受损（馆藏二级文物6件，馆藏三级文物73件）；检查博物馆157座，发现安全隐患135项，整改107项。

打击文物犯罪活动。配合公安机关成功破获公安部、国家文物局挂牌督办案件——眉山“12·19”系列盗掘文物案，打掉5个犯罪团伙，抓获犯罪嫌疑人25名，破获盗掘古文化遗址案90余起，追缴文物300多件，扣押作案汽车6辆。四川省“2011打击文物犯罪专项行动”受到国家文物局、公安部联合表扬，其中眉山市“12·19”系列盗掘文物案专案组荣获“2011打击文物犯罪专项行动先进集体”，6位同志获评“2011打击文物犯罪专项行动先进个人”，四川省文物管理局获评“2011打击文物犯罪专项行动组织协调先进单位”。

4月26日，四川省文物管理局联合四川省公安厅在眉山市丹棱县召开“四川省打击文物犯罪工作现场会”。国家文物局副局长童明康，公安部五局副局长周云彪，省公安厅常务副厅长吴健，省文物管理局局长王琼等有关领导出席会议并讲话，全省21个市（州）文化（文物）局和省直文博单位负责同志及相关市（州）公安部门负责人，共计170余人参加会议并参观了“12·19”系列文物被盗案追缴文物展。此次会议的召开，对于四川深入开展打击文物犯罪行动，切实加强全省文物安全工作具有重要推动作用。

【不可移动文物保护和管理】

（一）概况

四川省人民政府核定公布第八批省级文物保护单位。经省政府第107次常务会议审议通过，省政府于7月16日以《关于公布第八批省级文物保护单位名单的通知》（川府函〔2012〕149号），核定公布第八批省级文物保护单位484处，其中古遗址44处、古墓葬44处、古建筑226处、石窟寺及石刻60处、近现代重要史迹及代表性建筑110处，至此四川省级文物保护单位数量达1062处。四川省第八批省级文物保护单位的公布，对于更好地保护利用这些珍贵的文物资源具有重要意义。

第三次全国文物普查后续工作深入开展。2月27日，四川省文物管理局联合四川省人力资源和社会保障厅对此次普查中22个先进集体和100名先进个人进行了表彰。6月，《四川省第三次全国文物普查不可移动文物名录》由四川省文物管理局正式印发。6月13日至15日，“第三次全国文物普查信息服务系统应用交流会议”在四川省都江堰市召开。8月，四川省文物管理局编辑完成的《四川省第三次全国文物普查重要新发现》一书正式出版。截至12月31日，全省已有2900余处“三普”不可移动文物被公布为市县级文物保护单位。

文物保护其他重点工作成绩显著。宜宾市屏山县向家坝水电站屏山库区迁建文物特殊措施保障专项工程和向家坝四川库区淹没地面文物处理工程顺利结束，44处地面文物搬迁工作全面完成。6月，“桃坪羌寨灾后文物抢救保护工程”被国家文物局评为“全国2011年度十大文物维修工程”；泸州尧坝古街被文化部、国家文物局评为“2012年度中国历史文化名街”。

（二）大遗址保护

成都、邛崃、广汉分别成立了大遗址保护领导机构，建立大了大遗址保护相关机制。《大遗址保护成都片区保护规划纲要》基本完成，《邛窑遗址保护规划》、邛窑遗址《一号、五号窑包保护展示方案》修改完成，《三星堆遗址保护规划》和《金沙遗址文物保护规划》正在修编，《古蜀船棺合葬墓保护规划》、《宝墩遗址保护规划》、《鱼凫古城保护规划》和《明蜀王陵保护规划》加紧编制。《朱悦濂墓保护规划》、《成都平原史前城址群“十二五”考古工作规划》编制完成，《三星堆遗址2011—2015年度考古工作规划》获国家文物局批复同意。

三星堆遗址范围的航拍、测绘工作顺利完成，周边遗址调查勘探发掘等工作加快进行，三星堆国家考古遗址公园建设和遗址保护展示工作全力推进。金沙遗址及博物馆安全防护和展示服务设施建设、文物保护中心建设进一步完善。宝墩遗址保护区居民搬迁及沟渠整治工作基本完成，考古发掘工作有序进行。邛窑遗址河堤加固工程已经完成，居民搬迁、土地征用、环境整治工作加紧进行。古蜀船棺合葬墓出土的大型船棺、漆木器脱水防护保护和技术性修复成效明显。明蜀王陵本体保护工程正在进行，陵园内环境整治工程逐步实施。

（三）全国重点文物保护单位

全年共完成荥经开善寺、大邑刘氏庄园、巴中北龛摩崖造像、江油云岩寺、隆昌石牌坊等17处全国重点文物保护单位保护规划的编制审核；完成通江红军标语群、资中文庙、成都杜甫草堂、自贡燊海井、眉山报恩寺、广安邓小平故居、射洪陈子昂读书台等26处全国重点文物保护单位文物保护工程的申报立项；完成安岳石窟、宜宾夕佳山民居、邛崃石窟、荣县吴玉章故居、蓬溪宝梵寺、巴中南龛等21处全国重点文物保护单位保护工程设计方案的审核批复。

（四）世界文化遗产

1.世界文化遗产项目申报

3月29日，“古蜀国遗址”、“藏羌碉楼与村寨”、“中国白酒酿造古遗址”、“蜀道”、“茶马古道”、“德格印经院”、“安岳石窟”等7处申报列入更新的《中国世界文化遗产预备名单》的项目申报材料上报国家文物局。6月19日至21日和25日至27日，国家文物局分别派遣专家组对“中国白酒酿造古遗址”（四川）3处新增遗址点“古蔺郎酒老作坊”、“宜宾五粮液老作坊”、“射洪沱牌泰安作坊”以及“蜀道”广元段、梓潼段、罗江段和阆中古城进行考察评估。10月21日至24日，全国政协文史和学习委员会开展“蜀道”文化线路保护与“申遗”专题调研，进行实地考察并于24日在成都召开“米仓古道文化线路保护与‘申遗’座谈会”，听取了四川省人民政府副省长黄彦蓉代表省政府就相关工作所作的汇报。11月27日，“蜀道”、“中国白酒老作坊”、“藏羌碉楼与村寨”、“古蜀文明遗址”成功列入国家文物局更新的《中国世界文化遗产预备名单》。12月30日，四川省文物管理局组织相关单位，完成“蜀道”、“中国白酒老作坊”、“藏羌碉楼与村寨”、“古蜀文明遗址”《预备名单提交表格》（中英文）填报工作。

2.世界文化遗产保护管理

青城山·都江堰保护管理工作扎实开展。5月，《世界文化遗产青城山——都江堰保护管理规划》编制工作正式启动。6月，《青城山天师洞三皇殿恢复重建修缮设计方案》编制完成。同时，青城山·都江堰世界文化遗产监测中心积极筹建，澳门援建青城山古建筑群项目基本完成。

峨眉山·乐山大佛保护管理工作深入推进。2月，《乐山大佛文物保护规划》、《峨眉山古建筑保护规划》编制工作正式启动。3月和5月，《峨眉山万年寺保护修缮设计方案》、《峨眉山万年寺贝叶楼及其附属建筑维修改造设计方案》相继编制完成。同时，《峨眉山—乐山大佛世界遗产监测体系规划》编制工作正式启动，世界遗产监测中心筹建工作基本完成并初步建立世界遗产监测数据库。

四川省世界文化遗产工作会议在成都召开。12月6日，四川省文物管理局召开全省世界文化遗产工作会议，省文物管理局局长王琼参加会议并讲话；会议总结分析了“十一五”以来四川世界文化遗产工作取得的成绩、存在的问题和面临的机遇挑战，并对今后一段时期全省世界文化遗产保护管理及“申遗”工作提出了具体要求。此次会议的召开，对于扎实推进四川世界文化遗产事业科学发展具有重要意义。

【可移动文物保护】

可移动文物保护修复基地建设。经国家文物局批准，由中央财政补助1200万元，全国两个修复能力提升试点项目之一的四川博物院文保中心“修复能力提升项目”于6月底全面完成并投入使用。该中心有针对性地购买了一批仪器设备，如场发射扫描电子显微镜、傅立叶红外显微镜、超景深三微显微系统、文物专用激光清洗机、超声波字画清洗装置等，其中高光谱影像系统的配置在国内文博系统尚属先例，这不仅是四川博物院文物保护修复技术能力的提升，也是四川文物保护修复技术能力的进步。

可移动文物保护技术及应用。经国家知识产权局审批通过，四川博物院文保中心“书画装裱拷贝专用工作台”获外观设计专利和实用新型专利，“仿自然光无害无影灯”获实用新型专利。四川省文物考古研究院创建文物移动医院，将考古现场信息采集、智能预探测、分析检测、现场提取和应急处置与保护等5个功能单元集成搭载在移动运载工具上，实现了将传统的实验室和保护修复室前置到考古发掘现场。同时，数字化测绘、三维成像、物探技术、激光无损技术、空间信息技术、遥感技术、激光清洗技术等现代科技在四川省文物保护领域中得到更多地应用。

【社会文物管理】

四川省新增取得国家文物局《文物拍卖许可证》的拍卖企业3家，即四川德轩拍卖有限责任公司、四川东方拍卖有限责任公司和四川嘉宝拍卖有限公司，全省取得《文物拍卖许可证》的企业达到8家。各拍卖企业全年共计举办艺术品拍卖会12场，累计成交标的2100余件，成交金额约11000万元。

全年共办理文物临时进境1次40件（套），文物临时进境复出境2次134件（套），文物临时出境1次71件，文物临时出境复入境1次140件（套），文物复（仿）制品出境2次2件（套），禁止文物出境9次30余件（套）。全年共开展涉案文物鉴定55次，涉及古墓葬25座，鉴定物品710件（套），其中二级文物10件（套），三级文物36件（套）。

3月至4月，四川省工商行政管理局、四川省文物管理局联合开展“四川省文物艺术品拍卖市场专项整顿活动”，共抽查省内五家拍卖公司，针对检查中发现的“超范围经营”、“知假卖假”等问题，检查组勒令其立即停止上述经营活动。4月26日，四川省工商行政管理局、四川省文物管理局在成都联合召开“四川省整顿规范文物艺术品拍卖市场情况通报会”，全省十七家拍卖公司负责人和业务代表以及四川省商务厅、四川省拍卖协会有关同志参加了会议；会议通报了专项整顿活动情况，介绍了《文物拍卖管理暂行规定》、《文物拍卖企业资质年审管理办法》等相关内容，并对文物拍卖许可证申请条件、文物拍卖标的备案复核程序、文物拍卖专业人员资格认定等问题进行了详细说明。12月，为进一步加强古玩旧货市场中文物经营活动的管理工作，四川省文物管理局下发《关于进一步加强我省文物经营活动管理工作的通知》，对全省文物经营活动情况进行了调研，同时启动四川省古玩旧货市场中从事文物经营商户的资质审批工作。

【科技与信息】

四川博物院申报的“四川省科技支撑计划项目——四川省馆藏文物在‘5·12’汶川地震中受损原因分析及通用防震技术研究”获四川省科技厅批准立项，四川博物院《让绚烂文化在流动中薪火相传》论文获《文化大视野——全国群众文化、图书、博物论文集》优秀论文奖，成都市文物考古研究所《长江上游古文化与中国文明起源——从宝墩文化、三星堆文化到金沙遗址》课题先后荣获国家社会科学基金“优秀”项目、“四川省第十五次哲学社会科学优秀成果”荣誉奖，三星堆博物馆学术专著《西南地区汉代摇钱树研究》荣获“四川省第十五次哲学社会科学优秀成果”三等奖。

【其他】

四川省人民政府召开全省文物工作会议。9月19日上午，四川省人民政府在成都金牛宾馆召开全省文物工作会议。省人民政府副省长黄彦蓉、省人民政府副秘书长陈保明、省委宣传部副部长朱丹枫、省文化厅厅长郑晓幸、省文物管理局局长王琼和省级有关部门负责同志、各市（州）分管市（州）长、文化（文物）局局长、省直文博单位负责同志以及受表扬的全省文物工作先进集体代表、先进个人共计170余人参加会议。会前，中共四川省委常委、省委宣传部部长吴靖平，省人民政府副省长黄彦蓉等有关领导会见与会代表。

会议首先宣布了四川省文化厅、四川省文物管理局《关于表扬全省文物工作先进集体和先进工作者的决定》，出席会议的领导为30个先进集体和60名先进工作者颁发了奖牌和证书。随后，省文物局、省财政厅、省公安厅、广元市、成都市分别进行了交流发言。最后，黄彦蓉副省长发表了重要讲话，肯定了党的十六大以来我省文物工作取得的突出成就，分析了我省文物事业面临的新形势和新任务，并对下一步工作提出了明确要求。此次会议是一次十分务实而又非常及时的工作会议，对于指导新时期四川文物事业科学发展具有重要意义。

九、文物考古与发掘

2012年，作为全面实施“十二五”规划的关键之年，四川省考古研究工作以全国文物工作和四川省文物工作为指导，加强基层组织建设，深化人事制度改革，积极拓展业务范围，加大对外交流合作，在考古调查与发掘、文物保护修复、古建筑维修保护以及公众考古等方面取得了不俗的成绩，为“十二五”规划的全面实施奠定了坚实的基础。

四川省文物考古研究院全年共完成考古发掘30项，发掘面积4万余平方米，出土各类文物标本4万余件（套）；成都市文物考古研究所全年共完成考古发掘57项，发掘面积3万余平方米，出土各类文物标本3万余件（套）。

2012年4月，由四川省文物考古研究院组织发掘的四川宜宾石柱地遗址被国家文物局评为“2011年度全国十大考古新发现”。6月27日至30日，“国家文物局考古发掘电子审批系统（南方二区）培训班”在四川成都举办，来自四川、云南等9个省(自治区、直辖市)文物局的相关负责同志和180余位考古领队参加培训,这对于进一步推进我国田野考古工作具有重要意义。

【重要考古项目】

青关山夯土台。青关山夯土台位于广汉市三星堆城址西北部的高台地上，长约53米，宽约16

米，面积约800平方米，系人工夯筑而成，使用年代约为商代。其门道似开在东西两侧，墙基内外各有一排密集排列可能为“檐柱”的遗迹，墙基和“檐柱”底部均由红烧土块垒砌。该遗址是三星堆遗址“十二五规划”考古工作的重要项目之一，也是迄今为止所发现的建筑面积仅次于安阳洹北商城一号宫殿基址北正殿的商代单体建筑基址。

宜宾市南溪区长顺坡墓地。2012年5月至8月，四川省文物考古研究院对宜宾市南溪区北环线建设涉及的长顺坡墓地进行抢救性发掘，共清理墓葬25座。其中东汉崖墓4座，宋代石室墓8座，明清墓葬13座，出土器物包括陶俑、陶狗、陶鸡、陶房、陶罐、陶钵、铜腰带、白釉瓷碗、白釉瓷执壶、粗瓷罐、青白釉碟、祥云通宝等。此次发掘对于研究川南地区不同历史时期的墓葬形制及丧葬习俗具有重要的参考价值。

泸定县伞岗坪战国墓地。2012年5月，四川省文物考古研究院对位于甘孜州泸定县的伞岗坪战国墓地进行抢救性考古发掘，共发掘61座石棺葬，出土青铜剑、青铜刀、青铜戈、青铜箭镞、青铜手镯、铜镜及陶器、玉石器等240余件（组）。该墓地可能是一个经过严密规划却没有明显等级划分的部族墓地，为中国西南地区石棺葬的研究提供了极为珍贵的实物资料。

宝墩遗址。2012年1月至5月，成都市文物考古研究所通过钻探基本摸清了宝墩外城聚落的分布状况。9月底，通过实地踏查、钻探和长探沟解剖，在一条古河道洪积层中发现宝墩文化三、四期的陶器。10月，在外城西南发现一夯土台基，初步推测为宝墩文化时期的特殊遗迹。本次勘探为大遗址保护成都片区聚落考古的开展，以及进一步探讨宝墩古城的功能分区打下了坚实基础。

四川大剧院工地。四川大剧院工地位于成都市天府广场东北侧。8月至12月，为配合四川大剧院的修建，成都市文物考古研究所对其进行了考古发掘，发掘面积达4300平方米，发现有战国至明、清各时期文化遗存，并出土了大量的陶器、瓷器、铁器等遗物；其中一件近似犀牛的大型圆雕石兽重约8.5吨，具有极高的考古与艺术研究价值。此次发掘的文化遗存呈现十分完整的连续性，对研究成都城市变迁史具有重要价值。

饶家地遗址。饶家地遗址位于四川省凉山彝族自治州会理县黎溪镇河口乡云山村三组。10月22日至11月11日，成都市文物考古研究所会同凉山州博物馆、会理县文管所、凉山彝族奴隶社会博物馆、西昌市文管所组成联合考古发掘队，对其进行了抢救性发掘，发掘面积525平方米，发现房屋建筑、灶坑、基槽、灰坑等大量遗迹，出土陶器、石器等遗物上千件。该遗址的发掘对金沙江中游区域考古学文化序列体系的建立具有重要意义。

【考古调查发掘取得重大成果】

全年共开展田野考古调查、勘探、发掘项目94项，发现文物点269处，发掘面积41915平方米，出土各类文物标本近3万件。其中重要的有屏山石柱地遗址第五次发掘、洛家沟遗址发掘、平夷长官司衙署遗址、宜宾市南溪区长顺坡墓地、木里母猪坪墓地、木里列瓦遗址、金川刘家寨遗址、泸定伞岗坪战国墓地等。

向家坝考古发掘工作圆满结束并取得重大收获。向家坝水电站是国家“西电东送”的骨干电源之一，截至10月1日，向家坝水电站淹没区（四川）考古发掘顺利完成。作为四川省近年最大、最重要的基本建设考古项目，在为期五年的大规模考古发掘工作中，共发掘61000多平方米，发现了大量新石器、商周、秦汉、明清时期的房址、灰坑、墓葬等遗迹，出土文物小件和文物标本三万多件，获得了一批新的考古发现，取得了重要的成果。其中，叫化岩遗址、沙坝墓地、石柱地遗址、骆家沟遗址分别被评为2009年、2010年、2011年、2012年中国重要考古发现，特别是石柱地遗址发掘项目被评为“2011年全国十大考古新发现”。

向家坝的考古发掘为川南地区新的考古学文化序列的建立、历史文化研究的拓展提供了坚实的物质材料，对构建四川地区考古学文化的时空框架、史学研究等具有重要意义。

金川刘家寨遗址第二次考古发掘圆满结束。在2011年对刘家寨遗址进行首次考古发掘的基础上，2012年组织专业队伍采取多种技术手段、多学科参与的形式对该遗址进行了第二次考古发掘，完整揭露了2500平方米的发掘范围，清理文化遗迹200多个，出土标本4000多件。证实了刘家寨遗址是四川境内一处极为重要的新石器时代遗址，是四川一次重要的考古发现，为研究当地早期本土文化与周邻地区文化交流提供了珍贵的实物资料。

茶马古道考古调查顺利完成。组织骨干力量完成了对雅安名山和天全等地的茶马古道遗迹遗物进

行了考古调查及勘察，确认了茶马古道雅安段线路走向的连接节点，对道路沿线文物点的危害因素予以勘察记录和评估，本成果不仅为“茶马古道”的研究提供了翔实科学的基础资料，也为“茶马古道”雅安段保护规划的编制提供了客观真实的依据，为“茶马古道”申遗打下了坚实的基础。

三星堆遗址考古勘探、发掘取得重大成果。为实施“三星堆遗址考古工作规划”，2012年对三星堆遗址进行了大规模考古勘探，勘探面积325万平方米，发现一大批重要遗迹。具有突破意义的是在三星堆城址北部初步确定了两道城墙，对延续千余年的三星堆城址的营建过程、布局以及功能区域的研究产生了极大的推进作用。

三星堆遗址青关山的发掘，揭露出一座长约55米，宽约16米，面积近900平方米的大型红烧土建筑基址，是极为重大的考古发现。三星堆遗址2012年的考古工作，是继1986年祭祀坑发掘以来，收获最大、取得突破最多的一次，必将对三星堆的考古研究、“国家考古遗址公园”建设乃至三星堆申遗产生极大的推动作用。

【文物保护】

全年共完成《向家坝水电站淹没区（四川）地面文物保护总体规划（修编）》、《岷江航电老木孔枢纽工程对乐山大佛的影响评估》、《通江石质地面文物测绘及保护方案》、《西藏强巴林寺古建筑修缮设计方案》、《巴达铁路巴中沙溪石窟异地搬迁保护方案》等15个方案的编制，完成了《三星堆博物馆灾后遗址保护重建项目工程监理》、《都江堰普照寺偏殿维修工程监理》等12个文物保护工程的监理。

文物保护科技能力得以增强。为加强出土文物应急性保护能力，最大限度获取考古发掘现场的综合信息，提高文物保护的科学化水平，2012年加大了对文物保护的仪器设备投入，购置了温湿度和光等智能控制系统及一批大型原装进口实验仪器并创建了文物移动医院，将考古现场信息采集、智能预探测、分析检测、现场提取和应急处置与保护等5个功能单元集成搭载在移动运载工具上，实现了传统的实验室和保护修复室前置到考古发掘现场。

拓展省外业务能力提升。文保中心充分发挥自身优势，将石碑加固维修、青铜器修复等业务特长积极向外省拓展，2012年共完成外省项目三个，为文保中心近年来完成外省项目最多的一年。完成了重庆奉节白帝城东碑林及明良殿碑刻（全国重点文物保护单位）现场勘测及保护方案编制工作，是四川省文物考古研究院取得可移动文物修复设计资质以来，第一次在省外承担可移动文物的修复保护方案设计。完成了青海玉树藏娘佛塔及桑周寺（全国重点文物保护单位）灾后场地稳定性评价及边坡抢险加固防护工程等灾后重建的工程监理，其中藏娘佛塔及桑周寺和小经堂壁画抢险保护修复工程监理，是四川省文物考古研究院取得壁画保护修复资质以来第一次承担与壁画保护相关的项目。完成了浙江乐清市能仁寺铁镬的现场勘察、修复保护方案设计及修复。

承担大型文物保护规划、工程监理的能力显著提高。2012年，与江西文物保护中心合作完成景德镇御窑厂国家考古遗址公园规划，完成独立承担的向家坝水电站淹没区（四川）地面文物保护总体规划，承担了茶马古道（雅安段）、西藏自治区芒康县盐井盐田等多项大型项目的文物保护规划，其中，与西藏自治区文物保护研究所合作的“西藏自治区芒康县盐井盐田保护规划”，是四川省文物考古研究院第一次参与编制的活态文化遗产保护规划。在文物保护工程监理方面，承担了内蒙古元上都文保工程、向家坝水电站淹没区屏山地面文物拆卸工程及临时库房、地震遗址遗迹数字化工程及文物征集，以及三星堆博物馆灾后遗址保护重建等大型项目的工程监理。

【公众考古和考古探险】

在金川刘家寨遗址、宜宾屏山龙秧遗址两地于“文化遗产日”举办了田野考古体验活动，联合四川师范大学举办了“考古科普学术日”活动。与北京大学考古文博学院联合举办了“2012北京大学第五届中学生考古夏令营（四川线）活动”，使来自21省（自治区、直辖市）74所中学的138名品学兼优的学生，在为期10天的考古之旅中，饱尝了四川文物考古的饕餮大餐。由四川省文物考古研究院主办、中国文物报和中央电视台全程跟踪报道的米仓道考古探险活动于3月份圆满完成。这是该院组织的专家学者参与人数最多、专业涵盖领域最广的一次考古探险调查。进一步确认了“米仓道”的开通、历史走向、兴衰和历史作用，并对沿线现有古代文化遗存的时代、价值及保存现状进行了鉴定和评估，提出了有针对性的保护意见和建议，为蜀道申遗奠定了坚实基础。

【完成地震文物的整理和整体移交】

为实现地震文物必须在4月30日前完成整体移

交的目标，该院在年初将地震文物的整理、移交纳入年度目标责任，组织人员全力投入地震文物的整理，并协同北川地震博物馆的有关同志按照文物移交程序进行了清点、打包，按期保质保量地完成了10万余件地震文物的整体移交，并派专人全程参与了“5·12”汶川地震纪念馆的展陈工作。

【科研兴院成果丰硕】

为推动科研兴院战略的实施，2012年修订了《科研课题及学术管理条例》，加大对专业技术人员的科研成果考核力度，重奖科研成果，进一步增强了科研氛围，强化了课题意识。同时加大了科研课题申报力度。全年向省科技厅申报科研基础科研业务基金项目和文化科技项目，共有4个大项共获38万的支持。其中，文化科技项目，均是利用新技术进行研究，填补了四川省文物考古研究相关领域的空白。为促进青年人才成长，繁荣学术氛围，设立了四川省文物考古研究院博士文库，资助高层次人才出版博士论文，已出版《先秦时期的青藏高原东麓》《行役戍备——河西汉塞吏卒的屯戍生活》两本学术专著。出版了与日本早稻田大学合作的石窟寺考古报告《夹江千佛岩》，与故宫博物院合作的四川甘孜州地区民族与考古调查报告《木雅地区明代藏传佛教经堂碉壁画》，以及《边茶藏马——茶马古道论文集》、《乐山大佛藏珍》、《四川古建筑测绘图集》（第二辑）等专著，发表考古简报、论文10余篇。国家文物局指南针课题《“泰安作坊”酒坊遗址和槽坊头酿酒遗址的价值挖掘与展示研究》、《四川崖墓石刻风化机理》等课题进展顺利。

【对外合作交流】

2012年，共有日本佛教大学、香港中文大学、北京大学、南京大学、山东大学、西北大学等高校，以及山西省考古研究院、安徽省文物考古所、重庆市文化遗产研究院、甘肃省文物考古研究所等科研机构的专家共百余人次，以及韩国国家文化财、澳门文物大使协会等机构来院交流考察。同时，派出多人次到河南、贵州、山西、宁夏、陕西、宁波等省区市的考古科研单位学习交流。分别与西藏自治区文物研究所、西北大学文化遗产学院、四川大学建筑与环境学院等单位签订合作协议，建立了合作关系，在人才培养、教学实习、科研合作、项目开发等方面进行深度合作，实现资源共享、优势互补。

十、非物质文化遗产

四川省非物质文化遗产保护工作按照省委建设文化强省的新部署新要求，紧紧抓住国家“非遗”项目督查工作的机遇，以完善项目名录和传承人两个体系为抓手，以组织各类“非遗”展示展览活动为推力，不断强化“非遗”抢救保护、传承发展工作措施，“非遗”工作取得了阶段性成果并呈现诸多新亮点。

【依法保护，提升管理水平】

“非遗”项目督查工作成效显著。为贯彻落实文化部全面部署开展的国家级非物质文化遗产代表性项目保护督查工作，省文化厅高度重视，借此东风，把省级“非遗”项目也一并纳入此次工作，及时动员部署，在全省全面开展自查、督查工作。在此基础上，省文化厅于3月组织4个督查组深入到十二个市（州）进行较为系统、深入的督查工作，较全面地掌握了各地“非遗”保护情况、创造的鲜活经验以及丰富多样的保护成果，及时梳理和总结了存在的不足和问题，采取边查边改，提出了有针对性的对策和措施，增强了各地“非遗”保护责任意识，加强了市（州）之间“非遗”保护工作交流和经验总结，进一步提升了“非遗”保护水平。5月中旬，接受文化部的全面督查，文化部督察组对四川“非遗”保护及自查工作给予了充分肯定和高度评价。充分发挥“非遗”名录政府权威认定和示范引导作用，规范程序，充分调动传承主体的积极性，形成了重要抓手和良好发展态势。上半年，四川评审、公布了第五批108名省级“非遗”代表性传承人，充实了一批年富力强的中年省级传承人，截至年底，省级“非遗”代表性传承人682名，数量和结构均趋于更加合理，“非遗”名录体系和传承人管理体系得以不断完善。以“非遗”先进典型评选为抓手，进一步推动全省非物质文化遗产保护工作。根据《中华人民共和国非物质文化遗产保护法》的规定，经省政府常务会批准，下半年省人力资源和社会保障厅、省文化厅联合开展了四川省非物质文化遗产保护工作先进集体和先进个人评选表彰活动。在全省范围内评选表彰了26个先进集体，60名先进个人，进一步激发调动了广大“非遗”保护工作者的积极性，增强了文化自觉和文化自信。加强“非遗”的保护和传承，引导和推动全省“非遗”生产性保护工作深入开展。在全省开展了四川省省级非物质文化遗产生产性保护示范基地的评选命名工作，共命名了7个具有示范引领作用的省级“非遗”生产性保护示范基地。“非遗”组织机构和工作队伍不断壮大。截至年底，成都、绵阳、南充、达州、眉山、甘孜、凉山7个市（州）已经当地编办批准，在文化局单独设立了“非遗”处（科），成都、绵阳、雅安、凉山、眉山、阿坝、广元等市（州）成立了非物质文化遗产保护中心，并配备了专门的人员编制。部分地（市）、县级的非物质文化遗产保护机构正在逐步落实。第一批13个“非物质文化遗产保护研究基地”的指导和协调进一步强化，为扎实推进“非遗”保护有序进展提供了强有力的保障。强化“非遗”防灾救灾保护意识，提升保护水平。9月19日至23日，文化部非物质文化遗产司与四川省文化厅共同在绵阳主办了“全国非物质文化遗产防灾救灾及灾后保护培训班”，来自全国29个省级非物质文化遗产文化行政单位、保护单位代表，以及各级“非遗”传承人共70多名学员参加了此次培训。

【基础设施建设】

全省各地积极加强“非遗”基础设施建设。采取地方财政投入、争取重大项目资金、依靠企业和协会等民间社会力量多种筹资渠道，兴建了以成都国际“非遗”博览园为标志，以省“非遗”保护中心、绵竹年画博物馆、茂县“非遗”展示馆、蜀锦织绣博物馆、北川民俗博物馆、青神竹编博物馆为龙头，以甘孜州“非遗”博物馆等一大批各具特色的民营“非遗”博物馆、展示中心和一大批县、乡“非遗”传习所为基点的“非遗”基础设施建设。截至年底，全省已建立非物质文化遗产博物馆、展示厅24个、传习所121个。四川国家级羌族文化生态保护区圆满实施规划纲要所列大部分建设内容，截至年底，完成了626个“非遗”项目，是国内文化生态保护区建设中形成的一个独特模式，“非遗”整体性保护体系的常态化、系统化和制度化水平明显提升。全省命名了145个“非遗”展示基地或传习所，使之成为宣传展示民族优秀传统文化，进行爱国主义教育的重要窗口，成为全省非物质文化遗产项目传承发展的重要场所和载体，在开展学术研究、培养后继传人、进行“非遗”项目传承、普及等方面发挥了重要作用。

【非遗展览展示】

遴选组织全省“非遗”精品项目参加各类规格高强、影响深远的全国大型“非遗”展览展示活动。元宵节期间，文化部等13个部委在北京农业展览馆举办了中国非物质文化遗产生产性保护成果大展。省文化厅把握契机，精心组织，精选推荐了“蜀锦织造技艺”、“绵竹木版年画”、“南路边茶（雅安藏茶）”、“彝族漆器”、“成都漆艺”、“青神竹编”、“蜀绣”、“藏族编织、挑花刺绣工艺”8个“非遗”项目参展，产生了极大影响。四川展团阵容强大、项目众多、技艺精湛、作品精美，受到了各级领导和北京观众的一致好评。中央政治局委员、中组部部长李源潮、中央政治局委员、国务院副总理张德江等中央领导、国家部委领导及驻华使节、外国友人参观了四川“非遗”项目和展品，给予了热情称赞和高度赞扬。大展期间，新华社、人民日报、中央电视台、光明日报、经济日报、中国青年报、中国文化报、北京电视台众多新闻媒体都对四川的参展项目、传承人、“非遗”保护成果进行了深入采访报道，极大地提高了四川“非遗”的影响和知名度。9月6日至10日，文化部、山东省人民政府在山东枣庄市台儿庄古城共同主办了第二届中国非物质文化遗产博览会。省文化厅精心组织了蜀锦、蜀绣、成都银花丝、成都漆艺、成都糖画、新繁棕编、瓷胎竹编、雅安藏茶、绵竹木版年画、藏族编织挑花刺绣、江阳分水油纸伞、荥经砂器、羌族刺绣、自贡扎染、平武剪纸、蒙顶黄芽等16个国家级、省级“非遗”项目参展。四川“非遗”在此次博览会上尽显风采和魅力，受到社会各界和观众的一致好评，产生了强烈的社会反响，显示出了四川“非遗”生产性保护的广阔市场前景。当地多家新闻媒体对四川参展“非遗”项目及传承人进行了采访报道。突出重点，巧借文化遗产日开展丰富多彩的“非遗”活动。2012第七个文化遗产日期间，省文化厅积极整合企业社会资源，充分调动企业参与“非遗”保护传承的积极性和热情，采取“政府主导、企业承办”的方式，在文殊坊成都会馆举办了“非遗”主题活动——“首届文殊坊杯‘非遗’手工技艺精品邀请展系列活动启动仪式暨艺秀中华‘非遗’手工技艺珍品展开幕仪式”，产生了广泛的社会影响。文化遗产日期间，省直文化单位，各市（州）文化部门也组织开展了丰富多彩、形式多样的“非遗”主题活动，掀起了宣传保护非物质文化遗产的热潮。各地、省直院团“非遗”展示展演活动出现新进展，呈现诸多新亮点。成都市国际木偶皮影节、自贡国际恐龙灯会、凉山彝族火把节、甘孜州康定情歌节、阿坝州羌族瓦尔俄足节、成都都江堰放水节、绵竹年画节、达州元九登高节、北川感恩奋进·欢庆羌年等丰富多彩、各具特色的节庆活动成为当地著名的文化品牌活动，丰富活跃了群众的文化生活，提高了群众对“非遗”的知晓度和保护意识，极大地促进了当地文化旅游和社会经济的发展，也在国内外、省内外产生了广泛宣传效应。四川地方特色文化在国内外的演绎、交流中担当了重要角色，发挥了不可替代的积极作用。

【工作调研和立法】

积极协同省政协开展民族地区传统文化保护、传承与发展专题调研。省政协于6月底至7月初组织三个调研组，分别由三名副主席带队，组织省级相关部门有关负责人赴“三州”开展了四川民族地区传统文化保护、传承与发展情况专题调研，省文化厅主动承担调研报告初稿的撰写任务，形成了较有分量的报告，提出了建议实施民族文化行动计划等政策建议。同时，积极推进“非遗”立法进程，继凉山、北川、阿坝等地后，甘孜州非物质文化遗产保护条例即将出台，为开展非物质文化遗产保护提供了有力的保障

【探索非遗保护传承新路径】

积极拓展“非遗”宣传保护范围，开展非物质文化遗产进寺庙活动。为响应贯彻党的十七届六中全会精神和第五次西藏工作座谈会精神，根据四川文化藏区行“四进、十大”系列文化活动安排，省文化厅于9月10日在阿坝州壤塘县中壤塘乡措尔基寺成功开展了四川非物质文化遗产进寺庙活动。活动由非物质文化遗产图片展和文化遗产保护讲座组成。此次活动探索了文化遗产保护传承的新路径：拓展了文化遗产保护的范围，将优秀民族文化保护的范围进一步向宗教活动场所延伸，深化了文化遗产保护内容；探索了文化部门工作深入民间、深入基层的方式，由文化部门熟悉民族宗教政策和文化遗产保护的领导，深入寺庙举办专业讲座，填补了送文化下基层的空白；丰富了爱国主义教育的内容，活动从文化遗产保护这个共同的认知切入，在开阔藏族寺庙僧人视野、增长他们文化知识的同时，增强对党和国家民族文化和宗教政策的信赖，得到了当地僧人群众的热烈欢迎；增加了先进文化传播的渠道，通过文化保护知识的讲座和图片展览，推动了文化遗产与当地社会发展的融合，为发展民族文化事业，推动少数民族地区政治、经济、社会、文化协调发展，实现长治久安，探索了新的发展途径。突出重点，积极宣传保护具有重大历史文化价值的“非遗”项目格萨（斯）尔。9月24日至28日，全国格萨尔工作领导小组办公室、四川省文化厅、中共甘孜州委、甘孜州人民政府在甘孜州举办了全国格萨尔学术考察暨媒体采风活动。来自青海、甘肃、内蒙古等省（自治区）外及省内专家学者、格萨尔文化保护工作者和甘孜部分格萨尔民间艺人代表一起奔赴甘孜州石渠、德格、甘孜、色达、炉霍、道孚六县，对格萨尔文化历史进行深度了解，并于28日在康定举行了“2012格萨尔故里行”全国格萨尔学术论坛，发表了格萨尔故里行专家学者《康定宣言》。通过央视等十几家新闻媒体派员全程报道，更好地弘扬了格萨尔文化爱国爱民、仁善睿智、惩恶扬善、自强不息的精神内涵，促进了《史诗》流传地区民族团结奋进、社会和谐进步，让更大范围民众更真切地感受格萨尔文化，促进了格萨尔文化保护对策的进一步完善。推动“非遗”进校园工作常态化。全省各地把大、中、小学生作为传统文化传承的核心来抓。成都市在10所小学建立了非物质文化遗产青少年教育基地，在成都大学建立了大学生“非遗”保护社团，引导青少年认识非物质文化遗产，增强保护意识。广元朝天区麻柳小学、邛崃平乐镇白沫江学校充分利用当地“非遗”特色资源，分别把国家级“非遗”项目“麻柳刺绣”“瓷胎竹编”编写进学校教材，纳入常规课程，开办劳技课，举办特色教学兴趣班。芦山县、巴塘县把“非遗”项目“芦山花灯”“巴塘弦子”列入中小学课间操，通过孩子主动积极的学习实践活动，来获得对民间艺术的重新熟悉和对民间文化的基本信念，唤起学生对本土民间传统文化的热爱，增强他们的民族自豪感和自信心，收到了良好的效果。

【艺术科研和考级】

根据《2012年度国家社会科学基金艺术学项目课题指南》《国家社会科学基金项目经费管理办法》《全国艺术科学规划历年立项课题汇编》的要求，四川共申报国家社会科学基金艺术学项目172项。其中四川省川剧艺术研究院《川剧折子戏》和四川音乐学院绵阳艺术学院《汉羌山地村寨文化传承与发展研究》两个项目列入2012年度国家社科基金艺术学项目；四川大学《流行歌曲的文化符号学研究》和宜宾学院《民国时期国立剧专演剧学派研究》两个项目列入2012年度文化部文化艺术科学研究项目。按照《文化部文化科技司关于申报2012年度国家文化创新工程项目的通知》要求，四川开展了2012年度国家文化创新工程项目申报工作，推荐国家文化

创新工程项目11项。成都《青羊康庄统筹城乡文化发展创新主题社区建设与推广》列入国家文化创新工程项目。按照文化部的要求，省文化厅于7月至10月开展了社会艺术水平考级机构评估试点工作，进一步规范了全省艺术考级管理。完成全省国家社科基金艺术学项目在研项目的年度检查工作。

贵州省

2012年，贵州省文化系统认真贯彻落实党的十七届六中全会、十八大精神，以科学发展观为指导，围绕贵州省第十一次党代会和省委十一届二次全会部署，大力解放和发展文化生产力，全省文化事业、文化产业保持了持续、健康发展势头，取得了较好成绩，为实现多民族文化大发展、大繁荣奠定了坚实基础。

一、公共文化服务体系建设

重大公益性文化基础设施建设立项积极推进。提出了新建贵州省美术馆、贵安新区省级文化中心等相关建设项目规模、体量、功能设计初步方案。总投资15亿元、占地面积6万平方米的贵州歌剧院和IMAX影城在贵阳东线片区动工兴建。

公共图书馆、文化馆、乡镇文化站及村级文化活动室建设大力推进。下达中央补助免费开放专项经费9328万元，用于开展“两馆一站”免费开放工作，共补助地级“两馆”9个、县级“两馆”88个、乡镇综合文化站1448个，全省公共图书馆、文化馆（站）和归口管理的博物馆（纪念馆）全部实现免费开放。完成了250个乡镇综合文化站设备购置任务；投入资金60万元资助建设6个村级文化活动室。

加强数字图书馆、公共电子阅览室建设，加快县级“两馆”维修改造。下达中央补助数字图书馆建设经费共240万元，主要用于建设毕节市、黔南州数字图书馆。完成了445个乡镇综合文化站、18个社区文化活动中心、95个社区文化活动室公共电子阅览室建设任务。继续实施“数字图书进农家”工程，为300户农民家庭配送电脑及数字资源。完成了22个县级公共图书馆和文化馆维修改造任务。

文化信息资源共享工程建设进一步完善。省中心以基层为重点，利用电子阅览室为群众提供绿色上网和信息资源查询服务，通过向乡镇、村基层服务点提供硬盘镜像、光盘发送等为农村群众服务；基层支中心工作人员经常深入基层，依托各种文化设施和场所，利用节庆、广场、集市等开展有针对性的农业科普知识讲座、实用技能培训和信息资源服务，对提高农民群众的职业技能和致富能力起到了积极作用。

开展了丰富多彩的群众性文化活动。组织省级专业文艺院团赴晴隆、德江、清镇等县（市）开展送文化下乡活动共7次；选送的9个节目在第十届中国西部民歌（花儿）歌会上获得2金2银3铜和2个优秀奖的好成绩，贵州省文化厅获得优秀组织工作奖；选送的两个小品（遵义市群艺馆的《乡村喜剧》、铜仁市群艺馆的《母亲的心愿》）入选参加“天穆杯”全国第三届“新农村、新文化、新风尚”小品展演；组织开展了第十六届“群星奖”音乐、舞蹈门类作品初选工作，推荐的音乐门类4个作品（《我爱我家》、《飙酒歌》、《金秋端节》、《情满校园》）和舞蹈门类2个作品（《小鸡丑丑》、《地戏情韵》）进入“群星奖”复赛；举办的“农民工子女免费艺术培训班”被文化部授予“农民工文化服务示范项目”称号；分别举办了妇女、儿童专题文艺活动，开展了形式多样的老年文化、“四进社区”、“文化助残”等活动；进一步加强了古籍保护工作。

二、艺术创作生产

参加第四届全国少数民族文艺会演，贵州苗族舞蹈《水姑娘》、苗族原生态歌曲《水歌》及《侗族大歌》等参加了6月份在京举办的第四届全国少数民族文艺会演开幕式演出；贵州参演节目之一《天蝉地傩》获“音舞类剧目”金奖，以及最佳导演、编剧、舞美、音乐、演员、新人等6个单项大奖；贵州民族歌舞集《原色》获得表演金奖，《锦鸡舞》、《跳脚》荣获最佳节目奖、最佳演员奖、最佳新人奖以及导演奖、编剧奖、舞美奖，《芦笙阵》、《踩鼓》获得节目奖；贵州为获得金奖总数最多的5省（自治区、直辖市）之一，也是贵州省组团参加全国少数民族文艺会演以来获奖最多的一次。举办了第五届贵州省政府文艺奖评选工作，共计86件文艺作品入选该奖项。10月，选送的话剧精品《天地文通》赴京参加文化部主办的“讴歌伟大时代，艺术奉献人民——2012年全国优秀剧目展演”获圆满成功，受到观众和专家、领导的一致好评。组织排演的文艺晚会《多彩贵州·秀美金州》，在时间紧、要求高、任务重的情况下，出色完成演出任务，回良玉副总理和省市主要领导等观看后给予高度评价。

三、文化遗产保护与合理利用

大力推进世界文化遗产申报工作，遵义海龙屯土司遗址、苗族村寨、侗族村寨、万山汞矿遗址入选了《中国世界文化遗产预备名单》，入选数并列全国第二位。完成列入2012年文化遗产保护“百村计划”的黎平县堂安村、印江合水传统造纸生态博物馆和乌当渡寨音乐生态博物馆资料信息中心设计方案的编制，并通过了专家评审，黎平堂安侗族生态博物馆研究中心建设正式启动。完成了黔东南州11个苗族村寨及贵州、湖南、广西三省（自治区）联合申报世界文化遗产预备名单25个侗族村寨的文本编制；编制和申报全国重点文物保护、修复和安、技防方案40余项，获国家文物局批准35项；编制省级文物保护单位维修方案24个，实施了铜仁东山古建筑群等30余项文物保护维修工程，安顺文庙等5处保护规划编制，验收了8处文物保护维修工程。对遵义海龙屯开展考古发掘工作，田野工作基本完成；配合建设工程考古调查、发掘和地面文物保护工作，完成普安县甲金水库烟区水源工程、织金发电厂建设、遵（义）绥（阳）高速青㯚段㯚梓桥互通建设、习水县铜灌口水库灌区建设、贵阳至黔西高速公路建设等30余项用地范围内的文物调查及保护方案编制工作。评审历史文化名城（名镇、名村）保护规划15个，赤水丙安历史文化名村规划获省政府批准公布；2012年12月，国家有关部门评审认定了第一批中国传统村落，全国共648个古村落入围，贵州的花溪镇山村等90个村落入选，数量居全国之首。第三次全国文物普查工作圆满结束，全省共登记不可移动文物14852处（贵阳市1107处，遵义市2585处，六盘水市557处，安顺市1187处，黔南州1865处，黔东南州3407处，铜仁市1636处，毕节市1260处，黔西南州1248处），普查数据全部通过国家“三普”办审查通过，内容质量符合国家要求，数据资料真实有效。全省通过第三次文物普查公布了县级文物保护单位总计1312处，申报省级文物保护单位总计75处，申报第七批全国重点文物保护单位26处。在“博物馆日”、“文化遗产日”等重要时间点开展丰富多彩的宣传活动，普及文化遗产知识，宣传文化遗产保护，发放文物法规宣传资料1万余份，接待群众咨询5000余人次。配合国家文物局做好《中华人民共和国文物保护法》颁布30周年暨修订10周年有关宣传纪念活动，举办了“贵州省博物馆免费开放回顾展”，组织息烽集中营志愿者招募活动、四渡赤水纪念馆文艺演出等等。组织参与国家文物局和人社部联合表彰先进集体与个人评选，黄平县文物局与兴义市何应钦故居管理所长龙虎分别获得表彰。

非物质文化遗产保护工作积极推进。完成了全省国家级非物质文化遗产代表性项目保护自查工作；高度重视人类非物质文化遗产代表作名录“侗族大歌”的保护，按照《贵州侗族大歌2011—2015年保护规划》，认真落实各项保护措施；积极推动“侗族大歌”数据库建设工作，在黎平、从江、榕江3县启动了侗族大歌收集整理、录入数据库工作。在文化部公示的第四批国家级传承人名单中，贵州有11名省级传承人名列其中。为使传承人队伍呈良好的梯次状态，开展了第三批省级传承人评审工作，全省共300余人申报参评，共评审出105名第三批省级非物质文化遗产项目代表性传承人。黔东南国家级文化生态保护实验区申报通过了专家评审并获得文化部批准，黔南水族申报国家级文化生态保护区工作积极推进。圆满完成《贵州省非物质文化遗产保护条例》政府阶段立法调研和起草工作，省人大常委会审议通过了《贵州省非物质文化遗产保护条例》，自2012年5月1日起施行。开展了多种形式的非物质文化遗产宣传展示活动。2012年春节期间，“苗族银饰”及“苗族芦笙舞”参加了在贵州省博物馆举办的“龙腾贵州大家乐”群众活动；2月，苗族锡绣、苗族蜡染和水族马尾绣等6个项目参加了在北京举行的中国非物质文化遗产保护成果大展，国家京剧院与苗族服饰传承人达成合作协议；4月，“皮纸制作技艺”、“苗族服饰”参加了西安举办的第三届西部非物质文化遗产展演，中央电视台新闻频道对贵州省非物质文化遗产展演情况进行了采访报道；4月底，苗族银饰制作技艺参加了在浙江义乌举办的非物质文化遗产博览会；6月中旬，“苗族芦笙舞”、“侗族大歌”参加了在浙江嘉兴举办的“2012中国·嘉兴端午民俗文化节”活动；9月，贵州苗族银饰、苗绣等10个项目参加了在山东枣庄举办的第二届中国非物质文化遗产博览会；11月，贵州玉屏箫笛制作技艺、枫香印染技艺等9个项目参加了在安徽黄山举办的首届中国（黄山）非物质文化遗产传统技艺大展。加强非物质文化遗产交流活动，贵州省17个独具特色的非物质文化遗产项目分9个批次共22名传承人赴澳门世界文化遗产——卢家大屋展示、展销，并在当地开展传习活动，反响强烈。

四、文化产业发展

积极培养文化产业市场主体。贵州文化演艺集团有限责任公司进入常态化运营；多彩贵州文化艺术有限公司走多元化发展路子，取得较好的社会效益和经济效益。大型民族歌舞《多彩贵州风》自推出以来，已在国内29个大中城市巡演，出访数十个国家和地区，演出2000多场次，累计观众逾200万人次，并多次赴欧美、亚洲国家巡演，足迹遍及北京、上海、香港、澳门等25个省（自治区、直辖市、特别行政区），深受海内外观众的喜爱。2012年2月，贵阳朗玛信息技术股份有限公司在深圳证券交易所成功上市，成为贵州省首家创业板上市的网络文化企业；贵州文化产业股份有限公司注册资本达4.75亿元，以该公司为代表的文化产业投融资平台建设顺利推进；遵义奇利动画影业有限公司、贵州光耀文化传媒有限公司、贵阳子墨动漫有限公司、贵阳知行文化产业投资有限责任公司等一批动漫企业发展迅速。贵州文化广场项目累计到位资金4.75亿元，完成前期投入约3亿元，贵州省北京路剧院改造项目正在积极推进之中。由文化部文化产业司，贵州省文化厅、经信委、团省委和贵阳市人民政府共同主办的“2012(第六届）亚洲青年动漫大赛暨中国（贵阳）卡通艺术活动”于2012年8月在贵阳国际会议展览中心举办。本届亚青赛以“动漫创意、数字发展”为主题，紧扣数字内容产业发展这根主线，突出原创动画、漫画的展示和动漫高峰论坛，利用国际版权交易活动，开展动漫产业的项目合作与交流，通过连续6年的举办，“亚青赛”已发展成为全国知名、在亚洲具有一定影响力的动漫赛事之一。分别参与完成“2012多彩贵州旅游商品两赛一会”、“第二届中国国际酒类博览会”、“第五届中国·凯里原生态民族文化旅游节暨2012中国·凯里银饰刺绣博览会”、“第七届贵州旅游产业发展大会”等活动的筹备举办。完成了全省文化系统2011年度文化产业统计工作；2012年9月，申报的西江千户苗寨旅游发展有限公司获第五批国家文化产业示范基地称号，至此，贵州省5家文化产业示范基地有4家获得了国家文化产业示范基地称号；11月，贵州光耀文化传媒有限公司获文化部动漫企业认定，全省动漫企业达到25家，其中“贵阳数字内容产业园区”入驻24家。积极推进文化产业项目的收集整理和对外招商推介工作。贵州省文化厅有关负责人先后参加了贵州省赴马来西亚、新加坡、中国香港三地招商、“中国贵州·世界500企业合作发展座谈会”、“中国贵州·香港投资贸易活动周”，对贵州文化产业项目进行了推介。

五、文化市场管理

积极开展平安文化市场保障行动。在全省范围内开展文化市场联合执法检查和迎接党的十八大文化市场保障行动，先后组织了“冬季文化市场专项整治行动”、“全省文化市场大检查行动”和“全省动漫市场专项整治行动”、“党的十八大文化市场专项保障行动”，严厉打击违规行为，查处了一批具有较大影响力和典型意义的案件。贵州省文化市场稽查总队查办的“梁某某未经批准擅自从事经营性互联网文化活动案”、贵阳市执法支队查办的“‘2·22’张某某销售非法音像制品案”、黔东南州执法支队查办的“‘4·13’文某某非法销售教辅案”被文化部评为2012年度全国文化市场重大案件，贵阳市南明区文化综合执法大队查办的“‘5·16’侵犯音像制品著作权和贩卖淫秽音像制品案”被评为2012年全国文化市场十大案件。对校园周边文化市场进行了重点整治，营造了良好的社会文化环境；开展动漫市场专项整治行动，有力打击了动漫市场各类违法违规行为。进一步规范行政审批，加大演出市场监管力度，2012年，批准设立演出经纪机构8家，审批了33场演出，观众30余万人（次）。有序推进网吧连锁工作，全省网吧连锁率达到30%。加大技术监管平台建设力度，贵阳、六盘水、毕节等地网吧监管平台已安装调试结束并正常运行。大力开展艺术品经营单位备案工作，全省艺术品经营单位备案登记达到356家，排名全国第8位。与文化部市场司共同主办了全国文化市场综合执法师资培训班，省文化市场稽查总队主办了2012年网络执法以案施训培训班，提高了参训人员执法能力，收到了良好效果。规范统一了全省文化市场综合执法队伍工作服装，文化市场综合执法队伍形象建设得到加强。

六、对外文化交流

2012年，贵州省对外及对港澳台文化交流共计38起，661人（次）。涉及美国、法国、德国、澳大利亚、新西兰等国家和中国香港、中国澳门、中国台湾地区。其中，出访31起，579人（次）；来访7起，82人（次）。与上年相比，交流项目数和出访人数均有较大幅度增加。

2月，“中华风韵——多彩贵州风”大型民族歌舞赴澳大利亚、新西兰成功巡演，采取市场化运作，开创了中华文化“走出去”的自主运营新模式。7月，“多彩贵州风”赴日本东京、大阪、佐货举行巡演活动；之后又赴美国芝加哥、休斯敦、迈阿密、纽约演出，这是继2010年、2011年第三次赴美国进行文化旅游推介活动。7月至8月，受文化部委派和法国CIOFF组织蒙图瓦尔国际艺术节组委会的邀请，黔东南州组织以黔东南州歌舞团公司、州文化馆和从江县民族艺术团组成的中国民族艺术表演团，代表中国赴法国参加法国蒙图瓦尔国际民间艺术节演出，行程历时45天，参加6个艺术节，在巴黎、敦刻尔克、布雷杜恩、蒙图瓦尔、莱梅妮特、蒙蒂尼克亚、菲洛当等多个城市的国际艺术平台进行27场专场演出，10多场游演和与其他国家代表团同台献艺，一共表演40余场。9月底至10月初，应美国华盛顿华人社区联盟的邀请，组团赴美举行了“美国华盛顿中国文化节·贵州文化周”演出、展览。11月，美国总统艺术人文委员会在白宫举行了第15届“国家艺术人文青年活动奖颁奖仪式”，贵州地扪侗族文化生态工作室获得了2012年这一奖项中唯一的国际奖项目。

七、文化体制改革

经营性文化事业单位转制全面完成。2012年2月，经贵州省事业单位管理局审核批准，省歌舞剧院、省花灯剧团、省话剧团、省杂技团、省文化演出中心、省人民剧场、省河滨剧场、省朝阳影剧院、省北京路影剧院注销了事业单位法人，标志着贵州省直文化系统经营性事业单位转制任务全面完成。此前，上述9家单位办理了工商注册和税务登记，成立了9家有限责任公司，核销事业编制685名，与510名在职职工签订了劳动合同，为在职职工建立或接续了社会保险。2012年6月，贵州省有关部门联合下发了《关于认定贵州省歌舞剧院有限责任公司等九家公司为转制文化企业的通知》，认定贵州省歌舞剧院有限责任公司等9家单位为转制文化企业，按照相关规定享受企业所得税优惠政策。至此，贵州省文化系统承担改革任务的23家国有文艺院团，7家撤销，16家转制为企业，全部注销了事业法人，核销事业编制2127名；同时还注销了贵州省文化演出中心和省直4家剧场（院）事业法人，核销事业编制170名并转制为企业。贵州省成为全国率先完成国有文艺演出院团改革任务的8个省份之一，如期完成了演出院团改革各项阶段性任务。全省文化系统8个单位、17名个人被中宣部、文化部表彰为文化体制改革先进单位和先进个人。省直文化系统、贵阳市、毕节市分别整合演艺资源，组建了贵州文化演艺集团、贵阳演艺集团和毕节乌蒙演艺集团。

公益性事业单位内部机制改革不断深化。省博物馆、省图书馆、省文化馆等省直公益性文化事业单位积极推动内部机制改革，管理水平和服务质量进一步提升。贵州省博物馆积极推进内部机制改革，新设立了技术部和临展交流办公室，提高了效率和服务水平；对工作岗位进行科学分类和合理设置，在编人员全部竞争上岗，实现了对现有员工队伍的优化组合和结构调整；建立岗位管理考核制度，明确岗位职责和考核办法，完善全员聘任的程序及条件，实现从身份管理到岗位管理的转变；逐步实现专业技术职务评聘分离，根据专业技术人员实际水平和岗位需要，实行同职平聘、高职低聘、低职高聘，鼓励优秀人才脱颖而出；制定了部室绩效目标考核管理制度，根据绩效目标完成情况予以奖励和惩罚，调动了内部机构的工作积极性；试行了《贵州省博物馆讲解员星级评定制度》和《贵州省博物馆保卫科绩效管理制度》，基本建立起临时工绩效管理机制，有效激发了讲解员和保卫人员的工作积极性；完成了绩效工资实施方案的制定和上报工作，基本建立起了重实绩、重贡献、向优秀人才和关键岗位倾斜的分配方式；按照全省统一部署，分阶段按对象实施社会保险改革，为所有临时工办理了保险，解除了临时工的后顾之忧。贵州省图书馆按照岗位设置科学、运行管理规范、职务能上能下、待遇能高能低的改革方向，将内部机制改革重点聚焦在人力资源管理上，把考核、激励与监督有机结合，做到权责分明、管理科学；调整了部门和岗位设置，初步建立了岗位管理框架；通过实行目标管理，全馆职工均采用聘用制，实行同岗同薪；实行职称评聘分开，建立了与收入挂钩的考核评价制度。贵州省文化馆完成了馆名更改、部室设置和调整、岗位设置和全员聘用等工作；按照建立科学完善的内部管理机构和岗位管理体系的要求，实施人事制度由身份管理向岗位管理的转变，明确岗位职责和考核办法，建立人尽其能、按岗定酬、薪随岗变、同工同酬的适应市场经济规律和社会化管理趋势的人才资源管理体系；基本建立以岗位绩效工资为主体的分配制度，形成内部激励机制，建立重实绩、重贡献、向优秀人才和关键岗位倾斜，形式多样、适合发展需要的分配方式。

八、文化人才队伍建设

全年完成各类干部培训近200人次。组织培训省

直文化系统专业人员、人事干部共120余人，聘请贵州各大高校、贵州省委党校教授进行授课，借助贵州大学、贵州省图书馆的教学设备和考试环境实施培训，收到了良好效果；组织50余名干部参加公务员赴港培训、赴美培训、初任培训和文化各类专业培训，选送一定数量的县（处）级及以上干部参加文化部、省委组织部和省委党校举办的各类培训班，积极推荐在职干部参加研究生课程进修班，较好地完成了年度干部培训任务。推荐各类人选25名，其中：推荐第五批“四个一批人才”申报人选8名，享受国贴和省贴人才人选3名，省文史馆馆员人选5名，省文联副主席和馆员人选2名，省政府参事人选1名，政协委员人选5名，全国人大代表人选1名。认真开展招录、职称、选调等人才队伍建设日常工作。按照事业单位新进人员招录工作有关规定，完成省直6个文化事业单位2011年招聘的后续事宜，完成省直8个文化事业单位2013年招聘方案的制定工作；完成2012年省文化厅机关、省文物局3名公务员的招录工作；完成2011年度职称评相关后续工作；初审通过2012年354名职称申报人员的材料；选调27名艺术骨干人才和艺术管理人才充实厅机关、省直文化单位和艺术团体。加强省直文化系统党政管理人才队伍的建设和管理。严格执行《党政领导干部选拔任用工作条例》规定，在民主推荐、民主考察的基础上，共完成贵州省文化厅机关、省直文化系统处级以上8名干部试用期转正考察等手续，完成省文化厅机关、省直文化系统厅级3人、处级以上39人次的提拔任免工作。

云南省

一、围绕大局、服务中心，政治地位明显提高

有为才有位，有位更有为。文化建设作为“五位一体”的重要组成部分，已经上升到国家战略层面。省委、省政府历来高度重视云南民族文化的繁荣发展，文化建设既是实施“两强一堡”战略的有机组成部分，也是推动“三个发展”的重要支撑。新时期文化工作的崇高地位，赋予了广大文化工作者新的使命。

云南文化建设的实践充分证明，围绕中心、服务大局，是推动事业发展的基本要求。大力推进云南省文化改革发展各项工作的基础上，努力争取省委、省政府以及省属有关部门的重视和支持。省委、省政府、“两办”以及省文化厅与省委组织部、省委宣传部、省财政厅等部门联合制定下发了一系列关于文化建设的文件，为云南文化的大发展大繁荣提供了有力的政策支持。省委、省政府领导适时深入到省文化厅及直属单位调研，倾听基层意见，帮助解决实际问题，给予该省各文化部门极大的关注关心关爱。2012年6月18日，秦光荣书记亲自率领省市有关领导调研院团改革情况并召开座谈会，面对面听取文艺工作者的意见和建议，解决了一系列支持院团改革、艺术院校发展、重大项目建设、聚集艺术人才等具体问题，使广大文艺工作者备受激励和鼓舞。各州市党委、政府对文化建设的重视程度也在不断提升，形成了百舸争流、特色鲜明、异彩纷呈的良好局面。

二、结合实际、不断创新，工作思路明显清晰

观念决定前途，思路决定出路。一种切合实际而富有操作性的工作思路的形成，本质上是世界观、价值观、政绩观在实际工作上的体现和反映，是思想方法、工作方法在具体工作中的实际运用。工作思路形成的过程，实质上是一个知行合一、强化认知、不断创新的过程。

云南文化建设的实践充分证明，清晰明了的工作思路，是推动事业发展的重要前提。在坚持理论创新、推动大文化格局形成方面，严格按照中央的总体部署，逐步形成了“文化在政治建设中创构价值、文化在经济建设中创造财富、文化在社会建设中创建和谐、文化在生态文明建设中创新观念”的理念和共识；在坚持实践创新、推动云南文化大发展、大繁荣方面，坚持把适应经济发展方式转变作为文化发展的一条主线，树立“四个转变”的发展观，即：在公共文化服务方式上，由“公益”向“公共”转变；在文化产业发展方式上，由“资源”向“资本”转变；在文化建设方式上，由“基础”向“基本”转变；在工作推进方式上，由“经验”向“经常”转变；在发挥文化引领作用、实现文化惠民方面，通过深入调研和实践探索，创造性地提出了“文化乐民、文化育民、文化富民”的新思路，总结和形成了文化惠民的“云南经验”，实现了我省文化惠民工程从理论到实践的崭新突破，开创了基层文化工作的新局面；在深化改革、创新体制机制方面，探索出了一条“公益性文化单位重在‘三项制度’改革，用‘机制’激活事业；经营性文化单位重在‘转企改制’，用‘体制’激活产业；人才队

伍建设重在建立‘三能’机制，用‘创新’激活人才”的改革路径，构建“一团三品”文艺创作生产格局，逐步实现产品由市场运作、社会买单，作品按项目招标、政府采购，精品由财政奖励、以奖代补等等；结合学习贯彻党的十八大精神，研究提出了“打基础、抓机遇、重民生、求创新、强跨越”的总体思路，着力在做大事业、做强产业、做优精品、做实项目、做活市场、做响品牌，努力探索充满活力、凸显实力、独具魅力的云南文化转型跨越发展新路子上取得突破。总之，通过实践探索和总结，无论是在事业上，还是产业上，都形成了一整套具有云南特点、高原风格、民族特色的凸显创新力、引领力、发展力的工作思路。这些工作思路的形成和实施，充分体现了各级文化部门和广大文化工作者的集体智慧。

三、主动争取、奋发有为，财政投入明显加大

精神决定面貌，行动昭示结果。“人是要有一点精神的。”“一个国家、一个地区真正的财富，不仅在于拥有有形的物质力量，从某种意义上说，更在于是否拥有无形的精神力量。”这些都是先贤圣哲对历史发展进程中，推动人类进步和社会发展的源源不竭的精神动力所作的精辟论述，也是推动新时期文化改革发展必须遵循的重要思想。

云南文化建设的实践充分证明，始终保持昂扬的精神状态和雷厉风行、注重实效的行动，是调动一切积极因素、争取各方支持、形成强大合力，推动事业发展的重要环节。紧密结合云南边疆少数民族贫困地区的实际，加大部门协调力度，通过观念创新、载体创新和管理创新，努力建立稳定的投入机制、多元的资金渠道和合理的效益模式，2012年，全省文化专项资金投入比2007年增加4.5倍。一是设立了省文化惠民活动专项资金，确定了农民人均补助标准，纳入每年的财政预算，用于保障人民群众应当享有的基本文化活动权益。2009年，按照农民年人均0.5元标准共安排1900万元；2012年，提高到了6000万元，达到人均1.6元。二是设立了“农民业余文艺演出”专项扶持资金，采取“以奖代补”的形式扶持农民业余文艺演出队5000多支，带动了农村文化活动的蓬勃开展。三是设立了对外文化交流合作专项资金，每年安排300万元，实现了对外文化交流专项资金零的突破。四是提高了原有的相关专项资金。省级文物保护专项资金由300万元提高到2000万元，非物质文化遗产专项资金由50万元提高到1000万元，省级非遗传承人资金补助由每年每人3000元提高到5000元，为云南省文化建设奠定了坚实基础。各州市在争取政策、资金支持等方面，也实现了新的突破。比如，昆明市文化惠民专项资金由2011年的人均6元计506万元增加到2012年的人均10元计930万元。

四、服务群众、倾心民生，基层建设明显改善

服务群众是宗旨，关注民生是根本。推动文化改革发展的一切努力，归根到底是为了实现好、维护好、发展好人民群众的文化权益。

云南文化建设的实践充分证明，牢记宗旨，服务人民，是推动事业发展的根本保证。近五年是我省实施文化基础设施建设项目最多、最密集的五年。到2012年，我省实施文化建设项目已达1398个，竣工面积39万平方米；新建或改扩建图书馆52个、文化馆53个、乡镇综合文化站953个、歌舞团（文工团）19个，维修改造剧院（场）11个；建成文化信息资源共享工程省级中心1个、州（市）中心15个、县级支中心129个、乡镇（社区）服务站1131个、村级（社区）服务点10567个，实现县以上覆盖率100%、乡镇覆盖率84%、村覆盖率82%，为近千万各族群众提供了便捷的数字文化信息服务；实施边疆“解五难”文化惠民工程，向25个边境县和3个藏族聚居区县分别配发“文化大篷车”，向23个县级文工团（队）分别配置15万元的演出设备，向1082个乡镇综合文化站各配置10万元的专用设备；667个文化站达到省颁三级站以上标准，占总数的48.7%；119个图书馆达到国家三级馆以上标准，占总数的80.4%，在西部地区位居前列；24个国有博物馆达到国家三级馆以上标准，占国有博物馆总数的26%。通过实施“文化惠民示范村”、“农民素质教育网络培训学校”等重大示范带动项目，有力地推动了农村基层公共文化的发展。

五、多措并举、多管齐下，人才队伍明显加强

队伍强则事业强，人才兴则事业旺。提升文化建设能力，必须拥有一支思想过硬、作风优良、技艺精湛的管理队伍和人才队伍。

云南文化建设的实践充分证明，注重人才队伍建设，是推动事业发展的重要支撑。一方面，我们通过大力实施“文化艺术人才培养工程”，文化艺术专业技术人员总量不断增长，高级专家队伍有所加强，人才结构逐步改善。到2012年，我省已分四批命名青年表演艺术家30人、优秀青年演员51人，全省有15人列入全国宣传文化系统“四个一批”特殊专业技术人才，300余人获全省文化艺术“四个一批”人才表彰，91名专家享受国务院特殊津贴和省政府特殊津贴，45人获全国先进工作者荣誉称号，23人被国务院、省政府命名为“有突出贡献专家”。另一方面，在全国首创选派文化副县（区、市）长、副乡镇长，目前已分3批共选派文化副县（区、市）长23名；率先在行政村聘任“文化干事”，为实现农村文化工作的常态化找到了一条行之有效的路子；对全省1400多名乡镇文化站站长进行了任职资格培训，为规范基层文化工作提供了保障。

六、加大力度、注重实效，效能业绩明显提升

力度决定速度，落实决定成效。正是有了全省各级党委、政府的高度重视，有了社会各界的热情支持，有了各级文化部门和广大文化工作者的共同努力，才使云南民族文化释放出巨大的吸引力、凝聚力、推动力。

云南文化建设的实践充分证明，只有全力以赴抓落实，才能真正提升文化工作的效能业绩。比如，通过积极争取，省委、省政府将民族文化强省建设、公共文化服务体系建设等工作列为对各州市的实地检查考评项目，进一步形成了推动全省文化发展的合力，有力地促进了各项任务的落实。又比如，通过加强公共文化设施建设，全省文化馆（站）年均开办各类培训5600多班（次），举办文化展览5900多个，组织文艺活动22000多次，图书馆年均总流通733.1万人（次）；各级博物馆、纪念馆举办陈列展览1751个，参观人数2167万人（次）。再比如，通过加强文物和非遗利用保护，不可移动文物由“十五”期末的5300处增加到15886处，增幅达200%，高于全国平均水平的1倍；红河哈尼梯田列入我国2013年唯一申报世界文化遗产名录，普洱景迈山古茶园已经进入申遗程序；有2个项目入选“人类非物质文化遗产代表作名录”，有90个项目列为国家级非遗保护项目，迪庆、大理被列为国家文化生态保护实验区等等。此外，文化产业发展、文化市场管理等各项工作都颇具成效，为建设民族文化强省打下了良好基础。

西藏自治区

2012年，西藏文化部门深入学习、全面贯彻党的十七届六中全会精神，贯彻落实自治区第八次党代会、区党委八届二次全委会精神和《中共西藏自治区委员会关于贯彻落实〈中共中央关于深化文化体制改革推动社会主义文化大发展大繁荣若干重大问题的决定〉的实施意见》，按照年初确定的工作目标，围绕中心，服务大局，抢抓机遇，乘势而上，奋力推进文化资源大区向文化发展强区迈进，为全区跨越式发展和长治久安提供了强大的精神动力、智力支持和文化条件，为党的十八大胜利召开营造了浓厚的文化氛围。

一、人民群众充分享受文化发展成果

“十二五”重点文化建设项目全面铺开。5月份，在日喀则市江当乡隆重举行了“十二五”全区乡镇综合文化站建设项目开工仪式。截至12月，543个乡镇综合文化站和23个县民间艺术团排练场所落实投资4.9233亿元，完成投资1.0864亿元，完成工程量48%。启动了7个地市图书馆、群艺馆和博物馆新建改造项目前期工作，2个地市图书馆项目已经开工。召开了“十二五”重点项目“西藏综合艺术中心”技术参数专家论证会，项目选址、项目建议书编制等工作有序进行。给已建的40多个乡镇综合文化站配备了设备。组织实施了优秀文艺产品进基层活动，自筹资金70多万元，将近年来创作推出的优秀文艺作品制成6万余张DVD光盘，发放到全区各县乡。配合“感党恩　跟党走”主题教育活动，制作了面向基层的新旧西藏对比展览挂图5451套发放到全区各县乡村。投资40余万元，在拉萨市135个便民警务站设立了“便民书窗”，配送书籍20000余册，并定期更新。全面启动了7地市文化信息资源共享工程分中心建设，新建成了103个乡镇基层点和近500个村基层点。启动了文化信息资源共享工程《格萨尔》等特色数字资源库建设，完成了一批优秀汉语资源的翻译工作。已建文化设施全面实现了“无障碍、零门槛”。区图书馆采取“延长免费开放时间、拓宽免费服务领域、深化免费服务内容和提升免费服务品质”四措并举推进免费开放工作。举办了“世界读书日——书香飘农家”系列活动。区群艺馆举办了少儿免费艺术培训班，累计培训225名学员。西藏博物馆完善健全各项规章制度，充实壮大讲解员队伍，全力提升服务品质，有效推进了免费开放工作。全年共安排3000万元免费开放资金。6月，文化部督导组重点就西藏“三馆一站”免费开放工作和林芝、山南地区公共文化服务体系示范区（项目）创建情况进行了检查和督导，给予了高度评价。

二、群众性文化活动丰富多彩

利用各种纪念日、节庆，在拉萨先后举办了“3·28西藏百万农奴解放纪念日”群众文艺演出、“庆十一、迎十八大”全区民间艺术团文艺展演、全区首届藏戏展演（大赛）、首届“未来之星”少儿美术展览等群众性文化活动，营造了良好的文化氛围。各地市结合自身实际，组织开展了具有地域特色的群众性文化活动，拉萨雪顿节期间，各类群众文化活动达80多场，参与人员达到3万多人（次），推出的广场“规范舞学跳”活动受到了广大市民的一致好评，群众参与文化建设的积极性高涨，生活进一步充实，文化素质进一步提高。“三大节日”期间，组织专业文艺团体、区群艺馆演出队赴拉萨、山南、日喀则、林芝、那曲等地开展了近300场慰问演出，丰富了基层群众节日文化生活。全年全区各地市累计开展各类群众性文化活动达到了近1万场（次）。那曲地区班戈县群众自发组织的《纳木错之舞》受邀参加了2012年中央元宵节联欢晚会和第22届星光奖颁奖典礼，受到党和国家领导人的高度评价。在全面筛选基础上，组织9个文艺作品参加了第十六届全国“群星奖”，其中《扎念琴》、《酥油情》、《查琼拉》3个舞蹈作品、《神奇的苯塔》1个音乐作品突出重围，晋级决赛。

三、文艺创作百花齐放

创作推出了2012年新年音乐会《春天的赞歌》、“西藏百万农奴解放纪念日”3周年大型专题文艺晚会《捧起幸福的哈达》。举办了“首届全区电视原创歌曲作品及声乐大赛”，评选出了54名优秀歌手，10首优秀歌曲。创作推出了系列群众喜闻乐见的小戏小品，并组织开展了“送戏下乡”活动，10支专业艺术团体全年送戏下乡演出累计将达到800场（次）。完成了藏历新年电视综艺晚会、喜迎十八大专题文艺晚会《雪域颂歌》创作演出。西藏歌舞团与中央民族乐团联合打造的大型多媒体音乐盛宴——《西藏春天》在国家大剧院成功上演，藏族音乐家与汉族音乐家同唱一首歌、共奏一支曲，共同奏响了民族团结的辉煌乐章，在京引起了强烈反响。拉萨市推出的大型实景剧《文成公主》十八大前夕在京成功演出，《幸福路上60年》二度创作、音乐歌舞《青稞飘香》形成雏形。日喀则、山南、昌都首次推出了《和谐雅砻》、《盛世藏东》等藏历新年电视晚会，深受广大人民群众喜爱。

四、文艺精品层出不穷

大型歌舞《魅力西藏》、藏戏《金色家园》入选第四届全国少数民族文艺会演项目。经反复修改，两台剧目分别于6月29日和7月2日在北京隆重上演，反响强烈，双获本次全国少数民族文艺会演“金奖”，5个节目和34名演职人员获得最佳节目、最佳编剧、最佳演员等单项奖，西藏代表团获得优秀组织奖。大型话剧《解放解放》、歌舞《魅力西藏》成功入选国家舞台艺术精品资助项目和文化部举办的迎十八大全国优秀展演，并于9月和11月在北京成功演出。大型话剧《解放，解放》晋级国家舞台艺术精品工程15强并获精品奖。全力配合自治区强基办创作推出自治区强基惠民大型专题文艺晚会《驻村之歌》。组织全区舞台艺术创作人员赴山南、林芝进行下乡采风活动，创作了一批短平快的优秀文艺产品，用文艺的形式宣传党的十八大精神。迎十八大文化氛围浓厚。按照自治区要求，早着手、早安排、早部署，组织开展了藏戏小品综艺晚会、《雪域欢歌》、《吉祥颂》等歌舞晚会、话剧《解放解放》展演等各项文艺活动。各单位也积极利用各类文化设施，开展了歌咏比赛、主题展览、专题讲座等各种群众性文化活动。全区7地市专业文艺团体和51个县民间艺术团体，全面开展送戏下乡活动。各地市专业文艺团体推出了迎十八大系列专题文艺晚会，各类文艺演出累计达到近200场（次），为十八大召开营造了浓厚的文化氛围。

五、文物保护持续加强

“十二五”时期，国家将投入资金10亿元、国家文物局将安排资金8亿元保护西藏文物，创历史新高。在继续实施桑耶寺等文物保护工程的同时，集中力量组织开展了“十二五”重点文物保护工程项目前期工作。年内，敏竹林寺等7个项目开工，热振寺等2个项目完成审批，强巴林寺等19个项目上报相关部门审批，查木钦墓群保护工程等18个项目前期工作有序开展。自治区安排资金2300余万元实施的冲康庄园等6项文物抢救性保护工程进展顺利。文物安全措施进一步强化，责任层层落实，定期开展了文物安全消防隐患大排查。强化服务意识、窗口意识，接待工作平稳有序。全年布达拉宫共接待101万人（次）、西藏博物馆共接待23万人（次）、罗布林卡共接待41万人（次）。

六、非物质文化遗产保护迈上新台阶

起草了《西藏自治区非物质文化遗产保护条例》，上报并经过自治区政府法制办初审。组织专家对全区176个非物质文化遗产项目进行审查论证。

成功举办了“首届西藏非物质文化遗产保护成果大展”，全区7地（市）的42个非物质文化遗产保护项目近300名传承人和民间艺人参加了为期7天的展览和展演活动，吸引了不少来藏观光的国内外游客，在国内外各大媒体引起了强烈反响。对30个新建传习所进行了验收，争取资金3000万元，对30个项目重点进行保护。举办了“妙心慧手”首届藏族唐卡代表性传承人精品展，“国家级非物质文化遗产藏族唐卡传承人罗布斯达个人唐卡作品展”。藏族唐卡等项目应邀参加了天津、黄山“2012中国非物质文化遗产博览会”。组织专家赴吉隆县吉隆沟、林芝地区藏东南实地考察了文化生态保护区，为申报自治区和国家级文化生态保护实验区提供了基础材料。配合中央电视台《乡土》栏目组，对唐卡、藏医药、藏纸等国家级非物质文化遗产项目进行了实地拍摄，广泛宣传，向世人展示了西藏丰富多彩的非物质文化遗产资源，展示了7年来西藏非物质文化遗产保护工作取得的显著成绩。

七、古籍保护工作有序开展

经过积极争取，《般若波罗蜜多经》、《释量论》、《贡唐喇嘛响·尊追扎巴文集目录》等123部古籍入选第四批《国家珍贵古籍名录》推荐名单。至此，西藏国家级古籍保护项目达到了158部。自治区博物馆、布达拉宫管理处、罗布林卡管理处和自治区档案馆4个保护单位入选第四批《全国古籍重点保护单位》推荐名单。继阿里、林芝地区完成后，完成了那曲、林芝2个地区古籍普查普查。贝叶经保护取得重大阶段性成果。

八、文化市场监管力度不断加大

围绕“三大节日、雪顿节、十八大前后”等重大敏感时段，主动联合有关部门，积极开展各项专项整治行动，实现了文化市场“零事故”。特别是在党的十八大召开前后，加强面上工作部署的同时，主动会同有关部门，进一步加大巡查力度，从严落实文化市场各项安全维稳措施，确保了全区文化市场的绝对安全。进一步严把市场准入关，规范行政审批行为。全面发挥自治区网络监控平台作用，全时全程监测全区“网吧”等互联网上网服务营业场所，防止了非法网络游戏、网络音乐等不良信息在网上的传播。行业协会建设步伐加快，拉萨市率先在全区成立了以经营业主为主的网吧行业协会。从严落实了歌舞娱乐场所和营业性演出节目内容审查批准制度，严防“藏独”等反动分子渗透破坏。全区7个地市全年围绕迎接党的十八大，累计开展文化市场专项整治和“扫黄打非”等巡查行动1115次，出动执法人员2200余人，检查文化娱乐场所近2600家，依法取缔非法经营场所17家，流动商贩16个，查缴非法音像制品10万余张（盘），对195家违规经营场所下达了《停业整顿通知书》。大力开展普法宣传。按照自治区统一部署，先后开展了“向雷锋同志学习”、“关爱他人、关爱社会、关爱自然”、“综治宣传月”、“4·26知识产权宣传周”、“首届全国艺术品市场法制宣传周”、“安全生产月活动、9·16平安西藏”等系列大型宣传活动。累计出动人员50多人次，发放各类宣传资料达8000多份，营造了全民普法、学法、用法的良好氛围。

九、特色文化产业加快发展

抓政策扶持，在全面调研基础上，形成了《西藏自治区“十二五”文化产业发展规划研究》。联合自治区旅游局出台了《西藏自治区文化与旅游结合发展的实施意见》。开展了成立“西藏唐卡行业协会”、“西藏文化产业（唐卡）专家委员小组”的前期工作。抓平台建设，积极组织区内10余家文化企业参加了北京、深圳、西安等全国性文化产业博览会，全方位展示西藏文化精品，推介了特色产业项目。成功举办了首届2012北京·中国西藏唐卡艺术展，30幅稀世珍品唐卡和51位优秀唐卡画师新创作的110幅精品唐卡亮相首都，引起首都各界的一致好评。历时15天在京展览，累计接待观众达到了10万人以上，随后又在天津续展。开展了第二批国家级文化产业基地的评选命名工作。各地（市）不断探索，加强文化产业发展，西藏文化旅游创意产业园区、山南的雅砻文化大观源等重点文化产业项目相继开工。大型原生态歌舞《幸福在路上》，从4月开演，累计演出近200场，观众近10万人，创收700多万元。

十、文化交流与合作全方位展开

《魅力西藏》参加“2012波兰·中国西藏文化周”，获得巨大成功。林芝艺术团出访尼泊尔慰问演出3场，观众达1600余人次。参加了国家民委组织的赴台少数民族文化交流活动。泰国“2013年欢乐春节”该区精品歌舞节目筛选等前期准备工作全面完成。借助“春雨工程”平台，邀请浙江、福建、贵州等省市60余名文化志愿者在该区举办了文艺演出、展览、培训等活动10余次。邀请中国儿童艺术团《特殊作业》在拉萨为青少年儿童演出10场，观众达1万余人（次）。在广州、广西等地举办了《雪域瑰宝》西藏文物精品展。

十一、党建工作全面加强

完善落实了厅系统各级党组织理论学习制度，组织召开了厅系统党建工作会议、2012年度党风廉政建设工作会议，与厅属各单位签订了党建工作责任书和党风廉政建设2012—2014年度责任书。按照“抓班子、带队伍”和“建好、建强党支部”的要求，改选和增补了厅系统5个党支部。全年发展预备党员8人，预备党员转正5人，培养积极分子40余人。特别是党的十八大后，文化系统广大党员干部原原本本研读党的十八大文件，迅速掀起学习十八大精神的热潮，立足本职，进一步增强文化自觉、文化自信。文化队伍不断壮大。与自治区财政厅联合制订出台了《关于加快发展和规范管理县民间艺术团的意见》。公开考录工作人员13名，调入17名，进一步壮大了文化工作队伍。分别在上海、浙江、重庆、成都、拉萨等地举办了第三期西藏文化管理干部、全区民间艺术团舞蹈创作、全区基层文化干部培训班、古籍保护工作人员、壁画保护修复技术、西藏文博管理干部、全区舞台艺术创作人员、全区文化系统办公室文化产业部门负责人培训班等各类培训15期，培训人员700余人次。

十二、其他工作

“十二五”文化发展目标进一步确定。2012年元月，自治区人民政府常务会相继研究通过了《西藏自治区“十二五”文化发展规划》、《西藏自治区“十二五”文物事业发展规划》，西藏文化文物全面发展、科学发展的思路更加明晰、目标任务更加明确。第四次全国文化文物援藏工作会议顺利召开。经积极协调，文化部主办、西藏文化厅承办的第四次全国文化文物援藏工作会议8月在拉萨成功召开，文化部、国家文物局、全国各省（自治区、直辖市）文化厅局主要负责人160余人参加，成为史上规格最高、规模最大、项目最多的一次文化文物援藏工作会议。会上，初步确定了77个文化援藏项目和30个文物保护扶持项目。会议期间，还举行了西藏自治区数字图书馆推广工程启动仪式、文化信息资源工程文化资源捐赠仪式、2012“春雨工程”交接仪式以及西藏壁画保护修复技术人员培训班和西藏文物进出境责任鉴定员培训班等专题活动。同时，文化部向西藏赠送文化下乡演出车10部，目前全部发放到各县区。文化厅系统13个驻村工作点积极完成区党委交办的5项任务，同时结合文化部门工作特点，开展了一系列文体、教育、帮扶济困等各种活动，全年共投入资金近100万，为厅系统13个驻村点发放了15台投影仪，建立了15座文化信息资源共享工程基层服务网点。选强选好第二批13个队，52名驻村工作队员，经系统培训后，目前已顺利交接，全员到岗，切实加强了对驻村干部的关心和爱护，提高了驻村干部的工作积极性。《中国地域文化通览·西藏卷》编撰工作稳步推进，截至目前约50万字的初稿均已初审，其中约30万字的稿件上交中央文史馆，约15万字的稿件经初审后作者正在修改，已投入资金47.9万元。

陕西省

2012年，陕西省文化系统以邓小平理论、“三个代表”重要思想、科学发展观为指导，认真贯彻落实党的十八大、党的十七届六中全会和陕西省第十二次党代会精神，坚持“二为”方向、“双百”方针和“三贴近”原则，推进文化体制改革和文化创新，增强文化发展活力，繁荣文化事业、发展文化产业，不断活跃文化市场，积极实施文化“走出去”战略，陕西文化建设保持了持续稳定发展繁荣的好势头，据不完全统计，在全国和国际文化活动中，共获奖138项，为陕西经济社会发展营造了良好的文化氛围。

一、文艺创作生产异彩纷呈，文化活动丰富多彩

【积极举办大型主题文化展示活动】

一是陕西省文化厅与有关部门联合举办“陕西省喜迎十八大文化展示月”系列活动，其中“东西手拉手　喜迎十八大”——陕西上海文化周、陕西优秀剧目展演、陕西地方特色民族器乐展演影响较大。其间，上海大剧院艺术中心的红色经典芭蕾舞剧《白毛女》、歌剧《卡门》、大型交响合唱音乐会《黄河大合唱》、陕西省民族器乐大赛综合和颁奖晚会、秦腔复排传统戏《三滴血》、秦腔现代戏《秦腔》等近60场优秀剧节目演出，极大地丰富了广大群众的精神生活，集中展示了陕西文化体制改革发展的最新成就，营造了欢乐、喜庆、祥和的社会氛围。二是纪念毛泽东同志《在延安文艺座谈会上的讲话》发表70周年系列文化活动丰富多彩。主办了“陕西人精神”——陕西省美术书法作品展，征集优秀作品千余件，展出420件。主办了大型主题交响音乐会《永恒的旋律》，引起了各界观众的强烈震撼，央视《新闻联播》栏目对音乐会演出盛况进行了专题报道。举办了陕西经典喜剧小品鉴赏晚会、纪念《讲话》秦腔惠民演出月、陕西省优秀舞台剧（节）目下基层展演等。与国家级艺术院团联合策划了大型舞蹈诗剧《延安记忆》、芭蕾舞剧《牡丹亭》的演出。群众合唱展演活动历时两个多月，有38支合唱团3000多人参演，体现出不断提升的群众合唱的新水平，在陕西全省掀起了纪念《讲话》的热潮，受到社会各界的普遍赞誉。

【文化艺术活动蓬勃开展】

一是联合有关部门共同主办首届陕西省“文华奖”电视艺术大赛。大赛分秦腔、舞蹈、曲艺、美术、书法和合唱比赛。秦腔大赛分专业组和业余组进行，专业组进行了160场比赛，展示了近200个不同的折子戏或传统节目，业余组比赛正在进行。累计现场比赛30天，观众达10万人。电视秦腔大赛在陕西掀起了参与秦腔表演的热潮，涌现出一批优秀的秦腔表演艺术人才，极大地丰富了城乡群众的精神文化生活。二是组织举办了第二届陕西省民族器乐大赛，2000多名选手参加了比赛，400余名选手获得了奖项。三是举办了陕西省群众美术书法摄影大赛，展出作品500余件，是近年来陕西省群众美术创作成果的一次集中展示。四是关注农民工文化生活，举办了“写给大地的诗行”陕西省首届农民工诗歌朗诵会，共征集到作品400余篇，评出优秀创作奖33个、优秀朗诵奖15个、优秀集体组织奖3个。五是联合举办了陕西省首届小品文华奖暨第九届喜剧小品电视大赛，参与主办了金狮奖·第四届全国木偶皮影中青年技艺大赛，从16支参赛队中选拔出的51个节目参加了比赛。六是精心策划世界三大剧社之一——西安易俗社百年华诞庆典活动，举办了“庆祝易俗社成立100周年首批社会捐赠仪式”，复排了在群众中有广泛影响的部分经典剧目和折子戏，组织了向海内外广泛征集纪念易俗社的文稿、老物件、老照片等活动。

【文艺创作和艺术科研成果喜人】

秦腔现代戏《西京故事》荣获中宣部“五个一”工程奖、文化部2010—2011国家舞台艺术精品工程重点剧目第一名，获奖100万元，还获得第六届中国秦腔艺术节最高奖优秀剧目奖，并参加了全国优秀剧目展演和全国高雅艺术进校园演出。秦腔现代戏《秦腔》被评为文化部2011—2012国家舞台艺术精品工程资助剧目，获奖50万元。交响套曲《长安》参加了全国优秀剧目展演，并分别在国家大剧院进行演出，展示了陕西文化强省的艺术魅力。大型舞台木偶皮影剧《来自中国的三个传说》荣获第21届国际木联大会暨国际木偶艺术节荣获最高奖项——“最佳剧目奖”。儿童木偶剧《太阳神鸟》参加第七届全国儿童剧优秀剧目展演荣获优秀演出奖。乐舞诗《大唐赋》参加第四届全国少数民族汇演，获得创作金奖等11项大奖，受到了胡锦涛等中央领导同志的亲切接见，受到陕西省政府的通报表彰。组织陕西省优秀演员和合唱团体参加第十届全国声乐比赛，获合唱组优秀奖。秦腔现代戏《西京故事》、《关中往事》同时获第六届中国秦腔艺术节最高奖优秀剧目奖，李东桥、卫小莉、樊惠琴获优秀表演奖。李东桥、惠敏莉还荣获第22届上海“白玉兰戏剧奖·主角奖”。陕西省雕塑院雕塑作品《谐韵》参加美国南达科他州雕塑长廊国际雕塑展并获“佳作奖”，《好汉》入选长春国际雕塑展并建树于国际雕塑园。陕西省艺术馆老三届知青合唱团荣获“永远的辉煌”第十四届中国老年合唱节“海峡杯”（金奖）。艺术类院校及艺术科研单位研究领域不断向深度广度拓展，研究质量不断提高，陕西全省艺术科研单位及相关高校申报国家社科基金艺术学项目共64项，两个项目成功立项国家社会科学基金艺术学项目，两个项目成功立项文化部文化艺术科学研究项目。

【文化品牌项目影响进一步提升】

组织举办了“花儿朵朵向太阳”第三届陕西省少儿艺术节，陕西各地共举办各类分会场和主会场展演活动达100多场次，演出剧（节）目973个，参演参展人数达26490人次，观众达18.5万人次。活动包括综合文艺演出、校园合唱比赛、少年儿童美术、书法、摄影作品及手工技艺展览等。形式多样、题材广泛，从不同侧面展示了陕西新一代少年儿童的幸福生活。陕西省直文化单位举办的“秦腔惠民演出季”、“西安天天有秦腔”、“周末大荟彩”、“少儿周末剧场”、“周末欢乐送”“高雅艺术进校园”、“三下乡文艺演出”等演出活动，以及“陕图讲坛”、“文化大讲堂”、“龙首大讲堂”等讲座活动，受到媒体的广泛关注和群众的普遍欢迎。延安市的“延安过大年”，铜川市的舞动铜川、唱响铜川、书香铜川、诗画铜川，韩城市的欢乐送基层、文化进景区，安康市的振兴汉剧等品牌活动，形式多样，内容丰富，参与人多，影响较大。

二、加强公共文化服务体系建设，保障人民群众基本文化权益

【出台积极支持文化建设的政策】

一是陕西省文化厅会同陕西省财政厅研究出台了《陕西省省级政府购买公共演出服务试行方案》，实现了“群众点、政府买、剧团演”，陕西每年可提供2000场免费或低价高质的文艺演出。二是研究出台支持文化发展的财税政策，陕西省政府印发了《关于支持文化大发展大繁荣若干财税政策的意见》，从6个方面提出了具体扶持内容和财税金融优惠奖励政策。三是陕西省委办公厅、省政府办公厅印发的《关于发展繁荣秦腔艺术的若干意见》，对于全面振兴秦腔艺术，打造“秦腔戏曲”特色品牌具有重大的促进作用。四是制定了《陕西省荣获国家级奖项表演艺术人才发放补贴暂行办法》、《陕西省基层公共文化基础设施建设规划（2012—2020年）》、《关于鼓励支持民营文化企业发展的若干意见》等，起草了《陕西省公共文化服务促进条例（草案）》，为下一步陕西省文化改革发展，实现文化强省建设目标提供强有力的保障和支持。

【积极争取中省财政投入力度】

一是积极争取“三馆一站”免费开放、文化信息资源共享（公共电子阅览室）、非物质文化遗产保护、流动舞台车、“县级两馆一院”维修改造、乡镇文化站和城市社区文化中心（文化活动室）设备购置、村级文化活动器材配送以及艺术创作、文化人才培训专项支持7.1亿元，较上年同口径增加3.8亿元。二是支持86个“两馆一院”的维修改造，推进22个重点镇综合文体中心建设以及安康市、商洛市、咸阳3市的图书馆、群众艺术馆建设。为337个乡镇、338个城市社区、3015个行政村配送文化业务活动设备，同时为所有县级剧团配送了流动舞台车和灯光、音响设备，解决了剧团演出“搭台难”问题，基层文化设施设备条件得到了显著改善和提升。为县级图书馆配送文化共享服务车，陕西全省1724个公共图书馆、美术馆、文化馆（站）全部向社会免费开放。完成陕西省图书馆扩建工程的立项工作。

【公共数字文化阵地建设加快实施】

积极推进文化共享工程、公共电子阅览室、数字图书馆建设。文化共享工程已完成337个乡镇、38个社区中心、300个社区活动室基层服务点的建设任务。新建成90个街道、694个社区、1047个乡镇公共电子阅览室。数字图书馆推广工程也已进入实质性阶段，陕西省图书馆和西安、宝鸡、咸阳、铜川、商洛5个市馆的建设任务已进入设备采购程序。

【公共文化服务体系建设扎实推进】

一是扎实推进示范区、示范项目创建。国家级公共文化服务体系示范区宝鸡市，加强规划设计，增加经费投入，加大设施建设力度，采取有效措施，深入推进创建工作，已完成全市创建指标的73%。渭南市的“‘一元剧场’演出项目”在坚持正常演出的基础上，举办“一元剧场演出周”县（市、区）巡演活动。创新实施公益文化服务走进广场公园、走进城镇社区、走进园区企业、走进乡村场院等“政府部门主导、社会各方参与、三级馆站服务、惠及城乡群众”的公共文化服务“四进”零距工程，取得了良好的社会效益。铜川市的“公共图书馆服务一体化建设”项目经过创建，“零门槛、近距离、送服务、拓领域”的目标正在实现，馆对馆1小时服务圈，馆（分馆）对读者半径2公里服务圈或15分钟服务圈的体系已经初创。文化部督查组对宝鸡市创建工作进行了督查，认为创建工作有序推进，已取得阶段性成果。二是以文化先进县创建为抓手，推进县域文化建设的发展。经推荐验收审定，授予黄陵县等8县区为第六批省级文化先进县，并通过定边县等11个县区省级文化先进县的复查。组织完成了新一轮15个省级文化先进县的复查工作。陕西省省级文化先进县已达41个，其中国家级文化先进县20个。

三、扎实开展非物质文化遗产工作，社会影响力增强

【陕北文化生态保护实验区建设工作取得突破性进展】

榆林和延安所在的陕北是陕西省非物质文化遗产相对集中，特色较为明显的地区，已有103个项目列入省级非物质文化遗产名录，其中19项列入国家级名录，1项列入联合国教科文组织人类非物质文化遗产名录。从2009年开始，陕西就把建立国家级陕北文化生态保护实验区列为对非物质文化遗产实施整体性保护的重点工作，全力推进。通过各方共同努力，经过申报、专家实地考察、论证等程序，2012年4月文化部批准设立国家级陕北文化生态保护实验区，5月，在西安举行了隆重的授牌仪式，这是陕西省继羌族文化生态保护实验区设立后的第二个国家级文化生态保护实验区。陕北文化生态保护实验区的设立使陕西国家级文化生态保护实验区数量位居全国前列。

【基础性保护工作扎实开展，皮影戏“申遗”取得重大突破】

推荐参加第四批国家级非遗传承人评审，有8人入选，陕西省国家级非遗传承人达到55人。开展了第三批省级非遗名录代表性传承人和首批传承单位申报和评审工作，评审公布陕西省第三批非物质文化遗产名录项目代表性传承人71人，省级代表性传承人达到318人，评审公布省级非物质文化遗产名录项目传承单位27个。“中国皮影戏”被联合国教科文组织正式列入“人类非物质文化遗产代表作名录”，这是陕西继西安鼓乐、中国剪纸之后，在非物质文化遗产申报上的又一大突破。编辑出版了《陕西省第二批非物质文化遗产项目代表性传承人图典》、《陕西省第三批非物质文化名录图典》、《陕西剪纸》（共5卷）和《陕南羌族》等。针对陕西省非遗保护法律条文不够健全的现状，起草了《陕西省非物质文化遗产条例（草案）》，使非遗依法保护更加细化完善。

【探索创新保护方式，推动非遗保护科学开展】

一是加强综合性项目保护，建立了非物质文化遗产名录代表性传承单位。国家第七个“文化遗产日”期间命名了陕西省非物质文化遗产名录代表性传承单位27个。二是利用非遗资源为社会服务，与陕西省教育厅共同命名了“陕西省非物质文化遗产陈列馆”等34个单位为陕西省第一批中小学优秀传统文化教育社会实践基地，面向中小学开展优秀传统文化节教育。三是积极组织展示性保护，提升优秀非遗项目社会影响力。陕西省非物质文化遗产陈列馆建成开馆，集中展示陕西优秀非遗项目，免费向社会开放。四是及时开展抢救性保护，确保珍稀项目不被遗失。重点对华县皮影戏、陕北说书、汉调二簧、凤翔泥塑、耀州窑陶瓷烧制技艺等项目和代表性传承人进行了抢救性保护。

【多渠道增强宣传力度，扩大非遗社会影响力】

在国家第七个文化遗产日期间，陕西省文化厅与汉中市、安康市、商洛市共同举办了以宣传展示陕南丰富、珍稀而独特的非物质文化遗产为主题的文艺晚会《水韵山魂　美在陕南》，通过16个具有代表性的表演项目充分展示了陕南国家级、省级非物质文化遗产的独特魅力。指导协助西安大唐西市成功举办了春节文化庙会活动和第三届西部非物质文化遗产展演系列活动，充分展示了我国西部地区特别是陕西非物质文化遗产的深厚积淀和独特魅力，促进了各非遗项目的活态传承。积极组织优秀项目参加国际、国内大型文化交流活动，在中国（北京）非物质文化遗产生产性保护成果大展上，凤翔泥塑、凤翔木版年画、耀州窑陶瓷烧制技艺、西秦刺绣获突出贡献奖；在第二届中国非物质文化遗产博览会上，凤翔泥塑、华县皮影、安塞剪纸等14个非遗项目获博览会参展项目奖；在首届中国（黄山）非物质文化遗产传统技艺大展上，社火脸谱绘制技艺、凤翔木版年画获金奖，凤翔泥塑、延川剪纸获银奖，陕西省参展团获大展优秀组织奖。在第六届中国原生民歌大赛上，陕北歌手张小兵获铜奖，陕南“山鹰组合”和陕北“红都组合”分别荣获优秀演唱奖，陕西省文化厅荣获“优秀组织奖”。

四、文化产业不断发展壮大，产业化效应日益凸显

【加强对文化产业的政策引导】

为了进一步加快文化产业发展，为文化企业创造更好的发展氛围，陕西省文化厅先后起草了《关于鼓励支持民营文化企业发展的若干意见》、《关于促进动漫产业发展的若干政策意见》和《陕西省文化企业认定办法》等，对陕西动漫产业进行调研并形成了专题报告。榆林市出台《榆林市第一批文化产业示范基地（单位）管理办法》。西安市制定出台《关于推进文化科技创新、建设国家级文化和科技融合示范基地的意见》、《西安市文化产业考核暂行办法》，推动文化产业和科技融合发展，规范文化产业考核工作。汉中市编制完成了《汉中市文化产业发展2012—2015规划纲要》，确立了该市文化产业发展的指导思想、基本原则、发展思路、总体布局和工作目标。

【积极搭建文化产业招商引资平台】

举办参加文化产业博览洽谈交易会，联合推出有特色的产业项目。指导大唐西市与丝绸之路沿途国家西市风情街合作项目集中签约活动。指导渭南市参加了第八届中国深圳国际文化产业交易博览会，全面展示陕西文化产业的整体实力和形象，成功签订7个合作项目，金额20多亿元，获优秀组织奖和优秀展览奖。指导陕西省动漫产业平台管理中心成功举办了中国西安第二届原创动漫大赛，指导曲江会展中心成功举办了第二届中国（西安）动漫游戏文化节，对于宣传陕西动漫产业、选拔优秀作品、繁荣动漫创作、推动动漫生产、搭建国内外交流交易平台产生了积极重要的影响。组织了首次中国剪纸与剪纸产业座谈会，探索剪纸艺术深度开发以及与现代生活、现代科技融合的途径、产业转化方式。陕西省文化厅荣获第五届陕西省旅游产品交易会最佳组织奖、最佳展示奖及参展商品金奖。承办了第二届陕粤港澳经济活动周文化旅游产业项目推介、签约活动，共推出35个文化旅游产业重大项目，签订投资额49.2亿元的6个合同项目，投资额15.8亿元的5个协议项目。

【指导西安市成功举办了第六届中国西部文化产业博览会】

第六届西部文博会共征集签约项目68个，总签约额825亿元，其中，集中签约的项目共38个，签约金额644亿元。承办了陕西展团360平方米光地展位特装组展布展以及文艺表演任务，集中展示了两年来陕西省文化产业发展，文化产业与科技与旅游与金融融合最新成果，内容丰富，形式新颖，特色鲜明。陕西省代表团荣获最佳展示奖和最佳组织奖。

【项目带动战略稳步实施】

广泛征集和策划文化产业项目，精选了252个文化产业重点项目进入国家文化产业项目库。大唐西市、富平陶艺文化产业园、华州国际皮影文化生态园、关中民俗艺术博物院、西安超人雕塑研究院等民营文化企业建设项目列入陕西省文化产业项目库。陕西省宁强、略阳、凤县文化产业列入《国家藏羌彝文化产业走廊》重大项目规划。

【文化产业示范基地建设取得新成就】

西安国家级文化和科技融合示范基地名列首批16家国家级文化和科技融合示范基地之中。陕西演艺集团、西安长风数字文化科技有限公司被文化部授予第五批国家级文化产业示范基地，至此陕西已建成10家国家级文化产业示范基地。西安喜洋洋影视文化传播有限公司和西安曲江乐雅动漫有限公司被文化部、财政部、国家税务总局认定为国家动漫企业，至此陕西已有8家企业被认定为国家动漫企业。

【中国移动动漫平台陕西专区上线运营】

由陕西省文化厅组织指导的“I漫长安show”开始上线运营。“I漫长安show”是由西安高新区管委会、陕西省动漫游戏行业协会牵头，集合众多陕西省动漫游戏企业，在中国移动手机动漫平台（wap.dm.10086.cn）上建设的具有陕西地方特色的一个独立版块，它的上线运营，对推动陕西动漫产业发展、丰富广大手机用户文化生活有着积极意义。

五、加强完善制度建设，文化市场规范健康有序发展

【加强文化市场制度建设】

一是调整游艺娱乐市场管理职能，强化监管职责。对电子游艺审批管理工作进行调整，将《游艺娱乐场所管理办法》规定的县、市、省三级联审制，调整为县、市两级审批制，进一步提高服务管理效能。二是积极推进网吧连锁化整合，制定出台了《陕西省网吧连锁经营管理暂行办法》，力争实现网吧产业化升级。三是加强演出市场制度建设，推动演出市场健康繁荣发展。印发了《营业性演出审批规范》和《营业性演出申报审批指南》等，强化市级行政部门对涉外、涉港澳台演出的属地审核职能，加强市、县（区）两级综合执法机构对演出市场的监管职责。全年共审批各类演出60台，360场（次），其中大型演出20余台。

【推进监管平台建设】

一是制定《文化市场综合执法办公系统应用实施方案》，安排部署陕西省文化市场综合执法办公系统的推广应用工作。二是认真组织做好文化市场综合执法办公系统培训工作。举办全省综合执法办公系统培训班，组织推广应用文化市场综合执法办公系统培训小组进行办公系统定点培训，对全省107个县区文化局的主管领导、市场管理和综合执法负责人、执法队员进行了培训。

【加强执法装备配备建设】

根据文化部《关于加强文化市场综合执法装备配备工作的指导意见》，陕西省文化厅对全省综合执法机构人员编制在岗及执法车辆情况进行统计，并对各地市文化市场综合执法机构职数编制及装备配备情况进行摸底，联合陕西省财政厅印发了《关于加强全省文化市场综合执法装备配备工作的通知》，进一步加强和规范文化市场综合执法装备配备工作。

【开展文化市场专项行动】

陕西省文化市场管理工作领导小组办公室对文化市场经营单位随机抽查，对出版物市场、印刷复制企业、互联网上网服务营业场所、游艺娱乐场所、中小学校园周边文化市场环境净化情况、文化市场经营单位消防安全情况进行暗访。全年文化市场综合执法机构共出动检查30.8万人(次)，检查经营单位12.5万家(次)，责令改正5870家(次)，受理举报1159件，立案调查1624件，移交案件117件，办结案件1368件，警告4013家(次)，罚款711万元，责令停业整顿470家(次)，吊销许可证9家，没收违法所得21万元。

全年共举办各类营业性演出2700场，其中大型演出29场，观众人数达96万人（次）。审批涉外、涉

港澳台演出1300余场（次），观众人数49万人（次）。其中大型演出如“陈奕迅西安演唱会”、“王力宏西安演唱会”、“理查德·克莱德曼钢琴音乐会”、朝鲜大型歌舞剧《卖花姑娘》、俄罗斯明星芭蕾舞剧院芭蕾舞剧《天鹅湖》等。新审批演出经纪机构29家，网络文化经营单位12家，中外合资（合作）娱乐企业16家。

【加强文化艺术品市场建设】

一是加大宣传力度，推动陕西艺术品市场诚信体系建设。开展首届陕西省艺术品市场法制宣传周活动，在大唐西市举行了启动仪式，活动期间，陕西省各级文化行政管理部门向广大群众发放宣传资料3000余份，接待咨询200余人（次），省内外多家媒体进行了报道。二是开展艺术品市场调研活动。对陕西省从事艺术品交易、展览、拍卖、制作的13家艺术品经营单位进行调研摸底，走访过程中主要围绕艺术品经营企业发展经营状况、主要业务开展情况、艺术品交易渠道流程、企业发展亟待解决的问题等方面展开，并就艺术品经营单位备案登记工作以及文化行政部门如何规范艺术品市场经营行为、树立诚信经营理念、促进陕西艺术品市场健康繁荣发展等问题进行了热烈的交流讨论，本次调研为探索完善陕西省艺术品市场管理机制、积极引导培育市场规范健康发展提供了科学依据。三是开展艺术品经营单位登记和管理工作。指导全省各市、县（区）文化市场管理部门对辖区内的文物古玩、画廊、艺术品拍卖公司、艺术品展览机构开展深入翔实的调查摸底工作，详细核实各单位经营范围、工商登记注册号、法人代表等信息，组织填写“艺术品经营单位备案登记表”和“艺术品经营单位备案登记备案证明”，建立完善的备案登记制度，切实做好经营单位的备案登记工作。四是认真开展第四批诚信画廊评选工作，推荐2家符合条件的经营单位参加全国评选活动，经文化部评选，陕西书画艺术品交易中心入选全国第四批诚信画廊。

六、对外文化交流渠道加速拓宽，陕西文化影响力增强

【在境外参与主办“中国文化日”相关活动】

在亚美尼亚、阿塞拜疆、格鲁吉亚、土耳其举办了中国文化日暨“彩绘丝路——中国当代著名美术家作品展”活动。此次文化交流系列活动是陕西省按照国家文化外交大局需要参与主办的重要文化交流活动，是政府引导、支持民营文化企业推动我国文化事业繁荣发展，推动中华文化“走出去”的创新之举。中央人民政府网站、新华社等国内主流媒体以及相关国家主流媒体均进行了广泛报道和高度评价。

【全力助推民间文化交流“走出去”】

在法国尼斯凤凰公园举办了李小超大型青铜雕塑展《乡村的记忆》。该雕塑展是陕西省艺术家在欧洲主要国家举办的一次重要的大型展览活动，对支持陕西民间文化交流走向世界，提高陕西文化艺术在欧洲的影响力具有重要意义。

【对外文化商演规模大】

为纪念中日邦交正常化40周年，组织了陕西演艺集团歌舞剧院大型乐舞诗《长安月》剧团赴日演出，在日本40多个城市进行71天68场交流及商业演出，是陕西今年重点对外文化交流项目之一，也是该省近年来规模最大的对外文化商演及交流活动。

【非遗宣传走入国际】

“兵马俑故乡民间艺术精品展”于2012年12月20日至23日在土耳其首都安卡拉参加中土建交40周年暨土耳其第二届文化旅游高峰论坛及博览会，展示了陕西省一批国家级和省级非遗项目。这是继2012土耳其中国文化年陕西“彩绘丝路——中国当代著名美术家作品展”后，中华文化走出去、宣传陕西、加强中土文化交流的又一重大活动。

【对外文化交流广泛】

一是华阴老腔艺术团赴德国参加“中德文化交流年·石荷州国际音乐节”系列演出活动。华阴老腔作为国家级非物质文化遗产项目参加该音乐节，对于配合国家总体文化外交，宣传陕西优秀传统文化，提升陕西文化在国际上的影响力具有重要意义。二是赴美举办2012陕西文化周暨兵马俑故乡风物展，宣传推介陕西优秀文化产业及传统表演项目，展览展示陕西优秀民俗艺术品等。这是陕西省2012年在西方主要国家举办的重要文化交流活动，纽约《世界日报》、《明报》报道了活动盛况，“美国中文网”、“世界新闻网”等对相关活动给予了积极评价。三是应联合国工业发展组织邀请，“古丝绸之路源头——中国陕西图片展”在奥地利联合国工业发展组织总部举办。新华社、光明日报和中国经济报等多家媒体进行了宣传报道。四是组派了陕西省戏曲研究院小梅花秦腔团赴泰国、日本、澳大利亚开展形式多样的文化交流活动。赴泰国参加了文化部第八届“欢乐春节”文化活动，也是陕西省连续第8次参加

"欢乐春节"活动；赴日本新潟参加了庆祝中日邦交正常化40周年交流演出，中国驻日本新潟总领馆、日本新潟市政府发来了感谢信；赴澳大利亚参加了庆祝中澳建交40周年"2012澳大利亚中国艺术节"，澳大利亚总理吉拉德以及中国驻悉尼总领馆发来了贺信。中央人民政府网站以及新华社等进行了报道。

七、文化体制改革稳步推进，改革成效初步显现

【助力陕西演艺集团解决"后发展"问题】

陕西省文化厅积极争取陕西省主要领导对演艺集团发展的关心，在排练场、退休人员医疗保险衔接、提前退休人员的生活补贴等有关问题给予该集团更有力的支持，帮助其轻装上阵。通过设立转制专项资金、文化精品项目专项资金、文化产业扶持资金等方式，帮助集团创作和引进精品剧目。同时，将陕西省重大演出项目积极交由陕西演艺集团承办，凝聚力量、整合资源、做大规模。陕西演艺集团荣获第五批国家文化产业示范基地，陕西"演艺航母"的知名度和美誉度不断提升。

【完善转制扶持政策】

召开了陕西省文化系统文化体制改革工作会议，多次赴各地开展专项督查，督促该省未达到转制"三项标准"的院团完善转企改制相关后续工作，出台相关政策。支持转制院团的发展。加快推进《喜剧世界》、《百花》两个非时政类报刊的转企改制工作。

八、学习贯彻落实十八大精神，扎实推进反腐倡廉，推进机关建设

【认真做好学习宣传贯彻落实工作】

一是认真学习贯彻党的十八和陕西省第十二次党代会精神。陕西省文化厅党组专门印发《通知》，及时召开厅直属系统领导干部大会，学习传达贯彻会议精神，对厅直属系统的学习贯彻作出全面部署。举办厅直属系统学习贯彻党的十八大精神报告会，推动学习贯彻活动深入开展。二是认真做好陕西省文化厅直属系统出席党的十八大、陕西省第十二次党代会、陕西省直机关党代表会议代表推选工作。4名代表出席了陕西省直机关工委党代会，2名代表出席陕西省第十二次党代会，陈彦同志当选十八大代表。三是组织厅直属系统党员干部收看《信仰》、参加周恩义同志先进事迹报告会、观看爱国主义和英模题材的电影、发放有关学习教育资料。

【积极开展党建主题实践活动】

一是扎实推进"三问三解"活动，制订印发了陕西省文化厅领导班子成员和机关干部开展"三问三解"活动安排，在推动文化工作创新、文化惠民促发展和改进机关作风等方面取得了明显成效。双节和"七一"期间，走访慰问了厅直属系统和"两联一包"扶贫点的困难党员、困难群众、老党员共56人次。组织秦腔名家赴绥德县进行文化扶贫专场慰问演出，赴华县图书馆开展"爱心献读者"送温暖活动，捐赠图书共5000余册，光盘30多套。《陕西日报》作了专题报道。二是积极推进厅直属系统全面落实党员公开承诺制和领导干部点评创先争优活动，在窗口单位和服务行业基层党组织和党员中建立"三亮三比三评"制度，推动了陕西文化系统窗口服务单位创先争优活动的深入开展。三是认真做好创先争优活动总结表彰和提升机关精神的考评工作，厅直属系统有3个单位和6名个人分别受到文化部、陕西省直机关工委和陕西省妇联表彰，陕西省文化厅被陕西省直机关工委评为提炼和践行机关精神先进单位。陕西省图书馆被陕西省委、省政府授予"陕西省精神文明单位"和"陕西省先进集体"称号。

【推进厅直属系统基层党组织建设】

一是印发了《关于全省文化系统在创先争优活动中开展"基层组织建设年"的指导方案》，组织开展了陕西省文化系统基层党组织分类定级考核工作。二是加强对厅直属系统基层党组织换届选举工作的指导力度，认真搞好基层党组织换届选举工作，进一步健全了组织。三是对厅直属系统入党积极分子进行集中教育培训，做好党员的发展管理工作，加强省级社团组织和民办非企业单位党组织建设，已有17个社团和民办非企业单位组建了党组织或临时党组织。

【严格推进党风廉政建设和反腐败工作】

一是组织开展了以"扬清风树宗旨，保持党员队伍的纯洁性"为主题的反腐倡廉宣传教育月活动，选拔2名职工参加了陕西省纪委"清风伴我行"演讲比赛，收集全省文化系统"清风伴我行"征文70余篇、反映十三项反腐倡廉制度图片100多张，征集报送了陕西省文化系统创作的廉政剧（节）目、歌曲、相声、诗歌等廉政文化成果15项、图片100余张。驻陕西省文化厅纪检组获"清风伴我行"主题征文活动优秀组织奖和党的十七大以来陕西省廉政文化建设优秀成果评选表彰活动优秀组织奖。组织党员干部观看了《堂堂外表下的真相》、《失德之害——领导干部从政道德警示录》等教育片，组织人员赴榆林、延安、汉中等地进行廉政文化建设专题调研，编审出版了陕西省廉政文艺优秀作品集《清风和韵》，列入陕西省农家书屋配送书目。与陕西省纪委、陕西省监察厅联合举办了陕西省廉政精品剧目巡回演出活动，廉政精品剧目《太尉杨震》、《二万五》共演出22场次，2万余人观看。二是签订《2012年党风廉政建设和反腐败工作责任书》，制定印发《陕西省文化厅廉政风险防控管理工作实施方案》，2012年底对厅直属单位进行了检查考核。对3个厅直属单位进行了财务审计和7名副处级以上干部选拔任用工作进行了全程监督和任前廉政谈话，对其中3名拟任处级领导干部进行了廉政法规考试。排查涉及“吃空饷”问题19人，目前已返回工作岗位11人，完善相关调动或病退等手续2人，辞职（辞退）或解聘6人。认真开展“三项大检查”工作。三是制定了《陕西省文化厅2012—2016年度纪检监察干部培训计划》，举办了学习贯彻陕西省第十二次党代会精神纪检监察干部培训班，召开了厅直系统纪检监察工作会议和全省文化系统纪检监察工作座谈会，对全省文化系统100多名党务和专职纪检监察干部进行了培训。四是加强监督检查工作力度。对重要岗位、重点领域、关键环节和干部选拔任用、人员招聘、职称评定，行政审批和市场执法、政府采购、重点工程、文艺评审评奖等工作进行了全程监督。加大信访举报查处力度，收到信访举报件14件，对违法违纪干部进行了坚决查处，在厅直系统党员干部中起到了警示教育作用。

【加强绩效考核制度和干部人才队伍建设】

一是完成了陕西省文化厅直属单位领导班子的年度实绩考核及厅机关公务员和厅直属单位年度考核、备案及奖励工作。做好机关、厅直属单位领导干部的选拔任用工作。二是举办陕西省文化系统各类专业人才培训班、研讨班20期，培训各类中、高级人员960余人。开展了全省文化系统继续教育新业务。三是修订陕西省群众文化系列、图书资料系列专业技术职务任职资格评审条件，完成了陕西省艺术、群众文化、图书资料系列职称评审工作。开展专家管理推荐和人才流动工作，圆满完成公务员招考录用工作。

【深入开展精神文明创建活动】

一是认真贯彻落实中央和陕西省委关于深入开展学雷锋活动的部署要求，对开展学雷锋活动作了具体安排部署。组织陕西省文化厅直属系统团员青年开展“弘扬雷锋精神，关爱农村儿童，传播优秀文化”纪念五四运动93周年主题实践活动，为蓝田县焦岱镇柳家湾文化小学捐赠图书和体育用品，进行杂技专场慰问演出。二是开展机关体育健身活动，先后组织开展和参加了登山健身比赛、陕西省首届全民健身展示大会。举办了第四届陕西省文化系统干部职工乒乓球赛，参加了陕西省第七届领导干部乒乓球比赛，该厅代表队获得“最佳体育道德风尚代表队”奖。三是组织厅机关部分干部职工参加了陕西省省直机关春季植树造林义务劳动。参与并积极配合陕西省省直机关工委举办省直机关第一届文化艺术节活动，陕西省文化厅荣获优秀组织奖，选送的作品和节目分获一、二、三等奖。

【加强机关建设】

一是修订完善机关办公制度，印发《陕西省文化厅工作手册》，收入规章制度33件，选录参考性文件8件。二是认真做好新闻发布工作，陕西省文化厅荣获陕西省新闻发布工作先进单位，陕西省文化厅新闻发言人、副厅长蒋惠莉荣获陕西省优秀新闻发言人。三是加强信息化建设和省政府门户网站“在线访谈”栏目工作。四是《陕西省志·文化艺术志》编纂工作扎实推进，陕西省文化厅荣获2012年度陕西省地方志工作先进单位。五是制定了陕西省文化厅2012年度调研工作计划和“五五”普法规划，陕西省文化厅荣获2011年度陕西省宣传思想文化调研工作先进单位。六是完成人大建议、政协提案共43件的答复工作。在各类媒体发表宣传信息238篇，在中国文化报刊登稿件133次。编印《文化信息》82期，被陕西省委、省政府采用信息78篇。在文化信息网发布文化要闻96次，政务公开34件。完成了正版电脑软件的安装和医疗保险参保个人身份证信息升级工作。安全保卫综合治理、社团管理、机要保密、信访、法制、后勤服务、劳动就业管理、老干部服务管理等工作有序开展。

甘肃省

一、文化政策和发展规划

2012年，甘肃省委、省政府出台了《关于贯彻党的十七届六中全会精神、进一步加快文化大省建设的意见》、《甘肃省加快文化大省建设的若干政策规定》、《甘肃省“十二五”时期文化改革发展规划纲要》等一系列支持文化发展的政策性文件，为文化事业、文化产业跨越发展提供了政策保障。甘肃省文化厅联合省财政厅出台了《关于加强非物质文化遗产保护工作的实施意见》、《甘肃省非物质文化遗产保护专项资金管理办法》。甘肃省文化厅相继制定出台了《甘肃省文化厅“十二五”时期文化改革发展规划》、《甘肃省文化系统贯彻〈文化部“十二五”时期文化产业倍增计划〉的意见》、《甘肃省文化系统人才队伍建设规划（2011—2015年）》、《关于加强基层文化人才队伍建设的指导意见》、《省直文化单位急需人才培养引进办法》、《甘肃省文化市场综合执法队伍培训规划》等文件，起草了甘肃省舞台艺术创作、专业美术创作、艺术科学研究等3个五年规划，为全省文化改革发展绘就了蓝图，营造了良好的文化政策环境。

二、公共文化服务体系建设

2012年，中央和省级文化事业经费共投入2.91亿元（不含文物），比上年增加9%，公共文化投入不断加大。全省23个地市级图书馆、文化馆、博物馆列入“十二五”全国地市级公共文化设施建设计划，年内已完成投资2000万元。文化建设经费的不断加大，为文化跨越发展提供了有力保障。公共文化服务体系进一步健全。数字图书馆推广工程启动实施，省图书馆、兰州市等6个市级图书馆列入2012年国家数字图书馆推广工程实施计划。争取国家为24个基层文化单位投入改扩建和设备购置资金1300万元。公共电子阅览室建设有序推进，投入资金1169万元，为390个乡镇（社区、街道）的基层服务点更新和补充了2300多台计算机终端设备。积极争取文化部支持，又为全省基层艺术院团配送了27辆流动舞台车，至此，文化部已先后为甘肃省配送了67辆流动舞台车，基本实现了县级院团全覆盖。灾后文化重建工作取得重大进展，陇南市灾后重建整合项目“四馆四中心”主体竣工；甘南州舟曲灾后重建的4个文化项目全面竣工。公共文化服务供给能力进一步提升。全省103个文化馆、100个图书馆、1227个乡镇综合文化站全部实行了免费开放。博物馆免费开放134个，占各级各类博物馆总数的85%。覆盖到行政村的1.6万多个文化信息资源共享工程基层服务站点，利用共享工程设备，广泛开展形式多样、丰富多彩的公共文化服务。金昌市创建全国公共文化服务示范区、兰州市创建全国公共文化服务示范项目取得明显成效，顺利通过文化部、财政部中期评估督查，为全省公共文化服务体系建设提供了经验。

三、舞台艺术创演

2012年，甘肃省艺术创作硕果累累。先后创作演出了大型民族交响《敦煌音画》、话剧《天下第一桥》、秦剧《敦煌恋》等一批优秀剧目，陇剧《苦乐村官》荣获中宣部第十二届精神文明建设“五个一工程”奖，话剧《天下第一桥》入选2011—2012年度国家舞台艺术精品工程资助剧目。艺术科研取得新成就。课题《文化艺术资源数字化管理与实例分析》荣获文化部第四届创新奖，甘肃省两项课题入选国家级项目。各地也创作生产了一批优秀剧目：天水市创编完成舞剧《一画开天》，并演出40余场，社会反响强烈；定西市创排的秦剧《百合花开》入选国家舞台艺术精品工程重点资助剧目，新编大型秦剧《梦回陇西堂》，在中国评剧大剧院成功首演。文化惠民演出更加深入。2012年，全省艺术院团共组织开展“千台大戏送农村”、“送文化下乡”等演出约1.5万场次，极大地丰富了群众文化生活。各地文化行政部门积极创新文化惠民方式，提高文化惠民质量。

四、文化产业发展

2012年，甘肃省文化厅认真贯彻落实国务院《文化产业振兴规划》和《文化部“十二五”时期文化产业倍增计划》，以“三园一带”建设为重点，着力在营造良好政策环境、搭建公共服务平台、破解文化企业融资难、加大推介展示营销力度等方面下功夫，文化产业发展不断加快。指导文化产业园区完善项目规划。征集整理全省文化系统重点文化企业、基地（园区）融资贷款项目，积极争取国家及省上的文化产业发展专项资金，解决融资难和资金不足的问题。积极参加深圳文博会、北京文博会、中国海峡两岸文博会、国际文化产业大会等，全方位展示华夏文明传承创新示范区独特资源禀赋、良好产业基础、项目储备和支持政策，加大招商引资力度。其中在第六届中国西部文化产业博览会上，宣传推介重点文化产业项目14个，达成长期供货协议16项。以网络文化市场、娱乐市场和演出市场为重点，不断加大专项整治与日常监管力度，全省文化市场健康有序发展。甘南羚城藏族文化科技公司、张掖祁连玉文化产业园、兰州创意文化产业园被命名为第五批国家文化产业示范基地；兰州高新区被命名为首批国家级文化与科技融合示范基地（全国仅16家）。2012年，全省文化系统文化产业总产出36

亿元，实现增加值25亿元，文化产业增加值增速达26%以上。

五、文化市场管理

2012年，全省组织开展了文化市场领域社会治安综合治理、安全运营、禁毒、消防等一系列专项整治工作，加强了对演出、艺术品、歌舞娱乐、游艺娱乐、网吧、农村文化市场及校园周边文化娱乐场所的有效监管，确保了全省文化市场的安全平稳运行。甘肃省文化厅联合省上有关部门开展了动漫市场专项整治行动，进一步规范了动漫市场经营秩序。有效利用“综合执法办公系统”、“全国文化市场管理系统”、“12318”文化市场举报热线等，进一步加强了对文化市场的管理。嘉峪关、陇南、临夏等市州在“扫黄打非”、文化市场知识产权保护等系列专项行动中，组织严密，行动迅速，有效遏制了盗版侵权行为。2012年，全省各级文化行政部门共出动执法人员17万余人（次），检查场所8.3万多家（次），受理举报551件，停业整顿589家，取缔、关闭各类违法违规经营场所52家，罚款81余万元，严厉打击了文化市场各类非法经营行为和违法犯罪活动，有效促进了文化市场的安全、有序和健康发展。

六、华夏文明传承创新区建设

甘肃省文化厅积极推进“华夏文明传承创新示范区”建设，配合省委宣传部全面梳理了全省文化资源，筛选出了一批项目，并按照围绕“一带”、建设“三区”、打造“十三板块”的工作思路，开展文化项目的进一步论证储备，不断修改完善总体方案，积极推进示范区的报批工作。与此同时，2012年，省文化厅坚持抢救性保护，着眼于整体性、生产性保护，努力建立文化遗产保护长效机制，使文化遗产保护融入经济发展并促进经济发展。一是文物保护工作有序开展，文物考古项目稳步实施。按照第三次文物普查后续工作要求，推动完成了全省县域范围内的不可移动文物名录公布工作。文物保护单位“四有”工作得到进一步加强，534处省级文物保护单位保护范围和建设控制地带进入实地复核阶段，近期将报请省政府公布。13项全国重点文物保护单位保护规划编制项目获国家文物局立项。二是重点文物保护工程建设进展顺利。敦煌莫高窟保护利用工程中的核心子项目——游客服务中心主体工程竣工并通过验收。开展了玉泉观、瑞安堡、武威文庙、大像山石窟、许三湾城及墓群防洪等文物保护维修工程，武威天梯山石窟壁画保护修复工程通过阶段性验收。三是着力做好国家级非物质文化遗产名录项目的保护工作。对全省61个国家级项目进行了全面检查，对工作中的薄弱环节进行了全面整改，完成了国家级名录的资金申报工作。四是召开了全省古籍保护工作会议，安排部署了今年的古籍保护工作任务，表彰了古籍普查先进集体和个人。五是进一步加大非物质文化遗产保护宣传力度。在“文化遗产日”期间，全省各地广泛开展了以“文化遗产与文化繁荣”为主题的宣传活动。

七、文化活动举办

一年来，全省文化系统配合有关部门组织举办了全球文化产业大会、敦煌行·丝绸之路国际旅游节、兰洽会等一系列大型活动，参与人数、产生影响力等均创新高，其中甘肃省公祭伏羲大典有来自23个国家和地区的86个世界华人社团的组织代表、1万多名华侨华人参加公祭仪式。成功举办了第六届中国秦腔艺术节，西北五省（自治区）新创排的10台风格各异的优秀秦腔剧目在兰州演出，展示了近年来秦腔艺术创作的最新成就。第八届“艺海流金”对港澳大型文化交流活动历时7天，来自港澳特区的100余位文化艺术界知名人士先后赴兰州、嘉峪关、敦煌、阿克塞等地进行参观访问、对口交流，加深了甘肃与港澳文化界之间的相互了解。组织艺术团圆满完成了赴泰国执行文化部“欢乐春节”、赴意大利和巴林执行中国侨联“亲情中华”的演出任务。《敦煌韵》剧组、民族交响乐《敦煌音画》剧组赴澳门、香港进行了演出。舞剧《丝路花雨》剧组赴日本参加“中日国民交流友好年”中方开幕式演出，获得广泛好评；敦煌艺术大展作为土耳其中国文化年的压轴活动，通过展览、演出、论坛等活动，全方位、深层次展示了敦煌文化的博大精深。大型乐舞《敦煌韵》参加阿塞拜疆、格鲁吉亚“中国文化日”活动，获得圆满成功。庆阳环县道情皮影艺术团赴韩国参加亚太地区非物质文化遗产节，收到了很好的宣传推介效果。全省各地还组织举办了独具特色、弘扬主旋律的大型文化活动，品牌效应日益显现。如武威天马旅游文化节、庆阳香包民俗文化节、平凉崆峒文化旅游节、甘南香巴拉旅游文化节等，规模宏大，影响深远。

八、文化人才队伍建设

2012年，省文化厅积极实施文化系统人才队伍建设五年规划，实施省直院团精品剧目领衔主演B、C角色培养项目，积极推荐上报省“四个一批”人选，不断加大对高层次领军人物、文化企业家和拔尖创新人才、基层文化人才的培养力度。举办了全省原生态民歌歌手选拔赛、书画作品展等，并积极组织推荐省内优秀作品及专业人员参加各类国家级和大区间举办的艺术评比和赛事，全省有30多人（次）参赛并有10余人（次）获得了不同的奖项，为专业人才脱颖而出提供了机会。选拔1044名大学生担任乡镇综合文化站专干，基层文化队伍不断壮大，素质层次不断提升。文化队伍培训工作不断加强，申请设立全省农村实用文化人才高级职称研修班，选送多人参加了文化部、省委党校、行政学院等举办的各类培训班。平凉市大力加强基层文化队伍建设，为102个乡镇综合文化站配备文化专干204名，为已建成的文化信息资源共享工程村级服务点落实兼职管理员1516名，初步实现了“场地、人员、经费、活动”四落实。

九、文化体制改革

2012年，省文化厅按照文化部和省委、省政府的要求，加快文化体制改革步伐，实行文化体制改革“一把手工程”，圆满完成了改革任务。一是全省国有文艺院团体制改革全面完成。全省79家国有文艺演出院团中保留事业体制7家、划转3家、撤销6家，转制为企业63家，注销事业法人72家，核销事业编制数2826个。在全国国有文艺院团体制改革经验总结交流会议上，甘肃省3个市州、5个单位、7名个人受到通报表扬。二是文化市场综合执法改革和综合行政责任主体组建工作全面完成。全省14个市州、86个县区全部完成文化行政责任主体合并，全部组建了文化市场综合执法机构。三是文化事业单位内部改革继续深入。全省图书馆、文化馆、博物馆等公益性文化事业单位积极做好单位内部人事、收入分配和社会保障制度改革的准备工作，管理水平和服务效率显著提高。

十、“联村联户、为民富民”工作

双联工作开展以来，甘肃省文化厅党组高度重视，迅速行动，成立了5个帮扶小组，分12个批（次），深入帮扶村和帮扶户有针对性地开展帮扶工作。在认真细致摸底调查的基础上，针对制约5个村发展的基础设施建设问题，如路、桥、水、危房改造等，帮助制定了初步规划，积极向有关部门进行了衔接沟通，争取早日列入建设计划。同时因村制宜，引导、帮助村民谋划富民产业，寻找发展出路。在双联工作中，文化系统干部真心扶贫帮困，真诚为群众排忧解困。7月，环县遭遇罕见雹灾后，厅机关和省直部分文化单位干部为困难群众捐款资金10万余元，帮助受灾群众恢复农业生产；对因病致贫和因供养大学生致贫的特困家庭，帮扶干部建立互助小组，捐助资金3万元。经多方联系，协调上海“杨德广助学帮困基金”提供100万元资金，分5年解决5个村小学生中午就餐问题。2012年扶助的20万元学生午餐费用已经落实到位。在双联工作中，省文化厅还发挥自身优势，突出文化帮扶特色，把文化建设作为帮扶的重要内容。筹集资金20万元，帮助5个贫困村建成了5所村文化活动室，捐献各种科普图书7000余册、农业科技知识讲座光盘1000余张；在环县八珠乡白塬村建成了甘肃省舞台艺术创作生活采风基地和甘肃省专业美术创作生活采风基地；在帮扶村规划建设了3个文化广场。同时，还组织省直8个专业艺术院团，赴全省34个村镇送文化下乡演出75场（次），观众达150万人（次）。

十一、效能风暴行动

效能风暴行动开展以来，甘肃省文化厅党组以鲜明的态度、坚决的行动、有效的措施，深入贯彻省委、省政府决策部署，紧紧围绕“五大攻坚战”任务目标，开展了一系列扎实有效的工作。首先，从厅领导班子层面提高思想认识入手，加强学习，周密部署，为效能风暴行动顺利开展提供思想保障和组织保障。制定了《省文化厅党组效能风暴行动实施方案》，提出了“工作效率明显提高、服务态度明显好转、办事透明度明显增加、行政行为明显规范、文化行业形象明显提升”五大目标，明确了6个方面的基本任务和16项重点工作，并逐项分工，明确了牵头处室和协作处室。研究制定了《甘肃省文化厅效能风暴行动民主评议机关作风和政风行风工作方案》，将28个机关处室和行政执法单位、窗口服务单位确定为重点评议对象，将15个省直文艺院团和其他省直文化单位列为一般评议对象，确保工作重点突出。其次，以查找问题为重点，创新载体，深入自查，为效能风暴行动深入开展理清思路。采取组织系统内部深入查、自觉接受省效能监督员（民评代表）监督查、聘请厅效能监督员（民评代表）帮助查、发动社会力量广泛查、组织专门力量重点查、召开工作质询会互动查、拓展活动载体有效查等多种方式，查找出了存在的问题和症结。再次，以解决问题为最终目的，落实责任，确保突出问题有效整改。研究制定了《效能风暴行动整改落实方案》、《民主评议机关作风和政风行风整改方案》，提出了具体整改措施，将整改责任落实到岗、落实到人，确保每项整改措施都有领导管、有处室抓、有人员办，使突出问题得到了有效整改，机关行政效能有了较大的提升。在年底省民评组组织的民主测评中，省文化厅效能风暴行动群众满意度达到90%。各地文化行政部门，也按照当地党委的统一部署，深入开展了效能风暴行动，取得了显著成效。

青海省

2012年，省文化新闻出版厅深入学习贯彻落实党的十七届六中全会、省十二次党代会和党的十八大精神，紧紧围绕“文化名省”建设目标，科学实施“十二五”文化发展规划，全力推进文化建设“八大工程”，谋发展、抓重点、促改革、求创新，各项工作取得新成效。

一、公共文化服务体系建设

累计投入资金3亿元，大力实施公共文化基础设施建设重点项目，公共文化服务基础更加坚实。落实农村文化建设资金3168万元，按每村1万元补助，基本解决了基层文化活动经费。乡镇文化站建设工程，投资1000万元，向100个文化站配发了音响设备、演出服、乐器、图书、影视光盘和文体活动器材。89个文化站的设备正在采购中。文化信息资源共享工程，投资1140万元，启动实施地方文献家谱数据库建设和青海地方特色资源、红色历史文化资源库建设项目。农（牧）家书屋工程，投入资金1124万元，向562个书屋配发了图书和书架，实现了全省覆盖。少数民族新闻出版“东风工程”，投资6545万元，为青海民族出版社、《党的生活》杂志社、《青海日报》社以及藏族聚居区6州报社配备了采编信息化设备，为果洛、海西州报社配备印刷设备，对21个藏族聚居区县级新华书店业务用房进行改造，为藏族聚居区33个县级新华书店配备流动售书车。数字图书馆建设工程，下达资金840万元，实施省图书馆和西宁、海南、海西、海北、果洛等地的建设任务。电子阅览室建设工程，落实建设资金355万元，建设电子阅览室115个，超计划52家。文化进村入户工程，下达资金2000万元，为421个行政村（业余演出队）配发开展文化活动的服装、乐器、音响等文化设备器材。此外，投资1000万元，实施公共图书馆配发工程，为西宁市、海东、海西等地区州、县图书馆购置图书、书架、报刊架、阅览桌等设备。

落实博物馆（纪念馆）、图书馆、文化馆（站）免费开放专项资金6620万元，全省44个图书馆、51个文化馆、353个乡镇文化站全部免费开放。省博物馆推出新展览30多个、外展项目3个，常设《江河源文明展》和《青海非物质文化遗产展》，年接待观众35万人（次）。目前，文化厅正在策划省博物馆改陈方案，拟增设以大美青海为主题的展览适应观众的需求。省图书馆图书总流通68.6万册（次），举办讲座32个，展览10个，读者到馆达30万人（次）。省文化馆举办培训、演出活动300余次，西北五省(自治区)大型“花儿”演唱会在西北地区产生广泛影响，群文演出在青岛、湖北反响良好。

二、艺术生产

《青海省“十二五”舞台艺术创作规划》颁布实施。话剧《春回玉树》、舞蹈诗剧《风从青海来》等一批作品相继创作上演，《藏羚羊》入选国家舞台艺术精品工程重点剧目，《热贡神韵》、《玉树不会忘记》获国家舞台艺术精品工程资助剧目，《藏羚羊》、《热贡神韵》双获第四届全国少数民族文艺汇演剧目金奖。省演艺集团有限责任公司组建后，计划创作、修改剧目6台，其中，《风从青海来》参加了十八大献礼演出并在青海大剧院演出两场，受到好评；市场化运作剧目《藏舞京典》自12月8日在青海大剧院演出后，陆续在上海、杭州等9个城市巡演；音乐剧《王洛宾》、旅游主题晚会《大美青海》正在策划、创作中；广泛开展“三下乡”活动，组织省直院团完成元旦、春节送戏下乡及新春团拜会、茶话会等各类演出76场。省民族语动漫发展中心推出的动漫形象的部分衍生品已投放市场，受到广大少年儿童的喜爱。支持、指导西宁、海东、海南等地举办非物质文化遗产作品展、书画展、元宵灯展、焰火晚会等大型文化活动和贵德梨花节、民和桃花节等各类基层文化节庆活动，提升了群众文化活动的质量和水平。全省社区、农村歌舞队、业余剧团、曲艺队、皮影社、文化中心户、文化大院等利用配发的文化设备，开展了不同形式的群众文化活动，丰富了基层群众的精神文化生活。2012年，全省艺术院团共完成演出场次1782场，观众人数247万人(次)，经济收入655.9万元。其中，省直院团完成场次668场（下乡、下基层演出430场），观众人数100万人

(次)，经济收入528.5万元。

三、文化产业

下达文化产业扶持资金5000万元，扶持小微企业发展。召开全省文化产业政策措施解读辅导暨招商引资工作会议。与建设银行青海省分行、中国银行青海省分行签署了金融支持文化产业战略合作协议，国开行、农行、建行、中行等各银行已累计发放文化产业贷款超过25.55亿元。筹资155万元，对17家文化产业发展先进单位进行了表彰。组团参加第八届深圳文博会、第六届西部文博会、第22届全国图书交易博览会、北京文化创意产业博览会等展会活动，产品销售收入1000多万元，订货、签约金额3000多万元。青洽会上，文化类招商引资项目签约金额3.2亿元，青海民族文化展销售收入达125万元，意向性签约及订货金额136万元。据统计，目前全省文化产业单位达7198个，从业人员89335人，文化产业增加值29.45亿元，占同期生产总值的1.81%，同比增长0.15个百分点。在国家发布的2012中国省市文化产业发展指数及中国文化消费评价指标体系中，我省文化产业生产力指数居全国第九位。

加快文化园区建设。制定文化园区建设年度推进计划，“十二五”规划建设的27个园区中2012年已开工建设17个，累计投资10.2亿元。其中，海南州藏文化创意产业园完成投资2.6亿元；海北州民族音乐城完成投资1.5亿元；西宁生物园区博物馆群建设完成投资3.2亿元；塔尔寺文化旅游景区提升工程完成投资1亿元；西宁城南文化产业集聚区落实建设资金3000余万元，土地出让、整体布局规划、建设方案设计等工作正在抓紧进行。

四、文化市场

认真开展“两节”、“两会”期间和“十八大”前文化市场专项整治行动。通过网吧技术监管平台发布“净化网络文化环境”、“保护未成年人身心健康”等警示宣传信息300余万次。开展了省内艺术品市场网上备案工作，共200余家艺术品经营单位进行了网上备案，强化了艺术品市场的管理。审批涉外、涉台演出5次。完成了全省文化市场经营单位的年检备案工作。严厉打击政治性非法出版物，特别是宣扬“藏独”的反动出版物及宣传品，全省共出动执法人员近4.5万人（次），检查文化市场经营单位29493余家（次），查处违规经营单位1517家（次），查缴各类非法出版物及宣传品108070件，其中，涉藏、涉疆、“法轮功”等政治性反动出版物25970件、反动宣传品9890件，各类非法宗教宣传品6660件，淫秽色情出版物16190余件，侵权盗版出版物45600件，非法报纸期刊6610余件，删除网络有害信息1944条，取缔非法经营点91个。立案查处“藏独”反动出版物及宣传品案件6起，鼓吹宣扬“三股势力”图书案件1起，盗版盗印图书案件1起，销售淫秽色情光盘案件1起，网络传播淫秽色情信息案件1起。积极推进政府机关软件正版化，落实采购资金592万元，提前完成了省级机关软件正版化工作。精心组织开展了“2012年保护知识产权宣传周”活动，集中销毁13.5万件侵权盗版及各类非法出版物，发放各类法律法规、宣传海报等资料5000余份。

五、文化遗产保护

投入资金1.2亿元，加大文化遗产保护工作力度。完成第三次全国文物普查和明长城资源调查工作，编撰出版了《青海省第三次全国文物普查工作报告》、《青海省明长城调查报告》。大遗址、明长城等多处重点维修、保护设施工程相继启动，青海喇家国家考古遗址公园项目正式启动。玉树地震灾后文物抢救保护投入资金5亿元，藏娘佛塔及桑周寺、新寨嘉那嘛呢震后文物本体抢险修缮工程、贝大日如来佛石窟寺及勒巴沟摩崖危岩体抢险加固工程等3处全国重点文物保护单位抢救保护工程全面完成。44处省级及以下文物保护工程中37处全面完成，7处部分完成。对实施异地迁建的群则寺等，严格依照规定履行审批程序。灾后文物抢救保护工程完成90%以上。《青海藏区文物事业发展规划》经国家文物局正式批准立项。

非物质文化遗产保护工作持续推进。启动“寻根行动——全省非遗资源再调查”工作，对西宁、海东及海晏、兴海、都兰、尖扎4个牧业县进行调查。截至目前，13个县的田野调查、第一手资料的采集已进行完毕，正在进行图文编辑、文字整理和编纂校对工作。全年共落实中央专项补助资金3166万元，省级专项补助资金400万元，实现了省级非遗项目保护专项补助资金为零的突破。规范整理国家级、省级非遗项目和代表性传承人的文本、图片、视频档案，建立了正规的档案管理平台。组织我省28位传承人、33位民间艺人，分别参加了“中国非物质文化遗产生产性保护成果大展”、“西部非物质文化遗产展”、“第二届中国非物质文化遗产博览会”等活动。邀请浙江、江苏、陕西3省9个非遗项目参加第五届青海国际唐卡艺术与文化遗产博览会。四次展会累计参观人数超过45万人次，实现销售收入19.3万元，签约订单830万元，社会效益与经济效益取得双丰收。开展丰富多彩的“文化遗产日”宣传活动。组织热贡艺术(唐卡、堆绣)、湟中堆绣、贵南藏绣、河湟皮影、湟中银铜器制作及鎏金技艺、陈家滩木雕技艺等7个传统美术、传统技艺类项目的传承人、民间艺人在中心广场进行现场技艺演示。《青海省非物质文化遗产名录图典》正式出版，对全省64项国家级和86项省级项目进行系统介绍。

六、对外文化交流

全年共开展对外文化交流项目9批（次），出访人员达170人（次）。受文化部委派，黄南州民族歌舞团圆满完成赴泰国“欢乐春节”演出任务。由省政府主办的菲律宾“青海文化周”在马尼拉市、伊洛伊洛市隆重举行，具有青海多元民族文化特色的歌舞节目和青海民族民间文化展览，受到各界华人组织领袖和民众的极高赞誉。省文化馆组团赴台湾参加“青台两地少数民族文化探讨及传承研究会”活动。“纪念4·14玉树地震2周年工艺美术品、书法、摄影展”圆满举行，展出了反映玉树灾后文化重建及弘扬抗震救灾精神的刺绣、农民画、黑陶、掐丝唐卡、摄影等13个品种140余件（幅）展品。“大美青海韩国行”展览、演出活动受到好评，后续活动正在筹备中。文化厅被文化部评为2011年度全国对外文化交流工作先进单位，受到表彰。第五届青海国际水与生命音乐之旅——2012世界防治荒漠化和干旱日主题音乐会成功举办，内蒙古民族歌舞剧院青年合唱团、中央少年广播合唱团、青海省民族歌舞剧院交响乐团及青海师范大学合唱团等260多人参加了演出。第五届青海国际唐卡艺术与文化遗产博览会，以“弘扬民族文化、壮大文化产业、建设文化名省”为主题，推出4大版块16项主题活动，销售收入116.1万元，订单107万元，签约文化产业项目11个，签约2.15亿元，近10万人次参观展览、参与各项活动。

七、文化体制改革

坚持以改革促发展，用发展的办法解决改革中出现的问题。巩固公益性文化事业单位岗位设置管理成果，继续深化事业单位内部劳动人事、收入分配、社会保障制度改革，提高活力和效率，改进服务水平。继续深化经营性文化出版单位改革，省文物商店划归省博物馆管理，省江河电子出版社划归省外文书店管理，省江河源文化开发总公司并入省演艺集团，理顺了职能，整合了资源。组建了青海省演艺集团有限责任公司。改革中，青海省把政策保障摆在突出位置，针对转制院团的特殊性，千方百计在人、财、物等方面给予更大的优惠，支持真转、真改，改革平稳、有序，思想工作做在先，做到了队伍不散，人心不乱，各项工作有序开展。改革期间，省直院团共演出668场，在基层演出430场，实现收入528.5万元。目前，演艺集团已完成工商登记，转入正常工作。西宁市属院团的改革工作顺利推进。全省首批13家非时政类报刊出版单位改制工作全部完成，第二批非时政类报刊出版单位改革方案已上报总署待批。全省文化市场综合执法改革工作已全面完成。

八、文化人才培养

队伍建设力度不断加大。举办青海省推进软件正版化工作培训班、全省基层文化系统高层次人才培训班、青海省经济转型期文化产业创新培训班、寻根行动——全省非遗资源再调查培训班、玉树灾后重建非物质文化遗产保护培训班、全国网络文化市场管理业务培训班等60个培训班，培训各类文化人才3800多人次。省民族语动漫发展中心主任张景元同志被评为2011年度青海省优秀专家，省文物考古研究所党支部和省文化馆党委书记桑太本、厅机关党委专职副书记余义生同志被评为全国文化文物系统先进基层党组织、优秀共产党员和优秀党务工作者，果洛州文体局文化科、尖扎县文管所及玉树文管所索南旦周同志被评为全国文物系统先进集体和先进工作者。

九、党建工作

党建工作不断扎实开展。坚持以厅党组中心组学习带动厅系统领导干部的学习，尤其是党的十八大、省第十二次党代会召开后，迅速掀起了学习贯彻会议精神的热潮。全年组织中心学习组集中学习15次。召开了厅系统建党91周年暨创先争优活动总结表彰大会，对5个先进基层党组织、25名优秀共产党员和5名优秀党务工作者进行了表彰。在新一轮“基层组织建设年”活动中，厅系统各级党组织迅速行动，并根据各自的行业特点，开展了各具特色的党建品牌创建活动。厅领导多次深入到定点扶贫村同仁县年都呼乡郭么日村开展结对帮扶工作、看望慰问困难村民，送去了价值3万余元的面粉、化肥、青油、图书、报架、书柜等物品。同时，厅机关、厅直各单位党支部为22户帮扶对象每户送去慰问金1000元，解决了贫困户的实际困难，受到了当地干部群众的广泛好评。在“党政军企”共建示范村活动中，筹措资金60余万元，为化隆县昂思多镇白土庄村修建文化广场、篮球场、村大门等项目，购置配发了篮球架、健身器材等文体器材，积极扶持该村文艺演出队，为他们购置服装、乐器及音响设备等。

宁夏回族自治区

2012年，宁夏回族自治区文化厅认真贯彻落实党的十八大和自治区第十一次党代会精神，围绕建设和谐富裕新宁夏、与全国同步进入全面小康社会的总目标，按照“高举旗帜、围绕大局、服务人民、改革创新”的总要求，切实发挥文化在推动科学发展、维护社会稳定、保障改善民生等方面的职能作用，以建设社会主义核心价值体系为根本，以开展“文化民生提升年”活动为载体，大力实施文化强区战略，全面繁荣文化事业，做强做大文化产业，强化系统自身建设保障，推动文化改革发展迈出新的步伐。

一、九项特色亮点工作

一是文艺精品创作硕果盈枝。舞剧《花儿》荣获“五个一工程奖”，入选2012宁夏十大新闻，填补了6年来宁夏舞台艺术在该奖项的空白；话剧《工会主席》受到原全国人大常委会副委员长王兆国高度评价，荣获中国戏剧文化奖话剧金狮奖；秦腔现代剧《花儿声声》入选2011—2012年国家舞台艺术精品工程、荣获西北五省（自治区）秦腔艺术节剧目金奖。全年有19部剧目和书法、美术、摄影作品获得国家级奖项24个。二是文化民生工程普惠城乡。宁夏大剧院、宁夏艺术学校新校区工程接近尾声。文化民生计划全面超额完成，广场文化和送戏下乡演出3190场，新建、维修、改造市县文化馆、图书馆、乡镇综合文化站36个，扶持建设公共电子阅览室176个，扶持村文化室、民间优秀文艺团队、文化示范户（大院）260个。宁夏博物馆跻身国家一级博物馆行列。宁夏成为全国乡镇文化站评估定级4个试点省区之一，2个县级支中心、1个基层服务店荣获“全国文化信息资源共享工程·公共电子阅览室示范点”，1人荣获“文化共享之星”。三是品牌活动影响日益扩大。第四届中国（宁夏）国际文化艺术旅游博览会高质量举办，开幕式“感恩母亲河”等6大板块15项活动反响热烈，共有16个国家、6个国家部委和28个兄弟省（自治区、直辖市）及港澳台地区参加，参会嘉宾达8000余人。展会市场化运作程度进一步提高，招商引资签约项目38个，协议资金207亿元，超出上届75亿元，创历史之最。四是文化产业跨越发展。宁夏文化产业投融资有限公司挂牌组建，融资平台和战略投资主体作用有效发挥。宁夏首个国家级文化产业试验园区落户石嘴山市，新创2个国家级文化产业示范基地，动漫形象“小哈家族”荣膺“中国十大卡通形象”大奖。成功举办首届中阿文化产业发展合作论坛，与苏丹、埃及、阿尔及利亚3国签署文化产业合作协议，有力助推内陆开放型经济试验区建设。五是演艺院团改革全面完成。宁夏连续两年被评为“全国文化体制改革工作先进地区”，在2012年全国文化体制改革工作表彰大会和国有文艺院团体制改革经验总结交流视频会议上作经验交流，并作为全国7个先进省（自治区）之一，与6个市县、10个单位和15名同志受到表彰和通报表扬。《人民日报》以《永不谢幕的“大篷车”》为题在头版头条深度报道宁夏话剧公司“送戏下乡”等改革发展事迹，有力地提升了宁夏文化知名度和美誉度。六是文化遗产保护开创新局面。西夏陵、丝绸之路（宁夏段）首次双双入选《中国世界文化遗产预备名单》。全区行业博物馆总数达到72座，实现了每10万人拥有一座的目标。申报入选第四批国家级非物质文化遗产代表性项目名录3项。长城保护工作受到全国政协副主席陈奎元及调研组的肯定。七是人才队伍建设持续加强。开展大规模干部和人才教育培训，坚持把名师大家“请进来”讲学，把业务干部“送出去”学习，把基层骨干“调上来”集训，把专业人员“派下去”辅导，把文艺人才“推上台”锻炼，让系统全员“常上网”充电，全面提高各级文化工作者和文艺骨干业务能力。为厅属事业单位招考录用工作人员18名，其中硕士研究生8名，进一步改善了文化人才队伍的知识、专业和年龄结构。八是对外文化交流更加活跃。2012年共有18个文化团体、非物质文化遗产传承人、相关文化企业赴10余个国家访演、展览；共有20个国家、地区及国际组织应邀来宁开展文化商品展览、经济合作、艺术交流研讨等活动，为历年之最。文化央地合作圆满完成“中国·毛里求斯文化合作年”承办任务，赴塞舌尔执行“欢乐春节”访演任务受到文化部外联局通报表彰。九是政策机制保障再续新篇。《宁夏文化产业发展“十二五”规划》经自治区政府

批准公布实施，舞台艺术精品创作五年规划、文物博物馆事业“十二五”发展规划发布实施。制定自治区舞台艺术精品创作工程项目管理暂行办法、舞台艺术“文华奖”评奖暂行办法等，全区艺术创作生产论证、评估体系和激励机制进一步健全。

二、艺术创作生产

【新剧（节）目创演】

新创排话剧《沟底村移民纪事》、秦腔《花儿声声》、京剧《萧关道》、音乐剧《西夏之恋》等剧（节）目8部（台）。宁夏艺术学校与西夏横城旅游公司校企合作成功打造文化旅游剧目，开辟了艺术作品创作生产新路子。全国民族团结进步创建活动经验交流会专场歌舞晚会《和谐中华》、2012中国（宁夏）黄河善谷慈善博览会开幕式暨颁奖晚会《黄河善谷大爱华夏》、2012宁洽会暨第三届中阿经贸论坛大型文艺晚会《四海之约》、《黄河金岸》交响音乐会、大型京剧晚会《国粹飘香美宁夏》等受到各级领导和观众的一致好评。

【原精品剧目打磨提升】

打磨提升《花儿》、《月上贺兰》、《回乡婚礼》《庄妃与多尔衮》、《红色堡垒》等优秀原剧目7部。《花儿》荣获中宣部第十二届精神文明建设“五个一工程奖”，《月上贺兰》荣获第四届全国少数民族文艺会演剧目及表演金奖。

【文艺院团进景区】

有9家文艺院团（学校）与11个旅游景区（景点）签署“文艺院团进景区”合作协议，自治区文化厅与旅游局签署了《关于我区演艺旅游项目合作开发框架协议》，开创了文化旅游发展新局面。2012年全区艺术院团进景区演出553场。

三、群众文化活动

【第四届中国（宁夏）国际文化艺术旅游博览会暨第二届感恩母亲河活动】

2012年5月13日，由文化部、国家民委、国家广电总局、国家新闻出版总署、国家旅游局、中国人民对外友好协会、水利部黄河水利委员会与自治区政府共同主办的第四届中国（宁夏）国际文化艺术旅游博览会暨感恩母亲河活动开幕式，在青铜峡金沙湾中华黄河坛隆重举行。全国政协副主席陈奎元，全国政协文史和学习委员会副主任陈光林，全国政协常委、中国思想政治工作研究会常务副会长、中宣部原副部长高俊良，文化部党组成员、部长助理高树勋，水利部原部长、中华环保联合会名誉主席杨振怀，水利部原副部长张春园，水利部黄河水利委员会原主任亢崇仁等出席开幕式。自治区领导张毅、王正伟、项宗西、崔波、蔡国英、昌业廷、马秀芬、屈冬玉、马国权、蔡万源参加开幕式。陈奎元副主席宣布第四届中国（宁夏）国际文化艺术旅游博览会暨感恩母亲河活动开幕。自治区党委书记张毅在开幕式上向青少年代表颁发成人纪念册。自治区主席王正伟，文化部党组成员、部长助理高树勋分别在开幕式上致辞。自治区副主席屈冬玉主持开幕式。本届文博会共举办了6大板块15项活动，邀请16个国家、6个国家部委和28个兄弟省（自治区、直辖市）及港澳台地区参加，参会嘉宾达8000余人，集中展示了宁夏深厚的文化底蕴和独特的文化魅力。

【第十届中国西部民歌（花儿）歌会】

2012年8月23日晚，第十届中国西部民歌（花儿）歌会开幕式在永宁县中华回乡文化园隆重举行，来自西部12个省（自治区、直辖市）以及新疆生产建设兵团代表队的近200名歌手，以歌传情、以歌会友，与现场近万名观众共同唱响中华民族大团结主旋律。自治区主席王正伟寄语本届歌会：“中国西部民歌（花儿）歌会自举办以来，规模、层次、影响力不断扩大，水平不断提高，组织的越来越好，已经成为显示西部民歌发展水平的盛会。希望今后能再上新台阶，为宁夏乃至全国的文化大繁荣、大发展增添新的光彩，祝本届歌会取得圆满成功！”自治区领导蔡国英、冯炯华、屈冬玉、安纯人出席开幕式。自治区党委常委、宣传部部长蔡国英宣布第十届中国西部民歌（花儿）歌会开幕。经过在3天的比赛，最终17名（组）歌手摘取本届歌会金奖，19名（组）歌手摘取银奖，24名（组）歌手摘取铜奖，另有12名（组）歌手获“传承贡献奖”。宁夏共获得金奖、传承贡献奖、优秀组织奖4项。

【2012宁洽会暨第三届中阿经贸论坛大型文艺晚会】

2012年9月11日晚，由商务部、中国国际贸易促进会和宁夏回族自治区政府主办，宁夏回族自治区文化厅、商务厅、博览局承办的2012宁洽会暨第三届中阿经贸论坛大型文艺晚会《四海之约》在宁夏人民会堂隆重上演。中非共和国总统、密克罗尼西亚总统、巴布亚新几内亚总理、摩洛哥众议院第一副议长、牙利共和国国会副主席、科摩罗前总统、约旦前首相等外国元首级嘉宾，有关驻华使节、外国商协会代表；全国政协人口资源环境委员会副主任任启兴，自治区领导刘慧、蔡国英、傅兴国、袁家军、冯炯华、张小素、刘天贵、李锐、李彦凯、李淑芬、马国权、袁汉民、陶源、张乐琴、武警宁夏总队总队长蔡万源出席晚会。

【2012中国·宁夏石嘴山“荷花风韵”中老年回族舞蹈展演】

2012年9月24日，由自治区党委宣传部、中国舞蹈家协会、宁夏文联、文化厅、石嘴山市委、政府主办，石嘴山市委宣传部、宁夏舞蹈家协会承办的2012中国·宁夏石嘴山“荷花风韵”中老年回族舞蹈展演在石嘴山市和平广场隆重开幕。中央民族大学艺术学院原院长、中国少数民族舞蹈学会会长、马跃教授，中国舞蹈家协会李甲芹副秘书长，宁夏文化厅、文联和石嘴山市领导出席开幕仪式。此次大赛由来自青海、甘肃等省（自治区）的20多个中老年艺术团参赛。经过激烈角逐，宁夏石嘴山市文化馆选送的舞蹈《红舞鞋》获作品一等奖，银川市文化馆选送的舞蹈《踏响舞韵》获表演一等奖；青海省文化馆选送的舞蹈《追梦花儿》获编导一等奖。

【2012中国西部国际艺术双年展】

2012年10月12日，由宁夏回族自治区人民政府主办的“2012中国西部国际艺术双年展”在银川举办。展览吸引了来自12个国家的30位著名艺术家携作品参展。展出作品涵盖了当代艺术所有的表现形式，集绘画、雕塑、摄影、装置、影响为一体，成为国内最为专业的当代艺术大展。艺术家们使用各种不同材料、通过当代艺术独特的表现形式进行创作，让观众欣赏到不同风格特点的当代艺术作品。

【第二届“黄河大合唱”合唱邀请赛】

2012年10月18日，由第四届中国（宁夏）国际文化艺术旅游博览会组委会主办，文化部艺术司、自治区文化厅、石嘴山市人民政府承办，中国合唱协会协办的第二届“黄河大合唱”合唱邀请赛在宁夏石嘴山市开幕。来自全国25支代表队的1000余名选手欢聚一堂，共同唱响祖国颂歌。文化部党组成员董伟，自治区党委常委、宣传部部长蔡国英，自治区副主席姚爱兴，自治区政协副主席安纯人，石嘴山市委书记彭友东，代市长王永耀等领导出席开幕式。蔡国英宣布第二届“黄河大合唱”合唱邀请赛开幕。董伟为第四批国家级文化产业试验区——星海湖文化产业园授牌。自治区文化厅与石嘴山市人民政府签订了文化建设合作框架协议。

【喜迎十八大群众优秀文艺节目调演】

2012年8月至9月，自治区党委宣传部牵头在全区广泛开展群众文艺节目调演活动，通过县（区）展演、市级会演、市际交流演出、全区集中调演、优秀节目汇报演出5个环节，选拔全区优秀群众文艺节目。本次调演历时两个月，全区22个县（市、区）共安排演出专场36场，演出节目441个，观众达近20万人次，进一步活跃和丰富了群众文化生活，在全区上下营造了迎接党的十八大胜利召开的喜庆氛围。经过24位专家评委和60名大众评委认真评审，从74个选拔出的节目中评选出了音乐、舞蹈、曲艺小品和戏曲4大类38个获奖节目，7个节目获一等奖。9月28日晚，宁夏群众优秀文艺节目调演汇报演出暨颁奖晚会在宁夏人民会堂举行。自治区领导崔波、冯炯华、姚爱兴、安纯人出席颁奖晚会并观看演出。

四、文化惠民工程

【文化民生实事】

2012年，宁夏回族自治区10项民生计划为民办30件实事确定由文化厅牵头实施的6个方面的任务全面超额完成。其中：建设社区、街道文化中心公共电子阅览室176个，超额完成340%；扶持社区文化中心（文化活动室）、村文化室、民间优秀文艺团队、文化示范户（大院）260个，超额完成18.6%，其中生态移民村58个；培训基层文艺骨干和非物质文化遗产传承人1200人次，超额完成20%；送戏进农村、进社区、进校园、进军营、进工地演出1700场，超额完成13.3%；开展广场文化演出1416场，超额完成18%；推进图书馆、博物馆等公共文化设施向公众免费开放，服务群众90万人次，超额完成12.5%。

【自治区级重点文化工程】

宁夏大剧院、宁夏艺术学校新校区工程分别累计完成投资3.7亿元和1亿元，完成总投资的60%和80%。红旗文化大厦即将封顶，宁夏美术馆加快立项。

【市县区文化设施建设】

维修改造市县文化馆、图书馆19个，新建、改造乡镇综合文化站17个。石嘴山市“两馆一中心”（博物馆、图书馆、文化艺术中心）、固原市图书馆建成交付使用，泾源县“两馆一中心”（文化馆、图书馆、群众文化艺术中心）主体工程完成，同心县“两馆”（图书馆、博物馆）开工建设。

【“黄河金岸”文化展示线文化节点景区建设】

积极推进华夏河图、黄河文化园、《上下五千年》雕塑馆和中华回族第一街等文化产业项目实施，

扶持宁夏银川微电影基地加快发展，吴忠回族历史人物园等建成开园。

五、文化产业发展

【新创国家级文化产业试验园区和示范基地】

石嘴山星海湖文化产业园被文化部命名为第四批国家级文化产业试验园区，宁夏西夏城文化旅游开发有限公司、宁夏新科动漫产业有限公司被文化部命名为第五批国家级文化产业示范基地，全区国家级文化产业示范基地达到4个。

【中阿文化产业发展合作论坛】

2012年9月12日，由商务部、中国国际贸易促进委员会、自治区人民政府主办，自治区文化厅、商务厅承办的中阿文化产业发展合作论坛在银川举行。自治区党委常委、宣传部部长蔡国英出席论坛并致辞。自治区副主席姚爱兴主持论坛。阿尔及利亚、埃及、苏丹、约旦等10个国家的嘉宾参加论坛。其中阿尔及利亚、埃及、黎巴嫩等外国嘉宾及文化部、中国科学院和工程院院士、专家学者等8人就文化产业发展合作做了主题演讲。

【回族与伊斯兰文化艺术研讨会】

2012年9月13日，由商务部、中国国际贸易促进会、宁夏回族自治区人民政府主办，自治区文化厅和商务厅承办的回族与伊斯兰文化艺术研讨会在银川举行。来自苏丹、约旦、英国、泰国等外国嘉宾，与宁夏文化系统干部职工及相关企业代表参加了研讨会。自治区人大常委会副主任张小素出席会议并致辞。

六、文化遗产保护传承

【文物保护基础工作】

“三普”工作全面完成。《宁夏回族自治区文物博物馆事业“十二五”发展规划》发布实施。《文物保护法》《宁夏回族自治区实施〈文物保护法〉办法》落实效果明显，得到自治区人大执法检查组的好评。

【重点文物保护工程】

董府、西夏陵4号陵、银川鼓楼抢救性保护修缮加固工程，海宝塔、须弥山石窟保护性基础设施建设和安防工程加快推进。开城遗址、灵武窑址等全国重点文物保护单位保护规划编制完成，宁夏长城保护规划、拜寺口双塔保护规划编制启动，长城保护工作受到全国政协副主席陈奎元及调研组的肯定。

【大遗址保护和考古工作】

《西夏陵国家考古遗址公园规划》编制完成并通过自治区评审。完成西气东输三线、宁东能源化工基地、宁夏电网等6个大型基建项目的考古调查，勘探面积15万平方米，发现各时期遗址、墓葬40余处。

【博物馆建设】

新建行业博物馆2座，全区行业博物馆总数达到72座。固原博物馆展览展陈提升工程方案编制、项目论证基本完成。引导各博物馆开展国内外展览和交流，推出和引进《金沙三星堆文物精品展》《朔地恋歌——宁夏岩画特展》等重大展览8个。

【非遗保护传承】

加快非遗普查成果整理、编目，健全非遗档案和数据库。申报入选第四批国家级非物质文化遗产代表性项目名录3项。自治区人民政府批准公布第三批自治区级非物质文化遗产代表作名录和扩展项目名录14项。围绕“文化遗产与文化繁荣”、“活态传承、重在落实”两大主题，积极开展了第七个“文化遗产日”系列宣传活动。

七、文化交流合作

【文化双向交流】

圆满完成“中国—毛里求斯文化合作年”任务，组织宁夏艺术团赴塞舌尔执行“欢乐春节”访演受到文化部外联局高度评价；组织《回乡婚礼》赴阿联酋迪拜、卡塔尔演出，取得了在阿联酋7个酋长国签约两年演出21场次的丰硕成果，为推动宁夏文化和中国文化走进非洲、阿拉伯地区作出了积极贡献。

【与埃及等三国签订合作备忘录】

2012年9月17日，自治区文化厅与埃及、阿尔及利亚、苏丹三国文化部门在银川共同签署了合作备忘录，就推动双方文化艺术创作交流、开展文化产业投资合作等达成共识。根据合作备忘录，双方将利用中阿经贸论坛（中阿文化产业发展合作论坛）等平台，建立文化高层互访机制，加强各层面的人员往来，并鼓励双方有关单位和人员共同创作生产以回族和伊斯兰文化为特色的文艺精品和文化产品。同时开展文化产业投资合作，双方制定优惠政策，支持有关单位开展文化遗产发掘、保护、利用、开发，鼓励双方文化企业单位投资合作开发具有民族地域特色的文化产品；共同拓展文化产品市场，利用电视、电台等媒介，播出对方精品剧目、文艺节目等。与此同时，支持双方艺术院校进行交流合作，加强文化人才教育培训，通过多项措施，不断推动双方文化交流合作向纵深发展。

【文艺精品剧目商业巡演】

依托中国·阿拉伯国家合作论坛文化交流暨中国演出界（银川）2012春季高峰论坛、第22届中国图书交易博览会暨第四届中国（宁夏）国际文化艺术旅游博览会等节会平台，推动宁夏与国内外的对外文化交流合作。银川艺术剧院与中国西部演出联盟、北方剧(院)场联盟和东部剧院联盟签订了《月上贺兰》国内外巡演合作意向书，开辟了《月上贺兰》等精品剧目商业巡演道路，建立了银川与全国一线演出终端市场的密切联系。

【省际文化交流合作】

与江苏、浙江、福建省签署文化交流合作框架协议，省际文化交流合作不断加强。

八、文化科研

《黄河文化研究》、《回族文物精粹》等4部著作出版发行，《宁夏保留剧目选》、《宁夏文化史话》、《宁夏非物质文化遗产概览》等科研课题研究成果加紧整理编纂。

九、图书馆业

宁夏图书馆全年通过政府集中招标采购程序招标各类文献实洋300万元，码洋423.64万元。购入（完成数据录入）普通图书18789种54682册，港台图书1523种2856册，地方文献4560册（件），中文期刊1418种，报纸220种，港台报刊29种，音像视听资料620种。完成古籍普查条目3901条，全区古籍登记目录基本完成。数字图书馆运行或试运行“我的图书馆”、联合参考咨询、远程访问等软件22个，开通使用文献数据库20个，基本实现跨库检索；2012年总访问量121372人（次），最大访问量达到613人（次）/日。

新疆维吾尔自治区

2012年，是深入贯彻中央新疆工作座谈会精神，全面推进新疆跨越式发展和长治久安两大历史任务极其重要的一年。一年来，在文化部和新疆维吾尔自治区党委、政府的正确领导下，新疆各族文化工作者坚持以现代文化为引领，坚持群众第一、民生优先、基层重要，按照“到人、管用、有效”的总要求，扎实工作，开拓进取，各项文化事业迈上了一个新台阶。

一、在公共文化服务体系建设方面，强基础、建机制，一手抓基础设施项目建设，一手抓公共文化服务体系效能建设，不断创新工作方法，提高服务质量和水平

截至2012年底，南疆三地州基层文化室建设项目全部投资计划已完成，国家累计投资86848万元。全疆城市街道、社区和乡镇综合文化站专项设备招投标和配置工作圆满完成。全疆共完成106个乡镇（国营农林牧场）文化站专项设备配置工作，单站标准10万元。完成了211个城市街道、社区文化室专项设备配置，街道单站标准12.5万元、社区单站标准5万元。启动了第一批地级数字图书馆推广工程和652个乡镇、社区公共电子阅览室的招标及建设工作。地州“三馆”改扩建项目已启动。全年共确定28个新建和改扩建项目，国家补助资金近4.6亿元（含博物馆）。2012年7月，昌吉州图书馆、哈密地区图书馆、克州博物馆和伊犁州文化馆四个项目投资计划已下达，总计划中央预算内投资6960万元。

一年来，全疆“四馆一站”[公共博物馆或纪念馆、图书馆、文化馆（站）、美术馆、乡镇文化站]免费开放进一步深化，公共文化服务阵地建设得到进一步加强。以“严格落实公共文化服务阵地免费开放各项措施”作为切入点，进一步加强了对各级“四馆一站”和已建成的南疆三地州行政村文化室、社区文化中心的免费开放工作力度。目前，自治区级图书馆、文化馆和27个地、州（市）级图书馆、文化馆，185个县级图书馆、文化馆和1023个乡镇综合文化站已全部实现免费开放，并将3个地州级美术馆纳入免费开放补助范围，同时对南疆三地州已建好的1833个行政村文化室发放免费开展活动补助资金13845万元。截至2012年底，各级图书馆接待读者数量较2011年同比增长50%以上，借阅量较2011年同比增长1.7倍。“自治区文化文物公开课”、“昆仑讲坛”、“三史”系列教育等活动受到了群众的一致好评和积极参与。全疆免费开放的76家博物馆、纪念馆，全年共举办展览180个，接待观众达510万人次。

2012年1至3月，文化厅成立了督导检查组，先后对国家公布的第一批创建公共文化服务体系示范区（喀什地区）、两个示范项目（乌鲁木齐市图书馆、克拉玛依市图书馆）进行了督导检查和业务指导，帮助基层文化单位建立了例会、联络员、经费管理、信息报送、信息宣传工作评分五项制度。2012年5月，在克拉玛依市召开了自治区公共文化服务体系报告会暨2012年“春雨工程”项目座谈会。8月，在乌鲁木齐市分别举办了“国家公共文化服务体系示范区（项目）创建工作培训班”和“2012中国公共文化论坛”。通过一系列活动的举办，使广大

文化工作者对公共文化服务体系建设的意义、目标、要求、发展有了更深的认识。

二、在艺术创作生产上，积极加强引导，推动普及，一手抓文艺产品的创作生产，一手抓文艺产品的公益性惠民演出，文化创作活力持续迸发，社会文化生活更加丰富多彩

以“第四届全国少数民族文艺会演”为契机，创作生产了精品歌舞晚会《大美新疆》，进一步修改了大型音乐杂技剧《你好，阿凡提》，两台剧目分别获得第四届全国少数民族文艺会演剧目金奖、表演金奖及最佳导演奖、最佳编剧奖等34个奖项，新疆代表团荣获最佳组织奖。新疆木卡姆交响音乐会在国家大剧院演出与观众见面。第三届全疆器乐大赛、打起手鼓唱起歌——自治区基层文艺调演、第二届“新歌唱新疆”新创作歌曲作品征集等活动参与范围之广、影响之大前所未有。

2012年，文艺演出面向基层、惠及百姓，进一步增强了艺术作品的影响力和感染力。以“百姓周末大舞台”演出季活动为载体，近20个艺术表演团体在乌鲁木齐市五大剧场完成了包括歌舞、戏剧、戏曲、交响乐、杂技等多种艺术形式的演出182场，观众达10.6万多人次，深受群众欢迎。中央民族乐团、新疆艺术剧院民乐团共同打造的《美丽新疆》音乐会在新疆六个地、州（市）和全国九个省（自治区）进行了18场巡回演出。配合文化部艺术家小分队赴新疆和田等地慰问演出。分春、秋两季赴喀什、克州、巴州、阿克苏等地15个乡镇进行了19天的“三下乡”慰问演出，观众达4.5万人次。举办了首届新疆网络春晚。充分利用中华民族传统佳节组织开展了节庆文化活动。

2012年，成功举办高规格展览，积极促进新疆美术创作和办展水平的提升。分别举办了首届新疆当代艺术双年展、亚欧六国油画艺术交流作品展、人性与爱·李自健油画祖国巡展新疆展、天山魂——哈孜·艾买提美术作品展、“情系西域 翰墨人生”——徐庶之先生逝世十周年纪念画展、情系新疆——李灼先生国画展、龙清廉中国画百米长卷《和田一条街》展览等高规格美术展览。组织了新疆艺术精品赴内地多省（自治区）巡展，推进了新疆与兄弟省（自治区）之间文化交流。2012年3月“春雨工程”全国文化志愿者边疆行之蓝靛金箔——中国画·桑皮纸绘画作品展、新疆好·新疆美术作品展在北京启动，国家领导人、文化部和自治区相关领导参加了开幕式并参观展览。两大展览吸引了首都上万名观众，并得到了媒体和观众的一致好评。随后，又先后赴全国十八个省（直辖市）进行了巡展，向全国人民展示了新疆各族人民“爱国爱疆、团结奉献、勤劳互助、开放进取”的精神风貌及新疆一体多元、融合开放、具有新疆特色的现代文化。

三、在文化产业方面，一手抓文化产业服务平台建设，一手抓文化企业建设，推动文化产业的发展壮大

2012年，新疆先后成立了新疆动漫产业联谊会、新疆艺术品产业联谊会、文化创意产业联谊会，基本实现了整合文化产业资源、集聚文化产业人才、搭建文化产业服务平台的目的。与中国工商银行新疆分行签订了金融支持文化产业发展战略合作协议，破解了文化企业发展融资难题。举办了新疆第七届动漫展暨cosplay大赛、新疆首期文化产业投融资培训班。组织全疆20多个文化企业参加了深圳文博会、北京文化创意产业博览会和第三届海峡两岸文化创意产业展。2012年3月，评审命名了新疆国际大巴扎开发有限公司等25家文化企业为首批自治区文化产业示范基地。完成了第五批国家文化产业示范基地申报和新疆动漫企业认定推荐工作。积极为新疆文化企业争取国家和自治区扶持资金，国家级文化产业扶持资金由2011年的300万元增加到2200万元，新疆本级文化产业扶持资金也大幅增长。

四、在文化市场方面，一手抓繁荣，一手抓管理，文化市场体系建设水平进一步提高

2012年，开展了“文化市场诚信经营单位”评选工作，努力构建文化市场和谐发展氛围。共审批涉外（港澳台地区）营业性演出31件，新增审批演出经纪公司11家，新增审批、备案游艺娱乐场所、经营性互联网文化单位、农村网吧共290家。按计划完成了新疆文化市场网（www.xjwhsc.com）的改版建设工作，实现了上线运行。加大了文化市场监管、课题研究、案卷评议工作。截至2012年底，全疆各级文化市场稽查机构检查经营场所39万人（次），检查场所24万家（次），受理举报791件，立案调查840件，移交案件54件，办结案件469件，有效打击了违法经营行为，维护文化市场安全、有序、健康发展。

五、在文化遗产保护方面，一手抓非物质文化遗产分类保护和工作体系建设，保护传承工作水平不断提高，一手抓文物考古、发掘、保护工作，文物工作取得新进展

组织召开了2012年新疆非物质文化遗产工作会，并对全疆各地国家级、自治区级非物质文化遗产项目进行全面督查，形成了较为全面的调研报告。组织新疆各地部分国家级非物质文化遗产项目，参加了“全国非物质文化遗产生产性保护成果展览”，取得了良好的社会效益和经济效益。启动了自治区非物质文化遗产数据库建设，全面开展国家级非物质文化项目系列丛书的编撰工作。分别举办了哈萨克族“阿依特斯”、柯尔克孜族史诗“玛纳斯”两个国际学术研讨会和“迎新春”全疆非物质文化遗产剪纸、刺绣展。公布了第三批自治区级非物质文化遗产名录，表彰了自治区非物质文化遗产保护先进单位、优秀传承人，启动了网上“新疆非物质遗产数字博物馆”，举办了新疆非物质文化遗产生产性保护成果展、“歌舞之乡遍天山”——新疆非物质文化遗产传统音乐、舞蹈摄影展等活动。设立了“莎车维吾尔木卡姆文化生态保护区”等四个第一批自治区级文化生态保护实验区，实现了自治区非物质文化遗产整体保护工作的新突破。非物质文化生产性保护基地建设进展顺利。

文物工作方面，《新疆2011—2020年度文物保护总体规划》通过国家文物局专家评审。丝绸之路、坎儿井入选中国世界文化遗产预备名单。根据丝绸之路联合申报世界文化遗产工作计划，新疆北庭故城、交河故城、高昌故城、克孜尔千佛洞等遗产地入选首批申遗推荐名单。哈密地区坎儿井保护项目全面启动。成功举办了“汉代西域考古与汉文化国际学术研讨会”。完成国有可移动文物普查全面启动前期准备工作。大遗址抢救保护工程继续推进。柏孜克里克千佛洞保护工程入选“2011年度全国十大文物保护工程”。高昌故城保护三期工程入选“2012年度全国最佳文物保护工程”。交河故城三期、北庭故城城墙加固二期等21个重点文物保护工程项目开工，高昌故城保护工程三期、克孜尔尕哈峰燧加固、苏巴什佛寺遗址防洪坝等14个项目竣工。2012年，围绕基本建设重点工程开展抢救性文物保护工作。先后完成西气东输三线，哈密安拉沟水库、定居兴牧工程水库淹没区等配合基本建设考古发掘调查工作。同时，文物安全执法工作有效开展。配合全国人大常委会文物保护法执法检查组，在吐鲁番、昌吉、和田和阿克苏四地区进行实地检查。全年重点检查、督察文物安全、行政违法案件16起，追缴、查获文物13300余件。

六、在对外文化交流方面，一手抓“走出去”，一手抓“请进来”，使新疆文化对外影响力进一步增强

积极实施“走出去”、“请进来”战略，多渠道开展对外文化宣传和文化交流。在新疆召开了“对外文化与新疆文化发展专题座谈会”，谋划了今后5年至10年新疆对外文化交流工作。成功举办第二届亚欧博览会——中外文化展示周活动。组织参加了“俄罗斯中国文化年”、土耳其“诺肉孜节”、美国“世界艺术节”等活动。2012年，共完成对外文化交流项目47项，参与人员（出访、来访）734人，其中：出访项目27项294人，来访项目14项313人。配合国家、自治区高层人员来访项目6项55人。同自治区外办合作项目2项72人。

新疆生产建设兵团

2012年，迎来了党的十八大的胜利召开。也是贯彻落实十七届六中全会，推动社会主义文化大发展大繁荣的开局之年，在这一年里，兵团文化工作坚持以邓小平理论和“三个代表”重要思想为指导，深入贯彻落实科学发展观，认真贯彻落实中央新疆工作座谈会精神，围绕中心、服务大局，不断推进公共文化服务体系，积极组织开展丰富多彩的文化活动，不断满足职工群众的精神文化需求，为推进兵团跨越式发展和长治久安提供了良好的文化氛围。

一、推进公共文化服务体系，加强基层文化设施建设

【全面完成“十件实事”建设】

一是认真确定项目。年初，根据兵团“十件实事”团场综合文化活动中心建设项目安排，及时通知有关师进行申报，在各师申报11个建设项目的基础上，积极与兵团发展改革委领导座谈，研究今年“十件实事”文化建设具体项目，经兵团领导审定同意，最终确定8个建设项目单位。二是及时安排项目。2月27日，兵团文广局与兵团发展改革委联合下发了《关于下达2012年兵团“十件实事”团场综合文化活动中心建设项目规划规模的通知》，要求各项目单位严格按照规模计划进行设计和批复，所有项目要确保在4月底前全部开工建设，并在保证质量的前提下年内按时完成项目。三是抓好督促检查。为确保项目任务和进度落到实处，积极实施项目进度月报制度，对施工进度慢的单位及时通报，并与兵团发展改革委等部门联合组成检查组，于6月份对项目建设情况进行抽查，并不定期检查，确保兵团“十件实事”中8个团场综合文化活动中心保质保量完成。最终完成项目总投资3983.59万元，其中，兵团本级财务资金2400万元，单位自筹1583.59万元。

【稳步推进文化信息资源共享工程建设】

在顺利完成兵团省级分中心、81个县（团）级支中心、58个乡镇服务点基础上，继续稳步推进文化信息资源共享工程建设，切实发挥其文化惠民的重要职能。投资88万元，完成了文化信息资源共享工程省级分中心机房的改造。购置了8路服务器、30TB的存储设备、10M光纤接入和一整套网络设备，建成了较为完善的省级分中心数字图书馆机房网络，为今后建立数字图书馆打下坚实的基础。完成了国家图书馆数字资源征集兵团志书数字化加工，储存兵团团志175部，图片84335张，资源总量650.29GB。

【积极争取文化建设项目】

文化阵地是发展文化事业的基础，今年，兵团积极争取国家项目支持，不断改善基层文化设施条件。一是认真编报“十二五”地市（师）三馆建设规划。年初，与兵团发展改革委协商，向国家编报了总投资3亿元的兵团地市（师）三馆建设规划，计划新建5个师级图书馆、5个师级文化馆、5个师级博物馆，已获得国家批复。二是做好团场连队文化基础设施规划申报工作。在认真摸清兵团团场、连队文化基础设施现状的基础上，精心编制目总投资5亿元的“十二五”兵团团场文化中心和连队活动室建设规划，计划“十二五”期间兵团新建、改扩建98个团场综合文化活动中心和500个连队综合文化活动室，已得到国家发展改革委初步同意，将分年度新建一批团场文化中心和连队、社区文化活动室。三是做好公共文化服务体系保障经费申报工作。年初，根据文化部关于做好2012年中央补助地方文化事业专项资金申报工作及关于推进全国美术馆、公共图书馆文化馆（站）免费开放工作的有关通知和会议精神，会同兵团财务局向文化部、财政部分别就公共图书馆、文化馆免费开放、乡镇综合文化站、文化体育与传媒事业发展等多项工程、工作上报了申请专项资金的请示，文化部下拨2012年兵团基层公共文化服务体系保障经费2516万元，比上年增加168万元。为改善基层文化馆站配套设施不到位的问题，向国家申报2012年乡镇综合文化站设备购置经费240万元、中央补助地方文化传媒资金350万元。

二、深入开展“春雨工程”——全国文化志愿者边疆行活动

【精心制定文化志愿者边疆行项目规划】

“春雨工程”——全国文化志愿者边疆行活动在兵团开展以来，受到了基层职工群众的广泛欢迎。年初，兵团文广局结合兵团实际，拟定了2012年“春雨工程”——全国文化志愿者边疆行申报项目，内容涵盖专场文艺演出、现场授课培训、成果展览、举办基层文化工作者培训班等，通过规划的实施，进一步将“春雨工程”——全国文化志愿者边疆行活动引向深入。

【成功举办了2012年“春雨工程”——全国文化志愿者边疆行·新疆生产建设兵团行活动】

7月6日至17日，举行2012年“春雨工程”—全国文化志愿者边疆行·新疆生产建设兵团行活动。其间，文化部全国文化信息资源建设管理中心组成调研组，深入九师、五师、四师部分边境团场和连队，就兵团文化信息资源工程建设情况进行调研，在深入师团支中心和连队服务点的基础上，详细了解了兵团工程建设现状，提出了促进工作的意见建议。7月15日至17日，在兵团举办了技术培训班，培训了公共电子阅览室终端机的使用和维护等多方面内容，来自兵团14个师和81个团场支中心的近百名骨干参加培训。

【组织好“春雨工程”赴兵团慰问演出及培训工作】

7月10日，协助江苏省文化厅组织江苏省文化志愿者边疆行大舞台来四师慰问演出，四师500余名干部职工群众观看了演出，精彩演出受到了好评；9月7日至8日，邀请北京京剧院部分名家来兵团，先后为在库尔勒和乌鲁木齐，为二师和兵团进行了两场专场慰问演出，兵团机关及直属单位、二师、十二师、建工师的1300余名观众观看，晚会演出新老传统京剧节目17个，整台晚会名家名角荟萃，艺术流派纷呈，精彩唱段迭出，使观众充分感受了京剧这一民族艺术瑰宝的独特魅力。5月，积极与江苏省文化厅协调联系，选派四师和七师2名基层文化骨干参加了在苏州市举办“2012年春雨工程——新疆部分

文化馆长赴苏培训班”，提高了兵团基层文化干部的能力和水平。

【邀请《中国文化报》集中宣传兵团】

为大力宣传兵团多年来在经济社会发展、维护边疆稳定等方面的瞩目成就，积极邀请《中国文化报》来兵团采访。8月，《中国文化报》派出6人采访团来兵团开展“走转改兵团行”活动，采访团先后深入兵团7个师和部分边境团场，通过深入挖掘兵团特别是基层的典型事例，集中刊发了20篇稿件和25张图片，稿件生动鲜活、感人至深，在全国引起一定反响。

三、开展援疆慰问展演，展示兵团形象

【赴对口援助省展演活动成效显著】

为纪念中央新疆工作座谈会召开两周年和迎接第三次全国对口援疆工作会议，根据兵团领导的指示，组织兵团慰问展演团，于5月和12月，兵团领导分别率领兵团慰问展演团赴北京、广东、浙江、黑龙江、辽宁、山西、河北、河南、湖北、江苏等10个省（直辖市）开展了以“兵团人不会忘记”为主题的慰问展演。慰问展演紧扣对口援疆，演出节目分“激情岁月”、“春潮涌荡”、“多彩绿洲”三个板块。图片成就摄影展以兵团发展建设历程和对口援助省市援助兵团相关师的成就为内容，充分展示对口援疆成果和兵团辉煌历史，向对口援助省（直辖市）汇报对口支援兵团作出的重大贡献，表达兵团广大干部职工群众的感激之情，增强了援建省（直辖市）的工作积极性，宣传了兵团、展示了兵团形象。演出所到之处，受到了当地观众的热烈欢迎，场场爆满。杂技团还以“政府指导、商业运作”的方式，前往湖北、福建等9个对口援助省进行演出，每到一处，均邀请当地援疆干部家属观看演出，取得积极成效。

【文化援疆力度不断加大】

为进一步推进文化交流和对口援疆工作，今年，兵团文广局进一步加强与对口支援兵团各省文化部门的联系合作，各对口支援省纷纷组织文艺精品来兵团慰问演出，为兵团职工群众提供了高水平的艺术大餐。5月12日，山西省委宣传部组织大型话剧《立秋》赴六师五家渠市为兵团进行了专场慰问演出，《立秋》是一部思想性、艺术性和观赏性于一体的优秀舞台剧，曾获中宣部“五个一工程”特等戏剧奖和文化部第十二届文华大奖；5月13日，文化部艺术家小分队赴六师五家渠市为兵团举办慰问演出，13位艺术家为观众表演了独唱、相声、魔术、幽默表演等精彩节目，800余名观众观看演出；8月4日，中国文联、中国剧协梅花奖艺术团“新疆行”在兵团文化中心为兵团举行专场慰问演出，在两个半小时时间，来自全国各地的16位梅花奖获得者表演了晋剧、京剧、淮剧、二人台、赣南采茶戏、秦腔、黄梅戏、歌剧、昆曲、越剧、话剧11个剧种的精彩唱段，700名兵团干部职工观看了演出；8月17日，上海市委宣传部组织上海交响乐团来兵团慰问演出，在新疆人民大会堂举办了“情满天山　心系兵团”大型音乐会，参演演职人员115人，阵容强大、名家荟萃、技术精湛，他们为现场2700名观众献上了耳熟能详的世界名曲和交响乐《红旗颂》、《我们曾经战斗过》和小提琴协奏曲《梁祝》等，受到观众的热烈欢迎。

四、组织“五个一工程”评选，推出一批文艺精品

根据中宣部办公厅《关于认真做好第十二届精神文明建设“五个一工程”评选工作的通知》（中宣办发〔2012〕3号）精神，按照年初兵团宣传思想文化工作会议有关安排，兵团于2月开展了第六届精神文明建设“五个一工程”评选活动。经各师、兵团直属单位初评和推荐，推荐出歌曲类、影视广播剧类、戏剧类入选作品55件，经各评审组评审推荐，报兵团第六届精神文明建设“五个一工程”评审领导小组会议评审，确定了歌曲类、影视广播剧类、戏剧类获奖作品13件。在此基础上，推荐上报全国第十二届精神文明建设“五个一工程”作品8件。通过“五个一工程”这个抓手，加强了优秀文艺作品的创作生产，推出了一批弘扬兵团精神、具有兵团特色、深受职工群众欢迎的戏剧、电影、电视剧、广播剧、歌曲精品。

五、积极开展文化活动，丰富职工群众文化生活

2012年，年兵团文艺工作主要围绕深入贯彻党的十七届六中全会精神、喜迎党的十八大胜利召开、纪念中央新疆工作座谈会两周年、迎接第三次全国对口支援新疆工作会议等重大主题活动，组织了一系列文艺演出和群众文化活动，不断增强文化吸引力和凝聚力，为兵团各项事业发展创造积极的文化条件。

【重大文化活动有力有效】

为推动兵团文化事业大发展、大繁荣，根据兵团党委年初工作要求和全年兵团宣传文化工作安排，

2011年12月31日至2012年1月13日，在乌鲁木齐举办了兵团第七届文艺汇演，共有7个专业文艺团体和11个师、院（校）共18个单位参演，分别在乌鲁木齐市和平都会和八一剧场两个场地进行了19台演出，演出节目达228个，参演人员1670人，乌鲁木齐有1.5万人观看了演出，演出期间，几乎场场爆满，观众反响热烈；1月15日，成功举办2012年兵团春节电视文艺晚会《潮起春天》。本台晚会以兵团党委六届六次全委（扩大）会议精神为蓝本，用《辉煌岁月》、《情暖心田》、《共建家园》、《援疆情怀》、《戍边壮歌》、《秀美明天》六个篇章全力讴歌兵团"两大目标"、"三大作用"、"三化"道路，充分展示出兵团人全新的时代特色和精神风貌。晚会在集中了兵团专业文艺团体和第七届文艺汇演的艺术成果的基础上，又邀请到上海、北京、河北、安徽四省（直辖市）文艺骨干加盟，使晚会呈现出多元开放和融合交汇的特点；为纪念毛泽东同志《在延安文艺座谈会上的讲话》发表70周年、中央新疆工作座谈会两周年、迎接第三次全国对口支援新疆工作会议，积极组织了系列活动，营造了浓厚的文化氛围。5月21日，由兵团党委宣传部、兵直党工委、兵团文化广播电视局、兵团文联联合主办的"感恩祖国　畅想未来"群众合唱演出在兵团文化中心举行。兵团老军垦合唱团、兵团一中合唱团、六师合唱团等来自兵团机关、企事业单位及部分师的7个合唱团410名演员参加演出。5月22日，由兵团党委宣传部、兵团文化广播电视局、兵团电视台联合主办的主题晚会"兵团人不会忘记"在八一剧场隆重上演。来自兵团机关和各师的70余名援疆干部和兵团机关、兵团直属机构、建工师、十二师的近千名观众观看了演出。本次晚会由《援疆潮》、《援疆情》、《援疆魂》三个篇章组成，17个各具特色的歌舞、小品、杂技等节目，不时赢得全场观众的阵阵掌声。湖北、辽宁两个对口援疆省不仅应邀派来著名电视主持人共同主持晚会，还分别选送了女声独唱《洪湖水浪打浪》、黄梅戏《女驸马》选段及魔术表演等节目参与演出，为晚会增添了光彩。5月23日，由兵团党委宣传部、兵直党工委、兵团文化广播电视局、兵团文联联合主办的"豫韵唱春天"专场演唱会在兵团文化中心举行。兵团豫剧团派出了由五位国家一级演员、三位国家一级演奏员等组成的强大演员阵容，一个多小时的时间里，他们以精湛的技艺为现场观众奉献了《沁园春·雪》、《花木兰》、《战马奔腾》等13个饱含豫韵风情的豫剧节目，赢得了热烈的掌声；根据第二届中国—亚欧博览会组委会的安排，兵团文广局积极配合兵团商务局等部门，精心策划工作方案，积极协调博览会期间的各类文化活动。9月3日，在"开放兵团、合作共赢"的主题活动中，为国内外贵客上演了一台精彩的文艺节目，展示了兵团文化的精髓和特色，大力宣传了兵团精神。

【送文艺下基层深入人心】

2012年元月上旬，组织兵团歌舞团、杂技团、豫剧团、秦剧团及部分艺术家260人兵分六路，分别赴南北疆5个师6个基层团场进行慰问演出；为深入学习贯彻党的十七届六中全会精神，喜迎党的十八大胜利召开，在中国人民解放军建军85周年之际，根据兵团领导指示，由兵团歌舞团、杂技团、豫剧团组成的兵团艺术团，于7月27日赴马兰中国核试验基地慰问演出，马兰基地领导、广大指战员及家属近5000人观看演出，"祖国不会忘记"、"一二三四歌"等精彩的节目，赢得观众阵阵掌声；"十一"前夕，组织"庆国庆、喜迎十八大、送文化下基层"慰问演出小分队，分赴建工师所属建工集团兰新二线工地和十二师104团畜牧定居点，为基层建筑工人和牧工送去了精彩的文艺节目。2012年以来，兵团直属文艺院团认真贯彻兵团党委的《意见》精神，组织精干力量，进团场、进连队、进校园、进社区、进工地，积极开展送文艺下基层活动，全年演出401场，惠及职工群众40万人次，把职工群众喜闻乐见的豫剧、秦剧、歌舞、杂技等节目源源不断地送到团场连队和田间地头，受到了基层职工群众的广泛欢迎和普遍赞誉。

【群众文化活动丰富多彩】

2012年，以百日广场文化活动为抓手，积极引导各师结合自身特色，开展了内容丰富、主题鲜明、形式多样的群众文化活动。如一师举办了"热爱伟大祖国、建设美好家园"——师市第八届百日广场文化活动，演出节目52场。五师举办了第十二届广场文化节，来自团场、师直企业的8个代表队分享了8台文艺演出。八师举办了"爱国歌曲大家唱"群众性合唱活动，参与演出的演职人员数千人，观众达10万人。十三师举办了第二届"灿烂红星"广场文化系列活动，举行专场文艺晚会13场。各团场充分利用文化广场、文化馆、文化室等阵地，将文化活动开展得红红火火、有声有色，如29团举办第24届金孔雀文化活动月，42团举办了第十四届“木华里”艺术节，89团举办了手工制作、剪纸、摄影、奇石展览等。丰富多彩的文化活动，提升了职工群众的精神文化生活。

【团场团歌大赛圆满成功】

为迎接党的十八大胜利召开，深入贯彻兵团党委关于贯彻党的十七届六中全会精神的《意见》，发挥兵团文化在新疆社会主义文化建设中的引领作用，唱响兵团精神，展示兵团文化，推动兵团文化发展繁荣，根据兵团党委的要求，由兵团文广局、文联主办，在全兵团范围内开展了“放歌兵团——兵团团场团歌大赛活动”，活动自7月12日在四师启动，9月27日在六师五家渠市闭幕。各师党委高度重视，精心安排，周密部署，14个师、近百个团场、上万名职工群众参与活动，在全兵团范围内掀起了写团歌、学团歌、唱团歌的热潮。通过本次团歌大赛，对广大职工群众进行了一次生动的爱国主义教育、兵团精神教育和团场发展史教育，进一步丰富了基层文化生活，增强了团场职工的凝聚力和向心力。

【参加国家重大演出硕果累累】

兵团歌舞剧团精心打造的舞台精品剧“可爱的一朵玫瑰花”，于6月参加第四届少数民族文艺汇演，获得表演金奖和7个单项奖。该剧以哈萨克族男女青年的爱情故事为背景，反映了改革开放30年来兵团牧场的巨大变化，描绘了各民族和睦相处、团结互助、共同发展、保护自然生态环境、构建美化家园的生动画面；8月，兵团组队在宁夏银川参加第十届全国花儿歌手大赛，获得金奖1名、银奖2名、4个铜奖；7月份，精心挑选由五家渠市小太阳艺术团创作表演的舞蹈《戈壁盛开的郁金香》，代表兵团参加第六届“小荷风采”全国少儿舞蹈展演，经过激烈角逐，在全国500多件作品中，该作品荣获“小荷之星”金奖，小太阳艺术团荣获“小荷之家”奖；杂技团参加国际杂技节取得优异成绩。

六、切实加强文物及非遗保护，推动文博事业新发展

【加强文物保护工作】

一是做好规划，申请增加免费开放资金。积极向国家文物局汇报沟通，征得文物局许可的情况下，会同兵团财务局向文化部、财政部就增加免费开放补助经费、增加免费开放博物馆、文物保护专项经费等工作上报了申请专项资金的请示，国家文物局将兵团博物馆、陈列馆等4个馆专项补助经费由原来的369万元增加到400万元。二是推荐典型。认真履行文物管理部门职责，指导各师做好文物管理和保护工作，兵团文物管理工作取得一定成效。在此基础上，今年7月，兵团文物局积极向国家推荐一批文物保护先进集体和个人，农三师图木舒克市文物管理局因成绩突出，获得全国文物系统先进集体称号，成为全国受表彰的50个先进集体之一。

【提升非遗工作水平】

一是积极支持六师建立哈萨克毡绣布绣传习所，得到文化部非遗司肯定。兵团目前有国家非物质文化遗产项目5项，其中3项为传统手工技艺类，为推进非遗保护工作，我们积极支持六师五家渠市文广局在红旗农场建设了兵团首个国家级非物质文化遗产展示中心——哈萨克毡绣布绣展示中心，加大生产性保护力度。4月19日至20日，文化部非遗司副司长马盛德一行来兵团检查指导非遗保护与管理工作，通过赴六师红旗农场和五家渠市，检查指导国家级非遗项目曲子戏的传承保护、哈萨克毡绣布绣展销基地和兵团六师非遗展览馆，检查组认为，兵团在资金、人力等条件有限的情况下，依然能够高度重视非遗保护工作，值得肯定。特别是对国家级非遗项目哈萨克毡绣布绣的生产性保护，兵团进行了初步尝试和探索，取得了社会和经济效益，对少数民族传统技艺的传承保护有积极作用。并表示今后文化部非遗司将继续支持兵团非遗保护工作，在项目评审、资金分配、生产性保护基地建设等方面予以倾斜。二是于9月6日至10日参加由文化部和山东省人民政府在枣庄市台儿庄古城举办国家级非遗项目哈萨克毡绣布绣的生产性保护，兵团也组团参加了第二届中国非物质文化遗产博览会。兵团代表团在此次博览会中，搭建36平方米特装展位1个，9平方米标准展位1个，共展出哈萨克毡绣布绣、维吾尔族模制法土陶烧制技艺、蛋壳画、套彩烙画、眉户戏、麦秸画等6个项目，有4位传承人在现场展示，取得了较好的成绩。兵团文广局荣获组织工作奖，哈萨克毡绣布绣、维吾尔族模制法土陶烧制技艺、蛋壳画、套彩烙画获参展奖，4名传承人获展示奖。兵团参展赢得了当地媒体和群众的认可和好评，较好地宣传了兵团，展示了兵团文化和兵团非物质文化遗产风采，开拓了兵团非遗保护工作者和传承人的眼界，加强了与各省（自治区、直辖市）的交流，积累了宝贵的工作经验。

七、不断创新工作机制，努力推进兵团文化市场和文化产业工作

按照中宣部、文化部统一部署，兵团文广局积极履行文化市场监管和公共服务职能，加强市场管理，开展“扫黄打非”专项治理，净化了社会文化环境，维护了文化安全，提高了公共服务水平，积极推进知识产权保护，保障了文化市场健康有序发展。

【加强文化市场监管和扫黄打非工作力度】

一是制定《兵团党委宣传部等三部门关于2012年“扫黄打非”行动方案》，对全年“扫黄打非”工作做总体部署。二是对兵团的“扫黄打非”工作领导小组成员进行了调整。成立了由兵团党委常委、兵团副司令员、兵团党委宣传部部长成家竹为组长，兵团党委、兵团副秘书长赵广勇，兵团党委、兵团副秘书长、兵团党委政法委常务副书记赵保平，兵团党委宣传部常务副部长曾建勇为副组长的兵团“扫黄打非”工作领导小组。三是为迎接党的十八大，营造和谐、健康、稳定的文化市场环境，重点组织开展了元旦、春节期间的文化市场监管、学校周边文化市场集中整治、打击政治性、宗教类非法出版物和反动宣传品集中行动，以及暑假期间文化市场监管、“五一”、“十一”期间文化市场专项保障行动、迎接党的十八大文化市场专项整治保障行动等一系列专项行动。四是做好全国“扫黄打非”工作督查组赴兵团检查的工作。兵团党委常委、副司令员、宣传部部长成家竹在督查会议上就兵团近几年开展“扫黄打非”工作的情况向督查组做了汇报。五是六师五家渠市文化市场执法稽查大队被文化部授予“全国文化市场综合执法先进单位”、三师图木舒克市文化市场稽查大队罗琼、八师石河子市文化市场稽查大队王延被文化部授予“全国文化市场综合执法优秀个人”荣誉称号。

一年来，兵团共对辖区内的文化市场（含“扫黄打非”）出动检查49156人次，检查经营单位21765家（次），责令整顿经营单位268家，取缔文化经营场所3家，没收非法出版物及盗版音像制品7000余册（盘），罚款12.4万元。

【加快推进兵团产业发展】

一是开展“我唱兵团”原创歌曲征集评选活动，最终选出14首优秀作品。二是开展“放歌兵团——兵团团场团歌大赛”活动，共评出一等奖4个、二等奖4个、三等奖8个、优秀奖8个、特别奖1个、组织奖3个。三是参加第八届中国深圳国际文化产业博览会。应第八届中国深圳国际文化产业博览会之邀，兵团党委副秘书长赵广勇率宣传部、文广局相关领导和业务处室人员观摩了第八届文博会。四是制定《新疆生产建设兵团文化产业发展专项资金管理暂行办法》。为支持兵团文化产业的发展，加强兵团文化产业专项资金管理，提高财政资金的使用效益，和兵团财务局共同制定印发了《新疆生产建设兵团文化产业发展专项资金管理暂行办法》。

八、认真开展调研，撰写调研报告

根据2012年兵团经济改革发展重点研究课题分工方案和年初宣传思想文化工作会议的安排，今年组织开展了两次重大调研活动。在认真学习，深刻领会有关文件精神基础上，由部领导带队，组成调研组前往相关师和兵团直属院团，通过听汇报、查资料、召开座谈会、进行问卷调查等形式，就《建立健全兵团公共文化服务体系课题研究》和《兵团直属艺术表演团体内部机制改革》两个课题进行了调研，完成了《关于兵团文艺团体文化体制改革的调研报告》。在调研的基础上，起草了《兵团文艺团体文化体制改革的实施意见（草案）》，提出了改革建议。计划2013年开始选择两个单位进行改革试点。

获奖名单

List of winners

2012年度国家文化创新工程项目立项名单

选题	序号	项目名称	申报部门	共建部门	承担单位	补助经费（万元）
一	1	村级文化建设模式创新与示范推广—文化惠民示范村建设模式实践与推广	云南省文化厅	云南省保山市人民政府	云南省保山市文化广播电视新闻出版局	30
	2	村级文化建设模式创新与示范推广—朝鲜族民俗文化村建设模式实践与推广	吉林省文化厅	吉林省汪清县人民政府	吉林省汪清县文化新闻出版和体育局	20
	3	村级文化建设模式创新与示范推广—主题社区建设模式实践与推广	四川省文化厅	四川省成都市青羊区人民政府	四川省成都市青羊区文化体育广播电视和旅游局	20
二	4	农村区域文化中心建设模式创新与示范	安徽省文化厅	安徽省宿松县人民政府	安徽省宿松县文化广电新闻出版局	30
三	5	高新技术园区科技与文化融合示范建设	上海市文化广播影视管理局	上海市张江高科技园区管理委员会	上海张江文化控股有限公司	20
四	6	文化馆公共数字文化服务模式创新与示范	中国文化传媒集团有限公司		中国文化传媒集团有限公司、北京市东城区文化馆、浙江省宁波市文化馆、广东省东莞市文化馆	20
五	7	彩瓷工艺文化的自主创新	广东省文化厅		斯达高瓷艺发展（深圳）有限公司	10
六	8	刺绣工艺创新研究与示范	江苏省文化厅		江苏省苏州市苏绣艺术创新中心	20
七	9	艺术人才就业模式探索与实践——创业孵化基地建设模式创新	安徽省文化厅		安徽艺术职业学院	10
	10	艺术人才就业模式探索与实践——就业视域下艺术人才培养机制改革与创新	山东省文化厅		山东工艺美术学院	10

2012年度“文化部科技创新项目”立项名单

序号	类别	项目名称	承担单位	申报部门	项目负责人	文化部补助（万元）
1	公共文化服务	物联网环境下的公共文化服务体系研究	国家图书馆信息网络部	国家图书馆	王宇鸽	5
2	公共文化服务	公共文化服务均等化评价指标的构建与应用研究----以长三角地区为例	上海大学	上海市文化广播影视管理局	毛雁冰	5
3	公共文化服务	数字版权管理在博物馆资源服务中的应用模式研究	国家博物馆信息网络部	国家博物馆	肖　飞	4
4	公共文化服务	数字图书馆技术与应用平台	广西壮族自治区图书馆、深圳市文华数图信息咨询有限公司	广西壮族自治区文化厅	徐欣禄	5
5	公共文化服务	基于iOS+系统中国古代文论阅读推广平台	河北大学	河北省文化厅	詹福瑞	5
6	公共文化服务	3D智能虚拟人信息咨询公共服务平台	山东省数字媒体技术重点实验室/山东财经大学	山东省文化厅	韩慧健	5
7	文化市场与文化产业	中国对外文化贸易扶持项目评估体系	文化部对外文化联络局对外文化贸易处、北京大学文化产业研究院	文化部对外文化联络局	赵海生	5
8	文化市场与文化产业	“看漫客”手机微动漫运营平台关键技术研究	中国艺术研究院 北京风驰网际科技发展有限公司	中国艺术研究院	张　雷	4
9	文化市场与文化产业	针对海外数字移动终端的中国文化产品研发与销售	北京中录电视制作有限责任公司	中国数字文化集团有限公司	高约娜	5
10	文化市场与文化产业	基于位置业务的文化信息传播研究	文化部艺术服务中心演出部	文化部艺术服务中心	张修勇	4
11	文化市场与文化产业	基于视频修复产业化的技术研究与实现	上海广播电视台	上海市文化广播影视管理局	叶　丹 闵友钢	5
12	文化市场与文化产业	承载各种多人互动文化娱乐类业务的YY超大型互联网语音免费平台	广州华多网络科技有限公司	广东省文化厅	刘豫军	5
13	文化市场与文化产业	“摄影漫画”新艺术研究	保山市文化广播电视新闻出版局	云南省文化厅	赵家华	4

续表

序号	类别	项目名称	承担单位	申报部门	项目负责人	文化部补助（万元）
14	文化遗产保护	烷基烯酮二聚体(AKD)替代明矾在纸质文物修复中的应用研究	国家图书馆	国家图书馆	杜伟生 易晓辉	5
15		商晚期青铜方鼎范铸模拟实验	北京联合大学	北京市文化局	张　经	5
16		基于增强现实的文物多维展示系统平台研究	中国科学院深圳先进技术研究院	广东省文化厅	陈　前	5
17		土家族民间表演技艺数字化保护与三维虚拟再现	恩施自治州文化体育局、湖北省民族民间文化艺术研究中心、湖北民族学院	湖北省文化厅	李　军	5
18		土家族吊脚楼营造技艺传承与保护中的动画和虚拟技术应用研究	恩施自治州文化体育局、湖北省民族民间文化艺术研究中心、湖北民族学院	湖北省文化厅	石庆秘	5
19		应用新技术提高传统杨柳青木版年画影响力——《大过新年》动画系列连续剧	天津杨柳青画社	天津市文化广播影视局	刘建超	5
20	演艺科技	京剧(中国戏曲)打击乐流动音罩的研发	国家京剧院	国家京剧院	秦　鹰	5
21		中国特技化装的材料及应用技术基地	中央戏剧学院舞台美术系	中央戏剧学院	田　丹	5
22		数字绘画创新与研究	中国戏曲学院新媒体艺术系	中国戏曲学院	王　忻	5
23		基于视线跟踪的艺术作品互动展示技术研究	上海戏剧学院演艺虚拟合成实验室	上海戏剧学院	俞玮娅	5
24		大型人物雕塑三维透视矫正	中国美术学院雕塑系	中国美术学院	龙　翔	5
25		湖北特色乐器及原生态音色库建设	湖北艺术职业学院	湖北省文化厅	孟　申	5
26		提琴及板腔共鸣乐器储存方法及音质嫁接关键技术研究	吉林省文化科技研究所	吉林省文化厅	朱万彬	5
27		文化演艺行业移动购检票系统研究	山东大学	山东省文化厅	孔晓飞	5
28		地区传统艺术的数字化展示及文化传播应用平台开发	黄山学院	安徽省文化厅	梁　军	4

2012年文化部科技创新验收项目一览表

序号	合同编号	项目名称	完成单位	验收形式	备注
1	4-2010	智能化数字媒体矩阵	广州市迪士普音响科技有限公司	会议验收（省厅主持）	2012年验字1号

续表

序号	合同编号	项目名称	完成单位	验收形式	备注
2	20-2009	剧场信息的规划整合与全国剧场普查信息系统建设研究	中国传媒大学信息工程学院、中国艺术科技研究所	会议验收	2012年验字2号
3	22-2009	我国下一代网络化演艺灯光系统的架构与技术标准体系研究	中国传媒大学信息工程学院、中国艺术科技研究所	会议验收	2012年验字3号
4	24-2010	全国图书馆参考咨询服务联盟平台建设与创新服务模式研究	广东省立中山图书馆	会议验收（省厅主持）	2012年验字4号
5	15-2010	构筑城乡统筹儿童与青少年课外教育联盟研究——以重庆市为例	重庆市少年儿童图书馆	通讯验收（省厅主持）	2012年验字5号
6	5-2010	光纤/网络/智能/正弦波交流电源调压调光控制器	广州斯全德灯光有限公司	会议验收	2012年验字6号
7	13-2009	下一代移动互联网图书馆服务模式研究	国家图书馆计算机与网络系统部	通讯验收	2012年验字7号
8	2007	区域图书馆管理标准体系	东莞图书馆	会议验收（省厅主持）	2012年验字8号
9	26-2009	古琴及板腔共鸣体材料微观结构干预方法关键技术研究	吉林省文化科技研究所	会议验收	2012年验字9号
10	8-2010	舞台管理导则	中国艺术科技研究所	会议验收	2012年验字10号
11	9-2010	剧场等演出场所演出安全管理体系的研究	中国艺术科技研究所	会议验收	2012年验字11号
12	11-2010	传统竹笛调音改进及竹质材料优化处理工艺研究	黄山学院	通讯验收（省厅主持）	2012年验字12号
13	委托	文化部科研项目申报平台	文化部信息中心、北京华信巨川科技发展有限公司	会议验收	2012年验字13号
14	4-2012	数字图书馆技术与应用平台	广西壮族自治区图书馆、深圳市文华数图信息咨询有限公司	会议验收	2012年验字14号
15	26-2010	UHF RFID图书馆应用模式研究	浙江图书馆	通讯验收	2012年验字15号

2012年国家文化科技提升计划立项名单

序号	项目名称	申报单位	项目承担单位	补助经费（万元）
1	云计算环境下智能化数字文化资源信息采集和资源整合及服务模式研究	北京市文化局	中国传媒大学 北京市文化创意产业促进中心	20
		文化部全国文化信息资源建设管理中心	文化部全国文化信息资源建设管理中心 北京大学 中国科学院计算机技术研究院	100

续表

序号	项目名称	申报单位	项目承担单位	补助经费（万元）
2	基于地理信息系统（GIS）的文化信息综合服务平台研究与示范	文化部信息网络中心	文化部信息网络中心 中国文化传媒集团有限公司 北京新视媒体广告有限公司	50
		中国数字文化集团有限公司	中国数字文化集团有限公司	50
3	文化数字资源唯一标识符体系的研究与建设	国家图书馆	国家图书馆 浙江图书馆 吉林省图书馆 北京方正阿帕比技术有限公司	60
4	博物馆文物多维展示系统平台研究	国家博物馆	北京以诺视景数字艺术有限公司 北京大学 国家博物馆	90
5	数字美术馆公共服务平台研究与示范	北京市文化局	北京今日美术馆 北京今日赛搏艺术科技有限公司 北京今典空间国际文化艺术发展有限公司	100
6	模块化主题演艺系统集成技术研发及典型应用	广东省文化厅	广州市珠江灯光科技有限公司	20
		中央歌剧院	中央歌剧院 北京理工大学	60
7	舞台恒功率吊杆系统集成技术研发及典型应用	北京市文化局	国家大剧院 北京北特圣迪科技发展有限公司 中国传媒大学	20
8	现代数码技术在传统织锦工艺流程中的开发应用	江苏省文化厅	南京云锦研究所股份有限公司 杭州浙大经纬计算机系统工程有限公司	60
9	基于深度摄像机的3D游戏与动漫生成技术研究与应用	天津市文化广播影视局	灵然创智（天津）动画科技发展有限公司	60
10	手机微动漫平台关键技术研究与应用	中国动漫集团有限公司	中国动漫集团有限公司 湖南浩丰文化传播有限公司 北京邮电大学	60
11	基于动漫技术的互动娱乐体验系统研发	上海戏剧学院	上海戏剧学院	60
共计		810万元		

2012年度国家社科基金艺术学项目立项名单

立项批准号	项目名称	立项类别	项目负责人	所在单位
12AA001	中国当代艺术批评史研究	国家重点	余三定	湖南理工学院
12AB002	中国藏戏审美形态体系	国家重点	刘志群	西藏自治区民族艺术研究所
12AC003	中国电影人口述历史研究	国家重点	陈必强	中国电影艺术研究中心
12AD004	中国音乐地理研究	国家重点	乔建中	杭州师范大学
12AD005	中国传统多声部音乐形态研究	国家重点	樊祖荫	中国音乐学院
12AF006	图像学与中国美术史研究	国家重点	刘伟冬	南京艺术学院
12AG007	中国传统蓝印花布纹样研究	国家重点	吴元新	南通大学
12AH008	公民文化权利的理论与实践研究	国家重点	王京生	中共深圳市委宣传部
12BA009	艺术学原创性理论研究	国家一般	姜耕玉	东南大学
12BA010	中国艺术写意体系研究	国家一般	刘宗超	河北大学
12BA011	西方现代审美主义思想源流	国家一般	陈剑澜	中国艺术研究院
12BB012	文明戏与近现代地方戏曲的发展变革	国家一般	王晓珊	福建省艺术研究院
12BB013	戏曲动漫研究	国家一般	李建凤	湖南省艺术研究所
12BB014	山东地方戏现状与发展调查研究	国家一般	姜慧	山东省艺术研究所
12BB015	中国戏曲剧种发展史	国家一般	朱恒夫	上海大学
12BB016	戏剧院团评估体系研究	国家一般	陈曼娜	天津财经大学
12BB017	20世纪中国戏曲理论批评研究	国家一般	何玉人	中国艺术研究院
12BB018	现代性与民族性：中国话剧思想史	国家一般	宋宝珍	中国艺术研究院
12BC019	中美日三国家庭情节剧电影比较研究	国家一般	杨远婴	北京电影学院
12BC020	改革开放以来中国电视娱乐栏目价值取向的变迁	国家一般	董华峰	北京工商大学
12BC021	中国当代电影批评及其价值取向研究	国家一般	张智华	北京师范大学
12BC022	中美电影新协议对中国电影的影响评估及战略对策	国家一般	刘汉文	国家广电总局广播影视发展研究中心
12BC023	数字影像视觉形态与审美研究	国家一般	吴向阳	山东工艺美术学院
12BC024	新世纪以来中国电影政策导向与主流电影发展策略研究	国家一般	黄望莉	上海大学
12BC025	电视艺术、技术与媒介文化价值研究	国家一般	潘源	中国艺术研究院
12BD026	20世纪下半叶中国“新音乐”作曲家的创作技法和观念研究——以周文中音乐作品为例	国家一般	王自东	安徽师范大学
12BD027	阿多诺音乐社会学思想与中国当代音乐发展趋势研究	国家一般	马卫星	哈尔滨师范大学
12BD028	线性对位研究	国家一般	张磊	哈尔滨师范大学

续表

立项批准号	项目名称	立项类别	项目负责人	所在单位
12BD029	中国流行音乐的现状及发展趋势研究	国家一般	徐元勇	南京师范大学
12BD030	华人作曲家手稿数字化典藏与音乐文本分析	国家一般	钱仁平	上海音乐学院
12BD031	玉韵清曲胜天籁——苏州评弹音乐研究	国家一般	吴磊	苏州大学
12BD032	西方现当代音乐复调技术理论研究	国家一般	刘永平	武汉音乐学院
12BD033	族群、国家与地域：周代礼乐之兴衰新论	国家一般	李方元	西南大学
12BD034	中国乐籍制度与传统音乐文化	国家一般	项阳	中国艺术研究院
12BE035	中国民族民间舞口述史研究	国家一般	高度	北京舞蹈学院
12BE036	赣南采茶舞蹈的风格特征研究	国家一般	赖丹	赣南师范学院
12BE037	环首都区域民族民间舞蹈资源分布与旅游开发	国家一般	张冬梅	河北大学
12BE038	河南民间舞蹈史	国家一般	刘柳	许昌学院
12BE039	闽台民间舞蹈的源流与嬗变	国家一般	郑玉玲	漳州师范学院
12BF040	中国当代摄影影像创作观念与现状研究	国家一般	史民峰	北京印刷学院
12BF041	转型时期中国城市新移民艺术家的地方感与文化认同研究——以岭南画派为例	国家一般	吴慧平	广州美术学院
12BF042	20世纪中国现代雕塑的民族化问题研究	国家一般	滕小松	湖南师范大学
12BF043	近现代学术思想史中的高二适研究	国家一般	周斌	华东师范大学
12BF044	林风眠学派研究	国家一般	聂危谷	南京大学
12BF045	中国岩画艺术表现及其审美研究	国家一般	冯军胜	内蒙古自治区社会科学院
12BF046	山西古代彩塑保护修复发展新形势下的彩塑艺术考察和研究	国家一般	张卫东	山西大学
12BF047	写意论	国家一般	张江舟	中国国家画院
12BF048	中国素描史	国家一般	吴宪生	中国美术学院
12BF049	古代玛雅艺术研究	国家一般	李建群	中央美术学院
12BG050	中国城市化进程中的标识导向系统性建设与应用研究	国家一般	王淮梁	安徽工程大学
12BG051	明末清初转变期瓷器研究	国家一般	刘朝晖	复旦大学
12BG052	海南元素的视觉语言符号研究	国家一般	唐丽春	海南大学
12BG053	基于眼动分析的现代设计尺度评价研究	国家一般	赵伟军	湖南工业大学
12BG054	中国汉字字体设计演进研究	国家一般	李少波	湖南师范大学
12BG055	基于国际前沿视野的交互设计方法论研究	国家一般	辛向阳	江南大学
12BG056	鄱阳湖生态经济区漆工艺和陶瓷工艺的保护与发展	国家一般	支林	江西科技师范学院
12BG057	纤维艺术的应用之美	国家一般	林乐成	清华大学
12BG058	中国手工艺产业历史研究（明中期至现代）	国家一般	赵屹	山东工艺美术学院
12BG059	山东陶瓷艺术发展史	国家一般	魏嘉	山东轻工业学院

续表

立项批准号	项目名称	立项类别	项目负责人	所在单位
12BG060	明清时期大运河流域人居环境艺术研究	国家一般	刘森林	上海大学
12BG061	中国古典园林的学术史研究	国家一般	刘彤彤	天津大学
12BG062	京津冀地区民间工艺美术非物质文化遗产现状调查与传承研究	国家一般	钟蕾	天津理工大学
12BG063	东方服饰设计审美研究	国家一般	华梅	天津师范大学
12BG064	信息化时代“艺工商结合”的纺织品设计理论与实践研究	国家一般	周赳	浙江理工大学
12BH065	我国艺术产品的国际传播与国际贸易研究	国家一般	向勇	北京大学
12BH066	我国文化创意产业发展现状与结构调整对策研究	国家一般	李晓峰	山东大学
12BH067	网络社会的文化创新	国家一般	张跣	中国青年政治学院
12CA068	艺术传播学视域中的经典建构与传承研究	国家青年	翁再红	南京艺术学院
12CA069	汉代谶纬与汉画像祥瑞图式研究	国家青年	顾颖	徐州师范大学
12CB070	清末民国戏曲票友研究	国家青年	武翠娟	东南大学
12CB071	豫剧传统声腔与当代创腔艺术研究	国家青年	赵培强	河南省艺术研究院
12CB072	余笑予导演艺术研究	国家青年	杨玥	湖北省艺术研究所
12CB073	二十世纪昆曲学研究	国家青年	朱夏君	上海戏剧学院
12CB074	川剧折子戏研究	国家青年	程利辉	四川省川剧艺术研究院
12CC075	新时期中国电影叙事研究	国家青年	赵蓉	安徽省艺术研究院
12CC076	消费时代的国产小成本商业电影研究	国家青年	杨柳	南京大学
12CC077	香港电影文化史	国家青年	许乐	同济大学
12CC078	跨文化交流背景中的“十七年电影”研究	国家青年	李玥阳	中国传媒大学
12CC079	北京电影发展史（1900-2014）	国家青年	武亚军	中央戏剧学院
12CD080	音乐创作中纯五度复合和声体系研究——以金湘音乐作品为例	国家青年	魏扬	华南师范大学
12CD081	荆州花鼓戏的历史嬗变与现状调查	国家青年	吴靓	武汉大学
12CD082	中国音乐的国际传播研究——以美国为例	国家青年	张丰艳	中国传媒大学
12CD083	社会变迁中的福建南音馆阁乐社调查研究	国家青年	陈瑜	中国艺术研究院
12CD084	中国有品民族乐器律制形态研究	国家青年	夏凡	重庆文理学院
12CF085	先秦五色考	国家青年	肖世孟	湖北美术学院
12CF086	延安鲁艺美术史研究	国家青年	闵靖阳	鲁迅美术学院
12CF087	晚明以西湖为中心的文人艺术生活研究	国家青年	李娜	南京大学
12CF088	内蒙古藏传佛教遗迹调查与图像研究	国家青年	奇洁	内蒙古科技大学包头师范学院
12CF089	现当代热贡唐卡艺人研究	国家青年	陈乃华	青海民族大学

续表

立项批准号	项目名称	立项类别	项目负责人	所在单位
12CF090	明代文人雅集的绘画活动研究——艺术社会史与观念史视野中的展开	国家青年	王进	山东大学
12CF091	20世纪中国现代雕塑的民族化问题研究	国家青年	郅敏	中国艺术研究院
12CF092	澳门当代艺术研究	国家青年	高洁	中国艺术研究院
12CG093	晚清至民国前期西方设计在中国的传播与影响研究（1840－1937）	国家青年	李江	北京师范大学
12CG094	节约型社会住宅空间的低碳设计创新与实践	国家青年	陈鸿雁	广州美术学院
12CG095	东北少数民族萨满教造物艺术研究	国家青年	胡卫军	吉林大学
12CG096	比较艺术学视野下的中日动漫创作研究	国家青年	殷俊	江南大学
12CG097	设计生态化的社会实现研究——基于节约型社会的视角	国家青年	王譞	南昌大学
12CG098	器用与生活——以宋辽金时代为例	国家青年	陈彦姝	清华大学
12CG099	新疆少数民族传统手工艺技艺传承谱系研究	国家青年	王健	石河子大学
12CG100	工业化背景下的嘎玛藏族传统首饰设计艺术与工艺研究	国家青年	张卫峰	中国地质大学（北京）
12CG101	现代玻璃艺术的学科构建及发展研究	国家青年	韩熙	中国美术学院
12CG102	广告设计伦理学研究	国家青年	徐鸣	中南大学
12CH103	博物馆与认同之建构——以民国时期故宫博物院为中心	国家青年	徐婉玲	故宫博物院
12CH104	我国非物质文化遗产保护的公益诉讼机制研究	国家青年	焦洪涛	华中科技大学
12CH105	中国演艺产业运营策略研究	国家青年	王玉	济南大学
12CH106	中国文化资助现状分析及制度设计研究	国家青年	黄玉蓉	深圳大学
12CH107	国有文艺院团体制改革与竞争力要素研究	国家青年	王相华	浙江省文化艺术研究院
12EA108	陕西艺术史	国家西部	原作哲	陕西省艺术研究所
12EB109	侗戏艺术传承研究	国家西部	吴鹏毅	广西壮族自治区群众艺术馆
12EB110	贵州少数民族曲艺传承发展机制研究	国家西部	罗新民	贵州省文化艺术研究所
12EC111	中国电影管理制度的完善与创新——以美国经验为参照	国家西部	曹怡平	西南大学
12ED112	中国保安族音乐文化研究	国家西部	项亮	兰州大学
12ED113	蒙古族传统多声部音乐形态与近现代蒙古族风格多声部音乐创作研究	国家西部	潮鲁	内蒙古师范大学
12ED114	西北少数民族地区音乐类非物质文化遗产数据库建设与研究——以宁夏回族自治区为例	国家西部	卢小兵	宁夏大学
12ED115	西安鼓乐口述史	国家西部	许德宝	陕西省艺术研究所
12EE116	中国维吾尔族舞蹈发展史	国家西部	库来西·热介甫	新疆艺术剧院

续表

立项批准号	项目名称	立项类别	项目负责人	所在单位
12EE117	云南15个特有民族舞蹈生态研究	国家西部	葛树蓉	云南省民族艺术研究院
12EF118	武陵山土家族民间美术传承人口述史研究	国家西部	金晖	湖北民族学院
12EF119	藏式古壁画/唐卡破损图像修复研究	国家西部	翟东海	西藏大学
12EF120	新疆地区民族美术发展研究	国家西部	任文杰	新疆师范大学
12EG121	甘肃藏区“鲁神”信仰图形的当代文化价值研究	国家西部	吕春祥	西安美术学院
12EG122	中国新疆少数民族民间美术与中亚文化艺术交融研究	国家西部	伊明江·阿布都热依木	新疆艺术学院
12EH123	汉羌山地村寨文化传承与发展研究	国家西部	杨仁敏	四川音乐学院绵阳艺术学院

2012年度文化部文化艺术科学研究项目立项名单

立项批准号	项目名称	项目负责人	所在单位
12DA01	当代艺术批评学发展的反思与建构	李明军	内蒙古民族大学
12DA02	湖南民族民间艺术源流研究	孙文辉	湖南省艺术研究所
12DB03	粤剧艺术的传承与发展研究	张晋琼	广东省艺术研究所
12DB04	地方小戏“场”机制研究——以湖北阳新采茶戏为例	胡满春	湖北师范学院
12DB05	湘南曲艺“祁阳小调”乡村现状的调查研究	邹林波	湖南科技学院
12DB06	新时期湖北黄梅戏研究	段友芳	黄冈师范学院
12DB07	吕剧艺术审美文化研究与保护	刘洪艳	山东女子学院
12DB08	清代秦腔理论研究	陈刚	陕西师范大学
12DB09	民国时期国立剧专演剧学派研究	段绪懿	宜宾学院
12DC10	中国原创动画受众研究	孙立军	北京电影学院
12DC11	全球化语境中影视艺术的地域化生存策略	盖琪	北京交通大学
12DC12	基于中国古代绘画的新媒体展示研究	李琼	故宫博物院
12DC13	中国电视剧发展与卫视自制剧研究	王乙涵	中国艺术研究院
12DD14	两汉乐(舞)史研究	李荣有	杭州师范大学
12DD15	城市社区音乐文化与和谐社区建设研究	张业茂	华中师范大学
12DD16	传统民歌花儿的当代演变研究	周亮	兰州大学
12DD17	流行歌曲的文化符号学研究	陆正兰	四川大学
12DD18	我国社区音乐文化可持续发展的新策略研究	黄凰	江西师范大学
12DE19	陕西社火探析	李开方	陕西省艺术研究所

续表

立项批准号	项目名称	项目负责人	所在单位
12DE20	都市社区舞蹈的问题与对策研究——以京沪两地为例	白雪静	北京师范大学
12DE21	现代性与大众化：中国现当代舞蹈发展研究	仝妍	北京舞蹈学院
12DE22	产业形态区域舞蹈创作策略研究	刘炼	东北师范大学
12DF23	艺术精神建构下的中国留法艺术学会研究	董松	安徽博物院
12DF24	西部开发与边疆民族情境中的现当代广西美术文化研究	李桂生	广西艺术学院
12DF25	文化强国视域下我国美术社团的发展研究	史宏云	山西大学
12DF26	新中国六十年书籍装帧与插图创作发展研究	姬如	上海应用技术学院
12DF27	汉字文化与书法艺术的当代发展研究	解小青	首都师范大学
12DF28	构成对20世纪水墨人物画语言的现代性推进	杨珺	中央美术学院
12DG29	中国优秀近现代建筑室内更新设计研究	张爱莉	北京工业大学
12DG30	淮河流域民间美术现状及保护与开发研究——以阜阳剪纸、界首彩陶为例	李森	阜阳师范学院
12DG31	明代官式彩画研究--以紫禁城为例	杨红	故宫博物院
12DG32	本土化视野下城市公共空间环境艺术研究	陈刚	合肥工业大学
12DG33	基于数字技术的鄂西民族民间工艺的保护与传承研究	许奋	湖北美术学院
12DG34	传统扎染融入现代设计元素的前瞻性研究	闪秀桂	南阳理工学院
12DG35	陈汉民设计艺术实践与教育理论研究	宋润民	曲阜师范大学
12DG36	面向中国老龄化社会需求的包容性设计理论与实践研究	王露	中华女子学院
12DH37	构建传统节日现代传播的仪式体系	周文	中国传媒大学
12DH38	北京市文化产业发展效率实证研究	马萱	中国戏曲学院
12DH39	边疆多民族地区完善公共文化服务体系建设保障机制研究——以云南为例	刘佳云	云南省民族艺术研究院
12DH40	传承与变迁：城市庙会与文化遗产保护	许忠伟	北京第二外国语学院
12DH41	精英艺术产业的类型与运行实践研究	赵云龙	哈尔滨师范大学
12DH42	地方性文化产业创新发展制度体系构建研究——以重庆为例	李玲	重庆社会科学院
12DH43	中国文化产业研究院创办方案研究	范周	中国传媒大学
12WG01	完善我国文化科研投入的政策及机制研究*	彭雷霆	武汉大学
12WG02	全国艺术科研院所现状调查与创新发展研究*	苟晓飞	甘肃省艺术研究所
12WG03	文化体制改革背景下我国艺术研究院所的发展研究*	陈 燕	福建省艺术研究院

注：带“*”号为委托项目

第四届全国青少年民族乐器演奏比赛获奖选手名单

一、演奏奖

（一）吹奏乐器组

青年组

王俊侃　　海音乐学院
杨　丹　　中央音乐学院
张倩渊　　上海音乐学院
陈　冉　　四川音乐学院
陈昀颖　　中国音乐学院
胡　帅　　中央音乐学院
晏景晟　　四川音乐学院
魏　林　　中国音乐学院

少年组

刘苏锐　　沈阳音乐学院
肖凯迪　　中央音乐学院附中
吴　非　　上海音乐学院附中
陈泓璇　　上海音乐学院附中
虞　越　　上海音乐学院附中
樊　京　　中央音乐学院附中

（二）拉弦乐器组

青年组

王　寒　　中国音乐学院
闫国威　　中央音乐学院
李　超　　中国音乐学院
余乐夫　　星海音乐学院
陆轶文　　上海音乐学院
晏璐婷　　中国音乐学院

少年组

王楚婷　　中央音乐学院附中
芦茗薇　　中国音乐学院附中
李仓枭　　中央音乐学院附中
凌　晨　　上海音乐学院附中
高　白　　中央音乐学院附中
黄晓晴　　中国音乐学院附中

（三）弹拨乐器组

青年组

王　玉　　中央音乐学院
叶思阳　　上海音乐学院
乔鹏飞　　中央民族大学
张碧云　　上海音乐学院
徐　贺　　沈阳音乐学院
高　阳　　中央音乐学院
郭　为　　沈阳音乐学院
唐天娇　　四川音乐学院

少年组

王慧明　　中国音乐学院附中
杨雨萌　　中国音乐学院附中
肖若楠　　沈阳音乐学院附中
何　璐　　上海音乐学院附中
应佳珈　　上海音乐学院附中
林诗妍　　中国音乐学院附中
孟书欣　　中央音乐学院附中
魏　童　　武汉音乐学院附中

（四）打击乐器组

青年组

白　凯　　中国音乐学院
刘　梦　　中央音乐学院
肖贺元　　中央音乐学院
饶敏倩　　中国音乐学院
蒋智杰　　中国音乐学院
魏　然　　中央音乐学院

少年组

冯飘扬　　中央音乐学院附中
刘　畅　　中央音乐学院附中
李　想　　中国音乐学院附中
李拙文　　中国音乐学院附中
邹韵琪　　中央音乐学院附中
董羿琳　　中央音乐学院附中

（五）小型民族乐器组合

pandBand

少年打击乐组合　　中央音乐学院

（於怡、万幸子、刘畅、岳阳、彭荟宇、冯飘扬、邹韵琪、董奕琳、刘凯）

八　音　　沈阳音乐学院

（张科威、徐贺、郭为、战威、刘黎、王琳、苑桐溪、张优涵）

上海音乐学院组合　　上海音乐学院

（王洁、屠化冰、龚楠、唐一雯、潘晶晶、来雯瑾、高芳兵、农雨轩、张晟、李霖、张碧云、贾真珍）

天籁筝乐团　　四川音乐学院

（颜婕、王晶晶、张吟、周桃桃）

竹—BUN室内乐团　　北京师范大学

（付林、张梦琪、张萌复、王亚婷、梁星华、李钊、马晓璐、刘梦林、王凤、张梅茹、杜思雨）

沈音弘韵箜篌乐团　　沈阳音乐学院

（董书含、刘宣邑、孙美欣、牟晨茜、于中琪、赵家萌、王艺燃）

（六）少数民族特色乐器组

李银姬　　延边大学艺术学院

阿不都外力·沙它尔　　新疆艺术学院

阿里木江·吾布力　　新疆师范大学

阿拉腾珠拉　　西南民族大学

郑文一　　延边大学

哈斯木江·赛米　　新疆师范大学

（七）传统器乐合奏组

维吾尔族木卡姆组合　　新疆师范大学

（奴尔夏提·艾力、热扎克·阿布力米提、哈斯木江·赛米、阿里木江·吾布力、阿不都合拜尔·阿不都瓦给、阿力木·斯坎旦尔、古丽扎尔·哈力克、玛依拜尔·艾山、牙合甫江·阿布都如苏、阿布都乃比·阿布都热依穆）

江南丝竹　　上海音乐学院

（桂好好、刘芳、沈彤、王俊侃、杨仁杰、陈思璐、顾屹峰、王楠、章文婷、范澜及）

广东音乐五架头　　广东粤剧学校

（陈志毅、胡若雄、林丹虹、苏志双、刘成斌）

江南丝竹　　首都师范大学

（王超慧、于川、王磊、胡玉林、程珊、郑瑀、王莎媚、易点点）

朝鲜族传统器乐合奏　　延边大学

（郑文一、李银姬、金顺花、张玮玲、安艺花、金银姬、蔡列娜、金多、严梅花、罗玲玲）

新疆特色器乐四合奏　　新疆艺术学院

（帕提曼·塔依尔、募明江·于苏甫、米日夏提江·麦麦提依明、阿不都外力·沙它尔、迪丽努尔·吐尔迪、穆塔力甫·麦麦提、阿不都徐克·买买提明、吾买尔江·阿木提、库尔班江·米曼江）

以上选手的指导教师同时获得“园丁奖”，他们是：

王建华　乔　佳　任　宏　江澹曦　李　萌
林吉良　罗　媛　高　亮　谈龙建　焦山林
舒顺萍　祁　瑶　吴　琼　吴　强　陆　晶
赵广运　贺　红　卜晓姝　于红梅　马　楠
王　军　王云飞　王以东　巴吐尔·巴拉提
奴尔夏提·艾力　成海华　朱光浩　刘　刚
刘　英　米吉提·尤努斯　李东植　李光陆
李明淑　李真贵　杨　琳　杨守成　吾买尔江·阿木提　余其伟　沈　诚　宋　飞
张　欢　张　珊　张维良　张尊连　陈志毅
陈春园　邵春良　易加义　金涌日　周　谦
赵　戈　胡若雄　袁非凡　徐宗科　高　微
唐俊乔　谭　勇　潘　文　戴　亚

二、鼓励奖

（一）吹奏乐器组

青年组

马云鹤　　上海音乐学院

吴冬晓　　中央音乐学院附中

沈维佳　　浙江艺术职业学院

张钟中　　中国音乐学院

欧阳庆　　四川音乐学院

欧阳肖琼　　首都师范大学

常铁伟　　沈阳音乐学院

少年组

关　婷　　中国音乐学院附中

李明悦　　北京戏曲艺术职业学院

张孟一　　西安音乐学院附中

侯　涛　　中国戏曲学院附中

黄　哲　　上海音乐学院附中

龚雨奇　　南京艺术学院附中

彭　磊　　中央音乐学院附中

韩昔豫　　中国音乐学院附中

（二）拉弦乐器组

青年组

王小丹　　西安音乐学院

尤毅懿　　武汉音乐学院

刘一歌　　天津音乐学院

汪　淼　　沈阳音乐学院

张梅笳　　北京师范大学

武　婷　　中央音乐学院

周　橙　　上海音乐学院

姚可馨　　武汉音乐学院

秦子婧　　中央音乐学院

高　恒　　首都师范大学

曹　璐　　中国戏曲学院

少年组

于康慧　　星海音乐学院附中

李　鑫　　中国音乐学院附中

李潇蓉　　沈阳音乐学院附中

肖　楚　　武汉音乐学院附中

吴一昊　四川音乐学院附中
汪　媛　武汉音乐学院附中
张日妮　中国音乐学院附中
陈子文　上海音乐学院附中
章海玥　中央音乐学院附中
裴若雯　中国戏曲学院附中
缪诗韵　南京艺术学院附中

（三）弹拨乐器组

青年组

王　娟　中央民族大学
王　滋　武汉音乐学院
王凤仪　中国音乐学院
刘明阳　西安音乐学院
刘笑成　中央音乐学院
孙美欣　沈阳音乐学院
李　婉　西安音乐学院
张馨元　中央音乐学院
徐　畅　南京艺术学院
曾　何　四川音乐学院

少年组

王文洁　中央音乐学院附中
邓丽珠　四川音乐学院附中
申　毅　西安音乐学院附中
刘黎艺璇　天津音乐学院附中
芦　珊　中国戏曲学院
张钰阳　上海音乐学院附中
鲁照华　北京戏曲艺术职业学院
廖楚昕　四川音乐学院附中

（四）打击乐器组

青年组

朱启宁　中国音乐学院
杨振东　上海音乐学院
邱　晨　天津音乐学院
陈河霖　中央民族大学音乐学院
陈康仁　中央音乐学院
易圣博　沈阳音乐学院
高晨旭　中央音乐学院

少年组

刘　凯　中央音乐学院附中
李子豪　中国音乐学院附中
张璐璐　四川音乐学院
陈　瀚　中国音乐学院附中
岳　阳　中央音乐学院附中

盛　乔　中国戏曲学院附中

（五）小型民族乐器组合

CNU室内乐组合　首都师范大学

（孙婧文、刘人源、姜楚、王一、张芸、王莎媚、欧阳肖琼、郭雅诺、赵梦宇）

竹笛四重奏　华南师范大学音乐学院

（肖雅匀、谢宏全、李璐嘉、邹百一）

华夏室内乐团　中国音乐学院

（高思超、王宁、贺礼、陈昀颖、谭曼曼、王婧、赵迎、高钟元、方圆、饶敏倩、陈雨婷）

江南丝竹　浙江艺术职业学校

（金含玲、沈维佳、赵妍萍、于俊、王璐、单瑜琼、于青秀、郑吟、黄译徵、殷婧卉、吴彬、黄怡婷）

灵　雪　南京艺术学院

（李婷、薛滢、曾珠亚岚、朱业成、刘瀛泽、瞿晨曦、李浩语、姚梦婷、许筱汀、孟甜甜、周璇）

国韵组合　武汉音乐学院

（周雅婷、曹皓宇、刘维维、陶亮亮、杨璟）

墨　语　南京艺术学院

（曹丽娜、郁添瀛、许莹、邵桢、王佳琪、张明珠）

（六）少数民族特色乐器组

米日夏提江·麦麦提依明　新疆艺术学院
张玮玲　边大学艺术学院
热扎克·阿布力米提　新疆师范大学
郭　瑞　云南民族大学
慕晶晶　西南民族大学
穆热阿勒·比目拉提　中央民族大学
穆塔力甫·麦麦提　新疆艺术学院

（七）传统器乐合奏组

广东音乐　北京师范大学

（张梅茹、张梦琪、梁星华、王凤、张萌夏、刘梦林、李钊、马晓璐）

广东音乐五架头　星海音乐学院

（陈一粟、梁妙翠、罗嘉欣、陈哲丽、赵大禹）

东北吹打乐　吉林艺术学院

（杨喜林、赵惠宁、陈海龙、代狄、吴铁柱、王立成、刘长明、李雪昆、滕艺竹）

冬不拉合奏　新疆师范大学

（哈斯德尔·托勒昆、加得拉·玛里克、乌兰·沙力太、沙拉塔那提·赛日克别克、阿拉依·沙力波拉、吾热扎古丽、热依扎·努尔哈什、

叶尔木拉提·江道列提、叶斯哈力·恰黑亚）

京族特色乐器合奏　　　　西南民族大学

（孔彧、颜婕、杨梦宇、张雪娇、陈莹莹、江雅婷、慕晶晶、李美珍、曹丽娟、付娆）

河北吹歌　　　　　　　　河北艺术职业学院

（付锡芬、王亮、王一、樊建庆、杜浩、马海峰、娄亚红、翟云翔、刘海山、王振）

三、优秀组织奖

西南民族大学

文化部民族民间文艺发展中心

四川音乐学院

沈阳音乐学院

广东省文化厅

第十届“桃李杯”舞蹈比赛获奖名单

一等奖

中国古典舞组

少年女子组　　李祎然　　解放军艺术学院

少年男子组　　孙晗硕　　解放军艺术学院

青年女子组　　华宵一　　北京舞蹈学院

青年男子组　　李　响　　解放军艺术学院

　　　　　　　胡　阳　　北京舞蹈学院

中国民间舞组

少年女子组　　王　赞　　北京舞蹈学院附属中等舞蹈学校

少年男子组　　依力凡　　解放军艺术学院

青年女子组　　王　瑶　　解放军艺术学院

青年男子组　　龚齐杰　　北京舞蹈学院

芭蕾舞组

少年女子组　　邱芸庭　　北京舞蹈学院附中

少年男子组　　武思聪　　北京舞蹈学院附中

青年女子组　　张媛媛　　上海戏剧学院舞蹈学院

青年男子组　　袁岸璞　　海戏剧学院舞蹈学院

　　　　　　　马　莨　　辽宁芭蕾舞团附属舞蹈学校

海外组

何敏婷等　　澳门演艺学院舞蹈学校

近藤茂幸　　沈阳音乐学院附属舞蹈学校

关嘉雯　　深圳艺术学校

群舞组

中国古典舞《百花争妍》　　四川艺术职业学院

（张瑜、陶德燕、谢端、张尹馨、阳珍珍、罗乐、龚秀媛、江九妹、刘俊、李晨曦 、王礼娜、杨钦、冯维、钟梦娜、林珊、张婕、巫勤、韩畅、兰雪窈、马婧旋）

民族民间舞《乡韵》　　延边大学艺术学院

（方玲、逄英环、游京京、李蒙蒙、全文华、李英、赵金女、朴海燕、金玲、李乐恩、崔京华、石海兰、曾燕、全春爱、薛天凤、薛莹、申银梅、韩雨彤、陈璐）

民族民间舞《蝴蝶飞》　　沈阳音乐学院附属舞蹈学校

（付境、孙艺凝、刘柏彤、钟佳彧、田诺、隋頔、仲雅栾、刘芳辰、杨莹、马嘉蓥、陈艳娟、王艺涵、赵欣悦、张娜、蔡佳琳、孙千惠、王雪、王铮、孙晓航、江梦洁、凡玥含、郝晓琳、夏文、王媛鑫、孟缘）

民族民间舞《守爱》　　安徽艺术职业学院

（左慧、张韧、刘尚志、高阳、单政兴、宋超、黄旭、刘涛、石圣军、石家乐、韩耀、朱敏鑫、张钰浩、张树巍、柏祖恩、岳鑫、张啸腾、王朝、潘星宇、鲁若涵）

民族民间舞《葡萄熟了》　　中央民族大学舞蹈学院

（赛博渊、吐尔洪江·木合旦、艾尼卡尔江·艾尔肯、阿力亚斯·伊力哈尔、叶尔潘·约提库、尔沙提·艾则孜、阿布都夏米尔·阿布堵黒力力、阿里木江·曼苏尔、拜合提亚尔·斯的克、穆阿拜提·麦麦提、玉麦尔艾力·库尔班、努尔艾力·多力昆、依拉木江·艾尔肯、沙拉木·阿不都拉、吐尔艾力·吐尔迪、郭志斌、卓涛、李源欣鑫、吴刚、张灏）

民族民间舞《排排瑶寨舞起来》广东舞蹈学校

（齐慧麟、程圣卿、胡誉献、唐雅冬、周天豪、邓凌杰、庄添、谭均元、王海溪、黄大安、张新羿、杨文轩、刘洁、徐卓、张觅、罗宝君、陈思茹、雷雅籣、黄嘉君、张雅璇、林子、陈俊彤 、冷芸 、杜雅文）

民族民间舞《喜鹊喳喳喳》　山东省电影学校

（胡雪岩、高晓庆、李佳奕 、朱傲男、朱婧楠、刘子菡、徐莹、李海桐、刘冰冰、国金珂、王利、杨晓彤、冯杨、时静茹、袁小入、由玮、申欣、苏源薇、吴亚霖、杨玥、孙悦、李书萱、杨康硕、郭梓橦）

民族民间舞《畲家女儿拍》　浙江艺术职业学院

（吕锶琴、徐心怡、施方圆、叶樱颖、张梦飞、邵雅婧、陆怡婷、李苗苗、俞婷、林烨、李温柔、

陈姗姗、朱婵媛、魏翔翎、何梦瑶、陈璐瑶、池佳妮、吴艺宁、芦晓、葛旭璐、冯佳瑶、李芳蓉）

当代舞《羚羊的外套》　东北师范大学音乐学院舞蹈系

（徐佳宁、高佳音、杨文佳、赵满姣、芦航、尹昊、姜雨欣、贾琦、黄琢然、王金曼、孔琳、吕虹莹、黄麟淼、张新莹、周子怡、李明达、姜奇龙、腾昀轩、张婉　、吴晓龙、王晨馨、王艺霖、李雨霏、史策）

民族民间舞《一片太阳花》　安徽艺术职业学院

（王雪靖、卓玥、杜安琪、刘子静、胡倩、孔静茹、赵倩雯、王晶、吴莹、魏雯茜、张蓉蓉、程卉、孟婷婷、张雪纯、张子晔、李婉婷、林路楠、毛雨晨、周雪莹、杨慧贤、钱文静、单文哲、王亚文、李洁、左慧）

原创教学剧目奖

群舞　守爱　安徽艺术职业学院
独舞　钟馗　解放军艺术学院
独舞　忠义千秋　北京舞蹈学院附中
独舞　徽娘　北京舞蹈学院附属中等舞蹈学校
群舞　万物生　四川音乐学院舞蹈学院
独舞　再别断桥　北京舞蹈学院附中
群舞　就恋那方土　上海戏剧学院舞蹈学院
群舞　百花争妍　四川艺术职业学院

二等奖

中国古典舞组

少年女子组　王家鑫　北京舞蹈学院附中
　　　　　　王金玉　解放军艺术学院
少年男子组　夏　晟　北京舞蹈学院附中
　　　　　　郭亦鸣　上海戏剧学院附属舞蹈学校
青年女子组　朱　磊　解放军艺术学院
　　　　　　古宛玉　海戏剧学院舞蹈学院
青年男子组　李壮亮　沈阳音乐学院舞蹈学院

中国民间舞组

少年女子组　王雪妍　解放军艺术学院
　　　　　　黄闻捷　深圳艺术学校
少年男子组　姚　亮　北京舞蹈学院附属中等舞蹈学校
　　　　　　谭钧元　广东舞蹈学校
青年女子组　袁　竹　北京舞蹈学院
地拉热·多里孔　中央民族大学舞蹈学院
青年男子组　孙　豪　解放军艺术学院
　　　　　　拉巴扎西　中央民族大学舞蹈学院

芭蕾舞组

少年女子组　刘雪晨　北京舞蹈学院附中
少年男子组　王名轩　上海戏剧学院附属舞蹈学校
　　　　　　黎文韬　北京舞蹈学院附中
青年女子组　汪庆欣　辽宁芭蕾舞团附属芭蕾舞蹈学校
青年男子组　张超艺　辽宁芭蕾舞团附属芭蕾舞蹈学校

海外组

梅忠孝　广西艺术学院附属中等艺术学校
戴泳欣等　澳门演艺学院舞蹈学校
萧静怡　广东舞蹈学校

群舞组

民族民间舞《咿板嘟》　云南文化艺术职业学院
民族民间舞《抢花鞋》　湖南艺术职业学院
中国古典舞《激楚》　湖北艺术职业学院
中国古典舞《我要飞》　山西艺术职业学院
当代舞《映山红》　江西艺术职业学院
民族民间舞《吼秦腔》　陕西艺术职业学院
民族民间舞《流泪的索玛花》　中央民族大学舞蹈学院
民族民间舞《海上民谣》　厦门艺术学校
民族民间舞《美落子》　河北艺术职业学院
中国古典舞《戏梦人生》　大连艺术学院
民族民间舞《万物生》　四川音乐学院舞蹈学院
民族民间舞《就恋那方土》上海戏剧学院舞蹈学院
民族民间舞《风荷语笠》　无锡文化艺术学校
民族民间舞《姐妹们》　深圳艺术学校
民族民间舞《天界牧女》　武汉音乐学院舞蹈系

原创教学剧目奖

群舞　羚羊的外套　东北师范大学音乐学院舞蹈系
双人舞　天堂到底有多美　北京舞蹈学院
双人舞　单行道　上海戏剧学院附属舞蹈学校
群舞　葡萄熟了　中央民族大学舞蹈

学院
独舞　虎妞　吉林艺术学院
独舞　静静的玛尼石　中央民族大学舞蹈学院
独舞　金色贝多罗　广东舞蹈学校
独舞　孤独的老榆树　北京舞蹈学院
独舞　长坂坡　解放军艺术学院
群舞　弟子规　深圳艺术学校
群舞　喜鹊喳喳喳　山东省电影学校
群舞　戏梦人生　大连艺术学院
群舞　排排瑶寨舞起来　广东舞蹈学校
独舞　乐大夫出师　北京舞蹈学院附属中等舞蹈学校
群舞　海上民谣　厦门艺术学校
群舞　激楚　湖北艺术职业学院

三等奖

中国古典舞组

少年女子组　王　丹　上海戏剧学院附属舞蹈学校
谭一梅　上海戏剧学院附属舞蹈学校
黄　菲　广东舞蹈学校
少年男子组　武思明　北京舞蹈学院附中
张浩然　解放军艺术学院
沈徐斌　浙江艺术职业学院
青年女子组　王念慈　北京舞蹈学院
卢奕佳　上海戏剧学院舞蹈学院
李　娜　中央民族大学舞蹈学院
青年男子组　刘　畅　北京舞蹈学院
彭　捷　解放军艺术学院
胡棹杨　解放军艺术学院

中国民间舞组

少年女子组　陶妍芃　中央民族大学舞蹈学院
龚　主　上海戏剧学院附属舞蹈学校
赵　珊　北京舞蹈学院附属中等舞蹈学校
少年男子组　苏晓荻　上海戏剧学院附属舞蹈学校
乔靖宇　北京舞蹈学院附属中等舞蹈学校
刘雨桐　上海戏剧学院附属舞蹈学校
青年女子组　于婷婷　上海戏剧学院舞蹈学院
郭一歌　北京舞蹈学院
晁　煜　解放军艺术学院
米尔古丽·加帕尔　新疆艺术学院舞蹈学院
青年男子组　德　隆　中央民族大学舞蹈学院
施　维　解放军艺术学院
冯世扬　上海戏剧学院舞蹈学院

芭蕾舞组

少年女子组　程新然　沈阳音乐学院附属中等舞蹈学校
王　傲　辽宁芭蕾舞团附属舞蹈学校
王书韵　上海戏剧学院附属舞蹈学校
少年男子组　夏　俊　上海戏剧学院附属舞蹈学校
陈长乐　沈阳音乐学院附属中等舞蹈学校
江鹏飞　北京舞蹈学院附中
青年女子组　闫清筠　北京舞蹈学院
孙雅莉　北京舞蹈学院
青年男子组　佘兆环　北京舞蹈学院
王济禹　北京舞蹈学院
张晋浩　同济大学设计与艺术学院

海外组

蓝洁敏等　新加坡国立大学华族舞蹈团
简家傑　澳门演艺学院舞蹈学校
陈珮珮　澳门演艺学院舞蹈学校
阮氏凤泉　广西艺术学院附属中等艺术学校

群舞组

民族民间舞《羌寨里的年轻人》　西华大学艺术学院

中国古典舞《弟子规》　深圳艺术学校
民族民间舞《心声》　四川艺术职业学院
中国古典舞《东城决》　浙江艺术职业学院
当代舞《寂寞舞者》　广东舞蹈学校
民族民间舞《天堂草原》　西北民族大学舞蹈学院
民族民间舞《搏击翱翔》　天津音乐学院舞蹈系
民族民间舞《妞啊·扭》　北京百汇演艺学校
民族民间舞《壮水谣》　中央民族大学舞蹈学院
民族民间舞《巴渝乐舞图》　重庆市艺术学校
民族民间舞《热美姑娘》　云南民族大学艺术学院
民族民间舞《摇到外婆桥》　江苏省戏剧学校
民族民间舞《船歌》　广州市艺术学校
中国古典舞《济癫乐》　安徽艺术职业学院
民族民间舞《花屐棘》　东北师范大学
民族民间舞《云岭速写》　福建艺术职业学院
民族民间舞《黑袖之舞》　四川师范大学舞蹈学院
当代舞《八女投江》　北京戏曲艺术职业学院
民族民间舞《绣球女》　广西艺术学院舞蹈学院
当代舞《搏·鳌》　海南省琼海市嘉积中学男子舞蹈团

原创教学剧目奖

独舞　红色童年　南京艺术学院附属中等艺术学校
独舞　梅娘　上海戏剧学院舞蹈学院
独舞　浪　解放军艺术学院
独舞　你是我的心　深圳艺术学校
独舞　羽化灵蛇　上海戏剧学院舞蹈学院
独舞　守山人　吉林艺术学院
独舞　霓裳梦　解放军艺术学院
群舞　安代·道木歌　科尔沁艺术职业学院
独舞　寂静岭上　辽宁芭蕾舞蹈团附属芭蕾舞蹈学校
独舞　山鬼　中央民族大学舞蹈学院
独舞　竹音瑟瑟　北京舞蹈学院
群舞　羌寨里的年轻人　西华大学艺术学院
独舞　丽人　北京舞蹈学院附属中等舞蹈学校
群舞　蝴蝶飞　沈阳音乐学院附属中等舞蹈学校
群舞　乡韵　延边大学艺术学院
独舞　翩若惊鸿　上海戏剧学院附属舞蹈学校
群舞　吼秦腔　陕西艺术职业学院
群舞　云岭速写　福建艺术职业学院
独舞　杏花天影　上海戏剧学院舞蹈学院
独舞　天边的爱　沈阳音乐学院舞蹈学院
独舞　羽人　上海戏剧学院附属舞蹈学校
独舞　狂歌行　北京舞蹈学院
独舞　庚戌之变　沈阳音乐学院舞蹈学院
群舞　畲家女儿拍　浙江艺术职业学院
群舞　咿板嘟　云南文化艺术职业学院

等次奖选手（剧目）的指导教师同时获“园丁奖”。他们是：

邹之瑞、庄英邦、庄丽、朱婷、朱美丽、周鹏、周明龙、周雷、周兰、钟璐、郑宇、郑亚楠、郑学勤、郑容君、郑静、赵一飞、赵晓光、赵帅、赵鹏程、赵丽、赵洁、赵宏伟、张铮、张云鹏、张翼翀、张意萍、张瑶、张雅芳、张雪晶、张新亭、张晓梅、张小春、张先、张淑芳、张苒秋、张梦妮、张磊、张军、张娟华、张敬凯、张锦江、张格、张帝莎、张琛、战扬、扎西才让、袁志敏、袁媛、喻佳、余袅娜、殷敏、易佳、叶燕萍、姚磊、杨志浩、杨勇、杨绯、杨嵩、杨庆、杨琦、杨纳、杨敏健、杨敏、杨博文、颜业岸、阎欢、闫妍、薛一村子、许郯文、许晨、徐小平、谢飞、肖旻斐、肖继元、夏爽、吴玥、吴婷、吴淑丹、魏云、魏帅、韦慧梅、王悦、王燕平、王昕宇、王盛峰、王芃、王宁宁、王栎、王军、王娟、王菲、王芳、王大为、汪婷婷、万玛尖措、童婷婷、佟玲玲、田雪、田晶、唐镛、唐勤琴、唐磊、汤晓同、谭晓玲、谭伟、谭昊、塔来提·吐尔地、孙延泽、孙娅楠、孙爽、孙萌、孙娟娟、苏自红、苏雪冰、宋婕、宋博、宋丹丹、沈胤、沈雪、邵俊婷、色尕、饶子龙、全露、曲木阿依、秦丽秋、潜璐、朴雪花、庞丹、欧阳旭、欧思维、宁治、宁丹、倪倩云、南海勇、穆瑞鹰、孟广城、蒙小燕、美哈阿依、马云霞、马灵芝、马俊强、马军、马承魁、罗莹、罗铭、吕玉娟、吕亮、吕联、路耀武、路明、陆妍、陆婷、鲁佳、柳任、卢慧、柳文杰、柳倩、刘洋、刘世宁、刘魁、刘金昌、刘建强、凌桂明、林薇佳、林美芳、林亮、梁岳鹏、李洲、李赟、李源、李永祥、李迎喜、李依禅、李颜、李雪、李晓甜、李淑华、李然、李萍、李曼曼、李里、李海霞、李戈、李奋、李丹姝、李丹、李春源、李超、李阿丹、黎莉、雷鸣、孔令琳、金茸、金春昌、蒋玲、姜洋、姜阳、姜小平、江竺颖、江涛、黄田运、黄翎、黄琳、黄蕾、黄大广、华国贤、胡怡天、胡佳、胡刚、侯玉林、侯琛、和莹、何滔、何华铭、何海飞、郝思蕊、韩贤杰、韩磊、韩瑾、过节、郭峰、关於、关一毅、古扎丽·肉孜、古丽米娜·麦麦提、葛伟、高扬、高骞、高度、董询、董洁、丁然、丁琦睿、丁红、单周多杰、崔涛、丛刚、楚希、陈永富、陈婷、陈实、陈珊珊、陈庆烨、陈娜、陈丽竹、陈姣姣、陈橙、陈葳源、常娉娉、蔡园妹、蔡骞、才项措、暴蕾、包峥剡、白涛、白莉、巴特尔、阿宫、巴登、安琪。

鼓励奖

中国古典舞组

少年女子组　刘小暄　解放军艺术学院
朱耘君　南京艺术学院附属中等艺术学校
朱冬梅　广东舞蹈学校
赵艺萌　湖北省艺术职业学院
少年男子组　王　兴　解放军艺术学院
罗昱文　深圳艺术学校
陈凯晟　沈阳音乐学院附属中等舞蹈学校
席　超　北京市国际艺术学校
青年女子组　郝若琦　解放军艺术学院
徐梦迪　浙江艺术职业学院
孙菁茁　沈阳音乐学院舞蹈学院
刘璇姿　北京戏曲艺术职业学院
盛力敏　首都师范大学音乐学院舞蹈系
平文静　南京艺术学院舞蹈学院
青年男子组　孙　然　上海戏剧学院舞蹈学院
王　智　上海戏剧学院舞蹈学院
段　彪　中央民族大学舞蹈学院
袁作艨　武汉音乐学院舞蹈系

中国民间舞组

少年女子组　肖　涵　广东舞蹈学校
秦李桐　解放军艺术学院
徐铭悦　上海戏剧学院附属舞蹈学校
邓　月　解放军艺术学院
张羽琪　内蒙古大学艺术学院附中
董　涵　沈阳师范大学附属艺术学校
黎相茹　广东舞蹈学校
茹曼古丽·斯拉依丁　新疆艺术学院
叶子萌　吉林艺术学院
少年男子组　松贺日　解放军艺术学院
姚钰宸　解放军艺术学院
沈　验　吉林艺术学院
蒋子凯　深圳市艺术学校
青年女子组　杜古尔·欧登高娃　内蒙古大学艺术学院
陈星霖　中央民族大学舞蹈学院
高　寒　沈阳音乐学院舞蹈学院
白格黎玛　内蒙古大学艺术学院舞蹈系
金由美　延边大学艺术学院
徐梦璇　武汉音乐学院舞蹈系
青年男子组　田羊取中　北京舞蹈学院
白玛次仁　中央民族大学舞蹈学院
巴音达来　内蒙古大学艺术学院舞蹈系
赖裕智　广西艺术学院舞蹈学院

芭蕾舞组

少年女子组　胡亦韩　广州市艺术学校
黎静雯　上海戏剧学院附属舞蹈学校
赵午月　上海戏剧学院附属舞蹈学校
曾绮婷　广州市艺术学校
葛　淼　广州市艺术学校
少年男子组　申梦凡　广州市艺术学校

武　迪　上海戏剧学院附属舞蹈学校
那贵钧　沈阳音乐学院附属中等舞蹈学校
何泰昱　辽宁芭蕾舞团附属舞蹈学校
青年女子组　何琳艺　上海戏剧学院舞蹈学院
李　晨　辽宁芭蕾舞蹈团附属芭蕾舞蹈学校
青年男子组　吴延龄　上海戏剧学院舞蹈学院
于海轩　沈阳音乐学院附属中等舞蹈学校

群舞组

民族民间舞《千帆进》　浙江艺术学校
民族民间舞《草原上的守望者》　太原师范学院
民族民间舞《出嫁歌》　广西艺术学校
民族民间舞《遗风鼓舞萨满情》　北京市国际艺术学校
民族民间舞《闯·家园》　山东青年政治学院舞蹈学院
民族民间舞《黎乡笠影》　海南省文化艺术学校
中国古典舞《和》　广西大学艺术学院
民族民间舞《太阳人》　上海电影艺术职业学院
民族民间舞《酒是故乡浓》　星海音乐学院
民族民间舞《最鲜艳的花朵》　南京艺术学院附属中等艺术学校
民族民间舞《我从山中来》　西华大学艺术学院
民族民间舞《清江恋歌》　武汉音乐学院舞蹈系
民族民间舞《刮大风》　北京戏曲艺术职业学院
民族民间舞《神佑》　内蒙古大学艺术学院
民族民间舞《日麦捞果》　四川幼儿师范高等专科学校
民族民间舞《安代·道木歌》　科尔沁艺术职业学院
民族民间舞《天堂的灯》　青海省文化艺术职业学校
民族民间舞《花季》　西南民族大学艺术学院
中国古典舞《梅兰芬芳》　石家庄市艺术学校
芭蕾舞《青花韵》　江西中山舞蹈学校
当代舞《人生能有几回搏》　北京体育大学
中国古典舞《颂春》　中国戏曲学院附中
民族民间舞《自古英雄出少年》　新疆艺术学院附属中等艺术学校
民族民间舞《搅团团》　北方民族大学音乐舞蹈学院

优秀组织奖

安徽艺术职业学院

第十届全国青少年小提琴比赛获奖名单

名次奖

少年组

第一名　王温迪　中央音乐学院附中
第二名　蒋熠颖　中央音乐学院附中
第三名　空缺
第四名　李学鸿　上海音乐学院附中
第五名　龚雨露　中央音乐学院附中
第六名　潘若颖　中国音乐学院附中

青年组

第一名　空缺
第二名　殷欧卡琳　上海音乐学院附中
第三名　何枢聪　中央音乐学院
第四名　竺玟佳　上海音乐学院附中
第五名　空缺
第六名　空缺

获名次奖选手的指导教师，同时获“园丁奖”。他们是：

张提、俞丽拿、黄蒙拉、赵薇、金辉、周铭恩、郑石生、柴亮、于兵、黄晨星

鼓励奖

少年组

吴松澳　中央音乐学院附中
鲁家琪　上海音乐学院附中
袁　媛　西安音乐学院附中

青年组

张李峻伊　中央音乐学院附中
林率帅　沈阳音乐学院
柳　鸣　上海音乐学院附中
洪俊毅　中央音乐学院
李若曜　上海音乐学院附中

刘　莹　　沈阳音乐学院

中国作品演奏奖

少年组

王温迪　中央音乐学院附中

曲目：秦咏诚《满怀深情望北京》

青年组

何枢聪　中央音乐学院

曲目：陈疏赢《姑苏吟》

钢琴艺术指导奖：卢静怡、平原

第六届中国原生民歌大赛获奖名单

独唱及重唱、对唱组

演唱者	推荐单位	所获奖项
潘兴周、余秋阳	贵州省文化厅	金奖
普艳喜	云南省文化厅	银奖
王爱民、吴娟	湖北省文化厅	银奖
张小兵	陕西省文化厅	铜奖
白玛永西	青海省文化和新闻出版厅	铜奖
巴合提江·吾拉孜艾力、马尔甫华·赛迪瓦尔地	新疆维吾尔自治区文化厅	铜奖
敖特根图娅	内蒙古自治区文化厅	优秀演唱奖
多布	西藏自治区文化厅	优秀演唱奖
黄旭	贵州省文化厅	优秀演唱奖
牟秉进、肖琼	湖北省文化厅	优秀演唱奖
史芬英、史占国	山西省文化厅	优秀演唱奖
格日勒赛汉	内蒙古自治区文化厅	优秀演唱奖
温志华、施美娜	内蒙古自治区文化厅	优秀演唱奖
贡桑德吉	西藏自治区文化厅	优秀演唱奖
夏云昌	湖北省文化厅	优秀演唱奖
车美玲	吉林省文化厅	优秀演唱奖
吴爱衡、肖欣琴	湖南省文化厅	优秀演唱奖
石光林	甘肃省文化厅	优秀演唱奖
兰承群、罗周兰	广西壮族自治区文化厅	优秀演唱奖
窦兵花	山西省文化厅	优秀演唱奖
罗小平	甘肃省文化厅	优秀演唱奖
赵五英	湖南省文化厅	优秀演唱奖
唐罗古五	广东省文化厅	优秀演唱奖
王静、张平	宁夏非物质文化遗产保护中心	优秀演唱奖

多人组合组

演唱者	推荐单位	所获奖项
谭学聪、许艺才、黄本红、邓学红、谭焦、胡明盛、李开文	湖北省文化厅	金奖
陆庭文、陆锐波、杨秀山、刘启高、陆丽萍、卜建波、陆双玲、龙明娟	云南省文化厅	银奖
祖木热提·阿西尔、艾力·喀迪尔、艾洁尔·玉苏普、则丽凯姆·索皮、萨尼耶姆·艾力夏、萨依提·阿迪力、赛代姆·麦麦提、阿耶提古丽·艾则孜、阿依姆古丽·玉苏普、阿依古丽·阿迪力、米娜热木·艾麦提	新疆维吾尔自治区文化厅	银奖
王明俊、曹锋、田进勇、王李平、覃诚芳、肖冬娥	湖北省文化厅	铜奖
高代英、普丽珍、普美芳、石丽梅、罗智保、孙正尧、罗杨生、何其祥	云南省文化厅	铜奖
杨文英、黄庭淼、包志刚、赵玉华、陆根荣	江苏省文化厅	铜奖
严明军、王祖伦、王祖湘、董长华、吴魁元、向立才、崔邦胜	湖北省文化厅	优秀演唱奖
阿曼古力·吾尔肯巴衣、托合提那扎尔·买买提吐尔干、苏力坦·托热巴依、木尔扎白克·杜汪、托合托松·库坎、托合塔汗·吐尔达力、古力孜那提·买买吐尔干、吐坎·买买吐尔干	新疆维吾尔自治区文化厅	优秀演唱奖
格日勒赛汉、宝日希日、巴哈沙巴迪	内蒙古自治区文化厅	优秀演唱奖
吴才德、龙景平、谢科培、杨云生、谢第枝、丁思干、宋永友、吴才国	湖南省文化厅	优秀演唱奖
江净乐、钟勇、李正辉、李洪成	四川省文化厅	优秀演唱奖
罗市敏、张友祥、虞友宏	浙江省文化厅	优秀演唱奖
王帮斌、王喆、杨凯、杨程、姚岗仁、严光华、赵林林、吕弋	陕西省文化厅	优秀演唱奖
色郎拥忠、益中拉姆、降巴青错	四川省文化厅	优秀演唱奖
邹景军、蔡尚斌、曹光裕、孙波、杨阳飞	重庆市文化广播电视局	优秀演唱奖
高世宏、白成云、徐志宁	陕西省文化厅	优秀演唱奖

院校组

演唱者	推荐单位	所获奖项
那顺吉日嘎拉、斯琴毕力格、代小、扎力嘎夫、德力根其其格、查干巴拉、钢宝力道	内蒙古师范大学	金奖
杨华桃、吴黎霞、向沙、吴先艳、林莎莎、吴再兰、杨媛媛、陆慧江	贵州大学艺术学院	银奖
段佳灵	山西戏剧职业学院	银奖
刘海嘉、韦惠珍、王月芳	广西艺术学院	铜奖
阿不都外力·沙它尔、艾海提·吾吉、吐尼沙古·司马义、艾尼瓦尔·艾沙、阿力木江·阿布都卡地尔、阿迪力·阿卜杜克力木、阿布都拉·阿布来提	新疆艺术学院	铜奖
李砚、马胜、陈碧云、李丽萍、王志明、刘皓月	武汉音乐学院	铜奖
李廖娜、梁艳、邓水燕、韦旋丹、欧天灵、何彩玲、郑晓	广西艺术学院	优秀演唱奖
张美珍、许凤玉	昆明艺术职业学院	优秀演唱奖
王敏	山西戏剧职业学院	优秀演唱奖
金青林	延边大学艺术学院	优秀演唱奖
泽仁拉姆	西藏大学艺术学院	优秀演唱奖
次仁旺姆、泽仁拉姆、尼崩、旦增贡桑	西藏大学艺术学院	优秀演唱奖
兰妮细芝	昆明艺术职业学院	优秀演唱奖
崔瑞宁、高昆峰	山西戏剧职业学院	优秀演唱奖
靳旭豪、鲍文杰、谢恩孟、范宝印、刘同点、袁其玉、王春雨、屈伸	南阳师范学院音乐学院	优秀演唱奖

组委会特别奖

演唱者	推荐单位	所获奖项
严明军、王祖伦、王祖湘、董长华、吴魁元、向立才、崔邦胜	湖北省文化厅	组委会特别奖
江净乐、钟勇、李正辉、李洪成	四川省文化厅	组委会特别奖
吴才德、龙景平、谢科培、杨云生、谢第枝、丁思干、宋永友、吴才国	湖南省文化厅	组委会特别奖
崔瑞宁、高昆峰	山西戏剧职业学院	组委会特别奖
泽仁拉姆	西藏大学艺术学院	组委会特别奖
罗小平	甘肃省文化厅	组委会特别奖
赵五英	湖南省文化厅	组委会特别奖

传承奖

毛爱霞（湖南）毛继余（湖南）李凤莲（宁夏）黄美云（福建）

刘卯生（山西）江守本（安徽）查月华（安徽）梁炳妹（广东）

奇附林（内蒙古）王桂姐（湖北）王月姐（湖北）

优秀组织奖

广东省文化厅　甘肃省文化厅　广西壮族自治区文化厅　湖北省文化厅　湖南省文化厅　青海省文化厅和新闻出版厅　四川省文化厅　山西省文化厅　陕西省文化厅　新疆维吾尔自治区文化厅　云南省文化厅　浙江省文化厅　广西艺术学院　贵州大学艺术学院　昆明艺术职业学院　内蒙古师范大学　山西戏剧职业学院　西藏大学艺术学院　新疆艺术学院　武汉音乐学院　延边大学艺术学院

第二届全国青少年钢琴比赛获奖名单

名次奖

青年组

第一名　李文琦　上海音乐学院
第二名　郭　珺　中央音乐学院
第三名　李金鸿　沈阳音乐学院
第四名　姚程程　中国音乐学院
第五名　李斯倩　中央音乐学院
第六名　陈俊珲　上海音乐学院附中

少年组

第一名　陈学弘　中央音乐学院附中
第二名　徐今朝　中央音乐学院附中
第三名　钟　航　四川音乐学院
第四名　叶子凡　中央音乐学院
第五名　王泉林　中央音乐学院附中
第六名　雷博文　武汉音乐学院

获名次奖选手的指导教师，同时获“园丁奖”。他们是：

杨韵琳、吴迎、韦丹文、李民、鲍蕙荞、唐哲、张欣宁、袁芳、王雁、由熹、陈曼春、蒋立平。

鼓励奖

青年组

郑　逊　上海音乐学院
戴祺运　中央音乐学院
朱曈曈　中央音乐学院附中
洪逸珊　中国音乐学院附中
赵禹纶　中国音乐学院
李一鸥　武汉音乐学院

少年组

吕黄金　中国音乐学院附中
田广收　中国音乐学院附中
郑宜含　中央音乐学院鼓浪屿钢琴学校
张子健　中国音乐学院附中
黄念一　上海音乐学院附中
冀宇森　星海音乐学院附中

中国作品演奏奖

青年组

李斯倩　中央音乐学院
曲目：储望华《茉莉花》

少年组

徐今朝　中央音乐学院附中
曲目：张朝《皮黄》

2009—2010年度国家舞台艺术精品工程重点年度资助剧目名单

1. 河南省豫剧一团
豫剧《常香玉》
2. 江苏省苏州市滑稽戏剧团
滑稽戏《顾家姆妈》
3. 广西壮族自治区壮剧团
壮剧《天上恋曲》
4. 总政话剧团
话剧《生命档案》
5. 总政歌舞团
舞剧《铁道游击队》
6. 上海昆剧团
昆曲《长生殿（精华版）》
7. 湖南省湘剧院
湘剧《李贞回乡》
8. 吉林省京剧院
京剧《牛子厚》
9. 福建省京剧院
京剧《北风紧》
10. 河北省京剧院
京剧《响九霄》
11. 辽宁人民艺术剧院
话剧《黑石岭的日子》

12. 青海省戏剧艺术剧院与浙江京剧团（合作）
京剧《藏羚羊》
13. 甘肃省陇剧院
陇剧《苦乐村官》
14. 中国国家话剧院
话剧《这是最后的斗争》
15. 山西戏剧职业学院
说唱剧《解放》

2010—2011年度国家舞台艺术精品工程资助剧目名单

1. 北京市北方昆曲剧院
昆曲《红楼梦》
2. 天津京剧院
京剧《香莲案》
3. 河北省邯郸市平调落子剧团
平调落子《黄粱梦》
4. 山西省梅花文化传播有限公司
晋剧《大红灯笼》
5. 内蒙古自治区呼伦贝尔民族歌舞剧院话剧团
话剧《拓跋鲜卑》
6. 辽宁人民艺术剧院
话剧《郭明义》
7. 吉林省松原市满族艺术剧院
满族新城戏《洪皓》
8. 黑龙江省评剧院
评剧《半江清澈半江红》
9. 上海昆剧团
昆曲《邯郸梦》
10. 江苏省苏州昆剧院
昆曲《牡丹亭》(青春版)
11. 浙江话剧团有限公司
话剧《谁主沉浮》
12. 安徽省歌舞剧院有限责任公司
舞剧《徽班》
13. 福建省实验闽剧院
闽剧《王莲莲拜香》
14. 江西省赣南采茶歌舞剧院
舞剧《八子参军》
15. 山东省聊城市豫剧院
豫剧《大明贤后》
16. 河南省越调剧团
越调《老子》
17. 湖北省京剧院
京剧《建安轶事》
18. 湖南省长沙市湘剧院
湘剧《古画雄魂》
19. 广东省佛山粤剧传习所
粤剧《小凤仙》
20. 海南省三亚太阳鸟文化产业有限公司
音乐剧《火凤凰》
21. 广西壮族自治区桂剧团
桂剧《七步吟》
22. 重庆杂技艺术团
杂技剧《花木兰》
23. 四川省歌舞演艺有限责任公司
舞剧《红军花》
24. 贵州省话剧团
话剧《天地文通》
25. 云南省话剧院
话剧《搬家》
26. 西藏自治区话剧团
话剧《解放，解放》
27. 陕西省戏曲研究院
秦腔《西京故事》
28. 甘肃省定西市秦剧团
秦剧《百合花开》
29. 青海省藏剧团与黄南州民族歌舞剧团（合作）
歌舞《热贡神韵》
30. 宁夏演艺集团秦腔剧院
秦腔《庄妃与多尔衮》
31. 新疆艺术剧院话剧团
话剧《大巴扎》
32. 新疆生产建设兵团歌舞剧团
歌舞剧《可爱的一朵玫瑰花》
33. 国家话剧院与北京儿童艺术剧院股份有限公司（合作）
话剧《四世同堂》
34. 中国歌剧舞剧院
歌剧《红河谷》
35. 中央芭蕾舞团
芭蕾舞剧《牡丹亭》
36. 总政话剧团
话剧《毛泽东在西柏坡的畅想》
37. 广州军区政治部战士文工团

舞剧《三家巷》
38. 北京刘秀荣评剧团（民营）
评剧《宋庆龄与新中国》
39. 宁夏回族自治区歌舞团
舞剧《花儿》
40. 重庆三峡歌舞剧团
方言话剧《三峡人家》
41. 湖北艺术职业学院
舞蹈诗《家住长江边》
42. 陕西省西安秦腔剧院有限责任公司
秦腔《柳河湾的新娘》

第二届优秀保留剧目大奖获奖作品名单

1. 国家京剧院
京剧《杨门女将》
2. 天津京剧院
京剧《华子良》
3. 湖北省京剧院
京剧《徐九经升官记》
4. 浙江昆剧团
昆曲《十五贯》
5. 安徽省黄梅戏剧院有限责任公司
黄梅戏《天仙配》
6. 山东省吕剧院
吕剧《姊妹易嫁》
7. 河南省豫剧三团
豫剧《朝阳沟》
8. 河南小皇后豫剧团
豫剧《铡刀下的红梅》
9. 上海越剧院
越剧《红楼梦》
10. 南京市越剧团
越剧《柳毅传书》
11. 河北省河北梆子剧院
河北梆子《宝莲灯》
12. 福建省梨园戏实验剧团
梨园戏《董生与李氏》
13. 吉林省吉剧院
吉剧《桃李梅》
14. 广西壮族自治区彩调剧团
彩调剧《刘三姐》
15. 运城市蒲剧青年实验演出团
蒲剧《山村母亲》
16. 苏州市滑稽剧团
儿童剧《青春跑道》
17. 济南市儿童艺术剧院
儿童剧《宝贝儿》
18. 中央芭蕾舞团
芭蕾舞剧《红色娘子军》
19. 湖北省歌舞剧院
歌剧《洪湖赤卫队》
20. 空政文工团
歌剧《江姐》

第五届中国昆剧艺术节获奖名单

优秀剧目

《景阳钟变》上海昆剧团
《红楼梦》（上、下本）北方昆曲剧院
《玉簪记》江苏省苏州昆剧院
《金印记》浙江永嘉昆剧团
《临川梦影》浙江昆剧团
《白兔记》湖南省昆剧团
《白罗衫》江苏省演艺集团昆剧院
《烂柯山》上海昆剧团
《满床笏》江苏省苏州昆剧院
《续琵琶》北方昆曲剧院
（折子戏版）
《红楼梦》江苏省演艺集团昆剧院
《荆钗记》湖南省昆剧团
《乔小青》浙江昆剧团
《拜月亭》上海青年京昆剧团

优秀展演剧目

《西厢记》台湾昆剧团
《奇双会》台湾昆剧团
（折子戏）
《牡丹亭》中国戏曲学院
《昆曲折子戏专场》上海青年京昆剧团
《昆曲折子戏专场》
中国昆曲博物馆、苏州市艺术学校
《昆曲折子戏专场》苏州兰芽昆曲艺术剧团
《昆曲折子戏专场》浙江永嘉昆剧团
《富春梦》中国戏曲学院、山东省柳子剧团
《挡马》、《火烧子都》浙江婺剧团
《小宴》义乌婺剧团

《辰州打擂》东阳婺剧团
《紫禁城游记- 宫祭》香港进念二十面体
《红豆祭》
苏州市锡剧团有限公司、江苏省苏州苏剧团

优秀表演奖

黎　安　　上海昆剧团《景阳钟变》
王　芳　　江苏省苏州昆剧院《满床笏》
王振义　　永嘉昆剧团《金印记》
邵天帅　　北方昆曲剧院《红楼梦》
翁佳慧　　北方昆曲剧院《红楼梦》
施夏明　　江苏省演艺集团昆剧院《红楼梦》（折子戏版）
沈丰英　　江苏省苏州昆剧院《玉簪记》
袁国良　　上海昆剧团《烂柯山》
朱冰贞　　北方昆曲剧院《红楼梦》
俞玖林　　江苏省苏州昆剧院《玉簪记》
余　彬　　上海昆剧团《景阳钟变》
雷　玲　　湖南省昆剧团《白兔记》
单　雯　　江苏省演艺集团昆剧院《红楼梦》（折子戏版）
由腾腾　　永嘉昆剧团《金印记》
胡　娉　　浙江昆剧团《乔小青》

表演奖

程伟兵　　浙江昆剧团《临川梦影》
蒋　珂　　上海青年京昆剧团《拜月亭》
王福文　　湖南省昆剧团《荆钗记》
季云峰　　上海昆剧团《景阳钟变》
钱振荣　　江苏省演艺集团昆剧院《白罗衫》
卫　立　　上海青年京昆剧团《拜月亭》
鲍　晨　　浙江昆剧团《临川梦影》
徐思佳　　江苏省演艺集团昆剧院《红楼梦》（折子戏版）
陈　莉　　上海昆剧团《烂柯山》
唐　珲　　湖南省昆剧团《白兔记》
赵文林　　江苏省苏州昆剧院《满床笏》
赵于涛　　江苏省演艺集团昆剧院《白罗衫》
白　云　　浙江昆剧团《临川梦影》
翁育贤　　江苏省苏州昆剧院《满床笏》
毛文霞　　浙江昆剧团《乔小青》

优秀作曲奖

王大元　　北方昆曲剧院《红楼梦》
孙建安　　江苏省演艺集团昆剧院《红楼梦》（折子戏版）
周雪华　　浙江昆剧团《乔小青》
顾兆琳、李樑　　上海昆剧团《景阳钟变》
张世铮、张咏亮、唐邵华　　湖南省昆剧团《白兔记》

优秀鼓师奖

李永昇　　北方昆曲剧院《红楼梦》
李立特　　江苏省演艺集团昆剧院《白罗衫》
王明强　　浙江昆剧团《临川梦影》
高　均　　上海昆剧团《景阳钟变》
林　峰　　上海昆剧团《烂柯山》

优秀笛师奖

王建平　　北方昆曲剧院《红楼梦》
邹建梁　　江苏省苏州昆剧院《满床笏》
钱　寅　　上海昆剧团《景阳钟变》
黄光利　　浙江永嘉昆剧团《金印记》
蒋　锋　　湖南省昆剧团《白兔记》

第五届中国昆剧艺术节特别奖

坂东玉三郎

第五届中国昆剧艺术节组织工作奖

苏州市人民政府

第五届中国苏州评弹艺术节获奖名单

长篇书目传承演出奖

江苏省演艺集团评弹团《七侠五义》
传承人：金声伯
演出者：汪正华
浙江曲艺杂技总团有限公司·浙江评弹团《玉蜻蜓》
传承人：王柏荫
演出者：黄海华、吴静慧
上海评弹团《珍珠塔》
传承人：周云瑞、陈希安；饶一尘、赵开生
演出者：高博文、陆锦花
上海评弹团《神弹子》
传承人：张振华、庄凤珠
演出者：郭玉麟、史丽萍；陆嘉玮、朱琳
苏州市评弹团、苏州评弹学校《杨乃武》
传承人：邢晏春、邢晏芝；金丽生
演出者：孙立、孙可；沈彬、郁群

优秀中篇书目奖

《绣神》苏州市评弹团
《陈其美1911》上海评弹团

中篇书目奖

《孙武与胜玉》苏州市吴中区评弹团

《香履迷踪》

浙江曲艺杂技总团有限公司·浙江评弹团

《一张借条》江苏省演艺集团评弹团

优秀短篇（选回）书目奖

短篇弹词《梁祝·梳妆》上海评弹团

长篇评话选回《三国·华容道》江阴市评弹团

短篇评话《富春山居图》常熟市评弹团

短篇弹词《招牌菜》常熟市评弹团

长篇弹词选回《白蛇·合钵》上海评弹团

长篇弹词选回《西厢记·惊艳》苏州市评弹团

长篇弹词选回《杜十娘·归舟》上海评弹团

短篇弹词《港城大义》张家港市艺术中心

短篇（选回）书目奖

弹词开篇《华容道》上海评弹团

短篇弹词《采访》苏州市评弹团

短篇弹词《心绣》常州市曲艺团

短篇弹词《苦人儿》江苏省演艺集团评弹团

短篇弹词《情断栖霞》江苏省演艺集团评弹团

短篇弹词《东渡·庆安往事》

张家港市艺术中心

长篇评话选回《正说包公》苏州市评弹团

长篇评话选回《岳传·扫秦》常熟市评弹团

中篇弹词选回《凌云出岫·银元之战》

上海演艺工作者联合会、上海市曲艺家协会

优秀中篇创作（改编）奖

蒋希均《香履迷踪》

郁小庭、姜永春《一张借条》

中篇创作（改编）奖

杨筱东、陈松青、黄　阳《五姑娘》

窦福龙《孙武与胜玉》、《貂蝉》

优秀短篇创作（改编）奖

郁小庭　短篇弹词《无名战士》

陈碧红、王智雄

长篇弹词选回《张学良与赵四小姐·苦谏》

短篇创作（改编）奖

周玉峰、张戬炜

长篇评话选回《白太官·谢荷花》

陆建华、张国灿　短篇弹词《育种人》

范林元　中篇弹词选回《凌云出岫·银元之战》

优秀表演奖

盛小云　中篇弹词《绣神》

吴　静　中篇弹词《绣神》

张建珍　中篇弹词《孙武与胜玉》

陈　琰　中篇弹词《孙武与胜玉》

陆建华　短篇弹词《招牌菜》

周　红　短篇弹词《梁祝·梳妆》

徐惠新　短篇弹词《梁祝·梳妆》

蒋　文　长篇弹词选回《白蛇·合钵》

吴伟东　中篇弹词选回《杨贵妃·马嵬坡》

陈希伯　长篇评话选回《三国·华容道》

程艳秋　中篇弹词选回《凌云出岫·银元之战》

王　承　中篇弹词《香履迷踪》

周　慧　中篇弹词《貂蝉》

季静娟　短篇弹词《港城大义》

张　明　短篇弹词《情断栖霞》

郁　群　长篇弹词选回《西厢记·惊艳》

夏夕燕　中篇弹词《一张借条》

高博文　长篇弹词选回《杜十娘·归舟》

陆锦花　长篇弹词选回《杜十娘·归舟》

陆人民　中篇弹词《孙武与胜玉》

表演奖

颜丽花　中篇弹词《香履迷踪》

沈　彬　长篇弹词选回《西厢记·惊艳》

查兰兰　中篇弹词《老子、折子、孝子》

许芸芸　长篇弹词选回《武松·杀嫂》

归　兰　长篇弹词选回《玉蜻蜓·厅堂夺子》

毛瑾瑾　中篇弹词选回《杨贵妃·马嵬坡》

张毅谋　长篇弹词选回《玉蜻蜓·厅堂夺子》

陆嘉玮　短篇弹词《人面桃花》

黄海华　中篇弹词《香履迷踪》

黄庆妍　中篇弹词《一张借条》

吴新伯　短篇评话《信仰》

钱国华　中篇弹词《孙武与胜玉》

张蝶飞　长篇弹词选回《秋海棠·姑侄相会》

陈燕燕　长篇评话选回《岳传·扫秦》

朱　琳　中篇弹词《陈其美1911》

张丽华　短篇弹词《采访》

沈仁华　弹词开篇《华容道》

蒋春雷　中篇弹词《一张借条》

金鉴伯　长篇评话选回《正说包公》

徐小凤　中篇弹词《五姑娘》

陈松青　中篇弹词《五姑娘》

殷麒麟　中篇弹词《老子、折子、孝子》

郭玉麟　中篇弹词《陈其美1911》

“永远的辉煌”——第十四届中国老年合唱节荣誉名单

获得“海峡杯”的合唱团：
北京海燕合唱团
福建榕树合唱团
河南郑州田园室内合唱团
四川省肖家河街道社区合唱团
山东烟台市群众艺术馆群星合唱团
台湾澎湖县政府文化局合唱团
福建老干部海峡合唱团
浙江杭州西湖女子合唱团
重庆市渝中区文化馆“春之声”合唱团
海南红棉合唱团
重庆市长风合唱团
泉州老年大学合唱团
四川CNC华明爱乐女子合唱团
上海黄浦区第二文化馆春天合唱团
湖北省群艺馆群星老年合唱团
广东深圳市罗湖区东门老干部合唱团
安徽省淮北市合唱团
河北省太行之声合唱团
广东东莞市老干部青松合唱团
陕西省艺术馆老三届知青合唱团
获得“武夷杯”的合唱团：
福建老年大学合唱团
辽宁省葫芦岛市老干部艺术团合唱团
福建水之声合唱团
吉林老干部活动中心老山参合唱团
台湾金门县合唱团
河北唐山市群艺馆艺术中心乐友合唱团
兰州军区兰州老战士大学老兵合唱团
广西柳州保利合唱团
江苏无锡山禾老年女子合唱团
山东济南妇儿中心爱乐合唱团
山西太原市老年大学彩虹合唱团
贵州省老年大学合唱团
广西南宁青秀合唱团
贵州省军区老年大学合唱团
湖北武汉市洪山区老干部合唱团
福建福州市金秋合唱团
湖南岳阳市音协胜景山河合唱团
上海宝钢松涛合唱团
江苏省师范大学汉韵合唱团
水利部黄河水利委员会老干部合唱团
获得“闽江杯”的合唱团：
浙江杭州市民合唱团
江西南昌市文联合唱团
安徽省童心老年合唱
辽宁省鞍山市心之声合唱团
包头市老年艺术合唱团
云南省聂耳合唱团
香港侨友合唱团
宁夏老年大学合唱团
甘肃省老干部活动中心合唱团
山西潞安夕阳红合唱团
内蒙古群艺馆老年大学阳光合唱团
陕西延安老干部合唱团
宁夏文化馆秋韵女声合唱团
新疆克拉玛依区老年合唱团
新疆伊犁奎屯市文化馆合唱团
黑龙江省鸡西市合唱协会童心女声合唱团
湖南长沙市通泰老年艺术团
云南昭通市老战士艺术团
浙江嘉兴市南湖区栅堰社区合唱团
内蒙古鄂尔多斯老干部合唱团
安徽芜湖市文化馆华乐合唱团
广西南宁绿城之声合唱团
广东梅州市银声客家山歌合唱团

第七届全国儿童剧优秀剧目展演获奖名单

优秀剧目奖

《特殊作业》	中国儿童艺术剧院
《水晶之心》	辽宁儿童艺术剧院
《小英雄雨来》	河北省唐山市丰润区评剧团
《水姑娘》	吉林市话剧团
《神奇的田螺壳》	宁波演艺集团
《留守小孩》	江苏省金坛市华罗庚艺术团
《我的麦哲伦海峡》	济南市儿童艺术剧院
《琪琪的红舞鞋》	浙江话剧团有限公司
《成长的快乐》	中国福利会儿童艺术剧院
《麻达历险记》	福建人民艺术剧院
《马可·波罗与大熊猫》	

成都艺术剧院木偶皮影剧团

优秀演出奖

《金凤凰》 浙江省平阳县木偶剧团
《刘胡兰》 山西省吕梁市晋剧院有限公司
《七夕的传说》 天津市儿童艺术剧院
《金鱼与渔夫》 斗斗创艺（北京）国际文化有限公司
《拇指姑娘》 安徽省话剧院有限责任公司
《童谣·我们的1949》 昆明银杏剧社
《谁是朋友》 广东省话剧院有限公司
《太阳神鸟》 陕西省民间艺术剧院有限公司
《九尾玄狐》 中国戏曲学院附属中等戏曲学校
《天鹅琴》 兰州市儿童艺术剧团
《金星花——小萝卜头》 福建省晋江市掌中木偶剧团
《TEXT·课本总动员》 四川人民艺术剧院
《“哥德堡号”与魔法圣杯》 北京缤纷无限儿童艺术剧团
《孙悟空三打白骨精》 山西省孝义市木偶剧团
《阳光少年》 乌鲁木齐市艺术剧院

编剧奖

《小英雄雨来》 孙德民、刘作民、王景衡
《水姑娘》 陆吉平、孙喜军
《成长的快乐》 汪　浩
《刘胡兰》 曲润海、戴英禄、邹忆青
《金凤凰》 沈经伟、赵阳

导演奖

《特殊作业》 廖向红
《水晶之心》 宋国锋、刘若云
《神奇的田螺壳》 翁国生
《七夕的传说》 马　路
《琪琪的红舞鞋》 钟　浩
《拇指姑娘》 许曼地

优秀表演奖

《特殊作业》“陈母”饰演者 薛　白
《刘胡兰》“刘胡兰”饰演者 李莉芳
《水晶之心》“马奶奶”饰演者 李冬梅
《小英雄雨来》“雨来”饰演者 张岳云
《九尾玄狐》“九尾玄狐”饰演者 张　琦
《琪琪的红舞鞋》“琪琪”饰演者 涂媛媛
《谁是朋友》“梦梦”饰演者 刘红韵
《金星花——小萝卜头》“江姐”饰演者 蔡美娜
《神奇的田螺壳》“谢小妹”饰演者 徐薇薇
《TEXT·课本总动员》“小蚂蚁”饰演者 鲁文婷

表演奖

《童谣·我们的1949》“春花”饰演者 阮　佳
《童谣·我们的1949》“小莉”饰演者 缪立极
《我的麦哲伦海峡》“吕小远”饰演者 刘　岳
《麻达历险记》“黄狗”饰演者 周　琳
《金鱼与渔夫》“渔婆”饰演者 刘思秀
《七夕的传说》“喜鹊婆婆”饰演者 丑菁琇
《留守小孩》“石头”饰演者 丁小熊
《成长的快乐》“虎王”饰演者 倪　晔
《金星花——小萝卜头》“小萝卜头”饰演者 林静如
《“哥德堡号”与魔法圣杯》“大龙”饰演者 宋建霖
《天鹅琴》“柯尔达”饰演者 刘　娟
《天鹅琴》“黑鹰怪”饰演者 马晓红
《太阳神鸟》“豆豆”饰演者 闫　娟
《水姑娘》“水姑娘”饰演者 王　闯
《金凤凰》“丽丽”饰演者 毛秀英
《阳光少年》“九西坤”饰演者 肖　玲
《孙悟空三打白骨精》“白骨精”饰演者 赵桂芬
《TEXT·课本总动员》“陶小乐”饰演者 李　龙
《马可·波罗与大熊猫》“小生”饰演者 夏　欢

组织工作奖

宁波市文化广电新闻出版局
鄞州区人民政府
镇海区人民政府
北仑区人民政府

全国京剧优秀青年演员折子戏展演获奖名单

优秀表演奖

于　帅（花脸） 北京京剧院
万晓慧（青衣） 湖北省京剧院
马　力（老生） 中央戏剧学院
马　佳（青衣） 黑龙江省京剧院
王　越（花脸） 山西省京剧院
王　璐（武生） 国家京剧院

王珮瑜（老生） 上海京剧院
方开柳（花旦） 北京戏曲艺术职业学院
吕　洋（青衣） 天津京剧院
孙　博（小生） 沈阳京剧院
苏　旭（老生） 青岛市京剧院
李　博（老生） 国家京剧院
李　静（花旦） 云南省京剧院
李艾春（武生） 天津市青年京剧团
吴雪靖（老旦） 山东省京剧院
时增帅（武丑） 福建京剧院
张蕾蕾（青衣） 吉林省京剧院
陈　阳（花旦） 沈阳京剧院
陈　琛（老旦） 山东省京剧院
罗戎征（花旦） 浙江京剧团
郑　潇（青衣） 北京京剧院
单　莹（青衣） 天津市青年京剧团
姜亦珊（青衣） 北京京剧院
高红梅（青衣、刀马旦）
上海京剧院
凌　珂（老生） 天津京剧院
傅希如（老生） 上海京剧院
蓝　天（老生） 上海京剧院

表演奖

马　良（老生） 济南市京剧院
王　丽（花旦） 天津市青年京剧团
王　凯（小生） 上海戏剧学院戏曲学院
王大兴（武生） 天津京剧院
王嘉庆（花脸） 天津京剧院
牛　腾（花脸） 石家庄市京剧团
田　慧（青衣） 上海京剧院
朱　青（青衣） 江苏省演艺集团京剧院
刘　宁（青衣） 沈阳京剧院
刘　宸（文丑） 中国戏曲学院
刘大可（花脸） 国家京剧院
刘治强（花脸） 吉林省京剧院
刘晓剑（小生） 重庆市京剧团
刘魁魁（花脸） 国家京剧院
纪瑶瑶（青衣） 湖南省京剧保护传承中心
杨　洋（老生） 黑龙江省京剧院
杨　洋（青衣） 山东省京剧院
杨　淼（老生） 上海戏剧学院附属戏曲学校
杨雪斌（武生） 吉林省京剧院
李　丹（武旦） 沈阳京剧院
李　洋（武旦、刀马旦）
天津市青年京剧团
李　哲（武生） 福建京剧院
张　兵（小生） 国家京剧院
陈圣杰（老生） 上海京剧院
金　梦（青衣、刀马旦）
山东省京剧院
高苍健（花脸） 大连京剧院
郭　霄（青衣） 国家京剧院
郭凡嘉（青衣） 国家京剧院
曹中华（武丑） 湖北省京剧院
曹阳阳（武丑） 北京京剧院
曹建红（老旦） 河南省京剧院

演出奖

吕亚楠（青衣） 德州市京剧团
刘　帅（老生） 德州市京剧团
许金华（武旦） 聊城市京剧院
苏　丽（老旦） 聊城市京剧院

组织工作奖

山东省文化厅
聊城市人民政府
德州市人民政府

第十届全国声乐比赛获奖名单

美声组

一等奖（1名）

解放军总政治部歌剧团 王传越

二等奖（3名）

中国音乐学院 宋在宽
中国交响乐团 郎奥博
浙江歌舞剧院 张 哲

三等奖（5名）

上海音乐学院 李 倩
中央音乐学院 刘 威
北京军区政治部战友文工团 王 凯
上海音乐学院 田 园
四川音乐学院 张茂林

优秀奖（11名）

武汉歌舞剧院 董研峰
天津音乐学院 李沛哲
中央音乐学院 赵 艺

意大利帕尔玛音乐学院 王文婷
北京军区政治部战友文工团 苏文博
解放军总政治部歌舞团 刘 旋
广州星海音乐学院 刘倪汝
中国东方演艺集团 李红梅
解放军总政治部歌舞团 刘 琼
四川音乐学院 郭 莹
广州星海音乐学院 蔡枫丹

民族组

一等奖（1名）

解放军空军政治部文工团 伊泓远

二等奖（3名）

中国铁路文工团 黄训国
解放军总政治部歌剧团 金婷婷
解放军空军政治部文工团 龚 爽

三等奖（6名）

广东歌舞剧院有限公司 李思音
全总文工团 曾 勇
中国歌剧舞剧院 张 全
云南省师范大学艺术学院 高淑琴
解放军空军政治部文工团 陈燕妮
武警福建总队政治部文工团 郑海兵

优秀奖（10名）

解放军空军政治部文工团 张 辛
中国音乐学院 孟 萌
中国音乐学院 易文卉
自由职业 徐晶晶
南京军区政治部前线文工团 李畅畅
中国音乐学院 陈 阳
黑龙江省哈尔滨市群众艺术馆于秀娟
中国音乐学院 董小涵
解放军总政治部歌剧团 白致瑶
中国音乐学院 付莎莎

流行音乐组

一等奖（1名）

南京艺术学院 张丹丹

二等奖（3名）

南京军区政治部前线文工团 陆 川
空军政治部文工团 周 鹏
杭州歌剧舞剧院 陈 韬

三等奖（5名）

呼和浩特市民族歌舞团 杨继龙
解放军艺术学院 曾 娇
武汉音乐学院 冯圆圆
南京艺术学院 赵婉辛
南京军区政治部前线文工团 汪艳杰

优秀奖（5名）

解放军艺术学院 王玮韡
山西太原市歌舞杂技团 李 婕
上海轻音乐团 丁一凡
广西歌舞剧院 汤宇龙
中国音乐学院 关 迟

合唱组

一等奖（1名）

解放军合唱团（总政歌舞团）

二等奖（2名）

武汉音乐学院“东方之声”合唱团
绵阳师范学院“梦之声”合唱团

三等奖（2名）

广州星海音乐学院教育系合唱团
重庆师范大学合唱团

优秀奖（4名）

陕西师范大学音乐学院合唱团
西南大学音乐学院合唱团
黑龙江大学艺术学院合唱团
包头市广播电视艺术剧院合唱团

评委会特别奖

美声组：新疆艺术学院 阿依古丽·吾拉木
民族组：中国广播艺术团 王小莹

指挥奖

合唱组：总政歌舞团 李玉宁

钢琴伴奏奖

美声组：中央音乐学院 韦 蔚
东京艺术大学 高薇清
民族组：解放军第二炮兵政治部文工团 邓 尧
中国音乐学院 龚荆忆
合唱组：广州星海音乐学院 钟 怡

优秀组织奖

哈尔滨市文化和新闻出版局

全国文化市场十大案件办案单位名单

1．合肥艺凌网络科技有限公司提供“私服”服务、侵犯著作权案（安徽省合肥市文化市场稽查大队）

2．谢某某买卖国家禁止买卖的国家一级文物案（江苏省扬州市文化行政综合执法支队）

3. 上海颠视数码科技有限公司未经批准擅自通过互联网和移动通信网从事《手机三国》网络游戏上网运营活动、以随机抽取等偶然方式诱导网络游戏用户采取投入网络游戏虚拟货币方式获取网络游戏产品和服务案（上海市文化市场行政执法总队）

4.“2·12”李某某等盗掘元坝系列古墓葬案（四川省广元市文化市场综合执法支队）

5. 黄某某未经著作权人许可擅自复制、发行其美术作品案（福建省泉州市文化市场综合执法支队）

6.“5·16”谭某某等侵犯音像制品著作权和贩卖淫秽音像制品牟利案（贵州省贵阳市南明区文化市场综合执法大队）

7. 上海朗阅信息科技有限公司未经批准擅自从事互联网文学出版活动案（上海市文化市场行政执法总队）

8. 陈某某等侵犯动漫作品著作权案（浙江省金华市义乌市文化市场行政执法大队）

9. 星吧音乐网未经著作权人许可擅自通过信息网络向公众传播其音乐作品案（江苏省常州市文化行政综合执法支队）

10. 门某某未经批准擅自通过互联网从事含有国家禁止内容的出版物发行业务案（天津市文化市场行政执法总队）

2012年度全国文化市场重大案件及办案单位名单

1.“2·14”北京树仁印刷装订有限公司印刷非法出版物案（北京市文化市场行政执法总队）

2.“5·15”赵某某非法经营教辅报刊案（湖北省武汉市文化市场综合执法支队）

3. 新余市筝乐堂古筝文化艺术发展有限公司未经授权非法组织艺术考级活动案（江西省新余市文化市场综合执法支队）

4. 九合天下（北京）科技有限公司以随机抽取等偶然方式诱导网络游戏用户采取投入法定货币或者网络游戏虚拟货币方式获取网络游戏产品和服务案（北京市文化市场行政执法总队）

5. 埃克斯布莱特科技（深圳）有限公司和深圳市彩美印刷有限公司未经批准擅自从事出版物出版业务案（广东省深圳市文化市场行政执法总队）

6. 肇庆市端州报社印刷厂盗用他人名义印刷出版物案（广东省肇庆市文化广电新闻出版局）

7. 北京沙漠江河文化发展有限公司销售非法出版物案（北京市文化市场行政执法总队）

8. 北京亮视欣丰国际广告有限公司出版、发行非法出版物案（北京市文化市场行政执法总队）

9.“3·23”复制、销售非法出版物案（福建省文化稽查总队）

10.“5·10”侵犯著作权案（山东省青岛市文化市场行政执法局）

11. 杨某某开设赌场为赌博提供条件案（云南省文化市场综合行政执法总队）

12. 紫晶城餐饮娱乐有限责任公司播放的曲目含有国家禁止内容案（湖北省襄阳市文化旅游综合执法支队）

13. 华娱量贩式音乐茶座有限公司播放的曲目含有国家禁止内容案（安徽省芜湖市文化市场综合执法大队）

14. 飞舞电子游戏机中心电子游戏机内的游戏项目含有国家禁止内容案（广东省中山市文化市场综合执法支队）

15. 城阳安贞门诊部未经批准擅自从事出版物出版业务案（山东省青岛市城阳区文化市场行政执法局）

16. 上海真彩多媒体有限公司未经著作权人许可擅自通过信息网络向公众提供其音乐作品、未经批准擅自从事经营性互联网文化活动和互联网视听节目服务案（上海市文化市场行政执法总队）

17. 刘某某未经著作权人许可擅自通过信息网络向公众传播其作品案（浙江省宁波市文化市场行政执法总队）

18. 长沙瑞联互动数码科技有限公司未经批准擅自从事网络游戏虚拟货币交易服务案（湖南省文化厅）

19. 牛烽论坛网络侵犯著作权案（山东省济宁市文化市场综合执法局）

20. 江苏嬉戏族有限公司侵犯著作权案（江苏省常州市文化行政综合执法支队）

21. 乔某某未经批准擅自设立广播电台案（河南省郑州市文化市场综合执法支队）

22. 南昌依伦网络工程有限公司未经批准擅自设立有线广播电视传输覆盖网案（江西省南昌市文化市场综合执法支队）

23. 上海人宇文化传播中心未经批准擅自从事出版物的出版活动案（上海市文化市场行政执法总队）

24. 众信印刷厂印刷非法出版物案（广东省广州市文化市场综合行政执法总队）

25. 安阳龙跃置业有限公司未经批准擅自在文物保护单位的保护范围内进行建设工程案（河南省安阳市文化市场综合执法支队）

26. 海城市第九建筑工程有限公司未经批准擅自在文物保护单位的保护范围内进行建设工程案（辽宁省鞍山市文化市场综合行政执法队）

27. 深圳市大鹏街道办事处未经批准擅自在文物保护单位的保护范围内进行建设工程案（广东省深圳市文体旅游局）

28. 浙江省临海市古建筑工程公司未经批准擅自拆除不可移动文物案〔浙江省宁波市海曙区文化市场行政执法（文物监察）大队〕

29. 三门峡市华创房地产开发有限公司未经批准擅自在文物保护单位的保护范围内进行建设工程案（河南省三门峡市文化新闻出版局）

30. 晶乐卉3D影院非法经营电影放映单位案（辽宁省沈阳市文化市场行政执法总队新民市执法队）

31. 郑某某未经著作权人许可放映其电影作品案（安徽省马鞍山市文化市场综合执法大队）

32. 山东中鲁时空数字技术传播有限公司胶州市忆时空数字文化家园接纳多名未成年人进入营业场所、未按规定核对登记上网消费者的有效身份证件案（山东省青岛市文化市场行政执法局）

33. 刘某某等未经批准擅自安装和使用卫星地面接收设施案（广东省清远市文化市场综合执法大队）

34. 芦某某等侵犯著作权案（江苏省淮安市涟水县文化广电新闻出版局）

35. 苏州松云餐饮管理有限公司未经批准擅自从事出版物发行业务案（江苏省苏州市文广新局）

36. “4·18”丁某某等伪造期刊名称出版期刊案（湖北省荆门市文化市场综合执法支队）

37. 久久音像店销售非法出版物和非法音像制品案（江西省九江市文化市场综合执法支队）

38. 五月花四店未经批准擅自举办涉外营业性演出案（吉林省文化市场稽查总队）

39. 雪域情演艺中心举办有国家禁止内容的营业性演出案（西藏自治区林芝地区文化市场综合执法支队）

40. 利宁印刷有限公司印刷非法出版物案（河北省石家庄市正定县文广新局）

41. 高某某未经批准擅自从事歌舞娱乐场所经营活动案（河南省平顶山市舞钢市文化广电局）

42. 凌云游戏厅在国家法定节假日外向多名未成年人提供电子游戏机案（黑龙江省鹤岗市文化市场综合执法支队）

43. 甲壳虫网吧接纳多名未成年人进入营业场所案（安徽省安庆市文化市场综合执法大队）

44. 顶尖网络休闲会所接纳多名未成年人进入营业场所案（湖南省株洲市文化市场综合执法局）

45. 飞翔网吧接纳多名未成年人进入营业场所案（河南省信阳市息县文化广电新闻出版局）

46. E路风情网吧接纳多名未成年人进入营业场所案（黑龙江省佳木斯市文化市场综合执法支队）

47. 黑客帝国网吧接纳多名未成年人进入营业场所、擅自停止实施经营管理技术措施案（黑龙江省双鸭山市文化市场综合执法支队）

48. 飞扬网吧接纳多名未成年人进入营业场所案（重庆市巫山县文化执法大队）

49. “10·12”诚信网络侵犯著作权案（湖北省荆门市文化市场综合执法支队）

50. 池州市慧联科技有限公司未经批准擅自从事网络游戏虚拟货币交易服务案（安徽省池州市文化市场综合执法大队）

51. 金阳软件店未经批准擅自从事网络游戏虚拟货币交易服务案（湖南省文化厅）

52. 霍某某侵犯著作权案（重庆市綦江区文化执法大队）

53. 网盟科技有限公司未经批准擅自从事网络游戏上网运营活动案（四川省成都市文化市场综合执法总队）

54. 穆某某等侵犯著作权案（重庆市璧山县文化执法大队）

55. 福州锐意网络科技有限公司未经批准擅自从事网络游戏上网运营活动案（福建省文化稽查总队）

56. 福州网游信息科技有限公司未经批准擅自从事经营性互联网文化活动案（福建省福州市文化市场综合执法支队）

57. 黑龙江省炫绮网络科技有限公司未按规定履行备案手续案（黑龙江省文化市场行政执法总队）

58. 江西唐门计算机有限公司未采取技术措施实施“网络游戏未成年人家长监护工程”案（江西省文化市场稽查总队）

59. 沈阳华启嘉业科技服务有限公司未经批准擅自从事网络游戏虚拟货币交易服务案（辽宁省沈阳市文化市场行政执法总队）

60. 南宁市九旭骏网软件科技有限责任公司未经

批准擅自从事网络游戏虚拟货币交易服务案（广西壮族自治区南宁市文化市场综合执法支队）

61. 徐某某未经批准擅自从事经营性互联网文化活动案（河南省永州市文化市场综合执法局）

62. 梁某某未经批准擅自从事经营性互联网文化活动案（贵州省文化市场稽查总队）

63. 李某某未经批准擅自从事经营性互联网文化活动案（河南省新乡市文化市场综合执法支队）

64. 地皇、鹏跃石材厂未经批准擅自拆除不可移动文物案（湖北省黄冈市文化市场综合执法支队）

65. 天津华峰铭筑建筑装饰工程有限公司未经批准擅自修缮不可移动文物案（天津市文化市场行政执法总队）

66. 沈阳铁路局梅河口车务段未经批准擅自在文物保护单位的保护范围内进行建设工程案（吉林省文物行政执法总队）

67. 重庆万有康年大酒店视频点播系统载有国家禁止内容案（重庆市渝中区文化执法大队）

68. 卢氏生活网未经批准擅自从事互联网视听节目服务案（河南省三门峡市卢氏县文化广电和新闻出版局）

69. 怀化华夏信息科技有限公司未经著作权人许可复制、通过信息网络向公众传播其文字作品案（湖南省怀化市文化市场综合执法局）

70. 华容县啡尼斯网络会所未经许可擅自通过信息网络向公众传播其作品案（湖南省岳阳市文化市场综合执法局）

71. 厦门狼爵私人会所传播淫秽物品牟利案（福建省厦门市文化市场综合执法支队）

72. 张某某等销售非法出版物案（湖北省咸宁市通城县文体新局）

73.“6·09”四川省诚鑫彩印有限责任公司印刷非法出版物案（四川省成都市文化市场综合执法总队）

74. 宁波六合印业有限公司未经批准擅自接受委托印刷境外出版物案（浙江省宁波市文化市场行政执法总队）

75. 杭州凌云印刷有限公司未经许可擅自兼营出版物印刷经营活动案（浙江省杭州市文化市场行政执法总队）

76. 神州融合通信有限公司未经许可擅自兼营出版物印刷经营活动案（辽宁省大连市文化市场综合执法总队）

77.“4·16”南京超诚文化传播有限公司等侵犯著作权案（江苏省南京市文化综合执法总队）

78. 天津翰海星文化传播有限公司发行侵犯他人著作权的出版物和假冒出版单位名称出版的出版物案（天津市文化市场行政执法总队）

79. 湖北天鸿文化传播有限公司、湖北博识达文化传播有限责任公司发行非法出版物案（湖北省黄冈市文化市场综合执法支队）

80. 范县教育局侵犯著作权案（河南省濮阳市文化市场综合执法支队）

81.“4·13”文某某非法销售教辅案（贵州省黔东南州文化综合执法支队）

82. 汇辰网络会所接纳多名未成年人进入营业场所案（湖北省宜昌市文化市场综合执法支队）

83. 张某某和兰州文慧苑文化传播有限公司违规设立报刊记者站案（甘肃省兰州市文化市场行政执法支队）

84.“4·12”何某某等销售非法音像制品案（内蒙古自治区准格尔旗文化市场综合执法大队）

85. 广州星索文化传播有限公司销售非法音像制品案（广东省广州市文化市场综合行政执法总队）

86. 朱某某未经著作权人许可复制、发行其音乐作品案（江苏省苏州市张家港市文化行政综合执法大队）

87.“3·28”刘某某制作、销售非法音像制品案（江苏省淮安市文化广电新闻出版局）

88.“3·15”制作、复制非法音像制品案（广东省广州市荔湾区文化执法队）

89.“7·13”葛某某等销售非法音像制品案（上海市文化市场行政执法总队）

90.“2·22”张某某销售非法音像制品案（贵州省贵阳市文化市场综合执法支队）

91. 王某某未经批准擅自从事音像制品经营活动、销售非法音像制品案（浙江省温州市文化市场行政执法支队）

92. 旷某某侵犯著作权案（浙江省舟山市岱山县文化市场行政执法大队）

93. 张某某侵犯著作权案（山东省青岛市胶州市文化执法局）

94. 刘某某未经批准擅自从事音像制品经营活动、销售非法音像制品案（安徽省合肥市文化市场稽查大队）

95.“8·23”销售非法音像制品案（四川省成都市金牛区文化旅游和体育局）

96.“1·21”销售非法音像制品案（四川省德阳

市文化市场综合执法支队）

97.“3·01”鲁某某销售非法音像制品案（新疆维吾尔自治区乌鲁木齐市文化市场稽查支队）

98.“5·30”未经批准擅自从事音像制品制作业务案（西藏自治区拉萨文化市场综合执法支队）

99.白某某等销售非法出版物案（青海省海西蒙古族藏族自治州天峻县文管办）

100.深港DJ俱乐部未经批准擅自从事经营性互联网文化活动案（山西省文化市场稽查总队）

2012年度全国文化市场综合行政执法先进单位名单

北京市文化市场行政执法总队执法四队（网络执法队）

北京市西城区文化委员会行政执法队

天津市北辰区文化市场行政执法大队

河北省秦皇岛市文化市场行政执法大队

山西省晋城市文化市场行政综合执法大队

内蒙古自治区呼和浩特市文化市场综合执法局

辽宁省沈阳市文化市场行政执法总队

吉林省通化市文化市场综合执法支队

黑龙江省佳木斯市文化市场综合执法支队

黑龙江省牡丹江市文化市场综合执法支队

上海市浦东新区文化市场行政执法大队

上海市徐汇区文化市场行政执法大队

江苏省常州市文化行政综合执法支队

浙江省文化厅综合执法指导监督处

浙江省杭州市文化市场行政执法总队

浙江省绍兴市文化市场行政执法总队

安徽省文化厅文化市场管理局

安徽省芜湖市文化市场综合行政执法大队

福建省宁德市文化市场综合执法支队

江西省新余市文化市场综合执法支队

山东省青岛市文化市场行政执法局

山东省临沂市文化市场管理执法局

山东省潍坊市文化市场综合执法局

河南省文化厅文化市场（综合执法）处

河南省安阳市文化市场综合执法支队

河南省巩义市文化市场综合执法大队

湖北省文化市场稽查总队

湖北省武汉市文化市场综合执法支队

湖北省荆州市文化市场综合执法支队

湖南省株洲市文化市场综合执法局

广东省文化市场综合执法局

广东省广州市文化市场综合行政执法总队

广东省阳江市文化市场综合行政执法大队

海南省海口市文化市场综合执法支队

广西壮族自治区柳州市文化市场综合执法支队

广西壮族自治区南宁市文化市场综合执法支队

重庆市巴南区文化市场行政执法大队

重庆市大足区文化市场行政执法大队

四川省文化市场稽查总队

四川省广安市文化市场综合执法支队

贵州省贵阳市文化市场综合行政执法支队

云南省红河州文化市场综合行政执法支队

西藏自治区拉萨市文化市场综合执法支队

陕西省咸阳市文化市场综合执法支队

甘肃省兰州市文化市场行政执法支队

青海省西宁市城西文化市场综合执法大队

宁夏回族自治区吴忠市文化市场综合执法队

新疆维吾尔自治区昌吉州文化体育广播影视局

新疆维吾尔自治区乌鲁木齐文化市场稽查支队

新疆生产建设兵团农六师五家渠市文化市场执法稽查大队

2012年度全国文化市场综合行政执法优秀个人名单

北京市

沈　睿　北京市文化市场行政执法总队

杨金山　北京市文化市场行政执法总队

熊　伟　北京市文化市场行政执法总队

刘　伟　北京市石景山区文化委员会行政执法队

天津市

张全发　天津市文化市场行政执法总队

曹培刚　天津市文化市场行政执法总队

吴　方　河东区文化市场行政执法大队

河北省

魏建业　河北省文化厅市场处

罗向军　唐山市文化广播电视新闻出版局

王生辉　沧州市文化广播电视新闻出版局

山西省

司永峰　山西省文化市场稽查总队

董　刚　运城市文化市场行政综合执法大队

高正国　忻州市五台县文化市场行政综合执法队

董艳果　长治市文化市场行政综合执法大队

内蒙古自治区

史　峰　包头市文化局文化市场管理科
李德成　赤峰市文化市场综合执法局

辽宁省

宫长平　辽宁省文化厅文化市场管理与稽查处
柏　华　大连市文化市场综合执法总队
王志贵　朝阳市文化市场综合执法支队

吉林省

赵新宇　公主岭市文化市场综合执法大队
金龙一　延边朝鲜族自治州文化市场综合行政执法支队
孙　昊　镇赉县文化市场综合行政执法大队

黑龙江省

钟　光　黑龙江省文化市场行政执法总队
王恒峰　大庆市文化市场综合执法支队
宋增强　哈尔滨市文化市场行政执法局

上海市

钱炯杰　上海市文化市场行政执法总队
万　赟　上海市文化市场行政执法总队
戴利民　嘉定区文化市场行政执法大队
余海良　杨浦区文化市场行政执法大队

江苏省

吴启友　江苏省文化厅文化市场管理办公室
陈　兵　江苏省文化厅文化市场管理办公室
黄芝怡　苏州市文化行政综合执法支队
张俏莉　南通市文化行政综合执法支队
许夕华　宜兴市文广新局

浙江省

姚颂和　浙江省文化厅综合执法指导监督处
彭定坪　浙江省文化厅综合执法指导监督处
曹　剑　宁波市文化市场行政执法总队
孙　和　温州市文化市场行政执法支队
陈剑钺　绍兴市新昌县文化市场行政综合执法大队

安徽省

刁觉班　安徽省文化厅文化市场管理局
代长红　淮北市文化市场综合执法大队
胡冬龙　黄山市文化委员会

福建省

郑建国　福建省文化稽查总队
吴　跃　福州市文化市场综合执法支队
李智国　厦门市文化市场综合执法支队
柯锦辉　三明市文化市场综合执法支队

江西省

周　江　上饶市文化市场稽查支队
熊　焰　庐山市文化市场管理稽查大队

山东省

刘光龙　山东省文化市场稽查队
侯俊翔　山东省文化市场稽查队
徐伟娜　青岛市文化市场行政执法局
刘长江　淄博市文化市场综合执法局

河南省

李俊生　河南省文化厅文化市场（综合执法）处
贾鲁玉　河南省文化厅文化市场（综合执法）处
董　斌　新乡市文化市场综合执法支队
张高强　项城市文化广电新闻出版局

湖北省

黄连华　湖北省文化市场稽查总队
许扶亚　湖北省文化厅文化市场处
陈襄阳　宜昌市文化市场综合执法支队
高　欣　十堰市文化市场综合执法支队

湖南省

周　新　湖南省文化市场稽查总队
左琼颖　衡阳市文化市场综合执法局
李炫樟　怀化市文化市场综合执法局

广东省

桂水斌　广东省文化市场综合执法局
唐爱民　广州市文化市场综合行政执法总队
刘启鸣　深圳市文体旅游局市场监察与执法协调处
刘新斌　清远市文化市场综合执法大队

海南省

李克虎　海口市文化市场综合执法支队
罗海睿　海口市龙华区文化市场稽查大队

广西壮族自治区

姚立华　广西壮族自治区文化稽查总队
李海军　桂林市文化市场行政综合执法支队
董少宗　百色市文化和新闻出版局

重庆市

黄麟渝　重庆文化市场行政执法总队
罗家玉　南岸区文化市场行政执法大队
刘　伟　北部新区文化市场行政执法大队

四川省

李泳龙　四川省文化市场稽查总队
熊　越　四川省文化市场稽查总队
熊成高　成都市文化市场综合执法总队
钟　毅　南充市文化市场综合执法支队

贵州省
何金洋　贵州省文化市场稽查总队
张　波　习水县文化市场综合行政执法大队
章　涛　黔东南苗族侗族自治州文化市场综合行政执法大队
云南省
权家贵　云南省文化市场综合行政执法总队
范　阳　曲靖市文化市场行政综合执法支队
墨志红　迪庆藏族自治州文化市场行政综合执法支队
西藏自治区
陈　蓉　林芝地区文化市场综合执法支队
李金湘　昌都地区文化市场综合执法支队
陕西省
鲁汉文　汉中市文化市场综合执法支队
李　磊　铜川市文化市场综合执法支队
甘肃省
苟永新　张掖市文化广播电视新闻出版局
丁　雷　平凉市文化市场综合执法支队
青海省
包世秀　大通县文化市场综合执法大队
苏　宁　西宁市城北区科技文体旅游局
宁夏回族自治区
刘建民　宁夏回族自治区文化市场综合执法管理局
李银海　银川市文化市场综合执法队
新疆维吾尔自治区
汤太志　新疆维吾尔自治区文化市场稽查总队
曹建敏　阿勒泰地区文化市场稽查支队
马秀萍　伊犁哈萨克自治州新源县文化市场稽查大队
新疆生产建设兵团
罗　琼　农三师图木舒克市文化市场稽查大队
王　延　农八师石河子市文化市场稽查大队

第四批国家级文化产业示范园区和第二批国家级文化产业试验园区名单

1. 第四批国家级文化产业示范园区：
湖南省长沙天心文化产业园区
四川省成都青羊绿舟文化产业园区
2. 第二批国家级文化产业试验园区：
福建省闽台文化产业园
山东省台儿庄古城文化产业园
吉林省东北亚文化创意科技园
宁夏回族自治区石嘴山市星海湖文化产业园区

第四届文化部创新奖获奖名单

特等奖4项：				
序号	项目名称	推荐单位	完成单位	完成人
1	中国农民歌会组织模式的创新与实践	安徽省文化厅	安徽省文化厅 安徽省滁州市政府 安徽省农业委员会 安徽省文联	杨　果　韩先聪　江　山　张华建　庄保斌　何希勇　曹哨兵　唐　跃　宰学明　臧连明　丁光清　王唯唯　杨林艳　杨旭东
2	政府公益文化基金管理创新	中国文化报社	中共深圳市委宣传部 深圳市宣传文化事业发展专项基金领导小组办公室 《中国文化报》深圳记者站	王京生　吴　忠　刘璋飙　李建阳　林金华
3	数字新媒体技术在"数字版清明上河图"项目上的展示与应用	北京市文化局	北京水晶石数字科技股份有限公司	卢正刚　宋小乔　庄　岩　刘　剑　姜　华　朱元华　刘五一　李振炜　田　磊　孙　雷

续表

序号	项目名称	推荐单位	完成单位	完成人
4	2010年上海世博会中国国家馆展示总体设计——艺术装置和多媒体的跨界与创新	中央美术学院	中央美术学院	潘公凯 黄建成 姚开阳 陆 川 何 为 于 正 杨 京 郑韬凯 郭万新 武华安 陈一鸣 方伦磊 张 玄 余 楠 飞苹果（德）
创新奖16项：				
序号	项目名称	推荐单位	完成单位	完成人
1	掌上国图——移动数字图书馆服务体系建设	国家图书馆	国家图书馆	魏大威 邢 军 孙一钢 谢 强 徐春霞 牛现云 张 军 安 洁 张 红 赵 娜
2	科技创新促进民乐的传播与发展——环保胡琴系列研发与应用	香港特区政府民政事务局	香港中乐团	阮仕春 阎惠昌 钱敏华 徐尉玲
3	多终端全方位数字服务平台——文澜在线	浙江省文化厅	杭州图书馆	褚树青 粟 慧 寿晓辉 阮 立 黄林英 韩 菁 蒋琦琦 黄明珊
4	创建社会主义文化强镇——广东省东莞市塘厦镇的实践与探索	广东省文化厅	中共东莞市塘厦镇委员会 塘厦镇人民政府	管敏政 方灿芬 杨晓斌 黄耀群 刘伟捷 赵建华 成 杰 李芝泉
5	中华民族文化保护、创意与数字化工程	湖北省文化厅	华中师范大学国家文化产业研究中心 武汉数字媒体工程技术有限公司	黄永林 谈国新 姚伟钧 陈建宪 何婷婷 肖 丰 臧艺兵 陈 波 何 静 李 林
6	基于云计算的公共数字文化服务技术支撑平台建设研究与应用	福建省文化厅	福建省图书馆 文化部全国文化信息资源建设管理中心	张彦博 孙承鉴 罗云川 郑智明 陈 顺 陈黄焱 陈艳平 焦延杰 沈 勤 朱 芳
7	文化艺术资源数字化管理与实例分析	甘肃省文化厅	甘肃省文化艺术研究所	顾善忠 周 琪 徐 枫 苟晓飞 高文新 顾雅琦 高星伟 刘韬玮 邓小娟 李 琦
8	中国（湖南）手机动漫公共技术服务平台	湖南省文化厅	拓维信息系统股份有限公司	李新宇 向黎生 龙伯康 柏丙军 易 璐 杨海云 沈林超 熊 坚
9	书画科学鉴定的探索与实践	中国艺术科技研究所	中国艺术科技研究所	尹 毅 赵美红 白国庆 严先机 李秋立 董舒怀 刘 珏 苗红燕

续表

序号	项目名称	推荐单位	完成单位	完成人
10	牵手港澳——民族民间文化体验项目	文化部民族民间文艺发展中心	文化部民族民间文艺发展中心	李　松　刘　嘉　张　刚　王　静　王　彦　王学文　李思晋　赵元元
11	社会艺术水平考级监管与服务模式创新实践	山东省文化厅	山东省文化厅 山东省艺术考级管理中心 山东省艺术考级专业委员会	徐向红　李国琳　张　钢　杨秀玉　李晓峰　安立元　倪昕东　胡学林　吴小兵　于媛媛
12	国家动漫游戏产业产权交易平台优化建设项目	上海市文化广播影视管理局	上海外高桥国际动漫游戏发展中心有限公司	朱建民　韩　帅　姚旭颖　陈玉宇
13	国际舞台美术教育应用体系建设	中央戏剧学院	中央戏剧学院	徐　翔　孙大庆　刘杏林　冯德仲
14	基层文化长效机制建设的探索与实践	四川省文化厅	成都市金牛区人民政府	胥厚全　夏　珂　王运兰　齐瑞廷
15	跨界艺术创新与融合——多媒体音乐剧场《白娘子·爱情四季》的创排与实践	上海音乐学院	上海音乐学院	徐孟东　杨立青　尤继一　代晓蓉　尹明五　张旭儒　陈强斌　龚孝雄　程瑜怀　刘　莹
16	公共图书馆数字化建设与创新管理	江苏省文化厅	无锡市新区管理委员会社会事业局　艾迪讯科技（无锡）有限公司	夏心明　孙　军　许长城

创新奖提名奖9项：

序号	项目名称	推荐单位	完成单位	完成人
1	原创精品工程暨儿童剧联盟项目	北京市文化局	北京儿童艺术剧院股份有限公司	刘方平　陈　磊　张继龙
2	“手牵手，让梦想成真”公益性系列活动	山西省文化厅	山西省群众艺术馆	郭彦新　李　克　李世平　韩雅丽　王　隽　吴　蓓　吕　宏　刘　瑛　赵小英　张　智
3	双向交互式电视数字图书馆应用与示范	国家图书馆	国家图书馆	张　炜　魏大威　孙一钢　李春明　朱先忠　姜志宏　李晓明　谢　强　高恩泽　张　红
4	公益性群众文化品牌活动“群星音乐厅”	湖北省文化厅	湖北省襄阳市群众艺术馆	陈乐一　来其发　任　伟　薛克俭　汪　彦　赵　凯　杨　晋

续表

序号	项目名称	推荐单位	完成单位	完成人
5	城乡一体化公共文化服务体系建设的探索与实践——以襄阳市美术馆跨边界服务模式为例	湖北省文化厅	襄樊学院 襄阳市文化旅游和新闻出版局	李儒寿 丁长河 黄有柱 王 奎 陈乐一 曹启良 刘建华 尚晓明 李秋实 郭自龙
6	群众文化活动服务“酵母”工程	山东省文化厅	山东省泰安市文化广电新闻出版局	刘 康 袁久亮 刘玉考 张云鹏
7	现代多媒体技术在掌中木偶戏中的实践运用——以木偶戏《金星花—小萝卜头》为例	福建省文化厅	福建晋江市掌中木偶剧团	洪世键 白勇华 林静如 朱冬阳 曾金亮 吴啸玲 陈代宫 尤天相 李胜奕 曾安妮
8	影视科学发展技术平台的研究与运用	深圳市文体旅游局	深圳华强文化科技集团股份有限公司	丁 亮 肖 杨 史小东 李耀阳 刘 辉
9	高校网络文化品牌建设与创新	重庆市文化广播电视局	重庆邮电大学	徐仲伟 游敏惠 张绍荣 张 珂 李 彦 陈纯柱

第四批国家级非物质文化遗产项目代表性传承人名单

（共498人）

一、民间文学（20人）

序号	姓名	性别	民族	出生年月	项目编码	项目名称	申报地区或单位
04-1489	富育光	男	满族	1933.5	Ⅰ-12	满族说部	吉林省
04-1490	张才才	男	汉族	1930.9	Ⅰ-14	耿村民间故事	河北省藁城市
04-1491	张永联	男	汉族	1938.2	Ⅰ-22	吴歌	上海市青浦区
04-1492	谢庆良	男	仫佬族	1953.1	Ⅰ-23	刘三姐歌谣	广西壮族自治区宜州市
04-1493	巴达	男	蒙古族	1962.1	Ⅰ-26	江格尔	新疆维吾尔自治区博尔塔拉蒙古自治州
04-1494	和明远	男	藏族	1944.7	Ⅰ-27	格萨（斯）尔	云南省
04-1495	巴嘎	男	藏族	1970.7	Ⅰ-27	格萨（斯）尔	西藏自治区
04-1496	钟昌尧	男	畲族	1932.12	Ⅰ-30	畲族小说歌	福建省霞浦县
04-1497	李国新	男	土家族	1933.12	Ⅰ-56	都镇湾故事	湖北省长阳土家族自治县
04-1498	吴廷贵	男	布依族	1947.8	Ⅰ-62	布依族盘歌	贵州省盘县

续表

序号	姓名	性别	民族	出生年月	项目编码	项目名称	申报地区或单位
04-1499	方贵生	男	彝族	1950.8	Ⅰ-64	查姆	云南省双柏县
04-1500	索克	男	蒙古族	1946.10	Ⅰ-70	汗青格勒	青海省海西蒙古族藏族自治州
04-1501	乌布力艾散·麦麦提	男	维吾尔族	1954.7	Ⅰ-71	维吾尔族达斯坦	新疆维吾尔自治区
04-1502	岩桑	男	佤族	1930.2	Ⅰ-74	司岗里	云南省西盟佤族自治县
04-1503	彭祖秀	女	土家族	1931.1	Ⅰ-112	土家族哭嫁歌	湖南省古丈县
04-1504	农凤妹	女	壮族	1965.4	Ⅰ-113	坡芽情歌	云南省富宁县
04-1505	陈兴华	男	苗族	1945.12	Ⅰ-118	亚鲁王	贵州省紫云苗族布依族自治县
04-1506	张桂芬	女	哈尼族	1944.11	Ⅰ-120	洛奇洛耶与扎斯扎依	云南省墨江哈尼族自治县
04-1507	何玉忠	男	彝族	1942.7	Ⅰ-121	阿细先基	云南省弥勒县
04-1508	黑萨木丁·库尔万	男	维吾尔族	1930.8	Ⅰ-123	恰克恰克	新疆维吾尔自治区伊宁市

二、传统音乐（31人）

序号	姓名	性别	民族	出生年月	项目编码	项目名称	申报地区或单位
04-1509	胡格吉勒图	男	蒙古族	1961.7	Ⅱ-4	蒙古族呼麦	内蒙古自治区
04-1510	胡官美	女	侗族	1955.9	Ⅱ-28	侗族大歌	贵州省榕江县
04-1511	王永昌	男	汉族	1940.6	Ⅱ-34	古琴艺术（梅庵琴派）	江苏省南通市
04-1512	郑云飞	男	汉族	1939.3	Ⅱ-34	古琴艺术（浙派）	浙江省杭州市
04-1513	徐晓英	女	汉族	1937.10	Ⅱ-34	古琴艺术（浙派）	浙江省杭州市
04-1514	余青欣	女	汉族	1956.7	Ⅱ-34	古琴艺术	中国艺术研究院
04-1515	赵家珍	女	汉族	1962.8	Ⅱ-34	古琴艺术	中国艺术研究院
04-1516	丁承运	男	汉族	1944.3	Ⅱ-34	古琴艺术	中国艺术研究院
04-1517	成公亮	男	汉族	1940.8	Ⅱ-34	古琴艺术	中国艺术研究院
04-1518	巴彦保力格	男	蒙古族	1956.3	Ⅱ-36	蒙古族四胡音乐	内蒙古自治区通辽市
04-1519	孟义达吗	男	蒙古族	1948.2	Ⅱ-36	蒙古族四胡音乐	内蒙古自治区通辽市
04-1520	莫柏槐	男	汉族	1964.6	Ⅱ-37	唢呐艺术（青山唢呐）	湖南省湘潭县
04-1521	李岐山	男	汉族	1945.5	Ⅱ-37	唢呐艺术（绥米唢呐）	陕西省米脂县
04-1522	汪世发	男	汉族	1949.8	Ⅱ-37	唢呐艺术（绥米唢呐）	陕西省绥德县

续表

序号	姓名	性别	民族	出生年月	项目编码	项目名称	申报地区或单位
04-1523	马自刚	男	汉族	1962.6	II-37	唢呐艺术	甘肃省庆阳市
04-1524	王荣棠	男	汉族	1937.8	II-44	十番音乐（邵伯锣鼓小牌子）	江苏省江都市
04-1525	李贞煜	男	汉族	1948.8	II-44	十番音乐(闽西客家十番音乐)	福建省龙岩市
04-1526	方元往	男	汉族	1934.10	II-44	十番音乐(黄石惠洋十音)	福建省莆田市
04-1527	李广福	男	汉族	1943.2	II-45	鲁西南鼓吹乐	山东省菏泽市牡丹区
04-1528	胡国庆	男	汉族	1952.5	II-59	冀中笙管乐（屈家营音乐会）	河北省固安县
04-1529	胡庆学	男	汉族	1974.6	II-65	智化寺京音乐	北京市
04-1530	果祥	男	汉族	1977.4	II-66	五台山佛乐	山西省五台县
04-1531	庄龙宗	男	汉族	1926.3	II-72	泉州北管	福建省泉州市
04-1532	奇附林	男	蒙古族	1953.11	II-92	漫瀚调	内蒙古自治区准格尔旗
04-1533	哈勒珍	女	蒙古族	1950.11	II-105	蒙古族民歌（鄂尔多斯短调民歌）	内蒙古自治区鄂尔多斯市
04-1534	秦德祥	男	汉族	1939.5	II-137	吟诵调（常州吟诵）	江苏省常州市
04-1535	释永悟	男	汉族	1968.9	II-138	佛教音乐（鱼山梵呗）	山东省东阿县
04-1536	嘉阳乐住	男	藏族	1974.6	II-138	佛教音乐（觉囊梵音）	四川省壤塘县
04-1537	吴炳志	男	汉族	1959.2	II-139	道教音乐（澳门道教科仪音乐）	澳门特别行政区
04-1538	李彩凤	女	彝族	1943.4	II-145	弥渡民歌	云南省弥渡县
04-1539	金星三	男	朝鲜族	1955.10	II-153	伽倻琴艺术	吉林省延吉市

三、传统舞蹈（49人）

序号	姓名	性别	民族	出生年月	项目编码	项目名称	申报地区或单位
04-1540	吕翠琴	女	汉族	1950.9	III-1	京西太平鼓（怪村太平鼓）	北京市丰台区
04-1541	赵凤岭	男	汉族	1946.10	III-2	秧歌（小红门地秧歌）	北京市朝阳区
04-1542	秦梦雨	男	汉族	1938.10	III-2	秧歌（昌黎地秧歌）	河北省昌黎县
04-1543	李成家	男	汉族	1957.2	III-4	龙舞（金州龙舞）	辽宁省大连市金州区
04-1544	杨木海	男	汉族	1947.10	III-4	龙舞（骆山大龙）	江苏省溧水县
04-1545	邓斌	男	苗族	1932.9	III-4	龙舞（地龙灯）	湖北省来凤县

续表

序号	姓名	性别	民族	出生年月	项目编码	项目名称	申报地区或单位
04-1546	田宗林	男	汉族	1933.6	Ⅲ-4	龙舞（芷江孽龙）	湖南省芷江侗族自治县
04-1547	丁志凡	男	苗族	1937.10	Ⅲ-4	龙舞（城步吊龙）	湖南省城步苗族自治县
04-1548	蔡沾权	男	汉族	1934.5	Ⅲ-4	龙舞（六坊云龙舞）	广东省中山市
04-1549	杨敬伟	男	汉族	1958.11	Ⅲ-5	狮舞（白纸坊太狮）	北京市
04-1550	孙炳祥	男	汉族	1931.8	Ⅲ-5	狮舞（马桥手狮舞）	上海市闵行区
04-1551	谢达祥	男	汉族	1936.7	Ⅲ-5	狮舞（古陂蔗狮、犁狮）	江西省信丰县
04-1552	李金土	男	汉族	1958.1	Ⅲ-5	狮舞（小相狮舞）	河南省巩义市
04-1553	李道海	男	回族	1951.10	Ⅲ-5	狮舞（槐店文狮子）	河南省沈丘县
04-1554	文琰森	男	汉族	1941.1	Ⅲ-5	狮舞（松岗七星狮舞）	广东省深圳市
04-1555	唐守益	男	苗族	1942.9	Ⅲ-5	狮舞（高台狮舞）	重庆市彭水苗族土家族自治县
04-1556	石春彩	男	汉族	1951.12	Ⅲ-6	花鼓灯（蚌埠花鼓灯）	安徽省蚌埠市
04-1557	韩富林	男	汉族	1943.12	Ⅲ-7	傩舞（寿阳爱社）	山西省寿阳县
04-1558	汪宣智	男	汉族	1932.8	Ⅲ-7	傩舞（祁门傩舞）	安徽省祁门县
04-1559	龚茂发	男	汉族	1935.9	Ⅲ-7	傩舞（邵武傩舞）	福建省邵武市
04-1560	程金生	男	汉族	1940.5	Ⅲ-7	傩舞（婺源傩舞）	江西省婺源县
04-1561	段铁成	男	汉族	1944.4	Ⅲ-9	高跷（高跷走兽）	山西省稷山县
04-1562	郭金锁	男	汉族	1940.10	Ⅲ-12	泉州拍胸舞	福建省泉州市
04-1563	汪妙林	男	汉族	1945.9	Ⅲ-16	余杭滚灯	浙江省杭州市余杭区
04-1564	田景民	男	土家族	1943.2	Ⅲ-17	土家族摆手舞（酉阳摆手舞）	重庆市酉阳土家族苗族自治县
04-1565	白玛群久	男	藏族	1941.4	Ⅲ-22	羌姆（拉康加羌姆）	西藏自治区洛扎县
04-1566	土旦群培	男	藏族	1969.6	Ⅲ-22	羌姆（曲德寺阿羌姆）	西藏自治区贡嘎县
04-1567	陈改保	男	佤族	1939.5	Ⅲ-25	木鼓舞（沧源佤族木鼓舞）	云南省沧源佤族自治县
04-1568	班点义	男	瑶族	1948.7	Ⅲ-26	铜鼓舞(田林瑶族铜鼓舞)	广西壮族自治区田林县
04-1569	彭南京	男	土家族	1942.6	Ⅲ-31	湘西土家族毛古斯舞	湖南省湘西土家族苗族自治州
04-1570	高如常	男	汉族	1945.2	Ⅲ-42	鼓舞（花钹大鼓）	北京市昌平区
04-1571	王企仁	男	汉族	1941.4	Ⅲ-42	鼓舞（万荣花鼓）	山西省万荣县
04-1572	陈喜顺	男	汉族	1952.10	Ⅲ-54	蜈蚣舞	广东省汕头市澄海区
04-1573	道尔吉	男	蒙古族	1937.10	Ⅲ-57	查玛	内蒙古自治区阿拉善盟
04-1574	陈福炎	男	汉族	1933.10	Ⅲ-58	鹤舞（三灶鹤舞）	广东省珠海市
04-1575	盘振松	男	瑶族	1944.9	Ⅲ-60	瑶族长鼓舞（黄泥鼓舞）	广西壮族自治区金秀瑶族自治县

续表

序号	姓名	性别	民族	出生年月	项目编码	项目名称	申报地区或单位
04-1576	格玛次仁	男	藏族	1930.7	III-66	得荣学羌	四川省得荣县
04-1577	和振强	男	纳西族	1938.2	III-76	纳西族热美蹉	云南省丽江市古城区
04-1578	罗杰	男	藏族	1945.1	III-80	宣舞（普堆巴宣舞）	西藏自治区墨竹工卡县
04-1579	洛布曲珍	女	藏族	1935.9	III-81	拉萨囊玛	西藏自治区拉萨市
04-1580	扎西次仁	男	藏族	1942.1	III-85	嘎尔	西藏自治区
04-1581	扎西	男	藏族	1952.1	III-88	旦嘎甲谐	西藏自治区萨嘎县
04-1582	道吉才让	男	藏族	1962.4	III-92	藏族螭鼓舞	青海省循化撒拉族自治县
04-1583	那斯尔·奴苏尔	男	维吾尔族	1932.12	III-96	赛乃姆（库车赛乃姆）	新疆维吾尔自治区库车县
04-1584	钟会龙	男	白族	1932.5	III-98	仗鼓舞（桑植仗鼓舞）	湖南省桑植县
04-1585	钟朝良	男	黎族	1941.10	III-101	老古舞	海南省白沙黎族自治县
04-1586	龙正福	男	哈尼族	1943.9	III-103	棕扇舞	云南省元江哈尼族彝族傣族自治县
04-1587	桑珠	男	藏族	1959.4	III-105	协荣仲孜	西藏自治区曲水县
04-1588	杨景艳	男	汉族	1951.1	III-108	巴当舞	甘肃省岷县

四、传统戏剧（111人）

序号	姓名	性别	民族	出生年月	项目编码	项目名称	申报地区或单位
04-1589	沈世华	女	汉族	1941.4	IV-1	昆曲	北京市
04-1590	王大元	男	汉族	1941.8	IV-1	昆曲	北京市
04-1591	张铭荣	男	汉族	1942.8	IV-1	昆曲	上海市
04-1592	顾兆琳	男	汉族	1943.1	IV-1	昆曲	上海市
04-1593	周雪华	女	汉族	1952.12	IV-1	昆曲	上海市
04-1594	谢宝燊	男	汉族	1934.12	IV-3	莆仙戏	福建省莆田市
04-1595	叶全民	男	汉族	1956.10	IV-9	宁海平调	浙江省宁海县
04-1596	魏益新	男	汉族	1937.9	IV-12	川剧	四川省
04-1597	余开源	男	汉族	1948.3	IV-12	川剧	四川省
04-1598	冀萍	女	汉族	1935.6	IV-18	晋剧	山西省
04-1599	高翠英	女	汉族	1943.3	IV-18	晋剧	山西省太原市
04-1600	李月仙	女	汉族	1940.12	IV-18	晋剧	山西省太原市
04-1601	阎慧贞	女	汉族	1939.9	IV-18	晋剧	山西省太原市

续表

序号	姓名	性别	民族	出生年月	项目编码	项目名称	申报地区或单位
04-1602	谢涛	女	汉族	1967.6	Ⅳ-18	晋剧	山西省太原市
04-1603	康希圣	男	汉族	1929.9	Ⅳ-19	蒲州梆子	山西省运城市
04-1604	景雪变	女	汉族	1960.2	Ⅳ-19	蒲州梆子	山西省运城市
04-1605	王艺华	男	汉族	1957.8	Ⅳ-19	蒲州梆子	山西省运城市
04-1606	张彩平	女	汉族	1960.10	Ⅳ-20	北路梆子	山西省大同市
04-1607	郭孝明	男	汉族	1959.2	Ⅳ-21	上党梆子	山西省晋城市
04-1608	刘玉玲	女	汉族	1947.1	Ⅳ-22	河北梆子	北京市河北梆子剧团
04-1609	刘俊英	女	汉族	1939.4	Ⅳ-22	河北梆子	天津河北梆子剧院
04-1610	许荷英	女	汉族	1963.12	Ⅳ-22	河北梆子	河北省
04-1611	范应龙	男	汉族	1943.6	Ⅳ-24	宛梆	河南省内乡县
04-1612	李德平	男	汉族	1937.7	Ⅳ-26	大平调	河南省浚县
04-1613	朱绍玉	男	汉族	1946.12	Ⅳ-28	京剧	北京市
04-1614	钮骠	男	满族	1933.11	Ⅳ-28	京剧	北京市
04-1615	宋丹菊	女	汉族	1942.9	Ⅳ-28	京剧	北京市
04-1616	谢锐青	女	汉族	1932.8	Ⅳ-28	京剧	北京市
04-1617	蔡英莲	女	汉族	1944.4	Ⅳ-28	京剧	北京市
04-1618	王玉璞	男	汉族	1924.8	Ⅳ-28	京剧	上海市
04-1619	关松安	男	汉族	1931.12	Ⅳ-28	京剧	上海市
04-1620	张信忠	男	汉族	1933.6	Ⅳ-28	京剧	上海市
04-1621	梁斌	男	汉族	1936.9	Ⅳ-28	京剧	上海市
04-1622	张善元	男	汉族	1946.12	Ⅳ-28	京剧	上海市
04-1623	周云亮	男	汉族	1933.10	Ⅳ-28	京剧	江苏省演艺集团
04-1624	沈小梅	女	汉族	1937.12	Ⅳ-28	京剧	江苏省演艺集团
04-1625	宋长荣	男	汉族	1935.7	Ⅳ-28	京剧	江苏省淮安市
04-1626	杨至芳	女	汉族	1945.4	Ⅳ-28	京剧	湖北省京剧院
04-1627	李祖铭	男	汉族	1948.6	Ⅳ-28	京剧	中国京剧院
04-1628	刘琪	女	汉族	1938.5	Ⅳ-28	京剧	中国京剧院
04-1629	朱秉谦	男	汉族	1933.9	Ⅳ-28	京剧	中国京剧院
04-1630	李景德	男	汉族	1937.10	Ⅳ-28	京剧	中国京剧院
04-1631	沈福存	男	汉族	1935.1	Ⅳ-28	京剧	中国京剧院
04-1632	王丹红	女	汉族	1972.10	Ⅳ-29	徽剧	安徽省

续表

序号	姓名	性别	民族	出生年月	项目编码	项目名称	申报地区或单位
04-1633	程良美	男	汉族	1941.7	Ⅳ-30	汉剧	湖北省武汉市
04-1634	何其坚	男	汉族	1944.9	Ⅳ-34	巴陵戏	湖南省岳阳市
04-1635	罗家宝	男	汉族	1930.6	Ⅳ-36	粤剧	广东省文化厅
04-1636	罗桂霞	女	壮族	1943.8	Ⅳ-37	桂剧	广西壮族自治区
04-1637	迟皓文	女	汉族	1962.2	Ⅳ-43	柳子戏	山东省
04-1638	杨香玉	男	汉族	1939.7	Ⅳ-43	柳子戏	河南省清丰县
04-1639	姚继春	男	汉族	1962.1	Ⅳ-44	大弦戏	河南省濮阳县
04-1640	张俊玲	女	汉族	1964.8	Ⅳ-51	评剧	河北省滦南县
04-1641	袁淑梅	女	汉族	1966.4	Ⅳ-51	评剧	河北省石家庄市
04-1642	李红霞	女	蒙古族	1940.5	Ⅳ-51	评剧	河北省石家庄市
04-1643	荣明祥	男	汉族	1939.12	Ⅳ-58	楚剧	湖北省
04-1644	张光明	女	汉族	1946.3	Ⅳ-58	楚剧	湖北省
04-1645	孙世安	女	汉族	1947.2	Ⅳ-59	荆州花鼓戏	湖北省潜江市
04-1646	吴亚玲	女	汉族	1961.10	Ⅳ-60	黄梅戏	安徽省黄梅戏剧院
04-1647	陈宾茂	男	汉族	1946.10	Ⅳ-65	采茶戏（赣南采茶戏）	江西省赣州市
04-1648	万安安	女	汉族	1941.10	Ⅳ-65	采茶戏（抚州采茶戏）	江西省抚州市临川区
04-1649	吴燕城	女	汉族	1949.9	Ⅳ-65	采茶戏（粤北采茶戏）	广东省韶关市
04-1650	武玉梅	女	汉族	1947.9	Ⅳ-70	秧歌戏（繁峙秧歌戏）	山西省繁峙县
04-1651	杨升祥	男	汉族	1945.7	Ⅳ-70	秧歌戏（襄武秧歌）	山西省襄垣县
04-1652	黄凤兰	女	汉族	1957.6	Ⅳ-71	道情戏（神池道情戏）	山西省神池县
04-1653	刘浩智	男	汉族	1936.5	Ⅳ-71	道情戏（商洛道情戏）	陕西省商洛市
04-1654	许月英	女	汉族	1947.12	Ⅳ-73	二人台	山西省河曲县
04-1655	霍伴柱	男	汉族	1956.12	Ⅳ-73	二人台	内蒙古自治区呼和浩特市
04-1656	覃明德	男	壮族	1947.4	Ⅳ-76	彩调	广西壮族自治区
04-1657	刘胜杨	男	汉族	1936.1	Ⅳ-78	花灯戏(思南花灯戏)	贵州省思南县
04-1658	欧噜雪吧	男	藏族	1937.8	Ⅳ-80	藏戏（尼木塔荣藏戏）	西藏自治区尼木县
04-1659	李先加	男	藏族	1940.1	Ⅳ-80	藏戏（黄南藏戏）	青海省黄南藏族自治州
04-1660	张军	男	汉族	1937.9	Ⅳ-88	锣鼓杂戏	山西省临猗县
04-1661	桂训锦	男	汉族	1939.3	Ⅳ-89	傩戏（德安潘公戏）	江西省德安县
04-1662	苏立文	男	汉族	1941.5	Ⅳ-89	傩戏（梅山傩戏）	湖南省冷水江市
04-1663	张向东	男	汉族	1947.9	Ⅳ-91	皮影戏（昌黎皮影戏）	河北省昌黎县
04-1664	薛兆平	男	汉族	1958.12	Ⅳ-91	皮影戏（龙江皮影戏）	黑龙江省哈尔滨市

续表

序号	姓名	性别	民族	出生年月	项目编码	项目名称	申报地区或单位
04-1665	秦礼刚	男	汉族	1949.3	Ⅳ-91	皮影戏（云梦皮影戏）	湖北省云梦县
04-1666	李桂香	女	汉族	1943.8	Ⅳ-91	皮影戏（湖南皮影戏）	湖南省木偶皮影艺术剧院
04-1667	王彪	男	汉族	1965.2	Ⅳ-91	皮影戏（四川皮影戏）	四川省阆中市
04-1668	刘永周	男	汉族	1944.11	Ⅳ-91	皮影戏(腾冲皮影戏）	云南省腾冲县
04-1669	汪天稳	男	汉族	1950.5	Ⅳ-91	皮影戏（华县皮影戏）	陕西省渭南市
04-1670	靳生昌	男	汉族	1931.4	Ⅳ-91	皮影戏（河湟皮影戏）	青海省
04-1671	郑国芳	男	汉族	1957.8	Ⅳ-92	木偶戏（海派木偶戏）	上海木偶剧团
04-1672	季桂芳	男	汉族	1942.1	Ⅳ-92	木偶戏（泰顺提线木偶戏）	浙江省泰顺县
04-1673	武筱凤	女	汉族	1932.1	Ⅳ-102	淮剧	上海淮剧团
04-1674	程少樑	男	汉族	1941.10	Ⅳ-102	淮剧	上海淮剧团
04-1675	何双林	男	汉族	1945.6	Ⅳ-102	淮剧	上海淮剧团
04-1676	陈德林	男	汉族	1945.3	Ⅳ-102	淮剧	江苏省泰州市
04-1677	王根兴	男	汉族	1940. 9	Ⅳ-103	锡剧	江苏省演艺集团锡剧团
04-1678	杨柳汀	男	汉族	1947.11	Ⅳ-107	甬剧	浙江省宁波市
04-1679	章宗义	男	汉族	1924.3	Ⅳ-109	绍剧	浙江省绍兴市
04-1680	刘建杨	男	汉族	1961.6	Ⅳ-109	绍剧	浙江省绍兴市
04-1681	张建敏	女	汉族	1963.8	Ⅳ-110	婺剧	浙江省金华市
04-1682	陈美兰	女	汉族	1964.9	Ⅳ-110	婺剧	浙江省金华市
04-1683	余杞敏	女	汉族	1962.12	Ⅳ-111	文南词	安徽省宿松县
04-1684	潘爱芳	女	汉族	1945.9	Ⅳ-112	花鼓戏（荆州花鼓戏）	湖北省仙桃市
04-1685	杨小兰	女	汉族	1961.5	Ⅳ-112	花鼓戏（衡州花鼓戏）	湖南省衡阳市
04-1686	欧阳觉文	男	汉族	1942.12	Ⅳ-112	花鼓戏（长沙花鼓戏）	湖南省花鼓戏剧院
04-1687	王永昌	男	汉族	1936.4	Ⅳ-116	吕剧	山东省滨州市
04-1688	丁瑞魁	男	汉族	1935.3	Ⅳ-124	二股弦	河南省武陟县
04-1689	甘伯炼	男	汉族	1929.12	Ⅳ-126	提琴戏	湖北省崇阳县
04-1690	张少君	女	汉族	1964.10	Ⅳ-128	祁剧	湖南省衡阳市
04-1691	梁家梁	男	汉族	1934.10	Ⅳ-130	琼剧	海南省琼剧院
04-1692	孙国际	男	汉族	1956.6	Ⅳ-147	淮调	河南省安阳县
04-1693	袁章考	男	汉族	1941.2	Ⅳ-148	落腔	河南省内黄县
04-1694	金由英	女	汉族	1939.6	Ⅳ-150	雷剧	广东省雷州市
04-1695	张晓东	女	汉族	1959.11	Ⅳ-155	淮北梆子戏	安徽省宿州市

续表

序号	姓名	性别	民族	出生年月	项目编码	项目名称	申报地区或单位
04-1696	翁双杰	男	汉族	1928.2	Ⅳ-156	滑稽戏	上海滑稽剧团
04-1697	严顺开	男	汉族	1937.6	Ⅳ-156	滑稽戏	上海滑稽剧团
04-1698	顾芗	女	汉族	1953.1	Ⅳ-156	滑稽戏	江苏省苏州市
04-1699	张克勤	男	汉族	1947.7	Ⅳ-156	滑稽戏	江苏省苏州市

五、曲艺（34人）

序号	姓名	性别	民族	出生年月	项目编码	项目名称	申报地区或单位
04-1700	江文兰	女	汉族	1932.11	Ⅴ-1	苏州评弹（苏州评话、苏州弹词）	上海市书场工作者协会
04-1701	赵开生	男	汉族	1936.1	Ⅴ-1	苏州评弹（苏州评话、苏州弹词）	上海市书场工作者协会
04-1702	陈丽洁	女	汉族	1956.9	Ⅴ-6	东北大鼓	辽宁省锦州市
04-1703	贾幼然	男	汉族	1941.11	Ⅴ-8	乐亭大鼓	河北省乐亭县
04-1704	陈志雄	男	汉族	1937.10	Ⅴ-13	温州鼓词	浙江省瑞安市
04-1705	沈永宁	男	汉族	1948.3	Ⅴ-19	贤孝（西宁贤孝）	青海省西宁市
04-1706	刘士福	男	汉族	1961.11	Ⅴ-21	山东琴书	山东省
04-1707	朱丽华	女	汉族	1945.7	Ⅴ-21	山东琴书	山东省
04-1708	陈增三	男	汉族	1950.2	Ⅴ-24	兰州鼓子	甘肃省兰州市
04-1709	王素华	女	汉族	1954.12	Ⅴ-26	锦歌	福建省漳州市
04-1710	董孝芳	男	汉族	1940.8	Ⅴ-35	东北二人转	吉林省
04-1711	韩子平	男	汉族	1949.4	Ⅴ-35	东北二人转	吉林省
04-1712	高景佐	男	汉族	1933.10	Ⅴ-39	山东快书	山东省
04-1713	代沃德	男	蒙古族	1950.3	Ⅴ-40	乌力格尔	内蒙古科尔沁右翼中旗
04-1714	加玛勒汗·哈拉巴特	女	哈萨克族	1940.5	Ⅴ-45	哈萨克族阿依特斯	新疆维吾尔自治区伊犁哈萨克自治州
04-1715	姜昆	男	汉族	1950.10	Ⅴ-47	相声	中国广播艺术团
04-1716	陆倚琴	女	汉族	1934.6	Ⅴ-48	京韵大鼓	天津市曲艺团
04-1717	刘春爱	女	汉族	1949.3	Ⅴ-48	京韵大鼓	天津市曲艺团
04-1718	张蕴华	女	满族	1948.1	Ⅴ-49	单弦牌子曲（含岔曲）	北京市西城区
04-1719	姚祺儿	男	汉族	1949.4	Ⅴ-68	独脚戏	上海市黄浦区
04-1720	何忠华	女	汉族	1946.11	Ⅴ-70	湖北小曲	湖北省武汉市

续表

序号	姓名	性别	民族	出生年月	项目编码	项目名称	申报地区或单位
04-1721	张巧玲	女	汉族	1960.9	V-73	徐州琴书	江苏省徐州市
04-1722	陈再碧	女	汉族	1947.4	V-75	四川扬琴	重庆市曲艺团
04-1723	吴卡亚	女	汉族	1950.3	V-76	四川竹琴	重庆市三峡曲艺团
04-1724	刘国福	男	汉族	1955.6	V-76	四川竹琴	重庆市三峡曲艺团
04-1725	张永贵	男	汉族	1933.4	V-76	四川竹琴	四川省成都艺术剧院
04-1726	李静明	女	汉族	1943.6	V-77	四川清音	重庆市曲艺团
04-1727	何红玉	女	汉族	1941.2	V-87	广西文场	广西壮族自治区桂林市
04-1728	陈秀芬	女	汉族	1945.11	V-87	广西文场	广西壮族自治区桂林市
04-1729	刘延彪	男	汉族	1942.10	V-94	青海下弦	青海省
04-1730	曹有元	男	汉族	1937.12	V-97	莲花落	山西省太原市
04-1731	姜信子	女	朝鲜族	1941.2	V-102	盘索里	吉林省延边朝鲜族自治州
04-1732	徐勍	男	汉族	1936.3	V-110	四川评书	重庆市曲艺团
04-1733	吴咏梅	女	汉族	1927.10	V-112	南音说唱	澳门特别行政区

六、传统体育、游艺与杂技（13人）

序号	姓名	性别	民族	出生年月	项目编码	项目名称	申报地区或单位
04-1734	那巴特尔	男	蒙古族	1941.1	VI-22	沙力搏尔式摔跤	内蒙古自治区阿拉善左旗
04-1735	孙志均	男	汉族	1933.8	VI-25	八卦掌	北京市西城区
04-1736	张玉林	男	汉族	1953.2	VI-26	形意拳	河北省深州市
04-1737	陈桂学	男	汉族	1960.6	VI-27	鹰爪翻子拳	河北省雄县
04-1738	李洳波	男	汉族	1949.9	VI-30	心意六合拳	河南省漯河市
04-1739	周昆民	男	汉族	1945.4	VI-31	五祖拳	福建省泉州市
04-1740	肖桂森	男	汉族	1956.2	VI-47	戏法	天津市和平区
04-1741	卜树权	男	汉族	1969.1	VI-48	建湖杂技	江苏省建湖县
04-1742	李正丙	男	汉族	1956.12	VI-51	马戏（埇桥马戏）	安徽省宿州市埇桥区
04-1743	李义军	男	汉族	1955.1	VI-59	佛汉拳	山东省东明县
04-1744	董文焕	男	汉族	1923.10	VI-63	华佗五禽戏	安徽省亳州市
04-1745	沈少三	男	回族	1929.4	VI-64	撂石锁	河南省开封市
04-1746	牛玉亮	男	汉族	1938.7	VI-70	口技	北京市西城区

七、传统美术（76人）

序号	姓名	性别	民族	出生年月	项目编码	项目名称	申报地区或单位
04-1747	高腊梅	女	汉族	1933.12	Ⅶ-8	滩头木版年画	湖南省隆回县
04-1748	颜登泽仁	男	藏族	1954.3	Ⅶ-14	藏族唐卡（噶玛嘎孜画派）	四川省甘孜藏族自治州
04-1749	罗布斯达	男	藏族	1967.7	Ⅶ-14	藏族唐卡（勉萨画派）	西藏自治区
04-1750	希热布	男	藏族	1961.8	Ⅶ-14	藏族唐卡（甘南藏族唐卡）	甘肃省夏河县
04-1751	九麦	男	藏族	1936.6	Ⅶ-14	藏族唐卡（甘南藏族唐卡）	甘肃省夏河县
04-1752	周广	男	汉族	1955.11	Ⅶ-16	剪纸（蔚县剪纸）	河北省蔚县
04-1753	周淑英	女	汉族	1964.11	Ⅶ-16	剪纸（蔚县剪纸）	河北省蔚县
04-1754	段建珺	男	汉族	1973.6	Ⅶ-16	剪纸（和林格尔剪纸）	内蒙古自治区和林格尔县
04-1755	刘静兰	女	汉族	1955.4	Ⅶ-16	剪纸（包头剪纸）	内蒙古自治区包头市
04-1756	关淑梅	女	满族	1956.6	Ⅶ-16	剪纸（新宾满族剪纸）	辽宁省新宾满族自治县
04-1757	倪友芝	女	汉族	1939.1	Ⅶ-16	剪纸（长白山满族剪纸）	吉林省通化市
04-1758	奚小琴	女	汉族	1956.3	Ⅶ-16	剪纸（上海剪纸）	上海市徐汇区
04-1759	程兴红	男	汉族	1971.8	Ⅶ-16	剪纸(阜阳剪纸)	安徽省阜阳市
04-1760	王朋草	女	汉族	1942.2	Ⅶ-16	剪纸（灵宝剪纸）	河南省灵宝市
04-1761	管丽芳	女	汉族	1954.3	Ⅶ-16	剪纸（孝感雕花剪纸）	湖北省孝感市孝南区
04-1762	邵梅罕	女	傣族	1963.2	Ⅶ-16	剪纸（傣族剪纸）	云南省潞西市
04-1763	高凤莲	女	汉族	1936.2	Ⅶ-16	剪纸（延川剪纸）	陕西省延川县
04-1764	余福臻	女	汉族	1942.3	Ⅶ-18	苏绣	江苏省苏州市
04-1765	张玉英	女	汉族	1935.8	Ⅶ-18	苏绣	江苏省苏州市
04-1766	蒋雪英	女	汉族	1933.10	Ⅶ-18	苏绣	江苏省苏州市
04-1767	姚惠芬	女	汉族	1967.11	Ⅶ-18	苏绣	江苏省苏州市
04-1768	张美芳	女	汉族	1946.8	Ⅶ-18	苏绣	江苏省苏州市
04-1769	柳建新	女	汉族	1951.9	Ⅶ-19	湘绣	湖南省长沙市
04-1770	江再红	女	汉族	1968.3	Ⅶ-19	湘绣	湖南省长沙市
04-1771	康惠芳	女	汉族	1948.7	Ⅶ-20	粤绣（潮绣）	广东省潮州市
04-1772	孙庆先	男	汉族	1950.6	Ⅶ-20	粤绣（潮绣）	广东省潮州市
04-1773	吴通英	女	苗族	1951.3	Ⅶ-22	苗绣	贵州省台江县
04-1774	宋水仙	女	水族	1966.6.	Ⅶ-23	水族马尾绣	贵州省三都水族自治县

续表

序号	姓名	性别	民族	出生年月	项目编码	项目名称	申报地区或单位
04-1775	韦桃花	女	水族	1964.5	VII-23	水族马尾绣	贵州省三都水族自治县
04-1776	柴慈继	男	汉族	1949.2	VII-27	象牙雕刻	北京市东城区
04-1777	李春珂	男	汉族	1949.3	VII-27	象牙雕刻	北京市东城区
04-1778	张民辉	男	汉族	1953.1	VII-27	象牙雕刻	广东省广州市
04-1779	薛春梅	女	汉族	1965.1	VII-28	扬州玉雕	江苏省扬州市
04-1780	高毅进	男	汉族	1964.11	VII-28	扬州玉雕	江苏省扬州市
04-1781	张爱廷	男	汉族	1939.2	VII-33	青田石雕	浙江省青田县
04-1782	安荣杰	男	汉族	1947.5	VII-34	曲阳石雕	河北省曲阳县
04-1783	王经民	男	汉族	1967.2	VII-36	惠安石雕	福建省惠安县
04-1784	蒯正华	男	汉族	1962.4	VII-37	徽州三雕	安徽省黄山市
04-1785	曹永盛	男	汉族	1969.9	VII-37	徽州三雕	安徽省黄山市
04-1786	辜柳希	男	汉族	1954.2	VII-40	潮州木雕	广东省潮州市
04-1787	虞金顺	男	汉族	1949.8	VII-42	乐清黄杨木雕	浙江省乐清市
04-1788	高公博	男	汉族	1949.10	VII-42	乐清黄杨木雕	浙江省乐清市
04-1789	吴初伟	男	汉族	1946.3	VII-43	东阳木雕	浙江省东阳市
04-1790	张宗凡	男	汉族	1968.9	VII-46	竹刻（宝庆竹刻）	湖南省邵阳市
04-1791	聂希蔚	男	汉族	1938.9	VII-47	泥塑（聂家庄泥塑）	山东省高密市
04-1792	罗藏昂秀	男	藏族	1962.10	VII-48	塔尔寺酥油花	青海省湟中县
04-1793	杨玉榕	女	汉族	1945.1	VII-50	灯彩（佛山彩灯）	广东省佛山市
04-1794	刘嘉峰	男	汉族	1946.4	VII-51	竹编（ 渠县刘氏竹编）	四川省渠县
04-1795	汤夙国	男	汉族	1933.5	VII-52	面人（面人汤）	北京市通州区
04-1796	王文忠	男	汉族	1962.4	VII-55	柳编（黄岗柳编）	安徽省阜南县
04-1797	柳朝国	男	汉族	1945.3	VII-57	玉雕（北京玉雕）	北京市玉器厂
04-1798	李博生	男	汉族	1941.10	VII-57	玉雕（北京玉雕）	北京市玉器厂
04-1799	袁耀	男	汉族	1949.2	VII-57	玉雕（海派玉雕）	上海市
04-1800	洪新华	男	汉族	1959.5	VII-57	玉雕（海派玉雕）	上海市
04-1801	翟念卫	男	汉族	1961.7	VII-57	玉雕（海派玉雕）	上海市
04-1802	杨曦	男	汉族	1964.11	VII-57	玉雕（苏州玉雕）	江苏省苏州市
04-1803	屠杰	男	汉族	1961.5	VII-58	木雕（紫檀雕刻）	上海市
04-1804	方文桃	男	汉族	1942.2	VII-58	木雕（莆田木雕）	福建省莆田市
04-1805	佘国平	男	汉族	1949.10	VII-58	木雕（莆田木雕）	福建省莆田市

续表

序号	姓名	性别	民族	出生年月	项目编码	项目名称	申报地区或单位
04-1806	曾德衡	男	汉族	1943.9	Ⅶ-58	木雕（澳门神像雕刻）	澳门特别行政区
04-1807	桑格达杰	男	藏族	1972.3	Ⅶ-64	藏文书法（果洛德昂洒智）	青海省果洛藏族自治州
04-1808	韩建峰	男	汉族	1968.7	Ⅶ-65	木版年画（滑县木版年画）	河南省滑县
04-1809	陈义文	男	汉族	1929.3	Ⅶ-65	木版年画（老河口木版年画）	湖北省老河口市
04-1810	弓春香	女	汉族	1942.8	Ⅶ-71	堆锦（上党堆锦）	山西省长治市群众艺术馆
04-1811	阿吉尔·赛买提	女	维吾尔族	1952.8	Ⅶ-79	维吾尔族刺绣	新疆维吾尔自治区哈密地区
04-1812	米代	女	蒙古族	1948.4	Ⅶ-81	蒙古族刺绣	新疆维吾尔自治区博湖县
04-1813	邵成村	男	汉族	1965.5	Ⅶ-87	灰塑	广东省广州市
04-1814	吴学宝	男	汉族	1940.3	Ⅶ-90	软木画	福建省福州市
04-1815	卢芝高	男	汉族	1946.10	Ⅶ-91	镶嵌（潮州嵌瓷）	广东省潮州市工艺美术研究院
04-1816	雷显元	男	汉族	1929.7	Ⅶ-101	平遥纱阁戏人	山西省平遥县
04-1817	唐明敏	女	汉族	1958.2	Ⅶ-103	上海绒绣	上海市浦东新区
04-1818	许谨伦	男	汉族	1948.2	Ⅶ-104	宁波金银彩绣	浙江省宁波市鄞州区
04-1819	杨华珍	女	藏族	1960.6	Ⅶ-106	藏族编织、挑花刺绣工艺	四川省阿坝藏族羌族自治州
04-1820	陈显月	女	侗族	1964.4	Ⅶ-107	侗族刺绣	贵州省锦屏县
04-1821	杨秀玉	女	锡伯族	1963.9	Ⅶ-108	锡伯族刺绣	新疆维吾尔自治区察布查尔锡伯自治县
04-1822	黄才良	男	汉族	1957.7	Ⅶ-109	宁波泥金彩漆	浙江省宁海县

八、传统技艺（112人）

序号	姓名	性别	民族	出生年月	项目编码	项目名称	申报地区或单位
04-1823	徐秀棠	男	汉族	1937.12	Ⅷ-1	宜兴紫砂陶制作技艺	江苏省宜兴市
04-1824	吕尧臣	男	汉族	1940.12	Ⅷ-1	宜兴紫砂陶制作技艺	江苏省宜兴市
04-1825	黄松坚	男	汉族	1941.10	Ⅷ-3	石湾陶塑技艺	广东省佛山市
04-1826	廖洪标	男	汉族	1937.10	Ⅷ-3	石湾陶塑技艺	广东省佛山市
04-1827	兰国华	男	汉族	1941.8	Ⅷ-7	景德镇手工制瓷技艺	江西省景德镇市

续表

序号	姓名	性别	民族	出生年月	项目编码	项目名称	申报地区或单位
04-1828	黄云鹏	男	汉族	1942.5	Ⅷ-7	景德镇手工制瓷技艺	江西省景德镇市
04-1829	李文跃	男	汉族	1959.8	Ⅷ-7	景德镇手工制瓷技艺	江西省景德镇市
04-1830	邓希平	女	汉族	1942.11	Ⅷ-7	景德镇手工制瓷技艺	江西省景德镇市
04-1831	朱丹忱	男	汉族	1955.11	Ⅷ-7	景德镇手工制瓷技艺	江西省景德镇市
04-1832	傅长敏	女	汉族	1968.8	Ⅷ-7	景德镇手工制瓷技艺	江西省景德镇市
04-1833	夏侯文	男	汉族	1935.8	Ⅷ-9	龙泉青瓷烧制技艺	浙江省龙泉市
04-1834	毛正聪	男	汉族	1940.10	Ⅷ-9	龙泉青瓷烧制技艺	浙江省龙泉市
04-1835	安际衡	男	汉族	1969.3	Ⅷ-10	磁州窑烧制技艺	河北省峰峰矿区
04-1836	邱双炯	男	汉族	1932.2	Ⅷ-11	德化瓷烧制技艺	福建省德化县
04-1837	符林早	女	黎族	1964.5	Ⅷ-19	黎族传统纺染织绣技艺	海南省东方市
04-1838	木斯勒木江·恰尔甫汗	女	哈萨克族	1952.4	Ⅷ-23	花毡、印花布织染技艺	新疆维吾尔自治区塔城地区
04-1839	王振兴	男	汉族	1939.5	Ⅷ-24	南通蓝印花布印染技艺	江苏省南通市
04-1840	王阿勇	女	苗族	1944.2	Ⅷ-25	苗族蜡染技艺	贵州省丹寨县
04-1841	储金霞	女	汉族	1945.11	Ⅷ-39	芜湖铁画锻制技艺	安徽省芜湖市
04-1842	林仕元	男	汉族	1955.2	Ⅷ-40	银饰锻制技艺（畲族银器制作技艺）	福建省福安市
04-1843	勒古沙日	男	彝族	1956.6	Ⅷ-40	银饰制作技艺（彝族银饰制作技艺）	四川省布拖县
04-1844	吴水根	男	苗族	1966.2	Ⅷ-40	银饰锻制技艺（苗族银饰锻制技艺）	贵州省台江县
04-1845	钟连盛	男	满族	1962.2	Ⅷ-43	景泰蓝制作技艺	北京市东城区
04-1846	曹运建	男	汉族	1972.3	Ⅷ-45	家具制作技艺（晋作家具制作技艺）	山西省临汾市
04-1847	杨金荣	男	汉族	1950.2	Ⅷ-45	家具制作技艺（精细木作技艺）	江苏工美红木文化艺术研究所
04-1848	殷秀云	女	汉族	1947.6	Ⅷ-50	雕漆技艺	北京市东城区
04-1849	梁忠秀	男	汉族	1955.11	Ⅷ-51	平遥推光漆器髹饰技艺	山西省平遥县
04-1850	汤春甫	男	汉族	1952.9	Ⅷ-53	天台山干漆夹苎技艺	浙江省天台县
04-1851	黄时忠	男	汉族	1942.11	Ⅷ-54	福州脱胎漆器髹饰技艺	福建省福州市
04-1852	张良	男	汉族	1965.11	Ⅷ-58	泸州老窖酒酿制技艺	四川省泸州市
04-1853	武润威	男	汉族	1955.3	Ⅷ-61	清徐老陈醋酿制技艺	山西省清徐县

续表

序号	姓名	性别	民族	出生年月	项目编码	项目名称	申报地区或单位
04-1854	陈德华	男	汉族	1941.8	Ⅷ-63	武夷岩茶（大红袍）制作技艺	福建省武夷山市
04-1855	万爱珠	女	汉族	1951.4	Ⅷ-67	皮纸制作技艺（龙游皮纸制作技艺）	浙江省龙游县
04-1856	周小三	女	傣族	1936.2	Ⅷ-68	傣族、纳西族手工造纸技艺	云南省临沧市
04-1857	刘同烟	男	汉族	1964.11	Ⅷ-70	桑皮纸制作技艺	安徽省潜山县
04-1858	李法儿	男	汉族	1950.8	Ⅷ-71	竹纸制作技艺	浙江省富阳市
04-1859	鲁建庆	男	汉族	1952.3	Ⅷ-73	徽墨制作技艺（曹素功墨锭制作技艺）	上海市黄浦区
04-1860	王祖伟	男	汉族	1964.11	Ⅷ-74	歙砚制作技艺	安徽省歙县
04-1861	江亮根	男	汉族	1972.11	Ⅷ-74	歙砚制作技艺	江西省婺源县
04-1862	肖刚	男	汉族	1959.5	Ⅷ-77	木版水印技艺	北京市荣宝斋
04-1863	马萌青	男	回族	1963.9	Ⅷ-79	金陵刻经印刷技艺	江苏省南京市
04-1864	邢伟中	男	汉族	1954.8	Ⅷ-81	制扇技艺	江苏省苏州市
04-1865	郭宝林	男	鄂伦春族	1945.10	Ⅷ-83	桦树皮制作技艺(鄂伦春族桦树皮船制作技艺)	黑龙江省大兴安岭地区
04-1866	梁忠民	男	汉族	1943.11	Ⅷ-86	烟火爆竹制作技艺（架花烟火爆竹制作技艺）	陕西省洋县
04-1867	哈亦琦	男	回族	1954.3	Ⅷ-88	风筝制作技艺（北京风筝哈制作技艺）	北京市海淀区
04-1868	费保龄	男	汉族	1928.1	Ⅷ-88	风筝制作技艺（北京风筝制作技艺）	北京市东城区
04-1869	魏国秋	男	汉族	1961.1	Ⅷ-88	风筝制作技艺（天津风筝魏制作技艺）	天津市南开区
04-1870	乔月亮	男	汉族	1963.7	Ⅷ-90	琉璃烧制技艺	山西省
04-1871	任星航	男	汉族	1955.1	Ⅷ-93	钧瓷烧制技艺	河南省禹州市
04-1872	孔相卿	男	汉族	1963.2	Ⅷ-93	钧瓷烧制技艺	河南省禹州市
04-1873	苗长强	男	汉族	1962.8	Ⅷ-93	钧瓷烧制技艺	河南省禹州市
04-1874	陈扬龙	男	汉族	1941.5	Ⅷ-95	醴陵釉下五彩瓷烧制技艺	湖南省醴陵市
04-1875	吴为明	男	汉族	1938.8	Ⅷ-96	枫溪瓷烧制技艺	广东省潮州市枫溪区
04-1876	陈文敏	男	汉族	1961.2	Ⅷ-97	广彩瓷烧制技艺	广东省广州市

续表

序号	姓名	性别	民族	出生年月	项目编码	项目名称	申报地区或单位
04-1877	白玛群加	男	藏族	1978.10	Ⅷ-98	陶器烧制技艺（藏族黑陶烧制技艺）	青海省囊谦县
04-1878	帕热坦木·吐尔迪	女	维吾尔族	1965.7	Ⅷ-100	传统棉纺织技艺（维吾尔族帕拉孜纺织技艺）	新疆维吾尔自治区拜城县
04-1879	阿不力孜·吐尔逊	男	维吾尔族	1966.5	Ⅷ-101	毛纺织及擀制技艺（维吾尔族花毡制作技艺）	新疆维吾尔自治区柯坪县
04-1880	杨光成	男	布依族	1953.5	Ⅷ-108	枫香印染技艺	贵州省惠水县
04-1881	邢俊	男	汉族	1959.11	Ⅷ-115	手工制鞋技艺（老美华手工制鞋技艺）	天津市和平区
04-1882	张心一	男	汉族	1958.2	Ⅷ-117	金银细工制作技艺	上海市黄浦区
04-1883	列旦	男	藏族	1976.12	Ⅷ-120	藏族金属锻造技艺（藏族锻铜技艺）	西藏自治区南木林县
04-1884	拉琼	男	藏族	1964.11	Ⅷ-120	藏族金属锻制技艺（扎西吉彩金银锻铜技艺）	西藏自治区日喀则地区
04-1885	吴景馨	女	满族	1962.6	Ⅷ-124	民族乐器制作技艺（宏音斋笙管制作技艺）	北京海淀区
04-1886	哈达	男	蒙古族	1962.4	Ⅷ-124	民族乐器制作技艺（蒙古族拉弦乐器制作技艺）	内蒙古自治区科尔沁右翼中旗
04-1887	徐振高	男	汉族	1933.11	Ⅷ-124	民族乐器制作技艺（上海民族乐器制作技艺）	上海市闵行区
04-1888	封明君	男	汉族	1936.8	Ⅷ-124	民族乐器制作技艺（苏州民族乐器制作技艺）	江苏省苏州市
04-1889	艾依提·依明	男	维吾尔族	1954.5	Ⅷ-124	民族乐器制作技艺（维吾尔族乐器制作技艺）	新疆维吾尔自治区新和县
04-1890	柏德元	男	汉族	1947.2	Ⅷ-126	金漆镶嵌髹饰技艺	北京市
04-1891	何俊明	男	汉族	1964.8	Ⅷ-127	漆器髹饰技艺（绛州剔犀技艺）	山西省新绛县
04-1892	李波生	男	汉族	1956.7	Ⅷ-127	漆器髹饰技艺（鄱阳脱胎漆器髹饰技艺）	江西省鄱阳县
04-1893	邹德香	男	汉族	1948.10	Ⅷ-127	漆器髹饰技艺（楚式漆器髹饰技艺）	湖北省荆州市
04-1894	张文年	男	汉族	1968.2	Ⅷ-130	宣笔制作技艺	安徽省宣城市
04-1895	闫森林	男	汉族	1952.11	Ⅷ-133	砚台制作技艺（贺兰砚制作技艺）	宁夏回族自治区银川市

续表

序号	姓名	性别	民族	出生年月	项目编码	项目名称	申报地区或单位
04-1896	范广畴	男	汉族	1936.9	Ⅷ-136	装裱修复技艺（苏州书画装裱修复技艺）	江苏省苏州市
04-1897	徐建华	男	汉族	1951.1	Ⅷ-136	装裱修复技艺（古字画装裱修复技艺）	故宫博物院
04-1898	杜伟生	男	回族	1952.3	Ⅷ-136	装裱修复技艺（古籍修复技艺）	国家图书馆
04-1899	汪学军	男	汉族	1964.5	Ⅷ-136	装裱修复技艺（古籍修复技艺）	中国书店
04-1900	岑国和	男	汉族	1956.1	Ⅷ-137	传统木船制造技艺	浙江省舟山市普陀区
04-1901	次仁	男	藏族	1956.5	Ⅷ-141	藏香制作技艺	西藏自治区尼木县
04-1902	波空论	男	傣族	1948.1	Ⅷ-142	贝叶经制作技艺	云南省西双版纳傣族自治州
04-1903	孙丹威	女	汉族	1957.9	Ⅷ-147	花茶制作技艺（吴裕泰茉莉花茶制作技艺）	北京市东城区
04-1904	储昭伟	男	汉族	1966.11	Ⅷ-148	绿茶制作技艺（六安瓜片）	安徽省六安市裕安区
04-1905	方继凡	男	汉族	1965.1	Ⅷ-148	绿茶制作技艺（太平猴魁）	安徽省黄山市黄山区
04-1906	甘玉祥	男	汉族	1963.4	Ⅷ-152	黑茶制作技艺（南路边茶制作技艺）	四川省雅安市
04-1907	王青艾	女	汉族	1961.4	Ⅷ-160	传统面食制作技艺（稷山传统面点制作技艺）	山西省稷山县
04-1908	赵光晋	女	汉族	1952.3	Ⅷ-163	月饼传统制作技艺（郭杜林晋式月饼制作技艺）	山西省太原市
04-1909	梁球胜	男	汉族	1965.4	Ⅷ-163	月饼传统制作技艺（安琪广式月饼制作技艺）	广东省安琪食品有限公司
04-1910	乌平	男	回族	1963.4	Ⅷ-165	同盛祥牛羊肉泡馍制作技艺	陕西省西安市
04-1911	李永革	男	汉族	1955.11	Ⅷ-174	官式古建筑营造技艺（北京故宫）	故宫博物院
04-1912	刘增玉	男	汉族	1955.7	Ⅷ-174	官式古建筑营造技艺（北京故宫）	故宫博物院
04-1913	黄春财	男	汉族	1936.5	Ⅷ-175	木拱桥传统营造技艺	福建省屏南县
04-1914	胡公敏	男	汉族	1957.12	Ⅷ-178	徽派传统民居营造技艺	安徽省黄山市

续表

序号	姓名	性别	民族	出生年月	项目编码	项目名称	申报地区或单位
04-1915	呼森格	男	蒙古族	1942.8	Ⅷ-181	蒙古包营造技艺	内蒙古自治区西乌珠穆沁旗
04-1916	果洛折求	男	藏族	1941.3	Ⅷ-186	碉楼营造技艺（藏族碉楼营造技艺）	青海省班玛县
04-1917	嵇锡贵	女	汉族	1941.12	Ⅷ-187	越窑青瓷烧制技艺	浙江省杭州市
04-1918	孙建兴	男	汉族	1952.10	Ⅷ-188	建窑建盏烧制技艺	福建省南平市
04-1919	朱文立	男	汉族	1950.9	Ⅷ-189	汝瓷烧制技艺	河南省汝州市
04-1920	孟玉松	女	汉族	1942.1	Ⅷ-189	汝瓷烧制技艺	河南省汝州市
04-1921	徐永良	男	汉族	1965.5	Ⅷ-193	中式服装制作技艺（龙凤旗袍手工制作技艺）	上海市静安区
04-1922	林瑞祥	男	汉族	1931.2	Ⅷ-193	中式服装制作技艺（亨生奉帮裁缝技艺）	上海市静安区
04-1923	包文其	男	汉族	1951.9	Ⅷ-193	中式服装制作技艺（振兴祥中式服装制作技艺）	浙江省杭州市
04-1924	敖朝宗	男	汉族	1944.5	Ⅷ-194	铅锡刻镂技艺	湖北省荆州市
04-1925	何满	男	汉族	1965.4	Ⅷ-196	银铜器制作及鎏金技艺	青海省湟中县
04-1926	王有亮	男	汉族	1964.4	Ⅷ-197	青铜器修复及复制技艺	故宫博物院
04-1927	阿旺晋美	男	藏族	1957.4	Ⅷ-199	藏族矿植物颜料制作技艺	西藏自治区拉萨市
04-1928	吴庆春	男	汉族	1961.3	Ⅷ-200	毛笔制作技艺（周虎臣毛笔制作技艺）	上海市黄浦区
04-1929	石庆鹏	男	汉族	1948.8	Ⅷ-200	毛笔制作技艺（扬州毛笔制作技艺）	江苏省江都市
04-1930	祖莪	女	汉族	1956.3	Ⅷ-202	古书画临摹复制技艺	故宫博物院
04-1931	梅相靖	男	汉族	1945.6	Ⅷ-203	白茶制作技艺（福鼎白茶制作技艺）	福建省福鼎市
04-1932	杨贵庭	男	汉族	1948.1	Ⅷ-209	雁门民居营造技艺	山西省忻州市
04-1933	万桃元	男	汉族	1956.2	Ⅷ-211	土家族吊脚楼营造技艺	湖北省咸丰县
04-1934	彭善尧	男	土家族	1940.3	Ⅷ-211	土家族吊脚楼营造技艺	湖南省永顺县

九、传统医药（21人）

序号	姓名	性别	民族	出生年月	项目编码	项目名称	申报地区或单位
04-1935	葛凤麟	男	汉族	1955.6	Ⅸ-2	中医诊法（葛氏捏筋拍打疗法）	北京市海淀区
04-1936	王兴治	男	汉族	1953.6	Ⅸ-2	中医诊法（王氏脊椎疗法）	北京市西城区
04-1937	王培章	男	汉族	1932.11	Ⅸ-2	中医诊法（道虎壁王氏中医妇科）	山西省平遥县
04-1938	朱鼎成	男	汉族	1951.2	Ⅸ-2	中医诊法（朱氏推拿疗法）	上海市
04-1939	李济仁	男	汉族	1931.1	Ⅸ-2	中医诊法（张一帖内科疗法）	安徽省黄山市
04-1940	张舜华	女	汉族	1932.1	Ⅸ-2	中医诊法（张一帖内科疗法）	安徽省黄山市
04-1941	柳惠武	男	汉族	1955.1	Ⅸ-4	中医传统制剂方法（龟龄集传统制作技艺）	山西省太谷县
					Ⅸ-4	中医传统制剂方法（定坤丹制作技艺）	山西省太谷县
04-1942	劳三申	男	汉族	1946.9	Ⅸ-4	中医传统制剂方法（六神丸制作技艺）	上海市黄浦区
04-1943	杨福安	男	汉族	1963.9	Ⅸ-4	中医传统制剂方法（东阿阿胶制作技艺）	山东省平阴县
04-1944	夏小中	男	汉族	1958.1	Ⅸ-4	中医传统制剂方法（夏氏丹药制作技艺）	湖北省京山县
04-1945	武承谋	男	汉族	1936.6	Ⅸ-6	中医正骨疗法（武氏正骨疗法）	山西省高平市
04-1946	张玉柱	男	汉族	1947.12	Ⅸ-6	中医正骨疗法（张氏骨伤疗法）	浙江省富阳市
04-1947	占堆	男	藏族	1946.5	Ⅸ-9	藏医药（藏药炮制技艺）	西藏自治区藏医院
04-1948	雷雨霖	男	汉族	1926.9	Ⅸ-11	传统中医药文化（鹤年堂中医药养生文化）	北京鹤年堂医药有限责任公司
04-1949	包金山	男	蒙古族	1939.6	Ⅸ-12	蒙医药（蒙医正骨疗法）	内蒙古自治区科尔沁左翼后旗

续表

序号	姓名	性别	民族	出生年月	项目编码	项目名称	申报地区或单位
04-1950	龙玉年	男	苗族	1935.11	Ⅸ-15	苗医药(癫痫症疗法)	湖南省凤凰县
04-1951	张宝玉	男	回族	1946.9	Ⅸ-17	回族医药（张氏回医正骨疗法）	宁夏回族自治区吴忠市
04-1952	杨华祥	男	回族	1952.8	Ⅸ-17	回族医药（回族汤瓶八诊疗法）	宁夏回族自治区银川市
04-1953	余惠祥	男	汉族	1952.10	Ⅸ-19	彝医药(彝医水膏药疗法)	云南省楚雄彝族自治州
04-1954	阿布都吾布尔·阿吉	男	维吾尔族	1941.10	Ⅸ-21	维吾尔医药（木尼孜其·木斯力汤药制作技艺）	新疆维吾尔自治区和田地区
04-1955	艾比不拉·玉素甫	男	维吾尔族	1942.3	Ⅸ-21	维吾尔医药(维药传统炮制技艺)	新疆维吾尔医学高等专科学校

十、民俗（31人）

序号	姓名	性别	民族	出生年月	项目编码	项目名称	申报地区或单位
04-1956	陈其才	男	汉族	1942.12	X-4	七夕节（石塘七夕习俗）	浙江省温岭市
04-1957	陳德輝	男	汉族	1946.12	X-5	中秋节（大坑舞火龙）	香港特别行政区
04-1958	普顺发	男	彝族	1937.11	X-10	火把节(彝族火把节)	云南省楚雄彝族自治州
04-1959	赵有福	男	瑶族	1946.8	X-14	瑶族盘王节	广西壮族自治区贺州市
04-1960	谭三岗	男	毛南族	1959.10	X-17	毛南族肥套	广西壮族自治区环江毛南族自治县
04-1961	王卫东	男	蒙古族	1952.8	X-34	成吉思汗祭典	内蒙古自治区鄂尔多斯市
04-1962	林金榜	男	汉族	1949.3	X-36	妈祖祭典	福建省莆田市
04-1963	当曾本	男	藏族	1970.4	X-43	热贡六月会	青海省同仁县
04-1964	夏吾才让	男	藏族	1978.2	X-43	热贡六月会	青海省同仁县
04-1965	梁炳光	男	苗族	1941.4	X-47	苗族系列坡会群	广西壮族自治区融水苗族自治县
04-1966	艾力·依布拉音	男	维吾尔族	1928.4	X-49	新疆维吾尔族麦西热甫（维吾尔族却日库木麦西热甫）	新疆维吾尔自治区阿克苏市

续表

序号	姓名	性别	民族	出生年月	项目编码	项目名称	申报地区或单位
04-1967	李俊芳	男	汉族	1929.3	X-54	民间社火（洋县悬台社火）	陕西省洋县
04-1968	董思明	男	土族	1963.9	X-56	土族婚礼	青海省互助土族自治县
04-1969	韩占祥	男	撒拉族	1942.7	X-57	撒拉族婚礼	青海省循化撒拉族自治县
04-1970	陶美元	女	苗族	1965.4	X-65	苗族服饰（昌宁苗族服饰）	云南省保山市
04-1971	何静华	女	汉族	1934.10	X-69	女书习俗	湖南省江永县
04-1972	白有厚	男	汉族	1946.6	X-71	元宵节（柳林盘子会）	山西省柳林县
04-1973	陈永清	男	汉族	1958.2	X-71	元宵节（永昌县卍字灯俗）	甘肃省永昌县
04-1974	胡文相	男	汉族	1931.6	X-84	庙会（张山寨七七会）	浙江省缙云县
04-1975	关章训	男	汉族	1941.1	X-84	庙会（当阳关陵庙会）	湖北省当阳市
04-1976	陈范兴	男	汉族	1952.8	X-87	抬阁（长乐抬阁故事会）	湖南省汨罗市
04-1977	谭浩彬	男	汉族	1945.12	X-87	抬阁（南朗崖口飘色）	广东省中山市
04-1978	公孙馨	男	汉族	1949.10	X-87	抬阁（通海高台）	云南省通海县
04-1979	李富先	男	汉族	1963.3	X-87	抬阁（湟中县千户营高台）	青海省湟中县
04-1980	艾克木山·马达力汗	男	塔吉克族	1969.9	X-100	塔吉克族婚俗	新疆维吾尔自治区塔什库尔干塔吉克自治县
04-1981	斯庆巴拉木	女	蒙古族	1941.1	X-108	蒙古族服饰	内蒙古自治区
04-1982	米的可	女	蒙古族	1945.9	X-108	蒙古族服饰	新疆维吾尔自治区博湖县
04-1983	旦增多杰	男	藏族	1946.11	X-113	藏族服饰	青海省玉树藏族自治州
04-1984	柯璀玲	女	裕固族	1962.1	X-114	裕固族服饰	甘肃省肃南裕固族自治县
04-1985	汪素秋	女	汉族	1979.10	X-119	珠算（程大位珠算法）	安徽省黄山市屯溪区
04-1986	安福成	男	裕固族	1943.12	X-139	婚俗（裕固族传统婚俗）	甘肃省张掖市

中国文化年鉴

Almanac Of Chinese Culture

文化大事记

Cultural events

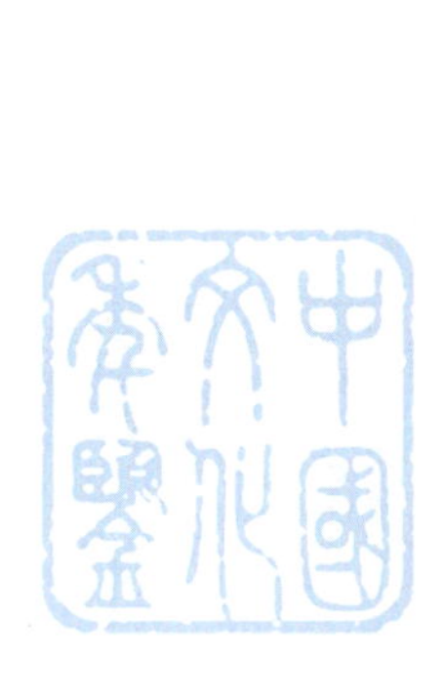

1月起，动漫市场专项整治行动和迎接党的十八大文化市场专项保障行动先后在全国范围内开展，进一步净化了社会文化环境，规范了文化市场秩序，为党的十八大胜利召开创造了良好的社会文化环境。

1月，国家舞台艺术精品工程授牌仪式在北京举行。

1月4日至6日，全国文化厅局长会议在北京召开。

应中华文化联谊会邀请，台湾大学院校艺文中心协会访问团一行21人于1月5日至12日来云南、贵州参访。

1月6日，文化部在北京召开全国文化系统国有文艺院团体制改革工作座谈会。

1月8日至22日，作为“欢乐春节”活动组成部分，“魅力天津”艺术团一行29人（武术、杂技、民乐等）赴马拉维、坦桑尼亚、卢旺达访演，配合中国与卢旺达建交40周年、中国与马拉维建交5周年等庆祝活动，马拉维总统及20余位部长、卢旺达青年部长等出席并观看了演出。

为开拓和推动与香港在文化贸易及知识产权保护方面的交流与合作，1月9日，文化部港澳台办主任助理赵海生应香港贸发局的邀请，出席了第10届香港国际授权展和亚洲授权业研讨会。

1月10日至13日，2012年全国文化市场管理工作会议暨网吧连锁推进工作阶段总结会在江苏苏州召开。文化部党组成员、副部长励小捷出席并讲话。会议通报了2011年全国文化市场十大案件及重大案件，回顾2011年工作，部署2012年工作，总结了网吧连锁推进工作先进经验，号召深入贯彻落实十七届六中全会精神，促进文化市场繁荣有序发展。

1月10日至16日，文化部港澳台办党委副书记舒晓以中华文化联谊会副会长身份率团赴台出席第二届“守望精神家园——两岸非物质文化遗产月”台中展演开幕活动，并赴台北等地参访。非遗月台中活动在该市创意文化园区举办33天，与台“文建会”举办的“台湾无形文化资产特展”共同展出。

1月13日，文化部部长蔡武在京会见来访的泰国公主朱拉蓬一行。宾主双方就“中泰一家亲”音乐会、泰国“欢乐春节”文化活动等内容进行了交流。

1月14日，2012年首场部级领导干部历史文化讲座在国家图书馆古籍馆举行。中共中央政治局常委李长春出席讲座并对讲座给予充分肯定。国务委员兼国务院秘书长、中央国家机关工委书记马凯，全国政协副主席、中国社会科学院院长陈奎元，文化部党组书记、部长蔡武，党组副书记、副部长赵少华，党组成员、副部长杨志今，国家图书馆馆长周和平出席讲座并陪同参观。

1月14日至2月18日，应台湾台北杂技家协会邀请，沈阳杂技团一行43人赴台北进行“2012春节杂技文化交流演出”活动。

1月16日，文化部部长蔡武会见美国百人会前会长杨雪兰。

1月17日，文化部办公厅下发《关于开展第一批创建国家公共文化服务示范区(项目)督导工作通知》（办社文函［2012］22号）

1月16日至2月12日，应台湾丽宝文化艺术基金会邀请，四川民间火龙队、甘孜州歌舞团、四川美食家协会和自贡灯贸管理委员会一行155人，赴台中举办“四川文化季”。

1月17日至18日，2012全国文化产业工作年会在福建省厦门市举行。

1月17日至27日，作为“欢乐春节”活动组成部分，“锦绣宁夏”艺术团一行29人（舞蹈、民乐等）赴塞舌尔和毛里求斯访演，在上述2国举办4场演出。塞前总统曼卡姆、文化部长、指定部长、教育部长、卫生部长等塞政要，毛前总统奥夫曼、首席大法官、文化部长等多位内阁成员分别观看了演出。

1月18日至2月13日，应台湾高雄关帝庙管理委员会邀请，四川自贡市杂技团一行38人赴高雄进行春节演出22场，观众10万余人，马英九、陈菊观看了演出。

1月18日至2月19日，“诗风弦韵谱春色——浙江省、新疆维吾尔自治区春节习俗展演”在澳门卢廉若公园举办，全面展示两地各具特色的春节习俗、加深澳门市民和游客对民风习俗的认识。

1月19日至2月1日，应台湾文化艺术发展促进会邀请，浙江曲艺杂技总团一行39人赴金门、澎湖、彰化、新北市等地演出春节杂技综合晚会。

1月19日至6月1日，应台湾新光三越文教基金会邀请，《神秘北纬38度线——古蜀文明秘宝展》赴台北、台中、高雄展出，展出文物140件（组）。

1月20日至29日，应台湾“中华广播电视节目制作商业同业公会”邀请，中央电视台少儿频道银河艺术团一行80人，台举办“2012海峡两岸青少年艺术交流”活动。

1月20日至2月6日，应台湾“中华道统慈惠协会”邀请，陕西省杂技艺术团46人，赴台北参加“2012农历新春大型慈善演出”。在台演出23场，观众2万余人。马英九、吴敦义观看了在台北松山慈惠堂的演出。

1月21日至24日，文化部副部长兼国家文物局局长励小捷应邀率中国政府文化代表团访问泰国，出席“2012·欢乐春节”文化活动开幕式及相关活动。

1月23日，农历正月初一上午，国家图书馆联合黑龙江省图书馆、浙江省图书馆、福建省图书馆、贵州省图书馆以及广西壮族自治区图书馆共同举办的“网络书香过大年”活动正式启动。同时，数字图书馆推广工程网站、国家数字图书馆读者门户系统、国家数字图书馆新版网站等多项新服务上线开通，国家图书馆馆长周和平，副馆长、党委副书记常丕军，副馆长陈力、张志清、王军，馆长助理孙一钢出席启动仪式。

1月24日至2月8日，作为“欢乐春节”活动组成部分，“魅力北京”艺术团一行60人赴南非、赞比亚、莱索托访演，在上述3国举办9场正式演出。南非总统夫人、赞比亚副总统、多位赞内阁部长、莱索托王后和莱部级官员分别出席演出。

1月24日至2月15日，作为“欢乐春节”活动组成部分，中国残疾人艺术团一行45人赴埃塞俄比亚、津巴布韦、安哥拉、莫桑比克和赞比亚进行访问演出。津陆军司令中将、教育部长，安执政党副主席、国民议会副议长、家庭和妇女部长，莫总统夫人、文化、科技、司法、妇女和社会行动部长分别观看了演出。

1月25日至2月3日，应台湾唐龙艺术有限公司邀请，中国友好和平发展基金会组派演展人员一行98人，赴台中举办“品味陕西·第二届海峡两岸春节民俗庙会”活动。

1月26日至2月5日，作为“欢乐春节”活动组成部分，“巴渝风情”重庆艺术团一行26人，赴贝宁和刚果（布）访演，在上述2国举办4场正式演出。贝宁宪法法院院长、高等法院院长、新任文化和旅游部长、海洋经济和港口基础设施部长、刚果（布）文化部长、科技部长等出席观看了艺术团的演出。

1月28日至2月10日，应台湾唐龙艺术有限公司邀请，上海文化联谊会组派上海文化艺术团一行29人赴金门、桃园、台中、台南、高雄参加春节、元宵节庆祝活动。

2月，我国首部专门针对文化市场综合行政执法工作进行管理和规范的部门规章《文化市场综合行政执法管理办法》（文化部第52号令）正式实施，《文化市场综合行政执法人员执法行为规范》随后出台。对深化文化体制改革和落实依法行政、维护文化市场有序发展、加强执法人员作风建设，建立起“权责明确、行为规范、监督有效、保障有力”的文化市场综合执法体制有重要作用。

2月，第十六届全国音乐作品（交响乐）评奖颁奖仪式暨部分获奖作品音乐会在北京国家大剧院举行。

2月，全国昆曲工作会议在苏州召开。

春节期间，在“欢乐春节”品牌的整合带动下，文化部进一步加强与港澳特区政府文化部门合作，依托央地合作机制，发挥对港澳文化工作基地作用，积极在港澳组织节庆文化活动。

2月3日，文化部、财政部名义联合印发《“公共电子阅览室建设计划”实施方案》（文社文发[2012] 5号）。

2月3日至8日，内蒙古兴安盟歌舞团先后在荃湾道沙咀道游乐场、将军澳宝翠公园和香港文化中心广场举行了3场大型演出，受到香港市民和国际游客的热烈欢迎。

2月6日至12日，第二届“守望精神家园——两岸非物质文化遗产月”非遗论坛在台中举办，中国艺术研究院田青、骆芃芃、王魁、中国社科院朝戈金、湖南艺术研究所孙文辉及台湾学者分别就“大陆非遗保护的成就与困难”、“守望篆刻”、“昆曲保护十年谈”、“格萨尔史诗传统的保护实践”、“草根湖南”等题目发表了讲演。

2月7日，由国家发展改革委、文化部和国家文物局共同研究编制的《全国地市级公共文化设施建设规划》正式印发。

2月7日，召开第四批国家珍贵古籍名录及全国古籍重点保护单位评审工作委员会会议，对专家委员会提出的1500多部第四批《国家珍贵古籍名录》及16家“全国古籍重点保护单位”推荐名单进行审定。杨志今副部长出席会议。

2月9日，蔡武部长在北京会见了来访的贝宁文化和旅游部长让·米歇尔·阿宾博拉一行，双方重点就进一步加强两国文化领域的交流与合作充分交换了意见。

2月10日，2012年国家图书馆员工大会在国家图书馆嘉言堂召开。会议表彰了先进集体和个人，总结了2011年工作，部署了2012年任务。文化部党组成员、副部长杨志今，文化部公共文化司司长于群出席大会。国家图书馆领导班子成员，除在岗值班外的全体员工、离退休老同志代表参加大会。

2月11日至18日，应台湾威景国际文化事业有限公司邀请，重庆市歌舞团舞剧《邹容》剧组一行86人，赴台北、高雄演出。

2月13日，励小捷副部长会见美国纳尔逊博物馆馆长祖立安。

2月15日，《国家“十二五”时期文化改革发展规划纲要》发布。

2月16日，文化部部长蔡武在京见宴日本首相特使、前经济产业大臣直岛正行一行，双方就“中日国民交流友好年”庆祝活动以及进一步加强中日文化交流与合作等事宜交换了意见。

2月16日至29日，北京市委宣传部、市台办在台北举办“2012两岸城市互访系列——北京文化周”，文化参访团、“北京之夜”开幕文艺晚会、话剧《李白》、昆曲《红楼梦》、《北京798当代艺术展览》、《燕京八绝北京非遗展》、北京京剧院《京剧唱响之旅》等团组一行500余人赴台。

2月17日至18日，全国文化体制改革工作会议在太原召开。

2月23日，“文化部2012年党风廉政建设工作会议”召开。

2月23日，“文化系统纪检组长监察室主任工作会议”召开。文化系统十家单位汇报了2011年工作。文化部党组成员、驻部纪检组组长李洪峰作了重要讲话。

2月23日，北京市“数字文化社区”建设工程启动仪式举行。

2月23日至24日，全国省级公共图书馆馆长座谈会在北京召开。会议围绕策划和实施全国古籍普查登记工作、数字图书馆推广工程、民国时期文献保护计划、“领导干部讲座共享平台”、“中国记忆”等全国性的重大项目通报情况，征求业界意见，凝聚行业智慧共同推动事业发展。国家图书馆馆周和平，文化部公共文化司巡视员刘小琴，国家图书馆党委书记、常务副馆长詹福瑞，副馆长陈力、张志清、魏大威，馆长助理孙一钢、汪东波出席会议。

2月28日，文化部在北京召开《“十二五”时期文化产业倍增计划》新闻发布会。

2月28日，文化部在北京举办“公共文化基层行”新闻采访报道活动启动仪式。杨志今副部长出席仪式并致辞。2012年3月至7月，将结合国家公共文化服务体系示范区创建和免费开放督导检查工作，组织中央及地方媒体，深入基层，全面报道“十七大”以来各地公共文化服务体系建设中涌现出来的经验和做法。

2月29日至3月1日，文化部在北京举办国家公共文化服务体系示范区创建城市市长研讨班。蔡武部长出席研讨班并讲话，杨志今副部长主持。来自31个示范区创建城市的市长参加了研讨班。北京市朝阳区等作典型发言；专家就督导、验收办法和标准、制度设计等内容做专题培训；举行分组讨论和交流，听取创建示范区市领导的意见和建议。

3月，第十届中国艺术节第一次部省联席会在京召开。

3月起，在广泛调研和深入讨论的基础上，陆续发布《文化市场举报办理规范》、《文化市场交叉检查与暗访抽查规范》、《文化市场重大案件管理办法》等13个规范性文件，有效完善了综合执法制度，细化了执法流程，明确了执法标准、程序和规范，推动了综合执法工作规范化。

3月1日，2012年国家图书馆在为“两会”代表、委员提供文献信息咨询服务、设立“两会”咨询服务处、派员参加全国人大“两会”服务热线值班等常规服务基础上，主要服务举措有：国家数字图书馆首次进驻“两会”，精心编辑《国家图书馆“两会”专题文献信息专报》，电子触摸屏首次进驻人大代表驻地并新增互动功能，“两会”专题信息产品引入光盘检索系统，“两会”服务培训纳入“两会”服务全过程。

3月1日，文化部在京召开示范区和“三馆一站”免费开放督查工作部署会，各省（自治区、直辖市）文化厅（局）社文处长和有关省（自治区、直辖市）文化厅局计财处长；文化部督查组人员；首批创建示范区文化局负责同志参会。3月至4月，文化部、财政部组成16个督导组赴31个示范区创建城市进行督导。

3月5日，由新疆维吾尔自治区人民政府主办，中华人民共和国文化部社会文化司、国家图书馆、新疆维吾尔自治区文化厅承办，中国文化传媒集团有限公司和新疆维吾尔自治区文化馆协办的“2012年‘春雨工程’全国文化志愿者边疆行之蓝靛金箔——中国画·桑皮纸绘画作品展览”在国家图书馆古籍馆开幕。6日，全国人大常委会副委员长司马义·铁力瓦尔地一行参观“蓝靛金箔——中国画·桑皮纸绘画作品展”。文化部党组成员、副部长杨志今，新疆维吾尔自治区副主席铁力瓦尔迪·阿不都热西提陪同参观。

3月6日，文化部召开全国文化系统体制改革工作视频会议。文化部党组书记、部长蔡武同志在会上传达了全国文化体制改革工作会议精神，对2012年文化系统体制改革作出全面部署。

3月，商务部举办了莫桑比克民生和社会发展部级研讨班，10位莫正部级官员参加。9日，文化部组织莫官员参观了中国杂技团有限公司，考察中国文化产业情况，对中国文化企业的管理、运营等有了比较深入的了解。

3月9日，文化部在重庆市召开乡镇（街道）文化站试评估工作会议，讨论研究《评估工作方案》。下发了《文化部办公厅关于开展乡镇（街道）文化站试评估工作的通知》。拟通过在山东、安徽、宁夏、重庆四省（自治区、直辖市）所有乡镇（街道）文化站开展试评估工作，探索开展乡镇（街道）文化站评估工作的方式方法，积累经验，提供借鉴。

3月10日至30日，由扶持动漫产业发展部际联席会议办公室主办的“十七大以来中国动漫产业发展成果展”在中国国家博物馆举办。

3月12日，文化部党组书记、部长蔡武，新疆维吾尔自治区党委书记张春贤到国家图书馆古籍馆参观了“蓝靛金箔——中国画·桑皮纸绘画作品展”。新疆维吾尔自治区政府主席努尔·白克力，新疆维吾尔自治区党委常委尔肯江·吐拉洪，国家图书馆馆长周和平等领导陪同参观。

3月12日，首都图书馆联盟成立大会暨国家图书馆与首都图书馆战略合作协议签约仪式在国家图书馆举行。文化部党组成员、副部长杨志今，北京市委常委、宣传部长、副市长鲁炜，国家图书馆馆长、首都图书馆联盟名誉主席周和平出席大会。双方将在建设“首都智库工程”、打造“北京精神传播基地”、完善数字图书馆建设、读者认证等方面开展合作。

3月14日，文化部部长蔡武在京会见日本国际交流基金理事长安藤裕康，双方就以邦交正常化40周年和“中日国民交流友好年”为契机、推进两国文化交流与合作等事宜交换了意见。

3月14日，励小捷副部长会见法国维旺迪集团董事长、首席执行官兼美国动视暴雪公司董事长让·伯纳德·列维。

3月15日，文化部在北京召开全国古籍保护部际联席会议，审议通过第四批《国家珍贵古籍名录》、全国古籍重点保护单位名单推荐名单。

3月15日，文化部下发《关于在公共文化机构深入开展学雷锋活动的通知》（文社文函〔2012〕303号）下发。

3月15日至21日，应台湾台北市两岸人民交流服务协会邀请，国家博物馆党委书记、副馆长黄振春一行7人赴台湾进行业务交流。

3月16日至25日，新疆歌舞团一行40人赴土耳其参突厥文化国际组织诺鲁兹联欢节和萨姆松国际艺术节。

3月17日至24日，应台中市政府、台湾大甲镇澜宫邀请，中华文化联谊会与福建省广播影视集团组派综艺演出团一行161人赴台中举办2012“妈祖之光”大型综艺晚会。

3月19日，文化部部长蔡武会见美国亨廷顿图书馆馆长郭必略。

3月20日，文化部部长蔡武在京会见了以澳门特区政府社会文化司司长张裕为团长的政府文化代表团一行9人，双方就进一步加强内地与澳门的文化交流与合作等事宜深入交换了意见。

3月21日，文化部部长蔡武在京会见日本东京国立博物馆馆长钱谷真美，双方就进一步加强中日两国文化交流与合作等事宜交换了意见。

3月21日，文化部部长蔡武会见美国梦工厂动画公司创始人兼首席执行官杰弗瑞·卡森博格。

3月22日，第13届亚洲艺术节会旗交接仪式在云南海埂会堂举行。文化部党组副书记、副部长赵少华出席会旗交接仪式并讲话。

3月22日至5月6日，应中华文化联谊会邀请，前台北县长周锡玮个人画展先后在上海美术馆和中国美术馆举办，展出作品98件。国台办副主任陈元丰等出席了4月26日在中国美术馆举办的展览开幕式，国台办主任王毅参观了展览。

3月23日，文化部党组副书记、副部长赵少华陪同王岐山副总理会见了俄罗斯副总理苏尔科夫并共同出席观看了“俄罗斯旅游年”开幕式演出。

3月24日，国家大剧院大型原创歌剧《赵氏孤儿》在香港文化中心拉开首演大幕。精彩演出令现场观众动容，很多人为之落泪，掌声喝彩不断。

3月24日，文化部党组副书记、副部长赵少华出席“中俄旅游合作论坛”开幕活动。

3月24日至26日，文化部副部长王文章率中国政府文化代表团一行6人访问，出席中国艺术节开幕式，与巴林文化大臣签订《中国巴林文化协定2012—2016年执行计划》。

3月25日，“绣之雅韵——中国刺绣精品展”开幕。

3月25日，厦门小白鹭民间舞团举行艺术节开幕式演出。

3月26日，新疆艺术团演出。

3月26日至30日，文化部召开2012年对港澳台文化工作会议，这是近年来文化部首次合并召开对港澳和对台湾文化工作会议。

3月28日至29日，河南少林嵩山武僧团举行2场演出。

3月29日，文化部副部长赵少华在京会见尼泊尔新任驻华大使玛赫仕·库玛·玛斯基博士，双方就加强中尼文化交流与合作交换了意见。

3月29日至31日，在湖北恩施召开2012年度国家文化科技提升计划暨文化部科技创新项目评审会。

3月30日至4月3日，少林嵩山武术团一行22人赴土耳其参加安塔利亚国际艺术节。

3月31日，由德国柏林国家博物馆、德累斯顿国家艺术收藏馆、巴伐利亚国家绘画收藏馆和中国国家博物馆联合举办的为期一年的《启蒙的艺术》大型展览落下帷幕，赵少华副部长和德国外交部国务部长皮珀女士出席闭幕式。

3月31日，国家图书馆与上海交通大学共建“东京审判研究中心”合作框架协议签约仪式在国家图书馆举行。教育部副部长李卫红，文化部副部长杨志今，国家图书馆馆长周和平，上海交通大学校长张杰，中国人民大学党委书记程天权等出席仪式。双方将以此次合作为契机，共同开展“东京审判”文献史料的征集、整理与研究工作。

4月，文化部在中央文化管理干部学院举办2012年第一期乡镇综合文化站长示范性培训班，来自全国的46名乡镇文化站长参加培训。

第四届全国青少年民族乐器演奏比赛4月在四川成都、辽宁沈阳两地举办。

4月3日，由中韩两国文化部共同主办的中韩友好交流年开幕式活动在首尔举行。文化部副部长王文章率中国政府文化代表团赴韩国出席开幕式活动，并与两国各界人士观看了开幕式演出。

4月5日，扶持动漫产业发展部际联席会议在北京召开2012年工作会议。

4月5日，文化部在北京召开2012年中国图书馆年会第一次新闻发布会，发布年会总体方案，推介展览会招展工作。50多家新闻媒体参加发布会。

4月5日至9日，中国国家话剧院在香港文化中心连续演出3场根据著名作家老舍名著改编的大型话剧《四世同堂》，场场座无虚席，成为香港的文化盛事，引起社会广泛关注。

4月5日至5月5日，由文化部与河南省人民政府共同主办的第30届中国洛阳牡丹文化节在河南洛阳举办。

4月9日至11日，文化部部长蔡武作为中国政府特使赴日本出席“中日国民交流友好年”中方开幕式系列活动。

4月9日至16日，应沈春池文教基金会邀请，文化部港澳台办主任助理肖夏勇率文化行政专业人员交流访问团一行16人赴台湾访问。

4月9日至20日，文化部社会文化司组团赴法国、德国、瑞士开展《公共图书馆法》立法调研。刘小琴巡视员担任团长，全国人大教科文卫委员会、国务院法制办有关负责同志参加调研。

4月10日，文化部下发《“春雨工程”——全国文化志愿者边疆行工作实施方案》。文件明确了今后该项工作的指导思想、基本原则、主要内容、目标任务、工作要求，提高了工作的科学化、规范化水平。

4月11日，文化部在河南洛阳举办“特色文化城市发展论坛”。

4月12日，文化部部长蔡武在国家博物馆与到访的蒙古国教育文化科学部长奥特根巴雅尔共同出席“蒙古国文化月”开幕式。

4月14日至19日，应全国台湾同胞联谊会邀请，台湾文化会馆基金会执行长、前“台联党”主席苏进强一行23人访问大陆。文化部港澳台办主任助理肖夏勇会见并宴请了该团。

4月15日至20日，内地文博机构代表团一行15人赴港澳考察访问，与港澳文博部门洽谈合作意向，并就“2012年港澳大学生内地文化实践活动”进行对接。

4月16日至23日，苏州圆融花季儿童艺术团一行30人赴土耳其参加伊兹密尔国际儿童艺术节。

4月16日至30日，南京小红花艺术团一行30人赴土耳其参加土耳其“4·23”国际儿童节。

4月19日，粤港澳文化合作会议第十三次会议在香港召开，共同回顾十年来粤港澳文化交流合作的沿革轨迹，展望未来三地文化共同繁荣发展的宏图愿景，并签署了有关文化合作意向书。

4月21日至25日，中国小艺术家代表团一行25人赴土耳其参加比尔肯特小学儿童节。

4月23日，“殷契重光——国家图书馆藏甲骨精品展”在国家图书馆稽古厅开幕。国家图书馆馆长周和平出席开幕式并剪彩，北京师范大学图书馆、河南安阳殷墟管理处等单位负责人，中国社会科学院、北京大学、首都师范大学甲骨文专家，以及著名甲骨文书法家、旅日华侨欧阳可亮先生的家属及日本友人出席开幕式。国家图书馆副馆长张志清主持了仪式。展览展出了国家图书馆馆藏甲骨实物精品60片以及30种甲骨文书法作品。

4月23日，第七届“文津图书奖”颁奖仪式在国家图书馆举行。国家图书馆党委书记、常务副馆长、“文津图书奖”组委会副主任、社科类图书专家评审分委会主任詹福瑞，文化部社会文化司副巡视员孙凌平，国家图书馆副馆长陈力，首都图书馆馆长、“文津图书奖”组委会委员倪晓建等出席了颁奖仪式，仪式由国家图书馆副馆长张志清主持。本届文津图书奖经过终评会议的充分讨论和投票，最终确定了10种获奖图书和56种推荐图书。

4月25日，台湾琉璃工坊25周年特展“一个中国琉璃的故事”在上海开幕。文化部港澳台办主任助理肖夏勇出席了展览开幕式。

4月25日至26日，第四届全国文献采访工作研讨会在陕西省西安市召开。本次会议由国家图书馆、中国图书进出口（集团）总公司主办，中国图书商报、中国图书馆学会资源建设与共享专业委员会协办。国家图书馆副馆长陈力、陕西省图书馆馆长谢林出席会议并致辞，图书馆业界200余人参加了会议。研讨会以“数字时代的文献资源建设”为主题，探讨了馆藏发展政策的新趋势、文献资源管理的新发展和文献资源建设的新方法等问题。

4月25日至27日，第四届文化部创新奖评审会议暨2012年度国家文化创新工程项目评审会议在深圳举行。

4月28日至30日，由文化部文化产业司、江苏省文化厅、苏州市人民政府共同主办的首届“中国·苏州文化创意设计产业交易博览会”在江苏省苏州市举行。

4月29日至5月2日，由文化部、浙江省人民政府共同主办的2012中国义乌文化产品交易博览会在浙江省义乌市举办。

5月，文化部公共文化司正式成立。

5月，在湖北启动艺术品市场法制宣传周活动，编印《艺术品市场法规制度汇编及鉴藏投资指引》，全国各地积极响应，通过一系列活动，宣传艺术品市场法规制度，引导消费者理性购藏和依法维权，促进艺术品市场繁荣有序发展。随后，完成第四批诚信画廊评选和前三批诚信画廊复核工作，全国诚信画廊总数达94家。

5月1日晚，国家京剧院新编历史京剧《汉苏武》在澳门文化中心综合剧场隆重上演，拉开了第23届澳门艺术节序幕，观众反响强烈，吸引了众多媒体的关注。

5月1日至4日，上海歌舞剧团一行35人赴土耳其，参加伊斯坦布尔国际戏剧节。

5月2日，印发《文化部办公厅关于印发〈文化部2012年课题研究与调研要点〉的通知》（办政法函〔2012〕150号），对文化部2012年课题研究与调研工作进行部署。

5月3日，文化部在北京召开2012年“文化志愿者边疆行”新闻发布会，通报2012年“边疆行”总体情况，介绍今年启动仪式有关情况，解读《全国文化志愿者边疆行工作实施方案》。

5月3日至15日，应台湾传统艺术总处筹备处邀请，河南鹤壁市豫剧团一行37人赴台湾参加“2012两岸豫剧联演”。

5月4日，赵少华副部长出席第三轮中美人文交流高层磋商，在国家博物馆会见美国副国务卿塔拉·索南夏恩。

5月4日至5日，文化部部长蔡武出席在沪举行的第四次中日韩文化部长会议，会议签署成果性文件《中日韩文化部长会议——上海行动计划（2012年至2014年）》。其间，文化部部长蔡武分别与日韩文化部长进行了双边会谈。

5月4日至8日，北京京剧团一行35人赴土耳其参加伊斯坦布尔国际戏剧节和埃斯基谢希尔艺术节。

5月5日，文化部部长蔡武在上海与前来出席第四次中日韩文化部长会议的日韩文化部长共同为《亚洲画廊艺术博览会——中日韩画廊精品展》揭幕，文化部副部长兼国家文物局局长励小捷主持了开幕式。

5月5日至12日，应台湾“中华文化经济交流协会”邀请，湖北大型地域风情舞蹈诗“家住长江边”一行92人赴台北、高雄演出，参加第九届台湾——湖北·武汉周活动。湖北省长王国生、国民党副主席蒋孝严等观看了演出。

5月7日，文化部党组副书记、副部长赵少华会见美国子午线国际中心总裁兼首席执行官斯图尔特·霍利迪、高级副总裁科蒂斯·桑德伯格及格里高里·休斯敦一行3人。

5月7日至30日，中国佛山舞狮团（11人）和重庆铜梁舞龙团（14人）一行共25人赴土耳其，参加伊斯坦布尔国际戏剧节和土耳其其他省市的节庆活动。

5月9日，文化部在浙江省宁波市鄞州区举办2012年“文化志愿者边疆行”启动仪式。文化部党组副书记、副部长杨志今出席仪式。文化志愿者代表鞠萍同志宣读倡议书，并举行文化志愿服务项目文本交换、为文化志愿团授旗及演出等活动。

5月9日，值此周叔弢先生向国家图书馆捐赠善本古籍60周年之际，由国家图书馆主办、天津图书馆协办的“书香人淡自庄严——周叔弢自庄严堪善本古籍展”在国家图书馆古籍馆开幕。国家图书馆馆长周和平，天津图书馆党委书记李云华，周叔弢先生哲嗣、中国科学院物理所研究员周景良，中国工程院院士、国家文物鉴定委员会主任傅熹年出席仪式。国家图书馆副馆长张志清主持仪式。展览展出周叔弢“自庄严堪”所藏的近百种善本古籍，并配有照片、档案及影音资料。

5月10日，文化部下发《“十二五”时期文化改革发展规划》发布。《规划》明确提出：“到2015年，覆盖城乡、结构合理、功能健全、实用高效的公共文化服务体系基本建立，各级各类文化设施更加完善，使人民群众能够公平、就近、便捷享受公共文化服务，基本权益得到更好保障。”

5月10日，文化部在北京召开新闻发布会，发布《文化部“十二五”时期文化改革发展规划》。

5月10日至11日，文化部在浙江省东阳市召开全国农民工文化建设现场经验交流会，会议主要内容是围绕保障农民工基本文化权益，总结推广各地先进做法和经验，交流研讨农民工文化建设的理论和实践创新，表扬鼓励各地农民工文化服务的先进典型，考察东阳市农民工文化建设情况，部署下一阶段工作。会议通报表扬了北京市朝阳区文化馆“民工影院”等40个“2012年农民工文化服务示范项目”。文化部党组成员、副部长杨志今同志做了题为“认真贯彻党的十七届六中全会精神 切实把农民工纳入城市公共文化服务体系”的讲话。

5月14日，文化部部长蔡武在京会见了来访的“中日国民交流友好年”日方实行委员会委员长、日本经济团体联合会会长米仓弘昌一行，双方就办好“友好年”庆祝活动等事宜交换了意见。

5月14日，文化部部长蔡武在京会见了来访的泰国公主朱拉蓬，双方就办好第5届“中泰一家亲”音乐歌舞晚会以及加强中泰文化交流等事宜交换了意见。

5月15日，赵少华副部长会见美国施坦威乐器公司总裁迈克尔·斯威尼。

5月16日，文化部部长蔡武会见美国百人会会长吴建民。

5月18日，由国家图书馆主办的“文艺的灯塔——纪念毛泽东同志《在延安文艺座谈会上的讲话》发表七十周年馆藏文献展”在国家图书馆总馆北区开幕。文化部党组副书记、副部长赵少华，国家图书馆馆长周和平，中国文联党组成员、书记处书记夏潮，中国作协党组成员、书记处书记陈崎嵘，延安时期老艺术家以及来自中宣部、文化部、中国文联、中国作协、中共中央文献研究室和展览联合举办、协办单位的同志、专家学者近200人出席仪式。仪式由国家图书馆副馆长、党委副书记常丕军主持。

5月18日至20日，国际儒学联合会、四川大学与台湾“中华孔孟学会”、台湾大学共同在成都举办“2012海峡两岸儒学交流研讨会”。台湾大学前任校长孙震等16位台来宾与会。

5月18日至21日，由文化部、商务部、国家广电总局、新闻出版总署、中国国际贸易促进委员会、广东省人民政府、深圳市人民政府等部门联合主办的第八届中国（深圳）国际文化产业博览交易会在深圳举行。

5月19日至25日，国家图书馆科技活动周在总馆北区举行。结合“科技与文化融合，科技与生活同行”的主题，2012年科技周推出以“数字阅读与图书馆服务创新”和“国家动漫公共素材库”为主要内容的展览，以及科普讲座等系列活动。

5月20日，“‘我爱你香港’——陈思思‘美丽之路’”演唱会在香港红磡体育馆隆重举行，“美丽之路”四地巡演完美收官，并揭开了庆祝香港回归祖国15周年文化活动的序幕，在香港引起强烈反响和好评。

5月20日至27日，应台湾文化艺术发展促进会邀请，宁波市歌舞团一行99人赴台北、高雄演出。

5月20日至27日，应台湾苗栗县政府、中华海峡两岸客家文经交流协会邀请，中华文化联谊会与福建省广播影视集团等共同组派综艺演出团一行146人赴苗栗县举办第三届“客家之歌”大型综艺晚会。

5月21日至6月2日，“从延安走来——纪念毛泽东同志《在延安文艺座谈会上的讲话》发表七十周年美术作品展览”在中国美术馆举办。5月22日至6月2日，“同在蓝天下——为农民工塑像中国画主题创作展”在国家博物馆举办。

5月23日至24日，文化部在北京召开全国古籍数字化建设与服务工作研讨会。会议主要内容是交流国内外古籍数字化保护与服务开展情况，国家图书馆周和平馆长出席会议并讲话。

5月24日，文化部党组副书记、副部长赵少华会见美国国际集团查蒂斯公司副总裁艾德·李。

5月24日至26日，文化部部长蔡武应邀率中国政府文化代表团访问新加坡，出席首届中国—东盟（10+1）文化部长会议及第五届东盟—中日韩（10+3）文化部长会议。

5月25日，中纪委驻部纪检组长李洪峰在文化部会见了香港中华总商会会长蔡冠深率领的香港中华总商会艺术文化委员会访京团一行。

5月25日，文化部联合外交部、商务部、国家广电总局、新闻出版总署、国家体育总局、国家文物局等单位举办“2012非洲文化聚焦”活动，在北京、天津、上海、南京、河南、深圳等多个城市分别举办。5月25日，聚焦开幕式在国家博物馆举行，文化部副部长赵少华出席并致开幕词。

5月25日，“文化部机关和直属单位惩防体系建设年活动推进会”召开。文化部党组成员、驻部纪检组组长李洪峰出席会议并作重要讲话，要求努力建成文化系统惩治和预防腐败体系基本框架。文化部各司局、国家文物局、各直属单位党委（总支、支部）书记、纪委书记及专兼职纪检监察干部参加了会议。其中七家单位作了大会发言。

5月26日至6月1日，“文化系统纪检监察业务培训班”在中国纪检监察学院举办。来自全国文化系统的53名纪检监察干部参加了培训。文化部党组成员、驻部纪检组组长李洪峰出席开班仪式，作了重要讲话，并为学员授课。

5月28日至29日，第20届亚洲及大洋洲地区国家图书馆馆长会议(CDNLAO)在印度尼西亚召开，中国国家图书馆副馆长王军率团参加本次会议并应邀出席第15届东南亚图书馆员大会开幕式，在会议期间还分别会见了日本、韩国、新加坡和新西兰等国的国家图书馆馆长和参会代表。

5月30日，文化部在北京召开“十七大以来文化建设成就系列——文化产业专题新闻发布会”。

5月31日至6月3日，李云迪等一行4人赴土耳其，参加伊斯坦布尔国际音乐节，举办钢琴独奏音乐会。

6月，召开“十七大以来文化建设成就——文化市场专题”新闻发布会，集中推介十七大以来文化市场建设与发展状况，系统总结十七大以来文化市场管理基本经验。

6月，第七届全国儿童剧优秀剧目展演在浙江省宁波市举办。

2012年6月，应瑞典文化部邀请，中宣部副部长翟卫华率中国政府文化代表团访问瑞典并与瑞典文化大臣莲娜·阿德尔松·利耶路特进行了会谈，双方就文化产业扶持、非物质文化遗产保护、公民文化权益保护、媒体管理及保护等领域深入交换了意见。

6月4日，文化部部长蔡武会见来华参加上海合作组织成员国文化部长第九次会晤的斯里兰卡文化艺术部长并签署《中华人民共和国政府和斯里兰卡民主社会主义共和国政府关于在斯里兰卡设立中国文化中心的谅解备忘录》。

6月4日，文化部部长蔡武会见塔吉克斯坦文化部长并签署《中华人民共和国文化部和塔吉克斯坦共和国文化部2012—2014年文化交流计划》。

6月4日，国家文物局局长励小捷会见了阿富汗信息与文化部部长，共同签署《中华人民共和国国家文物局与阿富汗伊斯兰共和国信息与文化部关于维护与保护文化遗产的谅解备忘录》。

6月5日，上海合作组织成员国文化部长第九次会晤在北京举行。文化部部长蔡武出席会晤并作主旨发言，文化部党组副书记、副部长赵少华主持会议。中国、哈萨克斯坦、吉尔吉斯、俄罗斯、塔吉克斯坦、乌兹别克斯坦文化部长依序签署《上海合作组织成员国文化部长会晤北京宣言》、《上海合作组织成员国文化部长第九次会晤纪要》，并一致通过了《上海合作组织成员国政府间文化领域合作协定2012—2014年执行计划》和《上海合作组织成员国第九次文化部长会晤新闻声明》。

6月5日，文化部部长蔡武会见吉尔吉斯文化部长并签署了《中华人民共和国文化部和吉尔吉斯共和国文化旅游部2012—2015年合作计划》。

6月5日，与国务院纠风办举行节庆活动日常管理工作交接座谈会。

6月6日，上合组织成员国艺术节—非物质遗产和传统文化展示活动在北京举办，出席上合组织成员国文化部长第九次会晤的各国代表团参加，文化部部长蔡武出席并致辞。

6月8日，文化部副部长赵少华在京会见了韩国希杰集团副会长李美敬一行，宾主双方进行了热情友好的交谈。

6月8日，澳门基金会和文化部民族民间文艺发展中心在珠海召开了第一次“十部文艺集成志书”澳门卷编委会议。7月，在深圳召开香港卷的编纂工作研讨会。

6月9日，在第七个文化遗产日之际，由文化部主办，国家图书馆、中国非物质文化遗产保护中心承办的“中国非物质文化遗产保护讲座周”、“中国非物质文化遗产典籍记忆系列展”在国家图书馆开幕。开幕仪式后，国家图书馆馆长周和平作首场讲座，并与现场观众和网友就非遗保护工作进行了交流。

6月9日、10日，为庆祝第七个中国文化遗产日，“根与魂——中国非物质文化遗产展演”系列活动分别在澳门和香港隆重开幕。文化部副部长杨志今率团赴港澳出席了开幕式等相关活动。

6月10日至18日，应台湾中华两岸文化创意产业发展协会邀请，中华文化促进会一行10人赴台商谈文化创意产业合作。

6月10日至25日，广州杂技团一行20人赴土耳其，参加安卡拉购物节活动。

6月11日至17日，文化部副部长赵少华率中国政府文化代表团一行6人访问澳大利亚，出席“中国文化年”闭幕式活动。

6月13日，文化部在北京召开十七大以来文化建设成就系列——公共文化服务体系建设专题新闻发布会。30余家媒体记者参加发布会。

6月15日至17日，文化部副部长杨志今、港澳台办主任助理肖夏勇赴厦门出席第四届海峡论坛、郑成功文化节、赴泉州出席闽南文化节开幕活动。

6月15日至18日，以“唱响和谐之声”为主题的第五届海峡两岸合唱节在福州举办，来自两岸14支合唱团参加了这一海峡两岸合唱艺术专业性最强的赛事活动。中国文联党组书记、副主席赵实、国台办常务副主任郑立中等出席闭幕式暨颁奖音乐会。

6月15日至30日，《南京云锦展》一行10人赴土耳其伊兹密尔、布尔萨巡展，参加江苏省文化节活动。

6月16日至19日，应台湾马祖经贸文化交流协会邀请，福建省实验闽剧院一行61人赴马祖演出。

6月18至19日，文化部在中非合作论坛框架下，联合外交部、商务部、国家广电总局、新闻出版总署、国家体育总局、国家文物局等对外文化工作部际联席会议成员单位，于2012年6月18至19日在京举办中非合作论坛——文化部长论坛。6月19日，中共中央政治局常委李长春在人民大会堂亲切接见非洲与会各国代表团团长并发表重要讲话。

6月18日至23日，第一届李德伦全国指挥比赛在山东省青岛市举办。

6月19日至20日，“中美民国时期文献保护工作研讨会”在京召开，开展民国时期文献保护国际间交流与合作，文化部副部长杨志今出席会议并讲话。

6月19日至21日，由中国国家图书馆主办的“中美民国时期文献保护工作研讨会”在北京召开。中华人民共和国文化部副部长杨志今，中国国家图书馆馆长周和平，中华人民共和国国家档案局局长、中央档案馆馆长杨冬权，中国社会科学院荣誉学部委员、教授杨天石出席了会议；美国国会图书馆亚洲部主任邵东方等北美地区图书馆代表、国内图书馆界同仁，以及来自档案系统和史学界专家学者参加了会议。大会开幕式由中国国家图书馆常务副馆长詹福瑞主持。

6月21日至25日，应台湾“中华孔孟学会”邀请，国际儒学联合会李焕梅赴台参加“国际儒学交流论坛”。

6月21日至30日，北京杂技团一行29人赴土耳其参加安卡拉购物节活动。

6月21日至7月3日，应台湾传大艺术事业有限公司邀请，上海越剧院一行76人赴台北演出。

6月23日至7月11日，应台湾文化艺术发展促进会邀请，四川歌舞剧院“大美四川”剧组一行45人赴台巡演14场。

6月24日，世界知识产权组织（WIPO）在北京召开的外交会议上，通过了《视听表演北京条约》。该《条约》在序言中阐明了缔约宗旨，即以尽可能有效和一致的方式发展和维护保护表演者对其视听表演的权利的愿望。

6月24日，文化部港澳台办主任侯湘华出席举行的海峡两岸关系协会书画交流分会成立大会。

6月25日至26日，举办数字图书馆推广工程馆长培训班。培训内容包括数字图书馆建设与服务、标准规范体系、新媒体环境下的图书馆参考咨询等，杨志今副部长出席开班仪式并致辞。

6月25日至26日，“数字图书馆推广工程馆长培训班”在北京举行。文化部党组成员、副部长杨志今，国家图书馆馆长周和平，党委书记、常务副馆长詹福瑞，副馆长、党委副书记常丕军，副馆长张志清、魏大威、王军，馆长助理孙一钢、汪东波等出席开班仪式。仪式由文化部公共文化司巡视员刘小琴主持，来自全国33家省级图书馆，78家市级图书馆的180位馆长和数字图书馆建设部门主任参加培训。

6月25日至7月13日，文化部组派安徽花鼓灯艺术团一行26人，应以色列民俗促进中心和土耳其布尔萨艺术旅游基金会的邀请，赴以色列和土耳其访问演出。其中6月25日至7月6日在以色列参加以国际民间舞蹈节，7月7日至13日在土耳其参加布尔萨国际民间艺术节及舞蹈比赛。

6月26日，扶持动漫产业发展部际联席会议办公室印发《"十二五"时期国家动漫产业发展规划》。

6月26日至27日，全国文化厅局长座谈会在贵州省贵阳市召开。

6月26日至7月30日，"港澳大学生内地文化实践活动"在北京举办。88名港澳大学生分赴北京12家文博机构进行工作实习，感知文化、了解国情、结朋交友，取得了预期的效果。

6月27日，全国国有文艺院团体制改革工作座谈会在贵州省贵阳市召开。文化部党组书记、部长蔡武同志传达了李长春同志在河南调研时关于国有文艺院团体制改革的重要讲话精神并作讲话，文化部副部长励小捷作了总结讲话。

6月27日至7月4日，应河南宋庆龄基金会邀请，台湾幼狮管乐团一行59人来河南参加豫台参访交流演出活动。

6月28日，文化部印发《文化部关于鼓励和引导民间资本进入文化领域的实施意见》（文产发〔2012〕17号）。

6月28日，文化部蔡武部长会见了在北京访问的圭亚那文化、青年和体育部长弗兰克·安东尼。

6月28日至7月1日，文化部副部长赵少华率工作组赴港审查节目内容、观看节目彩排，并出席了庆祝香港回归十五周年文艺晚会。工作组积极协调有关各方完善演出细节，确保演出取得圆满成功。

6月28日至7月20日，台湾戏曲学院京剧系15位学生来中国戏曲学院研修。

6月29日至7月6日，文化部长蔡武作为胡锦涛主席特使访问布隆迪，出席布隆迪独立50周年庆典并过境埃塞俄比亚、肯尼亚和法国。在布隆迪，蔡武特使拜会了布总统恩库伦齐扎，观看了庆祝布隆迪独立50周年河南艺术团专场演出、布隆迪大型团队体操表演及布隆迪民族歌舞表演，出席了布隆迪独立50周年庆典阅兵仪式和群众游行。在埃塞俄比亚，文化部部长蔡武会见了埃塞俄比亚文化和旅游部长阿卜杜勒卡迪亚。

6月29日至7月7日，第五届中国昆剧艺术节和第五届中国苏州评弹艺术节在苏州举行。

6月29日至7月14日，河南艺术团一行30人赴布隆迪、乌干达、厄立特里亚和阿联酋4国访演，配合胡锦涛特使蔡武部长出访布隆迪，参加中乌建交50周年等庆祝活动。布隆迪总统及夫人、乌干达总理、厄立特里亚教育部长等三国政界高层分别观看了演出。

截至6月底，全国文化市场综合执法改革全面完成。全国列入改革范围的403个地级市以及2594个县（区）全部完成综合执法机构组建工作；100%的省（自治区、直辖市）和92.8%的地市、75.9%的县区组建了文化市场管理工作领导小组；86.4%的地市和93.8%的县（区）完成了综合文化责任主体组建工作；部分地区，在有效整合文化（文物）、广播影视、新闻出版（版权）等执法力量的基础上，还将综合执法范围扩大到旅游、体育、教育等其他领域，为进一步深化改革预留了空间。

7月，全国文化市场技术监管与综合服务平台建设正式启动。确定国家财政投资2亿元，计划用五年时间，逐步建成一个覆盖全国、统一高效的技术平台，依托先进信息网络技术，实现对网吧、网络游戏、网络音乐及娱乐、演出、艺术品等各门类文化市场的市场准入、综合执法、动态监管等公共管理服务功能。

应中华文化联谊会邀请，台湾文化界知名人士90人于7月1日至10日来济南、泰安、曲阜、邹城、枣庄、淄博、青岛等地参加"情系齐鲁——两岸文化联谊行"活动。文化部副部长杨志今、山东省委常委、统战部长颜世元、副省长张建国等出席了开幕式。

7月1日至14日，福建艺术团一行29人赴南非和博茨瓦纳访演，参加南非国家艺术节，并参加慰问约翰内斯堡、德班和博茨瓦纳侨界等活动。南非总统夫人恩格玛·祖马、艺术和文化部部长夏巴、祖鲁王后、德班市议长、博茨瓦纳国防军司令卡特·马西雷中将等两国高层要员分别出席了演出。

7月4日，十七大以来文化部反腐倡廉建设工作新闻通气会召开。向媒体通报了十七大以来文化部反腐倡廉建设工作取得的新成效、新进展。

7月5日至15日，深圳交响乐团一行110人赴土耳其，参加伊斯坦布尔国际音乐节并举办专场音乐会。

7月6日，《中共文化部党组关于贯彻落实〈关于加强和改进中央国家机关纪检监察组织建设的意见〉的意见》印发部机关各司局和直属单位。

7月6日，文化部下发《关于在文化系统开展道德领域突出问题专项教育和治理活动的通知》（文公共发[2012]18号）。

文化部党组副书记、副部长赵少华7月10日会见由台湾海基会副董事长兼秘书长高孔廉率领的台湾“文化创意产业参访团”一行13人，港澳台办主任侯湘华宴请该团，文化产业司、市场司与该团举行了会谈。

7月11日至12日，文化部文化科技司暨全国艺术科学规划领导小组办公室主办、山东省文化厅承办的2012年度国家社科基金艺术学项目评审会在威海举行。

7月12日至13日，由中国图书馆学会和陕西省神木县人民政府共同主办、陕西省图书馆学会和陕西省神木县图书馆共同承办的中国图书馆学会第四届百县馆长论坛在陕西省神木县召开。中国图书馆学会副理事长、国家图书馆副馆长陈力以及文化部、陕西省文化厅、中国图书馆学会的相关负责人出席开幕式。本届论坛的主题是“免费开放环境下县级图书馆的建设与服务创新”。

7月12日至16日，由文化部、上海市人民政府主办的第八届中国国际动漫游戏博览会在上海举行。

7月13日至24日，文化部党组成员、中央纪委驻部纪检组组长李洪峰率领中国政府文化代表团访问德国、波兰、匈牙利，分别参加“石荷州音乐节中国主宾国活动开幕式”，与波方商讨“中国文化季”筹备事宜并向波友好人士颁奖，与匈方商讨文化交流合作计划续签事宜。

应台湾佛光山文教基金会邀请，“千年重光——山东青州龙兴寺佛教造像展”于7月14日至9月30日在佛光山佛陀纪念馆举办。国家文物局副局长董保华率团出席了开幕活动。

7月15日至24日，津巴布韦教育、体育与文化副部长拉扎鲁斯·迪克拉率津政府文化代表团一行7人来华，访问了北京、天津、河南等地。7月16日，文化部副部长赵少华在京会见代表团一行，并一同观看了津巴布韦合唱团在国家大剧院的专场演出。

7月16日，中国驻安哥拉大使高克祥和安哥拉文化部长罗莎·克鲁斯·席尔瓦分别代表本国政府在罗安达签署《中华人民共和国政府和安哥拉共和国政府文化合作协定2012—2014年执行计划》。

7月16日，文化部副部长赵少华会见了南澳大利亚州州长杰·威泽利尔一行。

7月16日至25日，公共文化司组团赴美国、加拿大考察图书馆行业协会、古籍保护暨数字图书馆建设。公共文化司于群司长担任团长，团员为辽宁省图书馆王晓雯馆长、吉林省图书馆馆长鲍盛华和公共文化司汤琳。

7月19日至25日，第八届“艺海流金——走进敦煌”大型对港澳文化交流活动在甘肃隆重举办。来自港澳特区和内地的近百名文化官员、文化艺术界知名人士、专家学者和艺术机构负责人应邀参加。

7月20日，《国家基本公共服务“十二五”规划》正式印发。

7月20日至8月20日，台湾戏曲学院民俗技艺系15位学生来中国杂技团研修。

文化部港澳台办副主任于芃7月21日会见并宴请了由台湾纸风车文教基金会创意顾问吴静吉率领的文化创意参访团一行11人。

文化部港澳台办主任助理肖夏勇7月23日会见台湾文化会馆基金会执行长、前“台联党”主席苏进强一行6人。

文化部港澳台办主任助理肖夏勇7月24日观看在中国戏曲学院进修的台湾戏曲学院京剧系学生汇报演出并宴请了进修师生。

7月24日，文化部副部长赵少华主持召开中国和乌兹别克斯坦人文合作分委会第一次会议。其间，分委会双方主席共同签署了《中乌人文合作分委会第一次会议纪要》。

文化部港澳台办主任助理肖夏勇于7月25日宴请参加ECFA服务贸易协议第九轮商谈的台湾代表团。

文化部港澳台办主任助理肖夏勇出席于7月25日至26日在北京举行的ECFA服务贸易协议第九轮商谈。

7月26日，中国和土库曼斯坦人文合作分委会第二次会议在北京召开，文化部副部长赵少华主持会议。其间，分委会双方主席共同签署了《中土人文合作分委会第二次会议纪要》。

7月26日至29日，全国少数民族和民族地区公共文化服务体系座谈会在呼和浩特市召开。该会议是第二届中国呼和浩特少数民族文化艺术旅游活动的重要内容之一。部党组成员、副部长杨志今同志出席会议并讲话。会议总结了近年来少数民族和民族地区公共文化服务体系建设情况，交流了工作经验，对新形势下如何做好民族地区公共文化服务体系建设工作进行了讨论，并对呼和浩特市文化厅起草的《文化部关于加快少数民族和民族地区公共文化服务体系建设的意见》（讨论稿）提出了意见和建议11个边疆民族省（自治区）的文化厅分管厅长和社文处长、18个少数民族自治州的文化局长、国家公共文化服务体系专家委员会专家、媒体记者等近50人参加了会议。

7月27日至8月3日，应台北爱乐文教基金会邀请，北京爱乐合唱团一行54人赴台湾参加“2012台北国际合唱音乐节”。

文化部党组副书记、副部长赵少华、港澳台办主任助理肖夏勇出席于7月28日至29日在哈尔滨举办的第八届两岸经贸文化论坛。文化部党组副书记、副部长赵少华发表了“巩固交流成果，深化务实合作，努力开创两岸文化关系新局面”的主题讲演，主任助理肖夏勇作了“推动两岸文教交流合作制度化”的主题发言。

7月28日至10月28日，应台湾唐龙艺术有限公司邀请，中华文化联谊会与上海文化联谊会等共同组派“相约台北”上海油画雕塑作品展、“上海旧影新景”影像展、“上海现代民间绘画”联展等一行50人赴台北举办第二届海派文化艺术节。

8月，文化部联合黑龙江省人民政府在黑河市举办2012中国国际文化休闲周，以“游走边城、寻根华夏”为主题，包括6大板块22项活动。文化部党组副书记、副部长赵少华出席开幕式。休闲周期间，黑河共接待旅游者30万人（次），实现旅游收入3.5亿元，创造了接待旅游人数最高纪录，有力推动了文化与旅游融合发展。

8月，第一部全面反映中国古代廉政文化面貌的鸿篇巨帙《中国廉政史鉴》出版。《中国廉政史鉴》在文化部党组成员、驻部纪检组组长李洪峰主持下，由驻部纪检组监察局会同中国艺术研究院、国家图书馆，组织100多位专家学者，历时四年编纂完成。包括思想理论、典章制度、历史人物三卷16分册共计400万字，对当今反腐倡廉建设具有重要的启示、借鉴意义。它的出版，是廉政文化建设的一件大事。

8月至10月，“讴歌伟大时代，艺术奉献人民——2012年全国优秀剧目展演”在北京举行。

8月至10月，第三届国家艺术院团优秀剧目展演在北京举行。

8月3日，文化部部长蔡武在北京会见了新加坡新任驻华大使罗家良。双方就发展两国文化关系、加强两国在区域多边领域文化交流与合作及新加坡中国文化中心等问题交换了意见。

8月3日至7日，应中国政府邀请，土库曼斯坦新任主管文化的副总理努尔穆拉多娃率团来华进行工作访问，学习我国举办大型文化活动的成功经验。全国政协副主席罗富和、蔡武部长分别会见了努尔穆拉多娃一行。

中国作家协会于8月3日至11日在北京、呼和浩特举办“两岸民族文学研讨会”、“两岸作家座谈会”，台湾20名少数民族作家与会。

8月5日至7日，文化部在京举行第十六届“群星奖”音乐和舞蹈类作品初选评审会。

8月6日至17日，第十届全国声乐比赛在哈尔滨举办。

8月7日，文化部在西藏自治区拉萨市召开第四次全国文化文物援藏工作会议。文化部党组副书记、副部长赵少华；文化部党组成员、副部长、国家文物局局长励小捷出席会议并分别就全国文化、文物援藏工作情况发表讲话。

8月7日，第四次全国文化文物系统对口支援西藏工作会议在拉萨市召开。会上，作为文化援藏行动之一，西藏自治区“数字图书馆推广工程”正式启动。文化部党组副书记、副部长赵少华和西藏自治区副主席多托共同启动西藏自治区“数字图书馆推广工程”。国家图书馆副馆长魏大威分别向西藏自治区图书馆和林芝、阿里、昌都地区图书馆赠送了手持阅读器和数字资源硬盘。

8月7日至16日，国家图书馆常务副馆长詹福瑞率代表团赴拉脱维亚、芬兰分别参加第78届国际图联大会卫星会议、第78届国际图联大会。会议期间，代表团还顺便访问了拉脱维亚国家图书馆、芬兰国家图书馆，并与美国国会图书馆、俄罗斯国家图书馆、英国国家图书馆、新加坡国家图书馆、韩国国立中央图书馆、新西兰国家图书馆的相关负责人进行了双边会谈。会后，代表团赴丹麦正式访问了丹麦皇家图书馆。

8月7日至16日，公共文化司组团赴拉脱维亚、瑞典参加国际图联大会和卫星会议。李宏担任团长，团员为孙凌平、张剑同志。

应全国台联邀请，台湾工艺研究发展中心于8月10日至22日在北京台湾会馆举办“2012台湾工艺精品展”，展出工艺精品80余件，文化部港澳台办主任助理肖夏勇、台湾工艺研究发展中心主任蔡湘等出席展览开幕活动。

8月11日，文化部副部长杨志今率中国政府文化代表团赴日出席“万里江山——中国美术馆藏20世纪山水画精品展”开幕庆典。该展系纪念中日邦交正常化40周年和“中日国民友好交流年”重点项目。

应广东民族乐团邀请，台湾新竹青年国乐团一行93人于8月11日至19日来广东演出。

文化部港澳台办主任助理肖夏勇8月13日会见由台湾“中华教育文化经贸促进协会”名誉理事长张永山率领的参访团一行24人。

8月15日，“国家图书馆中国边疆文献研究中心”正式挂牌成立，它将致力于我国边疆文献资料的全面入藏、开发、建设和服务，更好地为我国国防和外交大局服务。

8月16日至22日，由文化部与江苏省人民政府主办的第九届中国（常州）国际动漫艺术周在江苏常州举办。

8月17日，文化部副部长杨志今率中国政府文化代表团赴泰出席第五届“中泰一家亲”音乐歌舞晚会系列活动开幕式，并与诗琳通公主和英拉总理共同观看了朱拉蓬公主亲自登台表演的首场演出。

8月17日至25日，全国京剧优秀青年演员折子戏展演在山东举办。

8月18日，文化部、国家中医药管理局印发关于成立《中华医藏》规划指导委员会、《中华医藏》编纂委员会及《中华医藏》专家委员会的通知。《中华医藏》规划指导委员会的主要职责是宏观指导、协调《中华医藏》编纂有关工作，制定规划等，该委员会下设办公室，办公室设在文化部公共文化司；《中华医藏》编纂委员会主要职责是推荐、评议、审核、论证入选书目，负责《中华医藏》的编纂等，该委员会下设办公室，办公室设在国家古籍保护中心；《中华医藏》专家委员会的主要职责是对《中华医藏》编纂中的重大学术问题提供咨询。

应上海市台湾同胞联谊会邀请，台湾高雄市内门中学等102人于8月18日来上海与上海南洋模范中学合作演出。

8月18日至24日，由中俄两国文化部、黑龙江省人民政府、俄罗斯阿穆尔州政府联合主办的第三届中俄文化大集于8月18日至24日在中国黑河市和俄罗斯布拉戈维申斯克市举行。

第十届“桃李杯”舞蹈比赛于8月18日至26日在安徽省合肥市举行。

8月20日至9月4日，中央歌剧院《蝴蝶夫人》剧组一行64人赴土耳其参加阿斯潘多斯国际歌剧与芭蕾艺术节。

8月23日，文化部部长蔡武会见了到访的厄瓜多尔文化部长埃里卡·西尔瓦·查尔韦特一行。双方就如何进一步加强两国文化交流与合作进行了热情而友好的会谈。

8月24日，由文化部、国家中医药管理局主办的《中华医藏》编纂工作会议在京召开。文化部党组副书记、副部长赵少华，卫生部副部长、国家中医药管理局局长王国强，国家图书馆馆长、国家古籍保护中心主任周和平出席会议并讲话。全国古籍保护工作部际联席会议成员单位、《中华医藏》规划指导委员会、编纂委员会、专家委员会的委员、各省（自治区、直辖市）文化厅（局）长、省级图书馆馆长等200人参加会议。

8月24日，由文化部、国家中医药管理局主办的《中华医藏》编纂工作会议在京召开。文化部党组副书记、副部长赵少华、国家中医药管理局局长王国强、国家图书馆馆长周和平出席会议并讲话。会议研究部署《中华医藏》编纂工作，标志《中华医藏》编纂工作正式启动。全国古籍保护工作部际联席会议成员单位代表、《中华医藏》编纂出版工作规划指导委员会、编纂出版工作委员会、专家委员会成员、各省（自治区、直辖市）文化厅（局）分管厅（局）长，社文处长、省图书馆馆长参加会议 。

8月25日，由文化部主办，国家古籍保护中心承办的全国古籍保护工作会议在北京召开。国家图书馆馆长、国家古籍保护中心主任周和平，国家图书馆副馆长、国家古籍保护中心副主任张志清出席会议，文化部公共文化司巡视员刘小琴主持会议。各省（自治区、直辖市）文化厅（局）分管厅（局）长、省古籍保护中心主任，全国古籍保护工作专家委员会成员参加会议。

应台北艺术推广协会邀请，中华文化联谊会组派“风华绝代”剧组一行85人于8月27日至9月10日赴台北、台中、高雄演出。

8月28日，“全国文化系统惩治和预防腐败体系建设工作经验交流会”在湖北宜昌召开。会议对十七大以来全国文化系统惩治和预防腐败体系建设工作进行了交流总结。文化部党组成员、驻部纪检组组长李洪峰出席会议并讲话。全国各省、自治区、直辖市、计划单列市文化厅（局）纪检组组长（纪委书记）、监察室主任，国家文物局纪委负责同志，文化部部分司局、直属单位负责同志参加了会议。湖北省文化厅等16个单位的代表在会上做了交流发言。中央纪委有关部门负责同志应邀出席会议。

8月28日至9月1日，“澳门特区文化遗产保护和管理高级研修班”在北京举行。该班以“城市发展和文化遗产保护”为主题，接收了20名来自澳门遗产保护和管理及城建规划领域人士。

8月底，全国文化市场综合执法规范化建设工作会议在山东青岛召开。文化部党组成员、副部长王仲伟出席并讲话。会议总结交流了各地全国文化市场综合执法规范化建设的典型经验，研究探讨了加强文化市场综合执法队伍建设工作的思路和模式，要求各地通过建立“一个平台”、实施“两大工程”、推进“三化建设”，加强对文化市场的“统一领导、统一协调、统一执法”，提升文化市场综合执法能力，打造文化市场综合执法队伍。

8月31日，启动“大地情深”——国家公共文化示范区创建城市群众文化进京展演。8月30日召开评审预备会。8月31日，在21世纪剧院举办进京展演首场演出。

8月31日至9月3日，杨志今副部长赴新疆维吾尔自治区乌鲁木齐市参加第二届中国——亚欧博览会开幕式和“中外文化展示周”暨俄罗斯和中亚五国美术精品交流展开幕式。

9月，文化部党组开展巡视工作。抽调驻部监察局、人事司、机关党委等单位人员组成巡视工作组，对中国动漫集团开展了巡视工作。巡视工作至12月完成。

9月，“2012年全国优秀剧目展演艺术创作座谈会”在北京召开。

9月1日，文化部副部长赵少华与“中日国民交流友好年”日方实行委员会委员长、日本经团联会长米仓弘昌共同在京出席“中日友好、夏日盛典”开幕式活动并致辞。

9月2日，由国家图书馆编制的《全国少年儿童图书馆基本藏书目录》在北京正式发布。中国作家协会副主席高洪波、国家图书馆副馆长陈力、馆长助理汪东波，文化部公共文化司图书馆处副处长尹寿松以及来自全国图书馆界、出版界、文化界和教育界的50余位专家学者出席发布会。

文化部港澳台办主任助理肖夏勇9月3日出席全国政协港澳台侨委员会与台湾民意代表交流参访团座谈，并作“推动两岸文化交流机制化”发言。

9月4日，蔡武部长会见美国国家人文基金会主席詹姆斯·利奇。

9月4日至8日，中华文化联谊会、中国艺术研究院、台湾“中华文化总会”在山东举办“渊源与流变”第三届两岸汉字艺术节。艺术节包含海峡两岸书法篆刻展、学术研讨会两大组成部分。十届全国人大常委会副委员长许嘉璐、山东省长姜大明、文化部副部长王文章、台湾“中华文化总会”会长刘兆玄等出席了艺术节开幕式。台湾30位、大陆100位专家学者以及台湾汉唐乐府艺术团50人参加了艺术节相关活动。

9月5日，文化部在北京举行深化部行合作座谈会。

9月5日，为纪念国家图书馆开馆接待读者100周年，国家图书馆召开开馆百年服务工作座谈会。国家图书馆党委书记、常务副馆长詹福瑞出席会议并讲话，老中青读者代表、离退休员工代表以及馆内各相关部处负责人参加会议。会议由国家图书馆副馆长陈力主持。

9月6日至9日，文化部、美国国家人文基金会主办的第三届“中美文化论坛”在北京和南京举办。赵少华副部长、江苏省副省长曹卫星分别出席论坛北京和南京会场开幕式并致辞。

9月7日，由中国国家图书馆、法国驻华大使馆、谢阁兰文化基金会和北京法国文化中心联合主办的“碑——维克多·谢阁兰”展览招待会在国家图书馆举行。中国国家图书馆副馆长常丕军、法国驻华大使白林、谢阁兰文化基金会执行主席梅乐及近百位中外嘉宾和艺术家参加了此次招待会，并共同参观了展览。

9月7日，文化部港澳台办主任助理肖夏勇会见并宴请了由前台湾“台联党”主席苏进强率领的生活美学教育基金会代表团。

9月7日晚，国务院前副总理、博鳌亚洲论坛副理事长曾培炎，日本前首相、博鳌亚洲论坛理事长福田康夫，文化部副部长赵少华，外交部副部长崔天凯一同在京出席观看“‘HELLO CHINA（你好 中国）’——日本设计师山本宽斋作品舞台展示”活动。

9月7日至10日，由文化部、国家广电总局、新闻出版总署、陕西省人民政府共同主办的第六届中国西部文化产业博览会在陕西西安举办。

9月8日至20日，应台湾弘梅雅集京昆艺术团邀请，江苏省京剧院一行76人赴台北演出。

9月10日至19日，应台湾海基会邀请，文化部产业司司长刘玉珠随海协会会长陈云林率领的文化创意产业参访团赴台交流参访。

9月10日到9月20日，“2012港澳视觉艺术双年展”在中华世纪坛世界艺术馆举办，包括来自香港的17位艺术家的17件（套）公共雕塑艺术作品和澳门设计师的60件（套）平面设计作品。

9月11日，由文化部与广西壮族自治区人民政府共同主办、国家图书馆协办的“中国——东盟文化论坛”在广西南宁举办。文化部党组副书记、副部长赵少华，广西壮族自治区党委常委、宣传部部长沈北海，广西壮族自治区人民政府副主席李康，国家图书馆馆长周和平出席论坛活动。此次论坛以“亚洲图书馆的资源共享与合作发展”为主题，并通过了由国家图书馆与新加坡国家图书馆共同发起的《东亚图书馆南宁倡议》。

9月11日，文化部党组副书记、副部长赵少华出席在广西南宁举办的“2012中国——东盟文化论坛”开幕式并致辞。

9月11日，文化部港澳台办主任侯湘华会见了香港特别行政区政府康乐及文化事务署署长冯程淑仪，双方就进一步推进和落实内地与香港特区的文化交流与合作项目深入交换了意见。

9月11日至29日，上海艺术团一行27人赴多哥、塞内加尔和佛得角访演，参加中国与多哥建交40周年等活动。三国文化部长分别观看了演出。

9月12日，广西壮族自治区“数字图书馆推广工程”启动仪式在广西壮族自治区图书馆举行。文化部党组副书记、副部长赵少华，国家图书馆馆长周和平，广西壮族自治区党委常委、宣传部部长沈北海，广西壮族自治区人民政府副主席李康等出席仪式并共同启动了广西壮族自治区“数字图书馆推广工程”。

9月12日，《中国廉政史鉴》出版发行工作座谈会在文化部召开。文化部党组成员、驻部纪检组组长李洪峰、文化部党组成员、副部长王文章出席并讲话，国家图书馆馆长周和平作了书面发言，驻部纪检组监察局、中国艺术研究院、国家图书馆等单位的专家学者和文化部部分直属单位纪检监察干部，人民日报、新华社、光明日报、中国文化报等新闻媒体的同志参加了会议。

9月12日至14日，全国文化法制联络员工作会议在青海省西宁市召开。

应台湾中华海峡两岸多元文化交流协会邀请，中国民主建国会广东省委员会、中国书画家联谊会华光书画院于9月12日至22日赴台北举办“两岸书画名家作品联展”，展出作品211幅，广东省委统战部副部长何文洪一行38人赴台参加展览开幕等相关活动。

9月13日，文化部副部长赵少华在北京会见了香港潮属社团总会主席陈幼南率领的香港潮属社团总会访问团一行，鼓励香港潮属社团总会继续传承中华文明，弘扬中华民族传统文化。

9月14日，文化部部长蔡武在京见宴来访的泰国副总理兼旅游体育部长春蓬及代表团一行。双方就如何进一步加强两国文化交流与合作进行了热情友好的会谈。

应台湾文化艺术发展促进会邀请，浙江越剧团一行54人于9月14日至21日赴台北、苗栗参加第六届“台湾·浙江文化节”演出。

应台湾唐龙艺术有限公司邀请，贵州京剧院一行75人于9月14日至22日赴台北演出。

9月15日，根据中俄两国文化部2011—2013年合作计划，“中国文化节”于8月至12月在俄罗斯举办。“中国文化节”开幕式于9月15日在莫斯科涅米罗维奇·丹钦科·斯坦尼斯拉夫斯基剧院举办。

应台湾“中华舞蹈学会”邀请，中国文联副主席杨承志率北京师范大学艺术团一行39人于9月15日至21日赴台参加“第三届海峡两岸青少年舞蹈交流展演”活动。

9月16日至11月16日，《中国当代艺术展》在土耳其伊斯坦布尔现代美术馆举办。

9月17日，国家图书馆举行“馆藏钓鱼岛有关文献情况介绍会”。国家图书馆古籍善本研究专家、主要部门负责人以及部分新闻媒体记者参加会议，会议由馆长助理孙一钢主持。国家图书馆从馆藏中精选数十种钓鱼岛及其附属岛屿（简称钓鱼岛）相关古籍善本、舆图、报刊等资料进行介绍展示，充分说明中国最早发现、命名并利用钓鱼岛，以及中国对钓鱼岛进行了长期管辖的历史事实，力证钓鱼岛主权。

9月17日至22日，格鲁吉亚文化和古迹保护部部长尼科罗兹·鲁鲁阿率领的格政府文化代表团3人（其中格文化和古迹保护部副部长玛丽娜·肖古什维利随行）对我国北京、上海进行友好访问。其间，

两国文化部签署了《中华人民共和国文化部和格鲁吉亚文化和古迹保护部2012—2015年文化合作议定书》

应台湾“传统艺术中心”邀请，河南省豫剧三团一行44人于9月18日至25日赴台湾参加“2012两岸豫剧秋季联演”活动。

9月18日，国家图书馆与第二炮兵合作共建军营网上数字图书馆协议签署暨开通运行仪式在二炮机关举行。文化部党组书记、部长蔡武，党组成员、副部长杨志今，国家图书馆馆长周和平，中央军委委员、第二炮兵司令员靖志远，第二炮兵政委张海阳出席仪式并共同启动二炮政工网数字图书馆。

9月22日至9月28日，第二届全国青少年钢琴比赛在厦门举办。

应台湾“清华大学”（新竹）邀请，中国作家协会副主席何建明等于9月23日至29日赴台参加文学讲座及交流活动。

9月24日，文化部在江苏省张家港市召开“数字图书馆推广工程工作会议”。会上印发《文化部关于加快实施数字图书馆推广工程的意见》，全面总结工程实施以来的进展情况，部署了下一阶段工作。文化部党组成员、副部长杨志今，国家图书馆馆长周和平出席会议并讲话。

9月24日，文化部在京举行2012年国家级文化产业园区基地命名授牌会议，命名第四批国家级文化产业示范（试验）园区和第五批国家文化产业示范基地。

9月24日至10月1日，中央新影艺术团一行40人赴土耳其城市花园大学参加文化交流活动。

9月25至26日，文化部在江苏省张家港市召开国家公共文化示范区创建工作现场经验交流会，考察学习张家港市“网格化”公共文化服务典型经验，总结交流示范区创建工作，部署下一阶段任务。文化部党组成员、副部长杨志今，江苏省副省长曹卫星，财政部教科文司文化处处长宋文玉，江苏省文化厅党组书记、厅长徐耀新，文化部财务司副司长马秦临，苏州市副市长王鸿声，张家港市市长姚林荣出席会议，杨志今副部长作重要讲话，会议由文化部公共文化司司长于群主持。会议安排了东、中、西部创建工作取得突出成绩的苏州市、长沙市、成都市介绍创建经验；江苏、浙江、广西文化厅介绍开展省级示范区创建和推广示范区经验的有关做法；杭州市就推进学习型城市建设的做法、昆明市就打造“公共文化服务包”介绍做法和经验。国家公共文化服务体系建设专家委员会的部分专家，各省（自治区、直辖市）文化厅（局）分管公共文化工作的厅（局）长及相关处室同志，首批示范区创建城市分管市领导和文化局同，各省（自治区、直辖市）文化厅（局）推荐的地（市）政府分管领导和文化局同志，东部地区创建示范区下辖县（区、市）文化局长，江苏省各地市文化局分管副局长参加了会议。

应台湾台南市文化协会邀请，厦门市金莲升高甲剧团和厦门歌仔戏研习中心、厦门南乐团一行106人于9月25日至10月10日赴台湾南部各妈祖官庙、广泽尊王庙宇巡回演出。

9月26日，全国文化体制改革工作表彰大会在北京人民大会堂举行。文化文物系统的中国对外文化集团公司、中国东方演艺集团有限公司、中国文化传媒集团有限公司、国家图书馆、国家博物馆、中国文化遗产研究院、中国演艺设备技术协会7家中央文化单位以及110余家地方文化单位受到了表彰。

9月26日至28日，文化部副部长赵少华率团赴澳门、香港先后出席首届“濠江月明夜——大型中秋晚会”、第十三届“香江明月夜——大型中秋晚会”等相关文化活动。

10月，赴河南、青海、湖南、福建、山东、吉林等地文化系统开展文化反腐、制度反腐、监督与惩处工作情况调研，并撰写调研报告。

10月4日至9日，江苏省女子民族乐团一行45人赴土参加土耳其谢非卡・库特鲁埃尔国际艺术节，该乐团一行25人于9日至14日赴科威特参加亚洲首脑峰会中国文化日活动。

10月4日至22日，应台湾“建国工程文化艺术基金会”邀请，江苏省昆剧院一行54人赴台北演出。

10月8日至2013年1月7日，应台湾财团法人广达文教基金会邀请，陕西省文物局在台北故宫博物院举办《赫赫宗周——西周文化特展》，展出176件（套）文物，其中一级文物54件（套）。

10月16日至20日，应台北文化艺术基金会邀请，文化部副部长、国家文物局局长励小捷以中华文化联谊会顾问、中华文物交流协会会长名义赴台交流。出席了“两岸文化创意产业展”、“两岸城市艺术节——广东城市文化周”、“商王武丁与后妇好——殷商盛世文化艺术特展”开幕活动，会见了国民党荣誉主席吴伯雄、台“中华文化总会”会长刘兆玄、“政务委员”黄光男等、与台“文化部常务次长”许秋煌举行了闭门会谈。

10月17日至27日，第十届全国青少年小提琴比赛在青岛举办。比赛由文化部主办，青岛市人民政府承办。

10月17日至11月1日，中东欧国家主要国际艺术节总监一行17人来华考察交流，并参加“上海国际艺术节”和“北京国际音乐节”的有关活动。

10月18日至21日，由中华文化联谊会、台湾商业总会举办的两岸文化创意展在台北南港展览馆举办。文化部副部长励小捷、广东省副省长雷于蓝、台“文化部政务次长”张云程、商业总会理事长张平沼等出席开幕活动。来自杭州、厦门、江苏、新疆、北京、广东的68个展位、96人参展。

10月19日，由国家图书馆与中国艺术研究院共同举办的“2012年诺贝尔文学奖获得者莫言作品展”，在国家图书馆总馆北区读者大厅面向观众开放。本次展览集中展示了《红高粱家族》、《生死疲劳》、《丰乳肥臀》、《蛙》等产生深远影响作品的中外文版本，在总馆北区中文图书区还设立了莫言作品专架。

10月19日至21日，文化部“原创动漫边疆推广计划”动漫进广西活动在桂林市举行。

10月19日至25日，应台北文化艺术基金会邀请，由中华文化联谊会、广东省人民政府、台北市文化局共同举办的“两岸城市艺术节——广东文化周”在台北举办。文化部副部长励小捷、广东省副省长雷于蓝率团出席开幕活动。广州交响乐团、广东粤剧院一行256人赴台北参加广东文化周活动。

10月19日至2013年2月19日，应台北故宫博物院邀请，中国文物交流中心在台北故宫博物院举办《商王武丁与后妇好——殷商盛世文化艺术特展》，展出145件文物，其中一级文物38件。文化部副部长、国家文物局局长励小捷、台“中华文化总会”会长刘兆玄、台北故宫博物院院长冯明珠等出席展览开幕活动。

10月22日至26日在福建省福州市举行，杨志今副部长出席开幕式并致辞。合唱期间举办了5场合唱展演，4场进社区演出，1场合唱艺术交流研讨会。本届老年合唱节共有来自全国各省（自治区、直辖市）和台湾、香港地区的63支老年合唱团，近3000人参加。

10月24日在国家图书馆举行《远东国际军事法庭庭审记录》编纂出版启动仪式，杨志今副部长及教育部、新闻出版总署、社科院有关领导出席并讲话。

10月24日，文化部部长蔡武在京会见日中文化交流协会会长辻井乔一行。

10月24日，《远东国际军事法庭庭审记录》编纂出版启动仪式暨座谈会在国家图书馆古籍馆临琼楼举行。教育部副部长杜占元，文化部副部长杨志今，新闻出版总署副署长邬书林，中国社会科学院院长助理郝时远，国家图书馆馆长周和平，上海交通大学校长张杰，中国人民大学党委书记程天权出席仪式。参加启动仪式的还有近代史、中日关系、抗日战争研究领域的专家以及“东京审判”中国法官梅汝璈、检察组顾问倪征的子女。

10月26日至29日，由国务院台办、文化部、广电总局、新闻出版总署、福建省政府共同主办的第五届海峡两岸文化产业博览交易会在厦门举办。文化部副部长王仲伟出席开幕活动。3300展位中台湾展位占700余个。

10月27日至31日，由中华文化联谊会、厦门市人民政府共同举办的2012海峡两岸民间艺术节在厦门举办。文化部副部长王仲伟出席开幕活动。本届艺术节以戏剧为主题，两岸艺术表演团体及专家学者700人参加，其中台湾团队210人。

10月27日至11月3日，2012俄罗斯“中国文化节”框架内的“中俄舞台艺术对话”在俄罗斯的莫斯科和圣彼得堡举办。

10月30日，文化部召开全国国有文艺院团体制改革经验总结交流视频会议，对在国有文艺院团体制改革工作中作出突出贡献的地区、单位和个人进行通报表扬。

11月，文化部第二届优秀保留剧目大奖获奖作品表彰会在北京召开。

11月，推动文化系统纪检监察部门深入学习十八大精神。向文化系统纪检监察部门转发了中央纪委《关于纪检监察机关认真学习贯彻党的十八大精神的通知》，印发文化部党组成员、驻部纪检组组长李洪峰作了十八大精神学习辅导报告。

由文化部担任指导单位的第14届湄洲妈祖文化旅游节于11月1日至5日在莆田举办。

应河南文化联谊会、上海文化联谊会邀请，台湾豫剧团一行50人于11月1日至13日来上海参加“第14届上海国际艺术节——河南文化周”并赴河南济源、山西长治市演出。

应吴氏国际文化传媒（北京）有限公司邀请，台湾“国家交响乐团”一行105人以台湾爱乐交响乐团名义于11月2日至6日来上海、无锡、北京巡演。

山西省委宣传部、山西省台办于11月2日至22日赴高雄、台北、台中举办“关公祖庙圣像赴台巡游暨山西文化月交流活动”，同时举办《山西风》民歌民舞、《魅力山西》非物质文化遗产民间艺术展演、《山西魅力市县》等配套活动。

应故宫博物院邀请，台北故宫书目文献处宋兆霖于11月3日至4日来京出席“民国时期故宫博物院史学术研讨会”。

11月4日至11日，由文化部主导、面向香港青少年的品牌项目——“国粹香江校园行”在港举办，以演出和讲座形式，将中国皮影戏带进香港7所学校，让广大香港青少年学生领略了这一中国古老民间艺术的魅力。

11月5日至13日，著名指挥张洁敏一行2人赴土耳其，与伊斯坦布尔交响乐团举办联合音乐会。

文化部部长蔡武、国台办主任王毅11月6日会见台湾“两厅院”艺术总监黄碧端并观看台湾爱乐交响乐团在国家大剧院演出。

11月6日至8日，在烟台举办第十届中国艺术节“群星奖”音乐门类作品复赛，这是“十艺节”首场现场赛事。参加复赛的共有来自全国各省自治区、直辖市、新疆建设兵团以及总政、武警和全国总工会等35家单位的106件作品，1200多名演职人员。

文化部港澳台办主任侯湘华11月7日会见并宴请台湾“两厅院”艺术总监黄碧端一行。

文化部港澳台办主任助理肖夏勇11月8日会见并宴请台湾传统艺术中心副主任陈兆虎一行。

应台湾画廊协会邀请，文化部市场司李蕊于11月8日至12日赴台参加首届两岸艺术市场趋势论坛。

应台湾美和科技大学通识教育中心邀请，中国民间文艺家协会刘晓路于11月9日至13日赴台出席“2012南台湾两岸妈祖论坛”。

应中华文化联谊会和上海文化联谊会邀请，台湾朱宗庆打击乐团一行11人于11月9日至19日来北京、上海等地巡演。

中国作协艾克拜尔·米吉提于11月14日至20日赴台出席“第二届21世纪世界华文文学高峰会”。

应台湾自然科学博物馆文教基金会邀请，中华文物交流协会一行30人于11月16日至25日赴台参加两岸博物馆实务经营研习活动。

11月16日，由中国国家图书馆、英国国家图书馆、敦煌研究院共同主办的“敦煌旧影——敦煌莫高窟历史照片展”在中国国家图书馆开幕。中国国家图书馆馆长周和平，英国驻华大使吴思田，英国国家图书馆董事会主席蒂莎·布勒斯顿，英国国家图书馆国际敦煌项目主管魏泓，敦煌研究院副院长罗华庆出席开幕式。中国国家图书馆副馆长张志清主持开幕式。

11月18日至23日，著名指挥邵恩等一行3人赴土耳其，与总统府交响乐团举办联合音乐会“中国周”活动。

11月18日至30日，天津艺术团一行24人赴尼日利亚和贝宁访演，参加尼日利亚阿布贾嘉年华及中贝复交40周年庆祝活动，尼日利亚文化部长和贝宁文化部长分别出席并观看了演出。

11月19日，文化部部长蔡武在京会见缅甸文化部部长吴埃敏玖一行，双方就进一步加强中缅文化交流与合作达成广泛共识，并重点围绕中方支持缅甸承办2013年第27届东南亚运动会开、闭幕式等事宜深入交换了意见。

11月19日下午，中共中央政治局委员、国务委员刘延东在中南海紫光阁会见了应邀访华的缅甸文化部长吴埃敏玖一行。

11月20日至26日，在青岛举办第十届中国艺术节“群星奖”舞蹈门类复赛。这一赛事是十八大胜利召开之后文化部举办的第一次全国性群众文化艺术盛会。本次比赛共有来自全国各省、自治区、直辖市、新疆生产建设兵团及总政、武警和全总等35家单位选送的110件舞蹈作品，2000余演职人员参赛。这一赛事得到了中央媒体的高度关注，24日晚中央电视台“新闻联播”专门报道了舞蹈复赛开幕的消息；27日11:00中央电视台“新闻直播间”对舞蹈复赛进行了深度报道。

应沈春池文教基金会邀请，中华文物交流协会一行30人于11月21日至30日赴台参加两岸文博人员交流研习活动。

11月21日至2013年1月15日，《印象敦煌——中国文化大展》在土耳其伊斯坦布尔托普哈内博物馆举行。

11月21日至2013年2月20日，《华夏瑰宝展》在土耳其托普卡帕博物院举行。

11月22日至24日，由文化部主办，国家古籍保护中心承办的“中华古籍保护计划成果展”在广东东莞召开的“中国图书馆年会”上展出。展览设立30幅展板，通过文字以及大量数据、图片、实物、多媒体展示等形式，系统地介绍了“中华古籍保护计划”的主要成果，并专门设置古籍雕版印刷、古籍修复与传拓技艺展示以及中医专家问诊咨询等专区与观众进行互动。国家图书馆还在展览会上开设了“国家数字图书馆展示区”，以文字、图片和互动体验等多种形式，将国家数字图书馆已建成的主要成果呈现给现场观众，并介绍了数字图书馆推广工程的进展。

11月22日至24日，由文化部与广东省人民政府共同主办的2012年中国图书馆年会于在广东东莞隆重召开。这是改革年会模式，首次采取城市承办制的第一次年会。本届年会以“文化强国——图书馆的责任与使命”为主题，坚持“政府主导与社会支持相结合、文化事业与文化产业相结合、理论研究与实践工作相结合”的总体思路，充分发挥政府、行业组织、社会力量的积极作用，由学术会议、展览会、工作会议三大板块组成，全方位、多侧面地展示我国图书馆事业、文化事业蓬勃发展的现状和光明未来。开幕式上首次举办了“2012中国图书馆榜样人物”颁奖典礼，闭幕式上著名作家、文化部原部长王蒙做嘉宾演讲。上海市浦东新区经过申办成为2013年中国图书馆年会举办城市。文化部副部长杨志今、广东省副省长林少春、国家图书馆馆长、中国图书馆学会名誉理事长周和平、美国图书馆协会主席玛丽·伊丽莎白·拉斐尔女士出席会议。全国各省（自治区、直辖市）文化厅（局）长，图书馆管理者、专家、学者、图书馆员、媒体记者及企业代表近3000人参加此次年会，是去年4倍。学术会议共举行了1个大会学术报告、4个主题论坛和27个分会场活动，各种会议场场爆满。展览会吸引了144家企业参展，其中有来自美国、法国、德国、新加坡、中国台湾等国家和地区相关企业，展会面积超20000平方米，是去年10倍；近10万人（次）参观展览，盛况空前；近40家媒体参与会议报道。人民日报、新华社、中央电视台、光明日报、经济日报、中新社、中国文化报等中央媒体和南方日报等省直媒体、以及《香港商报》、《澳门日报》等港澳媒体均在重要版面（栏目）刊发了新闻。中国网络电视台对开闭幕式进行了全程直播。据统计，11月12日至30日，各新闻媒体刊播原创性稿件400多篇，人民网、新华网、新浪网等主要网站转载报道超过3000次，其报道量和转载量前所未有。年会期间还举办了全国公共图书馆工作会议、国家公共文化示范项目经验交流会。文化部副部长杨志今出席了两个会议并讲话。全国公共图书馆工作会议主要内容是研究部署全国第五次县以上公共图书馆评估定级、宣传贯彻《公共图书馆服务规范》、公共数字文化建设、全国古籍保护等有关工作。国家公共文化示范项目经验交流会主要内容是总结第一批示范项目督查工作，交流创建工作经验，研究部署下一步工作，进一步推进国家公共文化示范项目创建工作。

11月25日至29日，白俄罗斯共和国文化部第一副部长弗拉基米尔·米哈伊洛维奇·卡拉切夫斯基率政府文化代表团来华访问。其间，中白两国文化部签署了《中华人民共和国文化部和白俄罗斯共和国文化部2012—2016年合作议定书》。

11月25日至29日，应中国曲艺家协会邀请，台北曲艺团团长郭志杰等作为特邀嘉宾来京出席中国曲艺家协会第七次全国代表大会。

11月25日至12月1日，应厦门中华文化联谊会邀请，台湾明华园戏剧总团一行68人来厦门演出。

11月27日至12月3日，应台湾满宽文教基金会邀请，北京市政协原主席陈广文赴台举办“陈广文画梅作品绘画展”，展出106件展品。

11月28日，中央政治局委员、中宣部长刘奇葆到文化部检查指导工作，看望干部职工。文化市场司向刘奇葆同志专门汇报了文化市场信息化建设情况。刘奇葆同志对网吧平台的建设及应用给予了肯定，就加强网吧及网络游戏管理、研究文化内容分级标准、未成年人“网瘾”防治等方面作出了指示。

11月28日晚，“我的音乐厅——外国经典音乐欣赏”项目首发式暨作品音乐会在北京国家大剧院音乐厅举办。

11月28日至12月2日，应台湾“中国口传文学学会”邀请，中国民间文艺家协会张志学等赴台参加“2012海峡两岸民间文学学术研讨会”。

11月29日，中华文化联谊会理事大会在北京召开，审议通过联谊会章程（修正案），选举产生新一届理事、常务理事、会领导，文化部党组副书记、副部长赵少华连任会长，文化部港澳台办主任侯湘华任常务副会长兼秘书长。赵少华会长出席会议并讲话，侯湘华副会长作工作报告。来自两岸四地近百名会员代表出席了会议。

11月29日至12月3日，应台湾昆剧团邀请，浙江昆剧团一行45人赴台北参加“浙江文化节”。

11月30日，由文化部政策法规司、人事司主办，国家图书馆具体承办的“文化与法治”法学名家讲座第二期在国家图书馆报告厅举办。讲座特邀中国人民大学法学院副院长胡锦光教授做了题为《文化权利与文化强国建设》的报告。

12月，第十届中国艺术节筹备工作第二次部省联席会议召开。

12月2日至9日，中国文联艺术团一行45人赴土耳其，举办2012中国文化年闭幕式演出。

中华文物交流协会与台湾沈春池文教基金会于12月2日至11日在广东举办第四届海峡两岸文化遗产保护论坛，两岸学者50人参加论坛。

12月4日，国家图书馆中国边疆文献建设与服务座谈会在京召开。国家图书馆馆长周和平出席会议并讲话，全国政协外事委员会、外交部边界与海洋事务司、国家宗教事务管理局政策研究处主要负责人，以及来自高校、科研院所的专家学者应邀参加会议。会议由国家图书馆馆长助理孙一钢主持。

12月4日在北京召开全国文化志愿服务工作会议。这是第一次从国家层面召开以文化志愿服务为主题的工作会议。会议认真总结2012年全国文化志愿服务工作和“春雨工程”——全国文化志愿者边疆行工作，表扬基层文化志愿服务和“春雨工程”——全国文化志愿者边疆行典型，交流各地经验，对当前和今后一个时期文化志愿服务工作进行全面部署，并实地考察北京基层文化志愿服务情况。会上京津沪渝四市发出文化志愿服务倡议书。文化部部长蔡武、中央文明办专职副主任王世明出席会议并作重要讲话，北京市委常委宣传部长鲁炜同志致辞、文化部副部长杨志今主持。

12月4日，中俄文化合作分委会第十二次会议在俄罗斯首都莫斯科召开，赵少华副部长赴俄出席会议，会议结束后，中俄双方共同签署了会议纪要。

应台北市新合唱文化艺术基金会邀请，上海歌剧院一行63人于12月4日至9日赴台演出。

应台湾贤志文教基金会邀请，福建民俗博物馆一行26人于12月4日至24日赴台举办“2012清新淡雅德化名瓷展”，展出文物77件。

12月5日，民国时期文献保护工作专家委员会成立大会暨第一次工作会议在国家图书馆举行，国家图书馆聘请国家清史编纂委员会副主任马大正等41位专家担任民国时期文献保护工作专家委员会成员。国家图书馆馆长周和平出席成立大会并分别向现场就座的各位专家颁发聘书。国家图书馆副馆长陈力主持会议。

12月5日，中俄人文合作委员会第十三次会议在俄罗斯首都莫斯科召开，文化部副部长赵少华陪同国务委员刘延东出席。

12月5日至7日，在中央文化管理干部学院召开国家公共文化服务体系建设专家委员会工作会议和制度设计课题评审验收会。主要内容是通报一年来工作进展情况以及2013年工作计划；成立国家公共文化服务体系专家库；对2010年度重点课题、综合性课题和各省（自治区、直辖市）文化厅（局）的课题进行评审和验收。

12月7日，《中国珍贵典籍史话丛书》项目启动会在国家图书馆召开。国家图书馆馆长周和平出席会议并讲话，副馆长张志清、馆长助理汪东波，部分全国省级公共图书馆负责人以及来自北京大学、中华书局等单位的专家学者60余人参加会议。

12月7日，由文化部主办，安徽省文化厅、滁州市政府等协办的第四届文化部创新奖颁奖仪式暨第五届中国文化创新高峰论坛在安徽省滁州市举行。

12月7日，中哈文化和人文合作分委会第八次会议在哈萨克斯坦首都阿斯塔纳召开，文化部副部长赵少华赴哈出席会议，会后，双方签署了会议纪要。

12月8日，中哈合作委员会第六次会议在哈萨克斯坦首都阿斯塔纳举行，文化部副部长赵少华陪同副总理王岐山赴哈出席会议。会议签署了《中哈合作委员会第六次会议纪要》。

应台北曲艺团邀请，中国曲艺家协会一行于12月9日至14日赴台参加“第二届海峡两岸欢乐汇”。

12月10日至14日，文化部副部长杨志今带队，率文化部、农业部、商业部、法制办、全国妇联5家国务院农民工联席会议成员单位办公室成员到湖北省武汉市、黄石市和黄冈市开展国务院农民工联席会议第六次农民工工作督察。

12月11日，经民政部批复同意，中国互联网上网服务营业场所行业协会在京成立。文化部党组成员、副部长王仲伟出席成立仪式并讲话。协会的成立，对于加强政府与网吧行业之间的沟通和协调，维护行业整体利益和用户利益，进一步规范网吧市场秩序，促进网吧市场健康平稳发展，具有重要意义。

12月11日，文化部部长蔡武在京出席“中韩友好交流年”闭幕式，并观看闭幕式演出。

12月11日至18日，受澳大利亚国家图书馆理事会主席施来恩先生及新西兰国家图书馆馆长威廉·麦克努特先生邀请，中国国家图书馆馆长周和平率代表团一行5人赴澳大利亚、新西兰进行工作访问，分别与两国国家图书馆签署了《中国国家图书馆与澳大利亚国家图书馆合作备忘录》和《中国国家图书馆与新西兰国家图书馆合作安排》。

12月12日，文化部国家文化产业研究中心(基地)2012联席会议在武汉召开。

12月12日至21日，应台湾中国青年大陆研究文教基金会邀请，中华文化联谊会与宋庆龄基金会共同组派中国戏曲学院附中京剧团一行32人赴台湾中学演出。

12月12日至25日，应台湾多元化艺术事业有限公司邀请，国家京剧院一行90人赴台北演出。

12月13日，中华文化促进会与台湾太平洋文化基金会在北京举办以“中华文化与世界和平”为主题的“2012两岸人文对话”。两岸学者各5人进行了论述。

12月14日，文化部部长蔡武在京会见了来访的澳大利亚艺术部长西蒙·克林一行。

12月14日至17日，应故宫博物院邀请，台北故宫博物院院长冯明珠一行来京参访。

12月15日，中华老人文化交流促进会与台湾中华老庄学会在北京举办海峡两岸朱子文化研讨会，台湾学者一行14人来京参加研讨。

12月17日下午，在国博举办文化共享工程10周年纪念大会。

12月18日至30日，应台湾全民大剧团邀请，国家话剧院院长周志强赴台参访。

12月19日至21日，应北京文博会组委会邀请，台北市文化局长刘维公一行来京出席北京文博会开幕活动。

12月19日至23日，由文化部、国家广电总局、新闻出版总署、北京市人民政府共同主办的第七届中国北京国际文化创意产业博览会在北京举办。

12月19日至2013年1月30日“2012年全国地方戏精粹展演”在北京举办。

12月20日至25日，《陕西非遗文化展》在土耳其举行。

12月20日至2013年1月5日，应台湾台北演艺经纪文化交流协会邀请，北京中歌嘹亮音乐文化传播有限公司一行346人赴台举办“第20届中国歌曲排行榜”演唱会。

12月21日至22日，全国艺术创作工作会议在广东省珠海市召开，文化部部长蔡武出席并做重要讲话。

12月26日，文化部部长蔡武在京会见到访的泰国公主朱拉蓬一行，宾主双方进行了热情友好的交谈。

12月26日至2013年3月10日，应首都博物馆邀请，台北世界宗教博物馆一行26人来京举办“台北世界宗教博物馆宗教艺术文化展”，展出展品121件。

12月28日，第十一届全国人大常委会通过了《关于加强网络信息保护的决定》。

中国文化年鉴

Almanac Of Chinese Culture

文化机构人员

Cultural Organization Staff

部领导
（截至2012年12月31日）

部长、党组书记：蔡　武
副部长、党组副书记：赵少华
副部长、党组成员：王仲伟
副部长、党组成员、国家文物局局长：励小捷
中纪委驻部纪检组长、党组成员：李洪峰
副部长、党组成员：杨志今
副部长、党组成员：董　伟
党组成员、故宫博物院院长：单霁翔

注：2012年8月，王仲伟任副部长、党组成员，高树勋不再担任部长助理、党组成员。

2012年10月，董伟任副部长、党组成员，王文章不再担任副部长、党组成员。

机关司局领导名单
（截至2012年12月31日）

副部长、党组成员兼艺术司司长：董　伟
办公厅主任：杨建昆
办公厅副主任兼机关服务中心主任：都海江
办公厅副主任：熊远明
政策法规司司长：韩永进
政策法规司副司长（正局级）：孙若风
政策法规司副司长：李红琼
人事司司长：张雅芳
人事司副司长：汪志刚
人事司副司长：张士军
财务司司长：赵　雯
财务司副司长：饶　权
财务司副司长：马秦临
艺术司副司长：陶　诚
艺术司副司长：张凯华
艺术司副司长：诸　迪
文化科技司司长：于　平
文化科技司副司长：王　丰
文化市场司司长：李　雄
文化市场司副司长：庹祖海
文化市场司副司长：陈　通
文化市场司副司长：刘　强
文化产业司司长：刘玉珠
文化产业司副司长：吴江波
文化产业司副司长：高　政
公共文化司司长：于　群
公共文化司副司长：张永新
公共文化司副司长：周广莲
非物质文化遗产司司长：马文辉
非物质文化遗产司副司长：马盛德
非物质文化遗产司副司长：王福州
外联局（港澳台办）局长：侯湘华
外联局（港澳台办）党委书记、副局长：张爱平
外联局（港澳台办）副局长：谢金英
外联局（港澳台办）副局长：李　鸿
外联局（港澳台办）副局长：于　芃
外联局（港澳台办）副局长：赵海生
机关党委常务副书记：刘长权
机关党委副书记兼纪委书记：张申康
离退休干部局局长：张理萌
离退休干部局副局长：聂久祥
离退休干部局副局长：阎颐兰

部直属单位领导名单
（截至2012年12月31日）

机关服务中心主任：都海江
机关服务中心副主任：吴国祥
机关服务中心副主任：李泽林
机关服务中心副主任：姚家华
文化部信息中心主任：洪永平
文化部信息中心副主任：杨　郑
文化部信息中心副主任：罗洪涛
中国艺术研究院院长兼中国非物质文化遗产保护中心主任（副部级）：王文章
中国艺术研究院常务副院长（正局级）：刘　茜
中国艺术研究院党委书记、副院长：高显莉
中国艺术研究院副院长：王能宪
中国艺术研究院纪委书记：李长林
中国艺术研究院副院长兼研究生院院长：田黎明
中国艺术研究院副院长：吕品田

中国艺术研究院副院长：牛根富
国家图书馆馆长兼国家古籍保护中心主任（副部级）：周和平
国家图书馆党委书记、常务副馆长：詹福瑞
国家图书馆副馆长、党委副书记：常丕军
国家图书馆副馆长：陈　力
国家图书馆副馆长兼国家古籍保护中心副主任：张志清
国家图书馆副馆长：魏大威
国家图书馆副馆长：王　军
部党组成员、故宫博物院院长、党委书记：单霁翔
故宫博物院常务副院长(正局级)：李　季
故宫博物院副院长：纪天斌
故宫博物院副院长：王亚民
故宫博物院副院长：陈丽华
故宫博物院副院长：宋纪蓉
故宫博物院副院长：冯乃恩
国家博物馆馆长：吕章申
国家博物馆党委书记、副馆长：黄振春
国家博物馆副馆长：张　威
国家博物馆纪委书记：金　祥
国家博物馆副馆长：陈履生
国家博物馆财务总监（副局级）：冯靖英
国家博物馆副馆长：李六三
中央文化管理干部学院院长：张　旭
中央文化管理干部学院党委书记：周庆富
中央文化管理干部学院党委副书记：景小勇
中央文化管理干部学院副院长：段周武
中央文化管理干部学院副院长：李春华
中国文化传媒集团有限公司董事长、总经理兼中国文化报社社长：刘承萱
中国文化传媒集团有限公司副董事长、董事兼中国文化报社总编辑：宋合意
中国文化传媒集团有限公司党委书记：刘　杰
中国文化传媒集团有限公司监事会副主席：王　旗
中国文化报社党委副书记：杨守民
中国文化报社副总编辑：赵　忱
中国文化报社副总编辑：徐　涟
中国文化报社副总编辑、副社长：杨胜生
中国文化传媒集团有限公司副总经理（聘任）：陈建祖
国家京剧院院长：宋官林
国家京剧院党委书记：杨化玉
国家京剧院副院长：尹晓东
国家京剧院副院长、艺术指导：于魁智
国家话剧院院长：周志强
国家话剧院副院长：王晓鹰
国家话剧院副院长：查明哲
国家话剧院副院长：史丽芬
中国歌剧舞剧院院长、党委副书记：林文增
中国歌剧舞剧院党委书记：魏银久
中国歌剧舞剧院副院长：郎新建
中国歌剧舞剧院副院长：高　艾
中国歌剧舞剧院副院长：徐丽桥
中国歌剧舞剧院副院长：张亚峰
中国东方演艺集团有限公司董事长兼总经理：顾　欣
中国东方演艺集团有限公司党委书记：崔建飞
中国东方演艺集团有限公司副总经理：隋庆树
中国东方演艺集团有限公司副总经理：马俊英
中国东方演艺集团有限公司纪委书记：张忠奇
中国交响乐团团长、党委副书记：关　峡
中国交响乐团党委书记：田军利
中国交响乐团副团长：魏　军
中国交响乐团副团长：黄越峰
中国交响乐团党委副书记：巩保江
中国儿童艺术剧院院长、党委副书记：周予援
中国儿童艺术剧院党委书记：雷喜宁
中国儿童艺术剧院副院长：闪增宏
中国儿童艺术剧院副院长：李小刚
中国儿童艺术剧院党委副书记、副院长：杨　帆
中央歌剧院院长：俞　峰
中央歌剧院党委书记：嬴　枫
中央歌剧院副院长：鞠雄志
中央歌剧院副院长：宋　晨
中央歌剧院党委副书记兼纪委书记：袁　平
中央芭蕾舞团团长：冯　英
中央芭蕾舞团党委书记：王才军
中央芭蕾舞团副团长：王全兴
中央芭蕾舞团副团长：张　艺
中央民族乐团团长、党委副书记：席　强
中央民族乐团党委书记：孙　毅
中央民族乐团副团长：张振涛
中央民族乐团副团长：吴玉霞
中国美术馆馆长、党委副书记：范迪安

中国美术馆党委书记：游庆桥
中国美术馆副馆长 ：马书林
中国美术馆副馆长 ：梁　江
中国美术馆副馆长 ：谢小凡
中国美术馆副馆长 ：胡　伟
中国国家画院院长：杨晓阳
中国国家画院常务副院长（正局级）：卢禹舜
中国国家画院副院长：张晓凌
中国国家画院副院长：张江洲
中国国家画院副院长：赵　卫
中国国家画院美术馆馆长(副局级)：舒建新
中国对外文化集团公司董事长兼总经理：张　宇
中国对外文化集团公司党委书记兼副
董事长：韩子勇
中国对外文化集团公司监事会主席：宋丽红
中国对外文化集团公司副总经理：竺自毅
中国对外文化集团公司副总经理：万基元
中国对外文化集团公司副总经理：李立新
中国对外文化集团公司副总经理：张树新
中国对外文化集团公司副总经理：阎　东
中国数字文化集团有限公司董事长、
党委副书记、董事：李沪生
中国数字文化集团有限公司党委书记、
董事：刘中军
中国数字文化集团有限公司总经理、
外聘董事：刘　燕
中国数字文化集团有限公司党委副书记：姚　涵
中国数字文化集团有限公司副总经理、
董事：丁晓聪
中国数字文化集团有限公司监事会副主席：潘　亿
文化部恭王府管理中心主任：孙旭光
文化部恭王府管理中心副主任：刘占文
文化部恭王府管理中心副主任：李铬钢
文化部恭王府管理中心副主任：刘　霞
文化部恭王府管理中心副主任：边　伟
文化部文化艺术人才中心主任：王　庆
文化部文化艺术人才中心党委书记兼
副主任：赵树栋
文化部文化艺术人才中心副主任：张希光
文化部离退休人员服务中心主任：陆耀儒
文化部离退休人员服务中心党委书记：白永新
文化部离退休人员服务中心党委副书记：禹兰芹
文化部离退休人员服务中心副主任：刘俊岩
文化部艺术发展中心主任：胡　克
文化部艺术发展中心副主任：李立中
文化部艺术发展中心副主任：刘清朗
文化部艺术发展中心副主任：蒋存雄
国家清史纂修领导小组办公室主任：卜　键
国家清史纂修领导小组办公室副主任：顾　春
中外文化交流中心主任：蒲　通
中外文化交流中心副主任：马　达
中外文化交流中心副主任：严振全
中国动漫集团有限公司董事长：梁　钢
中国动漫集团有限公司总经理、副董事长：金一伟
中国动漫集团有限公司党委书记、副董事长：李　扬
中国动漫集团有限公司监事会主席：柳士发
中国动漫集团有限公司副总经理：李春阳
中国动漫集团有限公司副总经理：周　勇
中国动漫集团有限公司副总经理：陈学会
文化部民族民间文艺发展中心主任：李　松
文化部民族民间文艺发展中心副主任：刘　嘉
文化部民族民间文艺发展中心副主任：张　刚
文化部民族民间文艺发展中心副主任：王勇才
文化部全国公共文化发展中心主任：李　宏
文化部全国公共文化发展中心副主任：刘惠平
文化部全国公共文化发展中心副主任：李建军
文化部全国公共文化发展中心副主任：陈胜利
中国艺术科技研究所所长 ：白国庆
中国艺术科技研究所副所长：严先机
中国艺术科技研究所副所长：兰　静

北京市

北京市文化局

党组副书记、局长：肖　培
党组书记、副局长：张文华
党组副书记、副局长：何　昕
党组成员：李恩杰
党组成员、副局长：王　珠、张　晓、关　宇
副局长：王　鹏、吕先富
党组成员、纪检组组长：崔国红
巡视员：叶重辉、吴　然
副巡视员：倪晓建

东城区文化委员会主任：李承刚
西城区文化委员会主任：孙劲松
朝阳区文化委员会主任：黄晓伟
丰台区文化委员会主任：王　虹
石景山区文化委员会主任：高洪雁
海淀区文化委员会主任：陈　静
门头沟区文化委员会主任：闫洪亮
房山区文化委员会主任：王永年
通州区文化委员会主任：杜德久
顺义区文化委员会主任：王　颖
昌平区文化委员会主任：刘全新
大兴区文化委员会主任：王　健
怀柔区文化委员会主任：吕晓国
平谷区文化委员会主任：王振国
密云县文化委员会主任：李洪仕
延庆县文化委员会主任：刘永强

天津市

天津市文化广播影视局

党委副书记、局长：郭运德
党委书记、副局长：杜彩霞
党委副书记、副局长：金洪跃
党委副书记：党丽颖
党委常委、副局长：靳方华、游庆波
副局长：金永伟
党委常委、市纪委驻局纪检组组长：李广玉
党委常委、副巡视员：李春雨
副巡视员：施爱茹

和平区文化和旅游局局长：赵　滨
河东区文化和旅游局局长：闫巨仑
河西区文化局局长：朱义海
南开区文化和旅游局局长：冉　然
河北区文化和旅游局局长：张丽强
红桥区文化和旅游局局长：张志忠
滨海新区文化广播电视局局长：张仁刚
东丽区文化广播电视局局长：张耀国
西青区文化广播电视局局长：高　艳
津南区文化广播电视局局长：杨俊明
北辰区文化广播电视局局长：杨国珍
武清区文化广播电视局局长：黄维孝
宝坻区文化广播电视局局长：王长彬
宁河县文化广播电视局局长：项志军
静海县文化广播电视局局长：袁建立
蓟县文化广播电视局局长：赵海军

河北省

河北省文化厅

党组书记、厅长：冯韶慧
党组副书记、副厅长：王离湘
副厅长：边发吉
党组成员、驻厅纪检组长、监察专员：徐亚平
党组成员、副厅长：彭卫国　李建华
党组成员、省文物局长：张立方

石家庄市文化新闻出版局局长：李耀峰
长安区文体局局长：段永新
桥东区文体局局长：张贵忠
桥西区文体局局长：蔡风国
新华区文体局局长：郭航军
裕华区文体局局长：李明华
井陉矿区文体局局长：刘玉斌
辛集市文广新局局长：田英秋
藁城市文体局局长：田江水
晋州市文广新局局长：康晋涛
新乐市文广新局局长：田俊英
鹿泉市文广新局局长：艾新建
井陉县文广新局局长：张富海
正定县文广新局局长：李铁民
栾城县文广新局局长：杨志新
行唐县文广新局局长：康鳌战
灵寿县文广新局局长：付建敏
高邑县文广新局局长：李建朋
深泽县文广新局局长：纪书强
赞皇县文广新局局长：时占敖
无极县文广新局局长：李跃清
平山县文广新局局长：陈建廷
元氏县文广新局局长：高冠社
赵县文广新局局长：高志英

张家口市文广新局局长：姜玉琛
桥西区文体局局长：王　臣

桥东区旅游文化体育局局长：孙志强
宣化区文广新局局长：李宏君
下花园区文广新局局长：韩　文
宣化县文教局局长：纪胜军
张北县文体广电局局长：宗跃宏
康保县旅游文化体育广电新闻出版局局长：史维军
沽源县文广新局局长：田瑞峰
尚义县文广新局局长：邓　平
蔚县文广新局局长：张文波
阳原县文广新局局长：李春江
怀安县旅游文化体育广电新闻出版局局长：韩少龙
万全县旅游文体广电局局长：李学宏
怀来县文广新局局长：常全利
涿鹿县文化体育广电新闻局局长：高峰河
赤城县文体广电新闻出版局局长：侯海云
崇礼县文广新局局长：吴占钦

承德市文广新局局长：杨　铭
双桥区文广新局局长：李成娥
双滦区文物旅游局局长：朱文秀
营子区文广新局局长：韩秀侠
承德县文广新局局长：刘秀丽
兴隆县文广新局局长：邓久国
平泉县文广新局局长：祈彦春
滦平县文化广播电影电视局局长：赵俊海
隆化县文化广播电影电视局局长：傅雨时
丰宁县文化广播电影电视局：戚玉国
宽城县文化广播电影电视局局长：陈艳军
围场县文广新局局长：王亭章

秦皇岛市文广新局局长：李文生
海港区文广新局局长：刘海波
山海关区文化教育广电新闻出版局局长：马　野
北戴河区文化体育局局长：李春光
昌黎县文化广电新闻出版局局长：滕运涛
抚宁县文化局局长：刘永柱
卢龙县文化体育广电新闻出版局局长：韩淑敏
青龙县满族自治县文广新局局长：刘金贵

唐山市文化广播电视新闻出版局局长：罗向军
路北区文体局局长：董　洁
路南区文体局局长：李建忠
古冶区文体局局长：郭东升
开平区文广新局局长：蒋海洪
丰润区文广新局局长：亢瑞秋
丰南区文广新局局长：田殿江
遵化市文广新局局长：陈玉军
迁安市文广新局局长：刘　海
玉田县文广新局局长：王玉峰
迁西县文广新局局长：高晓峰
滦县文广新局局长：王庆刚
滦南县文体局局长：尹兆忠
乐亭县文广新局局长：白玉奇
唐海县文广新局局长：王之海

廊坊市文广新局局长：卢留虎
广阳区文广新局局长：姬国胜
安次区文广新局局长：冯　强
霸州市文广新局局长：朱　红
三河市文广电局局长：何振文
固安县文广新局局长：王炳彦
永清县文广新局局长：尹长吉
香河县文广新局局长：吴君清
大城县文广新局局长：张占军
文安县文广新局局长：王盛运
大厂县文广新局局长：何玉国

保定市文广新局局长：高　玉
新市区文教局局长：倪学红
北市区文教局局长：冯　华
南市区文教局局长：李建辉
定州市文广新局局长：张立亚
涿州市文广新局局长：王　勋
安国市文广新局局长：许耀东
高碑店市文广新局局长：王腾洋
满城县文广新局局长：宁洪水
清苑县文体局局长：王秋和
易县文体局局长：张东江
徐水县文广新局局长：米萃之
涞源县文广新局局长：张殿军
定兴县文广新局局长：姚克欣
顺平县文广新局局长：周大军
唐县文教局局长：吕海振
望都县文广新局局长：闫　肃
涞水县文广新局局长：田树江
高阳县文广新局局长：刘菊青

安新县文广新局局长：王伟林
雄县文广新局局长：李　启
容城县文体教育局局长：张彦忠
曲阳县文化文物旅游局局长：张建霞
阜平县文广新局局长：刘玉杰
博野县文广新局局长：邵国旺
蠡县文广新局局长：魏宽成
沧州市文广新局局长：王生辉
运河区文化教育局局长：刘恩敏
新华区文化教育局局长：涂强
泊头市文广新局局长：杨金葆
任丘市文广新局局长：高军来
黄骅市文体广新局局长：王文博
河间市文体广新局局长：石占坡
沧县文广新局局长：张钜祯
青县文体广新局局长：杨志刚
东光县文广新局局长：林永正
海兴县文体广新局局长：郭维东
盐山县文体广新局局长：高春峰
肃宁县文体广新局局长：代　伟
南皮县文广新局局长：许振清
吴桥县文广新局局长：吴　鑫
献县文广新局局长：张立杰
孟村回族自治县文体广新局局长：王书文

衡水市文广新局局长：李根起
桃城区文体局局长：荣守莉
冀州市文教局局长：张庆振
深州文体局局长：李会来
枣强县文广新局局长：齐双占
武邑县教文体局局长：庞文湃
武强县教文体局局长：张春瑜
饶阳县教文体局局长：何航平
安平县文体局局长：张力上
故城县教文体局局长：张凤强
景县文体局局长：李树旺
阜城县教文体局局长：高良松

邢台市文广新局局长：刘焕典
桥东区文化新闻出版体育局局长：冯庄顺
桥西区教育文化体育局局长：王之良
南宫市文化广播电视新闻出版体育局局长：白来文
沙河市文化广播电视新闻出版体育局局长：樊渠金
邢台县文化广播电视新闻出版体育局局长：吴国会
临城县教育文化广电新闻出版体育局局长：韩志林
内丘县文化广播电视新闻出版体育局局长：马成龙
柏乡县文化体育旅游局局长：杨中玉
隆尧县文化广播电视新闻出版体育局局长：任京国
任县文化广播电视新闻出版体育局局长：王梦辉
南和县文化广播电视新闻出版体育局局长：孙立新
宁晋县文化广播电视新闻出版体育局局长：赵志军
巨鹿县文化广播电视新闻出版体育局局长：张蔚霞
新河县教育文化广电新闻出版体育局局长：王秀辰
广宗县教育文化广电新闻出版体育局局长：尹永华
平乡县文化广播电视新闻出版体育局局长：郭根水
威县文化广播电视新闻出版体育局局长：杨立群
清河县文化广播电视新闻出版体育局局长：王广艺
临西县文化广播电视新闻出版体育局局长：宋万强

邯郸市文广新局局长：冯洪波
丛台区文教体局局长：徐孟书
邯山区文广新局局长：邵岩冰
复兴区文教体局局长：裴献堂
峰峰矿区文体旅局局长：陈　虎
武安市文广新体局局长：王慈娴
邯郸县文广新局局长：田九海
临漳县文广新局局长：郭　超
成安县文广新局局长：杨好亮
大名县文广新体旅局局长：康玉娥
涉县文广新局局长：姚华祥
磁县文广新局局长：牛玉生
肥乡县文广新局局长：毕怀领
永年县文广新局局长：郭志军
邱县文广新局局长：李爱军
鸡泽县文广新局局长：范慧丽
广平县文广新局局长：翟志强
馆陶县文广新体局局长：赵树新
魏县文广新体旅局局长：李慧芳
曲周县文广新局局长：朱金生

山西省

山西省文化厅
党组书记、厅长：张明亮
党组成员、巡视员：赵晋蓉

党组成员、纪检组长：李春荣
党组成员、副厅长：张建军、贾新田、郭　立
党组成员、副巡视员：窦明生
党组成员、副巡视员、省话剧院院长：贾茂盛

太原市文广新局局长：李　钢
杏花岭区文体广电新闻出版局局长：张　汾
小店区文化广电新闻出版局局长：李春涛
迎泽区文体广电新闻出版局局长：畅耀宗
尖草坪区文化广电新闻出版局局长：赵劲钧
万柏林区文化广电新闻出版局局长：王有军
晋源区文体广电新闻出版局局长：赵　卫
古交市文体广电新闻出版局局长：康志明
清徐县文体广电新闻出版局局长：高德刚
阳曲县文体广电新闻出版局局长：李继宏
娄烦县文体广电新闻出版局局长：王爱军

大同市文广新局局长：李恒瑞
城区文体广电新闻出版局局长：马永寄
矿区文体广电新闻出版局局长：濮建文
南郊区文体广电新闻出版局局长：王洪涛
新荣区文体广电新闻出版局局长：梁有泉
阳高县文体广电新闻出版局局长：刘进才
天镇县文体广电新闻出版局局长：周进利
广灵县文体广电新闻出版局局长：苏子旭
灵丘县文体广电新闻出版局局长：刘向阳
浑源县文体广电新闻出版局局长：杨　林
左云县文体广电新闻出版局局长：董振华
大同县文体广电新闻出版局局长：杨春茂
朔州市文广新局局长：郭文新
朔城区文体局局长：赵晓宇
平鲁区科技文体局局长：刘志仁
山阴县文体局局长：王跃文
应县科技文体广电局局长：吴桂山
右玉县文体局局长：庞日亮
怀仁县文体局局长：王　志

阳泉市文广新局局长：高士萍
城区文化体育旅游局局长：李　明
矿区文化体育局局长：任文祥
郊区文化体育广电新闻出版局局长：杨海青
平定县文化体育局局长：郗小英
盂县文化体育局局长：孙小宝

长治市文广新局局长：陈秀英
城区文体广电新闻出版局局长：张　省
郊区文体广电新闻出版局局长：史海莲
潞城市文体广电新闻出版局局长：秦虎钢
长治县文体广电新闻出版局局长：李　龙
襄垣县文体广电新闻出版局局长：孙　波
屯留县文体广电新闻出版局局长：张玉刚
平顺县文体广电新闻出版局局长：申安根
黎城县文体广电新闻出版局局长：王苏陵
壶关县文体广电新闻出版局局长：李国祥
长子县文体广电新闻出版局局长：李照楠
武乡县文体广电新闻出版局局长：张碧玉
沁县文体广电新闻出版局局长：吴国强
沁源县文体广电新闻出版局局长：李庆新

晋城市文广新局局长：闫锦绣
城区文体广电新闻出版局局长：翟国良
高平市文体广电新闻出版局局长：郜书宁
泽州县文体广电新闻出版局局长：焦平旺
沁水县文体广电新闻出版局局长：马国华
阳城县文体广电新闻出版局局长：李武红
陵川县文体广电新闻出版局局长：陈永清
忻州市文广新局局长：潘孝忠
忻府区文化体育局局长：胡忠田
原平市文化广电体育局局长：郑争妍
定襄县教育文化广电体育局局长：陈玉德
五台县教育文化广电体育局局长：马廷飞
代县文化广电体育局局长：黄凤翔
繁峙县文化广电体育局局长：侯　军
宁武县教育文化广电体育局局长：郭建毅
静乐县文化广电体育局局长：李全厚
神池县文化广电体育局局长：王淑文
五寨县文化广电体育局局长：张璐
岢岚县文化广电体育局局长：高志彦
河曲县教育文化广电体育局局长：刘继欢
保德县教育文化广电体育局局长：王永成
偏关县文化广电体育局局长：王在勤

晋中市文广新局局长：巩海湛
榆次区文化广电新闻出版局局长：赵凌中
介休市文体广电新闻出版局局长：赵晓峰
榆社县文体广电新闻出版局局长：李宪军
左权县文体广电新闻出版局局长：王建军

和顺县文体广电新闻出版局局长：邓永林
昔阳县文体广电新闻出版局局长：赵海柱
寿阳县文体广电新闻出版局局长：赵　源
太谷县文体广电新闻出版局局长：杨小勇
祁县文体广电新闻出版局局长：杨兆明
平遥县文体广电新闻出版局局长：闫振贵
灵石县文体广电新闻出版局局长：温百宏

临汾市文广新局局长：傅遵师
尧都区文体新闻出版局局长：蔡海平
侯马市文化广电新闻出版局局长：范孟龙
霍州市文化广电新闻出版局局长：张建民
曲沃县文化广电新闻出版局局长：杨切喜
翼城县文化广电新闻出版局局长：侯　霆
襄汾县文化广电新闻出版局局长：张　翔
洪洞县文化广电新闻出版局局长：赵文卿
古县文体广电新闻出版局局长：尚立春
安泽县文体广电新闻出版局局长：郝爱民
浮山县文化广电新闻出版局局长：柏丰岭
吉县文体广电新闻出版局局长：强朝晖
乡宁县文体广电新闻出版局局长：刘顺才
蒲县文体广电新闻出版局局长：申长明
大宁县文体广电新闻出版局局长：王录明
永和县文体广电新闻出版局局长：葛　毅
隰县文体广电新闻出版局局长：任志平
汾西县文体广电新闻出版局局长：马明明

运城市文广新局局长：杨金贵
盐湖区文化新闻出版局局长：杨银叶
永济市文体广电新闻出版局局长：李金州
河津市文体广电新闻出版局局长：齐彦青
芮城县文体广电新闻出版局局长：苏民武
临猗县文化广电新闻出版局局长：张自力
万荣县文体广电新闻出版局局长：廉振虎
新绛县文化广电新闻出版局局长：南海浪
稷山县文体广电新闻出版局局长：乔应选
闻喜县文体广电新闻出版局局长：张海明
夏县文化广电新闻出版局局长：文东雷
绛县文体广电新闻出版局局长：都俊杰
平陆县文化广电新闻出版局局长：解柏年.
垣曲县文体广电新闻出版局局长：杨金祥

吕梁市文广新局局长：孙晋军
离石区文化广电新闻出版局局长：王建平
孝义市文化广电新闻出版局局长：马明高
汾阳市文化广电新闻出版局局长：强玉山
文水县文化广电新闻出版局局长：樊　俊
中阳县文化广电新闻出版局局长：李红梅
兴县文化广电新闻出版局局长：马　云
临县文化广电新闻出版局局长：张金生
方山县文化广电新闻出版局局长：靳乃平
柳林县文化广电新闻出版局局长：刘映学
岚县文化广电新闻出版局局长：魏海明
交口县文化广电新闻出版局局长：宋禄珍
交城县文化广电新闻出版局局长：高　涛
石楼县文化广电新闻出版局局长：乔志浩

内蒙古自治区

内蒙古自治区文化厅
厅　长：王志诚
副厅长：刘春良　安泳锝　赵新民　乔玉光
驻厅纪检组组长：韩　冰
副巡视员：李鸿英　闫利霞

呼和浩特市文化局局长：焦鸿
新城区文体局局长：马丽萍
回民区文体局局长：王月平
玉泉区文体局局长：康丽霞
赛罕区文体局局长：张　毅
土默特左旗文体局局长：王锦霞
清水河县文体局局长：张文玲
托克托县文体局局长：李建学
和林格尔县文体局局长：王建功
武川县文体局局长：张世杰

包头市文化局局长：洪　涛
固阳县文体广电局局长：马崇高
达尔罕茂明安联合旗文体广电局局长：伊拉勒图
白云鄂博矿区文体广电局局长：李　峰
石拐区文体广电局局长：王旭东
土默特右旗文体广电局局长：王福君

九原区文体广电局局长：刘占江
东河区文体广电局局长：张春枝
青山区文体广电局局长：李和平
昆都仑区文体广电局局长：刘萍

呼伦贝尔市文化局局长：何　涛
海拉尔区文体局局长：马景会
扎兰屯市文体广电局局长：于　萍
牙克石市文体广电局局长：杨　志
额尔古纳市文体广电局局长：杨元峰
根河市文体广电局局长：杨有福
陈巴尔虎旗文体广电局局长：陈彦龙
新巴尔虎左旗文体广电局局长：达·朝鲁门
新巴尔虎右旗文体广电局局长：齐海龙
鄂温克旗文体广电局局长：尤　拉
鄂伦春旗文体广电局局长：吴　莽
阿荣旗文体广电局局长：冯启军
莫力达瓦旗文体广电局局长：阿荣挂

兴安盟文化局局长：任玉忠
乌兰浩特市文体局局长：王宏宇
阿尔山市文体局局长：李玉霞
科尔沁右翼前旗文体局局长：庞　伟
科尔沁右翼中旗文体局局长：白建华
扎赉特旗文体局局长：田　香
突泉县文体局局长：王　清

通辽市文化局局长：杨宝坤
霍林郭勒市文化广电局局长：于海宝
扎鲁特旗文化广电局局长：赵　庆
科尔沁左翼中旗文化广电局局长：蔡云龙
开鲁县文化广电局局长：王　雁
科尔沁区文化广电局局长：于海明
科尔沁左翼后旗文化局局长：孙　平
奈曼旗文化广播电视局局长：王书博
库伦旗文化广播电视局局长：丛日成
通辽市开发区科技教育文化广播电视剧局长：白立民
赤峰市文化局局长：于凤仙
阿鲁科尔沁旗文体广电局局长：布和巴特尔
巴林左旗文体广电局局长：陶建英
巴林右旗文体广电局局长：张志勇
克什克腾旗文化局局长：孙再兴
林西县文体广电局局长：赵国庆
翁牛特旗文体广电局局长：刘增军
喀喇沁旗文体局局长：高希川
宁城县文体广电局局长：吴京民
敖汉旗文体广电局局长：许景泉
红山区文体局局长：张兆明
元宝山区文体广电局局长：隋子祥
松山区文体局局长：李国君

锡林郭勒盟文体局局长：李　询
锡林浩特市文体局局长：张福山
西乌珠穆沁旗文体广电局局长：斯琴巴特尔
东乌珠穆沁旗文体广电局局长：萨仁苏和
正镶白旗文体局局长：吉日嘎拉达来
苏尼特右旗文体广电局局长：乌云达来
苏尼特左旗文体广电局局长：胡木吉利
太仆寺旗文体局局长：杜　伟
镶黄旗文体广电局局长：宝贵拉
阿巴嘎旗文体广电局局长：那仁额尔敦
正镶蓝旗文体广电局局长：孟克巴特尔
多伦县文体局局长：甄玉林
乌拉盖文体局局长：胡明凯
多伦县文物局局长：吴克林
正镶蓝旗文物局局长：高　华

乌兰察布市文化局局长：张立中
集宁区文化局局长：王志强
丰镇市文化局局长：王孝飞
察哈尔右翼前旗文化局局长：弓晓燕
察哈尔右翼中旗文化局局长：李志军
察哈尔右翼后旗文化局局长：阿拉腾花
凉城县文化局局长：王　利
兴和县文化局局长：刘　坤
商都县文化局局长：高培武
化德县文化局局长：贾志勇
卓资县文化局局长：赵万元
四子王旗文化局局长：包　峰

鄂尔多斯市文化局局长：白　霞
达拉特旗文化广播电视局局长：于生彪
乌审旗文化广播电视局局长：哈斯朝格图
伊金霍洛旗文化广播电视局局长：赵子杰
鄂托克旗文化广播电视局局长：云苏米雅

杭锦旗文化广播电视局局长：辛易莲
准格尔旗文化广播电视局局长：安　霞
鄂托克前旗文化广播电视局局长：李　清
东胜区文化局局长：刘满山

巴彦淖尔市文体局局长：王　瑞
临河区文体局局长：王春叶
杭锦后旗文体广电局局长：高　飞
磴口县文体广电局局长：任海韬
五原县文体广电局局长：高伍良
乌拉特前旗文体广电局局长：任晓晋
乌拉特中旗文体广电局局长：田桂虎
乌拉特后旗文体广电局局长：辛志军

乌海市文化局局长：樊桂丽
海勃湾区文化局局长：李　平
乌达区文教体局局长：樊　丽
海南区文教体局局长：穆晓兰

阿拉善盟文化广播电视局局长：包　金
额济纳旗文化广播电视局局长：李发英
阿拉善右旗文化广播电视局局长：许学峰
阿拉善左旗文化广播电视局局长：吴永远
阿拉善经济开发区社会事务管理局局长：孙林春
孪井滩示范区社会事务管理局局长：徐先忠

满洲里市文化局局长：吴铁英
二连浩特市文体局局长：王佩芬

辽宁省

党组书记、厅长：周连科
党组成员、副厅长：丁辉、赵奎伟、佟昭、殷仁连
党组成员、纪检组长：毕素文
副巡视员：王琦

沈阳市文化广播电视新闻出版局局长：冯　彦
沈河区文体广电新闻出版局局长：杨国兴
和平区文体广电新闻出版局局长：任　忠
大东区文体广电新闻出版局局长：苏宗海
皇姑区文体广电新闻出版局局长：张　磊
铁西区文体广电新闻出版局局长：李　卫
苏家屯区文体广电新闻出版局局长：赵玉平
东陵区文体广电新闻出版局局长：王凤桐
沈北新区文体广电新闻出版局局长：孙祥维
于洪区文体广电新闻出版局局长：郭连城
新民市文体广电新闻出版局局长：陈英赤
辽中县文体广电新闻出版局局长：万秀英
康平县文体广电新闻出版局局长：王庆君
法库县文体广电新闻出版局局长：林长义

朝阳市文化广电新闻出版局局长：牛　驰
双塔区文化局局长：杨桂凤
龙城区文化体育广播电视新闻出版局局长：李玉江
北票市文化新闻出版和版权局局长：李玉文
凌源市文化广播电视体育局局长：李守申
朝阳县文化局局长：苑　珉
建平县文化体育广播电视局局长：刘希鹏
喀左县文化体育广播电视局局长：白晓辉

阜新市文化广电新闻出版局局长：王秋义
细河区文化局局长：赵福全
海州区文化局局长：陈文明
清河门区文化局局长：常久贤
太平区文化局局长：皮相友
新邱区文化局局长：周永红
彰武县文化局局长：孙建国
阜新县文化局局长：高月茹

铁岭市文化广播电视新闻出版局局长：徐　勇
银州区文化局局长：迟国庆
清河区文化局局长：石国学
调兵山文体广电局局长：张大勇
开原市文广新局局长：王洪涛
铁岭县文化体育广播电视局局长：张大权
西丰县文体局局长：刘大成
昌图县文化局局长：徐忠诚

抚顺市文化广播电影电视局局长：吴耀华
顺城区文体局局长：张志军
新抚区文体局局长：江　旭
东洲区文体局局长：腾俊山
望花区文体局局长:祁晓霞
抚顺县文体局局长：王满杰
新宾县文体局局长：孟庆宇

清原县文体局局长：董　平

本溪市文化广电局局长:魏志辉
溪湖区文广局局长：田洪艳
明山区文广局局长：乔　惠
南芬区文广局局长：栾鸿云
本溪县文化局局长：景殿龙
桓仁县文化广播电影电视局局长：苏春寰

辽阳市文化广电新闻出版局局长：党　徽
白塔区教育文化局局长：吴春发
文圣区教育文化体育局局长：赵锦绣
宏伟区文化体育局局长：陈文丽
弓长岭区文化广电局局长：杨清秀
太子河区文化旅游局局长：赵　辉
灯塔市文化局局长：李宏林
辽阳县文广新局局长：张学宇

鞍山市文化广电新闻出版局局长：刘耀庭
铁东区文体局局长：齐　磊
铁西区文体局局长：张建水
立山区文体局局长：关二风
千山区文体局局长：胡居庆
海城市文化广播电视体育局局长：刘启中
台安县文化体育局局长：杨明超
岫岩县文化广播电视体育局局长：高明东

丹东市文化广播电影电视局局长：刘桂腾
振兴区文化广播电影电视局局长：曲晓辉
元宝区文化旅游局局长：吴晓宇
振安区文化广播电影电视局局长：朱　颖
凤城市文化广播电影电视新闻出版局局长：马　明
东港市文化广播电影电视新闻出版局局长：王天久
宽甸县文化广播电影电视局局长：王清祥

大连市文化广播影视局局长：王星航
西岗区文化体育局局长：辛　斌
中山区文化体育局局长：殷传军
沙河口区文化体育局局长：徐　丽
甘井子区文化体育局局长：宋　健
旅顺口区文化体育广播影视局局长：王发东
金州新区教育文化体育局局长：秦淑华
瓦房店市文化体育广播影视局局长：姜广英

普兰店市文化体育局局长：张福军
庄河市文化体育广播影视局局长：梁静波
长海县文体广电局局长:朱　军
营口市文化广播电影电视局局长：曲景太
站前区教育文化体育局局长：陈维江
西市区教育文化体育局局长：刘彤彤
鲅鱼圈区文化广电新闻出版局局长：赵　英
老边区教育文化体育局局长：冯金宝
大石桥市文化广播电影电视局局长：刘梅祥
盖州市文化广电新闻出版局局长：李家政

盘锦市文化广电局局长：郭康生
兴隆台区文教局局长：孙丽伟
双台子区文化广电体育局局长：孟庆强
大洼县文化新闻广播电视局局长：徐海洋
盘山县文化广电体育局局长：祝成刚

锦州市文化广电新闻出版局局长：孙海滨
太和区文教广播局局长：王文彬
凌河区文教局局长：秦　晖
古塔区文化与旅游局局长：孟晓伟
凌海市文化旅游局局长：王兴刚
北镇市文化广电旅游局局长：董　明
黑山县文化旅游局局长：靳建新
义县文化旅游局局长：刘　杰

葫芦岛市文化广播影视局局长：韩庆春
龙港区文化广电旅游局局长：张秀慧
连山区文化广播电视局局长：王　瑶
南票区文化广播电视局局长：李　蔚
兴城市文化局局长：郭长林
绥中县文化广播影视新闻出版局局长：马志华
建昌县文化广播电视局局长：王连军

吉林省

吉林省文化厅
党组书记、厅长：林　君
党组成员、副厅长：朱成华　翟利国　张宝宗
党组成员、纪检专员：张世文
党组成员、副厅长：苏　威
副巡视员：任智富

长春市文化广电新闻出版局局长：崔永泉
南关区文体局局长：李敏玲
朝阳区文体局局长：张代军
宽城区文体局局长：马　彪
二道区文体局局长：孙艳秋
绿园区文体局局长：关英杰
双阳区文化广电新闻出版局局长：刘福强
德惠市文化广电新闻出版局局长：刘玉才
九台市文体局局长：程延辉
榆树市文化广电新闻出版局局长：耿淑环
农安县文体局局长：孙树瑜

白城市文化广电新闻出版局局长：宋亚峰
洮北区文体局局长：张印福
大安市文化广电新闻出版局局长：黄　彪
洮南市文体局局长：姜新建
镇赉县文化广电新闻出版局局长：李树文
通榆县文化广电新闻出版局局长：陈海峰

松原市文化广电新闻出版局局长：宋凤国
宁江区文化新闻出版和体育局局长：刘　忱
扶余县文体局局长：陈立文
长岭县文化广电新闻出版局局长：张涤非
乾安县文体局局长：马福文
前郭尔罗斯蒙古族自治县文化广电新闻出版局局长：季魁江
吉林市文化局局长：阎海春
船营区文体局局长：于广骥
龙潭区文体局局长：姜富娟
昌邑区文体局局长：闫巨友
丰满区文体局局长：王天慧
磐石市文化广电新闻出版局局长：孙国臣
蛟河市文化广电新闻出版局局长：张德胜
桦甸市文化广电新闻出版局局长：李志国
舒兰市文体局局长：徐成宪
永吉县文化广电新闻出版局局长：奚柏东

四平市文化新闻出版局局长：左今明
铁西区文体局局长：单桂英
铁东区文化新闻出版和体育局局长：李春彦
双辽市文化广电新闻出版局局长：林　森
公主岭市文化广电新闻出版局局长：金玉庆
梨树县文化广电新闻出版局局长：周兴安
伊通满族自治县文化广电新闻出版局局长：杨密林

辽源市文化广电新闻出版局局长：郑　裕
龙山区文体局局长：高广来
西安区文体局局长：唐春晖
东丰县文化广电新闻出版局局长：刘宝仁
东辽县文化广电新闻出版局局长：邓永波

通化市文化广电新闻出版局局长：张玉霞
东昌区文化新闻出版和体育局局长：王悦福
二道江区文化广电新闻出版局局长：王磊岩
梅河口市文化广电新闻出版局局长：蒋德启
集安市文化广电新闻出版局局长：董志坚
集安市文物局局长：崔　明
通化县文化广电新闻出版局局长：张志芹
辉南县文化广电新闻出版局局长：刘国华
柳河县文化广电新闻出版局局长：姚　远
白山市文化新闻出版局局长：葛会清
浑江区文教局局长：王殿富
江源区文体局局长：张晓波
临江市文体局局长：刘　励
抚松县文体局局长：王　森
靖宇县文体局局长：王　强
长白朝鲜族自治县文化广播电视新闻出版局长：王　林

延边朝鲜族自治州文化局局长：沈秀玉
延吉市文化广电新闻出版局局长：黄春玉
图们市文化广电新闻出版局局长：高胜龙
敦化市文化广电新闻出版局局长：张春华
珲春市文化广电新闻出版局局长：金花
龙井市文化广电新闻出版局局长：朴仁哲
和龙市文化广电新闻出版局局长：金永虎
汪清县文化广电新闻出版局局长：陈雪梅
安图县文化广电新闻出版局局长：宋德华

黑龙江省

黑龙江省文化厅
党组书记、厅长：宋宏伟
副厅长：白淑贤　韩慧峰
党组成员、副厅长：王珍珍　綦　军

党组成员、纪检组长：姜一海
副巡视员：张学文

哈尔滨市文化新闻出版局局长：张本沪
呼兰区文化体育旅游局局长：洪永生
阿城区文化体育广播电视局局长：景晓龙
双城市文体广电局局长：郑孟楠
尚志市文体广电局局长：张志瑛
五常市文化体育局局长：张　镇
依兰县文化体育局局长：敖卫中
方正县文化体育局局长：梁　军
宾县文化体育局局长：战继和
巴彦县文化体育广电局局长：刘淑伟
木兰县文化体育局局长：王宪波
通河县文体广电局局长：董龙江
延寿县文化体育局局长：马贵君

齐齐哈尔市文化广电新闻出版局局长：陈万禄
梅里斯区文化体育局局长：赵继平
讷河市文化广电体育局局长：　陈秀辉
龙江县文化广电体育局局长：傅贵彬
依安县文化广电体育局局长：暴文顺
泰来县文化广电体育局局长：蒋国良
甘南县文化广电体育局局长：张宏莲
富裕县文化广电体育旅游局局长：刘　青
克山县文化广电体育局局长：　杨庆林
克东县文化广电体育局局长：龚洪伟
拜泉县文化广电体育局局长：田丹贵

黑河市文广新局局长：常玉辉
黑河市文物管理委员会主任：吴　燕
爱辉区文化体育局局长：孟东梅
北安市文化广电体育局局长：刘凤芝
五大连池市文化广电体育局局长：张　颖
嫩江县文化广电体育局局长：郝　冰
逊克县文化广播电视局局长：张思坚
孙吴县文化体育电视局局长：刘廷泽

大庆市文化广电新闻出版局局长：王海勤
肇州县文化广电体育局局长：王　浩
肇源县文化广电体育局局长：付道全
林甸县文化广电体育局局长：张　鹏
杜尔伯特蒙古族自治县文化体育局局长：付国宝

伊春市文化广电新闻出版局局长：张志麟
翠峦区文化广电体育局局长：张伟志
铁力市文化广电体育局局长：孙力艳
嘉荫县文化广电体育局书记：杜树鹏

鹤岗市文化广电新闻出版局局长：贾　淼
萝北县文化体育局局长：张兴海
绥滨县文化局局长：姜维华

佳木斯市文化广电新闻出版局局长：姜　富
同江市文化广电新闻出版局局长：杨忠全
富锦市文化广电新闻出版局局长：顾立军
桦南县文化广电新闻出版局局长：徐怀东
桦川县文化广电新闻出版局局长：孙佐宝
汤原县文化广电新闻出版局局长：陈立志
抚远县文化广电新闻出版局局长：董　平

双鸭山市文化广电新闻出版局局长：张小豪
集贤县文化广电新闻出版局局长：申景伟
友谊县文化广电新闻出版局局长：于长青
宝清县文化广电新闻出版局局长：赵　瑞
饶河县文化广电新闻出版局局长：鲁永红

七台河市文化广电新闻出版局局长：刘立志
勃利县文化体育局局长：任永华

鸡西市文化广电新闻出版局局长：顾洪涛
虎林市文化广电体育局局长：毕云贵
密山市文化广电体育局局长：李志超
鸡东县文化广电新闻出版局局长：张罗福

牡丹江市文化广电新闻出版局局长：马春芳
穆棱市文化广电新闻出版局局长：赵　新
绥芬河市文化广电新闻出版体育局局长：闫春光
海林市文化广电新闻出版局局长：李修杰
宁安市文化广电新闻出版局局长：刘　伟
东宁县文化广电新闻出版局局长：杜志刚
林口县文化广电新闻出版局局长：高　军

绥化市文化广电新闻出版局局长：尹德全
安达市文化广电新闻出版局局长：朱志娟
肇东市文化广电新闻出版局局长：柏万明
海伦市文化广电新闻出版局局长：孙宏业

望奎县文化广电新闻出版局局长：李春玲
兰西县文化广电新闻出版局局长：王　红
青冈县文化广电新闻出版局局长：焦密林
庆安县文化广电新闻出版局局长：兰亚军
明水县文化体育局局长：马秋雨
绥棱县文化广电新闻出版局局长：杨曙晨

大兴安岭地区行署文化广电新闻出版局
局长：王　闯
呼玛县文化广电体育局局长：尤本江
塔河县文化广电体育局局长：徐海峰
漠河县文化广电体育局局长：张宝君

上海市

上海市文化广播影视管理局

党委书记：陈燮君
局　长：朱咏雷
艺术总监：刘文国
副局长：王　玮、王小明、贝兆健
巡视员：张　哲
副巡视员：施大畏

上海市黄浦区文化局局长：杨　刚
上海市徐汇区文化局局长：李明毅
上海市长宁区文化局局长：张永珍
上海市静安区文化局局长：张爱华
上海市闸北区文化局局长：陈　宏
上海市虹口区文化广播影视局局长：陆　健
上海市杨浦区文化局局长：高贺通
上海市普陀区文化局局长：何丽芬
上海市浦东新区文化广播影视管理局局长：夏煜静
上海市宝山区文化广播影视管理局局长：彭　林
上海市闵行区文化广播影视管理局局长：何国文
上海市嘉定区文化广播影视管理局局长：燕小明
上海市金山区文化广播影视管理局局长：陆引娟
上海市松江区文化广播影视管理局局长：顾静华
上海市青浦区文化广播影视管理局局长：曹伟明
上海市奉贤区文化广播影视管理局局长：金拥军
上海市崇明县文化广播影视管理局局长：黄海盛

江苏省

江苏省文化厅

党组书记、厅长：章剑华
党组副书记、副厅长：马　宁
副厅长：高　云
党组成员、副厅长：秦基春　吴晓林
党组成员、省文物局局长、南京博物院院长：龚　良
党组成员、南京图书馆党委书记：方标军
党组成员、厅人事处处长：韩　虹
巡视员：王世华

南京市文化广电新闻出版局局长：刁仁昌
玄武区文化局局长：鲁　中
秦淮区文化局局长：赵久明
建邺区文化局局长：陈　瑛
鼓楼区文化局局长：李国蓉
浦口区文化广电局局长：韩公银
六合区文化广电局局长：梁　超
栖霞区文化旅游局局长：赵家宝
雨花台区文化局局长：朱天燕
江宁区文化广电局局长：杨嘉清
溧水县文化广电局局长：徐称心
高淳县文化广电局局长：陈小进

徐州市文化广电新闻出版局局长：高成福
云龙区文教体局局长：王　艳
鼓楼区文教体局局长：刘永光
贾汪区文广新体局局长：齐善君
泉山区文教体局局长：王　建
铜山县文广新体局局长：冯军成
邳州市文广新体局局长：李　岩
新沂市文广新体局局长：夏同宪
睢宁县文广新体局局长：魏晓峰
沛县文广新体局局长：吴　勇
丰县文广新体局局长：孙　洪

连云港市文化广电新闻出版局局长：田　明
新浦区文化体育旅游局局长：范益军
连云区文化体育旅游局局长：胡可东
海州区文化体育旅游局局长：刘锦州
赣榆县文化广电体育局局长：韩宝东

灌云县文化广电体育局局长：陈守金
东海县新闻出版文化体育局局长：卢　毅
灌南县文化广电体育局局长：相海龙
市经济技术开发区和社会事业局局长：苏月虹

宿迁市文化广电新闻出版局局长：武　倩
宿城区文化广电新闻出版局局长：李士禄
宿豫区文化广电新闻出版局局长：胡德斌
沭阳县文化广电新闻出版局局长：周　浩
泗阳县文化广电新闻出版局局长：王东成
泗洪县文化广电新闻出版局局长：何光军

淮安市文化广电新闻出版局局长：杨　斌
清河区文体局广电新闻出版局局长：刘桂珍
清浦区文体局广电新闻出版局局长：戴红萍
淮安区文化局广电新闻出版局局长：杨文杰
淮阴区文化局广电新闻出版局局长：裘靖媛
金湖县文化局广电新闻出版局局长：李中秋
盱眙县文化局广电新闻出版局局长：葛　云
洪泽县文化广电新闻出版局局长：陈敏新
涟水县文化广电新闻出版局局长：刘宝泽

盐城市文化广电新闻出版局局长：许新建
亭湖区文化广电新闻出版局局长：刘清茂
盐都区文化广电新闻出版局局长：丁　勤
东台市文化广电新闻出版局局长：张源平
大丰市文化广电新闻出版局局长：汤云庆
射阳县文化广电新闻出版局局长：尤国勋
阜宁县文化广电新闻出版局局长：蔡卫国
滨海县文化广电新闻出版局局长：沈光祥
响水县文化广电新闻出版局局长：李　清
建湖县文化广电新闻出版局局长：陈远立

扬州市文化广电新闻出版局局长：季培军
邗江区文化体育新闻出版局局长：何云峰
广陵区文化新闻出版局局长：戴红兵
江都市文化广电新闻出版局局长：王　声
仪征市文化广电新闻出版局局长：陈　彪
高邮市文化广电新闻出版局局长：黄　平
宝应县文化体育新闻出版局局长：钱永建

泰州市文化广电新闻出版局局长：陈士宏
海陵区文化体育新闻出版局局长：吴家宽
高港区文化体育旅游局局长：张霁明
靖江市文化广电新闻出版局局长：季灿华
泰兴市文化广电新闻出版局局长：张　敢
姜堰市文化广电新闻出版局局长：曹学林
兴化市文化广电新闻出版局局长：唐永贵

南通市文化广电新闻出版局局长：陈　亮
崇川区文化新闻出版局局长：高　峰
港闸区教育与文化体育局局长：冯志宏
通州市文化广电新闻出版局局长：陈剑俊
海门市文化广电新闻出版局局长：陈忠新
启东市文化广电新闻出版局局长：许锦飞
如皋市文化广电新闻出版局局长：姚呈明
如东县文化局广电新闻出版局局长：张　恺
海安县文化局广电新闻出版局局长：陈　琳
南通开发区社会事业局局长：黄洪生

镇江市文化广电新闻出版局局长：周文娟
京口区文化体育局局长：赵晓文
润州区文化体育局局长：陈晓鸽
丹徒区文化广电体育局局长：吴富祥
扬中市文化广电体育局局长：黄声亮
丹阳市文化广电新闻出版局局长：陆中华
句容市文化广电体育局局长：方寿根

常州市文化广电新闻出版（版权）局党委书记、局长：陈建共
新北区教育文体局党委书记：茅雪鹤
局长：徐　俊
钟楼区教育文体局党委书记：徐澄范
局长：薛丽君
天宁区教育文体局局长：任　洁
戚墅堰区教育文体局局长：贺国良
武进区文化广电新闻出版局局长：范正洪
金坛市文化广电体育局局长：贺进军
溧阳市文化广电体育局局长：朱洪伟

无锡市文化广电新闻出版局局长：叶建兴
崇安区文体局局长：吴　军
南长区文体局局长：顾文娟

北塘区文体局局长：马建华
滨湖区文体局局长：孙力民
惠山区文体局局长：毛德祥
锡山区文体局局长：郁　枫
江阴市文化广电新闻出版局局长：蒋　青
宜兴市文化广电新闻出版局局长：许夕华

苏州市文广新局局长：陈　嵘
姑苏区文化商旅发展局局长：郦小萍
吴中区文化体育局局长：唐峥嵘
相城区文化体育局局长：沈炳泉
吴江市文化广电新闻出版局局长：金健康
昆山市文化广电新闻出版局局长：姚伟宏
太仓市文化广电新闻出版局局长：潘锦亚
常熟市文化广电新闻出版局局长：吴　伟
张家港市文化广电新闻出版局局长：陈世海

浙江省

浙江省文化厅

党组书记、厅长：杨建新
党组成员、副厅长，省文物局局长：鲍贤伦
党组成员、副厅长：田宇原　陈　瑶　杨跃光
副巡视员：陶月彪

杭州市文化广电新闻出版局局长：陈建一
上城区文化广电新闻出版局局长：丁建华
下城区文化广电新闻出版局局长：何月祥
西湖区文化广电新闻出版局局长：魏小平
江干区文化广电新闻出版局局长：步汉英
拱墅区文化广电新闻出版局局长：黄　玲
滨江区文化广电新闻出版局局长：於国荣
萧山区文化广电新闻出版局局长：任关甫
余杭区文化广电新闻出版局局长：冯玉宝
桐庐县文化广电新闻出版局局长：王樟松
淳安县文化广电新闻出版局局长：黄存菊
建德市文化广电新闻出版局局长：邱剑娟
富阳市文化广电新闻出版局局长：周亦涛
临安市文化广电新闻出版局局长：黄晓明

湖州市文化广电新闻出版局局长：宋　捷
吴兴区文体局局长：蒋立敏
南浔区文体局局长：钱红梅
长兴县文化广电新闻出版局局长：陈亦祥
德清县文化广电新闻出版局局长：姚明星
安吉县文化广电新闻出版局局长：彭忠心

嘉兴市文化广电新闻出版局局长：金琴龙
南湖区教文体局局长：沈　静
秀州区教文体局局长：陈明根
嘉善县文化广电新闻出版局局长：倪学庆
平湖市文化广电新闻出版局局长：郑忠勤
海盐县文化广电新闻出版局局长：郁惠祥
海宁市文化广电新闻出版局局长：吴建林
桐乡市文化广电新闻出版局局长：吴利民

舟山市文化广电新闻出版局局长：邱平海
定海区文体新闻出版局局长：何　斌
普陀区文化广电新闻出版局局长：张剑飞
岱山县文化广电新闻出版局局长：周　波
嵊泗县文化广电新闻出版局局长：陈国军

宁波市文化广电新闻出版局局长：陈佳强
海曙区文化广电新闻出版局局长：陈建东
江东区文化广电新闻出版局局长：王　昱
江北区文化广电新闻出版局局长：黄强明
鄞州区文化广电新闻出版局局长：胡岳明
镇海区文化广电新闻出版局局长：余维勤
北仑区文化广电新闻出版局局长：陈胜蛟
慈溪市文化广电新闻出版局局长：虞卡娜
余姚市文化广电新闻出版局局长：李岳定
奉化市文化广电新闻出版局局长：毛伟芳
宁海县文化广电新闻出版局局长：万吉良
象山县文化广电新闻出版局局长：任先顺

绍兴市文化广电新闻出版局局长：杨志强
越城区文化体育旅游局局长：蒋金耿
绍兴县文化广电新闻出版局局长：王　彪
诸暨市文化广电新闻出版局局长：金海炯
上虞市文化广电新闻出版局局长：宋建明
嵊州市文化广电新闻出版局局长：黄皎昀
新昌县文化广电新闻出版局局长：叶　钟

衢州市文化广电新闻出版局局长：王建华
柯城区教育体育文化局局长：吴玉珍

衢江区文化广电新闻出版局局长：谢根兴
龙游县文化广电新闻出版局局长：方玉林
开化县文化广电新闻出版局局长：方忠明
常山县文化广电新闻出版局局长：毕建国
江山市文化广电新闻出版局局长：赵　敏

金华市文化广电新闻出版局局长：钟世杰
婺城区文体局局长：郭梓军
金东区教文体局局长：陆品能
兰溪市文化广电新闻出版局局长：蓝　峰
东阳市文化广电新闻出版局局长：杨　颖
义乌市文化广电新闻出版局局长：楼小明
永康市文化新闻出版局局长：翁卫航
浦江县文化广电新闻出版局局长：陈京浦
武义县文化广电新闻出版局局长：胡旭东
磐安县文化广电新闻出版局党组书记：潘玲玲

台州市文化广电新闻出版局局长：郑楚森
椒江区文化广电新闻出版局局长：何昌廉
黄岩区文化广电新闻出版局局长：邱天华
路桥区文化广电新闻出版局局长：潘方地
临海市文化广电新闻出版局局长：苏小锐
温岭市文化广电新闻出版局局长：吕志令
玉环县文化广电新闻出版局局长：翁长峰
天台县文化广电新闻出版局局长：王正炳
仙居县文化广电新闻出版局局长：朱文锋
三门县文化广电新闻出版局局长：郭　萍

温州市文化广电新闻出版局局长：吴　东
鹿城区文化广电新闻出版局局长：季新扬
龙湾区文化广电新闻出版局局长：潘旭宏
瓯海区文化广电新闻出版局局长：周向勇
乐清市文化广电新闻出版局局长：陈绍鲁
瑞安市文化广电新闻出版局局长：黄友金
永嘉县文化广电新闻出版局局长：胡佐光
洞头县文化广电新闻出版局局长：甘海选
平阳县文化广电新闻出版局局长：吕德金
苍南县文化广电新闻出版局局长：李晖华
文成县文化广电新闻出版局局长：蒋海波
泰顺县文化广电新闻出版局局长：雷国金

丽水市文化广电新闻出版局局长：周一红
莲都区文化广电新闻出版局局长：胡菊萍
龙泉市文化广电新闻出版局局长：夏　卫
青田县文化广电新闻出版局局长：陈炳云
云和县文化广电新闻出版局局长：邱伟荣
庆云县文化广电新闻出版局局长：祁康明
缙云县文化广电新闻出版局局长：沈挺峰
遂昌县文化广电新闻出版局局长：张水源
松阳县文化广电新闻出版局局长：蓝　海
景宁县文化广电新闻出版局局长：夏雪松

安徽省

安徽省文化厅
党组书记、厅长：杨　果
副厅长：李修松
党组成员、副厅长：江刘伍　唐　跃
党组成员、纪检组长：辛学明

合肥市文化广电新闻出版局局长：罗　平
蜀山区文化局局长：罗　昕
庐阳区文化局局长：丁凤云
瑶海区文化局局长：谢后平
包河区文化广播电视局局长：詹雄才
巢湖市文化广播电视新闻出版局局长：缪建华
长丰县文化广电新闻出版局局长：戚明余
肥东县文化广电新闻出版局局长：梁建文
肥西县文化广电新闻出版局局长：吴　培
庐江县文化广电新闻出版局局长：王友鹏

宿州市文化广电新闻出版局局长：刘　光
埇桥区文化广电旅游局局长：陈海萍
砀山县文化广电新闻出版局局长：张宏记
萧县文化广电新闻出版（旅游）局局长：朱雪峰
灵璧县文化广电新闻出版局局长：王从效
泗县文化广电新闻出版局局长：王永乐

淮北市文化广电新闻出版局局长：王治江
相山区文化广电体育旅游局局长：黄　静
杜集区文化广电体育旅游局局长：王道华
烈山区文化广电体育局局长：罗广才
濉溪县文化委员会主任：周金华

阜阳市文化广电新闻出版局局长：朱道业
颍州区文化广电局局长：侯幼林
颍东区文化广电局局长：刘俊美
颍泉区文广新局局长：马　骥
界首市文广新局局长：梅龙卿
临泉县文广新旅局局长：郑中民
太和县文广新局局长：李　玉
阜南县文广新体局局长：王志豪
颍上县文广新局局长：徐守锋

亳州市文化旅游局局长：怀　颖
谯城区文化体育旅游局局长：张　岩
涡阳县文化体育旅游局局长：李永进
蒙城县文化体育旅游局局长：彭卫东
利辛县文化体育旅游局局长：童　捷

蚌埠市文化广电新闻出版局局长：袁　政
蚌山区文广体旅局局长：张志良
龙子湖区文广体旅局局长：沈家群
禹会区文广体旅局局长：胡袁娟
淮上区文广体旅局局长：凌　军
怀远县文广体新局局长：蒋　伟
五河县文广体新局局长：张耀对
固镇县文广体新局局长：刘现亮

淮南市文化广电新闻出版局局长：方　斌
田家庵区文化广电体育局局长：杨素芳
大通区文化广电体育局局长：姚冬梅
谢家集区文化广电体育局局长：宫　玲
八公山区文化广电体育局局长：张传云
潘集区文化广电体育局局长：屈良海
凤台县文化广电体育局局长：李白月
毛集实验区文化广电体育局局长：朱克云

滁州市文化广电新闻出版局局长：杨成志
琅琊区文广新局局长：秦　平
南谯区文广新局局长：张成为
明光市文广新局局长：孙宗林
天长市文广新局局长：孙启智
来安县文广新局局长：王　峰
全椒县文广新局局长：关敬文
定远县文广新局局长：石明家
凤阳县文广新局局长：姚广德

马鞍山市文化委员会主任：谢红心
雨山区文化体育旅游局局长：徐春雷
花山区文体局局长：袁德琴
博望区文体局局长：许　泓
当涂县文体广电新闻出版局局长：褚本燊
含山县文广新局局长：滕立树
和县文广新局局长：颜　文

芜湖市文化委员会主任：夏光发
鸠江区文化广电新闻出版局局长：赵剑锋
弋江区文广新局局长：马　靖
三山区社会事业局局长：吴昌桂
镜湖区文广新局局长：杨　红
芜湖县文广新局局长：孙国凤
繁昌县文广新局局长：沈大龙
南陵县文广新局局长：汪全红
无为县文广新局局长：陈　俊

铜陵市文化广电新闻出版局局长：张　琼
铜官山区文化体育局局长：程丽娟
狮子山区文化广电旅游局局长：谢贵祥
郊区文化广电旅游局局长：汤彩凤
铜陵县文化广电旅游局局长：王先锋

安庆市文化广电新闻出版局局长：刘春旺
大观区文广新局局长：江金宝
迎江区文广新局局长：朱礼德
宜秀区文广新局局长：曹金亮
桐城市文广新局局长：徐明翔
怀宁县文广新局局长：江厚平
枞阳县文广新局局长：谢虎超
潜山县文广新局局长：葛立平
太湖县文广新局局长：徐　克
宿松县文广新局局长：吴云涛
望江县文广新局局长：徐志斌
岳西县文广新局局长：王敢峰

黄山市文化委员会主任：胡建斌
屯溪区文广新局局长：魏晓莉
黄山区文广新局局长：罗毅力
徽州区文广新局局长：娄光辉
歙县文广新局局长：方卫星
休宁县文广新局局长：程声长

黟县文广新局局长：金忠明
祁门县文广新局局长：李文青

六安市文化广电新闻出版局局长：黄道甫
金安区文广新局局长：朱卫东
裕安区文广新局局长：杨光华
寿县文广新局局长：李延孟
霍邱县文广新局局长：田　强
舒城县文广新局局长：万红兵
金寨县文广新局局长：徐　洁
霍山县文广新局局长：但修胜
叶集试验区文广新局局长：台德颋

池州市文化广电新闻出版局局长：何建民
贵池区文广新局局长：韩　华
东至县文广新局局长：张广祥
石台县文广新局局长：吕旺陆
青阳县文广新局局长：王玉发

宣城市文化广电新闻出版局局长：沈筱华
宣州区文广新局局长：白润地
宁国市文广新局局长：方　莉
郎溪县文广新局局长：邱金凤
广德县文广新局局长：王忠祥
泾县文广新局局长：朱代胜
旌德县文广新局局长：胡春景
绩溪县文广新局局长：毕永生

福建省

福建省文化厅

党组书记、厅长：陈秋平
党组成员、副厅长：陈　朱、陈　吉
党组成员、副厅长、纪检组长：张　远
党组成员、省文物局局长：郑国珍
副巡视员：卢鸿筠

福州市文化新闻出版局局长：杨　凡
鼓楼区文化体育局局长：刘幼英
台江区文化体育局局长：卓丹红
仓山区文化体育局局长：叶晓瑜
马尾区文化体育局局长：陈炳心
晋安区文化体育局局长：陈宗辉
福清市文化体育局局长：林　强
长乐市科技文体局局长：陈舜敏
闽侯县科技文体局局长：陈步强
连江县科技文体局局长：张建国
罗源县科技文体局局长：丁　枫
闽清县科技文体局局长：马昭峰
永泰县科技文体局局长：陈光荣
平潭县科技文体局局长：高　云

南平市文化广电新闻出版局局长：陆旭光
延平区文体新局局长：吴建华
邵武市文体新局局长：叶　芬
武夷山市文体新局局长：林建江
建瓯市文体新局局长：范志平
建阳市文体新局局长：叶晓华
顺昌县文体新局局长：游代荣
浦城县文体新局局长：郑　敏
光泽县文体新局局长：朱月琴
松溪县文体广新局局长：伊宏强
政和县文体新局局长：罗小成
三明市文化广电新闻出版局局长：陈丽珍
梅列区文体广电出版局局长：林建忠
三元区文体广电出版局局长：林　健
永安市文体广电出版局局长：历　艺
明溪县文体广电出版局局长：张永清
清流县文体广电出版局局长：江长文
宁化县文体广电出版局局长：唐又群
大田县文体广电出版局局长：林春忠
尤溪县文体广电出版局局长：柯德钦
沙县文体广电出版局局长：陆玉姬
将乐县文体广电出版局局长：程瑞振
泰宁县文体广电出版局局长：龚衍生
建宁县文体广电出版局局长：陈可辉

莆田市文化广电新闻出版局局长：刘晶洁
城厢区文体广电出版局局长：林平凡
涵江区文体广电出版局局长：曾德洪
荔城区文体广电出版局局长：林　锋
秀屿区文体广电出版局局长：吴国忠

仙游县文体广电出版局局长：郑秉忠

泉州市文化广电新闻出版局局长：张镇国

丰泽区文体旅游新闻出版局局长：洪月辉
鲤城区文体旅游新闻出版局局长：苗　圃
洛江区文体旅游新闻出版局局长：卢恩水
泉港区文体旅游新闻出版局局长：陈玉顺
石狮市文体旅游新闻出版局局长：吴泽荣
晋江市文化体育新闻出版局局长：黄　良
南安市文化体育新闻出版局局长：吴佳和
惠安县文化体育新闻出版局局长：王洪波
安溪县文化体育新闻出版局局长：傅伟明
永春县文化体育新闻出版局副局长：李端阳
德化县文化体育新闻出版局局长：陈金殿

厦门市文化广电新闻出版局局长：罗才福

思明区文化体育局局长：郁小亮
海沧区文体广电出版旅游局局长：章国炎
湖里区文体出版旅游局局长：郭漳楚
集美区文体广电出版旅游局局长：吴吉堂
同安区文化体育出版局局长：叶红旗
翔安区文体广电出版旅游局局长：王才能

漳州市文化广电新闻出版局局长：李　华

龙文区文化体育新闻出版局局长：林溪圳
芗城区文化体育新闻出版局局长：黄炳龙
龙海市文化体育新闻出版局局长：胡伟国
云霄县文化体育新闻出版局局长：方妙秦
漳浦县文化体育新闻出版局局长：林建耀
诏安县文体科技新闻出版局局长：林志坚
长泰县文体体育新闻出版局局长：薛东文
东山县文化体育新闻出版局局长：郑江辉
南靖县文化体育新闻出版局局长：蔡志祥
平和县文化体育新闻出版局局长：黄汉洋
华安县文体科技新闻出版局局长：黄清文

龙岩市文化广电新闻出版局局长：卢伟耀

新罗区文体广电新闻出版局局长：黄添平
漳平市文化体育局局长：陈　军
长汀县文化体育出版局局长：刘睿隽
永定县文体广电新闻出版局局长：沈庆城
上杭县文体广电新闻出版局局长：丁焱志
武平县文体广电新闻出版局局长：石禄生
连城县文体广电新闻出版局局长：马勋明

宁德市文化广电新闻出版局局长：刘国平

蕉城区文化体育新闻出版局局长：陈赛英
福安市文化体育新闻出版局局长：林　著
福鼎市文化体育新闻出版局局长：费允忠
寿宁县文化体育新闻出版局局长：金向祥
霞浦县文化体育新闻出版局局长：林旭东
柘荣县文化体育新闻出版局局长：林建锋
屏南县文化体育新闻出版局局长：陆世飞
古田县文化体育新闻出版局局长：叶端云
周宁县文化体育新闻出版局局长：詹其木

江西省

江西省文化厅

党组书记、厅长：郜海镭
党组副书记、副厅长：汪天行
党组成员、副厅长、省文物局局长：徐琳琳
党组成员、副厅长：王晓庆
党组成员、纪检组组长：魏　玮
副巡视员：任永新

南昌市文化新闻出版局局长：王国昌

东湖区文化广电旅游新闻出版局局长：郭小玲
西湖区文化广电旅游新闻出版局局长：林　峰
青云谱区文化广电旅游新闻出版局局长：罗洪斌
湾里区文化广电新闻出版局局长：卢永新
青山湖区文化广电旅游新闻出版局局长：邓　涛
南昌县文化广播电视旅游局局长：陈小妹
新建县文化广电旅游新闻出版局局长：刘明慧
进贤县文化广播电视旅游局局长：吴振明
安义县文化广电旅游新闻出版局局长：刘　枫

九江市文化新闻出版局局长：柯亨龙

浔阳区文化教育体育新闻出版局局长：王健蓉
庐山区文化体育广播电视局局长：杨伟华
经济技术开发区文化教育局局长：陈霓月
庐山区文化体育广播电视局局长：杨伟华
共青城市文化局局长：陈保平
九江县文化广播影视新闻出版局局长：王事建
瑞昌市文化广播影视新闻出版局局长：祝炳龙

武宁县文化广播影视新闻出版局局长：马哲才
修水县文化广播影视新闻出版局局长：戴嵩青
湖口县文化广播影视局局长：石小荣
都昌县文化广播影视新闻出版局局长：邵伦秀
彭泽县文化广播电视新闻出版局局长：邓小林
星子县文化体育广播电视局局长：夏茂臣
德安县文化旅游广播影视局局长：柯宁安
永修县文化广播影视新闻出版局局长：杨祚育

上饶市文化局局长：涂相珍
上饶县文化广播电影电视局局长：徐　勇
弋阳县文化广播电视局局长：余亮赣
婺源县文化广播电视局局长：江进民
德兴市文化广播电视局局长：徐润金
信州区文化广播电影电视局局长：缪红芳
铅山县文化广播电影电视局局长：于晓明
鄱阳县文化广播电影电视局局长：朱晓军
广丰县文化广播电视局局长：徐贵清
横峰县文化广播电视局局长：刘定勇
余干县文化广播电视局局长：史　俊
玉山县文化广播电影电视局局长：杨卫国
万年县文化广播电视局局长：胡宏照

抚州市文化新闻出版局局长：黄有盛
乐安县文化广播电视局局长：游娟娟
临川区文化广播电视局局长：范成龙
南丰县文体广电新闻出版局局长：饶爱华
南城县文化体育广播电视局局长：刘惠能
金溪县文化体育广播电视局局长：张建龙
资溪县文化广播电视局局长：章建华
宜黄县文化体育广播电视局局长：吴　萍
广昌县文化体育广播电视局局长：赖劲松
黎川县文化体育广播电视局局长：雷旭东
东乡县文化体育广播电影电视局局长：李巧仁
崇仁县文化体育广播电视局局长：熊兴华

宜春市文化和新闻和出版局局长：李光发
丰城市文化局局长：谢爱平
奉新县文化局局长：李志丹
高安县文化局书记、局长：罗晔根
铜鼓县文化局局长：涂光明
万载县文化和新闻出版局局长：周细辉
宜丰县文化教育局局长：李佳春
袁州区文化教育局局长：罗　坤
上高县文化和新闻出版局局长：赵勇强
樟树市文化教育局局长：丁耀杰
靖安县文化局局长：陈　斌
吉安市文化广播电影电视局局长：彭培述
吉水县文化广播电视新闻出版局局长：刘春秀
永丰县文化广播电视新闻出版局局长：金有亨
万安县文化广播电视新闻出版局局长：罗国强
井冈山文化新闻出版局局长：熊赛苏
吉安县文化广播电视新闻出版局局长：李才生
遂川县文化广播电视新闻出版局局长：黎育清
吉州区文化广播电影电视新闻出版局局长：徐少青
峡江县文化广播电视新闻出版局局长：胡苏华
青原区文化广播电视新闻出版局局长：张　斌
泰和县文化广播电视新闻出版局局长：温双凤
安福县文化广播电视新闻出版局局长：周文安
永新县文化广播电视新闻出版局局长：贺海春
新干县文化广播电视新闻出版局局长：陈　琳

赣州市文化和广播电影电视局局长：钟家伟
章贡区文化和广播电影电视局局长：殷芝萍
赣县文化和广播电影电视局局长：黄海燕
上犹县文化和广播电影电视局局长：张继茂
崇义县文化和广播电影电视局局长：王受传
南康市文化和广播电影电视局局长：朱吉祥
大余县文化和广播电影电视局局长：钟余珍
信丰县文化和广播电影电视局局长：陈鸣飞
龙南县文化和广播电影电视局局长：徐晓虹
全南县文化和广播电影电视局局长：陈　辉
定南县文化和广播电影电视局局长：周杨晶
安远县文化和广播电影电视局局长：赖德新
寻乌县文化和广播电影电视局局长：温康平
于都县文化和广播电影电视局局长：袁尚贵
兴国县文化和广播电影电视局局长：邓京红
瑞金市文化和广播电影电视局局长：钟瑞春
会昌县文化和广播电影电视局局长：许永春
石城县文化和广播电影电视局局长：徐根雄
宁都县文化和广播电影电视局局长：夏章奎

景德镇市文化广播电影电视局局长：江　华
浮梁县文化广播新闻出版局局长：吴乾发
乐安市文化广播新闻出版局局长：王小平
昌江区文化广播新闻出版局局长：马莉萍

珠山区文化广播新闻出版局局长：徐智勇

萍乡市文化广电新闻出版局局长：陈建国
安源区文化广播新闻出版局局长：文　博
湘东区文化广播新闻出版局局长：何建明
芦溪县文化广播新闻出版局局长：李忠生
上栗县文化广播新闻出版局局长：黄绍良
莲花县文化广播新闻出版局局长：刘春明

新余市文化新闻出版局局长：万新安
渝水区文化广播电视局局长：彭梅根
分宜县文化广播新闻出版局局长：钟智安
新余市经济开发区社会局局长：杨绍真
仰天岗管委会社会事业局局长：严小平
仙女湖区社会事业局局长：陈根保

鹰潭市文化广电新闻出版局局长：周佐明
贵溪市文化广播新闻出版局局长：郭映龙
余江县文化广播新闻出版局局长：姜秋开
月湖区文化广播新闻出版局局长：王　蕖
龙虎山景区文化教育局局长：姜有明

山东省

山东省文化厅
党组书记：徐向红
党组副书记、厅长：亢清泉
党组成员、副厅长：谢治秀、李宗伟、陈　鹏
副厅长：李国琳
党组成员 、驻厅纪检组长、监察专员：林奎山
巡视员：邢玉斗

济南市文化广电新闻出版局局长：刘程华
历下区文化局局长：胡方秋
市中区文化局局长：李善田
槐荫区文化局局长：刘兆勇
天桥区文化局局长：王希君
历城区文化广电新闻出版局局长：王德福
长清区文化广电新闻出版局局长：李存彦
章丘市文化广电新闻出版局局长：宫鹏飞
济阳县文化广电新闻出版局局长：巴建英
商河县文化广电新闻出版局局长：陈成金
平阴县文化广电新闻出版局局长：井庆春

聊城市文化广电新闻出版局局长：杨　达
东昌府区文化广电新闻出版局局长：李炳泉
临清市文化广电新闻出版局局长：王兴刚
冠县文化广电新闻出版局局长：任广民
莘县文化广电新闻出版局局长：夏振华
阳谷县文化广电新闻出版局局长：訾士勇
东阿县文化广电新闻出版旅游局局长：王宪民
茌平县文化体育旅游局局长：仇长义
高唐县文化广电新闻出版局局长：田方宏

德州市文化广电新闻出版局局长：杨　杰
德城区文化新闻出版局局长：吴海蓉
禹城市文体广电新闻出版局局长：梁　军
乐陵市文体广电新闻出版局局长：房绍良
宁津县文化体育局局长：郑福庆
齐河县文化广电新闻出版局局长：谢　强
陵县文化广电新闻出版局局长：张宝砚
临邑县文体广电新闻出版局局长：修广利
平原县文体广电新闻出版局局长：孙宝胜
夏津县文体广电新闻出版局局长：张文明
庆云县文体广电新闻出版局局长：武晖天
武城县文化旅游局局长：刘建义

东营市文化广电新闻出版局局长：马洪军
东营区文化体育广电新闻出版局局长：苏咏霖
河口区文化体育广电新闻出版局局长：金建村
广饶县文化体育广电新闻出版局局长：李军章
垦利县文化体育广电新闻出版局局长：郭树礼
利津县文化体育广电新闻出版局局长：李先锋

淄博市文化广电新闻出版局局长：李贡平
张店区文化出版局局长：李　颖
淄川区文化旅游和新闻出版局局长：唐加福
博山区文化出版局局长：尹玉刚
临淄区文化出版局局长：毕国鹏
桓台县文化出版局局长：曹瑞刚
周村区文化新闻出版局局长：丁秀霞
高青县文化局局长：杜丽娥
沂源县文化出版局局长：许曰坤

潍坊市文化广电新闻出版局局长：孙俐君
青州市文化广电新闻出版局局长：郑义章
安丘市文化广电新闻出版局局长：栾成军
昌邑市文化广电新闻出版局局长：周文明
高密市文化广电新闻出版局局长：徐　明
诸城市文化广电新闻出版局局长：王聚培
昌乐县文化广电新闻出版局局长：朱英平
临朐县文化广电新闻出版局局长：孙秉明
寿光市文化广电新闻出版局局长：张文升
潍城区文化广电新闻出版局局长：杨永健
奎文区文化旅游新闻出版局局长：孙宪政
坊子区文化广电新闻出版局局长：潘锡才

烟台市文化广电新闻出版局局长：徐　明
海阳市文化广电新闻出版局局长：王同清
莱阳市文化广电新闻出版局局长：鲁世旭
栖霞市文化广电新闻出版局局长：林德义
招远市文化广电新闻出版局局长：唐占敖
蓬莱市文化广电新闻出版局局长：王　轶
龙口市文化广电新闻出版局局长：罗振兴
莱州市文化广电新闻出版局局长：孙瑞强
长岛县文化广电新闻出版局局长：李　明
牟平区文化广电新闻出版局局长：王旭波
福山区文化旅游局局长：林克芳
芝罘区文化新闻出版局局长：常　洁
莱山区文化新闻出版局局长：林荣胜
寒亭区文化广电新闻出版局局长：徐化源

威海市文化广电新闻出版局局长：林　强
荣成市文化广电新闻出版局局长：刘殿晓
文登市文化广电新闻出版局局长：于军宁
乳山市文化广电新闻出版局局长：赵红日
环翠区文化广电新闻出版局局长：王友福

青岛市文化广电新闻出版局局长：王纪刚
市南区文化新闻出版局局长：张　馨
市北区文化新闻出版局局长：秦续河
四方区文化新闻出版局局长：刘　旭
李沧区文化新闻出版局局长：刘从岭
城阳区文化新闻出版局局长：吕永翠
崂山区文化新闻出版局局长：王保生
开发区文化新闻出版局局长：张文晓
胶南市文化新闻出版局局长：薛立群
胶州市文化新闻出版局局长：于敬军
即墨市文化新闻出版局局长：蓝英杰
平度市文化新闻出版局局长：刘金文
莱西市文化新闻出版局局长：程灿谟

日照市文化广电新闻出版局局长：郑玉霞
东港区文化体育新闻出版局局长：赵东波
莒县文化体育广播电视局局长：庞传奎
五莲县旅游和文化体育广播电视局局长：单忠元

临沂市文化广电新闻出版局局长：曹首娟
兰山区文化广电新闻出版局局长：管桂启
罗庄区文化广电新闻出版局局长：张永胜
河东区文化广电新闻出版局局长：王彦军
郯城县文化广电新闻出版局局长：梅　博
苍山县文化广电新闻出版局局长：陈国义
沂水县文化广电新闻出版局局长：邱　键
沂南县文化广电新闻出版局局长：尹瑞波
平邑县文化广电新闻出版局局长：张　军
费县文化广电新闻出版局局长：姚东海
蒙阴县文化广电新闻出版局局长：姜兆修
莒南县文化广电新闻出版局局长：王兴堂
临沭县文化广电新闻出版局局长：王志银

枣庄市文化广电新闻出版局局长：邵　磊
滕州市文化广播电视和新闻出版局局长：李家法
峄城区文化广电新闻出版局局长：梁福锦
薛城区文化广电新闻出版局局长：王广法
台儿庄区文化广电新闻出版局局长：孙作伟
山亭区文化广电新闻出版局局长：贾广灿

济宁市文化广电新闻出版局局长：周立华
市中区文化广电新闻出版局局长：刘运国
任城区文化广电新闻出版局局长：祝自稳
兖州市文化广电新闻出版局局长：周广珍
曲阜市文化广电新闻出版局局长：胡　勇
邹城市文化广电新闻出版局局长：刘嵩博
泗水县文化广电新闻出版局局长：龙　泉
微山县文化广电新闻出版局局长：刘修武
鱼台县文化广电新闻出版局局长：田舒敏
金乡县文化广电新闻出版局局长：周忠勤
嘉祥县文化广电新闻出版局局长：张化陨
汶上县文化广电新闻出版局局长：张会学

梁山县文化广电新闻出版局局长：马新东

泰安市文化广电新闻出版局局长：刘　康
泰山区文化广电新闻出版局局长：展新维
岱岳区文化广电新闻出版局局长：许　杰
新泰市文化广电新闻出版局局长：侯诗荣
肥城市文化广电新闻出版局局长：王　霞
宁阳县文化广电新闻出版局局长：石玉奎
东平县文化广电新闻出版局局长：徐天成

莱芜市文化广电新闻出版局局长：亓祥云
莱城区文化体育新闻出版局局长：王庆堂
钢城区文化体育新闻出版局局长：张学波

滨州市文化广电新闻出版局局长：曹玉斌
滨城区文化旅游新闻出版局局长：尹洪吉
博兴县文化旅游新闻出版局局长：刘国升
沾化县文化体育新闻出版局局长：崔良海
无棣县文化广电新闻出版局局长：董昭武
邹平县文化体育和旅游事业发展局局长：杨延文
惠民县文化新闻出版局局长：张玉德
阳信县文化广电新闻出版局局长：刘海新

菏泽市文化广电新闻出版局局长：陈庆勇
牡丹区文化体育局局长：洪继勋
定陶县文化体育局局长：王江峰
曹县文化体育局局长：李圣安
成武县文化体育局局长：崔传礼
单县文化体育局局长：谢孔芹
巨野县文化体育局局长：解瑞民
郓城县文化体育局局长：李兴平
鄄城县文化体育局局长：李　军
东明县文化体育局局长：孔素梅

河南省

河南省文化厅

党组书记、厅长：杨丽萍
党组成员、副厅长：崔为工　李　霞　郭书城
副厅长：董文建
党组成员、纪检组长：陈月玲
党组成员、省文物局局长：陈爱兰
党组成员、省博物院院长：张文军
副巡视员：王天虹　康　洁

郑州市文化广电新闻出版局局长：李宪敏
中原区文化旅游局局长：陈　烈
二七区文化旅游局局长：牛志宏
管城回族区文化旅游新闻出版局局长：李　静
金水区文化旅游局局长：吴兆强
上街区文化广电新闻出版局局长：冯立新
惠济区文化旅游局局长：胡俊丽
新郑市文化广电新闻出版局局长：刘学敏
登封市文化广电新闻出版局局长：王彩红
新密市文化广电旅游局局长：张银灿
巩义市文化广电新闻出版局局长：逯熙鹏
荥阳市文化广电新闻出版局局长：王志中
中牟县文化广电和旅游局局长：王玉忠

三门峡市文化广电新闻出版局局长：梅良川
湖滨区文化旅游局局长：卫清波
义马市文化广电旅游和新闻出版局局长：李纪从
灵宝市文化广电和新闻出版局局长：张建华
渑池县文化广电和新闻出版局局长：方丰章
陕县文化广电和新闻出版局局长：郭海阳
卢氏县文化广电和新闻出版局局长：贾建涛

洛阳市文化广电新闻出版局局长：马奎元
西工区文化旅游局局长：巩卫国
老城区文化局局长：魏彦武
廛河区科技文化旅游局局长：李　鹏
涧西区文体旅游局局长：段起旭
吉利区文化广电新闻出版局局长：李志杰
洛龙区文化广电新闻出版局局长：李清江
偃师市文化广电新闻出版局局长：吴利超
孟津县文化广电新闻出版局局长：杨长生
新安县文化广电新闻出版局局长：王树林
栾川县文化广电新闻出版局局长：刘亚威
嵩县文化广电新闻出版局局长：崔德福
汝阳县文广新局局长：翟灿波
宜阳县文化广电科技局局长：周瑞盈
洛宁县文广新局局长：卫万里
伊川县文化广电新闻出版局局长：李社伟

焦作市文化广电新闻出版局局长：王东林
解放区文化体育广播局局长：何　毅
山阳区文体广电新闻出版局局长：布财勇
中站区文化体育广播电视局局长：郭　凌
马村区文化体育广播局局长：闪成福
孟州市文化广播电视新闻出版局局长：宋建华
沁阳市文化广电新闻出版局局长：张安国
修武县文化广电新闻出版局局长：田　健
博爱县文化广电新闻出版局局长：张晓军
武陟县文化局局长：成东升
温县文化广电新闻出版局局长：王　兵

新乡市文化广电新闻出版局局长：褚源新
卫滨区教育文化体育局局长：王　静
红旗区教育文化体育局局长：陈学勇
凤泉区教育文化体育局局长：王金旺
牧野区教育文化体育局局长：王玉芳
卫辉市文化广播电影电视局局长：姚　航
辉县市文化局局长：金　葵
新乡县文化广电旅游局局长：张丽霞
获嘉县文化广电旅游局局长：王明珍
原阳县文化广播电影电视局局长：赵光岭
延津县文化广播电影电视局局长：李社会
封丘县文化广播电影电视局局长：万传中
长垣县文化广电旅游局局长：林建文

鹤壁市文化新闻出版局局长：陈高潮
淇滨区文化教育体育局局长：徐延平
山城区文化体育局局长：李国勤
鹤山区文化教育体育局局长：李鸿斌
浚县文化广播电影电视局局长：崔改琴
淇县文化广播电影电视局局长：高代泉
安阳市文化广电新闻出版局局长：王金涛
北关区文化旅游和新闻出版局局长：郭宏伟
文峰区文化广电新闻出版和旅游局局长：朱艳丽
殷都区文化广播新闻和旅游局局长：郭宪林
龙安区文化广电新闻出版和旅游局局长：周现清
林州市文化广电新闻出版局局长：申保伏
安阳县文化旅游局局长：石海林
汤阴县文化广电新闻出版局局长：李长武
滑县文化旅游广电新闻出版局局长：韩守宗
内黄县文广新局局长：张正道

濮阳市文化广电新闻出版局局长：陈景涛
华龙区文化广电旅游局局长：曹修光
清丰县文化广电旅游局局长：王亚光
南乐县文化广电体育旅游局局长：王国平
范县文体广电新闻出版旅游局局长：董永霞
台前县文化广电旅游局局长：刘崇良
濮阳县文化广电旅游局局长：郭修恒

开封市文化广电新闻出版局局长：姚春贵
鼓楼区教育文化体育局局长：李　芳
龙亭区教育文化体育局局长：唐惠敏
顺河回族区教育文化体育局局长：杨红珊
禹王台区教育文化体育局局长：许彦军
杞县文化广电新闻出版局局长：王宏博
通许县文化广电新闻出版局局长：岳邦亮
尉氏县文化广电新闻出版局局长：王馥芹
开封县文化局局长：张　军
兰考县文化广电新闻出版局局长：张连民

商丘市文化广电新闻出版局局长：孙玉林
梁园区文化旅游局局长：陈　磊
睢阳区文化旅游局局长：盛　鹏
永城市文化广电旅游局局长：王晓五
虞城县文化广电旅游局局长：马义超
民权县文化广电旅游局局长：锦传明
宁陵县文化广电旅游局局长：郑学峰
睢县文化广电旅游局局长：王宝训
夏邑县文化广电旅游局局长：吕慕宇
柘城县文化广电旅游局局长：张峰杰

许昌市文化新闻出版局局长：张　琳
魏都区文化和广播影视局局长：王自立
禹州市文广局局长：王根发
长葛市文化局局长：朱保春
许昌县文化旅游局局长：陶义红
鄢陵县文化和广播影视局局长：宋发展
襄城县文化和广播影视局局长：张清奇

漯河市文化新闻出版局局长：吴玉培
郾城区文化旅游局局长：周学政
源汇区文化旅游局局长：娄绍安
召陵区文化旅游局局长：杨秀民
舞阳县文化广电旅游局局长：效亚文

临颍县文化局局长：张富鑫

平顶山市文化广电新闻出版局局长：肖元欣

新华区文化旅游局局长：马群峰
卫东区文化局局长：贺　峰
湛河区文化广电局局长：王绍强
石龙区文化广电局局长：王建新
舞钢市文化广局局长：李洪涛
汝州市文化广电局局长：董广兴
宝丰县文化广电局局长：吕才营
叶县文化局局长：任　磊
鲁山县文化局局长：王向阳
郏县文化广电新闻出版局局长：刘亚锋

南阳市文化广电新闻出版局党组书记：马本殿

卧龙区文广新局局长：李　成
宛城区文化广电新闻出版局局长：陈少强
邓州市文化广电新闻出版局局长：闫富传
南召县文化广播新闻出版局局长：赵鸿远
方城县文化广电新闻出版局局长：贺志斌
西峡县文化广电新闻出版局局长：韩向阳
镇平县文化局局长：姚金波
内乡县文化广电新闻出版局局长：徐向升
淅川县文化广电新闻出版局局长：刘建农
社旗县文化广电新闻出版局局长：杨清良
唐河县文广新局局长：华金松
新野县文化广电新闻出版局局长：张华敏
桐柏县文化广电新闻出版局局长：李贵文

信阳市文化新闻出版局局长：张冬梅

浉河区文化新闻出版局局长：郝全修
平桥区文化新闻出版局局长：仝亚伟
息县文化广电新闻出版局局长：王　磊
淮滨县文化广电新闻出版局局长：吕其顺
潢川县文化广电新闻出版局局长：苏振国
光山县文化广电新闻出版局局长：郑红梅
固始县文化广电新闻出版局局长：董　安
商城县文化广播新闻出版局局长：曾宪忠
罗山县文化广电新闻出版局局长：李松海
新县文化广电新闻出版局局长：黄成军

周口市文化广电新闻出版局局长：凌全贞

川汇区文化局局长：薛顺名
项城市文化广电新闻出版局局长：于河川
扶沟县文化广播新闻出版局局长：周东风
西华县文化广播新闻出版局局长：赵耀宇
商水县文化广电新闻出版局局长：卫素安
太康县文化广电新闻出版局局长：陈俊丽
鹿邑县文化广电新闻出版局局长：张险峰
郸城县文化广播新闻出版局局长：罗明俊
淮阳县文化广电新闻出版局局长：窦凤祥
沈丘县文化广电新闻出版局局长：李　彬

驻马店市文化新闻出版局局长：李林清

驿城区文化和旅游局局长：王新平
确山县文化广电新闻出版局局长：闫群东
泌阳县文化广电新闻出版局局长：王水洲
遂平县文化广电新闻出版局局长：陈鹏华
西平县文化广电新闻出版局局长：张　宏
上蔡县文化广电新闻出版局局长：赵新旺
汝南县文化广电新闻出版局局长：杨民生
平舆县文化广电新闻出版局局长：范秋灵
新蔡县文化广电新闻出版局局长：杨超群
正阳县文化新闻出版局局长：孟凡军
济源市文化广电新闻出版局局长：刘善祥

湖北省

湖北省文化厅

党组书记、厅长：杜建国
党组成员、副厅长兼湖北省文物局局长：沈海宁
党组成员、副厅长：严荣利　李耀华
党组成员、纪检组长：段天玲
巡视员：沈虹光　杨肯念
副巡视员：吴　宪

武汉市文化新闻出版广电局局长：陈邂馨

江岸区文体局局长：徐燕青
江汉区文体旅局局长：江　凡
硚口区文体局局长：杨　斌
汉阳区文体局局长：刘明祥
武昌区文体局局长：刘　全
青山区文体局局长：孙宗良
洪山区文体局局长：蒋　华
东西湖区文体广电（旅游）局局长：张小平

汉南区文体局局长：王为均
蔡甸区文体局局长：吕文飞
江夏区文体局局长：王玉华
黄陂区文化局局长：刘际平
新洲区文化体育局局长：陈雁凌

黄石市文化局局长：曹树莹
黄石港区卫生文体局局长：邹红波
西塞山区文体局局长：汪　文
下陆区卫文体局局长：邓延才
铁山区文体旅游局局长：方　敏
大冶市文体局局长：曹云华
阳新县文体局局长：洪登亮
经济开发区教文卫局局长：彭国良

十堰市文体局局长：牛孝文
茅箭区文体局局长：林青海
张湾区文体局局长：郭瑞兵
丹江口市文体局局长：周长国
郧县文体旅游局局长：梁建明
郧西县文体局局长：钟建华
竹山县文体局局长：薛继田
竹溪县文体局局长：陈诗云
房县文体局局长：刘世宏
十堰市经济开发区文教卫局局长：翁端胜

宜昌市文化局局长：王永平
西陵区文体局局长：席群英
伍家岗区文体局局长：王　辉
点军区文化旅局局长：朱德斌
猇亭区文体局局长：易　兵
夷陵区文体局局长：李西学
宜都市文化局局长：陈　威
当阳市文化体育局局长：杨亚平
枝江市文体局局长：李建庭
远安县文体局局长：徐光斌
兴山县文化局局长：邹志斌
秭归县文化旅游局局长：王　罡
长阳土家族自治县文体局局长：胡世春
五峰土家族自治县文体旅局局长：王义国

襄阳市文化新闻出版局局长：李　晟
襄城区文体新局局长：耿　芳
樊城区文体旅局局长：陈仁杰
襄州区文旅新局局长：胡莉莉
老河口市文化体育旅游局局长：冯　雨
枣阳市文体旅和新闻出版局局长：卢世成
宜城市文化旅游和新闻出版局局长：田　辉
南漳县文体新局局长：郭永金
谷城县文体新局局长：张旭升
保康县文体新局局长：李昭辉

鄂州市文体局局长：周　岫
梁子湖区文体局局长：汪长生
华容区文体局局长：鲁水银
鄂城区文体局局长：余志和

荆门市文体新局局长：刘国芳
东宝区文化广播电视体育局局长：杨成荣
掇刀区文体和广播电影电视局局长：张学锋
钟祥市文体新局局长：张华清
京山县文体新局局长：严泽波
沙洋县文化体育和广播电影电视局
（新闻出版局）局长：付东升

孝感市文体新局局长：胡　斌
孝南区文体新局局长：钟楚华
应城市文体新局局长：金　洋
安陆市文体局局长：高建新
汉川市文体新局局长：李绍斌
孝昌县文体新局局长：刘国琼
大悟县文体新局局长：刘海华
云梦县文体新局局长：汪梦霞

荆州市文化局局长：贺洪文
沙市区文体局局长：吴爱莲
荆州区文体局局长：周　炬
石首市文化局局长：胡昌杰
洪湖市文化局局长：贺广龙
松滋市文化局局长：黄振亚
公安县文化局局长：孟丽平
监利县文化旅游局局长：赵更生
江陵县文体局局长：宋　翔
开发区文化局局长：季德平

黄冈市文化局局长：黄玉琴
麻城市文化局局长：张　欣
武穴市文化广电影视局局长：周小平
团风县文体局局长：余秋明
红安县文化局局长：喻成传
罗田县文化局局长：熊涤生
英山县文化局局长：陈　君
浠水县文化局局长：闫桂华
蕲春县文体局局长：伊育群
黄梅县文化局局长：吴亚城
龙感湖管理区文化局局长：严　丹

咸宁市文体新局局长：潘　华
咸安区文体新局局长：李志强
赤壁市文体新局局长：马景良
嘉鱼县文体新局局长：刘焰才
通城县文体新局局长：宋旺龙
崇阳县文广新局局长：王向阳
通山县文体新局局长：陈世德

随州市文体新局局长：孙国成
曾都区文化体育广电局局长：吕文军
广水市文化体育新闻出版局局长：余银功
随县文体局局长：宋　云

恩施州文体局局长：刘　跃
恩施市文体局局长：李拔权
利川市文体局局长：杨镇全
建始县文体局局长：廖利泉
巴东县文体局局长：刘贤圣
宣恩县文体局局长：谢庆慧
咸丰县文体局局长：刘翔高
来凤县文体局局长：岳　琼
鹤峰县文体局局长：向宏艳

省直辖县级行政单位：
仙桃市文广新局局长：胡晓华
潜江市文化旅游局局长：郑学国
天门市文广电新出版局局长：李小明
神农架林区文体局局长：刘生策

湖南省

湖南省文化厅

党组书记、厅长：周用金
党组成员、常务副厅长：杨福杰
副厅长：雷鸣强
党组成员、副厅长：孟庆善　肖凌之
党组成员、省文物局局长：陈远平
党组成员：吴友云
党组成员、纪检组长：张彩辉
巡视员：周祥辉
副巡视员：彭伏莲

长沙市文化广电新闻出版局局长：杨长江
芙蓉区文体新局局长：成良访
天心区文体新局局长：雷丽娜
岳麓区文体新局局长：王　洪
开福区文体新局局长：王辉君
雨花区文体新局局长：王　琳
长沙县文体广电局局长：冯武斌
望城县文体旅游局局长：刘文训
浏阳市文体广电局局长：朱玉喜
宁乡县文体广电局局长：贺太泉

衡阳市文化广电新闻出版局局长：王燕
衡南县文化局局长：黄国兴
衡阳县文化局局长：龙国华
衡东县文化局局长：陈和平
衡山县文化局局长：唐云翔
祁东县文化局局长：王柏吉
常宁市文化局局长：邹求荣
耒阳市文化局局长：李乙平
雁峰区教文体局局长：杨成栋
石鼓区教文体局局长：汪衡湘
珠晖区教文体局局长：凌小敏
蒸湘区教文体局局长：肖隆喜
南岳区文化广电新闻出版局：刘园莲

株洲市文化广电新闻出版局局长：吴安浩
芦淞区文体新局局长：翟孝安
天元区文体局新闻出版局局长：杨忠明
石峰区文体新局局长：陈琳敏

荷塘区文体新闻出版局局长：柴　卉
醴陵市文体新闻出版局局长：易小龙
株洲县文体新闻出版局局长：李光荣
攸县文体局局长：颜继瑞
茶陵县文体局局长：段跃华
炎陵县文体局局长：唐青平
雨湖区文化局局长：彭灿辉

湘潭市文化广电新闻出版局局长：李东平
岳塘区文化局局长：陈自安
湘潭县文化局局长：莫柏槐
湘乡市文化局局长：肖　鹄
韶山市文化局局长：谭明彰
雨湖区文化局局长：彭灿辉

邵阳市文化广电新闻出版局局长：王铭祥
邵东县文化局局长：李秋兵
新邵县文化局局长：陈丰收
隆回县文化局局长：张　晗
洞口县文化局局长：刘兴茂
绥宁县文化局局长：全昌爱
城步县文化局局长：阳盛武
武冈市文体局局长：曾少剑
新宁县文体局局长：李涵喆
邵阳县文化局局长：王席军
大祥区文体局局长：罗康平
双清区文体局局长：李　巍
北塔区文体局局长：简　洁

岳阳市文化广电新闻出版局局长：汪　灿
临湘市文化广电新闻出版局局长：廖明斌
湘阴县文化局局长：龙佑祥
岳阳县文化广电新闻出版局局长：郑一夫
汨罗市文化局局长：欧阳三华
平江县文化广电新闻出版局局长：吴改良
华容县文化体育新闻出版局局长：王良庆
岳阳楼区文化体育新闻出版局局长：周和平
云溪区文化广播电视局局长：李际红
君山区文化广电新闻出版局局长：张全亮

常德市文化广电新闻出版局局长：陈　华
武陵区文化广电新闻出版局局长：郭德西
鼎城区文广新局局长：雷绘玻
石门县文广新局局长：覃业翼
澧县文广新局局长：向绪青
安乡县文广新局局长：丁敬均
津市文广新局局长：聂　宇
临澧县文广新局局长：吴景华
汉寿县文广新局局长：张宏勋
桃源县文广新局局长：徐进华

张家界市文化广电新闻出版局局长：兰智平
永定区文化广电新闻出版局局长：郭宏升
武陵源区文化广电新闻出版局局长：肖忠义
慈利县文化广电新闻出版局局长：符青青
桑植县文化广电新闻出版局局长：聂耀亚

益阳市文化广电新闻出版局局长：刘兆平
赫山区文化广电局局长：胡志伟

资阳区文化广电新闻出版局局长：石朝武
桃江县文化局局长：龚胜芳
沅江市文化局局长：陈盛祥
南县文化广播电视旅游局局长：汤光前
安化县文化旅游局局长：熊栋才

郴州市文化广电新闻出版局局长：龙齐阳
北湖区文化局局长：肖　卓
苏仙区文化局局长：郭华蔚
资兴市文化局局长：王筱兰
桂阳县文化局局长：吴淑姝
宜章县文化局局长：黄海云
永兴县文化广电新闻出版局局长：张洪友
嘉禾县文化局局长：王继国
临武县文化局局长：曹夏平
汝城县文化局局长：陈建平
桂东县文化局局长：周海燕
安仁县文化局局长：邓关平

永州市文化广电新闻出版局局长：李小星
冷水滩区文化局局长：齐光文
零陵区文化局局长：李立新
祁阳县文化局局长：黄爱蓉
东安县文化局局长：俞兰桂
双牌县文化局局长：蒋　喆
道县文化局局长：罗明桥

江永县文化局局长：谢明尧
江华县文化局局长：周德新
宁远县文化广新局局长：唐太培
新田县文化局局长：黄　英
蓝山县文化局局长：黄程宏

怀化市文化广电新闻出版局局长：周正宇
麻阳县文化局局长：藤建学
鹤城区文化局局长：陈小松
辰溪县文化局局长：张碧波
靖州县文化局局长：陆通欢
芷江县文化局局长：龚霄汉
溆浦县文化局局长：张建平
沅陵县文化局局长：田学武
新晃县文化局局长：杨先尧
会同县文化局局长：龙世泉
通道县文化局局长：张建国
中方县文化局局长：宁关林
洪江市文化局局长：董泽有
洪江区文化局局长：肖　军

娄底市文化广电新闻出版局局长：李东升
娄星区文化局局长：曹霞希
冷水江市文化局局长：匡建军
涟源市文化局局长：唐裕奇
双峰县文化局局长：肖卫平
新化县文化局局长：曹曙初

湘西州文化广电新闻出版局局长：罗亚阳
凤凰县文化局局长：曾文松
保靖县文化局局长：邹利佳
古丈县文化局局长：刘　平
泸溪县文化局局长：杨　政
花垣县文化局局长：龙江涛
吉首市文化局局长：康　军
龙山县文化局局长：田发奎
永顺县文化局局长：向洪斌

广东省

广东省文化厅
党组书记、厅长：方健宏
党组成员、副厅长：杜佐祥　程　扬　马新民
　杨　树　杨伟时
党组成员、省纪委驻省文化厅纪检组长、监察专员：凌曲刚
党组成员、省文物局局长：苏桂芬
党组成员、省文化市场综合执法局局长：胡振国
副巡视员：陈小明

广州市文化广电新闻出版局局长：陆志强
越秀区文化广电新闻出版局局长：王卫国
荔湾区文化广电新闻出版局局长：严汉初
海珠区文化广电新闻出版局局长：吴天军
天河区文化广电新闻出版局局长：张　颖
白云区文化广电新闻出版局局长：丁和平
黄埔区文化广电新闻出版局局长：孙恺敏
番禺区文化广电新闻出版局局长：何穗鸿
花都区文化广电新闻出版局局长：骆权灯
南沙区文化广电新闻出版局局长：王少宁
萝岗区文化广电新闻出版局局长：黄金持
增城市文化体育广电新闻出版局局长：黄海明
从化市文化广电新闻出版局局长：朱虹霞

清远市文化广电新闻出版局局长：许广勇
清城区文化体育局局长：张　青
英德市文化广电新闻出版局局长：邓明华
连州市文体旅游局局长：唐记南
佛冈县文化广电新闻出版局局长：曾道明
阳山县文化广电新闻出版局局长：饶火明
清新县文化广电新闻出版局局长：程建文
连山壮族瑶族自治县文体局局长：李福润
连南瑶族自治县文化广电新闻出版局局长：唐铁荣

韶关市文化广电新闻出版局局长：何正平
浈江区文化新闻出版局局长：宋柏均
武江区文化新闻出版局局长：曾　宏
曲江区文化广电新闻出版局局长：李伟才
乐昌市文化广电新闻出版局局长：黄志雄
南雄市文化广电新闻出版局局长：肖丽琼
始兴县文化广电新闻出版局局长：陈向明
仁化县文化广电新闻出版局局长：刘　强
翁源县文化广电新闻出版局局长：林晃奎
新丰县文化广电新闻出版局局长：刘光志
乳源瑶族自治县文体旅游局局长：邬宝华

河源市文化广电新闻出版局局长：梁伟光
源城区文化广电新闻出版局局长：潘　瑛
紫金县文化广电新闻出版局局长：林建峰
龙川县文化广电新闻出版局局长：王洪涛
连平县文化广电新闻出版局局长：潘继红
和平县文化广电新闻出版局局长：黄嘉乐
东源县文化广电新闻出版局局长：黄建平

梅州市文化广电新闻出版局局长：陈锐锋
梅江区文化广电新闻出版局局长：李常青
兴宁市文化广电新闻出版局局长：杨颂阳
梅县文化广电新闻出版局局长：吴永生
大埔县文化广电新闻出版局局长：黄伟强
丰顺县文化广电新闻出版局局长：朱耀辉
五华县文化广电新闻出版局局长：张远平
平远县文化广电新闻出版局局长：刘立新
蕉岭县文化广电新闻出版局局长：黄金松

潮州市文化广电新闻出版局局长：林广鹏
湘桥区文化广电新闻出版局局长：张旭光
潮安县文化广电新闻出版局局长：吴培辉
饶平县文化广电新闻出版局局长：陆锡文

汕头市文化广电新闻出版局局长：王小辉
金平区文化广电新闻出版局局长：郑文义
濠江区文化广电新闻出版局局长：陈健平
龙湖区文化广电新闻出版局局长：蔡垂政
潮阳区文化广电新闻出版局局长：董建伟
潮南区文化广电新闻出版局局长：黄尊光
澄海区文化广电新闻出版局局长：谢延平
南澳县文化广电新闻出版局局长：柯伟煌

揭阳市文化广电新闻出版局局长：郑海忠
榕城区文化新闻出版局局长：林永生
普宁市文化广电新闻出版局局长：黄楚雄
揭东县文化广电新闻出版局局长：吴伟斌
揭西县文化广电新闻出版局局长：巫丽琼
惠来县文化广电新闻出版局局长：林铁伦

汕尾市文化广电新闻出版局局长：林来平
汕尾市城区科技文体局局长：郭乃坎
陆丰市文化广电新闻出版局局长：李汉沛
海丰县文体旅游局局长：卢小娟
陆河县文化广电新闻出版局局长：杨学而

惠州市文化广电新闻出版局局长：罗川山
惠城区文化广电新闻出版局局长：刘少辉
惠阳区文化广电新闻出版局局长：马雄辉
博罗县文体旅游局局长：罗燕辉
惠东县文化广电新闻出版局局长：钟铁锋
龙门县文化广电新闻出版局局长：梁志斌

东莞市文化广电新闻出版局局长：陈志伟

深圳市文体旅游局局长：陈　威
福田区文化体育局局长：胡星宏
罗湖区文化体育局局长：廖　晓
南山区文化局局长：姜广华
宝安区文体旅游局局长：邓少玲
龙岗区文体旅游局局长：张　耀
盐田区文化体育局局长：李志利

珠海市文体旅游局局长：张梅生
香洲区文体旅游局局长：张洁珍
斗门区文化广电新闻出版局局长：韦大奇
金湾区文体旅游局局长：李成铿

中山市文化广电新闻出版局局长：郑集思

江门市文化广电新闻出版局局长：廖振明
蓬江区文体新局局长：李伟垣
江海区文体新局局长：邓群标
新会区文广新局局长：李悦忠
恩平市文广新局局长：梁朝贺
台山市文广新局局长：黄伟华
开平市文广新局局长：谭伟强
鹤山市文广新局局长：邓梓威

佛山市文化广电新闻出版局局长：徐东涛
禅城区文体旅游局局长：余　斌
南海区文体旅游局常务副局长：谭国洪
顺德区文体旅游局局长：王　勇
三水区文体旅游局局长：严振飞
高明区文体旅游局局长：陈新文

肇庆市文化广电新闻出版局局长：欧荣生
端州区文化局局长：陈秀萍
鼎湖区文化广电新闻出版局局长：周勇军
高要市文体旅游局局长：苏世雄
四会市文化广电新闻出版局局长：冼志潜
广宁县文化广电新闻出版局局长：邓兴平
怀集县文化广电新闻出版局局长：陈智旭
封开县文化广电新闻出版局局长：杨　松
德庆县文化广电新闻出版局局长：覃彬源

云浮市文化广电新闻出版局局长：梁仁球
云城区文化广电新闻出版局局长：陈志亮
罗定市文化广电新闻出版局局长：杨振东
云安县文化广电新闻出版局局长：李妍姬
新兴县文化广电新闻出版局局长：吴　平
郁南县文化广电新闻出版局局长：许澄江

阳江市文化广电新闻出版局局长：张小光
江城区文体旅游和外事侨务局局长：利如晁
阳春市文化体育广电新闻出版局局长：邓汝平
阳西县文体广电新闻出版局局长：许广多
阳东县文体广电新闻出版局局长：梁广艺

茂名市文化广电新闻出版局局长：黄晨光
茂南区文化体育局局长：郑　佳
茂港区文化体育新闻出版局局长：赖　胜
化州市文化广电新闻出版局局长：宋　凯
信宜市文化广电新闻出版局局长：吴家庆
高州市文化广电新闻出版局局长：陈沛超
电白县文化广电新闻出版局局长：郑闪光

湛江市文化广电新闻出版局局长：聂　兵
赤坎区文化新闻出版局局长：黄柳坚
霞山区文化新闻出版局局长：曾继房
坡头区文化广电新闻出版局局长：黄国楣
麻章区文化广电新闻出版局局长：郑永丰
吴川市文化广电新闻出版局局长：陈燕熙
廉江市文化广电新闻出版局局长：胡锡富
雷州市文化广电新闻出版局局长：牧　野
遂溪县科技文化广电新闻出版局局长：卢　旺
徐闻县文体局局长：张世越

广西壮族自治区

广西壮族自治区文化厅
党组书记、厅长：余益中
党组副书记、副厅长：李民胜
党组成员、副厅长：洪　波　唐正柱
副厅长：覃　溥
党组成员、纪检组长：李晓泉
副巡视员：马红英　任保胜

南宁市文化新闻出版局局长：蒙文虎
青秀区文化新闻出版体育局局长：赖清玲
兴宁区文化新闻出版体育局局长：吴　豫
江南区文化新闻出版体育局局长：谢　嘉
西乡塘区文化新闻出版体育局局长：黄枝滔
邕宁区文化新闻出版体育局局长：李金玉
良庆区文化新闻出版体育局局长：李少珊
武鸣县文化广播影视和体育局局长：潘进忠
横县文化广播影视和体育局局长：杨焕荣
宾阳县文化广播影视和体育局局长：梁　松
上林县文化广播影视和体育局局长：韦海东
马山县文化广播影视和体育局局长：蒙海军
隆安县文化广播影视和体育局局长：梁　毅

柳州市文化局局长：李丽珍
柳北区文化体育局局长：王继萍
城中区文化体育局局长：周小燕
鱼峰区文化体育局局长：罗　原
柳南区文化体育局局长：覃　捷
柳江县文化体育局局长：全开源
柳城县文化体育局局长：周　志
鹿寨县文化体育局局长：韦江华
融安县文化体育局局长：赵翔燕
融水县文化体育局局长：曹树明
三江县文化体育局局长：吴树辉

桂林市文化局局长：唐建林
秀峰区文化体育局局长：彭卫东
叠彩区文化体育局局长：李丹平
象山区文化体育局局长：王　坤
七星区文化体育旅游局局长：蒋才华
雁山区旅游文化体育局局长：熊伯平

临桂县文化体育局局长：赵秋岚
灵川县文化局局长：肖义清
兴安县文化旅游局局长：胡　琳
资源县文化体育局局长：唐向忠
全州县文化局局长：刘俊春
灌阳县文化局局长：王鸽群
龙胜县文化局局长：周艳红
永福县文化体育局局长：黄流琪
阳朔县文化体育局局长：刘建强
平乐县文化旅游局局长：李任科
恭城县文化旅游局局长：傅秋明
荔浦县文化体育局局长：卓礼雄

梧州市文化新闻出版局局长：冯绍溪
长洲区科文体局局长：岑锦萍
蝶山区科卫文体局局长：黄金莲
万秀区文化体育局局长：俞　健
岑溪市文化体育局局长：甘　卫
苍梧县文化体育局局长：王治文
藤县文化体育局局长：肖谋义
蒙山县文化体育局局长：肖映山

北海市文化局局长：陈月梅
合浦县文化体育新闻出版局局长：黄炳羽
海城区文化体育广播电视局局长：蒙海涛
银海区文化体育广播电视局局长：杨　铖
铁山港区文化体育和广播电视局局长：陈钦武

防城港市文化体育新闻出版局局长：卢　岩
防城区文化体育广播电影电视局局长：何春梅
港口区文化体育广播电影电视局局长：黄海燕
上思县文化体育广播电影电视局局长：雷爱新
东兴市文化体育广播电影电视局局长：陈壹堂

钦州市文化和新闻出版局局长：林钦娟
浦北县文化体育局局长：夏玄新
灵山县文化体育局局长：黄　健
钦南区文化体育局局长：王　伟
钦北区文化体育局局长：莫谦炳

贵港市文化局局长：廖向杰
平南县文化体育局局长：陈世穆
桂平市文化体育局局长：陈兆仁
港北区文化体育局局长：刘志琴
港南区文化体育局局长：黄冬珍
覃塘区文化体育局局长：吕彩兰

玉林市文化局局长：李锦第
玉州区文化体育局局长：谭艳艳
北流市文化体育局局长：钟森文
容县文化体育局局长：梁　彬
陆川县文化体育局局长：谢华南
博白县文化体育局局长：李书耀
兴业县文化体育局长：麦昭阳
福绵区文化体育局局长：欧科彪

百色市文化和新闻出版局局长：黄小卡
右江区文化局局长：罗　群
田阳县文化体育局局长：吴才现
田东县文化体育局局长：鲍　岳
平果县文化体育局局长：陆东立
德保县文化体育局局长：　赵　超
靖西县文化体育局局长：农俊杰
那坡县文化体育局局长：朱宁波
凌云县文化体育局局长：冉景奎
乐业县文化体育局局长：韦胜亮
田林县文化体育局局长：文　宝
隆林县文化体育局局长：杨朝林
西林县文化体育局局长：丁韦震

贺州市文化新闻出版局局长：廖　平
八步区文体局、新闻出版（版权）局局长：黄爱娱
钟山县文体局、新闻出版（版权）局局长：刘　勉
昭平县文体局、新闻出版（版权）局局长：左忠才
富川县文体局、新闻出版（版权）局局长：黄　灵

河池市文化广播影视管理局局长：杨卫群
金城江区文化广播影视局局长：覃宇雷
宜州市文旅体局局长：韦雯荃
罗城县文化体育局局长：银联健
环江县文化体育局局长：卢朝阳
南丹县文化体育局局长：冉秀书
天峨县文化体育局局长：牙　彬
东兰县文化体育局局长：周华强
巴马县文化体育局局长：覃明勇
凤山县文化体育局局长：韦联浩

都安县文化体育局局长：韦禹薇
大化县文化体育局局长：霍子甫

来宾市文化新闻出版局局长：黎瑞江
忻城县文化体育旅游局局长：韦江胜
金秀县文化和体育局局长：李金阳
合山市文化体育广电局局长：李国孟
象州县文化体育局局长：罗　钰
兴宾区文化体育局局长：谭晓梅
武宣县文体广电局局长：廖武谊

崇左市文化局局长：陆汉新
江州区文化体育局局长：周海深
扶绥县文化体育局局长：钟文庆
龙州县文化体育局局长：林　海
宁明县文化体育局局长：陶昌东
天等县文化体育局局长：黄建明
大新县文化体育局局长：农冬梅
凭祥市文化体育局局长：李小山

海南省

海南省文化广电出版体育厅

党组书记、厅长：范晓军
党组成员、副厅长：陈亚俊　柳松华　林光强
巡视员：王炳林
副巡视员：陈文宝

海口市文化广电出版体育局局长：徐　涛

三亚市文化广电出版体育局局长：董永泉
省直辖行政单位：
文昌市文化广电出版体育局局长：符向明
琼海市文化广电出版体育局局长：陈海燕
万宁市文化广电出版体育局局长：肖传能
五指山市文化广电出版体育局局长：伍楚君
东方市文化广电出版体育局局长：符　巍
儋州市文化广电出版体育局副局长：秦大茂
临高县文化广电出版体育局局长：符龙勤
澄迈县文化广电出版体育局局长：王　双
定安县文化广电出版体育局局长：邢　丽
屯昌县文化广电出版体育局局长：郭桂珍
昌江县文化广电出版体育局局长：庞大海
白沙县文化广电出版体育局局长：赖　伟
琼中县文化广电出版体育局局长：龙朝雄
陵水县文化广电出版体育局局长：叶仕勤
保亭县文化广电出版体育局局长：林孟地
乐东县文化广电出版体育局局长：林其波

重庆市

重庆市文化广播电视局

党委书记、局长：汪　俊
党委委员、重庆红岩联线文化发展管理中心主任：厉　华
党委委员、副局长：程武彦　温俊华　张洪斌　李廷勇
副局长：刘明华
党委委员、纪委书记：马岱良
党委委员、重庆中国三峡博物馆馆长：黎小龙
党委委员、局长助理：席　华

万州区文化广电新闻出版局局长：熊　刚
黔江区文化广电新闻出版局局长：魏华
涪陵区文化广电新闻出版局局长：周烽
渝中区文化广电新闻出版局局长：辛正明
大渡口区文化广电新闻出版局局长：蒋波
江北区文化广电新闻出版局局长：王海虎
沙坪坝区文化广电新闻出版局局长：高小余
九龙坡区文化广电新闻出版局局长：黄贤中
南岸区文化广电新闻出版局局长：喻先发
北碚区文化广电新闻出版局局长：万天伦
渝北区文化广电新闻出版局局长：李享强
巴南区文化广电新闻出版局局长：郑丽娟
长寿区文化广电新闻出版局局长：刘德奉
江津区文化广电新闻出版局局长：王劲松
合川区文化广电新闻出版局局长：邓建强
永川区文化广电新闻出版局局长：代永强
南川区文化广电新闻出版局局长：沈　瑁
綦江区文化广电新闻出版局局长：吴大钱
潼南县文化广电新闻出版局局长：杨　春

铜梁县文化广电新闻出版局局长：宋关心
大足区文化广电新闻出版局局长：李洪秀
荣昌县文化广电新闻出版局局长：刘　霞
璧山县文化广电新闻出版局局长：黄　林
梁平县文化广电新闻出版局局长：向时明
城口县文化广电新闻出版局局长：陈国心
丰都县文体广电新闻出版局局长：杜洪发
垫江县文化广电新闻出版局局长：左利理
武隆县文化体育旅游局副局长：蔡胜
忠县文体广电新闻出版局局长：吴英良
开县文化广电新闻出版局局长：黄晓勇
云阳县文化广电新闻出版局局长：李建军
奉节县文化广电新闻出版局局长：曾学军
巫山县文化广电新闻出版局局长：袁宏勋
巫溪县文体广电新闻出版局局长：黄晓明
石柱土家族自治县文化广电新闻出版局局长：黄怀林
秀山土家族苗族自治县文体广电新闻出版局局长：杨棕全
酉阳土家族苗族自治县文化广电新闻出版局局长：罗万明
彭水县文化广电新闻出版局局长：曾凡才

四川省

四川省文化厅

党组书记、厅长：郑晓幸
党组成员、副厅长：窦维平　泽　波　王志平　李兆权
党组成员、省纪委驻文化厅纪检组长：孙舒亚
党组成员、省文物局局长：王　琼
党组成员、机关党委书记：严飒爽
副巡视员：方国年　卢　锋

成都市文化局局长：王进
武侯区文体旅游局局长：唐　凯
青羊区文化体育广播电视和旅游局局长：刘咏梅
锦江区文广新局局长：陆　江
金牛区文化旅游和体育局局长：胥厚全
成华区文广新局局长：韩际舒
龙泉驿区文化广播电视新闻出版和体育旅游局局长：彭　虹
青白江区文体广电新闻出版局局长：李华蓉
新都区文化体育广播电视和新闻出版局局长：宋昌文
温江区文化广电和新闻出版局局长：吕骑铧
都江堰市文化广电新闻出版局局长：李霄龙
彭州市文体广电新闻出版局局长：毛泽玉
邛崃市文化体育广播电视和新闻出版局局长：王茂楠
崇州市文化体育广播电视和新闻出版局局长：陈　玲
金堂县文化体育广播电视和新闻出版局局长：钟方健
双流县文化旅游局局长：周永强
郫县文体广电和新闻出版局局长：陈　慧
大邑县文化体育广电新闻出版局局长：金禹良
蒲江县文化体育广电新闻出版局局长：李　辉
新津县文化体育广播电视和新闻出版局局长：鲁健根

广元市文化广播影视新闻出版局局长：余飞宇
利州区文化广播影视新闻出版局局长：何　浒
昭化区文化广播影视新闻出版局局长：龚贵宏
朝天区文化广播影视新闻出版局局长：杨治国
旺苍县文化广播影视新闻出版局局长：陈凯生
青川县文化广播影视新闻出版局局长：吴炳贵
剑阁县文化广播影视新闻出版局局长：杨延彬
苍溪县文化广播影视新闻出版局局长：阳艾利

绵阳市文化广播影视新闻出版局局长：马宗舜
涪城区文化广播影视新闻出版局局长：张国茂
游仙区文化广播影视新闻出版局局长：邓文太
江油市文化广播影视新闻出版和旅游局局长：蒲永见
三台县文化广播影视新闻出版局局长：王述生
盐亭县文化广播影视新闻出版和旅游局局长：肖　兵
安县文化广播影视新闻出版和旅游局局长：崔　强
梓潼县文化广播影视新闻出版和旅游局局长：梁　勇
北川羌族自治县文化广播影视新闻出版局局长：郭志武

平武县文化广播影视新闻出版和旅游局
局长：陈凤春

德阳市文化广播影视新闻出版局局长：包育建
旌阳区文化广播影视新闻出版局局长：陈应明
什邡市文化广播电影电视局局长：蒲堂全
广汉市文化体育广播影视新闻出版局局长：杨建华
绵竹市文化体育广播电影电视局局长：于天培
罗江县文化体育广播影视新闻出版局局长：肖 勇
中江县文化体育旅游局局长：刘晓玲

南充市文化广播影视体育局局长：陈家喜
顺庆区文化旅游广播影视局局长：唐维林
高坪区文化广播影视体育局局长：任凤华
嘉陵区文化广播影视体育局局长：陈 焱
阆中市文化旅游广播影视局局长：罗晓芹
南部县文化广播影视体育局局长：张志良
营山县文化和广播影视局局长：段青长
蓬安县文化广播影视体育局局长：袁力平
仪陇县文化体育和广播影视局局长：曹 萍
西充县文化广播影视局局长：谢 勇

广安市文化广播影视新闻出版局局长：徐怀林
广安区文化广播影视新闻出版局局长：刘伯清
华蓥市文化广播影视新闻出版局局长：王 勘
岳池县文化广播影视新闻出版局局长：龙丽君
武胜县文化广播影视新闻出版局局长：黄 玉
邻水县文化广播影视新闻出版局局长：黄 卫

遂宁市文化广播电影电视局局长：勾中进
船山区文化广播影视局局长：胡建军
安居区文化体育广播电影电视局局长：张 萌
蓬溪县文化广播电影电视局局长：代文益
射洪县文化和广播影视局局长：冯 瑛
大英县文化体育广播电影电视局局长：周松林

内江市文化广播影视和新闻出版局局长：黄志权
市中区文化体育和新闻出版局局长：柳永忠
东兴区文化体育广播影视和新闻出版局
局长：游 洪
威远县文化体育广播影视和新闻出版局
局长：付晓丹
资中县文化体育广播影视和新闻出版局
局长：孙文兴
隆昌县文化体育广播影视和新闻出版局
局长：黄有全

乐山市文化广播影视新闻出版局局长：谢晓明
市中区文化体育新闻出版局局长：王小虎
沙湾区文化体育广播影视新闻出版局局长：向洪敏
五通桥区文化体育广播影视新闻出版局局长：邓必强
金口河区文化广播影视新闻出版体育旅游局
局长：江 莉
峨眉山市文化广播影视新闻出版局局长：任冀兰
犍为县文化广播影视新闻出版局局长：杨 东
井研县文化体育广播影视新闻出版旅游局
局长：李旭东
夹江县文体广播影视新闻出版局局长：张一平
沐川县文化体育广播影视新闻出版局局长：徐 芸
峨边彝族自治县文化广播影视新闻出版局
局长：陈晓波
马边彝族自治县文化体育广播影视新闻出版局
局长：田富贵

自贡市文化广播影视新闻出版局局长：卓 越
自流井区文体广电和新闻出版局局长：甘建平
大安区文体广电和新闻出版局局长：张 联
贡井区文体广电和新闻出版局局长：温鸿斌
沿滩区文体广电和新闻出版局局长：宋 潮
荣县文体广电和新闻出版局局长：杨泽祥
富顺县文体广电和新闻出版局局长：高仁斌

泸州市文化新闻出版局局长：方 莉
江阳区文化体育广播影视新闻出版局局长：林海霞
纳溪区文化体育广播电影电视局局长：张 勇
龙马潭区文化体育广播影视新闻出版局局长：吴佳敏
泸县文化体育广播电影电视局局长：游书勇
合江县文化体育广播电影电视局局长：龙启权
叙永县文化体育广播电影电视局局长：颜 强
古蔺县文化体育广播电影电视局局长：罗 燕

宜宾市文化广播影视新闻出版局局长：汪 庆
翠屏区文化广播影视新闻出版局局长：葛伟杰
宜宾县文化广播影视新闻出版和体育局

局长：王德明
南溪县文化广播影视新闻出版和体育局局长：万　敏
江安县文化广播影视新闻出版和旅游局
局长：刘生敏
长宁县文化广播影视新闻出版和体育局局长：刘　勇
高县文化广播影视新闻出版和体育局局长：李　烨
筠连县文化广播影视新闻出版和旅游局
局长：杨占国
珙县文化广播影视新闻出版局局长：邓怀健
兴文县文化广播影视新闻出版和体育局局长：王　宇
屏山县文化广播影视和体育局局长：曾宪章

攀枝花市文化广播影视新闻出版局局长：马晓凤
东区文化体育和广播电视局局长：衡明坤
西区文体旅游广电新闻出版局局长：王　政
仁和县文化广播影视新闻出版局局长：陈　华
米易县文化广播影视新闻出版局局长：蔡　文
盐边县文化体育广播影视新闻出版局局长：周　勇

巴中市文化广播影视新闻出版局局长：黄　鸣
巴州区文化广播影视新闻出版局局长：杨　树
通江县文化广播影视新闻出版局局长：李建生
南江县文化广播影视新闻出版局局长：符　忠
平昌县文化广播影视新闻出版局局长：白能国

达州市文化和广播影视局局长：王隆毅
通川区文化体育和广播影视新闻出版版权局
局长：喻　静
万源市文化广播影视新闻出版版权局局长：向　豪
达川区文化体育广播影视新闻出版版权局
局长：李晓波
宣汉县文化和广播影视局局长：高海洋
开江县文化广播影视新闻出版版权局局长：蒋　伟
大竹县文化体育广播影视新闻出版版权局
局长：于　飞
渠县文化体育和广播影视局局长：王本川
资阳市文化广播影视新闻出版局局长：石朝武
雁江区文化体育广播影视新闻出版局局长：骆　雪
简阳市文化体育广播影视新闻出版局局长：施　亮
乐至县文化体育广播影视新闻出版局局长：冯期春
安岳县文化体育广播影视新闻出版局局长：邹　平

眉山市文化广播影视新闻出版局局长：田　禾
东坡区文化体育新闻出版局局长：许洪林
仁寿县文化体育新闻出版局局长：雷文忠
彭山县文广新局局长：吕卫东
洪雅县文广新局局长：何林芳
丹棱县文化广播影视新闻出版局局长：叶斌
青神县文化广电新闻出版局局长：邵永义

雅安市文化新闻出版和广播影视局局长：冯锡友
雨城区文化体育新闻出版和广播影视局
局长：倪宏伟
名山县文化新闻出版和广播影视局局长：彭　震
荥经县文化新闻出版和广播影视局局长：夷大杰
汉源县文化新闻出版和广播影视局局长：唐　亮
石棉县文化体育新闻出版和广播影视局
局长：及康生
天全县文化新闻出版和广播影视局局长：杨贤斌
芦山县文化新闻出版和广播影视局局长：陈中献
宝兴县文化新闻出版和广播影视局局长：杨华国

阿坝藏族羌族自治州文化体育广播影视新闻出版局局长：贺　松
马尔康县文化体育广播影视新闻出版局
局长：班玛初
汶川县文化体育广播影视新闻出版局局长：陈　康
理县文化体育广播影视新闻出版局局长：韩龙香
茂县文化体育广播影视新闻出版局局长：余海清
松潘县文化体育广播影视新闻出版局局长：刘晓东
九寨沟县文化体育广播影视新闻出版局局长：徐　棕
金川县文化体育广播影视新闻出版局局长：黄发强
小金县文化体育广播影视新闻出版局局长：刘　宇
黑水县文化体育广播影视新闻出版局局长：代　琳
壤塘县文化体育广播影视新闻出版局局长：周春香
阿坝县文化体育广播影视新闻出版局局长：红　梅
若尔盖县文化体育广播影视新闻出版局局长：李玉塔
红原县文化体育广播影视新闻出版局局长：尼美多杰

甘孜州文化体育和广播影视局局长：龚建忠
康定县文化旅游和广播影视体育局局长：段志鹏
泸定县文化旅游和广播影视体育局局长：刘劲松
丹巴县文化旅游和广播影视体育局局长：罗布加他
九龙县文化旅游和广播影视体育局局长：降秋泽仁
雅江县文化旅游和广播影视体育局局长：王永强

道孚县文化旅游和体育局局长：拥青她姆
炉霍县文化旅游和广播影视体育局局长：王大贵
甘孜县文化旅游和广播影视体育局局长：孙明春
新龙县文化旅游和广播影视体育局局长：四龙仁孜
德格县文化旅游和广播影视体育局局长：杨 胜
白玉县文化旅游和广播影视体育局局长：黄 兴
石渠县文化旅游和广播影视体育局局长：郭 松
色达县文化旅游和广播影视体育局局长：泽娜措
理塘县文化旅游和广播影视体育局局长：余华平
巴塘县文化旅游和广播影视体育局局长：绒 布
乡城县文化旅游和广播影视体育局局长：格桑邓珠
稻城县文化旅游和广播影视体育局局长：布 多
得荣县文化旅游和广播影视体育局局长：阿 绒

凉山州文化影视新闻出版局局长：陈方勇

西昌市旅游文化体育和新闻出版局局长：彭正科
盐源县文化广播电影电视局局长：杨世芬
德昌县文化影视新闻出版局局长：庄仕光
会理县文化影视新闻出版局局长：祁开虹
会东县文化影视新闻出版和旅游局局长：徐 飞
宁南县文化影视新闻出版局局长：张林森
普格县文化影视新闻出版旅游局局长：阿基俄尔
布拖县文化影视新闻出版和体育旅游局局长：胡子丹
金阳县文化影视新闻出版局局长：黑里日
昭觉县文化影视新闻出版和体育旅游局局长：金文明
喜德县文化影视新闻出版和旅游局局长：马海锁古
冕宁县文化影视新闻出版和旅游局局长：魏志强
越西县文化影视新闻出版和体育旅游局局长：阿苏越尔
甘洛县科技文化影视新闻出版和体育旅游局局长：文 毅
美姑县文化影视新闻出版和体育旅游民族宗教局局长：曲木阿莫
雷波县文化影视新闻出版和体育民族宗教局局长：白史者
木里县文化广播电视局局长：罗永忠

贵州省

贵州省文化厅

党组书记、副厅长：许 明
党组副书记、厅长：徐 圻
党组成员、副厅长：黎盛翔 张明辉 袁 伟
党组成员、省文物局局长：王红光
党组成员、纪检组长：孔 锦
副巡视员：卢培仁 吴建伟 梁红杰

贵阳市文化广播电影电视局局长：韦鸿宁

云岩区文化广播电视局局长：曹 静
南明区文化广播电视局局长：张亚玲
白云区旅游文体广播电视局局长：涂朝学
花溪区文化体育广播电视局局长：杨 旭
乌当区旅游文体广播电视局局长：王家康
金阳新区文体广播电视局局长：王 刚
开阳县旅游文体广播电视局局长：贺 毅
清镇市文体广播电视局局长：陶 涛
息烽县旅游文体广播电视局局长：朱登麟
修文县旅游文体广播电视局局长：周 红

六盘水市文化体育广播电影电视局局长：周应寿

六枝特区文体广电旅游局局长：肖忠学
盘县文体广电旅游局局长：邹兴林
水城县文体广电旅游局局长：冯 伟
钟山区文体广电旅游局局长：季 忠

遵义市文化体育广播电影电视局局长：周国栋

红花岗区文广电旅游局局长：贾福贤
汇川区文体广播电视局局长：吴建渝
遵义县文体广电旅游局局长：魏明伟
仁怀市文体广电旅游局局长：王道勋
赤水市文体广电旅游局局长：宋秋萍
习水县文体广电旅游局局长：叶晓林
务川县文体广电旅游局局长：文 鸣
正安县文体广电旅游局局长：吴 涛
道真县文体广电旅游局局长：韩智勇
湄潭县文体广播电视局局长：赵 翔
凤冈县文体广电旅游局局长：吴长刚
余庆县文体广播电视局局长：周忠武
绥阳县文广电旅游局局长：杨 进
桐梓县文体广电旅游局局长：杨国祥

安顺市文化广播电影电视局局长：吴 为

安顺市西秀区文体广电旅游局局长：严 军
普定县文化体育广播电视局局长：帅 昕

紫云县文体广电旅游局局长：卫　雨
镇宁县文体广电旅游局局长：谢世福
关岭县文体广电旅游局局长：丁美键
平坝县文体广电旅游局局长：陈　伟

毕节市文化体育广播电影电视局局长：李明泽
七星关区文化体育广播电视旅游局局长：徐兴志
黔西县文体广电旅游局局长：曾　红
大方县文化体育广播电视旅游局局长：曾祥富
金沙县文化体育广播电视旅游局局长：蒋重江
织金县文化体育广播电视旅游局局长：王招勋
纳雍县文体广播电视旅游局局长：周训照
威宁县文化体育广播局局长：王　铸
赫章县文化体育广播电视旅游局局长：张建华

铜仁市文化体育广播电影电视局局长：王恩田
碧江区文化体育广播电视旅游局局长：李益民
沿河县文化体育广播电视旅游局局长：徐兴强
江口县文化体育广播电视旅游局局长：杨　涛
万山特区文化体育广播电视旅游局局长：张秀芬
玉屏县文化体育广播电视旅游局局长：杨显政
石阡县文化体育广播电视旅游局局长：余安华
松桃县文化体育广播电视旅游局局长：龙再渊
思南县文化体育广播电视旅游局局长：樊建华
德江县文化体育广播电视旅游局局长：安　康
印江县文化体育广播电视旅游局局长：陈晓华

黔东南州文化体育和广播电影电视局局长：张　林
凯里市文体广播电视局局长：张　洪
黄平县文体广电局局长：杨　德
施秉县文体广电旅游局局长：吴启宏
台江县文体广电旅游局局长：李廷付
剑河县文体广电旅游局局长：吴重庆
三穗县文体广电旅游局局长：吴会师
天柱县文体广电旅游局局长：杨彰群
岑巩县文体广电旅游局局长：熊永龙
锦屏县文体广电旅游局局长：吴厚良
雷山县文体广电局局长：张　德
榕江县文体广电局局长：左才宏
从江县文体广电局局长：石朝生
黎平县文体广电旅游局局长：张勇贤
麻江县文体广电旅游局局长：曾正军
镇远县文体广电局局长：李　江

丹寨县文体广电旅游局局长：陆忠奎

黔南州文化和广播电影电视局局长：莫才军
都匀市文体广电旅游局局长：尹　蕙
瓮安县文体广电旅游局局长：何　端
贵定县文体广电旅游局局长：刘园丽
福泉市文体广电旅游局局长：唐兴武
荔波县文体广电旅游局局长：何　虎
平塘县文体广电旅游局局长：宋恩贵
罗甸县文体广电旅游局局长：卢　云
独山县文体广电旅游局局长：池继霞
长顺县文体广电旅游局局长：雷尊顺
三都县文体广电旅游局局长：梁家源
惠水县文体广电旅游局局长：孙　玲
龙里县文体广电旅游局局长：陈家健

黔西南州文化和广播电影电视局局长：李泽春
兴义市文化体育旅游和广播电影电视局局长：鄢　鸣
贞丰县文化体育旅游和广播电影电视局局长：王　崇
兴仁县文化体育旅游和广播电影电视局局长：曾　馨
册亨县文化体育旅游和广播电影电视局局长：代安泽
普安县文化体育旅游和广播电影电视局局长：谭代宽
望谟县文化体育旅游和广播电影电视局局长：王朝晖
安龙县文化体育旅游和广播电影电视局局长：冉　兵
晴隆县文化体育旅游和广播电影电视局局长：周　技

云南省

云南省文化厅

党组书记、厅长：黄　峻
组副书记、副厅长（正厅级）：花泽飞
党组成员、副厅长：黄丕义　黄　玲　熊正益
党组成员、纪检组组长：普仲亮

昆明市文化广播电视体育局局长：戴　彬
五华区文化体育旅游局局长：　张勇洪
盘龙区文化体育旅游局局长：彭　磊
官渡区文化体育旅游局局长：马春梅
西山区文化体育旅游局局长：贾海虹
东川区文体广电旅游局局长：唐江昆
呈贡区文体广电旅游局局长：郭慧芬
安宁市文体广电旅游局局长：闫晴方

晋宁县文体广电旅游局局长：肖子建
富民县文体广电旅游局局长：苏学平
宜良县文体广电旅游局局长：张绍云
嵩明县文体广电旅游局局长：李兆魁
石林彝族自治县文体广电旅游局局长：周保能
禄劝县文体广电旅游局局长：赵　明
寻甸回族彝族自治县文体广电旅游局局长：范克有

曲靖市文化体育局局长：纪爱华
麒麟区文化体育局局长：王　飞
马龙县文化体育广播电视局局长：高德安
陆良县文化体育广播电视局局长：伏鸿翔
师宗县文化体育广播电视旅游局局长：尹白云
罗平县文化体育广播电视局局长：陈利平
宣威市文化体育广播电视旅游局局长：余红梅
富源县文化体育广播电视旅游局局长：方盛仙
沾益县文化体育局局长：曾利斌
会泽县文化体育广播电视局局长：高　坤

玉溪市文化局局长：周延平
红塔区文体广电旅游局局长：王　涛
通海县文体广电旅游局局长：杨　敏
江川县文体广电旅游局局长：周　瑜
澄江县文体广电旅游局局长：赵开华
华宁县文体广电旅游局局长：李飞跃
易门县文体广电旅游局局长：王云峰
峨山县文体广电旅游局局长：何家海
新平县文体广电旅游局局长：李明团
元江县文体广电旅游局局长：谭　江

保山市文化广播电视新闻出版局局长：艾怀森
隆阳区文化广播电视体育局局长：张文芹
腾冲县文化广播电视体育局局长：李启山
施甸县文体广电旅游局局长：刘晓静
昌宁县文体广电旅游局局长：段体宪
龙陵县文体广电旅游和外事局书记：陈　旭

昭通市文体新闻出版局局长：李华章
昭阳区文化体育局局长：吴纯灵
鲁甸县文体广电和旅游局局长　罗发洪
镇雄县文体广电旅游局局长：邓　兴
彝良县文体和广播电视局局长　赵邦定
威信县文体广电和旅游局局长：彭吉武
盐津县文体局局长：谢超健
永善县文体广电和旅游局局长　韩先录
绥江县文体局局长：许国江
大关县文体广电旅游局局长：佘家均
巧家县文体广电和旅游局局长　黎　平
水富县文体广电和旅游局局长　刘思才

丽江市文化广电新闻出版局局长：和丽萍
古城区文化广电新闻出版局局长：王建南
玉龙纳西族自治县文化广电新闻出版局局长：赵树森
永胜县文化体育广播电视新闻出版局局长：陈绍军
华坪县文化体育广电新闻出版局局长：蒋仕成
宁蒗彝族自治县文化体育广电新闻出版局局长：马雄斌

普洱市文化局局长：饶明勇
思茅区文化体育和广播电视局局长：刘学春
宁洱县文化体育和广播电视局局长：王彩萍
景东县文化体育和广播电视局局长：蔡　志
景谷县文化体育和广播电视局局长：付　罡
镇沅县文化体育和广播电视局局长：陈晓林
墨江县文化体育和广播电视局局长：张林群
孟连县文化体育局局长：陶婉香
澜沧县文化体育局局长：李扎迫
西盟县文化体育和广播电视局局长：毛莲英
江城县文化体育局局长：刀艳华

临沧市文体局局长：张龙明
临翔区文体广电旅游局局长：杨永寿
凤庆县文体广电旅游局局长：张中伦
云县文体广电旅游局局长：金兰元
永德县文体广电旅游局局长：罗炯明
耿马县文体广电旅游局局长：杨明琴
双江县文体广电旅游局局长：李卫平
镇康县文体广电旅游局局长：穆建忠
沧源县文体广电旅游局局长：赵志强

德宏州文化体育局局长：方桄明
芒市文体广电旅游局局长：李家仁
瑞丽市文体广电旅游局局长：杨建军

盈江县文体广电旅游局局长：周湛禄
梁河县文体广电旅游局局长：张　雁
陇川县文体广电旅游局局长：陈　刚
畹町经济开发区文体广电旅游局：李开忠

怒江州文化局局长：普利颜
泸水县文体广电局局长：张丽琴
福贡县文体广电旅游和外事侨务局局长：和江文
兰坪县文体广电旅游局局长：陈松泉
贡山县文体广电旅游和外事侨务局局长：兰慧明

迪庆州文化局局长：浦　江
香格里拉县文化体育广电局局长：张宏灿
德钦县文化体育广电旅游局局长：龚曲此里
维西傈僳族自治县文化体育广电旅游局局长：周公耀

大理白族自治州文化（新闻出版、版权）局局长：王峥嵘
大理市文化体育广播电视局局长：邹　勤
鹤庆县文化体育广播电视局局长：赵汝训
剑川县文化体育广播电视局局长：何伯纪
洱源县文化体育广播电视局局长：李学雄
宾川县文化体育广播电视局局长：施德兴
巍山县彝族回族自治县文化体育广播电视局局长：张　洪
弥渡县文化体育旅游局局长：徐　逵
南涧彝族自治县文化体育广播电视旅游局局长：郎沅龙
漾濞县彝族自治县文化体育广播电视旅游局局长：郎跃军
永平县文化体育广播电视旅游局局长：荼正林
云龙县文化体育广播电视旅游局局长：古小龙
祥云县文化体育广播电视旅游局局长：环建华

楚雄州文体局局长：施克沛
楚雄市文体广电旅游局局长：金　山
牟定县文体广电旅游局局长：何光明
双柏县文体广电旅游局局长：王琳芬
禄丰县文体广电旅游局局长：宋耘田
永仁县文体广电旅游局局长：李发安
南华县文体广电旅游局局长：彭元勇
武定县文体广电旅游局局长：鲁自福
姚安县文体广电旅游局局长：普正武
大姚县文体广电旅游局局长：何兴平
元谋县文体广电旅游局局长：仲之望

红河州文化体育局局长：李正有
蒙自市文化体育和广播电视局局长：包德勇
个旧市文化体育和广播电视局局长：严国明
开远市文化体育和广播电视局局长：陈秋圻
石屏县文化体育和广播电视局局长：普仕祥
建水县文化体育和广播电视局局长：武　锐
弥勒县文化体育和广播电视局局长：罗丽莉
泸西县文化体育和广播电视局局长：朱富林
红河县文化体育和广播电视局局长：马俊洪
元阳县文化体育和广播电视局局长：朱文珍
绿春县文化体育和广播电视局局长：王本宏
金平县文化体育旅游和广播电视局局长：丁建军
屏边县文化体育旅游和广播电视局局长：张红敖
河口县文化体育和广播电视局局长：成　翠

文山州文化局局长：陈亚非
文山市文化广电体育旅游局局长：王保剑
砚山县文化广电体育旅游局局长：权丽萍
西畴县文化广电体育旅游局局长：杨玉芳
麻栗坡县文化广电体育旅游局局长：任志弘
马关县文化广电体育旅游局局长：谢国庆
丘北县文化广电体育局局长：朱　立
广南县文化广电体育局局长：黄先泰
富宁县文化局局长：黄炳会

西双版纳州文化体育和新闻出版局局长：张志贤
景洪市文化体育广播电视局局长：杨双桥
勐海县文化体育广播电视和旅游局局长：刀林冬
勐腊县文化体育广播电视和旅游局局长：杨飘龙

西藏自治区

西藏自治区文化厅
党组书记、副厅长：刘建敏
党组副书记、厅长：尼玛次仁
党组成员、副厅长：王勇才
党组成员、纪检组长：沙道训
党组成员、副厅长：任淑琼、张治中
副巡视员、文物局副局长：丹增朗杰

拉萨市文化局局长：王德隆
城关区文化广播电影电视局局长：石岩
曲水县文化广播电影电视局局长：王军旗
堆龙德庆县文化广播电影电视局局长：邹圣兰
尼木县文化广播电影电视局局长：其美顿珠
达孜县文化广播电影电视局局长：米玛次仁
墨竹工卡县文化广播电影电视局局长：格　桑
林周县文化广播电影电视局局长：米玛次仁
当雄县文化广播电影电视局局长：巴桑加措

那曲地区文化局局长：次仁龙培
那曲县文化局局长：白　鲁
嘉黎县文化局局长：普布次仁
比如县文化局局长：巴　桑
聂荣县文化局局长：米玛玉珍
申扎县文化局局长：益西曲珍
尼玛县文化局局长：美　朵
安多县文化局局长：旺　珍
巴青县文化局局长：永　巴
索县文化局局长：金　莎
班戈县文化局局长：爱　啦
双湖区文化局局长：久　美

昌都地区文化局(新闻出版局)局长：祝国正
昌都县文化局局长：国　庆
边坝县文化局局长：孔翠霞
洛隆县文化局局长：江春洛布
芒康县文化局局长：陈绕吉
左贡县文化局局长：阿旺次仁
江达县文化局局长：扎西桑布
贡觉县文化局局长：泽　嘎
察雅县文化局局长：向巴元丁
丁青县文化局局长：拉巴次仁
八宿县文化局局长：普　布
类乌齐县文化局局长：仁增巴登

林芝地区文广局局长：崔晓东
林芝县文化局局长：达　娃
工布江达县文化局局长：卓　玛
米林县文化局局长：米玛卓玛
朗县文化局局长：张　伟
波密县文化局局长：卢俊香
察隅县文化局局长：朱家斌
墨脱县文化局局长：拉宗卓玛

山南地区文化局：林　萍
错那县文化局局长：边巴格列
加查县文化局局长：李鸿莉
曲松县文化局局长：李国义
隆子县文化局局长：叶秀芳
琼结县文化局局长：岳燕妮
扎囊县文化局局长：米　玛
洛扎县文化局局长：拉巴次仁
贡嘎县文化局局长：谭满成
错美县文化局局长：旺　旦
乃东县文化局局长：洛　珍
浪卡子县文化局局长：扎西次仁
桑日县文化局长：刘安军

日喀则文化局局长：金巴洛珠
日喀则市文化局局长：多布拉
亚东县文化局局长：达　珍
白朗县文化局局长：巴　琼
江孜县文化局局长：陈　宇
康马县文化局局长：索　次
岗巴县文化局局长：普　顿
仁布县文化局局长：米　平
南木林县文化局局长：扎西平措
谢通门县文化局局长：尼　平
拉孜县文化局局长：央　宗
昂仁县文化局局长：迟鹏先
萨嘎县文化局局长：尼玛罗布
定日县文化局局长：多　拉
聂拉木县文化局局长：尼玛多吉
吉隆县文化局局长：多　凤
仲巴县文化局局长：旦　曲
定结县文化局局长：多布杰

阿里地区文化局局长：索南群觉
措勤县文化局局长：边　巴
改则县文化局局长：才旺占堆
革吉县文化局局长：阿旺次仁
普兰县文化局局长：加　措
噶尔县文化局局长：扎西顿珠
日土县文化局局长：巴桑次仁
札达县文化局局长：达娃卓玛

陕西省

陕西省文化厅

党组书记、厅长：余华青
党组成员、副厅长：蒋惠莉、李军民
副厅长：刘宽忍
党组成员纪检组长：李延军
机关党委书记：彭　英
副巡视员：强双喜、李全虎、王志强

西安市文化广电新闻出版局局长：彦彬
莲湖区文化体育局局长：孙历斌
新城区文化体育局局长：张阿萍
碑林区文化体育局局长：王宗会
灞桥区文化体育局局长：陈亚红
未央区文化体育旅游局局长：冯启辉
雁塔区文化体育局局长：殷枫岚
阎良区文化体育广播电视局局长：魏　烜
临潼区文化体育广播电视局局长：姚华山
长安区文化体育广播电视局局长：王超峰
蓝田县文化体育广播电视局局长：王养军
周至县文化体育广播电视局局长：时周平
户县文化体育广播电视局局长：陈炜
高陵县文化体育广播电视局局长：李巧玲
杨凌县文化体育局局长：万新智

延安市文化广电新闻出版局局长：曹振乾
宝塔区文体广播电视局局长：王　峰
延长县文体广电电视局局长：强海洋
延川县文体广电电视局局长：袁竹林
子长县文体广电电视局局长：曹晓君
安塞县文体广电电视局局长：刘进益
志丹县文体广电电视局局长：李志刚
吴起县文体广电电视局局长：曹宪武
甘泉县文体广电电视局局长：刘玉东
富县文体事广电电视局长：任宏江
洛川县文体广电电视局局长：李小龙
宜川县文体广电电视局局长：王思宣
黄龙县文体广电电视局局长：石文学
黄陵县文体广电电视局局长：刘俊生

铜川市文化广电新闻出版局局长：鱼福昌
耀州区文化文物旅游局局长：寇爱萍
王益区文体广电局局长：杨金印
印台区文体广播电视局局长：井战红
宜君县文体广电局局长：杨正平

渭南市文化广电新闻出版局局长：华惠民
临渭区文化体育旅游局局长：惠双奇
华阴市文化体育广播电视局局长：郝富仓
韩城市文化体育事业局局长：王　勇
华县文化体育局局长：赵小红
潼关县文化体育广电局局长：汤振华
大荔县文化体育广电局局长：李高峰
浦城县文化体育广电局局长：程建武
澄城县文化体育广电局局长：王现民
白水县文化体育广电局局长：王俊荣
合阳县文化体育广电局局长：张新选
富平县文化广电局局长：雷　虎

咸阳市文化广电新闻出版局局长：闻俊辉
秦都区文化体育事业局局长：吴晓秦
渭城区文化体育局局长：郭增勇
兴平市文化体育广电局局长：杨正平
三原县文体广电局局长：党德海
泾阳县文体广电局局长：张永利
乾县文体旅游局局长：赵明博
礼泉县文体局局长：周佩玉
永寿县文体旅游局局长：宋小民
彬县文体广电局局长：樊俊峰
长武县文体旅游局局长：段张权
旬邑县文体旅游局局长：燕培植
淳化县文体广电局局长：杜思刚
武功县文体广电局局长：韩宁超

宝鸡市文化广电新闻出版局局长：张辉
渭滨区文化旅游局局长：黄卫红
金台区文化广电局局长：白本军
陈仓区文化广电局局长：杨继晓
凤翔县文化广电局局长：牛军涛
岐山县文化广电局局长：杨栓绪
扶风县文化广电局局长：成广宁
眉县文化广电局局长：张　鹰
陇县文化广电局局长：李文梁
千阳县文化旅游局局长：夏　攀
麟游县文化广电局局长：兰乾生

凤县文化广电局局长：王　勇
太白县科技文化文物局局长：王西海

汉中市文化广电新闻出版局局长：王汉山
汉台区文化文物旅游广播电视局局长：马千里
南郑县文体事业局局长：刘兰鹏
城固县文化广播电视局局长：伍宏贤
洋县文化广播电视局局长：白宝平
西乡县文体事业局局长：周健
勉县文化广电局局长：严海金
宁强县文化广电局局长：王志明
略阳县文化体育局局长：王晓东
镇巴县文化广电局局长：王科玉
留坝县文化广电局局长：李建安
佛坪县文化教育体育局局长：马正平

榆林市文化广电新闻出版局局长：高德树
榆阳区文体事业局局长：杨志军
神木县文体事业局局长：项世荣
府谷县文体广电局局长：谭玉山
横山县文体广电局局长：师发光
靖边县文体广电局局长：任利戈
定边县文体广电局局长：艾　君
绥德县文体广电局局长：贺怀杰
米脂县文体广电局局长：王　勇
佳县文体广电局局长：刘建新
吴堡县文体广电局局长：李彦林
清涧县文体广电局局长：陈建民
子洲县文化广电局局长：石国玉

安康市文化文物广电局局长：杨海波
汉滨区文化文物广电局局长：夏亚洲
汉阴县文化广电局局长：张显斌
石泉县文化文物广电局局长：蔡方毅
宁陕县文化文物广电局局长：卢益建
紫阳县文化局局长：晏筱波
岚皋县文化文物广电局局长：杜文涛
平利县文化文化广电局局局长：胡昌志
镇坪县文化旅游广电局局长：秦绪基
旬阳县文化旅游局局长：何家立
白河县文化旅游广电局局长：白建根

商洛市文化文物广电局局长：段向东
商州区文化广电局局长：张　勇
洛南县文化广电局局长：陈翔宇
丹凤县文化广电局局长：姚虎山
商南县文化广电局局长：刘海宏
山阳县文化广电局局长：杨　彬
镇安县文化广电局局长：何代瑜
柞水县文化广电局局长：韩祖学

甘肃省

甘肃省文化厅
党组书记、厅长：邵　明
党组成员、副厅长：王兰玲　李慎滨　王文全
副厅长：张　明
党组成员、纪检组长：董义平
党组成员、甘肃画院党委书记：安邕江
党组成员、副厅长兼省文物局局长：杨惠福
巡视员、甘肃省博物馆党委书记：韩博文
副巡视员：郁小龙　吴鹤俊

兰州市文化广播影视新闻出版局局长：韩德才
城关区文化局局长：邢健婷
七里河区文化体育广播影视局局长：玄承民
安宁区文广局局长：丁发岳
西固区文化广播影视局局长：刘克钧
红古区文化体育广播影视局局长：刘昌录
永登县文化体育局局长：张永贵
皋兰县文化体育局局长：俞显熊
榆中县文化体育广播影视局局长：李学玲

嘉峪关市文化广播电视局局长：贾　辉

金昌市文化广播影视新闻出版局局长：何济国
金川区文化广播影视局局长：冉生鹏
永昌县文化广播影视局局长：程硕年

白银市文化广播影视新闻出版局局长：胡梓寿
白银区文化体育局局长：张玉珀

平川区文化体育和广播影视局局长：贺更弘
靖远县文化体育和广播影视局局长：张生禄
会宁县文化体育和广播影视局局长：邢耀辉
景泰县文化体育和广播影视局局长：彭宝清

天水市文化广播影视新闻出版局局长：苏定武
秦州区文化广播影视局局长：刘汉杰
麦积区文化广播影视局局长：王　琛
清水县文化广播影视局局长：李国桢
秦安县文化广播影视局局长：任保民
甘谷县文化广播影视局局长：任光明
武山县文化广播影视局局长：张彧杰
张家川回族自治县文化广播影视局局长：马素福

武威市文化广播影视新闻出版局局长：许建武
凉州区文化体育局局长：王　喜
民勤县文化体育局局长：周怀勇
天祝县文化体育局副局长：胡忠林
古浪县文化体育局局长：张学勇

酒泉市文广新局局长：贾其全
肃州区文化体育局局长：高殿国
玉门市文化出版局局长：李玉林
敦煌市文化体育和广播影视局局长：任聚生
金塔县文化体育局局长：俞新琳
瓜州县文化体育局局长：康付明
肃北县文化体育局局长：丁立军
阿克塞县文化广播电影电视体育局局长：屈存军

张掖市文化广播影视新闻出版局局长：徐晓霞
甘州区文化广播影视新闻出版局局长：康建军
民乐县文化广播影视新闻出版局局长：王登学
临泽县文化广播影视新闻出版局局长：刘　红
高台县文化广播影视新闻出版局局长：郑伏英
山丹县文化广播影视新闻出版局局长：周德兴
肃南裕固族自治县文化广播影视新闻出版局局长：王秀芳

庆阳市文化广播影视新闻出版局局长：李永洲
西峰区文化广播影视新闻出版局局长：毛会科
庆城县文化广播影视局局长：吴军宏
环县文化广播电视局局长：黄满斌
华池县文化广播影视新闻出版局局长：王文彪
合水县文化广播影视局局长：王振乾
正宁县文化广播影视局局长：潘文社
宁县文化广播影视局局长：柴文秀
镇原县文化广播影视局局长：路永新

平凉市文化广播影视新闻出版局局长：刘万民
崆峒区文体广电局局长：杜志民
泾川县文体广电局局长：卢永峰
灵台县文体广电局局长：于自强
崇信县文体广电局局长：杨永宏
华亭县文体广电局局长：金光宇
庄浪县文体广电局局长：李平德
静宁县文体广电局局长：牛永琪

定西市文化广播影视新闻出版局局长：肖长禄
安定区文化广播影视新闻出版局局长：杨立新
通渭县文化广播影视局局长：牛昌斌
临洮县文化广播影视局局长：陈体雄
漳县文化广播影视局局长：周新萍
岷县文化广播影视局局长：常焕新
渭源县文化广播影视局局长：田学忠
陇西县文化广播影视局局长：王国豪

陇南市文化广播影视新闻出版局局长：刘继成
武都区文化体育局局长：杨　林
成县文化体育局局长：孙浩文
宕昌县文化体育局局长：陈　昌
康县文化体育局局长：苟长途
文县文化体育局局长：沈　璇
西和县文化局局长：王卫红
礼县文化体育局局长：许明理
两当县文化体育局局长：成仁才
徽县文化体育局局长：张　霖

临夏回族自治州文化出版局局长：马光才
临夏市文广局局长：马培云
临夏县文化体育局局长：张维吉
康乐县文化体育局局长：刘建文
永靖县文化体育局局长：祁世明
广河县文化广播影视局局长：唐士乾
和政县文化广播影视局局长：马占祥
东乡县文化局局长：高家峻
积石山县文化体育局局长：周永祥

甘南藏族自治州文化广播影视新闻出版局
局长：全永康
合作市文化体育广播影视局局长：冯启仁
临潭县文化体育广播影视局局长：李建中
卓尼县文化体育广播影视局局长：张建强
舟曲县文化体育广播影视局局长：杨桑吉成
迭部县文化体育广播影视局局长：杨宝泉
玛曲县文化体育广播影视局局长：孟洛巴
碌曲县文化体育广播影视局局长：李玉明
夏河县文化体育广播影视局局长：郭晓明

青海省

青海省文化和新闻出版厅厅长：曹　萍
副厅长：李加曲　司才仁　吴解勋　张承伟
　　　　王建平　吕　霞　陈　通
纪检组长：常建明
巡视员、省文物管理局局长：冯兴禄
党组成员、青海民族出版社社长：祁正贤

西宁市文化广播电视局局长：赵　冬
城中区科技文体旅游局局长：卞小玮
城东区科技文体旅游局局长：于江红
城西区科技文体旅游局局长：王慧明
城北区科技文体旅游局局长：封　玮
大通回族土族自治县科技文化体育局局长：苏亚玲
湟源县科技文化体育局局长：张文仲
湟中县科技文化体育局局长：李成云

青海海东地区文化广播电视局局长：谭　玲
平安县文化体育广播电视局局长：李翠红
乐都县文化体育广播电视局局长：杨桂香
民和回族土族自治县文化体育广播电视局
　　局长：黎　峰
互助土族自治县文化体育局局长：麻守文
化隆回族自治县文化体育广播电视局局长：马青云
循化撒拉族自治县文化体育广播电视局局长：韩忠顺

海北藏族自治州文化体育局局长：丁云生
海晏县文体体育广播电视局局长：桑杰加
祁连县文化广播电视局局长：马金国
刚察县文化广播电视局局长：南久多杰
门源回族自治县文体广播电视局局长：冯秀英

海南藏族自治州文化体育局局长：才　让
共和县文化体育广播电视局局长：索南项秀
同德县教育文化局局长：卓玛本
贵德县文化体育广播电视局局长：樊永萍
兴海县文化体育广播电视局局长：尕玛项秀
贵南县文体广电局局长：华　青

黄南藏族自治州文化体育局局长：拉龙当周
同仁县文化体育广播电视局局长：娘毛才让
尖扎县文体广电旅游局局长：杨项峰
泽库县文体广电旅游局局长：多杰扎西
河南蒙古族自治县文体广电旅游局局长：张鹏飞

果洛藏族自治州文化体育局局长：多杰坚措
玛沁县文体广播电视局局长：却　松
班玛县文体广播电视局局长：郭海民
甘德县文体广播电视局局长：索南多杰
达日县文体广电旅游局局长：董　强
久治县文体广电局局长：马华旦
玛多县文化体育广播电视局局长：拉毛吉

玉树藏族自治州文化体育局局长：昂文格来
玉树县文体广播电视局局长：马文青
杂多县文化旅游广播电视局局长：布在加
称多县文化教育局局长：索南尼玛
治多县文化教育局局长：肖　平
囊谦县文化教育局局长：才旺巴丁
曲麻莱县文化教育局局长：春　武

海西蒙古族藏族自治州文体广电局局长：汪　静
德令哈市文体广电局局长：郭继平
格尔木市文体广电局局长：马建伟
乌兰县文体广电局局长：韩永玺
都兰县文体广电局局长：韩木生
天峻县文体广电局局长：梁艳龙

宁夏回族自治区

宁夏回族自治区文化厅
党组书记、厅长：杨玉经

党组副书记、副厅长（正厅级）：阮教育
党组成员、副厅长：陶雨芳　秦发生
党组成员、驻自治区文化厅广播电视局新闻出版局纪检组长：思仲举
党组成员、宁夏文化产业投融资公司总经理：焦连新
党组成员、宁夏演艺集团有限公司总经理：范晋国
副巡视员：许　成　行小卫

银川市文化广播电视局局长：于小龙
兴庆区文化体育旅游局局长：陈　杰
金凤区文化体育旅游局局长：杨晓娟
西夏区文化体育旅游局局长：王彦君
永宁县文化旅游广播电视局局长：沈学华
贺兰县文化旅游广播电视局局长：董　斌
灵武市文化旅游广播电视局局长：杨华东

石嘴山市文化广电旅游局局长：杨　帆
大武口区文化旅游局局长：李玉宏
平罗县文化旅游广播电视局局长：魏振国
惠农区商务和文化旅游局局长：曲显普

吴忠市文化体育广播电视局局长：杨成葆
利通区文化体育旅游局局长：马铁马
青铜峡市文化旅游广电局党组书记：杨学精
同心县文化体育局局长：丁　文
盐池县文化旅游广播电视局局长：张志凤
红寺堡区文化体育旅游局局长：孙　冲

固原市文化体育广播电视局局长：马凤贤
原州区文化体育旅游局局长：岳国军
西吉县文化旅游广播电视局局长：马存贤
隆德县文化旅游广播电视局局长：张全胜
泾原县文化旅游广播电视局局长：李存慧
彭阳县文化旅游广播电视局局长：林生库

中卫市文化体育广播电视局局长：王学军
沙坡头区文体卫生和计划生育局局长：鲁思琴
中宁县文化旅游广播电视局局长：王少庸
海原县文化旅游广播电视局局长：李文才

新疆维吾尔自治区

新疆维吾尔自治区文化厅

党组书记、副厅长：韩子勇
党组副书记、厅长：阿不力孜·阿不都热依木
党组成员、副厅长：艾尼瓦尔·阿不都许库尔
党组成员、新疆维吾尔自治区文物局局长：盛春寿
党组成员、纪检组组长：徐　良
党组成员、副厅长：徐锐军
党组成员、副厅长、新疆艺术剧院院长：卡米力·吐尔逊
副厅长：张子康
党组成员、新疆艺术剧院党委书记：张建新
副巡视员、人事处处长：陶建生
副巡视员、非物质文化遗产处处长：马迎胜

乌鲁木齐市文化局（新闻出版局、版权局）局长：周树星
天山区文体局局长：闫玉凤
沙依巴克区文体局局长：居来提·阿吉
新市区文化体育旅游局局长：刘　霖
水磨沟区文化体育旅游局局长：张　卫
头屯河区文化体育旅游局局长：谷立群
达坂城区文化体育旅游局局长：海建新
米东区文化体育旅游局局长：桑梓槟
乌鲁木齐县文化体育旅游局局长：陈守清

克拉玛依市文化广播影视局局长：常锋英
克拉玛依区文化体育局局长：何　英
独山子区文体局局长：杜新兰
白碱滩区文体旅游局局长：谢和平
乌尔禾区文化体育旅游局局长：翟兰芳

喀什地区文化体育新闻出版局局长：阿力木江·阿西木
喀什市文体局局长：阿布都克日木·苏里坦
疏附县文化体育广播影视局局长：曹　军
疏勒县文体新闻出版局局长：鬲　岚
英吉沙县文化体育新闻出版局局长：陈友昌
泽普县文体局局长：吐鲁洪·买买提
莎车县文化体育新闻出版局局长：陈海洋
叶城县文体局局长：阿依买提·塔里甫
麦盖提县文体局局长：祖农司拉木

岳普湖县文化体育广播影视局
　　局长：阿不力米提·斯迪克
伽师县文体新闻出版局局长：吕　林
巴楚县文体广电局局长：买买提明·艾海提
塔什库尔干塔吉克自治县文化体育新闻出版局
　　局长：刘　洋

阿克苏地区文体局局长：吐尔洪·阿不都热合曼
阿克苏市文化体育广播影视局局长：陈霄鸿
温宿县文化体育广播影视局局长：李爱军
库车县文化体育广播影视局
　　局长：努尔尼沙·阿布拉
沙雅县文化体育广播影视局
　　局长：阿尼娜·亚克西
新和县文体广播影视局局长：鲍自斌
拜城县文化体育广播影视局局长：牟景艳
乌什县文化体育广播影视局
　　局长：肖开提·努尔东
阿瓦提县文化体育广播影视局局长：田朝晖
柯坪县文化体育广播影视局长：亚斯·色买提

和田地区文化体育局局长：居来提·麦色依提
和田市文体局局长：阿不力克木·马木提
和田县文体局局长：田景钟
墨玉县文化体育影视局局长：吾佳阿布都拉
皮山县文体广电局局长：阿不力克木·塔力甫
洛浦县文体局局长：吐送江·米居提
策勒县文体局局长：田　雷
于田县文体局局长：吴安臣
民丰县文化体育广播影视局
　　局长：艾沙栋·阿布都热合曼

吐鲁番地区文化体育新闻出版局局长：钱昊亮
吐鲁番市文广局局长：张江成
鄯善县文广局局长：常浩东
托克逊县广电文体局局长：陶长江

哈密地区文体局局长：祖农·沙依提
哈密市文化体育广播影视新闻出版（版权）局
　　局长：张江宏
伊吾县文化体育广播影视新闻出版（版权）局
　　局长：吕开娥
巴里坤县文体局局长：吴同生

克孜勒苏柯尔克孜自治州文体局
　　局长：阿斯卡尔·江额巴依
阿图什市文化体育广播影视局
　　局长：木和塔·米吉提
阿克陶县文体局局长：阿力甫
阿合奇县文化体育广播影视局
　　局长：吐尔地巴依
乌恰县文体局局长：多力坤

博尔塔拉蒙古自治州文体广新局局长：铁　山
博乐市文体局局长：祁全生
精河县文化体育广播影视局局长：黄雪丽
温泉县文体广新局局长：巴雅尔

昌吉回族自治州文体局局长：吴　勇
昌吉市文化体育广播影视局局长：刘永新
阜康市文体局局长：李凤妹
呼图壁县文化体育旅游广播影视局
　　局长：龚建烨
玛纳斯县文化体育旅游广播影视局
　　局长：杨建伟
奇台县文广局局长：王晓文
吉木萨尔县文化体育旅游广播影视局
　　局长：齐吉平
木垒县文体局局长：王炬东

巴音郭楞蒙古自治州文化体育广播影视局
　　局长：高新友
库尔勒市文化体育广播影视局局长：甄建梅
轮台县文化体育广播影视局
　　局长：艾合买提·克日木
尉犁县文化体育广播影视局局长：陶春玲
若羌县文化体育广播影视局局长：宋振军
且末县文化体育广播影视局
　　局长：迪力木拉提·艾麦尔
和静县文化体育广播影视局局长：衣仁且
和硕县文化体育广播影视局局长：桑加拉
博湖县文化体育广播影视局局长：张　勋
焉耆县文化体育广播影视局局长：燕　婷

伊犁哈萨克自治州文化体育广播影视局
　　局长：克孜尔开勒迪
伊宁市文化体育广播影视局局长：赛德尔丁

奎屯市文化体育广播影视局局长：孔繁坤
伊宁县文化体育广播影视局局长：托胡提艾力
霍城县文化体育广播影视局局长：刘旖炫
巩留县文体广播影视局局长：穆哈太
新源县文体广播影视局局长：努尔太
昭苏县文化体育局局长：叶尔江
特克斯县文化体育广播影视局局长：何泽虎
尼勒克县文化体育广播影视局局长：加娜尔
察布查尔县文化体育广播影视局局长：吴文泉

塔城地区文体局局长：张福钰
塔城市文化体育广播影视局书记：崔彦坤
乌苏市文化体育广播影视局局长：肖　静
额敏县文化体育广播影视局长：拉汗·夏汗
沙湾县文化体育广播影视局局长：丁志毅
托里县文化体育广播影视局局长：马尚诚
裕民县文化体育广播影视局局长：木尔扎汗
和布克赛尔蒙古自治县文化体育广播影视局局长：乌图那生

阿勒泰地区文体广新局局长：巴合提·吐素普别克
阿勒泰市文体新闻出版局局长：热合买多拉·哈米提
布尔津县文体新闻出版局局长：木拉提·哈比
富蕴县文化体育局长：陈晓霞
福海县文化体育局长：刘婧琚
哈巴河县文体新闻出版局局长：王新强
青河县文化体育局局长：阿山·夏汗
吉木乃县文化体育广播影视新闻出版局局长：王乃祥

新疆生产建设兵团

新疆生产建设兵团文化广播电视局

局长：万卫平
副局长：王运华　曾建勇　王瀚林　麻　霞　曾　康　李立新
副巡视员：唐　林

农一师文化广播电视局局长：崔俊海
农二师文化广播电视局局长：何国庆
农三师文化广播电视局局长：牛志军
农四师文化广播电视局局长：宋　卫
农五师文化广播电视局局长：龙利金
农六师文化广播电视局局长：高华生
农七师文化广播电视局局长：王次会
农八师石河子市文体局局长：王惠林
农九师文化广播电视局局长：罗新国
农十师文化广播电视局局长：严　格
建工师文化广播电视局局长：曾其祥
农十二师文化广播电视局局长：向志华
农十三师文化广播电视局局长：李济源
农十四师文化广播电视局局长：孟鲁平

索引
INDEX

汉语拼音索引

A

安徽省 529
澳大利亚“中国文化年” 96

B

北京市 487
北京音乐厅平稳发展 455
博物馆 564
博物馆建设 381
博物馆事业 593
不断创新工作机制，努力推进兵团文化市场和文化产业工作 640
不断完善新馆设计方案，稳步推进新馆建设 463
部行合作工作进一步深化 211
部属单位概况 423

C

财务工作
财务工作综述 393
蔡武部长与部分国家艺术院团、全国文艺家协会负责人在京座谈 165
倡导学术正气，引领学术风尚，期刊和出版呈现良好发展态势 430
陈爱莲舞蹈艺术60周年系列活动启动 167
持续推动文化“走出去”，对外及对港澳台文化交流频繁活跃 528
创新工作方法，加快资源建设步伐 483
创新机制、增强活力，公共文化服务能力不断提升 133
创新科研管理手段，提高“国家文化科技提升计划”等项目日常管理科学化水平 244
创新思路，锐意改革，努力提高企业适应市场的能力 445
创新提高，文化艺术进一步繁荣 535
创新文化工作机制，引导社会力量参与文化建设 556
从延安走来——纪念毛泽东同志《在延安文艺座谈会上的讲话》发表70周年美术作品展览 95

D

搭建高端学术平台，建立长效交流机制，加强对台和对外文化交流与合作 429
打造产学研基地，加强对外交流与服务 481
打造国家品牌，第二届“中国儿童戏剧节”圆满成功 456
大力开展群团工作，拓展党建工作覆盖面 411
大力实施数字文化惠民工程 145
大力推动文化与科技融合创新和融合发展，艺术科研和艺术教育服务文化建设取得新成绩 111
大力推进基层文化队伍培训 144
大力推进文化惠民工程，覆盖城乡的公共文化服务体系基本形成 525
大力宣传十七大以来文化部机关党建工作成果，为文化发展营造良好舆论氛围 409
大器“玩”成——中国美术馆藏民间玩具精品展 169
大遗址保护和国家考古遗址公园 378
单位概况 432
党的建设 385
党的建设和文化人才队伍建设进一步加强 495
党建工作 628
党建工作、廉政建设扎实开展 513
党建工作全面加强 615
德国“中国文化年” 91
邓拓捐赠中国古代绘画珍品特展 168
地方文化建设 485
地市级公共文化设施成为重点建设领域 396
第30届中国洛阳牡丹文化节 93
第八届中国（深圳）国际文化产业博览交易会 95
第八届中国国际动漫游戏博览会 97
第二届全国青少年钢琴比赛 101
第二届全国青少年钢琴比赛获奖名单 666
第二届优秀保留剧目大奖获奖作品名单 668
第二届优秀保留剧目大奖评选（重大活动） 100
第二届优秀保留剧目大奖评选（专业艺术） 163
第二届中国——亚欧博览会“中外文化展示周” 100
第二届中国阿拉伯合作论坛中国艺术节 93
第二届中国非物质文化遗产博览会 100
第六届中国西部文化产业博览会 101
第六届中国原生民歌大赛 98
第六届中国原生民歌大赛获奖名单 663
第七届全国儿童剧优秀剧目展演（重大活动） 95
第七届全国儿童剧优秀剧目展演（专业艺术） 164
第七届全国儿童剧优秀剧目展演获奖

名单　671
第七届中国北京国际文化创意产业博览会　103
第三届中俄文化大集　99
第三届中美文化论坛　101
第三轮中美人文交流高层磋商　83
第三十届中国洛阳文化节和第二届文化部推荐优秀剧目展演月　166
第十届“桃李杯”舞蹈比赛　99
第十届“桃李杯”舞蹈比赛获奖名单　657
第十届全国青少年小提琴比赛　102
第十届全国青少年小提琴比赛获奖名单　662
第十届全国声乐比赛（重大活动）　98
第十届全国声乐比赛（专业艺术）　164
第十届全国声乐比赛获奖名单　673
第十届中国艺术节筹备工作第二次部省联席会议　165
第十届中国艺术节筹备工作第一次部省联席会议　165
第十届中国艺术节筹备工作取得重要成果　543
第十六届全国音乐作品（交响乐）评奖颁奖仪式暨部分获奖作品音乐会　166
第四次中日韩文化部长会议　83
第四届全国青少年民族乐器演奏比赛　94
第四届全国青少年民族乐器演奏比赛获奖选手名单　654
第四届文化部创新奖获奖名单　680
第四批国家级非物质文化遗产项目代表性传承人名单　683
第四批国家级文化产业示范（试验）园区和第五批国家文化产业示范基地命名授牌　208
第四批国家级文化产业示范园区和第二批国家级文化产业试验园区名单　680
第五届中国昆剧艺术节和第五届中国苏州评弹艺术节　97
第五届中国昆剧艺术节获奖名单　668
第五届中国昆曲艺术节、第五届中国苏州评弹艺术节　163
第五届中国苏州评弹艺术节获奖名单　669
第一次全国可移动文物普查　373
第一届李德伦全国指挥比赛　164
调整裁撤机构，充实审改工作力量　476
定位国际主流剧场，参与世界顶尖赛事，扎实有效地通过“走出去”扩大剧团知名度、增强国家影响力　458
队伍建设常抓不懈，内部工作明显改进　270
队伍素质进一步提升　548
对港澳工作方面　295
对港澳台地区文化交流　293
对台湾工作方面　296
对外、对港澳台文化交流工作取得新突破　512
对外和对港澳台文化交流　561
对外交流与合作　384
对外文化　585
对外文化交流　267
对外文化交流（部属单位概况）　465
对外文化交流（内蒙古自治区）　508
对外文化交流（吉林省）　515
对外文化交流（江苏省）　524
对外文化交流（湖北省）　551
对外文化交流（海南省）　571
对外文化交流（贵州省）　608
对外文化交流（青海省）　628
对外文化交流得到加强　555
对外文化交流活动丰富多彩，国博文化软实力窗口作用凸显　440
对外文化交流进一步扩大　495
对外文化交流进一步拓展　548
对外文化交流可圈可点　532
对外文化交流渠道加速拓宽，陕西文化影响力增强　620
对外文化交流取得新突破　542
对外文化交流日趋活跃，山西文化影响力显著提升　502
多边文化交流　284
多措并举，促进动漫等新兴文化产业快速发展　205
多措并举、多管齐下，人才队伍明显加强　611

F

发布《文化部“十二五”文化科技发展规划》，描绘文化科技发展新蓝图　243
法制建设　375
非物质文化遗产　603
非物质文化遗产保护　257
非物质文化遗产保护成绩突出　510
非物质文化遗产保护工作（吉林省）　515
非物质文化遗产保护工作（海南省）　570
非物质文化遗产保护工作深入扎实　545
非物质文化遗产保护迈上新台阶　613
非物质文化遗产保护稳步推进，优势资源得到有效弘扬　502
非物质文化遗产整体性保护扎实推进　260
扶持动漫产业发展部际联席会议办公室印发《“十二五”时期国家动漫产业发展规划》　207
扶持动漫产业发展联席会议　82
服务国内文化建设，提升“走出去”能力　270
服务群众、倾心民生，基层建设明显改善　611
服务人民群众　162
服务水平和监管能力不断提高，文化市场发展更加规范有序　110
福建省　534

G

改革创新成效显著　454
改革创新机制，创造了生机勃勃的新局面　456
改革旗帜更加鲜明，改革之路备受关注　451
改进服务，苦练内功，努力提升信息化服务能力和保障水平　426

改进评奖工作　161
改善文化部艺术创作活动中心基础设施，做好暑期休假接待工作　477
干部选拔推荐工作顺利完成　512
甘肃省　622
各项经费投入大幅增长、文化基础设施建设迅速推进　512
工作亮点　443
工作思路、举措和成效　478
公共图书馆（广东省）　564
公共图书馆（四川省）　590
公共文化　579
公共文化服务　137
公共文化服务成效显著　509
公共文化服务实现新提升　540
公共文化服务水平明显提升，文化惠民工作取得新成效　554
公共文化服务体系不断完善，文化惠民取得显著成效　501
公共文化服务体系建设（内蒙古自治区）　504
公共文化服务体系建设（江苏省）　522
公共文化服务体系建设（湖北省）　549
公共文化服务体系建设（海南省）　569
公共文化服务体系建设（贵州省）　606
公共文化服务体系建设（甘肃省）　623
公共文化服务体系建设（青海省）　626
公共文化服务体系建设更加完善，文化惠民工程内容丰富，服务水平全面提升　488
公共文化服务体系建设进一步完善　546
公共文化服务体系建设迈上新台阶　492
公共文化服务体系建设取得新进展　565
公共文化服务体系进一步完善　529
公共文化服务在改善民生中发挥积极效应　497
公共文化设施免费开放工作成效显著　141
公益演出屡获赞誉　454
攻坚克难，全面完成了文化体制改革阶段性任务　553
构建国家美术收藏序列，弘扬捐赠善举，增强藏品的修复、研究和利用　461
古籍保护工作有序开展　614
故宫博物院　435
关于非物质文化遗产政策的研究与制定　118
关于公共文化服务体系建设政策的研究与制定　117
关于规范文化市场发展政策的研究与制定　118
关于文化产业政策的研究与制定　118
关于文化体制改革政策的研究与制定　117
关于印发《国家非物质文化遗产保护专项资金管理办法》的通知　263
贯彻落实人才培训规划，创新人才培训模式，提高全国文化干部培训工作水平　400
广东省　556
广泛开展丰富多彩的群众文化活动　149
广西壮族自治区　564
规范管理，文化市场进一步规范　536
规范文化市场有序发展　176
贵州省　606
国家博物馆喜迎百年诞辰，胡锦涛总书记发来贺信，对国博给予高度评价并要求其发挥好三个重要作用，举世瞩目　439
国家对外文化贸易基地成立　93
国家公共文化服务体系示范区（项目）创建工作稳步推进　140
国家公共文化服务体系制度设计研究工作取得阶段性成果　139
国家级非物质文化遗产生产性保护示范基地颁牌仪式　91
国家级文化产业博览会再创佳绩　209
国家级文化产业研究中心（基地）联席会议　210
国家京剧院　447
国家清史纂修领导小组办公室　476
国家图书馆　430
国家舞台艺术精品工程授牌仪式（重大活动）　91
国家舞台艺术精品工程授牌仪式（专业艺术）　162
国家重点文化设施建设进展顺利　396
国务院印发《关于进一步做好旅游等开发建设活动中文物保护工作的意见》　374
国有文艺院团改革阶段性任务全面完成　544

H

海南省　569
海外中国文化中心2012年度工作年会　87
合唱团艺术水平不断提升　454
河北省　496
河南省　546
黑龙江省　515
狠抓创作和演出，实现经济效益和社会效益双丰收　455
狠抓基础设施建设，一批具有时代意义的文化重点工程上马建设　553
胡锦涛主席特使文化部长蔡武出访布隆迪　97
湖北省　548
湖南省　552
华夏文明传承创新区建设　624
获奖丰富喜人，全院创作演出热情日益高涨　457
获奖名单　641

J

积极进取　锐意改革　创新发展　全面推进文化市场综合执法规范化建设　王仲伟　45
积极开展道德领域突出问题专项教育和治理活动　484
积极开展文化活动，丰富职工群众文化生活　637
积极推进非物质文化遗产生产性保护　259
基本情况（部属单位概况）　471
基本情况（部属单位概况）　477
基本完成文化体制改革阶段性任务　548
基层文化设施建设项目仍是建设主

体　396
基础设施建设顺利开展　466
吉林省　513
加大力度、加快进度，国有文艺院团体制改革阶段性任务全面完成　131
加大力度、注重实效，效能业绩明显提升　612
加强党的建设，为剧院科学发展凝聚力量　457
加强反腐倡廉宣传教育，积极推进廉政文化建设　416
加强公共教育，创新教育手段，提高教育的针对性与有效性　460
加强公共文化服务体系建设，保障人民群众基本文化权益　617
加强纪检监察干部队伍建设，提高纪检监察工作能力与水平　418
加强建设，公共文化服务体系进一步完善　535
加强经费管理，完善内部控制，提高预算执行力度　476
加强全国文化系统规划工作的统筹协调　126
加强人才建设　162
加强思想建设，牢记使命，坚定剧院建设发展方向，全面推进各项工作　447
加强团队建设，营造良好氛围，推进事业快速发展　425
加强完善制度建设，文化市场规范健康有序发展　619
加强信息技术建设，完成清史编纂平台设计调试　477
加强艺术职业院校专业建设，会同教育部遴选民族文化专业示范点　244
加强园区基地建设，骨干企业引领示范作用进一步显现　205
加强作风建设和反腐倡廉建设，构建为民务实的清廉机关　411
坚持保基本、强基层、建机制的思路，公共文化服务质量和水平不断提高　108
坚持解放思想，转变观念，科学发展，创新机制，积极开展党群工作，为事业发展提供坚强保证　475
坚持精品意识，提高展览质量，形成“好戏连台、精品纷呈”的展览面貌　460
坚持强化管理、开拓创新，提升财务管理水平　394
坚持学术立馆，注重媒体宣传，加强观众拓展，强化公共服务　462
坚持以人民为中心的创作导向，文艺创作生产取得社会效益经济效益双丰收　108
坚持以人为本、执政为民，扎实推进文化系统行业作风建设　417
坚持正确的文艺创作方向，关注现实，与时代结合，推进艺术创作的繁荣发展　428
坚持正确方向　161
坚持正确舆论导向，提升公众服务能力，政府门户网站建设管理迈上新台阶　427
建设学习型党组织，加强党风廉政建设，密切联系群众，增强党组织的凝聚力、战斗力　463
践行十八大精神　建设“平安故宫”　单霁翔　77
江苏省　521
江西省　539
教学培训工作　465
结合实际、不断创新，工作思路明显清晰　610
紧抓创作、研究两项核心工作　464
进行全国青少年艺术比赛改革，充分发挥政府赛事的“导向性”、“示范性”作用　245
进一步改善不可移动文物保护状况　369
进一步夯实文物工作保障条件　371
进一步加强党的建设和反腐倡廉建设，营造昂扬向上的浓厚氛围和风清气正的良好风气　113
进一步加强理论研究和人才培养工作　206
进一步加强人才信息化建设，及时掌握文化人才动态　403
进一步加强制度建设，着力加强内部程序和细节管理，各项管理工作上了新台阶　440
进一步深化改革，不断改进和完善文化人才工作各项机制　402
进一步提升博物馆建设和社会服务水平　370
进一步推进人才、科技和对外交流工作　370
进一步推进文化志愿服务工作　150
进一步完善反腐倡廉制度，加强廉政风险防控　416
进一步增强文物安全防范能力　370
进一步做好事关全局的重点工作　369
九项特色亮点工作　629
具有国博特色的陈列和展览体系初步建成，社会反响良好　439

K

开拓国际市场，儿童戏剧对外交流实现新突破　456
开拓演出市场，演出收入继续增长　449
开展公益性活动　466
开展公益性活动，服务奉献社会　482
开展坚定理想信念主题教育，提炼宣传单位核心价值理念　409
开展区域文化发展调研　126
开展全国非物质文化遗产保护督导工作，加强国家级非物质文化遗产代表性项目的动态管理　260
开展艺术学项目评审立项，促进优秀科研成果的转化应用　244
开展援疆慰问展演，展示兵团形象　637
考古工作　380
科学管理，文化遗产保护利用卓有成效　537
扩大合作，拓宽业务，全力提升企业发展实力　446
扩大开放，对外、对台文化交流进一步拓展　537

L

李谷一从艺50周年音乐会　168
理清职责、完善管理，政府职能进一步转变　136
力求规范，推进重大事项、决策的科学和高效　466
立法、制定规划工作加速　512
立足本土，面向国际，不断思考，继续探索符合中芭团情的艺术发展模式　457
立足本职，科学管理，确保部机关电子政务系统、视频会议系统、网吧监管平台等信息系统安全稳定运行　426
立足创新，优化产业经营模式　470
联合国教科文组织非物质文化遗产名录项目申报取得新突破　261
联合认定首批文化和科技融合示范基地，引导和推动文化科技融合发展　243
联系实际，学习贯彻十七届六中全会和十八大精神　466
廉政建设　386
辽宁省　508
落实政策、搭建平台，推动文化产业成为新的经济增长点　109
落实中央领导批示精神，组织专家、学者讨论“戏曲艺术”生存、发展问题　244

M

美术馆　564
美术考级工作稳步推进　482
明确剧团定位，履行国家使命，增强社会效益，树立公益品牌，进一步巩固艺术教育成果　459
明确文化与科技融合的总体思路，大力推进各项业务工作的进展　479
谋求发展，文化体制改革扎实推进　534

N

内部管理　438
内蒙古自治区　504
宁夏回族自治区　629
努力创作精品剧目　449
努力践行传承文明、服务社会、惠及民生宗旨，文物工作取得显著成绩　110
努力推进人事制度、分配制度、以目标管理为重点的管理机制三项改革　447

O

讴歌伟大时代，艺术奉献人民——2012年全国优秀剧目展演　163
欧洲巡演“惊艳”世界　453

P

拍摄电视专题片　466
配合国家发改委等相关部门和地方政府推动区域性规划的编制和研究　126
评审认定第四批国家级非物质文化遗产项目代表性传承人　260

Q

其他工作　615
强化党内监督，认真开展巡视工作　417
强化文艺繁荣措施，文艺创作取得丰硕成果　526
强化项目管理，《清史》审改工作取得新进展　476
强化制度建设，提高管理保障能力　469
切实保障农民工文化权益　152
切实加强和改善党的建设，形成凝心聚力的发展氛围　575
切实加强文物及非遗保护，推动文博事业新发展　639
青海省　626
庆祝香港回归十五周年文艺晚会　97
全国非物质文化遗产传统技艺类项目生产性保护培训班山西太原开班　99
全国公共文化服务设施建设概述　395
全国公共文化设施建设稳步推进　395
全国国有文艺院团体制改革经验总结交流视频会议　86
全国京剧优秀青年演员折子戏展演（重大活动）　99
全国京剧优秀青年演员折子戏展演（专业艺术）　164
全国京剧优秀青年演员折子戏展演获奖名单　672
全国文化市场十大案件办案单位名单　674
全国文化体制改革工作表彰大会　86
全国文化体制改革工作会议　81
全国文化厅局长会议　81
全国文化厅局长座谈会　84
全国文化系统惩治和预防腐败体系建设工作经验交流会　85
全国文化系统惩治和预防腐败体系建设年工作实施方案　418
全国文化系统对外文化贸易工作会议　87
全国文化系统国有文艺院团体制改革工作座谈会　81
全国文化系统国有文艺院团体制改革工作座谈会　84
全国文化系统体制改革工作视频会议　82
全国文化志愿服务组织工作成绩突出单位、全国基层文化志愿服务活动优秀项目和2012年“春雨工程”——全国文化志愿者边疆行示范项目的通报　154
全国文物工作会议　371
全国艺术科学各学科“十二五”规划重点研究课题目录　249
全国艺术科学研究“十二五”（2011—2015年）规划　245
全力以赴、扎实推进公共电子阅览室建设再上新台阶　482
全面贯彻落实十七届六中全会精神　努力实现对外文化工作新跨越　赵少华　36
全面开展艺术研究院所调研，汇编《全国艺术科学规划项目成果》，整体规划学科建设　244
全面推进各项保障工作，为文化建设营造良好环境　112
全面推进各项保障工作，文化队伍建

设和机关建设进一步加强 529
群众文化活动 630
群众文化活动如火如荼，品牌迭出 554
群众性文化活动丰富多彩 613

R

人才队伍建设 386
人民群众充分享受文化发展成果 612
人事工作 387
认清形势，把握机遇，加快推进文化共享工程转型 482
认真处理信访举报，严肃查办违纪违法案件 417
认真开展调研，撰写调研报告 640
认真履行监督检查职责，保证文化事业健康发展 416
认真落实文化部交办的各项具体工作 483
认真落实知识产权保护课题等相关研究专项 484
认真推选出席党的十八大代表，深入学习贯彻党的十八大精神 408
认真完成政治演出及公益性演出任务 450
认真学习贯彻党的十八大和省第十三次党代会精神，积极谋划和加快推进文化强省建设重点工作 525
认真学习贯彻十七届中央纪委七次全会精神和十八大精神 415

S

三大体系成效显著，现代企业格局分明 452
山东省 543
山西省 500
陕西省 615
上海合作组织成员国文化部长第九次会晤 83
上海市 520
上合组织成员国艺术节——非遗和传统文化展示 96
社会基础工作齐头并进，促进文化建设全面发展 503
社会文化 556
社会文化和图书馆事业 514
社会文物管理 382
社会主义核心价值更加深入人心，党的十八大精神、北京精神得到弘扬 487
深层次思想文化交流规模大、影响广、效果佳 269
深化队伍培训，探索以培训带动服务的新思路 483
深入调研，加强交流，统筹谋划文化系统信息化建设 425
深入基层开展系列活动 465
深入开展“春雨工程”——全国文化志愿者边疆行活动 636
深入开展调查研究，提高反腐倡廉工作科学化水平 418
深入开展人大重点建议调研工作 210
深入实施浙江省文化遗产传承计划，文化遗产保护取得丰硕成果 528
深入推进完善文化产业投融资各项工作 205
深入学习、贯彻、落实党的十八大精神，围绕中心工作，发扬中芭精神，牢固树立社会主义核心价值理念 459
深入学习贯彻党的十七届六中全会精神 为建设社会主义文化强国打下坚实基础 蔡 武 15
深入学习宣传贯彻落实党的十八大精神，党的建设和文化工作队伍建设日益加强 490
十七大以来中国动漫产业发展成果展 92
实施动漫游戏节目制作与推广等业务和项目 468
实施公共文化服务体系建设工程成效明显 543
实施规划引领，文化产业政策体系逐步完善 205
实施重点项目 161
世界文化遗产保护 378
收藏工作 465
首都文化经济形态初现，文化创意产业迅猛发展 489
首届中非合作论坛——文化部长论坛 84
首届中国—东盟（10+1）文化部长会议及第五届东盟—中日韩（10+3）文化部长会议 83
树立精品意识，坚持艺术的高品质与多样性的有机结合，不断满足人民群众日益增长的文化需求 473
双边文化交流（对外文化交流） 271
双边文化交流（对港澳台地区文化交流） 298
四川省 576

T

特色文化产业加快发展 614
特色文化城市发展论坛成功举办 209
提高教学服务理念，发挥学术资源、教育资源优势，艺术教育工作稳步推进 428
提高综合管理效率与水平，推进人才队伍建设，加大后勤保障支持力度 463
提前部署、周密安排，迎接党的十八大召开和学习贯彻十八大精神 107
天津市 491
天津文化中心建成开放 492
通过举办第四届湖南艺术节，促进了艺术创作，丰富了群众文化生活 552
通过主渠道大力开展国际交流与合作，增强在国际美术界的影响力 461
统筹安排，合理布局，开阔视野，深入调研，推进非遗保护工作科学持续发展 429
统筹兼顾，多元经营，服务大局，收益显著 475
统筹推进文化事业全面发展 532
突出重点，做好国家动漫游戏综合服务平台筹备建设 467
突出重点、统筹兼顾，稳妥推进各项工作 393
图书馆业 633

推出精品佳作　161
推动《文化部“十二五”时期文化改革发展规划》编制及相关工作　126
推动改革创新　162
推动重点领域改革实现重大突破，文化体制改革阶段性任务完成　527
推进公共文化服务体系，加强基层文化设施建设　635
推进文化市场管理信息化　175
推进综合执法规范化　175
拓宽渠道、加强交流，中华文化影响力进一步增强　135

W

完成党员集中培训，大面积提高党员干部的思想政治素质和文化知识水平　410
完成第四届文化部创新奖评审及颁奖，获奖项目引领文化创新新潮流　243
完善机构、加强监管，文化市场管理取得新突破　134
完善机制，加强队伍建设，为清史纂修工作提供保障　477
完善文化市场机制建设　176
完善政策、加强引导，文化产业快速发展　135
完善制度、开拓市场，经营性文化单位转企改制成果显著　133
围绕大局、服务中心，政治地位明显提高　610
围绕迎接、宣传、贯彻党的十八大，文化发展的顶层设计切实加强，全社会文化资源有效整合，文化活力竞相迸发，文化推动能量大大释放，文化创新进入活跃期　487
围绕中心，服务大局，认真做好宣传报道工作　444
文　件　153
文博工作呈现新亮点　521
文博事业成绩斐然　510
文化部　财政部　海关总署　税务总局关于公布2012年获得进口动漫开发生产用品免税资格的动漫企业名单的通知　238
文化部　财政部　税务总局关于公布2012年通过认定的动漫企业和重点动漫企业名单的通知　236
文化部2012年党风廉政建设工作会议　81
文化部2012年全国优秀剧目展演艺术创作座谈会　163
文化部“十二五”时期文化产业倍增计划　212
文化部“十二五”文化科技发展规划　253
文化部惩治和预防腐败体系建设年活动推进会　83
文化部公布第四批国家级非物质文化遗产项目代表性传承人　103
文化部恭王府管理中心　469
文化部关于撤销4家单位国家文化产业示范基地命名的通知　224
文化部关于公布2012年国家动漫品牌建设和保护计划评选结果的通知　239
文化部关于公布2012年通过认定的重点动漫产品名单的通知　235
文化部关于鼓励和引导民间资本进入文化领域的实施意见　224
文化部关于加强非物质文化遗产生产性保护的指导意见　261
文化部关于命名第四批国家级文化产业示范（试验）园区的决定　233
文化部关于命名第五批国家文化产业示范基地的决定　233
文化部关于通报表扬2012年农民工文化服务示范项目的决定　153
文化部全国公共文化发展中心　482
文化部文化艺术人才中心　471
文化部信息中心　425
文化部艺术发展中心　473
文化产业　203
文化产业（内蒙古自治区）　507
文化产业（吉林省）　514
文化产业（广东省）　558
文化产业（四川省）　583
文化产业（青海省）　627
文化产业保持良好发展势头　531
文化产业不断发展壮大，产业化效应日益凸显　618
文化产业发展（江苏省）　523
文化产业发展（湖北省）　550
文化产业发展（海南省）　571
文化产业发展（贵州省）　608
文化产业发展（甘肃省）　623
文化产业发展（宁夏回族自治区）　632
文化产业发展步伐加快，迈入与全国同步发展新时期　502
文化产业发展进一步加快　547
文化产业发展实现新跨越　541
文化产业发展势头良好　511
文化产业和文化市场发展呈现新亮点　494
文化产业加快发展　544
文化产业加速发展　566
文化产业健康发展　554
文化产业快速增长，文化软实力显著提高，文化发展后劲显著增强　574
文化产业形成新态势　520
文化产业在推动经济转型升级中加快发展壮大　499
文化传播方式与时俱进，影响广泛　270
文化大事记　705
文化党建　405
文化法规选编目录　126
文化法制工作综述　119
文化法制宣传教育　122
文化反腐倡廉　413
文化工作综述　105
文化管理服务再上新台阶　521
文化规划工作综述　125
文化惠民工程　631
文化惠民实现新突破　520
文化活动举办　624
文化基础设施　515
文化交流合作　632
文化交流合作深入开展　568
文化交流活动在拓展渠道中实现稳步发展　500

文化交流协议文件与国际公约 291
文化交流与合作全方位展开 614
文化科技创新和对外文化交流取得新进展 545
文化科教 241
文化科研 633
文化立法 119
文化贸易工作 290
文化民生较好保障，文化活力逐步凸显，文化形象进一步提升 572
文化品牌活动在服务大局中彰显独特作用 496
文化人才队伍建设 397
文化人才队伍建设（贵州省） 609
文化人才队伍建设（甘肃省） 624
文化人才队伍建设不断加强，为社会主义文化大发展大繁荣提供了有力的组织保障和人才支撑 112
文化人才队伍建设取得明显成效 568
文化人才和干部队伍建设 524
文化人才培养 628
文化人才培养工程 552
文化人才战略强力实施，队伍规模不断壮大 503
文化设施建设迈上新台阶 539
文化市场 173
文化市场（湖北省） 550
文化市场（广东省） 558
文化市场（四川省） 587
文化市场（青海省） 627
文化市场呈现新变化 542
文化市场发展繁荣有序 567
文化市场管理（江苏省） 523
文化市场管理（海南省） 571
文化市场管理（贵州省） 608
文化市场管理（甘肃省） 624
文化市场管理更加繁荣有序 548
文化市场管理与执法水平不断提高 511
文化市场管理在完善机制中不断提升水平 499
文化市场监管 506
文化市场监管更加规范，综合执法全面展开 555
文化市场监管力度不断加大 614
文化市场健康发展 532
文化市场综合执法规范化建设工程全面推进 545
文化体制改革 129
文化体制改革（内蒙古自治区） 507
文化体制改革（吉林省） 515
文化体制改革（湖北省） 552
文化体制改革（海南省） 572
文化体制改革（贵州省） 609
文化体制改革（甘肃省） 625
文化体制改革（青海省） 628
文化体制改革成果显著 564
文化体制改革焕发新活力 539
文化体制改革阶段性任务全面完成，文化生产力得到进一步解放 107
文化体制改革取得新成绩 512
文化体制改革深入推进，跻身于全国第一方阵 501
文化体制改革稳步推进，改革成效初步显现 621
文化体制改革稳步推进，文化市场管理不断加强，有力维护了首都文化市场秩序 490
文化体制改革在推动文化创新中实现阶段突破 500
文化体制改革扎实推进 493
文化投入稳步增长 569
文化项目建设取得新成效 520
文化遗产保护（内蒙古自治区） 505
文化遗产保护（江苏省） 524
文化遗产保护（湖北省） 551
文化遗产保护（广东省） 560
文化遗产保护（青海省） 627
文化遗产保护成绩喜人 531
文化遗产保护呈现新亮点 541
文化遗产保护传承 632
文化遗产保护工作成果喜人 555
文化遗产保护利用进一步加强 547
文化遗产保护迈上新台阶 567
文化遗产保护迈上新台阶，文化底蕴日益彰显，优秀传统文化不断弘扬 574
文化遗产保护全面推进 494
文化遗产保护与合理利用 607
文化遗产保护在构建科学保护体系中取得显著成绩 498
文化政策法规 115
文化政策和发展规划 622
文化政策和市场管理不断创新，文化发展环境明显优化 503
文化政策综述 117
文化中心工作 289
文物安全 376
文物保护持续加强 613
文物保护维修 377
文物工作 597
文物考古和博物馆事业（吉林省） 515
文物考古和博物馆事业（海南省） 570
文物考古与发掘 600
文物科技与信息化建设 383
文物事业 367
文艺创作百花齐放 613
文艺创作亮点纷呈，在全国引起强烈反响 501
文艺创作生产异彩纷呈，文化活动丰富多彩 615
文艺创作演出亮点纷呈 508
文艺精品层出不穷 613
舞台艺术 576
舞台艺术创演 623
舞台艺术进一步发展繁荣 546
舞台艺术精品创作演出进一步繁荣 565

X

西藏自治区 612
习近平总书记率新一届中央政治局常委来国家博物馆参观“复兴之路”基本陈列并发表重要讲话，国内外反响巨大、意义深远，国博人深感鼓舞和鞭策 438
香港、澳门地区交流项目 298
效能风暴行动 625
新馆正式开馆，整体运转良好，赢得社会广泛赞誉 439
新疆好·新疆美术作品展 168

新疆生产建设兵团　635
新疆十二木卡姆交响音乐会　167
新疆维吾尔自治区　633
修订《国家非物质文化遗产保护专项资金管理暂行办法》，开展2013年国家非物质文化遗产保护专项经费申报工作　260
宣传工作　375
学习贯彻落实十八大精神，扎实推进反腐倡廉，推进机关建设　621
学习贯彻十八大精神　扎实推进文物事业科学发展　励小捷　51
巡视工作通知书　420

Y

延伸文化产业链条，开拓全新发展阵地　453
研究制定《中华人民共和国非物质文化遗产法》相关配套规章　259
业务工作　436
业务建设再上台阶，外展交流初现异彩　469
业务学术活动蓬勃开展，学术交流精彩纷呈　440
依法行政工作　124
依托部际会商合作机制，争取国家科技支撑计划资金支持6000余万元　243
以百年馆庆为契机，国博百年简史编成出版，《国脉——中国国家博物馆100年》6集人文纪录片拍摄完成，按计划于2013年元旦播出　440
以基层组织建设年为载体，深入开展创先争优活动　407
以加强统筹协调、整合资源、创新方式、打造品牌为重点，对外及对港澳台文化交流向全方位、多领域、深层次发展　111
以建馆百年为契机和新起点，各项工作取得新成绩　440
以科学人才观为指导，扎实推进文化人才队伍建设　399
以强化服务为着力点，加强与人才的沟通与联系　402
以全国文化系统思想政治工作研究会为阵地，大力开展党的工作理论研究　412
以人为本开创新局，多项并举人才第一　452
以艺术科研为中心，完善科研创新机制，加强学科建设、全面推进学术发展　427
以重大文化产业项目为抓手，加快特色文化产业发展　205
艺术创作持续发力，创作质量进一步提高，创作、展演、交流活力大幅提升　573
艺术创作和舞台演出　504
艺术创作和演出　569
艺术创作生产（贵州省）　606
艺术创作生产（宁夏回族自治区）　630
艺术创作生产成绩显著　530
艺术创作生产取得新成绩　539
艺术创作演出繁荣活跃　493
艺术生产　626
艺术生产创作　521
艺术生产精益求精，市场之路越走越宽　451
音乐季演出精彩纷呈　453
营业性演出　326
优化服务，文化产业实力进一步提升　536
优秀文化宣传推介开创新局面　546
与地方联合举办丰富多彩的非物质文化遗产宣传展示活动　261
圆满完成了文化部委托的文化产品内容审查相关工作，为文化市场监管提供有力的技术支持　427
云南省　610

Z

在2012年国际古迹遗址理事会顾问委员会会议开幕式上的致辞　刘延东　13
在2012年全国艺术创作工作会议上的总结讲话　董　伟　73
在对外文化交流方面，一手抓“走出去”，一手抓“请进来”，使新疆文化对外影响力进一步增强　635
在公共文化服务体系建设方面，强基础、建机制，一手抓基础设施项目建设，一手抓公共文化服务体系效能建设，不断创新工作方法，提高服务质量和水平　633
在国家公共文化示范区创建工作现场经验交流会上的讲话　杨志今　64
在国家级非物质文化遗产代表性项目自查工作汇报会上的讲话　王文章　69
在全国国有文艺院团体制改革工作座谈会上的讲话　蔡　武　31
在文化部惩治和预防腐败体系建设年活动推进会上的讲话　李洪峰　59
在文化产业方面，一手抓文化产业服务平台建设，一手抓文化企业建设，推动文化产业的发展壮大　634
在文化市场方面，一手抓繁荣，一手抓管理，文化市场体系建设水平进一步提高　634
在文化遗产保护方面，一手抓非物质文化遗产分类保护和工作体系建设，保护传承工作水平不断提高，一手抓文物考古、发掘、保护工作，文物工作取得新进展　635
在新的历史条件下继承和弘扬《讲话》精神　奋力开拓中国特色社会主义文化发展道路　李长春　3
在研项目稳步推进，不断推出新亮点　480
在艺术创作生产上，积极加强引导，推动普及，一手抓文艺产品的创作生产，一手抓文艺产品的公益性惠民演出，文化创作活力持续迸发，社会文化生活更加丰富多彩　634
在中国国家博物馆建馆100周年纪念大会上的讲话　刘云山　10
扎实开展“惩防体系建设年”活动，文化系统惩防体系基本框架初步建成　415
扎实开展非物质文化遗产工作，社会

影响力增强　617
扎实推进文化产业公共服务平台建设　205
赵少华副部长随同刘延东国务委员出席中俄合作委员会第十三次会议　86
赵少华副部长随同王岐山副总理出席中哈合作委员会第六次会议　87
浙江省　525
整合档案图书资源，提升科学化管理水平　476
政府合作机制进一步深化，高层往来促进双多边关系发展　269
执法督察　376
指导全国艺术教育科学发展，推动专业艺术人才培养　244
中俄人文合作委员会文化合作分委会第十二次会议　86
中俄舞台艺术对话活动　102
中国当代著名画家中原行作品展　170
中国东方演艺集团有限公司　451
中国动漫集团有限公司　466
中国儿童艺术剧院　455
中国非物质文化遗产保护讲座周、中国非物质文化遗产典籍记忆系列展开幕　96
中国非物质文化遗产生产性保护成果大展观众超过16万人次　92
中国歌剧舞剧院　449
中国国家博物馆　438
中国国家画院　464
中国和巴西高层协调与合作委员会第二次会议　81
中国和土库曼斯坦人文合作分委会第二次会议　85
中国和乌兹别克斯坦人文合作分委会第一次会议　85
中国交响乐团　453
中国美术馆　460
中国美术馆举办张漾兮、力群捐赠纪念活动　170
中国文化传媒集团　444
中国艺术科技研究所　479
中国艺术研究院　427
中国杂技艺术振兴规划（2011－2015）　170
中哈合作委员会文化和人文合作分委会第八次会议　86
中韩友好交流年　93
中蒙互办“中国文化月”、“蒙古文化月”　94
中欧文化对话年　92
中日国民交流友好年　93
中泰文化交流品牌：第五届“中泰一家亲”音乐歌舞晚会　98
中泰文化交流品牌：泰国欢乐春节文化活动　91
中外文化传播　288
中外文化交流中心　477
中央芭蕾舞团　457
中央文化管理干部学院　441
重大活动　89
重大活动注重创新实效，质量水平提高　269
重大文化活动丰富多彩　533
重大文化活动和文艺精品创作　549
重点工作　441
重庆市　572
重要会议　79
重要会议、重大活动　430
重要讲话　1
重要文件　212
主动争取、奋发有为，财政投入明显加大　611
主题教育反腐倡廉常抓不懈，队伍作风和素质建设不断提高　503
注重顶层设计和机制建设，文化中心发展步伐加快　270
抓管理重建设，文化市场规范有序发展　518
抓规划重引导，艺术创作生产成果丰硕　516
抓好抓实，党的建设、党风廉政、人才队伍、文化安全等工作成效显著　538
抓基础促长远，艺术教育科研和人才培养工作迈上新台阶　519
抓建设强服务，公共文化服务体系建设稳步推进　516
抓申报重服务，文化产业健康发展　517
抓项目树品牌，对外文化交流和贸易呈现新局面　518
抓重点打基础，文化遗产工作取得突破性进展　516
抓重点攻难点，文化体制改革取得阶段性成果　519
专　题（文化政策法规）　126
专　题（专业艺术）　162
专　题（文化市场）　177
专　题（文化产业）　206
专　题（文化科教）　245
专　题（非物质文化遗产保护）　261
专　题（对外文化交流）　271
专　题（文物事业）　371
专　题（文化反腐倡廉）　418
专业艺术　159
专业艺术（吉林省）　513
专业艺术（广东省）　557
着力加强制度建设和完善工作体系，推动非物质文化遗产保护传承再上新台阶　111
着力推动剧目建设、人才建设、市场开发、民生工程四项重点工作　447
着力营造良好的发展环境，文化产业发展取得积极进展　527
着眼长远，“六管齐下”，引导演职员工牢固树立社会主义核心价值理念，将人才培养工作落到实处　459
总结十年，加大宣传，精心策划纪念活动　484
综　述（文化工作综述）　107
综　述（文化体制改革）　131
综　述（公共文化服务）　139
综　述（专业艺术）　161
综　述（文化市场）　175
综　述（文化产业）　205
综　述（文化科教）　243
综　述（非物质文化遗产保护）　259
综　述（对外文化交流）　269
综　述（对港澳台地区文化交流）　295

综　述（文物事业）　369
综　述（文化人才队伍建设）　399
综　述（文化党建）　407
综　述（文化反腐倡廉）　415
组织“五个一工程”评选，推出一批文艺精品　637
组织开展2012年中国图书馆年会　147
组织开展“践行雷锋精神，推动惠民服务”系列活动　483
组织开展第七个“文化遗产日”活动　261
组织实施“我的音乐厅——外国经典音乐欣赏”项目，圆满完成年度任务　245
做好《清史参考》编发工作，进一步提高社会影响力　477
做好档案文献成果的出版，推进主体项目出版启动　476

数字索引

2009—2010年度国家舞台艺术精品工程重点年度资助剧目名单　666
2010—2011年度国家舞台艺术精品工程资助剧目名单　667
2012赴台交流项目　304
2012年“根与魂——中国非物质文化遗产展演”　96
2012年“濠江月明夜——大型中秋晚会”、“香江明月夜——大型中秋晚会”　101
2012年“艺海流金——走近敦煌”　97
2012年度“文化部科技创新项目”立项名单　644
2012年度国家社会科学基金艺术学项目课题指南　250
2012年度国家社科基金艺术学项目立项名单　648
2012年度国家社科基金艺术学项目评审会　84
2012年度国家文化创新工程项目立项名单　643
2012年度全国文化市场重大案件及办案单位名单　675
2012年度全国文化市场综合行政执法先进单位名单　678
2012年度全国文化市场综合行政执法优秀个人名单　678
2012年度文化部文化艺术科学研究项目立项名单　652
2012年对港澳台文化工作研讨会　82
2012年俄罗斯“中国文化节”　99
2012年国家级文化产业园区基地命名授牌会议　86
2012年国家文化科技提升计划立项名单　646
2012年国家艺术院团优秀剧目展演　98
2012年取得的主要成绩　471
2012年全国美术馆馆藏精品展出季　168
2012年全国文化市场综合执法工作情况　200
2012年全国艺术创作工作会议　87
2012年全国优秀剧目展演艺术创作座谈会　100
2012年文化部科技创新验收项目一览表　645
2012年娱乐和演出市场管理和发展概况　177
2012台湾来访交流项目　324
2012土耳其中国文化年　91
2012艺术品市场年度报告摘要　179
2012中国义乌文化产品交易博览会　94

标点符号索引

“2012非洲文化聚焦”活动　95
“福建木偶戏后继人才培养计划”入选联合国教科文组织优秀实践名册　103
“国家动漫品牌建设和保护计划”启动实施　210
“华艺新颜”大型中国文化展示活动　102
“联村联户、为民富民”工作　625
“讴歌伟大时代，艺术奉献人民——2012年全国优秀剧目展演”　98
“平安故宫”工程　435
“十二五”时期国家动漫产业发展规划　226
“十七大以来中国动漫产业发展成果展”顺利举办　208
“我的音乐厅——外国经典音乐欣赏”项目首发式暨作品音乐会　102
“以人为本”的公众服务体系和安全保障体系建立并发挥良好作用　439
“永远的辉煌”——第十四届中国老年合唱节荣誉名单　671
“在当代·2012中国油画双年展”和“最绘画——中国青年油画作品展”　169
《2012中国网吧市场年度报告》摘要　198
《2012中国网络音乐市场年度报告》摘要　196
《2012中国网络游戏市场年度报告》摘要　193
《美丽新疆》音乐会全国巡演　166
《文化部“十二五”时期文化产业倍增计划》发布　206
《文化部“十二五”时期文化产业倍增计划》新闻发布会　82
《文化部“十二五”时期文化改革发展规划》正式出台　94
《文化部关于鼓励和引导民间资本进入文化领域的实施意见》发布　207
《文物保护法》执法检查　373